明陳鳳梧本儀禮注疏

第一册

漢 鄭玄注　唐 賈公彥疏　唐 陸德明釋文

明嘉靖五年盧陵陳鳳梧刻本

山東人民出版社·濟南

圖書在版編目（CIP）數據

明陳鳳梧本儀禮注疏 /（漢）鄭玄注；（唐）賈公彦疏；（唐）陸德明釋文 .— 濟南：山東人民出版社，2024.3
（儒典）
ISBN 978-7-209-14334-9

Ⅰ . ①明… Ⅱ . ①鄭… ②賈… ③陸… Ⅲ . ①《儀禮》-注釋 Ⅳ . ① K892.9

中國國家版本館 CIP 數據核字（2024）第 038924 號

項目統籌：胡長青
責任編輯：吕士遠
裝幀設計：武　斌
項目完成：文化藝術編輯室

明陳鳳梧本儀禮注疏
〔漢〕鄭玄注　〔唐〕賈公彦疏　〔唐〕陸德明釋文

主管單位　山東出版傳媒股份有限公司
出版發行　山東人民出版社
出 版 人　胡長青
社　　址　濟南市市中區舜耕路517號
郵　　編　250003
電　　話　總編室（0531）82098914
　　　　　市場部（0531）82098027
網　　址　http://www.sd-book.com.cn
印　　裝　山東華立印務有限公司
經　　銷　新華書店

規　　格　16開（160mm×240mm）
印　　張　107.25
字　　數　858千字
版　　次　2024年3月第1版
印　　次　2024年3月第1次
ISBN　978-7-209-14334-9
定　　價　256.00圓（全六册）

《儒典》選刊工作團隊

學術顧問　杜澤遜　李振聚　徐　泳

項目統籌　胡長青

責任編輯　劉　晨　劉嬌嬌　張艷艷

呂士遠　趙　菲　劉一星

前言

中國是一個文明古國、文化大國，中華文化源遠流長，博大精深。在中國歷史上影響較大的是孔子創立的儒家思想，因此整理儒家經典、注解儒家經典，爲儒家經典的現代化闡釋提供权威、典范、精粹的典籍文本，是推進中華優秀傳統文化創造性轉化、創新性發展的奠基性工作和重要任務。

中國經學史是中國學術史的核心，歷史上創造的文本方面和經解方面的輝煌成果，大量失傳了。西漢是經學的第一個興盛期，除了當時非主流的《詩經》毛傳以外，其他經師的注釋後來全部失傳了。東漢的經解祇有鄭玄、何休等少數人的著作留存下來，其餘也大都失傳了。南北朝至隋朝興盛的義疏之學，其成果僅有皇侃《論語疏》幸存於日本。五代時期精心校刻的《九經》、北宋時期國子監重刻的《九經》以及校刻的單疏本，也全部失傳。南宋國子監刻的單疏本，我國僅存《周易正義》、《爾雅疏》、《春秋公羊疏》（三十卷殘存七卷）、《春秋穀梁疏》（十二卷殘存七卷），日本保存了《尚書正義》、《毛詩正義》、《禮記正義》（七十卷殘存八卷）、《周禮疏》（日本傳抄本）、《春秋公羊疏》（日本傳抄本）、《春秋正義》（日本傳抄本）。南宋兩浙東路茶鹽司刻八行本，我國保存下來的有《周禮疏》、《禮記正義》、《春秋左傳正義》（紹興府刻）、《論語注疏解經》（二十卷殘存十卷）、《孟子注疏解經》（存臺北『故宮』），日本保存有《周易注疏》《尚書正義》（凡兩部，其中一部被清楊守敬購歸）。南宋福建刻十行本，我國僅存《春秋穀梁注疏》、《春秋左傳注疏》（六十卷，一半在大陸，一半在臺灣），日本保存有《毛詩注疏》《春秋左傳注疏》。從這些情況可以看出，經書代表性的早期注釋和早期版本國内失傳嚴重，有的僅保存在東鄰日本。

鑒於這樣的現實，一百多年來我國學術界、出版界努力搜集影印了多種珍貴版本，但是在系統性、全面性和準確性方面都還存在一定的差距。例如唐代開成石經共十二部經典，石碑在明代嘉靖年間地震中受到損害，明代萬曆初年西安府學等學校師生曾把損失的文字補刻在另外的小石上，立於唐碑之旁。近年影印出版唐石經拓本多次，都是以唐代石刻與明代補刻割裂配補的裱本爲底本。由於明代補刻采用的是唐碑的字形，這種配補本難以區分唐刻與明代補刻，不便使用，亟需單獨影印唐碑拓本。

爲把幸存於世的、具有代表性的早期經解成果以及早期經典文本收集起來，系統地影印出版，我們規劃了《儒典》編纂出版項目。

《儒典》出版後受到文化學術界廣泛關注和好評，爲了滿足廣大讀者的需求，現陸續出版平裝單行本。共收録一百十一種元典，共計三百九十七册，收録底本大體可分爲八個系列：經注本（以開成石經、宋刊本爲主。開成石經僅有經文，無注，但它是用經注本删去注文形成的）、經注附釋文本、纂圖互注本、單疏本、八行本、十行本、宋元人經注系列、明清人經注系列。

《儒典》是王志民、杜澤遜先生主編的。本次出版單行本，特請杜澤遜、李振聚、徐泳先生幫助酌定選目。特此説明。

二〇二四年二月二十八日

目録

第一册

第二册

第三册

儀禮注疏序

唐朝散大夫行太學博士弘文館學士臣賈公彦等撰

竊聞道本冲虛非言無以表其疏言有微妙非釋無能悟其理是知聖人言曲事資注釋而成至於周禮儀禮發源是一理有終始分爲二部並是周公攝政太平之書周禮爲末儀禮爲本本則難明末便易曉是以周禮注者則有多門儀禮所注後鄭而已其爲章疏則有二家信都黄慶者齊之盛德李孟悊者隋曰碩儒慶則舉大略小經注疎漏猶登山遠望而近不知悊則舉小略大經注稍周似入室近觀而遠不

察二家之跡互有修短時之所尚李則爲先案士冠
三加有緇布冠皮弁爵弁既冠又著玄冠見於君有
此四種之冠故記人下陳緇布冠委貌周弁以釋經
之四種經之與記都無天子冠法而李云委貌與弁
皆天子始冠之冠李之謬也喪服一篇凶禮之要是
以南北二家章跡甚多時之所以皆資黄氏案鄭注
喪服引禮記檀弓云經之言實也明孝子有忠實之
心故爲制此服焉則經之所作表心明矣而黄氏妄
云以表心經以表首以黄氏公違鄭注黄之謬也
黄之訓略言其一餘足見矣今以先儒失路後宜

二

易塗故悉鄙情聊裁此䟽未敢專欲以諸家爲本擇善而從兼增己義仍取四門助教李玄植詳論可否僉謀已定庶可施矣亟丈之儒青衿之俊幸以去瑕取玖得無譏焉

儀禮注疏卷第一

漢鄭玄注　唐賈公

後學廬陵陳鳳梧

士冠禮第一

冠古亂反○鄭目録云童子任職居士位年二十而冠主人玄冠朝服則是仕於諸侯天子之士朝服皮弁素積古者四民世事士之子恒為士冠禮於五禮屬嘉禮大小戴及別録此皆第一

〔疏〕釋曰鄭云童子任職居士位年二十而冠為士身加冠知者鄭見下昏禮及士相見皆據士身自昏自相見又大戴禮公冠篇及下諸侯有冠禮夏之末造亦據諸侯身自加冠故鄭據士身自加冠為目也鄭云四民世事士之子恒為士者是齊語文彼云桓公謂管仲曰成人之士若何管子對曰四人勿雜處也公曰處士農工商若何管子對曰昔聖王之處士就閑燕也處工就官府也處商就市井也處農就田野也少而習焉其心安焉是四人世事士之子恒為士也引之者證此士身年二十而加冠法若士之子則四十彊而仕何得有二十為士自加冠也二十而冠者鄭據曲禮文二十曰弱冠故云年二十而

冠其大夫始仕者二十已冠訖五十乃爵命爲大夫
故大夫無冠禮又案喪服小功章云大夫爲昆弟之
長殤鄭云大夫爲昆弟之長殤小功謂爲士者若不
仕者也以此知爲大夫無殤服也小記云大夫冠而
不爲殤大夫身已加冠降兄殤在小功是身有德行
得爲大夫冠不以二十始冠也若諸侯則十二而冠
故左傳襄九年晉侯與諸侯伐鄭還公送晉侯以公
宴于河上問公年季武子對曰會于沙隨之歲寡君
以生注云沙隨在城十六年晉侯曰十二年矣是謂
一終一星終也國君十五而生子冠而生子礼也君
可以冠矣是諸侯十二而冠也若天子亦與諸侯同
十二而冠故尚書金縢云王與大夫盡弁時成王年
十五云王與大夫盡弁則知天子亦十二而冠矣又
大戴禮云文王十三生伯邑考左傳云冠而生子礼
也是殷之諸侯亦十二而冠若夏之天子諸侯與殷
天子亦十二而冠可知若人子之子則亦二十而冠
故禮記祭法云王下祭殤五又禮記檀弓云君之適
長殤車三乘是年十九已下乃爲殤故二十乃冠矣
若天子諸侯冠自有天子諸侯冠礼故大戴礼有公
冠篇天子自然有冠禮但儀禮之內亡耳士既三加

爲大夫早冠者亦依士禮三加若天子諸侯禮則多
矣故大戴禮公冠篇云公冠四加者緇布皮弁爵弁
後加玄冕天子亦四加後當加袞冕矣案下文云天
子之元子猶士天子無生而貴者則天子之子雖早
冠亦用士禮而冠案家語冠頌云王太子之冠擬冠
則天子元子亦擬諸侯四加若然諸侯之子不得四
加與士同三加可知鄭又云冠以五礼屬嘉礼者鄭
據周禮大宗伯所掌五礼吉凶賓軍嘉而言宗伯云
以嘉禮親萬民下云以昏冠之禮親成男女是冠禮
屬嘉禮者也鄭又云大小戴及別錄此皆第一者大
戴戴聖與劉向爲別錄十七篇次第皆冠禮爲第一
昏禮爲第二士相見爲第三自茲以下篇次則異故
鄭云大小戴別錄此皆第一也其劉向別錄即此十
七篇之次是也皆尊卑吉凶次第倫叙故鄭用之至
於大戴即以士喪爲第四既夕爲第五士虞爲第六
特牲爲第七少牢爲第八有司徹爲第九鄉飲酒第
十鄉射第十一燕禮第十二大射第十三聘礼第十
四公食第十五覲禮第十六喪服第十七小戴於鄉
飲鄉射燕禮大射四篇亦依此別錄次第而以士虞
爲第八喪服爲第九特牲爲第十少牢爲第十一有

司徹爲第十二士喪爲第十三既夕爲第十四聘禮爲第十五公食爲第十六覲禮爲第十七皆尊卑吉凶雜亂故鄭氏皆不從之矣

儀禮疏

釋曰儀禮者一部之大名士冠者當篇之小號退大名在下者取配注之意故也然周禮言周不言儀儀禮言儀不言周既同是周公攝政六年所制題號不同者周禮取別夏殷故言周儀禮不言周者欲見兼有異代之法故此篇有醮用酒燕禮云諸公士喪禮云商祝夏祝是兼夏殷故不言周又周禮是統心儀禮是履踐外內相因首尾是一故周禮已言周儀禮不須言周周可知矣且儀禮亦名曲禮故禮器云經禮三百曲禮三千鄭注云曲猶事也事禮謂今禮也其中事儀三千言儀者見行事有威儀言曲者見行事有委曲故有二名也

鄭氏注疏

釋曰後漢書云鄭玄字康成青州北海郡高密縣人鄭崇之後也言注者注義於經下若水之注物亦名爲著故鄭叙云凡著三禮七十二篇云著者取著明經義者也孔子之徒言傳者取傳述之意爲義不同故題目有異也但周禮六官六十叙官之法事急者爲先不問官之大小儀禮見其行事之法賤者爲先故以士冠

爲先無大夫冠禮諸侯冠次之天子冠又次之其昏禮亦士爲先大夫次之諸侯次之天子爲後諸侯鄉飲酒爲先天子鄉飲酒次之鄉射燕禮已下皆然又以冠昏士相見爲後者以二十而冠三十而要四十强而仕即有摯見鄉大夫見巳君及見來朝諸侯之等又爲鄉大夫州長行鄉飲酒鄉射之事已下先吉後凶盡則行祭祀吉禮次叙之法其義可知略陳儀禮元本至於禮之大義備於礼記䟽

士冠禮○筮于廟門筮市例反廟古廟字○筮者以蓍問日吉凶於易也冠必筮日於廟門者重以成人之禮成子孫也廟謂禰廟不於堂者嫌蓍之靈由廟神○蓍音尸禰乃禮反父廟也

䟽士冠至廟門○釋曰自此至宗人告事畢一節論將行冠礼先筮諏日之事案下文云布席于門中闑西閾外者闑爲門限即是門外故特牲禮筮日主人即位於門外西面此不言門外者闑外之文可參故省文也○注筮者至廟神○釋曰鄭知筮以蓍者曲禮云龜曰卜蓍曰筮故知筮以蓍也云問日吉凶於易也者下云若不吉則筮遠日如初儀又案周礼大卜掌三易一曰連山二曰歸藏三曰周易筮得卦

以易辭占吉凶故云問日吉凶於易也不筮月者夏
小正云二月綏多士女冠子取妻時也既有常月故
不筮也云冠必筮日於廟門者重以成人之禮成子
孫也者案冠義云筮日筮賓所以敬冠事敬冠事所
以重礼是筮日為重礼之事也冠義又云古者重冠
重冠故行之於廟行之於廟所以尊重事尊重事而
不敢檀重事不敢檀重事所以自卑而尊先祖也是
成人之禮成子孫也此經唯論父子兄弟不言祖孫
鄭兼言孫者家事統於尊若祖在則為冠主故兼孫
也云廟謂禰廟者案昏礼行事皆直云廟記云凡行
事受諸禰廟此經亦直云廟故知亦於禰廟也然儀
禮之內單言廟者皆是禰廟若非禰廟則以廟名別
之故聘禮云賓朝服問卿卿受于祖廟又受聘在始
祖廟既云不腆先君之祧是不言於廟舉祖祧以別
之也十於廟若天子諸侯冠在始祖之廟是以襄九
年季武子云以先君之祧處之祧則與聘礼失君之
祧謂遷主所藏始祖同也若然服是注以祧焦曾祖
者以其公還及衛冠於衛成公之廟服注成公衛曾
祖故以祧為曾祖廟時不冠公第之始祖以非已廟
故也無大夫冠禮若幼而冠者與士同在禰廟也云

不於堂者嫌蓍之靈由廟神者此據經冠在廟非筮在門外不同處故以廟爲決堂以蓍自有靈知亦不假廟神故云嫌蓍之靈由廟神也案天府職云季冬陳玉以貞來歲之美惡注云問歲之美惡謂問於龜凡卜筮者實問於鬼神蓍龜能出其卦兆之占耳若然卜筮實問七八九六之鬼神故以六玉禮耳而蓍龜直能出其卦兆之占似無靈者吝有所對若以蓍龜對生數成數之鬼神則蓍龜直能出其兆不得有神若以卦對生成之鬼神則蓍龜亦自有神是以易繫辭云蓍之德圓而神又云定天下之吉凶成天下之亹亹者莫善於蓍龜又郭璞云上有蔭叢蓍下有千歲蔡凡虫之智莫善於龜凡草之靈莫善於蓍蓍龜自有靈也是知蓍自有神不假廟神也不於寢門筮者一取成人之禮成子孫二無取鬼神之謀故易繫詞云人謀鬼謀鄭注云鬼謀謂謀卜筮於廟門是也

主人玄冠朝服緇帶素韠即位于門東西面

朝直遙反注同後朝服放此緇側其反韠音畢蔽膝也○

主人將冠者之父兄也玄冠委貌也朝服者十五升布衣而素裳也衣不言色者衣與冠同也筮必朝服

尊著龜之道也緇帶黑繒帶也士帶博二寸再繚四寸屈垂三尺素韠白韋韠也長三尺上廣一尺下廣二尺其頸五寸肩革帶博三寸天子與其臣玄冕以視朔皮弁以日視朝諸侯與其臣皮弁以視朔朝服以日視朝凡染黑五入為緅七入為緇玄則六入與○繒自陵反繚音了長直亮反廣古曠反几度長短廣袂者皆放此視一作眡音同弁皮彥反緅則留反與音餘

【疏】主人至西面○釋曰此主人將欲謀日之時先服既位於禰廟門外東西面立以待筮事也○注主人至入與○釋曰經直云主人當是父子加冠之礼知兼有兄者論語云出則事公卿入則事父兄父兄者一家之統父不在則兄為主可知故無其兄也又察下文若孤子則父兄戒宿冠之日主人紒而迎賓則無親父親兄故彼注云父兄諸父諸兄則知此主人迎賓是親父親兄也云玄冠委貌者此云玄冠下記云委貌彼云委貌見其安正容体此云玄冠見其色賓七物也云朝服者十五升布衣者雜記云朝服十五升布也云素裳者雖經不言裳裳與韠同色云素韠者故知裳亦積白素絹為之也云衣不言色者衣與冠同也者礼之通例衣與冠同色故

郊特牲云黃衣黃冠是也裳與韠一色故下爵弁服纁裳韎韐韎韐即纁之類是也經直云朝服不言色與冠同可知也若然鄭不言裳與韠同色者舉衣與冠同裳與韠同亦可知故不言也其衣冠色異經即别言之是以下文爵弁服純衣是也云筮必朝服者尊蓍龜之道也此决正冠時主人服玄端爵韠不服此服乃服朝服是尊蓍龜之道也若然下又云有司知主人服又宿賓賓如主人服又宿賛冠者及夕為期皆朝服云尊著龜者案鄉飲酒主人朝服則此有司賓主朝服自是尋常相見所服非特相尊敬之禮此筮而朝服决正冠時與士之祭禮入庙常服玄端令此筮亦在庙不服玄端故云尊著龜之道此筮雜有蓍草言龜者按周禮小事徒筮而已若大事先筮而後卜龜筮是相將之物同著朝服故兼言龜是以雜記卜筮皆朝服也案特牲禮筮日與祭同服玄端少牢筮日與祭同服朝服不特尊蓍龜者彼為祭事龜不可尊於先祖故同服此為冠事龜可尊於子孫故服異也云緇帶黑繒帶者案玉藻云君素帶終裨大夫素帶裨垂士練帶率下裨注云大夫裨其紐及末士裨其末而已又云雜帶君朱綠大夫玄華士緇

裨鄭云君裨帶上以朱下以緑終之大夫裨垂外以玄内以華士裨垂之下外内皆以緇是謂緇帶鄭彼云是謂者指此文也若然天子諸侯帶纏鬠及垂者皆裨之大夫則不裨其纏鬠者直裨垂之三尺屈而垂者士則裨其末纏三尺所垂者不裨若然大帶所用物大夫已上用素士練繒爲帶禮所裨者用緇則此言緇纏裨者而言也云士帶博二寸再纏四寸屈垂三尺者此亦玉藻文大夫已上大帶博四寸此士畢降於大夫已上博二寸再纏共爲四寸屈垂三尺則大夫已上亦屈垂三尺同美云素韠白韋韠者案玉藻云韠君朱大夫素士爵韋彼以韠爲揔目而云君朱大夫素士爵韋是韠色不同下云韋者是君大夫同用韋也但彼是玄端服之韠此士用素韋爲之故鄭云白韋韠也又云韠長三尺至博二寸亦皆玉藻鄭玄彼注云頸五寸亦謂廣也頸中央肩兩角皆上接革帶肩與革帶廣同此韠即蔽也祭服謂之蔽朝服謂之韠也云天子與其臣玄冕以視朔皮弁以日視朝者此約玉藻而知案彼云天子玄端聽朔於南門之外皮弁以日視朝又云諸侯皮弁以聽朔於大庿朝服以日視朝於内朝彼注云端當爲冕謂天

子以玄冕聽朔於南門之外明堂之中狩皆不言臣此鄭彖言臣者欲見在朝君臣同服引之者證此玄冕朝服而筮者是諸侯之士則諸侯與其臣與子加冠同服皮弁以筮日天子與其臣與子加冠同服玄冕以筮日矣知天子服玄冕諸侯服皮弁以筮曰者鄭既取君臣同服明筮時還君臣同服若云天子同玄冕諸侯用皮弁其臣不得上同于君君下就臣同朝服也云凡染黑五入為緅七入為緇玄則六入與者案爾雅一染謂之縓再染謂之赬三染謂之纁此三者皆是染赤法周礼鍾氏染鳥羽云三入為纁五入為緅七入為緇此是染黑法故云凡染黑也但爾雅及周礼無四入五入六入之文礼有色朱玄之色故注此玄則六入下經注云朱則四入無正文故皆云與以疑之但論語有紺緅連文紺又在緅上則以纁入赤為朱若以纁入黑則為紺故淮南子云以涅染緅則黑于涅又以紺入黑汁則為緅故紺緅連言也若然玄為六入緇為七入深淺不同而鄭以衣與冠同以緇與玄同色者大同小異皆是黑色故云同也

有司如主人服即位于西方東面北上有司群吏有事者謂

主人之吏所自辟除府史以下也今時卒吏及假吏皆是也○辟必亦反卒子忽反假古雅反【疏】有司至北上○釋曰此論有司主人從主人有事故立位于廟門外西方東面以待事也○注有司至是也○釋曰士雖無臣皆有屬吏胥徒及僕隷故云有司羣吏有事者也云謂主人之吏所自辟除府史以下者案周禮三百六十官之下皆有府史胥徒不得君命主人自辟除去役賦補置之是也又案周禮皆云府史此云群吏吏史亦一也故舉漢注為證又周禮鄭注云此官長所自辟除此云主人者以此經云主人故依經而直云主人中亦為長者也又此注以有司為羣吏案特牲以有司為士屬吏不同者言羣吏則為府史胥徒也言屬吏則謂君命之士是以下文宿贊冠者注云謂賓若他官之屬若中士下士也又主人贊者亦云其屬中士若下士是言屬者尊之義特牲云有司士之屬吏亦親類也特牲有司之上有子姓此文無者彼祭祀事重故子姓皆來此冠事稍輕故容有不至故不言

筮與席所卦者

具饌于西塾

饌直轉反塾音孰○筮所以問吉凶謂著也所卦者所以畫地記爻易曰六畫

而成卦饌陳也具俱也西塾門外西堂也○畫音獲爻戶交反【疏】筮與至西塾○釋曰下云布席于門
中闑西閾外彼據筮此云西塾據陳處言○注筮所至堂也○釋曰筮所以問吉凶謂蓍也者案曲禮云
龜爲卜筴爲筮故知問吉凶謂蓍案易筮法用四十九蓍分之爲二以象兩掛一以象三揲之以四以象
四時歸奇于扐以象閏十有八變而成卦是也云所卦者所以畫地記爻者筮法依七八九六之爻而記
之但古用木畫地今則用錢以二少爲重錢重錢則九也三多爲交錢交錢則六也兩多一少爲單錢單
錢則七也兩少一多爲折錢折錢則八也案少牢云卦者在左坐卦以木故知古者畫卦以木也云易曰
六畫而成卦者說卦云昔者聖人之作易也將以順性命之理是以立天之道曰陰與陽立地之道曰柔
與剛立人之道曰仁與義兼三才而兩之故易六畫而成卦注云三才天地人之道六畫畫六爻引之者
塾畫地識爻之法云西塾門外西堂也者案爾雅云門側之堂謂之塾即士虞禮云蓋燔俎在內西塾上
南順是也筮在門外故知此經西塾門外西堂也

布席于門中闑西閾外西

西闑魚列反閾音域○闑門橛也閾閫也古文闑為
槷閾為蹷○橛其月反閫苦本反槷魚列反蹷子六反

疏布席至西面○釋曰此所布之席擬卜筮之事
言在中門者以大分言之云闑西閾外者指陳
席處也○注闑門至為蹷○釋曰云闑門橛者闑一
名橛也云閾閫也者曲禮云外言不入于閫閫門限
與閾為一也云古文闑為槷閾為蹷者遭于暴秦燔
滅典籍漢興求錄遺文之後有古書今文漢書云魯
人高堂生為漢博士傳儀禮十七篇是今文也至武
帝之末魯恭王壞孔子宅得古儀禮五十六篇其字
皆以篆書是為古文也古文十七篇與高堂生所傳
者同而字多不同其餘三十九篇絕無師說秘在于
館鄭注禮之時以今古二字並之若從今文不從古
文即今文在經闑閾之等于注內疊出古文槷蹷之
屬是也若從古文不從今文則古文在經注內疊出
今文即下文孝友時格鄭注云今文格為嘏又喪服
注今文冠無布縷之等是也此注不從古文槷蹷者
以槷蹷非門限之義故從今不從古也儀禮之內或
從今或從古皆遂義彊者從之若一字俱合義者對
互換見之即下文云壹揖壹讓升注云古文壹皆作

一公食大夫三牲之肺不離贊者辨取之一以授賓注云古文一爲壹是大小注皆疊今古文二者俱合義故兩從之又鄭疊古今之文者皆釋經義盡乃言之若疊古今之文說須別釋餘義者則在後皆言之即下文孝友時格注云今文格爲嘏又云凡醮不祝之類是也若然下記云章甫殷道鄭云章明也殷質言以表明丈夫也甫或爲父今文爲斧事相爲故因疊出今文也

筮人執筴抽上韇兼執之進受命於主人

筴初革反韇音獨○筮人有司主三易者也韇藏筴之器也今時藏弓矢者謂之韇丸也兼并也進前也自西方而前受命者當知所筮也

疏 筮人至主人○釋曰此經所陳據筮時之事案少牢云史左執筮右抽上韇兼與筮執之東面受命于主人得主人命訖史曰諾西面于門西抽下韇左執筮右兼執韇以擊筮乃立筮此云筴彼云筮一也但筮法不殊此亦應不異少牢具陳此不言者文不具當與彼同案三正記大夫蓍五尺故立筮士之蓍三尺當坐筮與彼異也○注筮人至筮也○釋曰案周禮春官筮人掌三易一曰連山二曰歸藏三曰周易注云問蓍曰

筮其占易是筮人主三易者也云韇藏筴之器者韇有二其一從下向上承之其一從上向下韜之也云今時藏弓矢者謂之韇丸也者此舉漢法爲況亦欲見韜弓矢者以皮爲之韇故詩云象弭魚服是以魚皮爲矢服則此韇亦用皮也知自西方而前者上云即位于西方故知前向東方受命也云受命者當知所筮也者謂執之不知以請筮何事宰遂命之也凡卜筮之法案洪範云七稽疑擇建立卜筮人三人占從二人之言又案尚書金縢云乃卜三龜一習吉則天子諸侯卜時三龜並用于玉瓦原二人各占一兆也筮時連山歸藏周易亦三易並用夏殷以不變爲占周易以變者爲占亦三人各占一易卜筮皆三占從二三者三吉爲大吉一凶爲小吉三凶爲大凶一吉爲小凶案士喪禮筮宅卒筮執卦以示命筮者命筮者受視反之東面旅占注云旅衆也反與其屬共占之謂掌連山歸藏周易者又卜葬日云占者三人在其南注云占者三人掌玉兆瓦兆原兆者也少牢大夫禮亦云三人占卜鄭既云反與其屬占之則鄭意大夫卜筮同用一龜一易三人共占之矣其用一龜一易則三代類用不專一代故春秋緯演孔圖云孔子

修春秋九月工成卜之得陽豫之卦雩均注云陽豫
夏殷之卦名故今周易無文是孔子用二代之筮則
大夫卜筮皆下
常據一代者也
宰自右少退贊命
宰有司主政教者
也自由也贊佐也
命告也佐主人告所以筮也注宰有至自右○釋
少儀曰贊幣自左詔辭自右疏曰知宰是有司主政
教者士雖爲臣以屬吏爲宰若諸侯使司徒兼冢宰
以出政教之類故云主政教者引少儀者取證贊命
在右之義以其地道尊右故贊命在右是以士之喪
礼亦云命筮者在主人之右注云命尊者宜由右出
特牲云宰自主人之左贊命不由左者爲神求吉變
故也士喪在右不在左者以其始死未忍異于生故
在右也少牢宰不贊命大夫尊
屈士卑不嫌故使人贊命也
筮人許諾右還即席
還音旋後倣此○即就也東面受
命右還北行就席卦者有司主畫
坐西面卦者在左
地識爻者也疏筮人至在左○釋曰此言筮人以主
○識音志人受命訖行筮事也但即席坐西面
者主人爲筮人而言作坐文宜在西面下今退西面
于下者欲西面之文下就畫卦者亦西向故也○注

即就至爻者○釋曰鄭知東面受命者以其上文有司在西方東面主人在門東西面令從門西東面主人之宰命之故東面受命可知也知右還北行就席者以其主人在門外之東南席在門中故知右還禮行乃得西面就席坐也云卦者有司主畫地識爻者上云所卦者謂木于此云卦者據人以杖畫地記識爻之七八九六者也

卒筮書卦執以示主人

卒已也書卦者筮人以方寫所得之卦也

疏 卒筮至主人○釋曰此言所筮六爻俱了卦体得成更以方版畫體示主人之事也○注卒已至卦也○釋曰云書卦者筮人也者下文云筮人還東面旅占明此書卦是筮人也不使他人書卦者筮人尊卦亦是尊蓍龜之道也案特牲云卒筮寫卦筮者執以示主人注云卦者主畫地識爻六爻備乃以方版寫之則彼宜寫卦亦是卦者故鄭云卦者畫爻者彼爲祭礼吉尚東于提提故卦者寫卦筮人執卦以示主人士喪禮注云卦者爲卦示主人經無寫卦之文是卦者自畫示主人以其喪礼遽于事故卦者自畫自示主人也此冠礼筮者自爲自示主人冠礼異於祭礼喪礼故也

主人受眡反之

反還

也○音還○遠疏主人受眡反之○釋曰此筮訖寫所得示主人主人受得省視雖未辨吉凶主人

尊先受視以知卦體而已卜人既知卦併反還與筮人使人知其占吉凶也筮人還東面

旅占卒進告吉旅衆也還與其屬共占之古文旅作臚○臚力居反疏筮人至告吉○

釋曰此言筮人既以主人受得卦体還于門西東面旅共占之是吉卦及進向門東東面告主人云吉也

若不吉則筮遠日如初儀遠日旬之外疏若不至初儀○釋曰曲禮吉事

先近日此冠礼是吉事故先筮近日不吉乃更筮遠日是上旬不吉乃更筮中旬又不吉乃更筮下旬云

如初儀者自筮于庙門已下至告吉是也○注遠日旬之外○釋曰曲礼云旬之内曰近某日旬之外曰

遠某日彼據吉禮而言旬之内曰近某日據士礼旬内筮故云近某日是以特牲旬内筮日是也旬之外

曰遠某日據大夫以上礼旬外筮故言遠某日是以少牢筮旬有一日是也案少牢云若不吉則及遠日

又筮日如初鄭注云及至也遠日後不若近日言至遠日又筮日如初明不并筮則前月卜來月之上旬

上旬不吉至上旬又筮中旬，中旬不吉至中旬又筮下旬，下旬不吉則止不祭祀也。若然，特牲不言及，則可上旬之內筮，不吉則預筮中旬，中旬不吉又預筮下旬，又不吉則止。若此冠礼亦先近日，士冠礼亦于上旬之內預筮三旬，不吉則更筮後月之上旬。以其祭祀用孟月，不容入他月；若冠子則年已二十，不可止，然須冠，故容入後月也。若然，大夫已上筮旬外，士筮旬內，此士礼而注云遠日旬之外者，此遠日旬之外，自是當月上旬之內筮不吉，更筮中旬，云遠日，非謂曲礼文大夫以上前月預筮來月上旬為遠其日者，彼自有遠日，與此別也。

徹筮席。徹，去也，斂也。○去，起呂反。

疏注徹去也斂也○釋曰：席則徹去之，筮則斂藏之，故兩訓之也。

宗人告事畢。宗人，有司主禮者也。

疏注宗人至禮者○釋曰：士雖無臣，亦有宗人掌禮，比于宗伯，故云有司主禮者。

主人戒賓，賓禮辭，許。戒，警也，告也。賓，主人之僚友。古者有吉事，則樂與賢者歡成之；有凶事，則欲與賢者哀戚之。今將冠子，故就告僚友使來。禮辭，一辭而許也。再辭而許曰固辭，三辭曰終辭，不許也。

疏主人至辭許○釋曰：自此以下

至賓拜送一節論主人筮日吉三日之前廣戒僚友使來觀禮之事也云主人戒賓者謂主人親至賓大門外之西東面賓出大門外之東西面戒之云賓礼辭許許者即下云戒賓曰某有子某將加布于其首願吾子之教之也賓對曰某不敏恐不能共事以病吾子敢辭主人曰某猶願吾子之終教之也賓對曰吾子重有命某敢不從是一度辭後乃許之是賓礼辭許者也○注戒警至許也○釋曰同官為僚同志為友此賓與主人同是官與為同志故以僚友解之此謂上中下士掌執摯相見者也若未嘗相見則不必戒故鄭以僚友言之是也云古者有吉事則樂與賢者歡成之者則此經戒賓使來者是也云有凶事則欲與賢者哀慼之者則士喪禮始死命赴者使告君及同僚之等是也云礼辭一辭而許者即此文是也云再辭而許曰固辭者則士相見云某也願見無由達某子以命命某見主人對曰某子命某見吾子有辱請吾子之就家也某將走見賓對曰某不足以辱命請終賜見主人對曰某不敢為儀固請吾子之就家也某將走見賓對曰某不敢為儀固以請主人對曰某也固辭不得命將走見是其再辭而許名為固

辭之義也云三辭曰終辭不許也者又士相見云士見于大夫終辭其摯是三辭不許爲終辭之義也若一辭不許後辭上許則爲礼辭許者再辭不許後三辭上許則爲再辭而許之曰固辭若不許至于三辭又不許則爲三辭曰終辭不許也又三辭而許則曰三辭若三辭不許乃曰終辭是以公食大夫戒賓上介出請入告三辭又司儀云諸公相爲賓主君郊勞交擯三辭車逆拜辱三揖三辭注云先辭辭其以禮來于外後辭辭升堂皆是三辭而許稱三辭若然此戒賓賓礼辭許不固辭案鄉飲酒主人請賓賓礼辭許注云不固辭者素有所志是賓背道藝本望賓舉是素所有志故不固辭此亦素有志樂與主人歡成冠礼故不固辭諸經云礼辭之許者是素有志之類也

主人再拜賓答拜主人退賓拜送退去也歸也

疏主人至拜送○釋曰案鄉飲酒礼主人戒賓賓拜辱主人答拜乃請賓賓礼辭許主人再拜賓答拜主人退賓拜辱鄉射亦然皆與此文不同此經文不具當依彼文爲正但此不言拜辱者亦是不爲賓已故也

前期三日筮賓如求日之儀前期

三日空二日也筮賓筮其可使冠子者賢者恒吉冠義曰古者冠禮筮日筮賓所以敬冠事敬冠事所以重禮重禮所以爲國本

疏 前期至之儀○釋曰此文下盡宿贊冠者亦如之論筮賓若贊冠者之節云前期三日者加日爲期期前二日也筮賓者謂於僚友衆士之中筮取吉者爲加冠之賓也云如求日之儀者亦于廟門外下至告事畢唯命筮別其餘威儀並同故云如求日之儀也命筮雖無文宰贊蓋云主人某爲適子某加冠筮某爲賓庶幾從之若庶子則改適字爲庶字其餘亦同此經不云命筮并上筮日亦不云命筮者皆文不具也○注前期至國本○釋曰云前期三日空二日也者謂正加冠日是期日冠日之前空二日外爲前期三日故云空二日也一日之中雖有宿賓宿贊冠者及夕爲期但非加冠之事故云空也云筮賓筮其可使冠子者即下文三加皆賓親加冠于首者是也云賢者恒吉者解經先戒後筮之意凡取人之法先筮後戒今以此賓是賢者必知吉故先戒賓賓已許方始筮之以其賢恒自吉故先戒後筮之也若賢恒吉必筮之者取其審慎重冠禮之事故鄭引冠義爲證也云重禮所以爲國本

者詩云人而無礼胡不遄死礼運云治國不以礼猶
無耜而耕也故云重礼所以為國本也然冠既筮賓
特牲少牢不筮賓者彼以祭祀之事主人自為獻主
群臣助祭而已天子諸侯之祭祭前已射于射宮擇
取可預祭者故不筮之也

乃宿賓賓如主人服出門左西面再拜主人東面荅拜

宿進也宿者必先戒戒不必宿其不宿者為衆賓或悉來或否主人朝服○為于僞反

【疏】乃宿至荅拜○釋曰此經為宿賓擯者傳主人辭入內告賓賓如主人服出門與上
人相見之儀也○注宿進至朝服○釋曰鄭訓宿為
進者謂進之使知冠日當來故下文宿曰某將加布
于其首吾子將莅之敢宿賓對曰某敢不夙興是
宿之使進之義也云宿者必先戒者謂若賓及贊冠
同在上戒賓之內已戒之矣今又宿是宿者必先戒
也云戒不必宿者即上文戒賓之中除正賓及贊冠
者但是僚友欲觀禮者皆戒之使知而已後更不宿
是戒不必宿者也云不宿者為衆賓或悉來或否者
此決賓與贊冠者戒而又宿不得不來衆賓主來觀
礼非要須來容有不來者故直戒不宿也云主人朝

服者見上文筮日時朝服至此無改即之文則知皆朝服凡有戒無宿者非止于此案鄉飲酒鄉射主人皆戒賓及公食大夫各以其爵皆是當日之戒理無宿也又大射宰戒百官有事于射者射人戒諸公卿大夫射司士戒士射與贊者前射三日宰夫戒宰及司馬皆有戒而無宿是也射人宿視滌此言宿者謂將射之前於宿預視滌濯非戒宿之意也若然特牲礼云前期三日宿宿尸前無戒而直有宿宿者特牲文不具其賓亦有戒也又禮記祭統云先期旬有一日宮宰宿夫人夫人亦散齊七日致齊三日注云讀宿為肅肅猶戒也戒輕宿重也者彼以夫人尊故不得言戒而變言宿讀為肅肅者肅亦戒之意彼以宿當戒處非戒謂祭前三日之宿也大宰云祀五帝則掌百官之誓戒者謂前戒百官使之散齊至祭前三日當致齊也凡宿賓之法案特牲云前期三日筮尸乃宿尸厥明夕陳鼎則前期二日宿之也少牢筮吉下云宿宿鄭注云大夫尊義益多筮日既戒諸官以齊戒矣至前祭一日又戒以進之使知祭日當來又云前宿一日戒宿尸注云先宿尸者重所用為尸者又為將筮吉則乃遂宿尸是前祭二日祭尸訖宿尸至前祭一日又宿

尸天子諸侯祭前三日宿之使致齊也

乃宿賓賓許主人再拜賓荅拜主人退賓拜送乃宿賓者親相見致其辭【疏】乃宿至拜送○釋曰上據擯者傳辭賓出與主人相見此經據主人自致辭故再舉宿賓之文也

宿贊冠者一人亦如之贊冠者佐賓為冠事者謂賓若他官之屬中士若下士也宿之以筮賓之明日【疏】注贊冠至明日○釋曰案下文冠子之時贊者坐櫛設纚卒紘之類是贊冠者佐賓為冠事者以其佐賓為輕故不筮也云謂賓若他賓之屬者此所取本由主人之意或取賓之屬或取他官之屬故鄭兩言之案周禮三百六十官之每官之下皆有屬官假令上士為官首其下有中士下士為之屬若中士為官首其下卽有下士為之屬也云中士若下士也者此據主人是上士而言之贊冠者皆降一等假令主人是上士賓亦是上士則取中士為之贊假令主人是下士賓亦是下士則亦取下士為之贊礼窮則同故也云宿之以筮賓之明日者以下有厥明夕為期是冠前一日宿賓宿贊在厥明之上則云冠前二日矣筮賓是前期三日則知宿

賓贊冠者是筮賓之明日可知不在宿賓下而在宿贊冠之下言之者欲取爲厥明相道故也厥明夕爲期于廟門之外主人立于門東兄弟在其南少退西面北上有司皆如宿服立于西方東面北上厥其也宿服朝服疏厥明至北上○釋曰自此至賓之家論冠前一日之夕爲明日加冠之期告賓之事也云厥明夕爲期者謂宿賓與贊冠明日向暮爲加冠之期必於廟門者以冠者在廟知亦在廟爲期也主人之東之類在門東賓之類在門西者各依賓主之位夾處東西也○注厥其至朝服○釋曰知宿服朝服者以其宿服如筮日之服筮日朝服轉相如故知是朝服也擯者請期宰告曰質明行事擯者必刃反○擯者有司佐礼者在主人曰擯在客曰介質正也宰告曰旦日正明行冠事○介音界疏擯者至行事○釋曰上經布位已訖故此經見爲期之事言請期者謂請主人加冠之期言告曰者即是宰贊命告之也○注擯者至冠事○釋曰上云有司此言擯者故知擯者是有司佐主人

行冠礼者也云在主人曰擯在客稱介者案聘禮及大行人皆以在主人曰擯在客称介亦曰相司儀云每門止一相是也云旦日正明行冠事者案特牲請期曰羮飪鄭注云肉謂之羮飪熟也謂明日質明時而曰肉熟重豫勞賓此無羮飪故云質明少牢云旦明行事故此注取彼而言曰日正明行冠事也

告兄弟及有司擯者告也

疏注擯者告也○釋曰上文陳兄弟及有司位次此告訖下乃云告事畢則兄弟及有司亦廟門之外矣必告之者禮取審慎之義故也必知擯者告者上擯者請期此即云告明還是擯者告可知

告事畢宗人告也

疏注宗人告也○釋曰知宗人告者亦約上文筮日時宗人告事得知也

擯者告期于賓之家

疏擯者至之家○釋曰有司是家之屬吏者則告期皆得在位賓是同僚之等爲與時不在故就家告之於夕爲期當暮即得告之者以其共仕於君其家必在城郭之內相近故得告也

夙興設洗直于東榮南北以堂深水在洗東直吉值反深申鴆反凡度淺深曰深後並放此○夙早也興起也洗承盥

洗者棄水器也士用鐵槃屋翼也周制自卿大夫以下其室爲夏屋水器尊卑皆用金罍及大小異○盥音管夏戶雅反後同罍力回反（疏）夙興至洗東○釋曰自此至賓升則東面論將冠子豫陳設冠與服器物之事也○注夙早至小異○釋曰云洗承盥洗者棄水器也者謂盥手洗爵之時恐水穢也以洗承盥洗水而棄之故云棄水器云士用鐵者案漢禮器制度洗之所用士用鐵大夫用銅諸侯用白銀天子用黃金也云榮屋翼也者即今之傳風云榮者與屋爲榮飾言翼者與屋爲翹翼也云周制自卿大夫以下其室爲夏屋者言周制也夏殷卿大夫以下屋無文故此經是周法即以周制而言也案此經是士禮而云榮鄉飲酒卿大夫禮鄉射喪大記大夫士禮皆云榮又案匠人云夏后氏世室堂脩二七廣四脩一五室此謂宗廟路寢同制則路寢亦然雖不云兩下爲之彼下文云殷人重屋四阿鄭云四阿四注屋重屋謂路寢殷之路寢四阿則夏之路寢不同阿矣當兩下爲之是以檀弓孔子云見若覆夏屋者矣鄭注云夏屋今之門廡漢時門廡也兩下爲之故舉漢法以況夏屋兩下爲之或名兩下屋爲夏屋夏后氏之

屋亦為夏屋鄭云卿大夫以下其室為夏屋兩下而周之天子諸侯皆四注故喪大記云升自屋東榮鄭以為卿大夫士其天子諸侯當言東霤也周天子路寢制似明堂五室十二堂上圓下方明四注也諸侯亦然故燕禮云洗當東霤鄭云人君為殿屋也云水器尊卑皆用金罍及大小異者此亦案漢禮器制度尊卑皆用金罍及其大小異此篇與昏禮鄉飲酒鄉射特牲皆直言水不言罍大射雖云罍水不云斗少牢云司宮設罍水于洗東有枓鄭注云設水用罍沃盥用枓禮在此也欲見罍枓俱有餘文無者不具之意也儀禮之內設洗與設尊或先或後不同者若先設洗則無餘事此士冠賓與贊共洗昏禮有夫婦與御媵之等少牢特牲無舉畀不專為酒以是皆先設洗鄉飲酒鄉射先設尊者以其專為酒燕禮大射自相對大射辨尊卑故先設尊燕禮不辨尊卑故先設洗又儀禮之內或有尊無洗或尊洗皆有文不言設之者是不具也

陳服于房中西墉下東領北上墉墻

【疏】陳服至北上○釋曰自此至東面論陳設衣服器物之等以待冠者喪大記與士喪禮服或西領或南領此東領者此嘉

禮異於凶禮，故士之冠特先用卑服北上便也、

爵弁服纁裳純衣緇帶韎韐

纁許云反韎音妹韐音閤○此與君祭之服雜記曰、士弁而祭於公爵弁者冕之次其色赤而微黑如爵頭然或謂之緅其布三十升纁裳淺絳裳凡染絳一入謂之縓再入謂之赬三入謂之纁朱則四入與純衣絲衣也餘衣皆用布唯冕與爵弁服用絲耳先裳後衣者欲令下近緇明衣與帶同色韎韐緼韍也士緼韍而幽衡合韋爲之士染以茅蒐因以名焉今齊人名蒨爲韎韐韍之制似韠冠弁者不與衣陳而言於上以冠名服耳今文纁皆作熏○緅七絹反赬丑貞反緼音温韍音弗幽於糾反茅如字又音妹蒨七見反

【疏】爵弁至韎韐○釋曰此所陳從北而南故先陳爵弁服○注此與至作熏○釋曰士禮玄冠自祭以爵弁服助君祭故云與君祭之服也云爵弁者冕之次者凡冕以木爲體長尺六寸廣八寸績麻三十升布上以玄下以纁前後有旒其爵弁制大同唯無旒又爲爵色爲異又名冕冕者俛也低前一寸二分故得冕稱其爵弁則前後平故不得冕名以其尊卑次於冕故云爵弁冕之次也云其色赤而微黑如爵

頭然或謂之緅者七入爲緇若以練入黑則爲紺以
紺入黑則爲緅是三入赤再入黑故云其色赤而微
黑也云如爵頭然者以目驗爵頭赤多黑少故以爵
頭爲喻也以緅再入黑乃與爵同故取鍾氏緅色解
之故鄭注鍾氏云今禮俗文作爵言如爵頭色也玄
此言赤者對文爲赤若將緅比纁則又黑多矣故淮
南子云以涅染紺則黑於涅況更一入黑爲緅乎故
巾車云雀飾鄭注云雀黑多赤少之色是也云其布
三十升者取冠倍之義是以喪服衰三升冠六升朝
服十五升故冕三十升也云纁裳淺絳裳者絳則一
染至三染同云淺絳詩云我朱孔陽毛傳云朱深纁
也故從一染至三染皆謂之淺絳也云朱則四入與
者爾雅及鍾氏皆無四入之文經有朱色故鄭約之
若以纁入黑則爲紺若以纁入赤則爲朱無正文故
云與以疑之也然上注以解玄緇故引鍾氏染黑法
此注解纁故引爾雅染赤法也云純衣絲衣也者案
鄭解純字或爲絲或爲色兩解不同者皆望經爲注
若色理明者以絲解之若絲理明者以色解之此經
玄衣與纁裳相對上玄下纁色理自明絲理不明則
以絲解之昏禮女次純衣注云絲衣以下文有袡纁

者畢袗玄色理自明則亦絲理不明故亦以絲理解之周禮媒氏ム純帛無過五兩注云純實緇字也古緇以才爲聲納幣用緇婦人陰也以經云純帛絲理自明故爲色解之祭統云蠶於北郊以共純服絲理自明故鄭亦以色解也論語云麻冕禮也今也純儉以純對麻絲理自明故鄭亦以色解之是況有不同之事但古緇紂二字並色若據布爲色者則爲緇字若據帛爲色者則爲紂字但緇布之緇多在本字不誤紂帛之紂則多誤爲純云餘衣皆用布者此據朝服皮弁服玄端服及深衣長衣之等皆以布爲之是以雜記云朝服十五升布玄端亦服之類則皮弁亦是天子朝服深衣或名麻衣故知用布也云唯冕與爵弁服用絲耳者祭統云王后蠶於北郊以供純服爵弁服是冕服之次故知亦用絲也云先裳後衣者欲令下近緇明衣與帶同色者衣在上宜與冠相近應先言衣今退衣在裳下者若衣與冠同色者先言衣後言裳今爵弁與衣異故退純衣於下使與帶同色也云韎韐緼韍也者此經云韎韐二者一物故鄭合爲一物解之也云士緼韍而幽衡者玉藻文言幽衡者同繫於革帶故連引之也云合韋爲之者鄭即

因解名緼韍之字言韐者韋旁著合謂合韋爲之故
名韐也云士染以茅蒐因以名焉者案爾雅云茹藘
茅蒐孫氏注一名蒨可以染絳若然則一草有此三
名矣但周公時名蒨草爲韎草以此韎染韋合之爲
[illegible]韍爲韎韐也云韍之制似韠者案上注已釋
[illegible]之制亦如之但有飾無飾爲異耳祭服謂
之韍其他服謂之韠易困卦九二困於酒食朱韍方
來利用享祀是祭服之韍也又案明堂位云有虞氏
服韍夏后氏山殷火周龍章鄭云後王彌飾天子備
焉諸侯火而下卿大夫山士韎韋而已是士無飾則
不得單名韍一名韎韐一名緼韍而已是韍有與緼
異以制同飾異故鄭云韍之制似韠也但染韋爲韍
之體天子與其臣及諸侯與其臣有異詩云朱芾斯
黃鄭云天子純朱諸侯黃朱詩又云赤芾在股是諸
侯用黃朱玉藻再命三命皆云赤韍是諸侯之臣亦
用赤韍易困卦九二云困於酒食朱韍方來利用享
祀鄭注云二據初辰在未未爲土此二爲大夫有地
之象未上值天廚酒食象困於酒食者采地薄不足
己用也二與日爲体離爲鎮瞿爻四爲諸侯有明德
受命當王者離爲火火色赤四爻辰在午時離氣赤

又朱是也文王將王天子制用朱韍故易乾鑿度云孔子曰天子三公諸侯同色困卦困于酒食朱韍方來又云天子三公大夫不朱韍諸侯亦同色者其染之法同以淺絳爲名是天子與其臣純朱諸侯與其臣黃朱爲異也云冠弁不與衣陳而言於上以冠名服耳者案此文上下陳服則於房緇布冠及皮弁在堂下是冠弁不與服同陳今以弁在服上並言之者以冠弁表明其服耳不謂同陳之也云今文纁皆作熏者纁是色當從絳旁爲之故今文不從熏從經文古纁也

皮弁服素積緇帶素韠

此與君視朔之服也皮弁者以白鹿皮爲冠象上古也積猶辟也以素爲裳辟蹙其要中皮弁之衣用布亦十五升其色象焉○辟必亦反下同要一遙反

【疏】皮弁至素韠○釋曰此皮弁服卑於爵弁故陳之次在爵弁之南上爵弁服下玄端服皆言衣此獨不言衣者以其上爵弁服與爵弁異故言衣下玄端服但冠時用緇布冠不用玄冠既不言冠故言衣也今此皮弁之服用白布衣與冠同色故不言衣也○注此與至象焉○釋曰案玉藻云諸侯皮弁聽朔於大廟又案鄉黨說孔子之服云素衣麑裘鄭云

視朔之服視朔之時君臣同服也云皮弁者以白鹿皮爲冠象上古也者謂三皇時以白鹿皮冒覆頭鉤領繞項至黄帝則有異故世本云黄帝作冕旒禮運云先王未有宫室又云食草木之實鳥獸之肉未有麻絲衣其羽皮鄭云此上古之時則此象上古謂象三皇時以五帝爲太古以三皇爲上古也若然黄帝雖有絲麻布帛皮弁至三王不變是以下記云三王共皮弁鄭注云質不變鄭注郊特牲云所不易於先代故孝經緯云百王同之不改易也案禮圖仍以白鹿皮爲冠故云以白鹿皮爲冠象上古也云積猶辟也以素爲裳辟蹙其要中者經典云素者有三義若以衣裳言素者謂白繒也即此文之等是也畫繢言素者謂白色即論語云繪事後素之等是也器物無飾亦曰素則檀弓云奠以素器之等是也是以鄭云以素爲裳辟蹙其要中也知皮弁之衣亦用十五升布者雜記云朝服十五升此皮弁亦天子之朝服故亦十五升布也然喪服注云祭服朝服辟積無數則祭服皮弁皆辟積無數餘不云者舉皮弁可知不並言也唯喪服裳幅三袧有數耳云其色象焉者謂象皮弁之色用白布也以此言之論語注云素用繒者

後上服傷衣用素也玄端玄裳黃裳雜裳可也緇帶爵韠夕朝之服玄端即朝服之衣易其裳耳上士玄裳中士黃裳下士雜裳雜裳者前玄後黃易曰夫玄黃者天地之雜也天玄而地黃士皆爵韋為韠其爵同不以玄冠名服者是為緇布冠陳之玉藻曰韠君朱大夫素士爵韋○莫音暮朝直遥反夫玄之夫音扶疏玄端至爵韠○釋曰此玄端服服之下故後陳於皮弁之南陳三等裳者凡諸侯之下皆有二十七士公侯伯之士一命子男之士不命不同一命不命皆分為三等故服分為三等之裳以當之上下經三等之服同用緇帶者以其上唯有一幅裨之帶故三服共用之大帶所以求衣華帶所以珮韠及佩玉之等不言韋者舉韠有韋帶可知故畧不言耳三裳之下云可也若欲見三等之士各有所當者即服之故言可以許之也○注此莫至爵韋○釋曰云此莫夕於朝之服者當是莫夕於君之朝服也案玉藻云君朝服以日視朝于內朝夕深衣祭牢肉是君朝服朝服夕服深衣矣下又云朝玄端夕深衣朝時不服與君不同故鄭注云謂大夫士也則彼朝玄端夕深衣是大

夫士家私朝也若然大夫士既服玄端深衣以聽私朝矣此服注云莫夕於朝之服是士向莫之時夕君之服必以莫爲夕者朝禮備夕禮簡故以夕言之也若卿大夫莫夕於君當亦朝服矣案春秋左氏傳成十二年晉郤至謂子反曰百官承事朝而不夕此云莫夕者無事則無夕法若夕有事須見君則夕故昭十二年子革云夕襄十四年子我亦云夕者皆是自事見君非常朝夕之事也云玄端即朝服之衣易其裳耳者上云玄冠朝服緇帶素韠此玄端亦緇帶彼云朝服即此玄冠也但朝服亦得名端故論語云端章甫鄭云端諸侯視朝之服耳皆以十五升布爲緇色之正幅爲之同名也云易其裳耳者彼朝服素韠韠同裳色則裳亦素此既易其裳以三等裳同爵韠則亦易之矣不言者朝服言素韠不言裳故須言異彼言素韠此云爵韠於文自明故不須言易也云下士玄裳中士黃裳下士雜裳者此無正文直以諸侯之士皆有三等之裳故還以三等之士記之但玄是天色黃是地色天尊而地卑故上士服玄中士服黃下士當雜裳雜裳者還用此玄黃但前陽後陰故知前玄後黃也云易曰者是文言文引之者證此裳等

是天地二色爲之云士皆爵韋爲韠其爵同者三裳同云爵韠故知三等之士同用爵韋爲韠也其爵韋者所引玉藻文是也云不以玄冠名服者是爲緇布冠陳之者今不以玄冠表此服者此爲冠時緇布冠陳之冠既不用玄冠故不言也云玉藻者案彼注云此玄端服之韠也云韠者與下君大夫士爲揔目韋者又物三者用韋爲之言君朱大夫素士爵者韠之韋色也云君朱者則五等諸侯則天子亦朱矣韠同裳色則天子諸侯朱裳士言爵則此經爵韠亦一也以其裳有三等爵亦雜色故同爵韠若然大夫素裳則與朝服不異者禮窮則同也

緇布冠缺項青組纓屬于缺緇纚廣終幅長六尺皮弁笄爵弁笄緇組紘纁邊同篋

缺依注音頍去蘂反屬蜀章玉反纚山綺反○缺讀如有頍者弁之頍緇布冠無笄者著頍圍髮際結項中隅爲四綴以固冠也項中有絕亦由固頍爲之耳今未冠笄者著卷幘頍象之所生也滕薛名蔮爲頍屬猶著纚今之幘梁也終充也纚一幅長六尺足以韜髮而結之矣笄今之簪有笄者屈組爲紘垂爲飾無笄者纓而

結其絛纓邊組側赤也同篋謂此以上凡六物隋方曰篋○著頍著卷之著陟略反綴丁衛反纚紀屆反卷去圓反䕶古內反猶著著之著直略反韜本作弢土刀反簪側金反上時掌反隋他果反狹而長

【疏】注缺讀至曰篋○釋曰云缺讀如有頍者弁之頍者讀從頍弁詩義取在首頍者弁貌之意也云緇布冠無笄者案經皮弁爵弁言笄緇布冠不言笄故云無笄也云著頍圍髮際者無正文約漢時卷幘亦圍髮際故知也云結項者此亦無正文以經云頍明于項上結之也云隅為四綴以固冠也者此亦無正文以義言之既武以下別有頍項明于首四隅為綴上綴于武然後頍項得安穩也云項中有緇亦由固頍為之耳者此亦無正文以義言之頍之兩頍皆為緇別以繩穿緇中結之然後頍得牢固故云亦由固頍為之也云今之未冠笄者著卷幘頍象之所生者此舉漢法以況義耳漢時男女未冠笄者首著卷幘之狀雖不智知既言頍圍髮際故以冠之明漢時卷幘亦以布帛之等圍繞髮際為之矣云頍象之所生者漢時卷幘是頍之遺象所生至漢時故云頍象之所生也云滕薛名蔮為頍者此亦舉漢時事以況之漢時

滕薛二國云薳國薳國卷憒之類亦遺象故爲況也云纚
今之憒梁者亦舉漢法爲況耳憒梁之狀鄭目驗而
知至今久遠亦未審也云纚一幅長六尺足以韜髮
而結之矣者人髮之長者不過六尺纚六尺故云足
以韜髮既云韜髮乃云結之則韜訖乃爲紒矣云有
笄者即經云皮弁及爵弁皆云笄者是有笄也云屈
組爲紘者纚緇組紘纁邊是爲有笄者而設言屈組
謂以一條組於左笄上繫定遶顛下右相向上仰屬
于笄屈繫之有餘因垂爲飾也云無笄者纓而結其
條者無笄即紘緇布冠是也則以二條組兩相屬于
頍故經云組纓屬于頍也既屬訖則所垂條于頍下
結之故云纓而結其條也云纁邊組側赤也者纁是
三入之赤色又云邊則于邊側赤也若然以緇爲中
以纁爲邊側而織之也云同篋謂此上凡六物者緇
布至屬于頍共爲一物纚長六尺二物皮弁笄三物
爵弁笄四物其緇組紘纁邊皮弁爵弁各有一爲二
物通前四爲六物云隋方曰篋者爾雅無文此對笥
方而不隋也隋謂狹而長也案周禮弁師云掌五冕
而云玉笄朱紘則天子以王爲笄以朱爲紘又案祭
義云天子冕而朱紘諸侯冕而青紘諸侯之笄亦當

用玉矣又案弁師韋弁皮弁同科皮弁有笄則二者亦有笄矣又爲笄者屬纓不見有緌則六冕無緌矣然上緇布冠無緌故下記云孔子曰其緌也吾未之聞也若諸侯亦以緇布冠爲始冠之冠則有緌故玉藻云緇布冠繢緌諸侯之冠也鄭注云尊者飾其大夫紘纂禮器云管仲鏤簋朱紘鄭注云大夫士當緇組纁邊是也其笄亦當用象耳 櫛實于簞 櫛莊乙反簞音丹○簞笥也○笥音嗣 疏注簞笥也○釋曰鄭注曲禮圓曰簞方曰笥與簞方圓有異而云簞笥共爲一物者鄭舉其類注論語亦然 蒲筵二在南 筵席也 疏注筵席也○釋曰筵二者一爲冠子即下云筵于東序少北是也一爲醴子即下云筵于戶西南面是也云在南者最在南頭對下文側尊一甒醴在服北也鄭注云筵席也者鄭注周禮司几筵云敷陳曰筵藉之曰席然其散言之筵席通矣前敷在地者皆言筵取相承之義是以諸席在地者多言筵也 側尊一甒醴在服北有篚實勺觶角柶脯醢南上 甒亡甫反篚方尾反勺上若反觶之豉反柶音四醢音海○側猶特也無

偶曰側置酒曰尊側者無玄酒服北者纁裳北也篚竹器如笭者勺尊升所以㪺酒也爵三升曰觶柶狀如匕以角為之者欲滑也南上者篚次尊籩豆次篚古文甒作廡○笭力呈反㪺九于反又音拘挹也廡音武

【疏】注側猶至作廡○釋曰云側猶特也無偶曰側置酒曰尊側者無玄酒者凡禮之通例稱側有二一者無偶特一為側則此文側是也又昏禮云側尊甒醴于房中亦是無玄酒曰側至於昏禮合升側載聘禮云側襲士虞禮云側尊此皆是無偶為側之類也一者聘禮云側受几者側是旁側之義也云服北者纁裳北也者此上先陳爵弁服之時纁裳最在北向南陳之此云服北明在纁裳北可知也云篚竹器如笭其字皆竹下為之故以竹器言之如笭者亦舉漢法為況也云勺尊升所以㪺酒也者案少牢云疊水有枓與此勺為一物故云尊升對彼是疊枓所以㪺水則此為尊枓㪺酒者也云爵三升曰觶者然韓詩外傳云一升曰爵二升曰觚三升曰觶四升曰角五升曰散相對爵觶有異散文則通皆曰爵故鄭以爵名觶也云柶狀如匕以角為之者欲滑也者對士喪禮用木柶者喪禮反吉也云南上者篚次尊籩

豆次籩知然者以經云尊在服北南上則是從南北向陳之以尊爲貴次云籩後云籩豆故知次第然也云古文甒作廡者此甒爲酒器廡是廈屋西下故不從古文也

爵弁皮弁緇布冠各一匴執以待于西坫南南面東上賓升則東面匴素管反坫丁念反○爵弁者制如冕黑色但無繅耳周禮王之皮弁會五采玉璂象邸玉笄諸侯及孤卿大夫之冕皮弁各以其等爲之則士之皮弁又無玉象邸飾緇布冠今小吏冠其遺象也匴竹器名今之冠箱也執之者有司也坫在堂角古文匴爲篹坫爲襜○繅音早璂音其邸丁礼反篹素管反又音篹襜以占反

䟽爵弁至東面○釋曰此一節論使有司三人各執其一豫在階以待冠事賓未入南面以向賓在堂亦以向賓言升則東面據然言之也○注爵弁至作襜○釋曰云爵弁者制如冕而黑色但無繅耳者已於上辯說今復言之者上文直舉冠以表服其冠實不陳故略言其冠至此專爲冠言之是以注并引皮弁以下之事案弁師言冕斿五采繅玉皮弁有五采玉璂象邸玉笄下云諸侯及孤卿大夫之冕韋弁皮

弁經各以其等爲之鄭注云各以其等繅斿玉璂如其命數也但上文已言上公之法故此諸侯唯據侯伯子男是以鄭云冕則侯伯繅七就用玉九十八子男繅玉就用玉玉十繅玉皆三采孤繅四就用玉三十二三命之卿繅三就用玉十八再命之大夫繅再就用玉八藻玉皆朱綠韋弁皮弁則侯伯璂飾七子男璂飾五玉亦三采孤則璂飾四三命之卿璂飾三再命之大夫璂飾二玉亦一采弁經之弁其辟積如冕繅之就然庶人弔者素委貌一命之大夫冕而無斿上變冕爲爵弁其韋弁皮弁之會無結飾弁經之弁不辟積彼經文具言之今此注畧引以證士皮弁無玉以象爲飾之意不取於韋弁弁經乃依命數之事故不具引之云緇布冠小吏冠其遺象也者但緇布冠士爲初加之冠冠訖則弊之不用庶人則常著之故詩云臺笠緇撮是庶人以布冠常服者以漢之小吏亦常服之故舉爲况云匴竹器名今之冠箱也者此亦舉漢法爲况云執之者有司也者則上云有司如主人服有司不主一事故知此亦有司也云坫在堂角者但坫有二文有一者謂若明堂位云崇坫亢圭及論語云兩君之好有反坫之等在廟中有

之以亢反爵之屬此篇之內言坫者皆據堂上角爲名故云堂角云古文匴爲纂坫作襜者皆從經今文故疊古文也

主人玄端爵韠立于阼階下直東序西面

阼才故反○玄端士入廟之服也阼猶酢也東階所以荅酢賓客也堂東西牆謂之序○酢才各反

疏主人至西面○釋曰上文已陳衣冠器物自此以下至外門外論賓主兄弟等著服及位處也云玄端爵韠者主人之服與上所陳子加冠玄端服亦一也云立于阼階下者時欲與賓行礼之事也云直東序者直當也謂當堂上東序墻也○注玄端至之序○釋曰案特牲士礼祭服用玄端此亦士之加冠在廟故與祭同服故云士入廟之服也云東西墻謂之序者爾雅釋宫文

兄弟畢袗玄立于洗東西面北上

袗之忍反又之愼反又音眞○兄弟主人親戚也畢猶盡也袗同也玄者玄衣玄裳也緇帶韠位在洗東退於主人不爵韠者降於主人也古文袗爲均

疏兄弟至北上○釋曰此論兄弟來觀禮之服也○注兄弟至爲均○釋曰云兄弟主人親戚也者既云兄弟故是主人親戚云袗同

也玄者玄衣玄裳也緇帶韠者以其同玄故[illegible]皆玄云緇帶韠者緇亦玄之類因士有緇帶故[illegible]言緇實亦玄也云位在洗東退於主人者主人常序南西面洗當東榮兄弟又在洗東故云退於主人也云不爵韠者降於主人也者爵弁同色主人尊故也兄弟用緇韠不用爵韠兄弟卑故云降於主人也

擯者玄端負東塾東塾門內東堂負之北面疏擯者至東塾〇釋曰擯者不言如主人服別言玄端則與主人不同可知主人與兄弟不同故特言玄端與下贊者玄端從之同言玄則此擯者是主人之屬中士若下士也故直舉玄端不言裳也〇注東塾至北面〇釋曰知是擯者是主人擯相事在門內故知在門內東堂負之北面向主人也

將冠者采衣紒在房中南面紒音界〇采衣未冠者所服玉藻曰童子之飾也緇布衣錦緣錦紳并紐錦束髮皆朱錦也紒結髮古文紒爲結〇緣以絹反紐女九反疏將冠至南面〇注采衣至爲結〇釋曰將冠者即童子二十之人也以其冠事未至故言將冠者也云緇布衣錦緣者以其童子不帛襦袴不衣裘裳故云緇布衣以錦

為緇布衣之緣也云錦紳者以錦為大帶也云并紐者亦以錦為紐紳之垂也云錦束髮者以錦為總云
皆朱錦也者童子之錦皆朱錦也云紒結髮者則詩曰總角丱兮是也以童子尚華飾故衣此也賓
如主人服贊者玄端從之立于外門之外外門大門外疏
○釋曰云賓如主人服者以其賓與主人尊卑同故得如之贊者皆降主人一等其衣冠雖同其裳則異
故不得如主人服故別玄端也若然此冠兄弟及賓贊皆得玄端特牲主人與尸祝佐食玄端自餘皆朝
服者以彼助祭在廟緣孝子之心欲得尊嘉賓以事其祖禰故朝服與主人異也擯者告告者出請
入告疏注告者出請入告○釋曰出請入告者告主人也主人迎出門左西面
再拜賓荅拜左東也出以東為左入以東為右疏注左東至為右○釋曰出以東為左
入以東為右據主人在西出則以西為右入以西為左也主人揖贊者與賓揖先
入贊者賤揖之而已又與賓揖先入道之贊者隨賓○道音導疏注贊者至隨賓○釋曰云贊者

賤也云又與賓揖者對前爲賓拜此今又揖者爲主人將先入故又與賓揖乃入也云贊者隨賓後不見更與贊者爲礼故知隨賓入也

每曲揖周左宗廟入外門將東曲揖直廟將北曲又揖

疏注周左至又揖○釋曰周左宗廟者祭義與小宗伯俱有此文對殷右也言此皆欲見入大門東向入廟云入外門將東曲揖者主人在南賓在北俱向東是一曲故一揖也至廟南主人在東北面賓在西北面是曲爲當揖故云直廟將北曲又揖也適下將入廟又揖三也

至于廟門揖入三揖至于階三讓入門將右曲揖將北曲揖當碑揖○碑彼宜反

疏注入門至碑揖○釋曰經直云入門揖鄭知此爲三揖者以上云每曲揖據入門東行時此入廟門三揖是據主人將右欲背客宜揖將北曲與客相見又揖云當碑揖者碑是庭中之大節又宜揖是知三揖據此而言也案昏礼注入三揖者至內霤將曲揖既曲北面揖當碑揖及聘礼鄉飲酒入三揖注雖不同皆據此三節爲三揖義不異也

主人升立于序端西面賓

西序東面主人賓俱升立相鄉〇鄉許亮反又作嚮疏注主人至相鄉〇釋曰此文主人與賓立相鄉位定將行冠禮者也主人升堂不拜至者冠子非為賓客故異於鄉飲酒之等也

贊者盥于洗西升立于房中西面南上盥於洗西由賓階升也立于房中近其事也南上尊於主人之贊者古文盥皆作浣〇近相近之近浣戶管反疏注盥於至作浣〇釋曰此賓者之贊冠者不在堂升即位于房中與主人贊者並立者以其與主人贊者俱是執勞役之事故先入房並立侍事故鄭云近事也云盥於洗西由賓階升也者贊者盥於洗西無正文案鄉飲酒主人在洗北南面賓在洗南北面如此相鄉又主人從內賓從外來之使贊者亦從之又卑不可與賓並故在洗西東面及向賓階便知在洗西也云由賓階升者以與主人贊者在房並立恐作阼階故明其同於賓客也云南上尊於主人之贊者以其賓主贊者俱降一等爾贊尊卑同而云尊者直以主人尊敬賓之贊故云尊於主人之贊又知與主人贊並立者以贊冠一人而已而云南上明與主人贊為序也

主人之

贊者筵于東序少北西面主人之贊者其屬中士若下士筵布席也東序主人位也適子冠於阼少北辟主人○適丁歷反辟音避【疏】注主人至主人○釋曰云主人之贊者其屬中士若下士者以主人上士爲正故云其屬中士若主人是中士贊是其屬下士爲之賓與贊冠者同云筵布席也者謂布冠者席也云東序主人位也者引冠義云適子冠於阼爲證是據

將冠者出房南面南面立於房外之西待賓命【疏】注南面至賓命○釋曰知在房外之西不在東者以房外之東南當阼階是知房外者皆在房外之西故昏礼女出于母左母在房外之西故得出時在母左也云待賓命者以其下文有賓揖將冠則賓有命也

贊者奠纚笄櫛于筵南端贊者賓之贊冠者也奠停也古文櫛爲節【疏】注贊者至爲節○釋曰前頍項已下六物同一篋陳於房今將用之故贊冠者取置于將冠之席南擬用若然六者俱用不言纚紘等四物大畧其實皆有可知不言櫛盛于簞今亦并簞將來置於席南端也服不將來置於席南者皆加冠訖冠房中隱處加服訖乃見

容体也知贊者是其賓之贊冠者也者以其贊冠者
主爲冠事而來故知取笄纚是賓之贊冠者若非賓
之贊者則云主人以別之
故上云主人之贊者是也賓揖將冠者將冠者即筵
坐贊者坐櫛設纚即就
設施疏賓揖至設纚○釋曰此二
者勞役之事故贊者爲之
也賓降主人降賓辭主人對主人降爲賓將盥不敢
安位也辭對之辭未聞
○爲于疏注主人至未聞○釋曰云辭對之辭未聞
爲反者上筮賓宿賓之時雖不言其辭下皆陳
其辭此賓主之辭不
贊不言故云未聞也賓盥卒壹揖壹讓升主人升復
初位揖讓皆壹者降於疏注賓盥至初位○釋曰云
初古文壹皆作一主人升復初位者謂初升
序端也○注古文壹皆作一○釋曰
一壹得通用雖疊古文不破之也賓筵前坐正纚
興降西階一等執冠者升一等東面授賓正纚者將
加冠宜親
之興起也降下也下一等升一疏注正纚至冠也○
等則中等相授冠纚布冠也釋曰云正纚者將

加冠宜親之者以其贊者前已設纚訖今賓復出正之者雖舊設已正以親加冠故纚亦宜親之也云下

一等升一等則中下等相授者案匠人天子之堂九尺賈馬以爲榜九等爲階則諸侯堂宜七尺則七等階

大夫堂宜五尺則五等階士宜三尺則三等階故鄭以中等解之也知緇是緇布冠者以下文有皮弁爵

弁故知此是緇布冠也

賓右手執項左手執前進容乃祝坐如初乃冠興復位贊者卒項下浪反○進容者行翔而前鶬焉至則立祝坐如初坐

筵前興起也復位西序東面卒謂設缺項結纓也○鶬七良反【疏】注進容至纓也○釋曰知進容者行

翔而前鶬焉者鄉禮云堂下不趨室中不翔則堂下固得翔矣又云大夫濟濟士蹌蹌注云皆行容止之

貌此進容是士故知進容謂行翔而前鶬焉云至則立祝者以經祝下乃云坐如初故祝時立可知云坐

如初坐筵前者是正纚時筵前坐是初坐也云卒謂設缺項結纓也者下文皮弁贊者卒紘此謂緇布冠

無笄紘直頍項青組纓屬於頍故卒者終頍與結纓也若然經云右手執項謂冠後爲項非頍項其下

皮弁爵弁無頍項皆云缺項故知弁頍項也冠者與賓揖之適房服玄端爵韠出房南面復出房南面者一加禮成觀衆以容體○復扶又反疏注復出至容體

○釋曰言復者對前出房故云復前出為待賓命此出為觀衆以容体也案郊特牲論加冠之事云加有成也故此鄭云一加礼成也云觀衆以容體者以其既士緇布衣錦緣童子服者此玄端成人之服使衆觀知故云觀衆以容體也

賓揖之即筵坐櫛設笄賓盥正纚如初降二等受皮弁右執項左執前進祝加之如初復位贊者卒紘如初為不見者言也卒紘謂繫屬之○見賢遍反屬音燭疏注如初至屬之

○釋曰此當第二加皮弁之節云即筵坐櫛者坐訖當脫緇布冠乃更櫛也云設笄者凡諸設笄有二種一是紒內安髮之笄一是皮弁爵弁及六冕固冠之笄今此櫛訖未加冠即言設笄者宜是紒內安髮之笄也若安髮之笄則緇布冠亦宜有之前櫛訖不言設笄者以其固冠之笄只緇布冠無笄而皮弁爵弁有笄上

文已陳訖今若緇布冠亦言設笄卽與皮弁爵弁相亂故緇布冠不言設笄其實亦有也若然緇布冠不言設笄而言設纚皮弁冠言設笄不言設纚互見爲義明皆有也其於固冠之笄則於賓加弁之特自設之可知云如初爲不見者有言也者上加緇布冠時有賓降主人降賓辭主人對賓盥卒一揖一讓升主人升復初位賓筵前坐之等相次此皆不見故設經省文如之而已故云爲不見者言也云卒紘謂繫屬之者卽上注云有笄者屈組以爲紘仲屬之左相繫定不相屈繫擬解時易爲繫屬之也

興賓揖之適房服素積素韠容出房南面容者再加彌成其儀益繁【疏】興賓至南面○釋曰興謂冠者加皮弁訖起而賓揖之也云適房服素積素韠者上陳服皮弁云緇帶素韠此不言緇帶者上惟有一帶不言可知故不言也○注容者至益繁○釋曰此對上加緇布冠時直言出房南面不言容此則言容以再加彌成其儀益繁故言容其實彼出亦是容故鄭注云觀衆以容體也

賓降三等受爵弁加之服纁裳韎韐其他如加皮弁之

儀降三等下至地他謂卒紘容出疏注降三至容出○釋曰云降三等下至地者據士而言云他謂

卒紘容出者以其自餘皆緇布冠見記皮弁如之而已至卒紘容出唯皮弁有之故知他謂此二者也

徹皮弁冠櫛筵入于房徹者贊冠者主人之贊者爲之疏注徹者至爲之○釋

曰冠即緇布冠也不言緇布冠者可知故也皮弁具言者以有爵弁之嫌然不言爵弁者著之以受醴至

見母兄弟姑姊訖乃、易服故也云徹者贊冠者主人之贊者爲之者以其贊冠者尊櫛主人之贊者設筵

故知還遣之也筵于戶西南面筵主人之贊者戶西室戶西疏注筵主至戶西○釋

曰知主人之贊者設筵者以上文筵于東序已遣主人之贊故知此亦是人之贊者也云戶西室戶西者

以下記醮于客位在戶西醮醮同處故知戶西也贊者洗于房中側酌醴加

柶覆之面葉洗盥而洗爵者昏禮曰房中之洗在北堂直室東隅篚在洗東北面盥側酌者

言無爲之薦者面前也葉柶大端贊酌者賓尊不入房古文葉爲揭疏注洗盥至爲揭○釋曰云洗盥

宷洗爵者凡洗爵者必洗盥盥盥瘵在下洗爵者盥經直
云洗明盥手凡洗爵故鄭云盥而洗爵引盥禮序神
之洗至北面盥者證房中有洗之事手然前設洗于
序者不爲醴以庭中有洗醴尊也云側酌者言無爲
之薦者謂無人爲之薦脯醢還是此贊者故下直言
薦脯醢不言別有他人明還是贊者也昏禮贊醴婦
是贊者自酌自薦經雖不言側酌側自明也云葉柶
大端者謂扱醴之面柄細故以爲柶大端此與昏禮
賓皆云面葉者此以賓尊不入戶贊者面葉授賓賓
得面枋授冠者冠者得之面葉以扱醴而祭昏禮賓
亦主人尊不入房贊者面葉以授主人主人面枋以
授賓賓得面葉以扱祭至於聘禮禮賓宰夫實觶以
醴加柶于觶面枋授公者凡醴皆設柶聘禮宰夫
不許授公側授醴則還面枋以授賓故面枋也
賓揖冠者就筵筵西南面賓受醴于戶東加柶面枋筵
前北面枋皮命反○戶東室
戶東今文枋爲柄
【疏】注戶東至爲柄○釋
曰知室戶東者以其
冠者筵室戶西賓自至房戶
取醴酌醴者出向西以授也冠者筵西拜受觶賓東

面答拜筵西拜南面拜也賓還答拜於西序之位東面者明成人與為禮異於答主人(疏)注筵西至主人○釋曰云筵西拜南面拜也者上云冠者筵西南面知以解拜還筵南面也知賓東面在西序者以上文與主人相對本位於西序也云東面者明成人與為禮異於答主人者案鄉飲酒鄉射賓於西階北面答主人拜今此以西序東面拜故云異於答主人又昏禮禮賓聘禮禮賓皆云拜送此云答拜不云拜送者彼醴是主人之物故云拜送此醴非賓物故云答拜也薦脯醢贊冠者也(疏)注贊冠者也○釋曰上文云贊者酌醴是贊冠者明此薦亦是贊冠者也冠者卽筵坐左執觶右祭脯醢以柶祭醴三興筵末坐啐醴捷柶興降筵坐奠觶拜執觶興賓答拜啐七內反捷初洽反又作鍤又作扱○捷柶扱柶於醴中其拜皆如初古文啐為呼(疏)冠者至答拜○釋曰云祭醴三興者三祭者一如昏禮始扱一祭又扱再祭也云筵末坐啐醴捷柶興降筵此啐醴不拜既爵者以其不卒爵故不拜也冠者奠觶

于薦東降筵北面坐取脯降自西階適東壁北面見于母見賢遍反下及注入見如見見于君贄見與見姑見母同○薦東薦左凡奠爵將擧者於右不擧者於左適東壁者出闈門也時母在闈門之外婦人入廟由闈門○闈音韋宮中小門也【疏】注薦東至闈門○釋曰云薦東薦左者據南面爲正故云薦左也云凡奠爵將擧者於右者謂若鄉飲酒鄉射是也此文及昏禮贊醴婦是不擧者皆奠之於左也云適東壁者出闈門也者宮中之門曰闈門母既冠子無事故不在門外今子須見母故知出闈門也云婦人入廟由闈門者雜記云夫人奔喪入自闈門升自側階鄭注云宮中之門曰闈門爲相通者也是也

母拜受子拜送母又拜婦人於丈夫雖其子猶俠拜○俠古洽反【疏】注婦人至俠拜○釋曰鄭云婦人於丈夫雖其子猶俠拜者欲見禮子之體例但是婦人於丈夫皆使俠拜故擧子以見義也

賓降直西序東面主人降復初位初位初至階讓升之位【疏】賓降至初位○釋曰此將欲與冠者造字而迎

之位也○注初位至之位○釋曰云初位初至階讓升之位者謂初迎賓至階讓升之位其賓直西序則非初讓升之位主人直東序西者欲迎其事聞字之言故也冠者立于西階東南面賓字之冠者對對應也其辭未聞○應是應對之應疏注對應至未聞○釋曰云賓字之者即下文有字辭又有某甫之字若孔子云尼父之字是也云其辭未聞者下有賓祝辭不見冠者應辭故云未聞也案禮記冠義云既冠而字之成人之道也見於母母拜之○據彼則字訖乃見母此文先見乃字者此文見母是正見彼見母在下者記人以下有兄弟之等皆拜之故退見母於下使與兄弟拜文相近也若然未字先見母字訖乃見兄弟之等急於母緩於兄弟也賓出主人送于廟門外不出外門將醴之疏注不出至醴之○釋曰以下云請醴賓故云將醴之也請醴賓賓禮辭許賓就次此醴當作禮次門外更衣處也以帷幕簟席爲之疏注此醴至爲之○釋曰云此醴當作禮者對上文有酌醴受醴之等不破之此當爲上於下之禮不

得用醴礼卽從醴字何者周礼云天子礼諸侯用鬯不云卷賓明不得以醴礼賓既爲醴[illegible]故破從礼也云次門外更衣處也者次者舍之名以其行礼衣服或與常服不同更衣之時須入於次故云更衣處也云必帷幕簟席爲之者案礼記云宗人授次次以帷少退于君之次注云主國之門有司諸侯及卿大夫之所使者次位皆有常處又案周礼幕人掌帷幙幄帟綬之事注云帷幙皆以布爲之四合象宮室曰幄云簟席者士卑或用簟席是以雜記諸侯大夫喪皆用布士用簟席爲之次亦當然

冠者見於兄弟兄弟再拜冠者荅拜見贊者西面拜亦如之見贊者西面拜則見兄弟東面拜贊者後賓出○後戶豆反疏注見贊至賓出○釋曰兄弟位在東方此贊冠者則賓之類故贊者東面也言贊者先拜冠者荅之也知贊者後賓出者文於見兄弟下始見之明贊者後賓出也出亦當就次待礼之也

入見姑姊如見母入入寢門也廟在寢門外如見母者亦北面姑與姊亦俠拜也不見妹妹卑疏注入入至妹卑○釋曰男子居外女子居內廟

在寢門外入見入寢門可知不見父與賓者蓋冠畢則已見也不言者從可知也云不見妹妹卑者以其妹卑於姑姊故不見也乃易服服玄冠玄端爵韠奠摯見於君遂以摯見於鄉大夫鄉先生摯亦作贄音至○易服不朝服者非朝事也摯雉也鄉先生鄉中老人為鄉大夫致仕者疏注易服至仕者○釋曰云易服者爵弁既助祭之服不可服見君與先生等故易服服玄端也云易服不朝服者非朝事也者此乃因加冠以成人之禮見君非立朝之節故不朝服經直云玄端則兼玄冠矣今更云玄冠者以初冠時服玄端為緇布冠服緇布冠非常著之冠冠而韠之易服宜服玄冠配玄端故兼云玄冠也朝冠服與玄端同玄端則玄裳黃裳雜裳黑履者朝服玄冠玄端雖同但裳以素而履色白也以其但正幅故朝服亦得玄名然六冕皆正幅故亦名端是以樂記云魏文侯端冕而聽古樂又論語云端章甫鄭云端玄端諸侯視朝之服則玄端以朝得名為玄端也云摯雉也者士摯雉是其常故知摯是雉也云鄉先生鄉中老人為鄉大夫致仕者此即鄉飲酒與

鄉射記先生及書傳父師皆一也先生亦有士之[illegible]師即不言者經云鄉大夫不言士故先生亦略不言其賓亦當有士也

乃醴賓以壹獻之禮

壹獻者主人獻賓而已即燕無亞獻者獻酢酬賓主人各兩爵而礼成特牲少牢饋食之礼獻尸此其類也士礼一獻卿大夫三獻賓礼不用柶者泲其醴內則曰飲重醴清糟凡醴事質者用糟文者用清○少詩照反泲子礼反糟子曹反

【疏】注壹獻至用清○釋曰此醴亦當為礼不言可知也云壹獻者主人獻賓而已即燕無亞獻者案特牲少牢主人獻尸主婦亞獻為二獻此則主人獻賓而已無亞獻知即燕者鄉飲酒未有燕故知獻後有燕云獻酢酬賓主人各兩爵而礼成者主人獻賓賓酢主人主人將酬賓先自飲訖乃酬賓賓奠而不舉是賓主人各兩爵而成礼也必知一獻之礼備有酬酢者昏礼舅姑饗婦以一獻之礼奠酬得正礼不旅又曰婦酢舅更爵自薦是備酬酢也鄉飲酒亦備獻酢酬是其義也云特牲少牢饋食之礼獻尸此其類也者此賓主人各兩爵無亞獻彼主人主婦各一爵有亞獻雖不同得主人一獻義類同故云此其類也云士礼一獻

者卿士冠及昏礼鄉飲酒礼鄉射皆是一獻也云卿大夫三獻者案左氏傳云季孫宿如晋拜莒田也晋侯享之有加籩武子退使行人告曰小國之事大國也苟免於討不敢求貺得貺不過三獻以礼記郊特牲云三獻之介亦謂卿大夫三獻之介案大行人云上公饗礼九獻侯伯七獻子男五獻是以大夫三獻士一獻亦是其差也云賓礼不用柶者泲其醴者此有獻酢酬飲之泲者故不用柶冠礼礼子用醴不泲故用柶也云内則曰飲者鄭注云目諸飲也云重醴清糟者鄭云重倍也糟醇也清泲也致飲有醇者有泲者倍設之稻醴以下是也云凡礼事質者用糟文者用清者質者謂若冠礼礼子之類是也故以旁户之間題賓設尊也

主人酬賓束帛儷皮儷音麗○飲賓客而從之以財貨曰酬所以申暢厚意也束帛十端也儷皮兩鹿皮也古文儷爲離○飲於鴆反

疏注飲賓至爲離○釋曰云主人酬賓當奠酬之節行之以財貨也此礼賓與饗礼同但爲饗礼有酬幣則多故聘礼云若不親饗致饗以酬幣注云礼幣束帛乘馬亦不是過也又案大戴礼云礼幣采飾而四馬是大夫礼多與士異也案

禮器云琥璜爵鄭云天子酬諸侯諸侯相酬以此玉將幣也則又異於大夫也下凡酬幣之法尊卑獻數多少不同及其酬幣雖於饗酬之禮一行而已春秋秦后子出奔晉后子享晉侯歸取酬幣終事八反杜注云備九獻之儀始禮自齊其一故續送其八酬酒幣彼九酬之間皆有幣春秋之代奢侈之法非正禮也云束帛十端也者禮之通例凡言束者無問脯與錦皆以十爲數也云儷皮兩鹿皮也者當與射禮庭實之皮同禮記郊特牲云虎豹之皮示服猛也又覲禮用馬則國君用馬或虎豹皮若臣聘禮則用麋皮故鄭注聘禮云凡君於臣臣於君麋鹿皮可也言可者以無正文若然兩說諸侯自相見亦用虎豹皮也

贊者皆與贊冠者爲介與音預○贊者衆賓也皆與亦飲酒爲衆賓介賓之輔以贊爲之尊之飲酒之禮賢者爲賓其次爲介

疏注贊者至爲介○釋曰鄭知贊者衆賓者以其下別言贊冠者明上文贊者是衆賓也云介賓之輔者以其鄉飲酒之禮賢者爲賓其次爲介又其次爲衆賓彼據將貢以爲優劣之次也此雖不貢以飲酒之禮立賓主亦以優劣立介以輔也云以贊爲之尊之者

謂賓之贊冠者，故還爲介也。云飲酒之禮賢者爲賓，其次爲介者，取尊爲義也。

賓出，主人送于外門外，再拜，歸賓俎。一獻之禮有薦有俎，其牲未聞。使人歸諸賓家也。

疏注一獻至家也○釋曰：賓不言薦脯醢者，案舅姑共饗婦以一獻，有姑薦，則此一獻亦有薦脯醢可知。經有俎，必有特牲，但鄉飲酒、鄉射取擇人而用狗，此冠禮無擇人之義，則不用狗，但無正文，故云其牲未聞也。知使人歸諸賓家者，以賓出主人送于門外，乃始言歸賓俎，明歸於賓家也。

若不醴，則醮用酒。醮，子召反。○若不醴，謂國有舊俗可行，聖人用焉不改者也。○曲禮曰：君子行禮，不求變俗，祭祀之禮，居喪之服，哭泣之位，皆如其國之故，謹修其法而審行之，是也。酌而無酬酢曰醮，醴亦當爲禮。

疏注若不至爲禮○釋曰：自此以上說周禮冠子之法，自此以下至取籩脯以降如初，說夏殷冠子之法。云若不醴則醮用酒者，案上文適子冠於作，三加訖，一醴於客位，是周法。今云若不醴則醮用酒，非周法，故知先王法矣。故鄭云若不醴，謂國有舊俗可行，聖人用焉不改舊也。云聖人者，即周公制此儀禮，用舊俗

則夏殷之礼是也云曲礼曰已下者是下曲礼云也
云君子行礼不求変俗者以興下文為曰謂君子所往
之國不求変彼國之俗如衛居殷墟者也云祭祀之
礼者國若郊特牲云殷人先求諸陽周人先求諸陰求之
諸陽者先合樂乃灌地降神也求諸陰者謂先灌地
乃合樂若衛居殷地用殷礼則先合樂乃灌也云居
喪之服服者謂若檀弓周之諸侯絶旁期降上下殷之
諸侯之服旁期不降上下衛居殷墟亦不降上下也云
哭泣之位者殷礼無文亦應有異也云皆如其國之
故者謂上所云皆如其故國之俗而行之云行者依
先王舊俗而行不改之事向來所解引曲礼據人君
施化之法不改彼國舊俗證此釀用酒舊俗之法也
故康誥周公戒康叔居殷墟當用殷法是以云茲殷
罰有倫使用殷法故所引曲礼皆據不変彼國之俗
但君子行礼不求変俗有二途若據曲礼之文云君
子行礼不求変俗鄭注云求猶務也不務変其故俗
重本也謂去先祖之國居他國又云祭祀之礼居喪
之服哭泣之位皆如其國之故謹修其法而審行之
注其法謂其先祖之制度若夏殷者謂若杞宋之人
居鄭衛鄭衛之人居杞宋若據彼注謂臣去已國居

他國不變己國之俗是以定四年祝佗云殷人大族在魯啓以商政亦不變本國之俗故開商政示之皆據當身居他國不變本國之俗與此注引不同者不求變俗義得兩合故各據一邊而言也云酌而無酬酢曰醮者鄭解無酬酢曰醮唯據此又而言所以然者以周法用醮無酬酢曰醮案曲禮云長者舉未釂鄭注云盡爵曰釂是醮不專於無酬酢者若然禮亦無酬酢不爲醮名者但醴大古之物自然質無酬酢此醮用酒本有酬酢故無酬酢得名醮也云醴亦當爲禮者亦上請醴賓之醴故破之也

尊于房戶之間兩甒有禁玄酒在西加勺南枋房戶間者房西室戶東也禁承尊之器也名之爲禁者因爲酒戒也玄酒新水也雖今不用猶設之不忘古也

疏注房戶至古也○釋曰云禁承尊之器也名之爲禁者因爲酒戒也者以醴不言禁醴非飲醉之物故不設戒也此用酒酒是所飲之物恐醉因而禁之故云因爲酒戒若然玄酒非飲亦爲禁者以玄酒對正酒不可一有一無故亦同有禁也云不忘古也者上古無酒今雖有酒猶設之是不忘古也

洗有篚在西

南順（洗連洗當東榮南北以堂深篚亦以盛勺觶陳於洗西南順北為上也○盛音成洗如字）

（疏）注洗庭至上也○釋曰知洗庭洗者上周法用醴之時醴之尊在房今醮用酒與常飲酒同故洗亦當在庭是以下云賓降取爵于篚卒洗升酌故知洗在庭也設洗法在設尊前此洗亦當在設尊前設之故此直文洗有篚在西不言設也若然上不言設洗者以其上云醮用酒即連云尊文勢如此故不言設洗云洗當東榮南北以堂深者上已有文也云篚亦以盛勺觶者周法用醴在房庭洗無篚此用酒庭洗有篚故周公設經辯其異者但醴篚在房以盛勺觶此庭洗篚亦盛勺觶故云亦也云西南順北為上也者席之制有首尾者襐識之先後為首尾此篚亦云上者應亦有記識為上下以其南順之言故北為上也

始加醮用脯醢賓降取爵于篚辭降如初卒洗升酌（始加者言一加一醮也加冠于東序醮之於戶西同耳始醮亦薦脯醢賓降者爵在庭酒在堂將自酌也辭降如初如將冠時降盥辭主人降也凡薦出自東房）

（疏）注始加至東房○釋曰云始加薦用脯醢者此

言與周別之事周家三加訖乃一醴於客位用脯醢此始加訖卽醮于客位用脯醢是其不同也但言始加醮用脯醢者言商與周異之意其實未行事是以下乃始云賓降取爵于篚也云加冠於東序醮之于戶西同耳者經不見者嫌與周異故辯之其經不言冠者醮之處卽與周同故經不見也云始醮亦薦脯醢者以其經云醮用脯醢注言若醮用酒未著其節故亦如上周家三加始薦脯醢云賓降者爵在庭酒在堂將自酌也者決周家醴在房贊者酌授賓不親酌此則賓親酌酒洗爵故有升降也云辭降如初如將冠時降盥辭主人降也者欲見用醴時直有將冠時賓降無賓降取爵以其酌在房故也今云如初者唯謂如將冠降盥之事也云凡薦出自東房者用醴時尊在房脯醢出自東房醮用酒酒尊在堂脯醢亦出自東房鄉飲酒鄉射特牲少牢薦者皆出東房故云凡以該之也

冠者拜受賓荅拜如初

贊者筵于戶西賓升揖冠者就筵乃酌冠者南面拜受賓授爵東面荅拜如醴禮也於賓荅拜贊者則亦薦之

疏 注贊者至薦之○釋曰此經畧言拜受荅拜不言其處所面位言如初者以其辯

用酒與周異自外皆與周同故直言如初也是以醮以上醴子法以言之故以言如初以結之也云於賓答拜贊者則亦薦之者經直云拜受答拜如初亦不言出薦之時節故鄭別言之亦當如周家醴子時薦也醴子醴婦并昏礼云似賓南面位不同者皆隨時之便故以不同也冠者升筵坐左執爵右祭脯醢祭酒興筵末坐啐酒降筵拜賓答拜冠者奠爵于薦東立于筵西冠者立俟賓命賓揖之則就東序之筵疏注冠者至之筵○釋曰此經雖用醴酒不同其於行事與周礼醴子同位有異彼一加訖入房易服訖出房立待賓客命此則醮訖立於席西待賓命為異皆為更加皮弁也云興筵末坐啐酒者為醮於客位敬之故也昏禮禮賓與聘礼礼賓在西階上啐醴者昏礼注云此筵不主為飲食起聘礼注云禮醴不啐故也冠子用醴拜此醮子用酒亦拜者以與醴子向是成人法拜啐故雖用醮亦拜啐也徹薦爵筵尊不徹徹薦與爵者辟後加也不徹筵尊三加可相因由便也○便婢面反疏注徹薦至便也○釋

曰二人徹薦與爵者辟後加也者案下文云加皮弁如初儀再醮攝酒其他皆如初酒則云攝則因前也除酒之外云其他如初明薦爵更設是後加啐設於席前也故知前云徹薦爵爲辟後加也加皮弁如初儀再醮攝酒其他皆如初攝猶整也整酒謂撓之今文攝爲聶○撓奴高反聶汝輒反【疏】注攝猶至爲聶○釋曰云攝猶整也整酒謂撓之者案有司徹云司宮設酒注云更洗益整頓之不可云洗亦當爲撓謂更撓攪添益整頓示新也加爵弁如初儀三醮有乾肉折俎嚌之其他如初北面取脯見于母折之設反嚌才計反○乾肉牲體之脯也折其體以爲俎嚌嘗之【疏】注乾肉至嘗之○釋曰前二醮有脯醢更加此乾肉折俎言嚌之者嚌謂至齒嘗之案下若殺再醮不言攝此經再醮言攝三醮不言攝則在醮之後皆有攝互文以見義也云取脯見于母者亦適東壁俠拜與周同案下文若殺已下陵卒醮取籩脯以降此亦取籩脯乾肉曰脯云乾肉牲體之脯也者案周禮腊人云掌乾肉凡田獸之脯腊膴注云大

物解肆乾之謂之乾肉若今梁州鳥翅矣薄析曰膴
㮇之而施薑桂曰腶脩若然乾肉與脯脩別言若今
梁州鳥翅或爲豚解而七體以乾之謂之乾肉及用
之將升于俎則節析爲二十一體與燕禮同故總名
乾肉折俎也　若殺則特豚載合升離肺實于鼎設扃鼏　殺如
字肺芳味反扃古螢反鼎莊也鼏亡歷反鼏覆也○
特豚一豚也凡牲皆用左胖煮於鑊曰亨在鼎曰升
在俎曰載載合升者明亨與載皆合左右胖離割也
割肺者使可祭也可嚌也今文扃爲鉉古文鼏爲密
○胖普半反鑊戶郭反亨普庚反鉉玄犬反　疏注特豚至爲密○釋曰上
醮子用乾肉不殺自此至
取籩薦脯以降論夏殷醮子殺牲之事殺言若者是不
定之辭殺與不殺俱得云若也云載合升者在鼎曰
升在俎曰載載在後今先言載後言升又合字在載
升之間通言之者欲見在俎在鑊俱曰合也云設扃
鼏者以茅覆鼏長則束其本短則編其中案冬官匠
人廟門容大扃七个注云大扃牛鼎之扃長三尺又
曰闈門容小扃參个注云小扃膷鼏之扃長二尺皆
依漢禮而短今此豚鼎之扃當用小扃也云特豚一

豚也者此特若郊特牲之特皆以特爲一也云凡牲
皆用左胖者案特牲少牢皆用右胖少儀云大牢則
以牛左肩折九个歸爲胙用左則用右而祭之鄉飲
酒鄉射主人用右體主人亦與祭同用右者皆據周
而言也此云用左鄭據夏殷之法與周異也但士虞
喪祭用左反吉故也云煑於鑊曰亨者案特牲云亨
於門外東方西面北上注云亨煑也亨豕魚腊以鑊
各一爨詩云誰能亨魚溉之釜鬵是鑊爲亨也云在
鼎曰升在俎曰載者案昏禮云特豕合升又云側載
特牲亦云卒載加匕于鼎少牢云司馬升羊實于一
鼎皆是在鼎曰升在俎曰載之文但在鼎直有升名
在俎則升載兩稱也故少牢云升羊載右胖升豕其
載如羊有司徹亦云乃升注云升牲體於俎也是在
俎升載二名也云載合升者明亨與載皆合左右胖
者以升載並陳又合在三者之間故知從鑊至俎皆
合左右胖也云離割也割肺者使可祭也可嚌也者
凡肺有二種一者舉肺一者祭肺就舉肺之中復有
三稱一名舉肺爲食而舉二名離肺少儀云三牲之
肺離而不提心也二名嚌肺以齒嚌之此三者皆據
生人爲食而有也就祭肺之中亦復有三稱一者謂

之祭肺爲祭先而有之二者謂之忖肺忖切之度斷三者謂之切肺名雖與忖肺異切肺則忖肺也者皆爲祭而有若然切肺離肺指其形餘皆舉其義稱也云今文扃爲鉉古文鼏爲密者一部之內皆然不從今文故疊之也

始醮如初。亦薦脯醢徹薦爵筵尊不徹矣

疏注亦薦至徹矣〇釋曰云始醮如初者此一與不殺同未有所加故云如初也

再醮兩豆葵菹蠃醢兩籩栗脯。蠃力禾反〇蠃醢螔蝓醢今文蠃爲蝸〇螔音移蝓音俞一音由蝸力禾反又古華反

疏注蠃醢至爲蝸〇釋曰此二豆二籩增數者爲有殺牲故盛其饌也案鄭注周禮醢人云細切爲虀全物若腝爲菹作醢及臡者先膊乾其肉乃後挫之雜以粱麴及鹽漬以美酒塗置甀中百日則成矣是作醢及菹之法也云蠃醢螔蝓醢者爾雅云

三醮攝酒如再醮加俎嚌之皆如初嚌肺。攝酒如再醮則再醮亦攝之矣加俎嚌之嚌當爲祭字之誤也祭俎如初如祭脯醢

疏注攝酒至脯醢〇釋曰云攝酒如再醮則再醮亦攝之矣者周公作經取省文再醮不言攝酒以三

醮如之則再醮攝之可知故鄭云再醮亦攝之矣云加俎嚌之嚌當爲祭字之誤也者經有三嚌不破如初嚌之嚌唯破加俎嚌之字者以祭先之法祭乃嚌之又不宜有二嚌故破加俎之嚌爲祭也云祭俎如初祭脯醢者以三醮唯祭俎之肺不復祭脯醢也若然前不殺之時一醮徹脯醢爲爵再醮之脯醢至再醮不言徹脯醢者以三醮上唯加乾肉不薦脯醢故不徹也今殺亦然一醮徹薦爵至再醮亦不徹薦其徹爵而已亦爲三醮以不如籩豆加牲俎是以祝辭一醮亦云嘉薦至三醮者直云籩豆有楚楚陳列貌是三醮不加籩豆明文也

卒醮取籩脯以降如初

疏釋曰此取籩脯見母與前不異上用法與不殺皆不云籩者上皆直薦脯醢不云籩豆此若殺云兩籩故云籩脯若然既殺有俎肉而取脯者見其得礼而已故不取俎肉如若得束帛者不湏取脯是以冠禮禮賓得束帛皆不取脯也

若孤子則父兄戒宿

父兄諸父諸兄

疏注父兄諸父諸兄○釋曰上陳士有父加冠礼訖自此至東塾北面論上之無父自有加冠之法也周公作文於此乃見之者欲見周與夏殷孤子

同冠於阼階醴之於客位惟一醮三醴不同得異以作經言其與上異者而已言父兄諸父諸兄者以其上文父兄非直戒宿而已故知此是諸父諸兄非己之親諸父諸兄也

冠之日主人紒而迎賓拜揖讓立于序端皆如冠主禮於阼冠主冠者親父若宗兄也古文紒爲結今文禮作醴

疏注冠主至作醴○釋曰云主人紒而迎賓者即上采衣紒是也云拜揖讓立于序端者謂主人出先拜賓荅拜訖揖讓而入于廟門既入門又三揖至階又三讓而升堂乃立于東序端賓升立西序端一皆如上父兄爲主人故作文省略總云揖讓立于序端皆如冠主也云礼於阼者別言其異者也云今文禮作醴者鄭不從今文者以其言醴則不兼於醮言禮則兼醴醮二法發也

凡拜北面于阼階上賓亦北面于西階上荅拜

疏釋曰此亦異於父在者云凡拜者謂初拜至及啐拜之等賓主皆北面與父在時拜于楚西南面賓拜于序端東面爲異也

若殺則舉鼎陳于門外直東塾北面孤子得申

禮盛之父在有鼎不陳於門外疏若殺至北面○釋曰云若殺者有則殺無則已故云若不定之辭也言舉鼎者謂於廟門外之東壁鑊所舉至廟門外之東直東塾一鼎豚魚腊鼎皆北向相重而列之也○注孤子至門外○釋曰案上文父在亦有殺法今鄭云孤子得申禮盛之者不為殺起止為陳鼎于外而言鄭知父在有鼎不陳於外者以上文若殺直云特豚載合升不辯外內孤子乃云舉鼎陳于門外類于上父在陳鼎不於門外也凡陳鼎在外者賓客之禮也在內者私家之禮也是在外者為盛也今孤子則陳鼎在外故云孤子得申禮盛之也

若庶子則冠于房外南面遂醮焉

房外謂尊東也不於阼階非代也不醮於客位成而不尊疏釋曰上已言三代適子冠禮訖此經論庶子加冠法也周公作經於三代之下言之則三代庶子冠禮皆於房外同用醮矣但不知三代庶子各用幾醮耳今於周之適子三加一醴夏殷適子三加三醮是以下文祝辭醴一而醮三皆為三代而為言至於三代庶子皆不見別辭則周之庶子宜依適子用一醮夏殷庶子亦依三醮三代適子有祝辭言庶子

[illegible]下文注云凡醮者不祝○注房外至不尊○[illegible]曰知房外謂尊東也者上陳尊在房戶之間案釋[illegible]酒賓[illegible]東則尊東明此亦於尊東也云不於阼階非代也者案下記云適子冠於阼以著代也明庶子不於阼非代故也云不醮於客位成而不尊者下記云醮於客位加有成也是適子於客位成而尊之此則成而不尊故因冠之處遂醮焉

冠者母不在則使人受脯于西階下

【疏】釋曰案內則云舅沒則姑老若死當云沒不得云不在且母死則不得使人受脯今言不在者或歸寧或疾病也使人受脯為母生在於後見之也

戒賓曰某有子某將加布於其首願吾子之教之也

吾子相親之辭吾我也子男子之美稱古文某為謀○稱尺證反下之稱美稱同

【疏】注吾子至為謀○釋曰自此至唯恐其所當者周公設經直見行事恐失次第不言其辭今行事既終總見戒賓醮及為字之辭也云某有子某者上某主人名下某子之名加布初加緇布冠也云願吾子之教之也者即此以加冠行禮為教之也云吾子相親之辭吾我也者謂自

已身之子故云吾子相親之辭也云子男子之美稱者古者稱師曰子又公羊傳云名不若字字不若子是子者男子之美稱也今請賓與子加冠故以美稱呼之也賓對曰某不敏恐不能共事以病吾子敢辭共音恭○病猶辱也古文病爲秉主人曰某猶願吾子之終教之也賓對曰吾子重有命某敢不從重直用反下同○敢不從許之辭宿曰某將加布於某之首吾子將莅之敢宿賓對曰某敢不夙興莅音利○莅臨也今文無對始加祝曰令月吉日始加元服服叶蒲北反○令吉皆善也元首也（疏）注令吉至首也○釋曰元首左傳曰先軫入狄師而死之狄人歸先軫之元是元爲首又尚書云君爲元首亦是元爲首也棄爾幼志順爾成德壽考惟祺介爾景福祺音其福叶筆勒反○爾女也既冠爲成德祺祥也介景皆大也因冠而戒且勸之女如是則有壽考之祥大

女之大福也。〇汝音汝，下同。疏注爾汝至福也〇釋曰：云既冠爲成人之德者，案冠義既冠責以父子君臣長幼之禮，皆成人之德。云祺，祥也者，祺訓爲祥，祥又訓爲善也。云因冠而戒者，則經棄爾幼志，順爾成德是也。云且勸之者，即經云壽考惟祺，介爾景福是也。

再加曰：吉月令辰，乃申爾服。服叶蒲北反。〇辰，子丑也。申，重也。疏注辰子至重也〇釋曰：上云令月吉日，此云吉月令辰，互見其言，是作文之體，無義例也。云辰，子丑也者，以十幹配十二辰，直云辰子丑，明有幹可知，即甲子、乙丑之類，略言之也。敬爾威儀，淑慎爾德。眉壽萬年，永受胡福。福叶筆勒反。〇胡猶遐也，遠也，遠無窮。古文眉作麋。

三加曰：以歲之正，以月之令，咸加爾服。服叶蒲北反。〇正猶善也。咸，皆也。皆加女之三服，謂緇布冠、皮弁、爵弁也。兄弟具在，以成厥德。黃耇無疆，受天之慶。耇音苟，慶叶音羌。〇黃，黃髮也。耇，凍梨也。皆壽徵也。疆，竟。〇竟音敬，又音景。疏注黃黃至疆竟〇釋曰：爾雅云黃髮兒齒，故以

黃爲黃髮也云耇凍梨者爾雅云耇者壽也 醴辭曰此云耇凍棃者以其面似凍梨之色故也

甘醴惟厚嘉薦令芳嘉善也善薦謂脯醢芳香也疏（注嘉善至香）也○釋曰謂脯醢爲善薦芳香者謂作之依時又造之依法故使芳香而善也 拜受祭之以定爾祥承天之休壽考不忘不忘長有令名 醮辭曰旨酒既清嘉薦亶時亶丁但反時一作旹○亶誠也古文亶爲癉○癉丁但反 始加元服兄弟具來孝友時格永乃保之來叶力之反○善父母爲孝善兄弟爲友時是也格至也永長也保安也行此乃能保之今文格爲嘏凡醮者不祝○嘏古雅反疏（注善父至不祝）○釋日善父母爲孝善兄弟爲友者爾雅文不言善事父母善事兄弟者欲見非但善事己弟而亦爲兄弟之所善者諸行周備之意也云凡醮者不祝者案上文前後例周與夏殷冠子法其加冠祝辭三節不辨三代之異則三代祝辭同可知也至於周醮之辭三等別陳之者以其數異辭宜不同故也若然醮辭唯據

適子而言以其將著代重之故備見祝辭也此注云
凡醮者不祝者言凡謂於庶子也既不冠於阼又
不禮於客位無著代之理故略而輕之也亦不設祝
辭者曾子問注云凡殤不祭之類也以其天子冠禮祝
辭案大戴公冠篇成王冠周公爲祝詞使王近於人
遠於年嗇於時惠於財其辭既多不可具載其諸侯
無文蓋亦有祝辭異於士也 再醮曰旨酒既湑嘉薦伊脯 湑思呂反○湑
清也伊惟也 疏 注湑清也伊惟也○釋曰湑泲酒之稱故
伐木詩文有酒湑我注云湑酉之也鳧鷖
詩云爾酒既湑注云湑酒之泲百是湑
爲清也云伊惟也者助句辭非爲義也 乃申爾服禮
儀有序祭此嘉爵承天之祜 祜音戶與序並上聲○祜福也 三醮曰
旨酒令芳籩豆有楚 旨美也楚陳列之貌 疏 注旨美至之貌○釋曰楚茨詩亦云
籩豆有楚注云楚陳列之貌是用其
再醮之籩豆不增改之故云有楚也 咸加爾服肴升
折俎 肴升折俎亦謂豚 疏 注肴升至謂豚○釋曰云折
俎者即謂折上若殺之豚也 承天

之慶受福無疆慶叶音羌字辭曰禮儀既備令月吉日備叶筆力反

昭告爾字爰字孔嘉字叶音滋嘉叶居之反○昭明也爰於也孔甚也

疏字辭至爾字○釋曰此字文在三代之下而言則亦述公代字辭同此辭賓直西序東面與子爲字時言之也

髦士攸宜宜之于假假古雅反叶音古○髦俊也攸所也于猶爲也假大也宜之是爲大矣

永受保之曰伯某甫仲叔季唯其所當伯仲叔季長幼之稱甫是丈夫之美稱孔子爲尼甫周大夫有嘉甫宋大夫有孔甫是其類甫字或作父○長丁丈反父音甫

疏宜之至所當○釋曰云伯某甫者某若云尼甫嘉甫也但設經不得定言人字故言甫爲且字是以禮記諸侯薨復曰皐某甫復鄭云某甫且字以臣不名君若且爲某之字呼之既此某甫立爲且字言伯仲叔季者是長幼次第之稱若兄弟四人則依次稱之夏殷質則稱仲周文則稱叔若管叔霍叔之類是也云唯其所當者二十冠而與之作字猶孔子生三月名之曰丘至二十冠而字之曰仲尼

者兄曰伯居第二則曰仲但殷質二十為字之背兼
伯仲叔季呼之周文二十為字之時未呼伯仲至五
十乃加而呼之故檀弓云五十以伯仲周道也是呼
伯仲之時則兼二十字而言若孔子生於周代從周
禮呼尼甫至五十去甫以尼配仲而呼之曰仲尼是
也若然二十冠而字之未呼伯仲叔季令於二十加
冠而言者一則是殷家冠時遂以二十字呼之二則
見周家若不死則至五十乃加而呼之若二十已後死
雖未滿五十即得呼伯仲知義然者見慶父乃是莊
公之弟桓六十莊公生閔公二年慶父死時莊公未
藹五十慶父乃是莊公之弟時未五十慶父死號曰
共仲是其死後雖未五十得呼仲叔季故二十冠時
則以伯仲叔季當擬之故云雖其所當也○注伯仲
至作位○釋曰知甫是丈夫之美稱者以其人之賢
愚皆以為字故隱元年公及邾儀父盟于麑穀梁傳
云儀字也父猶傳也男子之美稱也是也云孔子為
仲尼甫者哀十六年孔丘卒哀公誄之曰哀哉尼甫
因字號謚曰尼甫也云周大夫有嘉甫者桓公十五
年天王使嘉甫來永車是也云宋大夫有孔甫是其
類者宋左氏傳桓二年孔父嘉為司馬是也鄭引此

者設有冠而爲此字之意故云是其類也又甫字或作父者字亦通或尼甫嘉甫孔甫等見爲父字者也

屨夏用葛玄端黑屨青絇繶純純博寸絇其于反繶於力反純章允反○屨者順裳色玄端黑屨以玄裳爲正也絇之言拘也以爲行戒狀如刀衣鼻在屨頭繶縫中紃也純緣也三者皆青博廣也○縫扶用反紃音旬

【疏】注屨者至廣也○釋曰自此至繶屨論三服之屨不於上與服同陳者一則屨用皮用葛冬夏不同二則屨在下不宜與服同列故退在於此此言夏用葛下云冬皮則春宜從夏秋宜從冬故舉冬夏寒暑極時而言詩魏風以葛屨履霜刺褊也云屨者順裳色者禮之通例衣與冠同屨與裳同故云順裳色也云玄端黑屨以玄裳爲正也者以其玄端有玄裳黃裳雜裳經唯云玄端黑屨與玄裳同色不取黃裳雜裳故云以玄裳爲正也云絇之言拘也以爲行戒者以拘者自拘持之言故云以爲行戒也云狀如刀衣鼻在屨頭者此以漢法言之今之屨頭見有下鼻似刀衣鼻故以爲況也云繶縫中紃也者謂牙底相接之縫中有條紃也云純緣也者謂繞口緣邊也云皆青者

以經二者同云青也云博廣也者謂純所施廣一寸也

素積白屨以魁柎之緇絇繶純純博寸

魁苦回反柎方于反○魁蜃蛤柎注也○蜃上忍反蛤古閤反

(疏)注魁蜃蛤柎注也○釋曰以魁蛤灰柎之者取其白耳云魁蜃蛤者魁即蜃蛤一物是以周礼地官掌蜃掌共白盛之蜃鄭司農云謂蜃炭引此士冠白屨以魁柎之玄謂今東萊用蛤謂之叉灰云是也云柎注者以蛤灰塗注於上使色白也

爵弁纁屨黑絇繶純純博寸

爵弁屨以黑為飾爵弁尊其屨飾以繢次○繢之內反○

(疏)注爵弁至繢次○釋曰素此二服見屨不同何者素端以衣見屨以玄端有黃裳之等裳不得舉裳見屨故舉玄端見屨也皮弁以素積見屨屨裳同色是其正也爵弁既不舉裳又不舉衣而以爵弁屨者上陳服已言纁裳裳色自緅以與六冕同玄衣纁裳與冕服之[illegible]故不以衣服而以吉服見屨也云爵弁屨以黑為飾爵弁尊其屨飾以繢次者案冬官畫繢之事云青與白相次赤與黑相次玄與黃相次鄭云此言畫繢六色所象及布采之第次繢以為衣又云青與赤謂之

文赤與白謂之章白與黑謂之黼黑與青謂之黻鄭云此言刺繡采所用繡以為裳此是對方為繢次此方為繡次案鄭注屨人云複下曰舄襌下曰屨又注云凡舄之飾如繢之次凡屨之飾如繡之次也者即上黑屨以青為絇繶純白屨以黑為絇繶純則白與黑黑與青為繡次之序也今次爵弁纁屨纁南方之色赤不以西方白為絇繶純而以北方黑為絇繶純者取對方繢次為飾舉以者尊爵弁是祭服故飾與純絇

冬皮屨可也疏釋曰冬時寒許用皮故云可也

不屨繐屨繐音歲○繐屨喪屨也縷不灰治曰繐○疏注繐屨至曰繐○釋曰案喪服記云繐衰四升有半繐衰既是喪服明繐屨亦是喪屨故鄭云喪屨也云縷不灰治曰繐者案喪服六升傳云鍛而勿灰則四升半不灰治可知言此者欲見大功未可以冠子恐人以為子故於屨未因禁之也

記冠義疏釋曰凡言記者皆是記經不備兼記經外遠古之言鄭注燕礼云後世衰微幽厲尤甚礼樂之書稍稍廢棄蓋自爾之後有記乎又案喪服記子夏為之作傳不應自造還自解之記當在子夏之前孔子時未知定誰所錄云冠

義者記子冠中之義也者記時不同故有二記此則在子夏前其周禮考工記六國時所録故遭秦燔滅典籍有韋氏雕氏闕其記則在秦漢之際儒者如之故王制有正聽之棘木之下異時所記故其言亦殊也

始冠緇布之冠也太古冠布齊則緇之其緌也孔子曰吾未之聞也冠而敝之可也太古唐虞以上緌纓飾未之聞太古質無飾重古始冠冠其齊冠白布冠今之喪冠是也

疏注太古至是也○釋曰此經直言加緇布冠不言有緌無緌又不言加冠之後此緇布冠更著與不故言不緌不更著之事也云太古冠布者謂著白布冠也云齊則緇之者將祭而齊則為緇者以鬼神尚幽闇也云其緌也孔子曰吾未之聞也者孔子時有緌者故非時人緌之諸侯則得著緌故玉藻云緇布冠繢緌諸侯之冠也鄭云尊者飾也士冠不得緌也云冠而敝之可也者據士以上冠時用之冠訖則敝之不復著也若庶人猶著之故詩云彼都人士臺笠緇撮是用緇布冠籠其髮是庶人常服之矣云太古唐虞以上者此記與郊特牲皆陳三代之冠云牟追章甫委貌之等鄭注郊特牲云三代改制齊冠不復

用也以白布冠質以爲喪冠也三代既有此明太古是唐虞以上可知云緌纓飾未之聞太古質蓋亦無飾者此經據孔子時非其著緌未知太古有緌以不故鄭云太古質無飾也云重古始冠冠其齊冠者以經云始冠緇布之冠即云太古冠布則齊冠一也故鄭云冠其齊冠也云白布冠者今之喪冠是也者以其太古時吉凶同服白布冠未有喪冠三代有年追之等則以白布冠爲喪冠若然喪服起自夏禹以下也

適子冠於阼以著代也醮於客位加有成也三加彌尊諭其志也疏釋曰此記人說夏殷法可兼于周以其於阼及三加皆同唯醮禮有異故知舉一以見二也

冠而字之敬其名也名者質所受於父母冠成人益文故敬之疏注名者至敬之○釋曰案内則云子生三月父名之不言母今云受於父母者夫婦一体受父即是受於母故兼言也云冠成人益文者對名是受於父母爲質字者受於賓爲文故君父之前稱名至於他人稱字也是字敬名也

委貌周道也章甫殷道也毋追夏后氏之道也或謂委貌爲玄冠委猶安

也言所以安正容貌章明也殷質言以表明丈夫也甫或爲父今文爲斧毋發聲也追猶椎也夏后氏質以其形名之三冠皆所常服以行道也其制之異同未之聞【疏】委貌至道也○釋曰記人歷陳此三代冠者上緇布冠也諸侯已下始加之冠此委貌之等記人以經有緇布冠皮弁爵弁玄冠故還記緇布冠以下四種之冠以解經之四者此委貌即解經易服服玄冠是也○注委猶至之閒○釋曰云今文爲斧者義無取故疊之不從也云毋發聲也者若在上謂之發聲在下謂之助句義無取則是發聲也云三冠皆所常服以行道者以釋經三代皆言道是諸侯朝服之冠在朝以行道德者也云其制之異同未之聞者委貌玄冠於禮圖有制但章甫毋追相與異同未聞也

周弁殷冔夏收冔况甫反

○弁名出於槃槃大也言所以自光大也冔名出於幠幠覆也言所以自覆飾也收言所以收斂髮也齊所服而祭也其制之異未聞○槃畔于反幠火吴反【疏】注弁名至未聞○釋曰又歷陳此三者欲見三代加冠皆有弁云周弁者弁是古冠之大號非直含六冕亦兼爵弁於其中見士之三加之冠者爵弁者

故云弁弁者冠名也云弁名出於槃槃大也者無正
文鄭以意解之論語云服周之冕以五色繅服有文
飾則知有德故云言所以自光大也云冔名出於幠
幠覆也言所以自覆飾也收言所以收斂髮也者皆
以意解之也云制之異亦未聞者案漢禮器制度弁
冕同礼弁冕冕相參尚之冕以木爲體廣八寸長尺六
寸績麻三十弁布爲之上以玄下以纁前後有旒尊
卑各有差等天子玉笄矣總其制可聞云未聞者但
夏殷之礼亡其制與周異亦如上未聞也三王共皮弁素積質不變【疏】注質不變

○釋曰此亦三代自天子下至士皆是再加當在周弁三加之上退之在下者欲見此是三代之冠百王同之無別代之稱也故郊特牲云三王共皮弁注云所不易於先代故孝經亦云百王同之不改易也若然百王同之言三王共者以損益之極極於三王又上三冠亦據三代故云三王共皮弁其實先代後代若不易是以鄭云質不變也無大夫冠禮而有其昏禮古者五十而后爵何大夫冠禮之有據時有未冠而命爲大夫者周之初禮年未五十而

有賢才者試以大夫之事猶服士服行士禮二十而冠急成人也五十乃爵重官人也大夫或時改娶有昏禮

無大至之有○釋曰此經所陳欲見無大夫冠禮之事有大夫冠禮記者非之○注據時至是也○釋曰鄭若據時有士冠而命爲大夫者言周末作記之時有二十已前未加冠而命爲大夫者記非之也云周之初禮年未五十而有賢才者試以大夫之事猶服士服行士禮者鄭解古者五十而後爵何大夫冠禮之有是古者未有周大夫有冠礼故非之此鄭云未五十則二十已上或有未二十有賢才亦得試爲大夫者故喪服殤小功章云大夫爲昆弟之長殤鄭云大夫爲昆弟之殤小功謂士若不仕以此知爲大夫無殤服言爲大夫無殤服謂兄殤在小功則兄十九已下死大夫則十九以下既爲兄殤服已爲大夫則早冠矣大夫冠而不爲殤故也雖早冠亦行士禮而冠是大夫無冠禮也云二十而冠急成人也五十乃爵重官人也者解試爲大夫二十則其爵命要待五十意也云大夫或時改娶有昏禮者釋經而有其昏禮以其三十而娶五十乃命爲大夫則昏時猶爲士何得有大夫昏禮乎五十以已容改

娶故有大夫昏禮也若然案下文古者生無爵鄭云古謂殷此經以古為周初者下云古者生無爵對周時士生有爵故知古者生無爵據殷也今此云古者以周末時大夫冠對周初時無若以古者為殷時則周家有大夫冠禮何得言周末始有乎明占者據初而言也

公侯之有冠禮也，夏之末造也。造作也自夏初以上諸侯雖父死子繼年未滿五十者亦服士服行士禮五十乃命也至其衰末上下相亂篡弒所由生故作公侯冠禮以正君臣也坊記曰君不與同姓同車與異姓同車不同服示民不嫌也以此坊民民猶得同姓以殺其君者

疏注造作至君者○釋曰記人言此者欲見夏初以上雖諸侯之貴未有諸侯冠禮猶依士禮故記之於士冠篇末也云自夏初以上者以經云公侯之有冠禮夏之末造明初夏未有言以上者夏以前唐虞之等亦未有諸侯冠禮也未滿五十者亦服士服行士礼五十乃命也者既云服士服行士禮亦如上文五十而後爵何公侯冠礼之有以其與大夫同未五十服行士礼也云至其衰末上下相乱至以正君臣也者解經夏之末造公侯冠禮也引坊記者欲

者更衣以後制諸侯冠禮以明此諸侯相篡弑之事也

云同車者謂參乘為車右及御者也云不同服者案

玉藻云君之右虎裘厥左狼裘又云僕右恒朝服君

則名以時事服是不同服此謂非在車時若在車時

君臣同服韋弁服也天子之元子猶士也天下無生而貴者也

元子世子也無生而貴皆由下升〔疏〕注元子至下升○釋曰此記者

見天子元子冠時亦依士冠禮

故於此兼記之也天子之元子雖因加與十二而冠

其行事猶依士禮也故云猶士也云元子尚不得生而

貴則天下之人亦無生而貴者也云無生而貴皆由

下升者天子元子冠時行士禮後繼世為天子是由

下升自餘天下之人從微至著皆由下升也繼世以立諸侯象賢也象法也為

子孫能法先祖之賢故使之繼世也〔疏〕繼世至賢也○釋曰記此者欲

見上言天子之子冠行士禮此

諸侯之子冠亦行士禮以其士之子恒為士有繼世

之義諸侯之子亦繼世象父祖之賢雖繼世象賢亦

無生而貴者行士冠禮故記之於此也云能法先祖

之賢者凡諸侯出封皆由有德若周禮典命云三公

八命其卿六命大夫四命及其世封皆加一等出爲五等諸侯卽爲始封之君是其賢也於後子孫繼立者皆不毁始祖之廟是象先祖之賢也以官爵人德之殺也殺猶衰也德大者爵以大官德小者爵以小官疏注殺猶至小官○釋曰記人記此者欲見仕者從士至大夫而冠無大夫冠禮者也云以官爵人者以用也謂用官爵命於人也云德之殺也者殺衰也以德大小爲衰殺故鄭云德大者爵以大官德小者爵以小官官者管領爲名爵者位次高下之稱也死而謚今也

古者生無爵死無謚今謂周衰記之時也古謂殷以士生不爲爵死不爲謚周制以士爲爵死猶不爲謚耳下大夫也今記之時士死則謚之非也謚之由魯莊公始也疏注今謂至始也○釋曰記人記此者欲見自上所陳冠禮以士爲本者曰無生而貴皆從士賤者而升也云死而謚今也者以士生時雖有爵死不合有謚若死而謚之正謂今周衰之時也云古者生無爵死無謚者古謂殷以前夏之時士生無爵死無謚是士賤今古皆不合有謚也鄭云今謂周衰記之時也者以記者自云今也

明還揔周衰記之時案礼運云孔子曰我觀周道幽
厲傷之是周衰也自此以後始有作記故云周衰記
之時也云古謂殷者周時士有爵故知古謂殷云殷
士生不爲爵死不爲謚者對周士生有爵死猶不謚
也云周制以七爲爵死猶不謚耳下大夫也者案周
禮掌容職云羣介行人宰史以其爵等爲之牢禮之
陳數鄭注云以命數則參差難等略於臣用爵而已
羣介行人皆士故知周士有爵雖有爵死猶不謚卿
大夫以上則有謚也云今記之時士死則謚之非也
者解經死而謚今也云謚之由魯莊公始也者案禮
記檀弓云魯莊公及宋人戰于乘丘縣賁父御卜國
爲右馬驚敗績公隊佐車授綏公曰末之卜也縣賁
父曰他日不敗績而今敗績是無勇也遂死之圉人
浴馬有流矢在白肉公曰非其罪也遂誄之士之有
誄自魯莊公始也若然作記前莊公誄士至記若亦
行之故此禮云死而謚今也故鄭云今謂周衰之時
也案郊特牲云死而謚之今也古者生無爵死無謚
鄭注云古謂殷以前也大夫以上乃謂之爵死有謚
也以此而言則殷大夫以上死有謚而檀弓云幼名
冠字五十伯仲死謚周道也者殷已前皆因生號爲

謚若堯舜禹湯之屬是也因生號以謚故不
得謚名周禮死則別爲謚故云死謚周道也

儀禮注疏卷第二

漢鄭玄注　唐賈公彥疏

後學廬陵陳鳳梧編校

士昏禮第二

鄭目録云士娶妻之禮以昏爲期因而名焉必以昏者陽往而陰來日入三商爲昏昏禮於五禮屬嘉禮大小戴及別録此皆第二（疏）釋曰鄭知是上娶妻之禮者以記云記士昏禮故知是士娶妻鄭云日入三商者商謂商量是漏刻之名故三光靈曜亦日入三刻爲昏不盡爲明案馬氏云日未出日沒後皆云二刻半前後共五刻今云三商者據整數而言其實二刻半也

昏禮○下達納采用鴈采七在反○達通達也將欲與彼合昏姻必先使媒氏下通其言女氏許之乃後使人納其采擇之禮詩云取妻如之何匪媒不得昏必由媒交接設紹介皆所以養廉恥納采而用鴈爲摯者取其順陰陽往來（疏）下昏禮至用鴈○釋曰從此至主人許賓○入授如初禮陳納采問名之禮云下達者謂未行納采已前男父先遣媒氏女氏之家通辭往來女氏許之乃遣使

者行納采之禮也言下達者男爲上女爲下取陽唱
陰和之義故云下達謂以言辭下通於女氏也是以
下記昏辭云吾子有惠貺室某也注云稱有惠明下
達謂此下達也云納采用鴈者昏禮有六五禮用鴈
納采問名納吉請期親迎是也唯納徵不用鴈以其
自有幣帛可執故也且三禮不云納言納者恐女氏
不受若春秋内納之義若然納采言納者以其始相
采擇恐女家不許故言納問名不言納者女氏已許
故不言納也納吉言納者男家卜吉往與女氏復恐
女家翻悔不受故更言納也納徵言納者納幣帛則
昏禮成復恐女家不受故更云納也請期親迎不言
納者納幣則昏礼已成女家不得移改故皆不言納
也其昏礼有六尊卑皆同故左氏莊公二十二年經
書冬公如齊納幣穀梁傳曰納幣大夫之事也礼有
納采有問名有納徵有告期四者備而後娶禮也公
之親納幣非礼也故譏之彼無納吉者以莊公在母
喪内親行納幣非禮之事故闕其納吉以非之也〇
注達通至往來〇釋曰鄭云必先使媒氏下通其言
女氏許之乃後使人納其采擇之礼者欲見納采之
前有此下達之言也案周禮地官有媒氏職是天子之

之宮則諸侯之國亦有媒氏傳通男女使成婚姻故云媒氏也云用鴈爲摯者取其順陰陽往來者案周禮大宗伯云以禽作六摯卿執羔大夫執鴈士執雉此昏禮無問尊卑皆用鴈故鄭注其意云取順陰陽往來也順陰陽往來者鴈木落南翔冰泮北徂夫爲陽婦爲陰今用鴈者亦取婦人從夫之義是以昏礼用焉引詩者證須媒下達之義也云昏必由媒交接設紹介者詩云匪媒不得是由媒也其行五禮自納采已下皆使使往是交接設紹介也云皆所以養廉恥者解所以須媒及設紹介者皆所以養成男女使有廉恥也使媒通之媵御沃盥交之等皆是行事之漸養廉恥之義也

主人筵于戶西西上右几主人女父也筵爲神布席也戶西者尊處將以先祖之遺體許人故受其禮於禰廟席西上右設几神不統於人席有首尾○爲于僞反處昌慮反

疏主人至右几○釋曰此女將受男納采之礼故先設神坐乃受之○注主人至首尾○釋曰云筵爲神布席也者下文禮賓云徹几改筵是爲人設席故以此爲神席也云戶西者以戶西是賓客之位故爲尊處也必以西爲客位者以地道尊右故

也知受禮於禰廟者以記云凡行事受諸禰廟也云席西上右設几神不統於人者案鄉射燕禮之等設席皆東上是統於人今以神尊不統於人取地道尊右之義故席西上几在右也云席有首尾者以公食記蒲筵萑席皆卷自末是席有首尾也

使者玄端至

使所吏反注使者同○使者夫家之屬若羣吏使往來者玄端士莫夕之服又服以事其廟有司緇裳○莫音暮

疏注使者至緇裳○釋曰云使者夫家之屬者案士冠禮賛者於中士下士差次爲之此云夫家之屬亦當然假令主人是上士屬是中士主人是中士屬是下士主人是下士屬亦當是下士下士礼窮即同也云玄端士莫夕之服又服以事其廟者此亦如士冠禮玄端士莫夕於朝之服也但士以玄端祭廟今使者服玄端至亦於主人廟中行事故云又服以事其廟也云有司緇裳者案士唯有三等之裳玄裳黃裳緇裳此云緇裳者即玄裳者矣以其緇玄大同小異也然士有三等裳今直言玄裳者據主人是上士而言案士冠云有司如主人服則三等士之有司亦如主人服也

擯者出請事入告

擯者有司佐礼者請猶問也礼不必

事雖知猶問之重慎也 疏 注擯者至慎也○釋曰云擯者有司佐禮者案士冠禮有司並是主人之屬及羣吏佐主人行禮之人故知此擯者亦是主人有司佐禮者也在主人曰擯云請猶問也禮不必事雖知猶問之重慎也者案論語云無必故云不必事也以其前已有下達之事今使者來在門外是知有皆事也而猶問之重慎也 主人如賓服迎于門外再拜賓不荅拜揖入 門外大門外不荅拜者奉使不敢當其盛禮 疏 主人至揖入○釋曰案士冠禮主人迎於大門外云主人西面賓東面此及鄉飲酒鄉射皆不言面位者文不具耳當亦如士冠也○注門外至盛禮○釋曰知門外是大門外者以其大夫唯有兩門寢門大門而已廟在寢門外之東此下有至于廟門明此門外是大門外可知也云不荅拜者奉使不敢當其盛礼者此士卑無君臣之禮故賓雖屬吏直言不荅拜不言辟君諸侯於使臣則言辟是以射禮擯迎入門公拜賓辟不荅拜公食大夫主爲賓已故賓荅拜稽首亦辟乃拜之以其君尊故也 至于廟門揖入三揖至于階三

讓入三揖者至內霤將曲揖既曲北面揖當碑揖疏注入三至碑揖○釋曰凡入門三揖者以其入門賓主將欲相背故須揖賓主各至堂塗北面相見故亦須揖至碑碑在堂下三分庭之一在北是庭中之節故亦須揖揖但士冠注云入門將右曲揖將北曲揖當碑揖此注至內霤將曲揖既曲北面揖當碑揖文不同者鄭舉二文相兼乃足也三者禮之大節尊卑同故鄉飲酒鄉射聘禮公食大夫皆有此三揖之法但注有詳略耳

主人以賓升西面賓升西階當阿東面致命主人阼階上北面再拜阿棟也入堂深示親親今文阿爲庪○庪君委反

疏主人至再拜○釋曰賓則使者也禮之通例賓主敵者賓主俱升若士冠與此文是也若鄉飲酒鄉射皆主尊賓卑故初至之時主人升一等賓乃升至卒洗之後亦俱升唯聘禮公升二等賓始升者彼注云亦欲君行一臣行二也覲禮王使人勞侯氏使者不讓先升者奉王命尊故也主人阼階上北面再拜者主人不言當阿則如鄉飲酒主人當楣再拜○注阿棟至爲之庪○釋曰案鄉飲酒聘禮皆云賓當楣無

云當阿者衞此云當阿故云示親親也凡士之廟五架爲之棟北一楣下有室戶中脊爲棟棟南一架爲
前楣楣前接簷爲庪鄉射記云序則物當棟堂則物當楣故云是制五架之屋也鄉大夫射於庠庠則有
室故物當前楣士射於序序則無室故物當棟此士之廟雖有室其棟在室外故賓得深入當之也授
于楹間南面授於楹間明爲合好其節同也南面並授也疏注授於至授也○釋曰楹
間謂兩楹之間賓以鴈授主人於楹間者明和合親好令其賓主遠近節同也凡賓主敵者授於楹間不
敵者不於楹間是以聘禮賓覿大夫云受幣于楹間南面鄭注云受幣楹間敵也聘禮及云公側襲受玉
於中堂與東楹之間鄭注云東楹之間亦以君行一臣行二至禮賓及賓私覿皆云當東楹是尊卑不敵
故不於楹間也今使者不敵而於楹間故云明爲合好也云南面並授也者以經云南面不辨賓主故知
俱南面並授也賓降出主人降授老鴈老羣吏之尊者疏賓降至老鴈○釋曰
授鴈訖賓降自西階出門主人降自阼階授老鴈於階立待後事也○注老者羣吏之尊者○釋曰大夫家

臣稱老。是以喪服公士大夫以貴臣爲室老，春秋左氏傳云臧氏老，論語云趙魏老，禮記大夫室老行事，皆是老者爲家臣之貴者。士雖無君臣之名，云老，亦是群吏中尊者也。

擯者出請。不必賓之事有無。

【疏】注「不必」至「有無」。○釋曰：此主人不知賓有事無事，使擯出請者，亦是不必賓之事有無也。

賓執鴈，請問名，主人許，賓入授，如初禮。問名者，將歸卜其吉凶。古文禮爲醴。

【疏】「賓執」至「初禮」。○釋曰：此一使兼行納采、問名二事，相因又使還須卜，故因即問名，乃還卜之，故云一使也。云主人許者，擯請入告，乃報賓，賓得主人許，乃入門升堂授鴈，與納采禮同，故云如初禮也。○注「問名」至「爲醴」。○釋曰：云問名者，問女之姓氏，不問三月之名，故昏記問名辭云「某既受命，將加諸卜，敢請女爲誰氏」。鄭云「誰氏者，謙也，不必其主人之女」，是問姓氏也。然以姓氏爲名者，名有二種：一者是名字之名，三月之名是也；一者是名號之名，故孔安國注尚書以舜爲名，鄭君目錄以曾子爲姓名，亦據子爲名，皆是名號爲名者也。今以姓氏爲名，亦名號之類也。鄭云將歸卜其吉凶者，據下記文也。

擯者

出請賓告事畢入告出請醴賓此醴亦當爲禮禮賓者欲厚之【疏】注此醴至厚之○釋曰此下至送于門外再拜主人禮賓之事云此醴亦當爲禮者亦士冠禮賓爲醴字後已破爲禮故云亦以此醴酒禮賓字從醴者以大行人云上公再祼而酢伯侯一祼而酢子男一祼不酢及以酒禮之用齊禮之皆不依酒醴爲名皆取相禮故知此醴亦爲禮敬之禮不取用醴爲醴之義也秋官司儀云諸公相爲賓及將幣賓亦如之注云上於下曰禮敵者曰儐聘禮卿亦云無擯注云無擯辟君大夫已上尊得有禮擯兩名士以下卑唯稱禮也

賓禮辭許禮辭一辭【疏】注禮辭一辭○釋曰禮賓一辭許者主人禮賓之常法鄉已行納采問名賓主人之情已通矣故略行一辭而已

主人徹几改筵東上側尊甒醴于房中甒云甫反○徹几改筵者鄉爲神今爲人側尊亦言無玄酒側尊於房中亦有篚有籩豆如冠礼之設○鄉許亮反爲于僞反【疏】主人至房中○釋曰徹几改筵者於戶西禮神坐徹去其几於後授賓改設其筵設側尊甒醴在東房之中以禮賓

也○注徹几至之設○釋曰經云東上者統於主人注云鄉爲神今爲人若爲神則西上爲人則東上不同故辨之云側尊亦言無玄酒者醴禮側無玄酒配之以其醴象大古質故十冠與此昏禮之等皆無玄酒也鄭知此亦有籩有籩豆如冠禮者此下云贊者酌醴加角柶明有籩盛之及云贊者薦脯醢則有籩豆可知但冠禮尊在服北南上則此尊與籩等亦南上故云如冠禮之設也

主人迎賓于廟門外揖讓如初升主人北面再拜賓西階上北面荅拜主人拂几授校拜送賓以几辟北面設于坐左之西階上荅拜拂音弗校胡飽反辟房益反注同○拂拭也拭几者尊賓新之也後几足辟逡遁古文校爲枝○拭音式逡七旬反遁音旬

疏主人至荅拜○釋曰云主人迎賓于廟門外揖讓如初升者如納采時三揖三讓也云主人北面再拜者拜賓至此堂飲之是以公食大夫燕禮鄉飲酒鄉射大射皆云拜至並是拜賓至此堂也但燕禮大射公食大夫皆云公至再拜先言至者欲見賓及乃拜

之是有尊卑不敵之義餘皆言拜至至在拜卜者禮
敵之義也若然此爲禮賓有拜至者前雖有納采問
名之事以昏礼有相親之義也故雖後亦拜至也聘
禮享禮及禮賓不拜至者聘禮不取相親之義故不
拜至是以彼鄭注云以賓不於此始至也云主人拂
几者此拂几雖不言外拂內拂又不言三案有司徹
主人西面左手執几縮之以右袂推拂几三二手橫
執几進授尸於筵前注云衣袖謂之袂推拂去塵示
新云拂者外拂之也則此亦外拂之三也凡行禮敵
者拂几皆若此卑於尊者則內拂之故聘禮云宰夫
內拂几三奉兩端以進鄭云內拂几不欲塵坋尊者
是也若然冠禮賓無几者冠禮比昏爲輕故無几鄉
飲酒鄉射及燕賓賓輕故無几聘賓及公食大夫賓
重故有几也云授校者凡授几之法卑者以兩手執
几兩端尊者則以兩手於几間執之授設皆然是以
聘禮宰夫奉兩端以進有司徹云尸進二手受於手
間注云受從手間謙也雖不言兩手兩手授之可知
又案聘禮云公東南鄉外拂几三卒振袂中攝之進
西鄉賓進訝受几於筵前以此言之公尊中執几以
一手則賓以兩手於几兩端執之也而此亦賓主不

敵授校者昏禮異於餘禮云拜送者此當再拜送君於聘賓則一拜故聘禮云公一拜送鄭注云公尊也是也此几以安體非已所得故賓受設然後荅拜下經受醴之時先拜乃受者彼是入口之物已所當得故先拜乃受之云賓以几辟者以賓卑故以几辟聘禮賓卑亦云以几辟有司徹不云以几辟者尊尸故也覲禮不云以几辟者尊主使也凡授几之法受時或受其足或受于手間皆橫受之及其設之皆旋几縱執乃設之於坐南北面陳之位為神則右之為人則左之為異不坐設之者几輕故也○注拂拭至為校○釋曰鄭知校几足者既夕記云綴足用燕几校在南御者坐持之故知校是几足也

贊者酌醴加角柶面葉出于房

柶音四○贊佐也佐主人酌事也贊者亦洗酌加角柶覆之如冠禮矣出房南面待主人迎受古文葉作擖

疏注贊佐至作擖○釋曰云贊者亦洗酌加角柶覆之如冠禮矣者案冠禮云贊者洗於房中側酌醴加柶覆之此與冠禮同故云如冠禮矣

主人受醴面枋筵前西北面賓拜受醴復位主人阼階上

拜送枋彼反○主人西北面疑立待賓即筵也賓復位於西階上北面明相尊敬此筵不主為飲

食起○疑魚乙反為于僞反下中為益為同【疏】注主人一至食起○釋曰經唯云主人西北面知疑立

者鄉飲酒云主人阼階東疑立明此亦然也凡主人將授酒醴於筵前待賓即筵前乃授之此鄭云即筵

謂就筵前與下賓即筵別也是以冠禮禮子及下禮婦皆於筵西受礼然礼賓進筵前受醴是不躐席之

事也云賓復位於西階上北面明相尊敬此筵不主為飲食起者但此筵為行礼故拜及啐皆於西階也

贊者薦脯醢薦進賓即筵坐左執觶祭脯醢以柶祭醴

二西階上北面坐啐醴建柶興坐奠觶遂拜主人荅

拜觶之豉反啐七內反○即就也左執觶則祭以右手也凡祭於脯醢之豆間必所為祭者謙敬示有

所先也啐嘗也嘗之者成主人意建猶扱也興起也奠停也○扱初洽反【疏】贊者至荅拜○釋曰此經

云坐奠觶遂拜言遂者因事曰遂因建柶興坐奠觶不復興遂因坐而拜冠礼礼子并醮子及此下礼婦

不言坐奠觶遂者皆文不具聘禮賓不言拜者醴中有拜可知也○注即就至停也○釋曰鄭云祭以右手出于鄉射也云凡祭於脯醢之豆間者謂祭脯醢俎豆皆於豆間此及冠禮鄉飲酒鄉射燕禮大射皆有酒醢則在籩豆之間此注不言籩豆直言豆者省文公食大夫及有司徹豆多者則言祭於上豆之間也云必所為祭者謙敬示有所先也者案曲禮云主人延客祭注云祭祭先也君子有事不忘本也此云謙敬示有所先即本謂先世造此食者也云啐嘗也嘗之者成主人意者主人設饌望賓為美之今客嘗之告旨是成主人意也

賓即筵奠于薦左降筵北面坐取脯主人辭

薦左籩豆之東降下也自取脯者尊主人之賜將歸執以反命辭者辭其親徹

疏賓即至人辭○釋曰此奠於薦左不言面位下贊禮婦奠于薦東注云奠于薦東升席奠之此云奠于薦東升席奠之明皆升席南面奠也必南面奠者取席之正又祭酒亦皆南面並因祭酒之面奠之則冠禮禮子亦南面奠之聘礼礼賓賓北面奠者以公親執束帛待賜已不敢稽留故由便疾北面奠之也鄉飲酒鄉射酬

酒不祭不舉不得因祭而奠于薦東也燕禮大射有君勞君祭酬酒故亦南面奠云降下也自取脯者尊主人之賜將歸執以反命者案下記云賓右取脯左奉之乃歸執以反命是也**賓降授人脯**

出主人送于門外再拜人謂使者從者授於階下西面然後出去○從才用反後從者皆同疏注人謂至出去○釋曰鄭知人謂使者從者者以其此脯使者將歸故授從者也又知授於階下西面然後出去者以其賓位在西授脯文在出上故知西階下西面授之然後出去也**納吉**

用鴈如納采禮歸卜於廟得吉兆復使使者往告婚姻之事於是定○復扶又反○疏納吉至采禮○釋曰案上文納采在前問名在後今此不云如問名而云如納采者問名賓不出大門故此納吉如其納采也○注歸卜至是定○釋曰鄭知義然者案下記云納吉曰吾子有貺命某加諸卜占曰吉使某也敢告凡卜筮皆於禰廟故然也未卜時恐有不吉婚姻不定故納吉乃定也**納徵玄**

纁束帛儷皮如納吉禮纁許云反儷音麗○徵成也使使者納幣以成昏禮用玄

纁者象陰陽備也束帛十端也周禮曰凡嫁子娶妻入幣純帛無過五兩儷兩也執束帛以致命兩皮爲庭實皮鹿皮今文纁皆作熏○純側其反

〔疏〕納徵至吉禮○釋曰此納徵無鴈者以有束帛爲贄故也足以孝經鉤命決云五禮用鴈是也案春秋左氏莊公二十二年冬公如齊納幣不言納徵者孔子制春秋變周之文從殷之質故指幣礼而言周文故以義言之徵成也納此則昏礼成故云徵也○注徵成至作熏○釋曰云用玄纁者象陰陽備也束帛十端也者周禮凡嫁子娶妻入幣緇帛無過五兩鄭彼注云納幣用緇婦人陰也凡於娶禮必用其類五兩十端也必言兩者欲得其配合之名十者象五行十日相成也士大夫乃以玄纁束帛天子加以穀圭諸侯加以大璋雜記云納幣一束束五兩兩五尋然則每端二丈若彼庶人空用緇色無纁故鄭云用緇婦人陰此玄纁俱有故云象陰陽備也[illegible]主人穀圭天子以聘女大璋諸侯以聘女故鄭據而言焉玄纁束帛者合言之陽奇陰耦二玄二纁[illegible]其大夫無冠禮而有昏禮若試爲大夫及幼爲大夫者依士禮若五十而爵改娶者大夫昏禮玄纁及鹿皮則同於士餘有

異者無文以言也

請期用鴈主人辭賓許告期如納徵禮請音情又七井反○主人辭者陽倡陰和期日宜由夫家來也夫家必先卜之得吉日乃使使者往辭即告之○和戶臥反

疏請期至徵禮○釋曰請期如納徵禮納吉禮如納采禮案上納采之禮下至主人拜送於門外其中揖讓升降及禮賓送迎之重此皆如之○注主人至告之○釋曰婿之父使使納徵訖乃卜婚日得吉日又使使往女家告日是期由男家來今以男家執謙故遣使者請女家若云期由女氏故云請期女氏知陽倡陰和當由男家出故主人辭之使者既見主人辭遂告主人期日也是以下記云使者曰某使某受命吾子不許某敢不告期曰某日注云某吉日之甲乙是告期之辭故鄭云辭即告也

期初昏陳三鼎于寢門外東方北面北上其實特豚合升去蹄舉肺脊二祭肺二魚十有四腊一肫髀不升皆飪設扃鼏上起呂反注同肫音純又之春反髀步米反飪而甚反扃古螢反鼏亡狄

反○期取妻之日鼎二者升豚魚腊也寢壻之室也北面鄉內也特猶一也合升合左右胖升於鼎也去蹄蹄甲不用也舉肺脊者食時所先舉也肺者氣之主也周人尚焉脊者體之正也食時則祭之飯必舉之貴之也每皆二者夫婦各一耳凡魚之正十五而鼎減一爲十四者欲其敵偶也腊兔腊也肫或作純純全也凡腊用全髀不升者近竅賤也飪熟也扃所以扛鼎冪覆之古文純爲鈞髀爲脾今文扃作鉉冪皆作密○鄉許亮反胖音判飯扶晚反近附近之近竅苦弔反扛音江脾必爾反又毗支反鉉胡畎反

疏期初至扃鼎○釋曰此文下盡合巹一節論夫家欲迎婦之時豫陳同牢之饌也云陳三鼎於寢門外東方北面北上者謂在乎寢門外也言東方北面是礼之正但數鼎故云北面北上則此及少牢皆是也特牲陳鼎於門外北面北上當門而不在東方者辟大夫故也今此亦東方不辟大夫者重婚礼攝盛也鼎不言北一直言北面上冠所云是也凡鼎陳於外者北面爲正阼階下西面爲正士喪禮小斂陳一鼎於門外西面者喪禮少寢在東方者未忍異於生時於大斂奠及朔月奠既夕陳鼎皆於大斂奠門外

皆西面者亦是喪禮既夕變上文陳三鼎于門外之右北面北上入設于西階前東面北上不在東者既葬鬼事之反吉故也公食陳鼎七當門南面西上者以賓是外人內外統之○注期取至作窆○釋曰云期取妻之日者此陳同牢之饌下云親迎之禮其中無厥明之文明是娶婦之日也云鼎三者升豚魚腊也者即經文自顯也云寢壻之室也者命士以上之父子異宮自然別有寢若不命之士父子同宮雖大院同居其中亦隔別各有門戶故經總云寢門外也云合升合左右胖升於鼎也者以夫婦各一故云左右胖俱升若祭則升右也云去蹄蹄甲不用也者以其踐地穢惡也云舉肺脊者食時所先舉者案下文贊者告具揖婦即對筵皆坐祭祭薦黍稷肺即此祭肺也下文云贊爾黍稷授肺脊皆食以湇醬皆祭舉食舉也即此舉肺脊也祭時二肺俱有生人唯有舉肺皆祭今此得有祭肺者禮記郊特牲論娶婦玄冕齊戒鬼神陰陽也故與祭祀同二肺也據下文先用祭肺後用舉肺此經先言舉肺後言祭肺者以舉肺脊長大故先言是以特牲少牢入鼎時舉肺脊在前云肺者氣之主也周人尚焉者案禮記明堂位云有

虞氏祭首夏后氏祭心殷祭肝周祭肺鄭注云氣主
盛也但所尚不同故云周人尚焉云脊者體之正也
食時則祭之者對祭肺未食時祭也云飯必舉之貴
之也者但一身之上体總有二十一節前有肩臂臑
後有肫胳脊在中央有三脊正脡横脊而取中央正
脊故云体之正凡云先以對後案特牲舉肺脊後食
幹骼注云肺氣之主也脊正体之貴者先食啗之所
以導食通氣此不言先食啗之從彼可知也云每皆
二者夫婦各一耳者釋經多之義云凡魚之正十五
而鼎減一爲十四者據特牲記云魚十有五注云魚
水物以頭枚數陰中之物取數於月十有五日而盈
少牢饋食禮亦云十有五而俎尊卑同則是尊卑同
用十五而同鼎也云欲其敵偶也者夫婦各有七也
此夫婦思神陰陽故同祭礼十五而去一若乎生人
則與此異故公食大夫一命者七魚再命者九魚三
命者十有一魚天子諸侯無文或諸侯十三魚天子
十五魚也云腊兎腊也者少牢用麋腊士兎腊可知
故曲禮云兎曰明視也云肫或作純純全也凡腊用
全者此或少牢云案少牢腊一純注云純猶全也凡
牲体則用一胖不得云全其腊則左右體脅相配共

家一体故得全名也　特牲少牢亦用全士喪大斂與
士虞皆用左胖不全者喪禮略文今文冪皆作密者
鄭以省文故鼏下絲冪緫疊之故云皆也設洗于阼階東南洗所以承盥洗之器棄水
者○盥音管饌于房中醯醬二豆菹醢四豆兼巾之黍稷
四敦皆蓋饌士戀反醯呼西反敦音對○醯醬者以醯和醬生人尚褻味兼巾之者六豆共巾
也巾爲禦塵蓋爲尚溫周禮曰食齊視春時○食音嗣齊才計反下同〔疏〕注醯醬至春時○釋曰鄭
知以醯和醬者得醯者無醬得醬者無醯若和之則
夫妻皆有是以知以醯和醬也云生人尚褻味者此
文與公食皆以醯和醬少牢特牲不言之故云然
也引周禮釋敦皆有蓋者飯宜溫比春時故也大
羹湆在爨大如字又音太湆去急反爨七亂反○大羹湆煑肉汁也大古之羹無鹽菜爨火上
周禮曰羹齊視夏時今文湆皆作汁○大音泰〔疏〕注大羹至作汁○釋曰湆與汁一也知大古之羹無
鹽菜者左傳桓二年臧哀伯云大羹不致禮記郊特
牲云大羹不和謂不致五味故知不和鹽菜唐虞以

上曰大古有此美三王以來更有鉶羹則致有五味雖有鉶羹猶存太羹不忘古也引周禮證太羹須熟故在爨臨食乃取也尊于室中北墉下有禁玄酒在西絡冪加勺皆南枋墉音容絡去逆反勺上灼反○墉墻也禁所以庪甒者玄酒不忘古也絡粗葛今文枋作柄【疏】注墉墻至作柄○釋曰云禁所以庪甒者士冠云甒此亦士禮雖不言甒然此尊亦甒也庪承於甒云禁者因爲酒戒故以禁言之也云玄酒不忘古也者古謂黃帝以前以禮運云汙尊而抔飲謂神農時雖有黍稷未有酒醴則神農以上以水爲玄酒也禮運又云後聖有作以爲禮醴據黃帝以後雖有酒醴猶是不忘古也尊于房戶之東無玄酒篚在南實四爵合卺卺音謹○無玄酒者略之也夫婦酌於內尊其餘酌於外尊合卺破匏也四爵兩卺凡六爲夫婦各三酳一升曰爵○匏白交反酳以兩反【疏】注無玄至曰爵○釋曰云無玄酒者略之者此對上文夫婦之尊有玄酒此尊非爲夫婦設略之也云夫婦酌於內尊其餘酌於外尊者據上文玄酒知之云

一升曰爵者，韓詩外傳云一升曰爵，二升曰觚，三升曰觶，四升曰角，五升曰散是也。

主人爵弁，纁裳緇袘。從者畢玄端。乘墨車，從車二乘，執燭前馬。

袘以豉反，又音移。從才用反。乘繩證反。○主人，婿也。婿為婦主。爵弁而纁裳，玄冕之次。大夫以上親迎冕服。冕服迎者，鬼神之。鬼神之者，所以重之親之。纁裳者，衣緇衣。不言衣與帶而言袘者，空其文，明其與袘俱用緇。袘謂緣。袘之言施，以緇緣裳，象陽氣下施。從者，有司也。乘二車，從行者也。畢，猶皆也。墨車，漆車。士而乘墨車，攝盛也。執燭前馬，使從役持炬火居前炤道。○迎魚正反。緣以絹反。炤音照。

【疏】「主人」至「前馬」。○釋曰：自此至「俟于門外」，論婿親迎之節。○注「主人」至「炤道」。○釋曰：云「主人，婿也」者，以其親迎向女家，女父稱主人，男稱婿，已下皆然。今此未至女家，仍據男家而言，故云主人是婿為婦主。故下親迎至男家，婿還稱主人也。云「爵弁而纁裳」者，以爵弁亦冕之類，故亦纁裳也。云「玄冕之次」者，鄭注周禮弁師云一命之大夫冕而無旒，士變冕為爵弁，故云冕之次也。云「大夫以上親迎冕服」者，士家自祭服玄端，助祭用爵弁今爵弁用助祭之服親迎一爲攝盛則卿大夫朝服以自祭助祭用玄冕親迎亦當玄冕攝盛也若上公有孤之國孤絺冕卿大夫同玄冕侯伯子男無孤之國卿絺冕大夫玄冕也孤卿大夫士爲臣卑復攝盛取助祭之服以親迎則天子諸侯爲尊則衮冕矣不須攝盛宜用家祭之服則五等諸侯玄冕以家祭則親迎不過玄冕天子親迎當服衮冕矣是以禮記郊特牲云玄冕齊戒鬼神陰陽也將以爲社稷主以社稷言之據諸侯而説故知諸侯玄冕也其於孤卿雖絺冕以助祭至於親迎亦用玄冕臣乃不得過君故也云冕服迎者鬼神之鬼神之者所以重之親之者郊特牲又云纁裳者衣緇衣不言衣與帶而言施者空其文以其與施俱用緇者鄭言纁裳者衣緇衣言緇衣即玄衣大同故也上士冠陳爵弁服云緇衣緇帶此文有緇施與衣帶二字故云空其文以施著緇者欲見施與衣帶色同故云俱用緇也云施謂緣者謂純緣於裳故字從衣云施之言施者義取施及於物故作施也云以緇緣裳象陽氣下施者男陽女陰男女相交接示行事有漸故云象陽氣下施故以衣帶上体同色之物下緣於裳也云從者有司也乘貳

車從行者也者以士雖無臣其僕隷皆曰有司[illegible]事貳車從者大夫已下有貳車士無二車此有二[illegible][illegible]攝盛也云墨車漆車者案巾車注云棧車不革鞔而漆之則士之棧車漆之但無革爲異耳案考工記云棧車從其弇鄭云無革鞔又云飾車欲其侈鄭云革鞔則大夫以上皆有革鞔則得飾車之名飾者革上文有漆飾士卑無飾雖有漆不得名墨車故唯以棧車爲名若然自卿已上更有異飾則又名玉金象夏篆夏縵之等也云士乘墨車攝盛也者案周禮巾車云一曰王路以祭祀又云金路同姓以封象路異姓以封革路以封四衛木路以封蕃國孤乘夏篆卿乘夏縵大夫乘墨車士乘棧車庶人乘役車士乘大夫墨車爲攝盛則大夫當乘卿之夏縵卿當乘孤之夏篆已上有木路質而無飾不可使孤乘之禮窮則同也孤還乘夏篆又於臣之外特置亦是尊尊則尊矣不欲攝盛若然庶人當乘士之棧車則諸侯天子尊則尊矣亦不欲攝盛依巾車自乘本車矣玉路祭祀不可以親迎當乘金路矣以攝言之士之子冠與父同則昏亦同但尊適子皆與父同無子宜降一等也婦車亦如之有裧裧昌占反○亦

如之者車同等士妻之車夫家共之大夫以上嫁女則自以車送之衣車裳帷周禮謂之容車有容則固有蓋○注亦如至有蓋○釋曰婦車亦墨車但有共音恭

疏 衣爲異耳曰士妻之車夫家共之者即此是也云大夫以上嫁女則自以車送之者案宣公五年冬左傳云齊高固及子叔姬來反馬杜以爲禮無反馬而左氏以爲得禮禮婦人謂嫁曰歸明無大故不反於家經書高固及子叔姬來故譏乘行匹至也士昏皆具據士禮無反馬蓋失之矣士昏禮曰主人爵弁纁裳緇袘從者畢玄端乘墨車從車二乘執燭前馬婦車亦如之有衣此婦乘夫家之車鵲巢詩曰之子于歸百兩御之又曰之子于歸百兩將之國君之禮夫人始嫁自乘其車也何彼襛矣篇曰曷不肅雝王姬之車言齊侯嫁女以其母王姬始嫁之車遠送之則天子諸侯女嫁留其車可知今高固大夫反馬大夫亦留其車禮雖散言以詩論之大夫以上至天子有反馬之禮留車妻之道反馬壻之義高固秋月逆叔姬冬來反馬則婦人三月祭行故行反馬禮也以此鄭箴膏肓有言之則知大夫以上嫁女自以其車送之若然詩注以爲王姬嫁時自乘其車豈

膏肓以爲齊侯嫁女乘其母王姬始嫁時車送之也
同者彼取三家詩故與毛詩異也凡婦車之法自士
已上至孤卿皆與夫同有襚爲異至於王后及三夫
人幷諸侯夫人皆乘翟車案周禮巾車王后之五路
重翟厭翟安車皆有容蓋又云翟車輦車鄭注云詩
國風碩人曰翟茀以朝謂諸侯夫人始來乘翟茀之
車以朝見於君成之也此翟茀蓋厭翟也然則王后
始來乘重翟車又詩序云王姬下嫁於諸侯車服不
繫其夫下王后一等以此差之王后始來乘重翟則
上公夫人用厭翟侯伯子男夫人用翟車若然巾車
安車次厭翟在翟車之上者以其安車在宮中所乘
有容蓋與重翟厭翟有蚤退之在下其實安車無翟
飾不用爲嫁時所乘也三夫人與三公夫人當用翟
車九嬪與孤妻同用夏篆世婦與卿大夫妻同用夏
縵女御與士妻同用墨車也其諸侯夫人姪娣及二
媵幷姪娣依次下夫人一等爲差也云襚車裳幃周
禮謂之容者案巾車職重翟厭翟安車皆有容蓋鄭
司農云容謂幨車山東謂之裳幃或謂之潼容後鄭
從之衛詩云漸車帷裳是山東名幃裳也云車有容
則固有蓋者巾車云有容蓋容蓋相配之物此既有

褖之容明有盖可知故云图有盖矣至于門外婦家大門之外疏注婦家大門之外○釋曰知是大門之外者以下有揖入乃至廟廟乃大門内故知此大門外也主人筵于户西

西上右几主人女父也筵爲神布席也疏注主人至布席○釋曰以先祖之遺体許人将告神故女父先於廟設神席乃迎婿也女次純衣纁袡立于房中南面袡如

占反○次首飾也今時髲也周禮追師掌爲副編次純衣絲衣女從者畢袗玄則此亦玄矣袡亦緣也

袡之言任也以纁緣其衣象陰氣上任也凡婦人不常施袡之衣盛昏禮爲此服喪大記曰復衣不以袡

明非常○髲皮義反追丁回反編必連反袗之忍反疏注次首至非常○釋曰不言裳者以婦人之服

不殊裳是以内司服皆不殊裳彼注云婦人尚專一德無所兼連衣裳不異其色是也注云次首飾也今

時髲也周禮追師掌爲副編次者案彼注云副之言覆所以覆首爲之飾其遺象若今步繇矣編編列髲

爲之其遺象若今假紒矣次次第髲長短爲之所謂髲髢言所謂謂知少牢主婦髲鬄也又云外内命婦

衣鞠衣檀衣者服編衣禒衣者服次其副唯於三翟
祭祀服之士服爵弁助祭之服以迎則士之妻亦服
禒衣助祭之服也若然案內司服王后之六服褘衣
揄翟闕翟鞠衣展衣禒衣素沙素沙與上六服爲裦
五等諸侯上公夫人與王后同侯伯夫人自揄翟而
下子男夫人自闕翟而下案玉藻有鞠衣檀衣禒衣
注云諸侯之臣皆分爲三等其妻以次受此服公之
臣孤爲上卿大夫次之士次之侯伯子男之臣卿爲
上大夫次之士次之其三夫人以下內命婦則三夫
人自闕翟而下九嬪自鞠衣而下世婦自檀衣而下
女御自禒衣而下嫁時以服之諸侯夫人無助天子
祭亦各得申上服與祭服同也云純衣絲衣者此経
純亦是絲理不明故是絲體也云女從者畢袗玄則
此衣亦玄矣者此鄭欲見既以純爲絲恐色不明故
云女從袗玄則此絲衣亦同女色矣云袡亦緣也者
上纁裳緇袘袘爲緣故云袡亦緣也云袡之言任也
以纁緣其衣象陰氣上任也者婦人陰象陰氣上交
於陽亦取交接之義也云凡婦人不常施袡之衣盛
昏礼爲此服者此純衣即禒衣是士妻助祭之服尋
常不用纁爲袡今用之故云盛昏禮爲此服云裦大

記曰復衣不以神明非常者以其始死招魂復魄用
生時之衣生時無神明知亦不用神明爲非常所服爲
盛昏禮故服之引之者證袡爲非常服也然鄭言凡
婦人服不常施袡者鄭欲見王后已下初嫁皆有袡
之意也 姆纚笄宵衣在其右 姆亡侯反又音母纚山買反○姆婦人年五十無子
出而不復嫁能以婦道教人者若今時乳母纚縚髮
笄今時簪也纚亦廣充幅長六尺宵讀爲詩素衣朱
綃之綃魯詩以綃爲綺屬也姆亦玄衣以綃爲領因
以爲名且相別耳姆在女右當詔以婦禮○綃他刀
反綃音消別彼列反 疏 姆纚至其右○釋曰此經欲見女既在
房須有傳命者之美也○注姆婦至婦在
禮○釋曰云姆婦人年五十無子出而不復嫁能以
婦道教人者若婦人者年五十陰道絕無子乃出之案
家語云婦人有七出不順父母出淫出妬出無子出
惡疾出多言出竊盜出又莊二十七年何休注公羊
云無子棄絕世也淫佚棄亂類也不事舅姑棄悖德
也口舌棄離親也盜竊棄反義也嫉妬棄亂家也惡
疾棄不可奉宗廟也又家語有三不去曾經三年喪
不去休云不忘恩也賤取貴不去休云不背德也有

所受無所歸不去休云不窮窮也休又云喪父長女不娶無教戒也世有惡疾不娶棄於天也世有刑人不娶棄於人也亂家女不娶類不正也逆家女不娶廢人倫也是五不娶又案易同人六二鄭云天子諸侯后夫人無子不出則猶有六出其天子之后雖失禮鄭云嫁於天子雖失禮無出道遠之而已若其無子不廢遠之后尊如故其犯六出則廢之然就七出之中餘六出是無德行不堪教人故無子出能以婦道教人者以為姆既教女因從女向夫家也云若今時乳母者漢時乳母與古時乳母別案喪服乳母者擇大夫子有三母子師慈母保母其慈母闕乃令有乳者養子謂之為乳母死為之服緦麻師教之乳母直養之而已漢時乳母則選德行有乳者為之并使教子故引之以證姆也云纚縚髮者纚亦如士冠纚以緇為之廣充幅長六尺以韜髮而紒之姆所以異於女者女有纚兼有次此姆則有纚而無次也云笄今時簪者法漢為況義也云宵讀為詩素衣朱綃之綃者引詩以為證也云姆亦玄衣以綃為領因以綃為名者此衣雖言綃衣亦與純衣同是禄衣用綃為領故因得名綃衣也必知綃為領者詩云素衣朱綃

詩又云素衣朱襮爾雅釋器云黼領謂之襮襮既爲領明朱綃亦領可知案上文云女褖衣下文云女從者畢袗玄皆是褖衣則此綃衣亦褖衣矣女與女從襌黼領此姆以玄綃爲領也若然持牲云綃衣者謂以綃繒爲衣知此綃爲領者以下女從者云被顈黼襮領明此襮領也云姆在女右當詔以婦禮者案禮記少儀云贊幣自左詔辭自右是地道尊右之義故姆在女右也

女從者畢袗玄纚笄被顈黼在其後被皮義反顈苦迥反黼音甫○女從者謂姪娣也詩諸娣從之祁祁如雲袗同也同玄者上下皆玄也顈禪也詩云素衣朱襮爾雅云黼領謂之襮周禮曰白與黑謂之黼天子諸侯后夫人狄衣卿大夫之妻刺黼以爲領如今偃領矣士妻始嫁施禪黼於領上假盛飾耳言被明非常服○姪大結反又丈一反娣大計反禪音丹襮音博剌七亦反【疏】女從至其後○釋曰此是女從之人在女後爲尊卑威儀之事也○注女從至常服○釋曰知女從是姪娣者案下文云雖無娣媵先鄭云古者嫁女必姪娣從爲之媵即此女從故云女從者謂姪娣也云詩者韓奕之篇引之證娣姪之義也云袗同

也同玄者丄丨皆玄者此袗讀從左氏均服振旟一也故云同玄卜下皆玄也同者自婦人之服不殊裳云類襌也者此讀如詩云褧衣之褧故爲襌也引詩爾雅周禮者證黼得爲領之義也黼謂刺之在領爲黼文名爲襮故云黼領謂之襮云天子諸侯后夫人狄衣者案周禮內司服云掌王后之六服褘衣揄狄闕狄又注云侯伯之夫人揄狄子男之夫人亦闕狄唯二王後褘衣故云洽夫人狄衣也云卿大夫之妻刺黼以爲領者以士妻言被明非常故知大夫之妻刺之常也不於后夫人下言領於卿大夫妻下乃云刺黼爲領則后夫人亦同刺黼爲領也但黼乃白黑色爲之若於衣上則畫之若於領上則刺之以爲其男子冕服女畫而裳繡繡皆刺之其婦人領雖在衣亦刺之矣然此士妻言被禪黼謂於衣領上別刺黼文謂之被則大夫以下刺之不別被之矣案禮記郊特牲云綃黼丹朱中衣大夫之僭禮也彼天子諸侯中衣有黼領服則無之此今婦人事華飾故於上服有之中衣則無也云如今偃領矣者舉漢法鄭君目驗而知至今已遠偃領之制亦無可知也云士妻始嫁施禪黼於領上假盛飾耳言被明非常服者對大

夫已上妻則常服有之非假也主人玄端迎于門外西面再拜賓東面荅拜賓壻疏主人至荅拜○釋曰此言男至女氏之大門外女父出迎之事也主人揖入賓執鴈從至于廟門揖入三揖至于階三讓主人升西面賓升北面奠鴈再拜稽首降出婦從降自西階主人不降送賓升奠鴈拜主人不荅明主爲授女耳主人不降送礼不參○爲于僞反疏主人至降送○釋曰此言女父迎賓壻入庙門升堂父迎出大門之事也云賓升北面奠鴈再拜稽首者此時當在房外當楣北面知在房戶者見隱二年紀履緰來逆女公羊傳曰譏始不親迎也何休云夏后氏逆於庭殷人逆於堂周人逆於戶後代漸文逆於房者親親之義也○注賓升至不參○釋曰云賓升奠鴈拜主人不荅明主爲授女耳者案納采阼階上拜至問名納吉納徵請期轉相如皆拜獨於此主人不荅明主爲授女耳云主人不降送礼不參者禮賓主宜各一人今婦既送主人不送者以其禮不

也〔參〕壻御婦車授綏姆辭不受壻御者親而下之綏所以引升車者曲禮曰僕人之禮必授人綏疏注壻御至人綏〇釋曰云僕人之禮必授人綏者曲禮文令壻御車即僕人禮僕人合授綏姆辭不受謙也

婦乘以几姆加景乃驅御者代乘如字下記同〇乘以几者尚安舒也景之制蓋如明衣加之以為行道禦塵令衣鮮明也景亦明也驅行也行車輪三周御者乃代壻今文景作憬〇令力呈反憬音景疏注乘以至作憬〇釋曰云乘以几者謂登車時也几所以安體謂若尸乘以几之類以重其初昬與尸同也云景之制蓋如明衣者案既夕禮明衣裳用布袂屬幅長下膝又有裳於蔽下體深也此景之制無正文故云蓋如明衣直云制如明衣此嫁時尚飾不用布案詩云衣錦褧衣裳錦褧裳鄭云褧禪也蓋以禪縠為之中衣裳用錦而上加禪縠焉為其文之大著也庶人之妻嫁服也士妻紂衣纁袡被以庶人用禪縠連引士妻紂衣則此士妻衣上亦用禪縠碩人是國君夫人亦衣錦褧衣則尊卑同用禪縠庶人卑得與國君夫人同用錦為文

大著此士妻不用錦不爲文大著故云行道禦風塵也壻乘其車先俟于門外壻車在大門外乘之先者道之也男率女女從男夫婦剛柔之義自此始也俟待也門外壻家大門外○道音導【疏】注壻車至門外○釋曰云壻車在大門外者謂在婦家大門外知者以其婿於此始言乘其車故知也云男率女女從男夫婦剛柔之義自此始也者並郊特牲文云門外壻家大門外者命士已上父子異宮故改爲壻家大門外若不命之士父子同宮則大門父之大門外也婦至主人揖婦以入及寢門揖入升自西階媵布席于奧夫入于室即席婦尊西南面媵御沃盥交媵以證反奧烏報反御依注音訝下並同○升自西階道婦入也媵送也謂女從者也御當爲訝訝迎也謂壻從者也媵沃壻盥於南洗御沃婦盥於北洗夫婦始接情有廉恥媵御交道其志○道音導【疏】婦至至盥交○釋曰此明夫導於婦入門升階及對席媵御沃盥之儀云主人揖婦以入者此則詩云好人提提宛然左辟是也云夫入

于室即席者謂壻也婦在尊西未設席壻旣爲主東面須設饌訖乃設對席揖即對席爲前後之便故也○注升自至其志○釋曰云升自西階道婦入也者以尋常賓客主人在東賓在西今主人與妻俱升西階故云道婦入也云媵送也謂女從者也者即姪娣也云御當爲訝訝迎也謂壻從者也者以其與婦人爲盥非男子之事謂大家之賤者也知媵沃壻盥於南洗御沃婦盥於北洗者以其有南北二洗又云媵御沃盥交明知夫婦與媵御南北交相沃盥也

贊者徹尊冪舉者盥出除冪舉鼎入陳于阼階南西面北上匕俎從設執匕者執俎者從鼎而入設之匕所以別出牲體也俎所以載也○別彼列反【疏】注執匕至載也○釋曰案特牲少牢公食與有司徹及此昏礼等執匕俎舉鼎各別人者此吉禮尚威儀故也士喪禮舉鼎右人以左手執匕者左人以左手執俎舉鼎人兼執匕俎者喪禮略也云從設者以從男之事故從吉祭法也公食執匕俎之人入加匕於鼎陳俎於鼎南其匕與載皆舉鼎者爲之特牲注云右人也尊者於事指使可也則右人於

鼎北南面匕肉出之左人於鼎西俎南北面承取肉載於俎士虞右人載者喪祭少變故在西方長者在左也今昏礼鬼神陰陽當與特牲禮同亦右人匕左人載遂執俎而立以待設也云匕所以別出牲體也者凡牲有体別爲肩臂臑肫胳脊脅之等於鼎以次別匕出之載者依其体別以次載之於俎故云別出牲体也

北面載執而俟執俎而立俟豆先設疏注執俎至先設○釋曰知俟豆先設者下文菹醢後乃云俎入設于豆東故知也

匕者逆退復位于門東北面西上執匕者事畢逆退由便至此乃著其位略賤也疏注執匕至賤也○釋曰云至此乃著其位略賤也者案士冠未行事陳主人位訖即言兄弟及擯者之位於此初陳鼎門外時不見執匕者位至此乃著其位故言略賤也

贊者設醬于席前菹醢在其北俎入設于豆東魚次腊特于俎北豆東菹醢之東疏注豆東菹醢之東○釋曰醬與菹醢俱在豆左不在醬東者下文贊設黍于醬東稷醬東有黍稷故知在菹醢東也

在其東設湆于醬南饌要方也疏注饌要方也○釋曰豆東兩俎醬東黍稷是其
要方也設對醬于東對醬婦醬也設之當特俎疏注對醬至特俎○釋曰婦東面設醬
在南爲右婦西面則醬在北爲右皆以
右手取之爲便故知設之當特俎東也菹醢在其南
北上設黍于腊北其西稷設湆于醬北御布對席贊
啓會卻于敦南對敦于北會古外反卻去逆反○啓發也今文啓作開古文卻
爲綌疏釋曰菹醢在其南北上者謂菹在醬南其南有
菹有醢若婿醢在菹北從南向北陳爲南上此
從北向南陳亦醢在菹南爲北上也云湆醬上文大
羹湆在爨者羹宜熱醢食乃將入是以公食大夫云
大羹湆不和實于鐙由門入公設之于醬西是也又
生人食公食大夫是也特牲士虞等爲神設皆爲敬
尸尸尊不飧也鄉飲酒鄉射燕禮大射下設者湆非
飲食之具故無也少牢無湆者又不儐有司徹有湆
者賓尸禮褻故有之與少牢特牲異也云設湆于醬北
者案上設婿湆於醬南在醬黍之南特俎出於饌北

此設婦席於醬北在特俎東饌內則不得要方上注云要方者據大判而言耳云啓會郤于敦南對敦于北者取婦東面以南為右婦西面以北為右各取便也郤仰也謂仰於地也贊告具揖婦即對筵皆坐皆祭祭薦黍稷肺贊者西面告饌具也贊揖婦使即席薦菹醢【疏】注贊者至菹醢○釋曰知贊者西面告饌具者以其所告者宜告主人主人東面知西面告也云薦菹醢者以其儀禮之內單言薦者皆據籩豆而言也贊爾黍授肺脊皆食以湆醬皆祭舉食舉也爾移也移置席上便其食也皆食食黍也以用也用者謂用口啜湆用指咂醬古文黍作稷○啜昌悅反咂子闔反【疏】贊爾至舉也○釋曰云祭舉食舉也者舉謂舉肺脊以其舉以祭以食故名肺為舉則上文云祭者祭肺也○注爾移至作稷○釋曰云爾移也者爾訓為近謂移之使近人故云移置席上便其食也案玉藻云食坐盡前謂臨席前畔則不得移黍於席上此云移置席上者鬼神陰陽故此昏禮從特牲祭祀云皆食食黍也者案特牲少牢祭舉食進乃飯此

先食黍乃祭舉相反者彼九飯禮成故先食舉以爲道食氣此三飯禮略故不須道也此先爾黍稷後授肺特牲亦然以其士禮同也少牢佐食先以舉肺脊授尸乃爾黍者大夫禮與士異故也然士虞亦先授舉肺脊後乃爾黍者喪禮與吉反故也云用者謂用口啜湆用指咂醬者以其大羹汁不用箸醬又不須以箸故用口啜湆用指咂醬也

三飯卒食

飯扶晚反注及下同卒已也同牢示親不主爲食起三飯而成禮也○爲于僞反

疏注同牢至禮也○釋曰云同牢示親不主爲食起者少牢十一飯特牲九飯而禮成此獨三飯故云同牢示親不主爲食起三飯而成禮也

贊洗爵酌酳主人主人拜受贊戶內北面荅拜酳婦亦如之皆祭

酳漱也酳之言演也安也漱所以潔口且演安其所食酳酌內尊○漱所又反演以善反

疏贊洗至皆祭○釋曰自此至尊否論夫婦食訖酳乃徹饌於房之節云主人拜受者婿拜當東面酳婦亦如之者婦拜當南面是以少牢云養皆荅拜鄭注云在東面席者東面拜在西面席者皆南面拜故知婦拜南面若贊荅

婦拜亦於戶內北面也云皆祭者祭先也○注酳漱至內尊○釋曰云酳漱也酳之言演也安也漱所以潔口且演安其所食者案特牲云主人洗角升酌酳尸注云酳猶衍也是獻尸也謂之酳者尸既卒食又欲頤衍養樂之又少牢云主人酌酒乃酳尸注云酳猶羨也既食之而又飲之所以樂之三注不同者文有詳略相兼乃具士虞亦是酳尸注直云酳安食也不言養樂及羨者喪故略之此三酳俱不言獻皆云酳直取其潔故注云漱所以潔口演安其所食亦順衍養樂之義知酳酌內尊者以下文云贊酌于戶外尊故知此夫婦酌內尊也

贊以肝從皆振祭嚌肝皆實于菹豆嚌才計反○肝肝炙也飲酒宜有肴以安之○炙之夜反

【疏】釋曰案特牲少牢獻尸以肝從尸嚌之加于菹豆與此同禮之正也主人與祝亦以肝從加於俎不加於豆者下尸故不敢同之也士虞獻尸尸以肝加於俎者喪祭故鄭云加於俎從其牲體也以喪不志於味但此云實不云加異於祭故也

卒爵皆拜婦拜見上篇見母章此篇婦見奠菜一章及內則女拜尚右手贊答拜受爵再酳

婦初無從三酳用卺亦如之亦無從也疏注亦無從也○釋曰卒爵皆拜贊答拜者獻主處也云再酳如初者如云贊洗爵以下至答拜受爵也云亦無從也者三酳用卺亦如之亦自贊洗爵至受爵鄭直云亦無從用卺文承再酳之下明知事事如再酳以其初酳有從再酳如初無從三酳用卺亦無從故鄭以亦無從言之其實皆同再酳也贊洗爵酌于戶外尊入戶西北面奠爵拜皆答拜坐祭卒爵拜皆答拜興贊酌者自酢也疏釋曰言皆者皆夫婦也三酳乃酌外尊自酢者皆是略賤者也既合卺乃用爵不嫌相襲爵明更洗餘爵也主人出婦復位復尊西南面之位疏注復尊西南面之位○釋曰直云主人出不云處所案下文云主人說服于房矣則此時亦東房矣云復尊西南面之位者婦人不宜出復入故因舊位而立也乃徹于房中如設于室尊否徹室中之饌設于房中為媵御餕之徹尊不設有外尊也○為于偽反疏釋曰經云乃徹于房中如設于室雖據豆

俎而言理兼於尊矣故云徹尊不設有外尊明徹中無尊也云尊否者唯尊不設于房中而言也知爲媵御餕之者下文云媵餕主人之餘已下是也

主人說服于房媵受婦說服于室御授姆授巾說吐活反○巾所以自絜清今文說作稅○稅詩銳反

疏釋曰自此至呼則聞論夫婦寢息及媵御餕之事也云主人說服于房媵受婦說服于室御受者與沃盥文同亦是交接有漸之義也疊今文爲稅不從者稅是追服之言非脫去之義故不從也

御衽于奧媵衽良席在東皆有枕北止衽而甚反○衽臥席也婦人稱夫曰良孟子曰將覸良人之所之止足也古文止作趾○覸古遍反

疏注衽臥至作趾○釋曰衽于奧主于婦席使御布婦席使媵布夫席此亦示交接有漸之義也云衽臥席也者案曲禮云請席何鄉請衽何趾鄭云坐問鄉臥問趾因於陰陽被衽稱趾明趾臥席也若然前布同牢席夫在西婦在東今乃夫在東婦在西易處者前者示有陰陽交會有漸故男西女東今取陽往就陰故男女各於其方也云孟子者案孟子離婁篇

云齊人有一妻一妾而處室者其良人出則必饜酒肉而後反其妻問所與飲食者則盡富貴也而未嘗有顯者來吾將瞯良人之所之注云瞯視也彼瞯爲視亦得爲見故鄭此注爲見也引之者證婦人稱夫爲良人之義也云古文止作趾者雖疊古文趾爲是亦一義也

主人入親說婦之纓

說吐活反○入者從房還入室也婦人十五許嫁笄而禮之因著纓明有繫也蓋以五采爲之其制未聞○著昭略反

疏

注入者至未聞○釋曰知從房還入室者夫前出說服於房今言入明從房入室也云婦人十五許嫁笄而禮之因著纓者案曲禮云女子許嫁纓又云女子許嫁笄而字鄭據此諸侯文而言但言十五許嫁則以十五爲限則自十五以上皆可許嫁也云明有繫也者纓是繫物爲之明有繫也云蓋以五采爲之者以周禮巾車職五路皆有繁纓就數鄭注纓皆用五采罽爲之此纓雖用絲爲之當用五采但無文故云蓋以疑之也云其制未聞者此纓與男子冠纓異彼纓垂之兩傍結其絛此女子纓不同於彼故云其制未聞但纓有二時不同內則云男女未冠笄者總角衿纓皆佩容臭鄭注云容臭香

物也以纓佩之爲迫尊者給小使也此是幼時纓也内則又云婦事舅姑子事父母衿纓綦屨注云衿猶結也婦人有纓示繫屬也是婦人女子有二時之纓内則示有繫屬之纓卽許嫁之纓與此說纓一也若然笄亦有二等案問喪親始死笄纚據男子去冠仍有笄與婦人之笄並有安髮之笄也爵弁皮弁及六冕之笄皆是固冠冕之笄是其二也

燭出昏禮畢將臥息媵餕主人之餘御餕婦餘贊酢外尊酳之外尊房戶外之東尊疏釋曰亦陰陽交接之義云酳外尊者賤不敢與主人同酌內尊也

媵侍于戶外呼則聞爲尊者有所徵求今文侍作待疏釋曰不使御侍于戶外供承夫婦者以女爲主故使媵侍于戶外也

夙興婦沐浴纚笄宵衣以俟見見賢遍反注及下皆同○夙早也昏明日之晨興起也俟待也待見於舅姑寢門之外古者命士以上年十五父子異宮疏夙興至俟見○釋曰自此至授人論婦見舅姑之事云纚笄宵衣者此則特牲主婦宵衣也不著純衣纁袡者彼嫁時之盛服今已成昏之後不可使服故退

[illegible]注夙早至異宮○釋曰言昏明日之晨[illegible]昏時成禮此經言夙興故知是昏之晨旦[illegible]興起也俟待也待見於舅姑寢門之外者因訓[illegible]也云古者命士以上年十五父子異宮者案[illegible]云由命士以上父子異宮不云年限今鄭知十[illegible]限者以其十五成童是以鄭注喪服亦云子幼謂年十五已下則不隨父嫁故知十五以後乃異宮也鄭言此限者欲見不命之士父子同宮雖俟見不[illegible]言舅姑寢門外也質明贊見婦于舅姑席于阼舅即席席于房外南面姑即席質平也房外房戶外之西古文舅皆作咎疏注質平至作咎○釋曰此經論設舅姑席位所在鄭知房外是房戶外之西者以其舅在作作當房戶之東若姑在房戶之東即當舅之北南面向之不使又見下記云父醴女而俟迎者母南面於戶外女出於母左以母在房戶西故得女出於母左是以知此房外亦房戶外之西也婦執笲棗栗自門入升自西階進拜奠于席笲音煩○笲竹器而衣者其形蓋如今之筥筥篕盧矣進拜者進東面

乃拜奠之者舅尊不敢授也○婦執至于席○釋
衣於旣反𥬠羌居反籚音盧疏曰此經論婦從舅
寢門外入見舅之事也公見舅用棗栗見姑以腶脩
者案春秋莊二十四年經書秋八月丁丑夫人姜氏
入戊寅大夫宗婦覿用幣公羊傳云宗婦者何大夫
之妻也覿者何見也用者何用者不宜用也見用幣
非禮也然則曷用棗栗云乎腶脩云乎注云腶脩者
脯也禮婦人見舅以棗栗爲贄見姑以腶脩爲贄見
夫人至尊兼而用之云乎辭也棗栗取其早自謹敬
腶脩取其斷斷自脩正是用棗栗腶脩之義也案雜
記云婦見舅姑兄弟姑姊妹皆立于堂下西面北上
是見已注云婦來爲供養也其見主於尊者兄弟以
下在位是爲已見不復特見又云見諸父各就其寢
注云旁尊也亦爲已見不時不來今此不言者文略也○
注笲竹至授也○釋曰知笲竹器者以字從竹故知
竹器知有衣者下記云笲緇被纁裏加于橋注云被
表也笲有衣者婦見舅姑以飾爲敬是有衣也云如
今之筥𥬠籚矣者此舉漢法以況義但漢法去今已
遠其狀無以可知也云進拜者進東面乃拜者謂從
西階進至舅前而拜云奠之者舅尊不敢授也者案

下姑奠于席不埝扱而云舅尊不敢授者但舅直撫之
而已至姑則親舉之親舉者若親授之然故於舅得
云尊不
敢授也
舅坐撫之興答拜婦還又拜
還又拜者還於
先拜處拜婦人
與丈夫為禮則俠
拜○俠古洽反
疏
注還又至俠拜○釋曰云先拜
處者謂前東面拜處也云婦人
與丈夫為禮則俠拜者謂若士冠冠者見母母拜受
子拜送母又拜母於子尚俠拜則不徒此婦於舅而
已故廣言婦人與
丈夫行禮則俠拜
降階受笲腵脩升進北面拜奠于席姑坐舉以興拜授人
腵丁亂反○人有司姑執笲
以起答婦拜授有司徹之舅
則宰
徹之
疏
降階至授人○釋曰此經論婦見姑之事○
注以有至徹之○釋曰云人有司者凡行事
者皆主人有司也知舅則使宰徹
者此見下記云舅荅拜宰徹是也
贊醴婦
醴當為禮
贊禮婦者
以其婦道新
成親厚之
疏
注醴當至厚之○釋曰自此至於門
外論舅姑堂上禮婦之事云醴當為
禮者士冠內則昏義諸文醴皆破從禮者案司儀注
上於下曰禮敵者曰儐又案大行人云王禮再祼而

酢之等用爵卺不言王卺再祼而酢而言禮則此皆文雖用醴禮賓不得即言主人醴賓故皆從上於下

曰禮辯之席于戶牖間室戶西牖東南面位疏釋曰知義然者以其賓客位於此是以禮

予禮婦禮賓客皆於此尊之故也側尊甒醴于房中婦疑立于席西

疑魚乙反○疑正立自定之貌疏注疑正立自定之貌○釋曰云婦疑立于席西者以其禮未至而無

事故疑然自定而立以侍事也若行禮之間而立則云立不行云疑立也贊者酌醴加柶

面枋出房席前北面婦東面拜受贊西階上北面拜送

婦又拜薦脯醢婦東面拜贊北面荅之變于丈夫始冠成人之禮○冠古亂反下湎冠子

同疏贊者至脯醢○釋曰云面枋出房者以其贊授故面枋冠禮贊酌醴將授賓則面葉賓受醴將

授子乃面枋也此婦又拜并下經婦又拜者皆俠拜也○注婦東至之禮○釋曰云婦東面拜贊北面荅

之變於丈夫始冠成人之禮者案冠禮禮子與此禮婦俱在賓位彼禮子南面受醴此則東面不同故決

之然南面者以向賓拜此者以舅姑在東亦面之所也 東面 婦升席左執觶右祭
脯醢以柶祭醴三降席東面坐啐醴建柶興拜贊荅
拜婦又拜奠于薦東北面坐取脯降出授人于門外
奠于薦東升席奠之取脯降出授人親徹且榮得禮人謂婦氏人 疏 注奠于至氏人 ○釋曰鄭知奠
者升席奠之者見上冠禮禮子禮賓皆云即筵奠于薦東降筵北面坐取脯明此奠時升席南面奠乃降
北面取脯降出授人云親徹且榮得禮者言且兼二事何者下饗婦之俎不親徹又自出門授人云親徹
且榮得禮下饗不親徹俎者於禮時禮訖故於後略之知人是婦氏人者以其在門外婦往授之明是婦
氏之人也 舅姑入于室婦盥饋 饋其位反○饋者婦道既成成以孝養 特豚
合升側載無魚腊無稷並南上其他如取女禮 取七住反
○則載者右胖載之舅俎左胖載之姑俎異尊卑並南上者舅姑共席于奧其饌各以南為上其他謂醬

湆菹醢文誤婦也如取疏舅姑至女禮○釋曰自此
婦禮同牢時並當作併至之錯論婦饋舅姑成孝
養之事云其他如取女禮者則自側載以下南上以
上與取女異異者彼則有魚腊幷稷此則無魚腊與
稷彼男東面女西面別席其醬醢菹夫則南上婦則
北上今此舅姑共席東面俎及豆等皆南上是其異
也○左側載至作併○釋曰豚載皆合升若成牲載
一胖是常行云側載右胖故云側但周人尚右故
知右胖載之舅俎左胖載之姑俎是以奠云異尊卑
也云並南上者舅姑共席于奧其饌各以南爲上者
決同牢男女東西相對各上其右也云其他謂醬湆
菹醢者以同牢時夫婦各有此四者今以饋舅姑亦
各有此四物故云如同牢時也雖不言酒既有饋明
有酒在其他中酒在内者亦在北牖下外尊亦當在
房戶外之東不云者略耳鄭婦贊成祭卒食一酳無從贊成祭者授處之今
文無疏注贊成祭者授處之○釋曰贊成祭成也者謂授之又處置今知在於豆間也席于北
墉下室中北墉下疏釋曰此席將爲婦饌之位處也婦徹設席前如初西

上婦餕舅辭易醬婦餕者即席將餕也辭易醬者嫌淬汙○淬七内反本或作染如字穢之汙疏婦徹至易醬○釋曰婦徹設于席前如初西上者此直餕餘舅辭易醬者舅尊故也不餕舅餘者以舅尊嫌相褻云言西上者亦以右爲上也○注婦餕至淬汙○釋曰言將者事未至以其此始言婦餕之意至下文婦餕姑之饌乃始餕耳云辭易醬者嫌淬汙者以其醬乃以指咂之淬汙也婦餕姑之饌御贊祭豆黍肺舉肺脊乃食卒姑酳之婦拜受姑拜送坐祭卒爵姑受奠之奠于篚疏注奠之奠于篚○釋曰云御贊祭豆黍肺舉肺脊者、御贊、婦祭之也鄭知奠之於篚者此云如取女禮取女有篚明此亦奠之于篚可知也婦徹于房中媵御餕姑酳之雖無娣媵先於是與始飯之錯古者嫁女必娣姪從之謂之媵姪兄之子娣女弟也娣尊姪卑若或無娣猶先媵客之也始飯謂舅姑錯者媵餕舅餘御餕姑餘也古文始爲姑○從才用反疏注古者至爲姑○釋曰二云古者嫁女必姪娣從謂之媵者媵有二種若諸侯有二媵外別有姪娣是以莊公十九年經書秋公子結媵陳人之婦于鄄公羊傳曰媵者何諸侯娶一國則二國往媵之以姪從姪者何兄之子也娣者何女弟也諸侯夫人自有姪娣并二媵各有姪娣則九女是媵與姪娣別也若大夫士無二媵即以姪娣爲媵鄭云古者嫁女必姪娣從謂之媵是據大夫士言也云姪兄之子娣女弟也娣尊姪卑者解經云雖無娣媵先之義以其若有娣乃先媵即姪也云猶先媵客之也者對御是夫之從者爲後若然姪與娣俱名媵今言雖無娣媵先似娣不名媵者但姪娣俱是媵今去娣娣外唯有姪姪言媵先以對御爲非對娣也稱媵以其姪娣俱是媵也云始飯謂舅姑者舅姑始餕而今媵餕舅餘御餕姑餘是交錯之義若媵御沃盥交也舅姑爲飯始不爲餕始俗本云與始餕之錯者誤也

舅姑共饗婦以一獻之禮舅洗于南洗姑洗于北洗奠酬以酒食勞人曰饗南洗在庭北洗在北堂設兩洗者獻酬酢以潔清爲敬奠酬者明正禮成不復舉凡酬酒皆奠于薦左不舉其奠則受

使人舉爵勞，功報反。

疏 注以酒至舉爵○釋曰：自此至歸俎于婦氏人，論饗婦之事。此饗與上盥饋同日為之，知者，見昏義舅姑入室，婦以特豚饋明婦順也，厭明舅姑共饗婦。鄭彼注云：昏禮不言厭明，此言之者，容大夫以上禮多或二者，故知此士同日可也。此與上事相因，亦於舅姑寢堂之上，與禮婦同在客位也。云共饗婦以一獻之禮者，案下記云饗婦姑薦焉，注云舅姑共饗婦，舅獻姑薦脯醢。但薦脯醢無盥洗之事，今設此洗，為婦人不下堂也。云姑洗於北洗，洗者洗爵，則是舅獻姑酬，共成一獻，仍無妨姑薦脯醢也。云凡酬酒先奠於薦左不舉者，此經直云奠酬，不言處所，故云凡，通鄉飲酒、鄉射、燕禮之等。云燕則受使人舉爵者，案燕禮獻酬訖，別有人舉旅行酬是也。饗亦用醴酒，知者，以下記云庶婦使人醮之，注云使人醮之，不饗也。酒不酬酢曰醮，亦有脯醢。適婦酌之以醴，尊之；庶婦酌之以酒，卑之是也。若然，知適記昨醴婦者，以記云庶婦使人醮之，明適婦親之。案上醴婦雖適，使贊者，親明記醮庶婦使人當饗節也。

舅姑先降自西階，婦降自阼階。授之室，使為主，明代己。

疏 注授之至

代已○釋曰案曲禮云子事父母升降不由阼階阼階是主人尊者升降之處今舅姑降自西階婦降自阼階是授婦以室之事也云授之室昏義之文也

歸婦俎于婦氏人

言俎則饗禮有牲矣婦氏人丈夫送婦者使有司歸以婦俎當以反命於女之父母明其得禮

疏注言俎至得禮○釋曰案雜記云大饗卷三牲之俎歸于賓館是賓所當得也饗時設几而不倚爵盈而不飲肴乾而不食故歸俎此饗婦婦亦不食故歸之也經雖不言牲既言俎所以盛肉故知有牲也婦氏人卽上婦所授脯者也故上注引此婦氏人諸所授人爲一也

舅饗送者以一獻之禮酬以束錦

送者女家有司也爵至酬賓又從之以束錦所以相厚古文錦皆作帛

疏注送者至作帛○釋曰此一獻與饗婦一獻同禮則異彼兼有姑此依常饗賓客法知送者是女家有司者故左氏傳云齊侯送姜氏非禮也凡公女嫁于敵國姊妹則上卿送之以禮於先君公子則下卿送之於大國雖公子亦大卿送之於天子則諸卿皆行公不自送於小國則上大夫送之以此而言則尊無送卑之法則大夫亦遣

臣送之士無臣故知有司送之也云古文錦[illegible]者此及下文錦皆爲帛不從古文者禮有玉錦[illegible]此文則禮有贈錦之事故不從古文也

姑饗婦人送者酬以束錦婦人送者隸子弟之妻妾凡饗速之疏注婦人至速之〇釋曰左氏傳云士有隸子弟士卑無臣自以其子弟爲僕隸幷已之子弟之妻妾但尊無送卑故知婦人送者是隸子弟之妻妾也云凡饗速之者案聘禮饗食速賓則知此舅姑饗送者亦速之也凡速者皆就館召之是以下云若異邦則贈丈夫送者以束錦鄭云就賓館則賓自有館若然婦人送者亦當有館男子則主人親速其婦送者不親速以其婦人迎客不出門當別遣人速之

若異邦則贈丈夫送者以束錦贈送也就賓館疏注贈送也就賓館〇釋曰案莊二十七年冬莒慶來逆叔姬公羊傳曰大夫越境逆女非禮也鄭注喪服亦云古者大夫不外娶今此異邦得外娶者以大夫尊外娶則外交故不許士卑不嫌容有外娶法故有異邦送客也鄭知就館者贈賄之等皆就館故知此亦就館也

若舅姑既沒則婦入

三月乃奠菜没終也奠菜者以篚祭菜也蓋用堇○堇音謹疏若舅至奠菜○釋曰自此至饗禮論舅姑没三月廟見之事必三月者三月一時天氣變婦道可以成之故也此言舅姑俱没者若舅没姑存則當時見姑三月亦廟見舅若舅存姑没婦人無廟可見或更有繼姑自然如常禮也案曾子問云三月而廟見稱來婦也擇日而祭於禰成婦之義也鄭云謂舅姑没者也必祭成婦義者婦有供養之禮猶舅姑存時盥饋特豚於室此言奠菜即彼祭於禰一也奠菜亦得稱祭者若學記云皮弁祭菜之類也○注没終至用堇○釋曰此注云奠菜者以篚案下云婦執笲菜篚即笲一也鄭知菜蓋用堇者舅姑存時用棗栗腶脩義取早起肅栗治腶自脩則此亦取謹敬因内則有堇荁枌榆供養是以疑用堇故此云蓋也

席于廟奧東面右几席于北方南面廟考妣之庿北方墉下疏注廟考至墉下○釋曰案周禮司几筵云每敦一几鄭注云周禮雖合葬及時同在殯皆異几体實不同祭於廟同几精氣合又祭統云設同几同几即同席此即祭於庿中而别席者此既庿見若生

時見舅姑舅姑別席異面是以今亦異席別面象生不與常祭同也鄭知廟考妣廟者曾子問云擇日而祭見於禰又象生時見舅姑故知考妣廟也祝盥婦盥于門外婦執笲菜祝帥婦以入祝告稱婦之姓曰某氏來婦敢奠嘉菜于皇舅某子帥道也入入室也某氏者齊女則曰姜氏魯女則曰姬氏來婦言來為婦嘉美也皇君疏釋曰祝在門外祝與婦就而盥之者此亦異於常祭象生見舅姑在外沐浴乃入舅姑之寢故祝在門外也云祝帥婦以入者象特牲陰厭祝先主人入室也云某子者言若張子李子也婦拜扱地坐奠菜于几東席上還又拜如初扱初洽反○扱地手至地也婦人扱地猶男子稽首疏注扱地至稽首○釋曰云扱地手至地者以手至地謂之扱地則首不至手人與男子空首不同云婦人扱地猶男子稽首者婦人肅拜為正今云扱地則婦人之重拜也猶男子之稽首亦拜中之重故以相況也案周禮大祝辨九拜曰稽首二曰頓首三曰空首四曰振動五曰吉

拜六曰凶拜七曰奇拜八曰褒拜九曰肅拜鄭云稽首拜頭至地也頓首拜頭叩地也空首拜頭至手所謂拜手也吉拜拜而後稽顙謂齊衰不杖以下者言吉者此殷之凶拜周以其與頓首相近故謂之吉拜云凶拜稽顙而後拜謂三年服者振動謂戰栗變動之拜鄭大夫云奇拜謂一拜也褒讀爲報報拜再拜是也鄭玄謂一拜荅臣下拜再拜拜神與尸鄭司農云肅拜但俯下手今時揖是也但九拜之中四者是正拜即稽首頓首空首肅拜是也稽首拜中之重是臣拜君之拜也頓首平敵相與之拜故左氏傳齊侯拜魯侯爲稽首魯君荅以頓首齊於魯貞稽首荅曰天子在無所稽首是臣於君以稽首故燕禮臣與君皆云稽首也空首者君荅臣下拜也肅拜者婦人以肅拜爲正若以男子於軍中亦肅拜故左氏傳晉郤至不敢肅使者是也餘五者皆依於正拜振動鄭云書曰王動色變者是也武王觀兵白魚入王舟王動色變武王於時拜天神爲此拜當稽首也奇拜既爲一拜是君荅臣下之拜當以附空首也褒拜爲尸及神亦當附稽首也其吉拜先吉拜爲頓首後稽顙則上吉拜當附頓首也凶拜爲先稽顙後吉拜之此周之二

年之喪拜後爲吉拜當附稽首也左氏傳穆嬴抱太子適趙氏頓首於宣子者私求法故不爲肅拜喪小記云婦人爲夫與長子稽顙者爲重喪故亦不肅拜也

婦降堂取笲菜入祝曰某氏來婦敢告于皇姑某氏奠菜于席如初禮降堂階上也室事交乎戶今降堂者敬也於姑言敢告舅尊於姑

疏婦降至初禮○釋曰此爲來婦奠於姑設於北坐之前以見姑也○注降堂至於姑○釋曰不直云降而云降堂者則在階上故云降堂階上也云室事交乎戶今降堂者敬也者室事交乎戶禮器文彼子路與季氏之祭云室事交乎戶堂事交乎階今此既是室之事當交於戶今乃交於階故言敬也云於姑言敢告舅尊於姑者上文於舅言敢奠嘉菜不言告是舅尊於姑言告是姑卑也

婦出祝闔牖戶凡廟無事則閉之

疏注凡廟無事則閉之○釋曰先言闔牖後言戶者先闔牖後閉戶故爲文然也以其祭訖則闔牖戶明是無事則閉之以其鬼神尚幽闇故也

老醴婦于房中南面如舅姑醴婦之禮

因於廟見禮之【疏】釋曰舅姑生時見訖舅姑使使贊醴婦於寢之戶牖之間今舅姑沒者使老醴婦於廟之房中其禮則同使老及處所則別也○注因於廟見禮之○釋曰象舅姑生時因見禮之故此亦因廟見禮之也

壻饗婦送者丈夫婦人如舅姑饗禮【疏】釋曰舅姑存舅姑自饗送者如上文今舅姑及故壻無饗丈夫婦人如舅姑饗禮并有贈錦之等

記士昏禮

凡行事必用昏昕受諸禰廟辭無不腆無辱用昕使者用昏壻也○壻悉計反從士從胥俗作埴女之夫腆善也賓不稱幣不善主人不謝來辱【疏】記士昏至無辱○釋曰凡言記者皆經不備者也○注用昕至來辱○釋曰云用昕使者謂男氏使向女家納采問名納吉納徵請期五者皆用昕即明之始君子舉事尚早故用朝旦也云用昏壻也者謂親迎時也知辭無不腆者郊特牲云告之以直信信事人也信婦德也注云凡二者所以教婦正直信也是賓納徵之時不得謙虛為辭注云主人不謝來辱者此亦是不為謙虛教女正直之義也

摯不用死皮帛

必可制摯鴈也皮帛儷皮束帛也疏釋曰云摯不用死者凡摯[illegible]有用死者是以尚書云[illegible]二生一死摯即士摯雉令此亦是士禮恐用死鴈故云不用死也云皮帛必可制者可制為衣物此亦是教婦以誠信之義也

腊必用鮮魚用鮒必殽全鮒音附○殽全者不餒敗不剝傷○餒奴罪反疏注殽全至剝傷○釋曰腊用鮮者義取夫婦日新之義云魚用鮒者義取夫婦相依附者也云殽必全者義取夫婦全節無虧之理此並據同牢時也

女子許嫁笄而醴之稱字許嫁已受納徵禮也笄女之禮猶冠男也使主婦女賓執其禮疏女子至稱字○釋曰女子許嫁謂年十五已上至十九已下案曲禮女子許嫁纓有笄無有纓示有繫屬此不言纓文不具也云醴之稱字者猶男子冠醴之稱字同是以禮記喪服小記云丈夫冠而不為殤婦人笄而不為殤是其義同也○注許嫁至其禮○釋曰知許嫁已受納徵禮也者以納采問名納吉三禮雖使者往來未成交親故曲禮云非受幣不交不親鄭據納徵唯未行請期親迎也二者要待女二十為之云笄女之禮猶冠

男也使主婦女賓執其禮者案雜記云女雖未許嫁年二十而笄禮之婦人執其禮鄭注云言婦人執其禮明非許嫁之笄彼以非許嫁笄笄輕故無主婦女賓使婦人而已明許嫁笄當使主婦對女賓執其禮其儀如冠男也又許嫁者用醴禮之不許嫁者當用酒醮之敬其早得禮也

祖廟未毀教于公宮三月若祖廟已毀則教于宗室祖廟女高祖爲君者之廟也以有緦麻之親就尊者之宮教以婦德婦言婦容婦功宗室大宗之家

【疏】注祖廟至之家○釋曰此謂諸侯同族之女將嫁之前教成之法經直云祖廟鄭知女高祖爲君者之廟也以有緦麻之親者以其諸侯立五廟太祖之廟不毀親廟四以次毀之經故云未毀與已毀是據高祖之廟而言故云祖廟女高祖爲君者之廟也共承高祖是四世緦麻之親若三世共曾祖是小功之親若共祖是大功之親若共禰廟是齊衰之親則皆教於公宮今直言緦麻者舉最疏而言親者自然教於公宮可知也云教以婦德婦言婦容婦功者昏義文鄭彼注云婦德貞順也婦言辭令也婦容婉娩也婦功緦麻也云宗室大宗之家

者案喪服小記繼別爲宗謂別子之世適長者族人宗事之者謂之宗宗者收族者也高祖之廟毀與君絕服者則皆以大宗之家繼之又小宗有四或繼祖或繼禰或繼曾祖或繼高祖此等至五代皆遷不繼就之教者小宗甲故也

問名主人受鴈還西面對賓受命乃降受鴈于兩楹間南面還于阼階上對賓以女名

疏注受鴈至女名○釋曰此亦記經不具者案經直云問名如納采之禮納采禮中無主人西面對事故記之也知受鴈於兩楹間南面者納采時賓當阿東面致命主人阼階上北面再拜又云授于楹間南面問名如納采之禮故亦楹間南面授鴈於彼雖不云西面故記之也云還于阼階上對賓以女名者此即西面對與拜時北面異處也

祭醴始扱一祭又扱再祭賓右取脯左奉之乃歸執以反命奉芳勇反

○反命謂使者問名納吉納徵請期還報于壻父

疏祭醴至反命○釋曰云祭醴者謂贊醴婦之時禮成於三其爲三祭之時始扱一祭及又扱則分爲兩祭故云又扱再祭是爲三也云賓右取脯左奉之

乃歸者，經直云降筵北面坐取脯，不言用左右手，故記之也。謂先用右手取得脯，乃用左手兼奉之以降，授從者於西階下，乃歸執以反命。○注「反命」至「婿父」。○釋曰：知反命是此問名、納吉、納徵、請期者，以下云凡使者歸，反命曰某既得將事矣，敢以禮告，言凡非一，則知四者皆有反命也。以納采與問名同使，親迎又無使者，故據此四者而言也。

納徵，執皮，攝之，內文，兼執足，左首，隨入，西上，參分庭一，在南。攝之涉反，注及下同。○攝猶辟也。兼執足者，左手執前兩足，右手執後兩足。左首，象生。曲禮曰：執禽者左首。隨入，為門中阨陝。西上，中庭位併。○辟，必亦反。為，于偽反。阨，於賣反。陝，音洽。

【疏】「納徵」至「注南」。○釋曰：案經直云納徵玄纁束帛儷皮，如納吉禮，則授幣得如授鴈之禮。至於庭實之皮，無可相如，故記之。○注「攝猶」至「位併」。○釋曰：執皮者二人相隨而入，至庭北面，皆以西為左，一手執兩足，毛在內，故云內文。云左首象生者，案聘禮執皮者皆左首，此亦執皮而左首，故云象生，與執禽者同，故引曲禮執禽者左首為證。必象生者，取婦人生息之義。云隨入為門中阨陝者，皮皆橫執之案匠人云天子廟門容大扃七个注云大扃牛鼎之扃長三尺每扃爲一个共二丈一尺此比廟門降殺甚小故云門中阨狹而執皮者又橫執之故二人相隨乃可以入不得並行也至中庭則稍寬故得俱北面西上也賓致命釋外足見文主人受幣士受皮者自東出于後自左受遂坐攝皮逆退適東壁見賢遍反下注婦見皆同○賓致命主人受幣庭實所用爲節士謂若中士下士不命者以其人爲官長自由也○長丁丈反

疏賓致至東壁○釋曰云釋外足者據人北面以足向上執之足遠身爲外受之則文見故釋外足見文也云受皮者取皮自東方出于後自左受者謂自東方出於執皮者之後至於左北面受之故云自左受也逆退者二人相隨自東而西今以後者先向東行故云逆退也○注賓致至由也○釋曰云賓致命主人受幣庭實所用爲節者以其上經納徵授幣如納吉之禮其目已具今言之者爲執皮者釋外足見文及士受皮時節不見故云賓堂上致命時庭中執皮者釋外足見文主人堂上受幣時主人之士

於堂下受取皮是其庭實所用爲節也云士謂若中士下士不命者但諸侯之士國皆二十七人依周禮與命侯伯之士一命子男之士不命與不命國皆分爲三等上九中九下九案周禮三百六十官皆有官長其下皆有屬官但大子之士上士三命中士再命下士一命與諸侯之士異若諸侯上中下士同命今言士謂若中士下士不命者據上士爲官長者若主人是中士則士是下士若主人是下士則士是不命之士府史之等此不命與子男之士不命者別彼[illegible]不得君簡策之命仍得人君口命爲士此則不得[illegible]命是官長自辟除者也案既夕筮舉幣是士之府史則庭實皆從爲之云自由也者謂由執皮者之左受之也

父醴女而俟迎者母南面于房外女既次純衣父醴之于房中南面蓋母薦焉重昏禮也女奠爵于薦東立于位而俟壻壻至父出使擯者請事母出南面房外示親授壻且當戒女也

【疏】注女既至女也○釋曰此亦非前經不具故記之云女既次純衣父醴之于房中南面者見於下文云蓋母薦焉者舅姑共饗婦姑薦脯醢故知父母醴女亦母薦脯醢重婚[illegible]位故母薦也

文奠爵于薦東立于位而俟壻者案士冠禮子與子及此篇禮賓禮婦皆奠爵于薦東明此亦奠爵也云壻至父出使擯者請事者見于上文云母出南面房外示親授壻且當戒女也者並參下文而言也

女出于母左父西面戒之必有正焉若衣若笄母必有正焉者以託戒之使不忘疏女出至不降○釋曰此託亦經戒諸西階上不降不具以母出房戶之西南面女出房西行故行出于母左父在阼階上西面故因而戒之云母戒諸西階上者母初立房西女出房母行至西階上乃戒之也○注必有至不忘○釋曰云託戒使不忘者謂託衣笄○恒在身而不忘持戒亦然故戒使不忘也下文父母及庶母重行戒者並與此文相續成也此士禮父母不降送案桓公三年經書九月齊侯送姜氏讙穀梁傳曰禮送女父不下堂母不出祭門祭門則廟門言不出廟門則似得下堂者彼諸侯禮與此異以其大夫諸侯天子各有昏禮故不同也婦乘以几從者二人坐持几相對持几者重慎之疏注持几者重慎之○釋曰上經

雖云婦來从几不見從者二人拼之故記之也此几謂將上車時而登若王后則履石大夫諸侯亦應有物履之但無文以言今人猶用臺是石几之類也

婦入寢門贊者徹尊冪酌玄酒三屬于尊棄餘水于堂下階間加勺屬音燭注同○屬注

也玄酒涗水貴新昬禮又貴新故事至乃取之三注于尊中○涗舒銳反

疏婦入至加勺○釋曰經中唯置酒尊不見徹冪之下事故記之○注屬注至尊中○釋曰記云酌玄酒三注於尊謂於外器中酌取此涗水三度注於玄酒尊中禮成於三故三注之也云玄酒涗水貴新者案郊特牲云明水涗齊貴新也又云凡涗新之也是禮有貴新也今昬禮事至乃取之故云貴新也若然禮有玄酒涗水明水三者各逐事以物生名玄酒據色而言涗水據取爲號其實一也以上古無酒用水爲酒後代雖有酒用之配尊不忘本故也明水者案周禮秋官司烜氏云以陰鑒取明水於月郊特牲云其謂之明水也由主人之絜著此水也注云著猶成也言主人齊絜此水乃成可得也配尊之酒三酒加玄酒鬱鬯與五齊加明水配

之郊特牲云五齊加明水三酒加玄不言鬱鬯者記人文略也相對玄酒與明水別通而言之明水亦名玄酒故禮運云玄酒在室彼配鬱鬯五齊是明水名為玄酒也以其俱是水故通言水也若天子諸侯祭祀得鬱鬯與五齊三酒並用卿大夫士祭直用三酒與玄酒無五齊與鬱鬯及明水若生人相禮不忘本亦得用以其用醴醴則五齊之中醴齊之類也

笲緇被纁裏加于橋舅答拜宰徹笲裏音里○被表也笲有衣者婦見舅姑以飾為敬橋所以庪笲其制未聞今文橋為鎬○鎬戶老反疏釋曰上經雖云笲不言表裏加飾之事故記之也

婦席薦饌于房醴婦饗婦之席薦也疏注醴婦至薦也○釋曰此亦於經不見故記之但醴婦時唯席與薦無俎其饗婦非直有席薦并有俎俎則不饌于房從鼎升于俎入設于席前今據醴婦時同有席與薦饌于房中者而言也

饗婦姑薦焉舅姑共饗婦舅獻爵姑薦脯醢疏釋曰經直言舅姑共饗婦以一獻之禮時同明自不言姑薦故記之也

婦洗在北堂直室東隅篚在東北

面盥洗在北堂所謂北洗北堂房中半以北洗南北直室東隅東西直房户與隅間疏婦洗至面盥○釋曰經唯言北洗不言洗處及篚故記之也○注洗在至隅間○釋曰房與室相連謂之房無北壁故得北堂之名故云洗在北堂也云所謂北洗者經中所謂北洗也云北堂房半以北者以其南堂是户外半以南得堂名則堂是户外之稱則知此房半以北得堂名也知房無北户者見上文云尊于房户之東房有南户矣燕禮大射皆云羞膳者升自北階立于房中不言入房是無北壁而無户是以得設洗直室東隅也云洗南北直室東隅者是南北節也云東西直房户與隅間者是東西節也婦酢舅更爵自薦更爵男女不相因也疏釋曰謂舅姑饗婦時舅獻姑薦今婦酢舅婦自薦之嫌別人薦故記之也不敢辭洗舅降則辟于房不敢拜洗辟音避○不敢與尊者爲禮疏釋曰此當在婦酢舅之上退之在下者欲見酬酒洗時亦不辭故也此對士冠鄉飲酒之等上與賓爲禮皆辭洗此則不敢也此事於經不見故記之也凡婦人相饗無降

姑饗婦人送者于房無降者以北洗篚在上疏注姑饗至在上○釋曰本設北洗爲婦人有事不下堂今以北洗及篚在上故不降經不言故記之也言凡者欲見舅姑共饗婦及姑饗婦人送者皆然故言凡也

婦入三月然後祭行入夫之室三月之後於祭乃行謂助祭也疏注入夫至祭也○釋曰此據舅在無姑或舅沒姑老者若舅在無姑三月不須廟見則助祭案內則云舅沒則姑老者謂姑六十亦傳家事任長婦婦入三月廟行祭菜之後亦得助夫祭故鄭云謂助祭也此亦謂適婦其庶婦無此事亦以經不見故記之也

庶婦則使人醮之婦不饋醮子召反○庶婦庶子之婦也使人醮之不饗也酒不酬酢曰醮亦有脯醢適婦酌之以醴尊之庶婦酌之以酒卑之其儀則同不饋者共養統於適也○適丁狄反下同共九用反疏注庶婦至適也○釋曰不饗者以適婦不醮而有饗今使人醮之以醮替饗故使人醮之不饗也云酒不酬酢曰醮者亦如庶子醮然知亦有脯醢者以其饗婦及醮子皆有脯醢故知亦有脯醢也云其儀則同者適婦用醴於客位東面拜受醴贊

者北面拜送今庶婦雖於房外之西亦東面拜受醮者亦北面拜送故云其儀則同也云不饋者共養統於敵也者謂不盥饋特豚以其共養統于適婦也

昬辭曰吾子有惠貺室某也昬辭擯者請事告之辭吾子謂女父也稱有惠明下達賜也室猶妻也某婿名○貺音况妻七計反

【疏】注昬辭至婿名○釋曰鄭知昬辭是擯者請事告之辭者以其言吾子有惠貺室某也是使告主人辭明知是擯者出門請事使者告之辭也知吾子謂女父者使人告擯者稱前已有惠貺其妻於婿某申明是女父仍得以女許人故知吾子女父也云明下達者此擯者稱有惠貺室即婿家舊已有辭下達女家見許今得言貺室也故引上文下達以釋此也引子謂公治長可妻也者證以女許人稱貺室室猶妻也

某有先人之禮使某也請納采某婿父名也某也使名也

【疏】注某婿至名也○釋曰亦是使者門外通連上語告擯者之辭也以其使者稱向主人擯者故知上某是婿父下某是使者名也

對曰某之子惷愚又弗能教吾子命之

某不敢辭惷失容反○對曰者擯出納賓之辭某女父名也吾子謂使者古文弗為不無能字

疏注對曰至能字○釋曰鄭知對曰者擯出納賓之辭者以其上文賓告擯者辭下經致命主人明此是中問擯者出領賓告者辭下經致語入告主人擯者又領主人此語以告使者知也

致命曰敢納采

疏釋曰此使者升堂致命於主人辭若然亦當有主人對辭如納徵致命主人對辭不言之者文不具也

問名曰某既受命將加諸卜敢請女為誰氏某使者名也誰氏者謙也不必其主人之女

疏問名至誰氏○釋曰問名賓在門外請問名主人許無辭者納采問名同使前已相親於納采許昏說故於問名略不言主人所傳辭也是以於此直見賓升堂致命主人之辭也自此已下有納吉納徵請期之等皆有門外賓與擯者傳辭及升堂致命主人對或理有不須而言或理須辭而文不具以情商度義可皆知也○注某使至之女○釋曰知某使者名也者以使者對主人稱某既受命明是使者之名也云誰氏者謙也者以其下達乃納采則知女之姓矣

今乃更問主人女爲誰氏者，恐非主人之女，假外人之女收養之，是謙不敢必其主人之女也。其本云問名，而云誰氏者，婦人不以名行，明本不問女之三月名，此名即姓號之名。若尚書孔注云虞氏舜名，舜爲謚號，猶爲名辭之，明氏姓亦得爲名。若然，本問名上氏姓，故云誰氏也。

對曰：吾子有命，且以備數而擇之，某不敢辭。卒曰某氏，不記之者，明爲主人之女。

疏 對曰至敢辭○釋曰：云吾子有命者，正謂行納采問名使者將命來，是已有命來擇，即是且以備數而擇之也。注卒曰至之女○釋曰：云卒曰某氏者，主人終卒對客人辭，當云某氏對使也。云不記之者，明爲主人之女者，若是他女，當稱女氏以荅，今不言之者，明是主人之女，容舊知之，故不對，是以云明爲主人之女也。

醴曰：子爲事故，至於某之室，某有先人之禮，請醴從者。爲，于僞反。○言從者，謙不敢斥也。今文於爲干。對曰：某既得將事矣，敢辭。將行。先人之禮，敢固以請。主人辭，固如故。某辭不得命，敢不從也賓辭也不得命者不得許已之命納吉曰吾子有貺命某加諸卜占曰吉使某也敢告貺賜也賜命謂許以女名也某壻父名疏注貺賜至父名○釋曰知某是壻父名者以其云命某加諸卜是壻父卜故知某是壻父名對曰某之子不教唯恐弗堪子有吉我與在某不敢辭與音預注同○與猶兼也古文與爲豫疏注與猶兼也○釋曰云我與在以其夫婦一體夫既得吉婦吉可知故云我兼在占吉中也納徵曰吾子有嘉命貺室某也某有先人之禮儷皮束帛使某也請納徵致命曰某敢納徵對曰吾子順先典貺某重禮某不敢辭敢不承命典常也法也疏釋曰吾子有命以下至請納徵是門外向擯者辭也云致命曰某敢納徵者是升堂致命辭也云對曰者是堂上主人對辭也餘見納采請期曰吾子有賜命某既申受

命矣惟是三族之不虞使某也請吉日三族謂父昆弟己昆弟子昆弟虞度也不億度謂卒有死喪此三族者己及子皆爲服期期服則踰年欲及今之吉也雜記曰大功之末可以冠子嫁子○度大各反億於力反卒七忽反期音朞

疏請期至吉日○釋曰云某既申受命矣者申重也謂前納采已後每度重受主人之命也云惟是三族之不虞使某也請吉日者今將成昏須及吉時但吉凶不相干若值凶不得行吉禮故云惟是三族死生不可億度之事若值死時則不得娶及今吉時使某請吉日以成昏禮也○注三族至嫁之子○釋曰鄭知三族是父己子三者之昆弟若大功之喪服內不廢成禮若期親內則廢故舉合廢者而言以其父昆弟則伯叔及伯叔母己昆弟則己之親兄弟子昆弟則己之適子庶子者皆己之齊衰期服之內親故三族據三者之昆弟也引雜記者見大功之末既葬則可以嫁子娶妻經云三族不據之矣今據父之昆弟期於子小功不得與子娶妻若於子期於父小功亦不得娶妻知今皆據壻之父而言若然己父昆弟於子爲小功而言此三族者己其子皆爲服

期者亦擬大判而言耳對曰某既前受命矣唯命是聽前受命者申前事也曰某命某聽命于吾子曰一某壻父名也對曰某固惟命是聽使者曰某使某受命吾子不許某敢不告期曰某日某吉日之甲乙【疏】注某吉日之甲乙〇釋曰云曰某日者是使者傳主人吉日之辭云某吉日之甲乙者謂以十日配十二辰若云甲子乙丑丙寅丁卯之類故鄭略舉甲乙而言之也對曰某敢不敬須須待也凡使者歸反命曰某既得將事矣敢以禮告告禮所執脯【疏】注告禮所執脯〇釋曰知禮是所執脯者上文禮賓賓皆北面取脯降授從者今此云歸以反命故知禮是所執脯也主人曰聞命矣〇父醮子醮子召反〇子壻也【疏】注曰女父禮女用醴又在廟父醮子用酒又在寢不同者父禮女子以先祖遺體許人以適他族婦人外成故重之而用醴復在廟告先祖也男子直取婦入室無不反之故輕之而用

酒在寢知醮子亦不在廟者若以禮筵於户西右几在神位今不言故寢可知也命之辭曰往迎爾相承我宗事相息亮反○相助也宗事宗廟之事勖帥以敬先妣之嗣若則有常勖許玉反○勖勉也若猶女也勉帥婦道以敬其爲先妣之嗣女之行則當有常深戒之詩云大姒嗣徽音○女音汝下同大音泰疏注勖勉至徽音○釋曰云以敬其爲先妣之嗣者謂婦人入室使之代姑祭也詩大姒嗣徽音者大雅文王詩大姒者文王妃嗣繼徽美也要大姒所以繼先妣美音也引之者證敬其爲先妣之嗣也子曰諾唯恐弗堪不敢忘命○賓至擯者請對曰吾子命某以茲初昏使某將請承命賓壻也命某某壻父名茲此也將行也使某行昏禮來迎疏注賓壻至來迎○釋曰云命某某壻父名者以其經有二某命某某者是壻自稱之以對擯者也經云使某某者是壻名故不言也○對曰某固敬具以須○父送女命之曰戒之敬之夙

夜毋違命夙早也早起夜臥命舅姑之教命古文毋爲無疏父送至違命○釋曰上送女之時父母俱戒訖今此記人又云此戒者當同是送女時并有此戒續成前女庶母所戒亦然以前後語時不同故記人兩處記之但父戒之使無違舅命母戒之使無違姑命故父云命母云戒也然若然注有云命姑舅之教命有姑字者傳寫誤也云古文毋爲無不從者以許氏說文母爲禁辭故從經今文毋爲正也

母施衿結帨曰勉之敬之夙夜無違宮事衿其鴆反帨舒銳反○帨佩巾疏釋曰宮事謂姑命婦之事若內宰職云后教六宮婦人稱宮故也

庶母及門內施鞶申之以父母之命命之曰敬恭聽宗爾父母之言夙夜無愆視諸衿鞶鞶步干反愆去虔反○庶母父之妾也鞶鞶囊也男鞶革女鞶絲所以盛帨巾之屬爲謹敬申重也宗尊也愆過也諸之也示之以衿鞶皆託戒使識之也不示之以衣笄者尊者之戒不嫌忘之視乃正字今文作示俗誤行之○盛音成重直用反識申志反

【疏】注庶母至行之○釋曰云男鞶革女鞶絲者內則文男女用物不同故并引男子鞶革於經無所當也云所以盛帨巾之屬爲謹敬者案內則云箴管線纊施鞶袠鄭云鞶袠言施明爲箴管線纊有之是鞶以盛帨巾之屬此物所以供事舅姑故云謹敬也云不示之以衣笄者尊者之戒不嫌忘之者前文父戒以衣笄此經母施衿結帨庶母直示之以衿鞶不示以衣笄故鄭決之也云視乃正字今文作示俗誤行之者案曲禮文童子常視毋誑注云視今之示字彼注破視從示此注以視爲正字以示爲俗誤不同者但古文字少故眼目視瞻與以物示人皆作視字故此注云視乃正字今文作示是俗人以今示解古視故云誤也彼注云視今之示字者以今曉古故舉今文示而言兩注相兼乃具也

○宗子無父母命之親皆沒己躬命之宗子者適長子也命之命使者母命之在春秋紀裂繻來逆女是也躬猶親也親命之則宋公使公孫壽來納幣是也言宗子無父是有父者禮七十老而傳八十齊喪之事不及若是者子代其父爲宗子其取也父命之

【疏】注宗子至命之○釋曰云

宗子者適子也者案喪服小記云繼別爲宗繼禰者爲小宗大宗小宗皆是適妻所生長子也云命之命使者謂納采已下至請期五者皆命使者也公母命之在春秋紀裂繻來逆女是也者案隱二年經書秋九月紀裂繻來逆女公羊傳曰裂繻者何紀大夫也何以不稱使昏禮不稱主人何休云爲養廉遠恥也又云然則曷稱稱諸父兄師友宋公使公孫壽來納幣則其稱主人何稱辭窮也辭窮者何無母也休注云禮有母母當命諸父兄師友稱父兄師友以行宋公無母莫使命之辭窮故自命之自命之則不得不稱使又云然則紀有母乎曰有有則何以不稱母母不通也休注云禮婦人無外事但得命諸父兄師友稱諸父兄師友以行耳母命不得達故不得稱母通使文所以遠別也服注亦云不稱主人母命不通故稱使通人無外事若然直命使子之父兄師友使命使者不自親命使者此注云命之命使者似母親命者鄭略言之其實使子父兄師友命使者也云躬親也親命之則宋公使公孫壽求納幣是也者成八年文義取公羊傳如向說舉納幣其余使親之也云言宗子無父至不及者案曲禮七十曰老而傳注云

傳家事在子孫是謂宗子之父又王制云八十齊衰之事弗及也注云八十不齊則不祭也子代之祭是謂宗子不孤三者皆是宗子有父雖主家事其昏事則父命使者也

支子則稱其宗支子庶昆弟也稱其宗子命使者疏釋曰云稱其宗者謂命使者當稱宗子以命之以大小宗皆然也

弟則稱其兄弟宗子母弟疏注弟宗子母弟○釋曰知此弟是宗子同母弟者以上支子謂庶昆弟稱其宗子命使者故知此弟宗子同母弟也

若不親迎則婦入三月然後壻見曰某以得爲外昏姻請覿見賢遍反注下除相見並同覿音狄○女氏稱昏壻氏稱姻覿見也疏若不至請覿○釋曰上已言親迎自此已下至篇末論壻不親迎過三月及壻往見婦父母事也必亦待三月者亦如三月婦廟見一時天氣變婦道成故見外舅姑自此云敢不從並是壻在婦家大門外與擯者請對之辭○注女氏至見也○釋曰女氏稱昏壻氏稱姻者爾雅釋親文所以別男女則男白昏女以姻者義取壻昏時往娶女則因之而來及其親則女氏稱昏壻

氏稱姻義取送女者昏時往男家因得見之故也主人對曰某以得為外婚姻之數某之子未得濯溉於祭祀是以未敢見今吾子辱請吾子之就宮某將走見濯丈角反溉古代反○主人女父也以白造繒曰辱造七報反○疏主人至走見○釋曰云某之子未得濯溉於祭祀者謂前祭之夕濯溉祭器以其自此以前未廟見未得祭祀故未敢相見也云請吾子之就宮者使壻還就家是欲往就見也○注主人至曰辱○釋曰云以白造繒曰辱者謂以潔白之物造置於繒色器中是汙白色猶今賓至已門亦是屈辱故云以白造繒曰辱也對曰某以非它故不足以辱命請終賜見非它故彌親之辭命謂將走見之言今文無終賜○疏注非它至終賜○釋曰此壻對擯者辭云非他故彌親之辭者上擯云得為外昏姻是相親之辭今又云非他故是為壻而來見彌相親之辭也對曰某以得為昏姻之故不敢固辭敢不從不言

外亦彌親之辭主人出門左西面壻入門東面奠摯再拜出出門出內門入門入大門出內門不出大門者異於賓客也壻見於寢奠摯者壻有子道不敢授也摯雉也疏注出門至雉也○釋曰云出內門入大門者以大夫士迎賓皆於大門外故此決之也云壻見於寢者聘禮凡見賓客及士親迎皆於廟聘禮敬賓客故在廟親迎在廟者以先祖之遺體許人故在廟此壻見外舅姑非賓非親迎故知在適寢也云奠摯者壻有子道不敢授也者凡執摯相見皆親授此獨奠之象父子之道質故不親授奠之而已云摯雉也者以其士執雉是其常也擯者以摯出請受欲使以賓客禮相見疏注欲使至相見○釋曰案聘禮賓摯入門右從臣禮辭之仍出由門左西面從賓客禮此亦然故知所請受者請退從賓客相見受之壻禮辭許受摯入主人再拜受壻再拜送出出已見女父疏注出已見女父○釋曰云受摯入者亦如聘禮受摯乃更西入也云出已見女父者以其相見訖擬出更與主婦相見也見

主婦主婦闔扉立于其內扉音非○主婦主人之婦也見主婦者兄弟之道宜相親也闔扉者婦人無外事扉左扉疏注主婦至左扉○釋曰云見主婦者兄弟之道宜相親也者爾雅母與妻之黨爲兄弟故知主婦於壻者兄弟之道也故云宜相親也云闔扉者婦人無外事者婦人送迎不出門見兄弟不踰閾是無外事也云扉左扉者士喪禮卜葬云闔東扉主婦立于其內既言東扉即是左扉故是左扉」壻立于門外東面主婦一拜壻荅再拜主婦又拜壻出必先一拜者婦人於丈夫必俠拜主人請醴及揖讓入醴以一獻之禮主婦薦奠酬無幣及與也無幣異於賓客疏注及與至賓客○釋曰訓及爲與者以主人與壻揖讓而入寢門升堂醴壻故訓及爲與也云無幣異於賓客者士冠禮醴賓酬之以幣昏禮饗賓酬以束錦燕禮大射酬賓客皆有幣此無幣故云異於賓客也壻出主人送再拜

儀禮注疏卷第二

儀禮注疏卷第三

漢鄭氏注　唐賈公彥疏

後學廬陵陳鳳梧編校

士相見禮第三

鄭目録云：士以職位相親，始承摯相見之禮。雜記會葬禮曰：相見也，反哭而退；朋友虞祔而退。士相見於五禮屬賓禮。大小戴及別録皆第三。

（疏）釋曰：鄭云「士以職位相親，始承摯相見」者，釋經亦有大夫及庶人見君之禮，亦有士見大夫之法，獨以士相見爲名者，以其兩士職位不殊，同類昵近，故以士相見爲首。云「雜記會葬禮曰相見也，反哭而退；朋友虞祔而退」者，以送葬之禮，恩深者退遲，恩淺者退疾，引之者，證有執摯相見之義。云「士相見於五禮屬賓禮」者，案周禮大宗伯五禮，賓禮之別有八：春朝、夏宗、秋覲、冬遇、時會、殷同，此六者是五等諸侯見天子，無有自相朝覲之禮。彼又云：時聘曰問，殷覜曰視。二者視諸侯使臣出聘天子之自相聘之禮，並執玉帛而行，無執禽摯之法。此屬直新升爲士大夫之等，同國執禽摯相見及見君之禮，雖非出聘，亦是賓主相見之法，故屬賓禮也。凡士卑唯得作介從君與卿大夫出向他國無身自聘問之事案周禮行人是士官其有美惡無禮特行無介始得出向他邦亦非聘問之法也然昏冠及喪祭尊卑各自有禮及執摯相見唯有此士相見其篇內含卿大夫相見以其親升爲士或士自相見或士往見卿大夫或卿大夫下見士或見己國君或士大夫見他國君來朝者新出仕從微至著以士爲先後更有功乃升爲大夫已上故以士爲摠號也又大夫之孤卿大夫士與諸侯之孤卿大夫士執摯既同相見之禮亦無別也

士相見之禮○贄冬用雉夏用腒左頭奉之曰某也願見無由達某子以命命某見贄本又作摯音同腒其居反奉芳勇反下同見賢遍反凡卑於尊曰見敵而曰見謙遜之辭也下以意求之他皆倣此○贄所執以至者君子見於所尊敬必執贄以將其厚意也士贄用雉者取其耿介交有時別有倫也雉必用死者爲其不可生服也夏用腒備腐臭也左頭頭陽也無由達言無因緣以自達也某子今所因緣之姓名也以命者稱述主人之

一九二

意今文頭爲脰○耿古幸反介音界別彼列反爲于僞反脰音豆【疏】士相見至某某見○釋曰自此盡送ㄏ門外再拜論士與士相見之事也云某也願見無由達者謂新升爲士欲見舊爲上者謂久無紹介中間之人達彼此之意雖願見無由得與主人通達相見也云某子以命命某見者某子是紹介中間之人姓名以主人之命命某是賓之名命某來見主人也案少儀始見君子者辭曰某固願聞名於將命者謂以卑見尊法彼又敵者曰某固願見於將命者此兩〻相見亦是敵者不言願見於將命者此既言願見無由達見敵者始欲相見案下文及還摯者皆云於將命者明此亦有願見於將命者不言者文不具也○注摯所至爲脰○釋曰云摯所執以至者摯得謂爲主新升爲上者彼人相見欲相尊敬必執禽鳥始得全故云摯所執以至者也云士摯用雉者對大夫已上所執羔鴈不同也云取其耿介交有時別有倫也者倫類也雉交接有時至於別後則雄雌不雜謂春交秋別也士之義亦然義取耿介不犯於上也云雉必用死者爲其不可生服也者經直云冬用雉知用死雉者尚書云三帛二牲一死雉則雉義取耿

介爲君致死也云夏用腒腒備腐臭也者案周禮庖人云春行羔豚夏行腒鱐鄭云腒乾雉鱐乾魚腒鱐膳
熱而乾乾則不腐臭故此取不腐臭也冬時雖死形體不異故存本名稱曰雉此夏爲乾腒形體異故變本
名稱曰腒也云左頭頭陽也者曲禮云執禽者左首雉與羔鴈同是合生執之物以不可生服故殺之雖
死猶尚左以從陽也云某子今所因緣之姓名也者謂紹介之姓名云以命者稱述主人之意者言紹介
之人稱述主人之辭意傳來實也云今文頭爲脰者鄭下從今文者以其脰頭也項不得爲頭故不從也
但此云某子以命命某見謂舊未相見今始來見主人故須某子傳通孺悲欲見孔子不由紹介故孔子
辭以疾且經云某子鄭云某子今所因緣之姓名案鄉飲酒云某子受酬注云某者衆賓姓又鄉射云某
酬某子注云某子者氏也與此注某子爲姓名不同者被旅酬下爲上尊敬在上以公羊傳名不若字字
不若子故下者稱姓以配子彼對面語故下言名此非對面之言於彼遙稱紹介之意若不言名直稱姓
是何人故鄭以姓名鮮之也若然特牲云皇祖某子主爲伯子仲子者以孫不宜云父祖姓故以伯子仲子

予言之望經爲義故注有殊若然注宜有名無者誤也主人對曰某子命某見

吾子有辱請吾子之就家也某將走見有又也某子命某往見今吾子又自辱來序其意也走猶往也今文無走【疏】主人至走見○釋曰云某子命某見者某子則是紹介姓名以其子是聘問之人故賓主共稱之也此上下皆言請不言辭辭而不受須相見故言請而已○注有又至無走○釋曰鄭轉有爲又者以言其予以命命其往就彼見吾子又自辱來於義爲便故從又不從有也云走猶往也者以言走直取急往相見之意非走驟之義故釋從往也云今文無走字者無走於文義不足故不從今文從古文也賓對曰某不足以辱命請終賜

見命請吾子謂之就家主人對曰某不敢爲儀固請吾子之就家也某將走見不敢爲儀言不敢外貌爲威儀忠誠欲往也固如故也今文不爲非古文云固【疏】注不敢至以請○辭曰固如沈也者固爲堅以請固則如故以再請如前故云固如故也云今

文不爲非者云非敢於義不便故不從今文非也云古文云固以請者固請於文從便若有以字於文賸緩故不從古文固以請也賓對曰某不敢爲儀固以請言如固請終賜見也主人對曰某也固辭不得命將走見聞吾子今文不爲非稱贄敢辭贄不得命者不得見許之命也走猶出也稱舉也辭其贄爲其大崇也古文曰某將走見○大音泰下同

【疏】注不得至走見○釋曰云走猶出也者亦如上之走往彼據向賓家故走爲往此據出門故云走猶出也云辭其摯爲其大崇也者凡賓主相見唯此新升爲士有摯人初不相識故有摯爲重對重相見則無摯爲輕是以始相見辭之爲大崇故也云古文曰某將走見者上再番皆云某將走見今此三者亦云某將走見與前同此疊古文不從者以上第一番請賓主皆無不敢爲儀第二番賓及主人皆云不敢爲儀文句既異若不云某於文不便故須云某也此三番於上已云某也固辭不得命於下不須云某於文便古文更云某將走見文疊故不從也賓對曰某不以贄

不敢見見於所尊敬而無贄嫌大簡疏注見於至大簡○釋曰此士相見雖是平敵相抗案曲禮云主人敬客則先拜客客敬主人則先拜主人注不問爵之大小唯以相尊敬爲先後故雖兩士亦得云相尊敬不敢空手須以摯相見若無摯相見是則大簡畧也主人對曰某不足以習禮敢固辭言不足習禮者不敢當其崇禮來見已疏注言不至見已○釋曰案上經賓云某不以摯不敢見是賓以崇禮來見主人今主人不敢當其崇禮來見已故變文言不足以習禮故鄭云言不足習禮者不敢當其崇禮來見已也賓對曰某也不依於贄不敢見固以請言依於贄謙自卑也疏注言依至卑也○釋曰九相見之禮以卑見尊必依摯禮記檀弓云魯人有周豐也者哀公執摯請見之者是下賢非正法今士相見云不依於摯不敢見謙自卑也主人對曰某也固辭不得命敢不敬從出迎于門外再拜賓荅再拜主人揖入門右賓奉贄入門左

主人再拜受賓再拜送贄出右就右也左就左也受贄於庭既拜受送則出矣不受贄於堂下人君也今文無也○下遐嫁反

疏注右就至文無○釋曰凡門出則以西為右以東為左入則以東為右以西為左依賓西主東之位也知受摯於庭者以其入門左右不言揖讓而升之事故知在庭也云既拜送則出矣者欲見賓拜送摯訖而言出則去還家無得待主人留已也云不受摯於堂下人君也者聘禮賓升堂致命授玉又下云君在堂升見無方階亦是升堂見君法故云不升堂下人君也

主人請見賓反見退主人送于門外再拜請見者為賓崇禮來相接以矜莊歡心未交也賓反見則燕矣下云凡燕見於君至凡侍坐於君子博記反見之燕義臣初見於君再拜奠贄而出

疏注請見至而出○釋曰鄭解主人留賓之意云請見者為賓崇禮來相接則執摯來見也云以矜莊歡心未交也者正謂入門拜受拜送時賓主俱矜莊相敬歡心未交也云賓反見則燕矣者上士冠禮賓士昏納采之等禮記皆有禮賓饗食賓之事明此行禮主人留必不虛宜有

嶷燕故云則燕矣以摯相見[illegible]問之禮燕既[illegible]
明前相見亦在寢之庭矣若諸文有紹賓者多是[illegible]
賓之事知此不行禮賓而云燕者彼諸文皆是爲餘
事者見以其事重故爲禮賓此直當身相見其事陋
故直有燕矣是以諸文禮賓此燕賓故直云請見也
云凡燕見於君至反見之燕義若見燕見或反見或
本来侍坐非反見下注云此謂特見圖事非立賓主
之燕是也侍坐於君子之下乃有侍坐問夜膳葷賜
食爵之等不引證燕見者彼直是侍坐法非燕見之
禮故也云臣初見於君再拜奠摯而出者鄭欲見自
燕見于君下至凡侍坐於君子皆反見燕法其中仍
有臣見于君法臣始事見于君法禮畢奠摯而出君
亦當遣人留之燕也若然下有他邦之人則還摯主
雖不見反燕臣尚燕他邦有燕可知但文不具也

人復見之以其贄曰鄉者吾子辱使某見請還贄於將命者

復扶又反又音服鄉許亮反還音旋○復見
之者禮尚往来也以其贄謂鄉時所執来者
也鄉曩也將猶傳也傳命者謂擯相也○主人至
曩乃蕩反傳大傳反擯必刃反相息亮反疏命者○

釋曰自此至賓退送再拜論主人還于賓之事○注復見至相者○釋曰云復見之者禮尚往來也者鄭解主人還摯之意云禮尚往來曲禮文五等諸侯身自出朝及遣臣出聘以其圭璋重不可遥復朝聘訖即還璧琮財輕故不還彼朝聘用玉自爲一禮有不還之之義其在國之臣自執摯相見雖禽摯皆還之臣見於君則不還義與朝聘異不可相決也云將猶傳也傳命者謂擯相者者謂出接賓曰擯入詔禮曰相也故聘禮與過義皆云每門一止一相是謂擯介爲相也

主人對曰某也既得見矣敢辭讓其来荅已也

疏主人至敢辭○釋曰上言主人此亦言主人者上言主人者據前爲主人而言此云主人者謂前賓今在已家而説也

賓對曰某也非敢求見請還贄於將命者言不敢求見嫌褻主人不敢當也

疏注言不至當也○釋曰云嫌褻主人不敢當也者曰鄉者主人見已今即来見主人賓主頻見是褻也今云非敢求見嫌褻主人不敢更相見也故不敢當相見之法直云還摯而已

主人對曰某也既得見矣

敢固辭固如故也賓對曰某不敢以聞固以請於將命者言不敢以聞又盖不敢當疏注言不敢至敢當○釋曰上云非敢求見已是不敢當此云不敢以聞耳聞疏於目見故云又盖不敢當也主人對曰某也固辭不得命敢不從許受之也異日則出迎同日則否疏注異日至則否○釋曰下云賓奉摯入不言主人出迎又不言厥明是與前相見同日知異日出迎者鄉飲酒禮云明日乃息司正主人出迎之司正猶迎之況同僚乎是知異日出迎也若聘禮公迎于大門內至禮賓又出迎者彼初是公迎彼君之命不爲迎賓身故至禮賓賓身雖同日亦出迎之故鄭注云公出迎者已之禮更端是也昏禮爲男家使初時出迎至醴賓身雖同日亦出迎也有司徹前爲尸後爲賓所爲異故云雖同日亦出迎此二者亦是更端之義也案鄉飲酒及公食大夫皆於戒賓之時未行賓主之禮是賓以賓至乃迎之故雖同日亦迎賓非更端之義也賓奉摯入主人再拜受賓再拜送摯出主人送于門

外再拜○士見於大夫終辭其贄於其入也一拜其辱也賓退送再拜終辭其贄以將不親答也凡不答而受其贄唯君於臣耳大夫於士不出迎入一拜正禮也送再拜尊賓疏注終辭至尊賓○釋曰云以將不親答也者事未至謂之將如上士相見賓來見士後將親答就士家則辭而受其贄此則以將不親答終不受也若然經直云終辭其摯不言一辭再辭亦有可知但略而不言也又少儀云始見君子曰願聞名此不言願聞亦文不具也云凡不答而受其摯唯君於臣耳者見下文他邦之人則使擯者還其摯見尸君不言還摯又文有三辭初辭中辭終辭初辭之時則云使某中辭云命某以辭准中者傳言而已故云命某然使某者是尊君卑臣之義其心重若云命某者尊君卑臣稍淺漸輕之義故鄭云或言命某傳言耳必知有此義者案僖九年左傳曰天子有事於文武使孔賜伯舅胙以伯舅耋老加勞賜一級無下拜是尊君稱使傳言云命有輕重之義也若常為臣者則禮辭其贄曰某也辭不得命不

敢固辭禮辭一辭而許也將不答而聽其以贄入有臣道也賓入奠贄再拜主人答壹拜奠贄尊卑異不親授也古文壹爲一賓出使擯者還其贄于門外曰某也使某還贄還其贄者辟正君也○辟音避賓對曰某也既得見矣敢辭辭君還其贄也今文無也擯者對曰某也命某某非敢爲儀也敢以請還贄者請使受之○今某某也盖臣人之名賓對曰某也夫子之賤私不足以踐禮敢固辭家臣稱私踐行也言某臣也不足以行賓客禮賓客所不答者不受贄擯者對曰某也使某不敢爲儀也固以請言使某尊君也或言命某傳言耳賓對曰某固辭不得命敢不從再拜受受其贄而去之疏注受其摰而去之○釋曰云受其摰而去者以嘗爲臣爲輕既不受其摰又相見無燕之禮故鄭云而去之以絶之也下大夫相見

鴈飾之以布維之以索如執雉索悉各反注同○鴈取知時飛翔有行列也飾之以布謂裁縫衣其身也維謂繫聯其足○行戶郎反衣於旣反聯音連疏下大夫至執雉○釋曰下大夫者國皆有三卿五大夫言上大夫據卿則此下是五大夫也二十七士與五大夫轉相副貳則三卿宜有六大夫而五者何休云司馬事省闕一大夫○注鴈取至其足○釋曰云鴈取知時者以其木落南翔冰泮北徂隨陽南北義取大夫能從君政教而施之云飛翔有行列也者義取大夫能依其位次尊卑有叙也上士執雉左頭奉之此云如執雉明執鴈者亦左頭奉之也案曲礼云飾羔鴈者以繢彼天子卿大夫非直以布上又畫之此諸侯卿大夫執摯雖與天子之臣同飾羔鴈者直用布爲飾無繢彼不言士則天子之士與諸侯之士同亦無飾士賤故無別也上大夫相見以羔飾之以布四維之結于面左頭如麛執之麛莫兮反○上大夫卿也羔取其從帥羣而不黨也面前也繫聯四足交出背上於胷前結之也如麛執之者秋獻麛有成禮如之

或曰麛孤之摯也其禮蓋謂左執前足右執後足今文頭為腒【疏】注上大至為腒○釋曰云上大夫卿也者即三卿也云羔取其從帥者凡羔羊皆有引帥若卿之從君之命者也云群而不黨也者羊羔群而不黨義取三卿亦皆正直雖群居不阿黨也云繫聯四足交出背上於胷前結之者謂先以繩雙繫前兩足後以繩繫後兩足乃以雙繩於左右從腹下向背上交過於胷前結之也云如麛執之者秋獻麛有成禮如之者案周禮獸人云冬獻狼夏獻麋春秋獻獸物麛家摯獸及孤貍可也麛是鹿子與鹿同時獻之又庖人云秋行犢麛則獻當在秋時故云秋獻麛也又案禮器曲禮三千鄭云曲猶事也事禮謂今禮禮其亍事儀三千則禮未亡之時三千條內有此獻[illegible]之法是有成禮可依故此經得如之也云或曰麛孤之摯也者案大宗伯及大行人與聘禮皆云孤執皮帛謂天子之孤與諸侯之孤執皮帛今此執麛者謂新升為孤是已君法至餘事則皆皮帛也云其禮蓋謂左執前足右執後足者案經云左頭則與雉鴈同是以曲禮云執禽者左首此鄭又云執之蓋謂左執前足右執後足者此釋經麛執之據四足而言之

凡以執相見之法唯有新升爲臣及聘朝及他國君來主國之臣見見皆執摯相見常朝及餘會聚皆執笏先執摯之禮又執摯者或平敵或以卑見尊皆用摯尊無執摯見卑之法檀弓云哀公執摯見己臣周豐者彼謂下賢非正法也

如士相見之禮。大夫雖摯異其儀猶如士

疏如士相見之禮○釋曰此下大夫及卿其摯雖有羔鴈之異其相見之儀則皆如士也○注大夫至如士○釋曰云儀猶如士者或兩大夫相見皆如士文某也願見無由達已下至主人拜送于門外也

始見于君執摯至下容彌蹙。下謂君所也蹙猶促也促恭慤貌也其爲恭士大夫一也

疏注下謂至一也○釋曰直云見于君不辨臣之貴賤則臣之貴賤皆同故鄭云其爲恭士大夫一也不言所而言下者凡臣視祫已下故不言所言下也

庶人見於君不爲容進退走。容謂趨翔

疏注容謂趨翔○釋曰此不言庶人則是庶人在官謂若王制云庶人在官者其祿以是爲差即府史胥徒是也按鄭注曲禮云行而張足曰趨行而張拱曰翔皆是庶人貌也此庶人見君不趨翔謂是常法

論語說孔子行事而云趨進翼如者彼謂孔子與君圖事於堂圖事訖降堂向時揖處至君前橫過向門特如肅敬與庶人同也

士大夫則奠摯再拜稽首君答壹拜稽音啓下同○言君答士大夫一拜則於庶人不答之庶人之摯鶩古文壹作一

疏注言君至作一○釋曰臣拜君云再拜稽首則君答一拜者當作空首則九拜中奇拜是也云言君答士大夫一拜則與庶人不答之者案曲禮君於士不答拜謂已士與大夫同答一拜者士賤君不答拜此以新升爲士故答拜聘禮問勞云答士拜者亦以新使反故拜之也云庶人之摯鶩者案大宗伯云以禽作六摯庶人執鶩注云鶩取其不飛遷相庶人安土重遷是也

若他邦之人則使擯者還其摯曰寡君使某還摯賓對曰君不有其外臣臣不敢辭再拜稽首受

疏釋曰賓不辭即受摯以君所不臣禮無受他臣摯法賓如此法故不敢亢禮於他君故不辭即受之也凡臣無境外之交今得以摯執見他邦君者謂他國之君來朝此國之臣因見之

謂若掌客卿皆見以羔之類是也春秋卿大夫與他國之君相見者皆因聘會乃見之非特行也

凡燕見于君必辯君之南面若不得則正方不疑君

見賢遍反下同○辯猶正也君南面則臣見正北面君或時不然當正東面君正西面不得疑君所處邪鄉之此謂特見圖事非立賓主之燕也疑度之

疏釋曰案上文注以此爲博記反見之燕義則此與燕義燕禮立賓主之燕別以其此經君之面位正南臣此面向之若不得南面或君東西面則臣亦正方向之不可預度君之面位邪立度之皆與燕禮君在阼階西面爲正異故知此經是特見皆圖事并與賓反見之燕義也知有圖事者論語鄉黨云孔子與君圖事于庭圖事于堂燕禮亦云君與卿圖事之時有此面位無常之法也

君在堂升見無方階辯君所在

升見升堂見於君也君近東則升東階君近西則升西階

疏注升見至西階○釋曰此文據君所在隨便升階無常之事亦謂反燕及圖事之法若立賓主君升自阼階賓及主人升自西階燕禮所云是也

凡言非

對也。妥而後傳言。妥湯果反○凡言謂已爲君言事也妥安坐也傳言猶出言也若君問可對則對不待安坐也古文妥爲綏○爲汁隹反【疏】注凡言至爲綏○釋曰此據臣與君言之法也云凡言謂已爲君言事也者謂臣有圖爲君言也禮記少儀云量而後入不入而後量是臣有事將入見君須量已所言亦當量君安坐乃可得入而後傳出已言向君道之云妥安坐也者爾雅釋詁文○與君言言使臣與大人言言事君與老者言言使弟子與幼者言言孝弟於父兄與衆言言忠信慈祥與居官者言言忠信孝弟之弟音悌○博陳燕見言語之儀也言使臣者使臣之禮也大人卿大夫也言事君者臣事君以忠也祥善也居官謂士以下【疏】與君至忠信○釋曰上文據與君言此文則揔說尊卑言語之別云與君言言使臣與大人言言事君者但言臣相對有事即言不必與君言恒言使臣與臣言恒言事君今推言使臣事君者下供上命禮法當然故君以使臣爲上臣以事君爲正無妨更言餘事已下皆隨事爲主可也云與老者言言使弟子者謂七十致仕之人依書傳大夫致仕爲父師七致仕爲少師教鄉閭子弟雷次宗云學生事師雖無服有父兄之恩故稱弟子也云與幼者言言孝弟於父兄者幼既與老者相對此幼即弟子之類孝弟事父兄之名是人行之本故云言孝弟于父兄與衆言言忠信慈祥者此文承老幼之下亦非朝廷之臣但是鄉閭長幼共聚之處使之行忠信慈善之事也云與居官者言言忠信者此與在朝之士言以忠信爲王也○注博陳至以下○釋曰云博陳燕見言語之儀也者據已上傳陳與君燕見舉動言語知此博陳也云言使臣者使臣之禮也者臣事君以忠並是論語孔子對定公之文云大人卿大夫也者此云言事君明非天子諸侯又非是士卿大夫可知又此案下文云凡與大人言始視面中視抱卒視面並是臣視君之法則大人據君也又禮運云大人世及以爲禮鄭解爲諸侯者以彼上文云天下爲家以據天子明下云大人是諸侯可知易革卦云君子豹變據諸侯則大人虎變是天子可知又案論語云狎大人注爲天子諸侯爲政教者彼據小人不在朝廷故以

大人為天子諸侯政教解之鄭皆望文為義故解大人不同云居官謂士以下者以其大夫云事君已據居官卿人天其居官之内唯有二十七士并府史胥徒故云士以下也

凡與大人言始視面中視抱卒視面毋改衆皆若是

中如字抱薄報反毋音無下同

○始視面謂觀其顏色可傳言未也中視抱容其思之且為敬也卒視面察其納已言否也毋改謂傳言見答應之間當正容體以待之毋自變動為嫌解惰不虛心也衆謂諸卿大夫同在此者皆若是其視之儀無異也古文毋作無今文衆為終○解古賣反惰徒臥反

【疏】注始視至為終○釋曰云中視抱容其思之且為敬者案曲禮天子視不上於袷袷交領也不下於帶上於袷則敖下於帶則憂視大夫得視面此視君得視面看彼據尋常視君法此據與君言時故不同也云且為敬者此言抱即面視袷不視袷是敬君之常禮故云且為敬也云為嫌解惰不虛心也者禮記云虛中以治之鄭注云虛中言不無念餘事是虛心之意也云衆謂諸卿大夫同在此者言於君視之高下如此其卿大夫視君之儀與言者無異

也云古文毋作無不從者說文云毋蓋亦禁辭故不從有無之無也二云今文衆爲終不從者以上已有辛爲終故從古爲衆也

若父則遊目毋上於面毋下於帶上時掌反○子於父主孝不主敬所視廣也因觀安否何如也今文父爲甫古文毋爲無【疏】注子於至爲無○釋曰案曲禮大夫之臣視大夫得視面不得遊目士之臣視上得旁遊目今子視父應與視君同不上於袷與士大夫同者以子於父主孝不主敬所視廣者因視安否何如也

若不言立則視足坐則視膝不言則伺其行起而已【疏】注不言至而已○釋曰已上皆據臣子與君父言語之時此據不言之時鄭言伺其行起者行解經立行由立始故以行解立是以論語云立不中門鄭云立行不當枨闑之中央是亦以行解立也又以起解坐以其起由坐始故也

一凡侍坐於君子君子欠伸問日之早晏以食具告改居則請退可也坐才臥反又如字欠起劒反伸音申○君子謂卿大夫及國中賢者也志倦則欠體倦則伸問日晏

近於久也具猶辦也攷居謂自變動也古文伸作信早作蚤○辦釋文作居辦皮莧反蚤音早

疏注君子至作蚤○釋曰此陳侍坐於君子之法鄭云君子謂卿大夫者禮之通例大夫得稱君子亦得稱貴人而士賤不得也知及國中賢者者鄉射禮云徵唯所欲以告於鄉先生君子可也鄭云鄉先生鄉大夫致仕者君子有大德行不仕者則曲禮云博聞強識而讓敦善行而不怠謂之君子是也云志倦則欠體倦則伸鄭注曲禮亦然云古文伸作信早作蚤者此二字古通用故大宗伯云侯執身圭爲信字詩云一之日其蚤獻羔祭韭爲蚤字既通用疊古文者豫字體非直從今爲正亦得通用之義也

夜侍坐問夜膳葷請退可也葷香云反○問夜問其時數也膳葷謂食之葷辛物葱薤之屬食之以止臥古文葷作薰○薤戶界反

疏注問夜至作薰○釋曰云問夜問其時數也者謂若鍾鼓漏刻之數也云古文葷作薰者玉藻云膳於君有葷桃茢作此葷鄭注論語作君焄義亦通若作薰則春秋薰一蕕薰香草也非葷辛之字故疊古文不從也

若君賜之食則君祭先飯

徧嘗膳飲而俟君命之食然後食飯扶晚反○君祭先飯食其祭食君先飯示為君嘗食也此謂君與之禮食膳謂進庶羞既嘗庶羞則飲俟君之偏嘗也今云呫嘗膳○呫音貼他協反疏注君祭至嘗膳○釋曰此經及下經論臣侍[illegible]坐得賜食之法鄭云先飯示為君嘗食也者見君將食必有膳宰進食則膳宰嘗君前之食備火齊不得下文是也今此文謂膳宰不在則侍食者自嘗自己前食既不嘗君前食則不正嘗食故云亦為君嘗食也云此謂君與之禮食者謂君與臣小小禮食法非止禮食比禮食則公食大夫是也彼君[illegible]無食此君臣俱有食故知小小禮食此即玉藻云若賜之食而君客之則命之祭然後祭此云客之則此注禮食亦不待祭故一也但此文不云客之命之祭然後祭文不具也若臣嘗食不得云禮食亦不得祭故鄭注玉藻云侍食則正不祭是也若有將食者則俟君之食然後食將食猶進食謂膳宰也膳宰進食則臣不嘗食周禮膳夫授祭品嘗食王乃食疏注將食至乃食○釋曰云膳宰進食則臣不嘗食者臣為君嘗食本

為膳宰不在今膳宰既在明臣不嘗食也是以玉藻云若有嘗羞者則俟君之食然後食飯歠而俟注云不祭侍食不敢備禮也不嘗羞膳宰存也是也云膳夫者天子膳夫則諸侯之膳宰引之者證經將食之人是膳宰因將膳與君品嘗食凡君食臣有侍食之時唯子不侍食是以文王世子云命膳宰曰末有原應曰諾然後退是太子不侍食若卿大夫已下則有侍食法故內則云父沒母存冢子御食羣子婦佐餕是也

若君賜之爵則下席再拜稽首受爵升席祭卒爵而俟君卒爵然後授虛爵受爵者於尊所至於授爵坐授人耳必俟君卒爵者若欲其釂然也今文曰若賜之爵無君也

疏注受爵至君也○釋曰云受爵者於尊所者曲禮亦是賜爵法而云酒進則起拜受於尊所是也云至於授爵坐授人耳者見曲禮與玉藻并此文並無立授之文故知坐授也云必俟君卒爵者若欲其釂然也者此經文與玉藻文同皆歎而君客之賜爵法故臣先飲以酒是甘味欲美君之味故先飲必待君卒爵而後授虛爵者臣意若欲君盡爵然也案曲禮云侍飲於

長者酒進則起拜受於尊所長者辭少者反席而飲長者舉未釂少者不敢飲彼是大燕飲禮故鄭注引燕禮曰公卒爵而後飲案燕禮當無筭爵後得君賜爵待君卒爵乃飲是也

退坐取屨隱辟而后屨君爲之興則曰君無爲興臣不敢辭君若降送之則不敢顧辭遂出

爲于僞反○謂君若食之飲之而退也隱辟俛而逡巡與起也辭君興而不敢辭其降於己太崇不敢當也【疏】注云謂君至當也○釋曰云謂君若食之飲之而退也者以上云若君賜之食若君賜之爵下而云退者明爲此二者而退也云隱辟俛而逡巡者案曲禮云鄉長者而屨此亦當然云不敢辭其降者謂若降送時明有不降法故曲禮云就屨跪而舉之屏於側注云謂獨退也云若者不定之辭也

大夫則辭退下比及門三辭

比毗志反○下亦降也【疏】釋曰云大夫則辭退下者對上不敢辭是士士卑不敢辭降大夫之內燕二卿五大夫臣中尊者故得辭降也

若先生異爵者請見之則辭辭不得命

則曰某無以見辭不得命將走見先見之先生致仕者也異爵謂卿大夫也辭辭其自降而來走猶出也先見之者出先拜也曲禮曰主人敬賓則先拜賓疏注先生至拜賓○釋曰此先生即鄉飲酒云就先生而謀賓介亦一也故彼注與此注皆云致仕者也云異爵謂卿大夫也者此士相見本文是士故以卿大夫爲異爵也訓走爲出者亦謂士見異爵取急意而言走其實非走直出也引曲禮者欲見言敬客先拜也彼云客此云賓者對文賓客異散文賓客通故變文云賓也

非以君命使則不稱寡大夫士則曰寡君之老謂擯贊者辭也不稱寡君不言寡君之某言姓名而已大夫卿士其使則皆曰寡君之某檀弓曰仕而未有祿者君有饋焉曰獻使焉曰寡君之老疏注謂擯至之老○釋曰云非以君命使則不稱寡者此則玉藻云大夫私事使私人擯則稱名以其非聘問之禮則爲私事使私人擯也聘禮云若有言則以束帛如享禮引春秋晉侯使韓穿來言汶陽之田歸於齊玉藻注亦引之是也鄭云謂擯贊者辭也者以玉藻自諸

侯之於天子以下至大夫皆云擯者曰故知不自稱是擯之辭也云其使則皆曰寡君之某者釋經大夫士則曰寡君之老爲公事使者也此則玉藻云公士擯則曰寡大夫寡君之老大夫有所往必與公士爲賔亦一也彼注云謂聘也大聘使上大夫小聘使下大夫則曰寡君之某故鄭總云某使某也若然經直云大夫鄭兼云士者經本文是士則云非以君命使可以兼士也但士無特聘問或是作介往他國亦有稱謂而云寡君之士某也云檀弓曰仕而未有祿者謂試爲大夫士直有試功之祿未有正祿云君有饋焉曰獻者謂有饋物于君君亦有正祿者同稱獻云使焉云寡君之老者於他國君邊自稱寡君之某此文亦兼士大夫引之者證公事使稱寡君之某也

凡執幣者不趨容彌蹙以爲儀

不趨主慎也以進而益恭爲威儀耳今文無容

疏凡執幣至爲儀○釋曰案小行人合六幣玉馬皮圭璧帛皆稱幣下文別云執玉則此幣謂皮馬享幣及禽摯皆是○注不趨至無容○釋曰凡趨有二種有疾趨行而張足曰趨是也有徐趨則下文舒武舉前曳踵是也今此經云不趨者不爲疾趨故云主慎也

既不云疾趨又不爲下文徐趨但徐疾之間爲之故以進而益恭爲威儀也執玉者則唯舒武舉前曳踵踵諸勇反○唯舒者重玉器尤慎也武迹也舉前曳踵備蹷跲也今文無者古文曳作枻○蹷音蹶執玉至曳踵○釋曰此篇致跲其業反枻以制反直見在國爲貪摯相見之禮無執玉朝聘鄰國之事而云執玉者因執摯而見故兼見朝聘執玉之禮也案玉藻記徐趨之節云圈豚行又與此不相者文有詳略俱是徐趨也○注唯舒至作枻○釋曰云唯舒者重玉器尤慎也者案玉藻云執龜玉不趨不趨者不爲疾趨又曲禮云凡執主器執輕如不克皆爲重玉器尤慎也云備蹷跲也者蹷跲則顛倒恐損玉故徐趨也凡自稱於君士大夫則曰下臣宅者在邦則曰市井之臣在野則曰草茅之臣庶人則曰刺草之臣他國之人則曰外臣刺七亦反○宅者謂致仕者去官而居宅或在國中或在野周禮載師之職以宅田任近郊之地今文宅或爲託古文茅作苗刺猶剗除也○

剗初限反疏凡自至外臣○釋曰云凡自稱於君士大夫則曰下臣者此與君言之時案玉藻云上大夫曰下臣與此同也○注宅者至作苗○釋曰此亦自稱於君以其致仕不在故指宅而言故云宅者謂致仕者也云或在國中或在野者案爾雅郊外曰野則自郊至畿五百里内皆名野又案鄉大夫職國中七尺野自六尺此亦云在國在野相對其言國外則云野國内則云宅在野者城外畿内皆是也云載師之職者彼鄭注云宅田致仕者之家所受田也引之證彼言宅田據此言宅據所居一也云刺猶剗除也者案詩有其鎛斯趙注云趙刺也故以刺爲剗除草本者也

儀禮注疏卷第三

明陳鳳梧本儀禮注疏

第二册

漢 鄭玄注 唐 賈公彦疏 唐 陸德明釋文

明嘉靖五年廬陵陳鳳梧刻本

山東人民出版社·濟南

儀禮注疏卷第四

漢鄭玄注　唐賈公彦疏

後學盧宣旬編校

鄉飲酒禮第四

鄭目録云諸侯之鄉大夫三年大比獻其賢者能者於其君以禮賓之與之飲酒於五禮屬嘉禮大戴此乃第十小戴及別録此皆第四○釋曰鄭知此鄉飲酒是諸侯之鄉大夫獻賢能法者案春官小胥掌樂縣之法而云凡縣鍾磬半爲堵全爲肆注云鍾磬者編縣之二八十六枚而在一簴謂之堵鍾一堵磬一堵謂之肆半之者謂諸侯之卿大夫士也諸侯之卿大夫半天子之卿大夫西縣鍾東縣磬士亦半天子之士縣磬而已今此下唯縣磬而無鍾故以爲諸侯卿大夫也若然謂諸侯卿大夫是大夫爲之亦應鍾磬俱有而直有磬者鄭彼注云賓鄉人之賢者從士禮也故縣磬而已若然天子鄉大夫賓賢能從士禮亦鍾磬俱有不得獨有磬也知諸侯之鄉大夫非士者案鄉射記云士則鹿中大夫則兕中又經有堂則物當楣序則物當棟則非直州射無有諸侯鄉大夫以五物詢衆庶行射之禮則知諸侯鄉大夫是大夫爲之可知也凡

鄉飲酒之禮其名有四案此賓賢能謂之鄉飲酒一也又案鄉飲酒義云六十者坐五十者立侍是黨正飲酒亦謂之鄉飲酒二也鄉射州長春秋習射於州序先行鄉飲酒亦謂之鄉飲酒三也案鄉飲酒義又有鄉大夫士飲酒戶賢者用鄉飲酒四也其王制云習射尚功習鄉尚齒還是州長黨正飲酒法

鄉飲酒之禮○主人就先生而謀賓介介音界○主人謂諸侯之鄉大夫也先生鄉中致仕者賓介處士賢者周禮大司徒之職以鄉三物教萬民而賓興之一曰六德知仁聖義忠和二曰六行孝友睦婣任恤三曰六藝禮樂射御書數鄉大夫以正月之吉受法于司徒退而頒之于其鄉吏使各以教其所治以考其德行察其道藝及三年大比而興賢者能者鄉老及鄉大夫帥其吏與其衆寡以禮禮賓之厥明獻賢能之書於王是禮乃三年正月而一行也諸侯之鄉大夫貢士於其君蓋如此云古者年七十而致仕老於鄉里大夫名曰父師士名曰少師而教學焉恒知鄉人之賢者是以大夫就而謀之賢者為賓其次為介又其次為衆賓而與之飲酒是亦將獻之以禮禮賓之也

國十月行此飲酒禮以黨正每歲邦索鬼神而祭祀則以禮屬民而飲酒于序以正齒位之說然此篇無正齒位之事焉凡鄉黨飲酒必於民聚之時欲其見化知尚賢尊長也孟子曰天下有達尊三爵也德也齒也○知音智行下孟反頒音班比毗志反少詩照反察色白反屬音燭長丁丈反

【疏】鄉飲至賓介○釋曰自此至介亦如之論鄉大夫與先生謀賓介并戒告之儀主人就先生而謀賓介者謂鄉大夫尊敬之先就庠學者若先生謀此二人道藝優者為賓稍劣者為介○注主人至齒也○釋曰云賓介處士賢者案玉藻云大夫素帶士練帶居士錦帶弟子縞帶鄭玄以居士在士之下弟子之上解為道藝處士非朝廷之士此處士亦名君子即鄉射禮云徵唯所欲以告於先生君子可也鄭亦云君子有大德行不仕者以其未仕有德自處故名處士君子也云賢者義取鄉大夫之與賢能者而言也云周禮至書數並大司徒職文故彼鄭注云物猶事也興猶舉也民三事教成鄉大夫舉其賢者能者以飲酒之禮賓客之既則獻其書於王矣知明於事仁愛人以及物聖通而先識義能斷時宜忠言以中心和不剛不柔善於從

毋爲孝善於兄弟爲友睦親於九族姻親於外親任信於友道恤振憂貧者禮五禮之義樂六樂之歌舞射五射之法御五御之節書六書之品數品數之計引此天子司徒者欲兼諸侯司徒亦使鄉大夫教民以三物教成之使鄉大夫行鄉飲酒之禮尊之爲賓客與舉之也云鄉大夫已下至於王並周禮地官鄉大夫職文云正月之吉謂周之正月朔日也云受法于司徒者謂六鄉大夫皆於大司徒處受三物教民賓舉之法也云退而頒之于其鄉吏使各以教其所治者吏即州長黨正族師閭胥之等是也云以考其德行察其道藝者德行即六德六行道藝即六藝民有道藝者考察知其優者擬舉之也云及三年大比而興賢者能者大比謂三年大比戶口之時而興舉之賢者即德行者也能者即道藝者也云鄉老謂三公二鄉公一人云及鄉大夫帥其吏者即帥其鄉吏州長已下云與其衆寡者即鄉中之人也云以禮禮賓之者以鄉飲酒之禮禮而賓舉之也云厥明獻賢能之書於王者今日行鄉飲酒之禮至其明日獻此賢能之書于王王再拜而受之登于天府也云是禮乃三年正月而一行也者欲見彼是天子鄉大夫法

諸侯鄉大夫無文以此約之故云諸侯之鄉大夫貢士於其君蓋亦如此云但無正文故云蓋以疑之也云古者年七十至學焉案畧說云大夫七十而致仕老於鄉里名曰父師士曰少師以教鄉人子弟於門塾之基而教之學焉是也云賢者為賓其次為介又其次為衆賓而與之飲酒是亦將獻之以禮禮賓之也者謂據此經諸侯鄉大夫貢士之法亦如天子之鄉大夫貢法故云亦也若據鄉貢一人其介與衆賓不貢之矣但立介與衆賓輔賓行鄉飲酒之禮待後年還以貢之耳案射義云古者天子之制諸侯歲獻貢士注引舊說大國三人次國二人小國一人大國三鄉次國二鄉小國一鄉所貢之士與鄉同則鄉送一人至君所其國有遂數亦同其鄉并有公邑采地者有賢能貢之而貢士與鄉數同不言遂與公邑采迆所貢者蓋當鄉送一人至君所君又摠校德之大小取以貢之縱取鄉外仍準鄉數為定鄉大夫雖行飲酒禮賓之于其君簡苙仍更行飲酒禮賓之於王是易觀盥而不薦鄭注云諸侯貢士於天子鄉大夫貢士於其君必以禮賓之唯主人觀而獻賓賓盥而酢主人設薦俎則弟子也是鄉大夫及諸侯貢士皆

行飲酒禮禮賓也云今郡國至之說然者鄭欲解此鄉飲酒貢士法彼漢時所行飲酒禮者是正齒位與此不同之意漢時已能諸侯之國而爲郡郡有大守而封王子母弟者仍爲國故云郡國也云十月行此飲酒禮者謂行此鄉飲酒禮也云以黨正每歲邦索鬼神而祭祀者則禮記郊特牲云蜡者索也歲十二月合聚萬物而索饗之周謂之十二月即夏之十月農功畢而蜡祭也云則以禮屬民而飲酒于序以正齒位者屬聚也謂當蜡祭之月黨正聚民於序學中以三時務農將闕於禮此時農隙故行正齒位之禮則禮記鄉飲酒義云六十者坐五十者立侍六十者三豆七十者四豆八十者五豆九十者六豆年長者在上是正齒位之位也云之說然者漢時十月飲酒禮取此黨正之文而然與此篇鄉飲酒禮異也者此篇無正齒位焉者以其此篇以德行爲本而貢之無黨正正齒立法也云凡鄉黨飲酒必於民聚之時者此鄉飲酒必於三年大比民聚之時黨正飲酒亦於大蜡民聚之時也云皆欲其見化矣尚賢尊長也者尚賢於此篇鄉飲酒尊長於黨正鄉飲酒也但黨正飲酒以鄉大夫臨觀行禮或鄉大夫居黨內州亦

名鄉飲酒也云孟子者孟子公孫丑篇齊王召孟子不肯朝後不得已而朝之宿於大夫景丑氏之家景子譏之曰禮云父召無諾君命召不俟駕而行固將朝矣聞君命而遂不果宜與夫禮若不相似然對曰天下有達尊三爵一德一齒一朝廷莫如爵鄉黨莫如齒輔世長民莫如德惡得有其一以慢其二哉是也引之者證鄉大夫飲酒是尚德也黨正飲酒是尚齒也爵則於此無所當遵引之耳

主人戒賓賓拜辱主人答拜乃請賓賓禮辭許主人再拜賓答拜

戒警也告也拜辱出拜其自屈辱至己門也請告以其所爲來之事不固辭者素所有志○警音景爲下僞反

【疏】注戒警至有志○釋曰云拜辱出拜其自屈辱至己門也者知賓出門者見冠禮主人宿賓賓出門左鄉射戒賓亦出門故知此亦出門云所爲來之事者謂行鄉飲酒之禮也云不固辭者素所有志者不如士相見固辭此禮辭即許者以其主人與先生謀時賓已知欲貢已又賓以學習德業擬爲賓主情意相許是以不固辭爲素有志也案冠禮主人先拜賓答拜此賓先拜主人答拜者彼冠禮

三人戒同寮尊又使之加冠於子尊重之故主人先拜此則鄉大夫尊矣賓是鄉人卑矣又將貢己宜敬主人故賓先拜辱也是以下文云賓拜辱者以送謝之也以下主人退賓拜辱退去也上又拜辱者以送謝之

介亦如之如戒賓也【疏】注如戒賓也○釋曰言如戒賓者亦如上主人戒賓已下賓拜辱已上之事謀賓介及戒亦言賓介意不言衆賓衆賓德劣但謀介時雖不言衆賓亦當謀之故上注兼言其次爲衆賓至於戒速之日亦當遣人戒速使知但畧而不言故下云賓及衆賓皆從之是也鄉飲酒義云主人親速賓及介而衆賓自從之亦據不得上人戒速而爲自從也

乃席賓主人介席敷席也夙興往戒歸而敷席賓席牖前南面主人席阼階上西面介席西階上東面○敷音孚牖音酉【疏】注席敷至東面○釋曰知夙興往戒歸而敷席不別日者下記云鄉朝服而謀賓介皆使能而不宿戒是同日也知賓介與主人席位如此者案鄉飲酒義云主人者尊賓故坐賓於西北而坐介於西南以輔賓賓者接人以義者也故坐於西北主人者接人以仁以德厚者也故坐於東

南面坐僎於東北以輔主人也又云賓必南面介必東鄉介賓主也鄉射云乃席賓南面東主人于阼階上西面以此故知賓及介其位然也衆賓之席皆不屬焉席衆賓於賓席之西不屬者不相續也皆獨坐明其德各特【疏】注席衆至各特○釋曰鄭知衆賓席在賓席之西者見鄉射云席賓南面東上衆賓之席繼而西此衆賓之席亦當然但此不屬爲異耳云皆獨坐明其德各特者鄉射注云言繼者甫欲習衆庶未有所殊別此乃貢於君故衆賓之席皆不屬焉明三物已久其德各特故不屬續其席雖不屬獨統賓爲位同南面也尊兩壺于房戶間斯禁有玄酒在西設篚于禁南東肆加二勺于兩壺斯如字又音賜勺上灼反○斯禁禁切地無足者玄酒在西上也肆陳也【疏】注斯禁至陳也○釋曰凡設尊之法但醴尊見其實皆在房內故士冠禮禮子婚禮禮婦醴皆在房隱處若然聘禮禮賓尊於東廂不在房者見尊發與卑者爲禮非饗之法故酒之尊皆於顯處見其文是以此及醮子與鄉射特牲少牢有司徹皆在房

戶之間是也燕禮大射尊在東楹之西者君尊專大
惠也云設篚于禁南東肆者言東肆以頭首爲記縱
西向東爲肆則大頭在西也云斯禁禁切地無足者
斯澌也澌盡之名故知切地無足昏禮冠禮皆云禁
者士禮以禁戒爲名鄭大夫士並有禁名故鄭以大
夫士雙言也是以玉藻云大夫側尊用棜士側尊用
禁注云棜斯禁也大夫士禮之異也禮器云大夫士
棜禁注云棜斯禁也謂之棜者無足有似於棜或因
名云耳大夫用斯禁士用棜禁然則禁是定名言棜
者是其義稱故禮器大夫士揔名爲棜禁案特牲禮
云實獸於棜注云棜之制如今大木轝矣則棜是與
棜承尊之物以禁與斯禁無足似轝故世人名爲棜
若然周公制禮少牢名爲棜則以周公爲世人或有
本無世人字者以少牢不名斯禁謂之爲棜取不爲
酒戒特牲云壺禁在東序記云壺棜禁饌于東序注
云禁言棜者祭尚厭飫得與大夫同器不爲神戒也
其實不用云棜禁不敢與大夫同名斯禁作記解注
疑云士用棜禁明與少牢棜同也若然士之於禁大
夫之斯禁名雖異其形同是以禮器同名棜禁也其
案士冠昏禮禮賓用醴不飲故無禁不爲酒戒也大

于諸侯承尊之物謂之豐亡宥爵是尊與卑異號也設洗于阼階東南南北以
堂深東西當東榮水在洗東篚在洗西南肆深申鴆反後皆
放此更不音○榮屋翼疏注榮屋翼○釋曰云南北以堂深者堂深謂從堂廉北至房室之壁堂下
洗北去堂遠近深淺取於堂上深淺假令堂深二丈洗亦去堂二丈以此為度云榮屋翼者榮在屋棟兩
頭[illegible]為翼若鳥之有翼故斯干詩美宣王之室[illegible]如鳥斯革如翬斯飛與屋為榮故云榮也羹定
[illegible]侯反○肉謂之羹定猶孰也疏注肉謂至孰也○釋曰云肉謂之羹者爾雅文言肉正謂其狗
孰云定者孰即定止然故以定言之言此者以與速賓時節為限不敢煩勞賓故限之也主人速
賓賓拜辱主人荅拜還賓拜辱速召也還猶退疏主人至拜辱○釋曰
自此至皆從之論主人往賓門召之使來之事案鄉射云主人朝服乃速賓賓朝服出迎再拜彼云乃速
賓此不云主人乃者彼賓速別服故云乃以間之此賓速雖與彼同但此賓速同服故不云乃云主人荅

拜還賓拜辱案聘禮云賓入竟至近郊使下大夫全賓辭下大夫遂以賓入賓送不拜又公食大夫禮使大夫戒賓大夫還賓不拜送遂從之鄭注云不拜送君爲從之不終事皆不拜送此獨拜送者亦是鄉大夫尊賓畢又擬貢故特拜辱而送之異於餘者**介亦如之**如速賓也**賓及衆賓皆從之**從猶隨也言及衆賓介亦在其中矣【疏】注從猶至中矣○釋曰鄭云言及衆賓介亦在其中矣者上文戒及速皆言賓與介不言衆賓及從主人此即言賓及衆賓衆賓不介不速尚從主人則介在從主人可知也**主人一相迎于門外再拜賓賓荅拜拜介介荅拜**相息亮反○相主人之吏擯贊傳命者○傳文專反【疏】注相主至命者○釋曰自此至荅再拜論主人迎賓入升堂并拜至之事云主人一相迎于門外者謂主人於群吏中立一相使傳賓主之命主人乃自出迎賓於大門外必非一相則以賓者案鄉飲酒義云主人拜迎賓于庠門之外明主人自迎若然主人輒言一相者欲見一使一相傳命乃迎故云相主人之吏擯贊傳命意也[illegible]注異日貝[illegible]

彼同日不拜迎者彼以摯相見法此自以賓舉賢能故與彼異也揖衆賓差益卑也拜介揖衆
賓皆西南面疏注差益至南面○釋曰云差益卑者以文主人迎賓而拜介是介差卑於賓今於
衆賓不拜直揖之而已故云差益卑也知拜介揖衆賓皆西南面者以其賓介衆賓立位在門外位以此
爲上主人與賓正東西相當則介與衆賓差在南東面明知主人正西面拜賓則側身向西南拜介揖衆
賓矣主人揖先入揖揖賓也先入門而西面疏注揖揖至西面○釋曰此鄉大夫行鄉飲
酒在庠學惟有一門即向階門內既有三揖故主人導賓揖而先入門至內霤西向待賓也賓厭
介入門左介厭衆賓入衆賓皆入門左北上厭一涉反○皆
入門西東面賓之屬相厭變於主人也推手曰揖引手曰厭今文皆作揖又曰衆賓皆入左無門疏
注皆入至無門○釋曰主人入後賓乃厭介介厭衆賓相隨入門皆東面北上定位賓既北上主大西面
相向揖訖乃相背各向堂塗介與衆賓亦隨賓至西階下也云賓之屬相厭變於主人也者以賓與介衆

賓等自闑引手而入故不揖是變於主人也云推手曰揖引手曰厭者厭字或作撎字者古字義亦通也云推手曰揖者案周禮司儀云土揖庶姓時揖異姓天揖同姓鄭以推手小下之爲土揖平推手爲時揖推手小舉之爲天揖皆以推手爲揖又案僖二年公羊傳荀息進曰虞郭見與獻公揖而進之何休云以手通指曰揖與此別者推手解其厭狀通指道其揖意也鄭賦辭揖禮何氏釋其揖意相兼乃足也云引手曰厭者以手向身引之云今文皆作揖者鄭不從也云又曰衆賓皆入左無門亦不從也

主人與賓三揖至于階三讓主人升賓升主人阼階上當楣北面再拜賓西階上當楣北面答拜楣亡悲反○三揖者將進揖當陳揖當碑揖楣前梁也復拜拜賓至此堂尊之○復扶又反

疏注三揖至尊之○釋曰云三讓主人升者主人先升賓後升故鄉飲云主人升一等賓升是也云三揖者將進揖當陳揖當碑揖者爾雅陳堂塗也云楣前梁也者對後梁爲室戶上云復拜拜賓至此堂尊之者案公食禮云公升二等賓升公

當楣北鄉至再拜燕禮大射皆云主人升自西階賓右至再拜鄉飲酒義亦云拜至拜洗此不云主者畧
之是知此升堂拜亦是拜至可知凡拜至者皆是尊之也主人坐取爵于篚降洗
將獻賓也【疏】釋曰自此至主人阼階上答拜論主人盥洗獻賓之節也云主人坐取爵于篚者篚在堂
上尊南故取之乃降也賓降從主人也主人坐奠爵于階前辭重以已事
煩賓也事同曰讓事異曰辭【疏】注重以至曰辭○釋曰主人獻賓乃是主人事故云重以已事煩賓
也云事同曰讓事異曰辭者事同謂若上文主人與賓俱升階而云三讓是也事異者此文主人有事賓
無事是事異則曰辭此對文為義若散文則通是以周禮司儀云主君郊勞交擯三辭車逆拜辱三揖三
辭拜受注云三辭重者先辭辭其以禮來於外後辭辭升堂事同而云辭辭是其通也賓對對答也賓
主之辭未聞【疏】注賓主之辭未聞○釋曰其辭未聞者謂若冠禮醮辭之等雖行事辭不見於後以
次見辭此則無見辭之事故云未聞也主人坐取爵興適洗南面坐奠

爵于篚下盥洗已盥乃洗爵致絜敬也今文無奠【疏】注已盥至無奠○釋曰案鄉飲酒義云主人盥洗揚觶所以致絜也拜至拜洗拜受拜送所以致敬也此經先言盥洗言洗則盥手乃洗爵者所以致絜鄭取鄉飲酒義爲言也若然盥手洗爵止是致絜拜受之等乃是致敬并言敬者鄭注兼拜至拜受而言耳賓進東北面辭洗必進東行示情【疏】注必進東行示情○釋曰案下經云賓復位當西序東面注云言復位者明始降時位在此者案鄉射賓進東北面辭洗彼注云必進者方辭洗宜違其位也言東北面則位南於洗矣是其賓初降立至下序南東鄉至於主人洗爵乃東行故此得北面辭洗也云示情者賓進前就主人不讓下主人之情也主人坐奠爵于篚興對賓復位當西序東面言復位者明始降時位在此【疏】注言復至在此○釋曰上經奠爵于階前者主人未洗見賓降即奠爵故在階前奠爵此即至洗將洗爵見賓辭故奠爵於篚興對故不同也云言復位者明始降時位在此者上始降時直云賓降不言處所於此見之是

舉不以明上之義也主人坐取爵沃洗者西北面沃洗者主人之羣吏【疏】注沃洗至羣吏○釋曰知主人羣吏者下記云主人之贊者西面北上不與注云贊佐也謂主人之屬佐助主人之禮事徹冪沃盥設薦俎是也

卒洗主人壹揖壹讓升俱升古文壹作一【疏】注俱升○釋曰知俱升者鄉射云主人卒洗一揖一讓以賓升明俱升可知若然上文主人先升賓乃升者以初至之時賓客之道進宜難故主人升導之至此以辭讓訖故畧威儀而俱升也

賓拜洗主人坐奠爵遂拜降盥復盥為手坋汙○坋步困反【疏】注復盥為手坋汙○釋曰言奠爵遂拜者因事曰遂是以燕禮云賓受酬坐祭酒遂奠于薦東注云遂者因坐而奠不北面是其類也凡賓主行事相報皆是答此不言答省文也

賓降主人辭賓對復位當西序卒盥揖讓升賓西階上疑立疑魚乙反後疑立皆放此○疑讀為疑然從於趙盾之疑疑正立自定之貌○盾徒本反【疏】注疑讀至之貌○釋曰言揖讓升不

言一揖一讓從上可知云疑讀爲仡然從於趙盾之仡疑正立自定之貌者案宣六年公羊傳云晉靈公欲殺趙盾於是伏甲于宮中召趙盾而食之趙盾之車右祁彌明者國之力士也仡然從乎趙盾而入放乎堂下而立何休云仡然壯勇貌鄭氏以仡然從乎趙盾而入放乎堂下而立不取何休注義以鄉射注云疑止也有矜莊之色自定其義不殊字義與何少異也

主人坐取爵實之賓之席前西北面獻賓獻進也進酒於賓疏注獻進至於賓○釋曰云西北面者賓在西階北面將就席受故西北面向其席故也

賓西階上拜主人少退少退少辟○辟音避

賓進受爵以復位主人阼階上拜送爵賓少退復位復西階上位疏賓進至少退○釋曰云賓進者以賓西階上疑立今見主人西北面獻於已席前故賓進將於席前受之狀也案鄉射云賓進受爵於席前復位此不言席前文不具也

薦脯醢薦進也進之者主人有司疏注薦進至有司○釋曰知非主人自薦者案[illegible]禮[illegible]贊者薦脯醢同禮

膳宰薦脯醢皆非主人故知此亦非主人是有司也賓升席自西方升由下也升必中席

疏注升由至中席○釋曰案曲禮云席南鄉北鄉以西方爲上今升席自西方云升由下者以賓統於主人以東方爲上故以西方爲升由下也乃設折俎折之設反○牲體枝解節折在俎

疏注牲體至在俎○釋曰凡解牲體之法有全烝其豚解爲一十一體體解即此折俎是也是以下有賓俎脊脅肩介俎脊脅胑胳是體解也主人阼階東疑立賓坐左執爵祭脯醢坐坐於席祭脯醢者以右手

疏注坐坐至右手○釋曰知賓坐坐於席上者上文賓升席下文降席故知此坐在席可知云祭脯醢者以右手者此經左執爵明祭用右手是以鄉射亦云右祭脯醢奠爵于薦西興右手取肺卻左手執本坐弗繚右絕末以祭尚左手嚌之興加于俎繚音了嚌才計反○興起也肺離之本端厚大者繚猶紾也大夫以上威儀多紾絕之尚左手者明垂紾之乃絕其末嚌嘗也○紾音軫上時

掌反疏注興起至脊也○釋曰奠爵於薦右者爲取肺奠之將舉故奠於右禮記少儀云取俎進俎不坐是以取時奠爵興至加于俎又興也云肺離之本端厚大者此是舉肺根本謂根本肺之大端故云厚大云繚猶紾也者弗繚一也云大夫以上威儀多者此鄉飲酒大夫禮故云繚祭鄉射士禮云絕祭但云繚必兼絕言絕不得兼繚是以此經云繚兼言絕也言大夫以上則大夫子諸侯亦繚絕兼有但禮篇亡無以知也案周禮大祝云辨九祭十曰絕祭八曰繚祭注云繚祭以手從肺本循之至于末乃絕以祭絕祭不循其本直絕以祭本同禮多者繚之禮畧者絕則祭之亦據此與鄉射而言也大夫已以爲繚祭燕禮大射雖諸侯禮以賓皆大夫爲之臣在君前故不爲繚祭皆爲絕祭也云嚌嘗也者嚌至齒則嘗之也

坐捝手遂祭酒捝始兌反○捝拭也古文捝作說疏注捝拭至作說○釋曰案內則事佩之中有帨則賓客自有帨巾以拭手也坐捝手因事曰遂因坐祭酒故云遂也案鄉射坐捝手勒爵遂祭此不言勒爵省文也

興席末坐啐酒啐七內反啐亦嘗也疏注啐亦嘗也○

釋曰：言席末，謂於席之尾也，故云末。鄉飲酒義云：祭薦祭酒，敬禮也；嚌肺，嘗禮也；啐酒，成禮也。於席末，言是席之正，非專爲飲食也，所以貴禮而賤財也。注云：祭薦、祭酒、嚌肺於席中，唯啐酒於席末是也。啐酒於席末者，酒是財，賤財之義也。云啐亦嘗者，亦前肺云嚌是至齒爲嘗，此酒云啐謂入口爲嘗，雖至齒、入口不同，皆是嘗也。又肺於前用之，不得言成禮，酒後乃用，故云成禮異於肺也。

降席，坐奠爵，拜告旨，執爵興。主人阼階上答拜。降席，席西也。旨，美也。疏注降席至美也○釋曰：賓拜告旨，主人拜崇酒，其節同，義即異矣。賓言旨，甘主人之味，啐則拜之。主人云崇者，崇，充也，謝賓以酒惡相充實，飲訖乃崇酒，先後亦同也。

賓西階上北面坐，卒爵，興，坐奠爵，遂拜，執爵興。主人阼階上答拜。卒，盡也。於此盡酒者，明此席非專爲飲食起。○爲，于僞反。疏注卒盡至食起○釋曰：言遂拜者，亦因奠爵不起，因拜也。云於此盡酒者明此席非專爲飲食起者，但此席爲賓賢能起，故謂不在席盡爵，於此西階上卒之也。云不專爲飲令起者卒酒於席蓋為飲食之事故以下專言之也賓降洗將酢主人疏注將酢主人○釋曰自此以下至西階上答拜論賓酢主人之事云將酢主人者案爾雅云酢報也前得主人之獻今將酌以報之故降洗而致絜敬故云將酢主人也主人降亦從賓也降降立阼階東西面疏注亦從至西面○釋曰知面位如此者案下云主人復阼階東西面故知此當於阼階東西面也賓坐奠爵興辭西階前也疏注西階前也○釋曰鄭知西階前者鄉射云賓西階前東面坐奠爵興辭降此亦然故也主人對賓坐取爵適洗南北面主人阼階東南面辭洗賓坐奠爵于篚興對主人復阼階東西面賓東北面盥坐取爵卒洗揖讓如初升主人拜洗賓答拜興降盥如主人禮賓實爵主人之席前東南面酢主人主人阼階上拜賓少退主人進受爵復位賓

西階上拜送爵薦脯醢主人升席自北方設折俎祭

如賓禮祭者祭薦俎及酒亦嚌啐

疏注祭者至嚌啐○釋曰此賓坐取爵適洗南盥坐取爵作洗以此言之則賓未盥主人辭洗案鄉射賓盥訖將洗主人乃辭洗先後不同者彼與鄉人習禮輕故盥訖乃辭洗此鄉人將賓舉之故未盥先辭洗重之故也若然鄉射禮內無有鄉大夫則尊與州長同於盥後辭洗者以其盥後辭洗是禮之常故也但鄉射賓坐取爵適洗坐奠爵于篚下主人辭洗之時賓方奠爵于篚下此不奠爵篚下便言奠爵于篚者鄉射云賓坐取爵洗之時未得主人之命故得奠於篚下得主人之命乃奠于篚此則賓取爵適洗未奠之時主人即辭故奠于篚也云揖讓如初升者謂前主人卒洗一揖一讓升也云降盥如主人禮者謂如主人降盥禮則此賓降主人亦降賓辭降主人對一與主人降辭已下同也云祭如賓禮者如上賓祭時坐左執爵右祭脯醢奠爵于薦西興右手取肺卻左手執本坐弗繚右絕末以祭尚左手嚌之興加于俎坐捝手遂祭酒興席末坐啐酒故云祭如賓禮云祭者祭薦

俎及酒者，薦謂脯醢，俎即離肺也。云亦齊啐者，直云祭如賓禮，遂祭不齊啐，故鄭明之，云亦齊肺啐酒，是以下文云不告旨，明亦啐也。

不告旨。酒已物也。自席前適阼階上北面坐卒爵，興，坐奠爵，遂拜，執爵興。賓西階上答拜。自席前者，啐酒席末，因從北方降，由便也。

【疏】注自席至便也○釋曰：案曲禮云席東鄉西鄉以南方為上，南鄉北鄉以西方為上，凡升席必由下，降由上，今主人當降自南方，以啐酒於席末，遂因從席北頭降，及從北向南北面拜，是由便也。若降由上之正，亦是便，故下云主人作相降席自南方，不由北方，亦由便也。

主人坐奠爵于序端，阼階上北面再拜崇酒。賓西階上答拜。東西墻謂之序。崇，充也。言酒惡，相充實。

【疏】注東西至充實○釋曰：奠爵于序端者，擬後酬賓訖，取此爵以獻介也。云東西墻謂之序者，爾雅釋宫文。但彼云東西廂，廂即墻，故變言之也。

主人坐取觶于篚，降洗。賓降，主人辭降。賓不辭洗，立當西序東面觶之豉反○不辭洗者以其將自飲疏主人至東面○釋曰自此至復位論主人酬賓之事○注不辭至自飲○釋曰酬酒先飲乃酬賓故云將自飲若然既自飲而盥洗者禮法宜絜故也若然經云賓降主人辭應奠爵不言者理在可知故爲文略也卒洗揖讓升賓西階上疑立主人實觶酬賓作階上北面坐奠觶遂拜執觶興賓西階上答拜酬勸酒也酬之言周忠信爲周疏注酬勸至爲周○釋曰云賓西階上疑立者待主人自飲故也云酬之言周忠信爲周者此解主人將酬賓先自飲之意以其酬賓若不自先飲是不忠信恐賓不飲示忠信之道故先自飲乃飲賓爲酬也忠信爲周國語文坐祭遂飲卒觶興坐奠觶遂拜執觶興賓西階上答拜主人降洗賓降辭如獻禮升不拜洗不拜洗殺於獻○殺所界反疏注不拜洗殺於獻○釋曰云坐祭遂飲者因坐祭即飲飲卒觶因事曰遂故自遂云辭如獻禮者主人辭

賓降主人為已洗爵與獻賓時同故云辭如獻禮禮殺升堂不拜洗與獻時異故別言之使不蒙如也禮殺於獻者獻時拜盛禮初不殺故也賓西階上立主人實觶賓之席前北面賓西階上拜主人少退卒拜進坐奠觶于薦西賓已拜主人奠其觶〇疏注賓已至其觶〇釋曰賓已拜主人奠其觶者非久停下文賓取之奠于薦東是也賓辭坐取觶復位主人阼階上拜送賓北面坐奠觶于薦東復位酬酒不舉君子不盡人之歡不竭人之忠以全交也〇疏注酬酒至交也〇釋曰賓辭不辭所拜之事案鄉射二人舉觶于賓與大夫進坐奠于薦右賓與大夫辭坐受觶以與注云辭辭其坐奠觶以彼云賓與大人辭即云坐受觶以與若自手受之以舉觶是禮已故賓與大夫可以充答之禮得云辭其親奠此與初賓謙卑不辭其奠故經不云坐受以與然此辭是主人復親酌已故鄉射主人酬賓云賓辭鄭注云辭主人復親酌已是也云酬酒不舉君子不盡人之歡不竭人之忠以

全交也者並禮文案彼歡謂歡食忠謂衣服引之并證飲食者鄭於彼歡與忠相對歡解之故歡爲飲食忠爲衣服通而言之摠爲飲食於義合也云全交者所有飲食與已已盡之恐人爛貪而交絕故不盡爲全交酬酒不飲亦是全交故引爲證也此以奠於薦東爲酬酒不舉案燕禮二人媵爵于公奠于薦南彼皆舉爲旅酬而在左者鄭彼注云奠于薦南不敢必君舉也案特牲主人酬賓奠于薦北彼舉旅而在左者鄭彼云行神惡故不與此同也

主人揖降賓降立于階西當序東面主人將與介爲禮賓讓不敢居堂上（疏）注主人至堂上○釋曰自此下至主人介右荅拜論主人獻介之事

主人以介揖讓升拜如賓禮主人坐取爵于東序端降洗介降主人辭降介辭洗如賓禮升不拜洗介禮殺也（疏）注介禮殺也○釋曰案上主人迎賓之時介與衆賓從入又主人與賓三揖至於階之時介與衆賓亦隨至西階下東面今此文云揖讓升如賓禮則唯於升堂時相讓無庭中三揖之事矣升堂面云

儀禮疏卷六　十四

拜者謂拜至亦如賓矣云介禮殺也者謂不拜洗是以鄉飲酒義云三讓以賓升拜至獻酬辭讓之節繁及介省矣是也介西階上立不言疑者省文疏注不言疑者省文○釋曰此決上獻酬辭月賓於西階上疑立此亦當合不言疑者省文也主人實爵介之席前西南面獻介介西階上北面拜主人少退介進北面受爵復位主人介右北面拜送爵介少退主人拜于介右降尊以就卑也今文無北面疏注主人至北面○釋曰云主人介之席前西南面獻介者以介席東面故邪向之若獻賓時於賓席前北面向之也主人拜于介右降尊以就卑也者以主人獻賓時主人自在阼階今於獻介主來在西階介右是介卑故降主人之尊就西階介之東北北面拜也至旅酬皆同階者禮殺故也主人立于西階東薦脯醢介升席自北方設折俎祭如賓禮不嚌肺不啐酒不告旨自南方降席北

面坐卒爵興坐奠爵遂拜執爵興主人介右答拜不嚌啐下賓【疏】主人至答拜○釋曰云主人立于西階東者始獻介之時近西在介右今於設薦之時主人無事稍近東案上獻賓薦設之時主人云疑立此不言者文略也云主人介右答拜者還近西於前立處答拜也介降洗主人復阼階降辭如初如賓酢之時【疏】注如賓酢之時○釋曰自此至介降立于賓南論介酢主人之事云主人復阼階降辭如初者如賓酢主人之時介辭主人從己降主人辭介爲己洗一皆如之也卒洗主人盥盥者當爲介酌【疏】注盥者當爲介酌○釋曰此主人自飲而盥者尊介也是以鄉射云大夫將酢主人卒洗主人盥注云盥者雖將酌自飲尊大夫不敢褻是其類也介揖讓升授主人爵于兩楹之間就尊南授之介不自酌下賓酒者賓主共之【疏】介揖至之間○釋曰揖讓升者謂一揖一讓升也云授主人爵于兩楹之間以爵授主人也○注就尊至共之○釋曰知兩楹間是尊南者以上云尊於房戶間房

戶間當兩楹之北故云就尊南授之也云介不自酌下賓者以其賓親酌以酢主人此不自酌故云下賓酌也云酒者賓主共之者此鄭解酒賓主共之故賓自酢以酢主人介卑故不敢酌是以鄉飲酒義云尊於房戶之間賓主共之是也介西階上立主人實爵酢于西階上介右坐奠爵遂拜執爵興介答拜主人坐祭遂飲卒爵興坐奠爵遂拜執爵興介答拜主人坐奠爵于西楹南介右再拜崇酒介答拜奠爵西楹南以當獻衆賓疏介西至答拜○釋曰此主人既受爵介無事故西階上立不言疑立可知也亦省文○注奠爵至衆賓○釋曰知此奠爵爲衆賓者案下文云主人揖升坐取爵于西楹下是也鄉射無介故獻衆賓時於東序端取爵獻訖奠爵于篚也主人復阼階揖降介降立于賓南疏主人至賓南○釋曰向來主人與介行禮於西階上事訖故復阼階揖讓降介降立于賓南者以將獻衆賓故介無事訖賓南也

主人西南面三拜衆賓衆賓皆荅壹拜三拜一拜示徧不備禮也不升拜賤也○徧音遍下同○疏注三拜至賤也○釋曰自此以下至奠于篚論獻衆賓之事云西南面者以其主人在阼階下衆賓在賓介之南故西南向拜之云三拜一拜示徧不備禮也者衆賓各得主人一拜主人亦一徧得一拜是不備禮故鄉射云三拜衆賓衆賓皆荅一拜彼注云三拜示徧也拜介備禮也大夫禮皆然故少牢云主人三拜養者養者皆荅拜也鄭云三拜旅之示徧也以有司徹云主人降南面拜衆賓于門東三拜衆賓門東北面皆荅一拜大夫尊故也士則荅再拜故特牲云主人三拜衆賓衆賓荅再拜鄭云衆賓再拜者士賤旅之得備禮是也云不升拜賤也者此決上主人與賓介行禮皆升堂拜至此三拜賓賤故不升拜至也

主人揖升坐取爵于西楹下降洗升實爵于西階上獻衆賓衆賓之長升拜受者三人長丁丈反○長其老者言三人則衆賓多矣疏注長其至多矣○釋曰云主人揖升者從三人爲首

一一揖之而升也云降洗升實爵者以下不更言洗則以下因此不復洗矣云西階上獻衆賓者下别言衆賓之長三人則衆賓之中兼言堂下衆賓故鄭云衆賓多矣自三人已下於下使以次歷言之矣云拜受者三人則堂下衆賓不拜受爵矣

主人拜於衆賓右

【疏】注於衆賓右○釋曰知在衆賓右拜送者約上文介右而知也

坐祭立飲不拜既爵授主人爵降復位既卒也卒爵不拜立飲立授賤者禮簡

【疏】注既卒至禮簡○釋曰云卒爵不拜立飲立授賤者禮簡者賓賢能以賢者爲賓其次爲介不問長幼其三賓德劣于賓介則數年之長幼故此衆賓之長也賓介則坐祭坐飲又拜既爵此三賓則坐祭與賓介同不拜既爵立飲立授則異賤故禮簡也

衆賓獻則不拜受爵坐祭立飲次三人以下也不拜禮彌簡

【疏】注次三人至彌簡○釋曰此據堂下衆賓不拜受簡於三人故云禮彌簡也

每一人獻則薦諸其席謂三人也

【疏】注謂三人也○釋曰上已云獻此以下别言爲云每一人還發三人而言云每一人獻則薦諸

其席則一一行獻所薦之以其言席又下引言衆賓則此是三人故鄭云三人也衆賓辯有
脯醢辯音遍○亦每獻薦於其位位在下今文辯皆作徧疏注亦每至作徧○釋曰云亦每獻薦
於其位者如上三人一一薦之知位在下者以其言堂下立侍不合有席既不言席故位在下既不言其
數則鄉人有學識者皆來觀禮皆入飲酒之內是以鄉射則云旅酬堂上辯卒受者興以旅在下者明衆賓
在堂下也主人以爵降奠于篚不復用也疏注主人至于篚○釋曰以此合一獻徧
不復用故以上人爵降奠於篚也揖讓升賓厭介升介厭衆賓升衆
賓序升即席序次也即就也今文厭皆爲揖疏注序次至爲揖○釋曰自此至舉觶者降
論徧獻衆賓訖將以旅酬之事云衆賓序升者謂三賓堂上有席者以年長爲首以次即席也云今文厭
皆爲揖不從者以賓相引以手不得爲揖故也一人洗升舉觶于賓一人主人之吏
發酒端曰舉疏注一人至曰舉○釋曰此一人舉觶爲旅酬也云發酒端曰舉者從上至下徧飲訖

又從上而起是發酒端曰舉也賓觶西階上坐奠觶遂拜執觶興賓
席末答拜坐祭遂飲卒觶興坐奠觶遂拜執觶興賓
答拜降洗升實觶立于西階上賓拜賓拜拜將受觶疏注賓拜拜
將受觶○釋曰云賓席末答拜者謂於席西南面非謂席上近西爲末以其無席上拜法也已下賓拜皆
然進坐奠觶于薦西賓辭坐受以興舉觶不授下主人也言坐授者
明行事相接若親受讓也疏注舉觶至讓也○釋曰云舉觶不受下主人也者決主人獻賓皆親授而
奠之今不親授是下主人鄉射注云不授賤不敢也下主人明此亦賤不敢受也云言坐受者明行事相
接若親受謙也者若於人手相授受名爲受不於人取之不得言受今於地取之而言受者以主人奠之
賓取之而無隔絕雖於地若手受之故云明行事相接若親受之謙也舉觶者西階上
拜送賓坐奠觶于其所所薦西也疏注所薦西也○釋曰賓奠於其所者待作

樂後立司正賓乃取此觶以酬主
人以其將舉故且奠之於右也舉觶者降事疏注
已○釋曰案鄉射舉觶者降後有大夫此不設席于
言者大夫觀禮之人或來或否故不言也
堂廉東上為工布席也側邊曰廉燕禮曰席工於西
階上少東樂正先升北面此言樂正先升
立于西階東則疏注為工至階東○釋曰自此下至
工席于西階東樂正告于賓乃降論主人樂賓之
事大判揔為作樂其中別有四節之殊有歌有笙有
間有合次第不同也案燕禮席工于西階上即云樂
正先升大射亦云席工于西階上工六人四瑟始云
小樂正從之不同者燕禮主於歡心尚樂故先云樂
正先升大射主於射略於樂故辨工數乃云樂正從
之也若然此主於樂不與燕同而席工下辨工數乃
云樂正引者此臣禮避君也至於鄉射亦應主於射
略於樂而不言工數先云樂正而不與大射同者亦
是避君之事也云為工布席也者以鄉射燕禮大射
皆席工連言此不言席工文不具爾故此為工布席
下云工入升明此席也引燕禮者欲證此席為工又
取此工席在西階東以其此經云堂廉東上不言階

東故取燕禮西階上少東樂正又在工西此下云樂正於西階東據樂正於西階東而立在工西則知工席更在階東北面可知但此言近堂廉亦在階東彼云階東亦近堂廉也工四人二瑟瑟先相者二人皆左何瑟後首挎越内弦右手相相息亮反何戶可反挎口孤反○四人大夫制也二瑟二人鼓瑟則二人歌也瑟先者將入序在前也相扶工也衆賓之少者爲之每工一人鄉射禮曰弟子相工如初入天子相工使視瞭者凡工瞽矇也故有扶之者師冕見及階子曰階也及席子曰席也固相師之道後首者變于君也挎持也相瑟者則爲之持瑟其相歌者徒相也越瑟下孔也内弦側擔之者○少申召反瞭音了瞽音古矇音蒙見賢遍反爲于僞反擔丁甘反

疏注四人至之者○釋曰云四人大夫制也者此鄉大夫飲酒而云四人大射諸侯禮而云六人此故知四人者大夫制也燕禮亦諸侯禮而云四人者鄭彼注云工四人者燕禮輕從大夫制也鄉射是諸侯之州長士爲之其中兼有鄉大夫以三物詢衆庶行射禮法故工亦四人大夫制也若然士當二人天

亦當八人爲差次也二瑟二人鼓瑟則二人歌也者
既云工四人二人瑟明二二人鼓瑟可知也云相扶工
也衆賓之少者爲之者見鄉射云樂正適西方命
子弟則衆賓之少者也云每工一人者案周禮瞽
百人又此經二人瑟相者一人皆左何瑟又大射僕
人正相大師以諸文言之故知每工一人若然此經
工四人二人瑟相二人則工二人歌雖不言相亦二
人可知以空手無事故不言也云鄉射禮曰弟子相
工如初入如初入者彼謂將射樂正命弟子相工遷樂於下
降將如初入之次第亦瑟先歌後引之證弟子相工
之事天子相亦使眡瞭爲之知者見周禮眡瞭職云
凡樂事相瞽是也云凡工瞽矇也者鄭司農云無目
眹謂之瞽有目眹而無見謂之矇有目無眸子謂之
瞍故詩大雅云矇瞍奏工是也引論語者證瞽人無
目須扶之義也云師即大師之官無目瞽矇之長也
云後首者變於君也者案燕禮云小臣左何瑟面鼓
注云燕尚樂可鼓者在前也此鄉飲酒亦尚樂而不
面鼓是變於君也案大射注於射略於樂鄉射亦應
主於射略於樂所以面鼓亦是變於君也云挎持
者瑟底有孔越以指深入謂之挎也云其相歌者徒

相也者徒空己無可荷空以右手相以經不言故言
云內弦側擔之者以左於外側擔之使弦向內也
樂正先升立于西階東正長也疏注正長也○釋曰案周禮有大司樂樂師
天子之官此樂正者諸侯及大夫士之官當天
子大司樂言先升對後升云長樂官之長也工入
升自西階北面坐相者東面坐遂授瑟乃降降立于西方近
其事○近附近之近疏注降立至其事○釋曰工入升不言歌瑟先後案上文已云瑟先其歌知也鄭
知降立於西方近其事者鄉射云樂正適西
方命弟子贊工遷樂故知西方是近其事也工歌鹿
鳴四牡皇皇者華三者皆小雅篇也鹿鳴君與臣下及四方之賓燕講道脩政之樂歌
也此采其已有旨酒以召嘉賓嘉賓既來示我以善
道又樂嘉賓有孔昭之明德可則傚也四牡君勞使
臣之來樂歌也此采其勤苦王事念將父母懷歸傷
悲忠孝之至以勞賓也皇皇者華君遣使臣之樂歌
也此采其更是勞苦自以為不及欲諮謀于賢知而
以自光明也○傚户孝反勞力報反使所吏反更音

庚知音智【疏】注三者至明也○釋曰凡歌詩之法皆歌其類此時貢賢能擬爲卿大夫或爲君所燕食以鹿鳴詩也或爲君出聘以皇皇者華詩也或使反爲君勞來以四牡詩也故賓賢能而預歌此三篇使習之也云三者皆小雅篇也者其詩見於小雅之內也云鹿鳴君與臣下及四方之賓燕講道脩政之樂歌也者自此已下鄭皆先引詩序於上復引詩經於下也其子夏作序所以序述經意故鄭並引之也案鹿鳴序云鹿鳴燕羣臣嘉賓也然後羣臣嘉賓得盡其心之事還依序而言也云此采其已有旨酒以召嘉賓嘉賓既來示我以善道至可則傚也者案彼經云我有旨酒以燕樂嘉賓之心又云示我周行德音孔昭視民不恌是則是傚之事四牡序云行勞使臣之來也經云王事靡盬我心傷悲豈不懷歸將母來諗皇皇者華序云君遣使臣也經云彼原隰駪駪征夫每懷靡及周爰諮謀之事故鄭依而引之爲證也

卒歌主人獻工工左瑟一人拜不興受爵主人阼階上拜送爵一人工之長也凡工賤不爲之洗【疏】注一人至之洗○釋曰云一人工之長也

少謂就四人之為爲首者也云凡工賤不爲之洗者下大師爲之洗是君賜者爲之洗明自外不爲之洗也案此鄉飲酒及燕禮同是主欲心尚樂之事故有升歌笙間合樂及其獻工獻笙後間合不獻以知二節前已得獻故不復重獻鄉射主於射略於樂無笙間唯有合樂笙工並爲至終總獻之大射亦主於射略於樂但不見歌不合樂故有升歌鹿鳴三終主人獻工後乃下管新宮不復得獻此君禮異於鄉射也云鄉射與大射同略於樂大射不略升歌而略笙間者二南是鄉大夫之正小雅是諸侯之正鄭注鄉射云不略合樂者不可略其正皆奏下略鹿鳴之等義亦然也

薦脯醢使人相祭使人相者相祭酒祭薦

疏注使人至祭薦○釋曰知使人相祭者以相者扶工之每事使之指授故知還使相者爲之知祭酒祭薦者以其云獻薦脯醢即云相祭知相其祭酒祭薦也

工飲不拜既爵授主人爵坐授之

疏注坐授之○釋曰知坐授之者以經不云與故知坐授之也

眾工則不拜受爵祭飲辨有脯醢不祭祭飲獻酒重無不祭

正今文辨為偏疏注祭飲至為偏○釋曰言獻酒重無不祭也者眾工諸事皆不備尚祭飲則知得獻
酒無有不祭故云獻酒重無不祭也其正酬亦祭至於旅酬以下則不祭而已故下記云凡旅不洗不洗
者不祭鄭注云發禮殺也不甚絜也此眾工亦不洗而祭是以云獻酒重無不祭也大師則為
之洗賓介降主人辭降工不辭洗大音泰為于偽反○大夫若君賜之
樂謂之大師則為之洗尊之也賓介降從主人也工大師也上既言獻工矣乃言大師者大師或瑟或歌
也其獻之瑟則先歌則後疏注大夫至則後○釋曰天子諸侯有常官則有大師也大夫則無常官若
君賜之樂并樂人與之則亦謂之大師主人為之洗若然工非大師則無洗云賓介降從主人也者案鄉
射云大師則為之洗賓降注云大夫不降尊也此既大夫禮則有大夫亦不降可知也云工大師也者既
言大師則為之洗而云工不辭洗故知工即大師是以論語云師冕見孔子為之相鄭云相扶工是工為
樂人之捴稱也云上既言獻工矣乃言大師者大師或瑟或歌也者以其前工有瑟有歌後別言大師則

大師能瑟或在瑟中若大師能歌或在歌中故云大師或瑟或歌也云其獻之瑟則先歌則後者以其序入及升堂皆瑟先歌後其獻法皆先瑟後歌是以知獻之瑟先歌後隨大師所在以次獻之也燕禮云卒歌主人洗升獻工工不興左瑟一人拜受爵注云左瑟便其右一人工之長者也燕禮諸侯禮有長官不言大師以燕禮主為臣子故工四人從大夫制其大師入工不別言之也大射云主人洗升實爵燕工工不興左瑟注云大師無瑟於是言左瑟者節也若大師在歌亦先得獻與燕異也

笙入堂下磬南北面立樂南陔白華華黍

陔古才反○笙吹笙者也以笙吹此詩以為樂也南陔白華華黍小雅篇也今亡其義未聞昔周之興也周公制禮作樂采時世之詩以為樂歌所以通情相風切也其有此篇明矣後世衰微幽厲尤甚禮樂之書稍稍廢棄孔子曰吾自衛反魯然後樂正雅頌各得其所謂當時在者而復重雜亂者也惡能存其亡者乎且正考父校商之名頌十二篇于周大師歸以祀其先王至孔子二百年之間五篇而已此其信也○相如字風方鳳反重直用反父音甫

疏笙入至華黍○釋曰此升歌訖得乃始入也云磬南北面者磬既南面其南當有擊磬者在磬南北面而云笙入磬南北面者在磬者之南北面也○注笙吹至信也○釋曰言小雅篇也者今序仍在魚麗之下是小雅也云今亡其義未聞者衆詩魚麗之下見子夏序序此三篇系彼子夏序云南陔孝子相戒以養也白華孝子之絜白也華黍時和歲豐宜黍稷也此以上是子夏序文則云有其義而亡其辭者此是毛公續序云有其義指子夏序有其義也云而亡其辭者謂詩辭亡矣若然彼亡辭此亡義與此義異也云昔周之興也周公制禮作樂至明矣者欲明周公制此儀禮之時有此三篇之意云後世衰微幽厲之甚者禮運云孔子曰我觀周道幽厲傷之吾舍魯何適是幽厲之甚者也禮樂之書稍稍廢棄者自幽厲已後稍稍更加廢棄此篇之失也又引孔子以下至其信者欲明孔子以前言亡三篇之意也案南陔注云孔論詩雅頌各得其所時俱在耳篇第當在於此時遭戰國及秦之世而亡之其意則與衆篇之義合編故存至毛公爲詁訓傳乃分衆篇之義各置於其篇端彼詩鄭注又與此不同者鄭君注禮之時未

見毛傳以爲此篇孔子前亡注詩之時既見毛傳以爲子後矣必知秦國及秦之世者以子夏作序具序二篇之義聞其詩見在毛公之時亡其辭故知當戰國及秦之世也主人獻之于西階上一人拜盡階不升堂受爵主人拜送爵階前坐祭立飲不拜既爵升授主人爵一人笙之長者也笙三人和一人凡四人鄉射禮曰笙一人拜于下和胡卧反【疏】注一人至于下○釋曰自此至不祭論獻笙者之事云一人拜者謂在地拜乃盡階不升堂受爵也云一人笙之長者也者笙者四人今云一人受爵明據爲首長者而言也云笙三人和一人凡四人者案鄉射記云三笙一和而成聲注三人吹笙一人吹和凡四人爾雅曰小者謂之和是也云鄉射禮曰笙一人拜于下者即此一人拜者亦在堂下可知但獻工之時拜送在西階東以工在階東故也此主人拜送笙之時在西階上以其笙在階下故不同也衆笙則不拜受爵坐祭立飲辯有脯醢不祭亦受爵于西階上薦之皆於其位磬南今

文舉爲編疏注亦受至爲編○釋曰衆笙除一人之外二人者不備禮故亦受爵於西階上者與一人同也云薦之皆於其位磬南者依前笙入立于磬南之處是其類也

乃間歌魚麗笙由庚歌南有嘉魚笙崇丘歌南山有臺笙由儀間間厠之間麗力知反本或作離○間代也謂一歌則一吹六者皆小雅篇也魚麗言太平年豐物多也此采其物多酒旨所以優賓也南有嘉魚言太平君子有酒樂與賢者共之也此采其能以禮下賢者賢者纍蔓而歸之與之燕樂也南山有臺言太平之治以賢者爲本此采其愛友賢者爲邦家之基民之父母既欲其身之壽考又欲其名德之長也由庚崇丘由儀今亡其義未聞○纍力追反蔓音萬樂音洛治直吏反長如字

疏乃間至由儀○釋曰此一經堂下吹笙堂上升歌間代而作故謂之乃間也○注間代至未聞○釋曰云謂一歌則一吹者謂堂上歌魚麗終堂下笙中吹由庚續之以下皆然此魚麗南有嘉魚南山有臺其詩見在六者皆小雅篇也者見編在小雅之内故知之見在者鄭君亦先引其序後引其詩案魚麗

序云魚麗美萬物盛多也詩云君子有酒旨且多南
有嘉魚序云太平之君子至誠樂與賢者共之也詩
云君子有酒嘉賓式燕以樂南山有臺序云樂得賢
也得賢則能為邦家立太平之基矣詩云樂只君子
邦家之基又云樂只君子民之父母遐不眉壽是也
與其鄭君所言義意云由庚樂女由儀今亡其義未
聞者案詩序云由庚萬物得由其道也崇丘萬物得
極其高大也由儀萬物之生各得其宜也有其義而
亡其辭山之篇義與南陔白華華黍同堂上歌
者不亡堂下笙者則亡蓋當時方以類聚笙歌之詩
各自一處故存者併存亡者併亡也乃合樂周南關雎葛覃卷耳召南
鵲巢采蘩采蘋雎七餘反覃大南反卷九轉反召音邵
蘋符真反[illegible]人反本樂謂歌樂與
衆聲俱作周南召南國風篇也王后國君夫人
之樂歌也關雎言后妃之德葛覃言后妃之職卷耳
言后妃之志鵲巢言國君夫人之德采蘩言國君
夫人不失職采蘋言卿大夫之妻能循其法度昔太王
王季居岐之陽躬行召南之教以興王業及文
王而行周南之教以受命大雅云刑于寡妻至于兄

事以御于家邦者也其始一國耳文王作邑于豐以故地爲卿士之采地乃分爲二國周周公所食召召公所食於時文王三分天下有其二德化被于南土是以其詩有仁賢之風者屬之召南焉有聖人之風者屬之周南焉夫婦之道生民之本王政之端此六篇者其教之原也故國君與其臣下及四方之賓燕用之合樂也鄉樂者風也小雅爲諸侯之樂大雅頌爲天子之樂鄉飲酒升歌小雅禮盛者可以進取也燕合鄉樂禮輕者可以逮下也春秋傳曰肆夏繁遏渠天子所以享元侯也文王大明緜兩君相見之樂也然則諸侯相與燕升歌大雅合小雅天子與次國小國之君燕亦如之與大國之君燕升歌頌合大雅其笙間之篇未聞○邠芳非反岐其宜反采地之采七代反被皮義反夏戶雅反遏於葛反〔疏〕注合

樂至未聞○釋曰此經[illegible]堂上堂下眾聲俱合之事也云合樂謂歌樂[illegible]聲俱作者謂堂上有歌瑟堂下有笙磬合奏此詩[illegible]云眾聲俱作云周南召南國風篇也者案論語注[illegible]風之首篇謂十五國風之篇首義可知也云王后[illegible][illegible]夫人房中之樂歌知也者案燕禮記云有房中之樂注云弦歌周南召南之詩

而不用鍾磬之節也謂之房中者后夫人之所諷誦以事其君子是也既云房中之樂用鍾鼓奏之者諸侯卿大夫燕饗亦得用之故用鍾鼓婦人用之乃不用鍾鼓則謂之房中之樂也云關雎言后妃之德以下至脩其法度周南十一篇即言后妃召南三篇則言夫人不同者此雖同是文王之化召南是文王未受命已前之事諸侯之禮故稱夫人周南是文王受命稱王之後天子之禮故稱后也云昔大王王季居于岐山之陽者案魯頌云后稷之孫實維大王居岐之陽鄭云大王自豳徙居岐陽是大王居於岐陽也兼言王季者王季大王之子繼大王後亦居岐陽至文王始居于豐故兼言王季也云躬行召南之教以興王業者文王得鸑鷟鳴于岐又實始翦商王季又纂我祖考是其以興王業也云及文王而行周南之教以受命者文王徙居豐得赤雀之命故云以受命也鄭注鄉射云昔大王王季文王始居岐山之陽彼兼言文王者欲見文王未受命以前亦得召南之化知者案羔羊詩序云召南之國化文王之政摽有梅序云召南之國被文王之化此不兼言文王者據文王徙豐受命之後專行周南之教是周南十一篇唯言文

之化不言大王王季也大雅人刑于寡妻者是大思齊之詩也引之者證文王施化自近及遠自微者著之意云其始一國耳者謂大王自豳遷于岐山周原膴膴過百里之地言此者欲見徙居于豐以後三分天下以此故國分與二公故云文王作邑于豐以故地為卿士之采地乃分為二國也云周周公所食召召公所食者此二公身為三公下兼卿士即上采地一也云此者欲見采地得稱周召之意云於時文王三分天下有其二德化被于南土者欲見周召皆稱南之意也云是以其詩有仁賢之風者欲屬之召南焉者謂文王未受命以前也云有聖人之風者屬之周南焉者謂受命以後也故詩序云關雎麟趾之化王者之風故繫之周公鵲巢騶虞之德諸侯之風也先王之所以教故繫之召公必將二南繫此二公者天子之風文王受命稱王故繫於一公也云夫婦之道生民之本王政之端者欲見合樂之時作此六篇之意也云故國君與其臣下及四方之賓燕用之合樂也者此據燕禮而言之也云鄉樂者風也者亦據燕禮而言故燕禮記云為合鄉樂者據此鄉飲酒鄉大夫所用也云小雅為諸侯之樂者則升歌鹿鳴

之等是也云六雅頌為天子之樂者肆夏繁遏渠之
等是也云鄉飲酒升歌小雅禮盛者可以進取也諸
據此鄉飲酒爲饗禮升歌鹿鳴進取諸侯之樂饗禮
盛可以進取也云燕合鄉樂禮輕者可以逮下也者
逮及也以燕禮輕故言可以逮下也鄭君據儀禮上
下而言其實饗同樂知者穆叔如晉晉侯饗之歌鹿
鳴之三是與燕禮同樂也若然小雅云饗或進取燕
可以逮下者饗亦逮下也云春秋傳曰者襄公四年
左氏傳文彼云穆叔如晉晉侯享之金奏肆夏之三
不拜工歌文王之三又不拜歌鹿鳴之三三拜韓獻
子使行人子員問之曰吾子舍其大而重拜其細敢
問何禮也穆叔對曰三夏天子所以享元侯也使臣
弗敢與聞文王兩君相見之樂也臣不敢及鹿鳴所
以嘉寡君也敢不拜嘉引之者證四夏繁遏渠是頌
謂天子之樂歌案鍾師杜子春注引呂叔玉云四夏
時邁也繁遏執競也渠思文也鄭君不從以爲詩篇
名頌之類也此歌之大者載在樂章樂崩亦從而去
之是以頌不能具是也云然則諸侯相與燕升歌大
雅合小雅天子與次國小國之君燕亦如之與大國
之君燕升歌頌合大雅者此約穆叔云肆夏繁遏渠

[illegible]元侯肆夏繁遏渠則頌也[illegible]
[illegible]者明於序一篇歌頌[illegible]
元侯自[illegible]事亦告[illegible]云不在諸[illegible]臣不
聘問之[illegible]鄭云諸侯相[illegible]其與
國君燕[illegible]與大國之君燕國君及襄公四年公言[illegible]見
之者亦[illegible]饗同也向來所言皆據升歌合樂有[illegible]導
卑之差若納賓之樂天子與五等諸侯同用肆夏是
以燕禮納賓用肆夏禮記郊特牲云大夫之奏肆夏
由趙文子始也是大夫不得用之其諸侯以上同用
之也云其笙間之篇未聞者案鄉飲酒禮笙間之樂
前與升歌同在小雅則知元侯及國君相饗燕笙間
亦同升歌矣而云未聞知謂如由庚由儀之等篇名

未閒工告于樂正曰正歌備樂正告于賓乃降樂正降者以正歌備無事也降立西階東北面

（疏）注樂正至北面○釋曰鄭知降立西階東北面者以其堂上時在西階之東北面知降堂下亦然在笙磬之西亦得監堂下之樂故知位在此也鄉飲酒及鄉射大夫禮卑無大師故二告樂備國君禮備有大師告樂備大射不告樂備者是禮主於射略於樂故也

主人降

席自南方不由北方由便【疏】注不由北方由便○釋曰自此至退立于觶南論立司正之事云不從北方由便者主人席之南上升由下降由上是其常而言不從北方由便者解禮故所以升由下降由上者是由便也側降賓介不從【疏】注賓介不從○釋曰側者特也賓介不從故言側上來主人降賓介皆從降此獨不從者以其今燕禮殺故也

作相爲司正司正禮辭許諾主人拜司正答拜相息亮反○作使也禮樂之正既成將留賓爲有解惰立司正以監之拜拜其許○爲于僞反解古賣反惰徒臥反監古銜反【疏】注作使至其許○釋曰上經云一相迎于門外今將燕使爲司正監察賓主之事故使相爲司正也云禮樂之正既成者謂主人與賓行獻酢之禮畢是禮成也升歌笙閒合樂三終以樂成也故鄭揔言禮樂之正既成也

主人升復席

司正洗觶升自西階阼階上北面受命于主人主人曰請安于賓司正告于賓賓禮辭許爲賓欲去留之告賓於西階

疏注為賓至西階○釋曰此司正升西階適阼階上案鄉射云司正升自西階由楹內適阼階上北面彼此同此不言由楹內者省文也云告賓於西階者鄉射云司正西階上故知也司正告于主人主人阼階上再拜賓西階上答拜司正立于楹間以相拜皆揖復席再拜拜賓許也司正既以賓許告主人遂立楹間以相拜賓主人既拜揖就席疏注再拜至就席○釋曰凡相拜者當在賓主拜前今相拜云在賓拜下者以經云司正告于主人因迎拜賓賓卽答拜文理切不得言揖拜故退之在下其實相拜在賓主拜前是以鄉射云司正告于主人遂立楹間以相拜主人阼階上再拜賓西階上答再拜是其相拜在前也云賓主既拜揖就席者以鄉射賓主拜訖揖就席故也知此亦然也司正實觶降自西階階間北面坐奠觶退共少立共九勇反注同○階間北面東西節也其南北當中退共拱手也少立自正慎其位也已注階間至廿敬而正勑敬不正燕禮曰若還北面疏面○釋曰云

階間北面東西節也者階間謂兩階之間東西等是東西節也云其南北當中庭者案鄉射云司正實觶降自西階中庭北面坐奠觶此經雖不言中庭宜與彼同故云中庭也云己帥以正孰敢不正者此是論語孔子語季康子之言也彼言子帥以正者季康子爲政言己帥指司正爲己欲見司正退也云共拱手也少立自正慎其位也者欲見今賓主亦皆正慎其位也云燕禮曰右還北面者燕禮司正降自西階右還北面取不背其君此亦降自西階亦右還北面取不背大夫也故引以爲證也

坐取觶不祭遂飲卒觶興坐奠觶遂拜執觶興洗北面坐奠觶于其所退立于觶南洗觶奠之示絜敬立於其南以察衆

【疏】注洗觶至察衆○釋曰執觶興洗北面者案鄉射大射禮皆直云取觶洗南面反奠於其所不云盥此俗本有盥者誤又此文及鄉射奠空觶皆位南北面奠之燕禮大射皆南面奠之者以國君禮盛儀多故也

賓北面坐取俎西之觶阼階上北面酬主人主人降席立于賓東

初起旅酬也凡旅酬者少長以齒終於沃盥者皆弟長而無遺矣○長丁丈反弟大計反

疏賓北至賓東。○釋曰自此至司正降復位論堂上堂下行旅酬之事云取俎西之觶者謂前一人舉觶奠于薦右今爲旅酬而與之前二人酬賓奠于薦東者不舉故言俎西以別之云主人降席不云自南方北方者著下記云主人介凡升席自北方降席自南方指此文也○注初起至遺矣○釋曰云凡旅酬也者少長以齒以下並是鄉飲酒義文是以彼云賓酬主人主人酬介介酬衆賓少長以齒終於沃洗者焉知其能弟長而無遺矣案下記云主人之贊者西面北上不與注云贊佐也謂主人之屬佐助主人禮事徹冪沃盥設薦俎者與及也不及獻酒言不及獻酒則旅酬亦不與旅酬所以酬止獻也記又云無算爵然後與者然此旅酬得終於沃洗者鄭解酬之大法爰見堂上賓主人之黨無不與故鄭君連引無無算爵旅酬而言終沃洗也其實此特未及沃洗也

賓坐奠觶遂拜執觶興主人答拜不祭立飲不拜卒觶不洗實觶東南面授主人

賓立飲卒觶因更酌以鄉主人將授。鄉許亮反主人阼階上拜賓少退主人受觶賓拜送于主人之西階旅酬同階禮殺疏注旅酬同階禮殺。釋曰夫上正酬時不同階今同階故云禮殺也賓揖復席酬主人許主人西階上酬介介降席自南方立于主人之西如賓酬主人之禮主人揖復席其酌實觶西南面授介自此以下旅酬酌者亦如之疏注其酌至如之。釋曰知西南面授介者案賓酬主人時於阼階上東南西向之則知此主人酬介于西階上西南面可知云自此已下旅酬酌考亦如之者謂亦如主人酬介其酬酌介實觶西南面授之以其旅酬皆西階上故也司正升相旅曰某子受酬受酬者降席相悉亮反下注升相同注旅序也於是介酬衆賓衆賓又以次序相酬某者衆賓姓也同姓則以伯仲別之又同則以其字別之疏注旅序至別之。釋曰上文作相爲司正注云將留賓爲有懈惰立司正以監之今以賓主及介旅

【疏】不監之至衆賓乃監者以其主人與賓介皆禮已又各一位不憮失禮至於衆賓既不習禮又同在一位恐其失禮故須監之也云某者衆賓姓也者以某在門七故知是衆賓姓也若單言某則是字故鄉射云某酬某子注云某者字也云同姓則以伯仲别之者但此衆賓之內有同姓同正命之則呼伯仲别之也云又同則以其字别之者為同姓之中有伯仲同者則以某甫且字别之也

司正退立于序端東面辟受酬者又使其贊上贊下也始升相西階西北面○辟音避【疏】注辟受至北面○釋曰司正初時在堂上西階西北命受酬者記退立于西序端東面者一則東此下文受衆酬者受自左即是司正立處故須辟之二則東面時贊上贊下便也云始升相西階西北面者雖無正文以衆賓之席在賓西南面介酬在西階上司正升相旅當在西階西北面命賓汝知位如此也

受酬者自介右由介東也尊介使不失故位【疏】注由介至故位○釋曰北面以東為右故鄭云由介東也云尊介使不失故位者凡授受之法授者由其右受由其左即下文衆受酬者是也此受介酬者應

自介左而自介右者介位在西故云尊介使不失故位也衆受酬者受自左後將受酬
者皆由西變於介也今文無衆酬也疏注後將至酬也○釋曰言衆受酬者謂上衆賓之內爲首者一
人自介右受之自第二以下升堂上衆賓皆自左受之言變於介者即是授受之常法也拜興飲
皆如賓酬主人之禮嫌賓以下异也辯卒受者以觶降坐奠
于篚辯辯衆賓之在下者鄉射禮曰辯遂酬在下者皆升受酬于西階上疏注辯辯至階上○釋
曰引鄉射者彼禮與此同經直言辯不去遂酬在下者皆升受酬于西階上者文不具故引以證也司
正降復位觶南之位疏注觶南之位○釋曰復位者以相旅畢堂上無事故降復觶南之位
使二人舉觶于賓介洗升實觶于西階上皆坐奠觶
遂拜執觶興賓介席末答拜皆坐祭遂飲卒觶興坐
奠觶遂拜執觶興賓介席末答拜二人亦主人之吏若有大夫則舉觶

于賓與大夫燕禮曰媵爵者立于洗南西面北上序進盥洗○媵以證反疏注二人皆盥洗○釋曰自此至無筭樂論賓主燕坐爵樂無數之事云賓介席末答拜者賓於席西南面答拜介於席南東面答云二人亦主人之吏者亦上一人舉觶是主人之[illegible][illegible]其主人使之故知皆是主人之吏也云若有大夫[illegible]舉觶于賓與大夫者以其大夫尊於介故也引燕禮者證此二人舉觶將盥時亦於洗南西面北上以次盥手也

逆降洗升實觶皆立于西階上賓介皆拜於席末拜

疏注於席末拜○釋曰言席末拜者賓在席西南面介在席南東面以其俱是答拜故同前席末拜也

皆進薦西奠之賓辭坐取觶以興介則薦南奠之介坐受以興退皆拜送降賓介奠于其所賓言取介言受尊卑異文今文曰賓受

疏皆進至其所○釋曰言皆進者一人之賓所奠觶于薦西一人之介所奠觶于薦南○注賓言至異文○釋曰尊者得卑者物言取是以家語云定公假馬於季氏孔子曰君於臣有取無假

故賓尊言取介卑言受也

司正升自西階受命于主人主人曰請坐于賓賓辭以俎至此盛禮俱成酒清肴乾賓主百拜強有力猶倦焉張而不弛弛而不張非文武之道請坐者將以賓燕也俎者肴之貴者辭之者不敢以禮殺當貴者〇弛式氏反

疏司正至以俎〇釋曰云司正升自西階受命于主人此不言阼階上受案鄉射司正升自西階阼階上受命于主人適西階上北面請坐于賓則此亦同彼云主人曰請坐于賓賓者亦是使司正傳語於賓也〇注至此至貴者〇釋曰自此以上皆立行禮人皆勞倦故請坐於賓也云酒清肴乾者案聘義云酒清人渴而不敢飲也肉乾人飢而不敢食也彼上云聘射之禮至大禮也則是聘射皆有鄉酒禮故此鄉飲酒引之云賓主百拜者樂記文彼是飲酒禮與此同故引而相證但此鄉飲酒之禮雖無百拜舉全數而言也云強有力者亦聘義文言此者欲見行此以前未得安坐飲食也云張而不弛弛而不張非文武之道者此雜記文略而不言之此以弓弩喻行禮之法張而不弛以喻旅酬已前立行禮弛而不張喻無算爵以後

飲一張一弛是文武之道張一而不弛弛而不張非文武之道故後須坐也云殽者肴之貴者謂骨體貴而肉賤故云肴之貴者云辭之者不敢以禮殺當貴者自旅以前立行禮是盛自此後無筭爵坐以禮謂之殺故今將坐辭以俎不敢以禮殺當貴者案燕禮司正奠觶于中庭請徹俎而坐此禮司正監旅訖二人舉觶後將行無筭爵始請坐于賓不同者燕禮司正之前云二人致爵三舉旅得爵多故司正奠時即坐燕此禮由來未行旅酬故行二人舉觶徹俎後乃坐也

主人請徹俎賓許亦司正傳請告之○傳丈專反

司正降階前命弟子俟徹俎西階前也弟子賓之少者俎者主人之吏設之使弟子俟徹者明徹俎賓之義

疏西階至之義○釋曰云弟子賓之少者以其稱弟子故知是賓之少者西階前命之故知賓弟子賓敬主人而使弟子徹俎故云賓之弟子也

司正升立于席端待事

疏釋曰司正降階前命弟子徹俎訖即升立于席端弟子仍未徹俎故鄭云待事也

賓降席北面主人降席阼階上北面介降席

西階上北面遵者降席東南面皆立相須徹俎也遵者謂此鄉之人仕至大夫者也今來助主人樂賓主人所榮而遵法者也因以爲名或有無來不來用時事耳今文遵爲僎或爲全

【疏】賓降至南面○釋曰皆立者將取俎以授人遵不北面者以其尊故席東南面向主人○注皆立至爲全○釋曰云皆立相須徹俎也者須待也受俎之人一時徹而授之也云遵者謂此鄉之人仕至大夫者也以鄉射云大夫若有遵者入門左注云謂此鄉之人爲大夫者也謂之遵者以禮樂化民欲其遵法之也既云大夫若有遵明士不得有遵又士立于下不得升堂故知此遵是大夫也云或有無者下文云賓若有遵言若者不定之辭故知或有或無也云來不來用時事耳者言來者與不來事在當時故云用時事耳

賓取俎還授司正司正以降賓從之主人取俎還授弟子弟子以降自西階主人降自阼階介取俎還授弟子弟子以降介從之若有諸公大夫則使

人受俎如賓禮衆賓皆降取俎者皆鄉其席既授弟子皆降復初入之位疏賓取至皆降○釋曰主人取俎還授弟子弟子以降自西階案燕禮膳宰徹公俎降自阼階與此不同者彼公不降故宰夫降阼階此主人降自阼階故弟子降自西階也○注取俎至之位○釋曰云取俎者皆鄉其席者以其俎在席前鄉席取俎還轉授之故經皆言還授也云既授弟子皆降復初入之位者以其下記讓如初升故知此降時亦復初入之位在東階西階相讓也

說屨揖讓如初升坐說吐活反○說屨者為安燕當坐也必說於下者說屨賤不空居堂說屨主人先左賓先右今文說為稅疏說屨至升坐○釋曰自此以下至再拜論無筭爵歡酒禮終送賓之事也云如初升坐者謂賓主初入揖讓而升堂升堂雖同前則升堂立此則即席坐與前異也○注說屨至為稅○釋曰云說屨者為安燕當坐也者凡堂上行禮之法立行禮不說屨坐則說屨屨空則不宜陳於側故降說屨然後升坐必云說屨主人先左賓先右者案曲禮云上於東階則先右云上於西階則先左是鄭注云近於相鄉

敬也。案玉藻著屨之法，坐左納右，坐右納左。今說之亦北面鄉階，主人先坐左，賓先坐右，亦取近於相鄉敬之義也。

乃羞。羞進也。所進者狗胾醢也。鄉設骨體，所以致敬也；今進羞，所以盡愛也。敬之愛之，所以厚賢也。○胾，壯吏反。鄉，許亮反，作嚮同。

【疏】注「羞進」至「賢也」○釋曰：知所進者狗胾醢者，案下記云其牲狗，禮記又云薦羞不踰牲，則所羞者狗胾也。但醢是舊作之，牲諸經又不見以狗作醢，則胾必狗也。醢則當兼有餘牲也。云「鄉設骨體，所以致敬也；今進羞，所以盡愛也」者，骨體貴，人不食，故云致敬；胾醢賤，人所食，故云盡愛也。

無筭爵。筭數也。賓主燕飲，爵行無數，醉而止也。鄉射禮曰：使二人舉觶于賓與大夫。又曰：執觶者洗升實觶，反奠於賓與大夫。皆是。

【疏】注「筭數」至「皆是」○釋曰：引鄉射禮者，證此無筭爵從首至末，更從上至下，唯醉乃止。云「皆是」者，從首至末皆是行無筭爵之義。

鄭

無筭樂。燕樂亦無數，或間或合，盡歡而止也。春秋襄二十九年，吳公子札來聘，請觀于周樂，此國君之無筭。○扎，壯八切。

【疏】注「燕樂」至「無筭」○釋曰：云「燕樂亦無數」者，亦上無筭爵也。案上升歌、笙、間、合樂皆三終，言

二八四

有數，此即無此云或問或合盡徹而止也者，以其下言風雅，故知或問如上問歌用小雅也，或合用二南也。言或問或合者，於後利用其一，但不並用也。引春秋者，彼是國君禮，此是大夫禮，見其異也。但無筭之樂還尊卑用之。案春秋為季札所歌大雅與頌者，但季札請觀周樂，魯為之盡陳，以魯周公之後，歌樂得與元侯同，故無筭之樂雅頌並作也。

賓出，奏陔。陔，陔夏也。陔之言戒也。終日燕飲，酒罷，以陔為節，明無失禮也。周禮鍾師以鍾鼓奏九夏，是奏陔夏則有鍾鼓矣。鍾鼓者，天子諸侯備用之，大夫士鼓而已，蓋建於阼階之西南。鼓鄉射禮曰「賓興，樂正命奏陔，賓降及階，陔作，賓出，衆賓皆出」。○罷，皮賣反，劉音皮。

疏注「陔陔」至「皆出」○釋曰：云「陔，陔夏也」者，周禮鍾師有陔夏，故云陔，陔夏也。云「周禮鍾師以鍾鼓奏九夏」者，案鍾師云「凡樂事，以鍾鼓奏九夏：王夏、肆夏、昭夏、納夏、章夏、齊夏、族夏、祴夏、驁夏」。杜子春云：「王出入奏王夏，尸出入奏肆夏，牲出入奏昭夏，四方賓來奏納夏，臣有功奏章夏，夫人祭奏齊夏，族人侍奏族夏，客醉而出奏陔夏，公出入奏驁夏。」言以鍾鼓者，庭中先擊鍾，却擊鼓而奏此九夏，故云是奏陔夏則有鍾鼓矣云鍾鼓者天子諸侯備用之者鍾師天子禮有鍾鼓大射諸侯禮亦具有鍾鼓故云天子諸侯備用之云大夫士鼓而已者案鄉射云不鼓不釋明無鍾可知且諸侯鍾鼓若用九夏則尊卑不同天子則九夏俱作諸侯則不用王夏得奏其肆夏以下大夫以下據此文用陔夏其餘無文云蓋建于阼階之西南鼓者據此奏陔夏之時其鼓約大射建鼓在阼階西南鼓而知無正文故云蓋彼注云鼓不在東縣南也鄉大夫無東縣直有一鼓而已故縣在阼西南鄉主人也引鄉射者證賓出遠近陔作之義云賓出衆賓皆出者經賓據正賓不言衆賓與介則賓出之特衆賓與介俱出可知

主人送于門外再拜門東西面拜也賓介不答拜禮有終也○疏○注門東至終也○釋曰云門東西面拜也者此約主人迎賓之時門東西面拜今送賓還依此位也云賓介不答拜禮有終也者於迎賓介特賓介答拜今送賓主人再拜若賓介答拜是行禮無終故賓介不答是禮有終也不言衆賓者迎送俱不拜略不言也

賓若有遵者諸公大夫則既一人舉觶

乃入不干主人正禮也遵者諸公大夫也謂之賓者同從外来耳大國有孤四命謂之公【疏】賓若
至乃入○釋曰自此下至不加席論鄉內有諸公大夫来觀禮主人迎之與行禮事也○注不干至之
公○釋曰言不干主人正禮也者謂賓主獻酢是也畢一人舉觶為旅酬始乃入若然即是作樂前入而
於此篇末乃言之者以其無常或來或不來故於後言之也云遵者諸公大夫也者孤只一人而言諸者
案鄭注燕禮云諸公者謂大國之孤也孤一人言諸者容教下二監案王制云天子使其大夫監於方伯
之國國三人王制所陳是殷法言容者周公制禮時因而不改容也云大國有孤四命者周禮典命
文謂之公者若天子有二公記席于賓東公三重大夫再重重直龍反○席
此二者於賓東尊之不與鄉人齒也天子之國三命者不齒於諸侯之國爵為大夫則不齒矣不言遵者
遵者亦鄉大夫【疏】注席此至大夫○釋曰言三重再重者席有地可依若衣裳在身一領即為一重再
重三重猶一領三領也云席此二者於賓東者賓在戶牖之間酒尊又在戶東席此二者又在酒尊之東

但繼賓而言耳云尊之不與鄉人齒也者鄉人謂衆賓之席在賓西故云不與鄉人齒案上注云此篇無正齒位之事今此言齒者彼云無正齒位者對黨正飲酒鄉人五十已上有齒法鄉飲酒貢士以德爲此故云無正齒位之禮此言齒者謂七已上來觀禮乃有齒法云天子之國三命者不齒者案周禮黨正職云國索鬼神而祭祀則以禮屬民而飲酒于序以正齒位一命齒于鄉里再命齒于父族三命不齒彼是天子黨正飲酒法故知天子之國三命不齒此是天子貢人鄉飲酒法鄭引之爲證者欲見天子鄉飲酒三命不齒同也云於諸侯之國爵爲大夫則不齒矣者以此篇及鄉射皆云若有大夫不辨命數故知爵爲大夫則不齒也皆謂鄉射鄉飲酒之禮若黨正飲酒則與此異案文王世子云其朝于公內朝則東面北上臣有貴者以齒下文云庶子治之雖有三命不踰父兄鄭注云治之治公族之禮也唯於內朝則然其餘會聚之事則與庶姓同又飲黨正飲酒云一命齒於鄉里再命齒於父族三命不齒不齒者特爲位不在父兄行列中但文王世子是諸侯之法即諸侯黨正飲酒還與天子同但諸侯之國一命已上至

命大夫士具有言一命齒於鄉里者公侯伯之士一命與堂下鄉人齒以其士立堂下故也子男之士不命與一命之士同齒於階下子男之大夫一命坐於上六十以上齒於堂再命齒於父族者謂子男之卿與公侯伯之大夫以父族爲賓則與之齒異姓爲賓則不與之齒席於尊東三命不齒者謂公侯伯之卿雖父族爲賓亦不與之齒席於尊東也云不言遵者遵者亦卿大夫者案上文賓若有遵者與諸公大夫雖文異諸公大夫則遵也故鄭云遵者諸公大夫也明此經不言遵者亦卿大夫可知

公如大夫入主人降賓介降衆賓皆降復初位主人迎揖讓升公升如賓禮辭一席使一人去之如音若出注去起呂反下同○如讀若今之若主人迎之於門內也辭之席謙自同於大夫

疏公如至去之○釋曰此據諸公大夫入賓介與衆賓皆避之降復西階下東面位○注如讀至大夫○釋曰鄭曰如讀若今之若者前無大夫入直以大夫與主人爲禮是其當公則非當故鄭讀如若今之若謂大夫之於公更無異禮矣云主人迎

於門內者以經公如大夫主人不言出故知迎於門內也云辭一席謙自同於大夫者大夫再重公三重
故辭去一席同於大夫再重大夫則如介禮有諸公則辭加席委
于席端主人不徹無諸公則大夫辭加席主人對不
去加席加席上席也大夫席再重【疏】大夫至加席。釋曰云大夫則如介禮者以其公如賓故
大夫則如介禮主人迎賓賓厭介此公與大夫同入公亦厭大夫故云大夫如介禮云有諸公則辭加席
委於席端主人不徹者大夫再重是其正大夫以公存故謙委加席於席端主人不徹也。注加席至再
重。釋曰云加席上席也者以其再重三重席皆一種故云上席也記云蒲筵緇布純明無異也以其鄉
大夫賢者公與大夫來覲禮而已故俱加重數更無異席也公食大夫禮異國之客有別席是以公食大
夫云宰夫設筵加席几又記云司宮具几與蒲筵常緇布純加萑席尋〻卜注云謂三命大夫也孤爲賓
則莞筵紛純藻席畫純是與當國之大夫異也燕禮云司宮筵賓于戶西東上無加席也者以其燕私故

是大射云司宮設賓席于戶西南面有加席與公侯同者以其大射辨尊卑故也

明日賓服鄉服以拜賜拜賜謝恩惠鄉服昨日與鄉大夫飲酒之朝服也不言朝服未服以朝也今文曰賓服鄉服○朝直遙反下皆同

【疏】注拜賜至鄉服○釋曰鄭知鄉服是朝服者下記云朝服而謀賓介是也此賓言鄉服其鄉射賓言朝服不同者案鄉射記云大夫與則以公士爲賓賓謂在朝着朝服是其常此賓是鄉人子弟未仕雖著朝服仍以鄉服言之鄭云不言朝服未服以朝也

主人如賓服以拜辱拜賓復自屈辱也鄉射禮曰賓朝服以拜賜于門外主人不見如賓服遂從之拜辱於門外乃退○復扶又反

【疏】注拜賓至乃退○釋曰引鄉射者於此文不具故引以爲證明彼此賓主皆不相見造門外拜謝而已

主人釋服釋朝服更服玄端也古文釋作舍

【疏】主人釋服○釋曰自此已下至鄉樂唯所欲論後日息司正徵唯所欲更行飲酒之禮○注釋朝至作舍○釋曰言釋朝服更服玄端也者以其昨日正行賓舉飲酒之禮相尊敬故朝服此乃燕私輕故玄端也

乃

息司正息勞也勞賜昨日贊執事者獨云司正司正庭長也○勞力報反長丁丈反疏注息勞至長也○釋曰鄭云勞賜昨日贊執事者者案下記云主人之贊者西面北上不與鄭注云主人之屬佐助主人禮事徹冪沃盥設薦俎者與及也不及謂不獻酒明此時勞可知今獨言司正司正是庭長故獨言之也

無介勞禮略也司正爲賓疏注勞禮至爲賓○釋曰此勞時司正爲賓當立介以輔賓無介者勞禮殺也

不殺殺所八反○市買若因所有可也不殺則無俎疏注市買至無俎○釋曰市買無正文鄭以意言之云不殺則無俎者其殺則俎以盛骨體既言不殺故知無俎也

薦脯醢羞同也疏注羞同也○釋曰以其脯醢與正行飲酒同有此薦故云羞同也

羞唯所有在有何物疏注在有何物○釋曰羞謂上文正行飲酒之昨用狗胾今不殺故言羞唯所有也云在有何物者雜物皆是也

徵唯所欲徵召也疏注徵召也○釋曰昨日正行飲酒不得快親友故今禮食之餘則召知友故言徵唯所欲也

以告于先生君子可也告請

也先生不以筋力為禮仕於是可以來君子國中有盛德者可者召不召唯所欲○筋居勤反疏注告
請至所欲○釋曰案曲禮云老者不以筋力為禮此先生老人教學者故云先生不以筋力為禮於是可
以來也云君子國中有盛德者者此君子則曲禮博聞強識敎善行而不殆謂之君子也又玉藻云居士
錦帶鄭云居士道藝處士亦一也云可者召不召唯所欲者上文云徵唯所欲上下相成解也**賓介**
不與與音預○禮瀆則褻古文與為預疏注禮瀆至為預○釋曰賓介昨日正行禮今又召之
則是數數則瀆瀆則不敬故云禮瀆則褻是以不與**鄉樂唯欲**鄉樂周南召南六篇之中唯所
欲作不從次也不歌鹿鳴魚麗者辟國君也疏注鄉樂至君也○釋曰云鄉樂周南召南者上注以
二南為鄉大夫之樂小雅為諸侯之樂故知二南也但鄉燕同樂上正行飲酒歌小雅今燕不歌鹿鳴魚
麗是避國君也**記鄉朝服而謀賓介皆使能不宿戒**鄉鄉人謂鄉大
夫也朝服冠玄端緇帶素韠白屨今郡國行鄉飲酒之禮玄冠而衣皮弁服與禮異再戒為宿戒禮將有

事先戒而復宿戒○韠音畢衣於旣反【疏】記鄉至宿戒○釋曰上經直云主人與先生謀賓介不云服衣不云使能及不宿戒之事故記之也○注鄉人至宿戒○釋曰鄉鄉人謂鄉大夫者以鄉大夫爲主人故知鄉大夫知朝服冠玄端緇帶素韠白屨者玄端即朝服之衣裳又與韠同色屨亦同裳色故知義然也云毋戒爲宿戒禮將有事先戒而又宿戒者此即士冠先戒賓及宿是也此直戒而不宿與冠禮異

蒲筵緇布純純之閏反或章允反○筵席也純緣也○緣以絹反【疏】釋曰公食記云蒲筵常緇布純此不言常文不具也倍尋曰常丈六尺也

尊綌冪賓至徹之綌葛也冪覆尊巾

其牲狗也狗取擇人

亨于堂東北亨普庚反○祖陽氣之所始也陽氣主養易曰天地養萬物聖人養賢以及萬民【疏】注祖陽至萬民○釋曰此據鄉飲酒義而言以正月三陽生之月萬物出地盛於東南故云祖陽氣之所始也引易頤彖辭者義取養賢能而賓舉之事也

獻用爵其他用觶觶之豉反○爵尊不褻用之【疏】注爵尊不褻用之○釋曰案此獻賓

爵衆賓等皆用一升之爵至酬及旅酬之等皆用三升之觶以獻爲初相敬故用爵以酬之等皆用爲相勸故用觶是以鄭云爵尊不褻用之也

薦脯五挺橫祭于其上出自左房

挺大頂反本亦作脡同○挺猶膱也鄉射禮曰祭半膱膱長尺有二寸在東陽也陽主養房饌陳處也冠禮之饌脯醢南上曲禮曰以脯脩置者左朐右末○膱音職朐其于反

疏注挺猶至右末○釋曰此橫祭于其上者於脯爲橫於人爲縮其挺有通祭者六故鄉射記云薦脯用籩五膱祭半膱橫于五上膱長尺二寸則祭半膱者長六寸此脯不言長短者記文不具也云冠禮之饌脯醢南上者欲見此房中之饌亦南上也引曲禮者欲見此脯與曲禮脯羞雖狗挺有異其設之皆橫於人前鄭彼注云屈中曰朐以左手案之右手擘之便

俎由東壁自西階升

亨狗既孰載之俎饌於東方

疏注亨狗至東方○釋曰亨狗於東方孰乃載之於俎饌陳於東壁既饌於東方恐由東階升故記辯之云自西階升也

賓俎脊脅肩肺主人俎脊脅臂肺介俎脊

脅胳肺肺皆離皆右體進腠胳音格一音各腠千豆反○凡牲前脛骨三肩臂臑也後脛骨二膞胳也尊者俎尊骨卑者俎卑骨祭統曰凡爲俎者以骨爲上骨有貴賤凡前貴後賤離猶挳也腠理也進理謂前其本也今文胳作骼○脛戶定反臑乃報反膞劉音純挳苦圭反骼古白反

疏注凡牲至作骼○釋曰此脀體賓用肩主人用臂介用胳其間有臑肫在而介不用者蓋爲大夫俎故此闕焉是以鄉射記云賓俎脊脅肩肺主人俎脊脅臂肺注云賓俎用肩主人用臂尊賓也若有尊者則俎其餘體是臑肫爲大夫明矣大夫雖尊不奪賓主正禮故用體體卑於主人與賓而尊於介也或有介俎肫胳不言者欲見用體無常若有一大夫即介用肫若有二大夫則介用胳故肫胳兩見亦是也云後脛骨二膞胳也者此皆如特牲少牢不取觳也云祭統者據祭祀歸俎之法此據飲酒主人之禮引之者取一邊骨有貴賤之義以其賓用肩主人用臂介用胳前貴於後也

以爵拜者不徒作作起也言拜既爵者不徒起起必酢主人

疏注作起至主人○釋曰經直云以爵拜者不徒作鄭知拜

[illegible]爵者不徒起起必酢主人者以其拜受爵者有[illegible][illegible]主人法故上經衆賓之長一人受爵而不酢主人[illegible]此是拜既爵起[illegible]酢主人者也

坐卒爵者拜既爵立卒爵者不拜[illegible]爵降殺各從其宜不使相錯唯工不從此禮（殺所界反）

〔疏〕注降殺至此禮○釋曰以工無[illegible]故不使立卒爵唯坐卒爵不拜既爵[illegible]立卒爵者同故云唯工不從此禮也

凡奠者於左[illegible]飲者不[illegible]其妨

〔疏〕注不飲至其妨○釋曰奠於左者謂主人酬賓之觶主人奠於薦右客不盡主人之歡奠之於左是[illegible]欲其妨後奠爵也

將舉於右便也

〔疏〕注便也○釋曰謂若上文一人[illegible]觶爲旅酬使二人舉觶爲無筭爵始皆奠[illegible]右是其將舉者於右以右手舉之便也

衆賓之長一人辭洗如賓禮於三人之中復差有尊者餘二人雖爲之洗不敢辭其下不洗

〔疏〕注於三至不洗○釋曰此記上主人獻衆賓特主人揖升坐取爵于西楹下降洗爵衆賓長一人降[illegible]進東向辭洗如賓禮是於三人之中復差尊者得[illegible]洗餘二雖爲之洗不敢辭也云其下不洗者謂其

堂下立者不爲之洗獻之而已立者東面北上若有北面者則東上賢者衆寡無常也或統於堂或統於門

疏注賢者至於門○釋曰此謂堂下立者鄉人賢者或多或少若少則東面北上統於堂也若多東面立不盡即門西北面東上統於門也

樂正與立者皆薦以齒與音預○謂其飲之次也尊樂正同於賓黨不言飲而言薦以明飲也既飲皆薦於其位樂正位西階東北面

疏注謂其至北面○釋曰云謂其飲之次也者謂樂正與立者以齒受旅是飲之次也云薦者以先飲以薦依飲之次而薦之故明飲也必知飲薦相將者案上經云衆賓偏有脯醢鄭注云亦每獻薦於其位位在下此言樂正與云者皆薦以齒明受獻乃薦於衆賓在下者同也

凡舉爵三作而不徒爵謂獻賓獻大夫獻工皆有薦

疏釋曰徒空也謂獻賓獻大夫獻工不空以爵獻之而已皆有薦脯醢

樂作大夫不入後樂賢者

疏注後樂賢者○釋曰大夫之入當一人舉觶之後未樂作之前以助主人樂賢若樂作之後則後於樂賢者故不入也

獻工與笙取爵于上篚既獻奠于下篚明其異器敬也如是則獻
大夫亦然上篚三爵〔疏〕注明其至三爵○釋曰鄭知上篚三爵者以上經初主人獻賓將云取爵於篚
降洗獻賓受酢主人奠爵于序端酬賓訖又取爵於東序端以獻介受酢訖與爵于西楹南降三拜衆賓
訖猶升取爵於西楹下獻堂上堂下衆賓訖主人以爵降奠于篚是其上篚一爵也此記又云獻工於笙
取爵于上篚既獻奠于下篚是上篚二爵也又鄉射禮獻大夫云主人揖讓以大夫升拜至大夫答拜主
人以爵降洗獻大夫此篇亦有大夫故知上篚有三爵也其笙則獻諸西階上謂主
人拜送爵也於工拜于作階上者以其坐於西階東也古文無上〔疏〕注謂主至無上○釋曰上經主
人獻進於西階上此記人又言之也爲拜送爵而言也故鄭云主人拜送爵也云於工拜于作階上者以
其坐於西階東也者以工坐於西階東七人不得西階上拜送爵故也此笙在西階獻於西階上嫌亦作
階拜送故此明之也磬階間縮霤北面鼓之縮所六反霤力又反○縮從也霤以

東西爲從鼓猶擊也大夫而特縣方賓鄉人之賢者從士禮也射則磬在東古文縮爲蹙○從子容反縣音玄蹙子六反

疏注縮從至爲蹙○釋曰鄭知此是諸侯之卿大夫者案春官小胥掌樂縣之法而云凡縣鍾磬半爲堵全爲肆鄭注云鍾磬者編縣之二八十六枚而在一虡謂之堵鍾一堵磬一堵謂之肆半之者謂諸侯之卿大夫士也諸侯之卿大夫半天子之卿大夫西縣鍾東縣磬今諸侯卿大夫合鍾磬俱有今直云磬是以鄭云大夫而特縣方賓鄉人之賢者從士禮也云射則磬在東者據鄉射而言避射位故在東與西階間異也

主人介凡升席自北方降自南方席南上升由下降由上由便

疏注席南至由便○釋曰案曲禮云席南鄉北鄉以西方爲上東鄉西鄉以南方爲上鄭注云坐在陽則上左在陰則上右是以主人賓介席南方爲上故升由下降由上由便也若然席坐在陰以東爲上者統於主人也

司正既舉觶而薦諸其位司正主人之屬也無獻因其舉觶而薦之

疏注司正至薦之○釋曰案下文云主人之贊者西面北上不與無筭爵然

後與旅其燕獻也故因舉觶爲旅其位凡旅不洗敬禮殺也疏注敬禮殺也○釋曰案上二人舉觶皆爲旅始不可不自絜故洗白此以後旅酬皆不洗故云凡旅不洗也不洗者不祭不甚絜也○既旅士不入後正禮也既旅則將燕矣疏注後正至燕矣○釋曰旅謂旅酬所酬獻皆拜拜受故云正禮既旅之後無筭爵行燕飲之法非正禮故士不入後正禮故也徹俎賓介遵者之俎受者以降遂出授從者從才用反○送之疏釋曰以上文正經賓介遵者之俎直云降自西階無出之文故記之受之必授從者以其已所當得也主人之俎以東藏於東方疏注藏於東方○釋曰以上文直云主人授弟子俎弟子以降自西階不言以東故記人[illegible]所之云藏於東方者以其主人故云藏[illegible]樂正命奏陔賓出至于階陔作疏釋曰陔謂陔夏詩篇名命擊鼓者賓降自西階恐賓醉失禮故至階奏之君有諸公則大夫於主人之北西面其西面者北上統於

公疏注其西至於公○釋曰若有諸公則大夫南面西上統於賓也主人之贊者西面北上不與與音預○贊佐也謂主人之屬佐助主人禮事徹鼏沃盥設薦俎者西面北上統於堂也與及也不及謂不獻酒疏注贊佐至獻酒者○釋曰云西面北上統於堂也者以其主人之屬故也無算爵然後與燕乃及之疏注燕乃及之○釋曰以其主人之屬非主人所敬故無算爵乃得酒也

儀禮注疏卷第五

漢鄭玄注　唐賈公彥疏

後學盧陵陳鳳梧編校

鄉射禮第五

鄭目錄云州長春秋以禮會民而射於州序之禮謂之鄉者州鄉之屬鄉大夫或在焉不改其禮射禮於五禮屬嘉禮大戴十一小戴及別錄皆第五

疏釋曰鄭云州長春秋以礼會人而射於州序者周礼地官州長職文也鄭引之者證此鄉射是州長射法云謂之州鄉者欲見州長射得名鄉射之意云州鄉之屬名周禮大司徒職云五州為鄉鄉是州屬鄉故云州鄉之屬云鄉大夫或在焉者一鄉管五州鄉大夫或宅居一州之內則鄭注禮記云或則鄉之所居州黨而鄉大夫來臨此射禮是為鄉大夫在焉則名鄉射又鄉大夫三年大比興賢者能者訖而以鄉射之礼五物詢衆庶亦行此州長射礼以詢之亦是鄉大夫在焉故名鄉射云不改其禮者雖鄉大夫在其禮仍依州長射礼故云不改其禮案經鄉大夫射於庠云堂則由楹外又云堂則物當楣又云大夫用兕中其礼與士射於序別而

云不改者大射鄉大夫士射先行鄉飲酒禮及旅而射爲不改其實亦有少異也鄭云射禮於五禮屬嘉禮者案周禮大宗伯云以嘉禮親萬民下有以賓射之禮親故舊朋友故知屬嘉禮也

鄉射之禮○主人戒賓賓出迎再拜主人答再拜乃請

主人州長也鄉大夫若在焉則稱鄉大夫也戒猶警也語也出迎出門也請告也告賓以射事不言拜辱此爲習民以禮樂不主爲賓己也不謀賓者時不獻賢能事輕也今郡國行此禮以季春周禮鄉老及鄉大夫三年正月獻賢能之書於王退而以鄉射之禮五物詢衆庶諸侯之鄉大夫既貢士於其君亦用此禮射而詢衆庶乎○長丁丈反警音景語魚據反爲于僞反【疏】鄉射至乃請○釋曰自此盡無介論州長將射先戒賓之事案大射前三日宰夫戒宰及司馬又射前一日樂人宿縣此不言日數則戒賓與射同□矣禮同鄉飲酒也以其鄉射先行鄉飲酒鄉飲酒戒賓與飲酒同日知此鄉射戒賓與射亦同日也○注主人至庶乎○釋曰案鄉大夫是諸侯鄉大夫則此州長亦諸侯之州長以[illegible]以經云釋

獲者執鹿中記云士鹿中是皆爲此州長射而言是諸侯州長可知若天子州長中大夫爲之若然記云大夫兕中者爲鄉大夫詢衆庶而言也云鄉大夫若在焉則稱鄉大夫也者謂大夫來臨禮之時州長戒賓不自稱稱鄉大夫以戒賓也云出迎出門也者謂出序之學門亦如鄉飲酒出庠門皆有一門入門即至堂耳云不言拜辱者此爲習民以禮樂不主爲賓已也者對鄉飲酒主人戒賓賓拜辱者彼爲賓更非爲習民以禮樂故也云不謀賓者時不獻賢能事輕也者還決鄉飲酒獻賢能故須謀先生而謀賓介禮重對此不獻賢能爲輕故不謀賓也云今郡國行此禮以季春者謂時雖無諸侯國而置郡爲守其王之子弟猶名國其君曰相故鄭注禮記如今從大守相臨之禮是也引之者證時節與周異也云今周禮至衆庶皆周禮鄉大夫職文引之者證此鄉射中兼有鄉大夫行射禮故有射于堂及兕中之事云五物者案彼云一曰和二曰容三曰主皮四曰和容五曰興舞鄭注云和載六德容包六行也庶民無射禮因田獵分禽則有主皮主皮者張皮射之無侯也主皮和容興舞則六藝之射與禮樂與當射之時民必觀焉因

詢之也是也鄭云和載六德者和是六德之下六德
大故舉下以載上也容爲孝者人有孝行則性行合
容故以孝爲容孝是六行中之大故舉上以包下故
云容包六行也云主皮六藝之射者但六藝之中射
揔言諸射不專據主皮但三物教萬民射唯有主皮
此詢衆庶不兼士已上故以主皮爲六藝之射以和
容爲禮者禮之用和爲貴又行禮有容儀是以漢特
謂禮爲容故以禮爲和容也以樂爲興舞皆爲樂必
興舞故與舞以表樂也若然六德與六行在身所有
故可舉少以兼多六藝施於外非獨身所行不可舉
一以包六但六者之中御與書數三者於施化民爲
緩故特舉禮樂與射而言之鄭以主皮和容與舞非
射及禮樂之正名
故云與以疑之

賓禮辭許主人再拜賓答再拜主人退賓送再拜

退還射宮
省錄射事

（疏）注退還至射事○釋曰
射宮者鄉庠州序是也
知省錄射事者即下文云乃張侯之等是也下言飲
酒之事知不爲飲酒事者以飲酒者止爲射事故以
射爲
主也

無介

雖先飲酒主於射
也其序賓之禮畧

（疏）注雖先至禮畧○釋
曰鄭云雖先飲酒者

自此已下先言飲酒獻後乃射以是禮記射義云古者諸侯之射也必先行燕禮卿大夫士之射也必先行鄉飲酒之禮是也但鄉飲酒之禮有介一人以輔賓此無介者主於射序賓之禮畧故無介以輔賓也

乃席賓南面東上不言於戶牖之間者此射於序疏注不言至於序○釋曰自此以下至羨定論將射預前設席位尊罍樂縣及張侯之事也云不言於戶牖之間者此射於序者決鄉飲酒在庠以其序無室庠有室此據州長射於序以其無室無戶牖設席亦當戶牖之處耳言東上亦主人在東故席端在東不得以曲禮席南向北向以西方爲上因陰陽嚮之也

衆賓之席繼而西言繼者甫欲習衆庶未有所殊別○別彼列反疏注言繼至殊別○釋曰甫始也言始欲習衆庶未有所殊別此決鄉飲酒三賓之席不屬殊別彼有德之人故各自特不繼有所殊別

席主人於阼階上西面阼階東階尊於賓席之東兩壺斯禁左玄酒皆加勺篚在其南東肆斯禁禁切地無足者也設尊者北面西曰左尚之也肆陳

也○斯如字劉音賜勺上灼反篚音匪疏注斯禁至陳也○釋曰云斯禁禁切地無足者也者案州長是士應言禁制不言者其中無有卿大夫禮故舉大夫斯禁與鄉飲酒同云設尊者北面西曰左尚之也者經云左玄酒據人設尊北面故以西為左若據酒則以南面為上地道尊右以西為右玄酒在右故云尚之若然云左據尊又云尚之據酒尊也設洗於阼階東南南北以堂深東西當東榮水在洗東篚在洗西南肆深申鴆反○榮屋翼也縣于洗東北西面縣音玄○此縣謂磬也縣於東方辟射位也但縣磬者半天子之士無鐘○辟音避疏注此縣至無鐘○釋曰云此縣謂磬也者對大射縣鍾磬鎛具有也云縣于東方辟射位也者此言射決鄉飲酒無射事縣于階間也云但縣磬者半天子之士無鍾者案周禮小胥職云半為堵全為肆鄭云鍾磬者編縣之一八十六枚而在一虡謂之堵鍾一堵磬一堵謂之肆半之者謂諸侯之卿大夫士也諸侯之卿大夫半天子之卿大夫天子之卿大夫判縣者東西各有鍾磬為肆諸侯

之卿六夫判縣者分一肆於兩廂東縣磬西縣鍾若天子之士特縣者直東廂有鍾磬二虡爲一肆諸侯之士分取磬而已縣於東方爲特縣故云無鍾對大夫乃天子士有鍾若然此既兼卿大夫詢衆庶當爲判縣宜有鍾而總云無鍾者方以禮樂化民雖大夫亦同士特縣也若鄉飲酒方賓鄉人之賢者從士禮也其天子諸侯鍾磬鎛具卿大夫天子士已下亦無鎛知者以其諸侯卿大夫士半天子卿大夫士若有鎛添鍾磬爲二半不得故知卿大夫已下皆無鎛也

乃張侯下綱不及地武侯謂所射布也綱持舌繩也武迹也中人之迹尺二寸侯象人綱卽其足也是以取數焉

〇疏注侯謂至數焉〇釋曰此已下論預張侯之事鄭知侯用布案下記云獸侯大夫士皆言布侯則餘賓射大射其侯皆用布此鄉射采侯二正亦用布可知云綱持舌繩也者周禮梓人云上綱與下綱出舌尋縜寸焉注云綱所以繫侯於植者也故云綱持舌繩也云武迹也中人之迹尺二寸者無正文蓋目驗當時而言似云中人之迹尺二寸者無正文蓋目驗當時而言似云中人

若亦人張手之節也以其張侯之法下兩舌半上舌兩頭綱皆出一尋即是上廣下狹象人張足六尺張
臂八尺故云象人也云綱即其足也者謂經下綱象足云是以取數焉者以下綱象足張之六尺是取數
於也武不繫左下綱中掩束之中丁仲反○事未至也疏注事未至也○
釋曰案下記云東方謂之右个注侯以向堂爲面也則此左下綱以西畔而言云中掩束之者案記云鄉
侯一丈倍中以爲躬二丈倍躬以爲左右舌四丈兩舌各出一丈又云下舌半上舌則左右各出五尺
今將此五尺與下綱不繫者中掩左廂向東待將射乃解之故云事未至也乏參侯道居
侯黨之一西五步容謂之乏所以爲獲者御矢也侯道五十步此乏去侯北十丈西三
丈○爲于僞反獲如字疏注容謂至三丈○釋曰乏參侯道者謂三分侯道云居侯黨之一者黨旁
也謂在侯西北邪向之故以旁言之其居旁之一者謂侯道內三分之居一分之地十丈也云西五步者
揆侯之正北落西有五步即三丈也云容謂之乏者察周禮射人職云王以六耦射三侯三獲三容五正

彼據王三侯有三容容者以革爲之可以容身故云容也云乏者謂矢於此匱之不去故云乏也云獲者御矢也者謂唱獲者恐矢至其身故云獲者御矢也云侯道五十步者記云鄉侯五十弓弓之下制六尺與步相應故鄭云步也云此乏去侯北十丈者五十步計之步六尺五十步則三十丈三分取一爲十丈云西三丈者經云西五步五六三十故云三丈也遠近如此者一得避矢一得去堂二十丈聞唱獲聲是也

其節羹定定多佞反○肉謂之羹定猶熟也謂狗熟可食

疏注肉謂至可食○釋曰云謂狗孰者此與鄉飲酒同亨狗於東方是也

主人朝服乃速賓賓朝服出迎再拜主人荅再拜退賓送再拜朝直遥反○速召也射賓輕也戒時玄端

疏釋曰自此至當楣北面各再拜論主召賓從己之事此主人與賓俱朝服案鄉飲酒賓主俱不言服者以彼賓禮重故戒與速賓俱朝服故不言此習禮輕是故戒時玄端召時乃朝服故須言之也必此戒時玄端者見公食大夫云賓朝服即位于大門外如聘注云於今郡國行此鄉射禮皮弁服與禮爲異

是朝服則初時玄端宜與彼同皆是戒時不言服後速時朝服故知此亦戒時玄端矣且鄉飲酒戒速俱
不言服知皆朝服者下記云鄉朝服而謀賓戒是也云今郡國已下引之者欲見與周異也賓及
衆賓遂從之○及門主人一相出迎于門外再拜賓
荅再拜相息亮反○相主人家臣擯贊傳命者○傳文專反下傳同疏注相主至命者○釋
曰鄉飲酒云賓及衆賓皆從之彼兼介故云皆此無介故不言皆也云主人一相出迎於門外注與鄉飲
酒同此亦主人自迎而言一相者使之傳賓言兼相禮也揖衆賓差卑禮宜異疏注差卑禮
宜異○釋曰此賓與衆賓同是鄉人無爵者而云差卑者據立爲賓者尊衆賓即爲卑不論有爵無爵
也云禮宜異者賓則拜之衆賓則揖之是其異也主人以賓揖先入以猶與也先入
入門右西面疏注以猶至西面○釋曰云以猶與者案左氏傳云蔡人以吳子與楚人戰于柏舉彼
以者能東西之曰以以謂驅使前人之稱此言猶有與使之稱故以以爲與謂主人與賓是以爲平敵之義

故須訓之云北入入門右西面者此注亦賓獻衆賓與鄉飲酒同以其賓入東面故西面待之

衆賓皆入門左東面北上賓少進厭一涉反下賓厭同〇引手曰厭少

進差在前也今文皆曰揖衆賓〔疏〕注引手至衆賓〇釋曰此經與鄉飲酒同此云賓少進彼亦宜然

不言者文不具也主人以賓三揖皆行及階三讓主人升一

等賓升三讓而主人先升者是主人先讓於賓不俱升者賓客之道進宜難也〔疏〕注三讓至

難也〇釋曰言皆行者賓主既行衆賓亦行故云皆行鄉飲酒亦皆不言者文畧也知主人先讓於賓者

以其主人之法先升道賓賓後升進宜難禮之當然故知主人先讓賓也此先升一等禮之常燕禮君升

一等者尊君故也主人阼階上當楣北面再拜賓西階上當

楣北面荅再拜楣亡悲反〇主人拜賓至此堂〔疏〕注主人拜賓至此堂〇釋曰知拜是

拜至者鄉飲酒義云拜至拜洗公食亦云當楣北嚮再拜故知拜是拜至主人坐取爵于

上篚以降將獻賓也疏注將獻賓也○釋曰自此盡主人阼階上荅拜論主人獻賓之事凡
取爵于篚以降者皆是上篚鄉飲酒不言上者文略也賓降從主人也主人阼階前
西面坐奠爵興辭降重以主人事煩賓也今文無阼階賓對對荅疏注對
荅○釋曰鄉飲酒注云賓主之辭未聞此不注從可知主人坐取爵興適洗南
西坐奠爵于篚下盥洗盥手又洗爵致絜敬也古文盥皆作浣○浣戶管反賓
進東北面辭洗必進者方辭洗宜違位也言東北面則位南於洗矣主人坐奠
爵于篚興對賓反位反從降之位也鄉飲酒曰當西序東西主人卒洗
壹揖壹讓以賓升賓西階上北面拜洗主人阼階上
北面奠爵遂荅拜乃降乃降將更盥也古文壹皆作一賓降主人辭
降賓對主人卒盥壹揖壹讓升賓升西階上疑立疑魚

乙反○疑止也有矜莊之色疏注疑止至之色○釋曰鄉飲酒注云疑讀為疑然從於趙盾之疑疑正立自定之貌此言疑止也有矜莊之色二注相兼乃具也主人坐取爵實之賓席之前西北面獻賓進於賓也凡進物曰獻疏注進於至曰獻○釋曰云凡進物曰獻者欲見此賓乃是鄉民而已無尊卑上下猶言獻者此獻直是進物而言獻進之也案周禮玉府注云古者致物於人尊之則曰獻彼據尊敬前人雖卑亦曰獻若齊侯獻捷於魯之類義與此別也賓西階上北面拜主人少退少退少辟也○辟婢亦反一音避疏注少退猶少辟也○釋曰鄉飲酒文與此同注云少退少辟及下文云賓少退注云少退逡巡義亦與此同賓進受爵于席前復位復位西階上位主人阼階上拜送爵賓少退薦脯醢薦進賓升席自西方賓升降由下也疏注賓升降由下也○釋曰凡席升由下降由上下文降席不由上者以主人在東敬主人不得降由上又於席西拜使使升降

皆由下故云賓升降由下也乃設折俎折之設反後皆放此○牲體枝解節折以實俎也主人阼階東疑立賓坐左執爵右祭脯醢奠爵于薦西興取肺坐絕祭郤左手執本右手絕末以祭也肺離上為本下為末疏注郤左至為末○釋曰鄭皆約鄉飲酒知之也尚左手嚌之嚌才計反○嚌嘗也右手在下絕以授口嘗之興加于俎坐挩手執爵遂祭酒興席末坐啐酒挩始銳反啐七內反○挩拭也啐嘗也古文挩作說○拭音式降席坐奠爵拜告旨降席席西也旨美也執爵興主人阼階上答拜賓西階上北面坐卒爵興坐奠爵遂拜執爵興卒盡主人阼階上答拜○賓以虛爵降將洗以酢主人疏注將洗以酢主人○釋曰自此至賓西階上答拜論賓酢主人之事鄉飲酒不言虛爵直云降洗此言主人[illegible]云虛爵降不言洗互見為義相兼乃具也

從賓也降立阼階東西面當東序疏注從賓至東序○釋曰皆鄉飲酒文也賓西階前東面坐奠爵興辭降主人對賓坐取爵適洗北面坐奠爵于篚下興盥洗賓北面盥洗自外來疏注賓北至外來○釋曰對主人自內出南面也上文主人坐取爵適洗南面是也主人阼階之東南面辭洗賓坐奠爵于篚興對主人反位反位從降之位也主人辭洗進也疏注反位至進也○釋曰云反位從降之位也者即上東序之西南面位云主人辭洗進者經直言反不言進鄭以言反位由前進乃反位故本之主人辭洗進也賓卒洗揖讓如初升○主人拜洗賓荅拜興降盥如主人之禮賓升實爵主人之席前東南面酢主人酢報疏釋曰言如初則主人亦一揖一讓也主人阼階上拜賓少退主人進受爵復位賓西階上拜送

爵薦脯醢主人升席自北方乃設折俎祭如賓禮祭薦俎及酒亦嚌啐不告旨酒己物自席前適阼階上北面坐卒爵興坐奠爵遂拜執爵興賓西階上北面荅拜自由也啐酒於席末由前降便也○便婢面反後放此【疏】注自由至便也○釋曰鄭知義然者亦約鄉飲酒得知也

主人坐奠爵于序端阼階上再拜崇酒賓西階上荅再拜序端東序頭也崇充也謝酒惡相充滿也【疏】釋曰奠爵于序端此擬下獻衆賓故云取爵于序端與鄉飲酒同也

主人坐取觶于篚以降觶之豉反下同○將酬賓【疏】注將酬賓○釋曰自此至當西序論酬賓之事

賓降主人奠觶辭降賓對東面立主人坐取觶洗賓不辭洗不辭洗以其將自飲卒洗揖讓升賓西階上疑立主人實觶酬之阼階上北面坐奠觶

遂拜執觶興酬勸賓西階上北面荅拜主人坐祭遂
飲卒觶興坐奠觶遂拜執觶興賓西階上北面荅拜
主人降洗賓降辭如獻禮以將酬已疏注以將酬已○釋曰鄭言此者前下
辭洗主人自飲至此辭洗以將酬已故辭也升不拜洗酬禮殺也殺所界反○賓西
階上立主人實觶賓之席前北面酬賓賓西階上拜主
人坐奠觶于薦西賓辭坐取觶以興反位賓辭辭主人復親酌
已○復扶又反疏注賓辭至酌已○釋曰此射前獻時親酌已今復親酌已主人阼階上
拜送賓北面坐奠觶于薦東反位酬酒不舉疏注酬酒不舉○釋曰
鄉飲酒注引曲禮不盡人之歡之事此不言亦從鄭注可知主人揖降賓降東面
立于西階西當西序主人將與衆賓爲禮賓謙不敢獨居堂主人西南

面三拜衆賓衆賓皆荅一拜三拜示徧也壹拜不備禮也獻賓畢乃與衆賓
拜敬不能並○徧音遍疏注三拜至能並○釋曰云三拜示徧也者衆賓無閒多少止爲三拜而已
是示徧也云一拜不備禮也者衆賓人皆一拜是拜不備禮此亦荅大夫拜法以其此禮中含卿大夫法
若荅士拜則亦再拜見於特牲也云獻賓畢乃與衆賓畢者自爾來唯與賓拜未與衆賓拜今始拜之故
云敬不能並主人揖升坐取爵于序端降洗升實爵西階
上獻衆賓衆賓之長升拜受者三人長丁丈反○長其老者言三人
則衆賓多矣國以多德行道藝爲榮何常數之有乎○行下孟反疏注長其至有乎○釋曰衆賓之
長升拜受者三人此雖非賓賢能其衆亦三人在堂上與鄉飲酒數同其堂下與賓無定數故鄉云言三
人則衆賓多矣云國以多德行道藝爲榮者案周禮大司徒以鄉三物教萬民一曰六德二曰六行三曰
六藝此既鄉人則德行亦據六德六行道藝則六藝也此並與鄉飲酒賓介與衆賓之類並來與在射中

是以孔子射於矍相之圃觀者如堵墻彼亦檬孔子爲鄉大夫習八以禮樂之射至於誓之於後僅有存焉亦無常數之事也主人拜送拜送爵於衆賓右疏注拜送至賓右○釋曰知在衆賓右者約鄉飲酒獻衆賓皆於西階上賓右知之也坐祭立飲不拜既爵授主人爵降復位既盡疏釋曰此還上三人者降復賓南東面位衆賓皆不拜受爵坐祭立飲自第四以下又不拜受爵禮彌畧疏注自第至彌畧○釋曰此謂堂下衆賓無數者故鄭云自第四以下云又不拜受爵禮彌畧者三賓雖坐祭立飲不拜既爵仍拜受此衆賓非直坐祭立飲不拜既爵又不拜受爵故云禮彌畧也每一人獻則薦諸其席諸於疏釋曰此還據堂上三人有席者故云薦諸其席謂席前也衆賓辯有脯醢辯音遍○薦於其位疏注薦於其位○釋曰還據堂下無席者故鄭云薦於其位不云席也主人以虛爵降奠于篚不復用揖讓升賓厭衆賓升衆賓皆升就

席疏釋曰自此以下至舉觶者降論旅酬之事一人洗舉觶於賓一人主人之吏疏注一人主人之吏○釋曰主人之吏亦謂府吏以下非屬官也升實觶西階上坐奠觶拜執觶興賓席末荅拜舉觶者坐祭遂飲卒觶興坐奠觶拜執觶興賓荅拜降洗升實之西階上北面將進奠觶賓拜拜受觶舉觶者進坐奠觶于薦西不授賤不敢也疏注不授賤不敢也○釋曰以其是主人之吏既賤故不敢親授奠之也賓辭坐取以興若親受然疏注若親受然○釋曰云若親受然者賓辭即坐取以興故云若親受然也舉觶者西階上拜送賓反奠于其所舉觶者降疏釋曰云反奠于其所者還於薦西以其射後賓北面舉之爲旅酬故不奠于薦東也大夫若有遵者則入門左謂此鄉之人爲大夫者也謂之遵者方以禮樂化民欲其遵法之也其士也於旅乃入鄉

大夫士非鄉人禮亦於鄉入耳今文遵爲僎○僎音遵（疏）注謂此至爲僎○釋曰云大夫若有
遵者言若者或無不定故云若也鄭知是當鄉大夫者以其鄉射既與人行射禮而言大夫者當鄉大夫
可知云其士也於旅乃入者下記云士既旅不入明未旅間皆得入是以未旅而射其士皆在也知鄉大
夫士非鄉人禮亦然者以其同是鄉大夫士禮無異故也但異鄉不助主人樂賓爲別也主人降
迎大夫於門內也不出門別於賓○別彼列反（疏）注迎大至於賓○釋曰鄭知迎大夫於門內者以其
上文大夫入門左此經直云主人降不云出故知迎大夫於門內可知賓及衆賓皆降
復初位不敢居堂俟大夫入也初位門內東面（疏）注不敢至東面○釋曰知初位門內東面
者上文賓厭衆賓皆入門左東面北上故知也主人揖讓以大夫升拜至大
夫荅拜主人以爵降大夫降主人辭降大夫辭洗如
賓禮席於尊東尊東明與賓夾尊也不言東上統於尊也（疏）注尊東至尊也○釋曰上

云尊於賓席之東則在尊西今大夫言席於尊東明爲賓亦尊可知云不言東上統於尊也者席於尊東繼尊而言又不言東上西上是以下云大夫降席東南面降由上故知西上統於尊也升不拜洗主人實爵席前獻于大夫大夫西階上拜進受爵反位主人大夫之右拜送大夫辭加席主人對不去加席去起呂反○辭之者謙不以己尊加賢者也不去者大夫再重席正也賓一重席○重直容反下同【疏】釋曰云升不拜洗者以大夫尊故不拜洗也云反位者大夫反西階上位云主人大夫之右拜送者謂在大夫之東拜送爵也○注辭之至重席○釋曰云辭之者謙不敢以己尊加賢者鄉射之禮鄉人爲賓記云若大夫與則以公士爲賓亦選賢者爲之故辭加席又不以己尊加賢者也云不去者大夫再重席正也者鄉飲酒云公三重大夫再重故知大夫再重禮之正也云賓一重席者鄉人故一重繼公士爲賓亦一重也乃薦脯醢大夫升席設折俎祭如賓禮不

嚌肺不啐酒不告旨西階上卒爵拜主人答拜凡所不者殺於賓也大夫升席由東方【疏】注凡所至東方○釋曰：云凡所謂經中三事以其殺於賓若然上所云不拜洗亦是殺於賓之類也云大夫升席由東方者以其大夫席西上升由下故知大夫升席由東方也

大夫降洗將酢主人也大夫若衆則辯獻長乃酢【疏】注將酢至乃酢○釋曰自此至皆升就席論大夫酢主人訖賓主皆一升就席之事知大夫若衆則辯獻長乃酢者此經據大夫而言故獻大夫即酢案有司徹主人洗爵獻長賓于西階上然後衆賓長升拜受爵宰夫贊主人酌若是以辯乃升長賓主人酌酢於長賓西階上北面賓在左注云主人酌自酢序賓意賓卑不敢酢賓尸與凡卑飲酒禮同可以相參示是辯獻長乃酢也

主人復阼階降辭如初卒洗主人盥盥者雖將酌自飲尊大夫不敢褻【疏】注盥者至不敢褻○釋曰云盥者雖將酌自飲者以其下文大夫洗爵升授主人爵是主人酌以自酢故云雖將酌自飲云不敢褻者決有司徹主人自酌不盥是此爲

尊大夫雖自酢亦不敢褻也揖讓升大夫授主人爵于兩楹間復位主人實爵以酢于西階上坐奠爵拜大夫荅拜坐祭卒爵拜大夫荅拜主人坐奠爵于西楹南再拜崇酒大夫荅拜主人復阼階揖降將升賓疏注將升賓○釋曰云主人坐奠爵於西楹南者之前獻賓賓酢主人主人飲酢訖奠爵于東序端將後獻衆賓不得奠于篚中此受大夫酢不奠于篚者爲士於旅乃入擬獻士故奠爵于此也大夫降立于賓南雖尊不奪人之正禮疏注雖尊至正禮○釋曰大夫尊在堂則席之于尊東特尊之今降而在賓下者欲使賓主相對行禮若在其北則妨賓主揖讓之正禮故云不奪人之正禮主人揖讓以賓升大夫及衆賓皆升就席席工于西階上少東樂正先升北面立于其西言少東者明樂正西側階不欲大東辟射位○大音泰疏注言

少至射位○釋曰自此至告于賓論作樂之事云席工者謂爲工設席下文乃升席也云言少東者明樂正西側階者既言席工于西階上少東則在西階東矣復云樂正立于其西則近席西其言從近故知樂正側近西階東則不欲大東辟射位大射亦同此注燕禮注亦然者燕亦容有射法鄉飲酒工位與此同注不言者不射故也

工四人二瑟瑟先相者皆左何瑟面鼓執越內弦右手相入升自西階北面東上工坐相者坐授瑟乃降相息亮反何胡可反○瑟先賤者先就事也相扶工也面前也鼓在前變於君也執越內弦右手相由便也越瑟下孔所以發越其聲也前越言執者內有弦結手入之淺也相者降立西方

【疏】工四至乃降○釋曰云工四人二瑟則是二人歌可知經不言相歌二人者以其空相亦與瑟者同故不言直言瑟之難者也○注瑟先至西方○釋曰云瑟先賤者先就事也者案大射大師少歌衆工瑟是知瑟者賤也凡工者皆先瑟後歌是賤者先即事故序亦在前若然得獻亦在前以隨其先後而取之

故也云鼓在前變於君也者鄉飲與大射相對大射君禮而後首此臣禮前首故云變於君燕禮與鄉飲酒相對是以燕禮面鼓又與鄉飲酒後首相變云執越內弦右手相者案鄉飲酒注云內弦側擔之者據瑟體而言燕禮注云內弦弦為主者據弦體而說此言內弦右手相由便語異義同也云前越言執者內有弦結手入之淺也者瑟體首寬尾狹內越孔雖長廣狹亦等但弦居瑟上近首鼓處則寬近尾不鼓處而狹側持之法近鼓持之入則近手入則深是以通與燕禮言面鼓則云執之手入淺也大射於鄉飲酒言後首則云挎越手入深故也云相者降立西方者其相者是弟子位在西者是以下文云樂正適西方命弟子贊工遷樂于下故知此相工是弟子故降立還於西方也

笙入立于縣中西面縣音玄○堂下樂相從也縣中磬東立西面

疏注堂下至西面○釋曰云堂下樂相從也者案上文云縣于阼東北西面此云立于縣中明是堂下相從皆在東方也云縣中磬東立西面者謂在磬東當磬之東鄭知不在磬西西面者若磬西西面則笙者背磬不可故知在磬東西面也

乃合樂

周南關雎葛覃卷耳召南鵲巢采蘩采蘋合如字劉音閤○不歌不笙不間志在射畧於樂也不畧合樂者周南召南之風鄉樂也不可畧其正也昔大王王季文王始居岐山之陽躬行以成王業至三分天下乃宣周南召南之化本其德之初刑於寡妻至于兄弟以御于家邦故謂之鄉樂用之房中以及朝庭饗燕鄉射飲酒此六篇其風化之原也是以合金石絲竹而歌之○間間廁之間大音泰

【疏】乃合至采蘋○釋曰言乃者以其作樂之法先歌後乃合樂今不歌不笙不間唯合樂故言乃以見非常故也○注不歌至歌之○釋曰據鄉飲酒燕禮作樂有四節今不歌不笙不間唯有合樂故云志在射畧於樂也云合樂者周南召南之風鄉樂也者上注已云頌及大雅天子樂小雅諸侯樂此二南鄉大夫樂但鄉飲酒鄉射是大夫士爲主人故大夫士樂爲鄉樂者也云不可畧其正也者二南是大夫士之鄉樂已之正樂故云不可畧其正者也云昔大王已下至鄉飲酒注已說義具於彼此注畧言之耳若然者燕禮與鄉飲酒文同注又與燕禮不異者以其鄉射與鄉飲酒同是大夫士

禮鄉大夫士行射禮先行鄉飲酒禮鄉飲酒與鄉射自爲篇首尾故鄉飲酒注具於此畧言燕禮是諸侯禮天子諸侯射先行燕禮與大射自爲首尾是以工不燕禮歌笙間合鄭亦具注之大射又畧言之也

興告于樂正曰正歌備不興者瞽矇禮畧也○瞽矇音蒙疏注不興至畧也○釋曰言正歌者升歌也升歌鹿鳴是上歌諸侯樂非已正樂故以二南爲正歌也言備者凡作樂皆三終此備明亦三終也云不興者瞽矇禮畧也者以工告樂正以畢告尊當興今以瞽矇無目不可責其備禮故不興者於禮畧也

樂正告于賓乃降樂正降者堂上正樂畢也降立西階東北面○疏注樂正至北面○釋曰言告于賓者作樂主爲樂賓今歌備故告賓言歌備也言樂正降者堂上正樂畢也者以其鄉飲酒燕禮但升歌笙間合樂皆是正歌今畧去升歌笙間三者唯有合樂於堂上故云堂上正樂畢也云正樂者對後無筭樂非正樂也下射雖歌騶虞亦是堂下非堂上故以堂上決之也云降立西階東北面者此無正文約堂上樂正位在西階東北面今降亦當在西階東北面也

主人

取爵于上篚獻工大師則爲之洗爲于僞反○尊之也君賜大夫樂又從之以其人謂之大師也疏注尊之至大師○釋曰自此至反升就席論主人獻工笙之事但天子諸侯官備有太師少師瞽人作樂之長大夫士官不備不合有大師君有賜大夫士樂器之法故春秋左氏云晉侯歌鍾二肆取半以賜魏絳魏絳於是乎始有金石之樂禮也時以樂人賜之故鄭云賜大夫樂又從之以其人謂之太師也

賓降主人辭降大夫不降尊也疏注大夫不降尊也○釋曰云大夫不降尊也者此賓降大夫若降直與賓共文今不言大夫降鄉飲酒亦云賓降不言大夫降明大夫皆不降以其尊故也

工不辭洗卒洗升實爵工不興左瑟一人拜受爵左瑟辭主人授爵也一人無大師則工之長者疏工不至受爵○釋曰此言工不辭洗及一人拜受爵皆上大師也不言大師言工一人者欲見有大師則大師不辭洗拜受爵若無大師則凡工不辭洗拜受爵故變言工與一人假令大師左瑟先獻若歌則後獻亦先獻工一人是以鄭云一

人無大師則工之長者以鄉飲酒獻工時云一人不興受爵注云一人笙之長者也大師爲歌者未得獻先獻瑟工之長者也主人阼階上拜送爵薦脯醢使人相祭相息亮反○人相者疏注人相者○釋曰云人相者則弟子相之既相工明祭亦相之可知工飲不拜既爵授主人爵衆工不拜受爵祭飲辯有脯醢不祭祭飲不興受爵坐祭坐飲疏釋曰云工飲不拜既爵者還是上一人拜受爵者雖不拜既爵仍拜受也下衆工又對上一人拜受爵衆工不拜受爵也○注祭飲至坐飲○釋曰云祭飲不興受爵坐祭坐飲者對上賓主坐祭立飲故云坐祭坐飲亦不拜既爵可知也不洗遂獻笙于西階上不洗者賤也衆工而不洗矣而衆笙不洗者笙賤於衆工正君賜之猶不洗也疏注不洗至洗也○釋曰云衆工而不洗矣而衆笙不洗者笙賤於衆工正君賜之猶不洗也鄭云此者欲見工在上貴君賜之大師爲之洗笙賤位在下正使君賜之笙人猶不爲之洗況衆笙乎欲取賜笙人不爲之洗之意不取衆

笙下爲洗也笙一人拜于下盡階不升堂受爵主人拜送爵階前坐祭立飲不拜既爵升授主人爵衆笙不拜受爵坐祭立飲辯有脯醢不祭主人以爵降奠于篚

疏釋曰此經摠獻笙人雖賤中亦有尊卑故一人升階受爵餘者不升不拜階爵則同也

反升就席亦揖讓以賓升衆賓皆升

疏注亦揖至皆升○釋曰云亦揖讓以賓升衆賓皆升者謂亦前大夫若有遵者則入門左主人降賓及衆賓皆降主人共大夫行禮訖主人揖讓以賓升大夫及衆賓皆升就席相似故云亦若然上賓降時雖不言衆賓降衆賓畢從降可知故今賓從賓升也

主人降席自南方禮殺由便

疏注禮殺由便○釋曰自此盡未旅論立司正之事也云禮殺由便者對上文主人受酬爵時禮盛故主人降席自北方啐酒於席末亦然今此立司正禮殺故降席自南方故云禮殺由便也

側降賓不從降

疏注賓不從降○釋曰側降猶特降故云賓不從降也

作相

爲司正司正禮辭許諾主人再拜司正荅拜爵備樂畢將留賓以事爲有解倦失禮立司正以監之察儀法也詩云既立之監或佐之史○解古賣反監古咸反疏注爵備至之史○釋曰云爵備者謂賓及衆賓與尊者并工笙並得獻是爵備也云樂畢者合樂訖是樂畢以無升笙與間故不言樂成亦云畢而已也云將留賓以事者下有射事射訖行旅無筭之事故須立司正以監之但中間爲射變司正爲司馬射訖反爲司正以監察儀法也引詩者證監與正爲一物皆察儀法也主人升就席○司正洗觶升自西階由楹內適阼階上北面受命于主人洗觶者當酬以表其位顯其事也楹內楹北疏注洗觶至楹北○釋曰云受命于主人者謂受主人請安賓之命是以下云請安于賓鄭注云傳主人之命也西階上北面請安于賓傳主人之命賓禮辭許司正告于主人遂立于楹間以相拜相謂贊主人及賓相拜之辭主人阼

階上再拜賓西階上答再拜皆揖就席爲已安也今文揖爲升

司正實觶降自西階中庭北面坐奠觶興退少立奠觶表其位也少立自脩正慎其位也古文曰少退立【疏】注奠觶○至退立○釋曰此云北面坐奠觶鄉飲酒亦然者此二者皆臣禮故北面奠觶燕禮大射皆司正南面奠觶者彼是君禮欲取還之不背君故南面奠觶故大射云南面坐奠觶興右還北面少立坐取觶興坐不祭卒觶奠之興再拜稽首左還南面坐取觶洗南面反奠于其所北面立注云皆所以自昭明於衆也將於觶南北面則右還於觶北南面則左還如是得從觶西往來也必從觶西往來者爲君在阼不背之也○又取威儀多此及鄉飲酒在阼非君直北面奠觶又威儀簡故也

進坐取觶興反坐不祭遂卒觶興坐奠觶拜執觶興洗北面坐奠于其所今文坐取觶無進又曰坐奠之拜

興少退北面立于觶南立觶南亦其故擯位【疏】注立觶至擯位○釋曰云立觶

南亦其故擯位者案上不有擯位此立擯位者案射禮云擯者退中庭是擯者在中庭有位燕禮大射皆擯者爲司正則此鄉射及鄉飲酒云作相爲司正相即擯者也故知觶南者中庭故擯位也

未旅旅序也未以次序相酬以將射也旅則禮終也【疏】注旅序至終也○釋曰旅衆也而言序者謂衆以次序相酬必於未旅而射者旅則醉禮終恐不得射故於未旅而射也此大夫士禮將射先行鄉飲酒後行旅酬而已故射前未旅而射後乃始行旅酬燕禮大射國君禮故先行燕禮雖行一獻以其觶尊卑故行四舉旅大射主爲射故再拜訖即射燕禮主爲燕故三舉旅乃射彼皆與此不同也

三耦俟于堂西南面東上司正既立司射選弟子之中德行道藝之高者以爲三耦使俟事於此【疏】注司正至於此○釋曰自此已下盡樂正北面立于其南論三番射事鄭知司正既立司射即選弟子之中爲三耦俟事於此者經云俟於堂西明此特始選故知既立司正司射乃選弟子俟事於此也故記云三耦者使弟子司射前戒之注云弟子賓黨之少者也前戒謂先射請戒之

司射適堂

西袒決遂取弓于階西兼挾乘矢升自西階階上北
面告于賓曰弓矢既具有司請射袒徒旱反決古穴反挾音協一音子
協反乘繩證反○司射主人之吏也於堂西袒決遂
者主人無次隱蔽而已袒左免衣也決猶闓也以象
骨爲之著右大擘指以鉤弦闓體也遂射韝也以韋
爲之所以遂弦者也其非射時則謂之拾拾斂也所
以蔽膚斂衣也方持弦矢曰挾乘矢四矢也大射曰
挾乘矢於弓外見鏃於弣南巨指鉤弦古文挾皆作
接○闓音開著丁畧反又直畧反擘補革反韝古
侯反見賢遍反鏃子木反又七木反弣芳甫反
疏
注司射至作接○釋曰云司射取弓于階西兼挾乘
矢者以其司射之弓矢豫陳於西階故司射於堂西
袒決遂訖即取弓矢於階西是以下記云司射之弓
矢與扑倚于西階之西是也云有司請射者此有司
謂司馬故大射云司射自阼階前曰爲政請射注爲
政謂司馬司馬政官主射禮諸侯之洲長無司馬官
直言有司請射以比司馬也云司射主人之吏也者
以大射諸侯禮有大射正爲長射人次之司射又次之

小射正又次之皆是士爲之則此大夫士禮不得用士故知是主人之吏爲之可知云於堂西袒決遂者主人無次隱蔽而已者此對大射人君禮有次在東方不須適堂西也云袒左免衣也知袒左者凡事無問吉凶皆袒左是以士喪主人左袒此及大射亦皆袒左不以吉凶相反唯有受刑袒右故覲禮云乃右肉袒于廟門之東注云右肉袒者刑宜施於右是也云決猶闓也以象骨爲之者大射注亦然案繕人云掌王之用弓弩矢箙矰弋決拾鄭注云士喪禮決用正王棘若擇棘則天子用象骨與無正文故引士喪禮又云與以疑之若然諸侯及大夫生用象死用棘天子無問死生皆用象者蓋取其滑也云著右大擘指以鉤弦闓體也知者以右巨指鉤弦故知著於右大擘指也以右擘著極是以大射云朱極三注云以朱韋爲之三者食指將指無名指是也云遂射韝也以韋爲之以遂弦者也者大射注亦云遂射韝也以朱韋爲之著左擘所以遂弦也云其非射時則謂之拾拾斂也所以蔽膚斂衣也者此篇及大射將射云袒決遂射訖則云說決拾於公雖射亦謂之拾故大射云公就物小射正奉決拾以笥大射正執弓皆以

從於物彼亦臨時而云拾以公射袒朱襦言拾以見斂衣故變文以見義也云所以蔽膚斂衣也者言蔽膚據士斂衣據大夫已上是以下記大夫與士射袒纁襦燕禮記云君射袒朱襦若對君大夫亦與士同亦蔽膚也云方持弦矢曰挾者下記云凡挾矢於二指之間橫之是言其方可知引大射挾乘矢於弓外見鏃於弣是其方也若側持弓矢則名執故下文云司射猶袒決遂左執弓右執一个兼諸弦面鏃注云側持弓矢曰執面猶尚也幷矢於弦尚其鏃是也云乘矢四矢也者下云司射搢三挾一个又詩云四矢反兮是四矢曰乘凡物四皆曰乘也引大射者欲見挾爲方持弦矢

賓對曰其不能爲二三子許諾爲于僞反○言其不能謙也二三子謂衆賓已下

【疏】注言其至已下○釋曰二三子謂衆賓以下者謂除三耦之外通射者而言故云謂衆賓以下也若然按壺禮賓固辭乃許者彼因燕而爲之再辭乃許此爲衆習禮不專爲巳故一辭即許大射不請者彼擇士而射故不須云許直告射節而巳此爲衆燕習禮故云爲二三子許諾亦一辭而許也

司射適阼階上

東北面告于主人曰請射于賓賓許司射降自西階階前西面命弟子納射器弟子賓黨之年少者也納內也射器弓矢決拾旌中籌福豐也賓黨東面主人之吏西面○少申召反福音福疏注弟子至西面○釋曰鄭知弟子是賓黨之年少者以其賓黨西方東面今以西面命之明是賓黨是以鄭云賓黨東面主人之吏西面也言弟子故知少者知射器弓矢以下者並案下文所陳用者知之也云賓黨東面主人之吏西面者案投壺賓黨及主黨皆爲弟子皆得與投壺者彼燕法主歡心故皆與今此射與鄉人習禮鄉飲酒同上下經文黨皆不與也乃納射器皆在堂西賓黨與大夫之弓倚于西序矢在弓下北括衆弓倚于堂西矢在其上倚於綺反括古活反○上堂西廉矢亦北括疏釋曰云賓與大夫之弓倚于西序矢在弓下北括衆弓倚于堂西矢在其上者以其序在堂上故矢在弓下堂西矢在堂上隨其所宜而已云上堂西廉者以其弓在堂西故矢在上者遠

在堂上之廉稜也云矢亦北括者其在堂上西序者北括故知堂下亦於上亦北括也主人之弓矢在東序東亦倚于東序也矢在其下北括【疏】注亦倚至北括○釋曰上賓大夫弓矢在西序矢在北括此士人弓矢如上也司射不釋弓矢遂以比三耦於堂西三耦之南北面命上射曰某御於子命下射曰子與某子射比毗志反○此選次其才相近者也古文曰某從於子○近附近之也【疏】注比選至於子○釋曰言遂以者司射因上階前令弟子納射器不釋弓矢遂比三耦因曰遂故云遂以也云比選次其才相近者也者才雖各自用乃因選其力相遮爲宜也司正爲司馬兼官由便也立司正爲飲酒爾今射司正無事【疏】注兼官至無事○釋曰言兼官者若以諸侯對大夫大夫兼官諸侯具官特以諸侯對天子天子具官諸侯兼官各有所對故云兼官云由便也者侯司正爲司馬不煩餘官也案射義云孔子射於矍相之圃射至於司馬使子路執弓矢出延射又使公罔之裘序點揚

觶而語但此篇是州長春秋習射法兼士有鄉大夫三年貢士之後以五物詢衆庶射於庠鄉大夫五物詢衆庶而引孔子射于矍相之事則孔子曾之鄉大夫也衆以其天子鄉大夫鄉爲之諸侯鄉大夫使下大夫爲之是其差也但鄉飲酒之禮二人舉觶爲無筭爵據此篇未旅先射射訖行旅酬酬訖賓使二人舉觶爲無筭爵未射時詢衆庶得使公罔之裘亭點二人揚觶者揚觶實在射後一酬訖始行之今孔子詢衆庶之時借取無筭爵時於旅也語故使公罔之裘序點二人揚觶以詢衆庶此篇司射恒執弓矢子路亦執弓矢則子路爲司射也射於矍相時云射至司馬此文又云司正爲司馬則使子路詢衆庶時當此節也

司馬命張侯弟子說束遂繫左下綱說吐活反又始銳反○事至也○今文說皆作稅

疏注事至也○釋曰上張侯時不繫左下綱中掩束之今弟子說其束不致地遂繫左下綱於植事至故也

司馬又命獲者倚旌于侯中爲當負侯也獲者亦弟子也謂之獲者以事名之

疏注爲當至名之○釋曰案下記云司馬皆前命張侯遂命倚旌以記

言之司馬命張侯與命倚旌其事相因故云并明同是西階前也云爲當負侯也者下云司馬命獲者執旌以負侯是也知獲者亦弟子者堂下位主人之黨在東賓弟子在西下云獲者由西方坐取旌倚于侯中言由西方是賓黨弟子可知亦上張侯者也云以事名之者以其唱獲故名獲者也

獲者由西方坐取旌倚于侯中乃退樂正適西方命弟子贊工遷樂于下當階射也贊佐也遷徙也○辟音避弟子相工如初入降自西階阼階下之東南堂前三笴西面北上坐相息亮反笴古可反○笴矢幹也令文無南○幹古但反[疏]注笴矢幹也○釋曰言如初入者亦如上升堂時相者亦在左何瑟面鼓內弦右手相如入升時也云笴矢幹也者案矢人注矢幹長三尺是去堂九尺也

樂正北面立于其南北面鄉堂不與工序也○鄉許亮反[疏]注北面至序也○釋曰云不與工序也者工西面北上以南北爲序樂正北面則東西爲列故云不與工序也

司射猶

挾乘矢以命三耦各與其耦讓取弓矢拾拾其劫反除決拾之外皆同○猶有故之辭拾更也○更音庚疏注猶有至更也○釋曰自此盡取扑搢之以反位論司射誘射教三耦射法之事大射有次三耦取弓矢於次注云取弓矢不拾者次中隱蔽處則此無次取弓矢拾者拾更也遞取弓矢見威儀故也云猶有故之辭者前已云司射兼挾乘矢此云猶是有故之辭云此者欲見司射恒執弓矢未改之意

三耦皆袒決遂有司左執弣右執弦而授弓有司弟子納射器者也凡納射器者皆執以俟事疏注有司至俟事○釋曰前有司請射辭為司馬此有司為弟子者以有事者皆有司啟鄭注辭上有司請射與大射為政請射同故辭為司馬此經以納射器使弟子不見出文則弟子執射器入者即使守之以授用者故知有司還是弟子是以鄭云凡納射器者皆執以俟事

遂授矢受於納矢而授之疏注受於至授之○釋曰此授矢者則上文有司授弓者以其弟子執弓三矢故授弓訖復授矢是以鄭云受於納矢而授之

耦皆執弓搢三而挾一个未違侯處也搢捷也捷於帶右○捷初洽反下同

疏注未違至帶右○釋曰上云三耦侯于堂西又云遂以比三耦於堂西此云三耦皆執弓搢三而挾一个前後皆因前位乃未違侯處下文乃云三耦皆進由司射之西立于其西南東面北上是移本位也云搢插也插於帶右者以其左手執弓右手抽矢而射故知插於帶右故詩云左旋右抽是也

司射先立于所設中之西南東面三耦皆進由司射之西立于其西南東面北上而俟司射東面立于三耦之北搢三而挾一个爲當誘射也因東面矣復言之者明卻時還○復扶又反下復言同

疏注爲當至時還○釋曰云因東面矣復言之者明卻時還者司射先在中西南東面今三耦立定司射卻來向三耦之北東面明司射卻時右還西南東面也

揖進當階北面揖及階揖升堂揖豫則鉤楹內堂則由楹外當左物北面揖

豫音榭出注○鉤楹繞楹而東也序無室可以深也周立四代之學於國而又以有虞氏之序爲鄉學鄉飲酒義曰主人迎賓于庠門外是也庠之制有堂有室也今言豫者謂州學也讀如成周宣謝災之謝周禮作序凡屋無室曰榭宜從榭州立謝者下鄉也左物下物也今文豫爲序序乃夏后氏之學亦非也○下遐嫁反【疏】注鉤楹至非也○釋曰凡行射禮耦耦各相對揖故司射誘射發東面位揖進當西階北面揖及階揖升堂揖訖東行向兩楹間物須過西楹是以豫則鉤楹內北過以記云序則物當棟物近北故過由楹北也堂則由楹外過而東行以記云堂則物當楣物近南故過由楹南也云當左物者以南面爲正東爲左物北面又揖也云鉤楹繞楹而東也者北而東也云序無室可以深也者據州立序而言也云周立四代之學於國者案王制云有虞氏上庠下庠夏后氏東序西序殷人左學右學周人東膠虞庠周立四代者通已爲四代也但質家貴右故虞殷大學在西郊小學在國中文家貴左故夏周大學在國中王宮之東小學在西郊周所立前代學者立虞夏殷三代大學若然則虞氏立庠則周之小學爲有虞

氏之庠制在西郊也立殷之右學則瞽宗周立之亦在西郊立夏后氏之東序則周之東膠立在王宮之東以其改東序爲東膠東膠二代名故云周立四代學文王世子亦論四代學中學樂之事云而又以有虞氏之庠爲鄉學者與周立虞庠同制故引鄉飲酒義爲證鄉立庠之義也云庠之制有堂有室也者則此篇云堂則由楹外又記云堂則物當楣是也論語云由也升堂矣未入於室室堂相將有室必有堂言此者見庠則室堂俱有對榭則有堂無室也云今言豫者謂州學也者周禮地官州長職云春秋以禮會民而射于序是也云讀如成周宣榭災之榭者案宣公十六年經書成周宣榭火彼雖不據學以其無室與爾雅無室曰榭同故引以爲證也云周禮作序者據州長職文云凡屋無室曰榭宜從榭者鄭廣解榭名爾雅云闍謂之臺有木者謂之榭及成周宣榭及此州立榭皆是無室故云凡以該之不得旋豫及序故云宜從榭也云州立榭者下鄉也者以其鄉之庠有室有堂州榭則有堂無室故云下鄉也云今文豫爲序序乃夏后氏之學亦非也不從今文者以其虞庠夏序皆是有室州之序則無室故云非言亦者古

文爲豫已非今文作夏后氏之序亦非若然禮記學記及州長職幷下記皆作序鄭不破之者以鄉立虞庠依虞有室州立夏序去室猶取序名是鄭注州長云序州黨之學也故不破之也及物揖左足履物不方足還視侯中俯正足方猶幷也志在於射左足至右足還幷足則是立也南面視侯之中乃俯視幷正其足○幷步頂反【疏】注方猶至其足○釋曰云志在於射者辟足未正先視侯中之意言左足至者辟左足履物也右足還幷足則是立也者辟經不方足還及正足之言若然還時兼視侯中也此不言畫物早晚案大射納射器之下即言工人士與梓人升自北階兩楹間疏數容弓若丹若墨度尺而午此不言者早者文略亦當在納射器後即畫之也不去旌去起呂反○以其个獲【疏】注以其不獲○釋曰以其旌擬唱獲今以三耦誘射不唱獲故不去旌也誘射誘猶教也將乘矢將行也行四矢象有事於四方【疏】注將行至四方○釋曰云象有事於四方考詩云四矢反兮以御亂兮是足四矢有事於四方執弓不挾右執弦不挾

盡疏注不挾矢盡○釋曰案上文司射者射時云搢三而挾一个又云將乘矢故知矢盡空執弦也

南面揖揖如升射降出于其位南適堂西改作一个

挾之改更也不射而挾之示有事也今文曰適序西疏釋曰云出于其位南適堂西者上文司射位設于所設之中之西南東面今乃適位南而北迴適堂西者取教衆耦威儀之法故也云改作一个挾之者此不在西階而在堂西故適堂西即云改取一个也

遂適階西取扑搢之以

反位扑所以撻犯教者書云扑作教刑○撻地達反疏注扑所至教刑○釋曰引書者舜典文也彼謂教學之刑此為教射法教蹤不同用扑是一故引為證也

司馬命獲者執旌以

負侯欲令射者見侯與旌深有志於中○令力呈反中丁仲反疏注欲令至於中○釋曰自此盡搢扑論三耦為第一番法云欲令射者見侯與旌深有志於中者凡射主欲中侯使獲者舉旌唱獲以是豫使見之望深有志於中也

獲者適侯執旌負侯而俟俟待也今文俟為立

疏釋曰俟待也而待者謂待司馬命去侯司射還當上耦西面作上耦射還左還也作使也疏注還還左還也○釋曰知左還者經云還當上耦上耦位在司射之西南東面司射還欲西面與上耦相當故知左還迴身當之取便可知也司射及位上耦揖進上射在左並行當階北面揖及階揖上射先升三等下射從之中等中猶間也○間間側之間疏釋曰云司射及位者及中西南東面位也上射升堂少左下射升上射揖並行並併也併東行疏注併東行○釋曰知並行併東行者以其既言升乃言並行故知併東行向物也云少左者言上射先升少左避下射升階也皆當其物北面揖及物揖皆左足履物還視侯中合足而俟○司馬適堂西不決遂袒執弓不決遂因不射不備疏注不決至不備○釋曰皆左足履物者謂先以左足履物東頭少合足而俟司馬命去侯云

因不射不備此決司射誘射行事袒則決遂執弓挾矢令司馬不射故不備直袒而已也若然大射司馬正不射而袒又復決遂者彼大射志於射故司馬正不射而袒復決遂以其不爲射仍不挾矢也

出于司射之南，升自西階，鉤楹，由上射之後，西南面立于物間，右執籥，南揚弓，命去侯。鉤楹以當由上射者之後也籥弓末也大射曰左執弣揚猶舉也

【疏】注鉤楹至舉也○釋曰鉤楹者於西楹西而北東行過由上射之後乃西南面立于物間者欲取南揚弓向侯便故也右執籥者不可一手揚弓故引大射曰左手執弣左當郤手則右執籥者右當覆手也

獲者執旌許諾，聲不絕，以至于乏，坐，東面偃旌，興而俟。聲不絕不以宮商不絕而已鄉射威儀省偃猶仆也○省所景反仆音赴

【疏】注聲不至仆也○釋曰云而俟者待射者發矢當坐故下云獲者坐而獲也云鄉射威儀省者決大射云負侯皆許諾以宮趨直西及乏南又諾以商至乏聲止是其唱諾爲宮商是其威儀多此不者威儀

省故也

司馬出于下射之南還其後降自西階反由司射之南適堂西釋弓襲反位立于司射之南還，劉戶串反，一音環。圖下射者，明爲二人命去侯。疏注圖下至去侯。釋曰：司馬在上射之後，立於物間，命去侯訖，物間南行西向適階降，是其順矣。今命去侯訖，乃圖下射之後，繞下射之東南行而適西階，去若出物間西行，則似直爲上射命去侯，是以并下射圖遶之，明爲二人命去侯也。司射進與司馬交于階前相左由堂下西階之東北面視上射命曰無射獲無獵獲上射揖司射退反位無射之射，食亦反。射獲謂矢中人也。獵矢從傍。旁，蒲郎反，或作傍。疏注射獲至從傍。釋曰：云交于階前相左者，既云司射與司馬交于階前相左，乃云由堂下西階遶東北面，則相左之時在西階之西，司馬由北而西行，司射由南而東行，各以左相近，故云相左也。司射既不升堂，不得六司射向北，司馬向南而相左也。云射獲謂矢中

人也者人謂獲者亦以事名乃射上射既發挾矢
云獵矢從傍者謂從之傍也
而后下射射拾發以將乘矢后後也當從后疏注后後至從后○釋曰引
孝經說取孝經緯援神契文彼說孝經云然後能保
其社稷之等皆作后后者後也故不從古文後是以
云當從后獲者坐而獲射者中則大言獲獲得也射講武田之類是以中爲獲也疏注射
者至獲也○釋曰此本釋筭故下經云獲而未釋獲鄭云但大言獲未釋其筭是也云獲得也射講武田
之類是以中爲獲也者詩云舍拔則獲謂射著禽獸爲獲獲則得也戰伐得因俘亦曰獲射者正鵠亦曰
獲但舉旌以宮大言獲也偃旌以商小言獲也舉旌以宮偃旌以商宮爲君商爲臣
聲和律呂相生疏注宮爲至相生○釋曰宮爲君商爲臣禮記樂記文宮數八十一數最濁故爲君配
中央土商數七十二次君故爲臣配西方金云聲和律呂相生者以其以黃鍾之初九下生林鍾之初六
林鍾又上生大蔟之九二初九與九二雖非以次相生大蔟亦由黃鍾所生故云聲和由律呂相生故舉

旌以宮偃旌以商不取其餘律呂也獲而未釋獲但大言獲未釋其筭卒射皆執弓不挾南面揖揖如升射不挾亦右執弦如司射上射降三等下射少右從之中等並行上射於左降下疏釋曰此上射下射升與降階上射為先又上射升降皆在左與升射者相左交于階前相揖由司馬之南適堂西釋弓說決拾襲而俟于堂西南面東上三耦卒射亦如之司射去扑倚于西階之西升堂北面告于賓曰三耦卒射說吐活反又始銳反○去扑乃升不敢佩刑器即尊者之側疏注去扑至之側○釋曰云不敢佩刑器即尊者之側者此司射將升堂即賓前敢去扑於階西乃升是不敢佩刑器即於尊者之側也大射司射去扑倚于階西適阼階下北面告于公曰三耦卒射不升堂亦去扑皆國君尊雖堂下亦去扑也賓揖以揖然之疏注以揖然之○釋曰

大射司射告公三耦卒射不見公揖然之者公尊故也司射降搢扑反位司馬適堂西袒執弓由其位南進與司射交于階前相左升自西階鉤楹自右物之後立于物間西南面揖弓命取矢揖推之也【疏】釋曰自此盡加于楅論三耦射訖取矢之事○注揖推之也○釋曰推手曰揖引手曰厭故周禮司儀天揖時揖土揖鄭注皆以推手辭之是以推手為揖但揖弓者向侯而推之以其命取矢故也揚弓者向之而揚之以其命去侯故也獲者執旌許諾聲不絕以旌負侯而俟俟弟子取矢以旌指教之【疏】注俟弟至教之○釋曰此即下文弟子取矢委于楅是也司馬出于左物之南還其後降自西階遂適堂前北面立于所設楅之南命弟子設楅楅猶幅也所以承笴齊矢者【疏】注楅猶至矢者○釋曰云楅猶幅也訓楅為幅者義取若布帛有邊幅整

齊之意故云所以承笴齊矢即下云委于楅北括又大射云既拾取矢梱之注云梱齊等之是其承笴也

乃設楅于中庭南當洗東肆東肆統於賓疏注東肆統於賓○釋曰此弟子設楅之時司馬教之故大射云小臣師設楅司馬正東面以弓為畢鄭注云畢所以教助執事者明此亦然云東肆統於賓者然則楅有首尾故下記云楅長如笴博三寸厚寸有半龍首鄭注云兩端為龍首若然則有首無尾而言西上者龍有刻飾記之為首尾也

司馬由司射之南退釋弓于堂西襲反位弟子取矢北面坐委于楅北括

乃退司馬襲進當楅南北面坐左右撫矢而乘之乘成搯反○撫拊之也就委矢左右手撫而四四數分之也上既言襲矢復言之者嫌有事即袒也凡事升堂乃袒○拊者甫反數所主及下俟數同疏注撫拊至乃袒○釋曰云司射之南退釋弓者司馬從堂西釋弓還依三耦所行之處亦取威儀進止之事故曰司射之南也云委矢于楅北括者順射時矢南行

數也云撫拊之也者言撫者撫拍之義言拊者取附近之理故轉從拊也云就委矢左右手撫而四四數分之也者謂司馬北面就所委矢之南北面以右手撫四矢於東以左手撫四矢於西是四四數而分之也云上既言襲矣復言之者嫌有事即袒也者案上文命弟子設楅退特已襲今復言襲進者嫌有事則袒故重言之也云凡事升堂乃袒者堂下雖有事亦不袒若司射不問堂上堂下有事即袒司馬與司射遂行事恐同故明之也

若矢不備則司馬又袒執弓如初升命曰取矢不索索悉各反○索猶盡也弟子自西方應曰諾乃復求矢加于楅應應對之應復扶又反○增故曰加鄉獲者許諾至此弟子曰諾事同互相明○鄉許亮反又作鄉

疏注增故至相明○釋曰上言獲者執旌許諾故曰鄉獲者許諾至此弟子曰諾以其事同互相明也言互者獲者執旌許諾不言弟子許諾則弟子亦許諾此直言弟子自西方應曰諾不言獲者應諾則獲者亦應諾可知以其事同省文故互相明之

司射倚扑于階西

升請射于賓如初賓許諾賓主人大夫若皆與射則
遂告于賓適阼階上告于主人主人與賓爲耦與音預○
言若者或射或否在時欲耳射者繹己之志君子務焉大夫尊者也告賓曰主人御于子告主人曰子與
賓射
疏注言若至賓射○釋曰自此盡比衆耦辯論次番將射比衆耦之事但射禮三而止第一番直
司射與三耦誘射不釋筭第二番三耦與衆耦俱射
釋筭第三番兼有作樂爲射節云言若者或射或否
者以若是不定之辭故知或射或否射者繹己之志
者禮記射義文繹謂陳己之志意也云大夫尊者也
者上云大夫有遵者是也故與賓主同在任情之限
云告賓曰主人御于子告主人曰子與賓射此約下
大夫與士射之辭以賓比大夫以主人比士尊賓之義也
遂告于大夫大夫雖衆
皆與士爲耦以耦告于大夫曰某御于子大夫皆與士爲耦謙
也來觀禮同爵自相與耦則嫌自尊別也大夫爲下
射而云御於子尊大夫也士謂衆賓之在下者及羣

士來觀禮者也。禮一命已下齒於鄉里。○別，彼列反。疏注大夫至鄉里○釋曰：云大夫爲下射而云御於子，尊大夫也者，上命三耦云命上射曰某御於子，命下射曰子與某子射，今命大夫云某御于子，與上射同者，尊大夫也。大夫雖爲下射，其辭不與下射同也。云士謂衆賓之在下者，言衆賓射與賓俱來者也。下記云大夫與，則公士爲賓。鄭注云：公士在官之士。則衆賓之內亦有士矣，與賓俱至，則得主人之所命者也。其將射而至者，非主人之所命，直來觀禮者也。但是一命已下，莫問先後而至，皆齒于堂下，故鄭總云士謂衆賓之在下者及羣士來觀禮者也。云禮一命以下齒于鄉里者，周禮黨正禮卜月行注齒位之禮云一命齒于鄉里，再命齒于父族，三命不齒。案鄉飲酒注云：此篇無正齒位之禮，則鄉射先行鄉飲酒之禮，亦無正齒位之法，而云一命以下齒于鄉里者，鄉飲酒、鄉射雖無正齒位之禮，士立于下，是以一命者在下與鄉里齒，是其常法。諸侯之士，士無再命以上。若爲公卿大夫，自在尊東，爲遵也。言士謂衆賓之在下者，則堂上三賓不與大夫爲耦矣，亦皆射，故下文云衆賓與射者皆降是也。西階上北面作衆賓射作使司射降搢扑由司馬之南適堂西立比衆耦比毗志反○衆耦大夫耦及衆賓也命大夫之耦曰子與某子射其命衆耦如命三耦疏注衆耦至三耦○釋曰云衆耦大夫耦及衆賓也者言大夫之耦唯謂堂下之士言衆賓則兼堂上三賓故下云衆賓皆降云命大夫之耦曰子與某子射此即上文命下射之辭也云其命衆耦如三耦者上命三耦云命上射曰某御於子命下射曰子與某子射是也以其俱是士故命辭同與衆賓將與射者皆降由司馬之南適堂西繼三耦而立東上大夫之耦爲上若有東面者則北上言若者大夫士來觀禮及衆賓多無數也疏注言若至數也○釋曰言由司馬之南適堂西者上文司馬位在司射之南東面是也云多無數也者以其言若亦是不定之辭故無常數也衆賓若少以南面爲正若多不受則西邊東面北上若然大夫來在尊東爲遵而此言之者鄭揔簡衆觀禮之義不謂大夫執在此位也賓主人與大

夫皆未降言未降者見其志在射○見賢遍反疏注言未至在射○釋曰言未降後有降階之理故下云三耦卒射賓主人大夫揖皆由其階降與耦俱升射也言志在射者以其射在於堂上故也

司射乃比衆耦辯衆賓射者降比之耦乃偏○偏音遍疏注衆賓至乃偏○釋曰云衆賓射者降比之耦乃偏者以上文司射降比衆耦下文乃云衆賓射者皆降鄭恐衆賓堂上後降者不比故兼堂上後降亦比乃偏也

遂命三耦拾取矢司射反位反位者俟其袒決遂來疏注反位盡遂來○釋曰自此盡爲上論拾取矢并衆耦皆就射位之事云反位者俟其袒決遂來者下文云三耦拾取矢進立于司馬之西南是也此司射反位不言先下將欲爲下番射司射堂西命三耦及衆賓皆袒決遂執弓就位司射先反位鄭注云言先三耦及衆賓鼎、、言先三耦未有拾取矢位無所先以此言之明言先反者對來反位之辭俱有位得言先若一有一無不得言先即此文是以下文注決此也若俱無亦得言先故上云司射比三耦於堂西云司射先立於所設中之西南東面三耦皆進由司射之西立于其西南東面北上而俟是其皆未有位亦得言先三耦拾取矢皆袒決遂執弓進立于司馬之西南必袒決遂者明將有射事（疏）注必袒至射事○釋曰立于司馬之西南者案上司射位在中西南司馬位在司射南今立于司馬之西南亦東面北上也云必袒決遂者明將有射事者始取未有射事而袒決遂者以其取矢訖有射故豫著之故云將有射事也司射作上耦取矢作之者還當上耦如作射（疏）注作之至作射○釋曰案上文司射作射之時在還當上耦西面作上耦射作取矢亦如之故云還當上耦如作射司射反位上耦揖進當福北面揖及福揖當福福正南之東西（疏）注當福至東西○釋曰此上耦發位東行時一南一北並行及將至福南下耦在南稍進當前福南俱北面揖其時上射稍西下射稍東東西相當故云當福福正南之東西也上射東面下射西面上射揖進坐橫弓郤手自弓下取一个兼諸弣順

羽且興執弦而左還退反位東面揖卻去逆反○橫弓者南踣弓也卻手由弓下取矢者以左手在弓表右手從裏取之便也兼并矢於弣當順羽既又當執弦也順羽者手放而下備不整理也不言毋周在阼非君周可也○踣蒲北反毋亦作無同

【疏】注橫弓至可也○釋曰言順羽且興者謂以左右順羽之特則興故云且興也言左還者以左手向外而西回也東面揖者揖下射使取矢也云橫弓者南踣弓也者覆左手以執弓卻右手以取矢便故知不北踣弓也云以左手在弓表者表弓背也覆手以執背故云左手在弓表云右手從裏取之便也者覆手在表執弓手卻在裏取矢故云便也云不言毋周在阼非君周可也者案大射云左旋毋周反面揖鄭注云左還反其位毋周右還而反東面也君在阼還周則下射將背之此直云左還反位不言毋周明還周可也鄭云下射將背之則上射背左還毋周也

下射進坐橫弓覆手自弓上取一个興其他如上射覆手巨弓上取矢者以左手在弓裏右手從表取之亦便○覆芳伏反

【疏】

注覆手至亦便○釋曰云以左手在弓裏右手從表取之亦便者上射在西云南踣弓此不云踣弓則亦南踣弓知者以其亦用左手執弓覆右手取矢則執弓卻左手可知既仰左手向上執弓而南踣故用右手弓上向下取矢亦便也既拾取乘矢揖皆左還南面揖皆少進當福南皆左還北面揖三挾一个福南鄉當福之位疏注福南至之位○釋曰云福南鄉當福之位者上云進當福北面揖今至此位皆還北面也揖皆左還上射於右上射轉居右便其反位也下射左還少南行乃西面疏注上射至西面○釋曰云上射轉居右便其反位也者此決射時升降上射皆居左彼自堂西不履庭位故此履庭位故上射轉在右是以鄭云便其反位也云下射左還少南行乃西面者以其初北面時東西相當今西行宜並故下射少南行乃西面取並行故也與進者相左相揖反位相左皆由進者之北疏注相左至之北○釋曰云由進者之北者以其進取矢者東行此則西行由進者之北則得相左也三

耦拾取矢亦如之後者遂取誘射之矢兼乘矢而取之以授有司于西方而后反位取誘射之矢挾五个弟子逆受於東面位之後【疏】注取誘至之後。釋曰云三耦拾取矢亦如之者上云三耦之中上耦外而言之云取誘射之矢挾五个者以其前拾取矢皆搢三挾一个乃反位此則先取四矢亦搢三挾一个乃并取誘射四矢兼挾之故五个也云弟子逆受於東面位之後者弟子即納射器者因留主授受於堂西西方今見下耦將司射矢來向位仍西面弟子即往逆受之說下射乃反東面故云授有司于西方而后反位謂反向東面位是以鄭亦云弟子逆受於東面位之後也

衆賓未拾取矢皆袒決遂執弓搢三挾一个由堂西進繼三耦之南而立東面北上大夫之耦爲上未猶不也衆賓不拾者未射無楅上矢也言此者嫌衆賓三耦同倫初時有射者後乃射有拾取矢禮也【疏】注未猶至禮也。釋曰云未猶不也者若言未謂此第一番射

時未有拾取矢禮以其第一番唯有三耦射無賓射法不得云未是以轉爲不以眞全不拾取矢也云言此者嫌衆賓三耦同倫初時有射者此解經云衆賓不拾之意有此嫌故明之云後乃射有拾取矢禮也者據第三番衆賓乃射自然有偪上拾取矢禮後文見之也　司射作射如初一耦揖升如初司馬命去侯獲者許諾司馬降釋弓反位司射猶挾一个去扑與司馬交于階前升請釋獲于賓去起呂反猶有故之辭司射既誘射恒執弓挾矢以掌射事備尚未知當教之也今三耦卒射衆足以知之矣猶挾之者君子不必也疏注猶有至以也〇釋曰自此盡共而侯論第二番射之事案大射第二番射司馬去侯云如初此司馬命去侯不言如初者此臣禮威儀省司馬初命去侯時獲者許諾聲不絶以至于乏再番一番命去侯獲者直許諾無不絶事故不言如初大射君禮威儀多故第二番與前同獲者以宮商爲之故言如初於第三番禮殺復不以宮商直許諾又不得言如初云今三耦卒射衆

只以知之矣猶挾矢者君子不必也者一耦教射者三耦卒射衆賓足知射禮猶挾矢教之此君子不必也者案論語孔子云君子無必固無我以不必即知故仍教之無賓許降搢扑西面立于所設中之東北面命釋獲者設中遂視之視之當教之疏注視之當教之○釋曰云當教之者謂教其釋算安置左右及數算告勝負之事亦教之也

釋獲者執鹿中一人執算以從之鹿中謂射於榭也於庠當兕中疏注鹿中至兕中○釋曰以州長是士射于榭鄉大夫是大夫爲之射于庠下記云士則鹿中大夫兕中故云鹿中謂射於榭也於庠當兕中也釋獲者坐設中南當福西當西序東面興受算坐實八算于中橫委其餘于中西南末興共而俟共九勇反○興還北面受算反東面實之疏注興還至實八之○釋曰云設中南當楅南北節西當西序東西節云興還北面受算反東面實之者以其所納射器皆在堂西執中與算皆從

堂西來向西序之南南面故執中者既東面司射遂坐設訖興還向北面授筭興向東面實之也

進由堂下北面命曰不貫不釋貫古亂反○貫猶中也不中正不釋筭也古文貫作關○中丁仲反正音征疏注貫猶至作關○釋曰言不貫者以其以布為侯故中者貫穿布侯故以中為貫也是以鄭云貫猶中也中則貫也上射揖司射退反位釋獲者坐取中之八筭改實八筭于中興執而俟執所取筭疏注執所取筭○釋曰八筭者人四矢一耦八矢雖不知中否要須一矢則一筭改實八筭擬後來者用之

乃射若中則釋獲者坐而釋獲每一个釋一筭上射於右下射於左若有餘筭則反委之中丁仲反○委餘筭禮尚異也委之合於中西疏注委餘至中西○釋曰云上射於右下射於左者以釋獲者東面為正依投壺禮賓黨於右主黨於左是以上射於右賓黨也下射於左主黨也云委餘筭禮尚異也者委餘筭來知有幾

不可盡中所有餘亦得於後釋要委餘於地別取中內八筭者禮尚異故不用餘者云委之合於中西者筭法多少視射人多少不定要横委其餘於中西手中餘者與之合也

又取中之八筭改實八筭于中興執而俟三耦卒射賓主人大夫揖皆由其階降揖主人堂東袒決遂執弓搢三挾一个賓於堂西亦如之皆由其階階下揖升堂揖主人爲下射皆當其物北面揖及物揖乃射卒南面揖皆由其階階上揖降階揖賓序西主人序東皆釋弓說決拾襲反位升及階揖升堂揖皆就席或言堂或言序亦爲序榭互言也賓主人射大夫止於堂西

疏注或言至堂西○釋曰上云榭則鉤楹內謂射於榭者也堂則由楹外謂射於序者也此當有鄉大夫射於庠亦有州長射於序故互見其義互言者今袒決遂則言堂東西

見在序也在榭亦然釋弓説決拾則言序東序西序則榭也在序亦然故言序東西周公省文欲兩見之也云大夫止於堂西者上賓主人大夫俱降無堂西之文下云大夫袒決遂就其耦故知此時止於堂西故記云大夫降立于堂西以俟射也

大夫袒決遂執弓搢三挾一个由堂西出于司射之西就其耦大夫爲下射揖進耦少退揖如三耦及階耦先升卒射揖如升射耦先降降階耦少退皆釋弓于堂西襲耦遂止于堂西大夫升就席耦於庭下不並行尊大夫也在堂如上射之儀近其事得申疏注耦於至得申○釋曰言在堂如上射之儀者謂耦先升是如上射身先升法以其近射事故得申也

衆賓繼射釋獲皆如初司射所作唯上耦於是言唯上耦者嫌賓主人射亦作之大射三耦卒射司射請于公及賓疏注於是至及賓○釋曰云於是言唯上耦者嫌賓主人射亦作之鄭言此

者若二耦射下即言所作唯上耦[illegible]則賓主人射作之未可知故於衆賓射訖乃言此明[illegible]賓主射不作可知故於此乃言所作唯上耦明除賓主矣故鄭云於是言唯上耦嫌賓主射亦作之引大射者公尊公與賓射不作直請記云賓主人射則司射賓升降是雖不作猶爲擯相之但不請也

卒射釋獲者遂以所執餘獲升自西階盡階不升堂告于賓曰左右卒射降反位坐委餘獲于中西興共而俟司射不告卒射者釋獲者於是有事宜終之也餘獲餘筭也無餘筭則空手耳俟俟數也

〔疏〕注司射至數也○釋曰云宜終之也者決前番射司射告卒射此二番射不告卒獲者告是宜終之也云餘獲餘筭者一耦不必盡中故有餘筭也云無餘筭則空手耳者或賓主八矢盡中釋八筭故空手告也

司馬袒決執弓升命取矢如初獲者許諾以旌負侯如初司馬降釋弓反位弟子委矢如初大夫之矢則兼束之以

茅上握焉兼束大夫矢優之是以不拾也束於握上則兼取之順羽便也握謂中央也不束主人矢不可以殊於賓也言大夫之矢則矢有題識也肅慎氏貢楛矢銘其括今文上作尚○題大兮反識中志反楛音戶字又作楛疏注兼束至作尚○釋曰自此盡司馬乘矢論取矢之事云束于握上則兼取之順羽便也者握上則兼取之順持之處今束於握之上取持於中央握之向下順羽便故兼束矢揔束之也云不束主人矢不可以殊於賓也者主人鄉大夫則是大夫官當束之不敢殊別於賓若主人是州長則士自然不束也肅慎氏者國語文引之者證矢有題識以有題識故束者得知是大夫之矢也司馬乘矢如初司射遂適西階西釋弓去扑襲進由中東立于中南北面視筭釋弓去扑射事已疏注釋弓至事已○釋曰凡言遂者因上事司射於上無事而言遂適者以司射與司馬遞行事今以司馬進乘矢司射遂適西階西釋弓去扑也云射事已此始再番射未已而言已者前番不釋獲今據第二釋獲之功成則爲已是以下記云

司射釋弓矢視筭與獻釋獲者釋弓矢注云唯此三事休武主文休武者射訖數筭主文者洗爵獻釋獲者是也

釋獲者東面于中西坐先數右獲固東面矣復言之者為其少南就右獲〔疏〕注固東至右獲○釋曰釋獲者在中西東面釋筭之特實黨於右主當系於左今將數筭宜就之是以少南就右獲東東面也

二筭為純純猶全也耦陰陽〔疏〕注純猶至陰陽○釋曰云耦陰陽者陰陽對合故二筭為耦陰陽也

一純以取實于左手十純則縮而委之縮從也於數者東西為從古文縮皆為蹙○從子容反〔疏〕注縮從至為蹙○釋曰凡言從橫者南北為從東西為橫今釋筭者東面而言從橫則據數筭東為正是以東西者為從南北者為橫故鄭云於數者東西為從也

每委異之易校數

有餘純則橫於下又異之也自近為下〔疏〕釋曰此則以南北為橫也

一筭為奇奇則又縮諸純下奇猶虧也又從之

興自前適左東面起由中東就左獲少北於故東面鄉

之疏注少北至鄉之○釋曰云少北於故故則又筭也又移至左筭之後東面鄉之是以云少北於故坐兼斂筭實于左手一純以委十則異之變於右疏注變於右○釋曰云變於右者右則一一取之於地實于左手此則揔斂於左手一一取之於左手委於地是變也必變之者禮以變爲敬也其餘如右獲謂所縮所横司射復位釋獲者遂進取賢獲執以升自西階盡階不升堂告于賓賢獲勝黨之筭也齊之而取其餘疏注賢獲至其餘○釋曰云齊之而取其餘者解經取賢獲以筭爲獲以其唱獲則釋筭故名筭爲獲左右數齊有餘則賢獲故以告也若右勝則曰右賢於左若左勝則曰左賢於右以純數告若有奇者亦曰奇賢猶勝也言賢者射之以中爲雋也假如右勝告曰右賢於左若干純若干奇○中丁仲反疏注賢猶至干奇○釋曰若干者數不定之辭凡數法一二已上得稱若干奇則一也一外

無若干鄭亦言若干者因純有若干奇亦言若干奇言若干者衍字也若左右鈞則左右皆執一筭以告曰左右鈞降復位坐兼斂筭實八筭于中委其餘于中西興共而俟疏釋曰此將爲第三番射故豫設之或實或委一如前法也司射適堂西命弟子設豐將飲不勝者設豐所以承其爵也豐形盖似豆而卑○飲於鴆反疏注將飲至而卑○釋曰自此盖徹豐與觶論二爵之事云設豐所以承其爵也者案燕禮君尊有豐此云承爵豐則兩用之燕禮注豐形似豆卑而大此不言大彼以承尊故言大此承爵不言大或小耳弟子奉豐升設于西楹之西乃降勝者之弟子洗觶升酌南面坐奠于豐上降袒執弓反位勝者之弟子其少者也耦不酌下無能也酌者不授爵畧之也執弓反射位不俟其黨已酌有事○少詩召反下遐嫁反下相下同疏注勝者至有事○釋曰知弟子是少者以其執弟子禮使

令故知少者也云執弓反射位不待其黨已酬有事者以此弟子由堂西固在射賓中矣黨即衆賓是也案下文三耦及衆射者皆與其耦進立于射位今酬者不待其黨與俱進而先反射位者由已酬酒有事說其黨未得司射命又無事不得共酬者同就射位故酬者先得反射位也

司射遂袒執弓挾一个搢扑北面于三耦之南命三耦及衆賓勝者皆袒決遂執張弓執張弓言能用之也右手執弦如卒射

疏注執張至卒射○釋曰云右手執弦如卒射者上文卒射執弓不挾右執弦矢盡故也此非卒射亦執張弓爲無矢亦右執弦也故注云如卒射

不勝者皆襲說決拾卻左手右加弛弓于其上遂以執弣弛尸紙反弣芳甫反○固襲說決拾矣復言之者起勝者也執弛弓言不能用之也兩手執弣又不得執弦

疏注固襲至執弦○釋曰云固襲說決拾矣者謂前降堂時既襲說決拾矣云起勝者也者謂至此復言不勝者猶以此襲說決拾以不能用也起發勝者袒決遂能

周也云兩手執弣又不得執弦者上勝者言執張弓如卒射則左手執弓右手執弦此則云執弣明併弓於左手之上執弣橫之而不得執弦則宜右手共執弓弣故云兩手執弣又不得執弦也司射先反位居前侯所命來【疏】注居前侯所命來○釋曰云居前侯所命來者以衆射者皆止於堂西未向射位而司射先反位於下文衆耦等乃來就射位是得命即來故云俟所命來也來訖司射乃作之也三耦及衆射者皆與其耦進立于射位北上司射作升飲者如作射一耦進揖如升射及階勝者先升堂少右先升尊賢也少右辟飲者也亦相飲之位○辟音避【疏】注先升至之位○釋曰云少右辟飲者也者以其豊在西楹之西正爵西階飲者升少西又當辟豊上之爵故云少右辟飲者也云亦相飲之位者以其相飲者皆北面於西階授者在東飲者在西故云亦相飲之位不勝者進北面坐取豐上之觶興少退立卒觶進坐奠于豐下興揖

立卒觶不祭不拜受罰爵不備禮也右手執觶左手執弓疏注右手至執弓。釋曰此無正文以祭禮皆左手執爵用右手以祭故知此亦用左手執弓右手執觶而知也不勝者先降後升先降畧之不由次疏注後升至由次。釋曰此對射時升降皆有上射在先今後升先降故云畧之不由次第也與升飲者相左交于階前相揖出于司馬之南遂適堂西釋弓襲而俟俟復射疏注俟復射。釋曰俟復射者謂俟第三番射也有執爵者主人使贊者代弟子酌也於既升飲而升自西階立于序端疏注主人至序端。釋曰以初使勝黨弟子酌酒於豐上以發首故使弟子今云有執爵者明主人使贊者代弟子酌於豐上以次至終也贊者謂主人之賤不射者此則鄉飲酒云主人之贊者之類也云於既升飲而升自西階立于序端者謂於上耦既飲說贊者乃升自西階酌說奠於豐上如下文贊者即立于序端立于序端文出于大射也執爵者坐取觶實之反奠于豐上升飲者如初每者輒酌以至於徧。疏注每者至於徧。釋曰：云執爵者坐取觶實之者，謂初飲訖反奠於豐上，贊者取此觶實之，下反奠于豐上。云升飲者如初已下皆如初，故鄭云每者輒酌以至於徧也。

三耦卒飲，賓、主人、大夫不勝，則不執弓，執爵者取觶降洗，升實之，以授于席前。優尊也。受觶，以適西階上，北面立飲。受罰爵者不宜自尊別。卒觶，授執爵者，反就席。大夫飲，則耦不升。以賓、主人飲，耦在上，嫌其升。若大夫之耦不勝，則亦執弛弓，特升飲。尊者可以孤，無能對。衆賓繼飲射爵者，辯，乃徹豐與觶。徹猶除也。設豐者反豐於堂西，執爵者反觶於篚。司馬洗爵，升實之，以降，獻獲者于侯。鄉人獲者賤，明其主以侯為功，得獻也。疏注鄉人至獻也。○釋曰：自此盡負侯而俟，論司馬獻獲者之節。云鄉人獲者賤，明其主以侯為功得獻也者，案《大射》云司馬正洗散，遂實

爵獻服不服不侯西北三步北面拜受爵注云近其
所爲獻彼國君禮使服不士官唱獲故就其所爲唱
獲獻之此鄉人獲者賤故獻
於侯明以侯爲功得獻也
薦脯醢設折俎俎與薦

皆三祭皆三祭爲其將祭侯也祭
侯三處也○處昌慮反
疏○注皆三至處也
釋曰三處者
下文右與
左中是也
獲者負侯北面拜受爵司馬西面拜送爵

負侯負侯中也拜送爵不同面者辟正主也其設薦
俎西面錯以南爲上爲受爵于侯薦之於位古文曰
再拜
受爵
疏注負侯至受爵○釋曰知負侯中者以下云
適右个以適左个後言中明此居中可知云
拜送爵不同面者辟正主也者案上文正主獻賓
衆賓皆北面與受獻者同面今此與受獻不同面故
云辟正主也云其設薦俎西面錯以南爲上者獲者
據文東面而云西面錯據設人而言以南爲上者特
牲少牢東面籩豆皆以南方爲上故知此亦然云受
爵於侯薦之於位者此云負侯北面拜受爵是受爵
于侯云薦之於位者下云左个之西北三步東面設
薦是薦之於位也若然不薦亦在侯者以其酒在人

三八〇

手可得就侯獻獲者薦乃設之於地若與酒俱在侯所則正祭侯何名獻獲也若大射則獻與薦俱在[illegible]乃適侯祭之君禮與此異也

獲者執爵使人執其薦與俎從之適

右个設薦俎个音幹○獲者以侯為功是以獻焉人謂主人贊者上設薦俎者也為設籩在東豆在西俎當其北也言使設新之

疏注獲者至新之○釋曰此將祭侯也云獲者以侯為功是以獻焉者以獲者卑賤因侯有功乃得獻今還以得獻之酒獻侯故云是以獻也云人謂主人贊者以其前使為獲者設薦俎是主人之贊者今設使之設薦俎故知人是主人贊者知籩在東豆在西俎當其北也者以其侯以北面為正依特牲少牢皆籩在右故知籩在東右廂豆在西左廂可知也云言使設新之者鄭意嫌更使人設之其實薦此者仍前人而云使人設薦俎示新之而已故云言使設也

獲者南面坐左執爵祭脯醢執爵興取肺坐祭遂祭酒為侯祭也亦二手祭酒反注如大射

疏注為侯至大射○釋曰此正祭侯故獲者南面鄉侯祭故鄭云為侯祭也

云亦二手祭酒反注如大射者案大射云獲者左執爵右祭薦俎二手祭酒鄭注云二手祭酒者南面於俎之北當爲侯祭於豆間爵反注爲一手不能正也此薦俎之設如於北面人爲此祭亦然故云如大射也興適左个中亦如之先祭左个後中者以外左个即之至中若神在中也之西北三步東面設薦俎獲者薦右東面立飲不拜既爵不就乏者明其享侯之餘也立飲薦右近司馬於是司馬北面疏注不就至北面○釋曰云不就乏者明其享侯之餘也者若就之則已所當得今不就乏近侯者明享侯之餘云立飲于薦右近司馬者辭在薦右之意也知於是司馬北面者此約獻釋獲者司射之位案下文司射獻釋獲者釋獲者薦右東面拜受爵司射北面拜送爵故知此時司馬亦北面也若然釋獲者在司射之西北面立飲此獲者不北面飲者案大射注此受獻之位也不北面者嫌爲侯卒爵此亦然故不北面也司馬受爵奠于篚復位獲者執其薦使人執俎從之辟設于

之南辟扶益反注辟之辟舉及下並辟焉同◎遷設薦俎就之明已所得禮也言辟之者不使當位辟舉旌偃旌也設于南右之也凡他薦俎皆當其位之前

〔疏〕注遷設至之前○釋曰云遷設薦俎就之明已所得禮也者前設近侯見享侯之餘此近之者已所有事之處遷近之是明其已所得禮故也云設于南右之也者以右取之便也云凡他薦俎皆當其位之前者言凡見廣解薦處謂凡燕及食并祭祀之薦俎皆當其位之前唯此與大射獲者與釋獲者薦俎辟設不當前也

獲者負侯而俟

〔疏〕釋曰獲者既受獻負侯而俟第三番射也

司射適階西釋弓矢去扑說決拾襲適洗洗爵升實之以降獻釋獲者于其位少南薦脯醢折俎有祭不當其位辟中

〔疏〕注不當其位辟中○釋曰自此盡反位論司射獻釋獲之事此薦脯醢及折俎有肺祭一與獻獲者同但彼三祭此一祭為異也一祭者亦薦有祭肺俎有祭肺以為將食而祭故言有祭也云不當其位辟中者以釋獲者位在中西故獻之於其位少南

所以巾也辟釋獲者薦右東面拜受爵司射北面拜送爵

釋獲者就其薦坐左執爵祭脯醢興取肺坐祭遂祭

酒興司射之西北面立飲不拜既爵司射受爵奠于

篚釋獲者少西辟薦反位辟薦少西之者為復射妨司射視筭也亦辟俎

疏注辟薦至辟俎○釋曰云亦辟俎者上獻獲者訖獲者執其薦使人執俎從之設于乏南此釋獲者受獻訖釋獲者少西辟薦不云辟俎亦辟俎與獲者同可知故云亦辟俎也

司射適堂西袒決遂取弓于階西挾一个搢扑以反位為將復射

疏注為將復射○釋曰自此盡反位論將為下番射作之使拾取矢之事

司射去扑倚于階西升請射于賓如初賓許司射降搢扑由司馬之南適堂西命三耦及衆賓皆袒決遂執弓就位位射位也不言射者

以當序疏注位射至取矢○釋曰云位射位者知是
取矢射者下云各以其耦一反於射位故知此是
射位在司射之西南東面者也云不言射者以當司
序取矢者以此當次序拾取矢明故不言射位也
射先反位言先三耦及衆賓也既命之即反位不俟
之也鄉不言先三耦以有拾取矢位無所
先○先悉疏注言先至所先○釋曰言先三耦及衆
薦反下同賓也者此下有三耦及衆賓故知先三
耦及衆賓也云鄉不言先三耦未有拾取矢位無所
先者業前第二番將射命三耦拾取矢司射反位不
言先未有位無所先故決之第二番無位者以司射
之西南有三耦射位至再番司射反於故位三耦將射
移於司馬之西南拾取矢之位未往之時未有故位
三耦既無故位故司射不得言先故以此決之也凡
射大射與鄉射各有三位此鄉射無次有堂西取弓
矢袒決遂及比耦之位又有三耦射位在司射位西
南又有拾取矢及再番射位是三位大射有次次內
有袒決遂取弓矢之位又有堂東次比耦之位又有
射位并拾取矢之位是亦有三
位但君臣禮異故位事不同也三耦及衆賓皆袒決

遂執弓各以其耦進反于射位以猶與也今文以爲與疏注以猶至以爲與○釋曰訓以爲與者春秋之義能東西之曰以若存以字謂言尊卑不同位意以之欲轉爲與則平敵之義也司射作拾取矢三耦拾取矢如初反位賓主人大夫降揖如初主人堂東賓堂西皆袒決遂執弓皆進階前揖南面相俟而揖行也疏注南面至行也○釋曰言南面者謂賓主各於堂東西南面立相待言揖行者謂各於堂上北面相見而揖揖訖行向楅也及楅揖拾取矢如三耦及楅當楅東西也主人西面賓東面相揖拾取矢不北面揖由便也疏注及楅至便也○釋曰云及楅當楅東西也者賓主出堂東西相見揖訖東西行至楅所也云不北面揖由便也者決三耦及衆賓皆於楅南北面揖及楅揖此則無楅南北面揖賓主各由東西便故也卒北面搢三挾一个亦於三耦爲之位疏注亦於三耦爲之位○釋曰經云搢三挾一个與上三耦取矢

詁揖三挾一个同又同處故云亦於三耦爲之位也揖退皆已揖左還各由其塗反位疏注皆
已至反位○釋曰云皆已揖左還各由其塗反位者謂賓主北面揖退之時賓主皆左還相背各向堂塗
反堂東西之位知左還者約上三耦也賓堂西主人堂東皆釋弓矢襲
及階揖升堂揖就席將袒先言主人將襲先言賓尊賓也疏注將袒至賓也○釋
曰袒是盡敬之事襲是脩容之禮故上經將袒先言主人此經襲則先言賓是尊賓故也大夫袒
決遂執弓就其耦降袒決遂於堂西就其耦於射位與之拾取矢疏注降袒至取矢
○釋曰知於堂西者上文賓主人大夫降賓堂西袒決遂又上文大夫射時堂西袒決遂故知也揖
皆進如三耦耦東面大夫西面大夫進坐說矢束說吐
活反又始銳反○說矢束者下耦以將拾取疏注說矢至拾取○釋曰大夫西面者爲下射故也
興反位而后耦揖進坐兼取乘矢順羽而興反位揖

兼取乘矢者尊大夫不敢與之拾也相下相尊君子之所以相接也疏注兼取至接也○釋曰此大夫與耦取矢踣弓覆手仰手一如上三耦法其揖退之儀亦如上左還而西也大夫進坐亦兼取乘矢如其耦北面搢三挾一个亦於三耦為之位揖退耦反位大夫遂適序西釋弓矢襲升即席大夫不序於下尊也衆賓繼拾取矢皆如三耦以反位○司射猶挾一个以進作上射如初一耦揖升如初進前也鄉言還當上耦西面是言進終始互相明也今文或言作升射疏注進前至升射○釋曰自此盡退中與筭而俟論弟三番用樂射之事云鄉言還當上耦西面是言進終始互相明也射者上番將射時云司射還當上耦西面作上耦射不言進明還當上耦時者進近上耦乃作之此直進作射不言還當上耦明進時亦還當上耦而作之故言終始互相明也司馬升命去侯獲者許諾司馬降釋弓反

位司射與司馬交于階前去扑襲升請以樂樂于賓
賓許諾司射降搢扑東面命樂正曰請以樂樂于賓
賓許樂樂下字音洛○東面於西階之前也不就樂正命之者傳尊者之命於賤者遥號令之可也
樂正亦許諾猶北面不還以賓在堂○傳直專反
疏注東面至在堂○釋曰知在西階之前不就樂正命之者以經云司射降搢扑即言東面命樂正無行進之事故知西階之前遥命之也云樂正亦許諾知者案大射云司射東面命樂正曰命用樂樂正曰諾是樂正許諾之事此不言者文不具故言之云猶北面不還以賓在堂者此亦無文樂正位東階東南北面大師位東北西面賓在堂南面樂正猶北面不還西面是以下文將云東面命大師明此時不西面受命矣大射鄭注彼云樂正西面受命左還東面命大師與此禮異者雖無正文鄭以義言君在阼故也
司射遂適階間堂下北面
命曰不鼓不釋不與鼓節相應不釋算也鄉射之鼓五節歌五終所以將八矢一節之間

當拾發四節四拾其一節先以聽也

疏注不與至樂也○釋曰云鄉射之鼓五節者以鄉大夫士用五節是以射人云王以騶虞九節諸侯以貍首七節卿大夫以采蘋五節士以采蘩五節是卿大夫士同五節云歌五終所以將八矢者下記云歌騶虞若采蘋皆五終是也云一節之間當拾發四節四拾其一節先以聽也者尊卑樂節雖多少不同四節以盡乘矢則同其餘外皆以聽以知樂終始長短也王九節者五節先以聽諸侯七節者三節先以聽卿大夫士五節者一節先以聽皆四節拾將乘矢但尊者先以聽則多卑者先以聽則少優至尊先知審故也此節亦取侯道之數故鄭注射人云九節七節五節者奏樂以爲射節之差言節者容侯道之數也凡射皆與臣下共爲射若與尊者同耦自然與尊者同節若不與尊者同耦則各自用其節樂當與射義同

上射揖司射退反位樂正東面命大師曰奏騶虞間若一東面者進還鄉大師也騶虞國風召南之詩篇也射義曰騶虞者樂官備也其詩有一發五豝五豵于嗟騶虞之言樂得賢者衆多歎思至仁之人以充其官

[illegible]之射節也而用之者方有樂賢之志取其宜賓客鄉大夫則歌采蘋間若一者重節○鄉

[illegible]注東面至重節○釋曰云東面者進還鄉〔疏〕大師也者以其大師西面樂正北面明知

[illegible]師乃命之云此天子之射節也者周禮射[illegible]知云取其宜也者騶虞喻得賢者多此鄉射亦

[illegible]賢故云取其宜也云其他賓客鄉大夫則歌采蘋[illegible]者采蘋是鄉大夫樂節其他謂賓射與燕射君州長

他賓客自奏采蘩若然此篇有鄉大夫州長射法則同用騶虞以其同有樂賢之志也云間若一者重節

者間若一謂五節之間長短希數皆如一則是重樂節也大師不興許諾樂正退

反位乃奏騶虞以射三耦卒射賓主人大夫衆賓繼

射釋獲如初卒射降皆應鼓與歌之節乃釋筭降者衆賓〔疏〕注皆應至衆賓○釋

曰云樂正退反位者反工南北面位也云降者衆賓者次番射時賓與主人大夫卒射皆升堂此降者衆

賓也釋獲者執餘獲升告左右卒射如初卒已也今文曰告于賓

司馬升命取矢獲者許諾司馬降釋弓反位弟子委矢司馬乘之皆如初司射釋弓視筭如初筭獲筭也今文曰視數也釋獲者以賢獲與鈞告如初降復位○司射命設豐設豐實觶如初遂命勝者執張弓不勝者執弛弓升飲如初○司射猶袒決遂左執弓右執一个兼諸弦面鏃適堂西以命拾取矢如初側持弦矢曰執面猶尚也並矢於弦尚其鏃將止變於射也疏注側持至射也○釋曰言猶袒者亦是有故之辭以其常袒恐不袒故言有以連之也云側持弦矢曰執者對方持弦矢曰挾并矢於弦尚其鏃將止變於射也者亦是對將射挾矢而言司射反位三耦及賓主人大夫衆賓皆袒決遂拾取矢如初矢不挾兼諸弦弣以退不反位遂授有

司于堂西不挾亦謂執之如司射也不以反射位授有司者射禮畢疏注不挾至禮畢○釋曰云不挾亦謂執之如司射也者執之如司射兼諸弦弣則與司射異以其司射自執一个無三矢兼於弣三耦以下則執一个并於弦又以三矢并於弣所以異也辯拾取矢揖皆升就席謂賓大夫及衆賓也相俟堂西進立于西階之前主人以賓揖升大夫及衆賓從升立時少退于大夫三耦及弟子自若留下疏注謂賓至留下○釋曰知相俟于堂西者以經言辯拾取矢訖乃言揖皆升就席則知先取矢者皆相待堂西其主人則在堂衆耦取矢訖乃揖而升堂就席也云主人以賓揖升大夫及衆賓從升立時少退于大夫三耦及弟子自若留下者衆賓則三賓也皆依上文獻後升及留在下之階

司射乃適堂西釋弓去扑說決拾襲反位疏釋曰司射之扑在階西今來去扑於堂西之等以其不復射故也

司馬命弟子說侯之左下綱而釋之說吐活反○說解也釋之不復射奄束之○復扶又反疏注說解至

束之○釋曰上初張侯時云乃張侯下綱不及地武不繫左下綱中掩束之鄭云事未至也又至將射時司馬命張侯弟子說束遂繫左下綱而釋之鄭注云事至今言司馬命弟子說侯之左下綱而釋之直言說侯之左下綱而釋之明未全去備復射故鄭下注云諸所退皆侯於堂西備復射也故知此釋之為三番射畢不復射若有射則行燕射旅酬以後乃為之故於此時中掩左下綱如初張時也命獲者以旌退命弟子退福司射命釋獲者退中與筭而俟諸所退皆俟堂西備復射也旌言以者旌恒執也獲者釋獲者亦退其薦俎疏注諸所至薦俎○釋曰獲者釋獲者亦退薦俎者上獻時皆有薦俎辟之於右今獲者以旌退釋獲者退中故知亦退薦俎也司馬反為司正退復觶南而立當監旅酬○監古銜反疏注當監旅酬○釋曰自此盡司正降復位論射訖行旅酬之事故司馬反為司正鄭云當監旅酬也樂正命弟子贊工即位弟子相工如其降也升自西階反坐贊工

三九四

遷樂也。降時如初入。樂正反自西階東北面。【疏】注贊工至北面○釋曰：前爲將射遷工于東方西面，

樂正北面，今將旅酬作樂，故遷升於堂上也。云降時如初入者，以經直云如其降也，降時威儀不見，故取

上文降時如初入，則上工四人已下是也。云樂正反自西階東北面者，上初升於西階之東，樂正立

于其西，合樂訖，士告樂正曰正歌備，樂正告于賓，乃降立于西階東北面。今將射時樂正命弟子贊工遷

樂于下，弟子相工知初入降自西階東北面近其事，如不升者以正樂畢，上無告請於賓之事，宜與正歌

備已後同也。賓北面坐取俎西之觶，興，阼階上北面酬主

人。主人降席立于賓東。賓坐奠觶，拜，執觶興。主人荅

拜。賓不祭，卒觶，不拜，不洗，實之，進東南面。所不者，酬而禮殺也。

賓立飲。殺，所界反。【疏】注所不至立飲○釋曰：賓北面坐取俎西之觶者，謂上一人舉觶于賓，賓奠于

薦西者也。云賓立飲者，鄉飲酒當此賓酬主人時，云賓不祭，立飲是也。主人阼階上北

面拜賓少退少退少逡遁也○逡七旬反遁音旬主人進受觶賓主人之西北面拜送旅酬而同階禮殺也疏注旅酬至殺也○釋曰對獻酬之時賓主各於其階故云同階禮殺也賓揖就席主人以觶適西階上酬大夫大夫降席立于主人之西如賓酬主人之禮其既實觶進西南面立鄉所酬疏注其既至所酬○釋曰云主人以觶適西階上酬大夫者旅酬恒執此觶以相酬故言以知義然者上文命獲者以旌退鄭注云旌言以者旌恒執也是也云其既實觶進西南面立鄉所酬以知者以上賓酬主人阼階上實觶進東南面則知此主人酬大夫西階上實觶而亦進西南面可知也主人揖就席若無大夫則長受酬亦如之○長丁丈反長謂以長幼之次酬衆賓疏釋曰云若無大夫者鄉人為公卿大夫來觀禮者為遵或有或無不定故云若有大夫先酬之無大夫則酬長以鄉射無介直有三賓以長幼之次受酬此言酬衆賓則三賓也司

正升自西階相旅作受酬者曰某酬某子某者字也某子者氏也稱酬者之字受酬者曰某子旅酬下爲上尊之也春秋傳曰字不若子此言某酬某子者射禮畧於飲酒飲酒言某子受酬以飲酒爲主

【疏】注某者至爲主○釋曰云旅酬下爲上尊之也者以旅酬者少長以齒逮下之道前人雖卑其司正命之飲酒呼之稱謂尊於酬者故受酬者爲某子酬他爲某也云春秋傳曰者案莊十年秋九月經書荆敗蔡師于莘以蔡侯獻舞歸公羊傳曰荆者何州名也州不若國國不若氏氏不若人人不若名名不若字字不若子何休云爵最尊也鄭引之者証旅酬下爲上之義酬者稱字受酬者稱子亻是尊稱云此言某酬某子者射禮畧於飲酒飲酒言某子受酬以此飲酒爲主者此鄉射主於射畧於飲酒故稱酬他者字又稱受酬飲酒者爲子是字不若子飲酒言某子受酬直以飲酒爲上故也

受酬者降席司正退立于西序端東面退立俟後酬者也始升相立階西北面

【疏】注退立至北面○釋曰云始升相立階西北面者鄉飲酒注亦然知者以立

司正升自西階與西階之酬者立故知始時在西階西北面也衆受酬者拜興飲皆如賓酬主人之禮辯遂酬在下者皆升受酬于西階上在下謂賓黨也鄉飲酒記曰主人之薦者西面北上不與無筭爵然後與此與於賓○與音預疏注在下至於賓○釋曰引鄉飲酒記者欲見賓黨在西主黨在東主黨不與酬之義卒受者以觶降奠于篚司正降復位疏釋曰自此盡唯賓論舉觶於賓與大夫爲無筭爵之事云司正降復位者司正掌監旅酬訖故降使二人舉觶于賓與大夫爲無筭爵始也使二人舉觶于賓與大夫二人主人之贊者舉觶者皆洗觶升實之西階上北面皆坐奠觶拜執觶興賓與大夫皆席末荅拜舉觶者皆坐祭遂飲卒觶興坐奠觶拜執觶興賓與大夫皆荅拜舉觶者逆降洗升實觶皆立于西階

上北面東上賓與大夫拜舉觶者皆進坐奠于薦右坐奠之不敢授【疏】注坐奠之不敢授○釋曰賓與大夫皆席未荅拜者皆席西南面荅拜云皆進坐奠于薦右者以其將飲者於右故也云坐奠之不敢授者對獻酬時親授主人之贊者卑不敢親授觶也

賓與大夫辭坐受觶以興辭辭其坐奠觶【疏】注辭辭其坐奠觶○釋曰必辭者贊者不敢親授賓與大夫不可自尊故辭之不言取而言受者亦是若親受之然

舉觶者退反位皆拜送乃降賓與大夫反奠于其所與不舉者盛禮已崇古文曰反坐【疏】注不舉至反坐○釋曰崇重也凡飲酒禮成於酬前已旅酬所盛禮已重今主人復舉觶為無筭爵盡歡情客不盡主人歡故且奠之未舉之故不奠薦左

若無大夫則唯賓長一人舉觶如燕禮媵爵之為【疏】注長一至之為○釋曰鄉二人舉觶為賓與大夫今若無大夫當闕一人故云則唯賓也云長一人舉觶如燕禮媵爵之為者燕禮初二大夫媵觶至旅酬復使二人君

命長媵一爵於君與此同故云如燕禮之爲彼旅酬此爲無筭爵不同但一人是同故引爲證也司正升自西階阼階上受命于主人適西階上北面請坐于賓請坐欲與賓燕盡殷勤也至此盛禮已成酒清肴乾強有力者猶倦焉疏注請坐至倦焉○釋曰此盡少退北上論請坐徹俎之事云酒清肴乾強有力者猶倦焉者此禮記聘義文按彼云故強有力者將以行禮也酒清人渴而不敢飲也肉乾人飢而不敢食也日莫人倦齊莊正齊而不敢懈惰引之者証此賓須坐之義賓辭以俎俎者肴之貴者也辭之者不敢以燕坐褻貴肴疏注俎者至貴肴○釋曰俎所盛骨體骨體是肴之貴者故辭之也反命于主人主人曰請徹俎賓許司正降自西階階前命弟子俟徹俎弟子賓黨也俎者主人贊者執之今賓辭之使其黨俟徹順賓意也上言請坐于賓此言主人曰互相備耳疏注弟子至備耳○釋曰云知弟子是賓黨者以其司正降自西階前命之明賓黨弟子在西階東

面也必使賓黨弟子者徹俎司正賓請之故鄭云俎者主人贊者設之今賓辭之使其黨俟徹順賓意也云上言請坐于賓此言主人曰互相備耳者凡辭皆司正請于主人主人有命司正乃傳告賓今上文云司正請坐于賓直見司正傳主人辭不見主人曰請坐于賓之辭此經直見主人曰請徹俎不見司正傳主人以告賓是互相備也不言互文而云互相備者凡言互文者各舉一事一事自周是互文此據一邊禮不備文相續乃備故云互相備若云糗餌粉餈鄭注云餌言糗餈言粉互相足之類也

司正升立于序端賓降席北面主人降席自南方阼階上北面大夫降席席東南面俟弟子升受俎

疏注俟弟子升受俎○釋曰云俟弟子升受俎者下云司正以俎出授從者注云授賓家從來者也所以學禮之則此弟子升受俎者案下文據大夫與主人而言若賓俎授司正非弟子也

賓取俎還授司正司正以降自西階賓從之降遂立于階西東面司正以俎出

授從者從才用反注及下從者同○授賓家從來者也古者與人飲食必歸其盛者所以厚禮之

疏注授賓至禮之○釋曰云古者與人飲食必歸其盛者所以厚禮之者鄉飲酒燕禮大射賓客皆有俎徹歸客之左右俎是肴之貴是歸其盛者公食大夫既食有司卷三牲之俎歸于賓館故摠云古者與人飲食必歸其盛者所以厚禮之也

主人取俎還授弟子弟子受俎降自西階以東主人降自阼階西面立以東授主人侍者

疏注以東至侍者○釋曰云以東授主人侍者弟子是賓黨非主人之贊者故知徹主人俎還授主人侍者歸人於內也

大夫取俎還授弟子弟子以降自西階遂出授從者大夫從之降立于賓南凡言還者明取俎各自鄉其席衆賓皆降立于大夫之南少退北上從降亦爲將燕○爲于僞反

疏注從降亦爲將燕○釋曰賓主人大夫有俎從俎而降此二賓無俎亦從大夫而降亦知賓主人大夫將燕故同降

同也升主人以賓揖讓說屨乃升大夫及衆賓皆說屨升坐說吐活反○說屨者將坐空屨褻賤不宜在堂也說屨則摳衣爲其被地○摳苦侯反被皮義反【疏】注說屨至被地○釋曰自此盡門外再拜論升坐行無筭爵賓醉送出之事云說屨則摳衣爲其被地者曲禮云摳衣趨隅彼謂所升席時引之證說屨低身亦然若不摳衣恐衣被地也履之但對文上曰衣下曰裳散文衣裳通此衣即裳也案少儀云排闔說屨於戶內一人而已矣鄭注云雖衆敵猶有所尊也彼尊卑在室則尊者說屨在戶內自餘說屨於戶外若尊卑在堂則一尊者一人說屨在堂自餘說屨於堂下是以燕禮大射臣皆說屨於階下公不見說屨之文明公舄在堂矣此乃鄉飲酒臣禮賓主人行敬禮故皆說屨於堂下也乃羞羞進也所進者狗胾醢也燕設啗具所以案酒○胾狀吏反啗徒覽反【疏】注羞進至案酒○釋曰云所進者狗胾醢也者以其牲用狗故知狗胾醢醢未必狗以其醢豫造乃成非臨時之物故知非狗連言之也無筭爵使二人舉觶賓與大夫

不興取奠觶飲卒觶不拜二人謂鄉者二人也使之升立于西階上賓與大夫將發當就觶也卒觶者固不拜矣著之者嫌坐卒爵者拜既爵此坐于席禮既殺不復崇〔疏〕注二人至復崇釋曰經賓上有于字者誤以此二觶仍是前二人所舉者今以二人升者舉發使行無筭爵非新觶以鄭注可知故誤有也若然舉觶上屬賓下屬爲句也云卒觶者固不拜矣著之者嫌坐卒爵者拜既爵者上正於酬時賓酬主人賓不祭卒觶不拜不洗今此二人舉觶禮殺故云卒觶者固不拜矣嫌坐卒爵者拜既爵者以上獻酬時皆坐卒爵拜既爵嫌此無筭爵飲卒觶亦有拜義故明之云坐于席禮既殺不復崇者此決正行獻酬時在於階下有拜既爵此說屨就席禮既殺不復崇重故無拜爵也

執觶者受觶遂實之賓觶以之主人大夫之觶長受長衆賓長而錯皆不拜錯者實主人之觶以之次賓也實賓長之觶以之次大夫其或多者迭飲於坐而已皆不拜受禮又殺也○迭大結反〔疏〕注錯者至殺也○釋曰云其或多者迭飲於坐而已

者衆賓之長在賓西者三人大夫則席於賓東若大夫亦三人則與衆賓等皆侍交錯相酬則言其或多者若有一大夫則衆賓二人無所酧直二人送飲而已若大夫四人已上多於三人賓只自三人之外亦無所酬則亦自相酬送飲而已云皆不拜受禮殺也者上二人舉觶於賓與大夫皆拜受及飲卒不拜是其殺今衆賓與六夫不拜受觶故言禮只殺也辯卒受者興以旅在下者于西階

上衆賓之末飲而酬主人之贊者大夫之末飲而酬賓黨亦錯焉不使執觶者酌以其將旅酬不以已尊孤人也其末若皆衆賓則先酬主人之贊者若皆大夫則流酬賓黨而已執觶者酌在上辯降復位

疏注衆賓至復位〇釋曰經云辯謂堂上衆賓已上皆飲訖云卒受者謂最末後飲者云衆賓之末飲而酬主人之贊者大夫之末飲而酬賓黨亦錯焉者此亦名堂上交錯也云不使執觶者酌謂不使二人執觶者酌六以其將旅酬不以己尊孤人也者其堂上皆坐行酒至此立階上旅在下解經興以旅在下者云其末若皆衆賓則先酬主人之贊者謂大夫或少或無則衆賓為末飲也云若皆大夫者謂大夫多

衆賓偏後二觶並酬大夫則大夫爲末飲也云執觶者酬在上辯降復位者謂二人舉觶酬堂上衆賓也上辯其堂下自酬相旅二人無事故降復于東階前西面北上位也故鄉飲酒記云主人之贊者西面北上不與無筭爵然後與必知復位者上下經云執觶者皆與旅是也

長受酬酬者不拜乃飲卒觶以實之言酬者不拜者嫌酬堂下異位當拜也古文曰酬者不拜

疏注言酬至不拜○釋曰謂堂下或賓黨之長或主人贊者之長受堂上酬酬者不拜鄭云酬者不拜者嫌酬堂下異位當拜也者嫌堂下異位堂上酬堂下當拜故明之也

受酬者不拜受禮殺雖受尊者之酬猶不拜

疏注禮殺至不拜○釋曰堂下卑者受堂上尊者酒當拜由禮殺雖尊者之酬猶不拜也

辯旅皆不拜主人之贊者於此始旅嫌有拜

疏注主人至有拜○釋曰以鄉飲酒記云主人之贊者不與無筭爵然後與故鄭偏言主人之贊者於此始衆嫌有拜故明之也

執觶者皆與旅與音預○嫌已飲不復飲也上使之勸人耳非逮下之惠也亦自以齒與於旅也

【疏】注辯已至旅也○釋曰此即上文二人舉觶者於西階上已卒觶故鄭云辯已飲不復飲也

卒受者以虛觶降奠于篚執觶者洗升實觶反奠于賓與大夫復奠之者燕以飲酒爲歡醉乃止主人之意也今文無執觶及賓觶大夫之觶皆爲爵實觶觶爲之

【疏】注復奠至爲之○釋曰今文此經云執觶者無此執觶又今文無執觶及賓觶大夫之觶皆爲爵不從者以其皆在無筭爵之科明不爲爵云實觶觶爲之者亦不從也

無筭樂合鄉樂無次數

【疏】注合鄉樂無次數○釋曰知合鄉樂二南者約上正歌時不畧其正已歌鄉樂但上有次第先歌關雎次歌葛覃卷耳次歌鵲巢采蘋采蘩皆三終有次數今無次數任賓主所好也

賓興樂正命奏陔陔古才反○陔陔夏其詩亡周禮賓醉而出奏陔夏陔夏者天子諸侯以鍾鼓大夫士鼓而已

【疏】注陔陔至而已○釋曰此賓興即命奏下文賓降乃作樂也云陔陔夏其詩亡者九夏皆詩篇鄭注鍾詩云歌之大者載在樂章樂崩亦從而亡云周禮者鍾詩云陔下杜子春云客醉而出奏陔

夏雖非正文亦據周禮而言云陔夏者天子諸侯以鍾鼓知者鍾師云以鍾鼓奏九夏是天子法襄公四年穆公如晉晉侯饗之金奏肆夏之三不拜則陔夏奏用鍾矣大夫士尚有鼓明諸侯亦有鼓故摠云天子諸侯以鍾鼓知大夫士用鼓者此鄉射賓降及階鄉飲酒皆有鼓故知以鼓奏陔而已也

陔作賓出衆賓皆出主人送于門外再拜拜送賓于門東西面賓不荅拜禮有終

疏注拜送至有終○釋曰知拜送賓于門東西面者此約迎賓時於此拜也云不荅拜禮有終者以禮有終故不荅也

行明日賓朝服以拜賜于門外朝直遥反○拜賜謝恩惠也

疏釋曰自此盡經末論息勞司正之事

主人不見如賓服遂從之拜辱于門外乃退不見不褻禮也拜辱謝其自屈辱

疏注不見至屈辱○釋曰不見不褻禮者禮不欲數數則瀆今主人不見恐相褻故不見也

主人釋服乃息司正釋服說朝服服玄端也息猶勞也勞司正謂賓之與之飲酒以其昨日尤勞倦也月令曰

勞農以休息之○說吐活反勞力報反【疏】注釋服至息之○釋曰[illegible]主人如賓服則主人亦[illegible]

矣今言釋服謂釋去朝服朝服之下衣則次玄端[illegible]知釋服說朝服服玄端也玄端即朝服之下易其裳[illegible]

爲興也月令者彼是十月農功畢勞農以休息之爲息田夫之臘祭引之者證息勞來休息之義也無

介介音界○勞禮畧賤於飲酒也此已下皆記禮之異者【疏】注勞禮至異者○釋曰云勞禮畧賤

於飲酒也者謂賤於鄉飲酒鄉飲酒禮有介此上司正飲酒及此勞禮皆無介是賤於鄉飲酒也云此以

下皆記禮之異者謂息司正之禮與上飲酒禮異之事也不殺殺如字○無俎故也【疏】注無俎故

也○釋曰下文云無俎故不殺殺即有俎也無使人速速召賓【疏】注速召賓○釋曰若

公食使人召之還司正爲賓也迎于門外不拜入升不拜至不拜洗

薦脯醢無俎賓酢主人主人不崇酒不拜衆賓旣獻

衆賓一人舉觶遂無筭爵言遂者明其間闕也賓坐奠觶于其所擯者遂受命

于主人請坐于賓賓降說屨升坐矣不言遂請坐者請坐主於無筭爵【疏】注言遂至筭爵○釋曰云言遂者明其間闕也者間闕謂間一人舉觶下有工升歌立司正旅酬及二人舉觶及徹俎之事以其闕此數事故云遂無筭爵也云賓坐奠觶于其所擯者遂受命于主人請坐于賓賓降說屨升坐矣此並依正飲酒禮不言遂遂請坐者請坐主於無筭爵者以其請坐主於無筭爵今言無筭爵自然請坐可知故不須言請坐於賓也

無司正使擯者而已不立之【疏】注使擯至立之○釋曰不立司正亦是與飲酒禮異

賓不與與音預○昨日至尊不可褻也古文與作豫【疏】注昨日至作豫○釋曰賓者主人所尊敬不可復召之復召之亦是褻瀆也

徵唯所欲徵召也謂所欲請呼【疏】注徵召至請呼○釋曰須止則止須召則召在主人之意故云所欲請呼也

以告於鄉先生君子可也告請也鄉先生鄉大夫致仕者也君子有大德行不仕者○行下孟反【疏】注告請至仕者○釋曰云鄉大夫致仕者也者此即鄉飲酒注云先生謂鄉中致仕者君子有大德行不仕

者大德行謂六德六行可貢而不仕者此卽居士錦帶亦曰處士羞唯所有用時見物○見
賢遍反疏注用時見物○釋曰昨日所有之餘見物謂鄉樂唯欲不歌雅頌取周召之
詩任所好○好呼報反疏注不歌至所好○釋曰此即與上無筭樂同而云不歌雅須者以其上飲
酒主於射畧於樂不用小雅此非鄉射而亦不歌雅須者亦不可過于正飲酒禮故云周召之詩在所好
也記大夫與則公士爲賓與音預○不敢使鄉人加尊於大夫也公士在官之
士鄉賓主用處士疏注不敢至處士○釋曰據此鄉射使處士無爵命者爲賓故有大夫來不以鄉
人加尊於大夫故易去之使公士爲賓者然鄉飲酒云士法賢者爲賓其次爲介又其次爲衆賓有大夫
來不易去之以其賓擬責故也云鄉賓主用處士即君子者也使能不宿戒能者敏於事不
待宿戒而習之疏注能者至習之○釋曰解上賓用處士云能者敏於事者孝經云參不敏鄭云敏猶
達也則此通達於事其牲狗也狗取擇人疏注狗取擇人○釋曰鄉飲酒鄉射義取擇賢士

爲賓天子已下燕亦用狗亦取擇人可與燕者亨于堂東北亨普庚反○鄉飲酒義曰祖陽氣之所發也疏注鄉飲至發也○釋曰陽氣起於東北而盛於南方亨狗于東北飲酒是陽故法之

尊綌冪賓至徹之綌去逆反○以綌爲冪取其堅潔疏注以綌至堅潔○釋曰凡冪者皆爲塵埃加故設之但用冪不用冪不同者凡用醴皆不見用冪質故也即士冠禮子昏禮禮賓贊禮婦聘禮禮賓此等用醴皆無冪是也醮用酒亦無冪者從禮子質也或以尊獻卑亦無冪燕禮用君尊有冪方圜壺則無冪昏禮尊於室內有冪尊於房戶外爲勝御賤故無冪鄉飲酒鄉射有冪者無所獻故也若祭祀之冪冪人云以疏布冪八尊鄭云天地之神尚質以畫布冪六彝鄭云宗廟可以文凡王巾皆黼注云周尚武其用文德則黼可諸侯無文或與王同其喪中之冪皆用疏布士喪禮小斂用功布大斂亦同上云用綌冪與士同大夫亦當然也云賓至徹之者巾冪必布執冪賓未至恐塵加賓至徹去不復用以其鄉射飲酒不見更用之文故也燕禮君命徹冪則君命之前重冪之者君尊又設恐塵故重覆之

蒲筵緇布純純之閏反下同○諸允反注同○筵席也純緣以緇布○疏注筵緣也純緣

○釋曰鄉大夫州長與鄉人習禮雖有公尊之無一種故記人云筵席者鄭注周禮序云鋪陳曰筵藉之曰席然共言之筵席通但在地者取鋪陳之義在上曰席取相承藉之義耳

西序之席北上衆賓統於賓疏注衆賓統於賓之序繼賓已西○釋曰衆賓統於賓言上

上今云西序之席北上者謂衆賓有東面者則北上此東面非常故記之也若然此鄉射上設席雖不言衆賓之數上文云三拜衆賓鄭云三拜示徧也則衆賓亦三人矣而復有東面者若公卿大夫多尊東不受則於尊西賓近於西則三賓東面北上統於賓也

獻用爵其他用觶爵尊可褻也

以爵拜者不徒作以爵拜謂拜既爵徒猶空也作起也不空起言起必酢主人

薦脯用籩五膱祭半膱橫于上醢以豆出自東房膱長尺二寸膱音職○脯用籩籩宜乾物也醢以豆豆宜濡物也膱猶脡也爲記者異耳祭横于上殊

之也於人爲縮膱廣狹未聞也古文膱爲㦸今文或作植

【疏】注脯用至作植○釋曰云豆宜濡物也者案王制云一爲乾豆鄭云謂腊之以爲祭祀豆實與此違者以其豆實則醢也鄭注周禮醢人云作醢及臡者必先膊乾其肉乃後細莝之雜以粱麴及鹽漬以美酒塗置甀中百日則成矣是乾以爲豆實醢是也云膱猶脡也爲記者異耳者鄉飲酒記云脯五脡此云五膱膱與脡不同非訓之是記者異名不同非別有義故鄭云膱猶脡也云於人爲縮者脯法於人爲縮者鄉飲酒記引曲禮云以脯脩置者左朐右末鄭注曲禮云屈中曰朐取左手案之右手擘之便故於人爲縮橫祭半膱橫上於脯爲橫於人則爲縱也

俎由東壁自西階升狗既亨載于東方

【疏】注狗既至東方○釋曰云狗既亨載于東方者上云亨于堂東北今云俎由東壁者亨在東北實俎曰載載則於東方東方則東壁故云俎由東壁也云自西階升者既由東壁恐如祭饌由東階升故記人明之者祭饌則東階升特牲少牢是也尊神故由阼階升

賓俎脊脅肩肺主人俎脊脅臂肺肺皆離皆

右體也進腠腠七豆反○以骨名肉貴骨也賓俎用肩主人用臂尊賓也離猶捀也腠膚理也進理謂首其本右體周所貴也若有尊者則俎其餘體也○捀苦王反【疏】注以骨至體也○釋曰云以骨名肉者骨為本有名肉為末無名所食即肉故以骨名肉必知骨有肉者特牲乃食舉注云舉言食者明凡解體皆連肉是有肉也云賓俎用肩主人用臂尊賓也者此據前三體而言以其體有肩臂臑禮記祭統云周人貴肩為其顯故賓用肩尊賓也云離猶捀也者案記禮少儀云牛羊之肺離而不提心鄭云提猶絕也刲離之不絕中央少者中央少者即是心也此將食舉肺也云進理謂首其本者此與公食同生人食法少牢進下者是鬼神食法云右體周所貴也者對左殷所貴云若有尊者則俎其餘體也者前有三肩臂臑以次用之賓主已用肩臂有一大夫則用臑二大夫則取後體用膞若有三大夫已上則用胳其脊脅與賓主同故下文云獲者之俎折脊脅肺臑注云臑若膞胳盡折之以為大夫之餘體是也

凡舉爵三作而不徒爵謂獻賓獻大夫獻工皆有薦【疏】注謂獻至有薦○釋

曰知此三人者以其言三作故知唯此三人而已凡奠者於左不飲不欲其妨疏釋曰謂若酬賓奠於右賓奠之於左將舉者於右使其舉也疏釋曰謂若酬一人二人舉奠之於薦右後舉之者也衆賓之長一人辭洗如賓禮長丁丈反○尊之於其黨疏注尊之於其黨○釋曰此獻三賓之時主人唯爲長者一人洗爵如經文恐已後更洗故記人明之也若有諸公則如賓禮大夫如介禮無諸公則大夫如賓禮尊卑之差諸公大國之孤也樂作大夫不入後樂賢也樂正與立者齒與音預○謂其飲之次也尊樂正同於賓黨鄉飲酒記曰與立者皆薦以齒三笙一和而成聲和戶臥反○三人吹笙一人吹和凡四人也爾雅曰笙小者謂之和疏注三人至之和○釋曰云爾雅曰笙小者謂之和者案爾雅釋樂云大笙謂之巢孫氏巢高大又云小者謂之和注云和小笙是也獻工與笙取爵于上篚既獻奠于

下篚其筮則獻諸西階上奠爵于下篚不復用也今文無與笙疏注奠爵至與笙○釋曰云奠爵于下篚不復用也者謂堂上不復用無妨堂下更入用之知者獻獲及釋獲者皆取而獻之是也大射獻服不氏用散不用爵者彼君禮與此異也立者東面北上賓黨疏釋曰此謂一命及不命來觀禮者與堂下衆賓齒東面北上而立司正既舉觶而薦諸其位薦於觶南疏注薦於觶南○釋曰知薦於觶南不薦於觶北者以司正觶南北面立若薦觶北與觶相隔非位前故知觶南位北也三耦者使弟子司射前戒之弟子賓黨之少者也前戒謂先射請戒之疏注弟子至戒之○釋曰云使弟子司射前戒之者謂請射之前戒之以其經云三耦俟於堂西故鄭云前戒謂先射請戒之也司射之弓矢與扑倚于西階之西扑普卜反○便其事也疏注便其事也○釋曰此矢謂挾一个者初司射適堂西袒決遂取弓矢于階西兼挾乘矢則誘射之弓矢亦在階西矣若然誘射訖適堂西改取一

个挾之遂適階西取扑此一个實在堂西至視筭之時於西階西釋弓矢去扑獻釋獲者此亦在西階西故鄭云便其事也

司射既袒決遂而升司馬階前命張侯遂命倚旌著並行也古文曰遂命獲者倚旌疏注著並至倚旌〇釋曰云著並行者謂司射與司馬有不並行事時案上文將射適堂西袒決遂取弓矢於西階上北面告賓曰弓矢既具有司請射其時司馬即階前令倚旌此皆同時故鄭云著並行事如上經納射器及此三耦以前司射獨行事後及司正為司馬與司射並行事故記人記之也

凡侯天子熊侯白質諸侯麋侯赤質大夫布侯畫以虎豹士布侯畫以鹿豕此所謂獸侯也燕射則張之鄉射及賓射當張采侯二正而記此者天子諸侯之燕射各以其鄉射之禮而張此侯則經獸侯是也由是云焉白質赤質皆謂采其地其地不采者白布也熊麋虎豹鹿豕皆正面畫其頭象於正鵠之處耳君畫一臣畫二陽奇陰耦之數也燕射射熊虎豹不志上不相犯射麋鹿豕志在君臣相養其

畫之皆毛物之疏注此所至物之○釋曰：云此所謂獸侯也者周禮梓人云張獸侯以息燕注云息者

休農息老物也燕謂勞使臣若與羣臣飲酒而射是也云燕射則張之者燕禮大射正爲司射如鄉射之

禮是諸侯燕用鄉射之禮故云燕射則張之也天子雖無文據記天子燕射記明天子燕射亦用鄉射之

法也云鄉射及賓射當張采侯二正者案周禮射人掌賓射大夫上同二正是賓射二正鄉射無文知亦

采侯二正者周禮賓射與賓客爲射此鄉射雖與鄉人習禮亦如賓主行射禮又非私相燕勞故約與賓

射同也言采侯者梓人云張五采之侯則遠國屬是賓射之侯故云采侯也云而記此者天子諸侯之燕

射各以其鄉射之禮者以天子自用鄉射之禮諸侯自用鄉射之禮大夫士亦各隨其君用鄉射之禮也

用鄉射之禮謂張侯道五十步及三耦一與鄉射同云張此侯則經獸侯是也由是云焉者謂由是用鄉

射法故云獸侯於此鄉記也云白質赤質皆謂采其地者案周禮掌蜃云共白盛之蜃則此以蜃灰塗之

使白爲地赤質者亦以赤塗之使赤爲地云不采者白布也者謂大夫士直云布侯者也云熊麋虎豹鹿

豕皆正面畫其頭者知皆畫首者以其言貍首者射不來者之首明此獸侯等亦正面畫其頭也云象其正鵠之處耳者案梓人云參分其廣而鵠居一焉據大射之侯若賓射之侯則三分其侯正居一焉若燕射之侯則獸居一焉故云象其正鵠之處耳云君畫一臣畫二陽奇陰耦之數也者禮記郊特牲云君之南鄉荅陽之義也臣之北面荅君也是君陽臣陰文天一生水地二生火是一二陰陽之數故云君一臣二陽奇陰耦之數也云燕射射熊虎豹不忘上不相犯者三者皆猛獸不尚相下若君臣之通亦獻可者替否者不苟相從輒當犯顏而諫似獸等故用之云射麋鹿豕志在君臣相養也者案內則云麋鹿豕皆有軒並是可食之物故云相養也云其畫之皆毛物之者此無正文但畫五正三正之侯各以其色畫獸侯亦以毛物畫之可知也

凡畫者丹質賓射之侯燕射之侯皆畫雲氣於側以爲飾必先以丹采其地丹淺於赤

疏注賓射至於赤○釋曰云賓射之侯燕射之侯者此鄉射以采侯二正是賓射之侯也此獸侯也又是燕射之侯故鄭並言之云皆畫雲氣於側以爲飾者鄭解經凡言畫者皆畫雲氣

設以雲氣解之也畫象雲色若賓射之侯天子九十步侯朱白蒼黃玄五正者還畫此五色雲氣於其側七十步侯朱白蒼三正者還畫此三色雲氣於其側五十步侯朱綠二正者還畫此二色雲氣於其側以爲飾也云必先以丹采其地者欲畫此五色三色雲氣時必先用丹采此地乃於其上畫雲氣也天子侯九十步之內更有七十五十步侯畿內諸侯七十步侯內更有五十步侯畿外諸侯者之九十步侯之內更有七十五十步侯其畫之采皆如其數也以侯數非一尊卑又不同故云凡以廣之言凡畫雲氣以丹爲質地者也云丹淺於赤者案月令云乘朱路駕赤騮載赤旂衣朱衣朱與赤互言之即爲一物又案冬官鍾氏云以朱湛丹秫三入爲朱色深而湛丹秫故知丹淺於赤鄭言此者欲見以丹爲地丹上得見赤色雲之義故言此也

射自楹間物長如笴其間容弓距隨長武

自楹間者謂射於庠也楹間中央東西之節也物謂射時所立處也謂之物者物猶事也君子所有事也長如笴者謂從畫之長短也笴矢幹也長三尺與跬相應射者進退之節也間容弓者上下射相去六尺

也距隨者物橫畫也始前足至東頭爲距後足來合而南面爲隨武跡也尺二寸。疏注自楹至二寸〇釋曰云自楹間者謂射於庠也知者以其言楹間則是庠則物當楣故知非射於序者也云楹間中央東西之節也者以其楹間南北無限東楹西楹相當故知東西之節也云長如笴者謂從畫之長短也者其下有距隨爲橫此言物長又是從迹之稱故知南北之長短也云笴矢幹也長三尺者以矢人職得知也云與跬相應者禮記祭義云故君子跬步而弗忘孝也一舉足謂之跬再舉足謂之步步射者履物不過一跬故知以三尺爲限也云距隨者物橫畫也始前足至東頭爲距後足來合而南面爲隨者謂上射下射並足處皆然言長武武跡也中人之跡尺二寸謂横尺二寸也

序則物當棟堂則物當楣是制五架之屋也正中曰棟次曰楣前曰庪〇架音駕庪九僞反又九委反疏注是制至曰庪〇釋曰云是制五架之屋也者庠序皆然但有室無室爲異

命負侯者由其位於賤者禮畧疏釋曰其位正據司馬自在己位遥命之遥命者由負侯者賤畧之故也對司射

此耦則就其位經無司馬命負侯之位故記之也

凡適堂西皆出入于司馬之南唯賓與大夫降階遂西取弓矢尊者宜逸由便也○旌各以其物旌總名也雜帛爲物大夫士之所建也言各者鄉射或於庠或於謝

疏注旌總至於謝○釋曰云旌總名也者以居禮司常云九旗對文通帛爲旜雜帛爲物全羽爲旞析羽爲旌各別今名物爲旌者散文通故云旌總名也云雜帛爲物大夫士之所建也者司常文通帛者通體並是絳帛周所尚赤也雜帛者中絳緣邊白也白殷之正色故鄭彼注云言先王正道佐職也云各者鄉射或於庠或於謝者諸侯鄉大夫是大夫詢衆庶射於庠射於謝是諸侯州長是士春秋習射于謝大夫士同建物而云各者雖同建物仞則大夫五仞士三仞不同故云各也

無物則以白羽與朱羽糅杠長三仞以鴻脰韜上二尋糅女又反杠音江脰音豆韜吐刀反○無物者謂小國之州長也其鄉大夫一命其州長士不命不命者無物此謝旌也謝亦所以進退衆者糅者雜也

杠橦也七尺曰仞鴻鳥之長脰者也八尺曰尋今文糅為縮韜為翿○翿徒刀反橦直江反

【疏】注無物至為翿○釋曰云無物者謂小國之州長也者案典命子男之卿再命大夫一命士不命太夫一命得建物士不命則無物是以不得與上各以其物同別為此旌云此翿旌也者據下文士鹿中翿旌也下云君國中射則皮樹中以翿旌獲此不命士與國君同者士卑不嫌命士以上尊卑自異也云翿亦所以進退衆者此非直用之於獲案喪大記君葬時執翿居前部傾衛亦所以進退衆人也云七尺曰仞者無正文鄭案書傳云雉長三丈高一丈則雉高一丈禮記祭義云築宮仞有三尺雉高一丈云仞有三尺除三尺之外只有七尺曰仞也王肅則依小爾雅四尺曰仞孔君則八尺曰仞所見不同也云鴻鳥之長脰者也者脰則項也云八尺曰尋者亦無正文冬官云車有六等之數云殳長尋有四尺長丈二而云尋有四尺除四尺則尋長八尺矣

凡挾矢於二指之間橫之

二指謂左右手之第二指此以食指將指挾之○將子匝反

【疏】注二指至挾之○釋曰云二指謂左右手之第二指知左右手

背旋之者以云二指之間横之則知左右手也云此以食指將指挾之者以左擘指拓弓右擘指鉤弦故知挾矢以第二第三指間第二指爲食指左傳云子公之食指動是也第三指爲將指左傳云吳王闔閭傷於將指是也鄭云食指將指之間挾之知不在無名指間者以無名指短與將指不相應故知不是也

司射在司馬之北司馬無事不執弓以不主射故也疏釋曰經不明言司射與司馬南北相當故明之也

始射獲而未釋獲復釋獲復用樂行之射食亦反又食夜反復用之復扶又反○君子取人以漸疏釋曰始射獲而未釋獲據三耦射時云復釋獲者據第一番射時復用樂行之據第三番射時

上射於右於右物射楅

長如笴博三寸厚寸有半龍首其中蛇交韋當厚戶豆反○博廣也兩端爲龍首中央爲蛇身相交也蛇龍君子之類也交者象君子取矢於楅上也直心背之衣曰當以丹韋爲之司馬左右撫矢而乘之分委於當○直音值乘繩證反疏注博廣至於當○釋曰云

蛇龍君子之類也者易云龍戰于野其血玄黄鄭注云聖人喻龍君子喻蛇是蛇龍爲君子之類也云直心背之衣曰當者直通身之言其福兩頭爲龍首於背上通身著當言當心中央也知冊韋爲之者周尚赤上云凡畫者丹質又周禮九旗之帛皆用絳故知此當亦以冊韋爲之云司馬左右撫矢而乘之分委於當者若未分時總在於當今則四**福髹橫而奉之**四在一邊不謂分說乃置於南當也**南面坐而奠之南北當洗**髹虛求切○髹赤黑漆也。【疏】注髹赤黑漆也○釋曰云南面坐而奠之者取向弟子持矢北面故南面奠之云南北當洗者恐南北不知遠近故記言南北當洗南北節也**射者有過則撻之**過謂矢揚中人凡射時矢中人當刑之今鄉會衆賢以禮樂勸民而射者中人本意在侯去傷害之心遠是以輕之以扑撻於中庭而已書曰扑作教刑【疏】注過謂至教刑○釋曰云是以輕之以扑撻於中庭而已引書者謂尚書堯典之文彼據教學故彼注云不勤道業則撻之引之者於射時司射搢扑亦是教射法故引證撻犯禮之過者是以尚書亦云侯以明之旌以之是也記衆賓不與射者不降與音預○不以無事亂有事古文與爲豫疏注不以至爲豫○釋曰鄉射不得與射者雖誓僮有存焉三賓已上容其有文無武者許其不射故記者言之也取誘射之矢者既拾取矢而后兼誘射之乘矢而取之謂反位已禮成乃更進取之不相因也疏注謂反至因也○釋曰云不相因者既自拾取已之乘矢反位東西望記上射乃更向前兼取誘射之矢禮以變爲敬故不相因賓主人射則司射擯升降卒射即席而反位卒事擯賓主人升降者皆尊之也不使司馬擯其升降主於射疏注擯賓至於射○釋曰云不使司馬擯其升降主於射者必以司射決之者以司馬本是司正不主射事司射主射事故使司射也鹿中髹前足跪鑿背容八筭釋獲者奉之先首奉芳勇反○前足跪者象教擾之獸受負也○擾而小反疏注前足至負也○釋曰服不氏教擾猛獸不堪受負其有合負物者教擾則屈前足

以受負若今驗受負則四足俱屈之類也大夫降立于堂西以俟射尊大夫不使久列於射位【疏】注尊大至射位〇釋曰謂主人大夫降時賓主先射大夫則立于堂西其耦在司馬之西射位大夫且立于堂西射至乃取其耦共升射

大夫與士射袒纁襦襦如朱反〇不肉袒陎於耦

耦少退于物下大夫也既發則然

司射釋弓矢視筭與獻釋獲者釋弓矢惟此二事休武主文釋弓矢耳然則擯升降不釋【疏】注惟此至不釋〇釋曰此一者經文自具記之者以唯此二事釋欲顯出賓主升降時不釋故言之是以鄭云然則擯升降不釋也

禮射不主皮主皮之射者勝者又射不勝者降禮射謂以禮樂射也大射賓射燕射是矣不主皮者貴其容體比於禮其節比於樂不待中爲雋也言不勝者降則不復升射也主皮者無侯張獸皮而射之主於獲也尚書傳曰戰鬬不可不習故於蒐狩以閑之也閑之者貫之也貫之者習之也凡祭取餘獲陳於澤然後卿大夫相與射也中者雖不中

也取不中者雖中也不取亦何以然所以貴揖讓之取也而賤勇力之取鄉之取也於圃中勇力之取今之取也於澤宮揖讓之取也澤習禮之處非所於行禮其射又主中此主皮之射與天子大射張皮侯賓射張五采之侯燕射張獸侯○主皮之射與平聲

【疏】注禮射至之獸侯○釋曰云禮射謂以禮樂射也者射時有禮兼作樂故連樂言之下言鄉射者鄉射用采侯賓燕中兼之故不言也云不主皮者貴其容體比於禮其節比於樂者此即九節七節五節應於樂節是也云言不勝者降不復升射也者據主皮射者也禮射三番不勝仍待後番復升射也尚書傳者濟南伏生為尚書作傳云凡祭取餘獲陳於澤然後卿大夫相與射也者此則周禮山虞田說虞人植旗於中屬禽焉每禽擇取三十餘將向國以祭謂若大司馬云仲春祭社仲夏享礿仲秋祀方仲冬享烝凡祭乃以餘獲陳於澤宮中卿大夫士共以主皮之禮射取之云雖不中雖中者據內田時也云非所於行禮者云揖讓取即是行禮而云非所於行禮者揖讓雖是禮對大射之等其體比於禮其節比於樂為非所行禮也云此主皮之射與者書傳不言主皮以義約同

故云與以疑之也云天子大射已下者案梓人云張皮侯而棲以鵠則春以功即此鄭云天子大射張皮侯也梓人又云張五采之侯遠國屬即此鄭云賓射張五采之侯也梓人又云張獸侯以息燕即此鄭云燕射張獸侯也鄭言此者證此是禮射與主皮異也若然天子有澤宮又有射宮二處皆行射禮者澤宮之內有班餘獲射又有試弓習武之射若西郊學中射者行大射之禮張皮侯者是也澤宮中射將欲向射宮先向澤宮中試弓習正之射此習武之射無侯直射甲革椹質故司弓矢職云王弓弧弓以授射甲革椹質而注引圉人職曰射則充椹質是也

主人亦飲于西階上就射爵而飲也已無後才不可以辭罰疏注就射至辭罰○釋曰此謂主人在不勝之黨受罰爵之時也云就射爵而飲也者謂西楹西豐上射爵也云已無後才不獲可以辭罰者以主人尊恐不受罰爵故言此也

者之俎折脊脅肺臑臑如報反○臑若膞胳觳之折以大夫之餘體○膞音純胳音格又音各疏注臑若至餘體○釋曰上賓主人已用觳苦角反肩臂臑有臑及膞胳觳若脊脅骨多尊

畢皆有自膞已下各得其一今鄭具言之欲見科取其一不定以其若無大夫僎者得膞則經所云者故膞在肺下欲見無大夫已合得若大夫一人大夫得膞獲者得時若大夫二人獲者即得胳若大夫三人獲者即得轂若大夫公卿更多則折之不得整體或更取餘體也故鄭不云折以大夫之餘體也

東方謂之右个个音幹○僎以鄉堂為面也疏注僎以鄉堂為面也○釋曰以其經直云左右个不辨東西故記人明之也

釋獲者之俎折脊脅肺皆有祭皆皆獲者也祭祭肺也以言肺謂刌肺不離嫌無祭肺○刌寸本反疏注皆皆至祭肺○釋曰云以言肺謂刌肺不離者即[illegible]中脊脅肺是切肺與祭肺同也云嫌無祭肺者此明記人之意見上已有刌肺不離者即經中脊脅肺是刌肺與祭肺同嫌更不別有祭肺故云皆有祭肺言皆皆獲者欲見釋獲者與主獲者二者皆別有祭肺故云皆也若然上肺即舉肺案公食大夫有切肺無祭肺者優賓使賓祭此二者亦以舉肺為祭肺者尊賤者之義是以有司徹侑俎羊切肺一侑俎豕亦切肺一鄭云豕又祭肺不齊肺不備

禮則是略賤之類也大夫說矢束坐說之說吐活反又始銳反。明不自尊別也。
別彼列反歌騶虞若采蘋皆五終射無筭謂衆賓繼射者衆賓無數也每
一耦射歌五終也【疏】注謂衆至終也。釋曰上用騶虞以化民下用采蘋大夫之樂節亦可皆五終
者大夫士皆五節一節一終故云五終也鄭言衆賓無數者謂堂下衆賓繼射者故無數若堂上衆賓則
三人也古者於旅也語禮成樂備乃可以言語先王禮樂之道也疾今人慢於禮樂之
盛言語無節故追道古也凡旅不洗敬殺不洗者不祭不盛既旅士不
入從正禮也既旅則將燕矣士入齒於鄉人【疏】注士入齒於鄉人。釋曰以其士立于下故齒於鄉
人也大夫後出下鄉人不干其賓主之禮【疏】注不干其賓主之禮○釋曰賓主及衆賓出後
乃出故云不干其賓主之禮主人送於門外再拜拜送大夫尊之也主人送賓還
入門揖大夫乃出送拜之【疏】注拜送至拜之○釋曰上文大夫後出是大夫意不干賓主之禮此經主

人意故鄭云拜送大夫尊之也知主人送賓還入門揖大夫乃出送拜之者以其上經云賓出主人送于門外再拜此記又云大夫後出主人送于門外再拜故知主人送賓還入門揖大夫乃出送再拜之也

鄉侯上个五尋上个謂最上幅也八尺曰尋上幅用布四丈 疏 注上个至四丈○釋曰以五尋尋八尺五八四十故四丈也

中十尺方者也用布五丈今官布幅廣二尺二寸旁削一寸考工記曰梓人爲侯廣與崇方謂中也 疏 注方者至中也○釋曰云方者也者謂侯中也正方十尺云用布五丈今官布幅廣二尺二寸旁削一寸者鄭意此言十尺用布五幅幅廣二尺二寸兩畔各削一寸爲縫幅各二尺在故五幅爲一丈也漢法幅二尺二寸亦古制存焉故舉以爲況若然周禮鄭志純三尺尺八寸二尺四寸者據緇幅也士喪禮云云則以緇長半幅注云半幅一尺終幅二尺亦謂緇而幅二尺者而有二種喪禮畧用其狹者故周禮鄭云凡爲神之衣物必沽而小是也引梓人者彼摠據三侯侯中皆廣與崇方引之證經十尺是方也

侯道五十弓弓二寸以爲侯

中言侯中所取數也量侯道以貍步而云弓者侯之中所取數宜用射器也正二寸骹中之博也今文改弓爲肱也○骹苦交反肱古攢反疏注言侯至肱也○釋曰云言侯中所取數也者謂侯中大小取數于侯道云量侯道以貍步者大射文故彼云以貍步張三侯是用步耳而云弓者六尺爲步弓之下制六尺與步相應而云弓者侯之所取數宜於射器也故此經云弓也云正二寸骹中之博也者案周禮弓人云骹解中有變焉謂弓弭把中側骨之處博二寸故於此處取數焉

倍中以爲躬躬身也謂中之上下幅也用布各二丈疏注躬身至二丈○釋曰身謂中上下中各橫接一幅布者故鄭云中之上下幅用布各二丈也

倍躬以爲左右舌謂上个也居兩旁謂之个左右出謂之舌疏注謂上至之舌○釋曰言謂上个者對下个不得倍躬故謂上个也云兩傍謂之个在躬之兩傍則謂之个云左右出謂之舌謂躬外兩相各出一丈若人舒舌故下云下舌半上舌據出者而言也

下舌半上舌半者半其出於躬者也用布三丈所以半上舌者侯人之形類也上个象臂下

个象足中人張臂八尺張足六尺五八四十五六三十以此爲衰也凡鄉侯用布十六丈數起侯道五十弓以計道七十弓之侯用布二十五丈疏注半者至二尺道九十弓之侯用布三十六丈○釋曰半者半其出於躬者也者以其言舌故知半其出者也云用布三丈者上舌兩相各一丈今下舌兩相各五尺通躬二丈故云用布二丈也云侯人之形類也者人形上廣下狹故也云五八四十據上个四丈五六三十據下个三丈以此上下爲衰差也云凡鄉侯用布十六丈數起侯道五十弓以計者用布十六丈者中五幅幅一丈用布五丈上下躬各二丈揔四丈上个四丈下个三丈是揔十六丈也云道七十弓之侯用布二十五丈二尺者道七十弓弓取二寸二七十四侯中六四尺七幅幅有丈四尺中用布九丈八尺上下躬各用布二丈八尺上下揔用布五丈六尺上个倍躬爲五丈六尺下舌半上舌出者兩相各出丈四尺下舌半之兩相各出七尺下舌用布一丈四尺通躬二丈八尺揔計用布四丈二尺也通計用布二十五丈二尺云道九十弓之侯用布三十六丈者弓取二寸九十弓侯中丈八尺侯中用布九

幅幅別丈八尺中用布十六丈二尺倍中以爲躬上
下躬各用布三丈六尺上下揔七丈二尺倍躬以爲
左右舌上舌用布亦七丈二尺下舌亦半上舌上舌
出者丈八尺下舌半之則下舌揔用布五丈四尺以
此計之揔用布
三十六丈也
箭籌八十箭篠也籌筭也籌八十者
畧以十耦爲正貴全數其
時衆賔從賔
○篠息丁反
疏注箭篠至從賔○釋曰云箭篠也者
謂以箭爲籌射之耦隨賔多少令言
八十舉成數以十耦爲正但一者數
之始十者數之終以十耦爲成數也
長尺有握握素
握本所持處也素謂刊之也
刊本一作膚○刊苦干反
疏注握本至作膚○釋
曰云長尺復云有握
則握在一尺之外則此籌尺四寸矣云刊本一作膚
者公羊傳僖三十一年云觸石而出膚寸而合不崇
朝而徧雨乎天下者唯泰山爾何休云側手爲膚又
投壺云室中五扶注云鋪四指曰扶一指案寸皆謂
布四指一指一寸四指則四寸引
之者證握膚爲一謂刊四寸也
楚扑長如笴刊本
尺刊其可
持處
君射則爲下射上射退于物一笴既發則

答君而俟答對也此以下雜記也今文君射則爲下君樂作而后就物君袒朱襦以射君尊小臣以巾執矢以授君尊不搢矢不挾矢授之稍屬若飲君如燕則夾爵謂君在不勝之黨也賓飲君如燕賓媵觚于公之禮則夾爵爵者君既卒爵復自酌君國中射則皮樹中以翿旌獲白羽與朱羽糅國中城中也謂燕射也皮樹獸名以翿旌獲尚文德也今文皮樹爲繁豎糅爲縚古文無以

疏注國中至無以○釋曰知城中是燕射者以其下有賓射大射不在國中故國中是燕射以其燕在寢故也云以翿旌獲尚文德也者以其燕主歡心故進從不命之士亦取尚文德之義必知取尚文德者以其以文德者舞文舞羽舞也以武德者舞武舞下舞也此既用羽知取尚文德也於郊則閭中以旌獲於郊謂大射也大射於大學王制曰小學在公宮之左大學在郊閭獸名如驢一角或曰如驢歧蹄周書曰北唐以閭析羽爲旌

疏注於郊至爲旌○釋曰知於郊郊謂大射也者案

大射云公入驁從外來入此既言於郊故知大射在郊也云大射於大學者據諸侯而言也天子大射在虞庠以其天子大學在國中小學在郊諸侯不得立大學在國立大學在郊故鄭引王制小學在公宮之左大學在郊是殷法諸侯用焉故引爲證必知諸侯立大學在郊者見詩魯頌有泮宮禮記云故魯人將有事於上帝必先有事於頖宮鄭云頖宮郊之學也則詩泮宮此郊學是也云閭獸名如驢一角或曰如驢岐蹄周書曰北唐以閭者歧蹄已上山海經文周書見於國語也

於竟則虎中龍旜於竟謂與鄰國君射也畫龍於旜尚文章也通帛爲旜【疏】注於竟至爲旜○釋曰與鄰國君射則賓射也以其君有送賓之事因送則射云尚文章也者亦若謝在也云通帛爲旜司常文鄭注云凡九旗之帛皆用絳則通帛者正幅爲絳長尋曰旐繼旐曰旆通體皆用絳帛爲之名旜

大夫兕中各以其物獲兕獸名似牛一角【疏】注兕獸名似牛一角○釋曰下有士則此專據大夫爲文而云各以其物者公侯伯大夫再命子男之大夫一命爲卿大夫其數雖同旐依命數不同故云各又下

云士翿旌以獲雅小國之州長不命者則公侯之州長一命有旌亦入物中則各內兼之矣故云各兕似牛一角案爾雅及山海經知之

唯君有射于國中其餘否臣不習武事於君側也古文有作又今文無其餘否

疏注臣不至餘否○釋曰天子諸侯皆燕射在國又天子賓射在朝亦在國大夫士燕射賓射不在國大夫又得行大射雖無郊學亦不得在國是以孔子爲鄉射於矍相之圃是其一隅若然此卿射亦不在國中亦宜在國外故記於此旡見之也

君在大夫射則肉袒不袒纏襦厭於君也今文無射

疏注不袒至於君○釋曰上云大夫與士射袒纏襦今與君射爲厭與士同故肉袒也

儀禮注疏卷第五

儀禮注疏第六

漢鄭玄注　唐賈公彥疏

後學廬陵陳鳳梧編校

燕禮第六鄭目録云諸侯無事若卿大夫有勤勞之功與羣臣燕飲以樂之燕禮於五禮屬嘉禮大戴第十二小戴及別録皆第六疏釋曰案上下經注燕有四等目録云諸侯無事而燕一也卿大夫有王事之勞二也卿大夫有聘而來還與之燕三也四方聘客與之燕四也若然目録云卿大夫有勤勞之功聘使之勞兼王事之勞二者也知臣子聘還與之燕者四牡勞使臣是也知有王事之勞燕者下記云若以樂納賓則賓及庭奏肆夏鄭注云卿大夫有王事之勞則奏此樂焉是也知君臣無事有燕者案魯頌云夙夜在公在公明明振振鷺鷺于下鼓咽咽醉言舞于胥樂兮鄭箋云君臣無事則相與明義明德而已絜白之士羣集於君之朝君以禮樂與之飲酒燕樂以盡其歡是其無事而燕也又知賓及庭奏肆夏是已之臣子有王事之勞者案郊特牲云賓入大門而奏肆夏鄭注云賓朝聘者是異國聘賓

入大門奏肆夏故知記云賓及庭奏肆夏者是已之臣子也又知與國聘賓有燕者聘禮所云燕與時賜者是也

燕禮○小臣戒與者與音預○小臣相君燕飲之法戒與者謂留羣臣也君以燕禮勞使臣若臣有功故與羣臣樂之小臣則警戒告語焉飲酒以合會爲歡也○相息亮反勞力報反使所吏反樂音洛語魚據反

【疏】燕禮小臣戒與者○釋曰自此已下盡射人告具論告戒羣臣及陳饌之事必使小臣戒與者以其燕爲聘使者爲主兼與舊在者歡樂之故今戒可與之人使依期而至○注小臣至歡也○釋曰云小臣相君燕飲之法者案周禮大僕職云王燕飲則相其法又案小臣職云凡大事佐大僕則王燕飲大僕相小臣佐之此諸侯禮降於天子故宜使小臣相是以下云小臣師下人東在堂下注云師長也小臣之長一人猶天子大僕正君之服位者也是諸侯小臣當大僕之事戒與者謂留羣臣也者謂羣臣留在國不行者也云君以燕禮勞使臣若臣有功者此即目録卿大夫有勤勞之功勞使

四四二

臣即四封勞使臣也若臣有功即王事之勞也故鄭
德云卿大夫勤勞之功若然鄭不言諸羣臣無事燕
子其經云戒與者功勞之外與及之爲有事之臣
不得云無事燕者故不言之案大射云君有命戒
射者以其太射辨尊卑故云君有命明政教由膳宰
尊者出燕禮主歡心不辨尊卑故不言君有命

具官饌于寢東膳宰天子曰膳夫掌君飲食膳羞者也具官饌具其官之所饌謂酒也牲也脯醢也寢路寢

【疏】注膳宰至路寢○釋曰以其燕在寢故
膳宰具官饌于寢東擬燕時設之云膳
宰天子曰膳夫掌君飲食膳羞者也者以其天子有
宰夫又有膳夫掌君飲食諸侯亦有宰夫復有膳宰
膳宰飲食與天子膳夫同故引天子膳夫並之云具
官饌具官之所饌者謂卿大夫士之饌摠饌之大射
亦用燕禮直云官饌不言膳宰與此同不言者文不
具云謂酒也牲也脯醢也者案下所設亦有此三者
牲即其牲狗也云寢路寢者以其燕在寢服朝服下
記云燕朝服於寢正處在路寢不在燕寢可知故云
路寢也案公食大夫云凡宰夫之具饌于東房不使
膳宰者彼食異國之大夫敬之故使宰夫具饌此燕

已比事故使膳宰卑者具饌必知膳宰卑於宰夫者案天子宰夫下大夫膳夫上士天子膳夫卑於宰夫
則知諸侯膳宰亦卑於宰夫者也

樂人縣

縣音玄○縣鐘磬也國君無故不徹縣宮縣者為燕新
之○為于偽反【疏】注縣鐘至新之○釋曰案大射樂人宿縣在射前一日又具辨樂縣之位者以其大
射在學宮學宮不常縣樂射乃設之故射前一日縣之及辨樂縣之位此燕在路寢有常縣之樂今言樂
人縣者為燕新而已故不在燕前一日又不辨樂縣之處又直云樂人未知樂人竟是何官案周禮春
官大司樂云凡樂事宿縣又案樂師云凡樂成則告備是天子有大司樂并有樂師之官案序官樂師下
大夫四人上士八人下士十有六人以此知天子有大司樂樂師諸侯無大司樂直有大樂正小樂正以
其諸侯燕師此二者當天子樂師大夫及士則諸侯樂師不用大夫大樂正當上士小樂正當下士為
之故鄭下注公樂正于天子樂師也大射注亦云小樂正於天子樂師若然縣樂之法案周禮眡瞭職云
掌大師之縣鄭注云大師當縣則為之案下僕人相大師則諸侯無眡瞭則使僕人縣樂大師以声長之

樂師又監之云縣鍾磬也者案小胥天子宮縣諸侯軒縣面皆鍾磬鎛各一虡大夫判縣士特縣不得有
鎛故云鍾磬案下唯有磬而無鍾而云鍾磬者鄭汎解樂縣法故兼言鍾其實諸侯之士特縣磬而已云
國君無故不徹縣者案曲禮惟有大夫無故不徹縣士無故不去琴瑟不言國君但大夫無故不徹縣則
國君無故亦不徹縣可知鄭以燕禮爲國君法故以義約之也云宮縣者爲燕新之者更整理樂縣之法
爲新之也

設洗篚于阼階東南當東霤罍水在東篚在洗西南肆設膳篚在其北西面

霤力又反罍音雷○設此不言其官賤也當東霤者人君爲殿屋也亦南北以堂深肆陳也膳篚者君象觚所饌也亦南陳言西面尊之異其文○觚音孤

【疏】注設此至其文○釋曰云設此不言其官賤也者決膳宰具官饌樂人縣司宮設尊皆言其官獨此不言官故知賤也案少牢司宮設罍水大夫兼官此國君禮或可別人爲之但無文故鄭不細辨云當東霤者人君爲殿屋也者漢時殿屋四向流水故舉漢以況周言東霤明亦有西霤對大夫士言東榮

兩下室故也。云亦南北以堂深者，亦士冠禮、鄉飲酒等也。云膳篚者君象觚所饌也者，案下文洗象觚升實之，東北面獻于公是也。但君尊不可與臣同篚，故別釋之也。云亦南陳者，亦臣之南肆者也。言西面尊之異其文者，欲見膳篚西面南肆者亦西面，此不言南肆而言西面，是尊君之篚，故異其文也。

司宮尊于東楹之西，兩方壺，左玄酒，南上。公尊瓦大兩，有豐，冪用綌若錫，在尊南，南上。尊士旅食于門西，兩圜壺。

大音泰。綌，去逆反。錫，悉歷反。圜音圓。○司宮，天子曰小宰，聽酒人之成要者也。尊方壺，爲卿大夫士也。臣道直方，於東楹之西，予君專此酒也。玉藻曰：「唯君面尊。」玄酒在南，順君之面也。瓦大，有虞氏之尊也。禮器曰：「君尊瓦甒。」豐形似豆，卑而大。冪用綌若錫，冬夏異也。在尊南，在方壺之南也。尊士旅食者用圜壺，變於卿大夫也。旅，衆也。士衆食，謂未得正祿，所謂庶人在官者也。今文錫爲緆。○甒，亡甫反。卑如字。緆，悉歷反。

疏注「司宮」至「爲緆」。○釋曰：云司宮天子曰小宰聽酒人之成要者也者，案天官小宰職掌建邦之

宮刑以治王宮之政令是小宰掌宮事此諸侯無小
宰有司宮明司宮亦當掌宮刑治宮之政令可知是
司宮掌宮事與小宰同又掌酒正云酒正之出日入
其成月入其要小宰聽之此司宮亦設酒尊當掌酒
事與小宰同是以知此諸侯司宮當天子小宰者也
若然案酒正云酒正之出日入其成月入其要小宰
聽之案彼文則是小宰聽酒正之成要此注云聽酒
人成要者案彼注云出謂授酒材及用酒之多少也
受用酒者日言其計於酒正酒正月盡言於小宰云
月言其計於酒正者是酒人也酒正月盡總言於小
宰則是小宰所聽者並是酒人所言故鄭之此注據
酒人而言也云尊方壺爲卿大夫也者以其燕總有
卿大夫士又别有公尊瓦大兩故知方尊爲此入也
云於東楹之西予君專此酒也者此決鄉飲酒鄉射
皆於房户之間賓主共之此於東楹之西向君設之
人君尊專大惠故云予君專此酒也引玉藻者欲見
尊面向君頤君面非賓主共之意案少儀云尊壺者
面其鼻鄉注云鼻在面中言鄉人也鄉人者據此燕
禮尊面向君而言少儀又云尊者以酌者之左爲上
尊鄉飲酒云尊兩壺于房户之間玄酒在西又鄉射

云尊於賓席之東兩壺斯禁左玄酒鄭注云設尊者北面西曰左此等皆據酌者北面而言玄酒在左若據設尊之人及尊面而言即南面以右爲尊此燕禮尊面向君據君面以左爲尊玄酒在南若據酌者不得背君而西面當尊西東面則酌者之右爲上尊是以下文媵爵于公者交與東楹北也云瓦大有虞氏之尊也者明堂位文引禮器居尊瓦甒大射亦云膳尊兩甒不引大射而引禮器者鄭欲同此三者之文皆是一物故也云豐形似豆卑而大者據漢法而知但豆徑尺柄亦長尺此承尊之物不可同於常豆故知卑而大取其安穩也云冪夏綌冬錫冬夏異也者夏宜用綌冬宜用錫葛之粗者曰綌[illegible]喪服傳云錫者何也麻之有錫者也錫者十五升抽其半無事其縷有事其布曰錫鄭注云治其布使之滑易是也云在尊南在者壺之南也者其冪本無瓦大設今未用陳在方壺之南者不可在方壺瓦大之間相雜故也瓦大不言玄酒者以其[illegible]瓦大兩又言南上有玄酒在南可知凡無玄酒者直陳之而已不言上下是以此尊士旅食直云兩圜壺大射亦云兩圜壺特牲尊兩圜壺於阼階西方亦如之此是無玄酒不言上下

也又凡用醴者無玄酒士冠禮醴子昏禮醴婦聘禮醴賓醴皆無玄酒賓故也昏禮房外之尊無玄酒鄭云略之也及大射尊士旅食無玄酒鄭云賤也特牲少牢陽厭納一尊無玄酒鄭注禮殺也士喪既夕士虞皆有酒無玄酒者以凶變於吉故也特牲東西階兩壺無玄酒者注云優之云士衆食謂未得正祿者以其士大夫已有得正祿王制云下士九人祿中士倍下士上士倍中士下大夫倍上士卿四大夫祿皆正祿此則未得正祿云所謂庶人在官者也者所謂王制文故王制云庶人在官者其祿以是爲差謂府史胥徒諸府八人祿史七人祿胥六人徒五人皆非正祿號爲士旅食者也

司宮筵賓于戶西東上無加席也筵席也席用蒲筵緇布純無加席燕私禮臣屈也諸侯之官無司几筵也○純之閏反又章允反

[疏]注筵席至筵也○釋曰云筵席也者案周禮序官司几筵鄭注云鋪陳曰筵藉之曰席然其言之筵席通若然鋪陳曰筵者先鋪一席在地者藉之曰席據重已上相承藉者筵席一也故鄭云筵席通云席用蒲筵緇布純者案公食大夫記云蒲筵常緇布純加萑席尋玄帛

純，彼有加席，故有莞在上。此無加席，故言席用蒲。云「無加席，燕私禮，臣屈也」者，對公食大夫禮異國之賓有加席，禮得申。云「諸侯之官無司几筵也」者，對天子有司几筵布席，諸侯兼官，使司宫設尊并設席。

射人告具。此告事具於君。射人主此禮，以其或射也。

疏 注「告事」至「射也」○釋曰：云「射人主此禮，以其或射也」者，案公食大夫禮贊者負東房告具，以其無射，故使贊者。此乃射人告具，與大射同。案下文若射則不獻庶子，言若者，或射或不，故此鄭注云以其或射。言或，亦是不定之義。案大射告具之上有羹定，此不言羹定者，文不具也。

小臣設公席于阼階上，西鄉，設加席。公升，即位于席，西鄉。鄉，許亮反，本又作嚮。○周禮諸侯胙席莞筵紛純，加繅席畫純，後設公席者，凡禮卑者先即事，尊者後也。○莞音官。繅音早。

疏 注「周禮」至「後也」○釋曰：自此下盡「諸公卿」者，論君臣位次及命羞者之事。注引周禮者，司几筵之文也。彼諸侯祭祀神席及受酢之席，此乃燕飲之席，引之者，欲見燕飲與受酢席同。若饗食諸侯來朝，則郊特牲云「大饗君三重席而酢焉」是也。燕他國之臣即郊特牲云三獻之介君專席而酢焉此降尊以就卑也故君卑席受酢也云後設公席者凡禮卑者先即事尊者後也者此燕私禮故賤者先即事大射辨尊卑故先設公席後設賓席也

小臣納卿大夫卿大夫皆入門右北面東上士立于西方東面北上祝史立于門東北面東上小臣師一人在東堂下南面士旅食者立于門西東上

納者以公命引而入也自上以下從而入即位耳師長也小臣之長一人猶天子大僕正君之服位者也凡入門而右由闑東左則由闑西○長丁丈反大音泰闑魚列反

【疏】注納者至闑西○釋曰云卿大夫皆入門右北面東上者此是擬君揖位故下經君爾之始就庭位云士立於西方東面北上者此是士之定位士賤故不待君揖入門即就定位云祝史立於門東北面東上者案大射大史在豻侯之東北北面不言祝此言祝史不言大史者大射及下文云大史俟於所設中之西東面以聽政嬐其位初在此不在豻侯之東北故著大史以明之其

餘祝史彼不言者以其大射先行燕禮此燕禮有祝
史故於彼不言省文也云納者以公命引而入也者
雖無正文進止由君故知以命公者也云自士以下
從而入即位耳者對大夫以上小臣引之就門東揖
位未就庭位自上以下從而入不次引從大夫而入
經即庭位云師長也小臣之長一人猶天子大僕正
君之服位者也者案夏官大僕職云掌止之主服位
出入王之大命彼下文有小臣之官上士四人其職
云掌王之小命詔相王之小法儀諸侯兼官無大僕
雖有小臣出入君之教命正君之服位但諸侯小臣
之官有上下是以大射云小臣師從者在東堂下南
面西上又云小臣正贊祖者然諸侯小臣正次有小
臣師大射禮小臣正抑君小臣師佐之常在君左右
不在堂下之位故唯云小臣師從者在堂下南面此
燕經宜有小臣師及從者相君燕飲小臣王一人無
事得在堂下此言小臣師即大僕小臣正一也故鄭
以爲當天子大僕云凡入門而右由闑東左則由闑
西者鄭云凡入門者廣辟賓主人入門之義案曲禮
云大夫士出入君門內闑右又王薬云公事自閑西
私事自闑東言私事即大夫士出入君門一也又與

此經卿大夫士入君門亦由闑右同公事自闑西者即聘禮聘賓入由闑西是也若然此注云入門而右由闑東者是臣朝君之法也左即由闑西者是聘賓入門之法公降立于阼階之東南南鄉爾卿卿西面北上爾大夫大夫皆少進爾近也移也揖而移之近之也大夫猶北面少前○近附近之近

疏注爾近至少前○釋曰曲禮云揖人必違其位是以公將揖卿大夫降立於阼階之東南面揖之變揖言爾者爾訓近也移也卿大夫得揖移近中庭也是以鄭云揖而移之近之也云大夫北面少前者三卿五大夫初入門右同北面三卿得揖東相西面五大夫得揖中庭少進北面不改故云大夫猶北面少前射人請賓命當由君出也

疏注命當由君出也○釋曰案大射云大射正擯者請賓此直云射人請賓下云為擯者但射人有大小大者為大射正其次為小射正又其次為司正屬監射事見於大射禮大辨尊卑故云大射正為擯此燕禮以因燕而射以其禮輕或太射正為擯或小射正為擯此二者皆是射人故直云射人請賓不定

尊卑也既當請君不辨射人而位者以其君南面射人北面可知故不言公曰命某爲賓

某大夫也疏注某大夫也○釋曰知大夫非卿者以其賓主相對既以宰夫爲主人是大夫明賓亦當

用大夫也燕義云不以公卿爲賓而以大夫爲賓爲疑也故知是大夫射人命賓賓少

進禮辭命賓者東面南顧禮辭辭不敏也疏注命賓至敏也○釋曰鄭知命賓者東面南顧

者少儀云詔辭自右明知在君之右東面者向君南顧者向賓便也知禮辭辭不敏者取孝經曾子云參

不敏爲義反命射人以賓之辭告於君又命之賓再拜稽首許諾又復

○復扶又反射人反命告賓許賓出立于門外東面當更以賓禮入

疏注當更以賓禮入○釋曰前卿大夫從臣禮相從而入故出更以賓禮入是以下經賓入及庭公降

一等揖之公揖卿大夫乃升就席揖之人之也疏注揖之人之也○釋曰言

人之者公將及升堂故以人意相存偶是以揖之乃升小臣自阼階下北面請

執冪者與羞膳者執冪者執瓦大之冪也方圓壺無冪羞膳羞於公謂庶羞疏注執冪至庶羞○釋曰云執冪者執瓦大之冪也方圓壺無冪鄭知者以其上文冪用綌文承瓦大之下方圓壺不言冪故知義然云羞於公謂庶羞者知羞於公者以其言羞膳據君而言又與執冪者連文冪據君明羞膳據公可知又知是庶羞者以其膳臨稱薦明羞是庶羞乃命執冪者執冪者升自西階立于尊南北面東上以公命於西階前命之也東上玄酒之冪爲上也羞膳者從而東由堂東升自北階房中西面南上不言之者不升堂略之也疏注以公至之也○釋曰鄭知西階前命之者案下記云羞膳者與執冪者皆士也士位在西方東面故知西階前以君命命云東上玄酒之冪爲上也者以其雖瓦大兩有冪玄酒尊於正酒經云東上故知玄酒之冪爲上羞膳者以下盡略之鄭知義然者以經直云執冪者升自西階羞膳者無升文又是東面階西面階婦人之階非男子之所升則羞者升自北階知由堂東者以羞在房又大射士人士與梓人升自北階知房中西面

南上者約士冠禮脯醢在房中服北贅者盥于洗西升立于房中西面南上下注云近其事也言略之者辭不由前堂升執冪與羞膳時請者以其諸侯兼官有常職先定亦有臨時命之者是以經與記直云士不言其官不請羞賓者下記約與君同亦用士也

膳宰請羞于諸公卿者小臣不請而使膳宰於卑者彌略也遺以異爲徹

疏注小臣至爲徹。釋曰言彌略者上請賓使射人請執冪使小臣已是其略今羞請公卿乃使膳宰膳宰卑於小臣故云彌略也知膳宰卑於士者周禮膳夫是上士此諸侯膳宰明非上士且禮之大例薦羞者尊於設俎者公士爲薦羞膳宰設俎故知膳宰卑也

射人納賓射人爲擯者也今文曰擯者

疏注射人至擯者。釋曰自此盡主賓以虛爵降論賓升堂主人獻賓之事案大射大射正擯此云謝人爲擯與上射人請賓義同還是小射正也

賓入

及庭公降一等揖之及至也至庭謂既入而左北面時

疏注及至至面時。釋曰鄭知至庭謂既入而左北面時者以其云賓入及庭賓入謂入門時及庭謂賓入門而出堂塗北面是

四五六

其賓公降揖之節其知北面時也公升就席以其將與主人為禮不參之也〔疏〕注以其至
之也○釋曰鄭知將與主人為禮不參之者下經云賓升主人亦升是其賓與主人為禮不得相參之也
賓升自西階主人亦升自西階賓右北面至再拜賓
答再拜主人宰夫也宰夫大宰之屬掌賓客之獻飲食者也其位在洗北西面君於其臣雖為賓
不親獻以其尊莫敢伉禮也至再拜者拜賓來至也天子膳夫為獻主○伉苦浪反敵也〔疏〕注主人至
獻主○釋曰知主人是宰夫者案禮記燕義云使宰
夫為獻主是也云宰夫大宰之屬者案天官云大宰
卿一人小宰中大夫二人宰夫下大夫四人宰夫屬
大宰故云六宰之屬云掌賓客之獻飲食者也者案
宰夫職云凡朝覲會同賓客掌其牢禮委積膳獻飲
食引之者證宰夫為主人之義云其位在洗北西面
者案下文獻大夫下胥薦主人于洗北西面是也云
君於其臣雖為賓不親獻以其尊莫敢伉禮也者此
略取燕義文設賓主飲酒之禮使宰夫為獻主臣莫
敢與君伉禮也不以公卿為賓而以大夫為賓為疑

明燕之義也是君不親爲主人之事也云天子膳夫爲獻主者案膳夫職云王燕飲酒則爲獻主是也案燕義注云天子使膳宰爲主人則是膳宰膳夫一人也上文注云膳宰天子曰膳夫者欲見天子諸侯之臣各異其賓同也

主人降洗洗南西北面賓將從降鄉之○疏釋曰此宰夫代君爲獻主升降不由阼階與賓同由西階是降故降自西階當洗南北面而今西北面者鄭云賓將從降鄉之當辭賓降故也案鄉飲酒鄉射主人降洗爵在階下辭賓降者彼賓主異階故在階下不在洗南也

賓降階西東面主人辭降賓對對答主人北面盥坐取觚洗賓少進辭洗主人坐奠觚于篚興對賓反位賓少進者又辭宜違其位也獻不以爵辟正主也古文觚皆爲觶○辟音避觶章豉反○疏注賓少至爲觶○釋曰賓少進者又辭宜違其位也者言又辭對前主入辭降今又賓辭洗皆少進者前賓降賓在階下曲禮云揖人必違其位以此賓又辭洗皆違本位也云獻不以爵避正主也者以此宰夫爲主人非正主故

用觚對鄉飲酒鄉射是正主皆用爵主人卒洗賓揖乃升賓每先升尊也疏注賓每先升升尊也○釋曰每先升者前賓初升時先云賓升自西階後云主人亦升自西階此賓揖乃升下云主人升故云賓每先升賓先升升者尊賓故也主人升賓拜洗主人賓右奠觚答拜降盥主人復盥為拜手坋塵也○坋步困反疏注主人至塵也○釋曰言復盥者前盥為洗爵此盥為汙手賓降主人辭賓對卒盥賓揖升主人升坐取觚取觚將就瓦大酌膳執冪者舉冪主人酌膳執冪者反冪君物曰膳膳之言善也酌君尊者尊賓也疏注君物至賓也○釋曰言君物曰膳膳之言善也者言君物揔衆物之名上云設膳篚設膳尊膳之言善所以別於臣子之尊篚也云酌君尊者尊賓也者大夫為賓賓亦臣子而酌膳尊尊賓故也必尊之者立賓以對君故也主人筵前獻賓賓西階上拜筵前受爵反位主人賓右拜送爵賓既拜前

受觶退復位膳宰薦脯醢賓升筵膳宰設折俎折俎牲體骨也鄉飲酒記曰賓俎脊脅肩肺疏注折俎至肩肺○釋曰引鄉飲酒記者燕禮不言賓之牲體之數此燕禮既與鄉飲酒同用拘則與此賓之牲體數同故引以為證也賓坐左執爵右祭脯醢奠爵于薦右興取肺坐絕祭嚌之興加于俎坐挩手執爵遂祭酒興席末坐啐酒降席坐奠爵拜告旨執爵興主人答拜嚌才計反挩始銳反啐七內反○降席席西也旨美也疏注降席至美也○釋曰云降席坐奠爵拜鄭云降席席西不言西承前例降席席西拜者皆南面拜記則告旨賓西階上北面坐卒爵興坐奠爵遂拜主人答拜遂拜拜既爵也疏注遂拜拜既爵也○釋曰經云坐卒爵又云興坐奠爵遂拜遂拜之文間坐奠爵嫌遂拜不為拜既爵故鄭明之云遂拜拜既爵也賓以虛爵降將酢主人疏注將酢主人○釋曰

自此已下盡序内東面論賓酢主人之事鄭知將酢主人者下經論酢主人之事故知也

主人降賓洗南坐奠觚少進辭降主人東面對上既言爵矣復言觚者嫌易之也大射禮曰主人西階西東面少進對今文從此以下觚皆爲爵

疏注上既至爲爵○釋曰云上既言爵矣復言觚者以嫌易之也者上文主人洗觚獻賓云賓以虛爵降此經又云坐奠觚中閒言爵者欲見對文一升曰爵二升曰觚散文即通觚亦稱爵以此言之此觚即前爵周公作經嫌易之故復言觚也引大射禮者此經直有主人降又云主人東面對不辨主人立處又無少進之文大射先行燕禮與此同故引以爲證

賓坐取觚奠于篚下盥洗篚下篚南主人辭洗謙也今文無洗

賓坐奠觚于篚興對卒洗及階揖升主人升拜

洗如賓禮賓降盥主人降賓辭降卒盥揖升酌膳執

冪如初以酢主人于西階上主人北面拜受爵賓主

人之左拜送爵賓既南面授爵乃之左疏注賓既至之左○釋曰鄭云賓既南面授爵乃之左鄭知南面授爵與主人者以經言主人北面拜受爵明賓於東楹之西東面酌膳訖向西階南面授主人可知授爵訖乃之主人之左北面拜送爵故鄭云南面授爵乃之左也主人坐祭不啐酒辟正主也未薦者臣也疏注辟正至臣也○釋曰案鄉飲酒鄉射皆是正主經直云祭如賓禮亦不見有啐酒之事未知正有啐不此云不啐辟正主者案文可知以燕禮大射啐酒告旨並不為者經云不啐酒不告旨並言不鄉飲酒鄉射直云不告旨不言不啐酒明主人啐矣有司徹儐尸之禮尸酢主人云席末坐啐酒特牲少牢尸酢主人主人皆有啐酒是其雖不告旨唯有啐酒之事云未薦者臣也者對賓禮獻訖則薦脯醢此主人是臣故獻訖不薦至獻大夫下脊薦主人于洗北是也不拜酒不告旨主人之義疏注主人之義○釋曰拜主人酒為告旨者賓拜訖主人告酒美鄉飲酒鄉射正主人不拜酒不告旨主人無自告美故遂此主人代君為主不得直云主人故云主人之義

卒爵興坐奠爵拜執爵興賓答拜主人不崇酒以虚爵降奠于篚崇充也不以酒惡謝賓甘美君物也賓降立于西階西既受獻矣不敢安盛射人升賓賓升立于序內東面東西牆謂之序大射禮曰擯者以命升賓疏注東西至升賓○釋曰東西牆謂之序者爾雅文引大射禮者證此經云射人升賓之時以得君命主人盥洗象觚升實之東北面獻于公象觚觚有象骨飾也取象觚者東面疏注象觚至東面○釋曰自此下盡奠于膳篚論主人獻公之事云取象觚者東面者以膳篚南有臣之篚不得北面又取不得南面背君取從西階來不得篚東西面取以是知取象觚者東面也公拜受爵主人降自西階阼階下北面拜送爵士薦脯醢膳宰設折俎升自西階薦進也大射禮曰宰胥薦脯醢由左房○胥音湑又思叙反疏注薦進至左房○釋曰凡此篇內公應先拜者皆後拜之尊公故也

是以下舉旅行酬皆受酬者先拜公乃答拜此公先拜受爵者受獻禮重故也是以下云主人受公酢得酌膳燕主歡故也大射主人受公酢者辨尊卑故也云士薦脯醢膳宰設折俎者案前獻賓薦脯醢及設折俎皆使膳宰者賓卑故也今於公士薦脯醢膳宰設折俎異人以其士尊於膳宰君尊故使士薦必知士尊於膳宰者以其諸侯膳宰當天子膳夫上士二人諸侯降等膳宰則卑故下記云羞膳者與執冪者皆士也鄭注云尊君也膳宰卑於士是其士尊也大射主於射略於飲酒故公及賓同使宰胥薦脯醢庶子設折俎此燕禮燕私主於羞故賓之薦俎庶羞同使膳宰君之脯醢庶羞同使上尊官為之大射必使庶子設折俎者案周禮庶子下大夫大射序尊卑變於燕禮故尊官為之引大射禮者證此經脯醢從左房而來天子諸侯有左右房故得言左房大夫士無右房故言東房而已

公祭如賓禮膳宰贊授肺不拜酒立卒爵坐奠爵拜執爵興凡異者若尊變於賓也

疏注凡異至賓也○釋曰云凡異者君尊變於賓也者云凡非一謂膳宰贊授肺立卒爵又

上文云蔿脯醢皆異於賓故言凡以廣之主人答拜升受爵以降奠于膳篚○更爵洗升酌膳酒以降酢于阼階下北面坐奠爵再拜稽首公答再拜更爵者不敢襲至尊也古文更爲受【疏】更爵至再拜○釋曰自此以下盡主人奠爵于篚論主人受公酢之事主人受公酢而自酌者不敢煩公尊君之義○注更爵至爲受○釋曰獻君自酢同用觚必更之者襲因也不敢因君之爵襲服傳云君至尊也故以君爲至尊也主人坐祭遂卒爵再拜稽首公答再拜主人奠爵于篚○主人盥洗升媵觚于賓酌散西階上坐奠爵拜賓賓降筵北面答拜媵以證反散思旦反注及下同○媵送也讀或爲揚揚擧也酌散者酌方壺酒也於膳爲散今文媵皆作騰【疏】主人至答拜○釋曰自此盡東南面立論主人酬賓之事案前受獻訖立于序內以來未有升筵之事案鄉飲酒大射獻時皆主人西階上坐

眞爵拜賓西階上北面荅拜酬前賓皆無迎在席者
又以下文賓奠于薦東賓降筵西東南面立以此約
之則此無升筵之事或言降筵者蓋誤○注媵送至
作媵○釋曰云媵送也讀或爲揚揚擧也者案禮記
檀弓下云知悼子卒未葬平公飲酒師曠李調侍鼓
鍾杜蕢自外來升酌曰曠飲斯又酌曰調飲斯注云
告罰平公曰寡人亦有過焉酌而飲寡人杜蕢洗而
揚觶注云擧爵於也君禮揚作媵揚擧也媵送也揚
近得之若然此注今文媵作騰騰與媵皆是送義讀
從禮弓杜蕢揚觶之揚揚訓爲擧義勝與媵決故讀
從之也 主人坐祭遂飲賓辭卒爵拜賓荅拜辭者辭其代君行酒不立飲也此降於正主酬也疏注辭者至酬也○釋曰案鄉飲酒鄉射主人酬賓皆坐卒觶此主人酬賓亦坐飲賓辭之者上文獻君君立卒爵此主人代君酬賓亦宜立飲今主人坐祭遂飲故鄭云辭者辭其代君行酒不立飲云此降於正主酬也者正主謂鄉射飲酒立主酬處 主人降洗賓
降主人辭降賓辭洗卒洗揖升不拜洗不拜洗酬而禮殺○殺所

界反

主人酌膳賓西階上拜拜者拜其酌已受爵于筵前反位

主人拜送爵賓升席坐祭酒遂奠于薦東遂者因坐而奠不北面也奠之者酬不舉也○疏釋曰此自至薦東此為酬賓者然案鄉飲酒鄉射主人酬賓皆主人實觶席前北面賓始西階上拜此及大射主人始酌膳時賓已西階上拜者以其燕禮大射皆是主人代君勸酒其賓是臣急承君勸不敢安暇故先拜也主人又不坐奠於薦西賓祭訖遂南面奠於薦東不北面奠也

主人降復位賓降筵西東南面立賓不立於序內位彌尊也於位彌尊者其禮彌卑記所謂一張一弛者是之類與○弛戶氏反與音餘○疏○注賓不至類與○釋曰自此盡立于序內位彌尊也位彌尊者其禮彌卑者案上初賓得獻降升之時存序內立是不敢迫賓席是禮尊而賓卑至此酬說立於席西是賓位彌尊禮漸殺故云彌卑也云記所謂一張一弛者禮記雜記文案彼孔子謂子貢黨正飲酒百日之蜡一日之澤以弓弩喻是一張一弛之法此獻時為盛是一張也酬時為殺

是一弛也無正文故云是之類與言與以疑之小臣自阼階下請媵爵者公

命長（長丁丈反○命長使選卿大夫之中長幼可使者）疏注命長至使者○釋曰自此盡公答再拜論使下大夫媵爵於公之事此旅酬從公而起故須大夫之中長幼可使者知非卿大夫最長而云長幼可使者案下文大夫長升受旅是長幼次第非尊最長則此命長亦非最尊長是長幼之中可使者也

小臣作下大夫二人媵爵（作使也卿爲上大夫不使之者爲其尊）疏注作使至其尊○釋曰案王制上大夫卿是卿爲上大夫云不使之者爲其尊者謂若主人與賓使下大夫不使卿之類也

媵爵者阼階下皆北面再拜稽首公答再拜（再拜稽首拜君命也）

媵爵者立于洗南西面北上序進盥洗角觶升自西階序進酌散交于楹北降阼階下皆奠觶再拜稽首執觶興公答再拜（序次第也猶代也楹北西楹之北也交而相待

於西階上既酌右還而反往來以右爲上〔疏〕媵爵至再拜○釋曰西面北上者是未盥相待之位序進盥則北面向洗○注序次至爲上○釋曰云盥北西盥之北也者二大夫盥手洗爵訖先者升西階由西盥之北向東盥之西東面酌酒訖右還由西盥北向西階上北面後者升西階亦由西盥之北向東盥之西酌酒訖亦由西盥之北西階上北面相待乃次第而降故云交而相待於西階之上既酌右還而反往来以右爲上云以右爲上者謂在洗南西面及階上北面時先者在右地道尊右故也

媵爵者皆坐祭遂卒觶興坐奠觶再拜稽首執觶興公答再拜媵爵者執觶待于洗南待君命也〔疏〕注待君命也○釋曰云執觶待于洗南待君命者以其君尊臣卑雖自飲訖故執觶待于洗南以待君命也

小臣請致者請使一人與二人與優君也〔疏〕注請使至君也○釋曰案下二人俱致禮法當然是以不敢必君舉也故云一人與二人與取君進止是優君也

若君命皆致則序進奠觶于篚

阼階下皆再拜稽首公答再拜媵爵者洗象觶升實

之序進坐奠于薦南北上降阼階下皆再拜稽首送

觶公答再拜序進往來由尊北交于東楹之北奠于薦南不敢必君舉也大射禮曰媵爵者皆退反位

疏注序進至反位○釋曰云序進往來由尊北交于東楹之北者前二人酌酒降自西階故交于西楹之北此酌酒奠于右所故交于東楹之北交于東楹北者以其酒尊所陳在東楹之西西向而陳其尊有四并執觶者在南不得南頭以之君又雖君西面尊尊東西面酌酒以背君故先酌者東面酌說由尊北及楹北往君所奠訖右還而反後酌者亦於尊北又於楹北與反者而交先者於南西過後者於北東行奠訖亦又還而反相隨降自西階云奠于薦南不敢必君舉也者案鄉射皆云奠者於左將舉者於右是鄉飲酒一人舉觶及二人舉觶皆奠于薦右今言媵爵於公是將舉旅當奠於薦右而奠於薦左故云不敢必君舉也引大射禮者此經二人階下再拜稽首送觶無反位之文故引大射媵爵者皆退

反門右北面位公坐取大夫所媵觶興以酬賓賓降西階下再拜稽首公命小臣辭賓升成拜興以酬賓就其階而酬之也升成拜復再拜稽首也先時君辭之於禮若未成然【疏】注興以至成然○釋曰自此至奠于篚論公爲賓舉旅之節公坐取大夫所媵觶者取上擩北觶云興以酬賓就其階而酬之也者經但云興以酬賓鄭知公就西階者以其賓降拜不於阼階下而言西階下故知公在賓西階上也不言西階者以公尊空其文也云升成拜復再拜稽首也先時君辭之於禮若未成然者凡臣於君雖爲賓與君相酬受爵不敢拜於堂上皆拜於堂下若君辭之聞命即升若堂下拜訖君辭之所升堂復再拜稽首所以然者以堂下再拜而君辭之若未成然故復升堂再拜稽首以成之升則不云再拜稽首直云成拜以堂下既有再拜稽首則此文是也若堂下未拜之間聞命則升升乃再拜稽首則不得升成拜以其堂下未拜即下經云小臣辭賓升再拜稽首鄭注不言成拜者爲拜故下不實未拜是也凡臣拜於君有三等初受獻拜於堂下或親辭

或遣小臣辭成，成與不成如上說。至於酬酒，雖下堂拜，未即拜，待君辭即此下經云「公坐奠觶答再拜執觶興立卒觶賓下拜小臣辭賓升再拜稽首」，注云「不言成拜者，爲拜故下，實未拜也。下不輙拜，禮殺也」。此篇末無筭爵受公賜爵者，皆下席堂上拜稽首，不堂下拜者，禮末又磬於酬時拜。

公坐奠觶答再拜，執觶興，立卒觶。賓下拜，小臣辭。賓升，再拜稽首。

不言成拜者，爲拜故下，實未拜也。下不輙拜，禮殺也。此賓拜于君之左，不言之者，不敢敵偶於君。

○疏 注「不言」至「於君」。○釋曰：云「此賓拜於君之左，不言之者，不敢敵偶于君」者，上云公酬賓于西階上，則此賓升再拜者，拜于君之左可知。經不言拜于君之左者，若言再拜于君之左，則臣與君敵偶，故鄭云不言之者，不敢敵偶于君，闕其文也。

公坐奠觶，答再拜，執觶興。賓進受虛爵，降奠于篚。○易觶洗。

君尊不酌故也。凡爵不相襲者也。於尊者言更，自敵以下言易，更作新，易有故之辭。進受虛爵，尊君也。不言公酬賓於西階上及公反位者，亦尊君，空其文也。

○疏

注君尊至文也○釋曰云君尊不酌故也者以其君酬賓當親酌以授賓今賓爵自酌者君尊不酌與臣故也云凡爵不相襲者也於尊者言更者言更自敵以下言易者於尊者言更謂受尊者之爵及與尊者爵皆言更上文主人獻公訖受爵以降奠于膳篚更爵洗酌膳以自酢是受尊者之爵言更也下文云賓酬卿若膳觶也則降更觶鄭注云言更觶卿尊也是與尊者之爵言更云自敵以下言易者謂與卑者之爵及受卑者之爵皆云易易此文公酬賓云賓進受虛爵降奠于篚易觶洗言易者賓尊以公舉觶酬賓是與卑者奠故言易也上文大夫二人媵爵于公者卒觶執觶待于洗南小臣請致者若君命皆致則序進奠觶于篚阼階下再拜稽首媵爵者洗象觶升實之序進坐奠于薦南是受卑者之爵合言易而不言者理自明若不言易者奠散觶洗象觶隔再拜稽首故下復言易也若然主人受公酢賓受公酬二者之爵皆從尊者來所以受酢為受尊者之爵言更受酬為與卑者之爵言易者以其主人受酢由已獻公公報已已所當得是以為受尊者之爵言更也賓受公酬以公舉媵觶就西階上以酬賓特為賓舉旅故以為尊者與卑

者之爵言易案下士舉旅公坐取賓所媵觶唯公所賜受者如初受酬之禮降拜更爵洗升酌膳觶彼亦是尊者與卑者之爵不言易而言更者旅酬下爲上尊前人故不言易而言更也云更作新者欲見此爵前人已用今不復用更新用一爵故云更作新也云易有故之辭者言此爵我先舉用今由前人後用已不用亦以爲爵故云易有故之解也案特牲賓長致爵于主人主婦言更爵酢者欲得嘉賓美容以事其先故言更少牢不儐尸云致爵于主人主婦賓易爵酢者大夫禮尊于賓有君道故言易若然又案少牢不儐尸主婦致爵于主人主婦更爵酢注云更猶易也若然更與易似不別者但更易不殊以尊卑不同設文有異云不言公酬賓於西階及公反位者亦尊君空其文也者以其公就西階是降尊就卑敬公不言降尊故空文不言

公有命則不易不洗反升酌膳觶下拜小臣辭賓升再拜稽首下拜下亦未拜凡下未拜有二或禮殺或君親辭君親辭則聞命即升升乃拜是以不言成拜

疏注下拜至成拜○釋曰云凡下未拜有二或禮殺或君親辭云禮殺者謂

若酬時下爲拜賓未拜辭之即升再拜稽首是也云或君親辭者謂若公食大夫云公拜至賓降西階東北面答拜公降一等辭賓升不拜直言階上北面再拜稽首是階下未拜不得言升成拜直言再拜稽首而已公答再拜拜於阼階上也於是賓請旅侍臣【疏】注拜於至侍臣○釋曰云於是賓請旅侍臣者案下記云凡公所酬既拜請旅侍臣鄭注云既拜謂自酌升拜升也擯者阼階下告於公還西階下告公許旅行也請行酒於羣臣必請者不專君惠也大射於此時賓請旅於諸臣此不言者文不具故記人辨之賓以旅酬於西階上旅序也以次序勸卿大夫飲酒【疏】注旅序至飲酒○釋曰此經論旅酬先尊後卑之法仍未行旅下經射人作大夫長乃始旅酬射人作大夫長升受旅言作大夫則卿存矣長者尊先而卑後【疏】注言作至卑後○釋曰遣射人作大夫者燕式射故使之云言作大夫則卿存矣者以其卿稱上大夫言大夫長故知卿亦存在作中矣云長者尊先而卑後者賓則旅二卿三卿徧次第至五大夫大夫徧不及士賓大夫之右

坐奠觶，拜，執觶興。大夫答拜。賓在右者，相飲之位。○飲，於禁反。

【疏】注「賓在」至「之位」。○釋曰：言「賓在右」者，賓在西階上酬鄉賓，與鄉並北面，賓在東，鄉在西，是賓在大夫之右。賓位合在西，今在東，故云「賓在右者，相飲之位」也。

賓坐祭，立飲，卒觶不拜。酬而禮殺。

【疏】注「酬而禮殺」。○釋曰：此對酢之時，坐卒爵，拜既爵，是禮盛也。今旅酬，立卒觶，不拜既爵，故云「禮殺」也。

若膳觶也，則降更觶，洗，升實散。大夫拜受，賓拜送。言更觶，卿尊也。

【疏】注「言更觶，卿尊也」。○釋曰：案上文禮例，與卑者之爵稱易，與尊者之爵稱更。雖立為賓，仍是大夫為之，是賓卑於卿，故言更觶者，卿尊也。

大夫辯受酬，如受賓酬之禮。不祭，卒受者以虛觶降，奠于篚。卒猶後也。大射禮曰：「奠于篚，復位。」今文辯皆作徧。○辯音遍。

【疏】注「卒猶」至「作徧」。○釋曰：言不祭者，亦是酬禮殺也。引大射禮者，此經云降奠于篚，不言反位，故引大射奠爵於篚訖，當復門右北面位。

主人洗，升實散，獻卿于

西階上酬而後獻卿別尊卑也飲酒成於酬也○別彼列反

【疏】釋曰自此盡無加席論主人獻卿之節○注酬而至酬也○釋曰此酬非謂尋常獻酬乃是君為賓舉旅行酬以其主人獻君君作主人主人不敢酬君故使二人媵爵于公以當酬處所以覆獻也但君恩既大為賓舉旅飲酒之禮成於酬故酬辨乃獻卿以君尊卿卑是以君禮成卿乃得獻故云別尊卑也

司宮兼卷重席設于賓左東上卷居遠反重直容反○言兼卷則每卿異席也重席重蒲筵緇布純也卿坐東上統於君也席自房來

【疏】注言兼至房來○釋曰此經設三卿之席在於賓東言兼卷則每卿異席也者若三卿同席則直云卷重席不須言兼今云兼卷則兼三卿重席皆卷之故知每卿皆異席也云重席重蒲筵者案公食大夫記云司宮具凡與蒲筵常緇布純加萑席尋玄帛純彼為異國之賓有蒲筵萑席兩重席故稱加上小臣設公席與公食大夫席及賓皆稱加亦是兩重席兩種而稱加此燕已臣于一種席重設之故不稱加若然案鄉飲酒云席于賓東公三重大夫再重公升如賓禮大夫則如介禮有諸

公則辭加席鄉射亦云大夫辭加席案彼二文雖稱加上文云二重再種則無異席故彼記直云蒲筵彼云加者以上席加於下席故鄭彼云加席上席也故此下注云重席雖非加猶爲其重累去之是其一重席也云卿坐東上統於君也者大鄉飲酒鄉射諸公大夫席于尊東西上彼遵尊於主人故鄭注云統於尊此爲君尊故統於君而東上也云席自房來者案公食記云宰夫筵出自東房故知也卿升拜受觚主人拜送觚卿辭重席司宫徹之徹猶去也重席雖非加猶爲其重累去之辟君也○去起呂反疏注徹猶至君也○釋曰云重席雖非加猶爲其重累去之辟君也者案鄉射云大夫辭加席之等皆是異席而辭之此重席重蒲筵不合辭辭以君有加席兩重故辭之以辟君乃薦脯醢卿升席坐左執爵右祭脯醢遂祭酒不啐酒降席西階上北面坐卒爵興坐奠爵拜執爵興主人答拜受爵卿降復位不酢辟君也○御無俎者燕主於羞疏乃薦至復

位○釋曰此云卿薦脯醢下言其人略之故下記辨之云羞卿者小膳宰是也○注不酢至於羞○釋曰案上主人獻公主人酢于阼階下此即不酢故決之云卿無俎者燕主於羞者以大射庶子設俎辨尊卑故與此異辯獻卿主人以虛爵降奠于篚今文無奠于篚射人乃升卿卿皆升就席若有諸公則先卿獻之如獻卿之禮先悉薦反○諸公者謂大國之孤也孤一人言諸者容牧有三監疏注諸公至三監○釋曰云諸公者謂大國之孤也知者周禮典命云公之孤四命侯伯已下不言孤故據大國而言云孤一人者鄭司農注典命云上公得置孤卿一人後鄭從之故此亦云孤一人與司農義同云言諸者容牧有三監者以其言諸非一人案王制云天子使其大夫為三監監於方伯之國國三人彼是殷法用之周制使伯佐牧不置監周公制禮因殷不改者若士冠醮用酒之類故鄭云容言容有異代之法據周禮天子大夫四命與孤等故同稱云席于阼階西北面東上無加席席孤北面為其大尊

屈之也亦因阼階西位近君近君則屈親寵苟敬私昵之坐○大音泰近附近之近昵女乙反坐才臥反

疏注席孤至之坐○釋曰案上文卿初設重席辭之乃徹此孤北面初無加席者皆是爲大尊屈之也

云親寵苟敬私昵之坐者案下記云賓爲苟敬席于阼階之西以爲敬此孤一席於阼階之西故爲苟敬

私昵之坐也

小臣又請媵爵者二大夫媵爵如初又復

疏小臣至如初○釋曰自此至送觶公答再拜論一人致爵于公之事云二大夫媵爵如初者亦上二人媵爵媵

爵者阼階下皆北面再拜稽首公答再拜媵爵者立于洗南西面北上序進盥洗角觶升自西階序進酌

散交于楹北降阼階下皆奠觶再拜稽首執觶興公答再拜媵爵者皆坐祭遂卒觶興坐奠觶再拜稽首

執觶興公答再拜媵爵者執觶待于洗南相似也故言二大夫媵爵如初也

請致者若命

長致則媵爵者奠觶于篚一人待于洗南長致致者

阼階下再拜稽首公答再拜命長致者公或時未能舉自優暇也

疏注命

長至賤也○釋曰上文小臣請媵爵則此請致者亦小臣也云命長致者公或時未能舉自優暇也者按優升坐以前公爲賓爲獻爲大夫三舉旅也燕禮之正不待損益而云公或時未能舉自優暇者正謂周公作經以優之非賓也故云君命長致言君者不定之辭優君之義故唯命長致不然似言皆數以其三舉旅唯有此三觶故也

洗象觶升實之坐奠于薦南降與立于洗南者二人皆再拜稽首送觶公答再拜奠于薦南者於公所用酬賓觶之處二人俱拜以其共勸君○處昌慮反○注奠于至勸君○釋曰〔疏〕云奠于薦南者於公所用酬賓觶之處者案前大夫二人媵觶奠于公薦南北上其上觶已取爲賓舉旅下觶仍在今大夫又媵一觶而云奠于薦南明知是所用酬賓觶之處云二人俱拜以其共勸君者上云媵爵者二大夫媵爵如初是共勸君酒今始命長致故俱拜以其共勸君故也

公又行一爵若賓若長唯公所酬一爵先媵者之下觶也若賓若長則賓禮殺矣長公卿之尊者也賓則以酬長長則

以酬賓。【疏】公又至所酬○釋曰：自此至奠于篚論爲卿舉旅之事○注一爵至酬賓○釋曰：知一爵是先媵者之下觶者，以其前大夫二人媵爵皆奠于薦南，以其上觶者已爲賓舉旅，今又行一爵，故知先媵者之下觶也。其後媵一觶者，留之後爲大夫舉旅也。云若賓若長則賓禮殺矣者，前爲賓舉旅不云若賓若長，尊爲賓禮盛，至此爲卿舉旅，不專爲賓舉旅，科從其一，是賓禮殺也。云長公卿之尊者也，咨有諸公，公爲尊，若無諸公，三卿爲尊長，中可以兼此二者。云賓則以酬長，長則以酬賓者，釋經若賓若長，言若不定，或先或後，故兩言之。以旅于西階上，如初。大夫卒受者以虛觶降，奠于篚。【疏】○釋曰：言如初者，一如上爲賓舉旅之節。主人洗，升，獻大夫于西階上。大夫升，拜受觚。主人拜送觚。大夫坐祭，立卒爵，不拜既爵。主人受爵。大夫降復位。既，盡也。不拜之者，禮又殺。【疏】釋曰：自此盡皆升就席，論獻大夫之節○注既盡至又殺○釋曰：云不拜之者禮又殺者，前卿受獻不酢爵若已是禮殺今大夫受獻不但不酢主人又不拜既爵故云禮又殺胥薦主人于洗北西面脯醢無脀脀之承反○脀膳宰之吏也主人大夫之下先大夫薦之尊之也不於上者上無其位也脀俎實

疏注脀膳至俎實○釋曰云脀膳宰之吏也者案周禮有府史胥徒鄭注天官胥讀如諝謂其有才知爲什長是庶人在官者所羞薦者皆膳宰胥是膳宰之吏云主人大夫之下先大夫薦之尊之也者案大射注直云主人大夫不云下此云大夫之下者謂大夫之中位次在下下經云辯獻大夫乃薦此薦文在上是先大夫薦之尊之也云不於上者上無其位也者案此經禮大夫堂上士在下獨此宰夫言堂上無位者以其主人位在阼階君已在阼故主人辟之位在下是以大射注云不薦於上辟正主也云脀俎實者脀者升也謂升牲體於俎故云俎實也

辯獻大夫遂薦之繼賓以西東上徧獻之乃薦略賤也亦獻而后布席也

疏注徧獻至席也○釋曰凡大夫升堂受獻得獻訖即降徧不待大夫升遂薦於其位大夫始升故言遂也云

徧獻之，乃薦略賤也者，決上卿與賓得獻即薦貴故也。云亦獻而後布席也者，亦上獻卿之時，司宮兼卷重席設於賓左，此大夫不言設席，明亦得獻後即布席也。若然，案大射席小卿賓西東上，注云席於賓西，射禮辨貴賤也，以此言之，燕禮主歡，不辨貴賤。卒射小卿與大卿皆在賓東，故此賓西無小卿位。

人乃升，大夫大夫皆就席。○席工于西階上，少東。樂正先升，北面立于其西。工，瞽矇歌諷誦詩者也。凡執技藝者稱工。少牢饋食禮曰皇尸命工祝。樂記師乙曰乙賤工也。樂正，于天子樂師也。凡樂掌其序事，樂成則告備。

疏 席工至其西○釋曰：自此至降復位，論作樂之事。此上下作樂之中有四節：升歌一，笙二，間三，合樂四。○注工瞽至告備○釋曰：工瞽矇歌諷誦詩者也者，案周禮瞽矇掌播鼗諷誦詩，鄭云諷誦詩謂闇讀之，不依詠也。彼不依琴瑟闇讀之，即爾雅徒歌曰謠。此作樂之時依於詠，即詩注云曲合樂曰歌一也，故下云工歌鹿鳴之類是也。云凡執技藝者稱工者，執技藝文出於王制，但能其事者皆稱工，是以引少牢饋食祝稱工，樂記師乙爲大師樂官亦彌工至於冬官巧作者皆稱工云樂正於天子樂師也知樂正與樂師相當者樂周禮樂師職云凡樂成則告備此樂正告樂備故知樂正當天子樂師樂師下大夫四人上士八人下士十有六人樂師大小多矣此諸侯樂正亦有大小之名也故大射云小樂正從之鄭注云小樂正於天子樂師也是其諸侯樂正雖有大小當天子樂師知大樂正不當天子大司樂者以其天子大司樂不告樂備故不得以太樂正當之但大射主於射略於樂故小樂正告樂備此燕主歡心故大樂正告樂備故不同

小臣納工工四人二瑟小臣左何瑟面鼓執越內弦右手相入升自西階北面東上坐小臣坐授瑟乃降

何胡我反相息亮反○工四人者案禮輕從大夫制也面鼓者燕尚樂可鼓者在前也越瑟下孔也內弦弦爲主也相扶工也後二人徒相天子大僕二人也小臣四人祭僕六人御僕十二人皆同官

[疏]注工四至同官○釋曰工四人者燕禮輕從大夫制也鄭言此者決大射禮重工六人從諸侯制案公羊傳

諸公六諸侯四若然知非大射是諸公制此燕禮是諸侯制者案鄉射皆工四人是大夫制則諸侯不得有工四人五等諸侯同六人彼公羊六人四人不同者自是舞人之數不得以彼決此也云面鼓者燕尚樂可鼓者在前也者此決鄉飲酒左何瑟後首臣降於君故也引天子大僕二人也者周禮序官文引之者此經小臣相工大射云僕人正徒相大師僕人師相少師僕人士相上工僕人以下同官既多遽換相工但大射辨尊卑故僕人正等相工此燕禮輕故小臣相工是以別周禮同官入多得相參之意

工歌鹿鳴四牡皇皇者華

三者皆小雅篇也鹿鳴君與臣下及四方之賓宴講道脩政之樂歌也此采其已有旨酒以召嘉賓嘉賓既來示我以善道又樂嘉賓有孔昭之明德可則效也四牡君勞使臣之來樂歌也此采其勤苦王事念將父母懷歸傷悲忠孝之至以勞賓也皇皇者華君遣使臣之樂歌也此采其更是勞苦自以爲不及欲諮謀於賢知而以自光明也○效戶教反更言賓知音智

疏 注三者至明也○釋曰此經歌詩之類鄭於鄉飲酒已注此注與彼同但此燕禮歌小雅亦合鄉樂

下就席也鄉飲酒升歌鹿鳴之等饗或上取故彼此詩同注亦不異也卒歌主人洗升獻工工不興左瑟一人拜受爵主人西階上拜送爵工歌乃獻之賤者先就事也左瑟便其右一人工之長者也工拜於席○便婢面反

疏注工歌至於席

○釋曰此工歌乃獻之賤者先就事也者歌詩是其事先施功勞乃始獻之是賤者先就事也對工以上下就事而得獻也故大射注云工歌而獻之以事報之是也云左瑟便其右者工北面以西爲左空其右受獻付者酒從東楹之西來故以右爲便集大射云獻工工左瑟鄭注云大師無瑟於是言左瑟者節也以其經云僕人正徒相大師無瑟言大師左瑟者爲飲酒之節此與鄉飲酒同無所分別大師或瑟或歌是以不得言節之案鄉飲酒大師則爲之洗則衆工不洗也此經注人洗升獻工不辨大師與衆工則皆爲之洗爵又案鄉飲酒記不洗者不祭此篇與大射羣工與衆笙皆言祭故知皆爲之洗云工拜於席者以經云工與左瑟即云一人拜受爵不見有降席之文明工拜於席可知薦脯醢輒薦之變於大

夫也疏注獻薦至夫也○釋曰案上獻大夫之時云辯獻大夫遂薦之鄭注云徧獻之乃薦略賤也此獻工之長一人即薦脯醢非謂貴工即獻之正是禮尚異變於大夫也使人相祭使扶工者相其祭薦祭酒疏注使扶至祭酒○釋曰上云小臣相工則此扶工相祭是小臣也此據相長一人又承受爵薦脯醢之下故知祭薦脯醢及祭酒二事對下衆工祭酒不祭脯醢也卒爵不拜賤不備禮主人受爵將復獻衆工也衆工不拜受爵坐祭遂卒爵辯有脯醢不祭主人受爵降奠于篚遂猶因也古文曰卒爵不拜公又舉奠觶唯公所賜以旅于西階上如初言賜者君又彌尊賓長彌卑疏注言賜至彌卑○釋曰此燕也飲酒故工歌之後笙奏之間而爲大夫舉旅大射雖行燕禮主於射故笙之間至射乃爲大夫舉旅云言賜者君又彌尊賓長彌卑者案上爲賓舉旅直云公興以酬賓爲卿舉旅而云若賓若長言若不定科酬其一不專爲賓是君禮漸尊賓禮漸殺雖然禮言酬至此

言唯公所賜者以上下言之是君又彌尊賓長彌卑也卒旅畢也疏注旅畢也○釋曰言旅畢者謂爲大夫舉旅酬行於西階之上或從賓或從卿次第盡大夫故云旅畢也笙入立于縣中奏南陔白華華黍陔下才反○以笙播此三篇之詩縣中縣中央也鄉飲酒禮曰磬南北面奏南陔白華華黍皆小雅篇也今亡其義未聞昔周之興也周公制禮作樂采時世之詩以爲樂歌所以通情相風切也其有此篇明矣後世衰微幽厲尤甚禮樂之書稍稍廢棄孔子曰吾自衛反魯然後樂正雅頌各得其所謂當時在者而復重雜亂者也惡能存其亡者乎且正考父校商之名頌十二篇于周大師歸以祀其先王至孔子二百年之間五篇而已此其信也○風方鳳反重直用反惡音烏以青甫○今按說易鄉飲酒篇疏注以笙至信也○釋曰此笙奏南陔白華華黍三篇等經注與鄉射同亦不復重釋但此云笙入立于縣中以其諸侯軒縣闕南面而已故得言縣中鄉飲酒唯有一磬縣而已不得言縣中而云磬南注引鄉飲酒者欲見此雖軒縣近北面縣之南也主人洗升獻

笙于西階上一人拜盡階不升堂受爵降主人拜送爵階前坐祭立卒爵不拜既爵升授主人一人笙之長者也鄉射禮曰笙一人拜于下【疏】注一人至于下○釋曰引鄉射禮者證笙一人拜此與鄉飲酒皆直云一人拜不言拜于下故鄉飲酒與此注皆引鄉射以爲證欲見拜者拜於階下衆笙不拜受爵降坐祭立卒爵辯有脯醢不祭【疏】釋曰言不拜受爵降者於階下受爵者亦盡階不升堂云辯有脯醢者亦獻訖薦于位之前乃間歌魚麗笙由庚歌南有嘉魚笙崇丘歌南山有臺笙由儀間間則之間麗方知反○間代也謂一歌則一吹也六者皆小雅篇也魚麗言太平年豐物多也此采其物多酒旨所以優賓也南有嘉魚言太平君子有酒樂與賢者共之也此采其能以禮下賢者賢者纍蔓而歸之與之宴樂也南山有臺言太平之治以賢者爲本也此采其愛友賢者爲邦家之基民之父母既欲其身之壽考又欲

其名德之長也由庚崇丘由儀今亡其義未聞○疏下遐嫁反繫力追反蔓音萬治直吏反長如字

注問代至未聞○釋曰此經注一遂歌鄉樂周南關與鄉飲酒同彼已釋訖不復重解

雎葛覃卷耳召南鵲巢采蘩采蘋雎七徐反覃大南反召上照反蘋音頻○周南召南國風篇也王后國君夫人房中之樂歌也關雎言后妃之德葛覃言后妃之職卷耳言后妃之志鵲巢言國君夫人之德采蘩言國君夫人不失職也采蘋言卿大夫之妻能脩其法度也昔大王王季居于岐山之陽躬行召南之教以興王業及文王而行周南之教以受命大雅云刑于寡妻至于兄弟以御于家邦謂此也其始一國耳文王作邑于豐以故地爲卿士之采地乃分爲二國周周公所食也召召公所食也於時文王三分天下有其二德化被于南土是以其詩有仁賢之風者屬之召南焉有聖人之風者屬之周南焉夫婦之道者生民之本王政之端此六篇者其教之原也故國君與其臣下及四方之賓燕用之合樂也鄉樂者風也小雅爲諸侯之樂大雅頌爲天子之樂鄉飲酒升歌小雅禮盛者可

以進取燕合鄉樂者禮輕者可以逮下也春秋傳曰肆夏繁遏渠天子所以享元侯也文王大明緜兩君相見之樂也然則諸侯之相與燕升歌大雅合小雅也天子與次國小國之君燕亦如之與大國之君燕升歌頌合大雅其笙間之篇未聞○與王如字采七代反被皮寄反

疏○釋曰云遂歌鄉樂者鄉飲酒云乃合樂與此文不同者以其二南是大夫士樂大夫士或作鄉大夫或作州長故名鄉大夫樂鄉飲酒不言鄉樂者以其是已之樂不須言鄉故直言合樂此燕禮是諸侯禮下歌大夫士樂故以鄉樂言之又鄉飲酒注云合樂謂歌樂與衆聲俱作彼經有合樂之字故也此經無合樂之字故闕而不言其實此歌鄉樂亦與衆聲俱作是以彼處解合為歌與衆聲俱作耳此歌而鮮合明同是也○注周南至未聞○釋曰自周南以下所注亦與鄉飲酒同亦不復重釋

大師告樂正曰正歌備

大師上工也掌合陰陽之聲教六師以六律為之音者也子貢問師乙曰吾聞聲歌各有宜也如賜者宜何歌也是明其掌而知之也正歌者升歌及笙各三終間歌三終合樂三終為一備備亦成也

疏注大師至成也

○釋曰云大師上工也者案春官大師下大夫二人小師上士四人又云上瞽四十人中瞽百人下瞽百有六十人注云凡樂之歌必使瞽矇爲焉命其賢知者以爲大師對小師凡下二百人爲上士也云[illegible]合陰陽之聲教六師以六律爲之音者也者並大[illegible]文案彼云掌六律六同以合陰陽之聲注云陽聲黃鍾大蔟姑洗蕤賓夷則無射陰聲大呂應鍾南呂林鍾中呂夾鍾又云皆文之以五聲宮商角徵羽皆播之以八音金石土革絲木匏竹又云教六詩曰風曰賦曰比曰興曰雅曰頌以六德爲之本以六律爲之音云子貢問師乙以下至何歌也並樂記文師乙者之大師以掌樂事故子貢問爲引證者證大師知樂節故告歌備故鄭云是明其掌而知之也知升歌以下四節皆三終者案禮記鄉飲酒義云工入升歌三終主人獻之笙入三終主人獻之間歌三終合樂三終工告樂備故知皆三終彼與此經間歌合樂不獻之者但間歌合樂還是始升歌笙奏之前已獻故不復重獻云備亦成也者案周禮樂師職云凡樂成則告備故云亦成也

樂正由楹內東楹之東告于公乃降復位

言由楹內者以其立於堂疏注言由至之北○釋曰

亷也復位位在東縣之北言由楹內者以其樂正

與工俱在堂亷則楹南無過處故由楹內適東楹之

東告于公云復位位在東縣之北者案大射略於樂

小樂正升堂經有左右正則知亦有大樂正至工

於西階上少東東面時小樂正亦降立於其南北面

卒管工向東坫之東南西面北上坐一時鄉注云於

是時大樂正還北面立於其南臣位尊東明工升堂

時小樂正升大樂正東方西面工在東坫之東南西

面時大樂正東縣之北北面其小樂正則立於西階

下東面燕禮主於樂故知大樂正升堂令降明復於東縣之北北面也射人自阼階下

請立司正公許射人遂為司正君許其請因命用為司正君三舉爵樂備

作矣將留賓飲酒更立司正以監之察儀法也疏注君射人俱相禮其事同○監古銜反相息亮反

許至事同○釋曰自此盡皆反坐論立司正遂行所陪之事云君三舉爵者為賓為卿為大夫舉旅云樂

備作矣者歌笙間合四者備作各三終矣案鄉飲酒鄉射立司正後始行旅酬者彼是士鄉禮饗禮之法

莫問尊卑徧獻之後乃行旅酬此燕禮國君燕其臣子雖一獻以辨尊卑故主人獻君而受酬主人卑不敢酬公獻之禮成於酬故使大夫媵觶於公當酬公君行大惠即舉之爲賓賓得觶請旅諸臣徧卿大夫乃成一獻之禮復獻卿大夫皆爲之舉旅行酬皆其獻但卿大夫皆堂上有位近君不敢失禮故雖舉旅行酬而未立司正作樂後將獻羣士士職卑位在堂下將爲士舉旅恐失禮故未獻之前即立司正監之故不同也

司正洗角觶南面坐奠于中庭升東楹之東受命西階上北面命卿大夫君曰以我安卿大夫皆對曰諾敢不安洗奠角觶于中庭明其事以自表威儀多也君意殷勤欲留賓飲酒命卿大夫以我故安或亦其賓不主意於賓也

疏注洗奠至賓也○釋曰云洗奠角觶于中庭明其事以自威儀多也者此奠觶于中庭威儀多決鄉飲酒不奠是以鄉飲酒作相爲司正洗觶執以升自西階是不奠威儀少也云君意殷勤欲留賓飲酒命卿大夫以我故安者以主人安客乃安故欲安賓先語卿大夫以

我意故須安也云或亦其實不主意於賓者鄭意兩解前解主意爲賓故使卿大夫爲賓安或亦其實不專主爲賓兼羣臣共安也司正降自西階南面坐取觶升酌散降南面坐奠觶右還北面少立坐取觶興坐不祭卒觶奠之興再拜稽首右還將適觶南先西面也必從觶西爲君之在東也少立者自嚴正愼其位也爲于僞反○疏注右還至位也○釋曰右還將適觶南先西面者右還謂奠時南面乃以觶右手向外而西面乃從觶西南行而右還北面云必從觶西爲君之在東也者若從觶東而左還北面則背君以其君在阼故也云自嚴正愼其位者以司正監察主爲使人嚴正謹愼故先自嚴正謹愼也左還南面坐取觶洗南面反奠于其所反奠虛觶不空位也疏注反奠至位也○釋曰必使不空者亦欲使衆人觀知司正嚴正之處升自西階東楹之東請徹俎降公許告于賓賓北面取俎以出膳宰徹

公俎降自阼階以東媵宰降自阼階以賓親徹若君親徹然疏注媵宰至徹然○釋曰云降自阼階以賓親徹若君親徹然者臣之升降當西階今見賓親徹媵宰代君徹不降西階而降自阼階當君降處故云若君親徹降自阼然也卿大夫皆降東面北上以將坐降待賓反也疏注以將至反也○釋曰案大射云大夫降復位注云門東北面位不與卿同東面位者彼卿有俎卿取俎以出故大夫不敢獨在西階下故復位復門東北面位此燕卿無俎故大夫與卿同降西階下東面北上位也云以將坐降待賓反者上文賓以俎出當反入升坐故卿大夫待賓反亦升坐也賓反入及卿大夫皆說屨升就席公以賓及卿大夫皆坐乃安說吐活反○凡燕坐必說屨屨賤不在堂也禮者尚敬敬多則不親燕安坐相親之心也疏注凡燕至心也○釋曰凡在堂立行禮不說屨安坐則說屨故鄭云凡燕坐必說屨以其屨在足賤不宜在堂陳於尊者之側也云禮者尚敬敬多則不親燕安坐相親之心者左氏傳云饗以訓

恭儉設几而不倚爵盈而不飲燕以示慈惠饗在廟立行禮是敬多則不親者也燕在寢以辭爲度是相親之心者也者燕直云賓及卿大夫說屨不云君降說屨則君說屨之在堂上席側是以禮記少儀云排闔說屨於戶內者一人而已矣彼據尊者在室則尊者一人說屨在戶內今此燕在堂上則君尊說屨於席側羞庶羞謂膳肝膋狗胾醢也骨體所以致敬可知也羞庶羞也庶羞所以盡愛也敬之愛之厚賢之道○膳士戀反膋音遼胾壯吏反〔疏〕注謂膳至之道○釋曰案大射云羞庶羞注云所進衆羞謂膳肝膋狗胾醢也或有炮鼈膾鯉雉兔鶉鴽大射先行燕禮明與彼同此注不言炮鼈已下注文不具鄭知有此物者以經云庶羞不唯二豆而已案內則爲肝膋取狗肝以幪之以其膋濡炙之舉燋其膋不蓼注云膋腸間脂此及大射其牲皆用狗故知有肝膋狗胾知有炮鼈膾鯉者詩云吉甫燕喜飲御諸友炮鼈膾鯉又內則及公食大夫上大夫二十豆雉兔鶉鴽禮記王制云庶羞不踰牲此燕用狗必可有此物不論已鄉飲酒鄉射亦有狗但經直云羞不云庶是以鄭注云胾醢二豆無餘物也云骨體所以致敬也者

四九八

遂未坐以前廢蓋所以盡愛據說屨已後也大夫祭薦燕乃祭薦不敢於盛成禮也䟽
注燕乃至禮也○釋曰不敢於盛成禮謂未立司正之前立行禮受獻之時不祭薦醢祭先是成禮不敢成禮於盛時
司正升受命皆命君曰無不醉賓及卿大夫
皆興對曰諾敢不醉皆反坐皆命者命賓命卿大夫也起對必降席司正退立西序端䟽注皆命至序端○釋曰云起對必降席者經云坐不云降明起對必降席既對及反坐也是以孝經云曾子避席曰參不敏亦是起對也知司正退立西序端者此無降文見鄉飲酒云司正升相旅退立于序端東面故知此亦然也
主人洗升獻士于西階上士長
升拜受觶主人拜受觶獻士用觶士賤也今文觶作觚䟽注獻士至作觚○釋曰自此盡立飲論獻士之事云獻士用觶士賤也者對上大夫已上獻用觚旅酬乃用觶此獻士即用觶故云士賤也不從今文觚者若從觚與大夫已上何異故不從
士坐祭立飲不拜既

爵其他不拜坐祭立飲他謂衆士也亦升受爵不拜【疏】注他謂至不拜○釋曰云他謂衆士也者上云士長明此士長之外皆衆士也知亦升受爵者以其士尊於坐之長坐之長尚受爵於階上明士得升受爵也言不拜者以其士長得拜明衆士不拜也乃薦司正與射人一人司士一人執冪二人立于觶南東上天子射人司士官下大夫二人諸侯則上士其人數亦如之司正爲上【疏】注天子至爲上○釋曰此等皆士而先薦者以其皆有事故先得薦司士亦先薦者案周禮司士掌羣爵祿廢置之事士中之尊故亦先得薦也鄭引周禮序官射人司士下大夫二人約出此諸侯則上士者天子官尊諸侯宜降一等以是諸侯射人司士得在士位中云其人數亦如之者案周禮序官射人下大夫二人上士四人下士八人皆明射人則諸侯雖使士爲之人數亦等以其畿外諸侯張三侯與天子同故知射人之數亦同也言此者欲見射時射人有事非一故下文注云大射正射人之長是以大射禮大射正及小射正皆有事也云司正爲上

者雖同是士以其爲庭長故設在上先薦之此經云
者當官雖多皆取長先薦其餘在於衆位依齒也又
士位在西有事者別在觶南北面東上也辯獻士士既獻者立于東方西面北上乃薦士每已獻而即位于東方蓋尊之畢獻薦于其位疏注每已至其位○釋曰云即位于東方蓋尊之者以其庭中之位卿東方西面大夫北面士西方東面是東方尊今卿大夫得獻升堂位空故士得獻即東方鄉位是尊之以無正文故云蓋以疑之也知畢獻薦之者以其經云辯獻士乃薦士故知當畢獻後乃薦也祝史小臣師亦就其位而薦之次士獻之已不變位疏注次士至東方○釋曰云次士獻之已不變位者對先獻士士即變位鄉東方也云位自在東方者案上設位之時祝史在門東小臣在東堂下是先在東方也主人就旅食之尊而獻之旅食不拜受爵坐祭立飲北面酌南鄉獻之於尊南不洗者以其賤略之也亦畢獻乃薦之主人執虛爵奠于篚復位○鄉許亮反疏注北

面至復位○釋曰云北面酌南鄉獻之於尊南者案大射旅食尊在西搏之南北面則此主人在南亦北面以陳尊向君若東楹之西東向設尊亦是向君爲止彼酌者尊後東面酌此亦尊後北面酌南面獻之於尊南也云不洗者以其賤者此乃庶人在官府史胥徒之輩故云賤略之也云亦畢獻乃薦之者亦上文士此畢獻乃薦可知云主人執虛爵奠于篚復位者此約大射獻旅食訖云執虛爵奠於篚復位故知也

若射則大射正爲司射如鄉射之禮大射正射人之長者也如鄉射之禮者燕爲樂卿大夫宜從其禮也如其告弓矢既具至退中與筭也納射器而張侯其告請先于君乃以命賓及卿大夫其爲司正者亦爲司馬君與賓爲耦鄉射記曰自君射至龍旝亦其異者也

薦旅食乃射者是燕射主於飲酒

疏注大射至飲酒○釋曰此一經論燕末行射之節云大射正爲司射射者燕禮輕又不主爲射故射人爲擯又爲司正至射時大射正爲司射大射之時略於燕主於射故大射正爲擯又爲司正至射又親其職故不同爲司射也云[illegible]從之者鄉射是鄉大夫禮故樂之遷從之

也云如者如其告弓矢既具至退中與筭也者經云
如鄉射之禮明從始至未皆如之案鄉射初司射告
弓矢既具至三番射訖而退中與筭故如之也云納
射器而張侯者欲見此與鄉射因納射器後即張侯
大射納射器之後無張侯之事是以特言之也云告
請先於君乃以命賓及卿大夫者此燕禮與大射皆
國君之禮此燕禮每事皆先請於君大射亦先請於
君故曰大射初司射自阼階前請於公公許乃命賓
及卿大夫鄉射西階上告賓曰弓矢既具乃告於主
人遂告大夫是先後異也云其爲司正者亦爲司馬
者鄉射將射云司正爲司馬此亦於將射司正爲司
馬故云亦也若然則上文射人告具射人請賓又云
射人請立司正公許射人遂爲司正皆一人也必云
司正爲司馬者諸侯有常官嫌與鄉射異故言此也
若士射則司正不爲司馬云君與賓爲耦者欲見鄉
射賓與主人爲耦此君與賓爲耦亦是異於鄉射也
引鄉射記君射至龍旜亦其異者也者謂旌與中異
何者彼因記君國射三處射旌與中各不同云君國中
射則皮樹中以翿旌獲白羽與朱羽糅言國中則此
燕射也又云於郊則閭中以旌獲謂諸侯大射在郊

又云於竟則虎中龍旜謂諸侯賓射在竟此皆諸侯禮射雖記在鄉射皆與鄉射異也云薦旅食乃射者是燕射主於飲酒者此獻士旅食後乃射是燕射於飲酒決大射未爲大夫舉旅之前則射是彼大射主於射故也

賓降洗升媵觚于公酌散下拜公降一等小臣辭賓升再拜稽首公答再拜觚依注音觶○此當言媵觶酬之禮皆用觶言觚者字之誤也古者觶字或作角旁氏由此誤爾

疏注此當至誤爾○釋曰自此盡賓反位論賓媵爵於公之節云古者觶字或作角旁氏由此誤爾者案冬官梓人爲飲器勺一升爵一升觚三升獻以爵而酬以觚一獻而三酬則一豆矣鄭引南郡太守馬季長云觚當爲觶豆當爲斗鄭康成云古者觶角旁氏似觚故誤爲觚時人又多聞觚寡聞觶是以誤爲觚此注與彼同也

賓坐祭卒爵再拜稽首公答再拜賓降洗象觶升酌膳坐奠于薦南降拜小臣辭賓升成拜公答再拜賓反位反位反席也今文曰洗象

觚疏注反位至象觚○釋曰知反位是反席者以其堂下無席堂上乃有之而云賓升成拜不云降明上反位者反席可知也公坐取賓所媵觶興唯公所賜至此又言興者明公崇禮不倦也今文觶又為觚疏注至此至為觚○釋曰此盡士旅酌卒論君為士舉旅之事云唯公所賜者辭與為大夫舉旅同也云至此又言興者明公崇禮不倦也者以其賓屢升坐之後理當倦今言興明不倦矣受者如初受酬之禮降更爵洗升酌膳下拜小臣辭升成拜公答拜乃就席坐行之坐行之若今坐相勸酒有執爵者士有盥升主酌授之者疏注士有至之者○釋曰無筭坐勸酒有執爵行之者今此為士舉旅亦有執爵行之若無筭爵然後士有盥升主酌授之者若然前二舉旅皆酬者自酌授人也唯受于公者拜公所賜者也其餘則否司正命執爵者爵辯卒受者興以酬士欲令惠均○令力呈反疏注欲令惠均○釋曰此所命者

命大夫也以前三舉旅辯大夫則止今此爲士舉旅故及之云欲令惠畇者惠畇於室及均於庭也士特牲爵止欲得神惠均於室及均於庭此據人君之惠均於庭也大夫卒受者以爵興西階上酬士士升大夫奠爵拜士答拜興酬士者士立堂下無坐位疏注興酬至坐位○釋曰此即上文司正所命者也云興酬士者士立堂下無坐位者凡禮堂上有席者坐堂下無席者立是以禮記檀弓工尹商陽是士而云朝不坐堂下無坐位者也大夫立卒爵不拜實之士拜受大夫拜送士旅于西階上辯祝史小臣旅食皆及焉疏注祝史至及焉○釋曰知旅食皆及者以士未得獻時欲酬不及得獻之後旅則及之旅食亦次士得獻故知亦酬及之其庶子以下未得獻者至獻後無算爵及焉士旅酌旅序也士以次序自酌相酬無執爵者卒○主人洗升自西階獻庶子于阼階上如獻士之禮辯降洗遂獻左右正與內

小臣皆於阼階上如獻庶子之禮庶子掌正六牲之體及舞位使國子脩德學道世子之官也而與膳宰樂正聯事樂正亦學國子以舞左右正謂樂正僕人正也小樂正立于西縣之北僕人正僕人師僕人士立于其北北上大樂正立于東縣之北若射則僕人正僕人士陪于工後內小臣奄人掌君陰事陰令后夫人之官也皆于阼階上別於外內臣也獻正下及內小臣則磬人獻鍾人鑮人鼓人僕人之屬

［疏］注庶子至薦也○釋曰盡獻可知也凡獻皆薦也此一經獻庶子以下之節云庶子掌正六牲之體及舞位使國子脩德學道世子之官也者案周禮諸子職云大祭祀正六牲之體凡樂事正舞位國子存遊倅使之脩德學道彼人子諸子之官屬大子者掾諸侯為世子之官引之者以天子子謂之諸子諸侯謂之庶子掌公卿大夫士之適子掌事寔同故取諸子職解此庶子之事云而與膳宰樂正聯事者以掌正六牲之體得與膳宰聯事掌國子脩德學道得與樂正聯事以其樂正亦掌教國子故也言此者欲見膳宰得獻此庶子亦得獻之意云樂正亦教國子以舞者欲見庶子掌國子得與

樂正聯事云左右正謂樂正僕人正也僕人正以下至北上鄭知義然者見大射禮而知云左右正者據中庭為左右大射禮工遷於東僕人正亦與樂正同處名曰左左正復云右正明是小樂正在西為右也若小樂正不在西大射之禮不得有左右正之文又兩面俱縣明大小樂正各一監縣又知僕人正以下在小樂正之北北上者以鄉射弟子相工皆在西今僕人正以下亦是相工之人故知亦在西方也又工堂上西階之東相工者宜近其事故在西方樂正之北也又知北上者以大射鄉射工遷在下之時皆北上統於樂正今相者以工為主明在堂下則宜北統於堂人矣又知大樂正在東縣北者約鄉射云縣于洗東北至射時遷樂於阼階下之東南堂前笴西面北上坐樂正北面立于其南是得為一證也云若射以下至工後者案大射將射之時工遷於下東坫之東南西面北上坐相者以工為士故知相工陪於東即在工後也工內相內小臣奄人掌君陰事陰令后夫人之官也者案天官內小臣奄上士四人其職云掌王之陰事陰令鄭注云陰事羣妃御見之事陰令王所求為於北宮彼后之官兼云夫人者欲見諸侯夫

入內小臣亦與后之內小臣職同故雙言之云皆獻
於阼階上别與外內臣也者臣云外內者案周禮宿
外內命夫鄭注云外命夫六卿以出案內命夫朝廷
卿大夫則諸侯臣在鄉遂及采地者爲外臣在朝廷
者爲內臣但外內臣皆獻於西階上此獻於阼階故
云别於外內臣也云則磬人以下至盡獻可知也者
此據周禮天子有此官諸侯並以下士爲之則諸侯
亦有此官以其庭中之樂軒縣别有鐘磬鎛鼓故知
也兼言僕人者此經直見僕人正不見僕人師僕人
士大射見之內小臣奄人之賤者尚不得獻明此等皆
得獻可知也知凡獻皆薦者以經云如獻
士獻士有薦凡此等獻訖明皆有薦也無筭爵筭數
也爵行無次無數唯意所勸醉而止疏注筭數至而止○釋曰自此盡
無筭樂論酒行樂作無次數之
節云爵行無次無數者此對四舉旅
以前皆有次有數此則無次數也士也有執膳爵
者有執散爵者執膳爵者酌以進公公不拜受執散
爵者酌以之公命所賜所賜者興受爵降席下奠爵

再拜稽首，公答拜。席下，席西也。古文曰：公答再拜。疏注「席下」至「再拜」。○釋曰：自旅酬已前受公爵皆降拜，升成拜，至此不復降拜者，禮殺故也。云「席下，席西也」者，賓與卿大夫席皆南面，統於君，皆以東爲上，故知席下爲席西也。受賜爵者以爵就席坐，公卒爵，然後飲。不敢先虛爵，明此勸惠從尊者來也。疏注「不敢」至「來也」。○釋曰：上已言君命所賜，至此經云受賜，自然惠從尊者來，但先君受爵，似惠不由君來，故後飲，然後受虛爵，是由尊者來，故後飲之也。此執爵者皆酌行之以徧，唯卒爵者興以酬士，自酌與之，是以鄉飲酒、鄉射皆云「辯卒受者興以旅在下者」，注云「不使執觶者酌，以其將旅酬，不以己尊孤人也」。執膳爵者受公爵，酌，反奠之。宴歡在於飲酒，成其意。疏注「宴歡」至「其意」。○釋曰：云「成其意」者，君意欲得皆醉，今執膳者酌反奠于君前，望當君心，故云「宴歡在於飲酒，成其意也」。受賜爵者興，授執散爵，執散爵者乃酌行之。予其所勸者。唯受爵於公者拜卒受爵者興以酬士于西階上士升大夫不拜乃飲實爵乃猶而也疏注乃猶而也○釋曰轉乃爲而者乃是緩辭此將勸士士已升階大夫即飲不可爲乃故從而辭之也士不拜受爵大夫就席士旅酬亦如之公有命徹冪則卿大夫皆降西階下北面東上再拜稽首公命小臣辭公答再拜大夫皆辟辟音避劉芳益反○命徹冪者公意殷勤必盡酒也小臣辭不升成拜明雖醉正臣禮也不言賓賓彌臣也君答拜於上示不虛受也疏注命徹至受也○釋曰云士旅酬亦如之者亦如大夫相酬之法云公有命徹冪者此君尊在東楹之西專大惠故待無筭爵乃徹冪鄉飲酒尊在房戶之間賓主共之故賓至則徹之與此異也云小臣辭不升成拜明雖醉正臣禮也者臣之禮當下拜爲正今不言升成拜者於下已拜是雖無筭爵已醉而不倦行臣禮禮之正也云不言賓賓彌臣也者經直言卿大夫皆降不別言賓是燕末賓同於臣言彌者上旅酬云若

賓若長猶言賓但言賜不言酬已是賓卑今乃沒賓不言賓是賓彌臣故同臣例也云君答拜於上示不虛受也者案燕義云禮無不答言上之不虛取於下也彼釋此也但彼言不虛取於下者摠申此燕禮君答拜之事不獨爲此言也

遂升反坐士終旅於上如初卿大夫降而爵止於其反席卒之

疏注卿大至卒之○釋曰云卿大夫降而爵止者上文已云大夫不拜乃飲實爵士不拜受爵是大夫飲訖爵止也云於其反席卒之者謂上士受得大夫爵此經云士終旅於上如初是於大夫及席士卒之也

無筭樂升歌間合無數也取歡而已其樂章亦然

疏注升歌至亦然○釋曰此無筭對上升歌笙間合各合依次第而三終有次有數此則任君之情無次無數其詩樂章亦然亦無次無數

宵則庶子執燭於阼階上司宮執燭於西階上甸人執大燭於庭閽人爲大燭於門外甸大練反閽音昏○宵夜也燭燋也甸人掌共薪蒸者庭大燭爲位廣也閽人門人也爲作也作大燭以俟賓客出○燋哉約反劉

哉妙反共音恭【疏】注宵夜至客出○釋曰凡燕法設燭者或射之後終燕則至宵也或冬之日不射亦宵夏之日不射未必至宵也云燭燋也者古者無麻燭而用荊燋故少儀云主人執燭抱燋鄭云未爇曰燋但在地曰燎執之曰燭於地廣設之則曰大燭其燎亦名大燭故詩云庭燎之光毛云庭燎大燭也鄭云夜未央而於庭設大燭毛鄭並指此甸人執大燭之文也司烜氏云凡邦之大事共墳燭庭燎玄謂墳大也樹於門外曰大燭於門內曰庭燎言樹則大燭亦在地席設之而已此閽人爲大燭於門外者亦是大燭在地者案郊特牲云庭燎之百由齊桓公始也注云僭天子也庭燎之差公蓋五十侯伯子男皆三十文出大戴禮也此亦諸侯禮以燕禮輕故不言庭燎設大燭而已云甸人掌共薪蒸者天官甸師氏職文引之者以其內有燭燋故使之在門爲大燭也云閽人門人也者案天官閽人掌守王中門之禁諸侯亦當然

賓醉北面坐取其薦脯以降取脯重得君賜

奏陔陔陔夏樂章也賓出奏陔夏以爲行節也凡夏以鍾鼓奏之○夏戶雅反【疏】注陔夏至奏之○釋曰云陔陔夏者

案鍾師九夏之中有陔夏九夏皆是詩詩爲樂章故知樂章也云賓出奏陔陔夏以爲行節也者此及鄉飲酒皆於賓出奏陔夏明此爲行節之使不失禮云凡夏以鐘鼓奏之者案周禮鍾師云以鐘鼓奏九夏鄭注云先奏鐘次擊鼓是凡夏皆以鐘鼓奏之

賓所執脯以賜鐘人於門内霤遂出必賜鐘人鐘人掌以鐘鼓奏九夏今奏陔以節已用賜脯以報之明雖醉不忘禮古文賜作錫

卿大夫皆出隨賓出也

公不送賓禮訖是臣也

公與客燕謂四方之使者○使所吏反

疏注謂四方之使者○釋曰自此盡敢拜賜命論與異國使臣將燕使卿大夫就館戒客之辭事但燕異國卿大夫與臣子同唯戒賓爲異故於禮末特見之也云謂四方之使者以其云客以寡君對之故知四方使卿大夫來聘主君將燕之也

曰寡君有不腆之酒以請吾子之與寡君須臾焉使某也以請腆天典反○君使人戒客辭也禮使人各以其爵寡鮮也猶言少德謙也腆善也上介出請入告古文腆皆作殄今文皆曰不腆酒

無之〇辭息浪反【疏】注君使至無之〇釋曰云禮使人各以其爵者案公食大夫云使大夫戒各以其爵以其大聘使卿小聘使大夫爵不同故主君亦以其爵以戒之也云上介出請入告者亦約公食使者至館門外客使者上介出請事不告賓但彼食禮重故三辭此燕禮輕故再辭爲異耳又彼賓出拜辱大夫不答拜此不言者文不具對曰寡君君之私也君無所辱賜于使臣臣敢辭上介出答主國使者辭也私謂獨受恩辱也君無所爲辱賜於使臣謙不敢當也敢者怖懼用勢決之辭【疏】注上介至之辭〇釋曰云敢者怖懼用勢決之辭也者謂君怖懼之事不避危難用勢決之故云用勢決之辭也寡君固曰不腆使某固以請寡君君之私也君無所辱賜于使臣臣敢固辭重傳命固如故〇重直用反傳文專反寡君固曰不腆使某固以請某固辭不得命敢不從許之也於是出見主國使者辭以見許爲得命今文無使某致命曰

寡君使某有不腆之酒以請吾子之與寡君須臾焉

親相見致君命辭也君既寡君多矣又辱賜于使臣臣敢拜賜

命既賜也猶愛也敢拜賜命從使者拜君之賜命猶謙不必辭也【疏】注敢拜至辭也〇釋曰主君使

大夫往戒只為燕事今客從之者來就燕而云拜主君用燕之命者謙不必有燕事記燕朝服

於寢朝直遥反〇朝服者諸侯與其羣臣日視朝之服也謂冠玄端緇帶素韠白屨也燕於路寢相

親眤也今辟雍十月行此燕禮玄冠而衣皮弁服與禮異也〇韠音畢辟音璧衣於既反【疏】注朝服至

異也〇釋曰凡記皆記經不言者以經不言燕服及燕處故記人言之也云謂冠玄端緇帶素韠白屨者

皆士冠禮文案屨人注天子諸侯吉事皆舄諸侯朝服素冠素韠應白屨而云白屨者引士冠禮成文其

實諸侯當白舄其臣則白屨也鄭注周禮屨人云複下曰舄禪下曰屨下謂底以此為異也云燕於路寢

相親眤也知燕於寢者以其饗在廟明燕在寢私處可知也引漢法欲見與古異者周時玄冠服則緇布

衣今衣皮弁服是其異也

享于門外東方

享普庚反○享於門外臣所掌也〔疏〕注享于至掌也○釋曰此君禮故云臣所掌案公食記云享于門外東方注云必於門外者大夫之事也注不同者以其饗食在廟嚴凝宜親監視不得臣言所掌故注云大夫之事也鄉飲酒亨狗于堂東北者非君禮是臣於堂東北不在外者宜主人親供又法陽氣之所始故三者注皆不同也

若與四方之賓燕則公迎之于大門內揖讓升

四方之賓謂来聘者也自戒至於拜至皆如公食亦告饌具而後公即席小臣請執冪請羞者乃迎賓也○食音嗣〔疏〕注四方至賓也○釋曰云自戒至於拜至皆如公食者此燕用狗彼用大牢此戒賓在辭彼三辭至於卿大夫立位皆不同而云如公食者謂除此之外如之若然依公食從首使大夫戒各以其爵上介出請入告已然下至北面再拜稽首皆如之饌具之等不入之也云亦告饌具而後公即席小臣請執冪請羞者乃迎賓也者言此者欲見燕四方賓此等依上文與燕已臣子同亦不如公食以其公食公無席又無入廟之事又公食無

請執冪蓋膳故別言此也賓爲苟敬席于阼階之西北面有脀不嚌肺不啐酒其介爲賓苟且也假也主國君饗時親進醴于賓今燕又且獻焉人臣不敢褻煩尊者至此升堂而辭讓欲以臣禮燕爲恭敬也於是席之如獻諸公之位言苟敬者賓實主國所宜敬也脀析俎也不嚌啐似若尊者然也介門西北面西上公降迎上介以爲賓揖讓升如初禮主人獻賓獻公既獻苟敬乃媵觚羣臣即位如燕也○饗許兩反或作鄉非燕爲之爲于僞反

疏注苟且至燕也○釋曰云主國君饗時親進醴于賓者謂行聘享訖禮賓之時君親酌醴進於賓若然前有饗食不言之者饗禮亡無以引證食禮又無酒醴所獻之事故不言而云饗時也云今燕又宜獻焉者案上燕已臣子使宰夫爲主人知此親獻者若不親獻即同已臣子賓何須辭之而爲苟敬故知君當親獻焉云至此升堂而辭讓者若此時升堂不辭即行燕賓之禮故知辭之在初升堂時云時欲以臣禮燕爲恭敬也者此謂在阼西北面故云席之如諸公之位也云言苟敬者賓實主國所宜敬但爲辭讓故以命介爲

賓不得敬之令雖以介爲賓不可全不敬於是席之
於阼階西且敬也故云苟敬也云不嚌啐似若尊者
然也者案此燕禮與大射鄉射皆不嚌啐是諸公如
卿禮今聘卿在諸公之坐亦不嚌不啐是爲似若諸
公尊者然也云介門西北面西上者約聘禮而知也
云公降迎上介以爲賓揖讓升如初禮者此如上文
燕已臣子以大夫爲賓者同故云如初禮也云主人
獻賓獻公既獻苟敬乃媵觚者若上燕已臣子之特
獻賓獻公既即媵觶以酬賓但苟敬之前宜有薦有
組賓與君同明知獻公後即獻苟敬乃可酬賓也云
羣臣即位如燕者如上燕已臣子同若然羣臣不待
迎賓入乃從君入者以其皆蒙獻酬故因其先至寢
門故小臣引之即入不待賓入後也

無膳尊無膳爵

降尊以就卑也疏注降尊以就卑

○釋曰郊特牲云三獻之介君專席而酢焉此降尊
以就卑也注云三獻卿大夫來聘主君饗燕之以介
爲賓賓爲苟敬則徹重席而受酢也專猶單也彼與
此事同故鄭引彼經以證出燕已臣子不見有君親
受賓酢者燕異國臣子得有專席受酢者獻卿大夫
之後依次各爲此三人舉旅獻士之後賓乃媵觶於

公賓取所媵觶爲士舉旅應以爲酢君君專席而受之也與卿燕則大夫爲賓與大夫燕亦大夫爲賓不以所與燕者爲賓者燕爲序歡心賓主敬也公父文伯飲南宮敬叔酒以路堵父爲客此之謂也君恒以大夫爲賓者大夫卑雖尊之猶遠于君今文無則下無燕○爲于僞反父音甫飲於鴆反堵音者遠于萬反疏注不以至無燕○釋曰此謂與已臣子燕法君與異國賓燕皆用上介爲賓如上說也云公父文伯已下是魯語文此三人皆魯大夫自相燕法云此之謂也者此謂不使所爲燕者爲賓之儀云君但以大夫爲賓者大夫卑雖尊之猶遠於君者案禮記燕儀云不以公卿爲賓而以大夫爲賓爲疑也明嫌之義也注云公卿尊矣復以爲賓則尊與君大相近是不用公卿爲賓恐逼君用大夫爲賓雖尊之猶遠於君不畏逼君也羞膳者與執冪者皆士也尊君也膳宰卑於士疏注尊君至於士○釋曰經直云請執冪與羞膳不辨其人故記人言之云尊君也膳宰卑於士者言膳宰別小膳宰也以其下云羞卿者小膳宰明於君者士也士尊於小膳

宰也若然士則膳宰之長者故下注小膳宰云膳宰之佐也羞卿者小膳宰也宰之佐也若以樂納賓則賓及庭奏肆夏賓拜酒主人答拜而樂闋公拜受爵而奏肆夏公卒爵主人升受爵以下而樂闋闋苦穴反○肆夏樂章也今亡以鍾鎛播之鼓磬應之所謂金奏也記曰入門而縣興示易以敬也卿大夫有王事之勞則奏此樂焉○應應對之應易以豉反

疏注肆夏至樂焉

○釋曰自此盡若舞則勺論臣子有王事之勞與之燕之事云若者不定之辭以其常燕已臣子無樂王事之勞或有或無故言若也云肆夏樂章也今亡者鄭注鍾師云九夏皆詩篇名頌之族類也此歌之大者載在樂章樂崩亦從而亡是以頌不能具也云以鐘鎛播之鼓磬應之者鍾師云掌金奏鄭注云擊金以爲奏樂之節金謂鐘及鎛又云凡樂事以鐘鼓奏九夏鄭注云先擊鐘次擊鼓是奏肆夏時有鐘鎛鼓磬彼經注雖不言磬但縣内有此四者故鄭兼言磬也言所謂金奏也者所謂鍾師掌金奏也云記曰者

此鄭引二記之文何者云入門而縣興是仲尼之文仲尼燕居云兩君相見揖讓而入門入門而縣興揖讓而升堂升堂而樂闋郊特牲云賓入大門而奏肆夏示易以敬也必引二記文者以燕在寢賓及庭及寢庭與仲尼燕居入門而縣興事相類故引之證賓及庭樂作之義也此肆夏以金奏之故引郊特牲示易以敬證用肆夏之義也不取賓入大門者大門非寢門故也云卿大夫有王事之勞則奏此樂焉知者以發首陳君與臣子常燕及聘使之臣燕次論四方賓燕今此言賓及庭奏肆夏則非尋常人夫爲賓與室夫爲主人相對者謂若賓爲苟敬四方賓之類特奏肆夏其事既重若非有王事之勞何以致此故知是臣有王事之勞者乃奏此樂也

升歌鹿鳴下管新宮笙入三成

新宮小雅逸篇也管之入三成謂三終也

疏注新宮至終也○釋曰鹿鳴不言工歌新宮不言笙奏而言升歌下管者欲明笙奏異於常燕常燕即上所陳四節是也今工歌鹿鳴三終與笙奏全別故特言下管新宮乃始笙入三成者正謂笙奏新宮三終中說下管之義云新宮小雅逸篇也知在小雅者以配鹿鳴而

言鹿鳴是小雅明新宮小雅可知遂合鄉樂鄉樂周南召南六篇言遂者不間也若舞則勺勺音灼○勺頌篇告成大武之樂歌也其詩曰於鑠王師遵養時晦又曰實維爾公允師既合鄉樂萬舞而奏之所以美王侯勸有功也○於鑠上音烏下舒若反

疏注勺頌至功也○釋曰言若者或爲之舞或不爲之舞在於君意故以不定而言云舞則勺者謂爲之舞則歌勺詩以爲曲云勺頌篇告成大武之樂歌也者勺詩序文云其詩曰於鑠王師遵養時晦者鑠美也言於呼美武王之師遵循也循美晦昧之紂三分天下猶服事於殷又曰實維爾公允師者公事允信也言成王代時實維汝武王之事信得用師之道云既合鄉樂者以文承合鄉樂之下故知既合鄉樂也云萬舞而奏之者釋經舞時作周萬舞之舞而奏勺詩宣八年公羊傳云壬午猶繹萬入去籥傳曰萬者何干舞也謂秉干舞以奏勺詩也云所以美王侯勸有功也者天子諸侯作之是美王侯亦所以勸有功也惟公與賓有俎主於燕其餘可以無俎

疏注主於至無俎○釋曰主於燕其餘可以無俎者對大射辨尊卑公卿皆

有俎其牲用狗則同也獻公曰臣敢奏爵以聽命授公釋此辭不敢必受之

疏注授公至受之○釋曰謂若主人獻公賓媵觶於公雖非獻亦釋此辭也凡公所辭皆栗階栗蹙也謂越等急趨君命也○蹙子六反凡栗階不過二等其始升猶聚足連步越二等左右足各一發而升堂

疏注其始至升堂○釋曰凡堂及階尊者高而多卑者庳而少案禮器云天子之堂九尺諸侯七尺大夫五尺士三尺士冠禮降三等受爵弁鄭注云降三等下至地則士三等階以此推之則一尺爲一階大夫五尺五等階諸侯七尺七等階天子九尺九等階可知○今云凡栗階不過二等言凡則夫子九等已下至士三等皆有栗階之法栗階不過二等據上等而言故鄭云其始升猶聚足連步也故曲禮云涉級聚足連步以上鄭注云涉等聚足謂前足躡一等後足從之併連步謂足相隨不相過也此即聚足也天子以下皆留上等爲栗階左右足各一發而升堂其下無問多少皆連步雜記云主人之升降散等鄭注云散等栗階則栗階亦名散等凡升階之法有四等連步一也栗階二

記歷階三也歷階謂從下至上皆越等無連步若禮記檀弓云杜蕢入寢歷階而升是也越階四也越階謂左右足越三等若公羊傳云趙盾避靈公躇階而走是也

凡公所酬既拜請旅侍臣既拜謂自酌升拜特也擯者作階下告于公還西階下告公許旅行也請行酒于羣臣必請者不專惠也【疏】注既拜至惠也○釋曰云既拜謂自酌升拜特也者此即上賓得君酬酒飲訖自酌降拜升特請旅侍臣云擯者作階下告于公還西階下告公許旅行者此約大射而知也

凡薦與羞者小膳宰也謂於卿大夫以下也上特言羞卿者小膳宰欲絕於賓羞賓者亦士【疏】注謂於至亦士○釋曰云謂於卿大夫以下者以其孰冪與羞膳於君是士則知此凡者於卿大夫也云上特言羞卿者小膳宰者欲絕於賓羞賓者亦士者鄭意於此言凡摠卿大夫於文足矣上文君下特言羞卿者小膳宰者欲見直言君不須言賓以其賓之薦俎與君同明羞膳亦與君同不使小膳宰故云欲絕於賓羞賓者亦士也

有內羞謂羞豆之實酏食糝食羞籩之實糗餌粉餈○酏以支反食音嗣糝

素感反糗去久反乾飯屑也劉香久反餌音二餈才私反【疏】注謂羞至粉餈○釋曰云謂羞豆之實酏食糝食者天官醢人云羞豆之實酏食糝食鄭注云酏餰也內則曰取稻米舉糔溲之小切狼臅膏以與稻米爲餰又曰糝取牛羊豕之肉三如一小切之與稻米稻米二肉一合以爲餌煎之是也云羞籩之實糗餌粉餈者籩人職云羞籩之實糗餌粉餈鄭注云此二物皆粉稻米黍米所爲也合蒸曰餌餅之曰餈糗者擣粉熬大豆爲餌餈之黏著以粉之耳餌言糗餈言粉互相足是也糗熬之亦粉之其粉擣之亦糗之是互相足也

君與射則爲下射袒朱襦樂作而后就物袒徒旱反襦如朱反○君尊小臣以巾授矢稍屬屬章欲反○君尊不摍矢不以樂志辟不敏也○辟音避既發則小臣受弓以授弓人侯復發也不使大射正燕射輕○復扶又反上射退于物一笴既發則答君而俟笴工但反又工老反若飲君燕則夾爵謂君在不勝之黨賓飲之如燕媵觚則又夾爵

【疏】釋曰交爵者將飲君先自飲及君飲訖又自飲爲交爵

君在大夫射則肉袒不纁襦厭於君○厭一涉反

【疏】注不纁襦厭於君○釋曰鄉射記大夫對士射袒纁襦此對君肉袒故云厭於君也

若與四方之賓燕媵爵曰臣受賜矣臣請贊執爵者受賜謂公鄉皆酬之至燕主人事賓之禮殺賓降洗升媵觶于公荅恩惠也○鄉許亮反

【疏】注受賜至惠也○釋曰謂公荅二大夫所媵觶上者以酬賓是也云賓降洗升媵觶于公者謂上獻士訖賓媵觶于公是荅恩惠也

相者對曰吾子無自辱焉相息亮反○辭之也對荅也亦告公以公令荅之也

有房中之樂絃歌周南召南之詩而不用鐘磬之節也謂之房中者后夫人之所諷誦以事其君子

【疏】注絃歌至君子○釋曰云弦歌周南召南之詩而不用鐘磬之節者此文承四方之賓燕下而云有明四方之賓而有之知不用鐘磬者以其此二南本后夫人侍御于君子用樂節是本無鐘磬今若改之而用鐘磬當云有房中之奏樂今直云有房中之樂明衣本無

鐘磬也若然案磬師云教縵樂燕樂之鐘磬注云燕樂房中之樂所謂陰聲也二樂皆教其鐘磬房中樂得有鍾磬者彼據教房中樂待祭祀而用之故有鍾磬也房中及燕則無鍾磬也

儀禮注疏卷第六

明陳鳳梧本儀禮注疏

第三册

漢 鄭玄注　唐 賈公彦疏　唐 陸德明釋文

明嘉靖五年廬陵陳鳳梧刻本

山東人民出版社·濟南

儀禮注疏卷第七

漢鄭玄注　唐賈公彥疏

後學廬陵陳鳳梧編校

大射第七

鄭目録云名曰大射者諸侯將有祭祀之事與其羣臣射以觀其禮數中者得與於祭不數中者不得與於祭射義於五禮屬嘉禮大戴此第十三小戴及別録皆第七 疏 釋曰云諸侯將有祭祀之事以下文出於射義

大射之儀○君有命戒射 將有祭祀之事當射宰告於君君乃命之言君有命政教宜由尊者 疏 注將有至尊者○釋曰自此盡西紘論射前預戒諸官及張侯設樂縣之事不言禮言儀者以射禮盛威儀多故以儀言之是以射義云孔子曰射者何以射何以聽循聲而發發而不失正鵠者其唯賢者乎若夫不肖之人則彼將安能以中是其射容難故稱儀也云將有祭祀之事當射者按射義云天子將祭必先習射於澤澤者所以擇士也已射於澤而后射於射宮射中者得與於祭不中者

不得與於祭是其將祭必射也云宰告於君君乃命之者鄭意不云宰戒百官者宰告告君君之使戒乃戒即云戒百官是也云言君有命政教宜由尊者宰湛經云戒射此戒亦政教之類故以政教言之也

戒百官有事於射者宰於天子冢宰治官卿也作大事則掌以君命戒於百官

疏注宰於至百官○釋曰按周禮大宰職云掌百官之誓戒此言宰戒百官其事同故鄭以天子冢宰言之也其實諸侯兼官無冢宰立地官司徒以兼之故聘禮云宰命司馬注云宰上卿貳君事者也諸侯謂司徒為宰是諸侯立司徒兼冢宰之事也言大事則掌以君命戒於百官者周禮六宰職云作大事則戒于百官贊王命是鄭之所引以證宰戒之事也

射人戒諸公卿大夫射司士戒士射與贊者射人掌以射法治射儀司士掌國中之士治凡其戒命皆司馬之屬也殊戒公卿大夫與士辨貴賤也贊佐也謂士佐執事不射者

疏注射人至射者○釋曰上文宰官尊摠戒此射人司士色別重戒之謂若天官冢宰戒百官宗伯大司寇之等重戒也云射人掌以射法治射儀者

夏官射人文云司士掌國中之士治凡其戒令者此司士職文云國中之士彼士摠公卿大夫士而言此射人己戒公卿大夫則司士戒士贊者唯有士不兼大夫巳上不同者斷章取義故與本職不同也云皆司馬之屬也者射人司士皆屬司馬故云司馬屬也此上下文所云戒者皆謂祭前旬有一日知者祭統云先期旬有一日宮宰宿夫人夫人亦散齋七日致齋三日若然卜及戒皆在旬有一日是大宰云前期十日帥執事而卜日遂戒注云前期前所諏之日也十日容散齋七日致齋三日其天子又有天地及山川社稷宗廟諸侯直有境內山川社稷宗廟卜日及戒皆同也按郊特牲云卜郊受命于祖廟作龜于禰宮卜之日王立于澤親聽誓命又云獻命庫門之內戒百官也大廟之命戒百姓也注云王自澤宮而還以誓命重相申敕也王自此還齋路寢之室若然卜日在澤宮又至射宮皆同在旬有一日空十日故後日乃齋也

前射三日宰夫戒宰及司馬射人宿視滌宰夫冢宰之屬掌百官之徵令者司馬於天子政官之卿凡大射則合其六耦滌謂溉器埽除射宮

疏注宰夫至

射宮○釋曰此宰夫戒是再戒之宿不云宿者辟下宿視滌何者宰夫戒是申戒下宿是夕宿是以宗伯云凡祀大神享大鬼祭大示帥執事而卜日宿視滌濯注云宿申戒也皆前有射人戒是七日前期此宰夫戒是申戒又知宿是夕宿者以戒宿同文明不同日以其上云前射三日戒明此非三日是前一日矣云宰夫夫冢宰之屬者按大宰云小宰中大夫二人宰夫下大夫四人屬冢宰故云冢宰之屬云掌百官之徵令者宰夫職文云司馬於天子政官之卿者小宰職云四曰司馬其屬六十掌邦政是也云凡大射則合其六耦者大司馬職云若大射合諸侯之六耦是將祭而射故使諸侯爲耦若其餘射則卿大夫以下爲耦也云滌謂溉器埽除者以其諸侯射先行燕禮不視滌器明滌器是射器及埽除射宮也

司馬命量人量侯道與所設乏以貍步大侯九十參七十干五十設乏各去其侯西十北十參依註音糝素感反干依註音豻五旦反○量人司馬之屬掌量道巷塗數者侯謂所射布也尊者射之以威不寧侯卑者射之以求爲侯量

侯道謂去堂遠近也容謂之乏所以為獲者之禦矢
貍之伺物每舉足者止視遠近為發必中也是以量
侯道取象焉鄉射記曰侯道五十弓考工記曰弓之
下制六尺則此貍步六尺明矣大侯熊侯謂之大者
與天子熊侯同參讀為糝糝雜也雜侯者豹鵠而麋
飾下天子大夫也干讀為豻豻侯者豻鵠豻飾也大
夫將祭於已射麋侯士無
臣祭不射○鵠古毒反
疏
注量人至不射○釋曰
云量人司馬之屬掌量
道巷塗數者量人職文量人屬司馬故云司馬之屬
也云侯謂所射布也者以其三侯皆以布為之而以
皮為鵠旁又飾以皮也云尊者射之以威不寧侯者
即梓人云毋或若汝不寧侯不屬于王所故抗而射
汝是也云畢者射之以求為侯者射義云故天子之
大射謂之射侯射侯者射為諸侯也射中則得為諸
侯射不中則不得為諸侯是也云容謂之乏所以為
獲者之禦矢者此云乏周禮射人云容所以為獲者
之禦矢解容乏之義以其容身故得禦矢言乏之矢於
此乏匿不去也云則此貍步六尺明矣者先鄭注射
人貍步謂一舉足為步於今為半步後鄭注引鄉射
考工為證者所以明步為六尺而非三尺也云大侯

熊侯謂之大者與天子熊侯同者司裘職云王大射則共虎侯熊侯豹侯設其鵠諸侯則共熊侯豹侯被畿內諸侯二侯以熊侯爲首此畿外諸侯亦得用三侯其數上同于天子而非畿內諸侯所可比故於熊侯加大以別之然不嫌於逼上者天子三侯則虎侯熊侯豹侯諸侯不得用虎侯而以熊侯糝侯豻侯爲三侯若畿內則但有熊侯豹侯此其所以別也云糝讀爲糝糝雜也雜侯者豹鵠而麋飾下天子大夫也者司裘云卿大夫則共麋侯此則以豹皮爲鵠以麋飾其側不用純麋是下天子大夫也以知以豹爲鵠以麋爲飾者天子卿大夫用麋侯諸侯卿大夫亦用麋侯並據己家用之若助祭亦射君之第二侯明君之第二侯用麋飾其側侯以飾得名又畿內諸侯第二侯用豹爲鵠故知畿外諸侯亦以豹皮爲鵠可知云豻讀爲豻豻侯者豻鵠豻飾也者亦取捷黠意大夫將祭於己射麋侯者司裘云卿大夫共麋侯是天子卿大夫以孝經云大夫有爭臣三人以有臣故將祭得大射擇士鄭言此者以己射用麋侯又見助君祭亦射君之麋侯云士無臣祭不射者孝經云士有爭友不言臣以僕隸爲友司裘卿大夫下不言士故

祭不言士大射若然士有賓射燕射不得大射雖不得大射得與君賓射故射人注不言士者與與諸侯之賓射士不與也若然諸侯之士亦然也

遂命量人巾車張三侯大侯之崇見鵠於參參見鵠於干干不及地武不繫左下綱設之西十北十凡乏用革

見賢遍反○巾車於天子宗伯之屬掌裝衣車者亦使張侯侯巾類崇高也高必見鵠鵠所射之主射義曰爲人君者以爲君鵠爲人臣者以爲臣鵠爲人父者以爲父鵠爲人子者以爲子鵠言射中此乃能任己位也鵠之言較較直也射者所以直己志或曰鵠鳥名射之難中中之爲儁是以所射於侯取名也淮南子曰鳱鵠知來然則所云正者正也亦鳥名齊魯之間名題肩爲正正鵠皆鳥之捷黠者考工記曰梓人爲侯廣與崇方參分其廣而鵠居一焉則大侯之鵠方六尺糝侯之鵠方四尺六寸大半寸豻侯之鵠方三尺三寸少半寸及至也武迹也中人之足長尺二寸以豻侯計之糝侯去地一丈五寸少半寸大侯去地二丈二尺五寸少半寸凡侯北面西方謂之左

前射三日張侯設乏（疏）注巾車至志焉○釋曰上文欲使有事者豫志焉直命量人量侯道及之遠近之處此經論張侯高下之法也云設乏西十北十者鄉射云乏參侯道居侯黨之一西五步注云此乏去侯北十丈西三丈此經云西十北十則西與北者六文不得爲三分居侯黨之一者以其三侯入堂深故也不然此三侯之下揔云西十北十則三侯之乏皆西十北十矣西亦六丈者以三侯恐失揚傷人與一侯亦異也侯之廣狹取度於侯道云巾車於天子宗伯之屬者周禮巾車屬宗伯故云宗伯之屬也云掌裝衣車者天子五路木路無革鞔革路有革無異飾玉路金路象路有革鞔又有玉金象爲飾孤乘夏篆卿乘夏縵皆以物爲飾故云裝衣車者也云侯巾類者侯亦有飾故鄉射記云凡畫者丹質及正鵠之飾故云巾類也引射義者欲證射以鵠爲主也云鵠之言較較直也射者所以直己志并下注云然則所云正者正也此取射義解之故射義云射者內志正外體直然後持弓矢審固注云內正外直正鵠之名出自此是也云或曰鵠鳥名射之難中中之爲儁是以所射於侯取名也并下云亦鳥名齊魯之間名題肩

爲正正鵠皆鳥之捷黠者鄭以正鵠之名有此二義故兩解之也云考工記梓人爲侯廣與崇方參分其廣而鵠居一焉者三等皆高廣等引之者雖欲解經見鵠之義故先知侯鵠廣狹尺寸也云則大侯之鵠方六尺者以侯道九十弓弓取二寸二九十八侯中丈八尺三分其侯而鵠居一故知鵠方六尺也云參侯之鵠方四尺六寸大半寸者以侯道七十弓弓取二寸則侯中丈四尺三分其侯鵠居其一丈四取文二三分得四尺又於二尺之內取尺八寸又得六寸尺二寸一寸爲三分撚六分取二分二分於三分爲三分寸之二三分寸之二即是大半寸故云參侯之鵠方四尺六寸大半寸也云豻侯之鵠方三尺三寸少半寸者豻侯侯道五十弓弓取二寸則侯中方一丈三分其侯鵠居一焉一丈且取九尺得三尺一尺取九寸得三寸一寸分爲三分分得一分則是三分寸之一則是少半寸故云豻侯之鵠方三尺三寸少半寸也云中人之足長尺二寸者無正立以目騐而知云以豻侯計之者以大侯參侯高下無文豻侯云下綱不及地武則豻侯下綱去地尺二寸以是從豻侯計之也豻侯侯中一丈上下躬及上下舌各二尺合

八尺是丈八尺矣又下不及地尺二寸則豻侯上綱去地丈九尺二寸也糝侯侯中丈四尺中上中下各四尺得丶尺弁之二丈二尺也鵠居侯中三分之一則鵠下亦有四尺六寸大半寸通躬與舌四尺爲八尺六寸三分寸之二矣張法糝鵠鵠下畔與豻侯之上綱齊所謂見鵠於豻自餘糝侯鵠下畔八尺六寸大半寸在掩豻侯亦如之豻侯上綱本去地丈九尺二寸直掩八尺上有一丈一尺二寸在復掩六寸上有一丈六寸在後掩三分寸二唯有一丈五寸三分寸一在少半寸者即三分一寸也言大半寸者即二分寸二也故知糝侯下綱去地一丈五寸少半寸也大侯中丈八尺中之上下各四尺即八尺矣中方丈八尺更加八尺二丈六尺也糝侯去地丈五寸少半寸本上綱下綱相去二丈二尺其舉也上綱去地三丈二尺五寸少半寸也大侯鵠下畔與糝侯上綱齊所謂見鵠於糝也侯中丈八尺三分之則鵠下亦有六尺下躬身四尺一丈矣則大侯自鵠以下掩糝侯一丈也自一丈以下猶有二丈二尺五寸少半寸在是大侯下綱去地亦然故注依此數也云前射三日張侯設乏如三日告前文云前射三日下云樂人宿

幾則郊勞者大行人也皮弁者天子之朝朝服也璧無束帛者天子之玉尊也不言諸侯言侯氏者明國殊舍異禮仆凡之也郊舍狹寡爲帷宮以受勞掌舍職曰爲帷宮設旌門【疏】注郊謂至旌門○釋曰自此盡乃出論侯氏至近郊天子使使者勞侯氏之事云郊謂近郊者案聘禮云至於近郊君使卿勞故知此郊者亦近郊也知近郊去王城五十里者成周與王城相去五十里而君陳序云分正東郊成周鄭云今河南洛陽相去則然是近郊五十里也引小行人職者納近郊勞是大行人以其尊者宜逸小行人既勞于畿明近郊使大行人也案大行人上公三勞侯伯再勞子男一勞此雖不辨勞數案小行人云凡諸侯入王則逆勞于畿不辨尊卑則五等同有畿勞其子男唯有此一勞而已侯伯又加遠郊勞上公又加近郊勞則此云近郊據上公而言若然聘禮使臣聘而云近郊勞者臣禮異於君禮君禮宜先遠臣禮宜先近故也若然書傳畧說云天子之子十八曰孟侯者於四方諸侯來朝迎於郊孝經注亦云天子使世子郊迎者皆異代法非周禮也案玉人職云案十有一寸棗栗十有二列諸侯純九大夫純五夫人以勞

諸侯注云夫人謂王后勞諸侯皆九勞大夫皆五此
文不見者以其聘禮於聘客王國夫人尚有勞以二
竹簋方明右亦有略言王勞不言后文不具也云皮
弁者天子之朝朝服者司服云眡朝則皮弁故知在
朝服皮弁至入廟乃裨冕也云璧無束帛者天子之
玉尊者此對諸侯玉畢故聘禮云束帛加璧是諸侯
臣所執小行人合六幣云璧以帛琮以錦琥以繡璜
以黼是諸侯所執以執享皆有束帛配之諸侯玉畢
故也此乃行勞所用以享禮況之耳云不言諸侯言
侯氏者明國殊舍異禮不凡之也者言諸侯則凡之
總稱言侯氏則指一身不凡之也而所勞之處或非
一國舍處不同故不總言諸侯而云侯氏也云郊舍
彼寡為帷宮以受勞者周禮十里有廬三十里有宿
五十里有市市有館館郊關之所各自有舍或來者多
館舍彼寡故不在館舍以帷為宮以受勞禮也云掌
舍職曰為帷宮設旌門者謂為帷宮則設旌旗以表
四門彼天子所舍平地之事引之者證諸侯行亦有
帷宮設旌為門之事也案聘禮使卿勞賓受於門內
司儀諸公之臣相為國各亦是受勞於館不為帷宮
者彼臣禮卿行旅從徒衆少故在館此諸侯禮君行

形如鍾而復大以大故特一縣不編之也云奏樂以鼓鎛爲節者按周禮鎛師云掌金奏之鼓注云謂主擊晉鼓以奏其鐘鎛也以此言之則先擊鼓後擊鐘鎛皆是與樂爲節故鄭注以鼓鎛爲節不言鐘磬已注解故不言也

建鼓在阼階西南鼓應鼙在其東南鼓建猶樹也以木貫而載之樹之跗也南鼓謂所伐面也應鼙應朔鼙也先擊朔鼙應鼙應之鼙小鼓也在東便其先擊小後擊大也鼓不在東縣南爲君也

疏注建猶至君也○釋曰下西面北面建鼓皆言一此建鼓不言一者彼在本方故須言一見無他鼓此鼓本東方以爲君故移來在北方故異其文不言一也云建猶樹也以木貫而載之樹之跗也者按明堂位云殷楹鼓周縣鼓注云楹爲之柱貫中上出也縣縣之於簨虡也此云以木貫而載之則爲之柱貫中上出一也周人縣鼓今言建鼓則殷法也若醮用酒之類主於射略於樂故用先代鼓云鼓不在東縣南爲君者決下一建鼓在其南東鼓者爲賓復不在東縣北者取順君面故也

西階之西頌磬東面其南鐘其南鎛皆南陳

一建鼓在其南東鼓朔鼙在其北言成功曰頌西為陰中萬物之所成春秋傳曰夷則所以詠歌九則平民無貳無射所以宣布哲人之令德示民軌儀是以西方鐘磬謂之頌朔始也奏樂先擊西鼙樂為賓所由來也鐘不言頌鼙不言東鼓義同言文也古文頌為庸[疏]注言成至為庸○釋曰言春秋傳者亦是外傳文云詠歌九則者謂六府三事九功之德是也以此九則平民使無差慝云無射所以宣布哲人之令德者哲人謂后稷后稷以稼穡之功成於季秋先土之業以農為本故云示民軌義謂軌法義理也云先擊西鼙樂為賓所由來也者解先擊朔鼙之義賓向外來位在西其樂主為樂賓故先擊朔鼙應之也云鏄不言頌鼙不言東鼓義同省文也者決上東方言笙鐘應鼙言南鼓此當言頌鐘東鼓義與上又同亦合有而不言者省文也云古文頌為庸者以鄭疊古文不從亦通義是尚書云笙庸以間笙東方鐘磬西方是庸亦功也亦有成功之義也一建鼓在西階之東南面言面者國君於其羣臣備三面爾無鐘磬有鼓而已其為諸侯則軒縣[疏]注言

西至軒縣〇釋曰云言一面者國君於其羣臣備三
面者言國君合有三面爲辟射位又與羣臣射闕
面無鐘磬鎛直有一建鼓而已故不言南鼓而言南
面也云其爲諸侯則軒縣者若與諸侯鄉饗燕之類則
依諸侯軒縣三面皆有鼓與鐘磬鎛

簜在建鼓之間簜竹也謂笙簫之屬倚於堂

疏注簜竹至於堂〇釋曰按禹貢云篠簜既敷注云簜
竹故知此簜亦竹也其器則管也是以下云乃管新
宮注云管謂吹簜故知竹管也按小師職注云管如
遂而小併兩而吹之今大子樂官有焉爾雅云大笙
謂之巢小者謂之和簫大者二十三管長尺四寸小
者十六管長尺二寸大笙十九簧小者十三簧若然
笙簫與管器異以其皆用竹故云笙簫之屬也云倚
於堂者管擬吹之不倚在兩建鼓間者以不得倚于
鼓故知倚於堂也

鼗倚于頌磬西紘鼗如鼓而小有柄賓至搖之以奏樂也紘編磬
繩也設鼗於磬西倚于紘也王制曰天子賜諸
侯樂則以柷將之賜伯子男樂則以鼗將之

疏注鼗如至將之〇釋曰知鼗如鼓而小者按那詩云倚與
那與置我鼗鼓傳云猗歎辭那多也鄭讀置爲植植鼗

鼗鼓者爲楹貫而樹之美湯受命代桀定天下而作
濩樂故歎之多其改夏之制乃始植我殷家之樂鼗
與鼓也鼗雖不植貫而揺之亦植之類以其鼓人植
鼓以木貫之而下有柎鼗亦以木爲柄而貫之但手
執而不植爲異故云亦植之類鼗與鼓同文是鼗如
鼓而小也知有柄賓至揺之以奏樂者按眂瞭職云
掌凡樂事播鼗擊頌磬笙磬磬言擊鼗言播播爲揺
之可知鼗所以節樂賓至乃樂作故於賓至揺之以
奏樂也云絃編磬縄也者絃若天子諸侯皃而朱絃
用組之類磬又編磬縣之也用絃故知絃編磬縄也知設
鼗於磬西倚於絃者以其鐘磬皆面向東人居其前
西面故知鼗在磬西倚之於絃也引王制者證鼗爲
節樂之器柷狀如漆箭中有椎所以節樂鼗亦節樂
柷大於鼗故賜公侯樂則以柷將命賜伯子男樂則
鼗鼓將命自餘
樂器陳於外也
厥明司宮尊于東楹之西兩方壺膳
尊兩甒在南有豐冪用錫若絺綴諸箭盖冪加勺又
反之皆玄尊酒在北
膳尊君尊也後陳之尊之也豐
以承尊也說者以爲若井鹿盧

[illegible]字從豆曲聲近似豆大而卑矣冪覆尊巾也錫
[illegible]布也絺細葛也箭篠也爲冪蓋卷辟綴於篠横之
[illegible]又反之爲覆勺也皆玄尊二者皆有玄酒之尊重
[illegible]也酒在北尊統於君南爲上也唯君面尊言專惠
[illegible]今文錫或作緆絺注膳尊至作會○釋曰自此
[illegible]作綌古文箭作晉（疏）盡羃定論豫設尊洗具饌之
專撰禮記燕義諸侯射先行燕禮自此至東陳階陳
設器物與燕禮同但文有詳略耳云說者以爲若井
鹿盧之形即葬下棺碑間重鹿盧之類其形兩頭大
而中尖小今見井上豎柱夾之以索繞而挽之是也
云其爲字從豆曲聲者此謂上聲下形之字年和穀
豆多有故從豆爲形也豐者承尊之器象形也是以
豊年之字曲下著豆今諸經皆以承尊爵之曲不用
本字之曲而用豐年之豐故鄭還依豐字解之故云
其爲字從豆爲形曲爲聲也云近似豆大而卑矣者
既用豆爲形還近似籩豆之豆舉漢法而知但豆門
徑尺柄亦長尺口徑小而又高此承尊之物口足徑
各亦差寬中央亦大其高尺比於豆而差短故云近
似豆而卑但斷一大木爲之取其安穩此豐若在宗
廟或兩君燕亦謂之站致爵在於上故論語云邦君

爲兩君之好有反坫鄭注云反坫反爵之坫是也以用豐年之豐爲坫者以其時和年豐萬物成熟粢盛豐備以共郊廟神歆其祝嘏其福至鄉飲酒鄉射燕禮大射或君與臣下及四方之賓燕家富民足人情優暇旨酒嘉肴盈尊滿俎於以講道論政旣獻酬侑酢至無筭爵行禮交樂和上下相歡勸飲爲樂故也　公錫細布也者喪服記曰錫者十五升抽其半無事其縷有事其布曰錫故知錫是細布也謂之錫者治其布使之滑易也　云唯君面尊者玉藻文注云面鄉尊彼謂人君燕臣子專其恩惠此大射亦謂人君燕臣下與彼是同專惠之道故皆尊卑鄉君　云言專惠者決鄉飲酒尊于房戶之間賓主夾之不得專惠故也

尊士旅食于西鑮之南北面兩圜壺旅衆也士衆食未得正祿謂庶人在官者圜壺變於方也賤無玄酒

疏注旅衆至玄酒○釋曰前設縣時鑮南更有一建鼓今設尊不應在鼓北而云鑮南者其實在鼓南門西北面以與燕禮同而云鑮南者適繼鑮而言必繼鑮者樂以縣爲主故也

又尊于大侯之乏東北兩壺獻酒爲隷僕人巾車獲者

豻侯之獲者獻讀爲沙沙酒濁特泲之必摩沙者也兩壺皆沙酒郊特牲曰汁獻涗于醆酒服不之尊俟侯時而陳於南統於侯皆東面○泲子禮反涗始銳反

疏注爲隷至東面○釋曰知爲隷僕人巾車摻侯豻侯之獲者以其此人皆有功又下文以此尊獻之故知也知沙酒濁者以五齊從下向上差之醍沈清於泛醴鬱鬯又在五齊之上故知沙酒濁也云特泲之必摩沙者也者此解名沙酒之意云郊特牲曰汁獻涗于醆酒者此以五齊中取醆酒盎齊泲鬱鬯之事獻沙也泲鬱鬯之時和盎齊以手摩沙出其香汁涗清也泲之使清也此爲隷僕以下卑賤之人而獻鬱鬯者與所得獻皆因祭侯謂侯之神故用鬱鬯也云服不之尊俟侯時而陳於南統於侯皆東面知此不爲大侯服不設者按下文云服不之尊東面南上故鄭云侯時而陳於南統於侯皆東面也

設洗于阼階東南罍水在東篚在洗西南陳設膳篚在其北西面或言南陳或言西西面異其文也

疏注或言至文也○釋曰云異其文也者洗篚言南陳亦西面膳篚言西西面亦南陳其實所從言異尊君故

也又設洗于獲者之尊西北水在洗北篚在南東陳亦統於侯也無爵因服不也有篚為奠虛爵也服不之洗亦侯時而陳於其南疏注亦統至其南○釋曰云亦統於侯也者前設尊兩獻酒亦云服不之尊侯時而陳於南統於侯今此設篚在南後設服不之洗在南亦統於侯小臣設公席于阼階上西鄉司宮設賓席于戶西南面有加席卿席賓東東上小卿賓西東上大夫繼而東上若有東面者則北上席工于西階之東東上諸公阼階西北面東上唯賓及公席布之也其餘樹之於位後耳小卿命於其君者也席於賓西射禮辨貴賤也諸公大國有孤卿一人與君論道亦不典職如公矣疏注唯賓至公矣○釋曰知賓及公席布之其餘樹之於位後者下文更有孤卿大夫席文故知也此實未布而言布之者欲辨尊卑故先言也孤尊而後言之者言若是有無不定故後言也云小卿命於其君者

也者按王制云大國三卿皆命於天子次國三卿二卿命於天子一卿命於其君小國亦三卿一卿命於天子二卿命於其君若言小卿據次國已下有之云射禮辨貴賤也者案燕禮大小卿皆在尊東西無小卿位彼主於燕不辨貴賤故也云與君論道亦不典職如公矣者成王周官云立太師太傅太保茲惟三公論道經邦燮理陰陽是三公論道無職此六國立孤一人論道與公同亦無職故云不典職如公也縱鄭不見周官於周禮三公亦無職考工記云或坐而論道亦通及三公矣官饌百官各饌其所當共之物疏釋曰燕禮宰饌此不言宰而言官者欲見非獨宰故鄭云百官各饌羹定亨肉孰也射義曰諸侯之射也必先行燕禮燕禮牲用狗射人告具于公公升即位于席西鄉小臣師納諸公卿大夫諸公卿大夫皆入門右北面東上士西方東面北上大夫在干侯之東北北面東上士旅食者在士南北面東上小臣師從者在

東堂下南面西上大夫在于侯東北士旅食者在士南爲有侯故入庭深也小臣師正之佐也正相君出入君之大命【疏】注大夫至大命○釋曰自此盡少進論羣臣立位之事云大夫在于侯東北士旅食者在士南爲有侯入庭深也者決燕禮士旅食者立于門西東上此不繼門而在士南繼士者爲有侯故入庭深也云小臣師正之佐也者小有小臣正正長也故以師爲佐云正相君出入君之大命者小臣正小臣中尊如天子大僕故引大僕職解之也公降立于阼階之東南南鄉小臣師詔揖諸公卿大夫諸公卿大夫西面北上揖大夫大夫皆少進詔告也變爾言揖亦以其入庭深也上言大夫誤衍耳【疏】注詔告至衍耳○釋曰燕禮言爾以其近門去君遠而言爾爾近也移也揖之使移近此入庭深故不言爾而言揖揖之而已不須移近之也云上言大夫誤衍者以其大夫與公卿面有異故下別言大夫少進明上有大夫誤衍大夫大夫四字也大射正擯大射正射人之長【疏】注大射正

射人之長○釋曰自此盡門外北面論請立賓之事大射正對射人爲長若小臣正對小臣師亦爲長

擯者請賓公曰命某爲賓某大夫名擯者命賓賓少進禮辭命賓者東面南顧辭辭以不敏反命以賓之辭告於君又命之賓再拜稽首受命又復擯者反命賓出立于門外北面公揖卿大夫升就席小臣自阼階下北面請執冪者與羞膳者請士可使執君兩甒之冪及羞膳鹽庶羞於君者方圜壺獻無冪注請士至無冪一釋曰自此盡公卿者論卿大夫庭位及請執冪之事云請士可使者鄭知請士者據燕禮而知云方圜壺獻無冪者方圜壺臣尊獻獲者尊皆無冪乃命執冪者執冪者升自西階立于尊南北面東上命者於西階前以公命命之東上執玄尊之冪爲上羞膳者從而東由堂東升自北階立于房中西面南上不言命者不升堂略之疏注命者至略之○釋曰知命之在西階前

者以其小臣位在東堂下於阼階請公命乃就西階
請執冪者以其執冪者士位在西故也云羞膳者從
而東者已於燕禮釋訖云不升堂者但不膳宰請羞
由南方升略之升自北堂是亦升堂矣
于諸公卿者膳宰請者異於君也疏膳宰至卿者○釋曰不言命者對君言命於臣略之
擯者納賓賓及庭公降一等揖賓賓辟及至也辟逡遁不敢當盛
疏注及至至當盛○釋曰自此盡賓荅拜再論主人
迎賓拜至及獻賓之事云公降一等揖賓不言請
賓至位就席者亦是以賓與主人為禮不
參故下請也此言賓辟燕禮不言文略也公升即
席以賓將與主人為禮不參之奏肆夏肆夏樂章名今亡呂叔玉云肆夏時邁也時邁者太
平巡守祭山川之樂歌其詩曰明昭有周式序在位
又曰我求懿德肆于時夏奏此以延賓其著宣王德
勸賢與周禮曰
賓出入奏肆夏疏注肆夏至肆夏○釋曰云肆夏樂
章名今亡者按周禮鍾師云以鍾
鼓奏九夏杜子春引呂叔玉以爲肆夏時邁也繁遏
執競也渠思文也後鄭云以文王鹿鳴言之則九夏

皆詩篇名頌之族類也此歌之大者載在樂章樂崩亦從而亡是以頌不能具鄭彼注破呂叔玉此注亦云肆夏樂章名今云與彼注亦同今此又引呂叔玉於下者以無正文叔玉或爲一義故鄭於此兩解之也云祭山川之樂歌者以其時邁序云巡守告祭柴望也謂巡守祭當方山川則王制及尚書云望秩於山川是也云明昭有周者美武王有明昭於周云式序在位者式用也位賢用能序之使在官位云我求懿德者懿美也我求取美德之人也云肆于時夏者肆遂也夏大也能如此遂於王道之大云奏此以延賓其著宣王德勸賢與者今國君歌此詩延賓入者其欲著明諸侯宣布王之德以勸賢人使有德言與者鄭以義解之無正文故云與以疑之也云周禮曰賓出入奏肆夏者按大司樂云王出入則令奏王夏尸出入則令奏肆夏牲出入則令奏昭夏下云大饗不入牲其他皆如祭祀鄭注云大饗饗賓客也彼賓客謂諸侯來朝者也不入牲牲不入亦不奏昭夏也其他謂王出入賓客出入亦奏王夏肆夏以此言之王用肆夏以饗諸侯來朝今引之者證燕時納賓亦奏之於燕禮記云若以樂納賓則賓及庭奏肆夏鄭

云卿大夫有王事之勞則奏此樂焉此亦同彼注也若臣無王事之勞則如當燕無以樂納賓法也又此納賓樂故諸侯亦得用者升歌則不可若賓醉而出奏陔夏與此異也

●賓升自西階主人從之賓右北面至再拜賓答再拜主人宰夫也又掌賓客之獻飲食君於臣雖爲賓不覿獻以其莫敢亢禮

主人降洗洗南西北面賓將從降鄉之不於洗北辟正主【疏】注賓將至正主○釋曰自此至虛爵降論主人獻賓之事也云不於洗北辟正主者按鄉飲酒鄉射主人降洗洗北南面是正主此宰夫代君爲主故不於洗北南面也

賓降階西東面主人辭降賓對對答主人北面盥坐取觚洗賓少進辭洗主人坐奠觚于篚興對賓反位賓少進者所辭異宜違其位也獻不用爵辟正主也主人卒洗賓揖乃升賓每先升揖之主人升賓拜洗主人賓右奠觚答拜降盥賓降主人辭降賓

對卒盥賓揖升主人升坐取下觚取觚將就瓦甒酌膳執冪者舉
冪主人酌膳執冪者蓋冪酌者加勺又反之反之覆勺筵
前獻賓賓西階上拜受爵于筵前反位主人賓右拜
送爵賓既拜於筵前受爵退復位疏注賓既至復位○釋曰云賓既拜於筵前受爵者鄭恐讀
者以拜下讀爲句宰胥薦脯醢宰胥宰官之吏也不使膳宰薦不主於飲酒變於燕疏
注宰胥至於燕○釋曰云不使膳宰薦者不主於賓飲酒變於燕者決燕禮使膳宰薦主於飲酒故也
升筵庶子設折俎庶子司馬之屬掌正六牲之體者也鄉射記曰賓俎脊脅肩肺不使
膳宰設俎爲射變於燕賓坐左執觚右祭脯醢奠爵于薦右興
取肺坐絕祭嚌之興加于俎坐捝手執爵遂祭酒興
席末坐啐酒降席坐奠爵拜告旨執爵興主人答拜

降席席西也肯美也樂闋闋止也樂止者尊賓之禮盛於上也疏注闋止至上也○釋曰此上經云奠爵拜告旨下經云賓卒爵則此經者是賓卒酒節即樂闋燕禮記亦云賓及庭奏肆夏賓拜酒主人答拜而樂闋亦據卒酒時按郊特牲賓入大門而奏肆夏又曰卒爵而樂闋與此卒酒樂闋不同者彼注謂朝聘者故卒爵而樂闋此燕己臣子法故卒酒而樂闋也云尊賓之禮盛於上也者賓及庭奏肆夏至升堂飲酒乃樂止是尊賓之禮盛於堂上者也賓西階上北面坐卒爵興坐奠爵拜執爵興主人答拜○賓以虛爵降既卒爵將酢也疏賓以虛爵降○釋曰自此盡西序東面論賓酢主人之事主人降賓洗南西北面坐奠觚少進辭降主人西階西東面少進對賓坐取觚奠于篚下盥洗篚下篚南主人辭洗賓坐奠觚于篚興對卒洗及階揖升主人升拜洗如賓禮賓降盥主人

降賓辭降卒盥揖升酌膳執冪如初以酢主人于西階上主人北面拜受爵賓主人之左拜送爵賓南面授爵乃於左拜凡授爵鄉所受者疏注賓南至受者○釋曰云賓南面授爵乃於左拜凡授爵鄉所受者知者以經云主人北面明凡授爵鄉所受者飲酒鄉射獻酬酢皆然故云凡謂南面授與所受者也主人坐祭不啐酒辟正主也未薦者臣也不拜酒主人之義燕禮曰不拜酒不告旨遂卒爵興坐奠爵拜執爵興賓荅拜主人不崇酒以虛爵降奠于篚不崇酒辟正君也崇充也謂謝酒惡相充實賓降立于西階西東面既受獻矣不敢安盛疏注既受至安盛○釋曰以堂上爲盛故降下下文於酬賓降蹝西東南面立注云不立於序內位彌尊燕禮注云位彌尊禮彌卑是未酬已前禮盛者也擯者以命升賓賓升立于西序東面命公命也東西牆謂之序疏注命

公至之序○釋曰知公命者命由尊者出故也云東西牆謂之序者爾雅釋宮文主人盥洗象觚升酌膳東北面獻于公象觚觚有象骨飾也取象觚東面不言實之變於燕【疏】注象觚至于燕○釋曰自此盡于篚論主人獻公之事云取象觚東面者鄉公爲敬故也云不言實之變於燕者燕禮云實之主於飲酒此云酌不云實之主於射略於飲酒故也公拜受爵乃奏肆夏言乃者其節異於賓【疏】注言乃至於賓○釋曰言異者賓及庭奏此君受爵乃奏是其節異故也云乃者緩辭也主人降自西階阼階下北面拜送爵宰胥薦脯醢由左房庶子設折俎升自西階自由也左房東房也人君左右房鄉射記曰主人俎脊脅臂肺也【疏】注人君左右房○釋曰以人君左右房故云左房對大夫士東房而已故云東房不言左以無右所對故也公祭如賓禮庶子贊授肺不拜酒立卒爵坐奠爵拜執爵興凡異者君尊變於賓【疏】

注凡異至於賓○釋曰言異者使庶子授肺不拜酒立卒爵之等皆異於賓也主人答拜樂闋升受爵降奠于篚○更爵洗升酌散以降酢于阼階下北面坐奠爵再拜稽首公答拜更易也易爵不敢襲至尊古文更爲受疏注更易至爲受○釋曰自此盡于篚論主人受公酢之事主人坐祭遂卒爵興坐奠爵再拜稽首公答拜主人奠爵于篚○主人盥洗升媵觚于賓酌散西階上坐奠爵拜賓西階上北面答拜媵送也散方壺之酒也古文媵皆作騰疏注媵送至作騰○釋曰自此盡南面立論主人受賓爵之事主人坐祭遂飲賓辭卒爵興坐奠爵拜執爵興賓答拜辭者辭其代君行酒不立飲也比於正主酬也疏注辭者至酬也○釋曰上文公飲立卒爵此則坐飲故以公決之云比於正主酬也者謂於鄉飲酒鄉射是正主酬賓之

飾也主人降洗賓降主人辭降賓辭洗卒洗賓揖升不拜洗不拜洗酬而禮殺也主人酌膳賓西階上拜受爵于筵前反位主人拜送爵賓升席坐祭酒遂奠于薦東遂者因坐而奠之不北面也奠之者酬不舉也疏注遂者至舉也○釋曰云不北面也者此決鄉飲酒鄉射賓北面坐奠解于薦東注皆云酬酒不舉引曲禮君子不盡人之歡不竭人之忠以全交也主人降復位賓降筵西東南面立賓不立於序內位彌尊疏注賓不至彌尊○釋曰案鄉飲酒注云位彌尊禮彌卑引雜記一張一弛此對酬時立于西序之時不降于下禮稍卑位稍尊此在席西東面位彌尊禮彌卑也小臣自阼階下請媵爵者公命長命之使選於長幼之中也卿則尊士則卑疏注命之至則卑○釋曰此盡反位論將為賓舉旅使二人媵爵之事云命之使選於長幼之中知不取卿大夫之年長者以其作下大夫不取年長又知不取臣

中位長者以其不取卿故鄭云卿則尊士則卑故不取之而取下大夫尊卑處中者小臣作下

大夫二人媵爵作媵爵者阼階下皆北面再拜稽首

公答拜再拜稽首拜君命媵爵者立于洗南西面北上序進

盥洗角觶升自西階序進酌散交于楹北降適阼階

下皆奠觶再拜稽首執觶興公答拜序次第也猶代也先者既酌右

還而反與後酌者交於西楹北相左俟於西階上乃降往來以右爲上古文曰降造阼階下媵爵

者皆坐祭遂卒觶興坐奠觶再拜稽首執觶興公答

再拜媵爵者執觶待于洗南待君命小臣請致者請君使一

人與二人與不必君命若命皆致則序進奠觶于篚阼階下皆

北面再拜稽首公答拜媵爵者洗象觶升實之序進

坐奠于薦南北上降適阼階下皆再拜稽首送觶公

答拜既酌而代進往來由尊北交於東楹北亦相左奠於薦南不敢必君舉疏注既酌至君舉○釋曰言亦者亦前酬酌自飲時相左於西楹之北時後者南相東向先者北相西向向西階右旋北面待後至降也今此二人先者於尊西東面酌訖於東楹之北東向向公前奠之右旋於東楹之北北畔西過後者亦於鐏西東面酌訖於東楹之北南過東向於公前奠之是亦交於楹北相左也云奠於薦南不敢必君舉者凡舉者於右不舉者於左今奠於薦左是不舉之處故云不敢必君舉也

媵爵者皆退反位反門右北面位疏注反門右北面位○釋曰但大夫初與卿在門右北面得揖少進中庭北面今當反庭中位而立云門右北面位者大夫雖得揖少進乃是門右北面位少進而已故鄭還以門右北面言之

公坐取大夫所媵觶興以酬賓賓降西階下再拜稽首小臣正辭賓升成拜公起酬賓賓於西階降尊以就卑也疏

長也小臣長辭變於燕燕升成拜復再拜稽首先時君辭之於禮若不成然疏注公起至成然○釋曰自此盡復位論爲賓舉旅下及大夫之事云小臣長辭變於燕者燕禮直使小臣辭亦是燕主歡此射禮辨尊卑故使小臣長辭異於飲酒禮故云變於燕也

公坐奠觶答拜執觶興公卒觶賓下拜小臣正辭賓升再拜稽首不言成拜者爲拜故下賓未拜也下不就拜禮也下亦降也發端言降拜因上事言下拜疏注不言至下拜○釋曰自此已下皆云公答拜不言再拜燕禮皆言公答再拜不同者燕注歡不用尊卑故公拜皆再拜此射禮主辨尊卑故直云答拜答一拜此一拜者正禮也故周禮大祝辨九拜一曰稽首首至地臣拜君法二曰頓首頓首平敵相拜法三曰空首君答臣下拜後不爲再拜即七曰奇拜是也云下亦降也者此非訓下爲降故以發端言降拜因上事言下拜直因降有上文即云下也經云公卒觶賓下拜者公尊不拜既爵賓降拜若爲君拜既爵也

公坐奠觶答拜執觶興賓進受虛觶降奠于

篚易觶興洗賓進以臣道君受虛爵君不親酌凡爵不相襲者於尊者言更自敵以下言易
更作新易有故之辭也不言公酬賓於西階上及公反位者尊君空其文也公有命則不
易不洗反升酌膳下拜小臣正辭賓升再拜稽首公
答拜不易君義也不洗臣禮也賓告于擯者請旅諸臣擯者告于
公公許旅序也賓欲以次序勸諸臣酒賓以旅大夫于西階上擯者
作大夫長升受旅作使也使之以長幼之次先孤賓大夫之右坐奠
觶拜執觶興大夫答拜賓坐祭立卒觶不拜若膳觶
也則降更觶洗升實散大夫拜受賓拜送遂就席大
夫辯受酬如受賓酬之禮不祭酒卒受者以虛觶降
奠于篚復位主人洗酬升實散獻卿於西階上司宫

兼卷重席設於賓左東上。疏「司宮兼卷重席」○釋曰：上文設席之下注謂唯賓及公席布之，其餘則捲之於位後，至獻卿乃布之，則此云兼卷者，不謂至是始卷之，直是鋪設之時兼卷而設之也。卿升拜受觚，主人拜送觚。卿辭重席，司宮徹之。徹猶去也。重席雖非加，猶爲其重累，辭之，辟君。乃薦脯醢。卿升席。庶子設折俎。卿折俎未聞，蓋用脊脅臑折肺。卿有俎者，射禮尊。疏注「卿折」至「禮尊」○釋曰：云「卿折俎未聞」者，以燕禮卿無俎，故云未聞。又云「蓋用脊脅臑折肺」者，案鄉射記云「賓俎脊脅肩肺，主人俎脊脅臂肺」，又獲者之俎折脊脅肺臑，彼注云「臑若膊胳觳之折，以大夫之餘體」。以此言之，則此賓俎亦用脊脅肩肺，君俎亦脊脅臂肺。前體有肩臂臑，後體有膊胳觳，尊卑以次用之，故卿宜用臑。若有公，公用臑，卿宜用膞也。云「卿有俎者，射禮尊」者，對燕禮不辨尊卑，故公卿等皆無俎也。卿坐，左執爵，右祭脯醢，奠爵于薦右，興，取肺，坐絕祭，不嚌肺，興，加于俎，坐

五六五

捝手取爵，遂祭酒，執爵興，降席西階上，北面坐卒爵，興，坐奠爵，拜，執爵興。陳酒肴，君之惠也。不嚌肺，亦自敓於君。疏釋曰：案燕禮，在不亦不啐者，彼為臣有功，君與之燕，恩及於卿，故卿不敢啐也。卿有無俎者，自然不嚌也。主人答拜，受爵。卿降，復位。復西面位。不酢，辟君。辯獻卿，主人以虛爵降，奠于篚。擯者升卿，卿皆升就席。若有諸公，則先卿獻之，如獻卿之禮。席于阼階西，北面東上，無加席。公，孤也。席之北面，為大尊屈之也。亦因阼階上近君，近君則親寵，苟敬私昵之坐。小臣又請媵爵者，二大夫媵爵如初。請致者。若命長致，則媵爵者奠觶于篚。命長致者，使長者一人致也。公或時不能舉，自優暇。疏釋曰：自此盡奠于篚，論舉旅之事。一人待于洗南。不致者。長致者阼階下再拜稽首，

公荅拜再拜稽首拜君命洗象觶升實之坐奠于薦南降與
立于洗南者二人皆再拜稽首送觶公荅拜奠於薦南先媵
者上觶之處也二人皆拜如初共勸君飲之公又行一爵若賓若長唯公
所賜一爵先媵者之下觶也若賓若長禮殺也長孤卿之尊者也於是言賜射禮明尊卑疏釋曰
燕禮爲卿舉旅言若賓若長唯公所酬燕禮主於飲酒此言所賜是以決之也以旅于西階
上如初賜賓則以酬長賜長則以酬賓大夫長升受旅以辯大夫卒受者以虛
觶降奠于篚○主人洗觚升獻大夫于西階上大夫
升拜受觚主人拜送觚大夫坐祭立卒爵不拜既爵
主人受爵大夫降復位既盡也大夫卒爵不拜賤不備禮疏主人至復位○
釋曰自此盡說席論獻大夫之事○上大夫至備禮○釋曰此注云大夫卒爵不拜賤不備禮燕禮注云

禮殺者兩注相兼其義乃足對公卿拜既爵與不拜此獻卿後是禮殺亦是賤不備禮胥薦主人于洗北西面脯醢無脀胥宰官之吏主人下大夫也先大夫薦之尊之也不薦于上辟正主脀俎實辯獻大夫遂薦之繼賓以西東上若有東面者則北上卒擯者升大夫大夫皆升就席辯獻乃薦略賤也亦獻後布席也

疏注辯獻至席也○釋曰既言辯獻大夫遂薦之後乃云繼賓以西東上以下云云者上揔言辯獻大夫大夫乃一時薦之下文更明布席席位次就席之儀故云辯獻乃薦略賤也若賤則是獻訖降階獻辯擯者乃揔升之就席就席訖乃薦之

乃席工于西階上少東小臣納工工六人四瑟也工謂瞽矇善歌諷誦詩者六人大師少師各一人上工四人四瑟者禮大樂衆也

疏注工謂至衆也○釋曰自此盡西面北上坐論作樂及獻工之事云六人者大師少師各一人上工四人皆據文而僕人言也云禮大樂衆也者對燕禮工四人而言也

正徒相大師，僕人師相少師，僕人士相上工。徒空手也。僕人正，僕人之長。師，其佐也。士，其吏也。天子視瞭相工，諸侯兼官，是以僕人掌之。太師、少師，工之長也。凡國之瞽矇正焉。杜蒯曰曠也，大師也。於是分別工及相者，射禮明貴賤。

疏○注「徒空」至「貴賤」。○釋曰：云「僕人正，僕人之長。師，其佐也」者，以正爲長，長師爲衆，故云僕人正爲長，僕人師爲佐也。云「士，其吏也」者，以其在僕人之下，故知僕人之吏，吏則府史之類也。云「天子視瞭相工」者，見於眡瞭職文。云「太師、少師，工之長也」者，周禮春官太師下大夫二人，小師上士四人，鄭注云：凡樂之歌，必使瞽矇爲焉，命其賢知者以爲大師、少師，是樂工之長也。云「杜蒯曰曠也，太師也」者，禮記檀弓文，引之者，證太師爲樂工之長也。云「於是分別工及相者，射禮明貴賤」者，對燕禮主歡，不明貴賤，故不分別工貴及相賤。

相者皆左何瑟，後首，内弦，挎越，右手相。謂相上工者。後首，主於射，略於此樂也。内弦挎越，以右手相工，由便也。越，瑟下孔，所以發越其聲者也。古文後首爲後手。

後者徒相入。謂相太師、少師

者也上列官之尊卑此言先後之位【疏】注謂相至出
亦所以明貴賤凡相者以工出入入○釋曰上
列官之尊卑此陳先後之位亦是以明貴賤者上列
官之尊卑謂先言僕人正與太師後言僕人士與上
工是列官尊卑也此陳先後則上工與瑟在前太師
少師在後是先後之位既據入時行位既然則升堂
與坐先後之位亦依此也云凡相者以
工出入者欲見入時如此出時亦然小樂正從之
從太師也後升者變於燕【疏】注從太至師也○釋曰
也小樂正於天子樂師也云從太師也後升者變
於燕也者燕禮樂正先升又不使小
樂正者彼主於樂此則略於樂故也升自西階北面
東上工六人坐授瑟乃降相者也降立于西縣之北【疏】注相者至之北○釋曰鄉
飲酒注云降立于西方近其事
以取近其事故在西縣之北也小樂正立于西階東
不統於工明工雖衆位猶在此○疏曰云不統於工
明工雖衆位猶在此者決燕禮工四人樂正升立于
工之西在西階東不統于工此雖六人衆於彼猶統
于階西云西階東不變者使小樂正通之於工恐工

位移近西故縉統于階也乃歌鹿鳴三終鹿鳴小雅篇也人君與臣下及四方之賓燕講道脩政之樂歌也言已有旨酒以召嘉賓嘉賓與之飲者樂嘉賓之來示我以善道又樂嘉賓有孔昭之明德可則傚也歌鹿鳴三終而不歌四牡皇皇者華主於講道路於勞苦與諸事

疏注鹿鳴至諸事○釋曰云主於講道路於勞苦者據四牡勞使臣此不用之云與諸事者謂皇皇者華有諸謀諸度諸詢之事亦略之也

主入洗升實爵獻工工不與左瑟工歌而獻之以事報之也洗爵獻工別正主也獻不用觶工賤異之也工不與不能備禮左瑟使其右大師無瑟於是言左瑟者節也

疏注工歌至節也○釋曰云洗爵獻工辟正主也者案鄉飲酒鄉射云大師則爲之洗謂君賜之樂者其餘工不爲之洗是正主法今此工六人皆爲之洗故云辟正主也必知同洗者以其更無別獻之文故知同洗也云獻不用觶工賤異之也者燕禮大射獻賓獻卿大夫皆用觶而獻工用爵故云異之鄉飲酒鄉射獻同用爵者變於君故也云大師無瑟於是言左瑟者節也者上言獻工下云一人拜受爵則

六人皆在工內而云工不興左瑟於是明大師亦入左瑟中故須云大師無瑟於是言左瑟者以其六人揔當獻酒之節故揔入左瑟文不謂有瑟也一人拜受爵謂大師也言一人者工賤同之也工拜於席疏注謂大至於席○釋曰云謂大師也言一人者工賤同之也者鄉飲酒鄉射云大師則為之洗則知此一人謂大師不言大師對君工賤不異其文故同之而云一人也主人西階上拜送爵薦脯醢輒薦之變於大夫疏○釋曰案上文云辨獻大夫遂薦之此工得獻不待辯輒薦之故云變於大夫也使人相祭使人相者相其祭薦祭酒疏注使人至祭酒○釋曰知祭薦祭酒者此文承一人受爵薦脯醢之下明二者皆祭也若下文眾工直祭酒不祭脯醢也卒爵不拜主人受虛爵眾工不拜受爵坐祭遂卒爵辯有脯醢不祭相者相其祭酒而已主人受爵降奠于篚復位大師及少師上工皆降立于鼓北羣工陪于後鼓

西縣之北也言鼓北者與鼓齊面餘長在後也羣工陪于後三人爲列也於是時小樂正亦降立于其南北面工立僕人立於其側坐則在後考工記曰鼓人爲皋陶長六尺有六寸

疏注鼓北至六寸○釋曰知鼓北是西縣之北者以其下文大師少師始遷向東明此降者降在西縣之北可知云言鼓北者與鼓齊面餘長在後也者案前列樂縣之時鼓在鎛南今不言在鐘磬之北遂據鼓而言之者欲取形大又面向東工亦面向東故遂取鼓面也言餘長在後者欲見鼓長六尺六寸工面與鼓面齊鼓有餘長在人後矣言此者工與鼓前面齊後面不齊之意也云羣工陪于後三人爲列也者大師少師二人上工四人今若立時三人爲列大師後有工二人少師後亦有工二人故云三人爲列也云於是時小樂正亦降立于其南北面者亦約遷樂於東方工西面樂正北面言亦者亦東方也云工立僕人立于其側坐則在後者亦約遷樂東方時面位得知也云考工記曰鼓人爲皋陶長六尺有六寸者彼云韗人爲皋陶先鄭云韗書或爲鞠後鄭謂鞠者以皋陶名官鞠即陶字從革今云鼓人者誤當作鞠人鞠人掌鼓後人誤言鼓

鼓人自在地官掌教六鼓矣云爲皋陶者鼓木之名其窮隆二十板謂鼓木長六尺六寸賈侍中彼解爲晉鼓引之者證鼓東西長齊前面於後有餘之義也

乃管新宫三終管謂吹簜以播新宫之樂其篇亡其義未聞笙從工而入既管不獻略下樂也立于東縣之中

疏注管謂至之中○釋曰云管謂吹簜者此云管上云簜故鄭合爲一事解之云其篇亡其義未聞者以其堂下詩故與由庚由儀之等同云但上由庚由儀之等有序無詩同云有其義而亡其辭此則辭義皆亡故云其義未聞云笙從工而入者案燕禮云笙入立于縣中有笙入之文此上下不見笙入之文故知笙從工而入也上云簜解爲竹謂笙簫之屬竹即管也今此經云管已解簜爲管復云笙從工而入者燕禮記云下管新宫笙入三成則吹管者亦吹笙故兼言笙欲見笙管相將也云立于東縣之中者燕禮笙入立于縣中則於此縣而言北辟射位故知立于東縣之中也

卒管大師及少師上工皆東坫之東南西面北上坐不言縣北統於堂也於是時大樂正還北面立于其南

疏

不言至其南○釋曰工人蔗不所遷于東者堂所作不以無事亂有事故待卒管大師乃東坫西北上坐不言去堂遠近當如鄭射遷工阼階下之東南堂前三笴西面北上云不言縣北統於堂也者上云鼓其不縣於堂者彼樸立非正位故也

擯者自阼階下請立司正三爵既備上下樂作君將留羣臣而射宜更立司正以監之察儀法也疏注三爵至法也○釋曰自此盡北面立論將射立司正察儀安賓之事

公許擯者遂為司正君許其請因命用之不易之者俱相禮其事同也

司正適洗洗角觶南面坐奠于中庭奠觶者著其位以顯其事威儀多也疏注奠觶至多也○釋曰燕禮及此射禮司正不以觶升而奠之於地比鄉飲酒及鄉射為顯其威儀多自此已後還與二鄉同也

升東楹之東受命于公西階上北面命賓諸公卿大夫公曰以我安賓諸公卿大夫皆對曰諾敢不安以我安者君意殷勤欲留之以我故安也

司

正降自西階南面坐取觶升酌散降南面坐奠觶奠於中庭故也興右還北面少立坐取觶興坐不祭卒觶奠之興再拜稽首左還南面坐取觶洗南面反奠于其所北面立皆所以自昭明於衆也將於觶南北面則右還於觶北南面則左還如是得從觶西往來也必從觶西往來者爲君在阼不背之也司射適次袒決遂執弓挾乘矢於弓外見鏃於弣右巨指鉤弦司射射人也次若今時更衣處帳帷席爲之耦次在洗東南袒左免衣也決猶闓也以象骨爲之著右巨指所以鉤弦而闓之遂射韝也以朱韋爲之著左臂所以遂弦也方持弦矢曰挾乘矢四矢弣弓把也見鏃焉順其射也右巨指右手大擘以鉤弦弦在旁挾由便也古文挾皆作接

［疏］注司射至作接○釋曰自此至于次論射事將至誓射者及比三耦之事云司射射人也者案燕禮射人告具注云射人主此禮以其或射射又云射人納賓又云射人請

立司正公許射人遂爲司正則射人司正一人也
云乃薦司正與射人一人注夫子射人司士皆下文
文二人諸侯則上士其人數亦如之又曰若射則大
射正爲司射注大射正射人之長此篇云射人告具
又曰大射正擯自此以後皆止云擯擯者当作階下
請立司正公許遂爲司正則此篇司正與大射正爲
一人也下云公就物小射正奉決拾以笥大射正執
弓注云大射正射舍司正親其職乃薦司正注云司
正大射正是也云耦次在洗東南者此無正文案鄉
射記云設福橫奉之南面坐奠之南北當洗此下云
三耦出次西行拾取矢又當北行向楅則次在洗東
南矣云方持弦矢曰挾者以矢橫爲方鄉射記云凡
挾矢於二指問橫之是也

自作階前曰爲政請射

爲政謂司馬也司馬政官主射
禮

疏

注爲政至射禮○釋曰云爲政謂司馬也者案大宰云四曰夏官其屬六十掌邦政是爲政謂
司馬也云司馬政官主射禮者其屬有射人主射事故司馬政官主射禮也

遂告曰大夫

與大夫士御於大夫

因告選三耦於君御由侍也大夫與大夫爲耦不足則士侍於

大夫與爲耦也 疏 注因告至爲于○釋曰云不足則令文於爲于士侍於大夫與爲耦也者是以曲禮云君使士射注謂以備耦是也

遂適西階前東面右顧命有司納射器也納内 疏 釋曰命謂司射命之也言有司則前文司士戒士射與贊者注云謂士佐執事不射者是也鄉射西階前西面命弟子納射器此言東面者君在阼宜向之故東面右顧者以其有司是士士在西階南東面是以右顧向之

射器皆入君之弓矢適東堂賓之弓矢與中籌豐皆止于西堂下衆弓矢不挾總衆弓矢福皆適次而俟中閭中筭器也籌筭也豐可奠射爵者衆弓矢三耦及卿大夫以下弓矢也司射矢亦止西堂下衆弓矢不挾則納公與賓弓矢者挾之福承矢器今文俟作待 疏 中閭至作待○釋曰云中閭中筭器也者鄉射記云於郊則閭中據此大射故知閭中中所以盛筭故云筭器也云司射矢亦止西堂下者下文云司射卒誘射遂適堂西改取一个挾之是也若然司射有矢無弓

在堂西有弓者誤或則撩司射將獻釋獲者適阼階西去扑適堂西釋弓脫決拾是射弓在西堂下也

工人士與梓人升自北階兩楹之間疏數容弓若丹若墨度尺而午射正涖之工人士梓人皆司空之屬能正方圓者一從一橫曰午謂畫物也射正司射之長

【疏】注工人至之長○釋曰知工人士與梓人皆司空之屬能正方圓者冬官雖士不知官屬之號見今考工記有三十官有梓人之官此工人士又與梓人同事故知冬官考工特屬司空也云能正方圓者以工巧之能知也續人職云火以圜土以黃其象方梓人職張五采之侯之類是知方圓也云一從一橫曰午謂畫物也者則上文橫與距隨是也但未知從者橫者若爲用丹若墨寫用墨或料用其一云午十字謂之先以左足履物右足隨而並立也云度尺者即鄉射記從如笴三尺橫如武尺二寸是也

卒畫自北階下司宮埽所畫物自北階下埽物重射事也工人士梓人司宮位在北堂下

【疏】注埽物至堂下○釋曰知工人士梓人司宮位在北

堂下雖無正文南方不見有位其太史俟于所設中人升降自此階明位在此堂下

之西東面以聽政中未設也太史俟焉將有事也卿射禮曰設中南當楅西當西序東面

疏注中未至東面○釋曰注引鄉射者欲見太史之位所在此也

司射西面誓之曰公射大侯大夫射參士射干射者非其侯中之不獲卑者與尊者為耦不異侯大史許諾誓猶告也古文異作辭

疏注誓猶至作辭○釋曰卑者與尊者射不異侯言此者以其誓云君射大侯大夫射參侯士射干侯恐與尊為耦亦各射已侯故覆言此實與君為耦同射大侯士與大夫為耦同射參侯以其既與尊者為耦不可使之別侯別侯者則非耦類故也

遂比三耦比選次之也不言面者大夫在門右北面士西方東面

疏注比選至東面○釋曰云不言面者以下云面故決之云大夫在門右北面士西方下面者以依朝位以其設朝之班位以來其位不改明知司射命誓及比次須還依舊位司射面皆向之

而比次也若耦及侯數天子大射賓射六耦三侯畿內諸侯則二侯四耦畿外諸侯大射賓射皆三侯三耦但諸侯畿外畿內各有一中一屈故畿外三侯遠尊得申於天子同三耦則屈畿內二侯近尊則屈四耦則申若燕射則天子諸侯例同三耦一侯而已以其燕私屈也若卿大夫士例同一侯三耦略言之數備禮記射義也

三耦俟于次北西面北上未知其耦今文俟爲立

疏注未知至爲立○釋曰云未知其耦者下經始命之故云未知其耦若然此經已言面位者爲三耦雖未知與誰爲耦要知爲三耦故立於此

司射命上射曰某御於子命下射曰子與某子射卒遂命三耦取弓矢于次取弓矢不拾者次中隱蔽處

疏注取弓至蔽處○釋曰云取弓矢不拾者次中隱蔽處者對鄉射堂西顯露之處拾取矢也

司射入于次搢三挾一个出于次西面揖當階北面揖及階揖升堂揖當物北面揖及物揖由下物少退

誘射搢扱也挾一个挾於弦也个猶枚也由下物而少退謙也誘猶教也夫子循循然善誘人【疏】注搢扱至誘人○釋曰自此至東面論司射誘射之事此射人誘射與鄉射同但鄉射從階西取弓矢此則入次取弓矢為異然此云入次搢三挾一个則已前皆挾乘矢不改鄉射亦然引論語者彼夫子教弟子學問事司射教人射事雖不同同是教法故引為證也射三侯將乘矢始射干又射參大侯再發將行也行四矢象有事於四方詩云四矢反兮以御亂兮卒射北面揖揖於當物之處不南面者為不背卿【疏】注不南至背卿○釋曰案鄉射誘射卒南面揖者彼尊東或公或卿大夫位同不別故司射不待尊之此大射辨尊卑尊東唯有天子命卿其餘小卿及大夫皆賓西故特尊之不背之也及階揖降如升射之儀遂適堂西改取一个挾之改更也不射而挾矢示有事也遂取扑搢之以立于所設中之西南東面扑普卜反○扑所以撻犯教者也於是言立著其位也鄉射記

曰司射之弓矢與扑倚于西階之西【疏】注扑所至之西○釋曰云於是言立著其位者案鄉射司射先立所設中之西南三耦從之立於西南司射卻就之搢三挾一个乃誘射此則誘射卒乃始來就位者由此有次就次取弓矢射說無事乃於此立故云於是言立著其位也引鄉射記者此不言司射倚弓矢之處引之證此與彼記文同也

司馬師命負侯者執旌以負侯司馬師正之佐也欲令射者見侯與旌深志於侯中也負侯獲者也天子服不氏下士一人徒四人掌以旌居乏待獲析羽為旌【疏】注司馬至為旌○釋曰自此盡而侯論司馬師命服不負侯之事也引天子服不氏下士一人徒四人者欲見諸侯亦三侯亦使服不氏與徒為獲者也云析羽為旌周禮司常文負侯者皆適侯執旌負侯而俟司射適次作上耦射作使也

司射反位釋曰此不言先反位者為三耦始出次未有次前位無所先故不言先也上耦出次西面揖進上射在左並行當階北面揖及階揖

上射先升三等下射從之中等上射在左便射位也中猶間也疏注上射至間也○釋曰云上射在左便射位也者鄉射亦云上射在左不云便射位者彼東面位上射在北故在左不取便射位之義此次北西面位亦上射在北居左故上射須在左以其發位並行及升北面就物位皆言居左獲物南面上射乃在右故云上射在左便射位也上射升堂少左下射升上射揖並行並併也併東行皆當其物北面揖及物揖皆左足履物還視侯中合足而俟視侯中各視其侯之中大夫六耦則視參中參中十四丈士耦則視干中干中十尺司馬正適次袒決遂執弓右挾之出升自西階適下物立于物間左執弣右執簫南揚弓命去侯司馬正政官之屬簫弓末揚弓者執下末揚猶舉也適下物由上射後東過也命去侯者將射當獲也鄉射禮曰西南面立於物間疏注司馬至物間○釋曰云司馬正政官之屬者

非大司馬大司馬之下屬大司馬故云司馬屬案天子有大司馬小司馬卿一人小司馬中大夫二人此雖諸侯禮亦應有小司馬號爲司馬王也知適下物由上射後東過也者案鄉射司馬命去侯特由上射後過至下射西西南面揚弓命去侯故引鄉射證此亦在物間西南面也

負侯皆許諾以宮趨直西及乏南又諾以商至乏聲止宮爲君商爲臣其聲和相生也鄉射禮曰獲者執旌許諾古文聲爲磬

【疏】注宮爲至爲磬〇釋曰云宮爲君商爲臣樂記文云聲和相生者宮生徵徵生商而云相生者雖隔徵亦是相生之義也云聲和者宮數八十一商數七十二彈宮則商應故云聲和也引鄉射者彼臣禮直云諾聲不絕不言宮南引之證與此不同之意

授獲者退立于西方獲者興共而俟大侯服不氏負侯徒一人居乏相代而獲參侯干侯徒負侯居乏不相代鄉射禮曰獲者執旌許諾聲不絕以至於乏坐東面偃旌興而俟古文獲皆作護非也

【疏】注大侯至非也〇釋曰云大侯服不氏負侯徒一人居乏相代而獲者上注引周禮服不

氏下士一人徒四人是以鄭分之於三侯之上大侯尊故使服不氏與一徒居之自餘徒三人分之於二侯徒以少一人不得相代也引鄉射者此文不具宜與彼同司馬正出于下射之南還其後降自西階遂適次釋弓說決拾襲反位拾遂也鄉射禮曰司馬反位立于司射之南疏注拾遂至之南○釋曰引鄉射者於此司馬不言位宜與鄉射同故引爲證司射進與司馬正交與階前相左由堂下西階之東北面視上射命曰毋射獲毋獵獲上射揖司射退反位射獲矢中之也從旁爲獵乃射上射既發挾矢而后下射射拾發以將乘矢拾更也將行也獲者坐而獲坐言獲也舉旌以宮偃旌以商等言獲也獲而未釋獲但言獲未釋筭古文釋爲舍疏注但言至爲舍○釋曰云但言獲未釋筭者鄭注鄉云但大言雖復此注不言大省文也卒射

右挾之北面揖揖如升射（右挾之右手挾弦）上射降三等下射少右從之中等並行上射與左與升射者相左交于階前相揖適次釋弓說決拾襲反位（上射於左由下射階上少右乃降待之言襲者凡射皆袒）

疏 注上射至皆袒○釋曰云上射降三等者諸侯階有七等言三等者欲明下射中等是降一等之上下下射過向西畔由右故上射至地待之乃得二人並行上射與左也云與升射者相左交于階前者降射者仍南行故得階前交往來也云上射於左由下射階上少右乃降待之者此鄭解在階下而上射得在左之意由下射階上少右向西畔乃降上射於地待之故並行時得上射在左也云凡射皆袒者案鄉射命三耦各與其耦讓取弓矢拾三耦取弓遂至卒射云脫決拾襲而俟于堂西南面此則前遂命三耦取弓矢于次不言袒至此亦言襲故須言凡射皆袒決在此不見袒衣袒可知也

三耦卒射亦如之○司射去扑倚于階西適阼

階下北面告于公曰三耦卒射反搢扑反位【疏】釋曰云司射去扑倚于西階西適阼階下北面告于公者案鄉射司射去扑倚于西階之西升堂北面告于賓曰三耦卒射注云去扑乃升不敢佩刑器即尊者之側司此不升堂而在阼階下而亦去扑者尊公故也

馬正袒決遂執弓右挾之出與司射交于階前相左出出於次也袒時亦適次【疏】注出出至適次○釋曰自此至與反位論取矢設楅之事云出于次也袒時亦適次者以此而言則袒時入次今更出次知不在位上袒而入次取弓者凡袒襲皆於隱處鄉射無次司馬適堂西袒執弓矢不在位此升自西階自右大射有次明入次袒不在位可知物之後立于物間西南面揖弓命取矢揖推之負侯許諾如初去侯皆執旌以負其侯而俟俟小臣取矢以旌指教之司馬正降自西階北面命設楅此出于下射之南還其後而降之【疏】釋曰

此出于下射之南還其後而降之者鄉射文此亦然故引爲證也小臣師設楅司馬正東面以弓爲畢畢所以教助執事者鄉射記曰乃設楅于中庭南當洗東肆疏注畢所至東肆○釋曰云畢所以教助執事者以畢處助載鼎實之物故司馬執弓爲畢以指授若周禮執爻以爲教度然引鄉射禮文者證經設楅故亦當洗既設楅司馬正適次釋弓說決拾襲反位小臣坐委矢于楅北括司馬師坐乘之乘四四數之若矢不備則司馬正又袒執弓升命取矢如初曰取矢不索乃復求矢加于楅卒司馬正進坐左右撫之興反位左右撫分上下射此坐皆北面司射適西階西倚扑升自西階東面請射于公倚扑者將即君前不敢佩刑器也升堂者欲諸公卿大夫辯聞也疏注倚扑至聞也○釋曰自此盡未降請君行第二番射并命耦之事云倚

扑者將即君前不敢佩刑器也者上以去扑告君不注云此乃注者彼告在阼階下遠君故不注至此升堂乃注義與彼同也上不升者以告三耦卒射事緩故在下此告欲請公卿大夫倫聞也故升但升者是其正故鄉射升堂大夫射告公故前在堂下此升者欲公卿聞之故也公許遂適西階上命賓御于公諸公卿則以耦告于上大夫則降即位而后告告請公卿於堂上尊之也司射自西階上北面告于大夫曰請降司射先降搢扑反位大夫從之降適次立于三耦之南西面北上適次由次前而北西面立疏○注適次至面立釋曰云告于大夫曰請降者以諸公卿在上故請大夫降鄉射降告主人與賓為耦遂告于大夫又曰賓主人與大夫皆未降注云言未降者見其志在射大夫未降者彼經禮主人與賓皆卑故大夫未降與此異也云適次自次前而北西面立者上云司射適次謂入次中以適次者大夫降自西階東行適次所過向堂東西

而立因過次爲適次非入次也司射東面于大夫之西北耦大夫與

大夫命上射曰某御於子命下射曰子與某子射卒

遂比衆耦衆耦士也衆耦立于大夫之南西面北上若有

士與大夫爲耦則以大夫之耦爲上爲上居羣士之上疏注爲

上至之上○釋曰云爲上居羣士之上也者若是士與大夫之尊者爲耦故居羣士之上也鄭云羣士之

上者既爲上射恐在大夫之上故云羣士之上是以下注云士雖爲上射其辭猶尊大夫也若然國皆有

三卿五大夫三耦六人而已而云使士爲耦者卿大夫或有故或出使容其不足使士備耦之法也命

大夫之耦曰子與某子射告於大夫曰某御於子士雖

爲上射其辭猶尊大夫命衆耦如命三耦之辭諸公卿皆未降

言未降者見其志在射疏注言未至在射○釋曰言未者後當降故云未也若終不射不得言未是

以鄉射記云衆賓不與射者不降注不以無事亂有事是不射不得云未事也遂命三耦各與其耦拾取矢皆袒決遂執弓右挾之此命入次之事也司射既命而反位不言之者上射出當作取矢事未說疏注此命至未說○釋曰自此盡襲反位論命拾取矢之事鄭知此是命入次之事者上來未有三耦入次袒決遂之事又下反乃云一耦出明此是命入次之事若然司射命訖當反位不言者以其三耦入次出乃當作取矢待作取矢即是事未訖故不言反位也仍未知令入次之後未出之間且在西方位且在階下位二者雖無文以事緩急言之三耦入次出則作之宜在階下位於義可也又鄉射云司射反位者司射反位則有三耦位得言反位此曰射位在西方去次遠又曰射位若階下去次亦遠不得言反故不言也一耦出西面揖當福北面揖及福揖三耦同入次其出也一上射出西面立司射作之乃揖行也當福福正南之東西上射東面下射西面上射揖進坐橫弓卻手自弓

下取一个兼諸弣興順羽且左還毋周反面揖横弓者南踣弓也卻手自弓下取矢者以左手在弓表右手從裏取之便也兼并也并矢於弣當順羽既又當執弦順羽者手放而下備不整理也左還反其位毋周右還而反東面也君在阼還周則下射將背之古文且爲阻〔疏〕注横弓至爲阻○釋曰云左還反其位毋周右還而反東面也者毋周者左還行至位即位右還而反東面是還不周也云君在阼還周則下射將背之者上射左還匕還背君而掾下射而言者上射去君遠故掾下射而言以其下射若右還周爲背君若左還向東覆即右還西面是不背君周即背故也

下射進坐横弓覆手自弓上取一个兼諸弣興順羽

且左還毋周反面揖横弓亦南踣工也人東西鄉以南北爲横覆手自弓上取矢以左手在弓裏右手從表取之便也〔疏〕注横弓至便也○釋曰云横弓亦南踣弓也者謂南踣弓以左手仰執弓裏以覆右手於弓表向下取矢便也既上射下射俱南踣弓者取背君向南爲順故也拾

取矢捆之捆齊等之也古文捆作魁兼挾乘矢皆内還南面揖内還者上射左下射右不皆右還亦以君在阼嫌下射故左還而背之也上以陽爲内下以陰爲内因其宜可也

疏注内還至可也○釋曰云不皆右還亦以君在阼嫌下射故左還而背之者若上下俱向内是相向爲順若上射左還是不故背君若下射右還背君少亦左還初時面向君轉身南向背君多似故背君故不左還也云上以陽爲内下以陰爲内因其宜可也者上射東面左還時以左手還取東相陽方爲内下射西面右還時以右手還取西相陰方爲内隨其陰陽得左右相向是因其宜也

適福南皆左還北面揖搢三挾一个福南鄉當福之位也揖以耦左還上射於左以猶與也言以者耦之事成於此意相人耦也上射轉居左便其反位也上射少北乃東面

疏注以猶至東面○釋曰云言以者耦之事成於此意相人耦也者揖不須言以今云以者必有義意故鄭云言以者耦之事成於此謂成於此拾取矢以其取矢後一番了更無事故云成於此人

意相存耦也云上射轉居左便其反位也者位在次北西面是以上射居左至次北右還西面便也云上射少北乃東面知不少南者以其次在楅東南北面揖時已在次西面故知上射少北乃東面得東當次也

退者與進者相左相揖還退釋弓矢于次說決拾襲反位二耦拾取矢亦如之後者遂取誘射之矢兼乘矢而取之以授有司于次中皆襲反位有司納射器因留主授受之

司射作射如初一耦揖升如初司馬命去侯負侯許諾如初司馬降釋弓反位○司射猶挾一个去扑與司馬交于階前適阼階下北面請釋獲于公猶守故之辭於此言之者司射既誘射恒執弓挾矢以掌射事備尚未知當教之也今三耦卒射衆以知之矣猶挾之者君子不必也

公許反搢扑遂命釋獲者設中以弓爲

畢北面北面立于所設中之南當視之也鄉射禮曰設中南當楅西當西序大史釋獲

小臣師執中先首坐設之東面退大史實八算于中横委其餘于中西興共而俟先猶前也命大史而小臣師設之國君官多也

小臣師退反東堂下位鄉射禮曰横委其餘于中西南末

【疏】注先猶至南末○釋曰此不見執算之人案鄉射禮命釋獲者釋獲者執鹿中一人執算以從之彼臣禮官少釋獲者自執中設之尚使人執算況國君官多大史不自執中豈得自執算明亦使人執之云小臣師退反東堂下位者其位已見篇首也引鄉射者證算以南末爲順也

司射西面命曰中離維綱揚觸梱復公則釋獲衆則不與中丁仲反○離猶過也獵也侯有上下綱其邪制躬舌之角者爲維或曰維當爲絹絹綱耳揚觸者謂矢中他物揚而觸侯也梱復爲矢至侯不著而還復復反也公則釋獲優君也衆當中鵠而著古文梱作魁

【疏】注離猶至作魁○釋曰中謂中侯主不言可知云離猶過

也織也者謂矣過獵因著[illegible][illegible]綱二者云侯[illegible]綱其邪制躬舌之角者為維者案梓人云上綱與下綱出舌尋縜寸焉注綱所以繫侯於植者也上下皆出舌一尋者亦人張手之節也鄭司農云縜籠綱者維持侯者弟然則綱與維皆用繩為之又以布為縜籠綱然後以上个下个邊綴著絹兩頭以綱繫著植維者於上个下个上下躬兩頭皆有角又以小繩綴角繫著植故失或離綱或離維也云或曰維當為絹洽綱耳者鄭更為一解絹則維也云絹綱耳者以絹為綱耳離著絹也云衆當中鵠者大射鵠則梓人云張皮侯而棲鵠是也

唯公所中中三侯皆獲值中一侯則釋獲

疏注值中至釋獲○釋曰云中三侯皆釋獲則離維綱及揚觸梱復亦釋之不言者以中為主也

釋獲者命小史小史命獲者傳告服不使知此司射所命

疏注傳告至所命○釋曰據在大侯而言告服不則參侯干侯告可知舉遠見近

司射遂進由堂下北面視上射命曰不貫不釋上射揖司射退反位貫猶中也射不中鵠不釋

筭古文貫作關疏注貫猶至作關○釋曰案上文離維綱公則釋獲言之則此云不中不釋筭者據除君而言也釋獲者坐取中之八筭改實八筭興執而俟執所取筭乃射若中則釋獲者每一个釋一筭上射於右下射於左若有餘筭則反委之委餘筭禮貴異又取中之八筭改實八筭于中興執而俟三耦卒射○賓降取弓矢于堂西不敢與君並俟告取之以升俟君事畢疏注不敢至事畢○釋曰自此盡共而俟論第二番射三耦訖次公卿大夫之事但此賓先降取弓矢即升堂者以其不敢與君並待告故下云司射告射于公小射正取公之決拾并授弓拂弓是君得告乃取弓矢是不敢與君並俟告也云取之以升俟君事畢者案下又云公將射則賓降適堂西袒決遂執弓搢三挾一个升自西階是君事畢君事畢賓降袒決遂乃更升者然賓於此不即袒決遂者去射時遠故不可即袒也諸公卿則適次

繼三耦以南言繼三耦明在大夫北疏注言繼至夫北○釋曰言適次者北射位在堂東次在洗東南今諸公卿東南適次前北至其三耦之南以次西面立云繼三耦明在大夫北者以其三耦在北大夫在南而言繼三耦明在大夫之北也公將射則司馬師命負侯皆執其旌以負其侯而俟君尊若始馬疏注君尊若始馬○釋曰云君尊若爲始者案上始時司馬命負侯三耦將射司馬命去侯令三耦卒射右將射司馬使吏命負侯是君尊若始馬司馬師反位隸僕人埽侯道新之司射去扑適阼階下告射于公公許適西階東告于賓告當射也今文曰阼階下無適遂搢扑反位小射正一人取公之決拾於東坫上一小射正授弓拂弓皆以俟于東堂授弓當授大射正拂弓去塵疏注授弓至去塵○釋曰據此經上下或云大射正或云司射或云小射正不同者今行射禮大射正

一人爲上司射次之或云小射正者然大射正與司射各一人據其行事小射正不止一人而已此云小射正一人取公之決拾於東坫上下云小射正奉決拾以笥與此一人此又云小射正授弓與取決拾別則小射正二人也云授弓當授大射正者下云大射正執弓以袂以授公明此小射正授弓者當授大射正也

公將射則賓降適堂西袒決遂執弓搢三挾一个升自西階先待于物北北一笴東面立不敢與君併笴矢幹東面立鄉君也

【疏】注不敢至君也○釋曰云公將射則賓降者案前文賓降適堂西取弓矢無賓升堂之文但文不具其實即升矣是以此文云賓降云笴矢幹者案周禮矢人矢幹長三尺則此賓立於物北三尺矣

司馬升命去侯如初還右乃降釋弓反位還右還君之右也猶出下射之南還其後也今文曰右還

【疏】注還右至右還○釋曰云還右還君之右也者君爲下射賓爲上射司馬在右之西南揚弓命去侯訖還君之右東而南西向降自西階猶出下射之南還其後也

者由如上文初將射時司馬立於物間南揚弓命去侯詭出於下射之南還其後降自西階前後是同故取彼解此云今文曰右還不從右還者否右還則右還於上射不得還君故不還不從也、公就物小射正奉決拾以笥大射正執弓皆以從於物笥萑葦器大射正舍司正親其職

疏注笥萑至其職○釋曰前解大射正與司射別人案此注大射正舍司正親其職則大射正與司正為一人又案上文司舍請立司正遂立司射為司正則司射人與大射正為人與上解似相違者以大射正與射人俱掌射事相當則大射正與司射別若通而言之射人不對大射正射則人亦名大射正故此、以射人為大射正也小射正坐奠笥于物南遂拂以巾取決興贊設決朱極三極猶放也所以韜指利放弦也以朱韋為之三者食指將指無名指無極放弦契於此指多則痛小指短不用小臣正贊袒公袒朱襦卒袒小臣正退俟于東堂小射正又坐取拾興贊設

拾以笥退奠于坫上復位既袒乃設拾拾當以講襦上【疏】注既袒至襦上○釋曰案上文設決記乃云公袒朱襦始云小臣正贊設拾拾當拾斂膚體宜在朱襦之上故鄭云既袒乃設拾拾當以韝襦上鄉射云袒決遂以其無襦故遂與決得俱時設若大夫對士射袒纁襦設遂亦當在袒後大射正執弓以袂順左右隈上再下壹左執附右執簫以授公公親揉之隈烏回反揉而九反○順放之也隈弓淵也揉宛之觀其安危也今文順為循古文揉為紐【疏】注順至為紐○釋曰云順放之也者以袂向下於弓隈順放之云觀其安危也者案考工記弓人云其弓安其弓危者以弓弱者為危其弓強者為安則此云觀安危者謂試弓之強弱小臣師以巾內拂矢而授矢于公稍屬屬之玉反○內拂恐塵及君也稍屬不搢矢大射正立于公後以矢行告于公矢不中使君當知而改其度下曰留上曰揚左右曰方留不至也

揚過去也方出旁也公旣發大射正受弓而俟拾發以將乗矢注公下射也而先發不留尊也疏注公下至首也○釋曰案上三耦射者上射射訖乃次下射此公爲下射當後射今君射前於賓故鄭云先發不留尊也公卒射小臣師以巾退反位大射正受弓受弓以授有司於東堂小射正以笥受決拾退奠于坫上復位大射正退反司正之位小臣正贊襲公還而后賓降釋弓于堂西反位于階西東面階西東面賓降位疏注階西至降位○釋曰案上文賓受獻訖降立於階西東面此云反位於階西東面故云反位也公即席司正以命升賓賓升復筵而后卿大夫繼射諸公卿取弓矢于次中袒決遂執弓搢三挾一个出西面揖揖如三耦升射卒射降如三耦適次釋

弓說決拾襲反位衆皆繼射釋獲皆如初諸公卿言取弓矢衆言釋獲互言也疏釋曰此公與賓復升即位者公卿以下當繼射公與賓當觀之故升就位也卒射釋獲者遂以所執餘獲適阼階下北面告于公曰左右卒射司射不言告者釋獲者於是有事宜終之也餘獲餘筭也無餘筭則無所執士文曰餘筭反位坐委餘獲于中西興共而俟司馬袒執弓升命取矢如初負侯許諾以旌負侯如初司馬降釋弓如初小臣委矢于楅如初司馬司馬正於是司馬師亦坐乘矢疏釋曰自此盡就席論射訖取矢委於楅之事○注司馬至乘矢○釋曰知司馬是司馬正司馬師亦坐乘矢者此經皆言如初案上番射司馬正與司馬師乘矢故知也賓諸公卿大夫之矢皆異束之以茅卒正坐左右撫之進束反位異束大夫矢尊殊之也正

司馬正也進前也又言束整結之亦親也【疏】注異束至殊之也○釋曰公卿皆異束但言大夫者公卿自相對其夫俱束之及其脫之亦拾取但三耦之內大夫以士耦之士矢不束大夫束之故曰尊殊之下注云不言君矢小臣以授矢人于東堂下可知知者以其小臣取矢明取之以授矢人

賓之矢則以授矢人于西堂下是言矢人則納財器之有司各以其器名官職不言君矢小臣以授矢人于東堂下可知

司馬釋弓反位而后卿大夫升就席此言其升前小臣委矢於楅【疏】注此言至於楅○釋曰云此言其升前小臣委矢於楅者案上文司馬降釋弓如初在小臣委矢之上其司馬降釋弓之時卿大夫即升就席委矢當依司馬命取矢之下不失其故故不即見卿大夫升事是以於此特言司馬降釋弓與卿大夫升爲大節耳故鄭亦言其次第也

司射適階西釋弓去扑襲進由中東立于中南北面視筭釋弓去扑射事已也【疏】釋曰自此盡共而俟論數筭之事直言去扑不言去矢矢亦去之是

（以下文司射執弓挾一个搢扑明此時去矢後更挾之）釋獲者東面于中西坐

先數右獲（固東面矢復言之者少南就右獲）二筭爲純（純猶全也耦陰陽也）一

純以取實于左手十純則縮而委之（縮從也於數者東西爲從古文

縮皆作蹙）每委異之（易效數）有餘純則橫諸下（又異之也自近爲下）一

筭爲奇奇則又縮諸純下（又從之）興自前適左（從中前北也更

端故起）東面坐（少北於故）坐兼斂筭實于左手一純以委十

則異之（變於右也）其餘如右獲（謂所縮所橫者）司射復位釋獲者

遂進取賢獲執之由阼階下北面告于公（賢獲勝黨之筭也執之者

齊而取其餘）若右勝則曰右賢於左若左勝則曰左賢於

右以純數告若有奇者亦曰奇（告曰某賢於某若干純若干奇）若左

六〇六

右鈞則左右各執一筭以告曰左右鈞還復位坐兼
斂筭實八筭于中委其餘于中西興共而俟○司射
命設豐當飲不勝者射爵疏釋曰自此盡徹豐與觶論二番射訖行射爵之事司宮
士奉豐由西階升北面坐設于西楹西降復位勝者
之弟子洗觶升酌散南面坐奠于豐上降反位弟子其少
者也不授者射爵猶罰爵略之疏注弟子至略之○釋曰自此以上其疏見於鄉射於此不復言云不
授者射爵猶罰爵略之者案詩云兕觥其觩旨酒思柔注云觩陳設貌觥罰爵不手授此飲射爵亦不手
授故云猶罰爵也案獻酬之爵皆手授之此不手授故云略之也若然士以下飲罰爵者取於豐大夫已
上皆手授尊之故下注云授爵而不奠豐尊大夫也其三耦之內雖大夫亦取於豐者以其作三耦與衆
耦同事故不復殊之司射袒執弓挾一个搢扑東面于三耦之

西命三耦及衆射者勝者皆袒決遂執張弓執張弓言能用之也右手挾弦不勝者皆襲說決拾卻左手右加弛弓于其上遂以執弣固襲說決拾矣復言之者起勝者也不勝者執弛弓言不能用之也兩手執弣無所挾也

【疏】注固襲至挾也○釋曰云固襲說決拾矣復言之者起勝者也者起勝者射畢之時夅堂皆就次襲說決拾矣故云固襲今復言之者以其勝者更於決遂故復言不勝襲說決於欲發與勝者相起復發故復言之也

司射先反位居前俟所命入次而來飲三耦及衆射者皆升飲射爵于西階上不勝之黨無不飲

【疏】注不勝之黨無不飲○釋曰以其經云三耦及衆射者皆升飲射爵者言升之明知不勝之黨無不飲但大射者所以擇士以助祭今若罰爵在於不勝之黨雖數中亦受罰及其助祭雖飲射爵不得助祭但在勝黨雖不飲罰爵若不數中亦不得助祭以其飲罰據一黨而言其助祭取一身之藝義故不同也

小射正作升飲

射爵者如作射一耦出揖如升射及階勝者先升升堂少右先升尊賢也少右辟飲者亦因相飲之禮然疏注先升至禮然○釋曰云亦因相飲之禮然者案鄉飲酒鄉射獻酬之禮獻者在右酬者在左故云亦也不勝者進北面坐取豐上之觶興少退立卒觶進坐奠于豐下興揖立卒觶不祭不拜受罰爵不備禮也右手執觶左手執弓疏注立卒至執弓○釋曰案鄉飲酒皆祭卒爵拜既爵故此決之受罰爵不備禮也云右手執觶左手執弓者以其執弛弓不釋於地明知未飲時兩手執弓今受罰爵右手執爵為便左手執弓可知不勝者先降後升先降畧之不由次也降而少右復並行疏注後升至並行○釋曰云後升先降畧之不由次也者案上文勝者先升此文不勝者先降故云畧之不由次云降而少右復並行者見下文與升飲者相左明降至堂下此二人少右復並行以其辟升者在左故也與升飲者相左交于階前相揖適次釋

弓襲，反位。僕人師繼酌射爵，取觶實之，反奠于豐上，退俟于序端。僕人師酌者，君使之代弟子也。自此以下，辯爲之酌。升飲者如初。三耦卒飲。○若賓、諸公、卿、大夫不勝，則不降，不執弓，耦不升。此耦謂士也。諸公卿或闕，士爲之耦者不升。其諸公卿大夫相爲耦者不降席，重恥尊也。

疏注此耦至尊也○釋曰：知此耦謂士者，以大夫坐於上，士立於下，經云耦不升，故云此耦謂士也。是以鄭解其意云諸公卿或闕，士爲之耦者不升。其諸公卿大夫相爲耦者不降席，以大夫在堂上，故云不降席。云重恥尊也者，解上不升大夫已上不降席意，以其卑者對飲尊者是可恥之事，不對飲是重恥尊者也。

僕人師洗，升實觶以授。賓、諸公、卿、大夫受觶于席，以降，適西階上，北面立飲，卒觶，授執爵者，反就席。雖尊，亦西階上立飲，不可以己尊枉正罰也。授爵而不奠豐，尊大夫也。

疏注雖尊至大夫也○釋曰：云不可

以己尊在正罰也者正罰謂上文飲者在左勝者在右於西階之上北面跪取豐上之觶飲之是也今雖不取於豐亦於西階北面是不可以己尊枉正罰也若飲公則侍射者降洗角觶升酌散降拜侍射宥也飲君則不敢以爲罰從致爵之禮也〔疏〕注侍射至禮也○釋曰云侍射賓也者以其賓與君對射耦自相飲故知侍射者賓也云飲君則不敢以爲罰從致爵之禮也者罰爵如上文罰者飲之而已今則從燕臣致爵於君之禮下文所謂夾爵者是也但此經云角觶與上文觶皆是三升曰觶觶與角連故謂之角觶或單言角或單言觶是以禮記少儀云侍射則約矢侍投則擁矢勝則洗爵而請不角注云角謂觥罰爵也於尊長與客如獻酬之爵文詩云我姑酌彼兕觥毛傳云兕觥角爵箋云兕觥罰爵是其角觶兕觥皆罰爵此角觶以兕角爲之非謂四升曰角者也若然此角觶對下文飲君云象觶故云角爵也公降一等小臣正辭賓升再拜稽首公答再拜賓坐祭卒爵再拜稽首公答再拜賓降

洗象觶升酌膳以致下拜小臣正辭升再拜稽首公答再拜公卒觶賓進受觶降洗散觶升實散下拜小臣正辭升再拜稽首公答再拜賓復酌自飲者夾爵也但如致爵則無以異於燕也夾爵亦所以恥公也所謂若飲君燕則夾爵疏注賓復至夾爵○釋曰云所謂若飲君燕則夾爵者言所謂鄉射文彼云燕者則此經夾爵也賓坐不祭卒觶降奠于篚階西東面立不祭象射爵疏注不祭象射爵○釋曰案上文受罰者取爵於豐飲之不祭此云君爵不祭是以賓飲夾爵亦不祭皆與射同故云也擯者以命升賓賓升就席擯者司正也今文席為筵若諸公卿大夫之耦不勝則亦執弛弓特升飲此耦亦謂士也特猶獨也以尊為耦而又不勝使之獨飲若無倫匹孤賤也衆皆繼飲射爵如三耦射爵辯乃徹豐與觶徹除也司

宮尊侯于服不之東北兩獻酒東面南上皆加勺設洗于尊西北篚在南東肆實一散于篚獻素多反○爲大侯獲者設尊者言尊侯者獲者之功由侯也不於初設之者不敢必君射也君一不射則不獻大侯之獲者散爵名容五升【疏】注爲大至五升○釋曰自此盡侯而俟論設尊獻服不之事云不於初設之者不敢必君射也君不射則不獻入侯之獲者若然此設大侯之獲者君不射則不設之不豫設者不敢必君射案上張一侯先設大侯君射大侯張之以君射者但聖人射侯一與奪以大射者爲祭擇士所以助祭人君不可不親故奪其尊使之必射故豫張大侯至此設大侯之尊君射訖乃設之者許其自擾暇容有不射之理是以不射則不設射乃設之云散爵名容五升者案韓詩傳云一升曰爵二升曰觚三升曰觶四升曰角五升曰散是其散容五升也

司馬正洗散遂實爵獻服不言服不者著其官尊大侯也服不司馬之屬掌養猛獸而教擾之者洗酌皆西面○擾而小反【疏】注言復至西面○釋

曰云服不著著其官尊大侯也者自此已前皆以事名之於此而言服不著其官言尊大侯故也云服不司馬之屬者以其服不在大司馬下六十官之屬者云掌養猛獸而教擾之者猛獸熊羆之屬教之使擾馴人意象王者服不服諸侯使歸服王者云洗酌皆西面者以其設尊設洗皆東面故知洗爵酌酒皆西面向之也若然獻旅食尊後酌者爲背君此西面不嫌背君以其南繞於侯故也服不侯西北三步北面拜受爵近其所爲獻疏注近近其所爲獻○釋曰云近其所爲獻者以其服不得獻由侯所爲故不近之而近侯獻之故云近其所爲獻也司馬正西面拜送爵反位不俟卒爵畧賤也此終言之獻服不之從乃反位疏注不俟至反位○釋曰云不俟卒爵畧賤也者案上文獻服不訖又案下文卒祭左个之西北三步東面設薦俎立卒爵若然卒爵禮祭諸侯訖令司馬反位在未祭侯之前故畧賤也云此終言之獻服不之徒乃反位者但大侯尊服不與其徒二人共在獲之所獻服不亦兼獻其徒此經唯見獻服不不見獻其徒即云司馬反位明獻徒後始

反位是以知久位者終言之其實獻徒後乃反位故下司馬正皆獻之是也宰夫有司薦庶子設折俎注宰夫有司宰夫之吏也鄉射記曰獲者之俎折脊脅肺疏注宰夫至脅肺○釋曰云宰夫有司宰夫之吏也者諸侯宰夫是士而宰夫有司明是宰夫之吏府史也引鄉射記者此俎實無文故引之爲證卒錯獲者適右个薦俎從之注不言服不言獲者國君大侯服不氏負侯其徒居乏待獲變其文容二人也司馬正皆獻之薦俎已錯乃適右个明此獻已已歸功於侯也適右个出侯內注不言至右个○釋曰鄉射記曰東方謂之右个疏云國君大侯服不負侯其徒居乏待獲變其文容二人也者案上注云天子服不氏下士一人徒四人掌以旌居乏待獲鄭言容二人者欲見服不與徒二人皆得獻故鄭云司馬正皆獻之云適右个由侯內者以其既祭右个大祭右个乃祭於中故云適右个由侯內獲者左執爵右祭薦俎二手祭酒注祭俎不奠爵不備禮也二手祭酒者獲者南面於俎北當爲侯祭於豆間爵反注爲一手不能正也此薦

俎之設如於北面人馬天子祝侯曰惟若寧侯無或若女不寧侯不屬於王所故抗而設女彊飲彊食貽女曾孫諸侯百福諸侯以下祝辭未聞疏注祭俎至未聞○釋曰云祭俎不奠爵不備禮也者言祭俎者謂祭俎上肺但肺有二種此云祭是祭肺非是離肺知者案鄉射記云獲者之俎折脊脅肺臑又曰釋獲者之俎折脊脅肺皆有祭則此俎祭肺亦離肺若然凡祭祭肺皆不奠爵是其常云此不奠爵不備禮者但祭肺離肺兩有祭肺皆不奠爵若空有祭肺亦不奠爵今祭俎不奠故云不備禮云天子祝侯曰以下周禮梓人文云諸侯以下祝辭未聞知諸侯不與天子祝辭同而云未聞者以本所射侯天子中之則能服諸侯諸侯中之則得為諸侯若天子云抗而射女諸侯則不得云抗而射女是以如祝辭有之但未聞耳

適左个祭如右个中亦如之先祭个後中者以外即之至中若神在中鄉射禮曰獲者俎與薦皆三祭疏注先祭至三祭○釋曰以其左右及中故三者皆三祭非謂一處有三祭

卒祭左个之西北三步東面北鄉受獻之位近不北面者嫌

爲侯卒爵。疏注北鄉至卒爵○釋曰云不北面者嫌爲侯卒爵者前服不受獻之時侯西北面者欲歸功於侯故也今卒爵雖同舊處而東面者以其前受獻爲已今卒爵還爲已卒爵故東面是以云不北面者嫌爲侯卒爵也

設薦俎立卒爵不言不拜既爵司馬正已反位不拜可知也鄉射禮曰獲者薦右東面立飲。疏注不言至立飲○釋曰云不言不拜既爵司馬正已反位不拜可知也者決鄉射獲者薦右東面立飲不拜既爵此則不言之以其司馬在對司馬不拜既爵司馬已反位不拜既爵可知故不言引鄉射禮者此不言立位之處當同鄉射薦者東面立

司馬師受虛爵洗獻隸僕人與巾車獲者皆如大侯之禮隸僕人埽侯道巾車張大侯及參侯干侯之獲者其受獻之禮如服不也隸僕人巾車於服不之位受之功成於大侯也不言量人者此自後以及先可知。疏注隸僕至可知○釋曰云隸僕人埽侯道者謂君射時初埽之時僕亦是隸僕人也云巾車張大侯者舉尊者而言其參侯干侯亦張之是以上文司馬遂命量人巾車張三侯

此直云大侯舉尊而言也云及參侯干侯之獲者以其上文已獻大侯服不獲者明知是糝侯豻侯之獲者可知云隸僕人巾車服不之位受之知者以其隸僕人巾車雖無其位而經云如大侯之禮明就大侯之位受獻是以鄭云功成於大侯也云不言量人者此自後以及先可知者案上張侯之時先言量人後言巾車君射之時乃有隸僕人埽侯道交獻先言隸僕人後言巾車是自後以及先隸僕而得獻明量人在巾車之先得獻可知卒司馬受虛爵奠于篚獲者之篚獲者皆執其薦庶子執俎從之設于乏少南少南爲復射妨旌也隸僕人巾車量人自服不而南疏注隸僕至而南○釋曰知自服不而南者雖無正文以其受獻於服不之位明繼服不而南可知服不復負侯而俟○司射適階西去扑適堂西釋弓說決拾襲適洗洗觶升實之降獻釋獲者于其位少南獻釋獲者與獲者異文武不同也去扑者扑不升堂也少南辟中疏司射至少

南○釋曰自此盡反位論獻釋獲者之事○注文武不同○釋曰言文武不同者以其獻獲者於侯西北面受獻歸功於此侯是其武獻釋獲者升堂酌酒東面獻之就釋筭之所是其文故云文武不同薦脯醢折俎皆有祭俎與服不同唯祭一爲異疏注俎與至爲異○釋曰云俎與服不同者以其俱用一俎云唯祭一爲異者上祭侯之俎引鄉射獲者俎與薦皆三祭鄭鄉射注云祭侯三處至此獻釋獲者不主祭侯正唯一祭俎耳故云唯祭一爲異釋獲者薦右東面拜受爵司射北面拜送爵釋獲者就其薦坐左執爵右祭脯醢興取肺坐祭遂祭酒祭俎不奠爵亦賤不備禮疏注祭俎至備禮○釋曰上祭侯之時祭俎不奠爵不備禮至此祭俎亦祭肺不奠爵賤亦不備禮興司射之西北面立卒爵不拜既爵司射受虛爵奠于篚釋獲者少西辟薦反位辟薦少西之者爲復射妨司射視筭亦辟俎也疏注亦辟俎也○

釋曰以其薦俎相將薦既辟俎亦辟可知司射適堂西袒決遂取弓挾一个適階西搢扑以反位為將復射疏注為將復射○釋曰自此盡于公如初論司射請公為三番射事司射倚扑于階西適阼階下北面請射于公如初不升堂賓諸公卿大夫既射矣聞之可知疏注不升至可知○釋曰云不升堂賓諸公卿大夫既射矣聞之可知者決前司射升堂諸射于公升令不升者諸公卿大夫前已射聞之矣反搢扑適次命三耦皆袒決遂執弓序出取矢鄉言拾是言序互言耳疏注鄉言至言耳○釋曰自此盡襲反位論三耦與卿大夫取矢之事云鄉言拾者謂第一番射時三耦云拾取矢云是言序者謂序出次時三耦先後互者皆次序出次在庭拾取矢司射先反位言先先三耦也司射既命三耦以入次之事即反位三耦入次袒決遂執弓挾矢乃出反次外西面位鄉不言司射先反位三耦未有次外位無所先也疏注言先至先也○釋曰云鄉不

言司射先反位三耦未有次列位無所先也者此言反位者謂前已有位今乃反之是命禮反於舊位舊位第一番之時三耦次外位舊無位司射雖先有位不得言先反位是以次之

三耦拾取矢如初小射正作取矢如初小射正司射之佐作取矢禮殺代之○疏注小射至代之○釋曰云禮殺代之者決第一番不言小射正作取矢

三耦既拾取矢諸公卿大夫皆降如初位與耦入於次皆袒決遂執弓皆進當福進坐說矢束上射東面下射西面拾取矢如三耦皆進當福進三耦揖之位也凡繼射命耦而已不作射不作取矢從初○疏注皆進至從初○釋曰云凡繼射命耦而已不作射不作取矢從初者言凡繼射命耦者前三耦卒射後大夫降至三耦之南西面北上司射東面于大夫西北耦大夫與大夫命上射曰某御於子命下射曰子與某子射卒遂比衆耦云云至公即席後擯升階復位還蹤而後卿大夫繼射後衆皆繼射釋獲皆如初注云諸公卿言

取弓矢，衆言釋獲，互言也。既司射注司射所作唯上耦，是以文小射正但作三耦拾取矢，公以下亦無作拾之故，曰不作取矢，從初從三耦法也。若士與大夫爲耦，士東面，大夫西面。大夫進坐，說矢束，退反位。說矢束，自同於三耦，謙也。

【疏】注「說矢」至「謙也」。○釋曰：云「自同於三耦，謙也」者，以其三耦是士之事，既是大夫，君則異於三耦，故云說矢束自同於三耦，謙也。《鄉射》「坐說矢束」，注云「說矢束者，下耦以將拾取」，彼不言同三耦者，彼三耦升大夫故也。

耦揖進坐，兼取乘矢，興，順羽，且左還，毋周，反面揖。兼取乘矢，不敢與大夫拾。大夫進坐，亦兼取乘矢，如其耦，北面，搢三挾一个，揖進。大夫與其耦皆適次，釋弓，說決拾，襲，反位。諸公卿升就席。大夫反位，諸公卿乃升就席，大夫與己上下位。

【疏】注「大夫」至「下位」。○釋曰：諸公卿大夫自爲耦者，拾取矢在前；大夫與士耦者，說矢束拾取矢在後。今待大夫反位，公卿乃升就

席者以其上大夫與下大夫同是大夫爵但上衆與下有異耳故上大夫待大夫反位乃後升就席

者繼拾取矢皆如三耦遂入于次釋弓矢說決拾襲

反位司射猶挾一个以作射如初一耦揖升如初司

馬升命去侯負侯許諾司馬降釋弓反位○司射與

司馬交于階前倚扑于階西適阼階下北面請以樂

于公公許諸奏樂以爲節也始射獲而未釋獲復釋獲復用樂行之君子之於事始取苟能中課有功終用成法教化之漸也射用應樂爲難孔子曰射者何以聽循聲而發發而不失正鵠者其唯賢者

乎【疏】注請奏至者乎○釋曰云請奏樂以爲節也者請若天子騶虞九節諸侯貍首七節大夫采蘋士采蘩皆五節云始射獲而未釋獲者謂第一番三耦射中雖唱獲未釋算云復釋獲者謂第二番衆耦皆射釋算未作樂一獲用樂行之者謂第三番射非直釋算復用樂焉云射用應樂爲難者但禮射共

容體比於禮其節奏比於樂須中於侯名爲應樂節云孔子曰者禮記射義文引之者證射用應而爲難之意

司射反搢扑東面命樂正曰命用樂言君有命用樂射也

樂正在工南北面

疏注言君至北面○釋曰云樂正在工南北面者此時工在洗東西面樂正在工南北面司射在西階下東面經云命樂正者東面遇命之

樂正曰諾司射遂適堂下北面眡上射命曰不鼓不釋不與鼓節相應不釋筭也鼓亦樂之節學記曰鼓無當於五聲不得不和凡射之鼓節投壺其存者也周禮射節天子九諸侯七卿大夫以下五

疏注不與至下五○釋曰引學記者證鼓得與樂爲節之事云凡射之鼓節投壺其存者也者射之鼓節多少無文案今禮記投壺篇圖出魯鼓薛鼓云取半以下爲投壺節盡用之爲射節是投壺遺存者云周禮射節天子九以下者是射人樂師皆有此文引之者證射節多少

上射揖司射退反位樂正命大師曰奏貍首間若一樂正西面受命左還東面命大師以

大射之樂章使奏之也貍首逸詩曾孫也貍之言不來也其詩有射諸侯首不朝者之言因以名篇後世失之謂之曾孫曾孫者其章頭也射義所載詩曰曾孫侯氏是也以爲諸侯射節者采其既有弧矢之威又言小大莫處御於君所以燕以射則燕則譽有樂以時會君事之志也間若一者調其聲之疏數重節

疏注樂正至重節○釋曰云貍首逸詩曾孫也者以其貍首是篇名曾孫是章頭知也以其射義上文云其節天子以騶虞諸侯以貍首卿大夫以采蘋士以采蘩以類言之騶虞采蘋是篇名貍首篇名可知射義下文諸侯君臣盡志於射文云故詩曰曾孫侯氏四正具舉小大莫處御于君所注云此曾孫之詩諸侯之射節也四正正爵四行也四行者獻賓獻公獻卿獻大夫乃後樂作而射也上云貍首下云曾孫曾孫章頭也是以鄭云曾孫其章頭射義所載曾孫侯氏是也云後世失之謂之曾孫者以曾孫爲篇名是失之云曾孫其章頭也是正世人與云小大莫處已下則燕則譽以上皆射義文彼注以燕以射先行燕禮乃射是也云間若一者調其聲之疏數重節者謂九節七節五節中間相去或希疏或密數中間使

如一必蹤數如一者重此樂故也大師不興許諾樂正反位奏貍首以射三耦卒射賓待于物如初公樂作而后就物稍屬不以樂志其他如初儀不以樂志君之射儀遲速從心其發不必應樂辟不敏也志意所擬度也注不以至其目○釋曰此經春秋傳曰吾志其目蹤云如初者皆如上第二番射法唯作樂爲異耳云辟不敏也者若以樂志不與樂節相應則是君不敏今不以樂志遲速從心其發不必應樂是辟不敏也引春秋傳者定八年左氏傳文正月公侵齊門于陽州其時魯人顏息射人中眉退曰我無勇吾志其目也服氏注云志中其目是非其誠詐以自矜引之者證志是意所擬度也卒射如初賓就席諸公卿大夫衆射者皆繼射釋獲如初卒射降反位釋獲者執餘獲進告左右卒射如初○司馬升命取矢負侯許諾司馬降釋弓反位小臣委

矢司馬師乘之皆如初司射釋弓視筭如初釋獲者以賢獲與鈞告如初復位○司射命設豐實觶如初遂命勝者執張弓不勝者執弛弓升飲如初卒退豐與觶如初司射猶袒決遂左執弓右執一个兼諸弦面鏃適次命拾取矢如初側持弦矢曰執面猶尚也兼矢於弦尚鏃將止變於射也【疏】注側持至射也○釋曰上文皆云挾一个此經云執一个故上注云方持弦矢曰挾以其將射故也此注云側持弦矢曰執謂鏃向上上故云兼矢於弦而鏃向上將止變於射也案鄉射禮云矢不挾兼諸弦弣不言面鏃此言面兼弦弣各舉一邊省文之義言兼弦弣者一矢兼弦三矢兼弣也司射反位三耦及諸公卿大夫衆射者皆袒決遂以拾取矢如初矢不挾兼諸弦面鏃退適次皆授有司弓矢

襲反位不挾亦謂執之如司射卿大夫升就席司射適次釋弓說決拾去扑襲反位司馬正命退福解綱小臣師退福巾車量人解左下綱司馬師命獲者以旌與薦俎退解猶釋也今文司馬師無司馬司射命釋獲者退中與筭而俟諸所退射器皆俟備君復射釋獲者亦退其薦俎疏注諸所至薦俎○釋曰云皆俟備君復射者但射已三番於後或射或否但臣不敢必君射故備擬於君也云釋獲者亦退其薦俎者前辟薦俎今既退中於筭薦俎不可虛留明亦退之可知公又舉奠觶唯公所賜若賓若長以旅于西階上如初大夫卒受者以虛觶降奠于篚反位疏釋曰此一節論射訖爲大夫舉旅之事司馬正升自西階東楹之東北面告于公請徹俎公許射事既畢禮殺人倦宜徹俎燕坐疏

釋曰自此盡反位坐論撤俎升坐安燕之事

遂適西階上北面告于賓賓北面取俎以出諸公卿取俎如賓禮遂出授從者于門外自其從者大夫降復位門東北面位

疏注門東北面位○釋曰云大夫降者大夫雖無俎以賓及公卿皆送俎不可獨立於堂故降復位云門東北面位者謂初小臣納卿大夫門東北面揖位案下文賓諸公卿皆入門東面北上謂在西階下知位者大夫不復在西階下位者以其言復位者復前位其西階下舊無位故知升西階下者然公卿入西階下鄭云諸公卿不入門而右以將燕亦因從賓者也大夫以公卿未入不可猶居西階故在門東北面也

庶子正徹公俎降自阼階以東降自阼階者親徹也以東去藏賓諸公卿皆入門東面北上諸公卿不入門而右以將燕亦因從賓司正升賓賓諸公卿大夫皆說屨升就席公以賓及卿大夫皆坐乃安歸命以我安臣於君

尚猶蹴踖此乃敢安至

羞庶羞羞進也庶衆也所進衆羞謂膴肝膋狗胾醢也或有炮鼈膾鯉雉兔鶉鴽

疏注羞進至鶉鴽○釋曰知有膴肝膋者此大射先行燕禮燕法其牲唯有狗又案內則云肝膋取狗肝一幪之以其膋濡炙之舉燋其膋不蓼注云膋腸間脂故知此羞中有肝膋也又知有狗胾醢者以其公食大夫有牛胾炙羊胾炙豕胾炙此燕無三牲故知胾醢亦用狗知有炮鼈膾鯉者案六月詩云吉甫燕喜既多受祉又云飲御諸友炰鼈膾鯉故知有此也公食大夫有王事之勞乃有之故六月詩鄭注以吉甫遠從鎬地來又日月長久今飲之酒使其諸友恩舊者待之又加其珍美之饌所以極勸之也是有王事之勞乃有之無王事之勞則無故公食大夫大夫不見也又知有雉兔鶉鴽者公食大夫二十豆有此四者此仍引內則上大夫二十豆者不引二十豆盡以其二十豆有三牲之物此狗故唯引此四者

大夫祭薦燕乃祭薦不敢於盛成禮

疏注燕乃至成禮○釋曰云燕乃祭薦不敢於盛成禮者此大夫卑不敢與公卿同時於盛成禮者

司正升受命皆命公曰衆

無不醉賓及諸公卿大夫皆興對曰諾敢不醉皆反
位坐皆命者命賓命諸公命卿大夫皆鄉其位也與對必降席敬也司正退立西序端【疏】注皆
命至序端○釋曰云興對必降席者經直云興不言降席鄭知降席者以為反坐故知降席也言敬也者
決上文司正命賓與大夫以我安雖未坐不云降而對故以此為敬若然上不降席者彼知云安未盡懸
懃故不降此命使醉是盡歡故與降加敬也知司正退立西序端者案司正監酒此將獻主事未訖亦
如鄉飲酒監旅時立于西序端也主人洗酌獻士于西階上士長升
拜受觶主人拜送獻士用觶士賤也今文觶作觗【疏】注獻士至作觗○釋曰自此盡
奠于篚論獻士乃祝史等之事云獻士用觶士賤也者言獻士用觶對上獻大夫用觚獻二升觶三升用
人者用小者尊故云士賤也士坐祭立飲不拜既爵其他不拜坐
祭立飲其他謂眾士也升不拜受爵【疏】注其他至受爵○釋曰上云長謂士中之長次云士

謂長已下下云其他謂衆士者亦謂二十七士以其下經旅食謂庶人在官故知此非府史以下乃薦司正與射人于觶南北面東上司正爲上司正射人士也以齒受獻既乃薦之也司正大射正也射人小射正畧其佐【疏】注司正至其佐○釋曰案燕禮薦司正與射人一人司士一人執冪二人此不言其數又不言司士與執冪者二人文不具辯獻士士既獻者立于東方西面北上乃薦士士既獻易位者以卿大夫在堂臣位尊東也畢獻薦之畧賤【疏】注士既至畧賤○釋曰云畢獻薦之畧賤者案上獻士立飲是畢獻訖乃云乃薦司正與射人于觶南是獻士又獻司正已下若然薦士當在乃薦司正上在此言之者其實薦士在乃薦司正上今此連言上得獻訖立在東方立畢乃薦不畢獻待司正薦乃薦士也是以薦司正言乃者受辭明司正已下薦在士後也祝史小臣師亦就其位而薦之亦者不士也辯獻乃薦也祝史門東北面東上主人就士旅食之尊而獻

之旅食不拜受爵坐祭立飲主人[illegible]酌西面士旅食北面[illegible]之不洗者於賤

畧之疏注主人至畧之○釋曰知主人既酌西面士也旅食北面受之者以其不可背君南面授故

知位之如此右然大史等亦北面則亦西面授酒也其小臣師等案上文位在阼階東面自然北面授

主人執虛爵奠于篚復位○賓降洗升媵觶于公酌

散下拜公降一等小臣正辭賓升再拜稽首公答再

拜賓受公賜多矣禮將終宜勸公序厚意也今文觶爲觚公答拜無再拜疏釋曰自此盡旅酬論

賓舉爵爲士舉旅行酬之事○注賓受至再拜○釋曰云賓受公賜多矣禮將終宜勸公序厚意也者上

文爲賓爲卿爲大夫舉旅皆臣自致爵今此其賓爲士舉旅行酬因得爲賓致爵於君故鄭云序賓厚意

也賓坐祭卒爵再拜稽首公答再拜賓降洗象觚升

酌膳坐奠于薦南降拜小臣正辭賓升成拜公答拜

反位反位，反席也。此觚當爲觶。【疏】注反位至爲觶○釋曰：自此已前，賓位在西階下東面，無席。戶牖之間位則有席。此賓升成拜，不言降反位，明反位者反於戶牖之間席位。云此觚當爲觶者，凡旅酬皆用觶，獻士尚用觶，故知觚當爲觶。下經觚亦當爲觶。公坐取賓所媵觚，興，唯公所賜。受者如初受酬之禮，降更爵洗，升酌膳，下再拜稽首。小臣正辭，升成拜，公荅拜，乃就席坐行之。坐行之，若今坐相勸酒。有執爵者。士有盥升主酌授之。【疏】注上有至授之○釋曰：知士有盥升者，以其爲公卿大夫使行旅，不可不絜。知是士者，案下文云士有執膳爵者、有執爵者，故知是有盥升上酌授之。唯受于公者拜。公所賜者拜，其餘則否。司正命執爵者爵辯，卒受者興以酬士。欲令惠均。【疏】注欲令惠均○釋曰：云欲令惠均者，以堂上公卿大夫旅徧，并堂下之士也。大夫卒受者以爵興，西階上酬士。士升大夫奠爵拜，士答拜。與酬士者，士立堂下，與上坐者異。疏 注「與酬」至「異也」。○釋曰：云「與酬士者」，決向來堂上相旅，皆坐相酬，執爵者行之。大夫未能受酬者，輒與西階上，故鄭云「士立堂下，與上坐者異也」。

大夫卒爵不拜，實之，士拜受，大夫拜送。

士旅于西階上，辯。祝史、小臣師旅食皆及焉。疏 注「祝史」至「及焉」。○釋曰：鄭知祝史以下階得旅酬者，前得獻，祝史與旅皆得獻，明此旅酬得獻之可知。

士旅酌。旅序也。士以次自酌相酬，無執爵者。疏 注「旅序」至「爵者」。○釋曰：云「無執爵者」，對上文卿大夫等有執爵者，以其坐故也。士無執爵者，以其賤不坐，故以決自酌以相酌，無執爵者也。

若命曰復射，則不獻庶子。獻庶子則正禮畢，後無事。疏 注「獻庶」至「無事」。○釋曰：獻酬之禮，庶子以下最後得獻。若獻庶子之後，正禮畢，不得更有射事，故命後射在獻庶子之前。

司射命射，唯欲。司射命賓及諸公卿大夫，射欲者則射，不欲者則止，可否之事從人心也。疏 注「司射」至「心也」。○釋曰：此乃三番射後，爵行無算，非直慚怠復有辭者是以不可恣心所欲卿大夫皆降再拜稽首公答拜拜君樂與臣下執事無已不言賓賓從羣臣禮在上疏注拜君至在上○釋曰云不言賓賓從羣臣禮在上者謂初酬賓直言賓再舉旅言若長不專於賓也是禮殺第三舉旅云唯公所賜若賓若長至此賓士舉旅直云唯公所賜復不言若賓若長賓至此降沒不言賓是賓禮以漸而殺且從羣臣禮在上矣

壹發中三侯皆獲其功一也而和者亦多尚歡樂也矢一揚觸或有參中者疏注其功至中者○釋曰上云第二番第三番唯公得中三侯皆釋獲至此燕後復射禮殺臣與君同是以鄭云和者益多尚歡樂也云其功一也者謂三侯所中皆是功故云一也云矢揚觸或有參中者卿大夫主射參侯士主射豻侯其中或揚觸容中別侯皆與釋

主入洗升自西階獻庶子于阼階上如獻士之禮辯獻降洗遂獻左右正與內小臣皆於阼階上如獻庶子之禮庶子既掌正六牲之體又正舞位授

舞器與縣宰樂正聯事又掌國子戒令教治世子之官也左右正謂樂正僕人正也位在中庭之左右小樂正在頌磬之北右也工在西即北面工遷於東則東面大樂正在笙磬之北左也工在西則西面工遷於東則北面僕人正相大師工升堂與其師士降立于小樂正之北北上工遷於東則陛其工後國君無故不釋縣二正君之近官也內小臣奄人掌君陰事陰令后夫人之官也獻三官於阼階別內外臣也同獻更洗以時事不聯也獻正下及內小臣則磬人鐘人鑄人鼓人僕人師僕人士盡獻可知也庶子內小臣位在小臣師之東少退西上

【疏】注庶子至西上○釋曰云小樂正在頌磬之北右也工在西即北面者工在西謂遷樂於下時太師少師上工立於鼓北也云工遷於東則東面者案上遷樂於東之時直云大師少師上工皆東坫之東不見小樂正從之明留在西縣之北東面向工矣云大樂正在笙磬之北左也工在西則西面者案上文司射東面命樂正單言樂正者謂大樂正既東面命之則大樂正亢立於東矣以其工在西階下故知西面向之矣云工遷於東則北面者案上文樂正及位大師既西面明樂正北

面可知。是以鄉射工遷於東，西面北上，樂正北面立于其南，此亦與彼同北面也。云「國君無故不釋縣」二正、君之近官也。言此者，人君路寢之廷樂縣不釋，樂正與僕人正同掌樂事，是君之近官也。云「同獻更洗以時事不聯也」者，以其雖同獻於阼階上，有前後故更爵洗之，是以云「時事不聯也」。云「阼庶子內小臣位在小臣師之東」者，案《公食》堂上夾北有宰夫，內宰在東北，此射禮堂上夾北無宰位，又案執事者堂上又非樂人，不得在樂正位，以其與小臣師同名小臣，故知小臣師之東也。又云「少退西上」者，見《公食》在宰東北少退，故知此亦少退。知西上者，以此位皆西上故也。

無筭爵。筭，數也。爵行無次數，唯意所勸，醉而止。【疏】釋曰：自此盡「無筭樂」，論爵與恣意無數之事。士也有執膳爵者，有執散爵者。執膳爵者酌以進公，公不拜受。執散爵者酌以之公，命所賜。所賜者興受爵，降席下，奠爵，再拜稽首，公答再拜。席下，席西。受賜爵者以爵就席坐，公卒爵然後飲酬之禮爵代舉令爵並行嫌不代也並行猶代者明勸惠從尊者來疏注酬之至者來○釋曰凡行酬之法轉爵遞飲今賸散兩有宜得即飲猶待公卒爵乃飲猶代飲然明惠從公來嫌得即飲不代故必卒爵然後飲故曰嫌不代執膳爵者受公爵酌反奠之燕之歡在飲酒成其意也疏注燕之至意也○釋曰云燕之歡在飲酒者諸安燕之歡在於飲酒故受公爵者更酌反奠於公所擬公更賜爵是其歡燕成其意也受賜者興授執散爵者執散爵者乃酌行之與其所歡者唯受于公者拜卒爵者興以酬士于西階上士升大夫不拜乃飲實爵乃猶而也疏注乃猶而也○釋曰鄭轉乃爲而者乃是緩之辭於禮不切故爲之也士不拜受爵大夫就席士旅酌亦如之公有命徹冪則賓及諸公卿大夫皆降西階下北面東上再拜稽首命徹冪者公意殷勤

欲盡酒。公命小臣正辭，公答拜，大夫皆辟，升反位。升不成拜，於將醉正臣禮。疏注升不至臣禮○釋曰：於例臣於堂下再拜稽首，得小臣以君命辭，其拜不成，當升成拜。今直升不成拜者，以其拜於下是臣之正禮，故鄭云於將醉正臣禮。士終旅於上，如初。卿大夫降而爵止，於其反席卒之。疏注卿大至卒之○釋曰：上文卿大夫酬辯始酬士，公命徹冪，公卿以下降而爵止，是以卿大夫升反席，士以下相酬而卒之。無筭樂。升歌間合無次數，唯意所樂。宵則庶子執燭於阼階上，司宮執燭於西階上，甸人執大燭於庭，閽人為燭於門外。宵，夜也。燭，燋也。甸人掌共薪蒸者。庭大燭，為其位廣也。閽人，門人也。為作也，作燭俟賓出。疏宵則庶子執燭○釋曰：自此盡篇終，論禮畢容公卿出入之事。賓醉，北面坐取其薦脯以降。取脯，重得君之賜。奏陔。陔，夏樂章也。其歌頌類也，以鍾鼓奏之。其篇今亡。賓所執脯，以賜鍾人于門內

霤遂出必賜鍾人鍾人以鍾鼓奏陔夏賜之脯明雖醉志禮不忘樂疏釋曰案鄉飲酒鄉射
賓出無取脯賜鍾人之事者彼是臣禮此謂君臣去故詳畧不同卿大夫皆出從賓出
公不送臣也與之安燕交歡嫌亢禮也疏注臣也至禮也○釋曰案燕義云使宰夫為獻主臣
莫敢與君亢禮鄉来安燕交歡君若送之是臣與君亢禮故君不送賓也故燕禮注云賓禮訖臣禮是也
公入驁驁夏亦樂章也以鍾鼓奏之其詩今亡此公出而言入者射宮在郊以將還為入燕不驁
者於路寢無出入也疏注驁夏至入也○釋曰云驁夏亦樂章也者案周禮鍾師有九夏皆樂章其中
有驁夏如陔夏故云亦樂章也云以鐘鼓奏之案鍾師以鍾鼓奏九夏鄭云先擊鐘次擊鼓故云以鍾鼓
奏之者云其詩今亡者鄭注鍾師云火夏皆詩篇名頌之旅類也此歌之大者載在樂章樂崩亦從而亡
是以頌不能具是其今亡云此公出而言入者射宮在郊以將還為入者天子射在虞庠周之小學在西
郊案鄉射記於郊則閭中鄭云諸侯大學在郊是諸侯大射所故言入者射宮在郊以將還為入也鄭知

燕在路寢者，燕禮記云「燕朝服於寢」，與羣臣賓客燕
不合在燕寢，故知從路寢也。此篇所詳，多不具者，以
其諸侯大夫射先行燕禮，大射三番，多依
鄉射，是以與禮同者，於此不復重釋之也。

儀禮注疏卷第七

儀禮注疏卷第八

漢鄭玄注　唐賈公彦疏

後學盧陵陳鳳梧編校

聘禮第八

鄭目錄云大問曰聘諸侯相於久無事使卿相問之禮小聘使大夫周禮曰凡諸侯之邦交歲相問也殷相聘也世相朝也於五禮屬賓禮大戴第十四小戴第十五別錄第八

疏釋曰鄭云大問曰聘者則此篇發首所論是也云久無事者案下記云久無事則聘焉注云事謂盟會之屬若有事事上相見故鄭據久無事而言云小聘使大夫者下經云小聘曰問其禮如爲介三介是也周禮曰者大行人文鄭彼注小聘曰問殷中也久無事又於殷朝者及時相聘也父死子立曰世凡君即位大國朝焉小國聘焉此皆所以習禮考義正刑一德以尊天子也必擇有道之國而就脩之然歲相問殷相聘聘義所云比年小聘三年大聘是也大行人云上公九介侯伯七介子男五介又云凡諸侯之卿其禮各下其君二等聘義上公七介侯伯五介子男三介是諸侯之卿介各下其君二等者也若小聘曰問使大

夫又下其卿二等此聘禮是侯伯之卿大聘以其經
云五介上介奉束錦士介四人皆奉玉錦又云入竟
張旜孤卿建旜據侯伯之卿之聘者必見侯伯之卿
聘者周公作經互見為義此見侯伯之卿大聘玉人
云瑑圭璋八寸璧琮八寸以覜聘上公之臣公食大
夫俎實云倫膚七據子男之臣是各舉一邊而言明
五等俱有是其
互見為義也

聘禮○君與卿圖事 圖謀也謀聘故及可使者謀事者必因朝其位君南面卿西面大夫北面上東○朝直遥反 疏 注圖謀至東面○釋曰自此盡官具論聘人及用幣之事云謀聘故及可使者謀聘者為久無事明聘故謂有事故或因聘或特行若記云若有故則卒聘束帛加書將命是因聘者也晉侯使韓宣子來言汶陽之田之類是特行者也言及可使者謂於三卿之中選可使者即經云遂命使者是也其總一二事皆須謀者也言謀事者必因朝者欲取對衆共謀之意云其位君南面以下知面位然者此儀禮之內以見諸侯三朝燕朝燕禮是也又射朝大射是也不見三路門外正朝正朝當與二朝

面位同案燕禮大射皆云卿西面大夫北面士東面公降階南面揖之是以知正朝面位然也若天子三朝射人見射朝司士見正朝不見燕朝以諸侯正朝與燕朝同明天子燕朝亦與正朝同也

遂命使者使所吏反下以意推之○遂猶因也既謀其人因命之也聘使卿

疏注遂猶至使卿○釋曰云既謀其人因命之也者謂謀其人人亦在謀事之中故云因命即上注可使者是也云聘使卿者以其經云及竟張旜周禮司常云孤卿建旜故知使卿也若然使者自其謀內審知所聘之國遠道何以下記云使者既受行出遂見宰問幾月之資注云古者君臣謀密草創未知所之遠近問行用多少但所謀之時經云出聘不言其國使者不得審知故更問之是以左氏吳公子季札遂聘齊晉衛鄭之等下文云無行則重賄反幣是亦有歷聘之事也

使者再拜稽首辭辭以不敏

疏注辭以不敏○釋曰云辭以不敏者鄭取孝經曾子曰參不敏之辭爲義也

君不許乃退退反位也受命者必進

疏注退反至必進○釋曰知受命者必進者以其云退故知進乃有退法是受命前進

近君也既圖事戒上介亦如之既已也戒猶命也已謀事乃命上介難於使者易於介○易以豉反【疏】注既已至於介○釋曰既謀事乃命介在謀後別命之謀使者是難謀後命介是易也宰命司馬戒衆介衆介皆逆命不辭宰上卿貳君事者也諸侯謂司徒爲宰衆介者上士也士屬司馬周禮司馬之屬司士掌作士適四方使爲介逆猶受也【疏】注宰上至受也○釋曰天子有六卿天地四時之官是諸侯兼官而有三卿立地官司徒兼冢宰立夏官司馬兼春官立冬官司空兼秋官是以左氏杜注云季孫爲司徒叔孫爲司馬孟孫爲司空故禮記內則云后上命冢宰降德于衆兆民鄭云周禮冢宰掌飲食司徒掌十二教今一云冢宰記者據諸侯也諸侯并六卿爲三或兼職焉是其諸侯并六卿爲三諸侯以司徒爲冢宰義與此同宰上卿貳君事諸侯謂司徒爲宰者也云士屬司馬引周禮者案司士屬司馬而云作士適四方使爲介諸侯之司馬亦然故引以證諸侯司馬戒衆介也云不辭者是其副使之賤者故不敢辭宰書幣書聘所用幣多少也宰又

掌制國之用（疏）注書聘至之用○釋曰宰即上命司馬[illegible]官者也云書聘所用幣多少也者謂聘[illegible]國享君及夫人問卿之等幣周禮司儀云凡諸侯之交各稱其邦而爲之幣以其幣爲之禮鄭云幣享幣也於大國則豐於小國則殺是也云宰又掌制國之用者案王制云冢宰制國用必於歲之杪是以使之書幣也

命宰夫官具宰夫宰之屬也命之使眾官具幣及所宜齎（疏）注宰夫至宜齎○釋曰所命者冢宰司徒命之以宰夫屬司徒周禮宰夫掌百官府之徵令故命諸官云官具者謂使宰夫命諸官各具所行幣幣在官之府其司非一故言眾官幣謂享幣及問大夫問卿揔具之及所宜齎者謂行道所用多少皆是

及期夕幣及猶至也夕幣先行之日夕陳幣而視之重聘也（疏）注及猶至聘也○釋曰自此盡受書以行論陳幣付使者之事云夕幣先行之日夕知者下云厥明釋幣于禰是行日明此夕是先行之日夕也云視之者正謂賓及眾介視之故下云使者朝服帥眾介夕注云視其事是也

使者朝服帥眾介夕視其事也古文帥皆作率

管人布幕

于寢門外幕音莫○管猶館也館人謂掌次舍帷幕者也布幕以承幣寢門外朝也古文管作官今文布作數

疏注管猶至作數○釋曰云管人謂掌次舍帷幕者也者案天官有掌舍掌次幕人等掌次云有邦事則張幕設案掌舍職云爲帷宫設旌門又幕人云掌帷幕幄帟綬之事鄭云在旁曰帷在上曰幕幕或在地展陳于上即此布幕是也館人即彼掌舍以諸侯兼官故鄭揔言之也云布幕以承幣者即下文官陳幣是也云寢門外朝也者謂路門外即正朝之處也下記云宗人授次次以帷則館人與宗人共掌之若賓落則宗人掌之也

官陳幣皮北首西上加其奉於左皮上馬則北面奠幣于其前奉所奉以致命謂束帛及玄纁也馬[illegible]則者此享主用皮或時用馬馬入則在幕南皮[illegible][illegible]乘古文奉爲卷今文無則○纁許云反乘[illegible][illegible]反

疏注奉所至無則○釋曰云官陳幣者即上文官具者也館人布幕於地官陳幣於其上云奉所奉以致命謂束帛及玄纁也者所奉[illegible]明後享時奉入以致命故知是以下文享時所致束帛加璧以享[illegible]加琮以享

矣人鄭不言璧琮者璧琮不陳厥明乃授之也云馬言則者此享主用皮或時用馬者主用皮謂有皮之國國無皮者乃用馬故下云庭實皮則攝之鄭注皮言則者或用馬馬也記云皮馬相間可也注間猶代也士物有宜也云馬入則在幕南者以經云馬則北面奠幣于其前也是馬在幕南故下展幣時云馬則幕南北面奠幣于其前也知皮馬皆乘者案下賓使者覿時云總乘馬又云禮玉束帛乘皮是皆乘也使者北面衆介立于其左東上既受行同位也位在幕南疏注既受至幕南○釋曰云既受行同位者對未受命行已前卿大夫士面位各異是以記云使者既受行日朝同位鄭注云謂前夕幣之間同位者使者北面介立于其左少退別其處臣也是也知在幕南者幣在幕上使者須視幣故在幕南也卿大夫在幕東西面北上大夫西面辟使者○辟音避疏注大夫至使者○釋曰此謂處者大夫常北面今與卿同西面故云辟使者宰入告具于君君朝服出門左南鄉鄉許亮反下以意求之○入告入路門而告疏注入

告至爲告○釋曰朝在路門外故知入路門至路寢而告君以其在路寢聽政處故也史讀書展幣展猶錄也史幕東西面讀書賈人坐撫其幣每者曰在必西面者欲君與使者俱見之也○賈音嫁後同掌物價之官疏注展猶至之也○釋曰知史幕東西面者以其君南面使者北面故知幕東西面讀之可知是以鄭云欲君與使者俱見之也知賈人撫幣者以其賈人主幣行者故知賈人撫幣受之其幣謂官具之者并直所奉而已若然賈人當在幕西東面撫之亦欲使君與賓俱見之也宰執書告備具于君授使者使者受書授上介史展幣畢以言還授宰宰既告備以授使者其受授皆北面疏注史展至北面○釋曰云展幣畢以書還授宰者以其宰在幕東西面史居前西面讀書展幣展幣訖明迴還授宰宰以書授使者云其受授皆北面者當宰以書授使者之時宰來至使者之東北面授使者使者北面授介二者皆北面向君故也入公揖入揖禮羣臣疏釋曰以展幣授使者訖禮畢故入於寢也官載其幣舍于朝待旦行也

【疏】注待旦行也○釋曰此云官謂官人從賓行者與前官陳幣者異必知行者以下文入竟又展之又有司展羣幣以告注云有司載幣者自展自告是也云待日行者下文厥明釋幣遂行是也

上介視載者監其安處之畢乃出○監古銜反【疏】注監其至乃出○釋曰經直云上介視載者注云監其安處之畢乃出不言餘人出則上文舍於朝不出待旦則行以其須守幣故也

所受書以行爲當復展○爲于僞反復扶又反下以意求之【疏】注爲當復展○釋曰書謂前宰授使者此書將行爲當復展故也

厥明賓朝服釋幣于禰禰乃禮反○告爲君使也賓使者謂之賓尊之也天子諸侯將出告羣廟大夫告禰而已凡釋幣設洗盥如祭【疏】注告爲至如祭○釋曰自此盡亦如之論賓與上介將行告禰之事云朝服者卿大夫朝服祭故還服朝服告也云天子諸侯將出告羣廟者案禮記曾子問云孔子曰諸侯適天子必告于祖奠于禰注云皆奠幣以告之是諸侯出告羣廟案彼下文又云孔子曰天子諸侯將出必以幣帛皮圭告于祖禰遂奉以出是天子與諸侯同告

羣廟之事云大夫告禰而已者大夫三廟降天子不得並告故直告禰而已若父在則告祖知者下記云賜饔唯羮飪筮一尸若昭若穆注云筮尸若昭若穆容父在父在則祭祖父卒則祭禰以此言之明初行時公在釋幣於祖廟可知案昭元年楚公子圍聘於鄭云布几筵於莊共之廟而來服氏云莊謂楚莊王圍之祖共王圍之父是大夫並告羣廟者彼不告聘直告娶故得並告古者大夫得因聘而娶故傳云且娶於公孫段氏是也云凡釋幣設洗盥如祭者案曾子問云凡告用牲幣注云牲當爲制則告無牲直用幣而已但執幣須絜當有洗而盥手其設洗如祭祀之時亦洗當東榮南北以堂深水在洗東篚在洗西必知無祭事者下文還時云乃至于禰筵几于室薦脯醢觴酒陳鄭云行釋幣反釋奠略出謹入是其差也

有司筵几于室中祝先入主人從入主人在右再拜祝告又再拜更云主人者廟中之稱也祝告告以主人將行也○稱尺證反

【疏】注更云至行也○釋曰云更云主人者廟中之稱也者上云賓至此更云主人是廟中之稱故特牲少牢皆稱

主人對聘擯賓也　釋幣制玄纁束奠于几下出祝釋之也凡物十曰束玄纁之率玄居三纁居二朝貢禮云純四只制丈八尺○率音律只音紙

疏注祝釋至八尺○釋曰知祝釋幣者案曾子問君薨而世子生大祝裨冕執束帛升自西階命毋哭告曰某之子生敢告奠幣於殯東則知此亦大祝釋之可知也云凡物十曰束者案昏禮玄纁束則無卷二丈自餘行禮云束者每卷一丈八尺爲制幣帛錦十卷者皆名束至於脯十脡亦曰束故云凡物十曰束也云玄纁之率玄居三纁居二者言率皆如是也玄三纁二者象天三覆地二載也云朝貢禮云純四只制丈八尺者純謂幅之廣狹制謂舒之長短周禮趙商問只長八寸四八三十二幅廣三尺二寸大廣非其度鄭玄荅云古積畫誤爲四當爲三三咫則二天四寸矣雜記云納幣一束束五兩五兩尋然則每卷二丈若作制幣者每卷丈八尺爲制合卷爲匹也

主人立于戶東祝立于牖西少頃之間示有俟於神

疏注少頃至於神○釋曰案士虞禮無尸者出戶而聽若食間此無祭事故云有俟於神也

又入

取幣降卷幣實于笲埋于西階東笲音煩器名○又入者祝也理幣必盛以器若藏之然○盛音成又釋幣于行告將行也行者之先其古人之名未聞天子諸侯有常祀在冬大夫三祀曰門曰行曰厲喪禮有毀宗躐行出于大門則行神之位在廟門外西方不言理幣可知也今時民春秋祭祀有行神古之遺禮乎○躐力涉反疏○注告將至禮乎○釋曰云行者之先其古人之名未聞者此謂平治道路之神云古人名未聞者謂古人教人行道路者其人名字未聞云天子諸侯有常祀在冬者月令祀行是也言此者欲見大夫雖三祀有行無常祀因行使始出有告禮而已至於出城又有軷祭祭山川之神喻無險難也大夫三祀曰門曰行曰厲者見祭法文云喪禮有毀宗躐行出于大門者檀弓文案彼文掘中霤而浴毀竈以綴足及葬毀宗躐行出于大門殷道也下文周振入毀宗雖不云躐行亦有行可知所毀者毀廟門西而云躐行明行神在廟門西矣不云理幣可知者承上宗廟理之此亦理可知云今時民春秋祭神有行神古之遺禮乎者鄭以行神無正文雖約檀弓猶

引漢法爲況乎若猶疑之矣若然城外祭山川之等有軷壇此祭行神亦當有軷壇是月令冬祭行注云行至廟門外之西爲軷壇厚二寸廣五尺輪四尺是也

遂受命賓須介來乃受命也言遂者明自是出不復入【疏】注賓須至一復入○釋曰下云上介及衆介俟于使者之門外是其賓須介來乃受命也云自是出不復入者自釋幣於門不復更入若然則待介於門矣

上介釋幣亦如之如其於禰與行

上介及衆介俟于使者之門外俟待也待於門外東面北上【疏】注俟待至北上○釋曰自此盡歛旜爲使者與介向君朝受命即行之事知待於門外東面北上者上云賓釋幣說不復入明介待賓於大門外賓出則向君也言東面北上者依賓客門外之位

使者載旜帥以受命于朝旜之然反○旜旌旗屬也載之者所以表識其事也周禮曰通帛爲旜又曰孤卿建旜至於朝門使者北面東上古文旜皆爲膳○識如字疑當音志【疏】注旜旌至爲膳○釋曰云載旜之者所以表識其事者也人見張旜則知是孤卿爲使之事是表識其事也云周

禮曰者司常文云至於朝門者凡諸侯三門皐應路路門外有常朝位下文君臣皆朝列位乃使卿進使者使者乃入至朝即此朝門者皐門外　君朝服南鄉矣知北面東上者還依展幣之位也

卿大夫西面北上君使卿進使者進之者使者謙不敢必君之終使已

疏注進之至使已○釋曰此還依展幣之位知大夫與卿同西面避賓下文使者還亦同展幣北面東上位

使者入及衆介隨入北面東上君揖使者進之上介立于其左接聞命進之者有命宜相近也接猶續也○近附近之近

賈人西面坐啓櫝取圭垂繅不起而授宰櫝大木反函也繅音早注璪同○賈人在官知物賈者繅所以藉圭也其或拜則奠于其上今文繅作璪

疏注賈人至作璪○釋曰云賈人在官知物賈者謂若王制云庶人之在官府史胥徒之類以知物賈云其或拜則奠于其上者故覲禮記云奠圭于繅上是也但繅有二種一書以木爲中榦以韋衣之天子五采公侯伯三采子男

二采采爲再行下記及典瑞皆有其文此爲繅也下記云絢組尺及曲禮下文執玉其有藉者則裼鄭亦謂之繅若韋版爲之者皆奠玉於上此則無垂繅屈繅之事若絢組爲之者所以繫玉於韋版使不失墜此乃有屈垂之法則此經所云者是也案向來所注皆以韋版繅藉解之者鄭意以承玉及繫玉二者所據雖異所用相將又同名爲繅是以和合解之故以韋版爲之者以解絢組之繅也

宰執圭屈繅自公左授使者屈繅者斂之禮以相變爲敬也自公左贊幣之義

疏注屈繅至之義○釋曰云自公左贊幣之義者禮記少儀云詔辭自右贊幣自左取地道尊右之法是贊幣之義故於公左也

使者受圭同面垂繅以受命同面者宰就使者北面並授之既授之而君出命矣凡授受者授由其右受由其左

疏注同面至其立○釋曰知宰就使者北面者以經言同面不見使者進文使者既先北面故知就使者北面並面授之既授與使者即言受命明知則出命矣云凡授受者授由其右受由其左者據此宰由其右授使者使者受由其左又據鄉飲酒鄉射燕禮獻酢

酬皆授由其右受由其左故云凡以廣之若有所因由則有授由左受由右是以使者反命之時宰自公左受玉覲禮至亦於使者之東同面並受不右使者由便也又賓授覲時士受馬適右受鄭云適宰者之右而受由便又鄉飲酒云受酬者自介右鄭云尊介使不失故位如此者皆是變例鄭據平常行事而言也

既述命同面授上介述命者循君之言重失誤

疏○注述命至失誤○釋曰上文授玉訖君出命命辭雖不知何語要知使者既受命使者又重述君命爲述命述命者重失誤

上介受圭屈繅出授賈人衆介不從賈人將行者在門外北面

疏注賈人至北面○釋曰云衆介不從者以上介送圭向外與賈人反來故衆介不從以待之云賈人將行者知者經言授賈人使受之則是行人圭掌此玉故知將行者對上云賈人出玉者是留者也知在門外北面者以其使者在門外時皆北面此賈人不入明依本北面可知

受享束帛加璧受夫人之聘璋享玄纁束帛加琮皆如初璋音章○享獻也既聘又獻所以厚

恩惠也帛今之璧色繒也夫人亦有聘享者以其與已同體爲國小君也其聘用璋取其半圭也君享用璧夫人用琮天地配合之象也圭璋特達瑞也璧琮有加往德也周禮曰瑑圭璋璧琮以覜聘○繒自陵反瑑大轉反

【疏】注享獻至覜聘○釋曰此經中三事上經已受聘君圭此經受享君束帛加璧又受聘夫人璋又受享夫人琮案上文夕幣時云官陳幣皮北首西上加其奉於左皮上鄭注云奉所奉以致命謂束帛及玄纁也則知所陳直陳束帛及玄纁不陳璧琮是以此經受璧而連言束帛玄纁者以其享時束帛加璧於其上玄纁加琮於其上以相配之物故兼言束帛玄纁若然璧琮右受者以其璧琮與圭璋同類尊之故也云帛今之璧色繒者周禮大宗伯云孤執皮帛鄭注亦然又案宗伯云以蒼璧禮天下云牲幣各放其器之色幣即幣帛禮天之璧用蒼色則幣帛之色亦蒼色是璧色繒於漢時云璧色繒者亦因周法則此束幣亦與璧色同以其相配但未知注用何色耳云聘用璋取其半圭知半圭曰璋者案周禮典瑞云四圭有邸以祀天兩圭有邸以祀地圭璧以祀日月璋邸射以祀山川以上向下差之以兩

圭半四圭，圭璧半兩圭璋，鄉射又半圭璧，是半圭曰璋也。云圭璋特達瑞也者，聘義云圭璋特達德也，鄭云特達謂以朝聘也。言瑞者，大宗伯云以玉作六瑞，公執桓圭以下皆是瑞，故尚書云班瑞於群后。言特達者，不加束帛也。云璧琮有加往德也者，謂加於束帛之上，言往德者，郊特牲云束帛加璧往德也，謂以束帛加璧致厚往爲主君有德，故以玉致之。君子於下此德，故言往德也，往德義出於此。鄭言此者，從見朝覲享用玉之意也。周禮曰玉人文云瑑圭璋璧琮以覜聘者，欲見此篇聘賓不用君之所執圭璋，以其公則執桓圭，侯執信圭，伯執躬圭，子執穀璧，男執蒲璧，臣出聘圭璋璧琮則瑑之而已，無此桓信躬穀蒲之文，又所執皆降其君一等，故引之爲證也。

君遂行舍於郊。於此脫舍衣服，乃即道也。曲禮曰：凡爲君使，已受命，君言不宿於家。

疏注於此至於家○釋曰：言遂行者，受命則行，不留停，故云遂行。言於此脫舍衣服乃即道也，上文云賓朝服告禰，及遂朝君受命，至此衣服未脫，鄭注云吉時道路深衣，則此脫舍朝服，服深衣而行，故云於此脫舍衣服乃即道也。引曲禮者，見受君命乃夕君言，言別有告請之事遂行舍於郊則彼云不宿于家也**斂旜**此行道耳未有事也斂藏也○疏注此行至藏也○釋曰云此行道耳未有事也者案下文云及竟張旜是有事也故此自郊已後未有事斂藏也

若過邦至于竟使次介假道束帛將命于朝曰請帥奠幣至竟而假道諸侯以國爲家不敢直徑也將猶奉也帥猶道也請道已道路所當由○請道之道音導

疏注至竟至當由○釋曰自此盡執策於其後論過他國竟假道之事云諸侯以國爲家不敢直徑者案左氏傳僖三十三年秦師襲鄭不假道於晉爲晉所敗是其不假道直經過天子之師行過無假道以其天子以天下爲家所在如主人故也天子微弱則有之是以周語定王使單襄公聘於宋遂假道於陳以聘楚服氏注云是時天子微弱故與諸侯相聘同是也

下大夫取以入告出許

遂受幣言遂者明受其幣非爲許故也容其辭讓不得命也○爲于僞反

疏注言遂至命也○釋曰云言遂者明受其幣非爲許故也者幣本爲行禮非爲求許若因許道受幣當云出許受幣不須

言遂令不以許道受幣云遂是以容其辭讓不受此幣不得命遂受之故云遂也

餼之以其禮，上賓大牢，積唯芻禾，介皆有餼。

餼許氣反積子賜反○凡賜人以牲生曰餼餼猶稟也給也以其禮者尊卑有常差也常差者上賓上介牲用大牢羣介用少牢米皆百筥牲陳于門內之西北面米設于中庭上賓上介致之以東帛羣介則牽羊焉上賓有禾十車芻二十車禾以秣馬○少詩照反秣音末

疏注凡賜至秣馬○釋曰此謂主國所致禮云凡賜人以牲生曰餼者言凡者揔解諸文案此下經云主國使卿歸饔餼五牢云餁一牢腥二牢餼二牢陳于門西鄭注云餼生也牛羊右手牽之豕束之是牲生曰餼上介及士亦皆牲生爲餼論語云告朔之餼羊鄭注亦云牲生曰餼春秋傳云餼藏石牛服氏亦云牲生是凡牲生曰餼春秋僖二十三年鄭皇武子云餼牽竭矣服氏以爲腥曰餼以其對牽故以餼爲腥詩序云雖有牲牢饔餼鄭云腥曰餼以其對生是活故以餼爲腥又不爲牲生者鄭望文爲義故注不同也餼猶稟也給也者於賓爲稟稟者受也於主人爲給給賓容也云以其禮

者尊卑有常差常差者上賓上介牲用大牢經不言上介知與賓同大牢者若上介與羣介同當爲介者皆少牢是以下文大夫餼賓云上賓上介皆太牢米八筐衆介皆少牢米六筐是上介與賓同之義也云米皆百筥以下盡二十車皆約下文君使卿致饔餼禮若然上介與賓同太牢依大夫餼賓禮米不依大夫餼賓與上介米八筐而依者致饔餼者以此經有芻禾大夫餼無賓禮芻禾故還依主國歸饔餼之禮也衆下歸饔餼上賓上介米[illegible]于門內衆介米百筥設於門外鄭不言者略而不辨之也云上賓上介致之以束帛羣介則牽羊者案大夫餼賓禮使老牽牛以致之上介亦如之不依此依歸饔餼者以其彼此皆是國君禮唯牽以行道之間不依歸饔餼之法致之帛用束宜與歸饔餼同也云羣介則牽羊焉者致礼於士無用束帛之法但歸餼則用太牢禮盛宰夫朝服牽牛以致之此衆介皆少牢當與大夫餼賓少牢亦牽羊以致之同也無正文故言則也上賓有禾十車芻二十車亦與下歸饔餼同也若然太牢則上介與上賓同芻禾不同者以經上賓云唯芻禾言唯著異用上介無也但下文設飧時大夫之禮禾視死

牢而已此饋賓用生牢不用死牢得有禾者此過國致禮異於常禮故生致而有芻禾也以芻薪倍禾故禾十車芻二十車也士帥沒其竟沒，盡。誓于其竟賓南面上介西面衆介北面東上史讀書司馬執策立于其後筴音策○此使次介假道止而誓也賓南面專威信也使於衆介之前北面讀書以勑告士衆爲其犯禮暴掠也禮君行師從卿行旅從司馬主軍法者執策示罰○掠音亮從才用反疏○注此使至示罰○釋曰此誓當在使次介假道之時止而誓言今在士帥沒其竟之後言之者此文因上設彼國禮法訖乃更却本而才之不謂此士帥沒竟後是以鄭云此使次介假道止而誓也言賓南面專威信者此聘禮雖非軍事亦是國外之事使專威信故南面若君然也知史於衆介之前北面讀書者以經言衆介北面則言史讀書明亦北面與衆介同北面又賓南面復對之也故云君行師從已下定四年召陵之會祝佗辭引之者此聘使有旅從悉暴掠也未入竟壹肆肆以二反○謂於所聘之國竟也肆習也習聘之威儀重失誤疏注謂於至失誤○釋曰自此盡私事論雖未至主國預習聘享威儀之事此與下文爲目所習之禮事在下文謂於所聘之國者鄭解未入境境謂所聘之國境也未入也爲壝壇畫階帷其北無宮壝以垂反一以癸反壇大丹反封土曰壇畫音獲注同○壝必土象壇也惟其北宜有所鄉依也無宮不壝土畫外垣也○垣音袁疏注壝土至垣也○釋曰案覲禮與司儀同爲壇三成宮方三百步此則無外宮其壇壝土爲之無成又無尺數象之而已云惟其北宜有所鄉依者雖不立主人賓介習禮宜有所向故惟其北也云無宮不壝土畫外垣也者不壝土爲宮是畫外垣墻壝土爲外壇土今則不畫宮也朝服無主無執也不立主人主人尊也不執玉不執褻也使習其威儀而已疏注不立至而已○釋曰云不立主人主人尊也者主人則主國君當聘享者不立臣作君故云主人尊也介皆與北面西上與音預○入門左之位也古文與作豫疏注入門至作豫○釋曰此所習之禮本習大門外內及廟門內之禮者以其於外威儀少而易行故略之但習

入廟聘享揖讓升降布幣受玉之禮是以直云北面西上之位也云入門左之位者案下文云賓入門左介皆入門右北面西上是也

習享士執庭實士士介也庭實必執之者皮則有攝張之節

疏注士士至之節○釋曰享時庭實旅百獻國所有非止於皮如所執是皮者以其金龜竹箭之等皆列於地不執之所執者唯有皮而已是以下聘時賓升致命張皮之時執皮者張之以見文是以特言執也是以云皮有攝張之節

習夫人之聘享亦如之習公事不習私事公事致命者也

疏注公事致命者也○釋曰云習夫人之聘享亦如之者以其行聘君說則行聘夫人行享君說即行享夫人還君受之一如君禮故云亦如之也云習公事者謂君聘享夫人聘享及問大夫皆致君命故鄭云公事致命者是以下文行君聘享及夫人聘享說擯出請賓告事畢鄭注云公事畢又問卿時云卿大夫升堂北面聽命賓東面致命鄭注云致其君之命皆公事致命者也私事者謂私覿於君私面於卿大夫以下文賓覿入門右注云私事自闑右是又問卿說賓西面如覿幣入門

右大夫辭賓遂左注云見私事雖敵賓謙入門右爲
若降等然是也若然大夫之幣不在朝付之至郊乃
付之避君禮不謂非公事**及竟張旜誓**及至也張旜明事在此國也張旜謂使人維之疏
注及至至維之○釋曰自此盡入境斂旜論賓至主
國之境謁關人見威儀之事云張旜明事在此國者
以其行道斂旜及境張旜明所聘之事在此國故張
旜以表其事也是以鄭云明事在此國也云張旜使
人維之者案禮緯稽命徵云大夫杠五刃齊於較轄
崇八尺人又長八尺人維得手及之者蓋以物接之
乃得維持之案節服氏掌祭祀朝覲六人維王之大
常諸侯則四人但大常十二旒人有六則一人維持
二旒鄭云維之以縷用縷維之大夫無文諸侯四人不依命數大夫或一人或二人維持之**乃謁**
關人謁告也古者竟上爲關以譏異服識異言疏注謁告至異言○釋曰古者竟上爲關者王成
十二門則亦通十二辰辰有一門一關諸侯未知幾
關魯發六關半天子則餘諸侯亦或然也云關譏異
服識異言者案王制云關譏而不征注亦云譏異服
異言二注皆無正文案周禮司門云幾出入不物者

注云不物衣服視占不與衆同鄭以出入不物幾之則不物中含有此異服異言云衣服視占不與衆同則是異也但周禮司關上士二人中士四人又云每關下士二人但司關爲都揔主十二關居本國都每關下士二人者各主一關今所謂關人者謂告每關關人來告司關司關爲之告王故司關職云凡四方之賓客叩關則爲之告是也

關人問從者幾人

從才用反幾居豈反○欲知聘問且爲有司當共委積之具○委於僞反積子賜反

疏注欲知至之具○釋曰不問使人而問從者關人卑者不敢輕問尊者故問從者云欲知聘問者問得從者即知使者是大聘亦知使者是小聘知者以君行師從一州之民卿行旅從一黨之人若大夫小聘當一族之百人也且爲有司當共委積之具者賓客入竟當於廬宿市設少曰委多曰積是爲行道之具也

以介對

以所與受命者對謙也聘禮上公之使者七介侯伯之使者五介子男之使者三介以其代君交於列國是以貴之周禮曰凡諸侯之卿其禮各下其君二等

疏注以所至二等○釋曰云以所與受命者對謙也者上問從者幾人當爲卿行旅從

對令不云而以介與受命者對是謙也聘禮上公之使七介至三介皆礼記聘義文而云聘禮者聘義齊得言聘禮也云以其代君交於列國是以貴之者隨國大小節級與之介以副使者是貴之也引周禮者彼見貴之纔下其君二等而已也鄭注周禮二等謂介與朝位賓主之間也

君使士請事

遂以入竟

請猶問也問所爲來之故也遂以入因道之【疏】○注請猶至道之○釋曰君得關入告即知爲聘來使士迎之故聘義云君使士迎于竟是也而云使士請事者事不必人故知而猶關也云遂以入竟者若然向來賓之問猶停關外君使士請訖乃道以入竟

入竟斂旝乃展

復校錄幣重其事斂旝變於始入【疏】注復校至始入○釋曰自此盡賓入之館論三度展幣之事云重其事者恐有脫漏失錯故云重其事不可輕也斂旝變於始入者上及竟張旝注云事在此國也此則入竟後乃斂之者謂初出至郊斂旝鄭云行道耳未有事也此亦及竟示有事於此國張之始入張之去國遠更是行道未有事故鄭云變於始入始入時示有事於此國今是行道去之故云變於始入也

布幕賓朝服立于幕東西面介皆北面東上賈人北面坐拭圭拭音式○拭清也側幕而坐乃開櫝○清或才姓反疏注拭清至開櫝○釋曰賓西面者辟不對君由是臣道異於前警特示威信也知賈人側幕者以其幕所陳皆賈人所主此圭雖不陳亦宜側近於幕以開圭也知賈人坐者亦大聘將於廟門外賈人開圭坐授上介故知此亦坐遂執展之持之而立告在疏注持之而立告在○釋曰此經告說下文乃云上介北面視之則此所告者告賓云云在上介乃視之上介北面視之退復位言退復位則視圭進違位疏注言退至位○釋曰鄭言此者見經直有退文不見其進故云則視圭進也違位之言出於曲禮曲禮云揖人必違其位鄭云禮以變爲敬今此進違位亦是敬也退圭圭璋尊不陳之疏注圭璋尊不陳之○釋曰尊不陳對下文拭璧加于左安上陳之爲卑故也上不言璋直言圭下乃言夫人之聘享則璋未拭而升言璋者欲見皆當陳故陳皮北首西上又拭璧展之

會諸其幣加于左皮上上介視之退會合也諸於也古文曰陳幣北首【疏】注會合至北首○釋曰壁言合諸幣者享時當合故今亦合而陳之故小行人云合六幣六幣亦是所享之物故也馬則幕南北面奠幣于其前前當前幕上展夫人之聘享亦如之賈人告于上介上介告于賓展夫人聘享上介不視貶於君也賈人既拭璋琮南面告於上介上介於是乃東面以告賓亦所謂放而文之類○放方往反【疏】注展夫至之類○釋曰知面位如此者其賈人北面在幕南上介亦北面明賈人既拭夫人聘璋享琮訖乃迴身南面告上介上介於是還東面告賓可知也云所謂放而文之類者所謂禮器云有放而文也注云謂若天子服日月以至黼黻是天子衣放象日月以下而爲文今夫人聘享展訖但上介不視至於賈人南面告上介東面告賓放象君礼而爲文變是其類也有司展羣幣以告羣幣私覿及大夫者有司載幣者自展自告【疏】注羣幣至自告○釋曰云羣幣私覿及大夫者

上展君及夫人幣訖此言有司展羣幣故知是私覿及大夫夫者私覿者行君夫人聘享訖賓以私礼己物見主君云大夫者亦謂賓以己物面主國之卿必知私覿之幣是賓介自將己物者以經記上下唯有君及夫人聘享及問大夫聘之幣付使者之文不見有付賓介私覿之幣文案下文賓將還遂行舍于郊公使卿贈如覿幣使下大夫贈上介亦如之使士贈衆介如其覿幣還至本國陳幣于朝云上賓之公幣私幣皆陳上介公幣陳他介皆否注云此幣使者及介所得於彼國君卿大夫之贈賜也其禮於君者不陳公幣君之賜也私幣卿大夫之幣也至於賓反命訖君使宰賜使者及介幣以此言之彼國所報私覿之幣還與賓介明知私覿是賓介私齎行可知也更有校人云凡國之使者皆供其幣馬注云使者所用私覿若然彼使者謂天子使卿大夫存覜問諸侯之私事使者得行私覿私覿之馬校人供之與諸侯禮異也

及郊又展如初郊遠郊也周制天子畿內千里遠郊百里以此差之遠郊上公五十里侯伯三十里子男十里也近郊各半之

疏注郊遠至半之○釋曰云周制天子畿內千里者周

禮大司徒云制其畿方千里據周禮而言其自殷以上亦畿方千里商頌云邦畿千里唯民所止夏齊千里王制云天子縣內方千里鄭據夏時禹貢方千里曰甸服據唐虞畿內是也云遠郊百里者司馬法文王畿方千里城面五百里以百里爲遠郊若公五百里中置國城面二百五十里故遠郊五十里自此以下至子男差之可知云近郊各半之者亦約周天子遠郊百里近郊五十里亦無正文尚書君陳序云命君陳分正東郊成周鄭注周之近郊五十里今河南洛陽相去則然鄭以自驗知之若然天子近郊半遠郊則諸侯近郊各半遠郊可知也

及館展幣於賈人之館如初館舍也遠郊之內有候館可以小休止沐浴展幣不于賓館者爲主國之人有勞問己者就焉便疾也○勞力到反

疏注館舍至疾也○釋曰案周禮遺人職云十里有廬二十里有宿伍十里有市市有候館畿內道路皆有候館鄭云遠郊之內有候館若此據候館在遠郊之內指而言之不謂於此獨有也以行道之間偃息故云小休止沐浴又得展幣也云展幣不于賓館者爲主國之人有勞問己者就焉便疾也者若幷在

賓館則事煩不疾者展幣於賈人之館其賓館受勞問是以就賈人之館展幣便疾也案大行人諸侯朝天子上公三勞侯伯再勞子男一勞孤不問一勞諸侯自相朝無過如朝天子遣臣相聘無過一勞此下文使卿近郊勞此乃遠郊之内得有此勞問已者謂同姓舅甥之國而加恩厚者別有遠郊之内問勞也

賓至于近郊張旜君使下大夫請行反君使卿朝服用束帛勞請行問所之也雖知之謙不必也士請事大夫請行卿勞彌尊賓也其服皆朝服

疏注請行至朝服○釋曰自此盡遂以賓入論主君使大夫及卿行請勞之事入近郊張旜者示將有事以自表也知皆朝服者以卿勞禮重尚朝服明上以外士大夫輕者朝服可知也故舉後以明前也

上介出請入告賓禮辭迎于舍門之外再拜出請出門西面請所以來事也入告入北面告賓也每所及至皆有舍其有來者與皆出請入告于此言之者賓彌尊事彌録

疏注出請至彌録○釋曰云入北面告賓也者此時賓當在賓館阼階西面故上介北面告賓也云每

所及至皆有舍其有來者皆出請入告于此言之謂賓彌尊事彌錄者道皆有廬宿市之舍前注請事
大夫請行亦當出請入告於此始言之者先士次大夫後卿以是先卑後尊今復見此言故云賓彌尊事
彌錄也勞者不荅拜凡為人使不當其禮疏注凡為至其禮○釋曰言凡者非直此卿
為君勞賓不敢當其禮不荅拜聘賓亦初入大門主君拜賓辟不荅拜也如此之類皆然故云凡以該之
至後賓勞者與之荅拜為已故也賓揖先入受于舍門內不受于堂此主於侯
伯之臣也公之臣受勞於堂疏注不受至於堂○釋曰知公之臣受勞於堂者案司儀云諸公之臣
相為國客及大夫郊勞三辭拜辱三讓登聽命是公之臣受勞於堂之事勞者奉幣入東
面致命東面鄉賓疏注東面鄉賓○釋曰賓在館如主人當入門西面故勞者東面向之也
賓北面聽命還少退再拜稽首受幣勞者出北面聽命若若
南面然少退象降拜疏注北面至降拜○釋曰云北面聽命若君南面然少退象降拜者下文歸饔餼

大夫東面致命賓降階西面再拜稽首是此象之也若然此行尊卑禮辭受法歸饔餼特堂上北面受幣此在庭亦當北面辭受幣勞者南面可知也**授老幣**老賓之臣疏注老賓之臣○釋曰大夫家臣稱老若趙魏臧氏老之類也**出迎勞者**欲儐之疏注欲儐之○釋曰司儀注云上於下曰禮敵者曰儐此言儐者欲見賓以禮禮使者故云欲儐之**勞者禮辭賓揖先入勞者從之乘皮設**乘繩證反後此類皆同設於門內也物四曰乘皮麋鹿皮也疏注設於至皮也○釋曰庭實當三分庭一在南設之今以儐勞者在庭故設於門內也云麋鹿皮者鄭於下注云君於臣臣於君麋鹿皮可者以無正文知用麋鹿皮者案郊特牲云虎豹之皮示服猛也彼諸侯朝享天子法用虎豹此臣聘君降於享天子法用麋鹿皮故齊語云齊桓公使諸侯輕其幣用麋鹿皮四張亦一隅也**賓用束錦儐勞者**儐必刃反○言儐者賓在公館如家之義亦以來者為賓疏注言儐至為賓○釋曰云言儐者賓在公館如家之義亦以來者為賓者凡言儐者謂報

於賓今以賓館故賓者主人故云儐賓勞者即以勞者爲儐賓故也勞者再拜稽首受稽首尊國賓也（疏）注稽首尊國賓○釋曰周禮大祝辨九拜一曰稽首首至地臣拜君法二曰頓首頭叩地平敵相拜法三曰空首首至手君荅臣下拜法郊特牲云大夫之臣不稽首非尊家臣以辟君也今此勞者與賓同類不頓首而稽首故云尊國賓也下賓亦稽首送者以是爲君使故亦稽首以報之也賓再拜稽首送幣受送拜皆北面象階上（疏）注受送至階上○釋曰知受送拜皆北面象階上者此經面位無文案歸饔餼賓儐大夫時賓楹間北面受幣大夫西面受此賓亦宜與彼同北面授還北面拜送若然云受送拜皆北面者誤當云授送拜皆北面並據賓而言也勞者揖皮出乃退賓送再拜揖皮出東面揖執皮者而出（疏）注揖皮至而出○釋曰知東面揖執皮者以其執皮者在門內當門勞者在執皮之西故知東面揖皮可知揖之若親受之又執皮者是賓之使者執皮者得揖從出勞者從人當訝受之是以公食大夫禮云賓三飯公侑食以東帛庭實設乘

皮賔受幣賔出揖庭實出鄭云揖執皮者若親受云上介受賔幣從者訝受皮則此從者亦訝受可知也

夫人使下大夫勞以二竹簋方玄被纁裏有蓋簋音甫或作簋外圓内方曰簋内圓外方曰簋○竹簋方者器名也以竹為之狀如簋而方如今寒具筥筥者圜此方耳○圜音圓（疏）注竹簋至方耳○釋曰自此盡以賔入論夫人勞賔之事夫人勞使下大夫者降于君故不使卿凡簋皆用木而圓受斗二升此則用竹而方故云如簋而方受斗二升則同如今寒具筥者寒具見籩人先鄭云朝事謂清朝未食先進寒具口實之籩實以冬食故謂之寒具筥圓此方者方圓不同為異也案玉人云案十有二寸棗栗十有二列諸侯純九大夫純五夫人以勞諸侯彼有玉案者謂王后法有玉案并有竹簋以盛棗栗故彼引此為證此諸侯夫人勞卿大夫故無案直有竹簋以盛棗栗

其實棗蒸栗擇兼執之以進兼猶兩也右手執棗左手執栗（疏）注兼猶至執栗○釋曰云兼猶兩者謂一人執兩事知右手執棗左手執栗者見下文云賔受棗大夫二手授栗則

大夫先度右手乃以左手共授要便也上文右手執棗可知必用右手執棗先度之者鄭注士昬禮云棗美故用右手執棗也

賓受棗大夫二手授栗受授不遊手慎之也○疏注受授至之也○釋曰初兩手俱用既授棗而不兩手共授栗則是遊暇一手不慎也今右手授棗訖即兩手共授栗不遊手爲謹慎也

賓之受如初禮如卿勞之儀

儐之如初

下大夫勞者遂以賓入出以束錦授從者因東面釋辭請導之以入然則賓送不拜○疏注出以至不拜○釋曰云出以束錦授從者因東面釋辭請導之者儐下大夫知前有束錦則此大夫亦受得束錦經言遂以賓入明知有辭請導之雖無文鄭以意言之大夫在西明出時授束錦與己從者乃得因東面釋請導之辭也云然則賓送不拜者以其云遂以賓入即從之明賓送不拜謂若公食大夫使人戒賓不拜送遂從之其類也案上君使士請遂以賓入鄭云因導之鄭不言賓送不拜者士請事空手無幣賓亦不賓請導賓賓從入無再拜送之理故鄭不言賓送不拜此大夫勞儐與卿同有拜送之理故云賓

還不拜也覲禮大夫勞侯氏侯氏即從大夫入至于拜送大夫天子使尊故雖從亦拜送與此異

朝主人曰不腆先君之祧既拚以俟矣腆他典反拚方問反謂掃酒○賓至外門下太夫入告出釋此辭主人者公也不言公而言主人主人接賓之辭明至欲受之不敢稽賓也腆猶善也遷主所在曰祧周禮天子七廟文武爲祧諸侯五廟則祧始祖也是亦廟也言祧者祧尊而廟親待賓客者上尊者

疏○釋曰自此盡俟間論賓初至主君請行聘禮賓之請俟間之事云至于朝者鄭云賓至外所者外門即諸侯之外朝故下云以拯造朝亦謂大門外爲外朝也云下大夫入告出釋此辭者也丁大夫即夫人勞賓導賓入音也云明至欲受之不敢稽賓者案覲禮云侯氏遂從之天子賜舍鄭云且使即安不即言欲受之者彼天子以諸侯爲臣故使且安此鄰國聘賓下臣人之臣敬言不敢稽賓也云遷主所在曰祧者此總解天子諸侯稱祧也云周禮天子七廟文武爲祧者案周禮大宗伯序官守祧職云奄入人鄭注云遠廟曰祧又守祧職云掌守先王先公之廟祧鄭注云廟謂大祖之

廟及三昭三穆遷主所藏曰祧先公之遷主藏于后稷之廟先王之遷主藏于文武之廟云奄八人廟有一命周立七廟通姜嫄廟為八故奄八人祭法鄭注云祧之言超也超上去意也不毀之也云遷主所藏曰祧天子有二祧以其藏遷主諸侯無二祧遷主藏于太祖廟故此名大祖廟為祧也云既拚者少儀云埽席前曰拚拚也埽除之名云諸侯五廟王制與祭法文云則祧始祖是亦廟也言祧者祧尊而廟親待賓客者上尊者下文迎賓於大門揖入及廟門受賓聘享皆在廟此云先君之祧明下文廟是太祖廟可知是以於太祖廟受聘享以尊之若饗食則於禰廟燕又在寢彌相親也此鄭義若孔君王肅則以高祖之父及祖為二祧非鄭義也

賓曰俟間。

閒如字劉音閑○賓之意不欲奄卒主人也且以道路悠遠欲沐浴齊戒俟間未敢聞命○卒寸忽反齊側皆反

疏

注賓之至聞命○釋曰此鄭以意解之上文以意解主君不欲稽留於賓此經解賓意不欲奄卒主人故云俟間必知有齊戒沐浴者案玉藻云將適公所宿齊戒沐浴彼謂臣見己君入廟必須齊戒沐浴此有齊戒沐浴可知也云未敢聞命者謂不腆

先君之祧既拚以俟之命不敢聞之也

大夫帥至于館卿致館致至也賓至此館主人以上卿禮致之所以安之也

疏注致至至之也○釋曰自此盡送再拜論主君遣卿致館之事云賓至此館主人以上卿禮致之者案覲禮云侯氏遂從之天子賜舍辭曰賜伯父舍侯氏再拜稽首受儐之束帛乘馬注云王使人以命致館無禮猶儐之者尊王使也無禮謂無束帛此云以上卿禮明有束帛致亦可知若然有禮則稱致覲禮不稱致無禮故也案司儀云諸公相爲賓主君郊勞云三辭拜受拜受謂拜受幣又云致館亦如之鄭云使大夫授之君又以禮親致焉亦是有幣可知又云諸侯諸伯諸子諸男之相爲賓也各以其禮相待也如諸公之儀是五等相待致館同有幣矣天子待諸侯無幣則其臣來無幣可知據此文侯伯之卿聘郊勞致館有幣則五等待臣皆同有幣也司儀諸侯之臣相爲國客亦皆有幣與此同若諸侯遣大夫小聘曰問下云小聘曰問不享有獻不及夫人不迎几不禮面不升不郊勞注云記貶於大聘所以爲小也獻私獻也面猶覿也雖不言不致館略之也亦不致也又諸侯朝覲天子

子天子無禮以致猶賓尊王使又五等自相朝王國皆有禮皆有儐故司儀云賓繼主君皆如主國之禮鄭玄謂繼主君者儐主君也儐之者主君郊勞致館饔餼還圭贈郊送之時也此等皆主君親致館又云致館亦如之亦如郊勞時亦有儐矣以此言諸臣致者皆有儐也若諸侯遣卿大夫聘王國有用幣致館無儐也故司儀云諸公之臣相爲國客致館如初之儀鄭注云如郊勞也不儐耳是也

賓迎再拜卿致命賓再拜稽首卿退賓送再拜

卿不俟設飧之畢以不用束帛致故也不用束帛致之者明爲新至非大禮也○飧音孫注司熟食曰飧

疏注卿不至禮也○釋曰云賓迎再拜者賓在館如主人故先拜也卿不言答拜答拜可知但文略耳雖不言入言迎則入門可知言卿致命者亦東面致君命也云卿不俟設飧之畢以不用束帛致故也者下直云宰夫朝服設飧不言致則此卿致館無致飧矣致館有束帛致飧空以辭致君命無束帛者案下記云飧不致鄭注云不以束帛致命草次饌飧具輕若然卿以空拜致飧既即退不待宰夫設畢也以不用束帛致故也云非大禮

也者對下聘曰致饔鄭云意歸大禮也若然此侯伯之卿禮其公之臣亦以幣帛致椉司儀云諸公之臣相為國客致館如初之儀鄭注云不言致飱者君於聘大夫不致飱也聘禮曰飱不致賓不拜是也其子男之臣不致可知又椉司儀云君親致館至於致飱如致積之禮鄭注云俱使大夫禮同也以此言之致館致飱似別人者但致積在道致飱在館所致別人若致館與致飱同特致館者兼致飱無嫌也言俱使大夫者言積與飱同使大夫決君不親之義何妨致館與致飱一人也其臣致飱無幣其五等諸侯致飱則有幣椉司儀諸侯相於致飱如致積致積有幣知致飱亦有幣也

宰夫朝服設飱

不食備禮曰飱詩云不素飱兮春秋傳曰方食魚飱皆謂是

疏

注食不至謂是○釋曰云食不備禮曰飱者對饔餼也生與腥飪俱有餘物又多此飱唯有腥飪而無生餘物又少故云不備禮也引詩傳者椉詩云彼君子兮不素飱兮毛云熟食曰飱鄭云讀如魚飱之飱則詩飱與傳魚飱同是直食魚與飯爲飱彼少牢小禮中不備此則兩太牢大禮中不備不備曰是故引證一邊不備其實禮有異也春秋傳曰方食

魚飧者案宣六年經書晉趙盾衛孫免侵陳公羊傳曰趙盾弑君此其復見何親弑君者趙穿也親弑君者趙穿則曷爲加之趙盾不討賊也復國不討賊此非弑君如何趙盾之復國奈何靈公爲無道靈公使膳宰以熊膰不熟公殺之盾入諫公見盾再拜盾拜膰首歸公使勇士某者往殺之勇士入門不見人闚其戶方食魚飧勇士曰嘻子誠仁人也是子之儉也吾不忍殺子也雖然吾不可復見吾君矣遂刎頸而死是魚飧之事

飪一牢在西鼎九羞鼎三腥一牢在東鼎七

飪而審反○中庭之饌也飪熟也熟在西腥在東象春秋也鼎西九東七凡其鼎實與其陳如陳饔餼羞鼎則陪鼎也以其實言之則曰羞以其陳言之則曰陪

疏注中庭至曰陪○釋曰云中庭之饌也者對下文是堂上及門外之饌也云象春秋也者腥之言生象春物生飪熟也象秋物有成熟故云象春秋也云鼎西九東七者九謂正鼎九牛羊豕魚腊腸胃膚鮮魚鮮腊東七者腥鼎無鮮魚鮮腊故七云凡其鼎實與其陳如陳饔餼者如其死牢故掌客云諸侯之禮饔餼九牢七牢五牢其死牢如飧之陳凡介行

人皆有牲饔餼此則如介禮也是飧之死牢與饔餼死牢實與飧陳同亦於東階西階也云羞鼎則陪鼎也知是一物者此云羞鼎下饔餼言陪鼎故知一也陪鼎三則下云膷臐膮是也**堂上之饌八西夾六**八六者豆數也凡饌以豆爲本堂上八豆八簋六鉶兩簠八壺西夾六豆六簋四鉶兩簠六壺其實與其陳亦如饔餼○鉶音刑（疏）注八六至饔餼○釋曰堂上與西夾所陳六八非一知六八是豆者凡設饌皆先設豆乃設餘饌故鄭云凡饌以豆爲本無妨六八之內兼有餘饌故鄭言簋鉶之等也凡鄭所云皆約饔餼故云亦如饔餼也鄭必約與陳饔餼同者以其陳鼎饔餼同故知餘亦同也**門外米禾皆二十車**禾稾實并刈者也諸侯之禮車米視生牢禾視死牢牢十車大夫之禮皆視死牢而已雖有生牢不取數焉米陳門東禾陳門西○稾古老反刈魚廢反（疏）注禾稾至門西○釋曰諸侯之禮車米視生牢禾視死牢牢皆十車者案掌客云上公之禮飧五牢饔餼九牢其死牢如飧之陳牽四牢車米視生牢牢十車車秉有五籔車禾視死牢牢十車侯伯飧四牢饔餼七牢

其死牢如飱之陳牽三牢下子男飱三牢饔餼五牢其死牢如飱之陳牽二牢皆米禾視生牢牢十車禾視死牢牢十車是其義也云大夫之禮皆視死牢而已雖有生牢不取數焉者知然者見下歸饔餼五牢饔三牢餼二牢饔三牢死牢也門外米禾皆三十車與死三牢同不取餼二牢生之數故知義然也云米陳門東禾陳門西者此亦約下歸饔餼知之上皆云陳如饔餼此不云如饔餼者至下經與薪芻并云凡此之陳亦如饔餼是也

薪芻倍禾各四十車凡此之陳亦如饔餼

上介餼一牢在西鼎七羞鼎三堂上之饌六門外米禾皆十車薪芻倍禾西鼎七無鮮魚鮮腊

【疏】注西鼎至鮮腊○釋曰六者與賓西夾數同但言空則西夾無矣云西鼎七無鮮魚鮮腊者此亦約饔餼時賓餼鼎數故下文賓腥鼎七無鮮魚鮮腊此亦鼎七故知無鮮魚鮮腊也

眾介皆少牢亦餼在西鼎五羊豕腸胃魚腊新至尚孰堂上之饌四豆四籩兩鉶四壺無籩

【疏】注亦餼至無籩○釋曰知亦餼者依上介知然知鼎五者以賓九上介七眾介當五降殺

以兩又約少牢五鼎此亦少牢故知亦五鼎也知鼎實有羊豕魚腊與腸胃者以上介無鮮魚鮮腊此又無牛故從羊豕以下數之得五案少牢有膚此無者生人食與祭異故玉藻朔月少牢五俎亦云羊豕魚腊腸胃不數膚也案上注皆不言新至尚孰於此言之者上文賓與上介皆言飪一牢在西下歸饔餼亦言飪一牢在西此衆介直言少牢不言飪下文歸饔餼亦直言餼一牢無飪恐衆介飧饔前後皆無飪故特言之新至尚孰對後無饔直有餼不尚孰也必知少牢是飪者承上上介一牢飪知此亦飪云堂上之饌四豆四簋兩鉶四壺無簠知數如此者以賓與上介降殺以兩故然也知無簠者以賓簠有二曲禮云歲凶大夫不食粱非歲凶大夫食粱粱大夫當食六夫禮多與賓同簋盛稻粱則上介亦二簋與賓同士非直不合食粱差降亦無簠也

厥明訝賓于館訝五嫁反○此訝下大夫也以君命迎賓謂之訝訝迎也亦皮弁

疏注此訝至皮弁○釋曰自此盡每曲揖論將行聘禮士君迎賓向廟之事云此訝下大夫也者案周禮有掌訝中士八人爲之此訝下大夫非掌訝也案下記云卿大夫訝大夫士

而士皆有訝又周禮掌訝云凡賓客諸侯有卿訝卿有大夫訝大夫有士訝士皆有訝此大聘是卿故使下大夫訝也天子諸侯雖有掌訝之官朝聘之賓不使掌訝為訝直以尊卑節級為訝故云此訝下大夫也言以君命迎者凡舉皆是以承君命故知迎賓待君命也云亦皮弁者下文君及賓皮弁明此大夫亦皮弁服也

賓皮弁聘至于朝賓入于次

服皮弁者朝聘主相尊敬也諸侯視朔皮弁服入于次者俟辦也次在大門外之西以帷為之○辦蒲莧反辦具之辦

疏注服皮至為之○釋曰云服皮弁者朝聘主相尊敬也者周禮大行人諸侯朝天子各服冕服廟中將幣三享覲禮亦云侯氏裨冕在廟覲天子此諸侯待四方朝聘皆皮弁者入天子廟得申其上服入已廟不可以冕服又不可服常朝之服故服天子之朝服諸侯以為視朔之服在廟視朝聘之賓是相尊敬故也知此皮弁是諸侯視朔服者以其玉藻云諸侯皮弁以聽朔於大廟是也云次在大門外之西以帷為之者以下記云宗人授次次以帷少退于君之次以賓位在西故知也

乃陳幣

有司入于主國廟門外以布幕陳幣

如展幣焉圭璋賈人執櫝而俟【疏】注有司至而俟○釋曰有司入于主國廟門外者案下文行聘時幣在主國廟門外知在此也知有幕者以言陳幣如展幣明亦布幕陳幣也云圭璋賈人執櫝而俟者案不文云賈人東面坐啓櫝取圭鄭注賈人鄉入陳幣東面俟於此言之訖有其事也是也

卿爲上擯大夫爲承擯士爲紹擯擯者出請事擯爲主國之君所使出接賓者也紹繼也其位相承繼而出也主君公也則擯者五人侯伯也則擯者四人子男也則擯者三人聘義曰介紹而傳命君子於其所尊不敢質敬之至也既知其所爲來之事復請之者賓來當與主君爲禮爲其謙不敢斥尊者啓發以進之於是時賓出次直闑西北面上擯在闑東闑外西面其相去也公之使者七十步侯伯之使者五十步子男之使者三十步此旅擯耳不傳命上介在賓西北東面承擯在上擯東南西面各自次序而下末介末擯旁相去三丈六尺上擯之請事進南面揖賓俱前賓至末介上擯至末擯亦相去三丈六尺止揖而請事還入告于公天子諸侯朝覲乃令介紹傳命耳其儀各鄉本受命反

面傳而下及末則鄉受之反面傳面上又受命傳而下亦如之此二丈六尺者門容二徹參个旁加各步也今文無擯ㄇ所爲于僞反下爲其皆同闑魚列反閾音域而上之上時掌反

疏 注擯謂至無擯ㄇ釋曰此擯陳在主國大門外主君之擯與君之介東西相對南北陳之云其位相承繼而出也者從門向南陳爲繼而出云主君公也則擯者五人侯伯也則擯者四人子男也則擯者三人者案周禮大行人天子待諸侯云上公之禮擯者五人侯伯之禮擯者四人子男則擯者二人今以諸侯待聘賓用天子待巳之擯數者以諸侯自相待無文鄭以意解之但天子尊得分辦諸侯尊卑以待之諸侯卑降天子不敢分辦前人故據巳國大小而爲擯數且春秋又有大國朝焉小國聘焉又有卿出並聘之事則小國有朝大國法無大國大國下朝小國之禮若相聘問大小皆得若然待其臣據此文與待君等天子待諸侯之臣亦宜與君同也又案周禮大宗伯爲上擯小行人爲承擯觀禮嗇夫爲末擯若待子男三人足矣若侯伯少一人待上公少二人一人二人皆以士充數也引聘義者案彼鄭注質謂正自相當故設擯介通情

乃相見是敬之至引之者證須擯介之意也云既知其所爲來之事者在道已遣士請事大夫問行郊勞致館之等是足知來事矣云復請之者賓來當與主君爲禮爲其謙不敢斥尊者啓發以進之者亦辭所以立擯介通情及進相見之義也云於是時賓出次直闑西北面者案玉藻云君入門介拂闑大夫中棖與闑之閒士介拂棖此謂朝君又云賓入不中門此謂聘賓云不中門則此闑西北面者若然聘賓入門還依作介入時同亦拂闑也云上擯在闑東閾外西面者主位注東故賓在闑西上擯在闑東以擯位並門東西面故上擯亦西面向君也云其相去也公之使者七十步侯伯之使者五十步子男之使者三十步者此依大行人云諸侯之卿其禮各下其君二等鄭注云所下者介與賓主之閒是以步數與介數亦降二等也云此旅擯耳者案司儀云三問旅擯鄭云旅陳陳擯介不傳辭故鄭此云不傳命也若然上注下注皆引聘義云介紹而傳命者若交擯傳命則是賓介傳命此旅擯傳命者直是賓來至末介下對上擯傳本君之命也其介相紹繼則交擯旅擯同唯傳命不傳辭其異矣是以司儀云及將幣交擯鄭注亦

引聘義介紹而傳命爲諮以其皆是相連繼於位也云上介在賓西北東面承擯在上擯東南西面此謂賓直闑西北面主君在門內南面列位時云西北東南者擯賓西北望上介介仍向正北陳之矣上擯東南望承擯等仍向正南陳之矣不謂介西此邪陳擯東面向邪陳也云各自次序而下者賓之介或七或五或三從南向北次序上次下至末介主人之擯或五或四或三從承擯向南上次下至末擯也東西相去三丈六尺云上擯之請事進南面揖賓俱前者謂上擯入向公前北面受命出門南面遙揖賓使前擯者漸南行賓至末介北東面上擯至末擯南西面東西相去亦三丈六尺云止揖而請事者二人俱立定乃揖而請所爲來之事云還入告于公者賓對訖上擯入告公公乃有命納賓也云天子諸侯朝覲乃命介紹傳命耳者此引聘義文自此以下論天子諸侯交擯法云紹者亦謂使介相紹繼以傳命即擯介相傳賓主之命也此交擯謂在大門外初未迎賓時案曲禮注春夏受贄於朝受享於廟秋冬一受之於廟覲禮天子不下堂而見諸侯則秋冬受贄受享皆無迎法無迎法則無此交擯之義若春秋受贄於朝無

迎法受享於廟則迎之故大行人云廟中將幣三享鄭注朝先享不言朝者朝正禮不嫌有等也是正朝無迎法若然覲禮無迎法此云朝覲彼言覲者雖無迎法饗食則有迎法故齊僕云朝覲宗遇饗食皆乘金路其法儀各以其等爲車送迎之節故連覲也云其儀各鄉本受命反面傳而下者雖言各鄉本受命非一時之事先上擯入受命出傳與承擯承擯傳與末擯此是上擯鄉本受命反面傳而下末介向末擯遂受命傳與次介次介傳與上介上介傳與賓是及其末則鄉受之反面傳而上也云又受命傳而下亦如之者此乃發賓傳向主君一如前發主君傳而向下故云亦如之如此三迴爲交擯三辭此則司儀云諸公相爲賓交擯三辭者也諸侯伯子男相爲賓如諸公之儀其交擯則三周也云此三丈六尺者此則却前云相去三丈六尺云門容二徹參个者冬官匠人計六天子五門匠人直計應門直擧應門則皐庫推亦同云二徹參个者轍廣八尺參个三八二十四門容二丈四云傍加各壹步也者此無正文但人之進退周旋不過再擧足一步故門傍各空一步丈二添二丈四尺爲三丈六尺

公皮弁迎賓

于大門內大夫納賓公不出大門降于待其君也大夫上擯也謂之大夫者上序可知從大夫總無所別也於昰賓主人皆裼○別彼列反裼西歷反

疏○注公不至皆裼○釋曰云降于待其君也者案司儀諸公相爲賓公皮弁交擯車迎拜辱出大門此於門內是降以待其君也云從大夫總無所別也者春秋之義卿稱大夫王制云上大夫卿是總無所別也云於是賓主人皆裼者案玉藻云不文飾也不裼又云執龜玉襲下文行聘時執玉賓主人皆襲此時未執圭璋是文飾之時明賓主人皆裼也

賓入門左內賓位也衆介隨入北面西上少退擯者亦入門而右北面東上上擯進相君○相息亮反

疏○注內賓至相君○釋曰知衆介隨入北面西上少退者約下文入廟行聘享時衆介入廟隨賓入門左北面西上少退不敢與賓齊也知擯者亦入門而右北面東上者亦約衆介統於賓北面西上明擯者北面東上亦約朝君揖位亦北面東上而知之也知上擯進相君者鄉黨云君召使擯鄭云有賓客使迎之彼擯初迎賓時至於入門之後每事皆上擯相君也

公再拜南面拜迎

疏

注南面拜迎○釋曰知君南面者經雖不見君面位主君尊於外國臣猶南面故鄭特揔云君之南鄉荅陽之義故知君南面也

賔辟不荅拜辟位逡遁不敢當其禮辟音避下以意推之○疏注不敢當其禮○釋曰云不敢當其禮者以卿奉君命使不敢賔辟當相酬亢之禮故不荅拜直逡循而已

公揖入每門每曲揖每門輒揖者以相人偶爲敬也凡君與賔入門賔必後君介及擯者隨之並而鴈行既入則或左或右相去如初玉藻曰君入門介拂闑大夫中棖與闑之間士介拂棖賔入不中門不履閾此賔謂聘卿大夫也門中門之正也不敢與君並由之敬也介與擯者鴈行卑不踰尊者之迹亦敬也賔之介猶主人之擯○後戶豆反下同行戶郎反棖直庚反爾雅謂之楔門兩傍木也疏注每門至之擯○釋曰諸侯三門臯應路則應門爲中門左宗廟右社稷入大門東行即至廟門其間得有每門者諸侯有五廟太祖之廟居中二昭居東二穆居西廟皆別門門外兩邊皆有南北隔墻隔墻中夾通門若然祖廟已西隔墻有三則閤門亦有三東行經三門乃至太祖廟門中則相逼入門

則相遠是以每門皆有曲有曲即相揖故每曲揖也是以司儀亦云每門止一相亦揖門而言也云以相人偶者以人意相存偶也云凡君與賓入門賓必後君者以賓主不敵是以玉藻云於異國之君稱外臣某故知聘賓後於主國君也言凡者非直聘享向祖廟若饗食向禰廟燕禮向路寢皆當後於主君故言凡以廣之云介及擯者隨之並而鴈行者言並上擯與上介並次擯與次介並末擯與末介並各自鴈行於後也云既入則或左或右者京行賓介於左君擯於右也云相去如初者初謂大門外相去三丈六尺也玉藻曰君入門介拂闑大夫中棖與闑之間士介拂棖鄭注云此謂兩君相見也君入必中門上介夾闑大夫介士介鴈行於後示不相沿也君若迎賓客擯者亦然又云介賓入不中門不履閾鄭注云辟尊者所從也此經謂聘客鄭君并引朝君欲見卿大夫聘來還與從君為介時入門同故并引之也云君入門介拂闑又云門中門之正又云卑不踰尊者之迹若然聘為一闑言之君最近闑亦拂之而過上介則迹隨君而行拂闑而過所以與君同行者臣自為一列主君既出迎賓主君與賓並入主君於東闑之內賓

於西闑之內並行而入上介於西闑之外上擯於東闑之外皆拂闑次介次擯皆大夫中振與闑之間未
介未擯皆士各自拂振如是得君入中門之正上擯上介俱得拂闑又得不踰尊者之迹矣又云賓入不
中門者此謂聘賓大聘大夫故鄭卿大夫並言入門之時還依與君為介來入相似賓入還拂闑故上注
賓自闑西擯入時拂闑西故也云中門門之正也者謂兩闑之間云卑不踰尊者之迹者士以大夫為尊
大夫以上介為尊上介以君為尊也云賓之介猶主人之擯者欲見擯介鴈行不別也

及廟門

臣行二於禮可矣公迎賓大門之內卿大夫以下入廟門即位而俟之

公揖入立于中庭

公揖先入省內事也既則立於中庭以俟賓不復出如此得君行一

疏注公揖至俟之○釋曰自此盡公禓降立論行聘之事云公揖先入省內事也者曲禮云請入為席彼卿大夫士禮是以鄭注云雖君亦然省內事即請入為席之類也云如此得君行一臣行二一於禮可矣者言得君行一臣行二者案下文三揖言之初揖注云將曲揖謂在內霤之間在主君先立無過近於內霤間若然去門既近去階又遠也以

此不得君行一臣行二下文受玉于東楹之間彼禮爲君行一臣行二矣下文又云公升二等賓升君階七等君升二等賓升一等已上仍有五等亦不得爲君行一臣行二與此同欲見君行近臣行遠之義皆據太判而言不可細分之矣言於禮可者以其尊者宜逸卑者宜勞故言於禮可也云公迎賓於大門内卿太夫以下入廟門即位而俟之者上初命拜迎賓于館之時卿大夫士固在廟矣及賓來大門外陳介之時主君之擯亦在大門外之位君在大門内時其卿大夫不以無事亂有事當於廟中在位矣必知義然當見行事之將公授宰玉又云士受皮又云宰夫授公几皆是於外無事在廟始有事更不見此官等命入廟之文明君未入廟時此官已在位而俟公食大士以其官各具饌物皆有事不預入廟故公迎賓入後乃見卿大夫以下之位與此異也

賓立接西塾

接猶近也門側之堂謂之塾立近塾者已與主君交禮將有出命俟之於此介在幣南北面西上上擯亦隨公入門東東上少進於士○塾音熟近附近之近

疏注接猶至於士○釋曰云門側之堂謂之塾者爾雅釋宮文云立近塾者已與主君

交禮將有出命俟之於此者對在大門外時未與注君交禮直使擯傳命故去門七十步五十步三十步此與君交禮故近門也云介在幣南此面西上者以上文入竟展幣時布幕賓西面介北面東上統於賓今此陳幣賓在門西北面明介北面西上統於賓也云上擯隨公入門東東上少進於士者案下凡筵既設擯者出請命更不見上擯別入之文明隨公入可知也知門東有士者案公食云士立于門東北面西上鄭云統於門者非其正位也故知此亦然以擯者是卿又相君故知進於士在士前也

凡筵既設擯者出請命

有几筵者以其廟受宜依神也賓至廟門司宮乃于依前設之神尊不豫事也席西上上擯待而出請受賓所以來之命重停賓也至此言命事彌至言彌信也周禮諸侯祭祀席蒲筵繢純右彫几○依前之依於豈反本又作袞繢戶內反純章允反

疏 注有几至彫几○釋曰云有几筵者以其廟受宜依神也者此對不在廟受不几筵故下文聘遭喪入竟則遂也不郊勞不几筵注云致命不於廟就尸柩於殯宮又不神之下小聘不几筵注云記既於聘是以記云唯大聘有几筵覲禮

不云几筵文不具也又案曲禮注春夏受贄於朝受享於廟秋冬一受之於廟諸侯無此法四時皆在於廟亦無四時朝覲之別名同皆曰朝也公賓至廟門司宮乃于依前設之神尊不豫事也者此對公食宰夫設筵加席凡而後迎賓彼公食禮與此異也知在扆前者案司几筵云大朝覲大饗射王位依前南鄉設筵几覲禮亦云依前諸侯亦然爾雅釋宫云牖户之間謂之扆但天子以屛風設於扆諸侯無屛風爲異席亦不同也云至此言命事彌至言彌信也者上入竟士請事近郊下大夫請行皆是謙問不敢以必來之己國不正言之至此正問之而言請命是其事至言信矣云周禮至彫几者周禮司几筵文彼諸侯祭祀席三重上更有加莞席紛純不引之者文略可知引之者證此所設者設常祭祀之席也

賈人東面坐啓櫝取圭垂繅不起而授上介賈人鄉入陳幣東面俟於此言之就有事也授圭不起賤不與爲禮也不言裼襲者賤不裼也繅有組繫也○鄉音向下同

疏注賈人至繫也○釋曰賈人鄉入陳幣東面俟於此言之就有事也者上文賓入次乃陳幣在門外言者

彼賈人未有事今此有事故就此言面位以此東面明初亦東面矣故舉此明前東面也云授圭不起賤不與爲禮也者以賈人是庶人在官者故云賤不與爲禮爲禮當起而授也云不言裼襲者賤不裼也者若不賤以垂繅當裼以賤故不裼也云繅有組繫也知有組者下記云所以朝天子圭與繅皆九寸問諸侯朱綠繅八寸皆玄纁繫長尺絇組是也

上介不襲執圭屈繅授賓上介北面受圭進西面授賓不襲者以盛禮不在於己也屈繅并持之也曲禮曰執玉其有藉者則裼無藉者則襲

疏注上介至則襲○釋曰上介裼於賈人處垂繅受得圭而不襲者鄭云以盛禮不在於己故也以賓執圭升堂致命爲盛禮在己者也云上介北面受圭進西面授賓者以上介本位北面故北面受圭賓東面故上介西面授賓引曲禮者彼記人據此絇組尺爲繅藉不據韋皮衣木板畫以五采之繅藉也云執玉其有藉者則裼據此賈人垂繅以授上介上介不襲受之時也云其無藉者則襲者據此上介屈繅以授賓賓襲受之時也記人直記裼襲之義不論盛禮在己之意故各舉一邊而言也

賓襲執圭

執圭盛禮而又盡飾則爲其相敝敬也玉藻曰服之【疏】
襲也充美也是故尸襲執玉龜襲也○盡津忍反
注執圭至襲也○釋曰云執圭盛禮者玉藻云執玉
龜襲注重寶瑞也若然云盛禮者以其圭瑞以行禮
故爲盛禮也云又盡飾爲其相蔽敬也者玉藻又云
君在則裼盡飾也注云臣於君所今聘賓於主君亦
是臣於君則所合裼以盡飾今既執圭以瑞爲敬君
盡飾而裼則掩執玉之敬故不得裼也云服之襲美
也充美也者彼注云充猶覆也云是故尸襲者爲尸
尊故去飾也不裼云執玉龜襲也者彼注云重寶瑞
也以龜玉爲寶瑞若裼則盡飾爲蔽敬故引之證不裼也

擯者入告出辭玉

擯者上擯也入告公以賓執圭將致其聘命贄之重者辭之亦所以致尊讓也【疏】注擯者至尊讓○釋曰知
擯是上擯者案上相禮者皆上擯故知此亦據上擯
云圭贄之重者大宗伯云以玉作六瑞君之所執又
云以禽作六贄臣之所執摠而言之皆是贄故左氏
傳文男贄不過玉帛禽鳥但君之所執爲贄之重者
也云辭之亦所以致尊讓也致尊讓鄉飲酒義文彼
爲賓主三辭三讓是致尊讓此辭玉亦是致尊讓之

事故引之爲證也案文公十二年左氏傳云秦伯使西乞術來聘襄仲辭玉賓對曰不腆敝器不足辭也彼主人無三辭者文不具亦當三辭也

納賓賓入門左公事自闑西【疏】注公事自闑西○釋曰案玉藻文云公事自闑西注云聘享也又云私事自闑東注云覿面也故鄭引之以證此入門左是聘享賓入自闑西入門左也

介皆入門左北面西上隨賓入也介無事止於此今文無門【疏】注隨賓至無門○釋曰案司儀云諸公之臣相爲國客及將幣每門止一相及廟唯君相入注云唯君相入客臣也相不入矣此介皆入不同者彼云每門止一相鄭云絕行在後耳非是全不入廟又云唯君相入者謂前相君禮須入故言之臣相不前相禮故不言入其賓皆入與此同也

三揖君與賓也入門將曲揖既曲北面又揖當碑揖【疏】注君與至碑揖○釋曰前云公揖入立于中庭三分庭一在南賓後獨入得一云入門將曲揖者謂公先在庭南面賓既入門至將曲之時既曲北面之時主君皆向賓揖之再揖訖主君東面向堂塗北行當碑乃得賓主相向而揖是以得君行一臣行二非謂

行一臣行二也至于階三讓讓升公升二等先賓升二等亦欲君行一臣行二○
先悉薦反【疏】注先賓至行二○釋曰諸侯階有七等公升一等在上仍有五等而得云君行一臣行二
者但君行少臣行多大判而言非謂即君行一臣行二此云出齊語晏子辭賓升西楹西
東面與主君相鄉擯者退中庭鄉公所立處退者以公宜親受賓命不用擯相也
【疏】注鄉公至相也○釋曰上文公揖入立于中庭今公與賓升堂云擯者退中庭此文與君立中庭同
故云鄉公所立處賓致命致其君之命也公左還北鄉當拜【疏】注當拜○釋曰
言左還北鄉者公升受賓致命時西鄉以左手鄉外迴身北面乃拜故云當拜擯者進進阼階西
釋辭於賓相公拜也【疏】注進阼至拜也○釋曰知阼階西者以其擯者在中庭公立處直言進則進至
阼階西不得更向阼階前亦不可更進西階故知進阼階西釋辭於賓復得相公拜也公當楣
再拜楣亡悲反○拜既也既惠賜也楣謂之梁【疏】注拜既至賜也○釋曰拜既之言文出聘義彼

云北面拜賜拜君命之辱是也賓三退負序三退三逡遁也不言辟者以執圭將進授之

【疏】注三退至授之○釋曰案上文賓入門公再拜賓辟不答拜又下文云賓許受几於筵前公一拜送賓以几辟皆言辟此不言辟故決之也案司儀云諸公之臣相爲國客及將幣客登拜客三辟授幣注云客三辟三辟退負序也者彼諸公之臣相聘之禮與侯伯之卿聘於鄰國之禮少異故也公側襲受玉于中堂與東楹之間側猶獨也言獨見其尊賓也佗日公有事必有贊爲之者凡襲于隱者公序坫之間可知也中堂南北之中也入堂深尊賓事也東楹之間亦以君行一臣行二○見賢遍反下以意求之坫丁念反

【疏】注側猶至行二○釋曰云佗日公有事必有贊爲之者案大射云公卒射小臣正贊襲是其贊爲之也云凡襲於隱者案士喪禮小斂主人袒於戶內襲于序東喪禮遽於事尚襲於序東況吉事乎明知襲於隱者也云公序坫之間可知也者士喪襲于序東謂於堂東祉上此則公在堂上堂東南角爲坫鄭以意斟酌隱處無過於序東坫北可也無正文故云可也云中堂

南北之中也入堂深尊賓事也者凡廟之室堂皆五架棟南南北皆有兩架棟北一架下有壁開户棟南一架謂之楣則楣北有二架楣南有一架今於當楣北面拜訖乃更前北侵半架於南北之中乃受王故云南北之中乃入堂深尊賓事故也云東楹之間亦以君行一臣行二者兩楹之間爲賓主處中今乃於東楹之間更侵東半間故云君行一臣行二也

擯者退負東塾而立反其等位無事

賓降介逆出逆出由便賓出聘事畢公側授宰玉使藏之授於序端

疏注使藏至序端　釋曰鄭知授於序端者凡公授受皆於序端是以下文公升側受几于序端故知此亦授于序端也

裼降立裼者免上衣見裼衣凡當盛禮者以充美爲敬非盛禮者以見美爲敬禮尚相變也玉藻曰裘之裼也見美也又曰麛裘青犴褎絞衣以裼之論語曰素衣麛裘皮弁時或素衣其裘同可知也裘者爲溫表之爲其褻也寒暑之服冬則裘夏則葛凡襢裼者左降立俟享也亦於中庭古文裼皆作賜○釋音迷或作麛同犴音五旦反胡地野犬也褎本又作褏詳又反絞户交反爲溫爲其

皆去聲
襢音旦
【疏】注裼者至作賜○釋曰云裼者免上衣見
裼衣者案玉藻云君衣狐白裘錦衣以裼
之注云君衣狐白毛之裘則以素錦爲衣覆之使可
裼也袒而有衣曰裼必覆之者裘褻也詩云衣錦絅
衣裳錦絅裳然則錦衣復有上衣明矣天子狐白之
上衣皮弁服與凡裼衣象裘色也若然凡服四時不
同假令冬有裘襯身襌衫又有襦袴襦袴之上有裘
裘上有裼衣裼衣之上又有上服皮弁祭服之等若
夏以絺綌絺綌之上則有中衣中衣之上復有上服
皮弁服祭服之等若春秋二時則衣袷褶袷褶之上加
以中衣中衣之上加以上服也言見裼衣者謂袒[illegible]
前上服見裼衣也故玉藻云裘之裼也見美也襲者
掩之故玉藻云襲充美是也云凡當盛禮者以充美
爲敬非盛禮者以見美爲敬禮尚相變也者玉藻云
執玉龜襲是禮之盛者充美爲敬玉藻又云君在則
裼盡飾也是非盛禮者以見美爲敬據此二者是禮
尚相變也引玉藻者證禮不盛者以裼見美也又曰
麛裘青豻褎絞衣以裼之引論語素衣麛裘又云皮
弁時或素衣其裘同可知也鄭并引二文者欲見
諸侯與其臣視朔與行聘禮皆服麛裘但君則麛裘

還用麤褎臣則不敢純如君麤裘則青豻褎裼衣君臣亦有異時若在國視朔君臣同素衣爲裼故鄉黨云素衣麤裘彼一篇是孔子行事鄭兼言君臣視朔之服是其君臣同用素裼可知若聘禮亦君臣同用麤裘但主君則用素衣爲裼使臣則用絞衣爲裼是以鄭揔云皮弁時或素衣其裘同可知也言或素衣者在國則君臣同素衣聘時主君亦素衣唯臣用絞衣爲裼也案雜記云朝服十五升布皮弁亦天子朝服與諸侯朝服同用十五升布亦同素積以爲裳白舄臣用白屨也云裘者爲溫表之爲其褻也者案月令云孟冬天子始裘是裘爲溫云表之者則裼衣是也裼衣象裘色復與上服色同也云凡襢裼者左者言凶皆袒左是也是以士喪禮主人左袒檀弓云吳季札左袒右還其封六射亦左袒若受刑則袒右故覲禮侯氏袒右受刑是也知降立俟享也者下文賓行享是也

擯者出請不必賓事之有無

疏注不必至有無○釋曰自此盡以束帛如享禮論享禮之事

賓裼奉束帛加璧享擯者入告出許許受之庭實皮則攝之毛在內內攝

之入設也攝之涉反○皮虎豹之皮攝之者右手并
執前足左手并執後足毛在内不欲文之在
豫見也内攝之者兩手相鄉也入設亦參分庭一在
南言則者或以馬凡君於臣臣於君麋鹿皮可也○
并必性反疏注皮虎至可也○釋曰知皮是虎豹皮
或如字者經云毛在内不欲文之豫見是有文
之皮郊特牲云虎豹之皮示服猛也束帛加璧往德
也文無所屬則天子諸侯皆得用之此聘使爲君行
之故知皮是虎豹之皮也齊語云桓公知諸侯歸已
令諸侯輕其幣用麋鹿皮非其正也云攝之者右手
并執前足左手并執後足者下云皮右首故云右手
執前兩足必以一手執兩足者取兩足相向得掩毛
在内故又得毛向外故鄭云内攝之者兩手相鄉
也知入設參分庭一在南者見昏禮記納徵執皮攝
之内文兼執足左首隨入西上參分庭一在南故知
此亦然但此右首彼左首者昏禮象生故與此異也
云則者或以馬也者以其皮馬相間有皮則用皮無
皮則用馬故云則見其不定故也云凡君於臣臣於
君麋鹿皮可也者云凡君於臣謂使者歸若使卿贈
如覲幣及食饗以侑幣酬幣庭實皆有皮故云凡也

臣於君謂私覿庭實設四皮及介用儷皮此皆作贄鹿皮故亦云凡小也若然大宗伯云孤執皮帛鄭云大子之孤用虎皮諸侯之孤用豹皮得用虎豹者彼所執以為贄與庭實不同故得用虎豹皮也賓入門左揖讓如初升致命張皮張者釋外足見文也疏注張者至文也○釋曰案昏禮記賓致命釋外足見文主人受幣士受皮注云賓致命主人受幣庭實所用為節此亦然下受皮以授幣為節也公再拜受幣士受皮者自後右客自由也從東方來由客後西居其左受皮也執皮者既授亦自前西而出疏注自由至而出○釋曰云執皮者既授亦自前西而出者此約下私覿特牽馬者自前西向出相顧故云亦也賓出當之坐攝之象受于賓疏注象受于賓○釋曰云坐攝之者向張皮見文今攝之者還如入時執前後足內文也公側授宰幣皮如入右首而東如入左在前皮右首者變于生也疏注如入至生也○釋曰云公側授宰幣者云公側襲側猶獨也此以上側亦獨無人贊之也云如入左

在前者皮四張三人入門時先者北面在左西頭爲
上餘取皮皮向東者亦左在前向東爲次第也云皮右
首者變於生也者曲禮云執禽者左首士相見贄用
雉左頭奉之下大夫執鴈上大夫執羔羔如執雉皆左
首雉雖死亦不可生服執之如羔鴈亦從左首象陽
今此皮則右首變於生昏禮左首昏禮取象生與此
異也聘于夫人用璋享用琮如初禮如公立于中庭以下若有言
則以束帛如享禮有言有所告請若有所問也記曰有故則束帛加書以將命春秋臧
孫辰告糴于齊公子遂如楚乞師晉侯使
韓穿來言汶陽之田皆是也無庭實也疏注有言至實也
○釋曰云有言有所告請若有所問也者言有所告
即告糴之類是也請即乞師之類是也問即言汶陽
之田之類是也鄭據傳而言有此三事皆是有言有
言即記云有故一也去有言即有書致之故記云有
故則束帛加書以將命也云春秋臧孫辰告糴者事
在莊公二十八年也云公子遂如楚乞師者事在僖
公二十六年也云晉侯使韓穿來言汶陽之田事在
成公八年也此三者皆是春秋經引之者證此有言

以束帛加書之事也。云「無庭實也」者，以經直云束帛，即享禮則陳束帛之外更無所有，故知無庭實也。《國語》云「臧孫辰以鬯圭」者，是告糴之物，服注云「無庭實」也。又哀七年《左傳》云「邾茅夷鴻以束帛自請救于吳」，求救非法，故有乘韋爲庭實也。

擯者出請事，賓告事畢。公事畢。

賓奉束錦以請覿。覿，見也。鄉將公事，是欲交其歡敬也。不用羔，因使而見，非特來。

疏「注覿見」至「特來」。○釋曰：自此盡「從者訝受馬」，論賓將私覿主人不許而行禮賓之事。云「鄉將公事」者，聘享是也。云「是欲交其歡敬也」者，聘是公禮，非是交歡，此行私禮，爲交歡敬也。案鄭《特牲》注云「爲人臣者無外交」，鄭注「私覿是外交也」者，彼謂臣爲君介而行私覿是外交，若特行聘則得私覿，非外交也。故彼上經云「大夫執圭而使，所以申信也」，注云「其君親來，其臣不敢私見於主國君也。以君命聘，則有私見」是也。云「不用羔，因使而見，非特來」者，謂因爲君聘使而行私見，故用束錦，非特來。若特來，則卿用羔也。若然，案《士相見》，卿初仕見已君及卿，皆見以羔，見他君得有羔者，案《尚書》有「三帛二生」，二生，卿執羔，大夫執鴈。彼見天子法，從朝君而見得有羔若諸侯相朝其臣從君亦得執羔見主君可知其爲君聘則不得執羔見主君也故鄭云因使而見非特來案定公八年經書公會晉師于瓦左傳云范獻子執羔趙簡子中行文子皆執鴈亦是從君見主君法也

擯者入告出辭客有大禮未有以待之

疏注客有至待之○釋曰云大禮即上行聘享是也云未有以待之者謂主人未有以待之以禮待之即下禮賓是也故止客私覿即下文是行禮賓也

請禮賓賓禮辭聽命擯者入告告賓許也

宰夫徹几改筵宰夫又主酒食者也將禮賓徹神几改神席更布也賓席東上公食大夫禮曰蒲筵常緇布純加莞席尋玄帛純此筵上下大夫也周禮曰筵國賓于牖前莞筵紛純加繅席畫純左彤几者則是筵孤也孤彤几卿大夫其漆几與○萑音完與音餘

疏注宰夫至几與○釋曰云宰夫又主酒食者也者對上宰夫設飧今又主酒食以禮賓也云賓席東上者對前爲神而西上也云公食大夫禮曰蒲筵及萑席此筵上下大夫也者以公食蒲筵萑席二者是爲上下大夫法又引周禮者鄭欲推出上下大

夫用漆几也筵司几筵云諸侯酢席莞筵紛純加繅席畫純筵國賓于牖前亦如之左彤几注云國賓諸侯來朝孤卿大夫來聘後言几者使不蒙如世朝者彤几聘者彤几祖司几筵是天子之官几筵又是諸侯之法又鄭云國賓諸侯來朝孤卿大夫來聘是諸侯侯與朝聘天子法則孤卿大夫是諸侯之臣也以此言之則天子孤卿大夫几筵與諸侯之臣同可知若然公食大夫筵上下大夫禮同用蒲筵莞席與此席不同鄭注此國賓中卿大夫得與孤同者鄭欲廣國賓之義其實此國賓中唯有諸侯與孤無卿大夫也鄭必知卿大夫漆几者司几筵有五几從上向下序之天子臣几諸侯雕几孤彤几卿大夫漆几下有素几喪事所用差次然也無正文故云與以疑之

公出迎賓以入揖讓如初

公出迎者已之禮更端也

疏 注公出至端也○釋曰云公出迎者已之禮更端也者前聘享俱是公禮故不出迎此禮賓私禮改更共端序故公出迎也

公升側受几于序端

漆几也今文無升

宰夫內拂几三奉兩端以進

內拂几不欲塵坋尊者以進自東箱來授

君○坋蒲悶反疏注内拂至授君○釋曰知几自東箱來者案覲禮記云几俟于東箱又此經直云進
不言升明不從下來從東廂來可知也公東南鄉外拂几三卒振袂中
攝之進西鄉進就賓也疏釋曰宰夫奉几兩端故公中攝之復擬賓用兩手自公手外取
之故也擯者告告賓以公授几賓進訝受几于筵前東面俟未設
也今文訝爲梧○梧五故反疏注未設至爲梧○釋曰未設而俟者待公拜送訖乃設之故也公
壹拜送公尊也古文壹作一疏注公尊至作一○釋曰賓再拜稽首公乃壹拜當空首故注云
公尊也賓以几辟辟位逡遁北面設几不降階上荅再拜稽
首不降以主人禮未成也几賓左几疏注不降至左几○釋曰云不降以主人禮未成者案鄉飲
酒義云啐酒成禮也於席末據此而言則啐酒爲成禮此設几主爲啐酒今不啐醴故云禮未成也云几
賓左几者對神右几也宰夫實觶以醴加柶于觶面枋柶音四枋彼命

反○酌以授君也君不自酌尊也宰夫亦洗升實觶以醴自東箱來不面擸不訝授也○擸以涉反

疏注酌以至授也○釋曰宰夫亦洗升實觶者經無宰夫升降之文以理亦當亦上授几特從下而升東箱取几進以授君○今亦從下升東箱酌醴進以授君故亦之不言宰夫升降者賤略之也云以醴自東箱來者下記云禮尊于東箱瓦泰一有豐是也云不面擸不訝授也者公西面向賓宰夫自東箱來在公傍側並授與公是以下文公側受醴不訝受故不面擸也

公側受醴將以飲賓飲於鴆反賓不降壹拜進筵前受醴復位公拜送醴賓壹拜者醴質以少為貴

疏注賓壹至為貴○釋曰禮器云禮有以少為貴者今賓於上下皆再拜稽首獨此壹拜故鄭據大古之醴質無玄酒配之故壹拜以少為貴也

宰夫薦籩豆脯醢賓升筵擯者退負東塾事未畢擯者不退中庭以有宰夫也

疏注事未至夫也○釋曰云事未畢擯者不退中庭以有宰夫也者案上文擯者退中庭又云擯者進事未畢在中庭可知此下文亦云擯者進相幣

事亦未畢而在東塾故決之若然以有宰夫主飲食
之事宰夫所主已雖事未畢猶得負東塾以其間有
宰夫相已無事故也若無宰夫則在中庭矣賓祭脯醢以柶祭醴三庭實
設庭實乘馬【疏】注庭實乘馬○釋曰鄭知乘馬者下文賓執左馬以出故知也降筵北面
以柶兼諸觶尚擸坐啐醴啐七內反尚槷上通○降筵就階上【疏】注降筵就
階上○釋曰以左手執觶右手以柶祭醴訖降筵北面以柶兼并於觶兩手奉之尚擸不作上字者尚古
今通用也○降筵就階上者以鄉飲酒賓主行禮獻酢卒爵皆各於其階此降筵啐醴明亦在西階之上
公用束帛致幣也言用尊于下也亦受之于序端【疏】注致幣至序端○釋曰上文郊勞賓
用束錦擯勞者下文歸饔餼於上介云大夫用束帛致之皆亦云用獨於此言用尊之可知今君親用束
帛禮賓故言用尊于下也云亦受之于序端者上公側受几於序端則知此幣亦受之於序端也建
柶北面奠于薦東糟醴不卒擯者進相幣贊以辭○相息亮反賓降

辭幣不敢當公禮也公降一等辭辭賓降也栗階升聽命栗階趨君命尚疾不連步[疏]注栗階至連步○釋曰凡栗階者其始升亦連步於上栗階不過二等今云不連步者謂不從下向上皆連步其始升連步則有之也降拜拜受公辭不降一等殺也殺所界反[疏]注不降一等殺也○釋曰案前賓辭幣君降一等今不降故言殺升再拜稽首受幣當東楹北面亦訝受而北面者禮主於已已臣也[疏]注亦訝至臣也○釋曰前行聘享時賓東面主君西面訝授受但以奉君命故賓不北面此以主君禮已已臣也故北面受異於聘享時也若然上受几受醴亦是已之禮以禮未成故不北面也此禮成故北面也退東面俟俟君拜也公壹拜賓降也公再拜不俟公再拜者不敢當公之盛也公再拜者事畢成禮也[疏]注不俟至禮也○釋曰此賓主俱謙公本欲再拜賓見公一拜則降不敢當公不止遂再拜也云公再拜者事畢成禮也者前受几及醴公送皆一拜注云公尊也今事畢成

禮不可亦自尊亢故送幣亦再拜也賓執左馬以出受尊者禮宜親之也效馬者并左右靮授之餘三馬主人牽者從出也○靮下歷反疏注受尊至出也○釋曰案下歸饔餼於賓賓儐大夫庭實設乘馬賓用束錦乘馬大夫降執左馬以出覲禮侯氏至郊王使人用璧勞訖侯氏用束帛乘馬儐使者使者受幣降以左驂出二者皆是尊國賓故也唯上文郊勞賓儐勞執幣捐皮者皮是死物異於馬故也云效馬并左右靮授之者曲禮云效馬效羊者右牽之效猶呈見故謂牽馬人爲效馬者也云餘三馬主人牽者從出也者以是主人庭實出門乃有從者明主人牽者從出可知上介受賓幣從者訝受馬從才用反○從者士介疏注從者士介○釋曰鄭云從者士介下記文案公食云上介受賓幣從者訝受皮鄭注從者府史之屬不爲士者彼公食是子男之大夫小聘一介其餘皆府史以下故知從者是府史之屬也既夕云賵馬兩士受馬鄭云此士謂胥徒之長有勇力者受爲彼據一廟下士不應更有其屬士故以爲胥徒之長言之也昏禮記云士受皮鄭注士謂若中士

下士不命者以其主人為官長據上士而言也賓覿奉束錦總乘馬二人贊

入門右北面奠幣再拜稽首不請不辭鄉時已請也覿用束錦辟享幣也總者總八轡牽之贊者居馬間扣馬也入門而右私事自闑右奠幣再拜以臣禮見也贊者賈人之屬介特覿也○辟音避扣音口

疏注不請至覿也○釋曰自此盡公降立論行私覿之事云不請不辭鄉時已請也者云不請賓不請不辭主君不辭所以不辭者鄉特已請覿之人辭之以禮賓故今不復請亦不辭之也云覿用束錦辟享幣也者以上文享主君用東帛享夫人用玄纁束帛以今用束錦是辟享幣也云總者至扣馬也者賓總八轡在前牽之二人贊者各居兩馬間各用左右手手扣一匹故利在馬間扣馬也云入門而右私事自闑右者玉藻云公事自闑西鄭注云聘享也又云私事自闑東注云覿面也此行覿禮故列之也云奠幣再拜以臣禮見也者謂由闑東介又不從又自奇馬又不升堂入幣皆是以臣禮見也云贊者賈人之屬者既行臣禮不使介從明贊者是賈人之屬從行者云介特覿也者主君辭賓

賓入門左則介五人隨入門西北面西上其擯者辭介五人行覿禮各自特行無介從爲特覿也辭其臣賓出事畢擯者坐取幣出有司二人牽馬以從出門西面于東塾南將還之也賛者有司受馬乃出凡取幣于庭北面疏主將還至北面○釋曰云賛者有司受馬乃出者賓出之時賛扣馬者未得出待人受馬乃得出所以然者幣可奠之於地其馬不可散放故待人受之乃可以出故云有司受馬乃出也云凡取幣于庭北面者言凡非此時辭賓更出取幣後門右禮訖又取幣皆北面又衆介奠幣擯者取亦北面故云凡以廣之也擯者請受請以客禮受之賓禮辭聽命賓受其幣賛者受馬牽馬右之入設庭實先設客禮也右之欲人居馬左任右手便也於是牽馬者四人事得申也曲禮曰效馬效羊者右牽之疏注庭實至牽之○釋曰云庭實先設客禮也者對前入門右時賓奉束錦總乘馬一時入無先後之别是臣禮入此入設下經乃云賓奉幣庭先設庭實客禮也云於是牽馬者四人事得申也者

如四人者若如前贊者一人則不得云右之既言右之明人牽一匹不須賓家之事得申人牽一匹賓不總牽是也引曲禮者欲見牽馬在右禮之常彼效馬效羊謂尊者之物使養之今來呈見此取一邊牽之法義不與效同也賓奉幣入門左介皆入門左西上以客禮入可從也疏注以客至從介○釋曰對入門右行臣禮不得以從介也公揖讓如初升公北面再拜公再拜者以其初以臣禮見新之也疏注公再至之也○釋曰臣禮見謂初入門右是以今再拜新之也知此不為拜至者下記云禮右拜至鄭注云以賓不於是始至私覿固非始至而為再拜明為臣禮見新之也賓三退反還負序反還者不敢與授圭同疏注反還至圭同○釋曰云反還者不敢與授圭同者上行聘時三退負序不言反還故決之也振幣進授當東楹北面不言君受略之也疏注不言至之也○釋曰此決聘享皆言公受此乃私覿故略之不言其公受也士受馬者自前還牽者後適其右受

還戶串反○自由也適牽者之右而受之也此亦並授者不自前左由便也便其已授而去也受馬自前

變於受皮疏注自由至受皮○釋曰此庭實之馬四匹在庭北面西上牽馬者亦四人各在馬西以右

手執馬而立士受馬從者東方來由馬前各適牽馬者之前還遶其後適牽馬者之東馬西而受之牽馬

者自前行而出之云此亦並授者不自前左由便也者鄉飲酒之等於西階之上皆授由其右受由其左

今乃受馬者不自左而由其右受者使受馬者授訖右廻其身於出時爲便故鄭注云便其已授而去也

云受馬自前變於受皮者上受享庭實之皮受皮者自後右客鄭注云自由也從東方來由客後西居其

左受皮也此亦從東而來由馬前者馬是生物恐驚故由前是變於受皮也牽馬者自前

西乃出也自由疏釋曰四馬並北面牽馬者皆在馬西士既受馬其最西頭者便即出門不

須由馬之前其次東三匹者皆由西於馬前而出故云牽馬者自前西乃出槩以三人而言也賓降

階東拜送君辭拜送幣于階東以君在堂鄉之疏注拜送至鄉之○釋曰此言賓拜送

幣者私覿已物故也前享幣不拜送者致君命非已物故也拜八也君降一等辭君乃辭之而賓由拜敬也疏注君乃至敬也○釋曰經上文拜送而云君辭君辭復云辭八也是其君乃辭之賓由拜者敬主國君故也擯者曰寡君從子雖將拜起也此禮固多有辭矣未有著之者是其志而煥乎未敢明說疏注此禮至明說○釋曰云此禮固多有辭矣者謂此儀禮之內賓主之辭固多有辭矣但周公作經未有顯著明言之者直云辭耳此及公食皆著其辭此二者是志記之言煥乎可見云未敢明說者據此二者觸類而長之餘辭亦可以意量作但疑事無質未可造次明說故上注云云其辭未聞也栗階升公西鄉賓階上再拜稽首成拜

公少退為敬賓降出公側授宰幣馬出廟中宜清疏注朝中宜清○釋曰云公側授宰幣不言出言馬出者以廟中宜清潔出就廄幣不言出與上皮幣同皆以東入藏之故訖云賓之幣唯馬出其餘皆東注云馬出當就廄也餘物皆東藏之內府是幣不出之義也公降

立擯者出請上介奉束錦士介四人皆奉玉錦束請覿玉錦錦之文纖縟者也禮有以少文爲貴者後言束辭之便也○縟音辱疏注玉錦至便也○釋曰自此盡舉皮以東論上介衆介行私覿之事云玉錦錦之文纖縟者也者案聘義孔子論玉而云縝密以栗知也是玉有密致錦之纖縟似玉之密致者云禮有以少文爲貴者禮器直云有以文爲貴者有以少爲貴者無少文爲貴之語但有以作爲貴以文爲貴明亦有以少文爲貴故鄭以義而言之也擯者入告出許上介奉幣儷皮二人贊儷猶兩也上介用皮變於賓也皮麋鹿皮○儷音麗疏注上介用皮變於賓○釋曰賓用馬今上介用皮故云變於賓也皆入門右東上奠幣皆再拜稽首皆者皆衆介也贊者奠皮出疏注贊者奠皮出○釋曰鄭知贊者奠皮出者下云有司二人舉皮從其幣出無人授之明贊者奠訖出可知擯者辭亦辭其臣介逆出亦事畢也擯者執上幣士執衆幣有司

二人舉皮從其幣出請受請受請于上介也擯即西面位請之釋辭之時衆執幣者隨立門中而俟

疏注此請至而俟○釋曰云此請受請于上介也者對前擯者請上介亦不請衆介也知擯者先即西面位請之者以其上介等先立門西東面故擯西面對之云釋辭之時衆執幣者隨立中門而俟者以其請受之下經云委皮南面執幣者西面故知當請之時立于中門可知言隨者謂相隨從故昏禮記云納徵執皮隨入注云為門中阨狹記云凡庭實隨入左先明此出時亦隨出而立也案匠人云廟門容大扃七个注大扃牛鼎之扃長三尺七个則二丈一尺闑東明不得並出也

委皮南面擯者既釋辭執衆幣者進即位有司乃得委之南面便其復入也委皮當門○復扶又反

疏注擯者至當門○釋曰云擯者既釋辭執衆幣者進即位有司乃得委皮者以前文云舉皮者從其幣出皮在後可知隨立門中之時未得委皮明執幣者進即位乃得委皮也云南面便其復入也委皮南門者此次執幣者西面其皮不西面委之者以皮亦右首右先故南面橫委於門中當門北上執皮

者北面受之而乃入便故也執幣者西面北上擯者請受請于上介也上言其次此言其位互約文也

疏注請于至文也○釋曰上文擯者執上幣注云請受請于上介也此雖衆介所請亦請上介上介尊故也云上言其次此言其位互約文也者上云擯者執上幣士執衆幣有司二人舉皮從其幣出請受是其次也此言委皮南面執幣者西面北上是其位也言互者此言西面北上則上當有北面東上之文下云士介覿幣時士三人東上坐取幣立是也此宜有士執衆幣立於南面之文如是者互文也言約者雖互見其文文猶不備若欲備文當取上歸賓幣之文下歸士介幣之文以理推約之乃備也若然上當言擯者執幣士四人北面東上坐取幣從有司二人坐舉皮從其幣出隨立於門中擯者出門西面于東塾南請受士執幣者進立擯南西面北上執皮者南面委皮於門中北上如是乃爲文備也

介禮辭聽命皆進訝受其幣此言皆訝受者嫌擯者一一授之

疏注此言至授之○釋曰此言皆訝受者嫌擯者一一授之者案上受享皮及擯私覿之馬並不

云皆此獨言皆者嫌擯者獨請上介請先授上介幣故言皆明不一一授同時詞受可如也享幣無門外授先後之法故不言皆

上介奉幣皮先入門左奠皮先皮者介隨執皮者而入也入門左介至揖位而立執皮者奠皮以有不敢授之義古文重入○重直用反 疏注先皮至重入○釋曰云介至揖位而立者謂賓覿時幣入門左介皆入門在西上公揖讓如初升賓至此待揖而後進明此介亦至揖位而立云執皮者奠皮以有不敢授之義者案享時庭實使人執之皆禮庭實亦使人執之亦皆東不奠於地以其得親授主人有司此奠之不敢授故下二人坐舉皮明不授也

公再拜拜中庭也不受于堂介賤也 疏注拜中至賤也○釋曰知拜中庭者上云公降立不見更有進退之文自受享以來降立皆在中庭故知此公拜亦中庭可知也

介振幣自皮西進北面授幣退復位再拜稽首送幣進者北行參分庭一而東行當君乃復北行也 疏注進者至行也○釋曰介初在揖位君在中庭奠皮近西故介發揖位經皮西北出三分

乃東行北向當君乃北行至君所乃授幣故云自皮西進北面授幣也介出宰自公左
受幣不側受介禮輕疏注不側授介禮輕〇釋曰案賓覿禮云側授宰幣此不云側授故云介禮
輕宰自公左受即是側不云側者當有贊者於公受轉授宰故云介禮輕也有司二人坐
舉皮以東擯者又納士介納者出道入也〇道音導疏注納者出道入也〇
釋曰自此盡序從之論士介行私覿之事云納者出道入也者謂若燕禮大射小臣納卿大夫出道入之
也士介入門右奠幣再拜稽首終不敢以客禮見疏注終不至禮見
〇釋曰上介奠幣訖辭之終以客禮是士介卑奠幣出私覿即了然不敢以客禮見也擯者辭
介逆出擯者執上幣以出禮請受賓固辭禮請受者一請受而
聽之也賓爲之辭士介賤不敢以言通於主君固衍字當如面大夫也疏注禮請至大夫也〇釋曰知
固衍字當如面大夫者案下士介面大夫特擯者執上幣出禮請受賓辭無固字故知此固衍字當如士

介面大夫公荅再拜擯者出立于門中以相拜擯者以賓辭入告還立門中閾外西面公乃遂荅拜也相者贊告之【疏】注擯者至告之○釋曰鄭知擯立門中閾外西面者以公在內賓在門外之西東面擯者兩處相之明居閾外西面向賓告之也

士介皆辟辟於其東面位逡遁也

士三人東上坐取幣立俟擯者執上幣來也【疏】注俟擯至來也○釋曰上文擯者執上幣以出賓辭之士介皆辟之乃云士三人取幣立擯者執上幣始來明士二人立俟之可知也

擯者進就公所也【疏】注就公所也○釋曰以公在庭故擯者自門外來進向公左授幣與宰也

宰夫受幣于中庭以東使宰夫受于士士介幣輕也受之于公左賓幣公側授宰上介幣宰受于公左士介幣宰夫受于士敬之差【疏】注使宰至之差○釋曰云使宰夫受于士者以上文士三人取幣明此宰夫所受受於士也知受之于公左者禮記少儀云贊幣自左是以凡受幣皆於公左也云賓幣公側授宰者即上文公側授宰幣于序端是也云上介幣宰受於公

左者即上云庭中宰自公左受之是也云士介幣宰夫受于士者即經文是也在公左受之見尊卑不同敬之差也公所受之雖不同及其以東其識并是宰夫宰夫幣所主故也執幣者序從之序從者以宰夫當一一受之擯者出請賓告事畢賓既告事畢衆介逆道賓而出也疏注賓既至出也○釋曰自此盡不顧論事畢送賓之事云衆介逆道賓而出也者介爲首賓爲尾謂逆道也必知有逆出者上文聘記云賓降介逆出又聘大夫私覿亦介逆出者聘禮之等皆逆出故知此亦逆出可知也擯者入告公出送賓公出衆擯亦逆道紹擯及賓並行間亦六步及大門內公問君鄉以公禮將事無由問也賓至始入門之位北面將揖而出衆介亦在其右少退西上於此可以問君居處何如序殷勤也時承擯紹擯亦於門東北面東上上擯往來傳君命南面蘧伯玉使人於孔子孔子問曰夫子何爲此公問君之類也疏注鄉以至類也○釋曰云衆介亦在其右少退西上者案上賓初入門左鄭注云由賓位也衆介隨入北面西上少退今賓出衆入

門之位將北面拜君而後出故知其位亦當初入門之位此位前後皆約聘享入廟北面西上之位也云時承賓紹擯亦於門東北面東上上擯往來傳君命者亦約常入門門東北面東上之擯位上擯往來相君自是其當引論語者彼雖非聘亦是大夫使人往來法問夫子何爲亦是問君之類故云之類也

賓對公再拜拜其無[illegible]公拜賓亦辟[illegible]羊亮反[疏]注拜其至亦辟○釋曰案爾雅釋言[illegible]憂也言亦者亦[illegible]迎賓入門主君拜賓辟故[illegible]亦逡巡公問大夫賓對公勞賓賓再拜稽首公荅拜勞力到反[illegible]下同○勞以[illegible]路之勤公勞介介皆再拜稽首公荅拜賓出公再拜送賓不顧公既拜客趨辟君命上擯送賓出反告賓不顧於此君可以反路寢矣論語說孔子之行曰君召使擯色勃如也足躩如也賓退必復命曰賓不顧矣行下孟反躩[illegible]縛反又驅碧反[疏]注公既至顧矣○釋曰云賓不顧擯上擯送賓復廻謂君云賓不顧矣故引孔子事爲證若然此送賓是上擯則卿爲上擯孔子爲下大夫得

爲上擯者以孔子有德君命使爲上擯若定十年夾谷之會令孔子爲相同也賓請有事於大夫請問問卿也不言問聘聘亦問也嫌近君也上擯送賓出賓東面而請之擯者反命西告之○近附近之近疏注請問至告之○釋曰自此盡亦如之論賓請問大夫訖即請卿大夫勞賓介之事云不言問聘聘亦問也嫌近君也者對文大聘曰聘小聘曰問總而言之問聘一也不得云問卿若言問聘近君矣故云有事于大夫也鄭云擯者反命因告之者但從朝以來行聘享行禮賓之事已煩矣今日即請未可卽行故云反命因告之告之使知而已是以賓至館行勞賓介及受饔餼於後事明日乃行問卿之禮也賓所請問卿宜云若言某子故下記云幣之所及皆勞鄭云所以知及不及者賓請有事問曰某子某子是也公禮辭許禮辭一辭賓即館少休息也卽就也疏注少休息也○釋曰言休息者據此一日之間其事多矣明日行問卿暫時止息故去少休息也卿大夫勞賓賓不見以已公事未行上介以賓辭辭之疏注以已至辭之○釋曰以已公事未

行者其聘享公事已行仍有問大夫之等公事未行故不敢見云上介以賓辭辭之者以經云賓不見明上介以賓辭辭之可知是以下言上介受明此上介辭也

大夫奠鴈再拜上介受

不言卿卿與大夫同執鴈下見于國君周禮凡諸侯之卿見朝君皆執羔

疏注不言至執羔○釋曰云周禮者案周禮秋官掌客云凡諸侯之禮上公五積卿皆見以羔侯伯四積卿皆見以羔是主國之卿見朝君皆執羔引之證主國卿見聘客不得執羔與大夫同用鴈不見朝君故也

勞上介亦如之○君使卿韋弁歸饔餼五牢

變皮弁服韋弁敬也韋弁韎韋之弁兵服也而服之者皮韋同類取相近耳其服蓋韎布以爲衣而素裳牲殺曰饔生曰餼今文歸或爲饋○韎音昧又亡拜反

疏注變皮至爲饋○釋曰自此盡無擯論主君使卿歸饔餼於賓介之事云變皮弁服韋弁敬也者案周禮春官司服王之吉服有九祭服之下先云兵事韋弁服後云視朝皮弁服則韋弁尊於皮弁今行聘享之事等皆皮弁至歸饔餼則韋弁故云敬也云韋弁韎韋之弁兵服也者鄭知弁用韎

韋者，案司服注鄭引春秋傳曰晉郤至衣韎韋之跗注。又云今時五伯緹衣古兵服之遺色，故知用韎韋也。韎即赤色，以赤韋爲弁也。云兵服者，司服云凡兵事韋弁服，故云兵服也。云服之者，皮韋同類，取相近耳。有毛則曰皮，去毛熟治則曰韋，本是一物，有毛無毛爲異，故云取相近耳。云其服蓋韎布以爲衣而素裳者，此無正文，但正服則鄭注司服云韋弁以韎韋爲弁，又以爲衣裳。又晉郤至衣韎韋之跗注，鄭志韎此跗注，以跗爲幅，以注爲屬，謂制韋如布帛之幅而連屬爲衣及裳。今此鄭云以韎布爲衣而素裳，全與兵服異者，鄭以意量之，此賓而錫於大夫士之窮，既爲入朝之服，下可純如兵服，故爲韎布爲衣而素裳。鄭志兵服以其與皮弁同白舄，故以素裳解之。此言素裳又與鄭志同。若然，唯變其衣耳，以無正文，故云蓋以疑之也。云殺曰饔生曰餼者，周禮有內饔外饔，注饔割亨之事，詩云有母之尸饔，故知殺曰饔生曰餼者，以其對饔是腥飪，故知餼是生，故下云餼二牢皆陳之也。

上介請事，賓朝服禮辭。朝服，示不受也。受賓之當以尊服。

〔疏〕注朝服至尊服○釋曰：鄭知義然者，案下云賓皮弁迎大夫是受之用皮弁爲尊服明此著朝服朝服卑於皮弁是示不受言示不受終受之也有司入陳入賓所館之廟陳其積疏注入賓至其積○釋曰案上文直云致館及即館不辨廟與正客館之名案下記云卿館於大夫大夫館於士士皆是大夫士之廟下文又云揖入及廟鄭據此而言明陳之於廟也曾子問孔子文自卿大夫士之家曰私館卽卿大夫士之廟一也孔子又云公館與公所爲曰公館鄭注云公館若今縣官宮也彼是正客館彼此兩言之者若朝聘使少則皆於正客館若使多則自在大夫廟多少不定兩言之也案大行人及掌客積與饔餼各別此注以饔餼爲陳其積者對文饔餼與積別散文揔是委積故云積也饔謂飪與腥疏注謂飪與腥○釋曰知者上言揔饔餼五牢下陳有三處據此饔下云飪一牢腥二牢下又別云餼二牢故知饔別飪腥二者也若然飪與腥共以饔目之者以其同是死列子以鼎故出飪一牢鼎九設于西階前陪鼎當內廉東面北上上當碑南陳牛羊豕魚腊腸胃同鼎膚鮮

魚鮮腊設扃鼏腳臐膮蓋陪牛羊豕腊音昔扃古螢反鼏亡狄反腳
音香牛臛也臐許云反羊臛也膮許堯反豕臛也○
陪鼎三牲臛腳臐膮陪之庶羞加也當內廉辟堂塗
也腸胃次腊以其出牛羊也膚豕肉也唯燖者有膚
此饌先陳其位後言其次重大禮詳其事也宮必有
碑所以識日景引陰陽也凡碑引物者宗廟則麗牲
焉以取毛血其材宮廟以石窆用木○臛火各反字
林火郭反燖劉音尋一本作燅音潛窆彼驗反
疏注陪鼎至用木○釋曰案公食大夫庶羞也以非正
饌故在正鼎後而言加也云當內廉辟堂塗也者正
鼎九雖大判繼階而言其云于階前則階東稍遠故
陪鼎猶當內廉而辟堂塗之內也云腸胃次腊以其
出牛羊也鄭言此者以其膚是豕肉腸胃是腹內之
物而在肉前者以其腸胃出於牛羊故在膚前列之
也云膚豕肉也唯燖者有膚者君子不食圂腴犬豕
曰圂若然牛羊有腸胃而無膚豕則有膚而無腸胃
也且豕則有膚豚則無膚故士喪禮豚皆無膚以其
皮薄故也故縱豕以四鮮亦無膚故既夕大遣奠少
牢無膚以比豚解故也云此饌先陳其位後言其次

重大禮詳其事也者君陳莫位者南陳已上是也後
言其次者牛羊豕已下是也案設殽直云鉶一牢在
西鼎九羞鼎三腥一亦在東鼎七直言西九東七不
言次陳位殽是小禮經之故也云宫必有碑所以識
日景引陰陽也者言宫必有碑者案諸經云三揖者
鄭注皆云入門將曲揖既曲北面揖當碑揖若然士
昏及此聘禮是大夫士廟内皆有碑矣鄉飲酒鄉射
言三揖則庠序之内亦有碑矣祭義云君牽牲麗于
碑則諸侯廟内有碑明矣天子廟及庠序有碑可知
但生人寢内不見有碑雖無文兩君相朝燕在寢豈
不三揖乎明亦當有碑矣言所以識日景者周禮匠
人云爲規識日出之景與日入之景者自是正東西
南北此識日景唯可觀碑景邪正以知一日之早晚也
又云引陰陽者又觀碑景南北長短十一月日南至
景南北最長陰盛也五月日北至景南北最短陽盛
也二至之間景之盈縮陰陽進退可知也云凡碑引
物者宗廟則麗牲焉以取毛血者云凡碑引物則識
日景引陰陽皆是引物則宗廟之中是引物但廟碑
又有麗牲麗繫也案祭義云君牽牲麗于碑以其鸞
刀以取血毛毛以告純血以告殺兼爲此事也云其

材宫廟以石窆用木者此雖無正文以義言之葬碑取縣繩繂暫時之間徃來運載當用木而已其宫廟之碑取其妙好又須久長用石爲之理勝於木故云宫廟以石窆用木也是以檀弓云公室視豐碑三家視桓楹時魯與大夫皆僭言視桓楹桓楹宫廟兩楹之柱腥是葬用木之驗也腥二牢鼎二

七無鮮魚鮮腊設于阼階前西面南陳如飪鼎二列

有腥者所以優賓也（疏）注有腥至賓也○釋曰云優賓者案下文士四人皆餕大牢無腥是不優之也

堂上八豆設于戶西西陳皆二以並東上韭菹其南醓醢屈

韭音九菹莊居反醓他感反○戶室戶也東上變于親食賓也醓醢汁也屈猶錯也今文並皆爲併（疏）注戶室至爲併○釋曰云設于戶西西陳皆二以並東上韭菹其南醓醢屈者謂其東上醓醢醓醢西昌本昌本西麋臡麋臡西菁菹菁菹北鹿臡鹿臡東葵菹葵菹東蝸醢蝸醢東韭菹案周禮天官醢人朝事之豆有八韭菹醓醢昌本麋臡菁菹鹿臡茆菹麇臡饋食之豆葵菹蠃醢此經直云韭菹

醓醢屈知此昌本以下八豆者案公食下大夫六豆非菹醓醢昌本麋臡菁菹鹿臡又云上大夫八豆鄭注云記公食上大夫異於下大夫之豆數加葵菹蝸醢以充八豆若然案朝事八豆菁菹鹿臡下仍有苴麏臡不取而取饋食葵菹蝸醢者案少牢正祭用韭菹醓醢朝事饋食之豆兼用之明此賓上大夫亦兼用朝事饋食之豆以充八豆可知云東上變於親食賓也者案公食大夫公親食賓云宰夫自東房薦豆六設于醬東西上此云東上是變於親食賓也云屈猶錯也者猶下經錯黍此經菹醢不自相當皆交錯陳之故云錯也

八簋繼之，黍其南稷，錯。黍在北【疏】注黍在北○釋曰云繼者繼八豆以西陳之云八簋者此陳之次第與八豆同故鄭云屈猶錯也八豆言屈八簋言錯者以八豆之實各別直次第屈陳之則得相變故云屈也八簋唯有黍稷二種雖屈陳之則間雜錯陳之使當行黍稷間錯不得並陳設亦相變故鄭下注凡饌屈錯要相變是也

六鉶繼之，牛以西羊豕，豕南牛，以東羊豕。鉶羹器也【疏】注鉶羹器也○釋曰此不言繹屈錯

者綪文自具故不言之也案此文上下綪屈錯似各
別鄭此注屈猶錯士喪禮陳衣於房中南領西上綪
注云綪猶屈又似不別者云綪屈二者下手陳之少
異屈者向而屈陳之綪者直屈陳之不爲句陳訖則
相似故注士喪禮云綪猶屈言錯者間雜而陳之與
綪屈同或句屈陳而錯此文是也或綪陳如錯公食
大夫是也故公食大夫云宰夫設黍稷六簋于俎西
二以並東北上黍當牛俎其西稷錯以終南陳是其
直綪錯之也。**兩簠繼之粱在北**。簠不次簋者粱稻加也凡饌屈錯要相變。疏注凡
饌至相變○釋曰凡豆及簋之數皆耦兩自相對而
陳之屈錯不相對者欲使陳設者其要殺各得相變
不使相當其六鉶綪者牛及豕一者拒變羊豕相當
不相變以其太牢牛羊豕不耦故羊豕不得變也
八壺設于西序北上二以並南陳。壺酒尊也酒蓋稻酒粱酒不錯者酒
不以雜錯爲味。疏注壺酒至爲味○釋曰鄭云蓋稻酒粱酒
也者以下夫人歸禮醷黍清各兩壺此中
若有黍不得各二壺若三者各二壺則止有六壺與
夫人歸禮同又不得各二二壺若三者各三壺則九壺

不合八數止有稻粱無[illegible]文故云蓋以疑之鄭知不直有稻黍而爲稻粱者此[illegible]粱黍是加相對之物故爲稻粱也此陳饔餼堂上及東西夾簋有二十簋六上文設飧時與此堂上及西夾[illegible]其對則簋十四簋四案掌客設飧公侯伯子男簋同十二公簋十侯伯簋八子男簋六又皆陳饔餼其死牢如飧之陳如何此中飧之簋數及饔餼之簋數皆多於君者彼是君禮自上下爲差此乃臣禮或多或少自是一法不可以彼相並又此中致饔餼於賓醯醢百甕米百筥周禮上公甕筥百二十侯伯甕筥百子男甕筥八十子男少於此卿大夫禮禮或損之而益此其類也

西夾六豆設于西墉下北上韭菹其東醓醢屈六簋繼之黍其東稷錯四鉶繼之牛以南羊羊東豕豕以北牛兩簠繼之粱在西皆二以並南陳六壺西上二以並東陳東陳在北墉下統於豆

疏 釋曰六豆者先設韭菹其東醓醢又其東昌本南麋臡麋臡西菁菹又西鹿臡此陳還取朝事之豆其六簋四鉶兩

籩六壺東陳其次可知義復與前同也饌于東方亦如之東方東夾室西北上亦非菹其東醓醢也疏釋曰云西北上者則於東壁下南陳西北有韭菹東有醓醢次昌本次南麋臡次西有菁菹次北有麋臡亦屈錯也上西夾饌六豆直言北上不云西北上此東夾獨云西北上者以其西夾言北上其東醓醢是西北上可知此東夾饌若不言西北上恐東夾饌從東壁南陳以東北爲上其西有醓醢與西夾相對陳之故云西西北上見雖東夾其陳亦與西夾同是以鄭云亦非菹其東醓醢也壺東上西陳亦在北墉下統於豆醓醢百甕夾碑十以爲列醓在東甕烏弄反○夾碑在鼎之中央也醓在東醢穀陽也醢肉陰也疏注夾碑至陰也釋曰案既夕禮云甕三醓醢屑鄭注云甕瓦器其容亦蓋一觳旊人云簋實一觳又云豆實三而成觳四升曰豆則甕與簋同受斗二升也禮器云五獻之尊門外缶門內壺君尊瓦甒注云壺大一石瓦甒五斗即此壺大一石也云夾碑在鼎之中央也者上陳鼎云西階前陪鼎當內廉東西北上上當碑南陳下腥鼎

亦知之此言夾碑自然在鼎之中央可知云醢在東
醢穀陽也醢肉陰也者醓醢是醸穀爲之酒之類在人
消散故云陽醢是釀肉爲之在人沈重故云陰也大
宗伯云天産作陰德地産作陽德注云天産六牲之
屬地産九穀之屬以六牲爲陽九穀爲陰與此醢是
穀物爲陽遠者物各有所對六牲動物行蟲也故九
穀爲陰郊特牲云鼎俎奇而籩豆偶陰陽之義也又
以籩豆醢醢等爲陰鼎俎肉物揔爲陽者亦各有所
對以鼎俎之實以骨爲主故爲陽籩豆穀物故爲陰
此有司徹注又以庶羞爲陽内羞爲陰者亦羞中自
相對内羞雖有糝食是肉食其中有糗餌
粉餈食物故爲陰庶羞肉物故爲陽也

饌二牢陳于門西北面東上牛以西羊豕豕西牛羊豕饌生也牛羊右手牽之豕束之寢右亦居其左

疏注饌生至其左○釋曰先言饔後言饌者陳者先以熟爲主是以先陳饔饔下即陳熟物繼之故六豆以下相次此饌是生物其下次陳餼薪米禾之等相繼也云牛羊右手牽之者曲禮云效馬效羊者右牽之以不噬齧人用右手便也言右手牽之則人居其左也云豕束之寢

右亦居其左也豕東縛其足亦北首寢臥其右亦人居其左案特牲云牲在其西北首東足鄭注云東足者尚右也與此不同者彼祭禮法用右胖故寢左上右士喪記云陳牲于廟門外北首西上寢右鄭注寢右者當外左胖也變吉故與此生人同也

米百筥筥半斛設于中庭十以爲列北上黍粱稻皆二行稷四行筥居呂反行戶郎反下同○庭實固當庭中言當中庭者南北之中也東西爲列列當醯醢南亦相變也此言中庭則設碑近如堂深也

疏注庭實至深也○釋曰云庭實固當庭中言當中庭者南北之中也者上亨時直言庭實入設不言中庭則在東西之中其南北三分庭一在南北更言中庭故知南北之中也上文公立於中庭宰受幣於中庭皆南北之中也知北上東西爲行者以經云北上黍稷稻皆兩行稷四行若南北縱陳止得言東西不得言北上何者以黍粱稻及稷當行皆一種無上下故也明據陳可知黍兩行在北次粱兩行次稻兩行次南稷四行所以不用稻爲上者稻粱是加黍稷是正故黍爲上端稷爲下端以見上下而稻粱居其間亦

相變亦上縪居錯之義云此言中庭則設碑近如堂深也者陳鼎上當其碑南向陳之醯醢夾碑在鼎中夾亦南向陳之今米爲筥在醯醢之南北之中則碑近北可知言堂深者猶若設洗南北以堂深相似若然碑東當洗矣門外米三十車車秉有五籔設于門東爲三列東陳籔劉色縷反一音速注不數之數同卷末放此○大夫之禮米禾皆視死牢秉籔數名也秉有伍籔二十四斛也籔讀若不數之數今文籔或爲逾○逾劉音余後同說文大滿反【疏】注大夫至爲逾○釋曰云大夫之禮米禾皆視死牢者上文餼一牢腥二牢是三牢死故米禾皆三十車并下米亡十車亦是視死牢也云秉籔數名也秉有五籔二十四斛也者下記云十斗曰斛十六斗曰籔十籔曰秉若然秉十六斛又有五籔爲八斛揔二十四斛也云籔讀若不數之數者鄭君時以籔爲數名數名有數有不數故云不數之數遂從音讀其字仍竹下爲之得爲十六斗爲籔故下記注云今江淮之間量名亦爲籔者是十六斗量器之名禾三十車車三秅設于門西西陳秅丁

故反四百秉爲秅字林文加反 疏 注秅數至百秉○
○秅數名也三秅千二百秉 釋曰下記云四秉
曰筥十筥曰稯十稯曰秅四百秉
爲一秅三四十二爲千二百秉也 薪芻倍禾 倍禾者以其用
多也薪從米芻從禾四者之車皆陳北輈凡此所以
厚重禮也聘義曰古之用財不能均如此然而用財
如此其厚者言盡之於禮也盡之於禮則內君臣不
相陵而外不相侵故天子制之而諸侯務焉爾○輈
丁留反車轅 疏 注倍禾至焉爾○釋曰云薪從米芻從禾
者以其薪可以炊爨故從米陳之芻可以
食馬故從禾陳之鄭倍此者以經二云倍禾恐並從禾
陳之故也云四者之車皆陳北輈者以其內向爲正
故也引聘義者欲見主君享禮
聘賓外內皆善故引爲證也 賓皮弁迎大夫于外
門外再拜大夫不答拜 大夫使者卿也 疏 注大夫使者卿也○釋曰云外門外
者謂於主人大門亦入大門東行即至廟門北云不
答拜者亦以爲君使不敢當故也云大夫使者卿也
者即上卿韋弁者也 揖入及廟門賓揖入 賓與使者揖而入使者止執幣賓俟之于

門内謙也古者天子適諸侯必舍於大祖廟諸侯行舍于諸公廟大夫行舍于大夫廟○大祖之大音泰

疏注賓與至夫廟○釋曰云使者止執幣下經始云大夫奉束帛入明此賓揖入時使者止執幣可知云賓與至于門内謙也者聘時主君揖入立于庭尊卑法此賓與使者幣故賓在門内謙也云門内即宁下故下賓問卿云及廟門大夫揖入鄭注入者省内事也既而俟于宁下是也云古者天子適諸侯必舍于大祖廟者案禮運云天子適諸侯必舍其祖廟下記云卿館於大夫大夫館于士士館于工商鄭注云不館於敵者之廟爲太尊也以此差之諸侯無正文鄭注舍于諸公廟者諸公大國之孤云大夫行舍于大夫廟者謂卿舍于大夫也若無孤之國諸侯舍於卿廟也

大夫奉束帛執其所以將命

入三揖皆行皆猶並也使者尊不後主人

疏注皆猶至主人○釋曰云使者尊不後主人者主人則賓所在若主人也然君與使者行當後君也

至于階讓大夫先升一等讓不言三不成三也凡升者主人讓于客三敵者則客三辭主人乃許升亦道賓之義也使者尊主

人三讓則許升矣今使者三讓則是主人四讓也公雖尊亦三讓乃許升不可以不下主也古文曰三讓〇下戶嫁反後注讓不至三讓〇釋曰三讓不下君下朝皆同

疏 言三讓不成三也凡升者主人讓于客三敵者則客三辭主人乃許升者是三讓三辭成也今賔三讓大夫即升無三辭則不成三也云使者尊主人三讓則許升矣者即此經主人讓大夫先升是也云今使者三讓則是主人四讓也者經雖言讓大夫大夫先升大夫之讓不明故鄭君兩言之但使者先升若主人三讓使人亦三讓主人又讓則主人四讓使者乃升故鄭復言此也案周禮司儀云諸公之臣相為國客大夫郊勞三讓登聽命又云致饔餼如勞之禮即得行三讓之禮此中古文云三讓與彼合鄭不從者周禮則舉其大率而云三讓此儀禮據屈曲行事觀此經直云讓大夫先升是主人或二讓大夫無三讓故不從古文也云公雖尊亦三讓乃許升不可以不下主人也者此據公為主人亦有三讓故上行聘時云至于階三讓公升二等賔升亦是公先讓先升故成三讓是以聘義云三讓而後升公尊必三讓者不下賔客主人之義故也

賔從

升堂北面聽命北面于階上也大夫東面致命賓降階西反拜稽首拜饔亦如之大夫以束帛同致饔餼也賓殊拜之敬也重君之禮也疏注大夫至禮也○釋曰大夫以束帛同致饔餼五牢及陳豆壺車米之等今賓拜饔三牢及庭實又別拜餼二牢及門外米禾殊拜之者敬主君以重禮故也大夫辭升成拜尊賓受幣堂中西北面趨主君命也堂中西中央之西大夫降出賓降授老幣出迎大夫老家臣也賓出迎欲償之大夫禮辭許入揖讓如初賓升一等大夫從升堂賓先升敵也皆北面疏注賓先至北面○釋曰前大夫奉君命歸饔餼故先升一等今賓私償使者無君命體敵故賓先升在館如主人之儀故也知皆北面者以其體敵又下如云賓奉幣西面大夫東面明此北面可知庭實設馬乘乘四馬也賓降堂受老束錦大夫止止不降使之餘尊疏注止不至餘尊○釋曰凡賓主體敵之法

主人降賓亦降今賓降使者不降者使之餘尊雖合降而不降賓奉幣西面大夫東面賓致幣不言致命非君命也大夫對北面當楣再拜稽首稽首尊君客也致對有辭也疏注稽首至辭也○釋曰賓主既行敵體之禮當行頓首今大夫稽首於賓爲拜君之拜尊君客故也致者賓致幣當有辭對受者大夫對亦當有辭所以無辭者文不具故也幣于楹間南面退東面俟賓北面授尊君之使疏注賓北至之使○釋曰此賓儐使者體敵之義經云受幣于楹間南面知賓不南面並授而云賓北面授者凡敵體授受之義授由其右授由其左今尊君之使是以大大南面賓北面故知賓北面授幣賓再拜稽首送幣大夫降執左馬以出出廟門從者亦訝受之疏注出廟至受之○釋曰言亦者上賓受禮時受幣馬云以出上介受賓幣從者訝受馬此亦從者訝受馬故云亦也賓送于外門外再拜明日賓拜于朝拜饔與餼皆再

拜稽首拜謝主君之恩惠於大門外周禮曰凡賓客之治令訝聽之此拜亦皮弁服〔疏〕注拜謝至弁服。釋曰知拜謝在大門外者以其直言賓拜於朝無入門之文故知在大門外若然諸侯外朝在大門外明矣引周禮者秋官掌訝職云賓客至于國賓入館次于舍門外待事于客及將幣為前驅至于朝詔其位凡賓客之治令訝治之引之者欲見賓客發館至朝來往皆掌訝前驅為之導知此拜亦皮弁者以其受時皮弁故知此拜亦皮弁也故公食大夫云若不親食使大夫各以其爵朝服以侑幣致之賓朝服以受明日賓朝服以拜賜于朝故知朝服受還朝服拜則知此皮弁受亦皮弁拜可知

上介饔餼三牢飪一牢在西鼎七羞鼎三飪鼎七無鮮魚鮮腊也賓介皆異館〔疏〕釋曰自此盡兩馬束錦論主君使下大夫歸饔餼於上介之事。注飪鼎至異館。釋曰云飪鼎七無鮮魚鮮腊也者對上賓九鼎九鮮魚鮮腊也云賓介皆異館者案下記云卿館於大夫大夫館於士士館於工商彼云卿即此賓一也彼云大夫即此上介也彼云士即此衆介也故知賓介各異館必異

館者所陳饔餼厚無所容故也腥一牢在東鼎七堂上之饌六六者賓西夾之數西夾亦如之筥及甕如上賓凡所不貶者尊介也言如上賓者明此賓客介也疏注凡所至介也○釋曰云如上賓者明此賓客介也者案下云賓之公幣私幣皆陳上介公幣陳是上介有不與賓同者前經不言如上賓餼此經言如上賓以其此饔餼大禮西夾筥及甕如上賓以其容此上介如上賓之禮也餼一牢門外米禾視死牢牢十車薪芻倍禾凡其實與陳如上賓凡凡餼以下下大夫韋弁用束帛致之上介韋弁以受如賓禮介不皮弁者以其受大禮似賓不敢總如賓也儐之兩馬束錦疏釋曰此下大夫使者受上介之儐禮如卿使者受賓儐禮當庭同不言如之大夫者省文也士介四人皆餼大牢米百筥設于門外牢米不入門略之也米設當門亦十為列北上牢在其南西上疏注牢米至西上

○釋曰自此至無擯以論使宰夫歸饔於衆介之事上文賓與上介米陳碑南饔陳門內此不入門者鄭云略之也云米設當門亦十爲列北上彼亦當門此直云設於門外不云東西明當門北上與賓同云牢在其南西上者以此餼在設於庭在門內由士介賤不得入門且賓與上介門東有米三十車薪六十車門西禾三十車芻六十車皆繞門爲上此餼本非門外東西之物制不在門外東西宜當門陳之云牢在其南西上知如此設之者以其賓上介餼在米南門西東上明知此牢亦在米南而西上爲異耳宰夫朝服牽牛以致之執紖牽之東面致命朝服無束帛亦略之士介西面拜迎○紖直軫反

疏注執紖至拜迎○釋曰案下記云士館于工商則此致者在工商之館宰夫從外來即爲賓客宜在門西東面此就太宰之中取以致饔云朝服無束帛亦略之者決上賓與上介皆有束帛故以爲略之也云士介西面拜迎者以其士介爲主人故西面每上賓與上介米禾皆視死牢且有芻薪米禾此士直有生饔無死牢則無芻薪米禾也士介朝服北面再拜稽首受受於

宰東拜自宰後適宰夫右受由前東面授從者疏注受於至從者○釋曰知自宰後適宰夫右受者以其宰東北面拜明在宰夫東南從宰後參適宰夫至宰夫之後受取牛便故也必知在宰夫右受者見前君使士受私覿之馬適其右受知此亦有右受也若然君使士受私覿由前此由宰後與受馬不同者牛畜擾馴與馬有異故得從其後適宰夫右取便也云由前東面授從者於宰夫之後受牛遂由宰夫之前東授從者是取便也

無擯

既受拜送之矣明日衆介亦各如其受之服從賓拜於朝疏注既受至於朝○釋曰言無擯者決上賓與上介皆有擯士介賤故略之知明日衆介亦各如其受之服從賓拜於朝者案下夫人使下大夫韋弁歸禮賓受如受饔之禮儐之乘馬東錦右歸禮於上介上介受之如賓禮儐之兩馬東錦明日賓拜禮於朝鄭注云於是乃言賓拜明介從拜夫人歸禮介尚從拜則君饔餼介皆從拜可知

賓朝服問卿

不皮弁別於主君卿每國三人疏注不皮至三人○釋曰自此盡無儐論賓齎聘君之幣問主國卿之事云不皮弁別於主君者對上文行聘享私覿皆皮弁此朝服降一

等故鄭注云別於十一君云卿每國三人者每國三卿是其常鄭言此者以欲見三卿皆以幣問之其主國下大夫嘗受向己國得幣問之與卿異

卿受于祖廟重賓禮也祖王父也疏注重賓至父也○釋曰卿受鄰國君所問之禮不辭讓者以其初君送客之時賓請有事於大夫君禮辭許是以卿不敢更辭故下記云大夫不敢辭云祖王父也者大夫三廟有別子者立太祖廟非別子也并立曾祖廟王父即祖廟也今不受於大廟廟及曾祖廟而受於祖廟以其天子受於文王廟諸侯受於太祖廟大夫下君則受於王父廟

下大夫擯無士擯者既接於君所急見之疏注無事至見之○釋曰行聘享於主國君時主君擯者三人以上并有士擯者又設介今直云大夫擯無上擯者以其設擯介多者不敢賓亦行事有漸但賓行聘享於主君之時卿以與賓相接故急見之不須士擯

擯者出請事大夫朝服迎于外門外再拜賓不荅拜揖大夫先入每門每曲揖及廟門大夫揖入入者省內事也既而俟于宁也○宁

言吕汳疏注入者至宁也○釋曰大夫二門入大門東行卿至廟門未及廟門而有每門者大夫二廟每廟兩旁皆南北墻墻皆閤門假令王父廟在東則有每門每曲之事云入者省內事也者曲禮云請入為席是也云既而俟于宁者宁門屋宁也知俟于宁者下云賓入二揖皆行鄭注云皆猶並也賓與卿並行以卿俟于宁故得並行與卿三揖不俟于庭者下君也案曲禮云客至於寢門則主人請入為席然後出迎客主人肅客而入卿既入不重出迎客者彼曲禮平常賓客故重出迎客此聘問之賓與平常賓客異上君揖賓不重出此卿亦不重出與彼同但在庭與在宁不同矣擯者請命亦從入而出請不几筵辟君也疏注亦從至君也○釋曰亦者亦君受聘時擯者從君而入几筵既設擯者出請此擯者亦從卿而入省內然後出請庭實設四皮麋鹿皮也賓奉束帛入三揖皆行至于階讓皆猶並也古文曰二讓疏注古文曰三讓○釋曰不從古文者亦是不成二故賓先升一等大夫從升堂故不從三讓也賓升一等大夫從升堂

北面聽命賓先升使者尊賓東面致命致其君命大夫降階西再拜稽首賓辭升成拜受幣堂中西北面於堂中央之西受幣趨聘君之命賓降出大夫降授老幣無擯不擯賓辟君也【疏】注不擯賓辟君也○釋曰上文賓行聘享訖而君禮賓有東帛乘馬敵者曰擯今卿不擯賓者辟國君也擯者出請事賓面如覿幣面亦見也其謂之面威儀質也○見如字【疏】注面亦至質也○釋曰自此至授老幣論賓行私面於卿之事賓私面於卿其幣多少與私覿於君同故云如覿幣賓私覿之時用束錦乘馬則此私面於卿亦用束錦乘馬可知也云面亦見也其謂之面威儀質也者覿面並文其面為覿若散文面亦為覿故鄭司儀注云私面私覿也又左傳云楚公子棄疾以乘馬入匹私面鄭伯是也賓奉幣庭實從庭實四馬【疏】注庭實四馬○釋曰以其言如覿幣故知庭實四馬也入門右大夫辭大夫於賓入自階下辭迎之【疏】注大夫至迎之○釋曰知階下

辭者以其授老幣時降故也知迎者下文揖讓如初明迎之可知賓遂左見私事也雖敵賓猶謙入門右為若降等然曲禮曰客若降等則就主人之階主人與辭於客然後客復就西階【疏】注見私至西階○釋曰云為若降等者主人是大夫客是士降等法士就東階今此賓與卿覿者就門右若士於大夫降等引曲禮者主人辭賓賓迎左就門右西階復正也庭實設揖讓如初大夫至庭中旋並行【疏】注大夫至並行○釋曰云大夫至庭中旋並行者賓初入門右大夫階下辭賓賓遂門左大夫至庭中迎賓大夫廻旋與賓揖而並行北出言如初者大亦不出門唯有庭中一揖至碑又揖再揖而已大夫升一等賓從之大夫先升道賓大夫西面賓稱面稱舉也舉相見之辭以相接大夫對北面當楣再拜受幣于楹間南面退西面立受幣楹間敵也賓亦振幣進北面授【疏】注受幣至面授○釋曰知賓北面授者以亦大夫南面退西面立言退明賓不得南面又見下文賓當楣再拜明北面授因拜可知云受

幣楹間敵也者凡授受之義在於兩楹之間者皆是體敵故昏禮云授于楹間南面注云授於楹間明爲合好其節同也南面並授也謂賓主俱至楹間南面並而授是以曲禮云鄉與客並然後受注云於堂上則俱南面禮敵者並授此是敵者之常禮也雖是敵者於兩楹之間或有訝受者皆是相尊敬之法則此云大夫南面賓北面授雖是敵禮是尊大夫故訝受人前致饔餼擯使者於楹間賓北面授幣鄭云賓北面授尊君之使自餘不在楹間別相尊敬見以前云公受玉于中堂與東楹之間鄭注云東楹之間亦以君行一臣行二又云公禮賓賓受幣當東楹北面注云亦訝受又賓覿公云振幣進授當東楹北面如此之類不在兩楹之間者皆非敵決疏文解之

賓當楣再拜送幣降出大夫降授老幣○擯者出請事上介特面幣如覿介奉幣

特面者異於主君士介不從而入也君尊衆介始覿不自別也上賓則衆介皆從之

疏 注特面至從之○釋曰自此盡再拜送幣論上介私面於鄰國卿之事云特面者異於主君者介初覿主君之時不敢自

尊別與衆介同執幣而入介私面於鄰國卿不與衆介同而特行禮焉故云特面者異於主君也云士介不從而入者對覿君時衆介從而入故鄭云君尊衆介始覿不自別也云上賓則衆介皆從之者上介言特面則賓問卿與私面介皆從可知皮二人贊亦儷皮也疏注亦儷皮也○釋曰案經文幣如覿則上介私面亦與私覿於君幣同故云亦儷皮也入門右奠幣再拜降等也疏注降等也○釋曰云降等者主人是卿上介是大夫故入門右不敢自同賓客大夫辭於辭上介則出擯者反幣出還于上介也疏注出還于上介也○釋曰不言反皮出還於上介皮出可知但文不具庭實設介奉幣入大夫揖讓如初大夫亦先升一等今文曰入設疏注大夫至入設○釋曰云亦者亦上賓行私面大夫升一等賓乃升此上介私面亦然故云亦也介升大夫再拜受亦於楹間南面而受疏注亦於至而受○釋曰亦者賓行私面大夫受幣於楹間南面故云亦得在楹間爲敵法上介是下大夫與卿小異大同明得行敵

庶在盥問可知介降拜大夫降辭介升再拜送幣介既送幣降出也大夫亦授老幣擯者出請衆介面如覿幣入門右奠幣皆再拜大夫辭介逆出擯者執上幣出禮請受賓辭賓亦爲士介辭○爲于僞反疏注賓亦爲士介辭○釋曰自此至拜辱歸士介私面於鄰國卿之事云賓亦爲士介辭者亦者亦士介私覿於主國君時故云亦也大夫荅再拜擯者執上幣立于門中以相拜士介皆辟老受擯者幣于中庭士三人坐取羣幣以從之擯者出請事賓出大夫送于外門外再拜賓不顧相息亮反○不顧言去拜送也擯者退大夫拜辱下大夫嘗使至者幣及之嘗使至已國則以幣問之也君子不忘舊疏注嘗使至忘舊○釋曰自此盡于卿之禮論主國下大夫嘗使至已國者聘君使上介以幣問之事

諸侯之國皆有三卿五大夫其三卿不問至己國不至己國皆以幣及之上已論訖其五大夫者或作介或時行至彼國者乃以幣及之略於三卿故也言君子不忘舊者此大夫嘗與彼國君相接即是故舊也今以幣及之故云君子不忘舊也上介朝服三介問下大夫下大夫如卿受幣之禮上介三介下大夫使之禮也疏注上介至禮也○釋曰云上介三介下大夫使之禮也者下經云小聘曰問其禮如爲介三介是下大夫小聘之禮據此篇大聘使卿五介小聘使大夫三介若大國之卿七介小聘使大夫五介小國之卿三介小聘使大夫一介也曲禮云儐人必於其倫故問下大夫還使上介是各於其爵易以相尊敬者也其面如賓面于卿之禮○大夫若不見有故也疏注有故至也○釋曰自此盡不拜論主國卿大夫有故不得親受聘君之幣之事言有故者有或有病疾或有哀慘不得受其問禮位君使大夫各以其爵爲之受如主人受幣禮不拜合以其爵主人卿[illegible]則使卿大夫也

則使大夫不拜代受之耳不當主人禮也疏注各以至禮也○釋曰云各以其爵主人卿也則使卿大
夫也則使大夫者若然經云君使大夫大夫中有卿大夫總名也云各以其爵亦是易以相尊敬也云不
拜代受之耳不當主人禮也者案周禮宗伯云大賓客則攝而載裸鄭注云宗伯代王爲裸拜送則王亦
此類拜是致敬之事不可代人之拜故直受之而已不當主人之禮拜之夕夫人使下大
夫韋弁歸禮今文歸作饋下及記同○夕問卿之夕也使下大夫下君也君使之云夫人者
以致辭當稱寡小君疏注夕問至小君○釋曰自此盡賓拜禮於朝論主君夫人歸禮於賓與上介之
事云夕夕問卿之夕也者案下記云聘曰致饔明日問大夫夕夫人歸禮是其問卿之夕也云使下大夫下
君也者歸饔餼使卿此夫人使下大夫故云下君也云君使之云夫人者以致辭當稱寡小君者案隱二
年傳九月紀裂繻來逆女何以不稱使昏禮不稱主人又云紀有母乎曰有有則何以不稱母母不通也
何休注云禮婦人無外事明知此使下大夫歸禮者是君使之可知而稱夫人使者以其致辭於賓客將

當稱寡小君故稱夫人使下大夫其實君使之也

堂上籩豆六設于戶東西上二以並東陳籩豆六者下君禮也臣設于戶東又辟饌位也其設脯其南醢屈六籩六豆

疏注籩豆至六豆○釋曰言籩豆六東陳者其饌自戶東為首二以並東陳先於此設脯即於脯南設醢東設脯以次屈而陳之皆如上也云籩豆六者下君禮也者君歸饔餼八豆此六豆故云下君也設於戶東又辟君饌位故也云其設脯其南醢屈六籩六豆者此約君禮設豆法云韭菹其南醢醢屈故知此醢在南屈陳之又知籩豆各六者下文上介四豆四籩降殺以兩明夫人多二六豆六籩可知

壺設于東序北上二以並南陳醙黍清皆兩壺醙所九反○醙白酒也凡酒稻為上黍次之粱次之皆有清白以黍間清白者互相備明三酒六壺也先言醙白酒尊先設之○間間廁之間

疏注醙白至設之○釋曰其並設壺於東序自北向南而陳稻黍粱皆一一壺並之而陳也故言醙黍清皆兩壺也云以黍間清白者互相備者醙白也上言白明黍粱皆有白下言清明稻黍

亦有清故也於清白中言黍明醴即是稻清即是粱也故言互相備也三酒三既有清白二色故言六壺必先言醴者以白酒尊重故先設之也大夫以束帛致之致夫人命也此禮無牢下朝君也疏注致夫至君也○釋曰案周禮掌客云上公之禮夫人致禮八籩膳大牢致饗大牢侯伯以下亦皆有牢是朝君來時有牢此卿來聘無牢故云下朝君也賓如受饔之禮儐之乘馬束錦上介四豆四籩四壺受之如賓禮四壺無稻酒也不致牢下於君也疏注四壺無稻酒○釋曰知者案上致於賓六壺稻黍粱皆有清白今上介四壺明從上去之無稻米之酒清白俱去之故四壺也儐之兩馬束錦明日賓拜禮於朝於是乃言賓拜明介從拜也今文禮爲醴○從才又反疏注於是至爲醴○釋曰鄭解若於上文賓下言之則介從拜之事不明故於上介之下乃云明日賓拜禮於朝則介從賓拜可知大夫餼賓大牢米八筐其陳於門外黍粱各二筐稷四筐二以並南陳無稻牲陳

於後東上不饌注其陳至君也○釋曰自此至牽
於堂庭辟君也疏羊以致之謂主國大夫餼賓及上
介之事云陳於門外知者經無牢米入門之文故明
是門外可知與君餼士介同云黍粱各二筐稷四筐
二以並南陳無稻者案上使卿歸饔餼之時米百筥
設於中庭十以爲列北上稻粱黍各二行稷四行此
云入筐黍粱稷亦宜決其行數故知黍粱各二筐稷
四筐知二以並南陳者以其君筥米北上故知此亦
北上南陳知二以並者以其陳筥米粱黍稻不雜陳
則知此筐米亦不雜陳者二以以並可知云無稻者見記
云此餼大夫黍粱稷筐五斛是也云牲陳於後東上
者此與君餼士介略同餼士介時不言門東西鄭注
云當門則知此門外亦當門君餼賓米在庭牲在門
西雖不言當米南亦得牲在其南故知此牲陳亦在
米南可知云東上者君餼賓時陳於門西東上也云
不饌於堂庭辟君也者案上君致饔餼籩豆在堂牲
牢米等在庭此在門外故云辟君也若然案掌客鄰
國之君來朝卿皆見以羔膳太牢侯伯子男膳特牛
彼又無筐米此侯伯之臣得用太牢有筐米者彼
爲君禮此是臣禮各自爲差降不得以彼難此 賓

迎再拜老牽牛以致之賓再拜稽首受老退賓再拜送老室老大夫之貴臣疏注老室至貴臣○釋曰案喪服公士大夫之衆臣爲其君布帶繩屨傳曰室老士貴臣其餘皆衆臣也鄭注云室老家相也士邑宰也即此室老貴臣者家相邑宰之屬故爲貴臣也

上介亦如之衆介皆少牢米六筐皆士牽羊以致之米六筐者又無粱也士亦大夫之貴臣疏注米六至貴臣○釋曰言又無粱也者上文八筥無稻從上去之明知此亦從上去之無粱其稻粱是加故去之云士亦大夫之貴臣者即是大夫邑宰也以其大夫使之故知大夫之貴臣也

公於賓壹食再饗食音嗣注及下同○饗謂亨大牢以飲賓也公食大夫禮曰設洗如饗則饗與食互相先後也古文壹皆爲一今文饗皆爲鄉○亨普庚反飲於鴆反疏注饗謂至爲鄉○釋曰此篇雖據侯伯之卿聘使伍等諸侯其臣聘使牢禮皆同無大國次國之別是以掌客五等諸侯相朝其下皆云羣介行人宰史皆有飧饔餼以其爵等爲之牢禮之

陳數又云凡諸侯之卿大夫士爲國客則如其介之禮以待之鄭注云尊其君以及其臣也以其爵等爲之牢禮之數陳爵卿也則飧三牢饔餼五牢大夫也則飧大牢饔餼三牢士也則飧少牢饔餼大牢也此降小禮豐大禮也以命數則參差難等略於臣用爵而已以此言之公侯伯子男大聘使卿主君一食再饗小聘使大夫則主君一食一饗若然案掌客子男一食一饗子男之卿再饗多於君者以其君臣各自相望不得以君決臣也云饗謂亨大牢以飲賓也者以其饗禮與食禮同食禮既亨大牢明饗禮亨大牢可知但以食禮無酒饗禮有酒故以飲賓言之引公食饗與食互相先後者此經先言食後言饗則食在饗前公食言設洗如饗禮則饗在食前燕與羞俶獻饗先後出於主君之意故先後不定也

無常數俶昌叔反始也○羞謂禽羞鴈鶩之屬成熟煎和也俶始也始獻四時新物聘義所謂時賜無常數由恩意也古文俶作淑○鶩音木

疏注羞謂至作淑○釋曰案周禮掌客上公三燕侯伯再燕子男一燕皆有常數此臣無常數者亦是君臣各爲一不得相決知羞謂禽羞鴈鶩之屬者案下記

云禽羞俶獻故知是禽知不成熟煎和者以其言羞俶臐之類故知成熟煎和者也知禽是鴈鶩之屬者案下記云宰夫歸乘禽日如其饔餼之數鄭注乘禽乘行之禽也者云鴈鶩之屬以無正文故以意解之賓

介皆明日拜于朝上介壹食壹饗饗食賓介爲介從饗獻矣復特饗之客之也

疏注饗食至之也○釋曰不言從食者公食介雖從入不從食賓食畢介逆出是不得從食矣知從饗者下記云大夫來使無罪饗之過則餼之其介爲介注云饗賓有介者賓尊行敵禮也故知介從饗案襄二十七年宋公兼享晉楚之大夫趙孟爲客子木與之言弗能對使叔向侍言焉子木亦不能對也叔向爲趙孟介而得從饗是其義也云復特饗之即此經是也

若不親食使大夫各以其爵朝服致之以侑幣如致饔無儐侑音又○君不親食謂有疾及他故也必致之不廢其禮也致之必使同班敵者易以相親敬也致禮於卿使卿致禮於大夫使大夫非必命數也無儐以已本宜往古文侑皆作宥

疏注君不至宜往○釋曰案上文云君使卿

歸饔餼於賓館賓儐之今君有故不親食使卿生致其牢禮亦於賓館但無儐爲異云謂有疾及他故也公侯伯之卿三命大夫再命子男之卿再命大夫一命者他故之中兼及有哀慘云非必命數也者依典命命經云各以其爵故知不依命數云無儐以已本宜往者饔餼之等不宜召賓故君使人致禮賓則儐使者此饗食之禮主君無故合速賓之來就主君入廟賓無儐禮今主君有故生致於賓亦無儐故云本宜往此篇據侯伯之卿來聘使是卿致禮鄭兼云於大夫使大夫者小聘使大夫來使大夫致禮也若然經直言使大夫者大夫中兼有上人大夫兼卿也

致饗以酬幣亦如之酬幣饗禮酬賓勸酒之幣也所用未聞也禮幣束帛乘馬亦不是過也禮器曰琥璜爵蓋天子酬諸侯○琥音虎

疏注酬幣至諸侯○釋曰云禮幣束帛乘馬亦不是過也者鄭以饗之酬幣無文故約上主君禮賓之時用束帛乘馬此饗賓酬幣亦不過是故云亦不是過引禮器者案彼經云有以少爲貴者圭璋特琥璜爵鄭注云圭璋特朝聘以爲瑞無幣帛也琥璜爵者天子酬諸侯諸侯相酬以此玉將幣也彼經不云天子諸

侯相酬之幣故此注云蓋言酬謝侯者公侯伯用琥於子男用璜引之者證與此酬卿大夫下同之義

大夫於賓壹饗壹食上介若食若饗若不親饗則公作大夫致之以酬幣致食以侑幣作使也大夫有故君必使其同爵者爲之致之列國之賓來榮辱之事君臣同之疏注作使至同之○釋曰此一經論主國卿大夫饗食聘賓及上介之事此直言饗食不言燕亦有燕是以鄭詩羔裘云知子之來之雜佩以贈之鄭注云與異國賓客燕時雖無此物猶言之以致其厚意其君有之囿將行之士大夫以君命出使主君之臣必以燕禮樂之助君之歡是也又昭二年左傳云韓宣子來聘宴于季氏傳無譏云明鄰國大夫有相燕之法又此大夫相禮饗食有常數雖有燕之亦無常數亦無酬幣矣

君使卿皮弁還玉于館玉圭也君子於玉比德焉以之聘重禮也還之者德不可取於人相切厲之義也皮弁者始以此服受之不敢不終也疏注玉圭至終也○釋曰自此盡賓送不拜論主君使卿詣館還玉及報享之事

云玉圭也者舉聘君之圭云君子於玉比德焉以之聘重禮也并相切厲之義並聘義文案聘義云天子制諸侯比年小聘二年大聘相厲以禮又云已聘而還圭璋此輕財而重禮之義又云夫昔者君子比德於玉焉是其義也云還之者德不可取於人相切厲之義也者既以玉比德德在於身不取於人彼既將玉來似將德於已已不可取彼之德故還之不取德也既不得取而將玉往來者相切磋相磨厲以德而尊天子故用之也云皮弁者始以此服受之不敢不終也者始謂受聘享在廟待今還以皮弁還玉是終之也

賓皮弁襲迎于外門外不拜帥大夫以入

迎之不拜示將去不純爲主也帥道也今文曰迎于門外古文帥爲率

疏注迎之至爲率○釋曰云帥大夫以入者大夫即卿卿亦大夫也云不純爲主也者客在館如主人卿往如賓今不拜迎是不純爲主也決上君使卿歸饔餼時賓拜迎

大夫升自西階鉤楹

鉤楹由楹內將南面致命致命不東面以賓在下也必言鉤楹者賓在下嫌楹外也

疏注鉤楹至外也○釋曰云不東面以

賓在下也者決歸饔餼時大夫東面致命行聘時賓亦東面致命也云必言鉤楹者賓在下嫌楹外也若然不在楹外近之者以初行聘時在堂上楹內故今還在楹外也

賓自碑内聽命升自西階自左南面受圭退負右房而立

聽命於下敬也自左南面右大夫且並受也必並受者若鄉君前耳退爲大夫降逡遁今文或曰由自西階無南面○鄉許亮反

（疏）注聽命至南面○釋曰云聽命於下敬也者此決賓受禮時公用束帛賓西階上聽命歸饔餼時賓阼階上聽命此特於下聽命故云敬也云自左南面右大夫且並受也者以鄉飲酒獻酢之時授者在右受者在右故右大夫也且並受者欲取如向君前然也云若向君前耳者謂於本國君前受圭璋時北面並受今還南面並受面位不同並受一邊不異故云若向君前耳云退爲大夫降逡遁者以大夫降爲之逡遁亦退因即負右房南面而立大夫士直有東房西室天子諸侯左右房今不在大夫廟於正客館故有右房也

大夫降中庭賓降自碑内東面授上介于阼階

東大夫降出言中庭者爲賓降節也授於阼階東者欲親見賈人藏之也賓還阼階下西面立（疏）注大夫至面立○釋曰云大夫降出言中庭者爲賓降節也者以其大夫授賓圭訖降自西階將出門至中庭不止今云大夫降出中庭者大夫中庭賓乃降故鄭云爲賓降節也云授於阼階東者欲親見賈人藏之也者賈人至上啓櫝者是掌玉之人此時無事在堂東待此玉故賓向阼階東得見之云賓還阼階下西面立者以其賓在館如主人在階下西面立是其常處立者以待授璋也上介出請賓迎大夫還璋如初入出請請事於外以入告也賓雖將去出入猶東唯升堂由西階凡介之位未有改也（疏）注唯升堂至阼也○釋曰案上文云賓自碑内聽命升自西階是其升堂由西階也云凡介之位未有改也者以其賓唯升自西階明介猶在東方故上文授上介于阼階東也故言未有改賓裼迎大夫賄用束紡賄呼罪反紡芳罔反○賄予人財之言也紡紡絲爲之今之縳也所以遺聘君可以爲衣服相厚之至○縳息絹反一作絲劉音須說文云縳鮮支也居轉反

聲類以爲今正絹字

疏注賄予至至也〇釋曰此則未知何用也財若是報享之物不應在禮玉之上今言此束紡者以其上圭璋是彼國之物下云禮玉束帛報聘君之享物彼君厚禮於此此亦當厚禮於彼故特加此束紡是以鄭云相厚之至也云賄予人財之言也者案下記云賄在聘于賄又云無行則重賄反幣鄭注周禮云布帛曰賄是賄爲財物是與人財物謂之賄也云紡紡絲爲之者因名此物爲紡云今之縳也者鄭注周禮內司服亦云素紗者今之白縳也則此束紡者素紗也故據漢法況之

禮玉束帛乘皮皆如還玉禮禮禮聘君也所以報享也亦言玉璧可知也今文禮皆作醴

疏注禮禮至作醴〇釋曰云禮禮聘君也者此謂報享之物以其彼將享物來禮此主君亦以物禮彼君故云禮禮聘君也云所以報享也者彼以物享此君此君亦以物享彼君曲禮云往而不來非禮也來而不往亦非禮也今以來而往是相享之法故云報享也云亦言玉璧可知也者上文聘賓行享之特束帛加璧束錦加琮今報享物亦有璧琮致之故云亦言玉璧可知此玉則琮也以其經言玉故以玉

言之若然經言束帛乘有束錦矣案下記云賄大夫
在聘于賄又云無行則重賄反幣則此禮也
出賓送不拜○公館賓為賓將去親存送之厚殷勤且謝聘君之意也公朝服疏
注為賓至朝服○釋曰自此盡賓退論明日賓將發
主君就館拜謝聘君使臣來禮已國之事云公朝服
者以其行聘享在廟之時相尊敬重故賓辟不敢受
著皮弁此拜謝之禮輕故知著朝服賓辟國君見
已於此館也此亦不見言辟者君在廟門敬也凡
君有事於諸臣之家車造廟門乃下○造七到反疏
注不敢至乃下○釋曰云此亦不見言辟者君在廟
門敬也者此言亦者亦勞賓時故上文賓即館卿大
夫勞賓賓不見以其不見故違上介聽命故知此賓
亦不見凡言辟者將見而不見則謂之辟門此本不見
而言辟者以其君在廟門外雖不見而言辟故鄭云
敬也云凡君有事於諸臣之家車造廟門乃下者以
其卿館于大夫之廟此館則是諸臣之家案公食記
云賓之乘車在大門外又曲禮云客車不入大門以
此言之君車入大門矣大夫士有兩門入門東行則
是廟門矣既至廟門須與賓行禮故鄭云造廟門乃

入也

上介聽命聽命於廟門中西面如相拜然也擯者每贊君辭則曰敢不承命告于寡君之老

疏注聽命至之老○釋曰云聽命於廟門中西面如相拜然也者案前受上介幣之時賓固辭公答再拜擯者出立于門中以相拜注云立門中闑外西面此中當闑不見使介聽命明如相拜然取其視外便也必知在門中西面者以其君來如賓禮東面介西面向公可知云擯者每贊君辭則曰敢不承命告于寡君之老者以其君尊不自出辭以是故君之擯者每事贊君出辭則曰敢不承命者謂上介答君之辭知告賓云告于寡君之老者案下篇云擯者曰寡君之老注云擯者之辭主於見他國君今上介當擯者之處故知告于賓稱告于寡君之老

賓聘享夫人之聘享問大夫送賓公皆再拜拜此四事公東面拜擯者北面

疏注拜此至北面○釋曰云聘享者謂賓聘君以圭享君以璧夫人聘享者謂賓聘夫人以璋享夫人以琮問大夫者問三卿及常聘彼國之下大夫送賓以登路云拜此四事者君禮一夫人禮二大夫禮三送賓禮四四事皆再拜云公東面者公如賓禮門西

東面擯者向公向介故知北面爲相而言也公退賓從請命于朝賓從者實爲拜
主君之館已也言請命者以已不見不敢斥尊者之意○爲于僞反疏注賓從至之意○釋曰云言請
命者以已不見不敢斥尊者之意者案司儀云君館客客辟介受命遂送客從拜辱于朝此經不言拜辱
而言請命凡言請者得不由君君聽則拜此下經直云公辭賓退不見拜文是君不受其謝故云請命者
以已不敢斥尊者之意故不言辱而言請公辭賓退辭其拜也退還館裝駕爲旦將發也周禮
曰賓從拜辱于朝明日客拜禮賜遂行疏注辭其至遂行○釋曰云退還館裝駕者以明旦將發故
裝束駕乘引周禮者證明日客拜禮賜遂行之事鄭彼注云禮賜者謂乘禽即此下文賓拜乘禽是也
賓三拜乘禽於朝訝聽之發去乃拜乘禽明已受賜大小無不識疏注發
去至不識○釋曰自此盡送至于竟論賓介發行主國贈送之事云明已受賜大小無不識者以其乘禽
是禮以細小尚記識而飱之芻饔饋食禮之大者記識可知故云大小無不識遂行舍于郊

始發且宿近郊自展軨○軨力丁反疏注始發至展軨○釋曰曲禮云已駕僕展軨鄭注云其視也彼
是君車故使僕展之此卿大夫故鄭云自展軨恐不得所故也公使卿贈如覿幣贈送
也所以好送之也言如覿幣見爲反報也今文公爲君○好呼報反見賢遍反疏注贈送至爲君○釋
曰所以好送之者卒而不往非禮也禮來往皆是和好之事故云好送之也云言如覿幣見爲反報也者
以其贈之多少一如覿幣故鄭云見爲反報也受于舍門外如受勞禮無儐
勞力到反○不入無儐明去而宜注不入至同節有已也如受勞禮以贈勞同節疏○釋曰言不入
無儐對歸饔餼入設而有儐此則不入無儐明賓去禮宜有已云如受勞禮以贈勞同節者賓來勞之去
有贈之皆在近郊禮又不別故言同節也使下大夫贈上介亦如之使士
贈衆介如其覿幣大夫親贈如其面幣無儐贈上介
亦如之使人贈衆介如其面幣士送至于竟○使者

歸及郊請反命郊近郊也告郊人使言反命於君也公請之者以已久在外嫌有罪惡不可以入春秋時鄭伯惡其大夫高克使之將兵逐而不納此蓋請而不得入○惡烏路反疏注近郊至得入○釋曰自此盡拜其辱論使者反命之事知郊是近郊者以下文云朝服載旜鄭云行時稅舍於此郊郊今還至此正其故行服以俟君命敬也者初行云舍於郊欲旜今至此載旜而入故知近郊也云告郊人使請反命於君者以其使者至所聘之國謂關人明此至郊告郊人使請可知引春秋者案閔二年去羊傳云鄭伯惡高克使之將兵逐而不納棄師之道也何休云使將師救衛隨後逐之彼無大夫文言大夫者鄭君加之也

朝服載旜行時稅舍于此郊今還至此其正故行服以俟君命敬也古文旜作膳

禳乃入禳如羊反○禳祭名也爲行道累歷不祥禳之以除災凶疏注禳祭至災凶○釋曰案春官小祝云掌侯禳禱祠之祝號鄭注云禳禳卻凶咎故鄭此云禳是祭名也

乃入陳幣于朝西上上賓之公幣私幣皆陳上介公幣陳他

介皆否皆否者公幣私幣皆不陳此幣使者及介所
得於彼國君卿大夫之贈賄也其或陳或不
陳詳尊而略卑也其陳之及卿大夫處者待之如夕
幣其禮於君者不陳上一賓使者公幣君之賜也私幣
卿大夫之幣也他介士一介也注皆否至從者○釋
言他容衆從者○從才用反疏曰云此幣使者及介
所得於彼國君卿大夫之贈賄也者於君所得爲公
幣於卿大夫所得爲私幣賓之公幣有八郊勞幣一
也禮賓幣二也致饔餼三也夫人歸禮幣四也侑食
幣五也再饗幣六也夕幣七也贈賄幣八也此八者
皆主君禮賜使者皆用束錦故曰公幣賓之私幣略
有十九主國三卿五大夫皆一食有侑幣饗有酬幣
皆用束錦則是十六有三卿郊贈則十九也其上介
公幣則有五致饔餼一也夫人致禮幣二也侑食幣
三也饗酬幣四也郊贈幣五也降於賓者以其上介
無郊贈幣又無禮賓幣又闕一饗幣故賓八上介五
也上介私幣有十一主國三卿五六夫或饗或食不
備要有其一則其幣八也又三卿皆有郊贈如其面
幣通前則十一也主國下大夫嘗使已國者聘亦有
幣及之則亦有報幣之事其數不定士介四人直有

郊贈報私幣主國卿大夫報士介私面士介私幣數不甚明云禮於君者不陳者謂賄用束紡禮用束帛乘皮不陳之者以經云公幣又云上介公幣他介皆否若禮於君者一純於賓不得云介之幣故知禮於君者不陳必禮於君不陳禮於已始陳者以其禮於君者是其正故不陳之禮於已者以其榮故陳之是以下注云不加於其皮上榮其多是其義也若然聘君以幣問卿而其卿不見報聘君之幣者以其尊卑不敵若報之嫌其敵體故也

束帛各加其庭實皮左不加於其皮上榮其多也

疏注不加至多也○釋曰此决初夕幣時束帛皆加于左皮上今不言加於皮上者若加於皮上相掩蔽故不加於皮上榮其多也

公南鄉亦宰告于君君乃朝服出門左南鄉

疏注亦宰至南鄉○釋曰此陳幣當如初夕幣之時管人布幕于寢門外使者北面衆介立于其左東上卿大夫在幕東西面北上宰告於君君朝服出門左南鄉是以鄭此注亦依夕幣而言之

卿進使者使者受圭垂繅北面上介執璋屈繅立于其左此主於反命士介亦

隨入並立東上。疏注此主東上釋曰案上行聘禮之時上介屈繅授賓賓襲受之今此賓執圭垂繅
賓則裼變於彼國致命時也上介執璋屈繅者變於賓故也必變之者反命致敬少於鄰國致命時故賓
於君前得裼見美為敬也云士介亦隨入並立東上者此言亦者亦初行受于朝時君使卿進使者入衆
介隨入北面東上此中雖不云士介入明亦隨入可知反命曰以君命聘于某
君某君受幣于某宮某君再拜以享某君某君再拜
君亦揖使者進之乃進反命也某君某國名也某宮若言桓宮僖宮也某君再拜受也必言此者明彼君
敬君已不辱命。疏注君亦至辱命〇釋曰云君亦揖使者進之乃進反命也者亦謂亦受命於朝位立
定特君揖使者乃進受命明反命亦然云某君某國名者若云鄭國君齊國君云某宮若言桓宮僖宮者
左傳有桓宮之摀宮是廟名其受聘享於廟故以宮言之但受聘享在太祖廟不在親廟而云桓宮僖宮
者略舉廟名而言也宰自公左受玉亦於使者之東同面並受也不右使者由便也疏

注亦於至使也○釋曰此言亦者亦於出使初受玉時宰自公左授使者圭同面注云北面並授之凡並授者授由其右受由其左此中受由其右者因東藏之便故鄭云不右使者由便也

受上介璋致命亦如之變反言致者若云非君命也致命曰以君命聘於某君夫人某君再拜以享于某君夫人某君再拜不言受幣于某宮可知略之

【疏】注變反至略之○釋曰云變反言致者若云非君命也者君與夫人聘於鄰國君與夫人各有所當聘鄰國君受命於君令使者還反命於君聘於鄰國夫人當受命於夫人使者還反命於夫人但婦人無外事雖聘夫人亦君命之令使還反命不云反命於君變反言致命者若本非君命猶夫人之命然故變反言致也若然夫人陪無外事而承君命聘鄰國夫人者以其夫婦一體共事社稷故下記云君以社稷故在寡小君拜是賓主相對之辭也云致命曰已下聘夫人反命無文此鄭君依記上云反命於君之辭而言之云不言受幣於某宮可知略之者以其夫人受聘享皆因君聘享同時同宮故略之也

執賄幣以告曰某君使某子賄

請宰某子若言高子國子凡使者所當以告君者上介取以授之賄幣在外也疏注某子至外也○釋曰此賄幣者即上文賄用束紡是也云某子若言高子國子者案閔公二年冬經書齊高子來盟僖三十二年經書齊國歸父來聘左傳曰國子為政齊猶有禮者是也云凡使者所當以告君者上介取以授之者以上受上介璋是上介授賓明其餘皆上介取以授之云賄幣在外者以其上文云禮於君者不陳此賄幣即是禮於君前明在外也

禮玉亦如之

亦執束帛加璧也告曰某君使某子禮宰受之士隨自後左士介受乘皮如初上介出取玉束帛士介後取皮也疏注亦執至皮也○釋曰此即上云禮玉束帛乘皮鄭注云禮禮聘君也所以報享也云亦執束帛加璧也者言亦亦上文行享時以束帛加璧者也云宰受之士隨自後左士介受乘皮者此約初行享之時公側受宰幣士受皮皆自後右客今執享皮幣玉宰受之可知言宰授之士隨自後者謂自士介後其在東上者不須云自後其餘三人皆後乃得左之必左士介者取向東藏之便故也云上介出取玉束帛士介後取皮也者此亦初享之時賓

奉束帛加璧是上介取以授賓明士介後取皮可知執禮幣以盡言賜禮盡津忍反○禮幣主國君初禮賓之幣也以盡言賜禮謂自此至於贈〔疏〕注禮幣至於贈○釋曰云禮幣主國君初禮賓之幣也者謂從郊勞已後至於贈賄八度禮賓皆有幣是自郊勞為初也云以盡言賜禮謂自此至於贈者此則郊勞也公曰然而不善乎善其能使於四方而猶女也○女音汝授上介幣再拜稽首公荅再拜授上介幣當拜公言也不授宰者當復陳之○復扶又反〔疏〕注授上至陳之○釋曰云不授宰者當復陳之者此幣皆先陳之今賓執以告君賓發辭君曰勤勞使於四方故授上介幣當拜荅君言此幣不授與宰者當復陳之於本處此幣入於己者故不授宰也上賄幣禮君者反命訖皆授宰故以此決之私幣不告亦略卑也君勞之再拜稽首君荅再拜勞之以道路勤苦若有獻則曰某君之賜也言此物某君之所賜予為惠者也其所獻雖珍異不言某為彼君服御物謙也其大夫出反必

獻忠孝也疏注士言此至孝也○釋曰此獻物謂入賓者故下記云旣覲賓若私獻奉獻將命注云時有珍異之物或賓奉之猶以君命致之則是賓亦言有私獻於彼君則彼君亦有私獻報賓則此獻者也云大夫出反必獻忠孝也者案下曲禮云大夫私行出彊必請反必有獻彼私行出彊反必有獻此以公聘出彊反亦有獻故云大夫出反必獻此以入己之物獻於君者忠孝也事君言忠事父言孝此獻君己忠也而兼言孝者忠臣出孝子之門故連言孝也

君其以賜乎不必其當君也獻不拜者爲君之荅己也疏注不必至已也○釋曰言君其以賜乎者大夫所獻之物議不必當君所須此君其以賜臣下言乎者或當君意或不當君意故言乎以疑之云獻不拜者爲君之荅已也者士拜國君不拜士賤故也大夫拜國君國君即荅拜大夫尊故也故云不拜者爲君之荅已拜若然自反命以來盡於賜禮之等或拜或不拜無荅已之嫌獨此不拜爲君之荅己者自此以前皆是彼國報君之物賓直言事而已君受之而無言故賓不拜君有言及己者乃拜之拜君言也此獻是彼國君賜與己理須拜送是以拜

玉藻云凡獻於君大夫使宰士親皆再拜稽首送之又郊特牲云大夫有獻弗親不面拜爲君之荅已亦此類故鄭云獻不拜者爲君之荅已若然玉藻不親此親者此因反命故親獻也

上介徒以公賜告如上賓之禮徒謂空手不執其幣君勞之再拜稽首君荅拜勞士介亦如之士介四人旅荅壹拜又賤也

疏注士介至賤也○釋曰鄭此旅荅士介共一拜者君勞上介上介再拜稽首君荅拜不言再拜則君荅上介一拜矣勞士亦如之不言皆則總荅一拜矣勞賓君荅再拜勞上介一君荅一拜對賓再拜已是賤矣今此士介四人共荅一拜故云又賤也此一拜荅臣下則周禮大祝辨九拜十曰奇拜是也是以彼注云一拜荅臣下也案曲禮云君於士不荅拜此君荅拜上者以其新行反命君勞苦之故荅拜異於常也

君使宰賜使者幣使者再拜稽首以所陳幣賜之也禮臣子人賜之而必獻之君父不敢自私服也君父因以予之則拜受之如更受賜也既拜宰以上幣授之

疏注以所至授之○釋曰云禮臣子人賜之

而以獻之君父不敢自私服也君父因以予之受之如更受賜也者案內則云婦或賜之衣服而獻諸舅姑舅姑受之則喜若反賜之則辭不得命如更受賜臣子於君父亦然云此者證此經君使宰以所獻之物反賜使者使者辭不得命再拜稽首受之如更受賜云既拜宰即以幣授之者以其上文云執禮幣授上介者是執上幣不執下幣明知宰所執授之者是上幣可知

賜介介皆再拜稽首士介之幣皆載以造朝不陳之耳與上介同受賜命俱拜既拜宰亦以上幣授上介

乃退君揖入皆出去【疏】注君揖入皆出去○釋曰知君揖入皆出去者初賓將行君前受命訖君揖入揖賓介出故知此君退者亦反命訖賓介出可知

介皆送至于使者之門將行俟于門反又送于門與尊長出入之禮也○長丁丈反【疏】注將行至禮也○釋曰云將行俟於門是出之禮初行之時介皆至賓門俟賓同行今行反又送至于門是入之禮故云與尊長出入之禮

乃退揖揖別也**使者拜其辱**隨謝之也再拜上介三拜士介【疏】注再拜上介三拜士

介○釋曰上介是大夫與己同類故知再拜士卑與己異類各一拜故言三拜士介

釋幣于門門大門也主于闑布席于闑西閾外東面設洗于門外東方其餘如初于禰時出于行入于門不兩告告所先見也 疏 注門大至見也○釋曰自此盡亦如之論賓上介使還禮門神及奠於禰之事知門是大門者以其從外來先至大門卽禮門神故知門是大門也案特牲筮時云席於門中闑西閾外故知此亦席于闑西閾外知東面者神居東面為正故也云設洗于門外東方者以其廟學設洗皆云洗當東榮故在門外亦在東方也云其餘如初于禰時者初出亦釋幣於行云如之者以其初出於廟禮文具設于見其文略故此云如禰時也言如者謂釋幣於祝先入已下坪于西階東是也云出于行入于門不兩告告所先見也者出時自廟出先以行卽告行入時先見門故告門出入皆一告故云不兩告也

乃至于禰筵几于室薦脯醢告反也薦進也 疏 注告反也薦進也○釋曰云筵几于室者還以特牲少牢同宮設席于奧東面右几但無牲牢進脯醢而已以告祭非常故也

觴酒陳

主人酌進奠一獻也言陳者將復有次也先薦後酌祭禮也行釋幣反釋奠略出謹入也疏注主人至入也○釋曰云言陳者將復有次也者但云主人獻當言奠今不言奠而言陳者以其下仍有室老及士獻以備三獻故言陳陳有次第之言以其三時次第皆列于坐者也云先薦後酌祭禮也者以其特牲少牢皆先薦饌乃後獻奠于鉶南此與彼同故云先薦後酌祭禮也云行釋幣反釋奠略出謹入也者必略出謹入者出時以禱祈入時以祠報故不同也

席于阼爲酢主人也酢主人者祝取爵酌不酢於室異於祭疏注爲至於祭○釋曰鄭知祝取爵酌者案特牲少牢尸酢主人祝取爵以酢主人但此無尸爲異也不酢於室異於祭者此決特牲少牢皆於室內尸東西面受酢此乃於祭外行來告反故在阼不在室知與鄭祭異也又於正祭時有尸尸飲卒爵以尸爵酢主人此告祭無尸爵兼奠故別取爵以酢主人亦異也

薦脯醢成酢禮也疏注成酢禮也○釋曰此奠謂若特牲少牢主人受酢時皆席于戶內有薦俎此雖無俎亦薦脯醢于主人之前以成酢禮也

三獻室老亞獻士三獻也

每獻奠輒取爵酌主人自酢也【疏】注室老至酢也○釋曰鄭注喪服云室老家相士邑宰知無主婦而
取士者以其自外來主於告反即釋奠於禰廟故知主婦不與而取士備三獻必知有室老與士者以其
前大夫致饔餼於賓時使老牽牛以致之鄭注云皆大夫之貴臣爲獻知此亦貴臣爲獻也云每獻奠輒
取爵者此通二獻皆獻奠訖別取爵自酢故云輒取爵酌也別云主人自酢者對正祭有尸三獻皆獻
尸訖主尸酢主人主婦賓長今此無尸皆自酢獨云主人者主人爲首賓正故舉前以包後

一人舉爵

三獻禮成更起酒也主人奠之未舉也【疏】注三獻至舉也○釋曰云三獻禮成者大夫士家祭
三獻特牲少牢禮是也云更起酒者此欲獻酬從者不得酌神之尊是以特牲行酬特設尊兩壺於阼階
東西方亦如之鄭注云謂賓及兄弟則此亦當然故知則取酒也云主人奠之未舉者以其下文云獻
從者乃云行酬以鄉飲酒鄉射一人舉觶未舉待獻介衆賓後乃行酬亦然也

獻從者

從才用反注同○從者家臣從行者也主人獻之勞之也皆升飲酒於西階上不使人獻之辟國君也○辟音避

（疏）注從者至君也○釋曰知升飲於上者案特牲禮獻衆賓及兄弟之等皆升飲於西階上故此獻從者亦於階上可知云不使人獻之避國君者若正祭雖國君亦自獻故祭統云尸飲五君洗玉爵獻卿尸飲七君洗瑤爵獻大夫之等若然則告祭非常今獻從者從燕法案燕禮使宰夫爲獻主是國君不親獻此大夫親獻故云辟國君也

行酬乃出

主人舉奠酬從者下辟室老亦與焉也○辟音避

（疏）注室老亦與○釋曰知者案燕禮使者勞者在者亦與故知此室老亦與不言士者文不具亦與可知

上介至亦如之

○**聘遭喪入竟則遂也**

遭喪主國君薨也入竟則遂國君以國爲體士既請事已入竟矣關人未告則反

（疏）注遭喪至則反○釋曰自此盡卒殯乃歸上陳告行聘之事此以下論或遭主國君喪或聘君薨於後或使者與介身卒不忘死故見此非常之事從此盡練冠以受論主國君或夫人薨或世子死行變禮之事云以國爲體者謂公羊傳宋人執鄭祭仲使之逐忽而立突仲以存國則國存不逐則國滅故逐忽而立突是以國爲體但聘君主以聘國

故君雖薨而遂入關人未告則反者聘使者聞乃請關人入告君君知乃使士請事已以關自然入矣若關人未告君君不知使者又未入聞主國君死理當反矣不郊勞子未君也疏注子未君也○釋曰案文公八年天王崩九年毛伯來求金公羊傳曰何以不稱使當喪未君也踰年矣何以謂之未君即位矣而未稱王也未稱王何以知其即位以諸侯踰年即位亦知天子之踰年即位也以天子二年然後稱王亦知諸侯於其封內二年稱子也然云子未君公羊傳云但彼據踰年即位後此據新遭父喪引之者以其同是子之未君故也不筵几致命不於廟就尸柩於殯宮又不神之疏注致命至神之○釋曰不筵几致命不於廟決正聘設几筵也就尸柩於殯宮者國君雖以國爲體主聘其國但聘則爲兩君相好今君薨當就尸柩故不就祖廟也云又不神之者以其鬼神所在曰廟則殯宮亦得爲廟則設几筵亦可矣但如知死不忍異於生不神之故於殯傍無几筵也曾子問云君薨世子生告殯殯東有几筵者鄭云明繼體也然則尋常則殯東不設几筵當在室內矣不禮賓喪降事也疏注喪

降事也○釋曰云不禮者謂旣行聘享訖不以醴酒禮賓也

主人畢歸禮 賓所飲食不可廢也禮謂饔餼饗食○食音嗣

疏 注賓所至饗食○釋曰知歸禮中兼有饗食者主人有故雖饗食亦有生致法故主人亦歸之且下文云賓雖饔餼之受明本并饗食亦歸賓乃就中受饔餼若本不歸饗食空歸饔餼何須云饔餼之受明其時并致饗食也

賓唯饔餼之受 受正不受加也

疏 注受正不受加也○釋曰饔餼大禮是其正自饗食之等是其加也

不賄不禮玉不贈 喪殺禮爲之不備○殺色界反

疏 注喪殺禮爲之不備○釋曰云不賄者皆據上文謂不以束紡不禮玉者謂不以束帛乘皮以報享不贈者賓出至郊不以物贈之也

遭夫人世子之喪

君不受使大夫受于廟其他如遭君喪 夫人世子死君爲喪主使大夫受聘禮不以凶接吉也其他謂禮所降

疏 注夫人至所降○釋曰云夫人世子死君爲喪主者案禮記服問云君所主夫人妻太子適婦鄭注云言妻見大夫以下亦爲此二人爲喪主也故云君爲喪

主既爲喪主是以使大夫受聘禮不以凶接吉也云
其他謂禮所降者謂不禮以下不贈以上皆闕之
遭喪將命于大夫主人長衣練冠以受遭喪謂主國君薨夫人世
子死也此三者皆大夫攝主人長衣素純布衣也去
衰易冠不以純凶接純吉也吉時在裏爲中衣中衣
長衣繼皆掩尺表之曰深衣純袂寸半耳君喪不言
使大夫受子未君無使臣義也○純諸允反又之閏
反去起呂反 疏注遭喪至義也○釋曰此經總說上
衰七回反 三人死主君不得受命故使將命於
大夫主人即大夫故鄭云此三者皆大夫攝主人也
云長衣素純布衣也者此長衣則與深衣同布但袖
長素純爲異故云長衣素純布衣也此長衣之緣以
素爲之故云素純也去衰者謂脫去斬衰之服
而著長衣脫去六升九升之冠而著練冠故云去衰
易冠也云不以純凶接純吉也者聘禮是純吉禮爲
君三升衰裳六升冠爲夫人世子六升衰裳九升冠
是純凶禮麻絰與屨不易直去衰易冠而已故云不
以純凶接純吉云吉時在裏爲中衣中衣長衣繼皆
掩尺表之曰深衣純袂寸半耳鄭言此者欲廣解長

衣中衣深衣三者之義此三者之衣皆用朝服十五升布六幅分爲十二幅而連衣裳袖與純緣則異故云吉時在裏爲中衣中衣與長衣繼皆掩尺者案玉藻云長中繼揜尺鄭注云其爲長衣中衣則繼袂揜一尺此鄭云吉時之服純袂寸半者純爲衣裳之側袂爲口緣皆寸半表裏共三寸案深衣目録云深衣連衣裳而純之以采素純曰長衣有表則謂之中衣以此言之則長衣中衣皆用素純云君喪不使大夫受以子未君無使臣義也者其疏見於上若然臣爲君斬爲夫人世子期輕重不同今受鄰國之聘禮同用長衣練冠者但接鄰國者禮不可以純凶故權制此服略爲一冠節耳向來所釋皆是君主始薨假令君薨踰年嗣子即位鄰國朝聘衣吉禮受之於廟故成十七年經書邾子貜且卒十八年邾宣公來朝傳云即位而來見踰年可以朝他國他國來朝亦得以吉禮受之於廟矣雖踰年而未葬則不得朝人人來朝已亦使人受之於廟於夫人世子亦然以其本爲死者來故也

聘君若薨于後入竟則遂

既接於主國君也

【疏】注既接於主國君也○釋曰自此盡唯稍受之論聘者遭已君之喪行非

常之禮事云接於主國君者謂謁關人告君君使士請事是接於主君矣故入竟則遂也赴者未

至則哭于巷衰于館未至謂赴告主國君者也哭于巷者哭于巷門未可為位也衰

于館未可以凶服出見人其聘享之事自若吉也今文赴作訃（疏）注未至至作訃○釋曰未至謂赴告

主國君者也以其本國遭喪赴者有兩使一使告聘者一使告主國云未可為位者以其赴主國之使未

至是以未可為位受人弔禮云衰于館未可以凶服出見人者對下經赴者至則衰而出云其聘享之事

自若吉者下云受饔餼之禮故知先行聘享乃後受禮以其主國未得赴告故自若吉也受禮受饔

餼也（疏）注受饔餼也○釋曰上文遭主國之喪賓唯饔餼之受受禮亦饔餼之也不受饗食

亦不受加（疏）注亦不受加○釋曰上文遭主國之喪云唯饔餼之受注云受正不受加也加即此饗食

也故此云亦不受加也赴者至則衰而出禮為鄰國闕於是可以凶服將事也（疏）

注禮為至事也○釋曰云禮為鄰國闕者案襄二十三年春秋左氏傳云杞孝公卒晉悼夫人喪之平公

人徵樂非禮也禮爲鄭國闕服注云鄭國尚爲之闕
樂況舅甥之親乎若然赴者至主國君使者衰而出
則主國可以闕樂云於是可以凶服將事者謂主人
所歸禮則賓可以凶服受之其正行聘享則著吉服
矣故雜記云執
玉不麻是也
唯稍受之稍稟食也疏注稍稟食也○釋
曰禮君行師從卿
行旅從從者既多不可闕於稍食案周禮每云
稍事皆謂米稟以其稍稍給之故謂米稟爲稍
歸執
圭復命于殯升自西階不升堂復命于殯者臣子
之於君父存亡同疏
注復命至亡同○釋曰自此盡即位踊論使者還
執圭還國復命之事云臣子之於君父存亡同者案
禮記奔父母之喪升自西階此復命於殯升自西
階去生時出必告反必面故云臣子於君父存亡同
也
子即位不哭將有告請之事宜清淨也不言世子
者君薨也諸臣待之亦皆如朝夕哭
位疏注將有至哭位○釋曰云不言世子
者案公羊傳君存稱世子君薨稱子某既葬稱
子踰年稱君案上文稱世子此文單稱子是知其君
薨故君不稱某而與此既葬同號者無以其記不得稱

也子略云子而已故不言某其實正法稱子某是以雜記在殯待鄰國之使皆稱某云諸臣待之亦皆如朝夕哭位者但臣子一例上下文唯言子不言羣臣與子同知如朝夕哭位者案奔喪云奔父之喪在家者待之皆如朝夕哭位故知此亦然

辯復命如聘自陳幣至于上介以公賜告無勞疏注自陳至無勞○釋曰言辯復命如聘者上文君存時使者復命自陳公幣以下至賜告之等今復命於殯所亦盡陳之故言辯知無勞者勞主君出命今君薨不可代君出命知故無勞也

子臣皆哭使者既復命子與羣臣皆哭疏注使也一至皆哭○釋曰此據子在位哭亦兼羣臣故鄭云子與羣臣皆哭

與介入北鄉哭北鄉哭新至別於朝夕○別彼列反疏注北鄉至朝夕○釋曰使者升階復命訖不見出文而言與介入者以其復命之時介在幣南北面夫殯遠復命訖除二幣賓更與介前入近殯北鄉哭鄉內爲入故言與介入北鄉哭也云北鄉哭新至別於朝夕者朝夕哭位在阼階下西面今於殯前北鄉故云則於朝夕也

出袒括髮悲哀變於外臣也○括古活反疏注悲

哀變於外臣也○釋曰案奔喪云至於家入門左升
自西階東面哭括髮袒於西階東是於內者子故也此
使者出門袒括髮變於外者臣故也入門右即位踊從臣位自哭至踊如奔喪禮⊙疏
注從臣至喪禮○釋曰案奔喪云袒括髮於西階東
即位踊襲絰於序東此門外袒括髮入門右即位踊
亦當襲絰於序東故鄭云自哭至踊如奔喪禮也若有私喪則哭于館衰而
居不饗食私喪謂其父母哭于館衰而居不敢以私喪自聞于主國凶服干君之吉使春秋傳
曰大夫以君命出聞喪徐行而不反⊙疏注私喪至不反○釋曰自此盡從之論使者有父母之喪行變
禮之事云不敢以私喪自聞于主國者解哭于館又
云凶服干君之吉使者亦取不敢辭之言衰而居謂
服衰居館行聘享即皮弁吉服故不敢凶服干君之
吉使也引春秋傳者案宣八年經書夏六月公子遂
如齊至黃乃復公羊傳云其言至黃乃復何有疾也
何言乎有疾乃復譏何譏爾大夫以君命出聞喪徐
行而不反何氏注聞大喪而不反重君命也徐行者
為君當使人追代之以喪喻疾者喪猶不還而況疾

乎是也以此言之使雖未出國竟聞父母之喪遂行不敢以私廢王事君使人代之可也以此言之明至彼所使之國雖聞父母之喪不可知是以哭于館衰而居後

歸使衆介先衰而從

之已有齊斬之服不忍顯然趨於往來其在道路使之介居前歸又請反命已猶徐行隨之君納之乃朝服既反命出公門釋服哭而歸其他如奔喪之禮吉時道路深衣

疏注已有至深衣○釋曰云已有齊斬之服者以其私喪之內有爲父斬爲母齊衰故齊斬並言之也云不忍顯然趨於往來者解經歸使衆介先衰而從之意經云歸據反國時無云往者鄭意去時聞父母之喪不敢即反亦使衆介先衰而從之故往來並言云在道路使介居前者謂去向彼國時云歸又請反命已猶徐行隨之者此謂還國至近郊使人請反命君許入猶使介居前徐行於後隨介至國也云君納之乃朝服者以其行聘之時猶不以凶服干君之吉使而服吉服知此反命時亦不以凶服干君之吉使而服朝服如吉時反命矣云出公門釋服哭而歸者案雜記云大夫士將與祭於公既視濯而父母死則猶是與祭也次於異宮既祭釋服出

公門外哭而歸亦云其亡如喪奔之禮明亦出公門釋朝服而歸但彼祭服不可著出故門門釋服此朝服可以著出門乃釋服為與也云其他如奔喪之禮者案奔喪云至於家入門左升自西階殯東西面坐哭盡哀括髮袒降堂東即位西鄉哭成踊襲絰于序東絞帶反位拜賓成踊送賓反位有賓後至者則拜之成踊送賓皆如初衆主人兄弟皆出門出門哭止闔門相者告就次於又哭括髮袒成踊於三哭猶括髮袒成踊三日成服拜賓送賓皆如初云吉時道路深衣者以其朝服之下唯有深衣庶人之常服既以朝服反命出門去朝服還服吉時深衣三日成服乃去之

賓入竟而死遂也主人為之具而殯為于偽反又如字下為之棺同○具謂如死在殯所當用

疏注具謂至當用○釋曰自此盡卒殯乃歸賓介死之事云賓入竟而死遂也者若未入竟即反來云主人為之具而殯者謂從始死至殯所當用者主人皆供之鄭云具謂始死至殯所當用直云至殯為節主人供喪具以其大斂訖即殯故連言殯故下文歸介復命之時柩止門外明斂於棺而已

介攝其命為致

聘享之禮也初時上介接聞命。爲于僞反疏注爲致至聞命。釋曰云初時上介接聞命者鄭解介得代賓致命之意以其命出於君初賓受命於君之時賓介同北面上介接聞君命矣以是今死得攝其命

君弔介爲主人雖有臣子親姻猶不爲主人以介與賓並命於君尊也疏注雖有至尊也。釋曰大夫者賓聘家臣適子皆從行是以延陵季子聘於齊其子死葬於嬴博之間故鄭云雖有臣子親姻不爲主人以其介尊故也

主人歸禮幣必以用當中奠贈諸喪具之用不必如賓禮疏注當中至賓禮。釋曰賓既死主人所歸禮與幣必以當喪者之用云當中奠贈者辭經中小斂大斂之用云當中奠贈諸喪具之用者具謂襚與小斂大斂辭經幣云不必如賓禮者不必如致飧饔之禮束紡皮帛之類不堪喪者之用故也

介受賓禮無辭也介受主國賓已之禮無所辭也以其當陳之以反命也有賓喪嫌其辭之疏注介受至辭之。釋曰云介受主國賓已之禮者謂公幣私幣之屬故鄭云當陳之以反也言無辭者雖無三辭以其賓受饔餼之時禮辭受食三

辭明介亦有禮辭云無所辭也者以有賓不饗食疏喪繅介有三辭故云介受賓禮無辭也釋曰案上遭君喪受饔餼不受饗食鄭云受正不受加此云不饗食介不就君受饗食明受饔餼正禮也

歸介復命柩止于門外門外大門外也必以柩造朝達其忠心疏注門外至忠心○釋曰知門外是大門外者國君有三門皋應路又有三朝內朝在路寢庭正朝在路門外應門外無朝外朝當在皋門外經直云止於門外無入門之言明知止於大門外外朝之上是以上賓拜賜皆云於門外亦在外朝矣故鄭云必以柩造朝達其忠心也

介卒復命出奉柩送之君弔卒殯卒殯成節乃去疏注卒殯成節乃去○釋曰當介介卒復命謂復命訖出君大門奉賓之柩送至賓之家殯柩入殯於兩楹之間君往就弔卒殯者謂殯訖殯是喪之大節故云卒殯成節乃去謂君與大夫盡去

若大夫介卒亦如之不言上介者小聘上介士也疏注不言上介至士也○釋曰云不言上介者小聘上介士也者案經大夫介卒

據大聘上介是大夫而言今鄭以經不言上介則大夫介卒中兼有聘使大夫其卒亦如之故鄭云不言上介小聘上介士也欲兼見小聘之法也若小聘上介未介皆士則入下文士介死中以其下文更不見小聘賓介死法故此兼言之也**士介死爲之棺斂之**不具他衣物也自以時服也

疏注不具至服也○釋曰以其士介卑其禮降於賓與上介非直具棺他衣物亦具之此士介直具棺不具他衣物也其士介從者自用時服斂之**君不弔焉**主國君使人弔不親往

疏注主國至親往○釋曰云主國君使人弔不親往者對上經賓死君弔介爲主人此士云不弔者明不親弔使人弔之可知也**若賓死未將命則既斂于棺造于朝介將命**未將命謂俟間之後也以柩造朝以已至朝志在達君命

疏注未將至君命○釋曰前云賓入境而死謂在路死未至國此經更說賓至朝俟間之後使大失致節未行聘享而賓在館死之事故鄭云俟間之後是以鄭云以柩造朝以其既至朝志在達君命則知上介國外死不以柩造朝可知**若介死**

□復命唯上介造于朝若介死雖士介賓既復命往
卒殯乃歸往謂送柩小聘曰問不享有獻不及夫人主人
不筵几不禮面不升不郊勞享本又作饗○記貶於聘所以為小也獻私獻
也面猶覿也疏注記貶至覿也○釋曰自此盡三介論侯伯有小聘之事云不享者謂不以束帛加
璧獻國所有云不禮者聘訖不以醴酒禮賓面不升者謂私覿庭中受之不升堂此對大聘時升堂受若
然不言私覿而言面者對大聘言覿故辟之而言面也其禮如為介三介如為介如
為大聘上介疏注如為至上介○釋曰云其禮如為介者謂特問使大夫得主國之禮多少如大聘
卿此大夫為上介之時即上文介之禮飧饔餼及食燕之等三介者大夫降於卿二等故也舉此侯伯之
小聘則公之臣子男之臣小聘禮數其義可知也記久無事則聘焉聘匹正反訪也
○事謂盟會之屬疏注事謂盟會之屬○釋曰此云久無事則聘焉者則周禮殷聘也是以周禮大

行人云凡諸侯之拜交歲相問也殷相聘也世相朝也注云小聘曰問殷中也久無事又於殷朝者及而相聘也云事謂盟會之屬者案春秋有事而會不協而盟是以春秋有會而不盟盟明必因會若有盟會相見故云久無事則聘焉

若有故則卒聘束帛加書將命百名以上書於策不及百名書於方故謂災患及時事相告請也將猶致也名書文也今謂之字策簡也方板也

疏注故謂至板也○釋曰云故謂災患及時事相告請者此即上經云若有言一也言災患上注引春秋臧孫辰告糴于齊公子遂如楚乞師此云及時事者即上注引春秋晉侯使韓穿來言汶陽之田是也云名書文也今謂之字者鄭注論語亦云古者曰名今世曰字許氏說文亦然此者欲見經云名名者即今之文字也云策簡方板也者簡者據一片而言策是編連之稱是以左傳云南史執簡以往是簡者未編之稱此經云百名以上書之於策是其衆簡相連之名鄭作論語序云易詩書禮樂春秋策皆尺二寸孝經謙半之論語八寸策者三分居一又謙焉是其策之長短鄭注尚書

二十字一簡之文服虔注左氏云古文篆書一簡八字是一簡容之子多少者云方板者以其一名者以下書
之於一方若今之祝板不假連編之策一板書之盡故言方板也主人使人與客讀諸
門外受其意既聘享賓出而讀之不於內者人稠處嚴不得審悉主人主國君也人內史也書必璽
之○稠直由反處昌慮反璽音徙疏注受其至璽之○釋曰云既聘享賓出而讀之者上經云若有
言則以束帛如享禮文承聘享之後故知此讀諸門外故云既聘享也鄭知人是內史者案內史職云凡
四方之事書內史讀之此云使人與客讀諸門外者亦是四方事書故知人是內史也知書必璽之者案
襄二十九年左傳云公如楚還及方城季武子取卞使公冶問璽書追而與之故知此書亦璽之也客
將歸使大夫以其束帛反命於館爲書報也疏注爲書報也○釋曰
此爲書報上有故之事彼以束帛加書將命此亦以束帛加書反命于館明日君館之既報
館之書問尚疾也疏注既報至疾也○釋曰昨日爲書報之今日君訟就館送客者書問之道尚疾

故也必須尚疾者以其所報告請多是密事是以鄭云既報館之書問尚疾也

既受行出遂見宰問幾月之資幾居豈反○資行用也古者君臣謀密草創未知所之遠近問行用當知多少而已古文資作齎○齎子兮反

疏注資行至作齎○釋曰使者受命於君但知出聘不知遠近故云古者君臣謀密草創未知所之以遠近故問宰行粮多少即知遠近也故知須問之

使者既受行日朝同位謂前夕幣之間同位者使者北面介立于左少退別於其處臣也

疏注謂前至臣也○釋曰云既受行日者謂已受命日夕幣之前使者及介朝君之時皆位北面東上在朝處臣東方西面北上故鄭云同位者使者北面介立于左少退以別處臣也

出祖釋軷祭酒脯乃飲酒于其側軷蒲末反○祖始也既受聘享之禮行出國門止陳車騎釋酒脯之奠於軷為行始也詩傳曰軷道祭也謂祭道路之神春秋傳曰軷涉山川然則軷山行之名也道路以險阻為難是以委土為山伏牲其上使者為軷祭酒脯祈告也卿大夫處者於是餞之飲酒於其

側禮畢乘車轢之而遂行舍於近郊矣其牲犬羊可也古文軷作祓祓○騎其義反難乃旦反餞在淺反轢力狄反祓勞弗反

疏注祖始至作祓○釋曰云既受聘享之禮行出國門止陳車騎釋酒脯之奠於軷者凡道路之神有二在國內釋幣於行者謂平適道路之神出國門釋奠於軷者謂山行道路之神是以委土爲山象國中不得軷名國外即得軷稱引詩傳曰者證軷祭道路之神也引春秋傳曰者案襄二十八年左氏傳子太叔云軷涉山川蒙犯霜露引之者證軷是山行之名涉者水行之稱故鄘詩云大夫軷涉我心則憂毛傳云草行曰軷水行曰涉云是以委土爲山者案月令冬祀行鄭注云行在廟門外之西爲軷壤厚二寸廣五尺輪四尺祀行之禮北面設主於軷上國外祀山行之神爲軷壤大小與之同鄭注夏官大馭云封土爲山象以菩芻棘柏爲神主既祭之以車轢之而去喻無險難也云或伏牲其上者案周禮犬人云掌犬牲凡祭祀供犬牲用牷物伏瘞亦如之鄭注云伏謂伏犬以王車轢之故知有犬牲其上云使者爲軷祭酒脯祈告也者案周禮大馭掌馭王路以祀及犯軷王自左馭馭下祝登受轡彼天

子禮使馭祭此大夫禮故使者自祭祀軷而去云卿大夫處者於是餞之也者案詩云飲餞于禰是處者送行人而飲酒名曰餞也云遂行舍于郊也者即上經云舍于近郊是也云其牲犬羊可者犬人職云伏瘞亦如之是也犬也詩云取羝以軷是用羊也是犬羊各用其一未必並用之言可者人君有牲大夫無牲直用酒脯若然此見出行時祭軷案韓奕詩云韓侯出祖出宿于屠顯父餞之清酒百壺是韓侯入覲天子出京城爲祖道又左氏傳鄭忽逆婦嬀于陳先配而後祖陳鍼子曰是不爲夫婦誣其祖矣鄭志以祖爲祭道神是亦將還而後祖道此聘使還亦宜有祖但文不具

所以朝天子圭與繅皆九寸剡上寸半厚半寸博三寸繅三采六等朱白蒼圭所執以爲瑞節也剡上象天圓地方也雜采曰繅以韋衣木版飾以三色再就所以薦玉重慎也九寸三公之圭也古文繅或作藻今文作璪

【疏】注圭所至作璪○釋曰云圭所以執以爲瑞節者案周禮大宗伯云以玉作六瑞以等邦國又云王執鎮圭公執桓圭侯執信圭伯執躬圭子執穀璧男執

蒲璧是以其圭爲瑞又案周禮掌節有玉節之節即是節與瑞別矣今此云瑞節但連言節者案節不得言瑞瑞亦皆節信故連言節也云剡上象天圜地方也者下不剡象地方上剡象天圜案雜記贊大行曰博三寸厚半寸剡上左右各寸半此經直剡上寸半不言左右文不具也凡圭天子鎮圭公桓圭侯信圭皆博三寸厚半寸剡上左右各半寸唯長短依命數不同云繅雜采曰繅者凡言繅者皆象水草之文天子五采公侯伯三采子男二采皆是雜采也云以韋衣木板飾以三色再就者依漢禮器制度而知也但木板大小一如玉制然後以韋衣色之大小一如其板經云三采六等注云二色再就者就即等也是一采爲再就三采即六等也是以鄭注典瑞云一帀爲一就典瑞云侯伯三采三就者以一采雖有再帀併爲一就觀禮注云朱白蒼爲六色者亦是一采一帀爲二色三采故六色三采據公侯伯子男則二采故典瑞云子男皆二采再就是也所以薦玉重慎問諸侯者玉者寶而脆今以繅藉薦之是其重慎也

問諸侯

朱綠繅八寸二采再就降於天子也於天子曰朝於諸侯曰問記之於聘文互相備

疏

注二采至相備○釋曰此諸侯使臣聘繅藉之等云二采再就者上云三采六等此二采不云四就者此臣禮與君禮異此二采雖與子男同但一采爲一匝二采爲再匝爲四等今臣一采爲一就二采共爲再就是二采當君一采之處是以典瑞云瑑圭璋璧琮繅皆二采一就以覜聘亦是臣二采共當君一采一匝之處云降於天子者案典瑞王執鎮圭繅藉伍采伍就言五就者據一采爲一等若據一采一匝而言即五采十等此二采二等是降於天子也此亦降於諸侯而言降於天子也此鄭君指上文朝天子而言故言聘諸侯降於朝天子也云於天子曰朝者據上文所以朝天子是也則諸侯自相朝亦同圭與繅九寸侯伯以下亦依命數云於諸侯曰問者諸侯遣臣自相問若遣臣問天子與繅亦八寸是以云記之於聘文互相備案玉人云瑑圭璋八寸璧琮八寸以覜聘無所依據則於天子諸侯同言八寸者據上公之臣侯伯之臣則六寸子男之臣則四寸各降其君一等若然經言八寸者據上公之臣也

皆玄繅繫長尺絢組繫音計又胡帝反長直亮反絢呼縣反又胥倫反又音巡組音祖○采成

文曰絇繫無事則以繫玉因以爲飾皆鳳五采注組上以玄下以絳爲地今文絇作約○約音巡采
成至作約○釋曰上文繅藉尊卑不同此之組繫尊卑一等云采成文曰約鄭注論語云成章曰絢與此
語興義同云繫無事則以繫玉因以爲飾者無事謂海積之時亦以繫玉因以爲飾此組繫亦名繅藉卽
上文反命之時使者執圭垂繅上介執璋屈繅又曲禮下云執玉其有藉者則裼無藉者則襲鄭注亦云
藉繅也裼襲皆據有繅無繅之時是其因以爲飾云皆用五采細者以其言絇絢是文章之名經又言皆
後無尊卑之別故知皆用五采組也云上以玄下以絳爲地者以其皆用五采而經直云玄纁爲地上加
五采上不皆據垂之爲上下必知上玄下絳者上玄以法天下絳以法地故也經云纁注云絳者爾雅三
入赤計爲纁絳則赤也故舉絳以解纁

問大夫之幣俟于郊爲肆又齎皮馬

齎子兮反注同○肆猶陳列也齎猶付也使者旣受命宰夫載問大夫之幣待於郊陳之爲行
列至則以付之也使者初行舍于近郊幣云肆云資因與宜亦互文也不於朝付之者辟君禮也必陳

列之者不夕也古文肆爲注肆猶至爲肆○釋曰
肆○行戶郎反肆以一反【疏】知載大夫幣是宰夫者
以其初宰發官具幣故知載幣於鄰付使者亦是宰
夫可知云幣云肆馬云齎因其宜亦互文也者以其
幣是財賄易可陳列故言肆不言齎亦付使者矣馬
是難陳之物故直言齎亦付使者亦陳之是因其宜
互文也　辭無常孫而說孫音遜說音悅○孫順也大夫使受命不受辭辭必順且說
【疏】注受命不受辭○釋曰受命謂受君命聘於鄰國不受賓主對荅之辭必不受辭者以其口及則言
辭無定準以辭無常故不受之也　辭多則史少則不達史謂策祝【疏】注史謂策
祝○釋曰案周禮大史內史皆掌策書尚書金縢祝云史乃策祝是策書祝辭故辭多爲文史　辭苟
足以達義之至也至極也今文至爲砥　辭曰非禮也敢對曰非
禮也敢辭辭不受也對荅問也二者皆卒曰敢言不敢【疏】注辭至不敢○釋曰辭謂賓辭主人
荅謂賓荅主人介則在旁曰非禮也敢辭故易旅卦初六云瑣瑣斯其所取災鄭云瑣瑣猶小小及互[illegible]

君良小右小小之象三爲聘客初與二其介也介當以爲賓之人爲之而用小人嚬蹙然客主人爲言不

能辭曰非禮不能對曰非禮毋者不能以禮行之則其所以得罪是其義也卿館於大夫

大夫館於士士館於工商館者必於廟不館於敵者之廟爲大尊也自官所以

上有廟有寢工商則寢而已

疏

注館者至而已○釋曰云館者必於廟案上歸饔餼云於廟明其禮皆在廟可知云不館於敵者之廟爲大尊也者以其在廟尊則尊矣故就降等而已若又在敵者之廟以上是其大尊云自官師以上有廟有寢者案祭法云適士二廟官師一廟鄭云官師謂中士下士是其官師有廟知廟有寢案周禮隷僕云掌五寢之埽除鄭注云五寢五廟之寢天子七廟唯祧無寢詩云寢廟奕奕相連之貌故左傳云大叔之廟在道南其寢在道北是其前曰廟後曰寢工商則寢而已者案爾雅釋宮云室有東西廂曰廟注云夾室則堂又云無東西廂有室曰寢注曰但有大室是其自士以上有廟者必有寢庶人在官者工商之等有寢者則無廟故祭法云庶士庶人無廟祭於寢是也

管人爲

客三日具沐，五日具浴。管人掌客館者也。客謂使者下及士介也。飧不致，不以束帛致命，草次饌飧具輕。疏注不以至具輕○釋曰：君不以束帛致命者，對饔餼以束帛致之。此不以束帛致，草次飧具輕者，以其客始至則致之，故言草次也。對聘日致饔餼，生死俱有禮物，又多為重，故以此物為輕而不致。賓不拜，以不致命。疏注以不致命○釋曰：云不拜者，宰夫朝服設食，賓無拜受之文，以其不以束帛致故也。沐浴而食之。自絜清，尊主國君賜也。記此重者，沐浴可知。疏注自絜至可知○釋曰：云記此重者沐浴可知者，以其食禮輕，尚沐浴而食，饔餼食重者，可沐浴而食可知。卿，大夫訝；大夫，士訝；士皆有訝。訝，五嫁反。○卿，使者。大夫，上介也。士，衆介也。訝，主國君所使迎待賓者，如今使者護客。疏注卿使至護客○釋曰：云卿大夫訝者，謂大聘使卿，卿主人使大夫訝；小聘使大夫，大夫主人使士訝。言皆有訝者，自介已下皆有迎之。云卿使者、大夫上介、士衆介也者，據此篇是侯伯之卿大聘而言，其賓小聘使大夫，亦使士迎之。所迎者，謂初行聘及饗食皆迎之故鄭云無所指定賓即館訝將公命使已迎待之命疏注使已迎待之命○釋曰案秋官掌訝職云賓入館次于舍門外待事于客注云次如今官府門外更衣處待事于客通其所求索彼謂天子有掌訝之官共承客禮此諸侯使無掌訝是以還遣所使大夫士訝將公命有事通傳于君又見之以其摯又復也復以私禮見者訝將舍於賓館之外宜相親也大夫訝者執鴈士訝者執雉疏注又復至執雉○釋曰云復以私禮見者訝將舍於賓館之外宜相親也者禮掌訝舍于賓之館門外此大夫士君使為訝雖非掌訝之官亦為次舍于賓之館外宜相親故執贄以相見大夫訝者執鴈上訝者執雉案士相見及大宗伯云也賓既將公事復見訝以其摯既已也公事聘享問大夫復報也使者及上介執鴈群介執雉各以見其訝疏注既已至其訝○釋曰云以公事聘享問大夫者此並行君聘享主國君及問大夫故云公事也云復報也者向有報訝者以贄私見今還以贄私報之知使者及上介同執鴈不執羔者見上文主國卿大夫勞賓同執

鴈則知此使者及上介同執鴈可知各以見其訝者謂使者見大夫之訝者上介見士之訝者士介亦見上訝者

凡四器者唯其所寶以聘可也言國獨以此為寶也四器謂圭璋璧琮

疏注言國至璧琮○釋曰案周禮大宗伯云以玉作六瑞王執鎮圭公執桓圭以下人執之曰瑞又云以玉作六器以禮天地四方謂禮神曰器此四者人所執不言瑞而言器者對文執之曰瑞禮神曰器散文則通雖執之亦曰器是以尚書云五器卒乃復與此文皆通稱器云言國獨此以為寶者案周禮天府職凡邦國之玉鎮大寶器藏焉注云玉鎮大寶器玉瑞玉器之美者是以下稱寶云四器謂圭璋璧琮者是據上經圭璋以行聘璧琮以行享而言此據公侯伯之使者用圭璋璧琮若子男使者聘用璧琮享用琥璜

宗人授次次以帷少退于君之次主國之門外諸侯及卿大夫之所使者次位皆有常處

疏注主國至常處○釋曰主國門外以其行朝聘陳賓介皆在大門外故次亦在大門外可知云諸侯及卿大夫之所使者次位皆有常處者以其上公九十步侯伯七十

步子男五十步使其𫝊聘侯大聘小聘又各降二等其次皆依其步數就西方而置之未行禮之時止於其中至將行禮賓乃出也凡爲次君次在前臣次在後故云少退於君之次故云皆有常處

上介執圭如重授賓慎之也曲禮曰凡執主器執輕如不克〔疏〕注慎之至不克○釋曰此謂當時將聘於主君廟門外上介屈繅以授賓賓襲受之節引曲禮者彼器即此玉欲證執玉如重之義也

賓入門皇升堂讓將授志趨皇自莊盛也讓謂舉手平衡也志猶念也念趨謂審行步也孔子之執圭鞠躬如也如不勝上如揖下如授勃如戰色足蹜蹜如有循古文皇皆作王○勝音升上示掌反蹜所六反〔疏〕注皇自至作王○釋曰賓入門皇謂未至堂時升堂讓謂升堂東面向主君之時將授志趨謂賓執玉向楹將授玉之時念鄉入門在庭時執玉徐趨今當亦然若降堂後趨進翼如則疾趨也云讓謂舉手平衡也者謂若曲禮云凡奉者當心下又云執天子之器則上衡注云謂高於心國君則平衡注云謂與心平則此亦執國君器也故引之爲證孔子之執圭者鄉黨論孔子

八一三

爲君聘使法彼足蹜蹜如有循謂徐趨擧入彼國廟門執圭行步之時以足容重退之在降堂之下與此趨同故爲證也授如爭承下如送君還而后退爭爭鬭之爭重失隊地而后猶然後也○后隊直類反疏注重失至後也○釋曰授謂就東楹授玉於東君時如與人爭接取物恐失墜云下如送君還而后退者以上文次言之此下如送者止謂聘享每訖君實不送而賓之敬如君送然故云下如送也君廻還賓則退出廟門更行後事非謂賓出大門也下階發氣怡焉再三擧足又趨發氣舍息也再三擧足自安定乃復趨也至此云擧足則志趨卷豚而行也孔子之升堂鞠躬如也屏氣似不息者出降一等逞顔色怡怡如也沒階趨進翼如也○卷去阮反豚大本反疏注發氣至如也○釋曰云下階發氣怡焉者即論語云出降一等逞顔色怡怡如也二三擧足自安定乃復趨也者謂降時再三擧足故又趨進翼如也云發氣舍息者以將授玉屏氣似不息今既授玉降階縱舍其氣怡然和悅也云至此擧足則志趨卷豚而行也者是釋志趨爲徐趨此擧足爲

疾趨也及門正焉容色復故此皆心變見於威儀疏注容色至威儀○釋曰此謂聘畢將更有享而出門時云心變見於威儀者以其貌從心起敬威儀省禍福觀貌可以知心故也執圭入門鞠躬焉如恐失之記異說也疏注記異說也○釋曰亦謂方聘執圭入廟門時云鞠躬焉則鞠躬如也如恐失之者即執輕如不克也云記異說者以上文已記執圭此又記執圭之儀以同記事而言有差異人記事說有不同也及享發氣焉盈容發氣舍氣也孔子之於享禮有容色疏注發氣至容色○釋曰云及享發氣焉盈容者即孔子行享禮有容色一也故注引爲證也此發氣即上注云舍息一也衆介北面蹌焉蹌七羊反○容貌舒揚疏注容貌舒揚○釋曰此謂賓行聘衆介從入門左北面曲禮云大夫濟濟士蹌蹌鄭云皆行容止之貌故此注亦云容貌舒揚也但彼大夫云濟濟諸侯云皇皇上文賓入門皇得與諸侯同者以其執君圭璋志在重玉故行容得與君同若尋常行則大夫濟濟也私覿愉愉焉愉羊朱反容貌和敬疏

注容貌和敬○釋曰上文享時盈容對聘時儀貌戰色顔舒緩此私覿對享時又愉愉和敬舒於盈容也

出如舒鴈威儀自然而有行列舒鴈鶩也疏注威儀至鴈鶩○釋曰此出廟門之外行步如鶩又舒緩於愉愉也云舒鴈鶩者爾雅釋鳥文**皇且行入門主敬升堂主慎**

復記埶臣異說疏注復記執玉異說○釋曰上已二度記執玉行步之法今又云皇且行是別有人更記此執玉行法故云復記執玉異說也**凡庭實隨入左先皮馬相間可也**

間厠之間○隨入不並行也間猶代也上物有宜君子不以所無為禮畜獸同類可以相代古文間作干疏注隨入至作干○釋曰云左先者以皮馬以四為禮北面以西頭為上故左先入陳也云君子不以所無為禮者案禮器云天不生地不養君子不以為禮言當國有馬而無虎豹皮則用馬或有虎豹皮并有馬則以皮為主而用皮也云女畜獸同類可以相代者畜謂馬獸謂虎豹爾雅釋云在家曰畜在野曰獸云同類者爾雅又云二足而羽謂之禽四足而毛毛謂之獸若然則馬畜亦是四足之獸故云同類可

以相代也賓之幣唯馬出其餘皆東馬出當從廏也餘物皆東藏之內府【疏】注馬出至內府○釋曰云馬出當從廏也者若有皮之國用皮則不出亦從餘物東藏也知東藏之內府也案天官內府職云凡四方之幣獻之金玉齒革兵器凡良貨賄入焉注云諸侯朝聘所獻國珍彼天子禮諸侯亦當有內府諸侯自朝聘其貢獻珍異亦入內府故注依之也多貨則傷于德貨天地所化生謂玉也君子於玉比德焉朝聘之禮以為端節重禮也多之則是主於貨傷敗其為德【疏】注貨天至為德○釋曰此經主論聘享所用圭璋璧琮不得過多之事也云貨天地所化生謂玉也者鄭注周禮九職亦云金玉曰貨布帛曰賄故此注云貨天地所化生謂玉下注云幣人所造成幣則布帛曰賄對金玉是自然之物也云君子於玉比德焉者聘義云云重禮也亦聘義文云多之則是主於貨傷敗其為德者以玉比德故朝聘用之相厲以德不取重寶珍美之意若多之則是主於貨物不相厲以德是傷敗其為德是以圭璧聘享主國君璋琮聘享主國夫人各用以而已也幣美則沒

禮幣人所造成以自覆幣謂束帛也愛之斯欲衣食
之君子之情也是以享用幣所以副忠信美之則
是主於幣而禮（疏）注幣人至見也○釋曰此主論享
之本意不見也時用束帛故享君用束帛享夫人
用束錦皆不得過美云幣人所造成以自覆幣謂束
帛也者案禮記檀弓伯高之喪孔氏之使者未至冉
子攝束帛乘馬而將之孔子曰異哉徒使我不誠於
伯高鄭注云禮所以副忠信也忠信而無禮何傳乎
是知目覆者覆忠信而已君更美則主意於財美而
禮不見故設禮也云愛之斯欲衣食之君子之情也
者禮記檀弓云愛之斯録之矣彼據愛父母而作重
此亦微改文但此云愛之斯欲衣食之兼言食謂以
幣欲之君子之情則忠信賄在聘于賄于注讀作爲○賄時也于讀曰爲言主國禮賓當視
賓之聘禮而爲之財也賓客者主人所欲豐也若苟
豐之是又傷財也周禮曰凡諸侯之交各稱其邦而
爲之幣以其幣爲之禮古（疏）注賄至作悔○釋曰
文賄皆作悔○稱尺證反鄭轉于作爲者欲就司
儀之文爲解故也云言主國禮賓者釋經則是主國
禮賓也云當視賓之聘禮者釋經在聘謂在賓聘財

多少云而爲之財也者釋經于賄也謂主人禮賓多少爲財賄報賓亦若苟豐之是又傷財也者凡行禮
用財者取不豐不儉取於折中若苟且豐多則傷於貪財引周禮者秋官司儀職文案彼注云幣謂享幣
也於大國則豐於小國則殺解經各稱其邦而爲之幣彼又注云主國禮之如其豐殺之禮解經以其幣
爲之禮謂賄用束紡禮用玉帛乘皮及贈之屬是也凡執玉無藉者襲藉謂繅也繅所
以縕藉玉疏注藉謂至藉玉○釋曰凡繅藉有二種若以木爲中幹施五采三采者此繅常有不得云以
無藉今此云無藉者襲據尺絢組繅藉而言若廟門外賈人啓櫝取玉垂繅以授上介上介裼受上介屈
繅以授賓賓即襲受即此執玉無藉者是也此文與曲禮同故曲禮凡執玉其有藉者則裼無藉者則襲
是也禮不拜至以賓不於是始至今文禮爲醴疏注以賓至爲醴○釋曰此文承執玉帛之
下聘臣享豫鄉飲酒賓主升堂主人有拜至之禮此賓昨日初至之時主人請賓行禮賓言俟間此時賓
已至矣故聘時不拜至是以鄭云以賓不於是始至醴尊于東箱瓦大一有豐

大音太○甒大甒尊豐承尊器如豆而卑薦脯五膱祭半膱橫之○膱音職膱脯
如脡然者或謂之脡皆取直貌焉○脡大頂反（疏）注膱脯至貌焉○釋曰此脯禮賓時所用薦脯是也
案鄉飲酒禮云薦脯五脡故云或謂之脡皆取直貌祭醴再扱始扱一祭卒再
祭扱初洽反○卒謂後扱主人之庭實則主人遂以出賓之士
訝受之此謂餘三馬也左馬賓執以出矣士士介從者（疏）注此謂至從者○釋曰此主人之庭
實者謂主人禮賓時設乘馬也經云賓執左馬以出三馬在後主人從者牽之遂從賓以出於門外賓之
士介迎受之故鄭云此謂餘三馬也知士是士介從者以其經云從者訝受馬此既云士故知士介從者
也既覿賓若私獻奉獻將命時有珍異之物或賓奉之所以自序尊敬也猶
以君命致之（疏）注時有至致之○釋曰云猶以君命致之者以經云將命是以知雖是私獻已物與
君物同皆云君命致之臣統於君故也擯者入告出禮辭辭其獻也賓東面

坐奠獻再拜稽首送獻不入者奉物禮輕疏注送獻至禮輕○曰云奉物禮輕者[illegible]以奉私獻入則是主於覿傷敗於享覿故不入擯者東面坐取獻舉以入告出[illegible]

請受東面坐取獻者以宜並受也其取之由賓南而自後次客也疏注東面至客[illegible]○釋曰擯[illegible]

面坐取獻舉以入告者謂擯者從門東適南方西[illegible]賓北東面坐舉幣入告於君及出一一請於賓南[illegible]云出禮請受云東面坐取獻者以宜並受也[illegible]門外擯者出受之擯者與賓敵故云宜並受[illegible]之由賓南而自後右客也者案上受享之時受[illegible]後右客鄭注云自由也從東方來由客後西[illegible]皮也此賓門西東面奠獻擯者從東由賓[illegible]南自客後居賓左取獻物故亦自後右也賓固[illegible]

再拜拜受於賓也固亦衍字疏注固亦衍字○釋曰知固[illegible]者以其上擯者禮請受不二知賓不固辭故云固衍字云亦者亦士介私擯[illegible]覿時賓固辭鄭注云固衍字當如面太夫也擯[illegible]

閾外以相拜賓辟相贊也古文閾爲蹙擯者授宰夫于中庭東[illegible]既[illegible]

覿若兄弟之國則問夫人兄弟謂同姓若婚姻甥舅有親者問猶遺也謂獻也不言獻者變於君也非兄弟獻不及夫人疏注兄弟至夫人○釋曰云兄弟謂同姓者若魯於晉鄭之等同姓也云若昏姻甥舅有親者者若魯取齊女以為舅齊則以魯為甥甥是有親者也云非兄弟獻不及夫人者以其經云兄弟之國則問夫人則非兄弟問不及夫人可知若君不見君有疾若他故不見使者疏注君有至使者○釋曰云他故者疾之外或新有哀慘也使大夫受受聘享也大夫上卿也疏注受聘至卿也○釋曰知受聘享者以其在後雖有覿獻之法聘享在前是以據在先言而言云大夫上卿也者以其卿上大夫故以卿為大夫必知使卿不使者大夫者以其君無故君親受今既有故明使上卿代君受之自下聽命自西階升受負右房而立賓降亦降此儀如還圭然而賓大夫易處耳今文無而疏注此儀至處耳○釋曰梁上使大夫還玉於館大夫升自西階鉤楹賓自碑內聽命升自西階自左南面受圭退負右房而立大夫

降中庭賓降自碑東面授上介于阼階東此字與彼還玉皆升自西階此非易處也但還玉時賓自大夫左受之此中大夫於賓左受之其賓主之位皆易處於還玉時故云易處也

不禮辟正主也

疏注辟正主也○釋曰案上聘享及私覿記主君禮賓此大夫代君不禮故云辟正主也

幣之所及皆勞不釋服以與賓接於君所賓又請有事于已不可以不速也所不及者下大夫未嘗使者也不勞者以先是賓請有事於已同類既聞彼爲禮所及則已往有嫌也所以知及不及者賓請有事固曰其子某子

疏注以與至某子○釋曰云不可以不速也者釋經不釋服即注云所不及者下大夫未嘗使者以其經云下大夫嘗使至者幣及之故知所不及者是大夫未嘗使者也云不勞者以先是賓請有事於已同類既聞彼爲禮所及則已往有嫌也者此勞賓在後賓請有事於大夫在聘日云先是賓請有事於已同類同類謂幣所及者故鄭云既聞彼爲禮所及云則已往有嫌者彼國幣及已若以禮加於已今勞賓者是以禮報之若幣不及已若往勞賓則是已有禮於賓是譏賓無禮於已之嫌是以

不往勞之故云已往有嫌也云所以知及不及者賓請有事固曰某子某子者當賓請事於大夫之時顯此張子李子之等使受禮者預知爾時不道己姓則知己乃幣所不及

賜饗唯羹飪筮一尸若昭若穆羹飪謂飪一牢也肉謂之羹唯是祭其先大禮之盛者也筮尸若昭若穆容父在父在則祭祖父卒則祭禰腥饋不祭則士介不祭也士之初行不釋幣于禰不祭可也古文羹為羔飪作腍○腍而甚反劉音審

疏注羹飪至作腍○釋曰古者天子諸侯行載廟木主大夫雖無木主亦以幣帛主其神是以受主國饗饋故筮尸祭然後食之尊神以其福故也昭穆言若者以其昭穆不定故云若也云腥饋不祭則士介不祭也上致饔餼之時上介饔餼三牢則飪腥餼三者皆有故云士介四人云皆餼大牢無飪可祭故知士介不祭也

僕為祝祝曰孝孫某孝子某薦嘉禮于皇祖某甫皇考某子祝祝上之六反下之又反○僕為祝者大夫之臣攝官也

疏注僕為至官也○釋曰經並云孝孫孝子皇祖皇考以其不定故兩言謂上經若昭若穆

亦兩言之云僕爲祝祝者大夫之臣攝官也者若然諸侯不攝官使祝祝策矣案定四年祝佗云嘉好之事君行師從卿行旅從則臣無事若君到主國祭饗之時得不攝官乎諸侯亦使人攝是以覲禮云侯氏裨冕釋幣于禰注云釋幣于禰之禮既則祝藏其幣歸乃埋之於祧西階之東大夫使僕攝祝則是本無祝官與諸侯異矣其諸侯禮大祝不行知不使小祝行者以其掌客云君羣辭行入宰史是諸侯從官不言祝明大小祝俱不行矣

如饋食之禮如少牢饋食之禮不言少牢今以大牢也今文無之

疏注如少牢至無之○釋曰云如少牢饋食之禮者案少牢禮有尊俎籩豆鼎敦之數陳設之儀陰厭陽厭之禮九飯三獻之法上大夫又有正祭於室儐尸於堂此等皆宜有之至於致爵加爵及獻祭兄弟弟子等固當略之矣

假器於大夫不敢以君之器爲祭器

疏注不敢至祭器○釋曰案曲禮云大夫士去國大夫寓祭器於大夫士寓祭器於士注云與得用者言寄覿已後還若然用者不得用尊者之器是以此大夫聘使不得將己之祭器而行致饔餼雖是祭器人臣不敢以君之器爲祭器是以聘

使是大夫還於主國大夫假祭器而行之肦肉及廋車肦音班廋所求反○肦猶賦也廋廋人也車巾車也二人掌視車馬之官也賦及之明餼也古文肦作紛疏注肦猶至作紛○釋曰此謂祭訖歸胙在下云廋廋人也車巾車也者案周禮天子夏官有廋人職掌養馬春官有巾車職諸侯雖兼官亦當有廋人巾車是故引周禮為證

聘日致饔明日問大夫不以殘日問人崇敬也古文曰問夫人也

夕夫人歸禮與君異日下之也今文歸作饋

既致饔旬而稍宰夫始歸乘禽日如其饔餼之數稍所教反○稍稟食也乘謂乘行之禽也謂鴈鶩之屬其歸之以雙為數其賓與上介也古文既為餼疏注稍稟至為餼○釋曰云既致饔旬而稍者以其賓客之道十日為正行聘禮既訖合歸一旬之後或逢凶變或主人留之不得時反即有稍禮故下文云聘以將公事賓請歸注云謂已問大夫事畢請歸不敢自專謙也主國留之饗食燕饗無日數盡殷勤也是主人留之是以周禮掌客亦共賓客之稍禮注云稍禮非飧饔之禮留閒主稍所

給賓客者獎人所給亦六飲而已諸侯相待亦如之是其留問致積者也云乘禽乘行之禽也者別言此者欲見此乘非物四曰乘言如其饔餼之數者一牢當二雙故聘義云乘禽日伍雙是此饔餼立牢者也云鴈鶩之屬者案爾雅二尺而羽若然上介三牢則三雙也士介一牢則一雙也羽謂之禽故以禽爲鴈鶩之屬云其賓與上介也者以其下文別有士介故也

士中日則二雙

中猶間也不一日一雙大寡不敬也

凡獻執一雙委其餘于面

執一雙以將命也面前也其受之止上介受以入告之士舉其餘從之賓不辭拜受于庭上介執之以相拜于門中乃入授人上介受亦如之士介拜受于門外

疏注執一至門外○釋曰云上介受以入告之士舉其餘從之者此乘禽而云凡獻宜約私獻私獻擯者取獻以入士舉其餘于此若上介受入明其餘可舉從入可知云不辭拜受于庭者以其經無辭文又饔餼云禮辭明此禽禮輕無辭受於庭可知上介執之以相拜于門中乃入授人者此亦約私獻私獻之時擯者取獻以入又云擯者立于閾外以相拜賓辟擯者授宰夫是其約也云上

介受亦如之者以其受饔餼之時上介受己知賓禮故知受乘禽亦如賓也云士介拜受於門外者以其受饔餼在門外此受乘禽在門外可知

禽羞俶獻比比放也其致之禮如乘禽也禽羞謂成熟有齊和者俶獻四時珍美新物也俶始也言其始可獻也聘義謂之時賜（疏）注比放至時賜○釋曰云禽羞謂成熟有齊和者以其稱羞謂若庶羞內羞之等故稱禽則以鴈鶩等爲之故以成熟解之聘義謂之時賜者案聘義云燕與時賜無數時賜謂四時珍異以賜諸賓客與此俶獻是一物故引以爲證歸

大禮之日既受饔餼請觀聘於是國欲見其宗廟之好百官之富若尤尊大之焉

訝帥之自下門入帥猶道也從下門外入游觀非正也各以其爵朝服此句宜在凡致禮下○今依注移入（疏）注此句至禮下○釋曰云宜在凡致禮下者以其各以其爵朝服爲致禮而言故知義然

士無饔無饔者無擯謂歸餼也（疏）注謂歸餼也○釋曰案上經直云宰夫朝服以致之是其無饔宰夫退去士介不賓之是也

大夫不敢辭

君初爲之辭矣此句宜在明日問大夫之下 疏注此句至之下○釋曰此謂賓問卿之時卿不敢辭者以賓聘享訖出大門請有事於大夫君禮辭許是君初爲之辭故卿不辭也

凡致禮皆用其饗之加籩豆凡致禮謂君不親饗賓及上介以酬幣致其禮也其其賓與上介也加籩豆謂其實也亦實於籩筐饗禮今亡 疏注凡致至今亡○釋曰云其其賓與上介也者案上經賓一食一饗上介若食若饗唯士介不言饗故知其中唯有賓與上介耳云加籩豆謂其實也亦實于籩筐者案致饗餼醯醢是豆實實于籩明此之豆實亦實于籩可知也案昭六年夏季孫宿如晉拜莒田也晉侯享之有加籩武子退使行人告曰小國之事大國也苟免於討不敢求貺得貺不過三獻今豆有加下臣弗堪無乃戾也此中致饗有加籩豆者饗食使者無加籩豆之正禮此云加籩豆者殷勤之義也云饗禮今亡者以其食禮在知其豆數饗禮亡無文以知之

無饔者無饗禮士介無享禮 疏注士介無饗禮○釋曰無饔者無饗禮文承饗下故鄭以無饔禮辭之以其賓與上介饔餼俱

有故有饗食，上介唯有餼而已，無饗食，故無饗食禮也。凡餼，大夫黍、粱、稷，筐五斛。謂大夫餼賓上介也。器寡而大略。

【疏】注謂大至大略。○釋曰：案上經云大夫餼賓大牢，米八筐，衆介米八筐，不辨大小，故此記人辨之。云筐五斛。云器寡而大略者，以其君歸饔餼于賓與大夫，大夫介筥米小而多者，是尊者所致，以多器為榮。今大夫致禮於賓介，器寡而大，是略之於卑者也。

既將公事，賓請歸。謂已問大夫，事畢請歸，不敢自專，謙也。主國留之，饗食燕獻無日數，盡殷勤也。

【疏】注謂已至勤也。○釋曰：云已問大夫者，請問三卿與下大夫嘗使於彼同僚所及，皆是君命及以君物行禮者，皆是公事訖，故請歸也。云主國留之，饗食燕獻無日數，盡殷勤也者，亦謂至向賓乃將歸，主君乃留賓，有此饗食燕獻之等。故燕禮注云今燕只宜獻焉，是也。云無日數者，謂行此饗食之等，初去希數，無常日數，盡主人殷勤也。

凡賓拜于朝，訝聽之。拜，拜賜也。唯稍不拜。

【疏】注拜拜至不拜。○釋曰：案上經云賓三拜乘禽於朝，訝聽之，遂行，舍于郊。又案司儀云明日客拜禮賜，遂行，是臨行大小禮皆拜賜則知唯米稟芻薪不拜也**燕則上介爲賓賓爲苟敬**饗食君親爲主尊賓也燕私樂之禮崇恩殺敬也賓不欲主君復舉禮事禮已于是辭爲賓君聽之從諸公之席命爲苟敬苟敬者主人所以小敬也更降迎其介以爲賓介大夫也雖爲賓猶卑於君君則不與亢禮也主人所以致敬者自敵以上

疏 注饗食至以上○釋曰云饗食君親爲主尊賓也者其饗食在廟爲賓故君親爲主至後燕禮在寢又以酬爲度崇於恩殺於敬故賓辭而使介爲賓也以苟敬爲小敬者以阼階西近主爲位諸公坐位故云小敬對戶南面爲大敬云更降迎其介以爲賓者介在廟門內西北面降至庭迎之云不與亢禮也者略取燕義文解君不親爲獻主而使宰夫之意也云主人所以致敬者自敵以上者謂兩君相見兩大夫兩士以上則主人親獻也

宰夫獻爲主人代公獻**無行則重賄反幣**無行謂獨來復無所之也必重其賄與反幣者使者歸以得禮多爲榮所以盈聘君之意也反幣謂禮玉束帛乘皮所以報聘君之享禮也昔秦康公使西乞術聘于魯辭孫而說襄仲曰不有君子其能國乎厚

賄之此謂重賄反幣者也今文曰賄反幣疏注無行至反幣○釋曰云重其賄即上賄在聘于賄是也反幣謂上禮玉束帛乘皮是也云秦康公者崇文公十二年左氏傳云秦伯使西乞術來聘云云是也此特來非歷聘歷聘則吳公子札聘於上國聘齊聘魯是也曰子以君命在寡君寡君拜君命之辱此賛君拜聘享辭也在存也疏釋曰此及下三經即上經云公館賓賓辟上介聽命聘享夫人之聘享問大夫送賓公皆再拜注云拜此四事彼見其拜此見其賛辭也君以社稷故在寡小君拜此賛拜夫人聘享辭也言君以社稷故者夫人與君體敵不敢當其惠也其卒亦曰寡君拜命之辱疏注此賛至之辱○釋曰云言君以社稷故者夫人與君體敵不敢當其惠也者釋經二云社稷故以其禮記哀公問孔子云取夫人為社稷之主婦人無外事天地并社稷后夫人雖不與以夫婦一體故夫人亦得云社稷主是其云社稷故者見夫人與君體敵今夫人使致禮來主人不敢當下文云君貺寡君延及二三老是與君不敵所以當之也又拜送拜送賓也其辭

並云子將有行寡君敢拜送此宜承上君舘之下（疏）注拜送至之下○釋曰此即上經君即綿拜送賓故鄭云此宜承上君舘之下君貺寡君延及二三老拜此贊拜問大夫之辭貺賜也大夫曰老賓於舘堂楹間釋四皮束帛賓不致主人不拜賓將遂去是舘留禮以禮主人所以謝之不致不拜不以將別崇新敬也（疏）注不致至敬也○釋曰君不拜主宜致主人敬賓宜拜皆是崇敬若辭與拜即是崇新敬故不為君鄉飲酒送賓賓不荅禮有終相類也大夫來使無罪饗之樂與嘉賓為禮（疏）注樂與嘉賓為禮○釋曰案鹿鳴序燕羣臣嘉賓此無罪饗之亦是樂嘉賓為禮者也過則餼之餼之腥致其牢禮也其致之辭不云君之有故耳聘義曰使者聘而誤主君不親饗食所以愧厲之也不言罪者罪將執之（疏）注餼之至執之○釋曰云過則餼之謂禮有失誤故引聘義使者聘而誤主君不親饗食所以愧厲之也云不言罪將執之者春秋之義聘賓有罪皆執之若然上經云無罪饗之有罪非但不饗又執之此過則

餼之雖不饗食猶生致過經故也若然上言罪下云過互見其義也其介爲介饗賓有介者賓尊行敵禮也疏注饗賓至禮也○釋曰謂饗賓於廟之時還以聘之上介爲介若然上經上介主人別行饗則是從賓爲介之外復別饗也云賓尊行敵禮也者若鄉飲酒賓主行敵禮而有介介然也

有大客後至則先客不饗食致之卑不與尊齊禮疏注卑不全齊禮○釋曰此據聘禮而言而無君朝之事若然則前有小國之卿大夫來聘將行饗食有大國卿大夫來聘則廢小國饗食之禮以其卑不與尊齊禮並行之

唯大聘有几筵謂受聘享時也小聘輕雖受于廟不爲神位疏注謂受至神位○釋曰案上經云几筵既設擯者出請命者行聘享及私覿禮畢云宰夫徹几改筵是行聘享爲神位今小聘不爲神位故也

十斗曰斛十六斗曰籔十籔曰秉秉十六斛今江淮之間量名有爲籔數者今文籔爲逾○量音亮二百四十斗謂一車之米秉有五籔四秉曰筥此秉謂刈禾盈手之秉也筥穧名也若今萊陽

之間刈稻聚把有名爲筥者詩云彼有遺秉又云此有不斂穧○穧才詣反疏注此秉至斂穧○釋曰云此秉爲刈禾盈手之秉也對上文秉爲量名也引詩者證此秉爲盈手穧即此筥亦一耶今人謂之一鋪兩鋪也十筥曰稯十稯曰秅四百秉爲一秅稯音總○一車之禾二秅爲千二百秉三百筥三十稯也古文稯作緵○稯宰孔反字林子工反緵音總疏釋曰云一車之禾三秅即經致饔餼時云禾三十車車三秅也

[illegible]第八

明陳鳳梧本儀禮注疏

第四册

漢 鄭玄注 唐 賈公彦疏 唐 陸德明釋文

明嘉靖五年盧陵陳鳳梧刻本

山東人民出版社·濟南

儀禮注疏卷第九

漢鄭玄注　唐賈公彥疏

後學廬陵陳鳳梧編校

公食大夫禮第九

鄭目録云主國君以禮食小聘大夫之禮於五禮屬嘉禮大戴第十五小戴第十六別録第九

疏釋曰鄭知是小聘大夫者案下文云宰夫自東房薦豆六於醬東設黍稷六簋又設庶羞十六豆此等皆是下大夫小聘之禮下乃別云上大夫八豆八簋又云上大夫庶羞二十豆是食上大夫之法故知此篇據小聘大夫也若然聘禮據侯伯之大聘此篇小聘大夫者周公設經互見義案篇末云魚腸胃倫膚若九若十有一下大夫則若七若九鄭注云此以命數爲差九謂再命者十一謂三命者七謂一命者九或上或下者再命謂小國之卿大國之大夫也卿則曰上大夫則曰下大國之孤日二男以此言之魚腸胃倫膚皆七者謂子男小聘之大夫此公食序亦聘禮之下是因聘而食之不言食賓與上介直云大夫者若云食賓與上介則小聘使下大夫上介乃是士是以直云大夫兼得

大夫聘賓與上介亦兼小聘之賓若然聘禮據大聘
因見小聘此公食先見小聘後言大聘者欲見大聘
小聘或先或後不常之義
公食大夫之禮○使大夫戒各以其爵戒猶告也告之必使同班
敬者易以相親【疏】注戒猶至親敬○釋曰自此盡加
敬○易以豉反聘論主君使大夫就館戒聘客使
來行食禮之事云各以其爵者此篇雖據子男大夫
爲正兼見五等諸侯大聘使卿之事故云各以其爵
也上介出請入告問所以爲來事○爲于僞反下爲既爲幷爲公爲賓同【疏】注問
所以爲來事○釋曰據大夫就賓館之
門外賓使上介出請大夫所爲來之事三辭三息暫反又如
字○爲既先受賜不敢當【疏】注爲既至敢當○釋曰既先受賜者謂聘日致饔受賜大禮故今辭食不
敢當之但主人饗之時禮辭而已至於鄉食皆當三辭賓出拜辱拜使者屈辱來迎巳大夫
不答拜將命不答拜爲人使也將猶致也賓再拜稽首受命大夫還

復於君

賓不拜送，遂從之。

不拜送者，為從之不終事。疏注不拜至終事○釋曰：案鄉飲酒主人拜送，賓不答拜，云禮有終。此賓不拜送，為從之不終事，故賓不拜送也。若然，鄉飲酒、鄉射戒賓，賓遂從之，而云拜辱拜送者，以其主人先反，不相隨，故得拜辱拜送。覲禮使者勞賓於門外，侯氏再拜，遂送之。使者既不先反，猶拜送者，尊天子使故也。

賓朝服即位于大門外，如聘。

於是朝服，則初時玄端。如聘，亦入于次俟。疏注於是至次俟○釋曰：云「大門外如聘」者，則賓上設擯介以相待，如聘時也。云「於是朝服，則初時玄端」者，初時謂賓發館時服玄端。若鄉射，主人朝服乃速賓，鄭注云「射賓輕也」，戒時玄端。以此言之，亦賓在館拜所戒大夫，即玄端，賓遂從大夫至君大門外，入次，乃去玄端，著朝服，出次即位也。云「如聘，亦入於次俟」者，案聘禮賓皮弁聘，至于朝，賓入于次，注云「入于次者，俟辦」，則此入次亦俟主人辦也。若然，聘禮重，賓發館即皮弁；此食禮輕，及大門乃朝服。

即位，具。

主人也。擯者俟君於大門外，卿大夫士序，及宰夫具其饌物，皆於廟門之外。疏注主人至之外○釋曰：云擯者俟君於大門外者，鮮即位之事。云卿大夫士序及宰夫具其饌物皆於廟門之外者，以其君迎賓入始言卿大夫以下廟内之位，則知此具饌物時皆在廟門外也。故鄭下文注云「自卿大夫至此不先即位從君而入者，明助君饗食賓自無事，故不在大門内」，是其義也。

羹定，定，多佞反。○肉謂之羹，定猶孰也。著之者，下以爲節。疏注肉謂至爲節。○釋曰：云「肉謂之羹」者，爾雅文。云「著之者，下以爲節」者，羹定與下文陳鼎之節爲目也。

甸人陳鼎七，當門，南面西上，設扃鼏，鼏若束若編。編，必綿反。○七鼎，一大牢也。甸人，冢宰之屬，兼亨人者。南面西上，以其爲賓統於外也。扃，鼎扛，所以舉之者也。凡鼎鼏，蓋以茅爲之，長則束本，短則編其中央。今文扃作鉉，古文鼏皆作密。疏注上鼎至作密。○釋曰：云「七鼎，一大牢也」者，案聘禮致飧與饔餼皆九鼎，此亦一大牢而七鼎者，此食禮輕，無鮮魚、鮮腊，與聘禮腥一牢鼎七同也。云「甸人，冢宰之屬，兼亨人」者，案天官有甸師氏，兼有亨人，皆屬冢宰。彼天子禮，諸侯比天子爲兼官，故甸人兼亨人也。必使甸人陳鼎兼亨人者，案亨人職云掌共鼎鑊又案甸師職云掌帥其徒以薪蒸役外内饔之事故使甸人兼亨人陳鼎若然案少牢雍人陳鼎者以其無甸人官故饔人陳鼎也既夕士禮云甸人抗重又云甸人築坅坎以士無臣使屬吏攝甸人之事非謂置此官也云凡鼎鼏蓋以茅爲之者諸文多言鼎鼏皆不言所用之物此經雖言若束若編亦不指所用之體故鄭云蓋以疑之然必知用茅者詩曰白茅包之尚書孔傳云苴以白茅茅是絜白之物故疑用茅也

設洗如饗必如饗者先饗後食如其近者也饗禮亡燕禮則設洗於阼階東南古文饗或作鄉

【疏】注必如至作鄉○釋曰云必如饗者先饗後食如其近者也鄭據此文行食禮而云如饗明先饗設洗訖乃後食故鄉前如之是先饗後食也案聘禮云公於賓一食再饗則食在饗前矣不言如燕禮者饗食在廟燕在寢則是饗食重先行之故二者自相先後是以不得用燕禮決之也引燕禮者欲見設洗之法燕與饗食同故無饗禮引燕禮而言也

小臣具槃匜在東堂下匜以支反○爲公盥也公尊不就洗小臣於小賓客饗食掌正君服位

【疏】注爲公至服位○釋曰知

此爲公盥者按特牲尸尊不就洗盥用槃匜故知此所設槃匜亦爲公盥不就洗也云小臣於小賓客饗食掌正君位者按夏官小臣職云小祭祀賓客饗如大僕之法此諸侯之聘客饗食故亦小臣掌之也

宰夫設筵加席几設筵於戶西南面而左几公不賓至授几者親設湆醬可以畧此

疏注設筵至畧此○釋曰云設筵於戶西南面而左几者以其賓在戶牖之間南面又生人左几異於神右几故也云公不賓至授几者親設湆醬可以畧此者決聘禮禮賓時公親授几者以無設湆醬之事故也故下記云不授几鄭云異於醴也

無尊主於食不獻酬

飲酒漿飲俟于東房飲酒清酒也漿飲截漿也其俟奠於豐上也飲酒先言飲明非獻酬之酒也漿飲先言漿別於六飲也

疏注飲酒至飲也○釋曰云飲酒清酒也者按周禮酒正注先鄭云清酒祭祀之酒後鄭從之則此賓客用之者優賓故也云漿飲截漿也者截之言截以其汁滓相載故云截漢法有此名故也云其俟奠於豐上也者下云飲酒實於觶加于豐是也此云奠即彼加也云飲酒先言飲明非獻酬之酒也者以

八五二

共鄉飲酒燕禮等獻酬之酒皆不言飲之可知此擬酳口故言飲是異於獻酬酒故也是以酒人云共
賓客之禮酒飲酒鄭注云禮酒饗燕之酒不言飲食之酒云飲亦是其義也云漿飲先言漿別於六飲也
者按漿人云共王六飲水漿醴涼醫酏彼先云六飲後云水漿與此先云漿不同故云先云漿別於六飲
以別於六飲者彼六飲為渴而飲此漿為酳口不為渴故異之凡宰夫之具饌于東
房凡非一也飲食之具宰夫所掌也酒漿不在凡中者雖無尊猶嫌在堂疏注凡非至在堂○釋
曰云酒漿不在凡中者雖無尊猶嫌在堂者以其酒漿常在堂若不特言之則凡中不含之言謂酒漿仍
在堂故上特言之公如賓服迎賓于大門內不出大門降於國君疏注不
出至國君○釋曰自此盡階上北面再拜稽首論主君迎賓入拜至之事云不出大門降於國君者按周
禮司儀云將幣交擯三辭車逆拜辱賓車進荅拜又云致饔餼饗食皆如將幣之儀是國君來則出迎也
大夫納賓大夫謂上擯也納賓以公命賓入門左公再拜賓辟再

拜稽首左西方賓位也辟逡遁不敢當君拜也公揖入賓從揖入道之及廟門公揖入廟廟禰廟也（疏）注廟禰廟也○釋曰儀禮之內單言廟者皆據禰廟是以昏禮納采云至于廟記云凡行事必用昏昕受諸禰廟以此而言則言廟皆禰廟也若非禰廟則言廟祧若聘禮云不腆先君之祧問卿云受于祖廟之類是也但受聘在祖廟食饗在禰燕禮於食饗又在寢是其差次也賓入三揖每曲揖及當碑揖相人偶至于階三讓讓先升（疏）釋曰按曲禮云客若降等則就主人之階主人固辭然後客復就西階此亦降等初即就西階者此君與客食禮禮食正彼謂大夫士以小小燕食之禮故與此不同也公升二等賓升遠下人君（疏）注遠下人君○釋曰言遠下人君者亦取君行一臣行二之義也大夫立于東夾南西面[illegible]東夾南東西節也取[illegible]節於夾明東於堂（疏）注東夾至於堂○釋曰此謂主國卿大夫立位云取節於夾明東於堂序已西為正堂序東有夾室今大夫立于夾室之南是東於堂也士立于

門東北面西上統於門者非其正位辟賓在此【疏】注統於至在此○釋曰按燕禮大射士在西方東面北上不統於門又在門東北面宜東統於君今在門東西上統於門者以賓在門西辟賓在此非正位故也小臣東堂下南面西上宰東夾北西面南上宰宰夫之屬也古文無南上【疏】注宰宰至南上○釋曰云宰東夾北西面南上者謂在北堂之南與夾室相當故云夾北也云宰宰夫之屬者以經云南上則非止一人但宰官之內有宰夫等是以以下有宰夫之官皆於此立可知故云之屬也若然宰尊官反在小臣之下者以其小臣位在此堂南故先見之非謂尊卑先後爲次也內官之士在宰東北西面南上夫人之官內宰之屬也自卿大夫至此不先即位從君而入者明助君饗食賓自無事【疏】注夫人至無事○釋曰云夫人之官內宰之屬也者經云內官按周禮天官內宰下大夫掌王后已下彼天子內官諸侯未必有內宰以其言內官之士以士爲之明當天子內宰故舉內宰況之也云自卿大夫至此不先即位從君

而入者明聘君饗食賓自無事者接前聘時君迎於于大門內特鄉大夫已下入廟即位者受聘事重非饗食之事故先入廟即位此已下雖有宰及宰夫者皆有事及大夫二牲士庶羞之等皆與君食賓非已之事故後入也**介門西北面西上**西上自統於賓也然則承擯以下立於士西少進東上(疏)注西上至東上○釋曰云然則承擯以下立于上西少進東上者以其介統於賓而西上則擯統於君而東上可知承擯以下既是有事之人承擯是大夫又尊於士故知少進東上不言上擯者上擯有事其位不定故不言**公當楣北鄉至再拜賓降也公再拜**楣謂之梁至再拜者與禮俟賓嘉其來也公再拜賓降矣(疏)注楣謂至降矣○釋曰自此盡稽首論公拜至賓答拜之事云公再拜賓降矣者釋經賓降在至再拜下公再拜上以其至再拜者公已一拜賓即降下公再拜者賓降後又一拜雖一拜本當再拜故皆以再拜言之猶下侑幣之時公一拜賓降公再拜注云賓不敢候成拜也若然鄭云公再拜賓降矣者解經至再拜者賓降也**賓西階東北面**

答拜西階東少就主君敬也【疏】釋曰自此盡稽首論賓降答拜之事止云答拜下云拜也並據公未降之前賓爲一拜以其賓始一拜之間公降一等故闕在一辭之中是以鄭云賓降再拜釋經北面答拜及拜也云公降擯者釋辭矣者解經辭曰寡君從子雖將拜興也鄭注云賓猶降終其再拜稽首者按下文賓栗階升不拜升歸不拜畧於下雖辭賓猶終降再拜稽首也若然擯者辭拜於下之時其位在下故下記云鄉射由下注云不升堂是也按下文云擯者退負東塾而立注云無事又云擯者進相幣然則擯者有事則進無事則退故負東塾也擯者辭辭拜於下拜也公降一等辭曰寡君從子雖將拜興也賓降再拜公降擯者釋辭矣賓猶降終其再拜稽首興起也賓栗階升不拜自以已拜也栗實栗也不拾級連步趨主國君之命不拾級而下曰辵○辵勑畧反【疏】注自以至曰辵○釋曰云自以已拜也者於堂下終爲再拜稽首故於堂上不拜也云栗實栗也者謂疾之意也云不拾級連步者曲禮云拾級聚足連步以上鄭注云拾當爲涉聲之

誤也級等也涉等聚足謂前足躡一等後足從之併此涉級連步鄭云重蹀跌也連步謂足相隨不相過也其連步栗足而言涉級栗階而說其實一也此等尋常升法此栗階趨君命而上故燕禮記云凡君所辭皆栗階注云栗蹙也謂越等急趨君命也又曰凡栗階不過二等注云其始升猶聚足連步越二等左右足各一發而升堂是栗階之法也云不拾級而下曰辵者凡升降有四種云辵者君臣急諫諍則越二等為辵階越一等為歷階又有連步又有栗階為四等也義已具於燕禮記疏也命之成拜階上北面再拜稽首賓降拜主君辭之賓雖終拜於主君之意猶為不成

⊙疏注賓降至不成○釋曰按論語孔子云拜下禮也今拜乎上泰也是以上文主君雖辭賓猶終拜於下盡臣之禮為成拜主君之意猶以為不成故命之升成拜賓遂主君之意故升更拜也士舉鼎去鼏於外次入陳鼎于碑南南面西上右人抽扃坐奠于鼎西南順出自鼎西左人待載入由東出由西明為賓也今文奠為

委古文疏注入由至爲持○釋曰自此盡逆退復位
待爲持疏論鼎入已載之事云去冪於外次入者次
入爲序入也故少牢云序入去冪於外者以其入當
載於俎故去之也士喪禮皆入乃去冪者喪禮變
于吉故也雍人以俎入陳于鼎南旅人南面加匕于鼎退
旅人雍人之屬旅食者也雍人言入旅人言退文互
相備也出入之由亦如舉鼎者匕俎每器一人諸侯
官多也疏注旅人至多也○釋曰云旅人雍人之屬者
也即燕禮云尊士旅食于門西兩圜壺鄭云士
旅食者所謂庶人在官者也引王制解之者是也云
雍人言入旅人言退文互相備也者雍人言入亦退
旅人言退亦入皆入而退去故云文互相備也云每
器一人諸侯官多也者按少牢云鼎序入雍正執一
匕以從雍府執四匕以從司士合執二俎以從司士
贊者二人皆合執二俎以相從入是大夫官少故每
人兼執也若然特牲云贊者執俎及匕從鼎入士虞
亦云匕俎從士昏禮亦云匕俎從設彼注云執匕者
執俎者從鼎而入設之不言并合者士官彌少并合
可知不言者文不具或士禮又異於大夫執鼎人

兼執匕俎故士喪禮小斂大斂奠與鼎者兼　大夫長
執俎也若依前釋則士喪禮畧威儀故也
盥洗東南西面北上序進盥退者與進者交于前卒
盥序進南面匕長以長幼也序酒更也前洗南疏注長以至洗南○釋曰云進盥退者
與進者交于前鄭云前謂洗南但言前不云北鄉飲
酒鄉射賓盥北面則此大夫亦皆北面可知云長以
長幼也者若燕禮云命長之類皆
據長幼爲長不謂衆中之長者也載者西面載者左人也亦
序自鼎東西面於　其注載者至載之○釋曰前去
前大夫匕則載之疏左人待載其時鼎東南面今
大夫鼎北面南匕之左人當載故然序自鼎東西面
於其前矣俎正當鼎南則載者在鼎南稍東也魚
腊飪飪孰也食禮宜疏注飪孰至宜孰○釋曰上文
孰饗有腥者直云羹定肉謂之羹恐魚腊
不在羹定之中故此特著魚腊飪也以食禮尚孰故
皆飪也○注饗有腥者○釋曰案記云大饗而俎腥
魚鄭注云以腥魚爲俎實不膞孰之是饗禮有腥也
文宣公十六年冬晉侯使士會平王室定王享之原

襄公相禮殽烝武子私問其故王聞之召武子曰季氏而弗聞乎王享有體薦宴有折俎公當享卿當宴王室之禮也又國語云禘郊之事則有全烝王公立飫則有房烝親戚宴饗則有殽烝以此觀之明饗有腥以饗禮用體薦則腥矣故禮記云腥其俎謂豚解而腥之豚解者皆腥也

載體進奏體謂牲與腊也奏謂皮膚之理也進其理本在前下大夫體七个

疏注體謂至七个○釋曰二牲與腊皆載體直言體不辨體形及數以下魚腸胃倫膚皆言七則此亦七體故鄭云下大夫體七个若然七个此不言體形按士虞記云升左肩臂臑肫骼脊脅七體彼饔禮用左又按鄉飲酒鄉射記皆云右胖進腠則此亦用右胖肩臑臂肫胳脊脅可知既用右胖則左胖為庶羞其庶羞者此下大夫十六豆上大夫二十豆是也若致飧及歸饔餼腥鼎皆無庶羞鄉飲酒鄉射燕禮大射雖同用狗一牲以其亨亨亦皆有庶羞也云奏謂皮膚之理進其理本在前者此謂生人食法故進本本謂近上者若祭祀則進末故少牢云進下鄭云變於食生是也

魚七縮俎寢右右首也寢右進鬐也乾魚進腴多骨鯁

疏

注右首至骨鯁○釋曰云縮俎者縮縱也魚在俎爲
縱於人亦橫云寢右鄭云右首也寢右進鬐也賓在
戶牖之間南面俎則東西陳之魚在俎首在右腹腴
鄉南鬐脊也進脊在北鄉賓必以脊鄉賓者鄭云乾
魚近腴多骨鯁故不欲以腴鄉賓取脊少骨鯁者鄉
賓優賓故也若祭祀則進腴以鬼神尚氣腴者氣之
所聚故少牢進腴是也

腸胃七同俎以其同類也不異其牛羊腴賤也此俎實凡二十八

疏注以其至十八○釋曰云以其同類也者釋經同
俎以其牛羊同是畜類也云不異其牛羊腴賤也
者以牲體則異俎及此腸胃即同俎以其腹腴賤故
畧之同俎也云此俎實二十八者牛羊各有腸胃腸
胃各七四七二十八也但此腸胃與牲或同鼎同俎
或別鼎別俎何者據此下文七鼎腸胃與牲別鼎別
俎是其正法取其鼎俎奇也少牢五俎腸胃與牲同
鼎者以其有鮮獸君腸胃別鼎則六不得奇故并腸
胃與牲同鼎有司徹亦然此腸胃七者以其與牲體
別鼎故取數於牲亦七少牢并腸胃於牲鼎故云腸
三胃三取數於脊脅各一三也賓尸禮殺於正
祭故腸胃各一既夕盛陳奠故腸胃五也

倫膚七

倫理也謂精理滑脆者今文倫或作論 疏 釋曰倫膚謂豕之皮革爲但此公食大夫爲賓用爲羞

故膚與腸胃皆別鼎俎特牲腥有三鼎魚腊不同鼎故膚從牲同鼎有司徹雖同少牢亦止三鼎而已羊

豕魚皆一鼎故膚還從於牲鼎也又此膚與牲體之數亦七而少牢膚九者此食禮故膚從體數少牢大

夫之祭膚出下牲故取數於牲之體而九也 腸胃膚皆橫諸俎垂之 順其在牲

之性也腸胃垂及俎拒 疏 注順其至俎拒○釋曰腸胃得在牲而垂膚亦言順牲之牲者從多而言

云垂及俎拒者少牢云腸三胃三垂及俎拒是也 大夫既匕匕奠于鼎逆退

復位 事畢宜由便也士匕載者又待設俎 疏 注事畢至設俎○釋曰士匕載者又待設俎者以上

文云士舉鼎又云左人待載下文云士設俎于豆南是載者又待設俎可知也 公降盥 將設醬

疏 注將設醬○釋曰自此盡各卻于其西論公與宰夫爲賓設正饌之事云將設醬者下云公設之是

以盥手也 賓降公辭 辭其從已 卒盥公壹揖壹讓公升賓升 揖讓

皆一殺於初古文壹皆作

宰夫自東房授醯醬授授公也醯醬以醯和醬

疏注授授至和醬○釋曰按記云蒲筵常長丈六尺於堂上戶牖之間南面設之乃設正饌於中席已東自中席已西設庶羞也云醯醬以醯和醬者按歸饔餼醯醢別知此醯醬不別而以醯和醬者此經所陳物與者皆別器此醯醬下但言醬不別言醯明以醯和醬可知祭祀無此法以生人尚褻味故有之

公設之以其為饌本

賓辭北面坐遷而東遷所東遷所奠之東側其故處

疏注東遷至故處○釋曰云東遷所者謂以西為上君設當席中故東遷之辟君設處側近也近其故處

公立于序內西鄉不立阼階上示親饌

疏注不立至親饌○釋曰云不立阼階上示親饌者以其君之行事皆在阼階上今近阼北者以其設饌在戶西近北今君亦近北是示親監饌故也

賓立于階西疑立不立階上以主君離阼也疑正立也自定之貌今文曰西階

宰夫自東房薦豆六設于醬東西上韭菹以東醯醢

昌本昌本南麋臡以西菁菹鹿臡醓醢醢有醓昌本昌蒲本菹也醢有骨謂之臡菁蔓菁菹也今文臡皆作麋

〔疏〕注醓醢至作麋○釋曰云醓醢醢有醓者按周禮醢人云朝事之豆韭菹醓醢已下依此爲次彼注云醓肉汁也則此醓醢是肉之汁昌本者彼注云昌蒲根又按彼注虀菹之稱菜肉通又云細切爲虀全物若䐑爲菹又按彼經爲菹者經言菹不言虀菹者即是虀也彼言昌本亦即虀也雖注云菹者虀菹麋臡細爲異通而言之虀亦得爲菹故云菹也云醢有骨者謂爲臡案爾雅釋器云肉爲之醢有骨者謂之臡又鄭司農云有骨爲臡無骨爲醢也云菁蔓菁菹也者即今之蔓青也

士設俎于豆南西上牛羊豕魚在牛南腊腸胃亞之亞次也不言綪錯俎尊也○綪側耕反

〔疏〕注亞次至尊也○釋曰云不言綪錯俎尊者上設豆綪陳之下設黍稷錯陳之此設俎不綪不錯者俎尊故也

膚以爲特直豕與腸胃東也特膚者出下牲賤

〔疏〕注直豕至牲賤○釋曰云出下牲賤者以豕在牛羊之下賤膚豕之所出故云出下

牲賤特之於俎東也旅人取匕甸人舉鼎順出奠于其所以其空也
其所謂當門〔疏〕釋曰前旅人以匕入加於鼎退出今還使之取匕前士舉鼎入今不使士舉鼎出者
以其士載訖遂設俎於賓前事未畢故甸人舉鼎而出也宰夫設黍稷六簋于俎
西二以並東北上黍當牛俎其西稷錯以終南陳並併
也今文曰併古文簋皆作軌大羹湆不和實于鐙宰右執鐙左執
蓋由門入升自阼階盡階不升堂授公以蓋降出入
反位大羹湆煑肉汁也大古之羹不和無鹽菜瓦豆謂之鐙宰謂大宰宰夫之長也有蓋者饌自外
入為風塵今文湆為汁又曰入門自阼階無升〔疏〕注大羹至無升○釋曰云以蓋降出入反位者宰位
在東夾北西面南上今以蓋降出送於門外乃更入門反於東夾北位也云大羹湆煑肉汁也大古之羹
者謂若大古五帝之羹云不和無鹽菜也大古質故不和以鹽菜對鉶羹調之以鹽菜者也云瓦豆謂之

鐙詩云于豆于登毛亦云木曰豆瓦曰登云宰謂大宰宰夫之長者以單言宰諸侯三卿無大宰以司徒
兼大宰大宰之下有宰 公設之于醬西賓辭坐遷之
夫故云宰夫之長也
亦東遷所疏注亦東遷所〇釋曰言亦者亦前醬東遷所以醬既東遷遷所今於醬西遷之明亦東遷所
移之故醬處也 宰夫設鉶四于豆西東上牛以西羊羊南豕
豕以東牛 鉶菜和羹之器疏注鉶菜和羹之器〇釋曰云鉶菜和羹之器者下記云牛藿羊
苦豕薇是菜和羹以鉶盛此羹故云之器也據羹在鉶言之謂之鉶羹據器言之謂之鉶鼎正鼎之後設
之謂之陪鼎據入庶羞言之謂之羞鼎其實一也 飲酒實于觶加于豐 豐所以承
觶者也如豆而俾 宰夫右執觶左執豐進設于豆東 食有酒者優賓
也設于豆東不舉也燕疏注食有至於左〇釋曰云禮記曰凡奠者於左食有酒者優賓也者按下
文宰夫執漿飲賓與受爵用漿酳口不用酒今主人猶設之是優賓也引燕禮者彼據酒主人奠於薦左

賓不飲，取奠於薦右。此酒不用，故亦奠於豆東。酒義雖異，不舉是同，故引爲證也。按燕禮無此文，鄉飲酒、鄉射記皆云凡奠者於左，舉者於右，不同之，而引燕禮記者，此必轉寫者之誤，鄭本引鄉飲酒、鄉射之等也。

宰夫東面坐，啓簋會，各郤于其西。會，簋蓋也。亦一一合郤之，各當其簋之西。

【疏】注「會簋」至「之西」。○釋曰：云「亦一一合郤之」者，郤者，仰也。簋蓋有六，兩兩皆相重而仰之，謂之郤合，故云一一郤合之，各當其簋之西爲兩處。亦者，亦少牢，故少牢云「佐食啓會，蓋二以重，設于敦南」也。

贊者召公東房，南面告具于公。負東房，負房戶而立也。南面者，欲得鄉公與賓也。

【疏】注「負東」至「賓也」。○釋曰：自此盡「醬湆不祭」，論賓所祭饌之事。經直云負東房，鄭知負房戶而立者，以公在東序內，賓在戶西，雖告具于公，凡欲使賓聞之，故知於房近西。是以鄭云得鄉公與賓也。

公再拜，揖食。再拜，拜賓饌具。賓降拜，荅公拜。公辭，賓升，再拜稽首。不言成拜，降未拜。賓升席坐，取韭菹，以辯擩于醢，上豆之

八六八

閒祭擩猶染也今文無于贊者東面坐取黍實于左手辯又取稷辯反于右手興以授賓賓祭之取授以右手便也賓亦興受坐祭之於豆祭也獨云贊與優賓也少儀曰受立授立不坐[疏]注取授至不坐○釋曰此所授者皆謂遠賓者故菹醢及鉶皆不授以其近賓取之易故不言授曲禮云殽之序辯祭之故知雖不授亦祭可知也經直云祭知祭之於豆祭者按少牢云尸取韭菹辯擩于三豆祭于豆間故知於豆祭也云獨云贊與優賓者欲見賓坐而不與是優賓其實俱興也引少儀者欲見贊興賓亦興之義以其賓坐贊亦坐故也三

牲之肺不離贊者辯取之壹以授賓肺不離者刌之也不言刌刌則祭肺也此舉肺不離而刌之便賓祭也祭離肺者絕肺祭也壹猶稍也○古文壹作一[疏]注肺不至作一○釋曰云肺不離者刌之也者按少儀云牛羊之肺離而不提心鄭云提猶絕也刲離之不絕中央少者此即爲食而舉肺也少牢云舉肺一長終肺祭肺三皆切之是祭肺切舉肺不切也云不言刌刌則

祭肺也者是與祭肺同其實舉肺云祭離肺者絶肺祭也者此鄭解舉肺將祭之時絶末而祭之與祭肺異也凡舉肺有二名一名離肺亦名舉肺祭肺亦名刌肺也

賓興受坐祭於是云賓興受坐祭重牲也賓亦每肺興受祭於豆祭

挩手扱上鉶以柶辯擩之上鉶之間祭扱以柶扱其鉶菜也挩拭也拭以巾【疏】注扱以至以巾○釋曰此云上鉶之間祭者著其異於餘者餘祭於上豆之間此鉶別自祭鉶間云挩拭也拭以巾者案內則左佩紛帨帨即佩巾而云挩拭手以巾似帨不名巾者本名帨者以拭手爲名其實名巾故鄭舉其實稱也此有四鉶而云扱上鉶辯擩則唯有二柶優賓故用一柶而已少牢二鉶祭神故宜各有柶也

祭飲酒於上豆之間魚腊醬湆不祭不祭者非食物之盛者【疏】注不祭至盛者○釋曰此不祭者以在正饌之內以其有三牲之體魚腊湆醬非盛者故不祭也若入庶羞則祭之故下文云士羞庶羞皆有大又云辯取庶羞之大興一以授賓賓受兼一祭之少儀云祭膴膴詁爲大魚肉之臠是亦祭之也

宰夫授公飯粱公設之于湆西賓北面辭坐遷之告具矣而又設此殷勤之加也遷之遷而西之以其東上也疏注既告至上也○釋曰自此盡除出論設加饌粱與庶羞之事云遷之遷而西之以其東上也知粱東上者下文宰夫膳稻于粱西是以粱在東為上也

公與賓皆復初位位序內階西疏注位序至內階西○釋曰按上公設醬時立于序內賓立於階西此云公與賓復初位故知公還在序內賓還在階西也

宰夫膳稻于粱西膳猶進也進稻粱者以簠疏注膳猶至以簠○釋曰知進稻以簠者下記云簠有蓋冪鄭注云稻粱將食乃設去會於房蓋以冪上云設黍稷既云卻會此稻粱不云卻會者先於房去之故也

士羞庶羞皆有大蓋執豆如宰羞進也庶眾也進眾珍味可進者也大以肥美者特為臠所以祭也魚或謂之膴膴大也唯醓醢無大如宰如其進大羹湆右執豆左執蓋疏注羞進至執蓋○釋曰云皆有大者中有二物三物之內容有膴也云魚或謂之膴膴大也者有司徹云尸俎

五魚燕主人皆一魚皆加膴祭于其上是也少儀云膴祭也云雅醢醬無大者鄭注周禮醢人作醢之法先膊乾其肉乃後莝之雜以粱麴及鹽漬以美酒塗置甀中百日則成矣何大臠之有也醬則醢也亦無大臠也先者反之釋曰反之者以其庶羞十六豆二人不足故先至者反取之下云二人先者一人升設於稻南其一人不反則此云先者反之謂先者二人之中一人為先者也由門入升自西階庶羞多羞人不足則相授於階上復出取也先者一人升設于稻南簋西間容人簋西黍稷西也必言稻南者明庶羞加不為正饌也間容人者賓當從間往來也疏注簋西至來也○釋曰簋西黍稷西也必言稻南者以其黍稷西近北有稻粱庶羞設黍稷西南陳之是稻粱庶羞俱是北陳北相繼俱不黍稷正饌之西是下不與正豆饌並云間容人者賓當從間往來也者下文賓左擁簋粱右執湆以降公辭升反奠于其所是賓往來也旁四列西北上不繞於正饌者雖加自是一禮是所謂羞胾中別疏注不繞至中別○釋曰云所謂羞胾中別

者按曲禮云左殽右胾彼云殽骨體也此肉謂之羹亦一也殽為正饌胾為切肉則庶羞云左殽右胾則曰此正饌在東庶羞在西間容人同故謂所謂羹胾中別也膷以東臐膮牛炙膷臐膮今時臛也牛曰膷羊曰臐豕曰膮皆香美之名也古文膷作香臐作薰炙南醢以西牛胾醢牛鮨先設醢醯之以次也內則謂鮨為膾然則膾用鮨今文鮨作鰭疏注先設醢絣之以次也。釋曰此云先設醢絣之以次而特牲注云以有醢不得絣也與此先設醢絣之以次違者大凡醢配胾是其正而醢卑于胾今牛羊豕胾皆在醢下者直是絣之次非尊卑之列特牲以一有醢若絣之當醢在胾上不成錯故不得絣少牢四豆羊胾醢故得絣而錯與此同也鮨南羊炙以東羊胾醢豕炙炙南醢以西豕胾芥醬魚膾芥醬芥實醬也內則曰膾春用蔥秋用芥衆人騰羞者盡階不升堂授以蓋降出騰當作媵媵送也授授先者一人贊者負東房告備于公復告庶羞具者以其異饌疏釋曰自此盡兼一祭之論賛告饌具賓祭之事。賛升賓，以公命命賓升席。疏注以公至升席。○釋曰：前設饌訖，賛者告具于公，公再拜揖食，此使賛升賓者，以其禮殺故也。是以上文正饌公先拜，賓答拜，此賓先拜，公公答拜爲異也。賓坐席末，取粱即稻，祭于醬湆間。即就也。祭稻粱不以以豆，祭祭加於加。疏注即就至於加。○釋曰：云祭稻粱不以豆，祭祭加宜於加者，按下文云賓三飯以湆醬，注云每飯歠湆以肴擩醬，食正饌也。三飯而止，又云不以湆醬，注云不復用正饌也。則此湆醬是正饌，而云加者，但湆醬與粱皆是加，故公親設之。下文爲正饌，而云此加者，爲湆醬雖是加，以在正饌之上，得與正饌爲本，故名正饌，其實是正饌之加，故公親設之也。賛者北面坐，辯取庶羞之大，與一以授賓，賓受，兼壹祭之。壹壹受之，而兼一祭之，庶羞輕也。自祭之於膷臐之間，以異饌也。疏注壹壹至饌也。○釋曰：壹壹受之而兼一祭之庶羞輕也者，右決上三牲之肺祭之，今此祭庶羞并之，故云輕也。云自祭之於膷臐之間以異饌

此者不云於豆祭而云於腳膳之間以祭宜於加敬也賓降拜拜庶羞疏注拜庶羞○釋

曰自此盡魚腊不與論賓正食受侑幣至於食終之事公辭賓升再拜稽首公

答再拜○賓北面自間坐左擁簠粱右執湆以降自間

坐由兩饌之間也擁抱也必取粱者公所設也以之降者堂尊處欲食於階下然也公辭賓西

面坐奠于階西東面對西面坐取之栗階升北面反

奠于其所降辭公奠而後對成其意也降辭公敬也必辭公者為其尊而親臨己食待

食贊者之事疏注奠而至之事○釋曰云成其意者謂成其食降階下之意也奠乃對此決下文大

夫相食賓執粱與湆之西序端主人辭賓反之而不奠也公許賓升公揖退于箱

箱東夾之前候事之處疏注箱東至之處○釋曰按爾雅有東西廂曰廟其夾皆在序外故也知是

候事之處者正以此文公揖退于廂而候賓食即待事之處也擯者退負東塾而立

無事賓坐遂卷加席公不辭贊者以告公公聽之重來優賓疏注贊者至優賓〇釋曰知云贊者以告公公聽之者公既在序外賓食在戶西若不告公公何以知之明知贊者告公也云重來優賓者若公來則勞賓不來則賓不勞故雖重來而不來則優饒賓也賓三飯以湇醬每飯歠湇以肴擩醬食正饌也三飯而止君子食不求飽不言其肴優賓疏注每飯至優賓〇釋曰每飯歠湇以殽擩醬者按曲禮三飯主人延之有胾然後辯殽鄭注云先食胾後食殽殽尊此先食殽者彼鄭云大夫士與客燕食之法其禮食宜放公食大夫禮公若然此為禮食故先食殽彼大夫士與客燕食則先食胾故不同又按昏禮同牢云贊爾黍授肺脊皆食以湇醬皆祭舉食舉也注云皆食黍也以用也用者謂歠湇呼醬而不食殽皆此公食賓禮辭體折節明食殽可知彼豚解者皆不食故彼不食殽也是以彼又云三飯卒食注同牢示親不主為食起三飯而成禮也故不食殽也但湇言歠淡故也醬言擩鹹故也云三飯而止君子食不求飽者解三飯而止故下宰夫進醬是不求飽故引論語學者食不求

飽爲諡也云不言其殽優賓者案特牲少牢尸食時舉殽皆言次第此不言者任賓取之是優賓也宰

夫執觶漿飲與其豐以進此進漱也非爲卒食爲將有事緣賓意欲自潔清

賓捝手興受受觶宰夫設其豐于稻西酒在東漿在西是所謂左酒右

漿疏注酒在至右漿○釋曰云酒在東者案上飲酒實于觶宰夫設于豆東是酒在東也云漿在西者即此經設於稻西是也云是所謂左酒右漿者按曲禮云酒漿處右鄭云此言若酒若漿耳兩有之則左酒右漿云兩有者據此公食而言左酒右漿也

庭實設乘皮賓坐祭遂飲奠於豐上飲漱

公受宰夫束帛以侑西鄉立束帛十端帛也侑猶勸也主國君以爲食賓殷勤之意未至復發幣以勸之欲用深安賓也西鄉立序內位也受束帛于序端

疏注束帛至序端○釋曰云西鄉立序內位也者按上文公設醬公立于序內西鄉此經亦云西鄉立故知亦在序內位也云受束帛于序端者按大射禮公凡受於序端故每云公之所受者皆約之受於序端

賓降筵北面以君將有命也北面於西階上疏注以君至階上○釋曰云以君將有命者謂有束帛脩食之命故賓降筵北面於西階上以待主君之命擯者進相幣爲君釋幣辭於賓賓降辭幣升聽命降辭幣主國君又命之升聽命釋許辭疏注降辭至許辭○釋曰云主國君又命之升知者約聘禮禮賓賓降辭幣公降一等辭東階升聽命是也降拜當拜受幣公辭賓升再拜稽首受幣當東楹北面主國君南面授之當東楹者欲得君行一臣行二也退西楹西東面立俟主國君送幣也退不負序以將降疏注俟主至將降○釋曰按聘禮賓三退負序注云三退三逡逡巡也不言辟者以執圭將進授之彼皆當辟再拜故賓退負序此亦爲公拜送幣但在楹西耳故賓在階西不負序以將降故也公壹拜賓降也公再拜賓不敢俟成拜介逆出以賓事畢賓北面揖執庭實以出揖執者示親受公降立俟賓反上介受賓幣從者訝受

從者府史之屬訝迎也今文曰梧受疏注從者至梧受○釋曰云從者府史之屬知非士介者此子男小聘使大夫士介一人而已介已受賓幣故知訝受者非士介是府史之屬也

賓入門左沒霤北面再拜稽首便退則食禮未卒不退則嫌更入行拜若欲從此退疏注便退至此退○釋曰云便退則食禮未卒不退則嫌者此鄭解賓意食禮自有常法三飯之後當受侑幣更入以終食禮故送庭實而後入是以鄭云便退則食禮未卒解經賓入之意云不退則嫌者謂有貪食之嫌解再拜稽首將辭之意是以更入行拜若欲從此退者待公設辭留賓之意也

公辭其拜使之卒食

揖讓如初如初入也

升賓再拜稽首公荅再拜賓拜拜注國君之厚意

賓揖介入復位疏注賓揖介入復位○釋曰上文云介逆出下更云介逆出明知中間介復入可知俱復入之節當此賓入之時也

賓降辭公如初將復食

賓升公揖退于箱賓卒食會飯三飲卒已也已食會飯三漱漿也會飯謂黍稷也此

食黍稷，則初時食稻粱。疏注卒已至稻粱。○釋曰：知會飯是黍稷者，見上文云宰夫東面坐啓簋會，各卻於其西。此云食會飯，故知會飯者是黍稷也。前賓三飯不云會，以其簋盛稻粱，以其稻粱無會，故鄭云此食黍稷，則初時食稻粱矣。

不以醬音不復用正饌也。初時食加飯用正饌，此食正飯用庶羞，互相後也。後言湆，或時後用。疏注不復至後用。○釋曰：云初時食加飯用正饌，此食正飯用庶羞互相成也者，按」文賓三飯以湆醬，注云每飯歠湆以殽擩醬，是正饌；稻粱是其加。此云卒食會飯三飲，不以醬湆。鄭意以黍稷是其正，庶羞是其加，互相成而已。言相成者，既非互文，直取饌食互相成而已。云後言音或時後用者，前文賓三飯以湆醬，先言湆後言醬，是先用湆；此後言湆，或咨前三飯後用湆，故作文有先後也。

挩手興，北面坐取粱與醬以降，西面坐奠于階西。示親微也。不以出者，非所當得，又以己得侑幣。疏注示親至侑幣。○釋曰：云不以出者，決士昏禮賓取脯出以授從者，彼是己所當得；此非直己得侑幣，下文有司卷三牲之俎歸于賓館，亦是己所當得。

鄭不言三牲而言侑幣者據已得者而言之

東面再拜稽首卒食拜也不北面者異於辭

疏注卒食至於辭○釋曰云卒食拜也不北面者按上文賓受侑幣出更入門左沒霤北面再拜稽首其時辭欲退公留之卒食故決之以其待公留故北面此卒食禮終故東面爲意有異故面位不同是以鄭云不北面者異於辭也

公降再拜答之也不辭之使升堂明禮有終

介逆出

賓出公送于大門內再拜賓不顧初來揖讓而退不顧退禮畧也亦難進易退之義擯者以賓不顧告公公乃還也

疏注初來至還也○釋曰云擯者以賓不顧告公公乃還也者知擯者告公者按經公送于大門內公不見賓矣而云賓不顧明知擯者告公公還入宴寢也此擯者告賓不顧即論語云賓退必復命曰賓不顧矣但彼據聘享訖此據食禮訖事雖不同復命云賓不顧矣卻不異

有司卷三牲之俎歸于賓館卷猶收也無遺之辭也三牲之俎正饌尤尊盡以歸賓尊之至也歸俎者賓于篚他時有所釋故

疏注卷猶至釋故○釋曰云歸俎

者賓于篚者此食禮無脈俎而言卷三牲之俎不言用俎惟云賓于篚按士虞禮亦無脈俎尸舉牲體皆盛於篚吉凶雖不同無脈俎是以故知同用篚也云他時有所釋故者解三牲之俎言卷案特牲及士虞尸卒食取俎歸於尸三个是有所釋此無所釋故稱卷也彼注云釋猶遺也遺者君子不盡人之歡不竭人之忠也

魚腊不與以三牲之俎無所釋故也禮之有餘為施惠不言賜胃膚者在魚腊下不與可知也古文與作豫

明日賓朝服拜賜于朝拜食與侑幣皆再拜稽首朝謂大門外

疏注朝謂大門外○釋曰自此盡稽首之論賓拜謝主君之事云朝謂大門外者以其經云拜賜于朝無賓入之文又聘禮以柩造朝亦無賓入之文皆言朝故云朝謂大門外也若然案閔二年左氏傳云季友將生使卜楚丘之父卜之曰男也其名曰友在公之右間於兩社為公室輔注兩社周社亳社之間朝廷執政所在但諸侯左宗廟右社稷在大門之內則諸侯外朝不在大門內者但外朝在大門外兩社之間遂繫外朝而言執政所在又此食禮拜侑幣聘禮歸饔餼直言拜

饔與饋不拜束帛者彼使人致之故不拜此食禮君親賜故拜之許聽之受其言入告出報也此下大夫有士許疏注受其至士許○釋曰云此下大夫有士許者此篇是子男使下大夫小聘又案周禮掌訝大夫有士訝故云此下大夫有士訝也上大夫八豆八簋六鉶九俎魚腊皆二俎記公食上大夫異於下大夫之數豆加葵菹蝸醢四四爲列俎加鮮魚鮮腊三三爲列無特疏注記公至無特○釋曰云豆加葵菹蝸醢者案周禮醢人朝事之豆云韭菹醓醢昌本麋臡菁菹鹿臡茆菹麋臡案上文下大夫六豆用鹿臡以下仍有茆菹麋臡在今上大夫八豆不取茆菹麋臡而取饋食之豆葵菹蝸醢者鄭以特牲少牢參之彼二篇俱以饋食爲始皆用周禮饋食之豆特牲兩豆用饋食葵菹蝸醢少牢四豆二豆與特牲同兩豆用朝事之豆韭菹醓醢注云韭菹醓醢朝事之豆也而饋食用之豐大夫禮以此觀之故此公食大夫兼用饋食之豆亦是豐大夫禮也云俎加鮮魚鮮腊者上文下大夫七俎牛羊豕魚腊腸胃與膚此云九俎明加鮮魚鮮腊云無特者皆陳鉶要方上七

俎者東西兩行爲六俎一俎在特于俎東此九俎爲三行故無特雖無特膚亦爲下

魚腸胃倫膚若九若十有一下大夫則若七若九此以命數爲差也九謂再命者也十一謂三命者也七謂一命者也九或上或下者再命謂小國之卿次國之大夫也卿則曰上大夫則曰下大國之孤視子男

疏注此以至子男〇釋曰云此一命數爲差也者案周禮典命公侯伯之卿三命大夫再命士一命子男之卿再命大夫一命士不命則諸侯之臣分爲三等三命再命一命不命與一命同此經魚腸胃倫膚亦分爲三等有十一有九有七則十一當三命九當再命七當一命若然惟有上下二大者以公侯伯之大夫與子男之卿同再命卿爵尊爲上大夫爵卑爲下則上言若九者子男之卿也下言若九者公侯伯大夫也故鄭云卿則曰上大夫則曰下云大國之孤視子男者欲見此經惟見三命以下案周禮典命大國之孤四命又大行人云大國之孤執皮帛以繼子男又一云其他皆視小國之君若然孤與子男同十三侯伯十五上公十七差次可知

庶羞西東毋過四列

謂上下大夫也古文毋為無【疏】注謂門上至為無○釋曰上文云庶羞蓋亦各四列此上大夫饌內言庶羞西東毋過四列則東西橫行上下大夫皆四以為行下大夫四四十六東西一四行南北亦四行上大夫東西四行南北五行矣

上大夫庶羞二十加於下大夫以雉兔鶉鴽

鴽無母【疏】注鴽無母○釋曰云鴽無母者案爾雅釋鳥云鴽鴾母郭氏曰䳺也青州人呼曰鴾母莊子曰田鼠化為鶉淮南子云蝦蟆所化也月令曰田鼠化為鴽然則鴽鶉一物也

若不親食

謂主國君有疾病若他故【疏】注謂主至他故○釋曰自此盡聽命論主君不親食使大夫致禮於賓辭之事疾病之外別云他故者君有死喪之事故聘禮云主人畢歸禮賓唯饔餼之受謂畢致饗食但賓不受之

使大夫各以其爵朝服以侑幣致之

執幣以將命

豆實實于罋陳于楹外二以並北陳簋實實于筐陳于楹內兩楹間二以並南陳

陳罋筐於楹間者象授受於堂中也南北相當以食

饌同列耳。甕北陳者，變於食。甕數如豆，醢芥醬從焉，筐米四。今文竝作缾。

（疏）注陳甕至作缾○釋曰：云南北相當以食饌同列耳者，案上文正食之時黍稷亦南陳，今於楹間陳筐米亦南陳，是正食及此饌陳是同列也。云甕北陳者變於食者，上文正食之時宰夫自東方薦豆六設於醬東西上陳之，今於楹間二以缾北陳，故云變於食也。云甕數如豆者，以菹醢各異，醬不可同甕，故數如豆，上大夫八豆則八甕，下大夫六豆則六甕。云醢芥醬從焉者，以其三牲不殺生列於門內，醢經百日乃成，不由不殺，故有醢無盍之醢同是醬數，故使之相從。但無羞之醢更無別種，宜同一甕；芥醬醬宜亦一甕。知有芥醬者，以其有生魚，故知有也。云筐米四者，上文上大夫八簋，今乃生致之，黍稷宜各一筐，稻粱又二筐，故云筐米四。

庶羞陳于碑內，生魚也。魚腊從焉。上大夫加鮮魚鮮腊、雉兔鶉鴽。不陳于堂，辟正饌。

（疏）注生魚至正饌○釋曰：云生魚者，上文魚腊是魚之中膾者，皆是生魚也。案鄭注周禮云燕人膾魚方寸切其腹以薦所貴，是豈此則全生不膾？何者？本膾在豆與胾炙俱設，今燕炙在牲未殺，膾全不破可知。若然，庶羞之

内衆羞俱有鄭獨云生魚者以其[illegible]
此無多雖有乾腊雉兔之等以生魚爲主故云生魚
也云魚腊從焉者雖無三牲之肉有乾魚腊可知云
上大夫加鮮魚鮮腊雉兔鶉鴽者以其下大夫七鼎
無鮮魚鮮腊上大夫九鼎加鮮魚鮮腊可知雉兔鶉
鴽亦生致之矣云不陳于堂辟正饌者以其庶羞本
在堂上正饌之西今在碑内故云辟正饌也若然不
陳於碑南者以其本合在堂今宜近堂故在碑北

庭實陳于碑外執乘皮者也不參分庭一在南者以言歸宜近内疏注執乘至近内

○釋曰執乘皮者不參分庭一在南者以言歸宜近
内者庭實正法皆參分庭一在南而陳之故昏禮記
云納徵執皮者參分庭一在南今云碑外繼碑而言
近北矣彼參分庭一在南陳之者謂在主人之庭參
分庭一陳之擬與賓向外故近南此陳於客
館擬於賓入内故鄭云以言歸故在内也

牛羊豕陳于門内西方東上爲其踐汙館庭使近外疏注爲其至近外

○釋曰案上庶
羞與庭實在碑之内近内陳之此牛羊豕陳於門内
繼門言之云爲其踐汙館庭使近外也若然致饔餼

牛羊豕亦在此此云使近外者以饔餼有腥有熟故畧其生者近門是其常此既不殺牛羊豕宜近內故決之也

賓朝服以受如受饔禮 朝服食禮輕也 疏 注朝服食禮輕也○釋曰云朝服食禮輕者以其歸饔餼時卿韋弁賓皮弁受此食禮賓朝服受不皮弁故云食禮輕

無儐 以已本宜往 疏 注以已本宜往○釋曰云以已本宜往者明主君無故速賓在廟行食禮而有侑幣賓無儐法主君有故致食禮幷有侑幣亦不合有儐故云以已本宜往

明日賓朝服以拜賜于朝訝聽命 賜亦謂食侑幣 疏 注賜亦謂食侑幣○釋曰云亦亦者亦上速賓食時拜食與侑幣介亦然故云亦

大夫相食親戒速 記異於君者也速召也先就告之歸具既具復自召之 疏 注記異至召之○釋曰自此盡大夫之禮論主國大夫食賓之禮別於主君之事云記異於君者案下文其他皆如公食大夫之禮故知自此已下告記異於君法是以此經大夫親戒速決君不親戒速此則異於君也以其下諸文皆異故云記異於君者也云先就告之歸具既具復自召

之者以其戒具兩有皆親爲之入故爲此解與鄉飲酒鄉射同故彼二文皆云戒賓既乃歸布筵設尊乃親速賓是也

迎賓于門外拜至皆如饗拜饗大夫相饗之禮也今亡古文饗或作鄉

降盥受醬湆侑幣束錦

自阼階降堂受授[illegible]

升一等皆者謂受醬受湆受侑幣也侑用束錦大夫文也降堂謂止階上今文無束

賓止也主人三降賓不從

疏注主人三降賓不從○釋曰云主人三降者案上文鄭注皆者謂受醬受湆受幣皆自阼階降此鄭云主人三降即上三者不數上人降盥者案鄉飲酒所言降盥者皆爲洗爵故賓從降此降盥不爲洗爵故鄭不數之案聘禮致饔餼賓降堂受老束錦大夫止注云止不降使之餘尊此賓不降者雖賓主敵以主人降堂不至地故賓止不降也

賓執粱與湆之西序端不敢食於尊處

疏注不敢食於尊處○釋曰此兩大夫敵故之西序端上公食大夫大夫降階下臣卑故也

主人辭賓反之卷加席主人辭賓反之辭幣降一

等主人從從辭賓降受侑幣再拜稽首主人送幣亦然敵也疏注敵也○釋曰案郊特牲云大夫之臣不稽首非尊家臣以辟君也又案左氏傳哀公十七年公會齊侯盟于蒙孟武伯相齊侯稽首公拜齊人怒武伯曰非天子寡君無所稽首若然臣於君乃稽首平敵相於當頓首今言敵而稽首者以食禮相尊敬雖敵亦稽首與臣拜君同故也辭於主人降一等主人從辭謂辭其臨已食卒食徹于西序端東面亦親徹再拜降出拜亦拜卒食其他皆如公食大夫之禮釋曰云其他謂豆數俎體陳設皆不異上陳但禮異者謂親戒速君則不親迎賓公不出此大夫出大門公受醬湆幣不降此大夫則降也公食大夫大夫降食於階下此言西序端上公食卷加席公不辭此則辭之皆是異也若不親食則公作大夫朝服以侑幣致之作使也大夫有故君必使其同爵者為之致禮列國之賓來榮辱之事君臣同賓受于堂無儐與受君禮同

注與受君禮同。○釋曰：云與受君禮同受致饔幣。云堂中西北面。注趨主君之命也。堂中一中央之西。此雖無受幣，亦與之同也。

記不宿戒。食禮輕也。此所以不宿戒者，謂前期三日之戒，申戒爲宿，謂前期一日。疏注食禮至一日。○釋曰：祭祀散齊七日爲戒，致齊三日爲宿，此則與祭祀異。此不宿戒者，謂不爲三日之戒，又不爲一日之宿，故鄭云此所以不宿戒者，謂前期三日之戒，申戒爲宿，謂前期一日者。若然，必知三日之戒、一日之宿者，大射前期三日宰夫戒宰及司馬，又少牢辟人君，有前期一日之宿。此雖人君禮，以食禮輕，故知有三日之戒、一日之宿。既無前日之事，宜與鄉飲酒、鄉射禮同，當日爲之，故皆不言日數。故下注云食賓之朝宿與戒之賓，則從戒而來，不復召是也。

戒不速。食賓之朝夙興戒之賓，則從戒者而來，不復召。

不授几。異於醴也。疏注異於醴也。○釋曰：決禮賓時公親授几也。

無阼席。公不坐。

亨于門外東方。必於門外者，大夫之事也。東方者，主陽。疏注必於至主陽。○釋曰：案上經甸人亨人之等，亨人是主官，不得言大夫之事

言大夫之事者解亨在門外之禮也燕禮注云亨於門外臣所掌也言臣亦是大夫事少牢廩爨饔爨皆在門外亦大夫事特牲云主婦視饎爨于西堂下者以其無廩人注之故在內若然鄉飲酒雖是大夫之事以其取祖陽氣之始故亦於門內

司宮具几與蒲筵常緇布純加萑席尋玄帛純皆卷自末司宮大宰之屬掌宮廟者也丈六尺曰常半常曰尋純緣也萑細葦也末經所終有以識之必長筵者以有左右饌也今文萑皆爲莞

疏注司宮至爲莞○釋曰云司宮太宰之屬掌宮廟者案燕禮云司宮尊于東楹之西注司宮天子曰小宰聽酒人之成要者也注雖不同其義一也但燕禮司宮云設尊故以小宰解之此司宮設几席故以太宰之屬解之案太宰之下有宮人掌宮中除汙穢之事即此司宮彼不言設几席者以天子具官別有司几筵又有小宰諸侯兼官故司宮兼司几筵及小宰也云丈六尺曰常半常曰尋者此皆無正文案周禮考工記云車有六等之數云軫崇四尺謂之一等又云戈長六尺六寸既建而迆之崇於軫四尺謂之二等人長八尺崇於戈四

尺謂之三等，殳長尋有四尺，崇于人四尺，謂之四等；車戟常，崇于殳四尺，謂之五等；酋矛常有四尺，崇于戟四尺，謂之六等。自戟至矛皆以四尺爲差，以是約之，即知常是丈六尺，尋是八尺也。云「萑，細葦」者，以類言之，其實全別。是以詩云「葭菼」，注云：「葭，蘆；菼，薍。」則葦一名蘆，一名薍，一名萑，一名菼。此萑又與莞蒲之莞不同，彼莞謂蒲也。云「有以識之」者，席無異物爲記，但織之自有首尾，可爲記識耳。云「必以長筵」者，以有左右饌者，實在戶牖之間南面，上陳饌，將正饌在左，庶羞在右，陳饌雖不在席上，皆陳於席前當席左右，其間容人，故謂長筵也。

宰夫筵，出自東房。筵本在房，宰夫敷之也。天子諸侯左右房。

【疏】注「筵本」至「右房」。○釋曰：上云「司宮具几筵」，具之在房，宰夫敷之而已。天子諸侯左右房，以其言東房，對西房，若大夫士直有東房而已，故直云「在房」也。

賓之乘車在大門外西方，北面立。賓車不入門，廣敬也。凡賓即朝，中道而往，將至，下行，而後車還立于西方。賓及位而止，北面鄉大夫之位，當車前。凡朝位，賓主之間各以命數爲遠近之節也。

【疏】注「賓車」至「節也」。○釋曰：云「賓車不入門，虔敬也者，曲禮云客車不入大門，與此同。覲禮云偏駕不入王門，偏駕謂同姓金路之等，乘墨車以朝，墨車亦云不入大門，與此亦同。云凡賓即朝中道而往者，內則云男子由右，女子由左，車從中央，故賓乘車中道。云而後車還立下西方者，案少儀云僕於君子，始乘則式，君子下行，然後還立。注云還車而立，以俟其去，是還立于西方鄉外。云賓及位而立北面者，案玉藻云賓立不當門，彼亦謂聘使也。云卿大夫之位當車前者，案大行人云上公立當軹，侯伯立當前疾，子男立當衡。又云大國之孤朝位當車前者，則卿大夫立亦與孤同，一節兼云大夫將小聘曰問，使下大夫，立與孤卿同當車前，故連言也。云凡朝位賓主之間各以命數為遠近之節者，案大行人云上公朝位賓主之間九十步，侯伯七十步，子男五十步。注云朝位謂大門外賓下車及王車出迎所立處。又云凡諸侯之卿，其禮各下其君二等，以下及大夫士皆如之。若然，如諸侯則依命數，臣下其君二等，則不得依命數矣，而云依命數者，依命數據君而言，其臣依君命數而降之，故鄭據以命數言之也。**鉶芼，牛藿，羊苦，豕薇，皆有滑。**藿豆葉也苦苦荼也滑堇荁之屬今文苦爲芐疏注藿豆至爲芐○釋曰云滑堇荁之屬者案士虞記云鉶芼用苦若薇有滑夏用葵冬用荁鄭注云荁堇類也乾則滑夏秋用生葵冬春用乾荁此經云皆有滑不言所用之物故取士虞記解之云之屬者其中兼有葵也

贊者盥從俎升俎其所有事疏注俎其所有事○釋曰直言此者豆亦從下升不言從豆升者贊者不佐祭豆直佐祭俎故云俎其所有事是以上經云三牲之肺不離贊者辯取之壹以授尸若然黍稷亦贊祭不從黍稷升者黍稷設之在後故也黍稷雖後升先祭者以其先食黍稷後食肉故也

簋有蓋冪稻梁將食乃設去會於房蓋以冪冪巾也今文或作冪冪疏注稻梁至作冪○釋曰簠簋相將簋既有會明簠亦有會可知也黍稷先設故卻會於敦南簋盛稻梁將食乃設故鄭云去會于房蓋以冪冪巾也至於陳設冪亦去之經云有蓋冪者據出房未設而言

凡炙無醬已有鹹和疏注已有鹹和○釋曰云凡者欲辯儀禮一部之內牛羊豕炙皆無醬配之云已有鹹和者若今人食炙然

上大夫蒲筵加

萑席其純皆如下大夫純謂三命大夫也孤為賓則莞筵紛純加繅席畫純也

疏注謂三至純也○釋曰經云上大夫不辨命數則子男之卿再命其席亦同下大夫鄭言謂三命大夫者欲見公侯伯之卿三命亦與子男下大夫同公之孤四命其席則異鄭據三命而言云孤為賓則莞筵紛純加繅席畫純者案周禮司几筵云筵國賓于牖前莞筵紛純加繅席畫純云左彤几與此記三命已下席不同故知彼國賓謂筵孤也無正文故云則也

卿擯由下不升堂也

疏注不升堂也○釋曰此謂上擯揔詔賓主升降周還之事故云不升堂

上贊下大夫也上謂堂上擯贊者事相近以佐上下為名

疏注上謂至為名○釋曰案上經云贊者告具於公而贊賓食故云上贊使下大夫為之

上大夫庶羞酒飲漿飲庶羞可也於食庶羞宰夫又設酒漿以之食庶羞可也以優賓

疏注於食至優賓○釋曰案上經云上大夫庶羞二十豆此記人復記之者欲見上大夫食加飯之時得兼食庶羞又食會飯及庶羞之時宰夫更設酒飲漿飲故鄭云於

食庶羞宰夫又設酒漿以之食庶羞可也所以然者優賓故也拜食與侑幣皆再拜稽首嫌上大夫不稽首

儀禮注疏卷第十

漢鄭玄注　唐賈公彥疏

後學廬陵陳鳳梧編校

覲禮第十

鄭目録云覲見也諸侯秋見天子之禮春見曰朝夏見曰宗秋見曰覲冬見曰遇朝宗禮備覲遇禮省是以享獻不見焉三時禮亡唯此存爾覲禮於五禮屬賓大戴第十六小戴第十七別録第十

疏釋曰鄭云春見曰朝等大宗伯文云朝宗禮備覲遇禮省者按曲禮下云天子當扆而立諸侯北面而見天子曰覲天子當宁而立諸公東面諸侯西面曰朝鄭注諸侯春見曰朝受摯於朝受享於廟生氣文也秋見曰覲一受之於廟殺氣質也朝者位於內朝而序進覲者位於廟門外而序入王南面立於扆宁而受焉夏宗依春冬遇依秋春秋時齊侯唁魯昭公以遇禮相見取易略也覲禮今存朝宗遇禮今亡據此而言是朝宗禮備覲遇禮省可知鄭又云是以享獻不見焉者享謂朝覲而行三享獻謂二享後行私覿私覿後則有私獻獻其珍異之物故聘禮記云既覿賓若私獻奉獻將命注云時有珍異之物

或賓奉之所以自序尊敬也猶以君命致之臣聘猶有私獻況諸侯朝覲有私獻可知是以周禮大宰職云大朝覲會同贊玉幣玉獻注云幣諸侯享幣玉獻獻國珍異亦執玉以致之大朝覲會同既有私獻則四時常朝有私獻可知案下文有享亦當有獻而云享獻不見者案周禮大行人云上公冕服九章介九人賓主之間九十步廟中將幣三享侯伯子男亦云鄭云朝先享不言朝者朝正禮不嫌有等彼據春夏朝宗而言不見秋冬者以四時相對朝宗禮備故見之覲遇禮省故畧而不言此下文見享者不對春夏故言之鄭云是以享獻不見者據周禮大行人而說也必知鄭據大行人者以其引周禮四時朝覲即云是以享獻不見明鄭據周禮大行人而言也有人觧享字上讀以獻不見爲義者苟就此文有享無獻不辭之甚也

覲禮〇至于郊王使人皮弁用璧勞侯氏亦皮弁迎于帷門之外再拜郊謂近郊去王城五十里小行人職曰凡諸侯入王則逆勞于

畿則郊勞者大行人也皮弁者天子之朝朝服也璧無束帛者天子之王尊也不言諸侯言侯氏者明國殊舍異禮小几之也郊舍狹寡爲帷宮以受勞掌舍職曰爲帷宮設揵門

［疏］注郊謂至揵門○釋曰自此盡乃出論侯氏至近郊天子使使者勞侯氏之事云郊謂近郊者案聘禮云至於近郊君使卿勞故知此郊者亦近郊也知近郊去王城五十里者成周與王城相去五十里而君陳序云分正東郊成周鄭云今河南洛陽相去則然是近郊五十里也引小行人職者納近郊勞是大行人以其尊者宜逸小行人既勞于畿明近郊使大行人也案大行人上公三勞侯伯再勞子男一勞此雖不辨勞數案小行人云凡諸侯入王則逆勞于畿不辨尊卑則五等同有畿勞其子男唯有此一勞而已侯伯又加遠郊勞上公又加近郊勞則此云近郊據上公而言若然聘禮使臣聘而云近郊勞者臣禮異於君禮君禮宜先遠臣禮宜先近故也若然書傳畧說云天子之子十八曰孟侯者於四方諸侯來朝迎於郊孝經注亦云天子使世子郊迎者皆異代法非周禮也案玉人職云案十有一寸棗栗十有二列諸侯純九大夫純五夫人以勞

諸侯注云夫人謂王后勞諸侯皆九勞大夫皆五此文不見者以其聘禮於聘客王國夫人尚有勞以二竹簋方明右亦有略言王勞不言后文不具也云皮弁者天子之朝朝服者司服云眡朝則皮弁故知在朝服皮弁至入廟乃稗冕也云璧無束帛者天子之玉尊者此對諸侯玉帛故聘禮云束帛加璧是諸侯臣所執小行人合六幣云璧以帛琮以錦琥以繡璜以黼是諸侯所執以享皆有束帛配之諸侯主臣故也此乃行勞所用以享禮況之耳云不言諸侯言侯氏者明國殊舍異禮不凡之也者言諸侯則凡之總稱言侯氏則指一身不凡之也而所勞之處或非一國舍處不同故不總言諸侯而云侯氏也云郊舍狹寡爲帷宮以受勞者周禮十里有廬三十里有宿五十里有市市有館館郊關之所各自有舍或來者多館舍狹寡故不在館舍以帷爲宮以受勞禮也云掌舍職曰爲帷宮設旌門者謂爲帷宮則設旌旗以表四門彼天子所舍平地之事引之者證諸侯行亦有帷宮設旌爲門之事也案聘禮使卿勞賓受於門内司儀諸公之臣相爲國各亦是受勞於館不爲帷宮皆然此臣禮卿行旅從旅衆少故在館此諸侯禮君行

從徒衆多故於帷宮襄二十八年左氏傳云子產鄭伯以如楚舍不爲壇注云至敵國郊除地封土爲壇以受郊勞又外僕言曰先大夫相先君適四國未嘗不爲壇今子草舍無乃不可乎子產曰大適小則爲壇小適大苟舍而已焉用壇彼亦是諸侯相朝當爲壇以爲帷宮受勞之事也

使者不答拜遂執玉三揖至于階使者不讓先升侯氏升聽命降再拜稽首遂升受玉

不答拜者爲人使不當其禮也不讓先升奉王命尊也升者升壇使者東面致命侯氏東階上西面聽之

疏注不答至聽之○釋曰云升者升壇者以帷宮無堂可升故知升者升壇也云使者東面致命侯氏東階上西面聽之者知面位如此者並約下文就館賜侯氏車服而知也

使者左還而立侯氏還璧使者受侯氏降再拜稽首使者乃出

左還還南面示將去也立者見侯氏將有事於己侯之也還玉重禮

疏注左還至重禮○釋曰直云使者左還不云拜送玉者凡奉命使皆不拜送若御歸饔餼不拜送幣

亦斯類也若身自致者乃拜送下文儐使者及聘禮私覿私面皆拜送幣是也云左還還南面示將去也者以其東面致命而左還明左還者南面也未降而南面示將去故也云立者見侯氏將有事於己侯之者經云而立即云侯氏還璧故知立者見侯氏將有還玉之事於己故侯之不降云還玉重禮者案聘義圭璋還之璧琮加束帛報之所以輕財重禮彼以璧琮不還則爲輕財者以其璧琮加束帛故爲輕財不還此以天子之璧不加束帛尊之與圭璋同故亦還之爲重禮也

侯氏乃止使者使者乃入侯氏與之讓升侯氏先升授几侯氏拜送几使者設几答拜侯氏先升賓禮統焉几者安賓所以崇優厚也上介出止使者則已布席也

疏　注侯氏至席也○釋曰自此盡遂從之論侯氏儐使者遂從入朝之事云侯氏先升賓禮統焉者行賓禮是賓客之禮是以賓在館爲主人主人先升使者爲賓賓後升故云禮統焉謂賓統有此堂也云几者安賓所以崇優厚者安大宰云贊玉几注云立而設几優尊也此使者亦不坐而設几彼云所以

優厚也聘禮卿勞受儐不設几者諸侯之卿卑故不與此同也云上介出止使者則已布席者經不云上介出止使者鄭云上介出止使者案至館皆不敢當皆使上介出請事又見此經云使者乃入始云侯氏與之讓升是侯氏不出故知使上介止使者也云則已布席者以其素不云布席而云設几几不可設於地明有席席之所設惟在此時案聘禮受聘云几筵既設是几筵相將故云上介出止使者則已布席也

侯氏用束帛乘馬儐使者使者再拜受侯氏再拜送幣儐使者所以致尊敬也拜者各於其階

疏注儐使至其階○釋曰云儐使者所以致尊敬也者案聘禮使卿用束帛勞賓賓不還束帛賓儐卿以束錦此使者以玉勞侯氏侯氏還玉仍亦儐使者是致尊敬天子之使故也知拜各於其階者此賓與使行敵禮若鄉飲酒鄉射賓主拜各於其階也

使者降以左驂出侯氏送于門外再拜侯氏遂從之騑馬曰驂左驂設在西者其餘二馬侯氏之士遂以出授使者之從者于外從之者遂隨使者以至朝

疏注騑

馬至於朝。○釋曰：知左驂設在西者，陳四馬與人以西爲上，然聘禮禮賓時賓執左馬以出，此亦以左驂出，故知左驂設在西也。又知其餘三馬侯氏之士遂以出授使者之從者于外者，亦案聘禮禮賓執左馬以出，記云主人之庭實則主人遂以出，賓之士訝受之，此侯氏在館，知主人明主馬亦侯氏之士以出授使者從者可知。云從之者遂隨使者以至朝者，亦如聘禮云下大夫勞賓，使者遂以賓入至於朝，其義同，故知義然也。

天子賜舍以其新至，道路勞苦，未受其禮，且使即安也。賜舍，猶致館也。所使者，司空與小行人爲承擯。今文賜作錫。

【疏】注以其至作錫○釋曰：自此盡棗馬，論賜侯氏舍館，侯氏儐使之事。云賜舍猶致館者，案聘禮賓至於朝，君使卿致館，此不言致館，言賜舍者，天子尊極，故言賜舍也。云所使者司空與者，聘禮使卿致館，此亦宜使卿，知是司空非卿者，周禮以天地春夏秋冬六卿，無致館之事，司空主營城郭宮室，館亦宮室之事，故知所使者司空也。但司空亡，無正文，故云與以疑之。知小行人爲承儐者，案聘禮致館，賓主人各擯介，故知此亦陳擯介。必知使小行人爲承擯者，案小行人云及郊勞賑館將幣爲承而擯是其義也曰伯父女順命于王所賜伯父舍女音汝○此使者致館辭疏注此使者致館辭○釋曰此及下經皆云伯父者案下文謂同姓大國舉同姓大國則同姓小國及異姓之國禮不殊也侯氏再拜稽首受館儐之束帛乘馬王使人以命致館無禮猶擯之者尊王使也侯氏受館於外既則儐使者於內疏注王使至於內○釋曰云王使人以命致館無禮猶擯之者尊王使也者決聘禮卿無禮致館賓無束帛擯卿此王使亦無禮致館其賓猶擯使者用束帛乘馬故云尊王使也云侯氏受館於外者案聘禮大夫帥至館卿致館而云賓迎再拜卿退賓送再拜則聘禮致館不在外此不見大夫帥至館即云天子賜舍是侯氏受舍于外可知與聘禮異也知既則儐使者於內者以其既受館則爲已所有明儐使者在內可知也天子使大夫戒曰某日伯父帥乃初事大夫者卿爲訝者也掌訝職曰凡訝者賓客至而往詔相其事戒猶告也其爲告使順循其事也初猶故也今文帥作率疏注大夫至作率

○釋曰自此盡再拜稽首論天子使大夫戒侯氏期日使行覲禮之事知大夫是卿爲訝者以其周禮秋官掌訝職云諸侯有卿訝故知大夫即卿爲訝者云其爲告使順循其事也初猶故者以其四時朝覲自是尋常故使恒循故事之常也

侯氏再拜稽首受覲日也

諸侯前朝皆受舍于朝同姓西面北上異姓東面北上言諸侯者明來朝者衆矣顧其入覲不得並耳受舍于朝受次于文王廟門之外聘禮記曰宗人授次次以帷少退于君之次則是次也言舍者尊舍也天子使掌次爲之諸侯上介先朝受焉此覲也言朝者覲遇之禮雖簡其來之心猶若朝也分別同姓異姓受之將有先後也春秋傳曰寡人若朝于薛不敢與諸任齒則周禮先同姓

疏注言諸至同姓○釋曰此一經論前朝一日諸侯各遣上介受次於朝之事云言諸侯者明來朝者衆矣者上注云言侯氏者明國殊舍異禮不凡之於此言諸侯凡之者以其諸國同時遣上介故言來朝者衆矣若其行禮自有前後故鄭云顧其入覲不得並耳云受舍於朝受次于文王廟門之外者以其春夏受

贄於朝無迎法受享於廟有迎禮秋冬受贄受享皆
在廟並無迎法是以大門外無位既受覲於廟故在
大門外受次知在文王廟門外者案聘禮云不腆先
君之祧既拚以俟則諸侯待朝聘之賓皆在大祖之
廟以其諸侯者無二祧遷主所藏皆在始祖之廟故
以始祖爲祧案天子待覲遇亦當在祧祭法云天子
大廟有二祧又案周禮守祧職云掌守先王先公之
廟祧鄭注遷主所藏曰祧穆之遷主藏於文王廟昭
之遷主藏於武王廟今不在武王廟而在文王廟者
父尊而子卑故知在文王廟也者然先公木主藏於
后稷廟受覲遇不在后稷廟者后稷生非王故不宜
在焉云言舍者尊舍也者此賓以帷爲次非屋舍尊
天子之次故以屋舍言之是尊舍也若天子春夏受
享諸侯相朝聘迎賓客者皆有外次即聘禮記宗人
授次是也有外次於大門外者則無廟門外之內次
天子覲遇在廟者有廟門外之內次無大門外之外
次此文是也云天子使掌次爲之者案周禮掌次云
掌王次之法以待張事故知使掌次爲之諸侯兼
官無掌次使館人爲之故聘禮云館人布幕于寢門
外鄭注云館人掌次舍帷幕者是也云諸侯上介先

朝受焉者知使上介者案下文諸侯覲於天子爲宮
方三百步上介皆奉其君之旂置于宮明知此亦使
上介也云其來之心猶若朝也者案周禮大宗伯云
春曰朝秋曰覲鄭注云朝之言朝也欲其來之早覲
之言勤欲其勤王事今舉一邊而言其實早來勤王
通有也故鄭云其來之心猶若朝故變覲言朝也云
分別同姓異姓受之將有先後者案此經同姓西面
異姓東面案下曲禮云天子當依而立諸侯北面而
見天子曰覲彼此皆是覲禮彼諸侯皆北面不辨同
姓異姓與此不同者此謂廟門外爲位時彼謂入見
天子時故鄭注云覲者位於廟門外而序入入謂北
面見天子時引春秋者案隱十一年經書滕侯薛侯
來朝左傳曰爭長薛侯曰我先封滕侯曰我周之卜
正也薛庶姓也我不可以後之公使羽父請於薛侯
曰君與滕君辱在寡人周諺有之曰山有木工則度
之賓有禮主則擇之周之宗盟異姓爲後寡人若朝
于薛不敢與諸任齒君若辱貺寡人則願以滕君爲
請薛侯許之乃長滕侯也若然彼服注云爭長先登
授玉此位在門外引之者以其在
先即先登外内同故引以爲證

侯氏裨冕釋幣于

禰。禰乃禮反，裨婢支反，下同。○將覲質明時也。裨冕者，衣裨衣而冠冕也。裨之爲言埤也。天子六服，大裘爲上，其餘爲裨，以事尊卑服之，而諸侯亦服焉。上公衮無升龍，侯伯鷩，子男毳，孤絺，卿大夫玄。此差，司服所掌也。禰謂行主，遷主矣，而云禰，親之也。釋幣者，告將覲也。其釋幣如聘大夫將受命釋幣于禰之禮。既則祝藏其幣，歸乃埋之於祧西階之東。

【疏】注“將覲”至“之東”。○釋曰：此經明諸侯之在館內將覲於王，先釋幣告於行主之禮。知將覲質明時者，案聘禮賓厥明釋幣于禰，故知此亦質明時也。云“裨之爲言埤”者，讀從詩“政事一埤益我”，取裨陪之義。云“天子六服，大裘爲上，其餘爲裨”者，天子吉服有九，而言六服者，據六冕而言。以大裘爲上，無埤義，衮冕以下皆爲裨，故云“其餘爲裨”。云“以事尊卑服之”者，即司服所云王祀昊天上帝則大裘而冕，祀五帝亦如之，祀先生則衮冕，以下至羣小祀則玄冕，舉天子而言，故云以事尊卑服之。云“而諸侯亦服焉”者，亦據司服而言。諸侯唯不得有大裘，上公則衮冕以下，故鄭云“此差，司服所掌也”。云“上公衮無升龍”者，案白虎通引禮記曰：“天子乘龍，載大旂，象日月升龍。”傳曰：“天子升龍，諸侯降龍以此言之上得兼下下不得僭上則天子升降俱有諸侯宜有降龍而已若然彼升龍文承大旗之下知不蒞於旌旗而襟衣服者案司常云交龍爲旂又云諸侯建旂注云諸侯畫交龍一象其升朝一象其下復則旌旗升降俱有而白虎通云諸侯降龍者據衣賜而言袞玉藻諸侯玄冕以祭不得服袞冕以下是以鄭注司服云諸侯自於其家則降若然諸侯自家祭降魯與二王之後皆不得用袞冕鷩冕毳冕則此等及孤卿大夫絺冕玄冕者是入君廟及入天子之廟故服也今云諸侯告禰用裨冕者將入天子之廟故服以告禰謂若曾子問云諸侯裨冕以朝鄭注云爲將廟受亦斯之類也云禰謂行主遷主矣者案禮記曾子問云師行必以遷廟主行乎孔子曰天子巡守以遷廟主行載于齊車言必有尊也彼雖據天子其諸侯行亦然以其皆有遷廟木主若然大夫無木主聘禮賓釋幣于禰者大夫雖無木主以幣帛主其神亦爲行主也而云禰親之者以其在外唯有遷主可事故不言遷主而云禰也云其釋幣如聘大夫將受命釋幣于禰之禮者案聘禮將行釋幣于禰此禰無文故約與之同乃受命即出行故云將受命釋

幣于禰皆是告將行無祭祀知祧則祝幣其幣歸乃埋之於祧西階之東者此兆無正文案聘禮祝告祝又入取幣降卷幣實于笲埋于西階東此亦無彼同云祧者諸侯遷遷主藏於始祖之廟諸侯既以始祖之廟為祧遷主歸還入祧廟故知此幣埋於祧西階之東也

乘墨車載龍旂弧韣乃朝以瑞玉有繅

韣音獨繅音早○墨車大夫制也乘之者入天子之國車服不可盡同也交龍為旂諸侯之所建弧所以張縿之弓也弓衣曰韣瑞玉謂公桓圭侯信圭伯躬圭子穀璧男蒲璧繅所以藉玉以韋衣木廣袤各如其玉之大小以朱白蒼為六色今文玉為璧繅或為璪

【疏】注墨車至為璪○釋曰自此盡乃出論諸侯發館至天子廟門之外以次行覲禮之事云墨車大夫制也者案周禮巾車職云孤乘夏篆卿乘夏縵大夫乘墨車士乘棧車庶人乘役車故知墨車大夫制也必言墨車大夫制者封玉路金路象路之等天子諸侯之制也云乘之者入天子之國車服不可盡同者巾車云同姓金路異姓象路四衛革路並得與天子同據在本國所乘下記云偏駕不入王門偏駕金路象路等是也既

不入王門舍於客館乘此墨車以朝也云交龍爲旂諸侯之所建者司常職文也云弧所以張縿之弓也者爾雅說旌旗正幅爲縿故以弧弓張縿之兩幅故云張縿之弓也云弓衣曰韣者案月令云后妃帥九嬪御乃禮天子所御帶以弓韣授以弓矢于高禖之前言帶以弓韣韣是弓衣可知云瑞玉謂公桓圭之等皆大宗伯典瑞職文云繅所以藉玉至爲六色其義疏已見於聘禮記

天子設斧依於戶牖之間左右几依於豈反○依如今綈素屏風也有屏斧文所以示威也斧謂之黼几玉几也左右者優至尊也其席莞席紛純加繅席畫純加次席黼純

【疏】注依如至黼○釋曰云依如今綈素屏風也者案爾雅牖戶之間謂之扆以屏風爲斧文置於依地孔安國顧命傳云扆屏風畫爲斧文置戶牖間是也言綈素者綈赤也素白也漢時屏風以綈素爲之象者白黑斧文故鄭以漢法爲況云有繡斧文所以示威也者案周禮繢人云青與赤謂之文赤與白謂之章白與黑謂之黼黑與青謂之黻五色備謂之繡此白黑斧以似方繡次爲之故云有繡斧文所以示威也云斧謂之黼者據繡次言

之白與黑謂之黼，即爲此黼字也。據文體形質言之，月白而黑則爲此斧字，故二字不同也。云「几，玉几也」者，案《周禮·司几筵》云「左右玉几」，故知此几是玉几也。注「左右有几，優至尊也」，亦與此同。又案《大宰》云「贊玉几」，鄭注云「玉几所依也，立而設几，優尊者」，但几雖須臾，又几坐時所以憑依，今左右及立兩設之，皆是優至尊也，兩注相兼乃具。云「其席莞席」以下，亦同《几筵》文，案彼云「大朝覲、大饗射、凡封國命諸侯，王位設黼依，依前南鄉，設莞席紛純」等，鄭注云「紛純者，紛如綬，有文而狹。繅席者，削蒲蒻展之，編以五采，若今合歡矣。畫純者，謂畫雲氣。次席者，桃枝席，有次列成文」。此次席即顧命所謂篾席也。篾謂竹青，據竹而言；次謂次列，據文體而說。是以顧命云「牖間南嚮，敷重篾席」，孔傳曰「桃枝竹」，義與鄭同。

天子衮冕，負斧依。衮衣者，裨之上也。繢之繡之，爲九章，其龍，天子有升龍，有降龍。衣此衣而冠冕，南鄉而立，以俟諸侯見。

疏注「衮衣」至「侯見」○釋曰：云「負斧依」者，負謂背之南面也。云「衮衣者，裨之上也」者，但裨衣者，自衮冕至玄冕五者皆裨衣，故云「裨之上」也。上文云「裨衣」者，揔五等諸侯，指其衣有三等，不得定其衣號故言總稱衣此據天子一身故指其衣體言袞冕云續之繡之爲九章者衣繢而裳繡衣在上爲陽陽主輕浮故對方爲繢次裳在下爲陰陰主沉深故刺之爲繡次是以尚書表言作繢裳言絺繡爲九章首鄭注司服云冕服九章登龍於山登火於宗彝尊其神明也九章初一曰龍次二曰山次三曰華蟲次四曰火次五曰宗彝皆畫以爲繢次六曰藻次七曰粉米次八曰黼次九曰黻皆絺以爲繡則袞之衣五章裳四章凡九也云南鄉而立者此文及司几筵雖不云立案下曲禮云天子當宁而立又云當扆而立在廟在廟皆云立故知此南面而立以俟諸侯之見也

嗇夫承命告于天子

嗇夫蓋司空之屬也爲末擯承命於侯氏下介傳而上上擯以告天子天子見公擯者五人見侯伯擯者四人見子男擯者三人皆宗伯爲上擯春秋傳曰嗇夫馳

注嗇夫至夫馳。釋曰

疏 云嗇夫蓋司空之屬也者無正文知司空屬者案五官之內無嗇夫之名故知是司空之屬但司空職亡故言蓋以疑之云末擯承命於侯氏下介傳而上上擯以告於天子者案周禮司儀職兩諸侯相朝皆爲交擯則此諸侯見大子

交擯可知此所陳擯介當在廟之外門東陳擯從北鄉南門西陳介從南鄉北各自爲上下此經先云嗇夫承命告于天子天子則命先從侯氏出下文天子得命呼之而入命又從天子下至侯氏即令入故下注云君乃許入若然此覲遇之禮略唯有此一辭而已無三辭之事司儀云交擯三辭者據諸侯自相見於大門外法其天子春夏受享於廟見於大門外亦可交擯三辭矣云天子見公擯者五人以下並大行人文云皆宗伯爲上擯者案大宗伯職云朝覲會同則爲上相鄭注云相詔王禮也出接賓曰擯入詔禮曰相若四時常朝則小行人爲承擯故小行人職云將幣爲承而擯此文嗇夫爲末擯若子男三擯此則足矣若侯伯四擯別增一士若上公五擯更別增二士若時會殷門則肆師爲承擯故肆師職云大朝覲佐擯鄭注云爲承擯是其義也引春秋傳者案左氏傳昭十七年夏六月朔日有食之叔孫昭子救日食引夏書云辰不集于房瞽奏鼓嗇夫馳庶人走鄭引者欲見嗇夫是卑官得爲末擯之意也

天子曰非他伯父實來予一人嘉之伯父其入予一人將受

之言非他者親之辭嘉之者美之辭也上擯又傳此而下至嗇夫侯氏之下介受之傳而上上介以告其君君乃許入今文賓作寔嘉作賀疏注言非至作賀○釋曰此經直云伯父其入不云迎之禮記郊特牲云覲禮天子不下堂而見諸侯故無迎法若然案夏官齊僕云掌馭金路以賓朝覲宗遇饗食皆乘金路其法儀各以其等為車送逆之節者覲遇雖無迎法至於饗即與春夏同故連言之

侯氏入門右坐奠圭再拜稽首入門右執臣道不敢由賓客位也卑者見尊奠摯而不授疏注入門至不授○釋曰云卑者見尊奠摯而不授者案士昏禮云壻執鴈升奠鴈又云若不親迎則壻入三月然後壻見主人出門壻入門奠摯再拜出鄭注云奠摯者壻有子道不敢授也又士相見凡臣見於君奠摯再拜與此奠圭皆是卑者不敢授而奠之

擯者謁謁猶告也上擯告以天子前辭欲親受之如賓客也其辭所易者曰伯父其升疏注謁猶至其升○釋曰云其辭所易者曰伯父其升者此又不見謁告之辭鄭注云上擯告以天子前辭者謂擯者謁以上辭云天子曰非他伯父實來予一

少□之伯父皆入予一人將受之是擯者於門外傳王辭告之使入此擯者謂告還用彼辭所改易者唯改入字爲升故云伯父其升也以其喚使升入堂親受之也侯氏坐取圭升致命王受之玉侯氏降階東北面再拜稽首擯者延之曰升升成拜乃出擯者請之侯氏坐取圭則遂左降拜稽首送玉也從後詔禮曰延延進也〇疏注擯者至進也〇釋曰云侯氏坐取圭則遂左降者以經侯氏得擯者之告坐取圭即言升致命無出門者之文明知遂向門左從左堂塗升自西階致命也云從後詔禮曰延延進也者以其賓升堂擯者不升若特牲少牢祝延尸使升尸升祝從升與此文同皆是從後詔禮之事四享皆束帛加璧庭實唯國所有四當爲三古書作三四或皆積畫此篇又多四字字相似由此誤也大行人職曰諸侯廟中將幣皆三享其禮差又無取於四也初享或用馬或用虎豹之皮其次享三牲魚腊籩豆之實龜也金也丹漆絲纊竹箭也其餘無常貨此地物非一國所能有唯所有分爲三享皆以璧帛致

之疏注四當至致之○釋曰自此盡事畢論侯氏行
觀禮記相隨即行三享之事云四當爲三古書
作三四或皆積畫此篇又多四字相似由此誤也
者知四當爲三者諸文唯謂三享無四享之事所以
誤作四由古書作三四之字或皆積畫者堯典云帝
曰次三岳皐陶云外薄三海泰誓序云作泰誓三篇
是古書三四皆積畫也云此篇又多四字者下有四
傳擯又云路下四亞之又云束帛四馬四門四尺四
享既多積畫四又似由此致誤爲四字也引大行
人者欲證三享爲文也云其禮差又無取於四也者
案聘禮小聘曰問不享大聘雖有享不言數明一享
而已案大行人五等諸侯皆同三享若然三與一及
不享是其禮之差是無取於四之義故從三爲正云
初享或用馬或虎豹之皮者案下經先陳爲聘禮特
言皮故知初享以此二者爲先言或者聘禮記云皮
馬相間可也以聘禮經夕幣時皮則在前後幣時更
大馬則幕南北面此下經亦用馬案郊特牲云虎豹
之皮示服猛也是其或用馬或用虎豹之皮爲初享
也云其次享三牲魚腊籩豆之實以下皆禮器文是
以禮器云大饗其王事與三牲魚腊四海九州之美

味也籩豆之薦四時之和氣也内金示和也束帛加璧尊德也龜爲前列先知也金次之見情也丹漆絲纊竹箭與衆共財也其餘無常貨各以其國之所有則致遠物也彼諸侯國王爲禘祭而致之與此因覲致之與以其因覲即助祭即致享物若不當三年禘祭即特致三享也云皆以璧帛致之者案聘禮束帛加璧享君束錦加琮享夫人小行人亦云璧以帛琮以錦是五等諸侯享天子與后此云璧帛致之者據享天子而言若享后即用琮錦但三享在庭分爲三段一度致之據三享而言非謂三度致之爲皆也凡享者貢國所有或因朝而貢或歲之常貢歲之常貢則小行人春入貢及大宰九貢是也因朝而貢者則大行人云侯服歲一見其貢祀物之等是也皆有帛以致之案小行人云合六幣圭以馬璋以皮璧以帛琮以錦琥以繡璜以黼此六物者以和諸侯之好故注云合同也六幣所以享也五等諸侯享天子用璧享后用琮其大各如其瑞皆有庭實以馬若皮皮虎豹之皮用圭璋者二王之後也二王後尊故享用圭璋而特之禮器曰圭璋特義亦通於此其於諸侯亦用璧琮耳子男於諸侯則享用琥璜下其瑞也凡

二王後諸侯相享之玉大小各降其瑞一等若如此
言鄭知五等享玉各如其瑞者見玉人職云璧琮九
寸諸侯以享天子言九寸據上公琮以享后不言者
文不具公依命數與瑞等則侯伯子男之享玉亦如
其瑞可知又知五等自相享各降其瑞一等者又見
玉人職云瑑琮八寸諸侯以享夫人鄭云獻於所朝
聘君之夫人兼言聘者欲見聘使亦下君之瑞一寸
與君同直言瑑琮享夫人不言瑑璧以享君亦文不
具若然後伯子男自相享各降其瑞一等可知圭璋
璩二王後享天子與后者五等諸侯既用璧琮二王
後尊明用圭以享天子用璋以享后可知又知二王
後自相享亦琮璧琮者以五等諸侯降於享天子明
二王後退用璧琮可知自男自相享用琥璜者以其
子男瑞用璧享天子可與瑞同自相享不得與瑞等
降用琥璜可知若然自男之臣自相聘亦享用琥璜
不得踰君故也又知五等之臣聘享之玉皆降其君
一寸者又見玉人云瑑圭璋八寸璧琮八寸以覜聘
八寸據上公之臣則侯伯子男臣各降其君一寸可
知案孝經緯援神契云二王後稱公大國稱侯則二
王之後爲公而則前謂公公者案典命云上公九命爲

伯其國家宮室車旗衣服禮儀皆以九爲節上公者謂王之三公有德者加命爲二伯二王之後
亦爲上公若然典命云王之三公八命有功加一命爲二伯則周公召公是也本國猶稱侯則魯侯燕伯
是也
奉束帛匹馬卓上九馬隨之中庭西上奠幣再拜
稽首卓讀如卓王孫之卓卓猶的也以素的一馬以爲上書其國名後當識其何產也馬必十匹者
不敢斥王之乘用成數敬也

疏注卓讀至敬也○釋曰云中庭西上者案昏禮云參分庭一在南又
聘禮云庭實皮則攝之注云參分庭一在南又米菖設于中庭鄭注云言當中庭者南北之中也則此云
中庭亦是南北之中不參分庭一在南者以其三享同陳須入庭深設之故也云卓讀如卓王孫之卓卓
猶的也者以音字既同而讀從之卓王孫是司馬相如之妻文君之父也於十馬之內以素的一馬以爲
上故訓卓爲的也云書其國名後當識其何產也者謂若晉有鄭之小駟復有屈產之類是也云馬必十
匹者不敢斥王之乘用成數敬也者此爲庭實故用十匹案康王之誥二伯率諸侯而入皆布乘黃朱而

陳四匹者彼據二王之後以國所有享斯王享物陳於庭用圭以馬致享馬不得上堂亦陳於庭直以圭升堂致命乘馬君乘皮故以四爲非所享之物故用四馬與此異也禮擯者曰予一人將受之亦言王欲親受之疏注亦言至受之○釋曰云亦言王欲親受之者亦上親受之也侯氏升致命王撫玉侯氏降自西階東面授宰幣西階前再拜稽首以馬出授人九馬隨之王不受玉撫之而已輕財也以馬出隨侯氏出授主人於外也王不使人受馬者主于享王之尊益君侯氏之卑益臣疏注王不至益臣○釋曰云授宰幣王既撫玉不受幣幣即享帛加璧并王言幣故小行人合六幣皮馬與玉皆爲幣此經言宰即大宰大宰主幣故周禮大宰職云大朝覲會同贊玉幣玉獻玉几玉爵注云助王受此四者是也云王不受玉撫之而已輕財也者案聘義圭璋還之爲重禮璧琮不受還以爲輕財是以圭璋親受璧琮初即不受爲輕財故也云以馬出隨侯氏出授王人於外也者謂侯氏牽馬而出馬隨侯氏之後

出於王人於外也云王之尊益君侯氏之卑益臣者
案夏受贄于朝雖無迎法王猶在朝至受享
不以賓主至覲禮受享皆無迎法不下堂而見
已是王尊爲君禮臣卑爲臣禮王猶不親受其玉今王受
于三享貢國所有行供奉之節故使自執其馬王不
使人受之於庭者是王之尊益君侯氏之卑益臣故
也聘禮享用皮及賓私覿馬皆使人受之者見他國
之君不臣人之臣故與此異也若然聘禮享君皆有
幣問卿大夫此諸侯覲天子享天子說亦當有幣問
公卿大夫是以隱十年左氏傳云初戎朝于周發幣
于公卿凡伯弗賓注云戎以朝禮及公卿大夫發陳
其幣凡伯以諸侯爲王卿士不修賓主之禮敬報於
戎是以冬天王使凡伯來聘還戎伐之於楚丘以
歸是諸侯朝天子亦有聘及公卿大夫之事也

事畢三享訖**乃右肉袒于廟門之東乃入門右北面立告聽事**右肉袒者刑宜施於右也凡以禮事者左袒入更從右者臣益純也告聽事者告王以國所用爲罪之事也易曰折其右肱无咎

疏注右肉至无咎○釋曰自此盡降出論侯氏受刑王免之降出

之事刑袒於右者右是用事之便又是陰陰主刑以不能用事故刑袒於右也云凡以禮事者左袒左袒
者無問吉凶禮皆袒左知者士喪禮云主人出南面左袒扱諸面之右禮記云延陵季子葬其子於嬴博
之問葬訖左袒故云凡以該之引易曰折其右肱无咎者案易豐卦九三云折其右肱无咎凡卦爻二
至四三至五兩體交互各成一卦先儒謂之互體故鄭隨其義而注云三艮爻艮爲手互體爲巽巽又爲
進退手而便於進退右肱也猶大臣用事於君君能誅之故无咎引之者證刑理宜於右之義云告聽事
者告王以國所用爲罪之事也者加得字解之當云告王以國所用爲者得非罪之事也正是罪之一辭
解擬受刑之意又解云告王以已無罪引下文伯父無事解之不辭之甚也擯者謁諸天
子天子辭於侯氏曰伯父無事歸寧乃辭謁告寧安邦也乃猶女
也侯氏再拜稽首出自屏南適門西○遂入門左北
面立王勞之再拜稽首擯者延之曰升升成拜降出

勞力報反○王辭之不即左者當出隱於屏而襲之也天子外屏勞之勞其道勞也疏注王辭至勞也○釋曰云當出隱於屏而襲之也者以屏外不見天子爲隱向者右袒今王辭以無事故宜襲也云天子外屏者據此文出門乃云屏南即是外屏云天子外屏取禮緯之文故禮緯云天子外屏諸侯內屏大夫以簾士以帷是也

天子賜侯氏以車服迎于外門外再拜

賜車者同姓以金路異姓以象路服則袞也鷩也毳也古文曰迎于門外也疏注賜車至外也○釋曰自此盡亦如之論王使人賜侯氏車服之事云同姓金路異姓象路案周禮巾車掌五路自玉路至木路玉路以祀尊之不賜諸侯金路云同姓以封象路云異姓以封革路云以封蕃國鄭云同姓謂王子母弟率以功德出封雖爲侯伯其畫服猶如上公賜魯侯鄭伯服則袞冕得乘金路以下與上公同則太公與祀宋雖異姓服袞冕乘金路矣異姓謂舅甥之國與王有親者得乘象路異姓侯伯同姓子男皆乘象路以下四衛謂要服以內庶姓與王無親者自侯伯子男皆乘革路以下蕃國據外爲總名皆乘木路而已鄭

直言金路象路者略之也云服則袞冕鷩也毳也緣司服而言案司服上陳王之吉服有袞冕下云公之服自袞冕而下如王之服侯伯自鷩冕而下如公之服子男自毳冕而下如侯伯之服也路先設西上路下四亞之重賜無數在車南路謂車也凡君所乘車曰路路下四謂乘馬也亞之次車而東也詩云君子來朝何錫予之雖無予之路車乘馬又何予之玄袞及黼重猶善也所加賜善物多少由恩也春秋傳曰重錦三十兩往路謂至十兩○釋疏曰云凡君乘車曰路者鄭注周禮云路大也君之車以大爲名是以云路寢路門之等引春秋者閔二年左氏傳云狄人伐衛又云及狄人戰于熒澤衛師敗績遂滅衛夜與國人出狄入衛遂從之又敗諸河宋桓公逆諸河宵濟立戴公以廬於曹齊侯使公子無虧帥車三百乘甲士三千人以戍曹歸公乘馬祭服五稱牛羊豕鷄狗皆三百與門材歸夫人魚軒重錦三十兩鄭引之證重賜無數在車南也諸公奉篋服加命書于其上升自西階東面大史是右[illegible]音秦○言公者王同

時分命之而使賜侯氏也右讀如周公右王之右是右者始隨入於升東面乃居其右古文是爲氏也

疏注言諸至氏也○釋曰云言諸公者王同時分命之而使賜侯氏也者以其言諸非一之義以諸侯來觀者衆各停一館故命諸公分往賜之云右讀如周公右王之右者案襄公二十一年左氏傳晉欒盈出奔楚范宣子殺羊舌虎囚伯華於是祁奚老矣聞之乘馹而見宣子祁奚曰夫謀而鮮過惠訓不倦者叔向有焉社稷之固也猶將十世宥之以勸能者今壹不免其身以棄社稷不亦惑乎鯀殛而禹興伊尹放太甲而相之而卒無怨色管蔡爲戮周公右王若之何其以虎也棄社稷鄭引此者證大史是右是佐公而在公右之義也云是右者始隨入於升東面乃居其右者大史與明於時隨公後升詣公東面大史乃居其右故云是右謂於是乃居公右而並東面知並立者以其在公右宣王命故也

侯氏升西面立大史述命讀王命書也侯氏降兩階之間北面再拜稽首受命升成拜大史辭之降也春秋傳曰且有後命以伯舅耋老毋下拜此辭之類

疏注大史至之類○釋曰引春秋者僖九年經夏公會宰周公齊侯宋子衛侯之等于葵丘傳云王使宰孔賜齊侯胙曰天子有事于文武使孔賜伯舅胙齊侯將下拜孔曰且有後命天子使孔曰以伯舅耋老加勞賜一級無下拜對曰天威不違顏咫尺小白余敢貪天子之命無下拜恐隕越于下以遺天子羞敢不下拜下拜登受鄭引之者證此大史述王辭侯氏下拜亦如此辭之類也但彼以齊侯年老故未降已辭此下拜禮也故降拜乃辭之彼齊侯不升成拜者亦以年老故也

大史加書于服上侯氏受受服使者出侯氏送再拜儐使者諸公賜服者束帛四馬儐大史亦如之既云拜送乃言儐使者以勞有成禮略而遂言

疏注既云至遂言○釋曰云既云拜送乃言儐使者以勞有成禮略而遂言者經云侯氏送再拜者事勢宜終故連言之其實儐使者在拜送前必以之儐後略言者以擯有成禮可依故後略言案上篇以來每有儐禮皆是成篇之法是成禮也

同姓大國則曰伯父其異姓則

曰伯舅同姓小邦則曰叔父其異姓小邦則曰叔舅據此禮云伯父同姓大邦而言疏注據此至而言○釋曰案周禮冢宰職云掌建邦之六典以佐王治邦國注云大曰邦小曰國邦之所居亦曰國者彼經或邦國連言或單言國則邦國連言據諸侯單言國據王以邦在國上故云大曰邦小曰國惟王建國是邦之所居亦曰國彼對文則例散文則通故此大國言國小國言邦也鄭曰據此禮云伯父同姓大邦而言者鄭欲解稱伯父叔父不要同姓爲定之意云據此云伯父者即上文云伯父此文即云同姓大國則曰伯父是以云據此禮云伯父同姓大邦而言若也據文則不要同姓與大國案下曲禮東西二伯不問同姓異姓皆稱伯父州牧而稱叔父鄭云牧尊於大國之君而謂之叔父辟二伯亦以此爲尊是也又云同姓大國則曰伯父者惟據此禮而云伯父而言不據他文故鄭此注以爲不定之意

饗禮乃歸禮謂食燕也王或不親以其禮幣致之略言饗禮互文也掌客職曰上公三饗三食三燕侯伯再饗再食再燕子男一饗一食一燕疏注禮謂至一燕

○釋曰：云「禮，謂食燕也」者，案聘禮及諸文言饗皆單云饗，無云禮。鄭所引掌客五等饗食燕三者具有，今饗下有禮，故以禮爲食燕也。云「王或不親，以其禮幣致之」，鄭言此者，欲解經變食燕而言饗禮，見王有故不親食燕，則以禮幣致之，故言饗禮。云「畧言饗禮，互文」者，直言饗，見王無故親饗之，若王有故，亦以侑幣之禮致之；食燕，公之禮，見王有故以幣之禮致之，亦宜有王無故親食燕，故云互文也。引掌客者，見五等諸侯饗食燕皆具有，證經之禮是食燕之義也。以此文爲互，則饗食燕皆有酬幣侑幣。是以掌客職三饗三食三燕云云，即云「若弗酌則以幣致之」，鄭注云「若弗酌，謂君有故不親饗食燕」，彼是諸侯自相待法，此鄭引之證經天子待諸侯法，則天子待諸侯亦三者皆有幣可知。案掌客云「王巡守，從者三公眡上公之禮，卿眡侯伯之禮，大夫眡子男之禮」，則天子使公卿大夫存覜省至諸侯之禮，諸侯與之饗食燕皆有幣，與諸侯同可知也。若大國之孤聘於天子及鄰國，其饗食燕有侑幣酬幣，亦與子男同。故大行人云「凡大國之孤，執皮帛以繼小國之君，出入三積，不問一勞」，又云「其他皆眡小國之君」，鄭注云「他，謂貳車及介牢禮賓之主間擯者將幣裸酢饗食之數故知饗食燕亦有幣也案聘禮云若不親食使大夫各以其爵朝服致之以侑幣如致饔無擯致饗以酬幣亦如之是親饗食之有幣可知又云燕與獻無常數又不言致燕以幣則無致燕之禮親燕亦無酬幣鹿鳴序云燕羣臣嘉賓也既飲食之又實幣帛筐篚以將其厚意則飲食饗食有幣若然發首云燕羣臣嘉賓者文王於羣臣嘉賓恩厚燕之無數故先言其實無幣也若然天子燕已臣及四方卿大夫諸侯燕已臣及四方卿大夫皆無酬幣也

諸侯覲于天子爲宮方三百步四門壇十有二尋深四尺加方明于其上四時朝覲受之於廟此謂時會殷同也宮謂壝土爲埒以象牆壁也爲宮者於國外春會同則於東方夏會同則於南方秋會同則於西方冬會同則於北方八尺曰尋十有二尋則方九十六尺也深謂高也從上曰深司儀職曰爲壇三成成猶重也三重者自下差之爲三等而上有堂焉堂上方二丈四尺上等中等下等每面十二尺方明者上下四方神明之象也上下四方之神者所謂神明也會同

而盟明神監之則謂之天之司盟有象者猶宗廟之有主乎王巡守至于方嶽之下諸侯會之亦為此宮以見之司儀職曰將會諸侯則會為壇三成宮旁一門詔王儀南鄉見諸侯也○壝以垂反呼音号疏注四時至侯也○釋曰自此盡四傳儐論會同王為壇見諸侯之事云四時朝覲受之於廟者案曲禮下經言之春夏朝宗在朝不在廟而言四時朝覲皆在廟者朝宗雖在朝受享則在廟故并言之也云此謂時會殷同也者以司儀職云將合諸侯則令為壇三成與此為一事則合者合諸侯也故知此為壇見諸侯謂時會殷同時也案大宗伯云時見曰會殷見曰同鄭注云時見者言無常期諸侯有不順服者王將有征討之事則既朝覲王為壇於國外合諸侯而命事焉春秋傳曰有事而會不協而盟是也殷猶眾也十二歲王如不巡守則六服盡朝朝禮既畢王亦為壇合諸侯以命政焉所命之政如王巡守殷見四方四時分來終歲則遍若然注則時會殷同亦有朝覲在廟而獨云四時朝覲在廟者以其周禮大行人諸侯依服數來朝時會無常期假令當方諸侯有不順服則順服者皆來朝王其中則有當朝之歲者復有

不當朝之歲者若當朝之歲者自於廟朝覲若不當
朝之歲者當在壇朝者十二年王不巡守則殷朝亦
云既朝乃於壇者六服之內若以當歲者即在廟則
依服數十二歲合有侯服年年朝者在廟朝覲其五
服自甸男采衛要五服若以十二歲王巡守總合親
服不得獨在廟在壇朝故鄭會同皆言既朝覲乃爲
壇於國外也朝事儀未在壇朝而先言帥諸侯拜日
亦未帥已朝者諸侯而言也云爲宮者於國外春會
同則於東方云云者經直言爲壇鄭知遂四方爲之
者案司儀云將合諸侯則令爲壇三成鄭注云合諸
侯謂有事而會也爲壇于國外以命事天子春帥諸
侯拜日於東郊則爲壇於國東夏禮日於南郊則爲
壇於國南秋禮山川丘陵於西郊則爲壇於國西冬
禮月與四瀆於北郊則爲壇於國北既拜禮而還加
方明於壇上而祀焉鄭引此文下及朝事儀而言故
知爲壇皆依方爲之但四方之壇並宜在四郊之內
以其拜日之等於近郊退來就壇明壇在近郊之內
但去城不知遠近或四方皆依成數東方八里南方
七里西方九里北方六里四方此其定分案職方王
會同或出畿在諸侯之國故職方氏令諸侯共時之

事則無常數云八尺曰尋者依考工記云殳長尋有
四尺從軫差之知尋長八尺云三重者自下差之為
三等而上有堂焉堂上方二丈四尺上等中等下等
每面十二尺者此以下基九十六尺上下三等每等
兩相各丈二尺共二丈四尺三等總七丈二尺通堂
上二丈四尺合九丈六尺也云方明者上下四方神
明之象也者謂合木為上下四方故名方此則神明
之象故名則此樂解得名方明神之義也云所謂明
神也者所謂秋官司盟之職云北面詔明神既盟則
貳之是也云則謂之天之司盟有象者案春秋襄十
一年經書公會晉侯宋公之等伐鄭鄭人懼行成秋
七月同盟于亳范宣子曰不慎必失諸侯乃盟載書
曰凡我同盟毋蘊年毋壅利毋保姦毋留慝救災患
恤禍亂同好惡奬王室或間茲命司慎司盟名山名
川明神殛之注云二司天神司盟司慎不敬者盟司
察盟者是為天之司盟也云有象者猶宗廟之有主
乎者以其宗廟木主亦上下四方為之故云猶宗廟
之有主無正文約同之故云乎以擬之雖同四方為
之但宗廟主止一神而已此下文以六色為六神用
六玉禮之有此別但取四方同而已云王巡狩至於

九三六

方岳之下諸侯會之亦爲此宮以見之知者下文祭天播柴祭山丘陵升祭川沈祭地瘞鄭注云升沈泛就祭者也則是謂王巡守諸侯之盟祭也者是王巡宮在方岳亦爲此宮可知是以司儀注云王巡守殷國而同則其爲宮亦如此以其與宮同也案司儀云王合諸侯令爲宮據時會而言其巡守據王就方岳殷國此王有故不行諸侯同來此二者其壇文約與時會同故云與以疑之是以鄭注大宗伯云殷同王亦爲壇於國外亦時會有文者也引司儀者彼此同是一事但文有詳略此共言者取司儀以足之云南鄉見諸侯也者王在堂上公於上等侯伯於中等子男於下等奠玉拜皆升堂授王乃降也

方明者木也方四尺設六色東方青南方赤西方白北方黑上玄下黃設六玉上圭下璧南方璋西方琥北方璜東方圭六色象其神六玉以禮之上宜以蒼璧下宜以黃琮而不以者則上下之神非天地之至貴者也設玉者刻其木而著之

疏 注六色至著之○釋曰云上宜以蒼璧下宜以黃琮者案大宗

伯云蒼璧禮天黄琮禮地青圭禮東方赤璋禮南方白琥禮西方玄璜禮北方據彼文上宜用蒼璧下宜用黄琮今於四方還依宗伯唯上不用璧下不用琮故鄭云而不以以者則上下之禮非上天地之至貴者也案宗伯注此禮天以冬至謂天皇大帝在此極者也禮地以夏至謂神在崑崙者也鄭云非天地之貴其天地之貴即昊天崑崙是也既非天地之貴即日月之神故下云祭天燔柴祭地瘞鄭注天地之謂日月也若然日月同圭璧者典瑞云圭璧以祀日月故用圭璧也然四方用圭璋之等案大宗伯注云禮東方以立春謂蒼精之帝而太昊句芒食焉餘三方皆據天帝人帝謂人神則此亦非彼神也以其下文有日月四瀆山川丘陵之神迎拜以爲明神故知非天之等是以司盟云凡邦國有疑會同則掌其盟約之載及其禮儀北面詔明神鄭注云有疑不協也明神神之明察者謂日月山川也覲禮加方明於壇上所以依之也是鄭解方明之神明日月山川之等非天帝也若然四方壇神還用圭璋琥璜非天神還用禮玉者尊此明神不與天神同故用之也云刻其木而著之者雖無正文以意言之以其非置於坐以禮神於上下猶

南北為順刻木於四方亦順不刻亦安於中則不可故知義然也上介皆奉其君之旂置于宮尚左公侯伯子男皆就其旂而立置於宮者建之豫為其君見王之位也諸公中階之前北面東上諸侯東階之東西面北上諸伯西階之西東面北上諸子門東北面東上諸男門西北面東上尚左者建旂公東上侯先伯伯先子子先男而位皆上東方也諸侯入壝門或左或右各就其旂而立王降階南鄉見之三揖土揖庶姓時揖異姓天揖同姓見揖位乃定古文尚作上

䟽注置於至作上○釋曰云上介皆奉其君之旂置于宮尚左者此雖不言前期鄭云豫為其君見王之位也則亦前期一日可也公侯就旂據臨朝之時也此旂鄭雖不辯鄭注夏官中夏辨號名此表朝位之旂與銘旌及在軍徽識同皆以尺易刃小而為之也云中階之前已下皆朝事儀明堂位文以朝事儀論會同之事明堂位周公朝諸侯于明堂不在宗廟皆與此同故鄭依之也言上者皆以近三為上云尚左者建旂公東上侯先伯伯先子子先男而位皆上東方者以其侯伯別階相對子男雖

寓門亦相對皆以東為上故云侯先伯子男也云諸侯入壝門或左或右各就其旂而立者案下注云諸侯初入門王官之伯帥之則此云諸侯入壝門或左或右者是二伯、初帥之各依左右若康王之誥云大保帥西方諸侯入應門左畢公帥東方諸侯入應門右皆北面此雖無應門亦二伯帥諸侯初入宮門或左或右亦皆北面立定乃始各就其旂而立王乃揖南面見之而揖必知王有降揖之事者燕禮大射公降揖羣臣使定位故知王亦然又知王土揖庶之等者此是司儀職王在壇揖諸侯之事彼與此同姓鄭彼注云土揖推手小下之也時揖平推手也天揖推手小舉之以推手曰揖引手曰揖故為此解也若然覲禮天子不下堂而見諸侯今王降者以在壇會同相見與覲異故也以其覲禮廟門設儐此則堂壇門設擯是以雖繼覲[illegible]位之下觀禮無降揖法此與諸侯對面相見故有降揖之事

四傳擯

王既揖五者升壇設擯升諸侯以會同之禮其奠瑞玉及享幣公拜於上等侯伯於中等子男於下等擯者每延之升堂致命王受玉撫玉降拜於下等及請事勞皆如覲禮是以記之覲云四傳擯者每一位畢擯者

以告乃更陳列而升其次公也侯也伯也各一位子
男俠門而俱東上亦一位也至庭乃設擯則諸侯初
入門王官之伯帥之耳古文傳作傅 疏 注王既至作傅○釋曰知奠瑞玉及享幣公拜於上等侯伯於
中等子男於下等擯者每延之升堂致命王受玉撫
玉降拜於下等者三等拜禮皆同儀職文擯者延之
升堂以下約上覲禮之法云王受玉謂朝時撫玉謂
享時是以同儀三等之下云其將幣亦如之鄭云將
幣享也又云及請事勞皆如覲禮者請事謂上文侯
氏奠圭擯者請侯氏王欲親受之勞謂侯氏受刑後
王勞之故云皆如覲禮云公也侯也伯也各一位者
以其面位同故各自設擯云子男俠門而俱東上亦
一位也者以其雖隔門相去近又同北面東上故并
位設擯故有四傳擯云至庭乃設擯者對上覲禮
門外設擯案此上經諸侯各就其旂而立乃云四傳
擯則在諸侯之北故知至庭乃設擯云則諸侯初入
門王官之伯帥之耳者約顧命而知之

天子乘龍載大旂象日月升龍降龍出拜日於東門之外反祀方明此謂會同以春者也馬八尺以

上爲龍大旂入常也王建大常縿首畫日月其下及旒交畫升龍降龍朝事儀曰天子冕而執鎮圭尺有二寸繅藉尺有二寸搢大圭乘大路建大常十有二旒樊纓十有二就貳車十有二乘帥諸侯而朝日於東郊所以教尊尊也退而朝諸侯由此二者言之已祀方明乃以會同之禮見諸侯也凡會同者不協而盟司盟職曰凡邦國有疑會同則掌其盟約之載書及其禮儀北面詔明神既盟則藏之言北面詔明神則明神有象也象者其方明乎及盟時又加於壇上乃以載辭告焉詛祝掌其祝號

疏注此謂至祝號〇釋曰自此盡西門外論將見諸侯先禮日月山川之事云此謂會同以春者也者案下文於南門北門西門之外禮日月四瀆會同以夏秋冬此云拜日於東門之外故知會同以春者也云馬八尺以上爲龍者是周禮庾人職文案彼云馬八尺以上爲龍七尺以上爲騋六尺以上爲馬五尺以上爲駒云大旂大常也者案周禮司常云日月爲常交龍爲旂則旂與常別此既象日月則是大常而云大旂者九旂各有定稱亦有通名故桓二年臧哀伯云三辰旂旗服氏注云九旂之總名故大常亦謂之大旂是以諸侯建

交龍爲旂亦謂之常大行人云五等諸儀亦曰建常
九斿亦是通稱也云王建大常縿首畫日月其下及
旒交畫升龍降龍知義然者以其先言日月後言龍
故知縿首畫日月依爾雅說旌旗云正幅爲縿長尋
曰旐謂旌旗身也其下屬旒乃畫日月交龍案左傳
云三辰旂旗服注云三辰謂日月星孔君尚書傳亦
云畫日月星於衣服旌旗鄭注司服亦云王者相變
至周而以日月星辰畫於旌旗所謂三辰旂旗昭其
明也若然大常當有星所以司常及此直云日月不
云星者既言三辰則日月星俱有周禮司常不言星
者司常九旂皆以二字爲名故畧不言星象文大常
之上又有交龍則諸侯交龍爲旂無日月並之大常
非直有日月兼有交龍司常不言交龍亦是於文畧
引朝事儀以下至朝諸侯此亦同法故引之證此拜
日於東門之事云天子冕而執鎮圭者案玉藻天子
玄冕拜日於東門之外則知此亦玄冕也搢大圭者
則周禮玉人職大圭長三尺杼上終葵首是也云乘
大路者則周禮玉路也以周之玉路因殷之大路飾
之以玉故猶以大路爲名云樊纓十有二就者案巾
車鄭注云樊馬大帶纓馬鞅就成也以五采罽飾之

一帀爲一成樊與纓各飾爲十二帀十二就也云貳車十有二乘者案周禮大行人云上公貳車九乘侯伯七乘子男五乘而天子十二以爲節故十二乘貳車者飾皆與正路同常亦飾之以王使人乘之少儀云乘貳車則式佐車則否是也云帥諸侯朝日於東郊者朝日即拜日一也以其朝朝必有拜云所以教尊尊也者天子至尊猶徃朝日是教天子尊敬其所尊者故云教尊尊也云退而朝諸侯者朝日於東郊退就壇使諸侯朝已云由此二者言之已祀方明乃以會同之禮見諸侯也者言一者諸侯朝事儀與此覲禮其朝事儀朝日退及始朝諸侯此覲禮如方明於壇上公侯伯子男就其旂而立王乃四傳擯見之是已祀方明乃始見諸侯二者同故云由此二者言之若然朝事儀直有朝日禮畢退見諸侯此覲禮祀方明禮畢乃朝諸侯不同者以其邦國有疑則有明事朝日既畢乃祀方明於壇祀方明禮畢退去方明於下天子乃升壇與諸侯相見朝禮既畢乃更加方明於壇與諸侯行盟誓之禮若邦國無疑王帥諸侯不言祀方明之事鄭云已祀方明者據此覲禮上下有盟誓而言一此天子乘龍及下文禮日之等若有盟

誓受當在宮方三百步之上今退文在下者欲見盟誓非常尋常無盟誓之事直朝日而已故也云凡會同者不協而盟者左氏傳云有事而會不協而盟引此者解此經反祀方明之意友祀方明者爲不協而盟故也故引司盟證之云既盟則藏之者盟誓既訖寫此盟辭頒之於六官司盟之官覆寫一通自藏擬後覆驗云言北面詔盟神不言方明此文直言方明不言明神鄭欲合爲一事故云言北面詔明神則明神有形象可告以其方明有四方四色是其象無正文以義約爲一事故言乎以疑之云又盟時又加於壇上乃以載辭告焉者對前祀方明加於壇上祀詁退而乃朝諸侯訖又加於壇上以載辭告之云詛祝掌其祝號者案春官祀職云掌盟詛類造攻說禬禜之祝號注云八者之辭皆所以告神明也盟詛主要誓大事曰盟小事曰詛又云作盟詛之載辭以叙邦國之信是也

禮日於南門外禮月與四瀆於北門外禮山川丘陵於西門外此謂會同以夏冬秋者也變拜言禮者客祀也禮月於北郊者月太陰之精以爲地神也盟神必云日月山川焉者尚著

明也詩曰謂予不信有如皦日春秋傳曰縱子忘之山川神祇其忘諸乎此皆用明神爲信也【疏】注此謂至信也○釋曰知此謂會同夏秋冬者以經禮日之等各於其門外上經禮日於東門之外已是春會同明知此是夏秋冬也既所禮各於外爲壇亦各合於其方是以司儀云將合諸侯則令爲壇三成宮旁一門鄭注云天子春率諸侯拜日於東方則爲壇於國東夏禮日於南郊則爲壇於國南秋禮山川丘陵於西郊則爲壇於國西冬禮月四瀆於北郊則爲壇於國北云變拜言禮者容祀也者言拜無祀祀則兼拜上經云拜日無盟誓不加方明於壇直拜日教尊尊而已此經三時皆言禮見有盟誓之事加方明於壇則有祀日與四瀆及山川之事故言禮是以或言拜或言禮云禮月於北郊者月太陰之精以爲地神也者鄭據經三等先北後西不以次第以其祭地於北郊祭月四瀆亦於北郊與地同但日者太陽之精故於東郊南郊於陽方而禮之以月是地神四瀆與山陵俱是地祇以山陵出見爲微陰故配西方四瀆爲極陰故月同配北方又以月尊故先言之而又祭於北郊也云盟神必云日月山川焉者爲其著明也

者以山川是著見日月是其明故同爲明神也引詩者日明詩人以爲明證引春秋者定元年二月孟懿子會城成周宋仲幾不受功即云士彌牟曰晉之從政者新子姑受功歸吾視諸故府仲幾曰縱子忘之山川鬼神其忘諸乎引之者山川神爲盟神義也不言月者諸文無以月爲明神之事故不引據此覲禮言方以月明爲盟神可知

祭天燔柴祭山丘陵升祭川沈祭地瘞

升沈必就祭者也就祭則是謂王巡守及諸侯之盟祭也其盟揭其著明者燔柴升沈瘞祭禮終矣備矣郊特牲曰郊之祭也迎長日之至也大報天而主日也宗伯職曰以實柴祀日月星辰則燔柴祭天謂祭日也柴爲祭日則祭地瘞者祭月也日月而云天地靈之也王制曰王巡守至于岱宗柴是王巡守之盟其神主日也春秋傳曰晉文公爲踐土之盟而傳云山川之神是諸侯之盟其神主山川也月者太陰之精上爲天使臣道莫貴焉是王官之伯會諸侯而盟其神主月與古文瘞作殪○偈芏盡反

疏

注升沈至作殪○釋曰上論天子在國行會同之禮於國之四郊拜禮於日月山川之神以爲盟主已備

於上今更言祭日月山川者據天子巡守於四岳各
隨方向祭之以爲盟主故重見此文云升沈必就祭
者也者對上經山川丘陵但於四郊望祭之故不言
升沈之事此經言升沈必是就山川丘陵故言升沈
案爾雅云祭山曰庪縣祭川曰浮沈不言升此出丘
陵云升者升即庪縣也此祭川直言沈不言浮者以
牲體或沈或浮不言浮亦又畧也云就祭則是謂王
巡守及諸侯之盟祭也者此經主爲天子春東郊夏
南郊皆禮日即此經祭天燔柴也秋西郊即此經祭
山丘陵升是也冬北郊即此經祭川沈祭地瘞也以
其川即四瀆也鄭兼言諸侯之盟者以其諸侯自盟
亦祭山川爲神主故兼言之此經兼有王官之伯以
月爲神主不言者無正文故不言也云其盟揭其著
明者亦如上釋以日月爲明山川爲著也云燔柴升
沈瘞祭禮終矣者案周禮禋祀實柴槱燎是歆神始禮
末終而言禮終者以其祭禮有三始樂爲下神始禮
柴爲歆神始牲體爲饌始燔柴是樂爲下神之神
是下神之禮終故云禮終案爾雅祭天曰燔柴祭地
曰瘞埋柴與瘞相對則瘞埋亦是歆神若然則升沈
在柴瘞之間則升沈亦是歆神之節皆據樂爲下神

之後而爲祭禮終矣或可周禮此三者爲歆神至祭
祀之後更有此柴瘞升沈之事若今時祭祀訖始有
柴瘞之事者也引郊特牲者案易緯二王之郊一用
夏正春分以後始日長於建寅之月郊天云迎長日
之至者預迎之又云大報天而主日也者鄭拔云大
猶徧謂郊天之時祭尊可以及卑日月以下皆祭以
日爲主又云大宗伯職曰以實柴祀日月星辰者此
所引不取月與星辰之義直取日而已與此經燔祭此
文同鄭引此諸文者欲證此經祭天燔柴是祭日非
正祭天神以其日亦是天神故以祭天言之是以鄭
云則燔柴祭天謂祭日也又云柴爲祭日則祭地瘞
者祭月也者以其前文天子社國祀日月燔祭旣是
日祭地是月可知亦非正地神也云日月而云天地
靈之者以其尊之欲爲方明之主故變日月而云天
地是神靈之也云王制曰王巡守至於岱宗柴是王
巡守之盟其神主日也者案彼注以爲告至案祀典
歲二月東巡守至於岱宗柴注爲考績燔燎柴此又
爲祭日柴不同者但巡守至岱宗之下有此三種之
柴告至訖別有考績皆正祭之神別有祭日以爲方
明之主尚書與王制并此文唯有柴之文故注不同

互見爲義明皆有是以此引王制之柴以爲祭日引春秋者僖八二十八年晉文公敗楚於城濮爲踐土之盟傳云山川之神引之證諸侯之盟用山川爲主此不言宋仲幾者所引之言皆是諸侯之事云月者太陰之精上爲天使臣道莫貴焉者鄭注周禮九嬪職引孔子云日者天之明月者地之理陰契制故月上屬爲天使婦從夫放月紀此二處俱是緯文鄭言此者證王官之伯臣中最尊奉王使出與諸侯盟其神主月以其無正文故言與以疑之鄉來所解諸侯以山川爲主王官之伯以月爲主案襄十一年左傳云秋七月諸侯同盟於亳云司愼司盟名山名川彼非直有山川兼有二司則此所云日月山川者兼有此二司可知又王官之伯非直奉王使出會諸侯而盟者受弓矢之賜得專征伐亦與諸侯爲盟記

几俟于東箱王即席乃設之也東箱東夾之前相翔待事之處【疏】注王即至之處○釋曰云王即席乃設之也者案公食大夫記宰夫筵出自東房則此天子禮凡筵亦在東房其席先設其几且俟于東箱待王即席乃設之謂若聘禮賓即席乃撿几若然公食大夫宰夫設筵加席几同特預設者

公親設湆可以罯几故以几與席同時設之若爲神几筵亦同時而設故聘禮几筵設擯者出請命乃孛諸案夾之前者案上文覲在文王廟中案鄭周禮注宗廟路寢制如明堂明堂有王室四堂無箱夾則宗廟亦無箱夾之制此有東夾者謂周公制禮據東都乃有堂此文王廟仍依諸侯之制是以有東夾室若然樂記注云文王廟爲明堂制者彼本無制字直云文王廟爲明堂大相翔待事之處者翔謂翔翔無事故公食賓將食辭於公親臨己食公揖退於箱以俟賓食是相翔待事之處也

偏駕不入王門

左旁與己同曰偏同姓金輅異姓象輅四衛革輅蕃國木輅駕之與王同謂之偏駕不入王門乘墨車以朝是也偏駕之車舍之於館與

【疏】注左旁至館與○釋曰云左旁與已同曰偏者依周禮巾車掌王五輅玉輅以祀不賜諸侯金輅以賓同姓以封象輅以朝異姓以封革輅以即戎以封四衛木輅以田以封蕃國此五輅者天子所乘爲正四路者諸侯乘之爲偏凡據諸侯在旁與王同爲偏云不入王門乘墨車以朝是也者據上文而言云偏駕之車舍之於館與者謂偏駕既云不入王門又云乘墨車而至門外

諸侯各停於館明舍在館無正文故言與以疑之

奠圭于繅上謂釋於地也

疏釋曰此解侯氏入門在奠圭釋於地時當以繅藉承之乃釋於地此繅謂以帛衣木版朱白蒼與朱綠畫之者非謂絢組尺爲繫者彼所以繫玉使固者也

儀禮注疏卷第十一　漢鄭玄注　唐賈公彥疏

後學廬陵陳鳳梧編校

喪服第十一　子夏傳　鄭目錄云天子以下死而相喪衣服年月親疏隆殺之禮不忍言死而言喪喪者棄亡之辭若全存居於彼焉已亡之耳大戴第十七小戴第九劉向別錄第十一

疏釋曰案禮器云經禮三百曲禮三千鄭云經禮謂周禮也曲猶事也事禮謂今禮也禮篇多亡大數未聞其中事儀三千若然未亡之時有天子諸侯卿大夫士之喪服其篇各別今皆亡唯士喪禮在若然據喪服一篇總包天子以下服制之事故鄭目錄云天子以下相喪衣服親疏之禮喪服之制成服之後宜在士喪始死之下今在士喪之上者以喪服總包尊卑上下不專據士故在士喪之上是以喪服爲第十一喪服所陳其理深大今之所釋且以士章明之第一明黃帝之時朴畧尚質行心喪之禮終身不變第二明唐虞之日淳朴漸虧雖行心喪更以三年爲限第三明三王以降澆僞漸起故制喪服以表

哀情第四明既有喪服須明喪服二字第五明喪服章次以精麤爲序第六明作傳之人并爲傳之意第七明鄭玄之注經傳兩解之異一明黄帝之時朴畧尚質行心喪之禮終身不變者案禮運云昔者先王未有宫室食鳥獸之肉衣其羽皮此乃伏羲之時也又曰後聖有作治其絲麻以爲布帛養生送死以事鬼神此謂黄帝之時也又案易繫辭云古之葬者厚衣之以薪葬之於野不封不樹喪期無數在黄帝九事章中亦據黄帝之日言喪期無數是其心喪終身者也第二明唐虞之日淳朴漸虧雖行心喪更以三年爲限者案禮記三年問云將由夫患邪淫之人與則彼朝死而夕忘之然而從之則是曾鳥獸之不若也夫焉能相與羣居而不亂乎將由夫脩飾之君子與則三年之喪二十五月而畢若駟之過隙然而遂之則是無窮也故先王焉爲之立中制節壹使足以成文理則釋之矣然則何以至期也曰至親以期斷是何也曰天地則已易矣四時則已變矣其在天地之中者莫不更始焉以是象之也鄭注云法此變易可以期也又云然則何以三年也注云言法此變易可以期何以乃三年爲又云曰加隆焉爾也焉使倍

之故再期也注云言於父母加隆其恩使倍期也據此而言則聖人初欲爲父母期加隆焉故爲父母三年必加隆至三年者孔子答宰我云子生三年然後免於父母之懷是以子爲之三年報之三年問又云三年之喪人道之至文者也夫是之謂至隆是百王之所同古今之所壹也未有知其所由來者也注云不知其所從來喻此三年之喪前世行之久矣旣云喻前世行之久則三年之喪實知其所從來但喻久爾故虞書云二十八載帝乃殂落百姓如喪考妣三載四海遏密八音是心喪三年未有服制之明驗也第三明三王已降澆僞漸起故制喪服以表哀情者案郊特牲云大古冠布齊則緇之鄭注云唐虞已上曰大古又曰冠而敝之可也注云此重古而冠之耳三代改制齊冠不復用也以白布冠質以爲喪冠也據此而言唐虞已上吉凶同服惟有白布衣則白布冠而已故鄭注云白布冠爲喪冠又案三王以來以唐虞白布冠爲喪冠又案喪服記云凡衰外削幅裳內削幅注云大古冠布衣布先知爲上外殺其幅以便體也後知爲下內殺其幅稍有飾也後世聖人易之以此爲喪服據此喪服記與郊特牲兩注而言則

鄭云後世聖人夏禹也是三王用唐虞白布冠白布衣爲喪服矣第四明既有喪服須明喪服二字者案鄭目録云不忍言死而言喪喪者棄亡之辭若全存於彼焉已棄亡之耳又案曲禮云天子曰崩諸侯曰薨大夫曰卒士曰不禄庶人曰死爾雅曰崩薨卒不禄皆訓死也是士以上爲義稱庶人言死得其總名鄭注曲禮云死之言澌精神澌盡又案檀弓孔子云喪欲速貧春秋左氏傳魯昭公出居乾侯齊侯唁公於野井公曰喪人其何稱是喪棄亡之辭棄於此存於彼是孝子不忍言父母精神盡澌雖棄於此猶存於彼以此鄭義言之其喪字去聲讀之人或以平聲讀之者雖不同義亦通也死者既喪生人爲制服服之者但貌以表心服以表貌故禮記間傳云斬衰何以服苴苴惡貌也所以首其内見諸外斬衰貌若苴齊衰貌若枲大功貌若止小功緦麻容貌可也下又云斬衰三升三升半齊衰四升以下見其孝子喪親以衣服表心但吉服所以表德凶服所以表哀德有高下章有升降哀有淺深布有精麤不同者也第五明喪服章次以精麤爲敘者案喪服上下十有一章從斬至緦麻升數有異異者斬有二義不同爲父以

三升爲正爲君以三[illegible]冠同六升以三年[illegible]衰惟有正服四升冠七升繼母慈母雖是義以配[illegible]父故與因母同是以畧爲節有正而已杖期齊衰有正而已父在爲母與爲妻同正服齊衰五升冠八升不杖齊衰期章有正有義二等正則五升冠八升義則六升冠九升齊衰三月章皆義服齊衰六升冠九升曾祖父母計是正服但正服合以小功以尊其祖不服小功而服齊衰非本服故同義服也殤大功有降有義爲夫之昆弟之子長殤是義其餘皆降服也降服衰七升冠十升義服衰九升冠十一升大功章有降有正有義姑姊妹出適之等是降婦人爲夫之族類爲義自餘皆正衰冠如上釋也總衰唯有義服四升半皆冠七升而已以諸侯大夫爲天子皆同義服也殤小功有降有義婦人爲夫之族類是義因祭皆降服降則衰冠同十升義則衰冠同十二升小功亦有降有正有義如前釋緦麻亦有降有正有義皆如上陳但衰冠同十五升抽去半而已也自斬以下至緦麻皆以升數升數少者在前升數多者在後要不得以此升數爲殺者一則正義及降升數不得同在一章又總衰四升半在大功之下小功之上鄭下

注云在小功之上者欲審著續之精麤若然喪服章次雖以升數多少爲前後要取續之精麤爲次第也第六明作傳之人又明作傳之義傳曰者不知是誰人所作人皆云孔子弟子卜商字子夏所爲案公羊傳是公羊高所爲公羊高是子夏弟子今案公羊傳有云者何何以曷爲孰謂之等今此傳亦云者何何以孰爲曷爲等之問師徒相習語勢相連以弟子却本前師此傳得爲子夏所作是以師師相傳蓋不虛尒其傳内更云傳者是子夏引他舊傳以証已意儀禮見在一十七篇餘不爲傳獨爲喪服作傳者但喪服一篇摠包天子以下五服差降精麤變除之數既繁出入正殯交互恐讀者不能悉辭其義是以特爲傳辭第七明鄭玄之注經傳兩解之云鄭氏者北海郡高密縣人姓鄭名玄字康成漢僕射鄭宗八世孫也後漢徵爲大司農而不就年七十四卒於家云注者注義於經傳之下辨其義意若傳不釋經者則注在傳上以釋經若傳難明者則在傳下以釋傳又在傳下注皆須題云玄謂以別傳若在傳上注者不須題玄義可知或云注或云傳出注述之者意耳或有解云前漢以前云傳後漢以後云注若然王弼王肅

之等後漢之人云傳此說非也

喪服○斬衰裳苴絰杖絞帶冠繩纓菅屨者衰七回反苴七餘反絰大結反絞户交反一如字菅古顏反屨九具反○者者明為下出也凡服上曰衰下曰裳麻在首在要皆曰絰絰之言實也明孝子有忠實之心首絰象緇布冠之缺項要絰象大帶又有絞帶象革帶齊衰以下用布

疏喪服至屨者○釋曰題此二字於上者與此一篇為總目言斬衰裳者謂斬三升布以為衰裳不言裁割而言斬者取痛甚之意知者案三年問云創鉅者其日久痛甚者其愈遲雜記縣子云三年之喪如斬期之喪如剡謂哀有深淺是斬者痛深之義故云斬也若然斬衰先言斬下疏衰後言齊者以斬衰先斬布後作之故先言斬疏衰先作之後齊之故後云齊斬齊既有先後是以作文有異也云苴絰杖絞帶者一以苴目此三事謂麻苴為首絰要絰又以苴竹為杖又以苴麻為絞帶知此三物皆同苴者以其冠繩纓不得用苴明此三者皆用苴又喪服小記云苴杖竹也記人解此杖是苴竹也又絞

帶與要經象大帶與革帶二者同在要要經既苴明絞帶與要經同用苴可知又喪服四制云苴衰不補則衰裳亦同苴矣云冠繩纓者以六升布爲冠又屈一條繩爲武垂下爲纓冠在首退在帶下者以其衰用布三升冠六升冠既加飾故退在帶下又齊衰冠纓用布則知此繩纓不用苴麻用枲麻故退冠在下更見斬義也云菅屨者謂以菅草爲屨詩云白華菅兮白茅束兮鄭云白華已漚名之爲菅濡韌中用則此菅亦是已漚者也已下諸章並見年月唯此斬章不言三年者以其喪之痛極莫甚於斬故不言年月表創鉅而已是以衰設人功之疏經又言麻之形體至於齊衰已下非直見人功之疏又見經去麻之狀貌舉齊衰云三年明上斬衰三年可知然此以經爲次若此者以先喪而後服故服在喪下又先斬後乃爲衰裳故斬文在衰裳之上經杖絞帶俱蒙於苴故苴又在前經中經有二事仍以首經爲主故經文在上杖者各齊其心故在絞帶之前冠纓雖加於首以其不掌於苴故退文在下屨乃服中之賤者最後爲宜聖人作文倫次然○注者者至用布○釋曰云者者明爲下出也者周公設經上陳其服下列其人此

經所陳服者明爲下人所出故服下出者明臣子爲
君父等所出也案下諸章皆言者鄭上一解餘皆下
釋義皆如此也云凡服上曰衰下曰裳者言凡者鄭
欲兼解五服案下記云裳廣四寸長六寸綴之於心
揔號爲衰非正當心而已也故諸言衰皆與裳相對
至於吊服三者亦謂之爲衰也云麻在首在要皆曰
經知一經而兼二者以子夏傳要右二經但解一經
諸文亦首要並陳故士喪禮云要經小焉故知經
而兼二文也云經之言實也明孝子有忠實之心故
爲制此服焉擅弓云經也者實也明孝子有忠實之
心故爲制此服焉案問喪云斬衰貌若苴齊衰貌若
枲之等皆是心內苴惡貌亦苴惡服亦苴惡是服以
象貌貌以象心是孝子有忠實之心皆服苴麻者
心不苴惡者是中外不相稱無忠實之心者也云首
經象緇布冠之缺項者案士冠禮緇布冠青組纓屬
於缺鄭注云缺讀如有頍者弁之頍緇布冠之無笄
者著頍圍髮際頍項中隅爲四綴以固冠也此所象
無正文但喪服法吉服而爲之吉時有二帶凶時有
二經以要經象大帶明首經象頍項可知以後頍項
爲吉時緇布冠無笄故用頍項以固之今喪之首經

與冠繩纓別材而不相綴今言象之者直取經法象頍項而爲之至於喪冠亦無笄直用六升布爲冠厂條繩爲纓與此全異也云要經象大帶者案玉藻云大夫以下大帶用素天子朱裏終辟以玄黃士則練帶禪下末三尺用緇是大帶之制今此要經下帶明爲帶明象吉時大帶也云又有絞帶象革帶者案玉藻韠之形制云有革帶博二寸吉備二帶亦帶申束衣革帶以佩玉佩及事佩之等今於要經之外別有絞帶明絞帶象革帶可知案士喪禮云苴經大搹要經小焉又云婦人之帶牡麻結本在云婦人亦有苴經但言帶者記其異此齊衰婦人斬衰婦人亦有苴經以此而言則婦人吉時雖云女鬠縰以縰爲帶而無頍項今於喪禮哀痛甚亦有二經與絞帶以備喪禮故此經具陳於上男女俱言於下明男女共有此服也云齊衰以下用布者即下齊衰章云削杖布帶是也若然此經喪服皆依舊名唯衰與經特制別名者案禮記檀弓云有以故興物者鄭云衰經之制以經表孝子忠實之心衰明孝子有哀摧之義故制此二者而異名見其衰痛之甚故也

傳曰斬者何不緝也苴經者麻之

有蕡者也苴絰大搹左本在下去五分一以為帶齊衰之絰斬衰之帶也去五分一以為帶大功之絰齊衰之帶也去五分一以為帶小功之絰大功之帶也去五分一以為帶緦麻之絰小功之帶也去五分一以為帶苴杖竹也削杖桐也杖各齊其心皆下本杖者何爵也無爵而杖者何擔主也非主而杖者何輔病也童子何以不杖不能病也婦人何以不杖亦不能病也緝七入反蕡扶云反搹音革去起呂反擔市齕反○搹手曰搹搹扼也中人之扼圍九寸以五分一為殺者象五服之數也爵謂天子諸侯卿大夫士也無爵謂庶人也擔猶假也無爵者假之以杖尊其為主也非主謂衆子也絞帶者繩帶也冠繩纓條屬右縫冠

六升外畢鍛而勿灰衰三升菅屨者菅菲也外納屬音燭衆並如字升鄭音登登成也縪扶弗反鍛丁亂反○屬猶著也通屈一條繩爲武垂下爲纓著之冠也布八十縷爲升升字當爲登登成也今之禮皆以登爲升俗誤已行久矣雜記曰喪冠條屬以別吉凶三年之練冠亦條屬右縫小功以下左縫外畢者冠前後屈而出縫於武也居倚廬寢苫枕塊哭晝夜無時歠粥朝一溢米夕一溢米寢不脫絰帶既虞翦屏柱楣寢有席疏食水飲朝一哭夕一哭而已既練舍外寢始食菜果飯素食哭無時倚於綺反廬力居反苫失占反枕之鴆反塊苦對反本亦作凷說文云堛俗由字歠昌悅反粥之六反劉音育溢如字王肅劉逵皆云滿手曰溢與鄭異柱丁主反楣亡悲反疏食音嗣○二十兩曰溢爲米一升二十四分升之一楣謂之梁柱楣所謂梁闇疏猶麤也舍外寢於中門之外屋下壘墼爲之不塗塈所謂堊室也素猶故

也謂復平生時食也斬衰不書受月者天子諸侯卿大夫士虞卒哭異數○闇烏南反壘力委反又力水反墼古狄反劉薄力反甓劉某歷反【疏】傳曰至無時○釋曰云斬者何問辭以執所不知故云者何云不緝也者荅辭此對下疏衰裳齊齊是緝此則不緝也云苴絰者麻之有蕡者也案爾雅釋草云蕡枲實孫氏注云蕡麻子也以色言之謂之苴以實言之謂之蕡下言牡者對蕡爲名言枲者對苴爲稱也是以云斬衰貌若苴齊衰貌若枲也若然枲是雄麻蕡是子麻爾雅云蕡枲實者舉類而言若圓曰簞方曰笥鄭注論語云簞笥亦舉其類也下傳云牡麻枲麻也不連言絰此苴連言絰者欲見苴絰別於苴杖故下傳别云苴杖後傳牡麻不連言絰此苴連言絰者彼無他物之嫌獨有絰故不須連言絰也云苴絰大搹左本在下者士喪禮文與此同彼此皆云苴絰大搹連言苴者但絰連言苴絰絰中有此二言絰大搹先據首絰而言也雷氏以搹搤不言寸數則各從其人大小爲搤非鄭義據鄭注無問人之大小皆以九寸圍之爲正若中人之跡尺二寸也云左本在下者本謂麻根案士喪禮鄭注云下本在左重服統於內而

本陽也以其父是陽左亦陽言下是内故云重服統於内以言痛從心内發故也此對爲母右本在上輕服統於外而本陰也云去五分一以爲帶者以其首絰圍九寸取五寸去一寸得四寸餘四寸寸爲五分總二十分去四分餘十六分取十五分五分爲寸一爲三十漆前四寸爲七寸并一分總七寸五分寸之一也云齊衰之經斬衰之帶也者以其大小同故疊而同之也云去五分一以爲帶者謂七寸五分寸之一也中五分去一爲齊衰之帶今計之以七寸中取五寸去一寸得四寸餘一寸寸分爲二十五分二寸合爲五卜分餘一分者又破爲五分漆前爲五十五分亦五分去一總云一十一分餘四十四分在又二十五分爲十一寸餘十九分在齊衰之帶總五寸二十五分寸之十九也云大功之經齊衰之帶也夫五分一以爲帶者就五寸中去一寸得四寸前二十五分破寸今大功百二十五分破寸則以十九分者各分破爲五分十九分總破爲九十五與百二十五分破寸相當就九十五分中五分去一去十九餘七十六則大功之經五寸二十五分寸之十九帶則四寸百二十五分寸之七十六又云小功之絰大功之帶也去

五分一以爲帶者又就四寸百二十五分寸之七十
六中五分去一前百二十五分破寸今亦四倍加之
以六百二十五分破寸然後五分去一爲小功帶又
云緦麻之絰小功之帶去五分一以爲帶則亦四倍
如之前六百二十五分破寸今則三千一百二十五
分破寸五分去一取四以爲緦麻之帶絰帶之等皆
以五分破寸既有成法何假盡言然斬衰有二齊衰
有四大功小功成人與殤各有二等緦麻殤與成人
章又不别若使絰帶各依升數則參差難等是以子
夏則傳五服各爲一節計之似周禮掌客云羣介行
人宰史各以爵等爲宰禮之數鄭云以命數則參差
難等略於臣用爵而已此經亦然也士喪禮云苴絰
大鬲下本在左要絰小焉鄭注云絰帶之差自此出
焉謂子夏言絰帶之差出於士喪之經故鄭指而言
之也但斬衰之絰圍九十者首是陽故欲取陽數極
於九自齊衰以下自取降殺之義無所法象也云苴
杖竹也削杖桐也者傳意見經唯云苴杖不出杖體
所用故言苴杖者竹也下章直云削杖亦不辨木名
故因釋之云削杖者桐也若然經言苴杖因釋削杖
唯上下二章不通於下是以兼釋之至於絰帶五服

自明故不無釋然爲父所以杖竹者父者子之天竹圓亦象天竹又外内有節象子爲父亦有外内之痛又竹能貫四時而不變子之爲父哀痛亦經寒溫而不改故用竹也爲母桐杖者欲取桐之言同内心同之於父外無節象家無二尊屈於父爲之齊衰經時而有變又案變除削之使方者取母象於地故也此雖不言杖之麤細案喪服小記云經殺五分而去一杖大如經鄭注云如要經也鄭云如要經者以其先云經五分爲殺爲要經其下即云杖大如經明如要經也如要經者以杖從心已下與要經同處故如要經也云杖各齊其心者杖所以扶病病從心起故杖之高下以心爲斷也云皆本者本根也案士喪禮下本注云順其性也云杖者何爵也者自此以下有五問五荅皆爲杖起文云者何者亦是執所不知以其吉時五十以後乃杖所以扶老今爲父母之喪有杖有不杖不知故執而問之云爵以爵荅之以其有爵之人必有德有德則能爲父母致病深故許其以杖扶病云無爵而杖者何問辭也庶人無爵何亦得杖云擔主也者荅辭也以其雖無爵無德然以適子故假取有爵之杖爲喪主拜賓送賓成喪主之義也

云非主而杖者何問辭也云輔病也者答辭也鄭云謂衆子踐非爲主子爲父母致病是同亦爲輔病也云童子何以不杖者案此子夏之問辭有不同或云者何或云何以或云何如或云孰後或云孰謂或云何大夫或云曷爲有此七者答有義意凡言者何皆謂孰所不知故隱元年公羊傳云元年者何何休云諸据疑問所不知故曰者何即問杖者何是也據何以者皆據彼所決即下云父爲長子何以二年據期章爲衆子期適庶皆子長子獨三年是據彼決此也此即公羊傳云何以不言即位何休云據文公言即位隱不稱即位是也云何如者問此類之辭下傳云何爲而可爲人後者同宗則可爲人後是其問此類也云孰後者不問比類依不杖章子夏傳云孰後後大宗禮後有大宗小宗故問誰爲後云孰謂者亦是問比類但舊君有二等一是待放之臣二是致仕之臣俱爲舊君是以齊衰三月章云舊君傳曰爲舊君者孰謂也仕焉而已者也由其有二等故問比類也即公羊傳云王者孰謂謂文王是也云何大夫者亦是據彼決此即齊衰三月章云爲大夫舊君傳曰何大夫之謂乎言其以道去君而猶未絕也由其大

夫有致仕者有待放者不同故與可大夫之問也云曷為者亦是據彼決此故不杖章云大夫曷為不降命婦也云謂據大夫於姑姊妹出嫁宜降不降者舉曷為之問也今云童子何以不杖問辭也不能病也荅辭也此庶童子非直不杖以其未冠首加免而已故問喪云免者以何為也曰不冠者之所服也言何以者據當室童子及成人皆杖唯此庶童子不杖故云何以決之也知當室童子杖者案問喪云禮曰童子不緦惟當室緦者其免也當室則免而杖矣謂適子也案雜記云童子哭不偯不踊不杖不菲不廬注云未成人者不能備禮也此獨云不杖餘不言者此上下皆釋杖故不言杖不云餘者其實皆無直有衰裳經帶而已又云婦人何以不杖亦不能病也者此蓋亦謂童子婦人若成人婦人正杖知者此喪服上陳其服下陳其人喪服之下男子婦人俱列男子婦人同有苴杖又喪大記云三日子夫人杖五日大夫世婦杖諸經皆有婦人杖文故知成人婦人正杖也明此童子婦人案喪服小記云女子子在室為父母其主喪者不杖則子一人杖鄭注云女子子在室亦童子也無男昆弟使同姓為攝主不杖則子一人杖謂

長女也許嫁及二十而笄笄爲成人正杖也是其童
女爲喪主則亦杖矣若然童子得稱婦人者案小功
章云爲姪庶孫丈夫婦人之長殤是未成人稱婦人
也雷氏以爲此喪服妻爲夫妾爲君女子子在室爲
婦女子子嫁及在父之室爲父三年如傳所云婦人
者皆不杖喪服小記婦人不爲主而杖者唯著此一
條明其餘不爲主者皆不杖此說非何者此四等婦
人皆在杖科之內何得不杖又禮記諸文說婦人杖
者甚衆何言無杖也云絞帶者繩帶也者以絞麻爲
繩作帶故云絞帶也王肅以爲絞帶如要絰焉鄭不
言當依王義雷氏以爲絞帶在要絰之下言之則要
絰五分去一爲帶但首絰象頍頭之布又在首要絰
象大帶用緇又在要故須五分去一以爲帶今絞帶
象革帶帶與要絰同在要一則無上下之差二則無麤
細可象而云去要絰五分一爲絞帶失其義也但絰
帶至虞後變麻服葛絞帶虞後雖不言所變案公士
衆臣爲君服布帶又齊衰以下亦布帶則絞帶虞後
變麻服布於義可也云冠繩纓條屬者喪用繩爲纓
屬著也著之冠垂之爲纓也云外畢者前後兩畢之
末而向外攝之也云鍛而勿灰者以冠爲首飾布倍

衰裳而用六升又加以水濯勿用灰而已冠六升勿
灰則七升已上故灰矣故大功章鄭注云大功布者
其鍛治之功麤治之則七升已上皆用灰也云衰三
升者不言裳裳與衰同故舉衰以見裳爲君義服衰
三升半不言者以縷如三升半成布三升故直言三
升舉正以包義也云菅屨者菅菲也者周公時謂之
屨子夏時謂之菲云外納者案士喪禮屨外納鄭注
云納收餘也王謂正向外編之云居倚廬者孝子所
居在門外東壁倚木爲廬故既夕記云居倚廬鄭注
云倚木爲廬在中門外東方北戶又喪大記云凡非
適子者自未葬以於隱者爲廬注云不欲人屬目蓋
廬於東南角若然適子則廬於其北顯處爲之以其
適子當應接弔賓故不於隱者若然此下有臣爲君
則亦居廬案周禮宫正云大喪授廬舍辨其親疏貴
賤之居注云親者貴者居倚廬疏者賤者居堊室又
雜記朝廷卿大夫士居廬都邑之士居堊室見諸侯
之臣爲其君之禮案喪大記云婦人不居廬若然此
經云居倚廬專據男子生文云寢苫枕塊既夕文與
此同彼注云苫編藁塊塯也彼又云不說絰帶鄭注
云哀戚不在於安苦然在中門外者來觀之在外寢

九七二

苫者哀親之在草故也此云衰三升枕塊據大夫已
上若士則大夫適子爲士者得行大夫禮若庶子則
枕草衰則縷三升半成布三升雜記所云齊晏平仲
爲其父麤衰斬枕草是也但平仲謙爲父服士服耳
云哭晝夜無時者哭有三無時始死未殯以前哭不
絶聲　無時既殯已後卒哭祭已前阼階之下爲朝
夕哭在廬中思憶則哭二無時既練之後無朝夕哭
唯有廬中或十日或五日思憶則哭三無時也卒哭
之後未練之前唯有朝夕哭是一有時也云歠粥朝
一溢米夕一溢米者孝子遭父母之喪當爲父母致
病故喪大記云水漿不入口三日之後乃始食必三
日許食者聖人制法不以死傷生恐至滅性故禮許
之食雖食猶節之使朝夕各一溢米而已也曾子有
母之喪水漿不入於口者七日失禮之法故子思非
之云先王制禮過之者俯而就之不至者跂而及之
故君子執親之喪水漿不入於口者三日杖而後能
起是禮之常法也云寢不脱絰帶者案雜記孔子云
少連大連善居喪三月不解鄭注云不解倦也又案
既夕文與此同鄭注云哀戚不在於安絰帶在衰裳
之上而云不脱則衰裳在内不脱可知此據未葬前

故文在虞上既虞後寢有席衰絰脫可知也云既虞翦屏柱楣者案王制云天子七月而葬諸侯五月而葬大夫士三月而葬又案士虞禮既葬反日中而虞鄭注士喪三虞虞安也葬時送形而往迎魂而反反哭之時入廟中上堂不見入室又不見乃至適寢之中舊殯之處爲虞祭以安之禮記檀弓云葬日虞不忍一日離也是日也以虞易奠是也依公羊傳云天子九虞諸侯七虞大夫五虞士三虞今傳言既虞謂九虞七虞五虞三虞之後乃改舊廬西鄉開戶翦去戶傍兩廂屏之餘草柱楣者前梁謂之楣楣下兩頭竪柱施梁乃夾戶傍之屏也云寢有席者案間傳云既虞卒哭柱楣翦屏芐翦不納鄭云芐今之蒲苹即此寢有席謂蒲席加於苫上也云疏食水飲者未虞以前朝一溢米夕一溢米而爲粥今既虞之後用麤疏米爲飯而食之明不止朝一溢夕一溢而已當以足爲限云飲水者未虞以前渴亦飲水而在既虞後與疏食同言水飲者恐虞後飲漿酪之等故云飲水而已也云朝一哭夕一哭而已者此當士虞禮卒哭之後彼云卒哭者謂卒去廬中無時之哭唯有朝夕於阼階下有時之哭喪服之中三無時哭外唯此

卒哭之後未練之前一期之間是有時之哭故云而
已言其不足之意云既練舍外寢者謂十三月練
升冠男子除首絰而帶獨存婦人除於帶而絰獨存
又練布為冠著繩纓止舍外寢之中不復居廬也云
始食菜果飯素食者案喪大記祥而食肉閒傳云大
祥有醯醬中月而禫禫而飲醴酒始飲酒者先飲醴
酒始食肉者先食乾肉曲禮云父母之喪有疾飲酒
食肉疾止復初皆為不以死傷生也云哭無時者此
二無時哭中謂練後至卒之中或十日或五日思憶
則哭大記云祥而外無哭者禫而內無哭者皆在哭
無時之限也○注盈手至與數○釋曰云以五分一
為殺者象五服之數也者鄭五服之內外數至多若
絰帶象升數降殺參差難等若五服服為一節則降
殺易明故鄭云象五服之數也云爵謂天子諸侯卿
大夫上也者案白虎通云天子爵號又夏殷之士無
爵周之道爵及命士通大夫自然皆爵也是天子以
下皆曰爵也云屬猶著也通屈一條繩為武垂下為
纓者案禮記云喪冠條屬以別吉凶若然吉冠則纓
武別材凶冠則纓武同材是以鄭云通屈一條繩為
武謂將一條繩從額上約之至項後交過兩廂各至

耳於武緌之各垂於頤下結之云著之冠也者武緌
皆上屬著冠冠六升外畢是也云布八十縷爲升者
此無正文師師相傳言之是以今亦云八十縷謂之
宗宗即占之升也云今之禮皆以登爲升俗誤已行
久矣者案鄭注儀禮之時古今二禮並觀疊古文者
則從經今文若疊今文者則從經古文今此注面云
今之禮皆以登爲升與諸注不同則今古禮皆作升
字俗誤已行久矣也若然論語云新穀既升升亦訓
爲成成今從登不從升者凡織紝之法皆縷縷相登上
乃成繒布登義強於升故從登也引雜記者證縧屬
是喪冠若古冠則纓武異材云三年之練冠亦條屬
者欲見冠條屬以至大祥除衰杖大祥除衰之際朝服
縞冠當纓武異材從古法也云右縫小功以下左縫
者案大戴禮云大功已上唯小功已下顏領然孝子
朝夕哭在阼階之下西面弔賓從外大門北面見之
大功以上哀重其冠三辟積鄉右爲之從陰陰唯唯
然緦小功緦麻哀輕其冠亦三辟積鄉左爲之從陽
弔賓入門北鄉望之顏領然近鄉賓二者皆條屬但
從古從凶不同也云外畢者冠前後屈而出縫於武
也者冠廣二寸落項前後兩頭皆纏武下鄉外出反

屈之縫於武而爲之兩頭縫畢鄉外故云外畢案曲禮云厭冠不入公門鄭注云厭猶伏也喪冠厭伏者是五服同名由在武下出反屈之故得厭伏之名禮檀弓云古者冠縮縫今也衡縫故喪冠之反吉非古也是吉冠則辟積無殺横縫亦兩頭皆在武上鄉內反屈而縫之不得厭伏之名云二十兩曰溢爲米一升二十四分升之一者依算法百二十斤曰石則是一斛若然則十二斤爲一斗取十斤分之升得一斤餘二斤斤爲十六兩二斤爲三十二兩升取三十兩十升升得三兩添前一斤十六兩爲十九兩餘二兩兩爲二十四銖二兩爲四十八銖取四十銖十升升得四銖餘八銖一銖爲十絫八銖爲八十絫十升升得八絫添前則是一升得十九兩四銖八絫於二十兩仍少十九銖二絫則別取一升破爲十九兩四銖八絫分十兩兩爲二十四銖則爲二百四十銖又分九兩兩爲二十四銖則九兩者二百一十六銖升四銖八絫添前四百六十銖八絫總爲二十四分之直取二百四十銖餘二百二十銖八絫在以取二百一十六銖二十四分分得九銖添前分得十九銖有四銖八絫四銖銖爲十絫總爲四十絫通分絫爲四十八

絫二十四分分得二絫是一升爲二十四分分得十
九銖黍前四銖爲二十三銖將二絫黍前八絫則爲
十絫則十絫爲一銖以此一銖黍前二十三銖則爲
二十四銖爲一兩一兩黍十九兩總二十兩曰溢云
楣謂之梁所謂梁闇者所謂書傳[illegible]喪服四制云
高宗諒闇三年鄭注云諒古作梁楣謂之梁闇讀如
鶉鵪之鵪闇謂廬也廬有梁者所謂柱楣也即此柱
楣者也云舍外寢於中門之外屋下壘墼爲之不塗
塈所謂堊室也者今至練後不居倚廬還於廬處爲
屋但天子五門諸侯三門得有中門大夫士唯有夫
門內門兩門而已無中門而云中門外者案士喪禮
及既夕外位唯在寢門外其東壁有廬堊室若然則
以門爲中門據內外皆有哭位其門在外內位中故
爲中門非謂在外門內門之中爲中門也言屋下壘
墼爲之者案壁之所皆本無屋而云屋下爲之者謂
兩下爲屋謂之屋下對廬偏加東壁非兩下謂之廬
也云不塗塈者謂翦屏而已不泥塗塈飾也云所謂
堊室者閒傳云父母之喪既虞翦屏期而小祥居堊
室彼練後居堊室即此外寢故鄭云所謂堊室也云
謂後平生時食也者此食爲飼讀之不得爲食讀之

知者天子已下平常之食皆有牲牢魚腊練後始食菜果未得食肉飲酒何得平常時食明專據米飯而言也以其初據一溢米而言既虞飯蔬食亦米飯也此既練後復平生時食亦據米飯而言以其古者名飯爲食食與公食大夫者同音也云斬衰不書受月者云云凡喪服所以表哀哀有盛時殺時服乃隨哀以降殺故初服麤至葬後練後大祥後漸細加飾是以冠爲受斬衰裳三升冠六升既葬後以其冠爲受衰裳六升冠七升小祥又以其冠爲受衰裳七升冠八升自餘齊衰以下受服之時差降可知然葬後有受服有不受服案下齊衰三月章及殤大功章皆云無受正大功章即云三月受以小功衰即葛九月者今此斬衰章及齊衰章應言受月而不言故鄭君特解之案雜記云天子七月而葬九月而卒哭諸侯五月而葬七月而卒哭大夫三月而葬五月而卒哭士三月而葬是月而卒哭是天子已下虞卒哭異數尊卑皆葬訖反日中而虞天子九虞諸侯七虞大夫五虞虞訖即受服士三虞待卒哭乃受服必然者以其大夫已上卒哭在後月虞在前月以已多是以虞卽受服不得至卒哭士葬月卒哭與虞同月故受服

待辛巳後也今不言受月者喪服總包天子以下若言七月唯據天子若言五月唯據諸侯皆不該上下故周公設經没去受服之文亦見上下俱合故也

父（疏）釋曰周公設經二陳其服下列其人即此文父已下是爲眞人服上之服者也先陳父者此章恩義並設忠臣出孝子之門義由恩出故先言父也又下文諸侯爲天子妻爲夫妾爲君之等皆兼擧著服之人於上乃言所爲之人於下若然此父與君直單擧所爲之人者餘者若直言天子臣皆爲天子故擧諸侯也若直言夫則妾於君體敵亦有夫義妾爲君若直言君與前臣爲君文不殊已外亦有嫌疑故兼擧著服之人子爲父臣爲君二者無嫌疑故單擧所爲之人而已云

傳曰爲父何以斬衰也父至尊也（疏）釋曰傳曰爲父何以斬衰也父至尊也者言何以者問此例以父母恩愛等母則在齊衰父則入於斬比並此例故問何以斬不齊衰答云父至尊者天無二日家無二尊父是一家之尊尊中至尊極故爲之斬也

諸侯爲天子（疏）釋曰此文在父下君上者以下文君中雖言天子兼有諸侯及大夫此天子不兼餘

君卜最尊上故特著文於上也

傳曰天子至尊也疏釋曰不□問而直荅之者義可知故直荅而云天子至尊同於父也

君疏釋曰臣為之服此君內兼有諸侯及大夫故文在天子下鄭注曲禮云臣無君猶無天則君者臣之天故亦同之於父為至尊但義故還著義服也

傳曰君至尊也天子諸侯及卿大夫有地者皆曰君疏注天子至曰君○釋曰卿大夫承天子諸侯則天子諸侯之下有地者卿大夫皆曰君案周禮載師云家邑任稍地小都任縣地大都任疆地是天子卿大夫有地者若魯國季孫氏有費邑叔孫氏有郈邑孟孫氏有郕邑晉國三家亦皆有韓趙魏之邑是諸侯之卿大夫有地者皆曰君以其有地則有臣故也天子不言公與孤諸侯大國亦有孤鄭不言者詩云三事大夫謂三公則大夫中含之也但士無臣雖有地不得君稱故僕隸等為其喪弔服加麻不服斬也

父為長子長丁丈反後長子長殤皆同○不言嫡子通上下也亦言立嫡以長疏父為長子○釋曰君父尊外次長子之重故其父在此○注不言至以長○釋曰言長子通上下則適子之號唯據

大夫士不通天子諸侯若言天子亦不通上下案服
問云君所主夫人妻大子適婦鄭注云言妻見大夫
已下亦爲此三人爲喪主也則大子下及大夫之子
不通士若言世子亦不通上下雖據天子諸侯之子
是以鄭云不言世子通上下非直長子得通上下家
子亦通上下故内則云家子則太牢注云家子猶言
長子通於下也是冢子亦通上下也云亦言立嫡以
長者欲見適妻所生皆名適子第一子死也則取適
妻所生第二長者立之亦名長子若言適子
雖據第一者若云長子通立適以長故也傳曰何
以三年也正體於上又乃將所傳重也庶子不得爲
長子三年不繼祖也此言爲父後者然後爲長子三
年重其當先祖之正體又以其
將代已爲宗廟主也庶子者爲父後者之弟也言庶
者遠別之也小記曰不繼祖與禰此但言祖不言禰
容祖禰【疏】傳曰何至祖也釋曰云何以者亦是問
共廟比例以其俱是子不杖章父爲衆子期此
章長子則爲之三年故發何以之問也不問斬而問
三年者斬重而三年輕長子非極尊故舉輕以問之

輕者尚問明重者可知故舉輕以明重也云正體於
上又乃將所傳重也者此是荅辭也以其父祖適適
相承於上爲己又是適承之於後故云正體於上云
又乃將所傳重者爲宗廟主是有此二事乃得三年
云庶子不得爲長子三年不繼祖也者此明適適相
承故須繼祖乃得爲長子三年也○注此言至共廟
○釋曰云此言爲父後者然後爲長子三年者經云
繼祖只是爲祖後乃得爲長子三年鄭云爲父後者
然後爲長子三年不同者周之道有適子無適孫適
孫猶同庶孫之例要適子死後乃立適孫乃得爲長
子三年是爲父後者然後爲長子三年也云重其當
先祖之正體者解經正體於上又云又以其將代己
爲宗廟主也者釋經傳重也云庶子者爲父後者之
弟也者謂凡得爲父後者是適子其弟則是庶子是
爲父後者之弟不得爲長子三年此鄭據初而言其
實繼父祖身三世長子四世乃得三年也云言庶者
遠別之也者庶子妾子之號適妻所生第二者是衆
子今同名庶子遠別於長子故與妾子同號也云小
記曰不繼祖與禰此但言祖不言禰容祖禰共廟者
案祭法云適士二廟官師一廟鄭注云官師中下之

七祖禰共廟則此容祖禰共廟據官師而言若然小記所云祖禰并言者是適士二廟者也祖禰共言不言禰直言祖舉尊而言也鄭注小記云言不繼祖禰則長子不必五世者鄭前有馬融之等解爲長子五世鄭以義推之已身繼祖與禰通已三世即得爲長子斬長子唯四世不待五世也此微破先師馬融之義也以融是先師故不正言而云不必而已也若然雖承重不得三年有四種一則正體不得傳重謂適子有廢疾不堪主宗廟也二則傳重非正體庶孫爲後是也三則體而不正立庶子爲後是也四則正而不體立適孫爲後是也案喪服小記云適婦不爲舅後者則姑爲之小功鄭注云謂夫有廢疾也故若死而無子不受重者婦既小功不大功則夫死亦不三年期可知也

爲人後者

疏釋曰此後出大宗其情本疏故設文次在長子之下也案喪服小記云繼別爲大宗繼禰爲小宗大宗即下文爲宗子齊衰三月彼云後大宗者則此所後亦後大宗者也

傳曰何以三年也受重者必以尊服服之何如而可爲之後同宗則可爲之

後何如而可以爲人後支子可也爲所後者之祖父母妻妻之父母昆弟昆弟之子若子若子者爲所爲後之親如親子

[疏]釋曰云何以三年[illegible][illegible]生巳父母三年彼不生巳亦爲之三年故發問此例之傳也云受重者必以尊服服之者荅辭也雷氏云此文當云爲人後者爲所後之父闕此五字者以其所後之父或早卒今所後其人不定或後祖父或後曾高祖故闕之見所後不定故也云何如而可爲之後問辭同宗則可爲之後荅辭此問亦問此類以其取後取何人爲之荅以同宗則可爲之後以其大宗子當收聚族人非同宗則不可謂同承別子之後一宗之内若別宗同姓亦不可以其收族故也又云何如而可以爲人後問辭云支子可也荅辭以其他家適子當家自爲小宗小宗當收斂五服之内亦不可闕則適子不得後他故取支子支子則第二已下庶子也不言庶子云支子者若言庶子妾子之稱言謂妾子得後人適妻第二已下子不得後人是以變庶言支支者取支條之義不限妾子而已若然適子不得後人無後亦當有立

後之義也云為所後者之祖父母已下之親至若子謂如死者之親子則死者祖父母則當已曾祖父母齊衰三月也妻謂死者之妻即後人之母也妻之父母昆弟昆弟之子並據死者妻之父母妻之昆弟妻之昆弟之子於後人為外祖父母及舅與內兄弟皆如親子為之著服也若然上經直言為人後不言為父此經直言為所後者之祖父母及妻及死者外親之等不言死者緦麻小功大功及期之骨肉親者子夏作傳舉疏以見親言外以包內骨肉親者如親子可知也

妻為夫傳曰夫至尊

疏釋曰自此已下論婦人服也婦人卑於男子故次之案曲禮云天子曰后諸侯曰夫人大夫曰孺人士曰婦人庶人曰妻今以下皆以義稱士庶人得其總名妻者齊也婦人無爵從夫之爵坐以夫之齒是言妻之尊卑與夫齊者也若然此經云妻為夫者上從天子下至庶人皆同為夫斬衰也傳言夫至尊者雖是體敵齊等夫者猶是妻之尊敬以其在家天父出則天夫又婦人有三從之義在家從父出嫁從夫夫死從子是其男尊女卑之義故云夫至尊同之於君父也

妾為君傳曰君至

尊也妾謂夫為君者不得體之加尊之也雖士亦然疏○釋曰妾賤於妻故次妻後案內則云聘則為妻奔則為妾鄭注云妾之言接聞彼有禮走而往焉以得接見於君子是名妾之義但其並后匹適則國亡家絕之本故深抑之別名為妾也既名為妾故不得名婿為夫故加其尊名名之為君也亦得接於夫又有尊事之稱故亦服斬衰也云君至尊也者既名夫為君故同於人君之至尊也()注妾謂至亦然○釋曰云不得體之加尊之也者以妻得體之得名為夫妾雖接見於夫不得體敵故加尊之而名夫為君是以服斬也云雖士亦然者案孝經士言爭友則屬隸不得為臣則士身不合名君至於妾之尊夫與臣無異是以雖士妾得稱夫為君故云雖士亦然也

女子子在室為父○女子子者子女也別於男子也言在室者關已許嫁疏注女子至許嫁○釋曰自此盡為父三年論女子子為父出及在室之事制服又與男子不同云女子子者子女也別於男子也者男子女子各單稱子是對父母生稱今於子女別加一字故雙言二子以別於男一子者云言在室者關已許嫁者鄭意經直云女

子子爲父得矣而別加在室者關已許嫁關適也已許嫁內則女子十年不出又云十有五年而笄女子子十五許嫁而笄謂女子子年十五笄四德已備許嫁與人即加笄與丈夫二十而冠同死而不殤則同成人矣身既成人亦得爲父服斬也雖許嫁爲成人及嫁要至二十乃嫁與夫家也

布總箭笄

髽衰三年

總子孔反笄音雞髽側瓜反○此妻妾女子子喪服之異於男子者總束髮謂之總者既束其本又總其末箭笄篠也髽露紒也猶男子之括髮斬衰括髮以麻則髽亦用麻也蓋以麻自項而前交於額上卻繞紒如著幓頭焉小記曰男子冠而婦人笄男子免而婦人髽凡服上曰衰下曰裳此但言衰不言裳婦人不殊裳衰如男子衰下如深衣深衣則衰無帶下又無衽○篠素了反紒音計著丁略反幓七消反冠古亂反

疏注此妻至無衽○釋曰上文不言布不言三年至此言之者上以衣極故沒其布名與年月至此須言之故也以其笄既用箭則總不可不言用布又上文經至練有除者此經三者既與男子有殊并終三年乃始除之矣案喪服小記云婦人帶惡笄以終喪彼謂婦人期服者帶與笄

終喪此斬衰帶亦練而除笄亦終三年矣故以三年
言之云此妻妾女子子喪服之異於男子者鄭據經
女子子之下言之者雷氏云服服者本爲至情故在女
上下婦人服斬者而言若然周公作經越妻妾而在
子之下爲文也若然經之體例皆上陳服下陳人此
服之異在下言之者欲見與男子同者如前與男子
異者如後故設文與常不例也以上陳服下陳人則
上服之中亦有女子子今更言女子是言其異者若
然上文列服之中冠繩纓非女子所服此布總笄髽
等亦非男子所服是以爲文以易之也云謂之總者
既束其本又總其末者鄭解此經云布總者只爲出
紒後垂爲飾者而言以其布總六升與男子冠六升
相對故知據出見者而言是以鄭云謂之總者既束
其本又總其末也云箭笄篠也者案尚書禹貢云篠
簜既敷孔云篠竹簜是箭篠爲一也又云髽露紒也
猶男子之括髮者髽有二種案士喪禮曰婦人髽于
室注云始死婦人將斬衰者去笄而纚將齊衰者骨
笄而纚今言髽者亦去笄纚而紒也齊衰以上至笄
猶髽髽之異異於括髮者既去纚而以髮爲大紒如今
婦人露紒其象也其用麻布亦如著幓頭然是婦人

髽之制也二種者一是未成服之髽即士喪禮所云者是也將斬衰者用麻將齊衰者用布二者成服之後露紒之髽即此經注是也云斬衰括髮以麻則髽亦用麻者案喪服小記云斬衰括髮以麻免而以布男子髻髮與免用布有文婦人髽用麻布無文鄭以男子髻髮婦人髽同在小斂之節明用物與制度亦應不殊但男子陽以外物為名名為括髮婦人陰以內物為稱稱為髽為異耳鄭引漢法幓頭況者古之括髮其髽之狀亦如此故鄭注士喪禮云其用麻布亦如著幓頭也引喪服小記者彼男子冠婦人笄相對有二時一者男子二十而冠婦人許嫁而笄吉時相對也一者成服後男子喪冠婦人箭笄喪中相對也今此小記所云參上下文是據喪中冠笄相對而言引之者證經箭笄是與男冠相對之物也云男子免而婦人髽者亦小記之文此免既齊衰以下用布為免則髽是齊衰以下亦同用布為髽相對而言也但男子陽多變斬衰名括髮齊衰以下名免耳婦人陰少變故齊斬婦人同名髽案士喪禮鄭注云眾主人免者齊衰將袒以免代冠免之制未聞舊說以為如冠狀廣一寸亦引小記括髮及漢幓頭為說則括

髮及免與髽三者雖用麻布不同皆如著幓頭不別若然成服以後斬衰至緦麻皆冠如著幓頭婦人皆露紒而髽也云凡服上曰衰下曰裳此但言衰不言裳婦人不殊裳者以其男子殊及裳是以衰綴於衣衣統名爲衰故衰裳並見案周禮内司服王后六服皆單言衣不言裳以連衣裳不別見裳則此裳服亦連裳於衣衰亦綴於衣而名衰故直名衰無裳之別稱也云衰如男子衰者婦人衰亦如下記所云凡衰外削幅以下之制如男子衰也云下如深衣者如深衣六幅破爲十二闊頭鄉下狹頭鄉上縫齊倍要也云深衣則衰無帶下者案下記云衣帶下尺注云衣帶下尺者要也廣尺足以掩裳上際也今此裳既縫著衣不見裏衣故不須要以掩裳上際故知無要也云又無袵者又案下記云袵二尺有五寸注云袵所以掩裳際也彼據男子陽多變故衣裳別制裳又前三幅後四幅開兩邊露裏衣是此須袵屬衣兩旁垂之以掩交際之處此既下如深衣縫之以合前後兩邊不開故不須袵以掩之也案深衣云續袵鉤邊注云續猶屬也袵在裳旁者也屬連之不殊裳前後也鉤邊如今曲裾也彼吉服深衣須有曲裾之袵此婦

人亦服之衰下連裳雖如深衣不得盡如深衣并有袵故鄭總云下無袵則非直無喪服之袵亦無吉服深衣之袵也

傳曰：總六升，長六寸；箭笄長尺，吉笄尺二寸。

長直亮反○總六升者首飾象冠數長六寸謂出紒後所垂爲飾也

疏釋曰云箭笄長尺吉笄尺二寸者此斬之笄用箭下記云女子子適人爲父母婦爲舅姑用惡笄鄭以爲榛木爲笄則檀弓南宮縚之妻之姑之喪云蓋榛以爲笄是也吉時大夫士與妻用象天子諸侯之后夫人用玉爲笄今於喪中唯有此箭笄及榛二者若言寸數亦不過此二等以其斬衰尺吉笄尺二寸檀弓南宮縚之妻爲姑榛以爲笄亦云一尺則大功以下不得更容差降鄭注小記云笄所以卷髮既直同卷髮故五服略爲一節皆用一尺而已是以女子子爲父母既用榛笄卒哭之後折吉笄之首歸於夫家以榛笄之外無可差降故用吉笄也若言總不言吉而笄言之者以其喪中有用吉笄之法故小記無折笄之法當記文故小記折吉笄之首是也○注總六至飾也○釋曰云總六升者首飾象冠數也上云男子冠六升此女子子總用布當男

子羅用布之處故同六升以同首飾故也十五升首許尊故吉服之冕三十升亦倍於朝服十五升也云長六寸謂出紒後所垂爲飾也鄭知者若據其束本入所不見何寸數之有乎故鄭以六寸據垂之者此斬衰六寸南宮縚妻爲姑總八寸以下雖無文大功當與齊同八寸緦麻小功同一尺吉緦當尺二寸與笄同也

子嫁反在父之室爲父三年

謂遭喪後而出者始服齊衰期出而虞則受以三年之喪受既虞而出則小祥亦如之既除喪而出則已凡女行於大夫以上曰嫁行於士庶人曰適人

【疏】子嫁至三年○釋曰不言女子子直云子嫁者上文已云女子子別於男子此承上故不須具言直云子嫁是女子子可知直云反爲父足矣而云反在父之室者以其出時父已死初服齊衰不與在室同既服齊衰後反被出更服斬衰即與在室同故須言在室也言三年者亦有事須言以其初死服朞服死後被出向父家更服斬衰三年與上在室者同言三年也○注謂遭喪至適人○釋曰鄭知喪後被出者若父未死被出自然是在室與上文同何須說此經明是遭喪後被七出者云始服齊衰者以

其遭父喪時未出即不杖期麻屨章云女子子嫁爲父母是也云出而虞則受以三年之喪受者若不被出則虞後以其冠爲受嫁女在室爲父五升衰裳八升緫今未虞而出是出而乃虞虞後受服與在家兄弟同受斬衰斬衰初死三升衰裳六升冠既葬以其冠爲受受衰六升冠七升此被出之女亦受衰裳六升緫七升與在室之女同故云受以三年之喪受也云既虞而出則小祥亦如之者未虞已前未被出至受後受以出嫁之受以八升衰裳九升緫今既虞後乃被出至家又與在室女同至小祥練祭在室之女受衰七升緫八升此被出之女與之同故云既虞而出則小祥亦如之既除喪而出則已者此謂既小祥而出者以其嫁女爲父母朞至小祥已除矣除服後乃被出不復爲父更著服故云既除而出則已也云凡女行於大夫以上曰嫁行於士庶人者曰適人案齊衰三月章云女子子嫁者未嫁者爲曾祖父母傳曰嫁者嫁於大夫未嫁者成人而未嫁者是行於大夫曰嫁不杖章云女子子適人者爲其父母昆弟之爲父後者傳雖不解喪服本文是上故知行於士庶人曰適人庶人謂庶人在官者府史胥徒名曰庶人

至於民庶亦同行士禮以禮終則同之行大夫以上
曰嫁若天子之女嫁於諸侯諸侯之女嫁於大夫出
嫁爲夫斬仍爲父母不降知者以其外宗内宗及與
諸侯爲兄弟者爲君皆斬明知女雖出嫁父爲君不
降若然下傳云婦人不二斬猶曰不二天今若爲夫
斬又爲父斬則是二天與傳違者彼不二天者以婦
人有三從之義無自專之道欲使一心於其天此乃
尊君宜斬不可以輕服服之不得以彼決此君然外
宗内宗與諸侯爲兄弟服斬者豈不
爲夫服斬乎明爲君斬爲夫亦斬矣

公士大夫之衆臣爲其君布帶繩屨

士卿士也公卿大夫厭於天子諸侯故降其衆臣布帶繩屨貴臣得伸不奪其正○厭一葉反

[疏]注士卿至其正○釋曰云士卿也者以其在公之下大夫之上尊卑
當卿之位故知是卿士也不言公卿言士者欲見公
無正職大夫又爭副於卿士之言事卿有職事之專
故變言士見斬義也云公卿大夫厭於天子諸侯故
降其衆臣布帶繩屨者鄭解公卿大夫天子諸侯並
言之者欲見天子諸侯下皆有公卿大夫公卿大大
下若有貴臣衆臣若然天子諸侯下有公卿大夫周

九九五

禮典命及大宰與其有其文此諸侯下公卿與命大夫
立孤一人是也以其諸侯無公故以孤爲公卿燕禮
云若有諸公則先卿獻之鄭注云諸公者大國之孤
也孤一人言諸者容牧有三監是以其孤爲公言廠
於天子諸侯故除其衆臣布帶繩屨二事其餘服杖
冠絰則如常也其布帶則與齊衰同其繩屨則與大
功等也云貴臣得伸不奪其正者下傳云室老士貴
臣故云貴臣得伸得伸者依上文絞帶菅屨故云不
奪其
正也
傳曰公卿大夫室老士貴臣其餘皆衆臣也君
謂有地者也衆臣杖不以即位近臣君服斯服矣繩
屨者繩菲也
室老家相也士邑宰也近臣閽寺之屬
君嗣君也斯此也近臣從君喪服無所
降也繩菲今時不借也○相
息亮反閽音昏守門人也
【疏】傳曰公至菲也○釋
曰云室老士貴臣其
餘皆衆臣也者傳以經直云衆臣不分別上下貴賤
故云室老士二者是貴臣其餘皆衆臣也云有地者
衆臣杖不以即位欲見公卿大夫或有地或無地衆
臣爲之皆有杖但無地公卿大夫其貴臣衆臣爲之

皆得以杖與嗣君同即阼階下朝夕哭位若有地公
卿大夫其君尊衆臣雖杖不得與嗣君同即阼階下
朝夕哭位下君故也○注室老至借也○釋曰云室
老家相也者左氏傳云臧氏老論語云趙魏老是家
臣稱老云家相者案曲禮云大夫不名家相長妾以
大夫稱家是室老相家事者也云士邑宰也者雜記
云大夫居廬士居堊室鄭注云士居堊室亦謂邑宰
也與此同皆謂邑宰爲士也若然卿大夫有采邑
者其邑既有邑宰又有家相若魯三卿公山弗擾爲
季氏費宰子羔爲孟氏之郕宰之顯皆爲邑宰也陽
貨冉有子路之等爲季氏家相亦名家宰若無地卿
大夫則無邑宰直有家宰則孔子爲魯大夫而原思
爲之宰是直有家相者也此等諸侯之臣而有貴臣
衆臣之事案周禮載師云家邑任稍地小都任縣地
大都任畺地是天子公卿大夫有采地者也案鄭志
荅云天子之卿其地見賜乃有何由諸侯之臣正有
此地則天子下有無地者也有采地者有邑宰復有
家相無地者直有家相可知云近臣閽寺之屬者周
禮天子宮有閽人寺人閽人掌守中門之禁晨夜開
閉墨者使守門者也寺人掌外内之通令奄人使守

居之宮門者也是皆近君之小臣又與衆臣不同無所降其服又得與貴臣等不嫌相逼也是以喪服小記云近臣君服斯服矣其餘從而服不從而稅彼亦是近君小臣與大臣異也云君嗣君也者釋傳云君服但其君已死矣更有君爲死君之服故知是嗣君若然案王制畿內諸侯不世爵而世祿彼則天子公卿大夫未得命得有嗣君者以世祿降未得爵亦得爲嗣君況其中兼畿內諸侯下卿大夫也且詩云維周之士不顯亦世左氏傳云官有世功則有官族皆是臣有世功子孫得襲爵故雖畿內公卿大夫有嗣君也云絰菲今時不借也者周時人謂之屨子夏時人謂之菲漢時謂之不借者此凶荼屨不得從人借亦不得借人皆是異時而別名也

疏衰裳齊牡麻絰冠布纓削杖布帶疏屨三年者牡茂后反疏猶麤也

疏注疏猶麤也○釋曰此齊衰三年章輕於斬衰章故次斬後疏猶麤也衰者案上斬衰章中爲君三升半麤鄭注雜記云微細焉則屬於麤則三升正服斬不得麤名三升半成布三升微細則得麤稱麤衰爲在三升斬內以斬爲正故沒義服之麤至此四升

始見麤也若然爲父衰極直見深痛之斬不沒人功之麤至於義服斬衰之等乃見麤稱至於大功小功始更見人功之顯緦麻極輕又表細密之事皆爲衰有深淺故作文不同也斬衰先言斬者一則見先斬其布乃作衰裳二則見爲父極哀先表斬之深重此齊衰稍輕直見造衣之法衰裳既就乃始緝之是以斬衰斬在上齊衰在下牡麻經者斬衰經不言麻此齊衰經見麻者彼有杖杖亦苴故不得言麻此經文據不象杖故得言麻也云冠繩纓退在絞帶下使不蒙苴齊冠布纓無此義故進之使與經同處此布纓齊如上繩纓以一條爲武垂下爲纓也云削杖布帶者並不取蒙苴之義故在常處但杖實是桐不言桐者以斬衰杖不言竹使蒙苴故闕竹字此既不取蒙苴亦不言桐者欲見母比父削殺之義故亦沒桐文也布帶者亦象革帶以七升布爲之此即下章帶緣咎視其冠是也齊斬不言布此纓帶言布者以對斬衰纓帶用繩故此須言用布之事也疏屨者取用草之義即爾雅云疏不熟之疏猶麤者直釋經疏屨之疏若然斬衰章言菅屨見草體者以其重故見草體舉其惡貌此言疏以其稍輕故舉草之總稱自此以

下各舉差降之宜故不叙章言麻屨齊衰三月與大
功同繩屨小功緦麻輕又沒其屨號言三年者以其
爲母稍輕故表其年月若然父在爲厭降至期今既
父卒直申三年之衰猶不申斬者以天無二日家無
二尊也是以父雖卒後仍以餘尊所厭直申三年不
得申斬也云者者亦如斬衰章文明者爲下出也

傳曰齊者何緝也牡麻者枲麻也牡麻絰右本在上

冠者沽功也疏屨者藨蒯之菲也枲思似反沽音古後同藨皮表反劉扶表反蒯古恠反草也○沽猶麤也冠尊加麤麤功大功也齊衰不書受月者亦天子諸侯卿大夫士虞卒哭異數【疏】注沽猶至異數○釋曰緝則今人謂之爲緶也上章傳先云斬者何不緝也此章言齊對斬故亦先言齊齊者何緝也云牡麻者枲麻也者以對上章苴絰苴是惡色則枲是好色故間傳云斬衰貌若苴齊衰貌若枲也云牡麻絰右本在上者上章爲父左本在下者陽統於內則此爲母陰統於外故右本在上也云疏屨者藨蒯之菲也者藨是草名案玉藻云屨蒯席則蒯亦草類云冠尊加其麤麤功大功

也者此鄭雖據齊衰三年而言冠尊加服皆同是以
衰裳升數恒少冠之升數恒多冠在首尊既冠從首
尊故加飾而升數恒多也斬冠六升不言功者六升
雖是齊之末未得沽稱故不見人功此三年齊冠七
升初入大功之境故言沽功始見人功沽麤之義故
云麤麤功見人功麤人不精者也云齊衰不書受月者
亦天子諸侯卿大夫士虞卒哭異
數者其義說與斬章同故云亦也
父卒則為母尊得伸也
疏注尊得伸也○釋曰此章專為母三年重於期故
在前也直云父卒為母足矣而云則者欲見父卒
三年之内而母卒仍服期要父服除後而母死乃得
伸三年故云則以差其義也必知義如此者案内則
云女子十有五而笄二十而嫁有故二十三年而嫁
注云故謂父母之喪言二十三而嫁不止一喪而已
故鄭并云父母喪也若前遭母喪後遭父喪自然為
母期為父三年二十三而嫁可知若前遭父服未闋
即得為母三年則是有故二十四而嫁不止二十三
也知者假令女年二十二月嫁娶之月將嫁正月而
遭父喪并後年正月為十三月小祥又至後年正月
大祥女年二十二欲以二十月將嫁又遭母喪至後年

正月[illegible]二月大祥女年二十三而嫁此是父服將除遭母喪猶不得爲申三年况遭父喪在小祥之前何得即申三年也是父服未除不得爲母三年之驗一也又服問注云爲母既葬衰八升亦據父卒爲母與父在爲母同五升衰裳八升冠既葬以其冠爲之受衰八升是父卒爲母未得伸三年之驗二也間傳云爲母既虞卒哭衰七升者乃是父服除後乃爲母申三年初死衰四升冠七升既葬以其冠爲之受衰七升與此經同是父服除後爲母乃申三年之驗三也諸解者全不得思此義妄解則文說義多塗皆爲謬也云尊得伸者得伸三年猶未伸斬

繼母如母

疏 釋曰繼母本非骨肉故次親母後謂己母早卒或被出之後繼續己母喪之如親母故云如母但父卒之後如母明父在如母可知下期章不言者舉父沒後明父在如母可知慈母之義亦然皆省文也故皆舉後以明前也若然直言繼母載在三年章内自然如母可知而言如母者欲見生事死事一皆如己母也

傳曰繼母何以如母繼母之配父與因母同故孝子不敢殊也

因猶親也

疏 注因

錯親也○釋曰傳發問者以繼母本是路人今來配
父輒如己母故發此問荅云繼母配父即是胖合之
義既與己母無別故
孝子不敢殊異之也
慈母如母
疏釋曰慈母非父胖
合故次後也云如
母者亦生禮死
事皆如己母
傳曰慈母者何也傳曰妾之無子者
妾子之無母者父命妾曰女以爲子命子曰女以爲
母若是則生養之終其身慈母死則喪之三年如母
貴父之命也
此謂大夫士之妾也不命則亦服庶母
慈己之服可也大夫之妾子父在爲母
大功則士之妾子爲母
期矣父卒則皆得伸也
疏傳曰至命也○釋曰傳別
舉傳者是子夏引舊傳證
成己義故云欲見慈母之義舊已如此故須重之如
己母也云妾之無子者謂舊有子今無者失子之妾
有恩慈深則能養他子以爲己子者也若未經有子
恩慈淺則不得立後而養他子也云君命妾曰而云
父者對子而言父故言父也以先命母者容子小未
有所識乃命之或養子是然故先命母也云若是則

生養之終其身者案內則云孝子之身終終身也者非終父母之身終其身也彼終其身爲終孝子之身此終其身下乃云知母死則喪之三年則以慈母輕於繼母言終其身若據終慈母之身而已明三年之後不復如是以小記云慈母不世祭亦見輕之義也云知母貴父之命也者一非骨血之屬二非配父之尊但唯貴父之命故也傳所引唯言妾之子與妾相事者案喪服小記云爲慈母後者爲庶母可也爲祖庶母可也鄭云緣爲慈母後之義父之妾無子者亦可命也庶子爲後氏云即庶子爲後此皆子也傳重而已不先命之與適妻使爲母子也若然此父命妾之父妾有庶母祖庶母但不命女君與妾子爲母子而已○注此謂至伸也○釋曰鄭知此主謂大夫士之妾妾子之無母父命爲母子者知非天子諸侯之妾與妾子者案下記云公子爲其母練冠麻衣縓緣母葬除之父沒乃大功明天子庶子亦然何有命爲母子爲之三年乎故知主謂大夫士之妾與妾子也云其使義之不命爲母子則亦服庶母慈已之服可也者小功章云君子子爲庶母之慈已者注云君子子者大夫及公子之適妻子彼謂適妻子備三母有子

師母慈母保傳母慈居中服之則師母保母服可知是庶母服小功下云其不慈已則緦可也是大夫之適妻子不命爲母子慈已加服小功若妾子爲父之妾慈已加服小功可知若不慈已則緦麻矣士爲庶母緦麻章云士爲庶母傳曰以名服也故此云不命爲母子則亦服庶母慈已者之服可也云大夫之妾子父在爲其母大功者大功章云大夫之庶子爲其母是大功也云士之妾子爲其母期矣者期章云父在爲母不可言士之妾子爲其母鄭知者推究其理大夫妾子厭降爲母大功士無厭降明如衆人服期也云父卒則皆得伸也者士父在已伸矣但大夫妾子父在大功者父卒則與士皆得伸三年也

母爲長子

疏 釋曰長子卑故在母下但父爲長子在斬章母爲長子在齊衰以子爲母服齊衰母爲之不得過於子爲己故亦齊衰也若然長子與衆子爲母父在期若夫在爲長子豈亦不得過於子爲己服期乎而母爲長子不問夫之在否皆三年者子爲母有降屈之義父母爲長子本爲先祖之正體無厭降之義故不得以父在屈至期 明母爲長子不問夫之在否也

傳曰何以三年也父

之所不降母亦不敢降也不敢降者不敢以己尊降祖禰之正體疏傳曰至降也○釋曰云何以三年者此亦問比例父母爲衆子期等是子此何以獨三年云父之所不降母亦不敢降也者斬章又云何以三年苔云正體於上將所傳重不降故於母亦云不敢降故苔云父之所不降母亦不敢降若然夫不敢降妻亦不敢降而云父母者以其父母各自爲子故父母各云何以三年而問之是以苔各據父母爲子而言不據夫妻也○注不敢至正體○釋曰云不敢以己尊降祖禰之正體者上傳於父已苔云正體於上是以鄭解母不降亦與父同以夫婦一體故不降之義亦等

疏衰裳齊牡麻絰冠布纓削杖布帶疏屨期者疏釋曰案下章不言疏衰已下者還依此經所陳唯言不杖及麻屨異於上者此章疏衰已與前章不殊唯期一字與前三年有異今不直言其異而還具列之者以其此一期與前三年懸絶恐服制亦多不同故須重列士服諸也但此章雖止一期而禫杖具有案下雜記云期之喪十一月而練十三月而祥十五月而禫注云此謂

父卒為母即是此章者也以母之與父恩愛本同為父所厭屈而至期是以雖屈猶申禫杖也為妻亦申妻雖義合妻乃天夫為夫斬衰為夫報以禫杖但以夫尊妻卑故齊斬有異也

傳曰問者曰何冠也曰齊衰大功冠其受也緦麻小功冠其衰也帶緣各視其冠緣以絹反注同○問之者斬衰有三其冠同今齊衰有四章不知其冠之異同爾緣如深衣之緣今文無冠布纓

疏傳曰至其冠○釋曰云問者曰何冠也者此還子夏之問荅而言問者曰者子夏欲起發前人使之開悟故假他問荅己之言也云曰齊衰大功冠其受也者降服齊衰四升冠七升既葬以其冠為受衰七升冠八升正服齊衰五升冠八升既葬以其冠為受衰八升冠九升義服齊衰六升冠九升既葬以其冠為受受服衰九升冠十升降服大功衰七升冠十升既葬以其冠為受受衰十升冠十一升正服大功衰七升冠十升既葬以其冠為受受衰十升冠十一升義服大功衰九升冠十一升既葬以其冠為受受衰十一升冠十二升以其初死冠升與既葬衰升數同故云冠其

受也大功亦然云緦麻小功冠其衰也者以其降服小功衰十升正服小功衰十一升義服小功衰十二升緦麻十五升抽其半冠皆與衰升數同故云冠其衰也義疏備於下記也云帶緣各視其冠者帶謂布帶象革帶者緣謂喪服之內中衣緣用布緣之二者之布升數多少視猶比也各比擬其冠也然本問齊衰之冠因荅大功與緦麻小功并荅帶緣者子夏欲因問博陳其義是以假問荅異常例也○注問之至布纓○釋曰云問之者見斬衰有三其冠同者下記云斬衰升三升有半冠六升是其冠同也云今齊衰有四章不知其冠之異同爾者下記云齊衰四升其冠七升既葬以其冠爲受受衰七升冠八升唯見此降服齊衰不見正服義服及三月齊衰一章不見以不知其冠之異同故致此問也云緣如深衣之緣者案深衣目錄云深衣連衣裳而純之以采素純曰長衣有表則謂之中衣此既在喪服之内則是中衣矣而云深衣以其中衣與深衣同是連衣裳其制大同故就深衣有篇目者而言之案玉藻云其爲長中繼揜尺注云其爲長衣中衣則繼袂揜一尺若今褎矣深衣則緣而已若然中衣與長衣袂皆手外長一

又案檀弓云練時鹿裘衡長袪注云袪謂褎緣袂口也練而爲裘橫廣之又長之又爲袪則先時狹短無袂可知若然此初喪之中衣緣亦狹短不得如玉藻中衣繼袂揜一尺者也但吉時麛裘即凶時鹿裘吉時中衣深衣目録云大夫以上用素士中衣不用布緣皆用采況喪中緣用布明中衣亦用布也其中衣用布雖無明文亦當視冠若然直言緣視冠不言中衣緣用采故特言緣用布何妨喪時中衣亦用布乎云今文無冠布纓者鄭注儀禮從經今文者在内疊出古文不從古文若從經古文不從今文此注既疊出今文明不從今文從經古文有冠布纓爲正也

父在爲母【疏】釋曰斬章直言父即知子爲之可知今此言母亦知子爲之而言父在爲母者欲見父母恩愛等爲母期者由父在厭故爲母屈至期故須言父在爲母也

傳曰何以期也屈也至尊在不敢伸其私尊也父必三年然後娶達子之志也【疏】釋曰上章已論斬衰不問訖故傳直言何以期而不三年決之也屈也者答辭以家無二尊故於母屈而爲期是以云至尊在

不敢伸其私尊也解父在母屈之意也言不敢伸其私尊明子於父母本尊若然不直言尊而言私尊者其父非直於子爲至尊妻於夫亦至尊母則於子爲尊夫不尊之直據子而言故言私尊也若然夫妻敵體而言屈公子爲母練冠在五服之外不言屈者舉尊以見卑屈可知大夫妾子爲母大功亦斯類也云父必三年然後娶達子之志也者子於母屈而期心喪猶三年故父雖爲妻期三年乃娶者通達子之心喪之志故也不云心而言志者心者萬慮之總喜怒哀樂好惡六情皆是情則爲志母雖一期哀猶未絶是六情之中而哀偏在故云志也不云心也左氏傳晉叔向云一歲王有三年之喪二據大子與穆后天子爲后亦期而云三年喪者據達子之志而言三年也

妻○傳曰爲妻何以期也妻至親也適子父在則爲妻不杖以父爲之主也服問曰君所主夫人妻大子適婦父在子爲妻以杖即位謂庶子

疏妻傳曰至親也○釋曰妻卑於母故次之夫爲妻年月禫杖亦與母同故同章也以其出嫁天夫夫爲天天斬故夫爲之亦與父在爲母同傳曰何以期也者傳意以妻擬母母是血屬

得期妻惟義合亦期故發此何以之傳也此問異於常例上問母直云何以期今云為妻乃云何以期者雷氏云妻卑以擬同於母故問深於常也云妻至親也者荅以妻至親故同於母言妻至親者妻既移天齊體與己同奉宗廟為萬世之主故云至親也○注適子至庶子○釋曰云適子父在則為妻不杖以父為之主也者不杖章之文也又引服問者鄭彼注云言妻見大夫已下亦為此三人為喪主也若士卑為此三人為喪主可知若然至此經為妻非直是庶子為妻欲見兼有適子父沒為妻在其中云父在子為妻以杖即位謂庶子者案喪服小記云父在庶子為妻以杖即位可知也引之者證經云是天子以下至士庶人父皆不為庶子之妻為喪主故大夫皆為妻杖得伸也

出妻之子為母

出猶去也

疏 釋曰此謂母犯七出去謂去夫氏或適他族或之本家子從而服者也七出者無子一也淫泆二也不事舅姑三也口舌四也盜竊五也妬忌六也惡疾七也天子諸侯之妻無子不出唯有六出耳雷氏云無出母之義故繼夫而言出妻之子也

傳曰出妻之子為母朞則為外祖

父母無服傳曰絶族無施服親者屬出妻之子為父後者則為出母無服傳曰與尊者為一體不敢服其私親也施以豉反○在旁而及曰施

疏○傳曰至親也○釋曰云出妻之子為母期則為外祖父母無服者傳意是言出妻即是絶族故於外祖可以無服恐人疑為之服故傳明言之也又云傳曰者子夏引他舊傳證成已義云絶族者嫁來承奉宗廟與族相連綴今出則與族絶故云絶族也無施服者傍及為施以母為族絶即無傍及之服也云親者屬者舊傳解母被出猶為之服也云出妻之子為父後者則為出母無服者舊傳釋為父後者謂父沒適子承重不合出母服意云傳曰者子夏釋舊傳意云與尊者為一體者不言與父為體而言與尊者上斬衰章已有傳云正體與上將所傳重釋相承父祖已上皆是尊者故不言父也但事宗廟祭祀者不欲聞見凶人故雜記云有死於宮中三月不祭況有服可得祭乎是以不敢服其私親也父已與母無親子獨親之故云私親也○注在旁

至絕道○釋曰云在旁而及曰施者詩云莫莫葛藟施于條枚葛與女蘿施于松上皆是在旁而及曰施此以母為主旁及外祖今母已絕族不復及在旁故云無施服也云親者屬母子至親無絕道者屬猶續也孝經云父母生之續莫大焉故謂母子為屬對父與母義合有絕道故云母子至親無絕道

父卒繼母嫁從為之服報為，于偽反。疏釋曰云父卒繼母嫁者欲見此母為父已服斬衰三年恩意之極故子為之期得伸禫杖但以不生己父卒改嫁故降於己母雖父卒後不伸三年一期而已云從為之服者亦為本是路人暫時與父牉合父卒還嫁便是路人子仍著服故生從為之文也報者受服上下并記云報者十有二無降殺之義感恩者皆稱報若此子念繼母恩終從而為服母以子恩不可降殺即生報文餘皆放此

傳曰何以期也貴終也嘗為母子貴終其恩

不杖麻屨者此亦齊衰言其異於上疏注此亦至於上○釋曰案上斬章布總箭笄亦是異於上鄭不言之至此乃注者從亦是異於上不言者以下文更有公士大夫之衆臣為其君布帶繩

屨亦是異異於上同是斬衰而有二文皆異故不得言異於上直注云此妻妾女子子異於男子而已此則雖是別章唯此二事異於上故得言之也此不杖章輕於上禫杖故次之又云此章與上章雖杖與不杖不同其正服齊衰裳皆同五升而冠八升則不異也必知父在爲母不衰四升冠十升與上三年衰同者見鄭注雜記云士以臣從君服之齊衰爲其母與兄弟是父在爲母與兄弟同正服五升八升驗也又鄭注服問云爲母既葬衰八升是初死衰五升冠八升既葬以其冠爲受受衰八升冠九升是亦爲母同正服衰五升之驗也又案此章云不杖麻屨鄭云言其異於上則上章下疏衰之等亦同又是爲母同正服五升之驗也案下記云齊衰四升冠七升及間傳云爲母既虞受衰七升者唯據上章父卒爲母齊衰三年者也

祖父母疏釋曰孫爲之服喪服條例皆親而尊者在先故斬章先父三年齊衰先母此不杖期先祖亦是其次若然此章有降有正有義服之本制若爲父期祖合大功爲父母加隆至三年祖亦加隆至期是以祖在於章首得其宜也

傳曰何以期也至尊也疏釋曰

云何以期也不至尊也者此據母而問所生之母至親答期而已祖爲孫正大功孫爲祖既疏何以亦期答云至尊也者祖爲孫降至大功似父母於子降至期祖雖非至親是至尊故期若然不云祖至尊而直云至尊者以是父之至尊非孫之至尊故直云至尊也

世父母叔父母

疏釋曰世叔既卑於祖故次之伯言世者欲見繼世爲昆弟之子亦期不言報者以昆弟之子猶子若言報爲疏故不言報也

傳曰世父叔父何以期也與尊者一體也然則昆弟之子何以亦期也旁尊也不足以加尊焉故報之也父子一體也夫妻一體也昆弟一體也故父子首足也夫妻牉合也昆弟四體也故昆弟之義無分然而有分者則辟子之私也子不私其父則不成爲子故有東宮有西宮有南宮有北宮異居而同財有餘

則歸之宗不足則資之宗世母叔母何以亦期也以名服也旁劉薄浪反胖普半反辟音避○宗者世父爲小宗典宗事者也資取也爲姑在室亦如之

【疏】傳曰至服也○釋曰傳發何以期問比例者雷氏云非父之所尊嫌服重故問也不直云何以言世父叔父者以經總言而傳離釋故二文各別問也云與尊者一體也者雖非至尊既與尊者爲一體故服期不言與父爲一體者直言尊者明父爲一體也爲與二尊故期也云然則昆弟之子何以亦期也者以世叔父與二尊爲體故加期昆弟之子無此義何以亦期故怪而致問也云旁尊也不足以加尊焉故報之也者凡得降者皆由已尊也故降之世叔非正尊故生報也云父子一體已下云云傳云此者上既云一體故傳又廣明一體之義凡言體者若人之四體故傳解父子夫妻兄弟還比人四體而言也云父子一體也者謂子與父骨血是同爲體因其父與祖亦爲一體又見世叔與祖亦爲一體也云夫妻一體也者亦見世叔母與世叔父爲一體也云昆弟一體也者又見世叔與父亦爲一體也故馬云言一體者

還是至親，因父加於世叔，故云昆弟一體。因世叔加於世叔母，故云夫妻一體也。因上世叔是旁尊，故以下廣明尊有正有旁之義也。人身首足為上下，父子亦是尊卑之上下，故父子比於首足，則父、子、兼昆祖孫。故馬云首足者，父尊若首，首加祖在期，子卑若足，曾孫在緦也。云夫婦牉合也者，郊特牲云天地合而后萬物興焉，是夫婦牉合，子衍生焉，是牉合為一體也。云昆弟四體也者，四謂二手二足，在身之旁，昆弟亦在父之旁，故云四體也。云故昆弟之義無分者，記傳兄弟有合離之義，以手足四體本在一身，不可分別。若昆弟共成父身，亦不可分別，是昆弟之義不合分也。云然而有分者則辟子之私也者，是昆弟理不合分，然而分者，則辟子之私也，使昆弟之子各自私朝其父，故須分也。云子不私其父則不成為子者，內則云子事父母，鷄初鳴，咸盥漱，櫛縰笄總，朝事父母。若兄弟同在一宮，則尊崇諸父之長者，第二已下其子不得私其父，不成為人子之法也。云故有東宮有西宮云云，案內則云命士以上父子異宮，不命之士父子同宮，縱同宮亦有隔別，亦為四方之宮也。云世母叔母何以亦期也以名服也者，二母是路人，以來配世叔父則生母名既有母名則當隨世叔而服之故云以名服也○注宗者至如之○釋曰案喪服小記云繼別爲大宗繼禰爲小宗大宗繼別子之後百世不遷之宗在五服之內者族人爲之月筭如邦人如爲齊衰三月重宗子是也小宗有四皆據五服之內依常著服五世別高祖則別事親者今宗子在期章之內明非大宗子是世父爲小宗典宗事者也云爲姑姊妹在室亦如之者大功章云爲姑姊妹大功明未嫁在此期章若然不見姑者當云不見姑者欲見時早出之義也

大夫之適子爲妻適丁狄反本又作嫡

疏釋曰云大夫之適子爲妻在此不杖章則上杖章爲妻者是庶子爲妻父沒後適子亦爲妻杖亦在彼章也

傳曰何以期也父之所不降子亦不敢降也何以不杖也父在則爲妻不杖大夫不以尊降適婦者重適也凡不降者謂如其親服服之降有四品君大夫以尊降公子大夫之子以厭降公之昆弟以旁尊降爲人後者女子子嫁者以出降

疏傳曰至不杖○釋曰怪所以期發此例而問者大夫衆子爲妻皆大功今

今適子爲妻期故發問也云父之所不降子亦不敢降也者大功章有適婦庶婦云適子之妻是父不降適婦也云子亦不敢降者謂不敢降至大功與庶子同也云何以不杖也一者既不降仍不杖故發問也父在爲妻不杖者父爲適子之婦爲喪主故適子不敢伸而杖也服問云君所主夫人妻大子適婦是大夫爲適婦爲喪主也故子不杖也若然此適子爲妻通貴賤今不云長子通上下而云適子唯據大夫者以五十始爵爲降服之始嫌降適婦其子亦降其妻故非舉大夫不降天子諸侯雖尊不降可知○注大夫至出降○釋曰云大夫不以尊降適婦者重適也者此解經文所不降適子之婦對大夫爲庶子之婦小功是尊降也云凡不降者謂如其親服服之者謂周依五服常法服之云降有四品者鄭因傳有降不降之文遂總解喪服上下降服之義云君大夫以尊降者天子諸侯爲正統之親后夫人與長子長子之妻等不降餘親則絶天子諸侯絶者大夫降一等即大夫爲衆子大功之等是也云公子大夫之子以厭降者此非身自尊受父之厭屈以降無尊之妻下記云公子爲其母練冠麻麻衣縓緣爲其妻縓冠葛絰帶麻衣

父卒乃大功是也大夫之子即小功章云大夫之子爲從父昆弟在小功者是也云公之昆弟以旁尊降者此亦非己尊旁及昆弟故亦降其諸親即小功章云公之昆弟爲從父母昆弟是也案大功章云公之庶昆弟爲母妻昆弟傳曰外君餘尊之所厭不得過大功若然公之昆弟有兩義既以旁尊又爲餘尊厭也云爲人後者女子子嫁者以出降者謂若下文云爲人後者爲其父母報又下文云女子子適人者爲其父母昆弟爲父後者此二者是出也凡大夫之服例在正服後今在昆弟上者以其妻本在杖期直以父爲主故降入不杖章是以進之在昆弟上也

昆弟昆兄也爲姊妹在室亦如之

疏注昆兄至如之○釋曰昆弟卑於世叔故次之此亦至親以異斷云昆兄也者昆明也以其次長故以明爲稱弟第也以其小故以次第爲名云爲姊妹在室亦如之者義同於上姊在室也

爲衆子衆子者長子之弟及妾子女子子在室亦如之士謂之衆子未能遠別也大夫則謂之庶子降之爲大功天子國君不服之內則曰冢子未食而見必執其右手適子庶子已食而見必循其首○別彼列反

疏注衆子至其首

○釋曰衆子卑於昆弟故次之注兼云女子之義如上姑姊妹但上鄭注云在室此不云在室可知故略不言也昆弟衆子及下昆弟之子者皆不發傳者以其同是一體故無異問姊妹女子子在室不見者亦如上姑不見雷氏云欲見出當及時又大功章見姑姊妹女子子嫁大功明此在室可知故略之也云士謂之衆子未能遠別也者經不云士鄭云士者喪服本文是士故言士可知也云大夫則謂之庶子降之爲大功者下文大夫之子皆云庶子降一等故大功云天子國君不服之者以其絶旁親故不服若然經所云唯據士也引內則者案彼云子生三月之末釋曰剪髮爲鬌以見於父若冢子生則見於正寢其口夫妻共食具視朔食天子則大牢諸侯則少牢大夫特豕士特豚冢子未食而見必執其右手咳而名之執右明授之室事退入夫之燕寢乃食下去其非冢子皆降一等云適子庶子已食而見必循其首者不授室事故也而鄭注未食已食急正緩庶之義言冢子循言長子適於下也彼言適子謂適妻所生第二已下庶子謂妾子也引之者證言庶子是別於適長者也

昆弟之子○傳曰何以

期也報之也檀弓曰喪服兄弟之子猶子也蓋引而進之疏注檀弓至進之○釋曰昆弟之子疏於親子故次之世叔父爲之此兩相爲服不言報者引同已子與親子同故不言報是以檀弓爲證言進者進同已子故也大夫之庶子爲適昆弟兩言之者適子或爲兄或爲弟疏注兩言至爲弟○釋曰此大夫之妾子故言庶若適妻所生第二已下當直云昆弟不言庶也云兩言之者以其適妻所生適子成長於妾子或小於妾子故云兩言之適子或爲兄或爲弟是以經昆弟並言之傳曰何以期也父之所不降子亦不敢降也大夫雖尊不敢降其適重之也適子爲庶昆弟庶昆弟相爲亦如大夫爲之疏傳曰至降也○釋曰云父之所不降者即斬章父爲長子是也云子亦不敢降者於此服期是也發何以傳者餘兄弟相爲皆大功獨爲適服期故發問比例之傳也○注大夫至爲之○釋曰云大夫雖尊不敢降其適重之也者釋傳父之所不降云適子爲庶昆弟已下鄭廣明大夫與適子所降者以大夫適子得行大夫禮故父子俱降庶庶又

自相降亦如大夫爲之皆大功也適孫[疏]釋曰孫卑於昆弟故次之此謂適子死其適孫承重者相爲之期傳曰何以期也不敢降其適也有適子者無適孫孫婦亦如之周之道適子死則立適孫是適孫將上爲祖後者也長子在則皆爲庶孫耳孫婦亦如之適婦在亦爲庶孫之婦凡父於將爲後者非長子皆期也[疏]傳曰至如之○釋曰傳云何以問此例者亦爲衆孫大功此獨期故發問也云有適子者無適孫者謂適子在不得立適孫爲後也云孫婦亦如之亦謂不立之故云亦如之也○注周之至期也○釋曰云周之道適子死則立適孫是適孫將上爲祖後者也者此釋祖爲孫服重之義言周之道對殷道則不然以其殷道適子死弟乃當先立故言周之道也云長子在則皆爲庶孫耳者既適子在末得立孫明同庶孫之例云凡父於將爲後者非長子皆期也者案喪服小記云適婦不爲舅後者則姑爲之小功注云謂夫有廢疾他故若死而無子不受重者小功庶婦之服也凡父母於子舅姑於婦將不傳重於適及將傳重者非適服之皆如衆子庶婦

也是以鄭云凡父母於子舅姑於婦非長子皆期明非長子婦亦於非適孫傳重同於庶孫大功可知也若然長子爲父斬父亦爲斬適孫承重爲祖斬祖爲之期不報之斬者父子一體本有三年之情故特爲祖斬祖爲孫本非一體但以報期故不得斬也

爲人後者爲其父母報【疏】釋曰此謂其子後人反來爲父母在者欲其厚於所厚薄於本親抑之故次在孫後也若然既爲本生不降斬至禫杖章者亦是深抑厚於大宗也言報者既深抑之使同本疏往來相報之法故也

傳曰何以期也不貳斬也何以不貳斬也持重於大宗者降其小宗也爲人後者孰後後大宗也曷爲後大宗大宗者尊之統也禽獸知母而不知父野人曰父母何筭焉都邑之士則知尊禰矣大夫及學士則知尊祖矣諸侯及其大祖天子及其始祖之所自出尊者尊

統上卑者尊統下大宗者尊之統也大宗者收族者
也不可以絕故族人以支子後大宗也適子不得後
大宗後如字又音侯算素管反劉音選大祖音泰○都邑之士則知尊禰近政化也大祖始封之君
始祖者感神靈而生若稷契也自由也及始祖之所
由出謂祭天也上由遠也下猶近也收族者謂別親
疏序昭穆大傳曰繫之以姓而弗別綴之以
食而弗殊雖百世婚姻不通者周道然也疏傳曰至大
宗○釋曰問者本生父母應斬及二年今乃不杖期
故問比例也云不貳斬也者答辭又不二斬者持重
於大宗者降其小宗此解不貳斬之意也此問答雖
爲母專據父故答以斬而言案喪服小記云別子爲
祖繼別爲大宗謂若魯桓公適夫人文姜生太子名
同後爲君次子慶父叔牙季友此三子謂之別子別
子者皆以臣道事君先兄弟祖宗之法與太子有別
又與後世爲始故稱別子也大宗有一小宗有四大
宗一者別子之子適者爲諸弟來宗之即謂之大宗
自此以下適適相承謂之百世不遷之宗五服之内

親者具纂初邦人五服之外皆來宗之爲之齊衰齊衰三月章爲宗子之母妻是也小宗有四者謂大宗之後生者謂別子之弟小記注云別子之世長子兄弟宗之第二已下長者親弟來宗之爲繼禰小宗更一世長者非直有親兄弟又從父昆弟亦來宗之爲繼祖小宗更一世長者非直有親昆弟從父昆弟又有從祖昆弟來宗之爲繼曾祖小宗更一世長者非直有親昆弟從父昆弟從祖昆弟來宗之又有從曾祖昆弟來宗之爲繼高祖小宗也更一世絕服不服來事以彼自事五服內繼高祖已下者也四者皆是小宗則家家皆有兄弟相事長者之小宗雖家家盡有小宗仍世事繼高祖已下之小宗也是以上傳云有餘則歸之宗亦謂當家之長爲小宗者也云爲人後者孰後後大宗也者此問小宗大宗二者與何者爲後後後大宗也案何休云小宗無後當絕與此義同也又云後大宗者降其小宗此則繼人後爲父母父母尚降明餘皆降也故大功章云爲人後者爲其昆弟是降小宗之類也云曷爲後大宗大宗者尊之統者此問必後大宗何意也明宗子尊統領族人是以書傳云宗子燕族人於堂宗婦燕族人於房序之

以昭穆既有族食族燕齒序族人之事是以濵後下
可絶也故云尊之統也云禽獸已下者因上尊宗子
遂廣申尊祖以及宗子之事也云禽獸知母不知父
者爾雅云兩足而羽謂之禽四足而毛謂之獸彼對
文而言之也若散文言之獸亦名禽禽獸所生唯知
隨母不知隨父是知母不知父云野人曰父母何算
焉者野人謂若論語鄭注云野人粗略與都邑之士
相對亦謂國外爲野人野人稍遠政化都邑之士爲
近政化周禮云野自六尺之類者不知分別父母尊
卑也云都邑之士則知尊禰者士不對野人上對大
夫則世士所謂在朝之士并在城郭士民知義禮者
總謂之爲士也云大夫及學士則知尊祖者此學士
謂鄉庠序及國之大學小學之學士文王之世子亦
云學士雖下有官爵以其習知四術閑知六藝知祖
義父仁之禮故敬父遂尊祖得與大夫之貴同也諸
侯及其大祖天子及其始祖皆是爵尊者其德所及
遠之義也云大宗收族已下謂論大宗立後之意也
云適子不得後大宗者以其自當主家事并承重祭
祀之事故也○注都邑至然也○釋曰都邑之士者
對天子諸侯曰國采地大夫曰都邑故周禮載師者

家邑小都大都春秋左氏諸侯下大夫采地亦云邑曰築都曰城散文天子已下皆名都邑都邑之內者其民近政化若然天子諸侯施政化民無以遠近爲異但近者易化遠者難感故民近政化者識深則近知尊父遠政化者識淺不知父母有尊卑之別也大祖始封之君者案周禮典命云三公八命卿六命大夫四命其爵皆加一等加一等者三公爲上公九命卿爲牧爲侯伯七命大夫爲子男五命此皆爲大祖後世不毀其廟若魯之周公齊之大公衛之康叔鄭之桓公之類皆是大祖者也云始祖感神靈而生若后稷契也自由也及始祖所由出謂祭天者謂祭所感帝還以始祖配之祭大傳云王者帝其祖之所自出以其祖配之是后稷感東方青帝靈威仰所生契感北方黑帝汁無紀所生易緯云三王之郊一用夏正郊特生云兆日於南郊就陽位則王者建寅之月祀所感帝於南郊還以感生祖配祭周以后稷殷以契配之故鄭云謂祖配祭天也又鄭注大傳云王者之先祖皆感大微五帝之精以生則不止后稷與契而已但后稷感青帝所生即生民詩云履帝武敏歆據鄭義帝嚳後世妃姜嫄履青帝大人跡而生后稷

之先母有娀氏之女簡狄吞燕卵而生契此二者文著故鄭據而言之其實帝王皆有所感而生也云上猶遠也下猶近也者下文子始祖諸侯及大祖並於親廟外祭之是尊統遠大夫三廟適士二廟中下士一廟是卑者尊統近也若然此論大宗子而言天子諸侯大夫士之等者欲見大宗子統領百世而不遷又上祭別祖子大祖而不易亦是尊統遠小宗子唯統五服之內是尊統近故傳言尊統遠近而云大宗者尊之統也又云大宗者收族是大宗統遠之事也引大傳者案彼稱姓謂正姓若殷子周姬之類綴之以食者以食禮相連綴使不相踈若宗子於族人行族食族燕者也云百世婚姻不通周道然者對殷道則不然謂家不繫之以正姓但五世總服以後庶姓別於上而戚單於下婚姻通也引之者證周之大宗子統領族人序以昭穆百世不亂之事也

女子子適人者為其父母昆弟之為父後者【疏】釋曰女子子卑於男子故次男子後

傳曰為父何以期也婦人不貳斬也婦人不貳斬者何也婦人有三從

之義無專用之道故未嫁從父既嫁從夫夫死從子故父者子之天也夫者妻之天也婦人不貳斬者猶曰不貳天也婦人不能二尊也爲昆弟之爲父後者何以亦期也婦人雖在外必有歸宗曰小宗故服期也從者從其教令歸宗者父雖卒猶自歸宗其爲父後服重者不自絕於其族類也曰小宗者言是乃小宗也小宗明非一也小宗有四丈夫婦人之爲小宗各如其親之服辟大宗

【疏】傳曰至服期也○釋曰經爲言父母傳特問父不問母者家無二尊故父在爲母期今出嫁仍期但不杖禫而已者多懸絕故不問女子子在室斬衰三年今出嫁與母同在不杖麻屨懸絕故問云爲父何以期也婦人不貳斬也荅辭云婦人不貳斬者何更問不貳斬者意也云婦人有三從之義已下荅辭前斬章云爲人後不云丈夫不貳斬至此女子子云婦人不貳斬者則丈夫容有二斬故有爲長子皆斬又喪服四制云門內之治恩揜義

門外之治義斷恩至於君父別時而喪仍得爲父中
新則丈夫有二斬至於女子子在家爲父出嫁爲夫
卑一無二故特言婦人是異於男子故也若然案雜
記云與諸侯爲兄弟者服斬是婦人爲夫并爲君得
二斬者然則此婦人不貳斬者在家爲父斬出嫁爲
夫斬爲父期此其常事彼爲君不可以輕服服君非
常之事不得决此也言婦人有三從之義者欲言不
貳斬之意婦人從人所從即爲之斬若然夫死從子
不爲子斬者子爲母齊衰母爲子不得過齊衰故亦
不斬也云婦人不能二尊者欲見不二斬之意云曰
小宗故服期者欲見大宗子百世不遷婦人所歸雖
不歸大宗宗內丈夫婦人爲之齊衰三月小宗宗內
兄弟父之適長者爲之婦人之所歸宗者歸此小宗
謂爲之期與大宗別傳恐人疑爲大宗故辨之曰小
宗故服期也○注從者至太宗○釋曰歸宗者父雖
卒猶自歸宗知義然者若父母在嫁女自當歸寧父
母何須歸宗子夏傳言婦人雖在外必歸宗明是據
父母卒者故鄭據父母卒而言若然天子諸侯夫人
父母卒不得歸宗以其人君絕宗故許穆夫人衛侯
之女父死不得歸賦載馳詩是也云小宗者言是乃

小宗也者，鄭解傳意，言曰小宗者，傳重釋歸宗是乃小宗也。云明非一者，欲見家家皆有也。云小宗有四者，已於上釋。云丈夫婦人爲小宗各如其親之服者，謂各如五服尊卑服之，無所加減。云避大宗者，大宗則齊衰三月，云丈夫婦人五服外皆齊衰三月，五服内月筭如邦人，亦皆齊衰，無大功小功緦麻，故云避大宗也。

繼父同居者。【疏】釋曰：繼父本非骨肉，故次在女子子之下。案鄭特牲云夫死不嫁，終身不改。詩共姜自誓不許再歸。此得有婦人將子嫁，嫁而有繼父者，彼不嫁者自是貞女守志，亦有嫁者，雖不如不嫁，聖人許之，故齊衰三年章有繼母，此又有繼父之文也。

傳曰：何以期也？

傳曰：夫死，妻穉，子幼，子無大功之親，與之適人，而所適者亦無大功之親，所適者以其貨財爲之築宮廟，歲時使之祀焉，妻不敢與焉。若是，則繼父之道也。同居則服齊衰期，異居則服齊衰三月。必嘗同居，然後

為異居未嘗同居則不為異居適人，施隻反。稺，直吏反。○妻稺，謂年未滿

五十。子幼，謂年十五已下。子無大功之親，謂同財者

也。為之築宮廟於家門之外，神不歆非族，妻不敢與

焉。恩雖至親，族已絕矣。夫不可二。傳曰至異居○

此以恩服爾，未嘗同居，則不服之。疏釋曰：何以朞也

者，以本非骨肉，故致問也。傳曰此下，並是引舊傳為

問荅，自此至齊衰朞，謂子家無大功之內親，繼父家

亦無大功之內親，繼父以則貨為此子築宮廟，使此

子四時祭祀不絕，三者皆具，即為同居，子為之朞，以

繼父恩深故也。言妻不言母者，已適他族，與己絕，故

言妻，欲見與他為妻，不合祭已之父故也。云異居則

服齊衰三月，必嘗同居，然後為異居者，此一節論異

居繼父。言異者，昔同今異，謂上三者若闕一事，則為

異居。假令前三者皆具，其後或繼父有子，即是繼父

有大功之內親，亦為異居矣。知此父死為之齊衰三

月，入下文齊衰三月章繼父是也。云必嘗同居然後

為異居者，欲見前時三者具為同居，後三者一事闕，

即為異居之意。云未嘗同居則不為異居，謂子初與

母往繼父家時，或繼父有大功內親，或已有大功內

親或繼父不爲已築宮廟三者一事闕雖同在繼父
家亦名不同居繼父全不服之矣。○注妻穉至服之
○釋曰：鄭知妻穉謂年未滿五十者，案内則妾年五
十閉房不復御，何得更嫁，故未滿五十也。云子幼謂
年十五已下者，案論語云可以託六尺之孤，鄭亦云
十五已下。知者，見周禮鄉大夫職云國中自七尺以
及六十，野自六尺以及六十有五皆征之。七尺謂年
二十，六尺謂年十五，十五則受征役，何得隨母，則知
子幼十五已下。言已下則不通十五，以其十五受征，
明據十四至年一歲已上也。云大功之親謂同財者，
下記云小功已下爲兄弟，則小功已下疏，故得兄弟
之稱，則大功之親容同財共活可知。云爲之築宮廟
於家門之外者，以其中門外有已宗廟，則知此在大
門外築之也。必在大門外者，神不歆非族故也。
若在門内，於鬼神爲非族，恐不歆之，是以大門外爲
之。隨母嫁得有廟者，非必正廟，但是鬼神所居曰廟，
若祭法云庶人祭於寢也。神不歆非族，大戴禮文。云
夫不可二者，據傳云妻，則明據繼父而言，以其與繼父
爲妻，不可更於前夫爲妻，故云夫不可二也。云
此以恩服爾者，并解爲繼父，明與三則云來皆同居

則不服之者以其一同居與異居有服明未嘗同居不服何知為夫之君傳曰何以期也從服也疏釋曰此以從服故次繼父下但臣之妻皆稟命於君之夫人不從服小君者欲明夫人命亦由君來故臣妻於夫人無服也不直言夫之君而言必為者以服之君從服輕故特言為夫之君也傳曰何以期者問比例者怪人疏而同親者故發問云從服也以夫為君斬故妻從服期也

姑姊妹女子子適人無主者姑姊妹報疏釋曰此等親出適已降在大功雖矜之服期不絕於夫氏故次義服之下女子子問在上不言報者女子子出適大功為父母自然猶期不須言報故不言也姑對姪姊妹對兄弟出適反為姪與兄弟大功姪與兄弟為之降至大功今還相為期故須言報也傳曰無主者謂其無祭主者也何以期也為其無祭主故也無主後者人之所哀憐不忍降之疏傳曰至主者也○釋曰云無主者謂其無祭主者無主有二謂喪主祭主傳不言喪主者喪有無後無無主者若當家無

喪主或取五服之內親又無五服親則取東西家若無則里尹主之今無主者謂無祭主也故可哀憐而不降也○注無主至降也○釋曰云人之所哀憐者謂行路之人見此無夫復無子而不嫁猶生哀愍况姪與兄弟及父母故不忍降之也若然除此之外餘人爲之服者仍依出降之服而不服加以其餘人恩疏故也不言嫁而云適人者若言適人即謂士也若言嫁乃嫁於大夫於本親又以尊降不得言報故云適人不言嫁

爲君之父母妻長子祖父母

疏釋曰此亦從服輕於夫之君及姑姊妹女子子無主故次之言爲者亦如爲夫之君也

傳曰何以期也從服也父母長子君服斬妻則小君也父卒然後爲祖後者服斬此爲君矣而有父若祖之喪者謂始封之君也若是繼體則其父若有廢疾不立父卒者父爲君之孫宜嗣位而早卒今君受國於曾祖

疏傳曰至者服斬○釋曰云父母長子君服斬者欲見臣從君服期若然君之母當在齊衰與君父同在斬者以母亦有三年之服故并言之云妻則小君也者

欲見臣為小君期是常非從服之例云父卒然後為祖後者服斬者傳辭經臣為君之祖父母服期若君

在則為君祖父母從服期○注此為至曾祖○釋曰云此為君矣而有父若祖之喪者謂始封之君也者

若周禮典命三公八命其卿六命大夫四命出封皆加一等是五等諸侯為始封之君非繼體容有祖父

不為君而死君為之斬臣亦從服期也云若是繼體則其父若祖有廢疾不立者此祖與父合立為廢疾

不立已當立是受國於曾祖若然此二者自是不立今君立不關父祖又云父卒者父為君之孫宜嗣位

而早卒今君受國於曾祖者此解傳之父卒耳鄭意以父祖有廢疾必以今君受國於曾祖不取受國於

祖薨則群臣為之斬何得從服期故鄭以新君受國於曾祖若然曾祖為君薨群臣自當服斬若君之

祖薨君為之服斬臣從服期也若然父卒者父為君之孫宜嗣位而早卒則君之祖亦是廢疾或早死不

立是以君之父受國於祖復早卒今君乃受國于曾祖述趙商問已為諸侯父有廢疾不任國政不任喪

事而為其祖服制度之宜年月之斷云何答云父卒為祖後者三年斬何疑趙商又問父卒為祖後者三

年已聞命矣所問者父在爲祖如何欲言三年則父在欲言期復無主斬杖之宜主喪之制未知所定答曰天子諸侯之喪皆斬衰無期彼志與此注相兼乃具也

妾爲女君疏釋曰妾事女君使與臣事君同故次之也以其妻既與夫體敵妾不得體夫故名妾妾接也接事適妻故妾稱適妻爲女君也

傳曰何以期也妾之事女君與婦之事舅姑等女君君適妻也女君於妾無服報之則重降之則嫌疏傳曰至姑等○釋曰傳意謂妾或是妻之姪娣同事一人恐爲之重服故發問也答曰妾之事女君與婦之事舅姑等者婦之事舅姑亦期故云等但並后匹適傾覆之階故抑之雖或姪娣使與如子之妻與婦事舅姑同也○注女君至則嫌○釋曰云女君於妾無服者諸經傳無女君服妾之文故云無服者鄭解其不服之意是以云報之則重還報以期無尊卑降殺大重也云降之則嫌者若降之大功小功則似舅姑爲適婦庶婦之嫌故使女君爲妾無服也

婦爲舅姑疏釋曰文在此者既欲抑妾事女君使如事舅姑在下欲使文情相於婦故婦文在後也傳

曰何以期也從服也【疏】釋曰問之者本是路人與子判合則爲重服服夫之父母故問也云從服也者荅辭既得體其子爲親故重服爲其舅姑也夫之昆弟之子男女皆是【疏】注男女皆是○釋曰檀弓云兄弟之子猶子也蓋引而進之進同己子故二母爲之亦如己子服期也云男女皆是者據女在室與出嫁與二母相爲服期同期與太功故子中兼男女但以義服情輕同婦事舅姑故次在下也傳曰何以期也報之也【疏】釋曰報之者二母與子本是路人爲配二父而有母名爲之服期故二母報子還服期若然上世叔之下不言報至此言之者二父本是父之一體又引同己子不得言報至此本疏故言報也公妾大夫之妾爲其子【疏】釋曰二妾爲其子應降而不降重出此文故次之傳曰何以期也妾不得體君爲其子得遂也此言二妾不得從於女君尊降其子也女君與君一體唯爲長子三年其餘以尊降之與妾子同也【疏】傳曰至遂也○釋曰傳嫌二妾承尊應降今不降故發問

荅云妾不得體君爲其子得遂也者諸侯絶旁期爲衆子無服大夫降一等爲衆子大功其妻體君皆從夫而降之至於二妾賤皆不得體君君不厭妾故自爲其子得伸遂而服朞也○注此言至同也○釋曰云雖爲長子三年更云其餘謂已所生第二已下以尊降與妾子同諸侯夫人無服大夫妻爲之大功也

女子子爲祖父母疏釋曰章首已言爲祖父母兼男女彼女據成人之女此言女子子謂十五許嫁者亦以重出其文故次在此也

傳曰何以期也不敢降其祖也經似在室傳似已嫁明雖有出道猶不降疏傳曰至祖也○釋曰祖父母正朞也已嫁之女可降旁親祖父母正期故不降也故云不敢降其祖也○注經似至不降○釋曰知經似在室者以其直云女子子無嫁文故云似在室云傳似已嫁者以其言不敢則有敢者敢謂出嫁降旁親是已嫁之文此言不敢是雖嫁而不敢降祖故云傳似已嫁也經傳互言之欲見在室出嫁同不降故鄭云明雖有出道猶不降也云出道者女子子雖十五許嫁始行納采問名納吉納徵四禮即著笄爲成人得降旁親要至二十

乃行請請期親迎之禮以其昇而未出故云明雖有出道猶不降不直言出而言道者嘗未出故云出道猶鄭注論語云雖不得禄亦得禄之道是亦未得禄而云之道亦此類也大夫之子爲世父母叔父母子昆弟昆弟之子姑姊妹女子子無主者爲大夫命婦者唯子不報命者加爵服之名自士至上公凡九等君命其夫則后夫人亦命其妻矣此所爲者凡六命夫六命婦

疏釋曰此言大夫之子爲此六命夫六命婦服期不降之事其中雖有子女重出其文其餘並是應降而不降故次齊衰子爲祖下但大夫尊降旁親一等此男女皆合降至大功爲作大夫與己尊同故不降還服期若姑姊妹女子子若出嫁大功適士又降至小功今嫁大夫雖降至大功爲無祭主哀憐之不忍降還服期也○注命者至命婦○釋曰云命者加爵服之名者見公羊傳云錫者何賜也命者何加我服也又案覲禮諸公奉篋服加命書於其上以命侯氏是命者加爵服之名也云自士至上公凡九等者不據爵皆據命而言故大宗伯云以九儀之命正

邦國之位一命受爵再命受服三命受位四命受器五命賜則六命賜官七命賜國八命作牧九命作伯伯則分陝上公者是九等者也以其典命上公九命侯伯七命子男五命大國孤四命公侯伯卿三命六大夫再命士一命子男卿再命大夫一命士不命天子三公八命其卿六命大夫四命上士三命中士二命下士一命此經雖無士鄭總解天子諸侯命臣后夫人命妻之事故兼言士也君命其夫君中總天子諸侯云后夫人亦命其妻矣者案禮記云夫人不命於天子自魯昭公始也由昭公娶同姓不告天子天子亦不命明臣妻皆得后夫人命也鄭言此者經云命夫命婦不辨天子諸侯之臣則天子諸侯下但是大夫妻皆是命婦也云此所爲者凡六命夫六命婦者六命夫謂世父一也叔父二也子三也昆四也昆弟五也昆弟之子六也六命婦者世母一也叔母一也姑三也姊四也妹五也女子子六也傳曰大夫者其男子之爲大夫者也命婦者其婦人之爲大夫妻者也無主者命婦之無祭主者也何以言唯子

不報也女子子適人者爲其父母期故言不報也言其餘皆報也何以期也父之所不降子亦不敢降也大夫曷爲不降命婦也夫尊於朝妻貴於室矣適如字朝直遙反○無主者命婦之無祭主者謂姑姊妹女子子也其有祭主者如衆人唯子不報男女同不報爾傳唯據女子子似失之矣大夫曷爲不降命婦據大夫於姑姊妹女子子既已出降大功其適士者又以尊降在小功也夫尊於朝與己同婦貴於室從夫爵也

疏傳曰至室矣○釋曰云無主者命婦之無祭主者也者鄭兼言命婦欲見既爲命婦不降又無祭主者不降者服期之意也傳云何以言唯子不報也鄭云子中兼男女傳唯據女子子鄭不從也云何以期也父之所不降子亦不敢降也者欲見此經云大夫之子得行大夫禮降與不降一與父同故傳據其父爲大夫爲本以上亦之也云大夫曷爲不降命婦也已下欲見大夫是尊同大夫之妻是婦人非尊同亦不降者傳解妻亦與夫同尊卑之意是以云夫尊於朝妻

貴於室以其夫以上貴士以下賤此中無士與主妻故以貴言之也○注無主至爵也○釋曰云無主者命婦之無祭主謂姑姊妹女子子也者鄭言此者經六命婦之中有世母叔母故鄭辨之以其世母叔母無主有主皆爲之期故知唯據此四人而言也云唯子不報男女同不報爾者以其男女俱爲父母三年父母唯爲長子斬其餘降何得言報故知子中兼男女是知傳唯據女子子失之矣云大夫曷爲不降命婦者據大夫於姑姊妹女子子既以出降大功其適士者又以尊降在小功也者此亦六命婦中有三母故鄭辨之也云夫尊於朝已下鄭亦解姑姊妹女子子之夫貴與已同之義若然案曲禮云四十強而仕五十艾服官政爲大夫何得大夫子又爲大夫又何得爲弟之子爲大夫者五十命爲大夫者是常法大夫之子有德行茂盛者豈待五十乃命之乎是以爲小功有大夫爲其昆弟之長殤大夫既爲兄弟殤明是幼爲大夫舉此一隅不得以常法相難也

大夫爲祖父母適孫爲士者

疏 釋曰祖與孫爲士卑故次在此也

傳曰何以期也大夫不敢降其

祖與適也不敢降其祖與適則可降其旁親也疏注不敢至親也○釋曰大夫以尊降其旁親雖有差約不顯著故於此更明之經云不降祖與適明於餘親降可知大夫降旁親明矣

公妾以及士妾爲其父母疏釋曰以出嫁爲其父母亦重出其文故次在此云公謂五等諸侯皆有八妾士謂一妻一妾中間猶有孤猶有卿大夫妾不言之者舉其極尊卑其中有妾爲父母可知

傳曰何以期也妾不得體君得爲其父母遂也然則女君有以尊降其父母者與春秋之義雖爲天王后猶曰吾季姜是言子尊不加於父母此傳似誤矣禮妾從女君而服其黨服是嫌不自服其父母故以明之疏傳曰至遂也○釋曰傳曰何以期也以公子爲君厭爲己母不在五服又爲己母黨無服公妾既不得體君君不厭故妾爲父母得伸遂而服期也○注然則至明之○釋曰鄭欲破傳義故據傳云妾不得體君得爲其父母遂也然則女君體君有以尊降其父母者與言與猶不正執之辭也云春秋之義者案桓九年左傳云紀季姜歸于京師杜云季姜桓

王后也季字姜紀姓也書字者伸父母之尊是王后猶不得降父母是子尊不加父母傳何云妾不得體君乎豈女君降其父母是以云傳似誤矣言似亦是不正執故云似其實誤也云禮妾從女君而服其黨服者雜記文也云是嫌不自服其父母故以明之者鄭既以傳爲誤故自解之鄭必不從傳者一則以女君不可降父母二則經文兼有卿大夫士何得專據公子以夫父母乎是以傳爲誤也

疏衰裳齊牡麻絰無受者無受者服是服而除不以輕服受之不著月數者天子諸侯葬異月也小記曰齊衰三月與大功同者繩屨

【疏】疏衰至受者○釋曰此齊衰三月章以其義服日月又少故在不杖章下上皆言冠帶此及下傳大功皆不言冠帶者以其輕故略之至正大功言冠見其正猶不言帶緦麻又直言緦麻餘又略之若然禮記云齊衰居堊室者據期故譙周亦云齊衰三月不居堊室○注無受至繩屨○釋曰云無受者服是服而除不以輕服受之者凡變除皆因葬練祥乃行但此服至葬即除無變服之理故云服是服而除若大功已上至葬後以輕服受之若斬衰三升冠六升葬後受衰六

升是更以輕服受之也云不著月數者天子諸侯葬異月也者大夫士三月葬此章皆三月葬後除之故以三月爲主三月者法一時天氣變可以除之但此經中有寄公爲所寓又有舊君中兼天子諸侯又有庶人爲國君鄭云天子畿内之民服天子亦如之也但天子七月葬諸侯五月葬爲之齊衰者皆三月藏其服至葬更服之葬後乃除是以不得言少以包多亦不得言多以包少是以不著月數者天子諸侯葬異月故也小記者彼記人見此喪服齊衰三月與大功皆不言纓故解此二章同繩纓是以鄭還引之證此章著繩纓也

寄公爲所寓寓音遇○寓亦寄也爲所寄之國君服【疏】注寓亦至君服○釋曰此章論義服故以疏者爲首故寄公在前言寓亦寄者詩式微云黎侯寓於衛寓即寄其義同故云寓亦寄也作文之勢不可重言寄故云寓也

傳曰寄公者何也失地之君也何以爲所寓服齊衰三月也言與民同也諸侯五月而葬而服齊衰三月者三月而藏其服至葬又更服之既葬而除之【疏】傳曰至同也○釋曰傳依上例執所

不知欄者何問此例者尊是諸侯各有國土而寄在他國故發問也失地之君也答辭也失地君者謂若禮記射義貢士不得其人數有讓數有讓黜爵削地盡君則寄在他國詩式微黎侯寓於衛彼爲狄人所迫逐寄在衛黎之臣子勸以歸是失地之君爲衛侯服齊衰三月藏其服至葬更服葬訖乃除也云言與民同也者以客在主國得主君之恩故報主君與民同則民亦服之三月藏其服至葬又反服之既葬訖乃除也○注諸侯至除之○釋曰上以釋變除要待葬後諸侯五月葬而言三月故知三月藏服至葬更服葬後乃除可知不於章首言之欲就三月之下解之故也

丈夫婦人爲宗子宗子之母妻婦人女子子在室及嫁歸宗者也宗子繼別之後百世不遷所謂大宗也

疏 丈夫至母妻○釋曰此與大宗同宗親如寄公爲所寓故次在此言丈夫婦人者謂同宗男子女子皆爲大宗子并宗子母妻齊衰三月也○注婦人至宗也○釋曰此經爲宗子[illegible]與大[illegible]別高祖之[illegible]皆服三月也案斬章女子子在室及女[illegible]在父之室[illegible]不杖章中歸宗婦人爲當家小宗親者[illegible]期爲大宗[illegible]者三月也

云宗子繼別之後者案喪服小記及大傳云繼別爲大宗又云有五世則遷之宗小宗有四是也有百世不遷之宗繼別爲大宗是也云所謂大宗也者即上文大宗者尊之統是也

傳曰：何以服齊衰三月也？尊祖也。尊祖故敬宗，敬宗者尊祖之義也。宗子之母在則不爲宗子之妻服也。

疏 傳曰至服也○釋曰傳以丈夫婦人與宗子服絶而越大功小功與曾祖同，所其人重，故問此例何以服齊衰三月。云尊祖也至之義也者，解也。祖謂別子爲祖，百世不遷之祖，當祭之日，同宗皆來陪位及助祭，故云尊祖也。云尊祖故敬宗者，是百世不遷之宗，大宗者尊之統，故同宗敬之。云敬宗者尊祖之義也者，以宗子奉事別子之祖，是尊祖之義也。宗子之母在則不爲宗子之妻服也者，謂宗子父已卒，宗子主其祭，王制云八十齊衰之事不與，則母七十亦不與。今宗子母在未年七十，母自與祭，母死，宗人爲之服。宗子母七十已上，則宗子妻得與祭，宗人乃爲宗子妻服，故云然也。必爲宗子母妻服者，以宗子燕食族人於堂，其母妻亦燕食族人之婦於房皆序以昭穆故族人爲之服也爲舊君君之母妻疏釋曰舊君舊蒙恩深以對於父今雖退歸田野不忘舊德故次在宗子之下也但爲舊君有二一則致仕二則待放未去此則致仕者也不云舊臣而云舊君者若云舊臣言謂舊君爲之非喪服體例故云舊君若斬章云父君者則臣子爲之此不復言臣法如君也傳曰爲舊君者孰謂也仕焉而已者也何以服齊衰三月也言與民同也君之母妻則小君也仕焉而已者謂老若有廢疾而致仕者也爲小君服者恩深於民疏傳曰至君也○釋曰云爲舊君者孰謂也者此經上下臣爲舊君有二故發問云孰謂也云仕焉而已者也者荅辭也傳意以下爲舊君是待放之臣以此爲致仕之臣也云何以服齊衰三月者惟其舊服斬衰今服三小也云言與民同也者以本義合但今義已斷故抑之使與民同也君之母妻則小君也者雖前服不得同時皆是小君於齊衰三月恩深於民故也○注仕焉經於民○釋曰云仕焉而已者謂老若有廢疾而致

仕者也者此解仕焉而已有仕已者者曲禮云大夫七十而致仕云有廢疾者謂未七十而有廢疾亦致仕之廿有二也云爲小君服者恩深於民也者下文庶人宕四國君無小君是恩淺此爲小君是恩深於民也

庶人爲國君不言民而言庶人庶人或有在宮者天子畿內之民服天子亦如之

疏注不言至如之○釋曰案論語云民可使由之不可使知之注云民者冥也其見人道遠案王制云庶人在官者其祿以是爲差也庶人謂府史胥徒經不言民而言庶人庶人或有在官者據在官者而言之檀弓云君之喪諸達官之長杖謂士大夫爲君杖則庶人不爲君杖斬則下同於民三月也云天子畿內之民亦如之者以其畿外上公五百里侯四百里已下其民皆服君三月則畿內千里是專屬天子故知爲天子亦如諸侯之境內也

大夫在外其妻長子爲舊國君在外待放已去者

疏注在外待放已去者○釋曰此大夫在外不言爲本君服與不服者案雜記云違諸侯之大夫不反服違大夫之諸侯不反服以其尊卑不敵若然其君尊卑敵乃反服舊君服則此大夫已去他國不

言服者，是其君尊卑不敵，不反服者也。是以直言其妻長子爲舊國君。注云在外待放已去者，知是待放已去者，對上下文而知。以其上傳以爲仕焉而已，下傳云而猶未絶，此傳云長子言未去，明身是已去，他國與本國絶者，故鄭云待放已去者也。

傳曰：何以服齊衰三月也？妻言與民同也，長子言未去也。妻雖從夫而出，古者大夫不外娶，婦人歸宗，往來猶民也。春秋傳曰：大夫越境逆女，非禮。君臣有合離之義，長子去，可以無服。

【疏】○傳曰至去也。○釋曰：并服而問者，以其重。何者？妻本從夫服君，今夫已絶，妻不合服而服之；長子本爲君斬者，亦大夫之子得行大夫禮，從父而服之，今父已絶於君，亦當不服矣，而皆服衰三月，故發問也。○注妻雖至無服。○釋曰：云妻雖從夫而出，古者大夫不外娶者，鄭欲解傳曰妻言與民同之意，以古者不外娶，是當國娶婦，是當國之女，今身與妻俱出他國，大夫雖絶，而妻歸宗往來，猶是本國之民。其歸者，則期章云爲昆弟之爲父後者曰小宗者是也。云春秋者，案春秋公羊傳莊二十七年，莒慶來逆叔姬，傳曰大夫越境逆女，非禮。彼云婦此云女鄭以義言之以其未至夫家故云女引之者證古者大夫不外娶之事云君臣有合離之義者謂諫爭從臣是有義則合三諫不從是無義則離子既隨父故去可以無服矣繼父不同居者嘗同居今不同【疏】注嘗同居今不同○釋曰此則期章云必嘗同居然後爲異居者也但章皆有傳惟庶人爲國君及此繼父不傳者以其庶人已於寄公與上下舊君釋訖繼父已於期章釋訖是以皆不言也曾祖父母【疏】釋曰曾高本合小功加至齊衰故次繼父之下此經直云曾祖不言高祖案下緦麻章鄭注云族祖父者亦高祖之孫則高祖有服明矣是以此注亦兼曾高而說也若然此曾祖之內合有高祖可知不言者見其同服故也傳曰何以齊衰三月也小功者兄弟之服也不敢以兄弟之服服至尊也正言小功者服之數盡於五則高高祖宜緦麻曾祖宜小功也據祖期則曾祖大功高祖宜小功也高祖曾祖皆有小功之差則曾孫玄孫爲之服同也重其衰麻尊尊也減其日月恩殺也【疏】傳曰至尊也○釋曰云何

以齊衰三月也者問者怪其三月大輕齊衰又重故發問也云小功者兄弟之服也案下記傳云凡小功已下爲兄弟是以云小功者兄弟之服也云不敢以兄弟之服服至尊也者傳釋服齊衰之意也○注正言至殺也○釋曰云正言小功者服之數盡於五者自斬至緦是也云則高祖宜緦麻曾祖宜小功也者據爲父期而言故三年問云何以至期也曰至親以期斷是何也曰天地則已易矣四時則已變矣其在天地之中莫不更始焉以是象之也又云然則何以三年也曰加隆焉爾也焉使倍之也故再期也是本爲父母加隆至三年故以父爲本而上殺下殺也是故言爲高祖緦麻者謂爲父期爲祖宜大功曾祖宜小功高祖宜緦麻又云據祖期是爲父加隆三年爲祖宜期曾祖宜大功高祖宜小功故鄭云高祖曾祖皆有小功之差此鄭總釋傳云小功者兄弟之服其中含有高曾二祖而言之也又云則曾孫玄孫爲之服同也者曾祖中既無有高祖是以云曾孫玄孫各爲之齊衰三月也云重其衰麻尊尊也者既不以兄弟之服服至尊故云重其衰麻謂以義服六升衰九升冠出尊尊者也云減其日月恩殺也者謂減五月

爲三只者因曾高於已非一體恩殺故也大夫爲宗子〔疏〕釋曰大夫[illegible]旁親皆一等[illegible]
祖故敬宗是以大夫雖尊不[illegible]子爲之三月宗子既不降母妻不降可知傳曰何以服
齊衰三月也大夫不敢降其宗也〔疏〕釋曰以大夫於餘親皆降獨不
降宗子故并服而問荅云不敢降其宗也言於餘親則降也舊君大夫待放未去者〔疏〕注大
夫待放未去者○釋曰此舊君以重出故次在此也
鄭知此舊君是待放未去之大夫者鄭據傳而言也
案上下兩經皆爲舊君不言國庶人爲國君其妻長
子爲舊國君言國此舊君又不言國者據繼在土也
而爲之服正如爲舊君止是不敢進同臣例故服之
三月非爲土地故不言國庶人本繼土地故言國也
其妻長子本爲繼土地故言國此待放未去本
爲君歸其宗廟爲服不繼土地故不言國也傳曰
大夫爲舊君何以服齊衰三月也大夫去君歸其宗
廟故服齊衰三月也言與民同也何大夫之謂乎言

其以道去君而猶未絕也以道去君爲三諫不從待放於郊未絕者言爵祿尚有列於朝出入有詔於國妻子自若民也

【疏】傳曰至絕也○釋曰此爲舊君服對前已去不服舊君此尊未去已在境而爲服故依其重所以并服而問也又餘皆不并人問直云何以齊衰唯此與寄公并人而問者所帷深重者并人而言至如寄公本是體敢一朝重服并言寄公此待放之臣已在國境可以不服之故并言大夫也○注以道至若民也○釋曰云以道去君謂三諫不從待放者此以道去君據三諫不從在境待放得環則還待玦則去如此者謂之以道去君有罪放逐若晉放胥甲父於衛之等爲非道去君云未絕者言爵祿有列於朝出入有詔於國者下曲禮文爵祿有列謂待放大夫舊位仍在出入有詔於國者謂兄弟宗族猶存吉凶之事書信往來相告不絕引之者證大夫去君歸其宗廟詔使宗族祭祀爲此大夫雖去猶爲舊君服若然君不使歸宗廟爵祿已絕則是得玦而去則亦不服矣云妻子自若民也者此鄭還約上大夫在外其妻長子爲舊國君也上下舊君皆不言竝者上仕焉者有士可知是以

傳亦不言大夫次云大夫在外言大夫者以其士妻亦歸宗與大夫同其大夫言子父在則長子得行大夫禮去君為君服斬若十之長子與衆子同父去子雖未去即無服矣與大夫長子異故許言大夫也此不言士者此士為待於未絕大夫亦士法士雖有一諫不從出國之時案曲禮踰竟素服乘髦馬不蚤鬋不御婦人三月而後即向他國無待於之法足出國即不服舊君矣是以舊君唯有大夫也若然不言公卿及孤者詩云三事大夫則三公亦號大夫則大夫中總兼之矣

曾祖父母為士者如衆人〇傳曰何以齊衰三月也大夫不敢降其祖也疏釋曰問者以大夫尊皆降旁親今怪其服故發問經不言大夫傳為大夫解之者以其言曾祖為士者故知對大夫下為之服明知曾孫是大夫

女子子嫁者未嫁者為曾祖父母疏釋曰此亦重出故次在男子曾孫下也但未嫁者同於前為曾祖父母入下并言者女子子有嫁逆降之理故因已嫁并言未嫁

傳曰嫁者其嫁於大夫者也未

嫁者其成人而未嫁者也何以服齊衰三月不敢降其祖也言嫁於大夫者明雖尊猶不降也成人謂年二十已笄醴者也此著不降明有所降

疏注言嫁至所降○釋曰云言嫁於大夫者明雖尊猶不降也者以與尊以見卑欲明適士者以下不降可知也云成人謂年二十已笄醴者也者以其云成人明據二十已笄以醴禮之若十五許嫁亦笄爲成人亦得降與出嫁同但鄭據二十不許嫁者而言之案上章爲祖父母本無降法不須言不敢及女子子爲祖父傳亦不敢言降法祖父母傳不言不敢降其祖孫此乃言者謂曾祖輕尚不降况祖父母重者不降可知是舉輕以見重也云此著不降明有所降者案大功章女子子嫁者未嫁者爲世叔父母姑姊妹此類是有所降也者皆不次

大功布衰裳牡麻絰無受者大功布者其鍛治之功麤沽之

疏大功至受者○釋曰章次此以其本服齊衰斬爲殤死降在大功故在正大功之上義齊衰之下也不云月數者下文有纓絰無纓絰須言七月九月彼已見月數於此略之且此經與前不同

前期章具文於前殺章下不殺章且言其異者此殤大功章首爲文略於正具文者欲見殤不成人故前略後具亦見相參取義云無受者以傳云殤文不繆不以輕服受之○注大功至沽之○釋曰云大功布者其鍛治之功麤沽之者斬麤皆不言布與功以其哀痛極未可言布體與大功至此輕可以見之言大功者斬衰章傳云冠六升不加灰則此七升言鍛治可以加灰矣但麤沽而已者然言大功者用功麤大故沽踈其言小者對大功是用功細小

子女子子之長殤中殤殤者男女未冠笄而死可殤者女子子許嫁不爲殤也

疏注殤者至殤也○釋曰子女子在章首者以其父母於子哀痛情深故在前云殤者男女未冠笄者案禮記喪服小記云男子冠而不爲殤女子笄而不爲殤故知男女未冠笄而死可哀殤者女子子許嫁不爲殤者女子子笄與男子冠同明許嫁笄雖未出亦爲成人不爲殤可知兄弟之子亦同此亦不別言者以其兄弟之子猶子明同於子故不言且中殤或從上或從下是則殤有三等制服惟有二等者欲使大功下殤有服故也若服亦三等則大功下殤無服矣聖人之

意焉也傳曰何以大功也未成人也何以無受也喪成人者其文縟喪未成人者其文不縟故殤之絰不摎垂蓋未成人也年十九至十六爲長殤十五至十二爲中殤十一至八歲爲下殤不滿八歲以下爲無服之殤無服之殤以日易月以日易月之殤殤而無服故子生三月則父名之死則哭之未名則不哭也縟音辱摎居虯反○縟猶數也其文數者謂變除之節也不摎垂者不絞其帶之垂者雜記曰大功以上散帶以日易月謂生一月者哭之一日也殤而無服者哭之而已爲昆弟之子女子子亦如之凡言子者可以兼男女又云女子子者殊之以子關適庶也

疏傳曰至不哭也○釋曰云何以大功也問者以成人皆期今乃大功故發問也云未成人也者荅辭以其未成人故降至大功云何以無受也問者以其成人

至葬後皆以輕服入哭之今喪不成人即無受故發問也云喪成人者其文縟已下荅辭遂因廣解四等之殤年數之別并哭與不哭具列其文但此殤次成人是以從長以及下與無服之殤又三等殤皆以四年爲差取法四時穀物變易故也又以八歲已上爲有服七歲已下爲無服者案家語本命云男子八月生齒八歲齔齒女子七月生齒七歲齔齒今傳據男子而言故八歲已上爲有服之殤也傳必以三月造名治哭之者以其三月一時天氣變有所識眄人所加憐故據名爲限也云未名則不哭也者不止依以日易月而哭初死亦當有哭而已○注縟猶至庶也○釋曰云其文數者謂變除之節也者成人之喪既葬以輕服受之卩變麻服葛絰麻者除之至小祥及以輕服受之男子除於首婦人除於帶是有變除之數也今於殤人喪象物不成則無此變除之節數月則除之又云不樛垂者不絞帶之垂凡喪至小斂皆服未成服之麻麻帶大功以上散帶之垂者至成服乃絞之小功以下初而絞之今殤大功亦於小斂服麻散垂至成服後亦散不絞以示未成人故與成人異亦無受之類故傳云盖未成人也引雜記者證此

殤大功有散帶要不成服則與成人異也云以日易月謂生一月者哭之一日也若至七歲歲有十二月則八十四日哭之此既於子女子子下發傳則是據父母於子不關餘親云殤而無服哭之而已者此鄭總解無服之殤以日易月哭之事也云昆弟之子女子子亦如之者以其成人同是期與衆子同今經傳不言者以其亦猶子故也云凡言子者可以兼男女者謂若期章云子又云昆弟之子是子中兼男女也及云女子子者殊之以子關適庶關通也爲子中通有長之適若然成人爲之斬衰三年今殤死與衆子同者以其殤不成人與穀物未熟故同入殤大功也故別言子見斯義也王肅馬融以爲日易月者以哭之日易服之月殤之朞親則以旬有三日哭緦麻之親者則以三日爲制若然哭緦麻三月喪與七歲同又此傳承父母子之下而哭緦麻孩子疏失之甚也

叔父之長殤中殤姑姊妹之長殤中殤昆弟之長殤中殤夫之昆弟之子女子子之長殤中殤適孫之長殤中殤大夫之庶子爲適

昆弟之長殤中殤，公爲適子之長殤中殤，大夫爲適子之長殤中殤。公，君也。諸侯大夫不降適殤者，重適也。天子亦如之。疏「叔父至中殤」○釋曰：自此盡大夫庶子爲適昆弟之長殤中殤皆是成人齊衰朞，長殤中殤殤降一等在大功，故於此總見之、又皆尊卑爲前後次第作文也。云公爲適子、大夫爲適子皆是正統成人斬衰，今爲殤死不得著代，故入大功。特言適子者，天子諸侯於庶子則絶而無服，大夫於庶子降一等，故於此不言，唯言適子也。若然，二適在下者，亦爲重出其文故也。○注「公君至如之」○釋曰：云公君也者，直言公恐是公士之公及三公與孤皆號公，故訓爲君，見是五等之君，故言諸侯。言天子亦如之者，以其天子與諸侯同絶宗故也。

其長殤皆九月，纓絰；其中殤七月，不纓絰。絰有纓者，爲其重也。自大功以上絰有纓，以一條繩爲之。小功已下絰無纓也。疏注「絰有至無纓也」○釋曰：絰之有纓，所以固絰，猶如冠之有纓以固冠，亦結於頤下也。五服之正無七月之服，唯此大功中殤有之，故禮記云九月

三月之喪三時是也云經有纓緌者爲其重也者以經
云九月纓絰七月不纓絰故知經有纓爲其情重故
也自大功已上經有纓此鄭廣辭五服有纓無纓之
事但諸文唯有冠纓不見經有纓之文鄭揔此經長
殤有纓法則知成人大功已上經有纓明矣鄭知一
條經爲之者見斬衰冠繩纓通屈一條繩爲武垂下
爲纓故知此經之纓亦通屈一條屬之經垂下爲纓
可知小功已下經無纓也者亦以此經中殤七月經
無纓明小功五月已下絰無纓可知大功布衰裳牡麻絰纓布帶三月
受以小功衰即葛九月者受猶承也凡天子諸侯卿大夫既虞士卒哭而受服
正言三月者天子諸侯無大功主於大夫士也此雖有君爲姑姊妹女子子嫁於國君者非內喪也
疏注受猶至喪也○釋曰此成人大功章輕於前殤章
既略於此具言云凡天子諸侯卿大夫既虞士卒哭
而受服者以於斬章釋訖言此者欲見天子七月而
葬諸侯五月而葬虞而受服若然經正言三月者以
其天子諸侯絕旁朞無此大功喪以此而言經言三
月者主於大夫士三月葬者若然大夫除死月數亦

得爲三月也云此雖有君爲姑姊妹女子子嫁於國君者非內喪也者彼國自以五月葬後服此諸侯爲之月以三月受服同於大夫士故云主於大夫七也

傳曰大功布九升小功布十一升此受之下也以發傳者明受盡於此也又受麻經以葛經間傳曰大功之葛與小功之麻同

【疏】注此受至麻同○釋曰云大功布九升小功布十一升者此章有降有正有義降則衰七升冠十升正則衰八升冠亦十升義則衰九升冠十一升十升者降小功十一升者正小功傳以受服不言降大功與正大功直言義大功之受者鄭云此受之下正據受之下發傳者明受盡於此義服大功以其小功至葬雖有變麻服葛因故衰無之服之法故傳據義大功而言也云又受麻經以葛經者言受衰麻俱受而傳唯發衰不言受麻葛故鄭解之云又受麻以葛經引間傳者證經大功既葬其麻經受以小功葛者以其大功既葬變麻爲葛五分去一大功與小功初死同即間傳云大功之葛小功之麻同一也故引之爲證耳

姑姊妹女子子適人者

【疏】釋曰此等並是本朞出降大功

故次在此

傳曰：何以大功也？出也。出必降之者，蓋有受我而厚之者。

疏傳曰至出也○釋曰：問之者，以其本朞，今大功，故發問也。○注出必至之者○釋曰：案檀弓云姑姊妹之薄也，蓋有受我而厚之者也，鄭取以爲說。若然，女子子出降亦同受我而厚之者，皆是於彼厚，夫自爲之禫杖朞，故於此從薄爲之大功也。

從父昆弟。世父叔父之子也。其姊妹在室亦如之。

疏注世父至如之○釋曰：昆弟親爲之朞，此從父昆弟降一等，故次姑姊妹之下。云其姊妹在室亦如之者，義當然也。謂之從父昆弟，世叔父與祖爲一體，又與己父爲一體，緣親以致服，故云從也。降於親兄弟一等，是其常，故不傳問。

爲人後者爲其昆弟。

疏釋曰：在此者，以其小宗之後大宗者，欲使厚於大宗之親，故抑之在從父昆弟之下。

傳曰：何以大功也？爲人後者降其昆弟也。

疏釋曰：案下記云爲人後者於昆弟降一等，故大功也。若然，於本宗餘親皆降一等也。

庶孫。男女皆是。下殤小功章曰爲姪庶孫丈夫婦人同。

疏注男女至婦人同○釋曰

平於昆弟故次之庶孫從父而服祖朞故祖從子而服孫大功降一等亦是其常故傳亦不問也云男女
皆是者女孫在室與男孫同其義然也引殤小功者欲見彼殤既男女同證此成人同不異也**適婦**
適婦適子之妻(疏)注適婦適子之妻○釋曰疏於孫故次之其婦從夫而服其舅姑期其舅姑從子而
服其婦大功降一等者也**傳曰何以大功也不降其適也**婦言適者從夫
名(疏)釋曰此傳問者以其適庶之子其妻等是婦而為庶婦小功特為適婦服大功故發問也荅不
降其適故也若然父母為適長三年今為適婦不降一等服期者長子本為正體於上故加至三年婦直
是適子之妻無正體之義故直加於庶婦一等大功而已**女子子適人者為衆昆**
弟父在則同父沒乃為父後者服期也(疏)釋曰前云姑姊妹女子子出適在章首者情重故至此女
子反為昆弟在此者抑之欲使厚於夫氏故次在此也為本親降一等是其常故無傳也云父沒乃為
父後者服期也者不杖章所云是也**姪丈夫婦人報**為姪男女服同(疏)注為姪男女服

同○釋曰姪卑於昆弟故次之不言男子女子而言丈夫婦人者姑與姪在室出嫁同以姪女言婦人見嫁出因此謂姪男為丈夫亦見長大之稱是以鄭還以男女解之傳曰姪者何也謂吾姑者吾謂之姪疏釋曰云謂吾姑者吾謂之姪者名唯對姑生稱若對世叔唯得言昆弟之子不得姪名也夫之祖父母世父母叔父母疏釋曰以其義服故次在此記云為夫之兄弟降一等此皆夫之眷故為之大功也傳曰何以大功也從服也夫之昆弟何以無服也其夫屬乎父道者妻皆母道也其夫屬乎子道者妻皆婦道也謂弟之妻婦者是嫂亦可謂之母乎故名者人治之大者也可無慎乎治直吏反注同○道猶行也謂弟之妻為婦者卑遠之故謂之婦嫂者尊嚴之稱嫂猶叟也叟老人稱也是為序男女之別爾若己以母婦之服服兄弟之妻兄弟之妻以舅子之服服己則是亂

昭穆之序也治猶理也父母兄弟夫婦之理人倫之大者可不慎乎大傳曰同姓從宗合族屬異姓主名治際會名著而男女有別[疏]傳曰至慎乎○釋曰問者怪無骨肉之親而重服大功故致問也答從服也從夫而服故大功也若然夫之祖父母世父母爲此妻著何服也案下緦麻章云婦爲夫之諸祖父母報鄭注謂夫所服小功者則此夫所服小功不服報王肅以爲父爲衆子期妻小功爲兄弟之子期其妻亦小功以其兄弟之子猶子引而進之同己子明妻同可知夫之昆弟何以無服已下總論兄弟之妻不爲夫之兄弟服夫之兄弟爲兄弟妻服之事云其夫屬乎父道者妻皆母道也其夫屬乎子道者妻皆婦道也此二者尊卑之叙並依昭穆相爲服即此經爲夫之世叔父母服是也云謂弟之妻婦者是嫂亦可謂之母乎者此二者欲論不著服之事若著服則相親近于淫亂故不著服推而遠之遠乎淫亂故無服也又云名者人治之大者也可無慎乎者欲明母之與婦本是路人今來嫁于父子之行則坐母婦之名既名母婦即有服有服則相尊敬遠于淫亂者也是母婦之名人理之大可不慎乎當慎之若然兄弟

之妻本無母婦之名名兄妻爲嫂者尊嚴之稱名弟妻爲婦與子妻同號者推而遠之下同于妻也是兄弟妻既無母婦之名今名爲嫂婦者假作此號使遠于淫亂故不相爲服也○注道猶至有别○釋曰云謂弟之妻爲婦者卑遠之故謂之婦者使下同子妻則本無婦名假與子妻同遠之也云嫂者尊嚴之稱是嫂亦可謂之母乎者此因弟妻名爲婦以致斯問言不可也云嫂猶叟也叟老人稱也者叟有兩號若孔注尚書西蜀叟叟是頑愚之惡稱若左氏傳云趙叟在後叟是老人之善名是以名爲嫂嫂婦人之老稱故云老人之稱云是爲序男女之别爾者謂不名兄妻爲母是次序昭穆之别也云若已以母婦之服服兄弟之妻兄弟之妻以舅子之服服已則是亂昭穆之序也者此解不得之意何者以弟妻爲婦即以兄妻爲母而以母服服兄妻又以婦服服弟妻又使妻以舅服服夫之兄又使兄妻以子服服已夫之弟則兄弟反爲父子亂昭穆之次序故不得以兄妻爲母者也故聖人深塞亂源使兄弟之妻本無母婦之名不相爲服也引大傳云同姓從宗合族屬者謂大宗子同是正姓姬姜子類屬聚也合聚族人於宗子

之家在堂上行食燕之禮即繫之以姓而弗別綴之以食而弗殊是也又云異姓主名治際會者主名謂母與婦之名治正也際接也以母婦正接之會聚則宗子之妻食燕族人之婦於房是也云名著而男女有別者謂母婦之名明著則男女各有分別而無淫亂也

大夫爲世父母叔父母子昆弟昆弟之子爲士者子謂庶子〇疏注子謂庶子〇釋曰大夫爲此八者本朞今以爲士故降至大功亦爲重出此文故次在此也云子謂庶子者若長子在斬章故謂庶子也

傳曰何以大功也尊不同也尊同則得服其親服尊同謂亦爲大夫者親服期〇疏注尊同至服期〇釋曰尊同謂亦爲大夫者經言大夫爲之明尊同是亦爲大夫也云親服期者此公者並見期章是也

公之庶昆弟大夫之庶子爲母妻昆弟公之庶昆弟則父卒也大夫之庶子則父在也其或爲母謂妾子也〇疏釋曰云公之庶昆弟大夫之庶子者此二人各自爲母妻爲昆弟服大功此並受厭降卑於自降故次在自降人之

下○注公之至子也○釋曰若云公子是父在今繼兄而言弟故知父卒也又公子父在爲母妻在五服之外今服大功故知父卒也云大夫之庶子則父在也者以其継父而言又大夫卒子爲母妻得伸今但大功故知父在也云其或爲母謂妾子也者以其爲妾昆弟其禮並同又於適妻君大夫自不降其子皆得伸今在大功明妾子自爲己母也

傳曰何以大功也先君餘尊之所厭不得過大功也大夫之庶子則從乎大夫而降也父之所不降子亦不敢降也言從乎大夫而降則於父卒如國人也昆弟庶昆弟也舊讀昆弟在下其於厭降之義宜蒙此傳也是以上而同之父所不降謂適也

疏傳曰至降也○釋曰問者怪此等皆合重服期今大功故發問也荅云先君餘尊之所厭不得過大功也者此直荅公之庶昆弟以其公在爲母妻厭在五服外今卒猶爲餘尊之所厭不得過大功其大夫之子據父在有厭從於大夫降一等大夫若卒則得伸無餘尊之厭也云父之所不降子亦不敢降也者此傳云而降遂

言不降者此傳躡上文承大夫下亦兼解公之昆弟未悉公爲何人不降弟公不降子亦不降與大夫同也○注言從至適也○釋曰以大夫尊少身在降一等身沒其庶子則得伸如國人也云昆弟庶昆弟也者若適則在父之所不降之中故知庶昆弟也云舊讀昆弟在下其於厭降之義宜蒙此傳也是以上而同之者言舊讀謂鄭君已前馬鄭之等以昆弟二字抽之在傳下今皆易之在上鄭檢經義昆弟乃是公之庶昆弟大夫之庶子所爲者父以尊降庶子則庶亦厭而爲昆弟大功是知宜蒙此傳則昆弟二字當在傳上與母妻宜蒙此傳同爲厭降之文不得如舊也云父所不降謂適也者不指不降之人而云謂適者欲見適中非一謂父爲適妻適子之等皆是也

皆爲其從父昆弟之爲大夫者皆者言其互相爲服尊同則不相降其爲士者降在小功適子爲之亦如之

【疏】注皆者至如之○釋曰此文承上公之庶昆弟大夫之庶子之下則是上二人爲此從父昆弟之爲大夫者以其二人爲父所厭降親今此從父昆弟爲大夫故此二不降而服大功依本服也言皆者鄭云互相爲服者

以彼此相爲同是從父昆弟相爲著服故云皆互相見之義故也云其爲士者降在小功者降一等故也云適子爲之亦如之者雖適不降同故也

爲夫之昆弟之婦人子適人者

婦人子者女子子也不言疏注婦人至恩疏○釋曰女子子者因出見恩疏此亦重出故次從父昆弟下此謂世叔母爲之服在家期出嫁大功云不言女子子者因出見恩疏者女在家室之名是親也婦者事人之稱是見疏也今不言女與母而言夫之昆弟與婦人子者是因出見恩疏故也

大夫之妾爲君之庶子

下傳曰何以大功也妾爲君之黨服得與女君同指爲此也妾爲君之長子亦三年自爲其子期異於女君也士之妾爲君之衆子亦期疏注下傳至亦期○釋曰妾爲君之庶子輕於爲夫之昆弟之女故次之引下傳曰何以大功也妾爲君之黨服得與女君同指爲此也者彼傳爲此經而作故云指爲此在下者鄭彼云文爛在下爾故也云妾爲君之長子亦三年者妾從女君服得與女君同故亦同女君三年又云自爲其子期異於女君也者以其女君從夫降其庶子大功夫不厭妾

故自服其子期是與於女君也云士之妾爲君之衆子亦期謂亦得與女君期者亦是與己子同故也

女子子嫁者未嫁者爲世父母叔父母姑姊妹舊讀合大夫之妾爲君之庶子女子子嫁者未嫁者言大夫之妾爲此三人之服也〔疏〕注舊讀至服也○釋曰此是女子子逆降旁親及是重出故次之於此知逆降者此經云嫁者爲世父已下出夅大功自是常法更言未嫁者亦爲世父已下非未嫁逆降如何云舊讀合大夫之妾爲君之庶子女子子嫁者未嫁者言大夫之妾爲此三人之服也者此馬融之輩舊讀如此鄭以此爲非故此下注破之也傳曰嫁者其嫁於大夫者也未嫁者成人而未嫁者也何以大功也妾爲君之黨服得與女君同下言爲世父母叔父母姑姊妹者謂妾自服其私親也此不辭即實爲妾遂自服其私親當言其以見之齊衰三月章曰女子子嫁者未嫁者爲曾祖父母經與此同足以見之矣傳所云何以

大功也妾為君之黨服得與女君同文爛在下爾女子子成人者有出道降旁親及將出者明當及時也

疏釋曰云嫁者其嫁於大夫者也未嫁者成人而未嫁者也此二者依鄭為世父已下七人本服皆期未嫁者逆降之服大功也云何以大功也妾為君之黨服得與女君同者此傳當在上大夫之妾為君之庶子下爛脫誤在此但下言二字及者謂妾自服其私親也凡字總十一字既非子夏自著又非舊讀者自然是鄭置之也今以義必是鄭君置之鄭君欲分別舊讀者如此意趣然後以注破之云此不辭者謂此分別之句不是解義言解也云即實為妾遂自服其私親當言其以明之者此鄭欲就舊章讀破之案不杖期章云女子子適人者為其父母昆弟之為父後者也又云公妾以及士妾為其父母自為其親皆言其以明妾為私親今此不言明非妾為私親一人逆降一人合降不得合云二人是一人為此七人等逆降者又引齊衰三月章曰女子子嫁者未嫁者為曾祖父母經與此同足以見之矣者彼二人為曾祖是正尊雖出嫁亦不降此則為旁親雖未嫁亦逆降聖人作文是同足明之明是二人為小七人不得以

嫁者未嫁者上同君之庶子下文爲世父以下爲妾自服私親也云傳所云何以大功也妾爲君之黨服得與女君同文爛在下爾者此傳爲大夫之妾爲君之庶子而發應在女子子之上君之庶子之下以簡札韋編爛斷後人錯置於下是以舊讀將爲本在於此是以遂誤也云女子子成人者有出道降旁親者此鄭依經正解之以其嫁者降旁親是其常而云未嫁者成人未嫁亦降旁親者謂女子子十五已後許嫁笄爲成人有出嫁之道是以雖未出即逆降世父已下旁親也云及將出者明當及時也者謂女子子年十九後年二月冠子娶妻之月其女當嫁今年遭此世父已下之喪若依本服期者過後年二月不得及時逆降在大功大功之末可以嫁子則大夫於二月得及時而嫁是以云明當及時也

大夫大夫之妻大夫之子公之昆弟爲姑姊妹女子子嫁於大夫者○君爲姑姊妹女子子嫁於國君者

疏釋曰此等姑姊已下應降而不降又無重出其文故次在此也此大夫大夫妻大夫之子公之昆弟四等人尊卑同皆降

旁親姑姊已下一等大功又以出降當小功但嫁於大夫尊同無尊降直有出降故皆大功也但大夫妻爲命婦若夫之姑姊妹在室及嫁皆小功若不爲大夫妻又降在緦麻假令彼姑姊妹亦爲命婦唯小功耳今得在大夫科中者此謂命婦爲本親姑姊妹已之女子子因大夫大夫之子爲姑姊妹女子子寄文於夫與子姑姊妹之中不煩別見也云君爲姑姊妹女子子嫁於國君者國君絕期已下今爲尊同故亦不降依嫁服大功傳曰何以大功也尊同也尊同則得服其親服諸侯之子稱公子公子不得禰先君公子之子稱公孫公孫不得祖諸侯此自卑別於尊者也若公子之子孫有封爲國君者則世世祖是人也不祖公子此自尊別於卑者也是故始封之君不臣諸父昆弟封君之子不臣諸父而臣昆弟封君之孫盡臣諸

父昆弟故君之所爲服子亦不敢不服也君之所不服子亦不敢服也不得禰不得祖者不得立其廟而祭之也卿大夫已下祭其祖禰則世世祖是人不得祖公子者後世爲君者祖此受封之君不得祀別子也公子若在高祖以下則如其親服後世遷之乃毀其廟爾因國君以尊降其親故終說此義云

疏傳曰至不敢服也○釋曰云何以大功也問者以諸侯絕旁服則大夫降一等今此大功故發問也答以云尊同也尊同則得服其親服者六夫與諸侯所以亦爲服者各自以爲尊同故服之也若然大夫之下則云命婦大夫之子國君之下不云夫夫世子亦同國君不降可知云諸侯之子稱公子已下因尊同遂廣說尊不同之義也但諸侯之子適適祖承象賢而旁支庶已下並爲諸侯所絕不得稱諸侯子變名公子案檀弓注云庶子言公卑遠之是以子與孫皆言公是疏遠之義故也云此自卑別於尊者也若公子之子孫有封爲國君者謂若周禮典命云公八命卿六命大夫四命其出封皆加一等是公之子孫或爲天子臣出封爲五等諸侯是公子有

封爲國君之事云則世世祖是人也不祖公子此自尊別於卑者也者謂後世將此始封之君世世祖是人也不祖公子謂不後祀別子也云是故始封之君不臣諸父昆弟者以其初升爲君諸父是祖之一體又是父子之一體其昆弟既是父之一體又是己之一體故不臣此二者仍爲之著服也云封君之子不臣諸父而臣昆弟者以其諸父尊故未得臣仍爲之服昆弟卑故臣之不爲之服亦既不臣當服本服期其不臣者爲君所服當服斬以肯與諸侯爲兄弟者雖在外國猶爲君斬不敢以輕服服至尊明諸父昆弟雖不臣亦不得以輕服服君爲之斬衰可知云封君之孫盡臣諸父昆弟者繼世至孫斬爲貴重故盡臣之不言不降而言不臣君易絕宗之人親疏皆有臣道故雖來臣子孫終是爲臣故以臣言之云故君之所爲服子亦不敢不服也者此欲釋臣與不臣君之子與君同之義云君之所爲服者謂君之所不臣者君爲之服者子亦服之故云子亦不敢不服也云君之所不服子亦不敢服也者然此謂君所臣之者君不爲之服子亦不敢服之以其子從父升降故並○注不得至義云○釋曰云不得禰不得祖者不得

立其廟而祭之也者鄭恐人疑傳云不得禰不得祖今卑別之不得將為禰祖故云不得者不得立其廟而祭之名為不得也以貝廟已在適子為君者立之旁支亦不得並立廟故云不得也六卿大夫以下祭其祖禰鄭言此者欲見公子公孫若立為卿大夫得立三廟若作上士得立二廟若作中士得立一廟並得祭其祖禰先君當立別子下下以其公子公孫並是別子若魯桓公生世子名同者後為君慶父叔牙季友等謂之公子公子並為別子不得禰先君桓公之廟慶父等雖為卿大夫未有廟至子孫已後乃得立別子為大祖不玫廟已下二廟祖禰之外次第則遷之也故云卿大夫已下祭其祖禰也雖得祭祖禰但不得禰祖先君也不則世世祖是人不得祖公子者此謂祭祖禰但不得禰祖先君也此謂鄭豐傳文也云後世為君者祖此受封之君不得祀別子也者此鄭解義語以其後世為君祖此受封君解世世祖是人不得祀別子解不祖公子者也以其別子卑始封君尊是為自尊別於卑者也云公子若奪高祖以下則如其親服者此解始封君得立五廟者太祖一廟與高祖已下四廟今始封君後世乃下毀其廟為

太祖於此始封君未有太祖廟唯有高祖以下四廟則公子爲別子者得入四廟之限故云公子若在高祖以下則如其親謂自禰已上至高祖以次立四廟云後世遷之乃毀其廟爾者謂始封君死其子立則以父爲禰廟前高祖者爲高祖之父當遷之又至四世之後始封君爲高祖父當遷之時轉爲太祖通四廟爲五廟定制也故云後世遷之乃毀其廟也云因國君以太祖尊降其親故終說此義云者自諸臣之子已下既非經語而傳況說降與公子之義以云終說也

總衰裳牡麻絰既葬除之者總音歲⊙疏釋曰此總衰是諸侯之臣爲天子在大功下小功上者以其天子七月葬既葬除故在大功九月下小功五月上又總雖如小功升數又少故在小功上也此不言帶屨者案下傳云小功之總也則帶屨亦同小功可知

傳曰總衰者何以小功之總也治其縷如小功而成布四升半細其縷者以恩輕也升數少者以服至尊也凡布細而疏者謂之總今南陽有鄧總⊙疏注治其至鄧總○釋曰傳問者正問縷之縷細不問升數多少故荅云小功之總也若然小功總知

據繐麤細非升數者下記人記出升數而繐衰四升有半鄭彼注云服在小功之上者欲著其縷之精麤也故云注亦云治其縷如小功而成布四升半也云細其縷者以恩輕也者以其諸侯大夫是諸侯臣於天子爲陪臣雖有聘問接見天子天子禮之而已故服此服是恩輕也云升數少者以服至尊也者諸侯爲天子服至尊義服斬縗如三升半陪臣降君改服至尊加一服四升四升半也云凡布細而疏者謂之繐者此喪服謂之繐由繐而疏若非喪服細而疏亦謂之繐故云凡以總之云今南陽有鄧繐者謂漢時南陽郡鄧氏造布有名繐言此者證凡布細而疏即是繐之義

諸侯之大夫爲天子

疏釋曰此經直云大夫則大夫中有孤卿以其小聘使下大夫大聘或使孤或使卿也故大行人云諸侯之孤以皮帛繼子男故知大夫中兼孤卿

傳曰何以繐衰也諸侯之大夫以時接見乎天子見賢遍反○接猶會也諸侯之大夫以時會見於天子而服之則其士庶民不服可知

疏注接猶至可知○釋曰傳問者怪其重此既陪臣何意服四升半而七月乃除荅云

以時接見乎天子者爲有恩故服之云接猶會也諸
侯之大夫以時會見於天子而服之者案周禮大宗
伯有特見曰會彼諸侯聘時見曰會無常期曰時會
此鄭云以特會見者直據諸侯大夫時復會其問覜
天子禮此即周禮大宗伯云時聘曰問殷覜曰視鄭
云時聘者亦無常期天子有事乃聘之焉竟外之臣
既非朝歲不敢瀆爲小禮是天子有事乃遣大夫來
聘彼又注云殷覜謂一服朝之歲以朝者少諸侯乃
使卿以大禮衆聘焉一服朝在元年七年十一年此
特從有侯服一服朝於餘五服並使卿來見天子此
並是以時會見天子天子待之以禮皆有委積飧饔
饗食燕與時賜加恩既深故諸侯大夫報而服之也
云則其士庶民不服可知者上文云庶人爲國君注
云天子畿內之民服天子亦如之即知畿外之民不
服可知今又言之者以畿外內民於天子有服無
服無明文今因畿外諸侯大夫接見天子者乃有服
不聘天子者即無服明庶不爲天子服可知故重
明之若然諸侯之士約大夫不接見天子則無服明
上不接見亦無服可知其士與卿大夫不聘時作介者
雖亦得禮介本副使不得天子接見亦不服可知

小功布衰裳，澡麻帶絰，五月者。澡音早〇澡者治去莩垢不絕其本也小記曰下殤小功帶澡麻不絕其本屈而反以報之〇去起呂反莩音敷

【疏】小功至月者〇釋曰此殤小功章在此者本齊衰大功之親為殤降在外小功故在成人小功之上也但言小功者對大功是用功麤大則小功是用功細小精密者也自上以來皆帶在絰下今此帶在絰上者以大功已上絰帶有本小功以下斷本此殤小功中有下殤小功帶不絕本與大功同故進帶於絰上倒文以見重故與常例不同也且上文多直見一絰包二此別言帶者亦欲見帶不絕本與絰不同故兩見之也又殤大功直言無受不言月數此直言月不言無受者聖人作經欲互見為義大功言無受此亦無受此言五月彼則九月七月可知又且下章言即葛此意不言即葛亦是魚見無受之義也入不言布帶與冠文略也不言屨者當與下章同言屨無約也〇注澡者至報之〇釋曰云澡者治去莩垢者謂以澡麻又治去莩垢使之滑淨以其入輕竟故也引小記者欲見下殤小功中有本是齊衰之殤故特言下殤若大功下殤則入緦麻是

以特據下殤云屈而反以報之者謂先以一股麻不絕本者為一條展之為繩報合也以一頭屈而反鄉上合之乃絞重以屈而反以合者見其重故也引之者證此帶亦不絕本屈而反以報之也若然此章亦有大功長殤在小功者未知帶得與斬衰下殤小功同不絕本不案服問云小功無變也又云麻之有本者變三年之葛彼云小功無變據成人小功無變三年之葛有本得變之則知大功殤長中在小功者輕帶無本也以此而言經注專據齊斬不殤小功重者而言其中無有大功之殤在小功帶麻絕本者似若斬衰章無有義服傳直言衰三升冠六升不言義服衰三升半者也若然姑姊妹出適降在小功者以其成人非所哀痛帶與大功之殤同亦無本也

叔父之下殤○適孫之下殤○昆弟之下殤○大夫庶子為適昆弟之下殤○為姑姊妹女子子之下殤○為人後者為其昆弟從父昆弟之長殤疏釋曰此經自叔父已下至女子子之下殤八人皆是成人期長殤下殤大

功已在上殤大功章以此下殤小功故在此章也以尊者在前卑者居後云為人後者為其昆弟從父昆弟之長殤此二者以本服大功今長殤小功故在此章從父昆弟情本輕故在出降昆弟後也

傳曰問者曰中殤何以不見也大功之殤中從上小功之殤中從下問者據從父昆弟之下殤在緦麻也大功小功皆謂服其成人也大功之殤中從上則齊衰之殤亦中從上也此主謂丈夫之為殤者服也凡不見者以此求之也

疏注問者至求之也〇釋曰不直云何以而云問者曰者以其傳總問大功小功所問非一故云問者曰與常例不同鄭云問者據從父昆弟之下殤在緦麻也者以其緦麻章見從父昆弟之下殤此章見從父昆弟之長殤唯中殤不見故致問是以據從父昆弟也云大功小功皆謂服其成人也者以其緦麻章傳云齊衰之殤中從上大功之殤中從下據此二傳言之禮無殤在齊衰則下齊衰之殤與大功之殤據成人明此大功與小功之殤據服其成人可知也若然此經大功之殤唯有為人後者為昆弟及從父昆弟二者長殤中殤在

此小功其成人小功之殤中從下自在緦麻於此言之者欲使小功與大功相對故無言之也云大功之殤中從上則齊衰之殤亦中從上也者以此傳云大功之殤中從上小功之殤中從下而言則大功重者中從上齊衰重於大功明從上可知故謂舉輕以明重也又云此主謂丈夫之爲殤者服也者鄭以此云大功之殤中從上小功之殤中從下緦麻章云齊衰之殤中從上大功之殤中從下兩文相反故鄭以彼謂婦人爲夫之族類此謂丈夫爲殤者服也鄭必知義然者以其此傳發在從父昆弟文夫下下文發傳在婦人爲服之親下故知義然也云凡不見者以求之也者周公作經不可具出略舉以明義故云不見者以此求之也

爲夫之叔父之長殤不見中殤者中從下也

【疏】注不見至下也○釋曰夫之叔父義服故次在此成人大功故長殤降一等在小功云不見中殤者中從下也者下傳云大功之殤中從下主謂此婦人爲夫之黨類故知中從下在緦麻也

昆弟之子女子子夫之昆弟之子女子子之下殤爲姪庶孫丈夫婦人

之長殤疏釋曰云昆弟之子女子子夫之昆弟之子女子子之下殤者此皆成人爲之齊衰期長中殤在大功故下殤在此小功也云爲姪庶孫丈夫婦人之長殤者謂姑爲姪成人大功長殤在此小功不言中殤中從上不言男子女子而言丈夫婦人亦是見恩疏之義庶孫者祖爲之大功長殤中殤亦在此小功言丈夫婦人亦是見恩疏也云大夫公之昆弟大夫之子爲其昆弟庶子姑姊妹女子子之長殤者謂此三人爲此六種人成人以尊降至大功故長殤小功中亦從上此一經亦尊卑爲次敘也

大夫公之昆弟大夫之子爲其昆弟庶子姑姊妹女子子之長殤大夫爲昆弟之長殤小功謂爲士者若不仕者也以此知爲大夫無殤服也公之昆弟不言庶者此無服無所見也大夫之子不言庶者關適子亦服此殤也云公之昆弟爲庶子之長殤則知公之昆弟猶大夫疏注大夫至大夫○釋曰云大夫爲昆弟之長殤小功謂爲士者若不仕者也者凡爲昆弟成人期長殤在大功今大夫爲昆弟長殤小功明大夫爲昆弟降一等成人大功長殤中殤在

小功若昆弟亦爲大夫用等期不降今言降在小功明是昆弟爲士若不仕者也云以此知爲大夫無殤服也者已爲大夫則冠矣大夫冠而不爲殤是以知大夫無殤服矣若然大夫身用士禮已二十而冠而有兄姊殤者已與兄姊同十九而兄姊於年終死已至明年初二十因喪而冠是以冠成人而有兄姊殤也且五十乃爵命今未二十已得爲大夫者五十乃爵命自是禮之常法或有大夫之子有盛德謂若甘羅十二相秦之等未必要至五十是以得有幼爲大夫者也若然曲禮云四十強而仕則四十然後爲士今云殤死者爲士若不仕則爲士而殤死亦是未二十得爲士者謂若士冠禮鄭目録云士之子任士職居士位二十而冠則亦是有德未二十爲士者謂若士冠禮至二十乃冠故鄭引管子書四民之業士亦世焉是也云公之昆弟不言庶者此無服無所見也者經云公之昆弟多急言庶此特不云公之庶昆弟直云公之昆弟者若爲母則無云庶以其適母庶之子皆同服妾子爲母則厭不申今此經不爲母嚴爲昆弟已下並同長殤故不言庶也云夫之子不言庶者關適子亦服此殤也者若言大夫庶子爲昆

弟謂言適子不服之君不言庶子則無適庶是以鄭云不言庶子者關適子關通也適適子亦服此服也云公之昆弟爲庶子之長殤則知公之昆弟猶大夫者舊疑大夫與公之昆弟尊卑異今案此經云公之昆弟與大夫同降昆弟已下成人大功長殤同小功則知此二人尊卑同故云猶大夫也

大夫之妾爲庶子之長殤君之庶子

疏注君之庶子○釋曰妾爲君之庶子成人在大功已見上章今長殤降一等在此小功云君之庶子者若適長則成人隨女君三年長殤在大功與此異故言君之庶子以別之也

小功布衰裳牡麻絰即葛五月者即就也小功輕三月變麻因故衰以就葛絰帶而五月也間傳曰小功之葛與緦之麻同舊說小功以下吉屨無絇也

疏注即就至絇也○釋曰此是小功成人章輕於殤小功故次之此章有三等正降義其衰裳之制深經等與前同故略也云即葛五月者以此成人文縟故有變麻從葛故云即葛但以日月爲足故不變衰也不列冠屨承上大功文略小功又輕故亦不言也言日月者成人文縟故具言也云即就也者謂

去麻就葛也引間傳欲見小功有變麻服葛法既葬大小同故變同之也引舊說云小功以下吉屨無絇也者以小功輕非直衰服不見屨諸經亦不見其屨以輕略之是以引舊說爲証絇者案周禮屨人職屨舄皆有絇繶純純者於屨口緣繶者牙底接處縫中有絛絇者屨鼻頭有飾爲行戒吉時有行戒故有絇喪中無行戒故無絇以其小功輕故從吉屨爲其大飾故無絇也

經**從祖祖父母從祖父母報**祖父之昆弟之親疏注祖父至之親○釋曰此亦從祖尊向卑故先言從祖祖父母以上章已先言父次言祖次言曾此從祖祖父母是曾祖之子祖之兄弟從祖父母者是從祖祖父之子父之從父昆弟之親故鄭并言祖父之昆弟之親云報者恩輕欲見兩相爲服故云報也

從祖昆弟父之從父昆弟之子疏注父之至之子○釋曰此是從祖父之子故鄭云父之從父昆弟之子己之再從兄弟以上三者爲三小功也

從父姊妹父之昆弟之女疏注父之昆弟之女○釋曰此謂從父姊妹在家大功出適小功不言出適與在室姊妹既逆降宗族亦逆降報之故不辨在室

及出嫁也孫適人者孫者子之子女孫在室亦大功也疏注孫者至功也○釋曰以女孫在室與男孫同大功故出適小功也

為人後者為其姊妹適人者不言姑者舉其親者而恩輕者降可知疏注不言至可知○釋曰云不言姑者舉其親者而恩輕者降可知案詩云問我諸姑遂及伯姊注云先姑後姊尊姑也是姑尊而不親姊妹親而不尊故云不言姑舉姊妹親者也

為外祖父母○傳曰何以小功也以尊加也疏釋曰發問者是傳之不得決此以云外親之服不過緦麻今乃小功故發問云以尊加也者以言祖者祖是尊名故加至小功言為者以其母之所生情重故言為也

從母丈夫婦人報從母母之姊妹疏注從母母之姊妹○釋曰功之姊妹與母一體從於己母而有此名故曰從母言丈夫婦人者母之姊妹男女與從母兩相為服故曰報云丈夫婦人者馬氏云從母報姊妹之子男女也丈夫婦人者異姓無出入降若然是皆成人長大為號

傳曰何以小功也以名加也

外親之服皆緦也外親異姓正服不過緦丈夫婦人姊妹之子男女同疏注外親至女同○釋曰云以名加也者以有母名故加至小功云外親之服皆緦也者以其異姓故云外親以本非骨肉情疏故聖人制禮無過緦也言此者見有親與母名即加服之意耳注云外親異姓者從母與姊妹子男與外祖父母皆異姓故總言外親也

夫之姑姊妹娣姒婦報夫之姑姊妹不殊在室及嫁者因恩輕略從降疏注夫之至從降○釋曰夫之姑姊妹夫為之期妻降一等出嫁小功因恩疏略從降故在室及嫁同小功若此釋恐謂未當報然文不為娣姒設以其娣姒婦兩見更相為服自明何言報也既報字不為娣姒其報於娣姒上者以其於夫之兄弟使之遠別故無名使不相為服要娣姒婦相為服亦因夫而有故娣姒婦下云報使娣姒上蒙夫字以冠之也

傳曰娣姒婦者弟長也何以小功也以為相與居室中則生小功之親焉娣姒婦者兄弟之妻相名也長婦謂稚婦為娣婦娣婦謂長婦為姒婦疏注娣姒至

娣姒婦○釋曰：傳云「娣姒婦者，弟長也」者，此二字皆從女爲形，弟爲聲，則據二婦互稱，謂年小者爲娣，故云娣是其年幼也；年大者爲姒，故云姒長，是其年長。假令弟妻年大，稱之曰姒；兄妻年小，稱之曰娣。是以左氏傳穆姜是宣公夫人，文姬也；聲伯之母是宣公弟叔肸之妻，小婦也。聲伯之母不聘，穆姜云「吾不以妾爲姒」，是據二婦年大小爲娣姒，不據夫年爲小大之事也。

大夫、大夫之子、公之昆弟爲從父昆弟、庶孫、姑姊妹、女子子適士者。從父昆弟及庶孫亦謂爲士者。

疏 注「從父」至「士者」○釋曰：從父昆弟、庶孫本大功，此三等以尊降入小功；姑姊妹、女子子本期，此三等出降入大功，若適士又降一等入小功也。此等以重出其文，姑姊妹又以再降，故在此。鄭云「從父昆弟及庶孫亦謂爲士者」，以經女子子下總云適士，鄭恐人疑，故鄭別言之。以其從父昆弟及庶孫已見於大功章，今在此，故三等人降嫌一等，故知此文亦謂爲士者也。

大夫之妾爲庶子適人者。君之庶子女子子也。庶女子子在室大功，其嫁於大夫亦大功。

疏 注「君之」至「大功」

○釋曰此云適人者謂士是以本在室大功出降故
小功鄭云嫁於大夫大夫亦大功者直有出降無尊降故
也庶婦夫將不受重者疏注夫將不受重者○釋曰經云於支庶舅姑爲其婦小功鄭云夫將
不受重則若喪服小記云世子有廢疾不可立
而庶子立其舅姑皆爲其婦小功則亦無此婦也君
母之父母從母君母父之適妻也從母君母之姊妹疏○注君母至姊妹○釋曰此亦謂
妻子爲適妻之父母及君母
姊妹如適妻子爲之同也傳曰何以小功也君母
在則不敢不從服君母不在則不服不敢不服者恩實輕也凡庶子
爲君母如適子疏注不敢至適子○釋曰何以發問者以既不生己母又非骨肉惟爲小功故發問也
荅云不敢不從服者言無情實但畏敬故云不敢不
從服也云君母不在者或出或死故直云不在容有
數事不在也鄭云不敢不服者恩實輕也者以解不
敢意也云如適子者則如適妻之子非正適長而據
君母在而云如若君母不在則不如若然君母在既
爲君母父母其己母之父母或亦無服之若馬氏義

一〇九六

君母不在乃可申矣君子子爲庶母慈己者君子子者大夫及公子之適妻子

疏注君子至妻子○釋曰鄭云君子子者大夫及公子之適妻子者禮之通例云君子子與貴人皆據大夫已上公子尊卑比大夫故鄭據而言焉又國君之子爲慈母無服士又不得稱君子亦復自養子無三母具故知此二人而已必知適妻子者妾子賤亦不合有三母故也傳曰君子子者貴人之子也爲庶母何以小功也以慈己加也云君子子者則父在也父沒則不服之矣以慈己加則君子子亦以士禮爲庶母緦也內則曰異爲孺子室於宮中擇於諸母與可者必求其寬裕慈惠溫良恭敬慎而寡言者使爲子師其次爲慈母其次爲保母皆居子室他人無事不往又曰大夫之子有食母庶母慈己者此之謂也其不慈己則緦可矣不言師保慈母居中服之可知也國君世子生卜士之妻大夫之妾使食子三年而出見於公宮則劬非慈母也士之妻自養其子

疏注云君至其子○釋曰云爲庶母何以小功也發問者以諸侯與士之子皆無此服唯此貴人

大夫與公子之子猶有此疑故發問也答云慈已加也故以緦麻上加至小功也云君子子者則父在也者以其言子繼於父故云父在且大夫公子不繼世身死則無餘尊之厭如凡人則無三母慈已之義故知父在也云父没則不服之矣者以其無餘尊雖不服小功仍服庶母緦麻也如士禮故鄭又云以慈已加則君子以士禮爲庶母緦也是其本庶母緦麻也內則已下至非慈母也皆內則文彼文承國君與大夫士之子生之下鄭彼注云爲君養子之禮今此鄭所引證大夫公子養子之法以其大夫公子適妻亦得立三母故也云異爲孺子室於宮中者鄭注云特埽一處以處之更不別室還於側室生子之處也云擇於諸母與可者諸母謂父之妾即此經庶母者也云可者傳御之屬也謂母之外別有傳母御妾之等有德行者可以充三母也云必求其寬裕慈惠溫良恭敬慎而寡言者寬謂寬弘裕謂容裕慈謂恩慈惠謂惠愛溫謂溫潤良謂良善恭謂恭恪敬謂敬肅慎謂能謹慎寡言謂審詞語有此十行者得爲子師師終與子爲模範故取德行高者不爲之也故彼注云子師敎示以善道者至其次爲慈母知其嗜欲者德行

稍劣者爲慈母即此經慈母是也又云其爲保母者德行又劣前者爲保母彼注云保母安其居處者云皆居子室者以皆是子母是以居子之室也云他人無事不往者彼注云爲兒精氣微弱將驚動也又云大夫之子有食母者彼注云選於傅御之中喪服所謂乳母也案下章云乳母注云謂養子者有他故賤者代之慈己者若然大夫三母之內慈母有他故使賤者代慈母養子謂之乳母死則服之三月與慈母服異引之者證三母中又有此母也君與士皆無此事云庶母慈己者此之謂也者謂此經庶母慈己則內則所云其可者賤於諸母謂傅姆之屬也者傅姆謂女師鄭注昏禮云姆婦人年五十無子出而不復嫁能以婦道教人者若今時乳母矣鄭注內則云可者傅御之屬與此注不同者無正文故注有異相兼乃具云其不慈己則緦可矣者覆解子爲三母之服謂諸母也傳云以慈己加者不慈己則不加明本當緦也云不言師保慈母居中服之可知也者周公作經舉中以見上下故知皆服之矣云國君世子生卜士之妻大夫之妾使食子三年而出見於公宮則劬非慈母者引此者彼既總據國君與卿大夫士養子

法向來所引唯據大夫與公子養子法故更見國君養子之禮但國君子之三母具如前說三母之外別有養子者二者之中先取士妻無堪者乃取大夫妾不并取之案彼注謂先有子者以其須乳故也劬勞三年子大出見公宮則勞之以束帛此經慈母以其無服故也知國君子於三母無服者案曾子問孔子曰古者男子外有傳內有慈母君命所使教子也何服之有以此而言則知天子諸侯之子於三母皆無服也云士之妻自養其子者此亦內則文取之者以其君大夫養子已具故因論士之養子已具故云賤不敢使入也

緦麻三月者緦麻布衰裳而麻絰帶也不言衰絰略輕服省文

疏注緦麻至省文○釋曰此章五服之內輕之極者故以緦如絲者爲衰裳又以澡治莩垢之麻爲絰帶故曰緦麻也三月者凡喪服變除皆法天道故此服之輕者法三月一時天氣變可以除之故三月也云緦麻布衰裳者緦則絲也但古之緦絲字通用故作緦字直云而麻絰帶也案上殤小功章云澡麻絰帶況緦服輕明亦澡麻可知云不言衰絰略輕服省文者據上殤小功言絰帶故成人小功於此緦麻有絰帶可知

故云略輕服省文也傳曰緦者十五升抽其半有事其縷無事其布曰緦謂之緦者治其縷細如絲也或曰有絲朝服用布何衰用絲乎抽猶去也雜記曰緦冠繰纓○朝直遙反後放此疏注謂之至繰纓○釋曰云緦者十五升抽其半者以八十縷爲升十五升千二百縷抽其半六百縷縷麤細如朝服數則半也可謂緦而踈服最輕故也云有事其縷無事其布曰緦者案下記云大夫弔於命婦錫衰傳曰錫者十五升抽其半無事其縷有事其布曰錫鄭注云謂之錫者治其布使之滑易也不錫者不治其縷衰在內也緦者不治其布衰在外若然則二衰皆同升數但錫衰重故治布不治縷衰在內故也此緦麻衰治縷不治布衰在外故也云謂之緦者治其縷細如絲也者以其麤細與朝服十五升同故細如絲也云或曰有絲者有人解有用絲爲之故云緦又曰朝服用布何衰用絲乎者此鄭以義破或解朝服謂諸侯朝服之布衣及天子朝服皮弁服白布衣皆用布至於朝喪衰何得反絲乎故不可也引雜記緦冠繰纓者以其斬衰纓纓重於冠齊衰已下纓纓與冠等上傳曰

齊衰大功冠其受也緦麻小功冠其衰也則此云緦冠者冠與衰同用緦布但繅縷者以灰繅治布為縷與冠別以其冠與衰皆不治布縷則繅治以其輕故特異於上也

族曾祖父母○族祖父母○族父母○族昆弟

族曾祖父者曾祖昆弟之親也族祖父者亦高祖之孫則高祖有服明矣

疏注族曾至明矣○釋曰此即禮記大傳云四世而緦服之窮也名為四緦麻者也云族曾祖父者已之曾祖親兄弟也云族祖父母者已之祖父從父昆弟也云族父母者已之父從祖昆弟也云族昆弟者已之三從兄弟皆名為族族屬也骨肉相連屬以其親盡恐相疏故以族言之耳云祖父之從父昆弟之親者欲推出高祖有服之意也以已之祖父與族祖父相與為從昆弟族祖父與已之祖俱是高祖之孫此四緦麻又與已同出高祖已上至高祖為四世旁亦四世旁四世既有服於高祖有服明矣鄭言此者舊有人解見齊衰三月章直見曾祖父母不言高祖以為無服故鄭從下鄉上推之高祖有服可知上章不言者鄭彼注高祖皆有小功之差服同故舉一以見二也然則又云族祖

父者鄭意以族祖父者上連祖父之從父昆弟爲族同也故下亦高祖之孫也明己之祖父即高祖之正孫族祖父高祖之旁孫也

庶孫之婦庶孫之中殤庶孫者成人大功其殤中從上此當爲下殤言中殤者字之誤爾又諸言中者皆連上下也【疏】注庶孫至下也○釋曰庶孫之婦緦者以其適子之婦大功庶子之婦小功適孫之婦小功庶孫之婦緦是其差也云庶孫之中殤注云庶孫者成人大功其殤中從上者則長中殤皆入小功章中故云此當爲下殤言中殤者字之誤爾又諸言中者皆連上下也者謂大功之殤中從上小功緦麻之殤中從下謂殤之内無單言中殤者此經單言中殤故知誤宜爲下也

從祖姑姊妹適人者報從祖父從祖昆弟之長殤不見中殤中從下【疏】注不見至從下○釋曰此一經皆本服小功是以此經或出適或長殤降一等皆緦麻云不見中殤中從下者以其小功之殤中從下故也其云從祖父長殤謂叔父者也

外孫女子子之子【疏】注女子子之子○釋曰云外孫者以女出外適而生故云外孫從

父昆弟姪之下殤夫之叔父之中殤下殤言中殤者中從下

疏注言中至從下○釋曰從父昆弟成人大功長殤在小功故下殤在此章也姪者爲姑之出降大功長中殤小功故下殤在此也夫之叔父成人大功長殤在小功故中下殤在此以下傳言之婦人爲婦之族類大功之殤中從下故鄭據而言之也

從母之長殤報

疏釋曰從母者母之姊妹成人小功故長殤在此中下之殤則無服故不言云報者以其疏亦兩相爲服也案小功章見從母報服此殤又云報者以前章見兩俱成人以小功相報此章見從母與姊妹子亦俱在殤死相爲報服故二章並言報也

庶子爲父後者爲其母

疏釋曰此爲無冢適惟有妾子父死庶子承後爲其母緦也

傳曰何以緦也傳曰與尊者爲一體不敢服其私親也然則何以服緦也有死於宮中者則爲之三月不舉祭因是以服緦也君卒庶子爲母大功大夫卒庶子爲母三年士

雖在庶子為母皆如衆人。

【疏】傳曰至緦也○釋曰傳發問者怪其親重而服輕故問引舊傳者白子夏見有成文引以為證云與尊者為一體者父子一體如首[illegible]足者也云不敢服其私親也者妾母不得體君不得為正親故言私親也云然則何以服緦也又發此問者前答既云不敢服其私親即應全不服而又服緦何也答曰有死於宮中者則為之三月不舉祭因是以服緦也云有死宮中者縱是臣僕死於宮中亦三月不舉祭故此庶子因是為母服緦也有死即廢祭者不欲聞凶人故也○注君卒至衆人○釋曰云君卒庶子為母大功章云公之庶昆弟為其母是也以其先君在公子為母在五服外記所云是也先君卒則是今君庶昆弟為其母大功先君餘尊之所厭不得過大功今庶子承重故緦云大夫卒庶子為母三年也者以其父在大功父卒無餘尊所厭故伸三年士雖在庶子為母皆如衆人者士卑無厭故也鄭并言大夫士之庶子者欲見不承後者如此服若承後則皆緦故并言之也向求經傳所云者據大夫士之庶子承後法若天子諸侯庶子承後為其母所服云向案喪服問云古者天子練冠以燕居鄭云謂庶

子王為其母無服。案服問云：「君之母非夫人，則群臣無服，唯近臣及僕驂乘從服，唯君所服服也。」注云：「妾先君所不服也。禮，庶子為後，為其母緦。言唯君所服，申君也。春秋之義，有以小君服之者，時若小君在，則益不可。」據彼二文而言，曾子問所云據小君在，則練冠五服外；服問所云據小君沒後，其庶子為得申，故鄭云「申君」，是以引春秋之義母以子貴。若然，天子諸侯禮同，與大夫士禮有異也。

士為庶母。

【疏】釋曰：上下體例，平文皆士，君非士則顯其名位。傳云文夫已上為庶母無服，則為庶母是士可知。而經云士者，當云大夫已上不服庶母，庶人又無庶母，為庶母服者唯士而已，故詭例言士也。

傳曰：何以緦也？以名服也。大夫以上為庶母無服。

【疏】釋曰：發問者，除士以外皆無服庶母，服獨士有服，故發問。荅云以名服也，以有母名，故有服。云大夫以上為庶母無服者，以其降故無服。此傳解特稱士之意也。

貴臣、貴妾。

此謂公士大夫之君也。殊其臣妾貴賤而為之服。貴臣，室老、士也。貴妾，姪娣也。天子諸侯降其臣妾無服，士卑無臣，則士妾又賤，不足殊。有子

則爲之緦貴臣貴妾○釋曰此貴妾謂公士大夫
無子則已【疏】爲之服緦以等非南面故服之也○注
此謂至則已○釋曰云此謂公士大夫之君也旁若
士則無臣又不得簡妾貴賤天子諸侯又以此二者
無服則知爲此服者是公卿大夫之君得殊其臣妾
貴賤而爲之服也云貴臣室老士也者上斬章鄭已
注云室老家相也士邑宰也云貴妾姪娣也者案曲
禮曰大夫不名家相長妾士昏禮云雖無娣媵先是
士姪娣不具卿大夫有姪娣爲長妾可知故曰貴妾
姪娣也云天子諸侯降其臣妾無服者以其絶朞已
下故也云士卑無臣者孝經以諸侯天子大夫皆云
爭臣士有爭友是士無臣也云妾又賤不足殊者以
大夫已上身貴妾亦有貴士身賤妾亦隨之賤者故
云妾又賤不足殊也云有子則爲之緦無子則已者
喪服小記文

傳曰何以緦也以其貴也【疏】釋曰發問者以臣與妾不應服故發問之也荅曰以其貴也以非南面故簡貴者服之也

乳母謂養子者有它故賤者代之慈已

【疏】注謂養至慈已○釋曰案内則云大夫之子有食母彼注亦引此云喪服所謂乳母以天子諸侯其

子有三母具皆不爲之服士又自養其子若然自外皆無此法唯有大夫之子有此食母爲乳母其子爲之緦也云爲養子者有他故者謂三母之內慈母有疾病或死則使此賤者代之養子故云乳母也傳曰何以緦也以名服也疏釋曰怪其餘人之子皆無此乳母獨大夫之子有之故發問也荅以名服有母名即爲之服緦也

從祖昆弟之子族父母爲之服疏注族父母爲之服○釋曰云從祖昆弟之子者據已於彼爲再從兄弟之子云族父母爲之服者據彼來呼已爲族父母爲之服緦也

曾孫孫之子疏注孫之子○釋曰據曾祖爲之緦不言玄孫者此亦如齊衰三月章直見曾祖不言高祖以其曾孫玄孫爲曾高同曾高亦爲曾孫玄孫同故二章皆略不言高祖玄孫也

父之姑歸孫爲祖父之姊妹疏注歸孫至姊妹○釋曰案爾雅云女子謂昆弟之子爲姪謂姪之子爲歸孫是以鄭據而言焉

從母昆弟○傳曰何以緦也以名服也疏釋曰傳問者怪外親輕而有服者荅云以名服者用從母有母名而服其子故

云以名服也必知不因兄弟名以其昆弟非尊親之號是以上小功章云爲從母小功云以名加也爲外親父母以尊親也知此以名者亦因從母之名而服其子爲義

甥姊妹之子疏注姊妹之子○釋曰云甥者舅爲姊妹之子

傳曰：甥者何也？謂吾舅者，吾謂之甥。何以緦也？報之也。疏釋曰發問者五服未有此名故問之荅云謂吾舅者吾謂之甥以其父之昆弟有世叔之名母之昆弟不可復謂之世叔故名爲舅舅既得別名故謂之姊妹之子爲甥亦爲別稱也云何以緦也報之也者此怪其外親而有服故發問也荅曰報之者甥既服舅以緦舅亦爲甥以緦也

壻女子子之夫也

傳曰：何以緦也？報之也。疏釋曰發問之者怪女之父母爲外親女之夫服荅云報之者壻既從妻而服妻之父母妻之父母遂報之服前疑姪及甥之名而發問此不疑壻而發問者姪甥本親而疑異稱故發問而壻本是疏人宜有異稱故不疑而問之也

妻之父母○傳曰：何以緦？從服也。從於妻而服之疏注從於妻而服之○

一一〇九

釋曰傳發問者亦怪外親而有服服荅曰從服故有此服若然上言甥下次言舅此言壻次即言妻之父母者舅甥本親不相報故在後別言舅此壻本疏恐不是從服故即言妻之父母也

姑之子外兄弟也

傳曰何以緦報之也【疏】釋曰云外兄弟者姑是內人以出外而生故也外兄弟傳發問者亦疑外親而服之故問也荅云報之者姑之子既爲舅之子服舅之子復爲姑之子兩相爲服故云報之也

舅母之兄弟

傳曰何以緦從服也從於母而服之【疏】注從於母而服之○釋曰傳發問者亦疑於外親而有服荅從服者從於母而服之不言報者既是母之懷抱之親不得言報也

舅之子內兄弟也

傳曰何以緦從服也【疏】釋曰云內兄弟者對姑之子云舅之子本在內不出故得內明也傳發問者亦以外親服之故問也荅云從服者亦是從於母而服之不言報者爲舅既言從服其子相於亦不得言報也

夫之姑姊妹之長殤

【疏】夫之姑姊妹成人婦爲之小功長殤降一等故緦麻也

夫之諸祖父母報諸祖

父者夫之所爲小功從祖祖父母外祖父母或曰曾祖父母曾祖於曾孫之婦無服而云報乎曾祖父母正服小功妻從服緦【疏】注諸祖至服緦○釋曰云夫之姑姊妹成人婦爲之小功長殤降一等故緦麻也以其本疏兩相爲服則生報名云從祖祖父母外祖父母者此依小功章夫爲之小功者也云或曰曾祖父母者或以諸祖之中兼有夫之曾祖父母凡言報者兩相爲服曾祖爲曾孫之婦無服何得云報乎鄭破或解也云曾祖父母正服小功妻從服緦者此鄭既破或解更爲或人而言若今本不爲曾祖齊衰三月而依差降服小功其妻降一等得有緦服今既齊衰三月明爲曾孫妻無服

君母之昆弟【疏】釋曰前章不云君母姊妹而云從母者以其上連君之父母故也此昆弟單出不得直云舅故云君母之昆弟也

傳曰何以緦從服也從於君母而服緦也君母在則不敢不從服君母卒則不服也【疏】注從於至服也○釋曰傳發問者怪非已母而服之荅云從服者雖本非已親敬君之母故從於君母而服緦也云君母在則不敢不從服君母卒則不服也者君母之昆弟從服與君

母之父母故亦同取於上傳解之也皆徒從之故所從亡則已也

從父昆弟之子之長殤昆弟之孫之長殤為夫之從父昆弟之妻【疏】釋曰從父昆弟之子之長殤昆弟之孫之長殤此二人本皆小功故長殤在緦麻中殤從下殤無服夫之從父昆弟之妻同堂娣姒降於親娣姒故緦麻也

傳曰何以緦也以為相與同室則生緦之親焉長殤中殤降一等下殤降二等齊衰之殤中從上大功之殤中從下同室者不如居室之親也齊衰大功皆明其成人也大功之殤中從下則小功之殤亦中從下也此主謂妻為夫之親服也凡不見者以此求之【疏】傳曰至從下○釋曰何以緦發問者以本路人夫又不服之今相為服故問之荅云以為相與同室則生緦之親焉者以大功有同室同財之義故云相與同室則生緦之親焉云長殤中殤降一等下殤降二等者即云齊衰之殤中從上乃是婦人為夫之族著殤法則此一等二等之傳雖文承上男子為

殤之下要此傳爲下婦人若殤服而發之若云長殤中殤降一等者據下齊衰下殤從上在大功也下殤降二等者亦是齊衰下殤在小功者也○注同室至求之○釋曰云同室者不如居室之親也者言同室者直是舍同未必安坐言居室者非直舍同又是安坐以上小功章親娣姒婦發傳兩云相與居室此從父昆弟之妻相爲即云相與同室是親疏相并同室不如居室也故輕重不等也云齊衰大功皆服其成人也者以其無殤殤在齊衰之服明據成人齊衰既是成人明大功亦是成人可知也云大功之殤中從下則小功之殤亦中從下者則舉上以明下上殤小功注云大功之殤中從上則齊衰之殤亦中從上彼注舉下以明上皆是省文之義故言一以包二也云此主謂妻爲夫之親服也者此傳又承婦人在夫家相爲著服之下又上文殤大功章已發傳據大功小功不據齊衰以其重故據男子爲殤服而言此不言小功上取齊衰對大功以其輕故知婦人義服爲夫之親而發也云凡不見者以此求之者以其婦人爲夫之親從夫服而降一等而經傳不見者以此求也事意蓋可知前章注爲大夫而言此章更爲婦人出故兩

衰並記疏釋曰儀禮諸篇有記者皆是記經不
是也記疏備者也作記之人其蹤已在士冠篇公子
爲其母練冠麻麻衣縓縁爲其妻縓冠葛絰帶麻衣
縓縁皆既葬除之公子君之庶子也其或爲母謂妾子也麻者緦麻之絰帶也此麻衣
者如小功布深衣爲不制衰裳變也詩云麻衣如雪
縓淺絳也一染謂之縓練冠而麻衣縓縁三年練之
受飾也檀弓曰練練衣黃裏縓縁諸侯之妾子厭於
父爲母不得伸權爲制此服不奪其恩也爲妻縓冠
葛絰帶妾輕疏注公子至妻輕○釋曰云練冠麻麻衣縓
縁者以練布爲冠麻者以麻爲絰帶又云
麻衣者謂白布深衣云縓縁者以絳爲縓色與深衣
爲領縁云爲其妻縓冠者以布爲縓色爲冠云葛立
帶者以葛爲絰帶云麻衣縓縁者與爲母同皆既
葬除之者與緦麻所除同也云公子君之庶子也者
則君之適夫人第二已下及公妾子皆名庶子云其
或爲母謂妾子也者以其適夫人所生第二已下爲
其自與正子同故知爲母妾子也云麻者緦麻之絰
帶也者以經有二麻上麻爲首經腰經知一麻而含

二經者斬衰云苴經鄭云麻在首要皆曰經故知此
經亦然知如緦之麻者以其此言麻緦麻又見緦服
弔服環經鄭云大如緦之經則此云子爲母雖在五
服外經亦當如緦之經故鄭以此麻無緦言之也云
此麻衣者如小功布深衣知者案士之妾子父在爲
母朞大夫之妾子父在爲母大功則諸侯妾子父在
小功是其差次故知已當小功布也云爲不制衰裳
變也者此記不言衰明不制衰裳變者以其爲深衣
不與喪服同故云變也詩云麻衣如雪者彼麻衣及
禮記檀弓云子游麻衣并間傳云大祥素縞麻衣注
皆云十五升布深衣與此小功布深衣異引之者證
麻衣之名同取升數則異禮之通例麻衣制同但以
布緣之則曰麻衣以采緣之則曰深衣以素緣之袖
長在外則曰長衣又以采緣之袖長在衣內則曰中
衣人以此爲異也皆以六幅破爲十二幅連衣裳則
同也云縓淺絳也者對三入爲纁爲淺絳云一染謂
之縓者爾雅文案彼云一染謂之縓再染謂之赬三
染謂之纁也云縓二年練之受飾也知者引檀弓
云練衣黃裏縓緣注云練中衣以黃爲內縓爲飾爲
中衣之飾緣重服三年變服後爲中衣之飾也此公

子為母在五服外輕故將為人初死深衣之飾輕重有異故不同也云諸侯之妾子厭於父為母不得申權為制此服不奪其恩也者諸侯尊絕朞已下無服公子被厭不合為母服不奪其母子之恩故五服外權為制此服外[illegible]麻衣縓衣者麻衣大祥受服縓緣練之受飾[illegible][illegible][illegible]緇容有三年之哀故也云為妻縓冠葛絰[illegible][illegible][illegible]者以縓布為冠對母用練冠以葛是[illegible][illegible][illegible][illegible][illegible]為絰帶對母用麻皆是為妻輕故也

傳曰何以不在五服之中也君之所不服子亦不敢服也君之所為服子亦不敢不服也君之所不服謂妾與庶婦也君之所為服謂夫人與適婦也諸侯之妾貴者視卿賤者視大夫皆三月而葬

疏注君之至而葬○既曰傳發問者怪親母與妻其服大輕故問之答云君之所不服者以尊降諸侯絕旁朞已下故不服妾與庶婦也公子以厭降亦不敢私服母與妻又云君之所為服子亦不敢不服也者謂君之正統者也注云君之所不服謂妾與庶婦也者解傳意還釋上公子為母與妻者也云君之所為服謂夫人與適婦也者

正統故不降也云諸侯之妾貴者視卿賤者視大夫皆三月而葬者大戴禮文鄭不於上經葬之下注之至於此傳下乃引之者鄭意注傳云君之所不服謂妾與庶婦也下乃解妾有貴賤葬有早晚故至此引之見此意也云妾貴者謂諸侯一娶九女夫人與左右媵各有姪娣二媵與夫人之娣三人爲貴妾餘五者爲賤妾也卿大夫三月而葬之王制文

大夫公之昆弟大夫之子於兄弟降一等兄弟猶言族親也凡不見者以此求之也疏注兄弟至求之○釋曰此三人所以降者大夫以尊降昆弟以旁尊降大夫之子以厭降是以總云降一等上經當已言訖今又言之者上雖言之恐猶不盡記人總結之是以鄭云凡不見者以此求之云兄弟猶言族親也者以下云小功已下爲兄弟恐此兄弟亦據小功已下得降故曰猶族親也則此兄弟及下文爲人爲後者爲兄弟皆非小功已下猶族親所容廣也

爲人後者於兄弟降一等報於所爲後之兄弟之子若子爲並如字○言報者嫌其爲宗子不降疏注言報至不降○釋曰謂

支子爲大宗子後反來爲族親兄弟之類降一等云於所爲後之兄弟之子若子者此等之服其義已見於斬章云言報者嫌其爲宗子不降者以其出降本親又宗子尊重恐本親爲宗子有不降服之嫌故云報以明之言報是兩相爲服者也

兄弟皆在他邦加一等不及知父母與兄弟居加一等

皆在他邦謂行仕出遊若辟仇不及知父母父母早卒

疏注皆在至早卒○釋曰云在他邦加一等者二人共在他國一死一不死相愍不得辭於親眷故加一等也云不及知父母與兄弟居加一等者謂各有父母或父母有早卒者與兄弟共居而死亦當愍其孤幼相育特加一等云皆在他邦謂行仕者孔子身行七十二國不息仕者以古者有出他國之理故云謂行仕也又云出遊者謂若孔子弟子朋友同遊他國兄弟容有死者又云若辟仇者周禮調人云從父兄弟之仇不同國兄弟之仇辟諸千里之外皆有兄弟共行之法也云不及知父母父母早卒者或遺腹子或須小未有知識而父母早死者也

傳曰何如則可謂之兄弟傳曰小

功以下爲兄弟於此發兄弟傳者嫌大功已上又加也大功以上若皆在他國則親自親
矣若不及知父母則固同財矣疏注於此至財矣○釋曰發問者以經及記已有兄弟皆是降等唯此
兄弟加一等故惟而致問引舊讀者以寄成文故引之云小功已下爲兄弟者以其加一等故迎譯云於
此發兄弟傳者嫌大功以上又加者述鄭齊懷於此兄弟加一等發傳者嫌大功已上親則親矣又加之
故於小功發傳也云大功以上若皆在他國則親自親矣者不可復加者也云若不及知父母則固同財
矣者據經不及知父母與兄弟居既親重則財食是同雖無父母恩自隆重不可復加也朋友皆
在他邦袒免歸則已謂服無親者當爲之主每至袒時則袒袒則去冠代之以免舊
說云以爲免象冠廣一寸已猶止也歸有主則止也生者幼少則未止小記曰大功者主人之喪有三年
者則必爲之再祭朋友虞祔而已疏注謂服至而已○釋曰謂同門曰朋同志曰友或共遊學皆在
他國而死者每至可袒之節則爲之袒而免與宗族五世袒免同云歸則已者謂在他國袒免爲死者無

主歸至主家自有主則止不爲袒免也鄭于謂服無親者當爲之主者以其有親以五服今言朋友故知是義合之輕無親者也既孤在外明爲之非主可知云每至袒時則袒者兄喪至小斂節主人素冠環絰以視斂說投冠括髮將括髮先袒乃括髮髻擪正主人齊衰已下皆以免代冠以冠不居肉袒之禮故也云舊說云以爲免象冠廣一寸者鄭注士喪禮云免之制未聞舊說以爲如冠狀廣一寸引喪服小記曰齊衰括髮以麻免而以布此用麻布爲之狀如今之著幓頭矣自項中而前交於額上郤繞紒也是著免之義也云歸有主則止也主若幼少則未止者本以在外爲無主與之爲主今至家主若幼少不能爲主則朋友猶爲之主未止引小記者證主幼小不能主喪朋友爲主之義以雖有子是三年之人小不能爲主大功爲主者爲之再祭謂練祥朋友輕爲之虞祔而已以其有無大功已下之親此則友自外來及在家朋友皆得爲主虞祔乃去彼鄭注以義推之又云小功緦麻爲之練祭可也是親疏差降之法也

朋友麻 朋友雖無親有同道之恩相爲服緦之絰帶禮記曰群居則絰出則否其服弔服也周禮曰反

蓋謂無事其縗衰在内有事其布衰在外疑之言擬
也擬於吉者也云諸侯及卿大夫亦以錫衰爲弔服
當事乃弁絰否則皮弁辟天子也者案禮記服問云
公爲卿大夫錫衰以居出亦如之當事則弁絰大夫
相爲亦然爲其妻往則服之出則否注云出謂以他
事不至喪所是諸侯及卿大夫亦以錫衰爲弔服也
天子常弁絰諸侯卿大夫當事大斂小斂及殯時及
弁絰非此則皮弁是辟天子也云士以緦衰爲喪服
者士卑無降服是以緦爲喪服既以緦爲喪服不得
復將緦爲弔服故下取疑衰爲弔服也舊説者以士
弔服無文故舊説云以爲士弔服布上素下云或曰
素委貌冠加朝服者前有此二種解者故鄭引論語
破之云論語曰緇衣羔裘言此者欲解緇衣羔裘與
下羔裘玄冠爲一物並是朝服是以云又曰羔裘玄
冠不以弔何朝服之有乎此破舊以言朝服不合首
加素委貌又布上素下是近天子之朝服又不言首
所加故非之也云然則二者皆有似也者以其未小
斂已前容有著朝服弔法則子游曾子弔是也但非
正弔法之服又布上素下近士之弔服素下故云二
者皆有似也云此實疑衰也者總破二者也云弁絰

皮弁之時則如卿大夫然者以其三衰共有弁絰當事著皮弁亦同故知二者如卿大夫然也云又改其裳以素辟諸侯也者諸侯及卿大夫不著皮弁辟天子此諸侯之士不著疑衰裳而用素又辟諸侯也云朋友之相爲服即士弔服疑衰素裳者是鄭正解士之弔服云庶人不爵弁者則其冠素委貌不言其服其服則白布深衣庶人之常服又尊卑始死未成服已前服之故庶人得爲弔服也向來所釋皆據鄭君所引而言案司服諸侯如王之服言之者則諸侯皆如王亦有三衰服問直云君弔用錫衰未辨緦衰疑衰疑衰所施案文王世子注云君雖不服臣卿大夫死則皮弁錫衰以居出當事則弁絰於士蓋疑衰同姓則緦衰若然案士喪禮君若有錫焉則視斂注云錫恩惠也斂大斂君視大斂皮弁服襲裘主人成服之後往則錫衰此注又與文王世子違者士喪禮既言有恩惠則君與此士有師友之恩特加與卿大夫同其諸侯卿大夫則有錫衰士雖疑其天子卿大夫士既執贄與諸侯之臣同則弔服亦同也天子孤與卿同六命又亦名爲卿諸侯孤雖四命與卿異及其聘之介以數與卿降君二等等同則孤弔服皆疑

弔當事則弁絰其服有三錫衰也緦麻也疑衰也王爲三公六卿錫衰爲諸侯緦衰爲大夫士疑衰諸侯及卿大夫亦以緦衰爲弔服當事則弁絰否則皮弁辟天子也士以緦衰爲喪服其弔服則疑衰也舊說以爲士弔服布上素下或曰素委貌加朝服論語曰羔裘玄冠不以弔何朝服之有乎然則二者皆有似也此實疑衰也其弁絰皮弁之時則如卿大夫然又改其裳以素辟諸侯也朋友之相爲服即士弔服疑衰素裳庶人不爵弁則其冠素委貌

疏注朋友至委貌○釋曰云朋友麻者上文據在他國加袒免今此在國相爲弔服麻絰帶而已注云朋友雖無親有同道之恩相爲服緦麻之絰帶者案禮記禮運云人其父生之而師教之朋友成之又學記云獨學而無友則孤陋而寡聞論語云以文會友以友輔仁以此而言人須朋友而成也故云朋友雖無親有同道之恩故爲之服知緦之絰帶者以其緦是五服之輕爲朋友之絰帶約與之等故云緦之絰帶也云檀弓曰群居則絰出則否者彼注群謂七十二弟子相爲朋友彼亦是朋友相爲之法云居則絰絰謂在家居止則爲之絰出家行道則否引之者證此亦然也彼又云孔

子之喪二三子皆絰而出是為師出行亦絰也云其服弔服也者以其不在五服五服之外唯有弔服故即引周禮弔服之等也周禮者司服職文彼云凡弔事弁絰服鄭注亦云弁絰者如爵弁而素加環絰也言爵弁者制如冕以木為中幹廣八寸長尺六寸前低一寸二分以三升布上玄下纁爵弁之體廣長亦然以三升亦布但染作爵頭色赤多黑少之色置之於版上今則以素為之又加環絰者以股麻為骨又以服麻為絰纏之如環然謂之環絰加於素弁之上彼注云絰大如緦之絰是弔服之絰但此文云朋友麻鄭引周禮王弔諸臣之絰及三衰證此者以其王於諸臣諸侯於諸臣皆有朋友之義故泰誓武王告諸侯云我友邦冢君是謂諸侯為友洛誥周公謂成王云孺子其朋是王以諸臣為朋諸侯於臣亦有朋之義可知故引周禮弁絰與三衰證此朋友麻也若然弁絰唯一衰則有三則一弁冠三衰也云其服有三錫衰也緦衰也疑衰也者案彼云王為三公六卿錫衰為諸侯緦衰為大夫士疑衰鄭司農云錫麻之滑易者也十五升去其半有事其布無事其縷緦亦十五升去其半有事其縷無事其布疑衰十四升玄

卿同弔天子三公與王子母弟得稱諸侯其弔服亦與畿外諸侯同三衰也凡弔服直云素弁環絰不言帶或有解云有絰有帶得弔服既著衰首有絰不可著吉時之大帶吉時之大帶既有采矣明既不加是采采可得加於凶服乎明不可也案此經注服緦之絰帶則三衰並帶同有可知其以三衰所用皆于朋友故知凡弔皆有帶矣首言環絰則有帶亦必如環但亦五分去一爲帶糾之矣其弔服除之案雜記云君於卿大夫比葬不食肉比卒哭不舉樂是越未言則凡弔服亦當依氣節而除並與緦麻同三月除之矣爲士雖比殯而不舉樂其服亦當既葬除之

君之所爲兄弟服室老降一等公士大夫之君疏注公士至之君○釋曰天子諸侯絶朞今言爲兄弟服明是公士大夫之君於旁親降一等者室老家相降一等不言士士邑宰遠臣不從服若然室老似之君近臣敬從君所服也

夫之所爲兄弟服妻降一等○庶子爲後者爲其外祖父母從母舅無服不爲後如邦人疏釋曰妻從夫服其族親即

上經大夫之諸祖父母見於緦麻章大夫之世叔父母於大功章大夫之昆弟之子不降嫂叔又無服今言從夫降一等記其不見者當是夫之從母之類也云庶子爲後者爲其外祖父母從母舅無服者以其與尊者爲一體既不得服所出母是以母黨皆不服不言兄弟而顯尊親之名者雷氏云爲父後者服其本族若言兄弟恐本族亦無服故況著其尊親之號以别於族人也

宗子孤爲殤大功衰小功衰皆三月親則月筭如邦人

言孤有不孤者不孤則族人不爲殤服服之也不孤謂父有廢疾若年七十而老子代主宗事者也孤爲殤長殤中殤大功衰下殤小功衰皆如殤服而三月謂與宗子絕屬者也親謂在五屬之內筭數也月數如邦人者與宗子有期之親者成人服之齊衰期長殤大功衰九月中殤大功衰七月下殤小功衰五月有大功之親者成人服之齊衰三月卒哭受以大功衰九月其長殤中殤大功衰五月下殤小功衰三月有小功之親者成人服之齊衰三月卒哭受以小功衰五月其殤與絕屬者同有緦麻之親者成人及殤皆與絕屬者同

疏 注言孤至者同○釋

宗子謂繼別爲大宗百世不遷收族者也云孤爲
殤者謂無父未冠而死者也云大功衰小功衰者以
其成人齊衰故長殤中殤皆在大功衰下殤在小功
衰也云皆三月者以其哀雖降月本三月去一時不
可更服故還依本三月也云親則月筭如邦人者上
二月者是絕屬者若在五屬之內親者月數當依本
親爲限故云如邦人也注云言孤有不孤者鄭以記
文云孤明對不孤者故曲禮注云是謂宗子不孤被
不孤對此孤也云不孤則族人不爲殤服服之也者
以父在猶如周之適有適子無適孫以其父在無適
子則不爲適孫服同於庶孫明此本無服父在亦下
爲之服殤可知也云不孤謂父有廢疾者齊衰服小
記云適父不爲舅後者則姑爲之小功注云謂夫有
廢疾他故者死而無子不受重者是子不孤謂父有
廢疾不立其子代父主宗事云若年七十而老子代
圭宗事者案曲禮云七十曰老而傳注云傳家事任
子孫是謂宗子不孤是父年十十子代主宗事者云
與宗子有期之親者成人服之齊衰期者謂宗子親
昆弟及伯叔昆弟之子姑姊妹在室之等皆是也自
大功親以下盡小功親以上成人月數雖依本皆服

齊衰者以其絕屬者猶齊衰三月明親者無問大功小功緦麻皆齊衰者也既皆齊衰故三月既葬受服乃始受以大功小功齊衰也至於小功親也已下殤與絕屬者以其成人小功至小殤即入三月是以與絕屬者同皆大功衰小功衰三月故與絕屬者為宗云有緦麻之親者成人及殤皆與絕屬者同者以其絕屬者為宗子齊衰三月緦麻親亦三月是以成人及殤死皆與絕屬者同也

改葬緦謂墳墓以他故崩壞將亡失尸柩者也改葬者服棺物毀敗改設之如葬時也其奠如大斂從廟之廟從墓之墓禮宜同也服緦者臣為君之子為父也妻為夫也心服緦者親見尸柩不可以無服緦三月而除之

【疏】注謂墳至除之○釋曰云謂墳墓以他故崩壞將亡失尸柩者也者鄭解改葬之意云他故者謂若遭水潦漂蕩之等墳墓崩壞將亡失尸柩故須別處改葬也云改葬者明棺物毀敗改設之如葬時也者直言棺物毀敗而改設不言衣服則所設者唯此棺如葬時也云其奠如大斂者案既夕記朝廟至廟中更設還祖奠云如大斂奠即此移柩向新葬之處所設之奠亦如大斂奠士用肫三鼎則大夫已上更加牲牢

大夫用特牲諸侯用少牢天子用大牢可知云從廟之廟從墓之墓禮宜同也者即設奠之禮朝廟載柩之時士用輁軸大夫已上用輴不用蜃車飾以帷荒則此從墓之墓亦與朝廟同可知故云禮宜同也云服緦者臣爲君也子爲父也妻爲夫也知者若更言餘服無妨更及齊衰已下今直言緦之輕服明知皆據極重而言故以三等也不言妾爲君以不得體君差輕故也不言女子子婦人外成在家又非常故亦不言諸侯爲天子諸侯在畿外差遠改葬不來故亦不言也云必服緦者親見尸柩不可以無服者君親死已多時哀殺已久可以無服但親見君父尸柩暫時之痛不可不制服以表哀故皆服緦也故云三月而除者謂葬時服之及其除也亦法天道一時故亦三月除也若然鄭言三等舉痛極者而言父爲長子亦子爲母亦與此同也

童子唯當室緦

童子未冠之稱也當室者爲父後承家事者爲家主與族人爲禮於有親者雖恩不至不可以無服也

疏 注童子至服也○釋曰此云當室者周禮謂之門子與宗室往來故爲族人有緦服云童子未冠之稱者謂十九已下案內則年二十敦行孝弟十九已

下未能教行孝弟非當室則無緦麻以當室故服緦也云當室者爲父後承家事者以其言當室是代父當家事故云爲家主與族人爲禮於有親者則族內四緦麻以來皆是也云雖恩不至不可以無服也者以其童子未能教行孝弟故云恩不至與族爲禮而爲服故服之也若然不在緦章者若在緦章則外內俱報此當室童子直與族人爲禮有此服不及外親故不在緦章而在此記也

傳曰不當室則無緦服也

（疏）釋曰記自云唯當室緦自然不當室則無緦服而傳言之者案曲禮云孤子當室冠衣不純采但是孫子皆不純以采曲禮言之者嫌當室與不當室異故言之此傳恐不當室與當室者同故明之也

凡妾爲私兄弟如邦人

嫌厭降之也私兄弟目其族親也女子有以尊降其兄弟者謂士之女爲大夫妻與大夫之女爲諸侯夫人諸侯之女爲天王后者父卒昆弟之爲父後者宗子亦不敢降也

（疏）注嫌厭至降也○釋曰妾言凡者總天子以下至士故凡以該之也云嫌厭降之也者解記此之意君與女君不厭妾賤恐嫌厭之其實不厭故記人明之云私兄弟目其族

親也者，以其兄弟總外內之稱，若言私兄弟則妾家族親也。云「然則女君有以尊降其兄弟者」，以其女君與君體敵，故得降其兄弟旁親之等，子尊不加父母，唯不降父母，則可降其兄弟旁親。云「謂士之女爲大夫妻，大夫之女爲諸侯夫人，諸侯之女爲天王后者」，此等皆得降其兄弟旁親也。云「父卒，昆弟之爲父後者，宗子亦不敢降也」者，雖得降其兄弟，此爲父後，皆不得降，容有歸宗之義，歸於此家，故不降。

大夫弔於命婦，錫衰；命婦弔於大夫，亦錫衰。

弔於命婦，命婦死也；弔於大夫，大夫死也。《小記》曰：「諸侯弔，必皮弁錫衰。」《服問》曰：「公爲卿大夫錫衰以居，出亦如之，當事則弁絰；大夫相爲亦然；爲其妻，往則服之，出則否。」

【疏】注「弔於」至「則否」。○釋曰：云「弔於命婦，命婦死也」者，鄭恐以記云「大夫弔命婦」者，以爲大夫死，其妻受弔於命婦，故云命婦死也。知弔命婦不爲命婦夫死者，以其記人作文，宜先弔大夫，大夫身然後弔其婦，故以命婦死弔其夫辭之也。引《小記》者，以記人直言身上衰，不言首服，故引《小記》也。言「諸侯弔，必皮弁」者，言諸侯，不言君，謂諸侯因朝弔異國之臣，著皮弁錫衰，雖成服後亦不弁經也引服問者有已君并有卿大夫與命婦相弔法云以君者君在家服之出亦如之出行不至喪所亦服之云云當事則弁経者謂當大小斂及殯皆弁經也云六小相為亦然者一與君為卿大夫同為其妻降于大功出則否引之者證大夫與命婦相弔服錫衰同也傳曰錫者何也麻之有錫者也錫者十五升抽其半無事其縷有事其布曰錫謂之錫者治其布使之滑易也錫者不治其縷哀在內也緦者不治其布哀在外也君及卿大夫弔士雖當事皮弁錫衰而已士之相弔則如朋友服疑衰素裳凡婦人相弔吉笄無首素緫疏注謂之至素緫○釋曰問者先問其名答云麻之有錫者也答以名錫之意但言麻者以麻表布之縷也云錫者十五升抽其半者以其縷之多少與緦同云無事其縷有事其布者事猶治也謂不治其縷治其布以衰在內故也緦則治縷不治布哀在外以其王為三公六卿重於諸侯故也鄭云謂之錫者治其布使之滑易以治解事以滑易解錫謂使錫錫然滑易也云君及卿大夫弔士雖當事皮弁錫衰而已者以是士輕

無服弁絰之禮有事無事皆皮弁衰而已見其不足之意也若然文王世子注諸侯爲異姓之士疑衰同姓之士緦衰今言士與大夫同錫衰者此言與士喪禮注同亦是君於此士有師友之恩者也云士之相弔則如朋友服矣者謂朋友麻是朋友服也上注士弔服用疑衰素裳冠首服麻弔亦明友服也云凡婦人相弔吉笄無首素總者上文命婦弔於大夫錫衰未解首服至此乃解之者婦人弔之首服無文故特傳釋錫衰後下近婦人吉笄無首布總乃解之必知用吉笄無首素總者下文女子子爲父母卒哭折吉笄之首布總此弔服用吉笄無首素總有男子冠婦人笄猶對婦人喪服又笄總相對上注男子弔用素冠故知婦人弔亦吉笄無首素總也

女子子適人者爲其父母婦爲舅姑惡笄有首以髽卒哭子折笄首以笄布總

折之設反○言以髽則髽有著笄者明矣○著丁略反

疏注言以至明矣○釋曰此二者皆期服但婦人以飾事人是以雖居喪內不可頓去修容故使惡笄而首至卒哭女子子哀殺歸于夫氏故折吉笄之首而著布總

也。案斬衰章吉笄尺二寸，斬衰以箭笄長尺，檀弓齊
衰笄亦云尺，齊衰已下皆與斬同一尺，不可更變，故
折吉笄首而已。其總斬衰已六升長六寸，鄭注總六
升象冠數，正服齊衰冠八升，則正齊衰總亦八升，是
以總長八寸。笄總與斬衰長短爲差，但笄不可更變，
折其首，總可更變，宜從大功總十升之布總也。言以
髽者，則髽有著笄明矣。鄭言此者，舊有人解喪服小
記云「男子免而婦人髽」，免時無笄，則髽亦無笄矣。但
免髽自相對，不得以婦人與男子有笄無笄相對，故
鄭以經云惡笄有首，以髽笄連言，則髽有著笄明矣。

傳曰：笄有首者，惡笄之有首也。惡笄者，櫛笄也。折
笄首者，折吉笄之首也。吉笄者，象笄也。何以言子折
笄首而不言婦？終之也。櫛，壯乙反。○櫛笄者，以櫛之木爲笄，或曰榛笄。有首者，若
今時刻鏤摘頭矣。卒哭而笄之，大事畢。女子子可以
歸於夫家，而著吉笄，折其首者，爲其大飾也。吉笄尊，
變其尊者，婦人之義也。據在夫家，宜言婦。終之者，終
子道於父母之恩。○榛，莊巾反。鏤，劉音陋。摘，他狄反。

大音泰劉膾我反　疏　注櫛笄至之恩○釋曰案記自云惡笄
之有首也即惡笄自有首明矣而傳更
云笄有首重言之者但惡者直木理麤惡非木之名
笄然斬衰笄用櫛櫛俱是惡傳恐名通於箭故重疊言
之名不通於箭直謂此齊衰櫛木為惡木也又云惡
笄者櫛笄也者既疊不通箭乃釋木名故云櫛木之
笄也云折笄首者折吉笄之首也者以記折笄首文
承惡笄之下恐折惡笄之首故傳辨之以折首吉笄
不可以初喪重時有首至卒哭衰殺之後乃更去首
應輕更重於義不可故傳以為初死惡笄有首至卒
哭更著吉笄嫌其大飾乃折去首而著之也又云吉
笄者象笄也者傳明吉時之笄以象骨為之據大夫
士而言案弁師天子諸侯笄皆玉也鄭云櫛笄者以
櫛之木為笄者此櫛亦非木名案玉藻云沐櫛用樿
櫛髮晞用象櫛鄭云樿白理木為櫛櫛即梳也以白
理木為梳櫛也彼樿木與象櫛相對故鄭云櫛笄者
以櫛之木為笄云或曰榛笄者案檀弓云南宮縚之
妻之姑之喪夫子誨之髽曰爾毋從從爾爾毋扈扈
爾蓋榛以為笄長尺而總八寸彼為姑用榛木為笄
此亦婦人為姑與彼同但此用樿木彼用櫛木不同

耳蓋二木俱用故鄭兩存之也云笄有首者若今刻鏤摘頭矣鄭時摘頭之物刻鏤為之此笄亦在頭而去首為大飾明首亦刻鏤之故舉漢法況之也云卒哭而喪之大事畢女子子可以歸于夫家者但以出適女子與在家婦俱著惡笄婦不言卒哭折吉笄首女子子即言折吉笄之首明女子子有所為故須折笄首其所為者以女子外成既以哀殺事人可以加容故著吉笄仍為大飾折去其首故以歸于夫家解之若然喪大記云女子子既練而歸與此注違者彼小祥歸是其正法此歸者容有故許之歸故云可以權許之耳云吉笄尊變其尊者婦人之義也婦人之事人不可頓凶居喪不可盡飾故著吉笄又折笄首是婦人事人之義異於男子也若然案服問云男子重首婦人重要此云笄尊者彼男女相對故云婦人重要若婦人不同對男子然亦是上體尊於下體故云笄總也云據在夫家宜言婦者傳辭記文女子適人猶云子折笄首云終之者終然子道於父母之恩者子對父母生稱婦對舅姑並名出適應稱婦故雖出適猶稱子終利未出適之恩也

妾為女君君之長子惡笄有首布總

疏釋曰妾為女君之服得與女君同為長子亦三年但為情輕故與上文婦事舅姑齊衰同惡笄有首布總也

凡衰外削幅，裳內削幅，幅三袧。袧劉音鉤又恪侯反○削猶殺也大古冠布衣布先知為上外殺其幅以便體也後知為下內殺其幅稍有飾也後世聖人易之以此為喪服袧者謂辟兩側空中央也祭服朝服辟積無數凡裳前三幅後四幅也○殺色界反劉色例反大音泰便婢面反辟音壁

疏注削猶至幅也○釋曰自此下盡袪尺二寸記人記衰裳之制用布多少尺寸之數也云凡者總五服而言故云凡以該之云衰外削幅者謂縫之邊幅向外內削幅者亦謂縫之邊幅向內云幅三袧者據裳而言為裳之法前三幅後四幅幅皆三辟攝之以其七幅二尺二寸幅皆兩畔各去一寸為削幅則二七十四丈四尺若不辟積其要中則束身不得就故須辟積要中也要中廣狹任人麤細故袧之辟攝亦不言寸數多少但幅別三為限耳鄭云大古冠布衣布者案禮記郊特牲云大古冠布齊則緇之鄭注云唐虞以上曰大古也是大古冠布衣布也云先知為上外殺其幅以便體也後

知爲下內殺其幅稍有飾也者此亦唐虞已上黄帝已下故禮運云未有麻絲衣其羽皮謂黄帝已前下文云後聖有作治其絲麻以爲布帛後聖謂黄帝是黄帝始有布帛是特先知爲上後知爲下使體者邉幅向外於體便有飾者邉幅向內觀之美也云後世聖人易之以此爲喪服者又案郊特牲云緇布冠冠而敝之可也注此重古而冠之耳三代改制齊冠不復用也以白布冠質以爲喪冠也以此言之唐虞以下冠衣皆白布吉凶同齊則緇之鬼神尚幽闇三代改制者更制牟追章甫委貌爲行道朝服之冠緇布冠三代將爲始冠之冠白布冠質三代爲喪冠也若然此後世聖人指夏禹身也以其三代最先故也云袧者謂辟兩側空中央也者案曲禮以脯脩置者左朐有末鄭云屈中云朐則此言袧者亦是屈中之稱一幅凡三處屈之辟兩邊相著自然中央空矣幅別皆然也云祭服朝服辟積無數者朝服謂諸侯與其臣以玄冠服爲朝服天子與其臣以皮弁服爲朝服祭服者六冕與爵弁爲祭服不云玄端亦是士家祭服中兼之凡服唯深衣長衣之等六幅破爲十二幅狹頭向上不須辟積其餘要間已外皆辟積無數似

衰冠三辟積無數也然凡裳前三幅後四幅者前爲陽後爲陰故前三後四各象陰陽也唯深衣之等連衣裳十一幅以象十二月也

若齊裳內衰外

齊緝也凡五服之衰一斬四緝緝裳者內展之緝衰者外展之

【疏】注齊緝至一展之○釋曰據上齊斬五章有斬四齊此據四齊而言不一斬者上文已論五服衰裳縫之外內斬衰裳亦在其中此據衰裳之下緝之用針功者斬衰不齊無針功故不言也言若者不定辭以其上有斬不不齊故云若也言裳內衰外者上言衰外削幅此齊還向外展之上言裳內削幅此齊還向內展之並順上外內而緝之此先言裳者凡齊據下裳而緝之裳在下故先言裳順上下也鄭云齊緝也者據上傳而言之也云凡五服之衰一斬四緝者謂齊衰至緦麻並齊裳既有針功緦之名則沒去齊名亦齊可知也言展之者若今亦先展訖乃行針功者也

負廣出於適寸

負在背上者也適辟領也負出於辟領外旁一寸

【疏】注負在至一寸○釋曰以一方布置於背上上畔縫著領下畔垂放之以在背上故得負名適辟領即下文適也出於辟領外旁一寸總尺八寸也

適博四寸出於衰博廣也辟領廣四寸則與闊中八寸也兩之爲尺六寸也出於衰者旁出衰外不著寸數者可知也

疏注博廣至知也○釋曰此辟領廣四寸據兩相而言云出於衰者謂比肩前衰而言出也云博廣也者若言博博是寬狹之稱上下兩旁俱名爲博若言廣則唯據橫闊而言今此適四寸據橫故博爲廣見此義焉云辟領廣四寸者據項之兩相向外各廣四寸云則與闊中八寸也者謂兩身當縫中央總闊八寸一邊有四寸并辟領四寸爲八寸云兩之爲尺六寸也者一相闊與辟領八寸故兩之總一尺六寸云出於衰者旁出衰外者以兩旁辟領向前望衰之外也云不著寸數者可知也者以衰廣四寸辟領橫廣總尺六寸除中央四寸當衰衰外兩旁各出衰六寸故云不著寸數可知也

衰長六寸博四寸廣袤當心也前有衰後有負板左右有辟領孝子哀戚無所不在

疏注廣袤至不在○釋曰衰長者據上下而言也綴於外衿之上故得廣長當心云前有衰後有負板者謂負廣出於適寸及衰長六寸博四寸云左右有辟領者謂左右各四寸云孝子哀戚無所不在

者以衰之言推孝子有衰推之志負在背者荷負其悲哀在背也云適者以哀戚之情指適緣於心毋不爲念餘事是其四處皆出有悲痛是無所不在也衣帶下尺衣帶下尺者要也廣尺足以掩裳上際也○廣古曠反疏注衣帶至際也○釋曰謂衣要也云衣者即衰也但衰是當心廣四寸者取其衰推在於偏體故衣亦名爲衰今此云衣據在上曰衣舉其實稱云帶者此謂帶衣之帶非大帶革帶者也云衣帶下尺者據上下闊一尺若橫而言之不著尺寸者人有麤細取足爲限也云足以掩裳上際也者若無要則衣與裳之交際之間露見衰衣有要則不露見故云掩裳上際也言上際者對兩旁有衽掩旁兩廂下際也衽二尺有五寸衽所以掩裳際也二尺五寸與有司紳齊也上正一尺燕尾二尺五寸凡用布三尺五寸疏注衽所至五寸○釋曰云掩裳際也者對上要而言此掩裳兩廂下際際不合處也云二尺五寸與有司紳齊也者玉藻文案彼士已上大帶垂之皆三尺又云有司二尺有五寸謂府史紳即大帶也紳重也屈而重故曰紳此但垂之二尺五寸故曰與有司紳齊也云上正一尺者

取布三尺五寸廣一幅留上一尺爲正正者正方不破之言也一尺之下從一畔旁入六寸乃向下邪向下一畔一尺五寸去下畔亦六寸橫斷之留下一尺爲正如是則用布三尺五寸得兩條條衽衽各二尺五寸兩條共用布三尺五寸也然後兩旁皆綴於衣垂之向下掩裳際此謂男子之服婦人則無以其婦人之服連衣裳故鄭上斬章注云婦人之服如深衣深衣則衣無帶下又無衽是也

袂屬幅屬音燭劉又音蜀○屬猶連連也連幅謂不削

疏 注屬猶至不削○釋曰屬幅者謂整幅三尺二寸凡用布爲衣物及射侯皆去邊幅一寸爲縫殺今此屬連其幅則不削去其邊幅取整幅爲袂必不削幅者欲取與下文衣二尺二寸同縱橫皆二尺二寸正方者也故深衣云袂中可以運肘二尺二寸亦足以運肘也

衣二尺有二寸此謂袂中也言衣者明與身參齊二尺二寸其袖足以容中人之肱也衣自領至要二尺二寸倍之四尺四寸加闊中八寸而又倍之凡衣用布一丈四寸

疏 注此謂至四寸○釋曰云此謂袂中也者上云袂據從身向袪而言此衣據從上向掖下而言云言衣者明與身參齊者袂所

以連衣爲之衣即身也兩旁袂與中央身總三事下與畔皆等故變袂言衣欲見袂與衣齊二也故云與身參齊云二尺二寸其袖足以容中人之肱也者案深衣云袂中可以運肘鄭注肘不能不出入彼云肘此云肱也凡手足之度鄭皆據中人爲法故云中人也云衣自領已下云云者鄭欲計衣之用布多少之數自領至要皆二尺二寸者衣身有前後今且據一相而言故云衣二尺二寸倍之爲四尺四寸總前後計之故云倍之爲四尺四寸也云加闊中八寸者闊中謂闊去中央安頸處當縫兩相總闊去八寸若去一相正去四寸若前後據長而言則相各長八寸通前兩身四尺四寸總三尺二寸也云而只倍之者更以一相五尺二寸并計之故云又倍之云凡衣用布一丈四寸者此惟計身不計袂與袪及負衽之等者彼當丈尺寸自見又有不全幅音故皆不言也

袪尺二寸

袪，魚起反○袪袖口也尺二寸足以容中人之併兩手也吉時拱尚左手喪時以拱尚右手○併，步頂反。拱，九勇反

疏至右手○釋曰云袪袖口也者則袂末接袪者也云尺二寸者據複攝而言圍之則二尺四寸與深衣之袪同故

云尺二寸足以容中人之併兩手也吉時拱尚左手喪特拱尚右手者案檀弓云孔子與門人立拱而尚右二三子亦皆尚右孔子曰我則有姊之喪故也二三子皆尚左鄭云復正也喪尚右右陰也吉尚左左陽也是其吉時拱尚左喪時拱尚右也以袪橫既與深衣尺二寸既據橫而言不言緣之深淺尺寸者緣口深淺亦與深衣同寸半可知故記人略不言也

衰三升三升有半其冠六升以其冠爲受受冠七升衰斬衰也或曰三升半者義服也其冠六升齊衰之下也斬衰正服變而受之此服也三升三升半其受冠皆同以服至尊宜少差也

疏注衰斬至差也○釋曰自此至篇末皆論衰冠升數多少也以其正經言斬與齊衰及大功小功緦麻之等並不言布之升數多少故記之也云衰三升三升有半其冠六升者衰異冠同者以其二升半謂縷如三升半成布還三升故其冠同六升也云以其冠爲受受冠七升者據至虞變麻服葛時更以初死之冠六升布爲衰更以七升布爲冠以其葬後衰殺衰冠亦隨而變輕故也云衰斬衰也者總二衰皆在斬衰章也云或曰三升半

者義服也者以其斬章有正義子爲父父爲長子妻爲夫之等是正斬云諸侯爲天子臣爲君之等是義證也此三升半是實義服但無正文故引或人所解爲斬此上章子夏傳亦直云衰三升冠六升亦據正斬而言不言義服者欲見義服成布同三升故也云六升齊衰之下也者齊服之降服四升正服五升義服六升以其六升是義服故云下也云齊衰正服變而受之此服也者下注云重者輕之故也云三升三升半其受冠皆同以服至尊宜少差也者以父與君尊等恩情則別故恩深者三升恩淺者三升半成布還三升故云少差也

齊衰四升其冠七升以其冠爲受受冠八升

言受以大功之上也此謂爲母服也齊衰正服五升其冠八升義服六升其冠九升亦以其冠爲受

凡不著之者服【疏】注言受至父母○釋曰此據父卒之旨主於父母爲母齊衰三年而言也云言受以大功之上也者以其降服大功衰七升正服大功衰八升故云大功之上云此謂爲母服也者據父卒爲母而言若父在爲母在正服齊衰前已解訖云齊衰正服五升其冠八升義服六升其冠九升亦以其冠

爲受。凡不著之者，服之首主於父母者，上斬言三升主於父，此言四升主於母，正服以下輕，故不言，從可知也。

繐衰四升有半，其冠八升。

此諸侯之大夫爲天子繐衰也。服在小功之上者，欲著其縷之精麤也。升數在齊衰之中者，不敢以兄弟之服服至尊也。

疏注此謂至尊也。○釋曰：云「諸侯之大夫爲天子繐衰也」者，是正經文也。云「服在小功之上者，欲著其縷之精麤也」者，據升數合在杖期上，以其升數雖少，以縷精麤與小功同，不得在杖期上，故在小功之上也。云「升數在齊衰之中者，不敢以兄弟之服服至尊也」者，據縷如小功，小功已下乃是兄弟，故云不敢以兄弟之服服至尊。至尊則天子是也。

大功八升若九升，小功十升若十一升。

此以小功受大功之差也。不言七升者，主於受服，欲其文相值。言服降而在大功者衰七升，正服衰八升，其冠皆十升，義服九升，其冠十一升，亦皆以其冠爲受也。斬衰受之以下大功，受之以正者，重者輕之，輕者從禮，聖人之意然也。其降而在小功者衰十升，正服衰十一升，義服衰十二升，皆以即葛及緦麻無受也。此大功不言受者其章既著之【疏】注此以至著之○釋曰云此以小功受大功之義也者以其小功大功俱有三等服唯各言二等故云此以小功受大功之差也以此二小功大功衰受二大功之冠爲衰二大功初死冠還用二小功之衰故轉相受也云不言七升者主於受服欲其文相值者以其七升乃是殤大功殤大功章云無受此主於受故不言七升者也云欲其文相值者當也以其正大功衰八升冠十升與降服小功衰十升同既葬受衰十升冠十一升義服大功衰九升其冠十一升與正服小功衰同既葬以其冠爲受受冠十一升冠十二升初死冠皆與小功衰相當故云文相值也是冠衰之文相值云言服降而在大功者衰七升正服衰八升其冠皆十升義服九升其冠十一升亦皆以其冠爲受也鄭言此者既解爲文相值又覆解文相值之事若然降服既無受而亦覆言之者又欲見大功正服與降服冠升數同之意必冠同者以其自一斬及四齊衰與降大功冠皆同拔衰三等及至正大功衰八升冠十升與降大功同上拔二等等者若不進正大功冠與同則冠宜十一升義大功衰九升者冠宜十二升則小功總麻冠衰同則降

小功衰冠當十二升正服小功冠衰同十三升義服小功當冠衰十四升緦麻冠衰當十五升十五升即與朝服十五升同與言無別故聖人之意進正大功冠與降大功同則緦麻不至十五升若然正服大功不進之使義服小功至十四升緦麻十五升抽其半豈不得爲緦乎然者若使義服小功十四升則與疑衰同非五服之差故也又云斬衰受之以下大功受之以正者重者輕之輕者從禮聖人之意然也者聖人之意重者恐至滅性故抑之受之以輕服義服齊衰六升是也輕者從禮者正大功八升冠十升既葬衰十升受以降服小功義服大功衰九升冠十一升既葬衰十升受以正服小功二等大功皆不受以義服小功是從禮也是聖人有此抑揚之義也云其降而在小功者衰十升正服衰十一升義服衰十二升皆以即葛及緦麻無受者此鄭云皆以即葛及無受文出小功緦麻章以其小功因故衰唯變麻服葛衰也其降服小功已下升數文出問傳故彼云斬衰三升齊衰四升五升六升大功七升八升九升小功十升十一升十二升緦麻十五升去其半有事其縷無事其布曰緦此衰之發於衣服者也鄭注云此

齊衰多二等大功小功多一等服主於受是極列衣服之差也鄭彼注顧此文故多少而言云服主於受據此文不言降服大功小功緦麻之受以其無受只不言正服義服齊衰者二者雖有受齊斬之受主於父母故亦不言若然此言十升十一升小功者為大功之受而言非小功有受彼注云是極列衣服之差者據彼經總言是極盡陳列衣服之差降故其言之與此異也

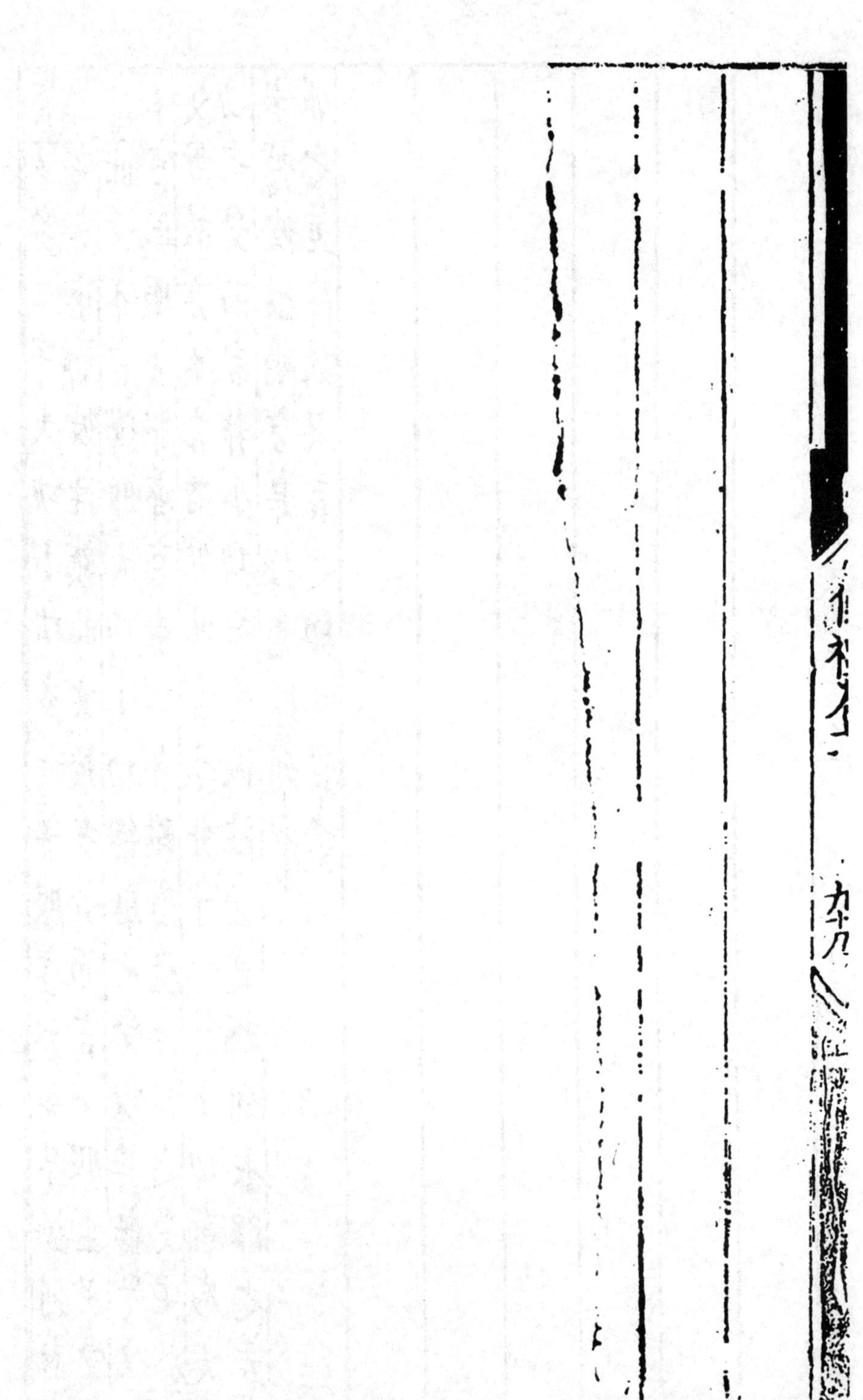

明陳鳳梧本儀禮注疏

第五册

漢 鄭玄注　唐 賈公彦疏　唐 陸德明釋文

明嘉靖五年廬陵陳鳳梧刻本

山東人民出版社·濟南

儀禮注疏卷第十二　漢鄭玄注　唐賈公彥疏

後學廬陵陳鳳梧編校

士喪禮第十二

鄭目録云士喪其父母自始死至於旣殯之禮喪於五禮屬凶大戴第四小戴第八別録第十二

疏釋曰鄭云自始死至於旣殯之禮者自從也旣已也謂從始死已殯之後未葬之前皆録之是以下殯後論朔奠筮宅井椁卜葬日之事也又云喪於五禮屬凶者案周禮大宗伯掌五禮吉凶賓軍嘉此於五禮屬凶若然天子諸侯之下皆有士此當諸侯之士知者下云君若有賜不俟言王又喪大記云君沐粱大夫沐稷士沐粱鄭云士喪禮沐稻此云士沐粱蓋天子之士也以大斂陳衣與喪大記不同鄭亦云彼天子之士此諸侯之士以此言之此篇諸侯之士可知但公侯伯之士一命子男之士不命一命與不命皆分爲三等各有上中下及行喪禮其節同但銘旌有異故下云爲銘各以其物亡則以緇長半幅物謂公侯伯之士一命已上生時得建旌旗亡謂子男之士生時無旌旗之物者唯

此爲異又鄭直云士喪父母不言妻與長子二者亦依士禮故下記云赴曰君之臣某死赴母妻長子則曰君之臣某之某死是禮同故得同赴於君之臣記不云父者以其經主於父死故記不言也

士喪禮○死于適室幠用斂衾適丁狄反幠火吳反○斂力驗反後皆同

適室正寢之室也疾者齊故于正寢焉疾時處北牖下死而遷之當牖下有牀衽幠覆也斂衾大斂所并用之衾衾被也小斂之衾當陳喪大記曰始死遷尸于牀幠用斂衾去死衣

疏注適室至死衣○釋曰自此盡帷堂論始死招魂綴足設奠帷堂之事云適室正寢之室也者若對天子諸侯謂之路寢卿大夫士謂之適室亦謂之適寢故下記云士處適寢總而言之皆謂之正寢是以莊二十二年秋八月公薨于路寢公羊傳云路寢者何正寢也穀梁傳亦云路寢正寢也言正寢者對燕寢與側室非正嫡喪大記云君夫人卒於路寢大夫世婦卒於適寢內子未命則死於下室遷尸于寢士之妻皆死于寢鄭注云言死者必皆於正處也以此言之妻皆與夫同處若然天子崩亦於路寢是以顧命成王崩於康王於翼室

寢室則路寢也若非正寢則失其所是以僖公二十三年冬十二月公薨于小寢左氏傳云即安也是譏不得其正云疾者齊故于正寢焉疾時處北墉下死而遷之當牖下有牀衽者此並取下記文但文有詳畧文次不與本同云疾者齊故于正寢焉以其齊須在適寢是以故在正寢鄭彼注云正情性也任是臥席故彼云下莞上簟設枕焉云幠用斂衾大斂所并用之衾者經直云衾不辨大小鄭知非小斂衾是大斂衾者鄭云小斂之衾當陳者不用小斂衾以其大斂未至故且覆尸是以小斂訖大斂之衾當陳則用夷衾覆尸是其次也此所覆尸尸襲後將小斂乃去之是以下襲訖亦云幠用衾鄭注云始死時斂衾必覆之者為其形褻言大斂所用之衾者案喪大記君大夫士皆小斂一衾大斂二衾今始死用大斂一衾以覆尸及至大斂之時兩衾俱用一衾承薦於下一衾以覆尸故云大斂所并用之衾引喪大記者欲見加斂衾以覆尸以去死衣鄭彼注云去死衣病時所加新衣及復衣也去之以俟沐浴是也

復者一人以爵弁服簪裳于衣左何之扱領于帶簪側林反劉左

南反何戶我反又音河扱初洽反劉初輒反○復者有司招魂復魄也天子則夏采祭僕之屬諸侯則小臣爲之爵弁服純衣纁裳也禮以冠名服簪連也○純其允反纁許云反

【疏】注復者至連也○釋曰言復者一人者諸侯之士一命與不命並皆一人案雜記云復西上者鄭注云北面而西上陽長左也復者多少各如其命之數若然案典命諸侯卿大夫三命再命一命天子三公八命其卿六命大夫四命上士三命中士再命下士一命上公九命侯伯七命子男五命皆依命數九人以下則天子宜十二爲節當十有二人也云復者有司者案喪大記復者小臣則士家不得同僚爲之則有司府史之等也不言所着衣服者案喪大記小臣朝服下記亦云復者朝服則尊卑皆朝服可知必著朝服者鄭注喪大記云朝服而復所以事君之衣也復者庶其生氣復既不蘇方始爲死事耳愚謂朝服平生所服與精神識之而來反衣以其事死如事生故復者皆服也若然天子崩復者皮弁服也云招魂復魄也者出入之氣謂之魂耳目聰明謂之魄死者魂神去離於魄今欲招取魂來復歸于魄故云招魂復魄也云天子則夏采祭僕之

屬者案周禮天官夏采職云大喪以冕服復於大祖
以乘車建綏復於四郊鄭注云求之王平生嘗所有
事之處乘車玉路於太廟以冕服不出宮也又夏官
祭僕職云大喪復於小廟鄭注云小廟高祖以下也
始祖曰太廟又隸僕云大喪復於小寢鄭注云小寢
高祖以下廟之寢也始祖曰大寢此不言隸僕以其
隸僕與祭僕同僕官之屬中兼之案檀弓君復於小
寢大寢小祖大祖庫門四郊鄭注云尊者求之備也
亦他日所嘗有事是諸侯復法言庫門據魯作說若
凡平諸侯則臯門擧外門而言三門俱復則天子五
門及四郊皆復不言者文不具卿大夫以下復自門
以内廟及寢而已婦人無外事自王后以下所復處
亦自門以内廟及寢而已云諸侯則小臣爲之者喪
大記文也云爵弁服純衣纁裳也者案士冠禮云陳
服於房中西墉下東領北上爵弁服纁裳純衣是也
士用爵弁者案雜記云士弁而祭於公冠而祭於己
是士服爵弁助祭於君玄冠自祭於家廟士復用助
祭之服則諸侯以下皆用助祭之服可知故雜記云
復諸侯以褒衣冕服爵弁服鄭注云復招魂復魄也
冕服者上公五侯伯四子男三褒衣亦始命爲諸侯

及朝覲見如賜之衣也褎猶進也則衮冕之類若然冕服者有六除大裘有衮冕鷩冕毳冕絺冕玄冕上公衮冕而下侯伯鷩冕而下子男毳冕而下皆爵弁若然孤自絺冕而下卿大夫玄冕爵弁士爵弁而已天子孤卿大夫士其衣亦與之同三公執璧與子男同其服亦同若然大裘是祭天地之服又與四郊建綏而復不用大裘而冕則門及廟寢等用衮冕以下與上公同但復者依命數衣服不足覆取上服重用之以充其數王后以下案雜記云復衣夫人稅衣揄狄鄭鞠衣展衣褖衣至揄狄是侯伯夫人案周禮內司服掌五后六服褘衣揄狄闕狄鞠衣展衣褖衣王后及上公夫人二王后及魯之夫人皆用褘衣下至褖衣侯伯夫人與王之三夫人同揄翟以下至褖衣子男夫人與三公夫人自闕狄以下至褖衣孤之妻與九嬪鞠衣展衣褖衣卿大夫妻與王之世婦展衣褖衣士妻與女御褖衣而已云禮以冠名服者案士冠禮皮弁爵弁並列於階下執之而空陳服於房云皮弁服爵弁服是以冠名服鄭言此者欲見復時唯用緇衣纁裳不用爵弁而經言爵弁服是禮以冠名服也云簪連也者若凡常時衣服衣裳各別此招

意取其便故遠尊於衣升自前東榮中屋北面招以衣曰皐某

復三降衣于前中如字劉丁仲反○北面招求諸幽之義也皐長聲也某死者之名也復反也降衣下之也喪大記曰凡復男子稱名婦人稱字

【疏】注北面至稱字○釋曰案喪大記復有林麓則虞人設階無林麓則狄人設階鄭云階所乘以升屋者虞人主林麓之官也狄人樂吏之賤者階梯也箕簋之類有林麓謂君與大夫有因有采地者無林麓謂大夫士無采地者則此升屋之時使狄人設梯復聲必三者禮成於三北面招求諸幽之義也者禮記檀弓文以其死者必歸幽暗之方故北面招之求諸幽之義引喪大記者證經復時所呼名字云男子稱名者據大夫以下若天子諸侯則云皐天子復若諸侯薨則稱皐某甫復若婦人稱字則尊卑同此經含有男子婦人之喪故言男子稱名婦人稱字案喪服小記云男子稱名婦人書姓與伯仲是也

受用篚升自阼階以衣尸篚方鬼反本或作篋若協反衣於既反注及衣尸同○受者受之於庭也復者其一人招則受衣亦一人也人

君則司服受之衣尸褚覆之若得䰟反之【疏】注受者至反之○釋曰鄭知受之於庭者以其降衣篋前受而升自阼階明知受之於堂下在庭可知云復者其一人招則受衣亦一人也者以其服唯一領明知各一人迄自再命以上受者亦各依命數云人君則司服受之者案喪大記云北面三號捲衣投于前司服受之以其大夫士無司服之官賜掾君也云衣尸者覆之若得䰟反之者此復衣浴而去之不用襲斂故喪大記云始死遷尸于牀幠用斂衾去死衣鄭注云死衣病時所加新衣及復衣也彼文云復衣不以衣尸不以斂鄭注云不以衣尸謂不以襲也斂謂小斂大斂而云覆之直聚䰟魄反而已

復者降自後西榮不由前降不以虛反也降因徹西北扉若云此室凶不可居然也自是行死事○扉扶味反李或作𨵿音非【疏】注不由至死事○釋曰云不由前降不以虛反也者以復者緫孝子之心望得䰟氣復反復而不蘇則是虛反今降自後是不欲虛反也云降因徹西北扉者案此文及喪大記皆言降自西北榮皆不言徹扉鄭云徹扉者案喪大記將沐甸人爲垼于西牆下陶人出重鬲管人受沐乃

耆之句人取所徹廟之西北厞薪用爨之諸文更不見徹厞薪之文故知復者降時徹之故鄭云降因徹西北厞也西北名爲厞者案特牲尸謖之後改饌於西北隅以爲陽厭而云厞用筵鄭云厞隱也故以西北隅爲厞也必徹毁之者鄭云若云此室凶不可居然也自是行死事者復而不蘇下文楔齒綴足之等皆是行死事也

楔齒用角柶楔息結反○爲將含恐其口閉急也○含戶暗反本亦作唅

疏注爲將至急也○釋曰案記云楔貌如軛上兩末鄭云事便也此角柶其形與扱醴角柶制別故屈之如軛中央入口兩末向上取事便也以其兩末向上出入易故也

綴足用燕几綴丁劣反劉張歲反○綴猶拘也爲將屨恐其辟戾也今文綴爲對○辟音壁下力計反

疏注綴猶至爲對○釋曰案記云綴足用燕几校在南御者坐持之鄭注云校脛也尸南首几脛在南以拘足則不得辟戾矣以此言之几之兩頭皆有兩足今豎用之一頭以夾兩足恐几傾倒故使御者坐持之案喪大記小臣楔齒用角柶綴足用燕几君大夫士一也又案周禮天官玉府大喪共含玉復衣裳角枕角柶則自天子以下

至於士其禮同言燕几者燕安也當在燕寢之內常憑之以安體也奠脯醢醴酒升自阼階奠于尸東鬼神無象設奠以憑依之【疏】注鬼神至依之○釋曰案檀弓曾子云始死之奠其餘閣也與鄭注云不容改新也則此奠是閣之餘食爲之案下小斂一豆一籩大斂兩豆兩籩此始死俱言亦無過一豆一籩而已下記云若醴若酒鄭注云或卒無醴用新酒此醴酒雖俱言亦科用其一不並用以其小斂酒醴具有此則未具是其差帷堂事小訖也【疏】注事小訖也○釋曰云事小訖也者以其未襲斂必帷之者鬼神尚幽闇故也乃赴于君主人西階東南面命赴者拜送赴告也臣君之股肱耳目死當有恩【疏】注赴告至有恩釋曰此亦下經論使人告君之事云臣君之股肱耳目者案虞書云帝曰臣作朕股肱耳目注云大體若身云死當有恩是以下有弔及贈襚之事也案檀弓云父兄命赴者鄭注云謂大夫以上也士主人親命之是尊卑禮異也有賓則拜之賓僚友羣士也其位猶朝夕哭矣【疏】注賓僚至哭矣○釋曰此謂因

命赴者有賓則拜之若不因命赴者則不出是以下云唯君命出鄭云始喪之日哀戚甚在室故不出是也云賓僚友群士也者同官爲僚同志爲友群士即是僚友也以其始死唯赴君此僚友未蒙赴及友即來是先知疾重故未赴即來明是僚友之士非大夫及疏遠者若有大夫則經辨之而稱大夫是以下文因君襚即云有大夫特拜之是也云其位猶朝夕哭矣者謂賓弔位猶如賓朝夕哭位其主人之位則異於朝夕而在西階東南面拜之拜訖西階下東面下經所云拜大夫之位是也

入坐于牀東衆主人在其後西面婦人俠牀東面俠古洽反○衆主人庶昆弟也婦人謂妻妾子姓也亦適妻在前

疏注衆主至在前○釋曰自此盡北面論主人以下哭位之事云入坐者謂上文主人拜賓訖入坐于牀東是其衆主人直言在其後不言坐則立可知婦人雖不言坐案喪大記婦人皆坐無立法言俠牀者男子牀東婦人牀西以近而言也案喪大記士之喪主人父兄子姓皆坐于東方主婦姑姊妹子姓皆坐于西方此義恐錯此經有不命士喪大記無不命士又與大記文不

同釋亦不合子姓皆坐于西方注云士賤同宗尊卑皆坐此除主人之外不坐者此據命士彼據不命之士知者案喪大記云大夫之喪主人坐于東方主婦坐于西方其有命夫命婦則坐無則皆立是大夫喪尊者坐卑者立是知此非主人皆立據命士太記云尊卑皆坐此據不命之士云婦人謂妻妾子姓者下云親者在室其中有姑姊故此注直言妻妾子姓也喪大記兼言姑姊妹者彼無別文見親者在室故注總言之也言亦適妻在前者亦主人在衆主人前也

親者在室

謂大功以上父兄姑姊子姓在此者

疏注謂大至此者○釋曰知親者謂大功以上有同財之義相親昵之理下有衆婦人戶外據小功以下疏曰故知此為大功以上也云父兄姑姊妹在此者上注據死者妻妾之姓也此注據主人之兄弟姑姊妹子姓而言若然父謂諸父兄謂諸兄從父昆弟姑謂主人之姑姊妹謂從父姊妹子姓謂主人之孫於死者謂曾孫玄孫曾孫為曾祖高祖齊衰三月當在大功親之內故云子姓在此者

衆婦人戶外北面衆兄弟堂下北面

衆婦人衆兄弟小功以下

疏注衆婦至

以下○釋曰案喪服記云兄弟皆在他邦加一等傳曰小功以下爲兄弟玄謂於此發兄弟傳者嫌大功以上又加也大功以上若皆在他國則親自親矣是大功以上爲親者則上文是也是以知此婦人在戶外是小功以下可知若然同是小功以下而男子在堂下者以其婦人有事自堂及房不合在下故男子在堂下婦人戶外堂上耳

君使人弔徹帷主人迎于寢門外見賓不哭先入門右北面

使人士也禮使人必以其爵使者至使人入將命乃出迎之寢門內門也徹帷㡊之事畢則下之○㡊劉羌篆反閒也

疏注使人至下之○釋曰自此盡不辭入論君使人弔襚之事鄭知禮使人必以其爵者案聘禮使人歸饔餼及致禮皆各以其爵此君使入弔朝士明亦以其爵使士可知此儀禮見諸侯弔法若天子則不以其爵各以其官是以周禮大僕職云掌三公孤卿之弔勞又小臣職云掌士大夫之弔勞又御僕職掌羣吏之弔勞又宰夫職云凡邦之弔事掌其戒令與幣器注弔事弔諸侯是其皆以官不以爵也云使者至使人入將命乃出迎之者將命謂傳賓主

人之言擯者也案下小斂後云有襚者則將命擯者出請入告注云喪禮畧於威儀既小斂擯者乃用辭若然則此雖有擯擯者未用辭故此下經不云主人出迎經不云擯者鄭探其意使者使人入將命所使之人入將命即包主人擯者也云寢門內門也者以其大夫士唯有兩門有寢門外門者以其下云主人拜送于外門外故知此寢門內門也云徹帷房之者謂褰帷而上非謂全徹去知事畢則下之者案下君使人襚徹帷明此事畢下之可知

弔者入升自西階東面主人進中庭弔者致命主人不升賤也致命曰君聞子之喪使某如何不淑

【疏】注主人至不淑○釋曰上云主人迎于寢門外此云弔者入謂入寢門以其死在適寢云主人不升賤也者對大夫之喪其子得升堂受命知者上案喪大記大夫於君命迎于寢門外使者升堂致命主人拜于下言拜于下明受命之時得升堂必知大夫之子得升堂受命者案喪大記云大夫之喪將大斂君至主人迎先入門右君即位于序端主人房外南面卒斂宰告主人降北面於堂下君撫之主人拜稽顙鄭注云大夫之子尊得升視

斂下文又云士之喪將大斂君不在其餘禮猶大夫也以君常視上殯故記君不在若有恩賜君視大斂則不得知大夫言君不在者謂士之子不升堂在君側以此言之士受君命不得升堂以其賤明大夫之子得升受命乃降拜可知是以大戴禮云大夫於君命升聽命降拜是也云致命曰以下鄭知有此辭者案雜記諸侯使人弔鄰國之君喪而云弔者入升自西階東面致命曰寡君聞君之喪寡君使某如何不淑彼據鄰國之君故稱寡此使士弔己國之士故直云君不言寡也主人哭拜稽顙成踊稽顙頭觸地成踊三者三疏注稽顙至者三○釋曰云稽顙頭觸地者案禮記檀弓曰稽顙而后拜頎乎其至也爲稽首之拜但觸地無容即名稽顙云成踊三者三案曾子問君薨世子主三日告殯云衆主人卿大夫士哭踊三者三凡九踊也賓出主人拜送于外門外○君使人襚徹帷主人如初襚者左執領右執要入升致命襚音遂衣服曰襚要一遙反後放此○襚之言遺也衣被曰襚致命曰君使某襚○遺維季反疏

注襚之至某襚○釋曰云主人如初者如上弔時迎於寢門外以下之事也云襚之言遺也者謂君有命以衣服遺與主人云衣被曰襚者案左傳隱公元年秋七月天王使宰咺來歸惠公仲子之賵穀梁傳曰乘馬曰賵衣衾曰襚貝玉曰含錢財曰賻是也云致命曰君使某襚者亦約雜記文此君襚雖在襲前主人襲與小斂俱不得用君襚大斂乃用之知者案喪大記云君無襚大夫士畢主人之祭服親戚之衣受之不以即陳注云無襚者不陳不以斂謂不用之爲小斂至大斂乃用之故下文大斂之節云君襚不倒注云至此乃用君襚　主人拜如初襚者入衣尸出主人先自盡是也

主人拜送如初唯君命出升降自西階遂拜賓有大夫則特拜之即位于西階下東面不踊大夫雖不辭入也唯君命出以明大夫以下時來弔襚不出也始喪之日哀戚甚在室故不出拜賓也大夫則特拜別於士旅拜也即位西階下未忍在主人位也不踊但哭拜而已不辭而主人升入明本不爲賓出不成禮

也【疏】注唯君至禮也。○釋曰：云主人拜如初者，亦如上主人進中庭哭拜稽顙成踊。云襚者入衣尸出者，案既夕記襚者委衣于牀不坐，衆襚者委于牀，云上不坐，則此襚者左執領右執要以衣尸，亦不坐。云唯君命出者，欲見孤卿大夫士雖有弔襚來皆不出，故云唯著異也。云遂拜賓者，因事曰遂，以因有君命，故拜賓，若無君命則不出戶。云大夫雖不辭入也者，謂主人小斂後賓致辭云如何不淑，乃復位踊，今以初死大夫雖不辭亦升入室。云以明大夫以下時來弔襚不出也者，言唯君命出，明大夫已下不特來弔襚不出可知。經云拜大夫者，以因君命出見故也。云未忍在主人位也者，至小斂後始就東階下西南面主人位也。云明本不爲賓出不成禮也者，總辭不爲之踊，以雖不辭而入二事也。

親者襚，不將命，以即陳。大功以上有同財之義也。不將命，不使人將之致於主人也。即陳，陳在房中。【疏】注大功至房中。○釋曰：自此盡適房，論大功兄及朋友弔襚之事。云大功以上，謂并異門齊衰，故云以上。云即陳陳在房中者，下云如襚以適房，故知此陳陳在房中也。

庶兄弟襚，使人以將

命于室主人拜于位委衣于尸東牀上庶兄弟即衆兄弟也變衆言庶容同姓耳將命曰某使某襚拜于位室中位也【疏】注庶兄至位也○釋曰知庶兄弟即衆兄弟者見上文云親者在室又云衆兄弟堂下北面注云是小功以下又云親者襚此云庶兄弟襚以文次而言故知庶兄弟即衆兄弟也云變衆言庶容同姓耳者以同姓絶服者有襚法鄭必變衆言庶即容同姓者見喪服不杖麻屨章士言衆子大夫言庶子鄭云士謂之衆子未能遠別也是庶者疏遠之稱故知言庶容同姓云將命曰某使某襚者某謂庶兄弟名使某襚者名但庶兄弟是小功緦麻之親在堂下使有司歸家取服致命於主人若同姓容不在始來弔襚也云拜于位室中位也者以其非君命不出故知拜于室中位也

朋友襚親以進主人拜委衣如初退哭不踊親以進親之恩也退下堂反賓位也主人徒哭不踊別於君襚也【疏】注親以至襚也○釋曰云別於君襚也者上文君襚之時主人哭拜稽顙成踊此朋友襚主人徒哭不踊故云別於君襚

徹衣者

執衣如襚以適房凡於襚者出有司徹衣疏注凡於至徹衣○釋曰云執衣如襚者上文君襚之時襚者左執領右執要此徹衣者亦左執領右執要故云如襚也云凡於襚者出有司徹衣者案此徹衣之文在諸襚者之下言之故雜記諸侯使人弔含襚賵訖乃云主人有司故云凡於襚者出有司徹衣

爲銘各以其物亡則以緇長半幅䞓末長終幅廣三寸書銘于末曰某氏某之柩銘明旌也雜帛爲物大夫之所建也以死者爲不可別故以其旗識識之愛之斯錄之矣亡無也無旗不命之士也半幅一尺終幅二尺在棺爲柩今文銘[illegible]旆也○旗識識之上音試下音志疏注銘明至旆也○釋曰自與至西階上論書死者銘旌之事此士喪禮記公侯伯之士一命亦記子男之士不命故此士銘旌總見之也云爲銘各以其物者案周禮司常大夫士同建雜帛爲物今云各以其物而不同者雜帛之物雖同其旌旗之杠長短則異故禮緯云天子之旗九刃諸侯七刃大夫五刃士三刃但死以尺易刃故下云竹杠長二尺長短不

同故言各以别之此據侯伯之士一命者也云銘明旌也者檀弓文雜帛爲物大夫之所建也者此同常文也言雜帛者爲旗旂之縿以絳帛爲之以白色之帛裨緣之鄭彼注云大夫士雜帛言以先王正道佐職是也云以死者至録之矣者檀弓文案彼自銘明旌至録之矣引之者事恰盡重與奠自爲下事之别不得以周禮小祝之職杜子春解熬爲重鄭不從其義故以證破子春以鄭注檀弓云謂重與奠此引銘證旌者鄭君兩解之以彼兼有重與奠亦是録死者之義此銘旌是録死者之名故兩注不同案周禮小祝云設熬置銘杜子春引檀弓曰銘明旌也以死者爲不可别故以其旗識之愛之斯録之矣子春亦爲此解云無旗不命之士也者謂子男之士也云半幅一尺終幅二尺者經直云長半幅不言廣則亦三寸云經末長終幅廣三寸則廣三寸總結之但布幅二尺二寸今云二尺者鄭君計侯與深衣皆除邊幅一寸此亦兩邊除二寸而言之凡書銘之法案喪服小記云復與書銘自天子達於士其辭一也男子稱名婦人書姓與伯仲鄭注云此謂殷禮也殷質不重名復則臣得名君周之禮天子崩復曰皐天子復諸侯

薨復曰皐某甫復其餘及書銘則同以此而言除天子諸侯之外其復男子皆稱姓名曰以此云某氏某之柩云在棺爲柩者由禮文以其銘旌表柩不表尸故據柩而言

竹杠長三尺置于宇西階上

杠音江○杠銘橦也宇梠也○橦大江反 疏 注杠銘至梠也○釋曰此始造銘訖且置於宇下西階上待爲重訖以此銘置於重又下文卒塗始置於建若然此時未用權置於此及於重也云宇梠也者案爾雅釋宮云檐謂之樀郭云屋梠謂當檐下故特舉記云饎爨在西壁鄭注云西壁堂之西牆下舊說云南北直屋梠撥在南是也

甸人掘坎于階間少西爲坄于西牆下東鄉

甸大練反掘其勿反又其月反坄音役鄉許亮反○甸人有司主田野者坄塊竈西牆中庭之西今文鄉爲面 疏 注甸人至爲面○釋曰自此盡西階下論掘坎爲坄饌陳沐浴之具此坎不論深淺及所盛之物案既夕記云掘坎南順廣尺輪二尺深三尺南其壤下文沐浴餘潘及巾柶等棄埋之於此坎也云甸人有司主田野者士無臣所行事皆有司屬吏之等言主田野者案周禮

甸師共徒三百人掌帥其屬而耕耨王藉是掌田野士雖無此官亦有掌田野之人謂之甸人云垼塊竈者案既夕記云垼用塊是以塊爲竈名爲垼用之以煑沐浴者之潘水知在中庭之西者經直云于西牆下不繼階宇明近南宇之西也

新盆槃瓶廢敦重鬲皆濯造于西階下敦劉音對又都愛反重直容反鬲音歷濯文角反造七報反○新此瓦器五種者重死事盆以盛水槃承渜濯瓶以汲水也廢敦無足者所以盛米也重鬲鬲將縣於重者也濯滌溉也造至也猶饌也以造言之喪事遽○渜奴亂反縣音玄

【疏】注新此至事遽○釋曰云盆以盛水者案下文祝淅米特所用槃以盛渜濯者謂置於尸牀下時餅潘水名爲渜濯知槃以此槃盛者下文別云士有冰用夷槃彼是寒尸之槃故知此承渜濯云瓶以汲水也者下文管人汲用此瓶也知廢敦無足者若有足直名敦故下文徹朔奠云敦啓會面足注云面足執之令足間鄉前也是其有足直名敦凡物無足稱廢是以士虞記云主人洗廢爵主婦洗足爵廢爵注云爵無足是也云所以盛米也者以下文而知云重鬲鬲將縣於

重者也下文鬻餘飯乃縣於重此時先用煮潘云將縣重者也以其事未至故言將也云以造喪事遽者以其不言饌造者造是造次故以造言之喪事遽也

陳襲事于房中西領南上不綪綪注作綪側庚反○襲事謂衣服也綪讀為綪屈也襲事少上陳而下不屈江沔之間謂縈收繩索為綪古文綪皆為精

疏注襲事至為綪○釋曰自此至繼陳不用論陳襲所用之事云襲事謂衣服也者此先陳之至下文商祝襲時乃用之但用者三稱而已其中庶襚之等雖不用亦陳之以多為貴案下小斂大斂先陳先用後陳後用依次第而陳此襲事以其初死先成先陳後成後陳喪事遽備之而已故不依次也云襲事少上陳而下不屈者所陳之法房戶之內於戶東西領南上以衣裳少從南至北則盡不須綪屈知戶東陳之者取之便故也云江沔之間者案禹貢云嶓冢導漾東流為漢孔傳云泉始出山為漾水南東流為沔水至漢中東行為漢水南有江水北有沔水故云江沔之間以縈收繩索為綪引之證取綪屈義也

明衣裳用布所以親身為圭絜也

疏注所以至絜也

○釋曰：案下記云「明衣裳用幕布」，注云「幕布，帷幕之布」，則此布用帷幕之布，但升數未聞。知親身者，下浴訖先設明衣，故知親身也。云「爲圭潔也」者，以其言明，明者潔淨之義，故知取圭潔者也。

鬠笄用桑，長四寸，纋中。

鬠，劉音膾，又户膾反。纋音憂，一音何侯反。○桑之爲言喪也。用爲笄，取其名也。長四寸，不冠故也。纋，笄之中央以安髮。

[疏]注「桑之」至「安髮」。○釋曰：以鬠爲鬠，義取以髮會聚之意。云「桑之爲言喪也」者，爲喪所用，故用桑以聲名之，是以云桑取其名也。云「長四寸，不冠故也」者，凡笄有二種：一是安髮之笄，男子婦人俱有，即此笄是也；一是爲冠笄，皮弁爵弁笄，唯男子有而婦人無也。此二笄皆長，不唯四寸而已。今此笄四寸者，僅取人髻而已，以其男子不冠，冠則笄長矣。此注及下注知死者不冠者，下記云「其母之喪，髻無笄」，注云「無笄，猶丈夫之不冠也」。以此言之，生時男子冠，婦人笄，今死婦人不笄，則知男子亦不冠也。家語云孔子之喪襲而冠者，家語王肅之增改，不可依用也。云「纋，笄之中央以安髮」者，兩頭闊，中央狹，則於髮安，故云以安髮也。

布巾，環幅，不鑿。

環幅，廣袤等也。不[illegible]者，士

之子親含反其巾而已大夫以上賓爲之含當口鑿之嫌有惡古文環作還○廣袤上古曠反下音茂爲于僞反下同惡烏路反

疏 注環幅至作還○釋曰此爲飯含而設所以覆死者面云廣袤等也者布幅二尺二寸鄭計布廣狹例除邊幅二寸以二尺爲率則此廣袤等亦二尺也云不鑿者士之子親含反其巾而已者下經云主人左扱米實于右三實一貝左中亦如之是士之子親含此經云不鑿明反其巾而已也又知大夫以上賓爲之含當口鑿之嫌有惡者案雜記云鑿巾以飯公羊賈爲之也鄭云記士失禮所由始也士親飯必發其巾大夫以上賓爲飯焉則有鑿巾以此經云不鑿則大夫以上鑿謂若士月半不殷奠則大夫以二月半殷奠可知以其大夫以上有臣臣爲賓賓飯含嫌有惡故鑿之也

掩練帛廣終幅長伍尺析其末

掩裹首也析其末爲將結於頤下又還結於項中

疏 注掩裹至項中○釋曰掩若今人幞頭但死者以後二腳於頤下結之與生人爲異也此陳之耳若設之案下經云商祝掩瑱設幎目注云掩者先結頤下既瑱幎目乃還結項是也

瑱用白纊

瑱他

瑱他見反ㄱ瑱充耳纊新綿疏注瑱充耳纊新綿○釋曰案下記云瑱塞耳詩云充耳充即塞也生時人君用玉臣用象又著詩云充耳以素充耳以黃之等注云所以縣瑱則在時以黃以素又以玉象等爲之示不聽讒今死者直用纊塞耳而已異於生也云纊新綿者案禹貢豫州貢絲纊故知纊新綿對緼是舊絲也

幎目用緇方尺二寸䞓裏著組繫幎音縈䞓丑貞反○幎目覆面者也幎讀若詩曰葛藟縈之之縈䞓赤也著充之以絮也組繫爲可結也疏注幎目至結也○釋曰鄭讀從葛藟縈之之縈者以其葛藟縈于樛木此面衣亦縈於面目故讀從之也云組繫爲可結也者以四角有繫於後結之故有組繫也

握手用玄纁裏長尺二寸廣五寸牢中旁寸著組繫握於角反劉烏豆反牢音樓ㄱ牢讀爲樓樓爲削約握之中央以安手也今文樓爲纋旁爲方疏注牢讀至爲方○釋曰名此衣爲握以其在手故言握手不謂以手握之爲握手云牢讀爲樓樓謂削約握之中央以安手也者經云廣五寸牢中旁寸者則中央廣三寸廣三寸

中央又容四指而已四指指一寸則四寸四寸之外仍有八寸皆廣五寸也讀從捷者義取捷斂挾少之意云削約者謂削之使約少也注用正王棘若擇棘組繫纊極二釋音澤○決猶闓也挾弓以橫執弦詩云決拾既佽正善也王棘與擇棘善理堅刃者皆可以為決極猶放弦也以沓指放弦令不挈指也生者以朱韋為之而三死用纊又二明不用也古文王為三今文擇為澤世俗謂王棘矺鼠○挈苦結反劉本作契苦計反矺劉音託(疏)注決猶至矺鼠○釋曰云挾弓以橫執弦者方持弓矢曰挾未射時已然至射時還依此法以闓弦故云挾弓以橫執弦也引詩者證決是闓弦之物云王棘與擇棘者利用其一皆得不謂兼用二者云以沓指放弦令不挈也者謂以此二者與決為籍令弦不決挈傷指耳云生者以朱韋為之而三者大射所云朱極三者是也彼但為君設文引證此士禮則尊卑生時俱三皆用朱帝死者尊卑同二用纊也冒緇質長與手齊䋎殺掩足冒亡報反齊如字又才計反殺所界反劉色例反○冒韜尸者制如直囊上曰質下曰殺質正也其

用之先以殺韜足而上後以質韜首而下齊手上玄下纁象天地也喪大記曰君錦冒黼殺綴旁七大夫玄冒黼殺綴旁五士緇冒赬殺綴旁三凡冒質長與手齊殺三尺○而上士掌反

疏注冒韜至三尺

○釋曰云制如直囊者下經云設冒櫜之故云如直囊云上曰質下曰殺質正也者案此經以冒爲總目下別云質與殺自相對則知上曰質正者以其在上故以正爲名引喪大記君與大夫士皆以冒對不云質則冒冒既總名亦得對殺爲在上之稱皆云綴旁旁以其冒無帶又無紐一定不動故知旁綴質與殺相接之處使相連尊卑降殺而已云其用之先以殺韜足而上後以質韜首而下齊手者凡人著服先下後上又質長與手齊殺長一尺人有短者質下覆殺故後韜質也

爵弁服純衣純莊其反○謂生時爵弁所衣之服也純衣者纁裳古者以冠名服死者不冠○所衣於既反

疏注謂生至不冠

○釋曰云謂生時爵弁之服也者凡襲斂之服無問尊卑皆先盡上服生時服即士之常服以助祭者也云纁裳者士冠禮文云古者以冠名服死者不冠者以死者不冠而經云爵弁皮弁此直取以冠名服不

用其冠故云此也

皮弁服皮弁所衣之服也其服白布衣素裳也

疏注皮弁○釋曰云皮弁所衣之服也者亦見死者不冠不用皮弁今直取以冠名服是皮弁所以著之服也知其服白布衣素裳者士冠禮注衣與冠同色裳與屨同色以皮弁白而白屨故士冠禮云素積白屨是也雜記云朝服十五升則皮弁天子朝服與諸侯朝服同十五升布也

褖衣褖他亂反○黑衣裳赤緣之謂褖褖之言緣也所以表袍者也喪大記曰衣必有裳袍必有表不禪謂之一稱古文褖爲緣○禪音丹稱尺證反

疏注黑衣至爲緣○釋曰知此褖衣是黑衣裳者此褖衣則玄端知者以其士冠禮陳三服玄端皮弁爵弁有玄端無褖衣此士喪襲亦陳三服與彼同此無玄端有褖衣故知此褖衣則玄端者也玄端有三等裳此喪禮質畧同玄裳而已但此玄端連衣裳與婦人褖衣同故變名褖衣也若然連衣裳者以其用之以表袍袍連衣裳故也是以雜記云子羔之襲也繭衣裳與稅衣纁袡曾子曰不襲婦服彼曾子譏用纁袡不譏其稅衣是稅衣以表袍故連衣裳而名褖衣引喪大記者欲見褖衣以表袍之意

若然雜記云爵衣大記云袍不同者玉藻云纊爲繭緼爲袍鄭云衣有著之異名也其實遂衣裳一也云赤緣謂之褖褖者爾雅文彼釋婦人嫁時褖衣此引之者證此褖衣雖不赤緣褖衣之名同故引爲證也○褖或作稅緇帶黑繒之帶【疏】注黑繒之帶○釋曰上雖陳三服同用一帶者以其士唯有此一帶而已案玉藻云士練帶緇辟是黑繒之帶據裨者而言也但生時著服不重各設帶此襲時三服俱著共一帶爲異也韎韐韎音妹韐古荅反○一命緼韍○緼音温韍音弗【疏】注一命緼韍○釋曰韎者據色而言以韎草染之取其赤韐者合韋而爲之故名韎韐也云一命緼韍者玉藻文但祭服謂之韍他服謂之韠士一命名爲韎韐亦名緼韍不得直名韍也但士冠禮玄端爵韠皮弁素韠爵弁服韎韐今亦三服共設韎韐者以其重服亦如帶矣竹笏笏所以書思對命者玉藻曰笏天子以球玉諸侯以象大夫以魚須文竹士以竹本象可也又曰笏度二尺有六寸其中博二寸其殺六分而去一又曰天子搢珽方正於天下也諸侯荼前詘後直讓於天子也大夫前詘後詘無所不讓今文笏作忽【疏】注笏

所至作忽○釋曰云笏所以書思對命者亦玉藻文引玉藻者證天子以下笏之所用物不同及長短廣狹有異言公侯不言伯子男亦與公侯同業彼鄭云謂之珽珽之言挺然無所屈也或謂之大圭長三尺或者或玉人職文鄭又云荼讀爲舒遲之舒舒懦者所畏在前也詘謂圜殺其首不爲推頭諸侯唯天子詘焉是以謂笏爲荼大夫前詘後詘無所不讓也鄭注云大夫奉君命出入者也上有天子下有已君又殺其下而圜前後皆詘故云無所不讓彼辟不言士士與大夫同

夏葛屨冬白屨皆繶緇約純組綦繫于踵繶於力反純諸允反劉之閏反綦音其一音其記反踵諸勇反○冬皮屨變言白者明夏時用葛亦白也此皮汁之屨士冠禮曰素積白屨以魁柎之緇約繶純純博寸綦屨係也所以拘止屨也綦讀如馬絆綦之綦○柎方于反

疏注冬皮至之綦○釋曰云變言白者明夏時用葛亦白也者案士冠禮云屨夏用葛冬用皮今此變言白者欲見其義以夏言葛冬言用皮冬言白明夏亦用白又士冠禮云爵弁纁屨素積白屨玄端黑屨以三服各自用屨屨從裳色其色

自明今死者重用其服屨唯一故須見色若然三服相參帶用玄端屨用皮弁韠韐用爵弁各用其一以當三服而已云此皮弁之屨者以其色白即所引士冠禮曰素積白屨者爲證是也引緇約繶純者欲解士冠禮繶約純同用緇此經繶雖在緇上明亦用緇可知繶謂絛在牙底相接之縫中約在屨鼻純謂緣口皆以絛爲之但舄則對方爲繢次屨則比方爲繡次爲異耳云綦屨係也者經云繫于踵則綦當屬于跟後以兩端向前與約相連于腳跗踵足之上合結之名爲繫于踵也云讀如馬絆綦之綦者此無正文蓋俗讀馬有絆名爲綦拘止馬使不得浪去此讀綦亦拘止屨使不縱誕也

庶襚繼陳不用

庶衆也不用不用襲也多陳之爲榮少納之爲貴

疏注庶衆至爲貴○釋曰直云庶襚即上經親者襚庶兄弟襚朋友襚襚皆是故云庶襚云繼陳謂繼襲衣之下陳之云不用不用襲也者以其繼襲衣而言不用明不用襲至小斂則陳而用之唯君襚至大斂乃用也云多陳之爲榮者庶襚皆陳之是也少納之爲貴者襲時唯用三稱是也

貝三實于笄

笄音煩○貝水物古者以爲貨江水出焉

笄竹器名疏注貝水至器名○釋曰自此盡夷槃可也論陳飯含沐浴器物之事此云貝三下云稻米則士飯含用米貝故檀弓云飯用米貝亦據士禮也按喪大記云君沐粱大夫沐稷士沐粱鄭云士喪禮沐稻此云士沐粱蓋天子之士也飯與沐米同則天子之士飯用粱大夫用稷諸侯用粱鄭又云以差率而上之天子沐黍與則飯亦用黍可知但士飯用稻不言兼有珠玉大夫以上飯時兼用珠玉也雜記云天子飯九貝諸侯七大夫五士三鄭注云此蓋夏時禮也周禮天子飯含用玉案典瑞云大喪共飯玉含玉雜記云含者執璧彼據諸侯而用璧雖大夫含無文哀公十一年左氏傳云公會吳子伐齊陳子行命其徒具含玉亦必死者春秋時非正法若趙簡子云不設屬椑之類文公五年王使榮叔歸含且賵何休云天子以珠諸侯以玉大夫以璧士以貝春秋之制也禮緯稽命徵云天子飯以珠含竟未釋周大夫所用以玉蓋亦異代法云貝水物者按書傳云紂囚文王散宜生等於江淮之間取大貝如車渠以獻于紂遂放文王是貝水物出江水也又云古者以爲貨者漢書食貨志云五貝爲朋又云有大貝壯貝之等以

爲貨用是古者以爲貨也知笲是竹器名者以其字從竹又聘禮云夫人使下大夫勞以二竹簋方其實棗蒸栗婚禮婦見舅姑執笲以盛棗栗此雖盛貝云盛棗栗其笲並竹器也

稻米一豆實於筐

筐丘方反○豆四升疏注豆四升○釋曰昭公三年晏子辭

沐巾一浴巾二皆用綌於笲

綌去逆反○巾所以拭汙垢浴巾二者上體下體異也綌麤葛疏注巾所至麤葛○釋曰云浴巾二者上體下體異此士禮上下同用綌按玉藻云浴用二巾上絺下綌彼據大夫以上分別上下爲貴賤故上用細下用麤也

櫛於簞

櫛莊乙反簞音丹笥也○簞葦笥疏注簞葦笥○釋曰曲禮云凡以弓劍苞苴簞笥問人者注云圓曰簞方曰笥則是簞笥別此注簞葦笥者舉其類按論語云顔回一簞食注云簞笥也亦舉其類謂若蕡麻與枲麻雄雌異而鄭注云蕡麻枲麻也亦舉其類也

浴衣於篋

浴衣已浴所衣之衣以布爲之其制如今通裁○裁在代反又音才疏注浴衣至通裁○釋曰知浴衣己浴所以之衣者下經云浴用巾挋用浴衣是既浴所著之衣用之以晞

身明以布爲之云如今通裁者以其無殺即布單衣漢時名爲通裁故舉漢法爲況笄纚于西序下南上皆者皆具以下東西牆謂之序中以南謂之堂【疏】注皆者至之堂○釋曰謂從序半以北陳之云東西牆謂之序者爾雅釋宮文云中以南謂之堂者謂於序中半以南乃得堂稱以其堂上行事非專一所若近戶即言戶東戶西若近房即言房外之東房外之西若近楹即言東楹西楹若近序即言東序下西序下若近階即言東階西階若自半以南無所繼屬者即以當言之即下文淅米于堂是也其實戶外房外皆是堂故論語云由也升堂矣未入于室是室外皆名堂也管人汲不說繘屈之管如字劉又音官說士活反劉亐繘均必反劉俱必反○管人有司主館舍者不說繘將以就祝濯米屈縈也【疏】注管人至縈也○釋曰自此盡明衣裳論沐浴及寒尸之事云不說繘屈之者以具喪事遽則知吉尚安舒汲宜說之矣云管人有司主館舍者士既無臣所行事汲者是府史故知管人是有司也聘禮記云管人爲客三日具沐五日具浴此爲死者故亦使之汲水也云不說繘將

以就祝濯米者以下經云祝淅米明此管人將以就堂授祝濯米可知祝淅米于堂南

面用盆淅西歷反○祝夏祝也淅沃也疏注祝夏至沃也○釋曰知是夏祝者是下記云夏祝

淅米差盛之是也管人盡階不升堂受潘煑于垼用重鬲潘芳

元反重直龍反○盡階二等之上喪大記曰管人受沐乃煑之向人取所徹廟之西北扉薪用爨之疏

注盡階至爨之○釋曰云盡階者三階上也云用重鬲者以其先煑潘後煑米爲鬻懸于重故煑潘用重

鬲也云取所徹廟之西北扉薪用爨之者此新即後人降自西北榮所徹者也祝盛米于敦

奠于貝北盛音成○復於筐處也○處昌慮反疏注復於筐處○釋曰敦即上廢敦也云復

於筐處者向未淅實于筐今淅訖盛于敦所置之處還於筐所以擬飯之所用也士有冰用

夷槃可也謂夏月而君加賜冰也夷槃承尸之槃喪大記曰君設大槃造冰焉大夫設夷槃造

冰焉士併瓦槃無冰設牀襢第有枕○造七到反襢之善反第壯矣反疏注謂夏至有枕○釋曰謂

夏月者以周禮凌人職云夏頒氷檬臣而言月令二月出氷據君爲說云而君加賜氷也者喪大記云上無氷用氷此云有氷明據士得賜者也云夷槃承尸之槃者案喪大記注禮自仲春之後尸既小斂先內氷槃中乃設牀於其上不施席而遷尸焉秋涼而止是也引喪大記已下欲證士有賜乃有氷又取用氷之法案彼注造猶內也夷槃小焉第爲簀謂無席如浴時牀也特欲通氷之寒氣若然凌人云大喪共夷槃氷則天子有夷槃鄭注凌人云漢禮器制度大槃廣八尺長丈二尺深三尺漆赤中諸侯稱大槃辟天子其大夫言夷槃此士喪又用夷槃卑不嫌但小耳故鄭云夷槃小焉

外御受沐入外御小臣侍從者沐管人所煑潘也疏注外御至潘也○釋曰自此外御者對內御爲名故下記云其母之喪則內御者浴則此外御是士之侍御僕從者故尚書冏命云命汝作大正正于羣僕侍御之臣此雖無臣亦有侍御僕從者也知沐管人所煑潘也者以其上文管人煑潘此外御受沐入明所受之於管人也

主人皆出戶外北面象平生沐浴倮裎子孫不在旁主人出而禮第○裸力果反裎

直真反疏注象平至禮第○釋曰云象平生沐浴裸裎者裸謂赤體裎猶袒也將浴尸裸袒無衣故
子孫不在旁主人出也大記云御者四人抗衾而浴鄭云抗衾爲其裸裎蔽之也以浴尸時袒露無衣故
抗衾以蔽之也云而禮第者又大記云禮第鄭袒也袒簀去席盝水便是也乃沐櫛抈用
巾抈之愼反劉居吝反○抈晞也清也古文抈皆作振疏注抈晞至作振○釋曰抈謂拭也而云晞
也清也者以其櫛訖又以巾拭髮訖又使清淨無潘欄拭訖仍未作紒下文待蚤揃訖乃髻用組是其次
也浴用巾抈用浴衣用巾用拭之也喪大記曰御者二人浴浴水用盆沃水用枓○
枓音主疏注用巾至用枓○釋曰枓酌水器受五升方有柄令用水匏不方用挹盆中水以沃尸又
案喪大記浴水用盆沃水用枓沐用瓦盆明沐浴俱有盤及枓此沐浴盤枓亦皆有也引喪大記者證人
之數及浴之器物也渜濯棄于坎沐浴餘潘水巾櫛浴衣亦并棄之古文渜作緣荆汚之間
語疏注沐浴至問語○釋曰潘水既經溫煑名之爲渜已將沐浴謂之爲濯已沐浴訖餘潘水棄于

故知巾櫛浴衣亦棄之者以其已經尸用恐人褻之若棄杖者棄于隱者故知亦棄于坎云古文渜作緣荆沔之閒語者禹貢云荆河惟豫州則鄭見豫州人語渜爲緣是以古文誤作緣也

蚤揃如他日蚤依注音爪下鬐蚤同揃子前反○蚤讀爲爪斷爪揃鬚也人君則小臣爲之他日平生時疏注蚤讀至生時○釋曰鄭讀蚤從爪者此蚤乃是詩云其蚤獻羔祭韭古早字鄭讀從手爪之爪知人君則小臣爲之者喪大記云小臣爪足注云爪足斷足爪是也

鬠用組乃笄設明衣裳用組組束髮也古文鬠皆爲括疏注用組至爲括○釋曰鬠紒乃可設明衣以蔽體是其次也

主人入即位已設明衣可以入也疏○釋曰自此盡反位論布襲衣裳并飯含之事

商祝襲祭服褖衣次商祝祝習商禮者商人教之以敬於接神宜襲布衣牀上祭服爵弁服皮弁服皆從君助祭之服大蜡有皮弁素服而祭送終之禮也襲衣於牀牀次含牀之東衽如初也喪大記曰含一牀襲一牀遷尸於堂又一牀疏注商祝至一牀○釋曰云商祝祝習商禮者雖同是周祝

仰習夏禮則曰夏祝仰習商禮則曰商祝也云商人敬之以敬於接神宜者按表記云殷人尊神率民以事神尊而不親言尊敬故知殷人教以敬是以使之襲於接神宜若然此篇及既夕以夏人教忠從小斂奠大斂奠及朔半薦新祖奠大遣奠皆是夏祝爲之其間雖不言祝名亦夏祝可知其徹之者皆不言祝名則周祝徹之也殷人教以敬但是接神皆商祝爲之其間行事若祝取銘之類不言祝名者亦周祝可知惟既夕開殯時以周祝徹饌而堂下二事不可並使周祝故夏祝取銘置于重案周禮有大祝小祝喪祝詛祝甸祝此篇及既夕言夏祝商祝周禮以喪祝行事皆當喪祝者也天子以下喪禮云亦當喪祝行事也云襲布衣牀上者喪大記云襲一牀故知襲時布衣牀上也此雖布衣衣未襲待飯含訖乃襲下經爲此是也云祭服爵弁服皮弁服皆從君助祭之服者以其爵弁從君助祭宗廟之服雜記云士弁而祭於公是也皮弁從君聽朔之服玉藻云皮弁以聽朔於大廟是也云大蜡有皮弁素服而祭送終之禮也者郊特牲文引之者證皮弁之服有二種一者皮弁時白布衣積素爲裳是天子朝服亦是諸侯及臣聽朔

之義二者次於時[illegible]經

之禮凶服也此上[illegible]是此

素服引者欲見郊特[illegible]送終之服

非此襲時所用者[illegible]牀之棟者

以其死于北墉下遷[illegible]而飯含引大

記云含一牀襲一牀遷[illegible]者喪事所以

即遠故知襲牀次含牀[illegible]也者社臥席

下莞上簟設一牀之[illegible]若大夫士一

也故知社如

初含時也

主人出[illegible]之右盥于盆

上洗具執以入宰洗[illegible]以從

設初治反劉

輒反從劉

才用反○俱入戶[illegible]鄭○釋曰云設

鄉也今文宰不言執[illegible]右者面前也謂袒左

袒設於右腋之下帶[illegible]云洗具執以入者

洗訖還於笄內執以[illegible]建于米者亦於廢

敦之內建之鄭知俱入戶[illegible]以下經始

云主人與宰牀西東面故知此[illegible]鄉也

商祝執

巾從入當牖北面徹枕設巾徹楔受貝奠于尸西當牖

北面值尸南也設巾覆面爲飯之遺落米也如商祝之事位則尸南首明矣○爲飯上如僞反下扶晚反首手又反【疏】注當牖至明矣○釋曰云受貝者就尸東主人邊受取笄貝從尸南過奠尸西牀上以待主人親含也鄭云當牖北面值尸南也者知尸當牖者見既夕記設牀第當牖衽下莞上簟遷尸於上是尸當牖今言當牖北面故知值尸南可知云設巾覆面爲飯之遺落米也者但士之子親含發其巾不嫌穢惡今設巾覆面者爲飯時恐有遺落米在面上故覆之也云如商祝之事位則尸南首明矣者舊有解云遷尸於南牖時北首若然首則祝當在北頭而南鄉以其爲徹枕設巾要須於尸首便也今商祝事位以北面則尸南首明矣若然未葬已前不異於生皆南首檀弓云葬於北方北首者從鬼神尚幽闇鬼道事之故也唯有喪朝廟時北首順死者之孝心故北首也

主人由足西牀上坐東面不敢從首前也祝受貝米奠之口實不由足也【疏】注不敢至足也○釋曰云祝受貝米奠之口實不由足也者前文祝入當牖北面是由尸首故受主人貝奠之笄今又米奠于尸西故主人空手由足過以

其口實不可由足恐褻之故也祝又受米奠于貝北宰從立于牀西在右米在貝北便扱者也宰立牀西在主人之右當佐飯事疏注米在至飯事○釋曰云米在貝北便扱者以其祝先奠貝于尸西祝又受米從首西過奠于貝南便矣今不於貝南奠之而奠于貝北故云便主人之扱也云宰立牀西在主人之右當佐飯事者此不敢取詔辭自右之義直以牀在主人之右故宰亦在右故云當佐飯事也主人左扱米實于右三實一貝左中亦如之又實米唯盈于右尸口之右唯盈取滿而已疏注于右至而已○釋曰云于右尸口之右者尸南首云右謂口東邊也云唯盈取滿而已者以經左右及中各三扱米更云實米唯盈則九扱恐不滿是以重云唯盈也主人襲反位襲復衣也位在尸東疏注襲復至尸東○釋曰云襲復衣也者以其鄉袒則露形今云襲是復著衣故云復衣知位在尸東者以其鄉者在尸西今還尸東西面位也商祝掩瑱設幎目乃屨綦結于跗連絇

跗方于反約其于友。掩者先結頤下既瑱幎目乃還結項也跗足上也約屨飾如刀衣鼻在屨頭上以餘組連之止足坼也。坼恥格反

疏注掩者至坼也。釋曰自此盡于畋論襲尸之事云掩者先結頤下既瑱幎目乃還結項也者經先言掩後言瑱與幎目鄭知後結頤者以其掩有四腳後二腳先結頤下無所妨故先結之若然以前二腳向後結于項則掩於耳及面兩邊瑱與幎目無所施故先結頤下待設瑱塞耳并施幎目乃結項後也云跗足上也者謂足背也云約屨飾如刀衣鼻在屨頭上者以漢時刀衣鼻況約在屨頭上以其皆有孔得穿繫于中而過者也若無約則謂之鞮屨是以鄭注周禮鞮鞻氏云鞮屨者無約之屨云以餘組連之者以其屨繫既結有餘組穿連兩屨之約使兩足不相離故云止足坼也

乃襲三稱稱尺證反杜預云衣襌複具曰稱。遷尸於襲上而衣之凡衣死者左衽不紐襲不言設牀又不言遷尸於襲上以其俱當牖無大異。衣於既反

疏注遷尸至大異。釋曰云遷尸於襲上而衣之者以其上文已布衣於含東牀上而未襲今已飯含訖乃遷尸以衣著於尸故云遷尸於

襲上而衣之也云凡衣死者左衽不紐者案喪大記云大斂小斂祭服不倒皆左衽結絞不紐注云左衽衽鄉左反生時也云襲不言設牀又不言遷尸於襲上以其俱當牖無大異者此對大斂小斂有衣尸訖皆言遷尸于斂上以其小斂于戶内大斂于阼階其處有異故也此襲牀與含牀並在南牖下小別而已無大異故不言設牀與遷尸也若然疾者於北牖下廢牀始死遷尸於南牖即有尸牀故上文主人入坐於牀東主婦牀西以其夏即寒尸置冰於尸牀之下雖不言設牀有牀可知故將飯含祝以米貝致於牀西也大記唯言含一牀襲一牀大斂不言牀者以大小斂衣裳多陳於地故不言牀襲衣裳少含時須濯水又須寒尸故並須牀也此士襲三稱小斂十九稱大斂三十稱案雜記注云士襲三稱子羔襲五稱今公襲九稱則尊卑襲數不同矣諸侯七稱天子十二稱與以無正文故云與以疑之喪大記云小斂十有九稱尊卑同大斂君百稱五等同大夫五十稱以下文士三十稱天子諸侯卿大夫士命數雖殊稱數亦等三公宜與諸侯同

明衣不在筭筭數也不在數明衣禪衣不成稱也○數所主反

【疏】注筭

數至稱也○釋曰云不布數明衣禪衣不成稱也者喪大記云袍必有表不禪衣必有裳謂之一稱其褖衣雖禪以袍爲表故云稱明衣禪而無裏不稱故不數也

設韐帶搢笏韐帶韎韐緇帶不言韎緇者省文亦欲見韐自有帶韐帶用革搢插也插於帶之右旁古文韐爲合也○見賢遍反

【疏】韐注帶至合也○釋曰云韐帶韎韐緇帶者案上陳服之時有韎韐有緇帶故云是韎韐緇帶也云不言韎緇者省文亦欲見韐自有帶者本正言韎韐帶亦同得爲省文今言韎韐者用革帶也以其生時緇帶以束衣革帶以佩韍玉之等生時有二帶死亦備此二帶是以雜記云朱綠帶申加大帶於上注云朱綠帶者襲衣之帶飾之雜以朱綠異於生也此帶亦以素爲之申重也重於革帶也革帶以佩韍必言重加大帶者明雖有變必備此二帶是也案玉藻云雜帶君朱綠大夫玄華士緇辟今死則加以五采士生時二色死更加二色是異於生若然只雜記朱綠帶注云朱綠帶者襲衣之帶飾之雜辟之案雜記云率帶諸侯大夫皆五采士二采注云此謂襲尸之大帶也以此而言生時君大夫二色以朱綠異於生也此帶亦以

素爲之彼是帶衣之帶非大帶諸侯禮則士大夫亦宜有文此不言文不具也但人君衣帶用朱綠與大帶同此則大夫士飾與大帶同故云搢挿也挿於帶之右旁者以右手取之便故也

設決麗于掔自飯持之設握乃連掔

掔烏亂反○麗施也掔手後節中也飯大擘指本也決以韋爲之藉有彄彄內端爲紐外端有橫帶設之以紐擐大擘本也因沓其彄以橫帶貫紐結於掔之表也設握者以綦繫鉤中指由手表與決帶之餘連結之此謂右手也古文麗亦爲連掔作捥○爲于僞反彄苦侯反擐音患捥烏亂反

【疏】注麗施至作捥○釋曰云決以韋爲之藉有彄彄內端爲紐外端有橫帶者以下言大擘本鄉掌爲內端屬紐子鄉手表爲外端屬橫帶也云設之以紐擐大擘本也因沓其彄以橫帶貫紐結於掔之表也者以鄭言之大指短其著者之先以紐擐大擘本然後因沓其彄於指乃以橫帶繞手一二貫紐反向手表結之鄭雖云結于掔之表且內於帶間未即結此橫帶即上組繫是也云設握者以綦繫鉤中指由手表與決帶之餘連結之者案上文握手長尺二寸裹手一端繞於手表必重

宜於上掩者屬一繫於下角乃以繫繞手一币當手表中指向上鉤中指反而上繞取繫鄉下與決之帶餘連結之云此謂右手也者以其右手有決今言與決同結明是右手也下記所云設遇者此謂左手鄭云手無決者也

設冒櫜之幠用衾櫜古刀反劉　反○櫜韜盛物者取事名焉衾者始死時斂衾今文櫜為橐橐音託

疏注櫜韜至為橐○釋曰云取事名焉者此本名冒而云櫜櫜是韜盛之名今以此冒櫜盛尸故名為櫜是取盛物之事名焉云衾者始死時斂衾者篇首始死云幠用斂衾注云大斂之衾今雖襲訖仍用大斂衾以其襲時無衾小斂之衾陳之與前未襲同不言斂衾單言衾是斂衾可知故不言也

巾柶鬠蚤埋于坎鬠音舜蚤音爪○坎至此築之也將襲辟奠既則反之○辟辟亦反又音避

疏注坎至至反之○釋曰云坎至此築之也者上文直云其潘棄于坎次不言埋以其未築故也至此言埋者事畢當築之故也必至此乃築之者以其斂事遂無假坎埋又慮更有須埋者故至此覆尸訖乃埋之前為坎者是甸人也則此埋之亦甸人也云將襲辟奠既則

反之者言此者以初死鬼神以醴酒之奠爾來不言恐不知所安之處但始死設于凡東方襲事必當辟之襲訖反之於尸東以其不可空無所依故也案下記云小斂辟奠不出室彼還是此奠辟小斂則此辟襲奠亦不出室仍不言處大斂時辟小斂奠于序西南則此宜室西南隅至大斂辟小斂奠則言序西南有文可知也若然此奠襲後因名襲奠故下鄭注云將小斂則辟襲奠

重木刊鑿之甸人置重于中庭三分庭一在南重直容反○木也縣物焉曰重刊斲治鑿之為縣簪孔也士重木長三尺

疏注木也至三尺○釋曰自此至于重論設重之事云木也縣物焉曰重者解名木為重之意以其木有物縣於下相重累故得重名云鑿之為縣簪孔也者下云繫用靲用靲內此孔中云簪者若冠之簪謂之簪使冠連簪於紒此簪亦相連屬於木之名也云士重木長三尺者鄭言士重木長三尺則大夫以上各有等當約銘旌之杠士三尺大夫五尺諸侯七尺天子九尺掾要之者横者宜半之鄭不言太夫以上無正文故也

夏祝鬻餘飯用二鬲于西牆下鬻本又作粥之六反飯扶晚反○夏祝祝習夏

禮者也夏人教以忠其於養宜鬻餘飯以飯尺餘米
為鬻也重主道也士二鬲則大夫四諸侯六天子八
與簋同差○養羊亮反【疏】注夏祝至同差○釋曰云于西牆下
者西牆下有竈處上文甸人為垼是
也云夏人教以忠其於養宜者案禮記表記云夏道
尊命歛神而遠之近人而忠焉書傳畧説亦云夏后
氏王教以忠是夏人教以忠也曲禮云君子不盡人
之歡不竭人之忠鄭云歡謂飲食忠謂衣服若忠不
飾敬忠亦飲食故此飲食使夏祝忠者養宜也前商
祭奠米飯米夏祝徹之今乃鬻之而盛於鬲是以下
記云夏祝徹餘飯注云徹去鬻是也云重主道也者
檀弓文彼注云始死未作主以重主其神也即是虞
祭之後以木主替重處故云重主道也引之者證此
重是木主之道也云士二鬲則大夫四諸侯六天子
八與簋同差者亦無正文鄭言之者以其同盛黍稷
故知與簋同差也案特牲用二敦少牢用四敦同姓之人
夫士用簋故皆以簋言之明堂位云周之八簋詩云
陳饋八簋皆天子禮自上降殺以兩明諸侯六祭統
諸侯禮而云四簋黍見其修於廟中冪用疏布久之
也二簋留之獻不用飯故不言也

繫用靲縣于重冪用葦席北面左衽帶用靲賀之結
于後○久讀爲灸謂以蓋塞鬲口也靲竹䉋也以席覆重辟屈而反兩端交於後左衽西端在上賀
加也古文冪皆作密○䉋音蔑辟音璧【疏】注久讀至作密○釋曰云冪用疏布久之者鄭久讀爲灸
灸塞義謂直用麤布蓋鬲口爲塞也云靲竹䉋也者
案顧命云牖間南嚮敷重篾席即此靲䉋一也謂竹
之青可以爲繫者云以席覆重辟屈而反兩端交於
後左衽西端在上者據人北面以席先於重北面南
掩之然後以東端爲下向西西端爲向東是爲辟屈
而反兩端交於後爲左衽右衽然後以䉋加束之結
於後也
祝取銘置于重祝習周禮者也【疏】○釋曰以銘未用待殯訖乃置於肂今日
置於重必且置于重者重與主皆是録神之物故也
厥明陳衣于房南領西上
綪絞橫三縮一廣終幅析其末絞戶交反○綪屈也絞所以收束衣服爲
堅急者也以布爲之縮從也橫者三幅從者一幅折
其末者令可結也喪大記曰絞一幅爲三○從子容

反疏注綪屈至爲三○釋曰自此盡東柄論東小斂衣物之事云厥明者對昨日始死之日爲厥明
此陳衣將陳并取以斂皆用篋是以喪大記云凡陳衣者實之篋取衣者亦以篋升降者自西階是也云
絞所以收束衣服爲堅急者此總解大小斂之絞若細而分之則別故鄭注喪大記云小斂之絞也廣終
幅析其末以爲堅之强也大斂之絞一幅三折用之以爲堅之急也云以布爲之知者下記云凡絞紟用
布倫如朝服注云倫比也此絞直言從橫幅數不言長短者人有短長不定取足而已引喪大記證絞爲
三折之事緇衾赬裏無紞赬丑貞反赤也紞丁敢反○紞被識也斂衣或倒被無別於前
後也凡衾制同皆五幅也○識申志反疏注紞被至幅也○釋曰云斂衣或倒者案下文云祭服不
倒則斂服有倒者皆有領可記也云被無別於前後可也者被本無首尾生時有紞爲記識前後恐於後
互換死者一定不須別其前後可也云凡衾制同皆五幅也者此無正文喪大記云紟五幅無紞衾是紟
之類故知亦五幅祭服次爵弁服皮弁服疏注爵弁服皮弁服○釋曰凡陳斂衣先陳絞紟

於上，次陳祭服於下，故云祭服次。至大斂陳衣，亦先陳絞紟衾，次陳君襚祭服。所以然者，以絞紟爲裹束衣，故皆絞紟爲先。但小斂美者在內，大斂美者在外，故小斂先布散衣，後布祭服；大斂則先布祭服，後布散衣。是小斂美者在內，大斂美者在外也。襲時美者在外，是三者相變也。

散衣次散，息但反。○褖衣以下袍繭之屬。疏注褖衣至之屬○釋曰：袍繭有著之異名，同入散衣之屬也。

凡十有九稱祭服與散衣。疏○釋曰：十九之服，雖有爵弁、皮弁、褖衣而已，云十九稱，當重之使充十九。必十九者，案《喪大記》小斂衣十有九稱，君陳衣于序東，大夫士陳衣于房中。注云：衣十有九稱，法天地之終數也。則天子以下皆同十九稱，言法天地之終數者，天地之初數天一地二，終數則云天九地十，人在天地之間而終，故取終數爲斂衣稱數，尊卑共爲一節也。

陳衣繼之庶襚。疏注庶襚○釋曰：知庶襚者，以其襲時陳衣訖，乃云庶襚繼陳不用。此亦陳衣訖，乃云陳衣繼之，明亦是庶襚。

不必盡用盡，津忍反。○取稱而已，不務多。疏釋曰：襲時言庶襚繼陳，則全不用。此陳衣繼之，下云不必盡用則兼用之不必盡而已以其小斂用衣多主人自盡不足故容用之也云取稱而已不務多者衣服雖多不得過十九耳饌于東堂下脯醢醴酒冪奠用功布實于簞在饌東饌劉牀轉反一音士眷反後同○功布鍛濯灰治之布也凡在東西堂下者南齊坫古文奠爲尊○坫丁念反疏注功布至爲尊○釋曰知功布鍛濯灰治之布者案喪服傳云冠六升鍛而勿灰七升已下鍛濯灰治之是以殤大功章云大功布衰裳注云大功布者其鍛治之功麤沽之則此云功布者大功之布故云鍛濯灰治之也云凡在東西堂下者南齊坫知者既夕記云設棜于東堂下南順齊于坫饌于其上兩甒醴酒若然則凡設物於東西堂下者皆南與坫齊北陳之堂隅有坫以土爲之或謂堂隅爲坫也設盆盥于饌東有巾爲奠設盥也喪事畧故無洗也疏注爲奠至洗也○釋曰云爲奠設盥也者謂爲設奠人設盥洗及巾云喪事畧故無洗也直以盆爲盥器也下云夏祝及執事盥執醴先酒即是於此盥也但諸文設洗篚者皆不言巾至於設洗篚不言巾者以其設

洗篚篚內有巾可知故不言凡不就洗篚皆言巾者
既不就洗篚恐揮之不用故言巾是以特牲少牢尸
尊下就洗篚及此喪事畧
不設洗篚皆見巾是也

首經大鬲下本在左要經小焉散帶垂長三尺牡麻經右本在上亦散帶垂皆饌于東方

苴七如反鬲音革又作搤同經大結反
苴經斬衰之經也苴麻者其貌苴以爲經
服重者尚麤惡經之言實也鬲搤也中人之手搤圍
九寸經帶之差自此出焉下本在左重服統於內而
本陽也要經小焉五分去一牡麻經者齊衰以下之
經也牡麻經者其貌易服輕者宜差好也右本在上
服輕本於陰而統於外散帶之垂者男子之道文多
變也饌于東方東坫之南苴經爲上○差初賣反

（疏）注苴經至爲上○釋曰此陳經帶者以其小歛訖
當服未成服之麻故也云亦散帶垂者不言尺寸
亦與苴經同垂三尺云苴經斬衰之經也者案喪服
斬衰章云喪服斬衰裳苴經杖故知此苴經斬衰之
經云苴麻者其貌苴以爲經者案禮記間傳云斬衰
貌若苴彼據人之形貌若苴麻明麻之形貌亦苴可

知故此指麻之貌苴者以爲經云服重者尚麤惡者對齊衰已下服輕不尚麤惡故間傳云齊衰貌若枲大功貌若止是不尚麤惡也云經之言實也者檀弓云經也者實也鄭注喪服云明孝子有忠實之心是明孝子之心與服相稱不虛服此服也云萬搤中人之手搤圍九寸者此無正文喪服及此皆言首經大萬萬是搤物之稱故據中人一搤而言大者據大拇指與大巨指搤之故言大也云經帶之差自此出馬者案喪服傳云首經大搹左本在下去五分一以爲帶齊衰之經斬衰之帶也自此斬衰之帶差至緦麻之帶故云經帶之差自此出焉云下本在左重服統於內而本陽也者謂斬衰統於內以解本在下而本陽以解在左對齊衰之經右本在上經服本於陰而統外案雜記云親喪外除鄭云日月已竟而哀未忘兄弟之喪內除注云日月未竟而哀已殺此言統內統外者亦據哀在內外而言本陽本陰者亦據父者子之天爲陽母者子之地爲陰而言也云要經小焉五分去一者亦據喪服傳而言首經圍九寸五分之五寸正去一寸得四寸餘四寸每寸爲五分四寸爲二十分去四分得十六分取十五分爲三寸餘一

分去緦得七寸五分寸之一彼傳因即分又至緦麻
云齊衰以絰斬衰之帶也以其俱七寸五分寸之一
又去五分一以爲帶七寸取五寸去一寸得四寸彼
二寸一寸爲二十五分二寸爲五十分一分爲五分
添前爲五十五分總去十一分餘有四十四分二十
五分爲一寸添前四寸爲五寸仍有十九分在是齊
衰之帶總有五寸二十五分寸之十九彼又云大功
之絰齊衰之帶以其俱五寸二十五分寸之十九又
云五分一以爲帶五寸去一寸得四寸餘二十五分
寸之十九者一分爲五分十分爲五十分又九分者
爲四十五分添前五十總爲九十五分去一者五十
去十四十五去九總得十十六豫整寸破之而言此
四寸百二十五分寸之七十六以爲小功之絰大功
之帶以下仍有小功之帶但小功之帶以小功之絰
又五分去一下至緦麻之帶皆以五倍破寸計之可
除耳云牡麻絰者齊衰以下之絰也者按喪服齊衰
大功皆言牡麻絰小功又言澡麻則齊衰以下皆牡
麻絰傳曰牡麻者枲麻也對苴絰爲麻之有蕡色如
苴黎則此雄麻色好者故間傳云齊衰貌若枲是以
鄭云牡麻絰者其貌易服輕者宜差好也云散帶之

垂者，男子之道文多變也者，此小斂經有散麻帶垂之，至三日成服絞之，對婦人陰質，初而絞之，與小功以下男子同。知饌于東方東坫之南苴絰爲上者，以其對下牀第夷衾之等在西坫南，故此亦在東坫南也。若然，經直言東方，知不在東堂下東方者，以其小斂陳饌皆在東堂下，若此亦在東堂下，當言陳于饌東饌北，何須言東方乎？明此非東堂下也。知苴絰爲上者，以其經先言苴絰，明依此爲首南陳之也。

婦人之帶，牡麻結本，在房。婦人亦有苴絰，但言帶者，記其異。此齊衰婦人，斬衰婦人亦苴絰也。

疏注婦人至絰也○釋曰：知婦人亦有苴絰者，喪服首云苴絰杖絞帶，下經男子婦人俱陳，則婦人亦有苴絰。禮記服問之等每云婦人麻絰之事，故知婦人亦苴絰。今此經不言婦人苴絰者，記其異，謂男子帶有散麻，婦人則結本，是其異者。男子小功緦麻小斂有帶，帶則絞之，亦結本，婦人帶結本可以兼之矣。云此齊衰婦人者，以其牡麻宜言齊衰以下至緦麻皆同，對麻也。云斬衰婦人亦苴絰也者，此亦據帶而言，以其帶亦名絰，則喪服云苴絰杖，鄭云麻在首在要皆曰絰，彼經既兼男子，則婦人有苴麻爲帶經

可知經不言者以義可知也以省文也此帶牡麻象男子小功以下陳之則別處以其男子陳之于坫南北經云在房明知異處也

牀第夷衾饌于西坫南第簀也夷衾覆尸之衾喪大記曰自小斂以往用夷衾夷衾質殺之裁猶冒也○殺色界反

【疏】注第簀至冒也○釋曰云夷衾覆尸之衾者小斂訖奉尸夷于堂幠用夷衾矣故陳之於西坫南案曲禮云在牀曰尸在棺曰柩此夷衾小斂以往用之覆尸柩今直言覆尸者鄭據此小斂未入棺而言云喪大記曰自小斂以往用夷衾者對小斂已前用大斂之衾今小斂以往大斂之衾當陳之故用夷衾證小斂不用之義明夷衾之制鄭云小斂以往則此夷衾本為覆尸覆柩不用入棺矣是以將葬啓殯覆棺亦用之矣云夷衾質殺之裁猶冒也者案上文冒之材云冒緇質長與手齊經殺掩足注云上曰質下曰殺此作夷衾亦如此上以緇下以經連之乃用也其冒則韜不韜上記乃為緣旁使相續此色與形制大同而連與不連則異也

西方盥如東方為舉者設盥也如東方者亦用盥布巾饌於西堂下

【疏】注為舉至堂下○釋曰云為舉

者謂將舉尸者則下經士盥二人是也云西堂下知者以其東方盥在東堂下則知此西方亦在西堂下可知

陳一鼎于寢門外當東塾少南西面其實特豚四鬄去蹄兩胉脊肺設扃鼏鼏西末素俎在鼎西西順覆匕東柄鬄託歷反蹄大皮反胉音傅劉音百又音魄脅也扃古螢反○鬄解也四解之殊肩髀而已喪事略去蹄去其甲爲不潔清也胉脅也素俎喪尚質既饌將小斂則辟襲奠今文鬄爲剔胉爲迫古文鼏爲密○髀步啓反又必彌反下文同辟婢亦反

【疏】注鬄解至爲密○釋曰此亦爲小斂奠陳之鼏用茅爲編言西末則茅本在東方四解之殊肩髀而已喪事略者凡牲體之法有二一者四解而已此經直云四鬄即云去蹄明知殊肩髀爲四段案士冠禮云若殺則特豚載合升注云合左右胖此下文大斂亦云豚合升則吉凶之禮豚皆合升而鄭云喪事略者但喪終之奠雖用成牲亦四解故既夕葬奠云其實羊左胖豕亦如之是以鄭總釋喪中四解之事故云喪事略若禘祫大祭亦雖吉祭亦先有豚解後

爲體解是以禮運云腥其俎孰其殽鄭云腥其俎謂豚解而腥之孰其殽謂體解而爛之國語亦云禘郊之事則有全脀王公立飫則有房俎親戚燕飲則有殽脀者若然禘郊雖先有全脀後有體解豚解禮運所云者是也若然此經云四鬄并兩胉脊與脊揔爲七體若豚解皆然也云既饌將小歛則辟襲奠者即始死之奠襲後改爲襲奠以將小歛事故知辟襲奠前襲時已辟之今將小歛亦辟之亦當於室之西南隅如將大歛辟小歛奠於序西南也凡奠在室外經宿者皆辟之於序西南是以小歛奠與祖奠等皆辟之於序西南朝廟遷祖之奠不設於序西南以其以再設爲褻是以遷之即設新之也

士盥二人以並東面立于西階下立俟舉尸也今文並爲併疏注立俟舉尸也○釋曰舉尸謂小歛從襲牀爲遷尸於戶內服士即下文士舉遷尸反位是也

布席于戶內下莞上簟有司布歛席也

商祝布絞衾散衣祭服祭服不倒美者在中歛者趨方或傎倒在裳祭服尊不倒之也美善也善衣後布於歛則在中也既後布祭服

而又言善者在中明每服非一稱也○傎本又作顛倒丁老反【疏】注斂者至稱也○釋曰云斂者趨方或顛倒衣裳者以其襲時衣裳少不倒小斂十九稱衣裳多取其要方除祭服之外或倒或否云祭服尊不倒者士之助祭服則爵弁服皮弁服并家祭服玄端亦不倒也云善衣後布於斂則在中也者以其斂[illegible]半在尸上今於先布者在下則後布者在中可知云既後布祭服而又言善者在中明每服非一稱也者欲見祭服又在散衣之下即是後布祭服祭服則是善者復云善者在中則祭服之中更有善者可知故云每服非一稱以其總十九稱之中善者非一稱也

士舉遷尸反位遷尸於服上

設牀第于兩楹之間衽如初有枕衽寢臥之席也亦下莞上簟【疏】注衽寢至上簟○釋曰曲禮云請席何鄉請衽何趾鄭云坐問鄉臥問趾因於陰陽是衽爲臥席云亦下莞上簟者詩斯干宣王寢席而言下莞上簟是尋常寢席無問貴賤皆下莞上簟

卒斂徹帷尸已飾

主人西面馮尸踊無筭主婦東面馮亦如之馮音

馮後皆同○馮服膺之

主人髻髮袒衆主人免于房

髻音括劉音活免音問後放此○始死將斬衰者雞斯將齊衰者素冠今至小歛變又將初喪服也髻髮者去笄纚而紒衆主人免者齊衰將袒以免代冠冠服之尤尊不以袒也免之制未聞舊說以爲如冠狀廣一寸喪服小記曰斬衰髻髮以麻免而以布此用麻布爲之狀如今之著幓頭矣自項中而前交於額上卻繞紒也于房于室釋髻髮宜於隱者今文免皆作絻古文髻作括○雞斯所買反劉霜綺反下作纚同紒音計著丁略反幓七消反絻音問

疏 注始死至作括○釋曰知始死將斬衰者雞斯者案禮記問喪云親始死雞斯徒跣鄭注云雞斯當爲笄纚以成服乃斬衰是始死未斬衰故云始死將斬衰者雞斯也云將齊衰者素冠者喪服小記云男子冠而婦人笄冠笄相對問喪親始死男子云笄纚明齊衰男子素冠可知云今至小歛變者謂服之節故云變也云又將初喪服也髻髮者去笄纚而紒者此即喪服小記云斬衰髻髮以麻爲母髻髮以麻免而以布是母雖齊衰初亦髻髮與斬衰同故云去笄纚而紒紒上著髻髮也云衆

士人免者齊衰將袒以免代冠若此亦小斂節與斬衰髻髮同時此當據男子若婦人斬衰婦人以麻爲髽齊衰婦人以布爲髽髽與髻髮皆以麻布自項而向前交於額上卻繞紒如著幓頭焉免亦然但以布廣一寸爲異也云于房于室釋髻髮宜於隱者并下文婦人髽于室兼言之也

婦人髽于室

髽側瓜反○始死婦人將斬衰者去笄而纚將齊衰者骨笄而纚今言髽者亦去笄纚而紒也齊衰以上至笄猶髽髽之異於髻髮者既去纚而以髮爲大紒如今婦人露紒其象也檀弓曰南宮縚之妻之姑之喪夫子誨之髽曰爾毋縱縱爾爾毋扈扈爾其用麻布亦如著幓頭然○縚他刀反毋音無縱范音揔劉又在紅反扈扈並音戶

疏注始死至頭然○釋曰知婦人將斬衰者去笄而纚者喪服小記云男子冠而婦人笄冠笄相對將斬衰男子既去冠而著笄纚則婦人將斬衰亦去笄而纚可知又知將齊衰者骨笄而纚者上引男子齊衰始死素冠則知婦人將齊衰骨笄而纚也云今言髽者亦去笄纚而紒也者謂今至小斂節亦如上將斬衰男子去笄纚而髻髮則此將斬衰婦人亦去笄纚而麻髽齊衰婦人去骨

笄與纚而布髽矣鄭不云斬衰婦人去纚而云去笄纚者專據齊衰婦人而言文畧故也鄭所以云而紒紒即髽也故士喪服注亦云髽露紒也云齊衰以上至笄猶髽髽者謂從小斂著未成服之髽至成服之笄猶髽不改至大斂殯後乃著成服之髽代之也云髽之異於髻髮者既去纚而以髮爲大紒如今婦人露紒其象也者古者男子婦人吉時皆有笄纚有喪至小斂則男子去笄纚著髻髮婦人去纚而著髽髽形先以髮爲大紒紒上斬衰婦人以麻齊衰婦人以布其著之如男子髻髮與免故鄭依檀弓縱縱扈扈之後乃云其用麻布亦如著幓頭然既髻髮與髽皆如著幓頭而異爲名者以男子陽外物爲名而謂之髻髮婦人陰內物爲稱而謂之髽也但經云婦人髽于室者男子髻髮與免在東房若相對婦人宜髽于西房大夫士無西房故於室內戶西皆於隱處爲之也

士舉男女奉尸侇于堂幠用夷衾男女如室位踊無筭侇音夷○侇之言尸也夷衾覆尸柩之衾也堂謂楹間牀第上也今文侇作夷

疏注侇之至作夷○釋曰云侇之言尸也者尸之衾曰夷衾尸之牀曰

奠牀拜此經侇尸不作移字皆作侇者侇人旁作之故鄭注喪大記皆是侇尸爲言也云幠用夷衾者初死幠用大斂之衾以小斂之衾當陳今小斂後大斂之衾當擬大斂故用覆棺之夷衾以覆尸也

主人出于足降自西階衆主人東即位婦人阼階上西面主人拜賓大夫特拜士旅之即位踊襲絰于序東復位拜賓鄉賓位拜之也即位踊東方位襲絰于序東東夾前○鄉許亮反夾古洽反劉古協反

疏注拜賓至夾前○釋曰云衆主人東即位者雖無降階之文當從主人降自西階主人就拜賓之時衆主人遂東即位於阼階以主人位南西面也於時阼階空故婦人得向阼階上西面也云復位者復阼階下西面位云拜賓鄉賓位拜之也者經云主人降自西階即云主人拜賓明不即位而先拜賓是主人鄉賓位拜賓可知云即位踊東方位者謂主人拜賓訖即鄉東方阼階下即西面位踊訖襲絰也云襲絰于序東東夾前者經云主人降自西階東無外降之文而云序東東夾前者主人即位踊踊訖而去襲絰

于序東謂鄉堂東東當序牆之東又當東夾之前辨謂就堂上東夾前也云復位者復阼階下西面位

乃奠祝與執事爲之舉者盥右執匕卻之左執俎橫攝之入阼階前西面錯錯俎北面錯匕故不及注同○舉者盥出門舉鼎者右人以右手執匕左人以左手執俎因其便也攝持也西面錯錯鼎於此宜西面錯俎北面俎宜西順之○便婢面反疏注舉者至順之○釋曰右執匕左執俎者謂鄉此入內東方爲右人西方爲左人故鄭云右人以右手執匕左人以左手執俎各用內手舉鼎外手執匕俎故云便也云錯鼎於此宜西面者對在門外時北面陳鼎鄉內爲宜也

右人左執匕抽扃予左手兼執之取鼏委于鼎北加扃不坐抽扃取鼏加扃於鼏上皆右手今文扃爲鉉古文予爲于鼏爲密疏注抽扃至爲密○釋曰云抽扃取鼏加扃於鼏上皆右手者以其經云左執匕即云抽扃予左手兼執之不言用右手故鄭明之以其右人用左手執匕即知抽扃已下用右手似若左執爵用右手祭

脯祭取便也薦乃朼載載兩髀于兩端兩肩亞兩胉亞脊肺在於中皆覆進柢執而俟朼必李反柢丁計反後同○乃朼以朼次出牲體右人也載受而載於俎左人也亞次也凡七體皆覆為塵拭本也進本者未異於生也骨有本末古文朼為匕髀為脾今文胉為迫柢皆為胝○為髀必爾反又毗支反為胝劉音帝疏注乃朼至為胝○釋曰云七體者前左右肩臑屬焉後有左右髀肫胳屬焉并左右脅通脊為七體也案下文大斂豚合升言合升則髀亦升之矣凡言合升多言皆升髀升非獨喪禮者體解升者皆髀不升鄭云近竅賤也云皆覆為塵者諸進體皆不言覆此言覆者由無尸而不食故覆之也云進本者未異於生也者公食大夫亦進本是生人法今以始死故未異於生也夏祝及執事盥執醴先酒脯醢俎從升自阼階丈夫踊甸人徹鼎巾待于阼階下從劉才用反○執事者諸執奠事者巾功布也執者不升已不設祝既錯醴將受之疏注執事至受之○釋曰云

甸人徹鼎巾者以其空無事故徹案公食大夫云甸
人舉鼎順出奠于其所謂當門也或云徹鼎者誤何
者前陳饌于東堂下脯醢醴酒冪鼏奠用功布實于簞
何徹之有也云執者不升已不設祝既錯醴將受之
者此執者不升誰據執巾者故鄭云祝既錯
醴將受之當以覆酒醴故下云祝受巾是也奠于尸
東執醴酒北面西上執醴酒者先升尊也立而俟後錯要成也豆錯俎錯
于豆東立于俎北面西上醴酒錯于豆南祝受巾巾
之由足降自西階婦人踊奠者由重南東丈夫踊巾巾
並如字劉下居覲反重直龍反○巾之爲塵也東反其位疏注東反其位○釋曰云由足降自西階婦
人踊者主人位在階下婦人位在上故奠者升大夫
踊奠者降婦人踊各以所見先後爲踊之節也云奠
者由重南東丈夫踊者此奠者奠訖主人見之更與
主人爲踊之節也奠者降反位必由重南東者以其
重主道神所憑依不知神之所爲故由重南東而過
是以主人又踊也注云東反其位者其位蓋在盆盥

之東南上賓出主人拜送于門外廟門外也疏注廟門外也○釋曰廟門者士
死于適室以鬼神所在則曰廟故名適寢為廟也乃代哭不以官代更也孝子始有親
喪悲哀憔悴禮防其以死傷生使之更哭不絕聲而已人君以官尊卑士賤以親疏為之三日之後哭無
時周禮挈壺氏凡喪縣壺以代哭○挈苦結反縣音玄疏注代更至代哭○釋曰此經論君及大夫
士於小斂之後隨尊卑代哭之時注云人君以官尊卑士賤以親疏為之者案喪大記云君喪縣壺乃官
代哭大夫官代哭不縣壺士代哭不以官注云自以親疏哭也此注不言大夫舉人君與士其大夫有大
記可參以官可知故不言也云三日之後哭無時者禮有三無時之哭始死未殯哭不絕聲一無時殯後
葬前朝夕入於廟阼階下哭又於廬中思憶則哭是二無時既練之後在堊室之中或十日或五日一哭
是三無時練前葬後有朝夕有阼階下哭唯此有特無無時之哭也引挈壺氏者證人君有縣壺為漏剋
分更代哭法大夫士則無縣壺之義也有襚者則將命擯者出請入告

主人待于位。喪禮畧於威儀，既小斂，擯者乃用辭。出請之辭曰：孤某使某請事。

疏注喪禮至請事○釋曰：云「喪禮畧於威儀，既小斂，擯者乃用辭」者，案上文始死，云有賓則拜之，君使人弔，皆不云擯者出請入告之事，至此乃云擯者出請入告，是喪禮畧於威儀，既小斂，擯者乃用辭也。云「出請之辭曰孤某使某請事」者，此約雜記諸侯使人弔鄰國諸侯之喪，嗣君在阼階之下，使擯者出請云「孤某使某請事」，此亦宜然，欲引為證也。

擯者出告須，以賓入。須亦待也。出告之辭曰：孤某須矣。

疏注須亦至須矣○釋曰：云「出告之辭曰孤某須矣」者，此約雜記辭為證也。

賓入中庭，北面致命。主人拜稽顙，賓升自西階，出于足，西面委衣，如於室禮，降出。主人出拜送。朋友親襚，如初儀，西階東，北面哭踊三，降。主人不踊。朋友既委衣，又還哭於西階上，不背主人。

疏注朋友至主人○釋曰：云「朋友親襚如初儀」者，謂初死時庶兄弟襚使人以將命于室，朋友襚親以進親之恩是也云西階東北面大踊一降主人不踊者案前初死朋友襚親以進退哭不踊注云主人徒哭不踊以爲朋友不哭主人徒哭此朋友堂上北面哭據朋友哭如上文退哭非朋友哭者前文朋友君命俱來君之使者不哭朋友亦不哭故退哭據主人此朋友特來無君命故哭與彼異不可相決

襚者以褶則必有裳執衣如初徹衣者亦如之升降自西階以東褶音牒劉持獵反○帛爲褶無絮雖複與禪同有表乃成稱不用表也以東藏以待事也古文褶爲襲複方服反禪音丹

疏注帛爲至爲襲○釋曰案喪大記云小斂君大夫複衣複衾大斂君褶衣褶衾大夫士猶小斂也若然則士小斂大斂皆同用複而襚者用褶者褶者所以襚主人未必用之襚耳云帛爲褶無絮雖複與禪同有裳乃成稱不用表也者此文雜記云子羔之襲也繭衣裳與稅衣乃爲一稱以其絮褻故須表此雖有表裏爲褶衣裳別則裳只無絮非褻故有裳乃成稱不須表也言雖複與禪同者案喪大記君大夫士褶衣與複衣褶對有著爲複無著爲褶散文褶亦爲複也案喪

大記有衣必有裳乃成稱褖襌衣祭服之等而言此
褶雖複與襌同亦得裳乃成稱也云不用表也者見
異於袍繭也云藏以待事也
者以待大斂事而陳之也
宵爲燎于中庭燎力召反或力
弔反○宵夜也燎火燋○燋劉哉約反
又祖堯反又一音哉益反一本作燭
疏注宵夜也燎火燋○
釋曰案少儀云主人執燭抱燋云未爇曰燋古者以
荊燋爲燭故云燎火燋也或解庭燎與手執爲燭別
故郊特牲云庭燎之百由齊桓公始也注云僭天子
也庭燎之差公蓋五十侯伯子男皆三十大夫士無
文大燭或云以布纏葦以蠟灌之謂之庭燎則
此云庭燎亦如之云大者對手執者爲大也
厥明
滅燎陳衣于房南領西上綪絞紟衾二君襚祭服散
衣庶襚凡三十稱紟不在筭不必盡用紟其鴆反劉居鴆反下皆
同盡慈忍反○紟單被也衾二者始死斂衾今又復
制也小斂衣數自天子達大斂則異矣喪大記曰大
斂布絞縮者三横者三○復扶又反
疏注紟單至者三○釋曰云君襚
祭服散衣者士祭服有助祭爵

弁服自家玄端服散衣非祭服朝服之等云庶襚者謂朋友兄弟之等來襚者也云紟不在筭者案喪大記紟五幅無紞鄭云今之單被也以其不成稱故不在數內云不必盡用者案周禮守祧職云其遺衣服藏焉鄭云遺衣服大斂之餘也即此不盡用者也云衾二者始死斂衾今又復制者此大斂之衾二始死幠用斂衾以小斂之衾當陳之故用大斂衾小斂已後用夷衾覆尸故知更制一衾乃得二也云小斂之數自天子達者案喪大記君大夫小斂已下同云十九稱則天子亦十九稱鄭注云十九稱法天地之終數也案易繫辭生成之數從天一地二天三地四天五地六天七地八天九地十是十九爲天地之終數云大斂則異矣者案此文士喪大斂三十稱喪大記士三十稱大夫五十稱君百稱不依命數是亦喪數略則上下之大夫及五等諸侯各同一節則天子宜百二十稱此鄭雖不言襲之衣數案雜記注云士襲三稱大夫五稱公九稱諸侯七稱天子十二稱與以其無文推約爲義故云與以疑之　東方之饌兩瓦甒其實醴酒角觶木柶毼豆兩其實葵菹芋

甒醢兩籩無縢布巾其實栗不擇脯四脡甒亡甫反髺苦暗反
甒方禾反縢大登反脡大頂反○此饌但言東方則
亦在東堂下也脡白也齊人或名全菹爲芋縢緣也
詩云竹閟緄縢布巾籩巾也籩豆具而有巾盛之也
特牲饋食禮有籩巾今文甒爲蝸古文縢爲甸○緣
俔面反緄古本反劉古寬反
【疏】注此饌至爲甸○釋曰云此饌但
言東方則亦在東堂下也者案上
小斂之饌云于東堂下此直言東方則亦東堂下鄭
云亦者亦上小斂也云齊人或名全菹爲芋者案鄭
於周禮醢人注云細切爲韲全物若牒爲菹若然凡
菹者全物不得芋名此云齊人名全菹爲芋者菹法
舊短四寸者全之若長於四寸者亦切之則葵長者
自然切乃爲菹但喪中之菹葵雖長而不切取齊人
全菹爲芋之解也引詩者欲見縢爲緣義云籩豆具
而有巾盛之也者彼小斂一豆一籩籩豆不具故無
巾若然籩有巾豆無巾者以豆盛菹醢濕物不嫌無
巾故不言其實有巾矣案此注引特牲記籩巾鄭彼
注云籩有巾者果實之物多皮核優尊者此言盛之
不同引之者以其彼爲尸尸食故云優尊者此爲神

神不食故云盛之引之直取證有巾覆之同奠席在饌北斂席在其東大斂奠而有席彌神之

【疏】注大斂至神之○釋曰云彌神之者以其小斂奠無巾大斂奠有巾已是神之今於大斂奠又有席是彌神之也

掘肂見衽掘其勿反又其月反肂以二反劉音四見賢遍反衽而甚反○肂埋棺之坎也掘之於西階上衽小要也喪大記曰君殯用輴欑至于上畢塗屋大夫殯以幬欑置于西序塗不暨于棺士殯見衽塗上帷之又曰君蓋用漆三衽三束大夫蓋用漆二衽二束士蓋不用漆二衽二束○要一遥反輴勑論反欑在官反暨其器反

【疏】注肂埋至二束釋曰云肂埋棺之坎也者肂訓爲陳謂陳尸於坎與此以肂爲埋棺之坎也知於西階上者檀弓孔子云夏后氏殯於東階殷人殯於兩楹之間周人殯於西階之上故知士亦殯于西階之上此殯時雖不言南首南首可知鄭注上文云如商祝之事位則尸南首檀弓又云葬於北方北首三代之達禮也禮運云故死者北首生者南鄉亦據葬後而言則未葬已前不異於生皆南首喪朝廟時北首故既夕云正柩于兩楹間用夷牀

注云是時柩北首必北首者朝事當不背父母以首鄉之故也引喪大記者云畢塗屋者畢盡也四面及上盡塗之如屋然云大夫殯以幬攢置于西序者大夫不得如人君於西階離序而四面攢之大夫但倚西序以木幬覆棺攢置於西序云塗不暨于棺者彼注云攢中狹小裁取容棺暨及也但攢木不及棺而已云士殯見衽塗上者即此經掘肂而見其小要於上塗之而已云帷之者鬼神尚幽闇君大夫士皆同也云又曰君蓋用漆三衽三束者古者棺不釘彼鄭注云用漆者塗合牝牡之中也衽小要也棺蓋每一縫為三道小要每道為一條皮束之故云君蓋用漆三衽三束大夫士降于君故二衽二束大夫有漆士無漆也引之者證經肂與衽之義也

棺入主人不哭升棺用軸蓋在下

軸大六反○軸輁軸也輁狀如牀軸其輪輓而行○輁九勇反輓音晚本又作挽

疏注軸輁至而行

○釋曰云輁狀如牀軸其輪者此注文畧案既夕云遷于祖用軸注云軸輁軸也軸狀如轉轔刻兩頭為軹輁狀如長牀穿桯前後著金而關軸焉大夫諸侯以上有四周謂之輴天子畫之以龍是也

熬黍

一二二七

稷各二筐有魚腊饌于西坫南熬五刀反○熬所以惑蚍蜉令不至棺旁也爲舉者設盆盥於西○蚍音毗蜉音浮【疏】注熬所至於西○釋曰喪大記云熬君四種八筐大夫三種六筐士二種四筐加魚腊焉注云熬者煎穀也塗將設於棺旁所以惑蚍蜉使不至棺也引此上喪禮曰熬黍稷各二筐又云設熬旁一筐大夫三種加以梁君四種加以稻四筐則首足皆一其餘設於左右若然則此士二筐首足各一筐其餘設於左右可知也云爲舉者設盆盥於西者以小斂既云設盆盥饌于東方明大斂用西方之盆盥矣以其先陳盥後陳鼎故於鼎上言之也陳三鼎于門外北上豚合升魚鱄鮒九腊左胖髀不升其他皆如初鱄市轉反劉市專反鮒音附胖音判○合升合左右體升於鼎其他皆如初謂豚體及匕俎之陳如小斂時合升四鬄亦相互耳【疏】注合升至互耳○釋曰云其他皆如初謂豚體及匕俎之陳如小斂時者謂豚七體之等一依前斂時也云合升四鬄亦相互耳者小斂云四鬄四解爲七體亦左右體合升今升

左右體亦解可知也故云相互也燭俟于饌東燭燋也饌東方之饌有燭者堂雖明室猶闇火在地曰燎執之曰燭疏注堂雖至曰燭○釋曰云堂雖明室猶闇者前小斂陳衣于房無燭者近户得明故無燭此大斂於室之奧故有燭以待之云在地曰燎者謂若郊特牲云庭燎之百又詩曰庭燎之光如此之類皆在地曰燎此云執之曰燭及少儀云主人執燭抱燋此之類皆是人之手執燭也庭燎且燕禮亦謂之大燭也司烜氏亦謂之墳燭也祝徹盥于門外入升自阼階丈夫踊祝徹祝與有司當徹小斂之奠者小斂設盥于饌東有巾大斂設盥于門外彌有威儀疏注祝徹至威儀○釋曰此直云祝徹盥于門外者不知有時設此案上小斂陳饌記即言設盥則陳大斂饌記亦設盥於門外也祝徹巾授執事者以待授執巾者於尸東使先待於阼階下為大斂奠入將巾之祝還徹醴也疏注受執至體也○釋曰云授執巾者於尸東使先待於阼階下者此巾前為小斂奠巾之今祝徹巾還為大斂奠巾之前小斂奠升自阼階設于尸東祝受巾

於阼階下而升今大歛奠亦升自阼階設于奥亦宜受巾於阼階下而升故知祝授巾於執巾者使先待於阼階下也又知祝還徹醴者下文徹饌先取醴故也

徹饌先取醴酒北面北面立相待俱降

其餘取先設者出于足降自西階婦人踊設于序西南當西榮如設于堂為求神於庭孝子不忍使其親須臾無所馮依也堂謂尸東也凡奠設于序西南者畢事而去之

疏注為求至去之○釋曰云堂謂尸東也者謂如尸東堂上陳設之次第故云尸東也云凡奠設于序西南者畢事而去之者言凡奠謂小斂奠大斂奠遷柩奠祖奠但將設後奠則徹先奠於西序南待後奠事畢則去之故小斂奠設之於此不巾以不久設故也

醴酒位如初執事豆北南面東上如初者如其醴酒北面西上也執醴尊不為便事變位

疏注如初至變位○釋曰前設小歛奠于尸東時醴酒先升北面西上執豆俎者立於俎北西上至此執豆俎者豆北東上為便宰事訖向東為便故東上變位以執醴者尊仍西上

是不得爲便事變位也乃適饌東方之新饌疏注東方之新饌○釋曰以其將設大斂新饌於室故知是新饌也帷堂徹事畢婦人尸西東面主人及親者升自西階出于足西面袒袒大斂變也不言髽免髺髮小斂以來自若矣疏注袒大至若矣○釋曰知袒爲大斂變者前將小斂袒今言袒下文即行大斂事故知爲大斂變也云不言髽免髺髮小斂以來自若矣者決前小斂袒男有髺髮免婦人有髽今大斂袒不言者自小斂以來有此至成服乃改若如也自如常有故不言之也士盥位如初亦既盥並立西階下疏注亦既至階下○釋曰亦言者亦如小斂時士盥二人並立于西階下以待遷尸也布席如初亦下莞上簟鋪於阼階上於楹間爲少南○鋪普吳反又音孚疏注亦下至少南○釋曰布席如初初謂小斂時下莞上簟云鋪於阼階上者案喪大記云小斂於尸內大斂於阼是也云於楹間爲少南者取南北節以其言阼階上故知於楹間爲少南近阼階也商祝布絞紟衾衣美者在

外君襚不倒至此乃用君襚主人先自盡疏注至此至自盡。釋曰云至此乃用君襚主人先自盡者喪大記君無襚大夫士注云不陳不以斂彼無襚大夫士止謂不陳爲小斂用之故云無襚大夫士以其上文士喪始死君使人襚何得云君全無襚大夫士也故以不陳不以斂解之至大斂乃用君襚於小斂所用主人先自盡也有大夫則告後來者則告以方斂非斂時則當降拜之疏注後來至拜之。釋曰案檀弓大夫弔當事而至則辭焉注云辭猶告也擯者以主人有事告也主人無事則爲大夫出喪大記云士之喪於大夫不當斂則出注父母始死悲哀非所尊不出也上文有君命則出迎於門外是始死唯君命出若小斂後則爲大夫出出故雜記云當袒大夫至雖當踊絕踊而拜之反改成踊若士來即成踊乃拜之也士舉遷尸復位主人踊無筭卒斂徹帷主人馮如初主婦亦如之疏釋曰士舉遷尸謂從尸外夷牀上遷尸於斂上主人奉尸斂于棺踊如初乃蓋棺在肂中斂尸焉所謂殯也檀

弓曰殯於客位【疏】注棺在至客位。釋曰云奉尸斂于棺謂從阼階斂上遷尸鄉西階斂於棺中乃加

蓋於棺上也云棺在肂中斂尸焉者欲見先以棺入肂中乃擧尸入棺中云所謂殯也者即所引檀弓殯

於客位者是也以尸入棺名斂亦名殯也主人降拜大夫之後至者北面

視肂北面於西階東【疏】注北面於西階東。釋曰小斂後主人阼階下今殯後拜大夫後至者殯

訖不忌即阼階因拜大夫即於西階東北面視肂而哭也衆主人復位婦人東復

位阼階上下之位【疏】注阼階上下之位。釋曰衆主人與婦人於賓無事故殯後即鄉東阼階上下

之位也設熬旁一筐乃塗踊無筭以木覆棺上而塗之爲火備卒塗

祝取銘置于肂主人復位踊襲爲銘設柎樹之肂東。爲于僞反柎方于

反【疏】注爲銘至肂東。釋曰上文始死則作銘訖置于重今殯訖取置于肂上銘所以表柩故也云

肂東者以不使當肂於東可也乃奠燭升自阼階祝執巾席從設于

奥東面從才用反奥一辭友○執燭者先升堂照室自是不復奠於尸祝執巾與執席者從入爲安神位室中西南隅謂之奥執燭南面巾委於席右疏注執燭至席右○釋曰云執燭者先升堂照室爲奠以其設席于奥當先照之爲明也云自是不復奠於尸者鄭欲解自始死已來襲奠小斂奠皆在尸旁今大斂奠不在西階上就柩所故於室内設之則自此以下朝夕奠朔月薦新奠皆不於尸所總解之知執燭南面者以其燭先入室南面照之便故也云巾委於席右者以巾爲神故知委於席右也祝反降及執事執饌東方之饌士盥舉鼎入西面北上如初載魚左首進鬐三列腊進柢鬐巨之反○如初如小斂舉鼎執匕俎扃鼏朼載之儀魚左首設而在南鬐脊也左首進鬐亦未異於生也凡未異於生者不致死也古文首爲手鬐爲耆疏注魚左至爲耆○釋曰云左首進鬐亦未異於生也者案公食右首進鬐此云左首則與生異而云亦未異於生者下文注載者統於執設者統於席彼公食[illegible]右首據席而言此左首據載者統於執若設

於廡前則亦右首也云不致死也者檀弓云之死而致死之不仁而不可為也今進魚不異於生則亦是之死不致死之故引為證也

祝執醴如初酒豆籩俎從升自阼階丈夫踊甸人徹鼎如初祝先升

【疏】注如初祝先升○釋曰以其小斂祝執醴醴在先此云如初故知祝先升也

奠由楹內入于室醴酒北面亦如初

【疏】注亦如初○釋曰以其小斂之醴酒先升北面西上此經亦言北面則與小斂同故云亦如初謂如初小斂經不言如初文畧也

設豆右菹菹南栗栗東脯豚當豆魚次腊特于俎北醴酒在籩南巾如初右菹菹在醢南也此左右異於魚者載者統於執設者統於席醴當栗南酒當脯南

【疏】注右菹至脯南○釋曰云設豆右菹菹者凡設醢菹常在右今特言之者此從北鄉南而陳嫌先設者在此故言右言右菹則醢自然在左是以鄭云右菹菹在醢南也云此左右異於魚者載者統於執設者統於席者鄭以上文魚言左首據載者統於執故云左首

及設則右首此言設豆右菹據設者統於席前若執麥則左菹也云醴當栗南酒當脯南者以其陳饌要成尊者後設故先設栗脯於北乃於南設醴酒酒在東故醴在栗南酒在脯南也既錯者出立于戶西西上祝後闔戶先由楹西降自西階婦人踊奠者由重南東丈夫踊闔戶臘反○為神馮依之也○為于偽反疏注為神至之也○釋曰鄭知丈夫見奠者至重即踊者重主道為神馮依之人故丈夫取以為踊節也賓出婦人踊主人拜送于門外入及兄弟北面哭殯兄弟出主人拜送于門外小功以下至此可以歸異門大功亦存焉疏注小功至存焉○釋曰云北面哭殯者案喪大記云大夫士哭殯則杖哭柩則輯杖注云哭殯謂既塗也哭柩謂啓殯也此哭不言杖者文畧也云小功以下至此可以歸者案喪服記云小功以下為兄弟則此兄弟可以兼男女也云異門大功亦存焉者大功容有同門有同財然喪服以小功以下為兄弟但大功亦容不同門不同

同財之義，以異門，跡至此，亦可以歸，故云亦存焉。謂存在家之法也。既殯雖歸，至朝夕朔奠之日，近者亦入哭，限也。若至葬時，皆就扳所，故既夕反哭云「凡弟出，主人拜送」，注云「兄弟，小功以下也」。異門者，大功亦可以歸是也。

衆主人出門，哭止，皆西面于東方，闔門。○主人揖，就次。次謂斬衰倚廬，齊衰堊室也，大功有帷帳，小功緦麻有牀笫可也。○堊音於各反。

疏注次者至可也○釋曰：凡言次者，廬、堊室以下總名，是賓客所在亦名次也，故引禮記間傳爲證。案間傳云：「父母之喪，居倚廬，寢苫枕凷，不説絰帶。齊衰居堊室，芐翦不納。大功寢有席。小功緦麻，牀可也。」齊衰既居堊室，故大功以下有帷帳也。

君若有賜焉，則視斂。既布衣，君至。賜，恩惠也。斂，大斂。君視大斂，皮弁服，襲裘。主人成服之後往，則錫衰。

疏注賜恩至錫衰○釋曰：案雜記云：「公視大斂，公升，商祝鋪席，乃斂。」注引喪大記曰：「大夫之喪，將大斂，既鋪絞紟衾衣，君至。」此君升乃鋪席，則君至爲之改始新之。此經上下不言改新者，文不具也。云「斂，大斂」者，案喪大記云「君於士，既殯而往，爲之賜大斂焉此經云若有賜明君於士視大斂也云君視大斂皮弁服襲裘者案喪服小記云諸侯弔必皮弁錫衰言諸侯不言君者以其彼是弔異國之臣法故服問云公爲卿大夫錫衰以居出亦如之當事則弁絰不見君弔士服案文王世子注君爲同姓之士緦衰異姓之士疑衰並據成服後今大斂未成服緣士弔異國之臣有服皮弁之法則君弔士未成服之前可服皮弁襲裘之文出檀弓子游弔小斂後襲裘帶絰而入此小斂後亦宜然也云成服之後往則錫衰者亦約服問君弔卿大夫之法若然文王世子注同姓之士緦小異姓之士疑衰不同者彼謂凡平之士此士於君有師友之恩特賜與大夫同也

主人出迎于外門外見馬首不哭還入門右北面及衆主人袒不哭厭於君不敢伸其私恩

疏 注不哭至私恩○釋曰案喪大記云男子出寢門見人不哭平常出門時此迎君宜哭

巫止于廟門外祝代之小臣二人執戈先二人後巫掌招彌以除疾病小臣掌正君之法儀者周禮男巫王弔則與祝前喪

禮王弔則與巫前檀弓曰君臨臣喪以巫祝桃茢執戈以惡之所以異於生也皆天子之禮諸侯臨臣之喪則使祝代巫執茢居前下天子也小臣君行則在前後君升則俠阼階北面凡宮有鬼神曰廟○執音列又音例

【疏】注巫掌至曰廟○釋曰云巫掌招弭以除疾病者周禮春官男巫職文彼注云招招福也弭讀為敉安也謂安以禍也云小臣掌正君之法儀者夏官小臣職文云男巫王弔則與祝前者亦男巫職文云祝者則周禮春官喪祝職云王弔則與巫前是也引之者證經巫祝小臣之事也引檀弓者證彼與此經異故云皆天子之禮也以其巫祝桃茢具故為天子禮也云諸侯臨臣之喪則使祝代巫執茢居前下天子也者此據喪大記而言案彼云大夫殯而君往焉巫止于門外祝代之先君釋菜于門內祝先升自阼階負墉南面君即位于阼小臣二人執戈立于前二人立于後文與此經同文有詳略耳云小臣君行則在前後者非直為弔喪則凡平行皆有此小臣從以其與君為儀衛者云君升則俠阼階案顧命云二人雀弁夾階是其類也云凡宮有鬼神曰廟者以經云廟謂適寢為廟故云有鬼神曰廟

君

釋采入門主人辟采七代反○釋采者祝為君禮門神也必禮門神者明君無故不來也禮運曰諸侯非問疾弔喪而入諸臣之家是謂君臣為謔疏注釋采至為謔○釋曰引禮運者證君無故而入臣家故將入必禮門神也彼注引陳靈公與孔寧儀行父數如夏氏以取弒焉是君臣相謔致禍之事也君升自阼階西鄉祝負墉南面主人中庭祝南面房中東鄉君牆謂之墉主人中庭進益北疏注祝南至益北○釋曰祝必負墉南面鄉君者案喪大記云君稱言視祝而踊鄭注視祝而踊祝相君之禮當節之也故須鄉君也云主人中庭進益北者前主人先入門右中庭之南今云中庭明益北至庭也君哭主人哭拜稽顙成踊出出不敢必君之卒斂事君命反行事主人復位大斂事君升主人主人西楹東北面命主人使之升升公卿大夫繼主人東上乃斂公大國之孤四命也春秋傳曰吾公在壑谷○壑火各反疏注公大至壑谷○釋曰案

典命云公之孤四命故云大國之孤四命也引春秋者襄三十年左氏傳文鄭爲伯爵不合立孤但良霄鄭之公族大夫貴重之極以比大國之孤故臣子尊其君亦號爲公引之者證經公是公之孤也以其天子有三孤副貳三公大國無公唯有孤亦號爲公是以燕禮亦謂之爲公也

卒公卿大夫逆降復位主人降出逆降者後升者先降位如朝夕哭弔之位疏注逆降至之位○釋曰卒者謂卒斂也云主人降出者亦是不敢久留君先出下文君反主人主人反鄉中庭君乃撫尸主人乃拜稽顙踊出出謂主人出鄉門外位

君反主人主人中庭君坐撫當心主人拜稽顙成踊出撫手案之凡馮尸興必踊今文無成疏注撫手至無成○釋曰云凡馮尸興必踊者喪大記文此經直云君坐撫當心主人直踊又不言馮尸而鄭云凡馮尸興必踊者欲見撫即馮之類興亦踊故得與主人拾踊也是以喪大記君於臣撫之父母於子執之子於父母馮之婦於舅姑奉之舅姑於婦撫之馮尸不當君所又云凡馮尸興必踊是馮爲總名故君撫之

亦踊也君反之復初位衆主人辟于東壁南面辟婢亦反○以君將降也南面則當坫之東疏注以君至之東○釋曰云君反之復初位初位即中庭位知者以其文承中庭位故也云以君將降也南面則當坫之東者下文君降西鄉命主人馮尸則君降當在阼階下西面命之故衆主人辟君東壁南面南面則西頭爲首者當堂角之坫故云當坫之東也君降西鄉命主人馮尸主人升自西階由足西面馮尸不當君所踊主婦東面馮亦如之君必降者欲孝子盡其情奉尸斂于棺乃蓋主人降出君反之入門左視塗肂在西階上入門左由便趨疾不敢久留君○便婢面反君升即位衆主人復位卒塗主人出君命之反奠入門右亦復中庭位疏注亦復中庭位○釋曰注云入門右者註復中庭位謂在門右南北當中庭也乃奠升自西階以君在阼疏注以君在阼○釋曰

以其凡奠皆升自阼階是爲君在阼故辟之而升自西階也君要節而踊主人從
節謂執奠始升階及既奠由重南東時也疏注節謂至時也○釋曰云節謂執奠始升階及既奠由重
南東時也者案上文大斂奠升時丈夫踊降時婦人踊由重南而東丈夫踊此注不云降時踊者以經直
有君與主人丈夫踊節故不言降時踊節也卒奠主人出哭者止以君將出不敢
讙囂聒尊者也○讙火官反又許元反囂許驕反劉五高反聒古活反君出門廟中哭
主人不哭辟君式之辟婢亦反○辟逡遁辟位也古者立乘式謂小俛以禮主人也
曲禮曰立視五巂式視馬尾○逡七旬反遁音旬辟音避乘繩證反俛音免疏注辟逡至馬尾○釋
曰君入臣家至廟門乃下車則貳車本不入大門下云貳車畢乘主人哭拜送者明出大門矣云辟逡遁
辟位也者案曲禮云君出就車左右攘辟則此云辟亦是主人攘辟故云逡遁辟位也云古者立乘者以
其坐乘則不得式而小俛故云古者立乘也知式是禮主人者曲禮云式宗廟曾子問卿大夫見君之尸

必式是凡式皆是禮前物爲式引曲禮者欲見式小俛彼注巂猶規也車輪轉之一帀爲一規案周禮冬官輪崇六尺六寸圍三徑一三六十八一帀則一丈九尺八寸五規則五箇一丈九尺八寸總爲九丈九尺六尺爲一步總十六步半凡平立視前十六步半若小俛爲式則低頭視馬尾故連引曲禮云式視馬尾也

貳車畢乘主人哭拜送貳車副車也其數各視其命之等君出使異姓之士乘之在後君弔蓋乘象輅曲禮曰乘君之乘車不敢曠左左必式

[疏]注貳車至必式○釋曰云其數各視其命之等者案周禮大行人云上公貳車九乘侯伯貳車七乘子男貳車五乘故知視命數也云君出使異姓之士乘之在後考禮記坊記云君不與同姓同車與異姓同車彼謂與君同在一車爲御於車右者也此經云貳車畢乘明亦使異姓之士乘之在後可知云君弔蓋乘象輅者案周禮巾車職王有五輅玉金象革木諸侯則同姓金輅已下異姓象輅已下四衛革輅已下蕃國唯有木輅若然唯王與同姓異姓得弔乘象路今云蓋乘象輅者以諸侯言之唯據上公與侯伯於王有親者得用象輅弔臨其臣以

巾車又云象輅以朝釋曰王以朝及燕出入雖不言弔臨然弔臨亦是出入之事故云蓋以擬之若四衛諸侯侯伯已下與王無親者亦各乘已所賜之車華輅木輅之等今鄭於貳車之下言所乘車者以其言貳車其飾皆與正車同故於貳車以下言君之所乘車也引曲禮者乘車則貳車是也以其與君爲副貳即是君之乘車也彼注云君存惡空其位則此乘車亦居左以其人君皆左載無御者在中鄭注周禮亦有車右也云左必式者不敢立相[illegible][illegible]常爲式耳

襲入即位衆主人襲拜大夫之後至者成踊後至布衣而後來者疏注後至至來者○釋曰知布衣而後來者若未布衣時來即入前卿大夫從君之內今承上君大夫之下別言拜大夫之後至者明布衣後來不得與前卿大夫同時從君入者故鄭以布衣之後解之

賓出主人拜送自賓出以下如君不古之儀疏注自賓至之儀○釋曰上經君在之時卿大夫士從君者不得與主人爲禮君出後有賓來即乃得別與主人爲禮故云自賓出以下如君不在之儀也

三日成服杖拜君命

及衆賓不拜棺中之賜既殯之明日全三日始歠粥矣禮尊者加惠明日必往拜謝之棺中之賜不施已也曲禮曰生與來日

（疏）注既殯至來日○釋曰云既殯之明日者上厥明滅燎者是三日之朝行大歛之事今別言三日成服則除上三日更加一日是四日矣而言三日者謂除死日數之為三日也云全三日始歠粥矣者謂成服日乃食粥除此日已前是未全三日不食至四日乃食也案喪大記云三日不食謂通死日不數成服日故云三日不食孝經三日而食者是除死日數故云三日而食也云禮尊者加惠明日必往拜謝之者案既夕記云主人乘惡車注云拜君命是也引曲禮者彼注云與猶數也生數來日謂成服杖以死明日數也死數往日謂殯歛以死日數也此士禮貶於大夫者大夫以上皆以來日數引之以證此士喪禮與大夫以上異也

朝夕哭不辟子卯既殯之後朝夕及哀至乃哭不代哭也子卯桀紂亡日凶事不辟吉事闕焉

（疏）注既殯至闕焉○釋曰云既殯之後朝夕及哀至乃哭也此據殯後阼階下朝夕哭廬中思意則哭云不代哭也者決未殯以前大

夫以上以官代哭士以親疏代哭不絶声云子卯[illegible]紂亡日者詩云韋顧既伐昆吾夏桀左傳云乙卯昆吾稔之日昆吾與夏桀同時誅則桀以乙卯亡案尚書牧誓序云時甲子昧爽武王伐紂之日是紂以甲子日死王者以爲忌日云凶事不辟者即此經是也云吉事闕焉者檀弓云子卯不樂是吉事闕也婦

人即位于堂南上哭丈夫即位于門外西面北上外

兄弟在其南南上賓繼之北上門東北面西上門西

北面東上西方東面北上主人即位辟門辟婢亦反○外兄弟

異姓有服者也辟開也凡廟門有事則開無事則閉疏注外兄至則開○釋曰喪大記云祥而外無哭者則此外位皆有哭今直云婦人哭則丈夫亦哭矣但文不備也案下注云兄弟齊衰大功者主人哭則哭小功緦麻亦即位乃哭是也云外兄弟異姓有服者謂若舅之子姑姊妹從母之子等是皆有服者也云凡廟門有事則開無事則閉者有事謂朝夕哭及設奠之時無此事等則閉之鬼神尚幽闇故也婦

人拊心不哭拊芳甫反○方有事止讙囂疏注方有事止讙囂○釋曰云方有事者謂下經徹大歛奠朝奠之事也主人拜賓旁三右還入門哭婦人踊□□面拜乃南面拜東面拜也疏注先西至拜也○釋曰知先西面後東面者以經云旁三右還入門故知先西面後乃東遂北面入門以一面故云旁主人堂下直東序西面兄弟皆即位如外位卿大夫在主人之南諸公門東少進他國之異爵者門西少進敵則先拜他國之賓凡異爵者拜諸其位直音值不直西同○賓皆即此位乃哭盡哀止主人乃右還拜之如外位矣兄弟齊衰大功者主人哭則哭小功緦麻亦即位乃哭上言賓此言卿大夫明其亦賓尒少進前於列異爵卿大夫也他國卿大夫亦前於列尊之拜諸其位就其位特拜疏注賓皆至特拜○釋曰既云如外位又案外位主人之南有外兄弟其南及有賓此內位主人之南即有卿大夫不言兄弟者以外

兄弟雖在主人之南以少退故卿大夫繼主人而言也云諸公門東少進者謂門東有士故云少進少進於士此所陳位不言士之屬吏者案大夫家臣位在門右則士之屬吏亦在門右又在賓之後也云賓皆即此位乃哭盡哀止主人乃右還拜之如外位矣者以其云外位明拜之亦右還如外位也云兄弟齊衰大功者主人哭則哭者以其大功已上親無門外內位但主人哭則亦哭矣小功緦麻疏故入即進前於士之列也云異爵卿大夫也者以主人是士明異爵是卿大夫也云他國卿大夫亦前於列者以經云他國之異爵者門西少進亦當前於士位也云拜諸其位就其位特拜者以其異爵則亦卿大夫故知特拜一一拜其位也

諸徹者盥于門外燭先入升自阼階丈夫踊徹者徹大斂之宿奠祝取醴北面取酒立于其東取豆籩俎南面西上祝先出酒豆籩俎序從降自西階婦人踊序次也

疏注序次也○釋曰序次者次第人使相當此經所言先後則祝執醴在先次酒次豆籩次俎爲

次第也設于序西南直西榮醴酒北面西上豆西面錯立于豆北南面籩俎既錯立于執豆之西東上酒錯復位醴錯于西遂先由主人之北適饌遂先者明祝不復位也適饌適新饌特復奠疏注遂先至復奠○釋曰云遂先者明祝不復位也者以其云遂先先即祝不得復位遂適東祖新饌也乃奠醴酒脯醢升丈夫踊入如初設不巾入入於室也如初設者豆先次籩次酒次醴也不巾無菹無栗也菹栗具則有俎有俎乃巾之疏注入入至巾之○釋曰云入入於室也者以其設奠在室中故也云如初設者豆先次籩次酒次醴也者以其大斂有俎籩豆又多今言如初設直豆籩酒醴見用者此後次第耳云不巾無菹無栗也者以大斂奠籩有菹栗則巾之是以檀弓云喪不剝奠也與祭肉也與其大斂皆有俎俎有祭肉故巾之也若然朝廟之奠亦是宿奠無菹栗有巾皆為在堂而久設塵埃故也錯者出立于戶西西

上減燭出祝闔戶先降自西階婦人踊奠者由重南東丈夫踊賓出婦人踊主人拜送哭止乃奠奠則禮畢矣今文無拜（疏）注哭止至無拜○釋曰云祝闔戶先降者以其出戶時祝闔戶在後故須云祝先降也云哭止乃奠奠者謂朝夕哭止拜賓乃奠奠則禮畢矣是以檀弓云朝奠日出是也眾主人出婦人踊出門哭止皆復位闔門主人卒拜送賓揖眾主人乃就次○朔月奠用特豚魚腊陳三鼎如初東方之饌亦如之朔月月朔日也自大夫以上月半又奠如初者謂大斂時（疏）注朔月至斂時○釋曰知大夫以上月半又奠者下經云月半不殷奠士不者大夫以上則有之謂若下文云不述命大夫已上則有之又若特牲云士不諏日大夫已上則諏諸士言不者大夫已上則皆有之故知大夫以上又用月半奠也云如初者謂大斂時者以其上陳大斂奠此言如初故知如大斂時也無籩有黍稷

用毼敦有蓋當籩位黍稷併於甒也於是始有黍稷死者之於朔月月半猶平常之朝夕大祥之後則四時祭焉○併補鄭反又必性反疏注黍稷至祭焉○釋曰云於是始有黍稷者始死以來奠不言黍稷至此乃言之故云於是始有黍稷也云死者之於朔月月半猶平常之朝夕者謂猶生時朝夕之常食也案既夕記云燕養饋羞湯沐之饌如他日注云燕養平常所用供養也饋朝夕食也羞四時之珍異若然彼謂下室中不異於生時殯宮中則無黍稷今至朔月月半乃有之若朔月月半殯宮中有黍稷下室則無故既夕記云朔月若薦新則殯不饋于下室注云以其殷奠有黍稷也下室如今之內堂是也是以云猶平常朝夕決之也云大祥之後則四時祭焉者士虞禮禫月吉祭猶未配是大祥之後得四時祭若虞祭之後卒哭之等雖不四時亦有黍稷口定其常也主人拜賓如朝夕哭卒徹徹宿奠也舉鼎入升皆如初奠之儀卒杫釋匕于鼎俎行杫者逆出甸人徹鼎其序醴酒菹醢黍稷

俎俎行者俎後執執俎者行鼎可以出其序升入之次疏注俎行至之次○釋曰云俎行者俎後執執俎者行鼎可以出者案下文設特豆錯俎錯黍稷後設則俎宜在黍稷前今在黍稷後而言俎行者欲見俎雖存黍稷前設以執之在後欲與鼎匕出爲節故云俎行即匕鼎出也云其序升入之次者謂如經醴已下次第也其設于室豆錯俎錯腊特黍稷當籩位敦啓會郤諸其南醴酒位如初會古外反○當籩位俎南黍稷東稷會蓋也今文無敦疏注當籩至無敦○釋曰知當籩位俎南黍稷東稷者依特牲所設爲之也祝與執豆者巾乃出共爲之也主人要節而踊皆如朝夕哭之儀月半不殷奠殷盛也士月半不復如朔盛奠下尊者疏注殷盛至尊者○釋曰云士下尊者以下大夫以上有月半奠故也有薦新如朔奠薦五穀若時果物新出者疏注薦五至出者○釋曰案月令仲春開冰先薦寢廟季春云薦鮪于寢廟孟夏云以彘嘗麥先薦寢廟仲夏云羞以

李桃先薦寢廟皆是薦新如朔奠者牲牢籩豆一如上朔奠也徹朔奠先取醴酒其

餘取先設者敦啓會面足序出如入會古外反○啓會徹時不復蓋

也面足執之令足間鄉前也敦有足則敦之形如今酒敦【疏】注啓會至蓋也○釋曰以前設時即不蓋

至徹亦不蓋今經云敦啓會嫌先蓋至徹連啓之故云不復蓋也其設于外如于室

外序西南筮宅冢人營之宅葬居也冢人有司掌墓地兆域者營猶度也詩云經之營之

○度大洛反掘四隅外其壤掘中南其壤為葬將北首故也【疏】注為

葬至故也○釋曰云為葬將北首者解掘中南其壤為葬時北首故壤在足處案檀弓云葬於北方北首

三代之達禮也是葬時北首也既朝哭主人皆往兆南北面免絰免如

字又音勉○兆域也新營之處免絰者求吉不敢純凶○處昌慮反【疏】注兆域至純凶○釋曰案雜記

云大夫卜宅與葬日有司麻衣布衰布帶因喪屨緇布冠不蕤占者皮弁下又云如筮則史練冠長衣以

筮占者朝服彼有司與占者之服不純吉亦不純凶此乃主人之服不純吉免絰亦不純凶也命筮者在主人之右命尊者宜由右出也少儀曰贊幣自左詔辭自右○少詩召反疏注命尊至自右○釋曰云命尊者宜由右出也者對贊幣卑者在左故引少儀爲證也筮者東面抽上韇兼執之南面受命韇音獨函也○韇藏筴之器也兼與筴執之今文無兼疏注韇藏至無兼○釋曰云抽上韇者則下韇未抽待用筮時乃并抽也命曰哀子某爲其父某甫筮宅度茲幽宅兆基無有後艱爲于僞反○某甫其字也若言山甫孔甫矣宅居也度謀也茲此也基始也言爲其父筮葬居今謀此以爲幽冥居兆域之始得無後將有艱難乎艱難謂有非常若崩壞也孝經曰卜其宅兆而安厝之古文無兆基作期疏注某甫至作期○釋曰云某甫其字也者謂二十加冠時且字云若言山甫孔甫矣者此亦二十加冠所稱故士冠禮云伯某甫仲叔季唯其所當鄭亦以孔甫之字辭某甫則孔甫之等是實字以某甫擬

之是其字也是以諸侯薨復者亦言某甫鄭云某甫其字是爲之造字也引孝經卜其宅兆者證宅爲葬居又見上大夫以上卜而不筮故雜記云大夫卜宅與葬日下文云如筮則史練冠鄭注云謂下大夫若士也則卜者謂上大夫上大夫卜則天子諸侯亦卜可知但此注兆爲域彼注兆爲龜兆不同者以其周禮大卜掌三兆有玉兆瓦兆原兆者經亦云兆筮或此文主人皆往兆南北面兆爲營域之處義得兩全故鄭注兩解俱得合義

筮人許諾不述命右還北面指中封而筮卦者在左還劉户串反一音旋○述循也既受命而申言之曰述不述者士禮略凡筮因會命筮爲述命中封中央壤也封者識爻卦畫地者古文述皆作術○畫音獲

【疏】注述循至作術○釋曰云不述者士禮略者但士禮命筮辭有　命龜辭有二大夫巳上命筮辭有二命龜辭有三士命筮辭有一者即上經是直有命筮無述命又無即席西面命筮辭是命筮辭雖有一也下文卜日有族長涖卜爲事命龜宜云哀子某以下又有即席西面一命龜述云不述命亦士禮略是士命龜辭有二又知大夫

以上命筮辭有二命龜辭有三者案少牢是大夫一筮禮彼上文云主人曰孝孫某來日丁亥以下是爲事命筮下文云遂述命曰假爾大筮有常是直云孝孫某來日丁亥已下將即西面命筮冠於述命之上共爲一辭通前爲士命筮有二若卜則有爲事命龜遥述命又有卿當席西面命爲三知大夫龜亦有述命士云不者士喪禮士之卜筮皆云不述命士云不者大夫已上皆有謂若士月半不殷奠大夫則殷奠之類知大夫命龜不將述命與即西面命龜共爲一命龜亦知有二者案此士喪注述命命龜異龜重威儀多定對少牢述命與命龜爲二通三若然則天子諸侯亦命筮辭有二命龜辭有三可知也知士不述命非爲喪禮畧者特牲之士禮亦云不述命故知士吉凶皆不述命非爲喪禮畧也

卒筮執卦以示命筮者命筮者受視反之東面旅占卒進告于命筮者與主人占之曰從卒筮卦者寫卦示主人乃受而執之旅衆也反與其屬共占之謂掌連山歸藏周易者從猶吉也

疏注卒筮至吉也○釋曰經云卒筮執卦以示命筮者

不言主人注云寫卦示主人不言命筮者其實皆示經直云命筮者以命筮人於卦吉凶審故據而言之是以下覆告命筮與主人二人弁告明與前不異也云與其屬共占之謂掌連山歸藏周易者案洪範卜筮云三人占則從二人之吉注云卜筮各三人大卜掌三兆三易以其龜有三兆玉兆瓦兆原兆筮有三易連山歸藏周易連山者夏家易以純艮為首象山之出雲連連不絕故易名連山歸藏者殷之易以純坤為首坤為地萬物歸藏於地故易名歸藏周以十一月為正月一陽爻生為天統故以乾為首乾為天天能周匝於四時故易名周易也

主人經哭不踊若不從筮擇如初儀更擇地而筮之歸殯前北面哭不踊易位兩及明非常

疏注易位至非常○釋曰朝夕哭當在阼階下西面今筮宅來北面哭者是易位非常故也

既井椁主人西面拜工左還椁反位哭不踊婦人哭于堂還劉戶串反○既已也匠人為椁刊治其材以井構於殯門外也反位拜位也既哭之則往施之窆中矣主人還椁亦以既朝

窆矣○昌絹反窆【疏】注既已至哭矣○釋曰：自此盡亦如之，論將葬須觀知椁材與明器之材善惡之事。案禮記檀弓云「既殯，旬而布材與明器」，注云「木工宜乾腊」，則此云井椁及明器之材布之已久，故云既已也。又須作之，豈今始獻材也，但至此時將用，故主人親看視。是以云既哭之，則徃施之窆中也。云匠人爲椁刊治其材者，此解經主人拜工之事，以其冬官主百工，百工之內匠人主木工之事，所云者拜匠人，以其爲椁刊治其材者有功，故主人拜之也。云以井槨於殯門外也者，以下文獻材於殯門外，則此亦在殯門外，此不言，下言者，以明器之材多，并有獻素獻成之事，故具言處所也。互位拜位者，謂互西面拜位。知既哭施之窆中者，以其文承筮宅以下，見其即入壙故也。知主人還椁亦以既朝哭矣者，以其筮宅與卜日皆在朝哭訖，明還椁亦既朝哭，言亦者，亦彼二事也。

獻材于殯門外，西面北上，綪。主人徧視之，如哭椁。獻素、獻成亦如之。徧音遍○

材，明器之材。視之亦拜工，左還。形法定爲素，飾治畢爲成。【疏】注材明至爲成○釋曰：上經已言椁，此經言材故鄭言明器之材也檀弓云既殯旬而布材與明器明器與材別言故彼言材爲椁材者又此下別言素與成則此明器之材未斲治先獻之驗其堪否也云形法定爲素飾治畢爲成知義然者以其言素素是未加飾之名又經言獻材是斲治明素是形法定斲治訖可知又言成是成就之名明知飾治畢也此明器須好故有三時獻法上椁材既多故不須獻直還觀之而已

卜日既朝哭皆復外位卜人先奠龜于西塾上南首有席楚焞置于燋在龜東

焞存悶反劉吐敦反又徒敦反又音純燋劉哉約反又祖堯反一作哉盄反○楚荊也荊焞所以鑽灼龜者燋炬也所以燃火者也周禮菙氏掌共燋挈以待卜事凡以明火爇燋遂灼其焌契以授卜師遂以役之○鑽子官反一本作灼炬也音巨菙時髓反掌共音恭挈本又作契苦計反劉苦結反契之悅反焌劉音俊又存悶反又子悶反

疏

注楚荊至役之○釋曰云楚荊也者荊本是草之名以其與荊州之荊名同楚是荊州之國故或言荊也荊焞所以鑽灼龜者古法鑽龜用荊謂之荊焞云燋

炬也者，謂存火者爲炬，亦用荆爲之，故鄭云所以燃火者也。周禮菙氏掌共燋契以待卜事者，彼下注杜子春云：明火以陽燧取火於日。玄謂焌讀如戈鐏之鐏，謂以契柱燋火而吹之也。契既然，以授卜師，用作龜也。役之役謂人是初焞與契爲一，皆謂鐏龜之焌讀爲戈鐏之鐏者，取其鋭頭爲之灼龜也。

族長涖卜及宗人吉服立于門西東面南上占者三人在其南北上卜人及執燋席者在塾西

長，丁丈反。涖，音利，又音類。

○族長，有司掌族人親疏者也。涖，臨也。吉服，服玄端也。占者三人，掌玉兆、瓦兆、原兆者也。在塾西者，南面東上。

疏注族長至東上○釋曰：云「族長，有司掌族人親疏者也」者，以其言族長，故知掌族人親疏也。云「吉服，服玄端也」者，案雜記云：大夫卜宅與葬日，有司麻衣。又云：如筮，則史練冠長衣。此宗人直云吉服，不言服名，則士之吉服，祭服爲吉服，士之祭服爲玄端，而況宗人掌禮之官，非卜筮者，著玄端，則筮史亦服練冠長衣，雜記所云是衣吉，故筮者不純凶也。云「占者三人，掌玉兆、瓦兆、原兆者」，案周禮大卜掌三兆之法法云兆者灼龜發於火其形可占者其象似玉瓦原之舋罅是用名之焉上古以來作其法可用者有三原原田也杜子春云玉兆帝顓頊之兆瓦兆帝堯之兆原兆有周之兆此三兆者當代之別名及占之又有體色墨坼之等故占人云君占體大夫占色史占墨卜人占坼注云體兆象也色兆氣也墨兆廣也坼兆舋也體有凶吉色有善惡墨有大小坼有微明尊者視兆象而已卑者以次詳其餘也周公卜武王占之曰體王其無害凡卜體吉色善墨大坼明則逢吉是其卜專據此三兆也云在塾西者南面東上者以其取堂南行事明不得背之北面故知南面取近爲尊故知東上也

闔東扉主婦立于其内扉門扉也席于闑西閾外闑魚列反閾音域劉呼逼反卜門爲卜者也古文闑作縶閾作蹙宗人告事具主人北面免絰左擁之涖卜即位于門東西面涖卜族長也更西面當代主人命卜

疏注涖卜至命卜○釋曰云涖卜族長也者上文所云是也以其孜鄉西面卒文受龜受視受命訖即云命曰哀子某則族長非直視高兼

行命龜之事也故云當代主人命卜也周禮天子卜法則與士異假使大事則大宗伯涖卜小宗伯陳龜貞龜命龜大卜眡高作龜次事小事以下各有差降也

卜人抱龜燋先奠龜西首燋在北既奠燋又執龜以待之疏注既奠至待之○釋曰云卜人抱龜燋者謂從塾上抱鄉閾外待也先奠龜於席上乃復奠燋在龜北云既奠燋又執龜以待之者鄉時先奠龜次奠燋既奠燋又取龜執之以待待者下經授與宗人宗人受之是也

宗人受卜人龜示高以龜腹甲高起所當灼處示涖卜也疏注以龜至卜也○釋曰凡卜法案禮記云禎祥見乎龜之四體鄭注云春占後左夏占前左秋占前右冬占後右今云腹甲高者謂就龜之四體腹下之甲高起之處鑽之以示涖卜也

涖卜受視反之宗人還少退受命受涖卜命授龜宜近受命宜卻也

命曰哀子某來日卜葬其父某甫考降無有近悔近附近之近○考登也降下也言卜此日葬魂神上下得無近於咎悔者乎疏注考登至者乎

○釋曰云某甫者亦上孔甫之類且字也云鬼神上下者總指一切神無所偏指也云咎悔者亦謂冢塋有所崩壞也許諾不述命還即席西面坐命龜興授卜人龜遂東扉宗人不述命亦士禮畧凡卜述命命龜異龜重威儀多也負東扉俟龜之兆也疏注宗人至兆也○釋曰云宗人不述命亦士禮畧者以少牢述命此云不述命故云士禮畧云凡卜述命命龜異龜重威儀多也者言凡非一則大夫已上皆有述命述命命龜異故知此不述而有即席西面命龜若大夫以上有述命者自然與西面命龜異可知言凡卜述命命龜異龜重威儀多對筮時述命命筮同筮輕威儀少云俟龜之兆也者下文告于主婦哭是也卜人坐作龜興作猶灼也周禮卜人凡卜事示高揚火以作龜致其墨興起也疏注作猶至起也○釋曰周禮卜師凡卜揚火以作龜致其墨者此據小事故不使大卜眡高作龜宗人受龜示涖卜涖卜受視反之宗人退東面乃旅占卒不釋龜告于涖卜

主人占曰某日從不釋龜復執之也古文曰爲曰疏注不釋至爲曰○釋曰云不釋龜者似元執不釋注云復執之也者似釋後重執之二疑之間謂宗人退東面旅占之時後人傳占占訖授宗人宗人復執之與本不釋打似故經云不釋龜也授卜人龜告于主婦主婦哭不執龜者下主人也告于異爵者使人告于衆賓衆賓僚友不來者也疏○釋曰上云既朝哭皆復外位外位中有異爵卿大夫等故就位告之云使人告于衆賓者既言使人告明不在此故鄭云不來者也卜人徹龜宗人告事畢主人經入哭如筮宅賓出拜送若不從卜擇如初儀

儀禮注疏卷

儀禮注疏卷第十三　漢鄭玄注　唐賈公彥疏

後學廬陵陳鳳梧編校

既夕第十三

鄭目録云士喪禮之下篇也既已也謂先葬二日已夕哭時與葬間一日凡朝廟日請啓期必容焉此諸侯之下士一廟其上士二廟則既夕哭先葬前三日大戴第五刪小戴第十四別録名士喪禮下篇第十三

疏釋曰鄭目録云士喪禮下篇者依別録而言以其記下士之始死乃記葬時而總計之故名士喪禮下篇也鄭又云先葬二日與葬間一日者驗經云既夕哭請啓期告于賓明旦夙興開殯即遷于祖一日又厥明即葬故知是葬前二日與葬間一日也云必容者請啓期在葬前二日中間容朝廟一日故云必容焉鄭又云此諸侯下士一廟其上士二廟則既夕哭先葬前三日者以其一廟則一日朝二廟則二日朝故葬前三日中間容二日故三日若然大夫三廟者葬前四日諸侯五廟者葬前六日天子七廟者葬前八日差次可知

既夕哭既已也謂出門哭止復外位時疏注既已至位時○釋曰此經論既夕哭請啓期之事夕哭者是主人朝夕哭在殯宮阼階之下禮將請啓殯之時主人於夕哭訖出殯門復外位故鄭云謂出門哭止復外位時也鄭知復外位時者見上篇卜日禮云既朝哭皆復外位朝夕之哭其禮並同明知此請啓期亦在復外位時若然上篇卜日禮云既朝哭皆復外位此不於既朝哭而待既夕哭者謂明日之朝始啓殯又不可隔夕哭故於既夕請也但復外位之時必有司賓來亦在外位故請期因告賓也**請啓期告于賓**請舊七井反○將葬當遷柩于祖有司於是乃請啓肂之期於主人以告賓賓宜知其時也今文啓爲開○肂以二反劉音四疏注將葬至爲開○釋曰云將葬當遷柩于祖有司於是乃請啓肂之期於主人以告賓者鄭解時未至而豫前二日夕哭之後出於門外位請期者明旦須啓肂以柩朝于祖故有司於此時請啓肂之期告賓使知而來赴弔之事也**夙興設盥于祖廟門外**祖王父也下士祖禰共廟疏注祖王至共廟○釋曰自此盡階間論豫於祖廟陳饌之事言夙興者謂夕哭請期訖明日早此豫設盥於

[illegible]經門外擩舉鼎之人[illegible]案小斂[illegible]盥在東堂[illegible]

[illegible]大斂設盥於門外[illegible]言[illegible]約小斂盥在東堂下，則大斂盥亦門外東方。此下陳鼎如大斂奠，則此設盥亦在門外東方，如大斂也。云「祖，王父也」者，案祭法云「曰考廟，曰王考廟」，此云王父，王父之言出於彼。云「下士祖禰共廟」者，又案祭法云「適士二廟，官師一廟」，鄭注云「官師，中士、下士」。案下記云「其二廟，則饌于禰」，則此經所廟據一廟者而言，設盥于祖，是下士一廟，祖禰共廟，據尊者而言也。

陳鼎皆如殯，東方之饌亦如之。皆皆三鼎也。如殯，如大斂既殯之奠。

疏注[illegible]皆至之奠。○釋曰：案上文殯後大斂，陳三鼎，有豚魚腊，在廟門外西面北上。此陳鼎亦如之。云「東方之饌亦如之」者，彼大斂時云「東方之饌：兩瓦甒，其實醴酒，觶豆兩，其實葵菹芋、嬴醢，兩籩無縢，布巾，其實栗不擇，脯四脡」，故今云東方之饌亦如之。云「皆皆三鼎也」者，以其言皆，明非一鼎，皆三鼎可知。又不言外內，即門外及陳于阼階下，亦西面北上，外內同。云「如殯，如大斂既殯之奠」者，以其大斂於阼階，即移于棺而殯之，殯訖，乃于室中設大斂之奠，則大斂奠在殯後，恐於殯時別有奠，故明之云如殯如大斂既殯之奠也侇牀饌于階間侇音夷本亦作夷饌劉士轉反○侇之言尸也朝正柩用此牀○朝直遥反疏注夷之至此牀○釋曰云夷之言尸也者遷尸於堂亦言夷尸盤衾皆依尸而言故云夷之言尸也云朝正柩用此牀者謂柩至祖廟兩楹之間尸北首之時乃用此牀故名夷牀也二燭俟于殯門外早闇以爲明也燭用蒸○蒸之承反薪也疏注早闇至用蒸○釋曰自此盡夷衾論啓殯及變服之事二燭者以其發殯宮二者下云燭入注云燭徹與啓肂者故於此豫備之云燭用蒸者案周禮甸師氏云以薪蒸役外內饔注大曰薪小曰蒸又案少儀云主者執燭抱燋鄭云未爇曰燋燋即蒸故云燭用蒸也丈夫髽散帶垂即位如初髽側瓜反散悉但反○爲將啓變也此互文以相見耳髽婦人之變喪服小記曰男子免而婦人髽男子冠而婦人笄如初朝夕哭門外位○免音問冠古亂反疏注爲將至外位○釋曰云爲將啓變也者凡男子免與括髮散帶垂婦人髽皆當小斂之節今於啓殯時亦見尸柩故變同小斂之時故云爲

□□□也云此互文以相見耳髽婦人之變者不□
□□人之變則免是男子之變今文夫見其人不見
□則丈夫當免矣婦人見其髽不見人則婦人當髽
矣故云互文以相見耳引喪服小記者證見未成服
已前男子免而婦人髽既成服已後男子冠婦人笄
若然小斂之時斬衰男子括髮齊衰以下男子免不
言男子括髮者欲見啓殯之後雖斬衰亦免而無括
髮知者按喪服小記云緦小功虞卒哭則免注云括
柩已藏嫌恩輕可以不免也言則免者則既殯先啓
之間雖有事不免以此而言先啓不免則啓當免矣
又喪服小記云君弔雖不當免時也主人必免不散
麻雖異國之君免也親者皆免注云不散麻者自若
絞帶為人君變貶於大斂之前既啓之後也親者大
功以上也注直言不散麻貶於既啓之後則主人著
免不貶矣以此言之啓後主人免可知若啓後著免
亦是貶矣若然後至卒哭其服同矣以其又哭之時
更無變服之文故知同也云婦人髽及婦人笄者若
未成服之時婦人髽無笄故空云髽成服之後婦人
髽即有笄故喪服斬衰婦人云箭笄檀弓云南宮縚
之妻之姑之喪夫子誨之髽蓋榛以為笄是成服有

笄明矣是以婦人成服不笄也云散帶垂者小斂節
大功以上男子皆然若小功以下及婦人無問輕重
皆初而絞之云如初朝夕哭門外位者但經直云即
位如初知如門外位者以下經始云主人拜賓入即
位袒明矣此亦入門左闔外如朝夕哭位也婦人不哭主人拜賓入即位
袒袒音但○此不蒙如初者以男子入門不哭也不哭者將有事止讙囂也○讙火官反囂許驕反劉
五高反【疏】注此不至囂也○釋曰云此不蒙如初者以男子入門不哭者案上篇朝夕哭云主人即
位辟門婦人擗心不哭主人拜賓旁三右還入門哭婦人踊此主人入門哭婦人不哭不踊故不得蒙
如初也云將有事者謂將有啓殯之事也商祝免袒執功布入升自西階
盡階不升堂聲三啓三命哭三息暫反○功布灰治之布也執之以接神爲
有所拂仿也聲三三有聲存神也啓三三言啓告神也舊說以爲聲噫興也今文免作絻【疏】注功布至
作絻○釋曰云功布灰治之布也者亦謂七升以下之布也云執之以接神爲有所拂仿也者拂仿猶言

拭下經云商祝拂柩用功布是拂拭去塵也此二者告神而用功布拂柩者謂拂也去凶邪之氣也云二

有聲存神也者案曾子問亦云祝聲三鄭云警神也即此存神也云舊說以爲聲噫興者鄭注曾子問云

聲噫歆亦是舊說也**燭入**照徹與啓肂者疏注燭徹與啓肂者○釋曰上云二燭此鄭云燭徹與

啓肂則一燭入室中燭徹奠一燭於堂照開殯肂也**祝降與夏祝交于階下取**

銘置于重夏戶雅反祝之六反後階放此重直龍反後放此○祝降者祝徹宿奠降也與夏祝

交事相接也夏祝取銘置于重爲啓肂遷之吉事交相左凶事交相右今文銘皆作名疏注祝降至

作名○釋曰此祝不言商夏則周祝也燭既入室待周祝從而入室徹宿奠降降時下祝自下升取銘降

置于重爲妨啓殯故也云祝降者祝徹宿奠降也若謂昨暮所設夕奠經宿故謂之宿奠也此宿奠對朝

廟所用即下云重先奠從者是也此奠所徹所置之處雖不言案上篇大斂遷小斂奠于序西南此亦序

西南可也云吉事交相左者則鄉射大射皆云降與射者交於階下相左是也云凶事交相右者此凶事

不言交相左者以凶事反於吉明交相右可知交相右者周祝降階時當近東夏祝升階當近西是交相右也云今文銘皆作名者此銘及下陳明器云取銘置于茵二者皆銘但銘書作名亦通一塗也踊無筭主人也【疏】注主人也○釋曰下文云商祝拂柩則踊無筭當知開棺柩之時以其踊為哀號之已甚故知主人也商祝拂柩用功布憮用夷衾○憮火吾反拂去塵也憮覆之為其形露○去起呂反【疏】注拂去至形露○釋曰開柩已出時是棺南首夷衾本擬覆柩故斂時不用今得覆棺於後朝廟及入壙不言用夷衾又無徹文以覆棺言之當隨柩入壙矣遷于祖用軸遷徙也徙於祖朝祖廟也檀弓曰殷朝而殯於祖周朝而遂葬蓋象平生時將出必辭尊者軸輁軸也軸狀如轉轔刻兩頭為軹輁狀如長牀穿桯前後著金而關軸焉大夫諸侯以上有四周謂之輴天子畫之以龍○輁九勇反[illegible]音鄭軹音紙著丁畧反輴敕倫反【疏】注遷徙至以龍○釋曰自此盡由足西面論以柩朝廟之事云遷于祖用軸者謂朝廟之時從殯宮遷移于祖廟朝時用輁軸載之案士

喪禮將殯云棺入主人不哭升棺用軸則遷于祖時以升輁軸於階上載之挽柩而下若然未升輁陳之當在堂下是以下記云夷牀輁軸于西階東注云明階間者位近西夷牀饌于祖廟輁軸饌于殯宮而言階間明在堂下也云檀弓曰殷朝而殯于祖者殷人將殯之時先朝廟訖乃殯至葬特不復朝也云周朝而遂葬者周人殯于路寢至葬時乃朝朝朝訖而遂葬引之者證經將葬朝祖之事云蓋相平生將出必辭尊者曲禮云出必告反必面是也案聘禮大夫將出聘告于禰乃行介無告禰之事故不得象之云軸輁也者下記云夷牀輁軸是也云軸狀如轉轔者此以漢法況之漢時名轉軸爲轉轔轔輪也故士喪禮云升棺用軸注云軸輁軸也輁狀如牀軸其輪輓而行是以輪爲轔也云軸輁兩頭爲軹者以軸頭爲軹刻軸使兩頭細穿入輁之兩髀前後二者皆然云輁狀如長牀穿桯前後著金而關軸焉者此輁既云長如牀則有先後兩畔之木狀如牀髀厚大爲之兩畔爲孔皆金釧於中前後兩畔皆然然後關軸於其中言桯者以其厚大可以容軸故名此木爲桯也云大夫諸侯以上有四周謂之輴者大夫殯葬雖不用輴士朝

廟用輴軸則大夫朝廟當用輴諸侯天子殯葬朝廟皆用輴但天子畫轅爲龍謂之龍輴檀弓諸侯云輴天子云菆塗龍輴是也此輴皆有四周爲輴故名爲輴也重先奠從燭從柩從燭從主人從從才用反後以意求之〇行之序也主人從者丈夫由右婦人由左以服之親疏爲先後各從其昭穆男賓在前女賓在後疏注行之至在後〇釋曰此論發殯宮御祖廟之次序柩之前後皆有燭者以其柩車爲隔恐闇故各有燭以炤道若至廟燭在前者升炤正柩在後者在階下炤升柩故下記云燭先入者升堂東楹之南西面後入者西階東北面在下是也云主人從者丈夫由右婦人由左以服之親疏爲先後者經直云主人從者以主人爲首者而言故鄭總舉男子婦人幷五服而言知男子由右婦人由左者以內則云道路男子由右女子由左鄭云地道尊右彼謂古時此雖凶禮亦依之也云親疏爲先後各從其昭穆者假令昭親則在先昭疏則在後穆亦同昭穆之中又以年之大小爲先後男從主人後女從主婦後云男賓在前女賓在後者謂無服者亦各從五服男子婦人之後爲序也升

自西階柩也猶用子道不由阼也疏注柩也至阼也○釋曰云猶用子道不由阼也者案曲禮云爲人子者升降不由阼階今以柩朝祖故用子道不由阼也奠俟于下東面北上俟正柩也疏注俟正柩也○釋曰既升升階當正之於夷牀之上北首既正乃設奠故云俟正柩也主人從升婦人升東面衆人東即位東方之位疏注東方之位○釋曰主人主婦從柩而升言婦人升東面不言主人西面衆主婦東面主人西面可知故下文云主人西面也云衆人東即位者雖主人主婦升自衆主人以下從柩至西階下遂鄉東階下即西面位正柩于兩楹閒用夷牀兩楹閒象鄉戶牖也是時柩北首○鄉許亮反疏注兩楹至北首○釋曰云兩楹閒象鄉戶牖也者以其戶牖之間賓客之位亦是人君受臣子朝事之處父母神之所在故於兩楹之間北面鄉之若言鄉戶牖則在兩楹間而近西矣故下記云夷牀輁軸饌于西階東饌夷牀俟正柩而言西階東則正柩于楹間近西可知矣云是時柩北首者既言朝祖不可以足鄉之又自上以來皆

奠皆升自阼階今此下文設奠升降皆自西階下鄉
注云奠升不由阼階柩北首辟其足以此而言此時
柩北首明矣主人柩東西面置重如初如殯宮時也疏注如殯宮時也
○釋曰主人主婦從柩升即當西面東面鄉柩主婦
上文即言東面至此乃言主人西面者以其主婦東
面位不改故從柩升因言東面男子在柩東西面既
改西面而位故待正柩訖乃言西面也其重依上文亭
從之特重先不先置者以其上待正柩訖乃置之云
如初者亦如上篇三分庭一在南二在北而置之故
鄭云如殯宮時也席升設于柩西奠設如初巾之升降自西
階卬如字劉居觀反(一)席設于柩之西直柩之西當西階也從奠設如初東面也不統於柩神不西面
也不設柩東東非神位也巾之者爲禦當風塵疏注席設至風塵○釋曰此論設宿奠於柩西云席設
于柩之西直柩之西當西階也者如當西階以其柩
當戶牖之南席北鋪之自然當西階之上云從奠設
如初東面也者謂如殯宮朝夕奠設于室中者從柩
而來此還是從朝夕奠脯醢醴酒饌中東面設之於

席前云不統於柩神不西面也者謂不近柩
先近柩則統於柩爲神不西面故不近東統於柩
神不西面者特牲少牢皆設席于奧東面則天子諸
侯亦不西面可知云不設柩東東非神位也者此亦
據神位在奧不在東而言也若然小斂奠設于戶東
者以其始死未忍異於生大斂以後奠皆設于室中
亦不統於柩此奠不設于室者室中神所在非奠死
者之處故也云此巾之者爲禦當風塵者案禮記檀弓
云喪不剥奠也與祭肉也與據小斂大斂之等也有
牲肉故不倮露故巾之以此宿奠脯醢醴酒無祭肉
巾之者以朝夕奠在室不巾此雖無祭肉
爲在堂風塵故巾之異於朝夕在室者也
主人踊無筭降拜賓即位踊襲主婦及親者由足西面
設奠時
婦人皆
室戶西南面奠畢乃得東面親者
西面堂上迫疏者可以居房中
［疏］注設奠至房中
○釋曰云降拜
賓即位踊襲者賓位在殯宮看主人開殯朝祖之賓
襲者主人從殯宮中降拜賓入即位祖至此乃襲襲
者先即位踊踊訖乃襲絰于序東云設奠時婦人皆
室戶西南面奠畢乃得東面者如婦人戶西南面案

下記云將載柩祝及執事舉奠戶西南面東上則知此設之時婦人辟之亦戶西南面特設奠訖乃由柩足卿柩東西面不即鄉柩東西面者以主人在柩東待設奠訖主人降拜賓婦人乃得東也若然云親者西面則大功以上相隨向西面也又云堂上迫疏者可以居房中者以其言親者西面明疏者小功以下不得堂上西面為堂上迫狹自然在房中西面矣

薦車直東榮北輈

輈竹求反○薦進也進車者象生時將行陳駕也今時謂之蒐車也輈轅也車當東榮東陳西上於中庭

疏注薦進至中庭○釋曰自此盡還出論薦車設遷祖奠之事薦車者以明旦將行故豫陳車進車者象生時將行陳駕也者案曲禮云君車將駕則僕執策立於馬前已駕僕展軨是生時將行陳駕今死者將葬亦陳車象之也云今時謂之蒐車者鄭舉漢法況之以其神靈在焉故謂蒐車也云輈轅也者周禮考工記有輈人為輈輈亦謂之轅故云輈轅也云車當東榮東陳西上於中庭者此車既非載柩之車即下記云薦乘車道車稾車以次言之則陳乘車次陳道車次稾車知東陳西上者下云陳明器于乘車之西明

器繼乘車而西明乘由下在上巳東有道車槀車故知三者西上也乘車既當東榮則三者不當中庭而云中庭者據南北之中庭不據東西為中庭也何者以下經云薦馬入門三分庭一在南馬右還出薦馬者當車南在庭近南明東近此當中庭矣

質明滅燭質正也〔疏〕釋曰自啓殯至此時在殯宮在道及祖廟皆有二燭為明以尚早故也今至正明故滅燭也

徹者升自阼階降自西階徹者辟新奠不設序西南已再設為褻〔疏〕注徹者至為褻○釋曰云新奠者謂遷祖之奠將設新故徹去從奠以辟新奠也云不設序西南已再設為褻者謂徹從奠不設于序西南為再設褻瀆故不設也其在設者啓殯前夕時一設至此朝廟又設是再設也

乃奠如初升降自西階為遷祖奠也奠升不由阼階柩北首辟其足〔疏〕注為遷至其足○釋曰云為遷祖奠也者謂遷柩朝祖之奠也云如初者亦於柩西當階之上東面席前為之則同其饌則異以其上三鼎及東方饌皆大斂之奠是也云奠升不由阼階柩北首辟其足者以前大斂小斂及朝奠皆升自阼階降自

西階今此還祖奠升不由阼階故云辟足辟足者以
其來往不可由首又飲食之事不可褻之由足故升
自西階也若然徹時所以由足者奠畢去之由足無嫌也主人要節而踊節升降【疏】
注節升降○釋曰云節升降者奠升時主人踊降
時婦人踊由重南主人踊此不言婦人文不具也薦
馬纓三就入門北面交轡圉人夾牽之駕車之馬每車二疋纓今
馬鞅也就成也諸侯之臣飾纓以三色而三成此三
色者蓋絛絲也其著之如罽然天子之臣如其命數
王之革路絛絲圉人養馬者在左右曰夾既奠乃
薦馬者為其踐汙廟中也凡入門參分庭一在南【疏】
注駕車至在南○釋曰薦馬并薦纓者纓為馬設故
與馬同時薦之案下記云薦乘車又云纓轡具勒縣
于衡又云道車載朝服槀車載簑笠注云道車槀車
之纓轡及勒亦縣于衡也若然薦車之時纓縣于衡
此薦馬得有纓者以薦車時縣于衡至此薦馬時又
取而用之故兩見之也云駕車之馬者即上文薦車
之馬也云每車二疋者下經云公賵兩馬士制也故
知此車有三乘馬則六疋矣云纓今馬鞅也者古者

謂之纓漢時謂之鞅故舉漢法爲況也云諸[illegible][illegible][illegible]
飾纓以三色而三成者以此下士蔫馬纓三[illegible][illegible]不
依命數則大夫亦同三色知者案巾車上公纓九就
侯伯纓七就子男纓五就諸侯之臣不得與子男同
五就故知與士同三就此三色則如聘禮記三色朱
白蒼也云此三色者蓋絛絲也者謂以絲爲絛無正
文故云蓋以擬之云著之如罽然者鄭注巾車云王
路之樊及纓皆以五采罽飾之十二就其下金路九
就象路七就注皆云五色罽飾之此則三采絲爲絛
飾之但著之則同故云其著之如罽然也云天子之
臣如其命數者案典命云三公八命其卿六命大夫
四命出封皆加一等命數雖卑於諸侯以王人雖微
猶序諸侯之上故得與同依命數就依命數其色則
無過五采罽以其金路以下與諸侯其飾與王同諸
侯之臣既同三色明天子大夫已上亦五采罽與諸
侯同但天子之士三命以下不得依命少於諸侯之
臣當同色與諸侯之臣同矣若然公之孤四命以降
於天子太夫宜與三卿同三色也云王之革路絛纓
者王革路木路不用罽而用絲絛爲纓與此纓三色
者同故引爲證也云圉人養馬者案周禮校人職云

乘馬一師四圉是圉人以養馬以其養馬故使之薦也云在左右曰夾者以車三乘馬則六匹每馬二人交轡牽之故云在左右曰夾云既奠乃薦者爲其踐汙廟中者車馬將祖之物前薦車在奠上今此薦馬在奠後者欲其既薦即出恐踐汙廟中故後薦之也云凡入門參分庭一在南者大飲陳事在庭分爲三分一分在北則繼堂而言一分在南則繼門而言此既繼門故云三分庭一在南又不言門左門右則當門之北矣

御者執策立于馬後哭成踊右還出主人於是乃哭踊者薦車之禮成於薦馬

【疏】注主人至薦馬○釋曰云主人於是乃哭踊者薦車之禮成於薦馬者以其車得馬而成故前薦車時主人不哭踊至薦馬乃哭是由車成於薦馬故也主人哭踊訖馬則右還而出右者亦取便故也

賓出主人送于門外○有司請祖期亦因在外位請之當以告賓每事畢輒出將行而飲酒曰祖祖始也

【疏】注亦因至始也○釋曰自此盡屬引論祖時布柩車之事此賓即上來弔主人啓殯者朝廟事畢而出主人送之云亦因在外位請之者上既夕哭訖因

一二八四

外位請啓期故云亦也此經不言告賓知告賓者以若不告賓時至則設何須請啓故知擬告賓故云賓當以告賓也云每事畢輒出者有司請期之禮每皆待事事畢因王人出在外位乃請之言每事者篇首云請期此云請祖期下文請葬期皆因出在外位請之故云每事也云將行而飲酒曰祖祖始也者案詩有韓侯出祖出宿于屠顯父餞之清酒百壺又云出宿于泲飲餞于禰皆是將行飲酒曰祖此死者將行亦曰祖為始行故曰祖也

曰日側

側昳也謂將滿中之時

疏注側昳至之時○釋曰此主人辭以上文有司請主人祖期主人荅之曰日側者昃是傍側亦為特義轉為昃者取差跌之義故從昃也云過中之時者則尚書無逸云文王至於日中昃昃即側也

主人入袒乃載踊無筭

卒東襲

袒為載變也舉柩卻下而載之東東棺於柩車賓出遂匠納車于階間謂此車

疏注袒為至此車○釋曰云袒為載變也者將載主人先袒乃載故云為載變也云乃舉柩卻下而載之者卻猶卻也鄉柩在堂北首今卻下以是鄉前下堂載於車故謂之為卻也云東東棺於柩車者案禮記喪太記

云君盖用漆三衽三束檀弓曰棺束縮二横三彼是棺束此經先云載乃云卒束則束非棺束是載柩訖乃以物束棺使與柩車相持不動也云殯出遂匠納車于階間謂此車者案下記云既正柩賓出遂匠納車於階間此經不辨納車時節故鄭明之

降奠當前束

下遷祖之奠也當前束猶當尸腢也亦在柩車西束有前後也疏注下遷至後也○釋曰卒束乃云降奠則未束以前其奠使人執之待束訖乃降奠之當束也云當前束猶當尸腢也者下記云即牀而奠當腢彼在尸東此在柩車西當束東亦當腢故取而言也云束有前後也者以經既言前束則有後束可知故云有前後也

商祝飾柩

一池紐前經後緇齊三采無貝

紐女九反經丑貞反齊如字劉才計反注同○飾柩為設牆柳也巾奠乃牆謂此也牆有布帷柳有布荒池者象宮室之承霤以竹為之狀如小車笭衣以青布一池縣於柳前士不揄絞紐所以聯帷荒前赤後黑因以為飾左右面各有前後齊居柳之中央者今小車蓋上蕤矣以三采繒為之上朱中白下蒼著以絮元士以上有貝○霤力又反笭力丁反

衣以於既反縣音玄揄音遙絞戶交反緌汝誰反

【疏】注飾柩至有貝○釋曰：此並飾柩車之事。其柩車即周禮蜃車也，四輪迫地，其轝亦刪，狀如長牀，兩畔豎軨子，以帷繞之，上以荒，一池縣於前面荒之爪端，荒上於央如齊，云飾柩為設牆柳也者，即如帷荒是也。云巾奠乃牆，下記文，鄭引之者，以此經直云飾柩，不言設牆時節，故記人辨之，以巾奠乃牆，謂此飾柩者也。云牆有布帷，柳有布荒者，案喪大記云飾棺，君龍帷黼荒，大夫畫帷畫荒，士布帷布荒。鄭注云布帷布荒者，白布也，君大夫加文章焉。此注牆柳別，案喪大記注又云在旁曰帷，在上曰荒，皆所以衣柳也，則帷荒總名為柳者，案縫人云衣翣柳之材，鄭注必先纏衣其木，乃以張飾也。柳之言聚，諸飾之所聚。若然，對而言之，則帷為牆，象宮室有牆壁，荒為柳，以其荒有黼黻及齊三采諸色所聚，故得柳名。總而言之，皆得為牆，巾奠乃牆，及檀弓云周人牆置翣，皆牆中兼有柳。縫人衣翣柳之材，柳中兼牆矣。鄭注喪大記云荒，蒙也，取蒙覆之義。云池者，象宮室之承霤，以竹為之者，生人宮室以木為承霤，仰之以承霤水，死者無水可承，故用竹而覆之，直取象平生有而已。云狀如小車笭衣以青布者此鄭依漢禮而言云一池縣於柳前者崇喪大記君三池大夫二池士一池君三池三面而有大夫二池縣於兩相士一池縣於柳面而已云士不揄絞者案雜記云大夫不揄絞屬於池下揄者依爾雅釋鳥云江淮而南青質五采皆備成章曰鷂者倉黃之色則人君於倉黃色繒上又畫鷂雉之形縣於池下大夫則闕之故云大夫則不揄絞屬於池下揄絞一名振容故喪大記云大夫不振容振容者車行振動以爲容儀但大夫不振容也仍有銅魚縣之士不但不揄絞又無銅魚故喪大記大夫有魚躍拂池士則無鄭注云士則去魚云左右面各有前後者据車左右以有帷分兩相各有前後故云前經後緇云齊居柳之中央者雖無正文以其言齊若人之齊亦居身之中央也云若今小車蓋上蕤矣者漢時小車蓋上有蕤在蓋之中央故舉以爲說云以三采繢爲之上朱中白下蒼者案聘禮記云三采朱白蒼彼車纁藉用三采先朱次白下蒼此爲齊用三采亦當然以取以爲義也云著以絮者既云齊當人所觀見故知以絮著之使高知元士以上有貝者案喪大記云君齊五采五貝大夫齊三采三貝士

齊三采一貝鄭注云齊象車蓋蕤縫合雜采謂之形如瓜分然綴貝落其上及旁是彼士為天子元士元士已上皆有貝也此諸侯之士故云無貝也

設披 被彼義反○披輅柳棺上貫結於戴人君旁牽之以備傾虧喪大記曰士戴前纁後緇二披用纁今文披皆為藩

疏 注披輅至為藩○釋曰云披輅柳棺上貫結於戴者案喪大記注云戴之言值也所以連繫棺束與柳材使相值因而結前後披也此注云披輅柳棺上貫結於戴以此而言則戴兩頭皆結于柳材又以披上貫在棺上輅過然後貫穿戴之繫棺束者乃結于戴餘披出之於外使人持之一畔有二為前後披故下記云執披者旁四人注云前後左右各二人是也人君則三披各三人持之備傾虧也引喪大記者證披連戴而施之也云二披用纁者與戴所用異大夫與人君則戴與披用物同故喪大記云君纁戴六纁披六大夫戴前纁後玄披亦如之是其用物同也云今文披皆為藩者言皆者此文披及下文商祝御柩執披并下記執披者三字皆為藩今不從之也

屬引 屬猶著也引所以引柩車在軸輴曰紼古者人引柩春秋傳曰坐引而哭之三

疏 注屬

猶至之三○釋曰云引所以引柩車者引謂紼繩屬於柩車云在軸輴曰紼者士朝廟時用軸大夫已上用輴故并言之言紼見繩體言引見用力故鄭注周禮亦云在車曰紼行道曰引云古者人引柩者雜記乘人專道而行又云諸侯五百大夫三百皆是引人也言古者人引對漢以來不使人引也引春秋者案定公九年左氏傳云齊侯伐晉夷儀敝無存死之齊侯與之犀軒而先歸之坐引者以師哭之親推之三注云坐而飲食之此鄭畧引之云坐引者亦謂飲食之而哭之三者亦謂公親推之三也引之者證古者人引也

陳明器於乘車之西乘繩證反注及下注乘車同○明器藏器也檀弓曰其曰明器神明之也言神明者異於生器竹不成用瓦不成味木不成斵琴瑟張而不平竽笙備而不和有鐘磬面無筍簴陳器於乘車之西則重之北也○味武葛反劉音妹

【疏】注明器至北也○釋曰云明器藏器也者自筲以下皆是藏器故下云器西南上綪又云茵注云茵在抗木上陳器次而北也則自包筲以下總曰藏器以其俱入壙也引檀弓者案注成猶善也竹不可善用謂邊無縢味當作沬沬靧

也又云琴瑟張而不平竽笙備而不和注云無宮[illegible]之調又云有鍾磬而無簨簴注云不縣之也橫曰簨[illegible]植曰簴云陳器乘車之西則重之北者無正文上薦車云直東榮繼霤而言上注云中庭不得云近北明車近不在重今東陳於乘車之西明重北可知

折橫覆之

折之設反後皆同○折猶庋也方鑿連木爲之蓋如牀而縮者二橫者五無簀窆事畢加之壙上以承抗席橫陳之者爲苞筲以下綪於其北便也覆之見善面也○庋九委反窆彼驗反綪側耕反見見賢遍反

疏注折猶至面也○釋曰云折猶庋也者鄭云蓋如牀則加於壙上時南北長東西短今經云橫明知其長者東西陳之言覆之見善面則折加於壙時擬鄉上看之爲面故善者鄉人今陳之取鄉下看之故反覆善面鄉上也云折猶庋也者以其窆之畢加之於壙上所以承抗席若庋藏物然故云折猶庋也云方鑿連木爲之蓋如牀而縮者三橫者五無簀者此無五文以經云橫覆之明有從對之既爲縱橫即知有長短廣狹以承抗席故爲如牀解之又知縮者三橫者五亦約茵與抗木但於壙口承抗席宜大於茵與抗木故知縮三橫五也知無簀

者以其縮三横五以當簀處故無簀也知窆事畢加之壙上以承抗席者下葬時窆事畢云加折卻之加抗席復之是折窆事畢加之壙上承抗席也云横陳之者爲苞筲以下綍于其北便也者鄭解折不縮者南北順陳而横陳之意爲折横陳則東西廣是以苞筲陳之於北便也

抗木横三縮二

抗禦也所以禦止土者其横與縮各足掩壙

疏注抗禦至掩壙○釋曰云所以禦止土者以其在抗席之上故知以禦土也其横與縮各足掩壙者以其壙口大小雖無文但明器之等皆由羨道入諸侯已上又有輴車亦由羨道入壙口唯以下棺則壙口大小容棺而已今抗木亦足掩壙口也

加抗席三

抗吉良反劉音剛後藉同○席所以禦塵

疏注席所以禦塵○釋曰旣陳抗木於折此又加此抗席三領於抗木之上知抗木不在折上者以抗木直言横三縮二不言加明別陳於折北抗木之下而此云加加於抗木之上可知抗席之下而云加茵明又加於抗席之上此三者以後陳者先用故先陳抗木於下次陳抗席而後陳茵先用取後陳於上者便故也是以下文及葬時茵先入壙窆事訖加折壙上則

參用抗席後用抗木是其次也若然折於抗席前仍用而不加於抗席之上者以長大故別陳於南用之在茵後其茵用之在明器前八而陳之於明器上者以其同葬具故與抗木同陳於上也但抗席茵相重陳者以其入壙時相當又皆是縱橫重累之物故重加陳之也云席所以禦塵者上云抗木所以禦土此抗席云禦塵者以此二者在壙口以土承塵但抗木在上故云禦土抗席在下隔抗木慮有塵鄉下故云禦塵是以經之有異也

加茵用疏布緇翦有幅亦縮二橫三茵音因○茵所以藉棺者翦淺也幅緣之亦者亦抗木也及其用之木三在上茵二在下象天三合地二人藏其中焉今文翦作淺

疏注茵所至作淺○釋曰云加茵者謂以茵加於抗席之上此說陳器之時云用疏布者謂用大功疏麤之布云緇翦者緇則七入黑汁為緇翦淺也謂染為淺緇之色言有幅者案下記云茵著用荼實綏澤焉此鄭注云有幅緣之者則用一幅布為之縫合兩邊幅為袋不去邊幅用之者以盛著也故云有幅也云茵所以藉棺者下葬時茵先入屬引乃窆則茵以與棺為藉故先入在棺之下也鄭

宗幅緣之者蓋縫合既訖乃更以物緣此兩邊幅縫
合之處使之牢固不折壞因爲節也云亦者亦抗木
也者抗木云縮二横三此亦縮二横三故知亦者亦
抗木也云及其用之木三在上茵二在下故上抗木亦
先云横三後云縮二此茵先云縮二後云横三並據
此陳列之時後鄭據入壙而言故云其用之也木三在
上茵二在下各舉一邊而言其實皆有二三云象天
三合地二者渾天言之則地之上下外内周匝皆有
天若然云木二則在下及其用之則茵三在下茵二
在上以此而言木與茵皆在天三合地二人云人藏
其中焉者亦謂渾天而言上下俱有天地人尸振藏
其中故說卦云參天兩地又云立天之道立地之道
立人之道爲二才也

器西南上綪

綪側耕反○器目言之也陳明器以西行南端爲上綪屈
也不容則屈而反之

疏 注器目至反之○釋曰云器目言之也者器器與下爲目即下文苞以下是也

茵

茵在抗木上陳器次而北也

疏 注茵在至北也○釋曰茵非明器而言之者陳器從此皆鄉北爲次第故言之故鄭云茵在抗木上陳器次而北是也

苞二

所以裹奠羊豕之肉

疏 注所以至

醢百甕曾子曰既曰明器矣而又實之注云言名之爲明器而與祭器皆實之是亂鬼器與人器以此而言則明器鬼器也祭器人器也士禮略無祭器空有明器而實之大夫以上尊者備故兩有者兩有則實祭器不實明器宋襄公既兩有而并實之故曾子非之

有燕樂器可也與賓客燕飲用樂之器也

〔疏〕注與賓至器也○釋曰言可者許其得用故云可也云與賓客燕飲用樂之器也者則并歌有琴瑟庭中有笙縣縣磬也

役器甲冑干笮笮側白反矢箙也○此皆師役之器甲鎧冑兜鍪干楯笮矢箙○鎧苦代反兜丁侯反鍪音矛楯當允反又音允

〔疏〕注此皆至矢箙○釋曰此役器中有干笮無弓矢示不用故不具上用器是常用之器故具陳之也云甲鎧冑兜鍪者古者用皮故名甲冑後代用金故名鎧兜鍪隨世爲名故也但上下役用之器皆麤沽爲之故下記云弓矢之新沽功注云設之宜新沽示不用云沽餘雖不言皆沽可知也但此笮是從死之具下記云薦乘車鹿淺幦干笮革靾者是鬼車所戟象生者與此別也

燕器杖笠翣笠音立翣所甲反扇也○燕居

安體之器也笠竹簦蓋也翣扇〔疏〕注燕居至翣扇○釋曰云燕居安體之器也者以杖者所以扶身笠者所以禦暑翣者所以招凉而在燕居用之故云燕居安體之器也云笠竹簦蓋也者簦竹青之皮以竹青皮為之

徹奠巾席俟于西方主人要節而踊

巾席俟於西方祖奠將用焉要節者來象升丈夫踊去象降婦人踊徹者由明器此西面既徹由重南東不設於序西南者非宿奠也宿奠必設者為神馮依之久也〔疏〕注巾席至久也○釋曰自此盡入復位論還車為祖奠之事此徹遷祖奠者為將還遷車更設祖奠云巾席俟於西方祖奠將用焉者以下經云祖還車還車訖布席設祖奠則布此巾席也故巾席俟祖奠在西方也云節者來象升丈夫踊去象降婦人踊者案上篇徹小斂大斂奠時皆升自阼階丈夫踊降自西階婦人踊今奠在庭無升降之事直有往來經云要節而踊明來象升丈夫踊去象降婦人踊但此經直云主人要節知有婦人亦踊者以下經徹祖奠時云徹者入丈夫踊設于西北婦人踊注云猶阼階升時也徹設於柩車西北亦猶序西南是男子婦人迭有踊文則

又此要節踊內亦兼婦人也云徹者由明器北西面既徹由重東南者凡奠於室室者皆升自阼階降自西階奠於庭者亦由重北東方來降自重北而西徹訖由重南而東象升自阼階降自西階也但設奠於柩車西而東面則徹者由奠東而西面徹之也云不設于序西南者非宿奠也者以其大斂小斂奠及夕奠乃皆經宿故皆設之于序西南爲神馮依此遷祖奠曰始設之今日側徹之未經宿即徹故不設于序西南也

祖爲將祖變疏注爲將祖變○釋曰下經商祝御柩乃祖是將祖故此主人袒即變也

商祝御柩亦執功布居前爲還柩車爲節○還劉音患疏注亦執至爲節○釋曰云商祝御柩者謂居柩車之前卻行詔傾虧使執披人知其節度云亦執功布者下經商祝執功布以御柩執披故此亦如之而執功布

乃祖還柩鄉外爲行始疏注還柩至行始○釋曰商祝既執功布爲御乃還柩車使轅鄉外也祖者始也爲行始去載處而已也

踊襲少南當前束主人也柩還則當前東南疏注主人至束南○釋曰前祖爲祖變今既祖訖故踊而襲云主人也者前祖是

主人則此襲亦主人也經云少南鄭云則當前東南者以其車未還之時當前東近北今還車亦當前東少南

婦人降即位于階間爲柩將去有時也位東上【疏】注爲柩至東上○釋曰婦人降者以柩還鄉外階間空故婦人從堂上降在階間云爲將去有時者云有時即明旦遣而行之是時也今此爲行始也云位東上者以堂上時婦人在阼階西面統於堂下男子今柩車南還男子亦在車東故婦人降亦東上統于男子也婦人不鄉車西者以車西有祖奠故辟之在車後

祖還車不還器祖有行漸車亦宜鄉外也器之陳自已南上【疏】注祖有至南上○釋曰祖還車者爲載時鄉北今爲行始故須還鄉南故鄭云祖有行漸車亦宜鄉外也不還器者鄭云器之陳自已南上南上者即上文茵下注云茵在抗木上陳器次而北是也

祝取銘置于茵重不藏故於此移銘加於茵上【疏】注重不至茵上○釋曰初死爲銘置于重啓殯祝取銘置于重祖廟又置于重今將行置于茵者重不藏擬埋于廟門左茵是入壙之物銘亦入壙之物故置于茵也是以鄭云重不藏故於此移

銘加於茵上也士無廞旌唯有乘車所建攝盛之旃行此銘旌而已大夫以上有廞旌通此二旌則皆備三旌也

二人還重左還重與車馬還相反由便也疏注重與至便也○釋曰云重與車馬還相反由便也者以車馬至中庭之東以右還鄉門為便重在門內面鄉北人在其南以左還鄉門為便是以二者相反各由其便

布席乃奠如初主人要節而踊車已祖可以為之奠也是之謂祖奠疏注車已至祖奠○釋曰云主人要節而踊者祖奠既與還祖奠同車以又皆從車而來則此要節而踊一與還祖奠同云車已祖可以為之奠也者奠本為柩設其柩未安不得設奠今車既還名之為祖尸柩已定可以為奠也云是之謂祖奠者下記云祝饌祖奠于主人之南是謂彼祖奠

薦馬如初柩動車還宜新之也疏注柩動至之也○釋曰上已薦馬今又薦馬者以柩車動而鄉南為行始宜新之故薦馬如初也

賓出主人送○有司請葬期亦因在外位時疏注亦因在外位時○釋曰云亦因在外位時者亦上啓期祖期事畢在外位故

此亦因事畢出在外位特請葬期也入復位主人也自死至於殯自啓至於葬主人及兄弟恒在內位疏注主人至內位。釋曰云主人者以其送賓據主人入今送賓訖入復位明主人也云自死至於殯自啓至於葬主人及兄弟常在內位者自死至於殯在內位據在殯宮中自啓至於葬在內位據在祖廟中處雖不同在內不異故總言之云在內位者始死未小斂已前位在尸東小斂後位在阼階下若自啓之後在廟位亦在阼階下也公賵玄纁束馬兩賵芳鳳反車馬曰賵○公國君也賵所以助主人送葬也兩馬士制也春秋傳曰宋景曹卒魯季康子使冉求賵之以馬曰其可以稱旌繁乎疏注公國至繁乎。釋曰自此盡入復位論國君賵法之事云公國君也者公及大夫皆有臣臣皆尊其君學之曰公故左氏傳有之臣曰吾公在喪稱公今此云公則國君非大夫君也以下云主人釋故迎于寢門外與喪大記如此迎送者皆據國君也云賵所以助主人送葬也者案兩小傳皆云車馬曰賵施于生及送死者故下注云賵莫於死生兩施是也六兩馬士制也者制謂士在家常乘之法若士

役及征伐則乘駟馬其大夫、以上則常乘駟馬故
駁異義云天子駕駟尚書康王之誥康王始即位云
諸侯皆布乘黃朱詩云駟騵彭彭武王所乘魯頌云
六轡耳耳僖公所乘小雅云四牡騑騑大夫所乘是
大夫以上駕駟之文也引春秋者左氏傳哀公二十
三年春宋景曹卒注云景曹宋元公夫人小邾女季
桓子外祖母又云季康子使冉有弔且送葬曰敝邑
有社稷之事使肥與有職競焉是以不得助執紼使
求從輿人注云輿衆也又云曰以肥之得備彌甥也
注云彌遠也康子父之舅氏故稱彌甥又云有不腆
先人之產馬使求薦諸夫人之宰其可以稱旌繁乎
注云稱舉也繁馬飾繁纓也引之者證公有賵馬助
[illegible]人之擯者出請入告主人釋杖迎于廟門外不哭先
入門右北面及衆主人袒尊君命也衆主人自若西面疏注尊君至西面
曰釋曰云尊君命也者謂釋杖迎入是尊君命也故
下文賓賵擯者出告須注云不迎則此經皆是尊君
命故鄭無所捐屬君命故鄭解經不哭又前文袒襲
皆據主人此則衆主人亦袒亦是尊君命云衆主人

不迎賓明自若西面者以其主人一人迎賓入門門東而右其餘衆主人不迎賓明自若常位柩東西面可知也

馬入設設於庭在重南疏注設於庭在重南〇釋曰以馬是庭實故云設於庭知在重南者以庭實法皆三分庭一在南設之又重北陳明器不得設馬故知在重南也

賓奉幣由馬西當前輅北面致命輅音路〇賓使者幣玄纁也輅轅縛所以屬引由馬西則亦當前輅之西於是北面致命得鄉柩與奠柩車在階間少前三分庭之北輅有前後疏注賓使至前後〇釋曰云賓使者即士也知者士喪禮君使人弔注使人士也禮使人各以其爵故知是士也云輅轅縛所以屬引者謂以木縛於柩車轅上以屬引於上而挽之故名轅縛也云由馬西則亦當前輅之西者以經直云當前輅不言輅之東西及前後鄭以義言之以其馬在重南當門柩車在階間少南亦當門賓由馬西北行當前輅致命明在輅西可知云於是北面致命得鄉柩與奠者以賓當輅西經云北面致命明當奠柩之南北面是得鄉柩與奠也云柩車在階間少前三分庭之北者案下記云遂匠納車于階

問是柩車在階間訖云少前者上經祖還車訖云少南婦人降即位于階間明柩車少南是少前也云三分之北者以其中庭陳明器不得在中庭故知在三分庭之北謂三分庭在北分之北此辭賓致命之處云輅有前後者以經云前輅明有後以對前故此輅有前後也

主人哭拜稽顙成踊

賓奠幣于棧左服出奠如字劉音定棧士板反劉才產反注轘同○棧謂柩車也凡士車制無漆飾左服象授人授其右也服車箱今文棧作轘

疏注棧謂至作轘○釋曰主人至哭拜者仍於門右北面以賓致命訖遂哭拜也云成踊若三者三凡九踊云棧謂柩車也凡士車制無漆飾者此棧車即柩車以其賓由輅西而致命云奠幣於棧者明此棧車柩車即蜃車四輪迫地無漆飾故言棧也云左服象授人授其右也者按聘禮宰授使者圭時云同面使者在左宰在右而授其右也此車南鄉以東爲左在車上以東爲右故也左服客授之右也

宰由主人之北舉幣以東柩東主人位以東藏之

疏注柩東至藏之○釋曰云柩東主人位者解經由主人之北以幣在

車東主人在車東故宰由主人位北而鄉左服上取幣以東藏之於內也但此時主人仍在門東北面此位雖無主人既有定位故宰由位北而取幣不得履主大之位故由主人之北也**士受馬以**

出此士謂胥徒之長有勇力者受馬聘禮曰皮馬相間可也疏注此士至可也○釋曰云此士謂胥徒之長也有勇力者受馬不得爲屬士者以其受幣者宜尊受馬者宜卑故知受馬是胥徒之長以其受馬故知有勇者也若然婚禮記云士受皮注云士謂中士下士不爲胥徒者彼主人親受幣明受皮非胥徒是正上也引聘禮者欲見此用皮亦可也**主人送于外門外拜襲**

入復位杖疏○釋曰主人既送賓還入廟門東復位杖也**賓賵者將命**賓卿大夫士也疏注賓卿大夫士也○釋曰自此盡知生者賻論賓及兄弟賻奠之事云賓卿大夫士也者以其上云君下有兄弟則此賓是國中三卿五大夫二十七士可知言將命者身不來遣使者將命告主人**擯者出請入告出告須**不迎告曰孤某須疏注不迎至某須○釋曰案

雜記諸侯使卿弔鄰國諸侯主人使擯者告賓云孤某須矣故引之爲義馬入設賓奉幣

擯者先入賓從致命如初初公使者主人拜于位不踊柩車東位也既啓之疏注柩車至室同○釋曰云既啓之後與在室同後與在室同者案上篇始死時云庶兄弟襚使人以將命于室主人拜于位此主人亦拜于位俱是不爲賓出故云與在室同至于有君命亦出迎也賓奠幣如初舉幣受馬如初擯者出請賓出在外請之爲其復有事疏注賓出至有事○釋曰云賓出在外請之爲其復有事者以其賓既行賵訖出更請之爲其復有事若無事賓報事畢是去也若奠賓致可以奠也疏注賓致可以奠也○釋曰謂賓不辭此釋所致之物[illegible]可嗟爲奠於祭祀者[illegible]入告出以賓入將命如初士

受羊如受馬又請士[illegible]謂胥徒之長又復也疏注士亦至復也○釋曰以其受羊與馬同是畜類故知[illegible]徒之類但受羊不須[illegible]力故[illegible]不言也若賵賵音附○賵之言補也助也貨

財曰賻。疏注賻之至曰賻○釋曰云貨財曰賻者，公羊傳文也。入告主人出門左西面賓東面將命主人出者，賻主施於主人。疏注主人至主人○釋曰：鄭知施於主人者，以下經云知生者賻，是施於主人也。案春秋文五年春，王使榮叔歸含且賵，傳譏一人兼二事。此賓所以兼事者，彼譏一人兼行，不與介各行，故譏。若此記云上客弔，即其介各行含襚賵，則不譏，則卿大夫士禮一人行數事可也。主人拜賓坐委之宰由主人之北東面舉之反位坐委之，明主人哀戚，志不在受人物。反位，反主人之後位。疏注坐委至後位○釋曰：鄭知反位反主人之後位者，以主人在門東西面，而云宰由主人之北，鄉賓奠幣之處舉幣，明宰位在主人之後，故得由主人之北西行，是以宰位在主人之後也。若無器則捂受之語五故反○謂對相授不委地。疏注謂對至委地○釋曰：以堂上授有並受法，以其在門外，若有器盛之，則坐委於地；若無器則對面相授受，故云捂受之。捂即逆也，對面相逢受也。又請賓告事畢

拜送入贈者將命贈送擯者出請納賓如初如其入告出告須

疏注如其至告須○釋曰謂如上賓賵時擯者出請入告出告須也

賓奠幣如初亦於棧左服

若就器則坐奠于陳陳如字劉直吝反下同○就猶善也贈無常惟玩好所有陳羽器之陳

疏注就猶至之陳○釋曰知贈無常者下記云凡贈無常注云賓之贈也玩好曰贈在所有言玩好者謂生時玩好之具與死者相知者可以贈死者與此異云若就器則坐奠于陳者就器則其所將之器也云陳明器之陳者以其廟中所陳者唯明器[illegible]奠于車之西以外或言薦或言贈無言陳者故指明器而言也

凡將禮必請而后拜送雖知事畢猶請君子不必人意

疏注雖知至人意○釋曰云君子不必人意者義取孔子云無必無固之言也

兄弟賵奠可也兄弟有服親者可且賵且奠許其厚也賵奠於死生兩施

疏注兄弟至兩施○釋曰知兄弟有服親者喪服傳云小功以下為兄弟既言兄弟明有服親者也知非大功以上者以大功以上言

有同財之義無致賵奠之法云可且賵且奠許其厚也者若然此所知許其賵不許其奠兄弟許其貳賵兼奠而上經亦賓而有賵有奠有賻三者彼亦不使行湏見之見三禮之中有則任行其一者故總見之云賵奠於死生兩施者以下經云知死者贈知生者賻注云各主於所知此賵奠不偏言所主明於生死兩施也

所知則賵而不奠所知通問相知也降於兄弟奠施於死者爲多故不奠

疏注所知至不奠○釋曰云所知通問相知也者言所知明是朋友通問相知言降於兄弟者許贈不許奠也云奠施於死者爲多故不奠者但賵與奠皆生死兩施其奠雖兩施施於死者爲多以其言奠爲死者而行故知多所知爲疏不許行之也

知死者贈知生者賻各主於所知

疏注各主於所知○釋曰云各主於所知者以其贈是玩好施於死者故知死者行之賻是補主人不足施於生者故知生者行之是各施於所知也

書賵於方若九若七若五方板也書賵奠賻贈之人名與其物於板每板若九行若七行若五行○行並戶郎反

疏注方板至五行

〇釋曰以賓客所致有賻有賵有贈有奠直云書賵者舉首而言但所遺有多少故行數不同**書遣於策**策簡也遣猶送也謂所當藏物茵以下疏注策簡至以下〇釋曰云策簡者編連爲策不編爲簡故春秋左氏傳云南史氏執簡以往上書賵云方此言書遣於策不同者聘禮記云百名以上書於策不及百名書於方以賓客賵物名字少故書於方則盡遣送死者明器之等幷贈死者玩好之物名字多故書之於策策書明器之物應在上文而於此言之者遣中幷有贈物故在賓客賵賻與賵之下特書也**乃代哭如初**棺柩有時將去不忍絕聲也初謂既小斂時疏注棺柩至斂時〇釋曰案喪大記大夫以上官代哭士無官以親疏代哭云初謂既小斂時者案喪大記小斂之後乃代哭初死直主人哭不絕聲士二日小斂小斂主人倦息容更代而哭也**宵爲燎于門內之右**爲哭者爲明疏注爲哭者爲明〇釋曰燎大燭必於門內之右門東者奠於柩車西鬼神尚幽闇不須明柩車東有主人皆間有婦人故於門右照之爲明而哭也**厥明陳鼎五于門**

外如初鼎五羊豕魚腊鮮獸各一鼎也士禮特牲三
鼎盛葬奠加一等用少牢也如初如大斂奠
時【疏】注鼎五至奠時○釋曰自此盡主人要節而踊
論葬日之明陳大遣奠於廟門外之事知五鼎
是羊豕魚腊鮮獸各一鼎者以下經云羊左胖豕亦
如之魚腊鮮獸皆如初與少牢禮同故知也云士禮
特牲三鼎者特牲饋食禮陳三鼎故知也云盛葬奠
加一等用少牢也者以其常祭用特牲今大遣奠與
大夫常祭用少牢同是盛此葬奠故加一等用少牢
也云如初如大斂奠時者以其上遷祖奠云如殯
謂如大斂明此云如初亦如大斂在廟門外及東方
之饌也雖如大斂鼎數仍不同以其大斂三鼎此則
五鼎然大小斂時無黍稷朔月則有黍稷此葬奠又
無黍稷者大斂前無黍稷者以其初死至朔月乃有
之故鄭注云至此乃有黍稷今葬奠更無黍稷者以
其始死至殯自啓至葬其禮同故無黍稷亦同也凡
牢鼎數或多或少不同若用特豚者或一鼎或三鼎
若士冠禮醮子及昏禮盥饋幷小斂之奠與朝禰之
奠皆一鼎也三鼎者昏禮同牢士喪大斂朔月遷祖
及祖奠皆三鼎而以魚腊配之是也其用少牢者或

三鼎或五鼎三鼎者則有司徹云陳三鼎如初以其
釋祭殺之於正祭故用少牢而非三也五鼎者少牢
五鼎大夫之常事此葬奠士攝之奠用少牢亦五鼎
聘禮致饔餼衆介皆少牢亦五鼎玉藻諸侯朔月少牢
亦五鼎其用大牢者或七或九或十或十二其云七
鼎九鼎者公食大夫下大夫大牢鼎七上大夫鼎九
是也鼎十一與十二者聘禮致饔於賓飪一牢鼎九羞
鼎三是十一也又云上介飪一牢鼎七羞鼎三是其
十者然案郊特牲云鼎俎奇而籩豆偶以象陰陽鼎
有十與十二者以其正鼎與陪鼎各別數則爲奇數
也其實羊左胖胖音判○反吉祭也言左胖者體不殊骨也疏注反吉至骨也○釋
曰云反吉祭也者以其特牲少牢吉祭皆升右胖此
用左胖故云反吉祭也云言左胖者體不殊骨也者
欲言左胖則左邊共爲一段故云體不殊骨雖然下
云髀不升則除髀以下膊胳仍升之則於上肩臂臑
別升則左胖仍爲三段矣而云體不殊骨據脊
脊以上膞胳已下共爲一亦得爲體不殊骨也髀不
升髀步禮反○方爾反○周貫肩骼髀古文髀作脾疏注周貫肩髀○釋曰云髀不升者則膞

已上去之取膊胳已下云周貴肩賤髀者案祭統云殷人貴髀周人貴肩故云髀不升 腸五胃五 亦盛之也 疏 注亦盛之也○釋曰亦盛之者以其不用特牲而用少牢是盛葬奠案少牢用腸三胃三今加至五亦是盛此葬奠也 離肺 離𢶡○𢶡苦圭反 疏 注離𢶡○釋曰此非直升腸胃又升離肺者案少儀云牛羊之肺離而不提心注云提猶絕也𢶡離之不絕中央少許使易絕以祭耳此爲食而擧亦名擧肺也 豕亦如之豚解無腸胃 如之如羊左胖髀不升離肺也豚解解之如解豚亦前肩後肫脊脅而已無腸胃者君子不食溷腴○肫劉音純又之春反溷音患又戶困反 疏 注如之至溷腴○釋曰亦如之鄭云如之如羊左胖髀不升離肺也者謂豕與羊同者左胖雖同仍與羊異異以其羊則體不殊骨上下共爲二段此豕之左胖則爲四段矣故别之豚解豚解總有七段今取左胖仍爲四段矣云亦前肩後肫脊脅而已者鄭欲爲四段與羊異也云君子不食溷腴者禮記少儀文彼鄭注云謂犬豕之屬食米穀者也腴有似於人穢引之者證不取腸胃之義也 魚腊鮮獸

皆如初鮮新殺者士腊用兎加鮮獸而無膚者豕既豚解略之

疏注鮮新至略之○釋曰云士腊用兎者謂此昔是其乾也有云鮮新殺者二者皆用兎必知士腊用兎者雖無正文案少牢禮大夫腊用麋鄭云大夫用麋士用兎與以無正文故云與以疑之此亦云士腊用兎雖不云與亦同疑可知但士腊宜小故疑用兎也云加鮮獸而無膚者豕既豚解略之者以其遣奠用少牢攝盛則當有膚與少牢同以豕既豚解四段無膚略則膚者亦略之而加鮮獸也

無東方之饌四豆脾析蜱醢葵菹蠃醢脾劉音毗注同一音婢亦反析思狄反蜱皮佳反蠃力禾反○脾讀為雞脾肶之脾脾析百葉也蜱蜯也今文蠃為蝸○肶尺氏反蜯步講反蝸力禾反又古華反

疏注脾讀至為蝸○釋曰此乘既說又陳東方之饌于主人之南前輅之東其豆有四脾析一蜱醢二葵菹三蠃醢四案周禮鄭注醢人云細切為韲全物若牒為菹又云韲以膞腝肉通又經不云菹者類皆是韲則此經云脾析者即韲也云脾讀為雞脾肶之脾者鄭讀之欲見此脾與雞脾胃之脾同正謂百葉名為脾析故讀音

從雞脾肶之脾時俗有此語故讀從之也案醢人注云脾析牛百葉也此不云牛者彼天子禮容有牛此用少牢無牛當是羊百葉故不云牛也云蜱蜯也者即蛤也知蜱即蛤者以周禮鼈人云蠯注云蠯蛤也此注云蜱蜯也以其蠯蜱是一物故云蜱蜯即蠯蛤也

四籩棗糗栗脯糗去九反〇糗以豆糗粉餌〇餌而志反〔疏〕注糗以豆糗粉餌〇釋曰云糗以豆糗粉餌者案籩人云羞籩之實糗餌粉餈鄭云此二物皆粉稻米黍米所爲也合蒸曰餌餅之曰餈糗者擣粉熬大豆爲餌餈之黏著以粉之耳餌言糗餈言粉互相足者此本一物餌言糗謂熬之亦粉之餈言粉擣之亦糗之不言互文而云互相足者凡言互文者是二物各舉一邊而省文故云互文此糗與粉唯一物分爲二文皆語不足故云互相足也又案籩人羞有二籩糗餌及粉餈此經直言糗則舉糗以見餌而無餈故鄭云糗以豆糗粉餌也

醴酒此東方之饌與祖奠同在主人之南當前輅北上巾之〔疏〕注此東至巾之〇釋曰鄭知義然者案下記云祝饌祖奠于主人之南當前輅北上巾是注云既祖祝乃饌以此言之祝饌祖奠即是還

柩鄉外乃饌之于主人之南自還柩車至此饌葬奠柩車未動則此葬奠東方之饌亦饌于主人之南當與前同處故注云與祖奠同在主人之南但祖奠與大斂奠同二豆二籩此葬奠四豆四籩籩豆雖不同而同處耳云北上者蓋兩甒在北次南饌四豆豆南饌四籩也

陳器明器也夜斂藏之

疏注明器至藏之○釋曰陳饌已訖又陳明器也本作夜斂適似寫誤云適斂者以其上朝祖之日已陳明器此復陳之者由朝祖至夜斂藏之至此厥明更陳之也

滅燎執燭俠輅北面照徹與葬奠也

疏注照徹與葬奠也○釋曰昨日朝祖日至夕云宵為燎于門內之右至此滅燎既滅二人執燭俠輅北面一人在輅東一人在輅西輅西者炤徹祖奠輅東者炤葬奠之饌故注云炤徹與葬奠也

賓入者拜之明自啓至此主人無出禮

疏注明自至出禮○釋曰此時有弔葬之賓主人皆不出迎但在位拜之所以不出迎者既啓之後既覿尸柩不可離位以迎賓雖有君命乃出故注云明自啓至此主人無出禮也

徹者入丈夫踊設于西北婦人踊猶阼階升時也

亦既盥乃入入由重東而主人踊從其升也自重北西面而徹設於柩車西北亦曰序西南【疏】注猶阼至西南○釋曰云徹者入者謂將設葬奠先徹祖奠故云徹者入入謂祝與執事徹祖奠者亦既盥乃入由重東而主人踊至徹訖設柩車西北則婦人踊也云猶阼階升者謂徹小斂奠者門外盥其入升自阼階丈夫踊今徹者亦門外盥訖入由重東主人踊故云猶其升也云自重北西面而徹設於柩車西北亦猶序西南者此徹祖奠設于柩車西北亦猶小斂大斂朔月奠設于序西南也

徹者東由柩車北東適葬奠之饌【疏】注由柩至之饌○釋曰以其徹訖當設葬奠故徹者由柩車北東適葬奠之饌取而設于柩車西也知由柩車北而東者以其徹者設于柩車西北而云徹者東若柩車南不得云徹者東故知在柩車北東行也

鼎入舉入陳之也陳之蓋於重東北西面北上如初【疏】注舉入至如初○釋曰以其徹者既東當設葬奠故五鼎皆入陳也云陳之蓋於重東北西面北上如初者以其上篇小斂奠舉鼎入阼階前西面錯大斂奠云舉鼎入西面北上又朔月奠云鼎入皆如初其遷祖奠云陳鼎皆

如殯則北在阼階下西面北上今此但云鼎入不言如初無正文故云盖以疑之既疑而知在東北西面北上者以其奠祭在室掌設者皆陳鼎於阼階下西面如大小斂故可知也乃奠豆南上綪籩蠃醢南北上綪籩蠃醢南辟醴酒也○辟音避疏注籩蠃至酒也○釋曰云籩蠃醢南辟醴酒也者如上所饌則先饌脾析於西南次北脾醢次東葵菹次南蠃醢陳設要方則四籩豆亦宜設於脾析已南綪之爲次今不於脾析已南爲次而設蠃醢已南爲次故知辟醴酒醴酒當設在脾析之南可知也俎二以成南上不綪特鮮獸成猶併也不綪者魚在羊東腊在豕東古文特爲俎○併步頂反疏注成猶至爲俎○釋曰知俎二以併不綪者若綪則宜先設羊於西南次北設豕次東設魚次南設腊今於西南設羊次北豕以魚設于羊東設腊于魚北還從南爲紿是不綪也其鮮獸在北北無偶故云特也是以鄭云不綪者魚在羊東腊在豕東也醴酒在籩西北上統於豆也疏注統於豆也○釋曰云統於豆也者豆即脾析也以其云北上上謂

二甒醴酒繼之言北上故云統於豆也奠者出主人要節而踊亦以往來爲節奠由重北西既奠由重南東【疏】注亦以至南東○釋曰自上以來堂下設奠徹奠皆云主人要節而踊注皆云往來爲節此主人要節而踊亦以往來爲節奠來時由重北而西既奠由重南而東此奠饌在輅之東言由重北者亦是由車前明器之北鄉柩車西設之設訖由柩車南而來者禮之常也甸人抗重出自道道左倚之倚於綺反○還重不言甸人抗重言之者重既虞將埋之言其官使守視之抗舉也出自道出從門中央也不由闑東西者重不反變於恒出入道左主人位今時有死者鑿木置食其中樹於道側由此○闑魚列反【疏】注還重至由此○釋曰自此盡徹者出踊如初論將葬重及車馬之等以次出之事云道左倚之者當倚於門東北壁云還重不言甸人者上云二人還重不言甸人至此乃言甸人也云重既虞將埋之者雜記文彼注云就所倚處埋之但天子九虞諸侯七虞大夫五虞士三虞未虞以前以重主其神虞所以安神雖未作主初虞其神即安於寢不假重爲神主

又云大夫無不主明亦以初虞即埋之也云不由闑客西者重不反變於恒也出入者恒出入則闑東闑西也云道左主人位者檀弓云重主道注云始死未作主以重主其神也則重主死者故於主人之位埋之也鄭云今時以下者引漢法證重倚道左之事也

薦馬馬出自道車各從其馬駕于門外西面而俟南上南上便其行也行者乘車在前道稾序從○稾古老反

【疏】注南上至序從○釋曰云南上者謂於門外之時南上云便其行也者以其葬於國北在路則南上上者常在前故云便其行也云行者乘車前道稾序從者案下記云乘車載檀道車載朝服稾車載蓑笠是序從也

徹者入踊如初徹巾苞牲取下體苞者象既饗而歸賓俎者也取下體者脛骨象行又俎實之終始也士苞三个前脛折取臂臑後脛折取骼亦得俎釋三个雜記曰父母而賓客之所以爲哀○脛户定反劉故孟反个古賀反臑乃到反骼劉音格一音各

【疏】苞注者至爲哀○釋曰云苞者象既饗而歸賓俎者也案雜記成而言之云取下體者脛骨象行者以父母將

行鄉𧻓故取前脛後脛下體行者以逆之故云象行
也云又俎實之終始也者此盛葬奠用少牢其載牲
體亦當與少牢同案少牢載俎云肩臂臑肫胳在兩
端又云肩在上以此言之則肩臂臑在俎上端爲俎
實之始肫胳在俎下端爲俎實之終今取此兩端脛
骨苞以歸父母直取脛骨爲象行又兩端爲俎實之
終始也云士苞三个者自上之差案檀弓云國君七
个遣車七乘大夫五个遣車五乘注云人臣賜車馬
者乃得有遣車遣車之差大夫五諸侯七則天子九
諸侯不以命數喪數略也个謂所苞遣奠牲體之數
也雜記曰遣車視牢具彼注云言車多少各如所苞
遣奠牲體之數也然則遣車載所苞遣奠而藏之者
與遣奠天子太牢包九个諸侯亦太牢包七个大夫
亦太牢包五个士少牢包三个大夫以上乃有遣車
以此而言士無遣車則所包者不載于車直持之而
已士有一包而云包三个鄭又云个謂所包遣奠則
士一包之中有三个牲體故云前脛折取臂臑後脛
折取骼者若然大夫云遣車五乘包五个則一臑包之
中有五个五五二十五一太牢而爲二十五體則亦
取下體前脛取臂臑後脛取骼三牲有九體又就九

體折分爲二十五个五五包包各五个諸侯亦太牢而包七个天子亦太牢又加以馬牲牲別有三體則廿二體就十二體中細分爲八十一个九包包各九个大夫以上皆不得全體謂若少儀云大牢則以牛左肩臂臑折九个之類亦爲不全體也云亦得俎釋三个者羊俎上注云體不殊骨也其髀又不升則骼別爲一段在俎今前脛折取臂臑其肩仍著肫爲一段後脛折取骼仍有肫一節在俎則羊俎仍有兩段在豕則在肫豚解爲四段在俎今前脛折取臂臑後脛折取骼仍有四段在俎若然羊俎有二段豕俎有四段相通則二俎俎有三段在故得爲俎釋三个案特牲俎釋三个注云爲改饌於西北隅遺之則此奠雖不改爲饌西北隅留之亦爲分禱五祀也引雜記者案彼云曾子謂或人曰吾子不見大饗乎夫人饗既饗卷三牲之俎歸于賓館父母而賓客之所以爲哀也注云既饗歸賓俎所以厚之也言父母家之去令賓客之是孝子哀親之去也取此者以證此包牲歸父母亦是賓客父母之事也

不以魚腊非正牲也【疏】注非正牲也○釋曰云非正牲也者正牲謂上三牲魚腊非正牲故不以魚腊臡之故云

非正牲。行器目葬行明器在道之次【疏】注目葬至之次○釋曰包牲訖明器當行鄉壙故云行器云目葬行明器者即下云茵苞已下是也故云目葬行也茵苞器序從如其陳之先後【疏】注如其陳之先後○釋曰此直云序從者序從即上文器西南上茵苞已下是也故此亦言茵苞以其爲首故也車從次器【疏】注次器○釋曰上陳明器訖次列車以從明器故云次器也徹者出踊如初於是廟中當行者唯柩車【疏】注於是至柩車○釋曰徹者謂包牲訖當徹去所釋者出廟門分禱五祀者徹者出時主人踊云於是廟中當行者唯柩車者以其上文明器及車馬鄉壙者皆出唯有柩車在廟未出故云於是廟中當行者唯柩車也主人之史請讀賵執筭從柩東當前束西面不命毋哭哭者相止也唯主人主婦哭燭在右南面毋音無○史北面請既而與執筭西面於主人之前讀書釋筭燭在右南面炤書便也古文筭皆爲筴【疏】注史北至爲筴○釋曰自此盡滅燭出論讀賵遣文亦經直云史請讀賵鄭知史北面請者以其人又辛東北面所讀者在於主人明史北面閒之故知史北面也又知在主人之前讀之對面當柩故知在主人之前西鄉柩也請讀訖乃西面請時及入時書在前筭在後則史西面之時筭在史南西面今燭在史北近史照書爲便若爲有左則隔筭不便也

讀書釋筭則坐必釋筭者榮其多疏注必釋至其多○釋曰讀書者立讀之敬也釋筭者坐爲釋之便也云必釋筭者榮其多者以其所賵之物言之亦得今必釋筭顯其數者榮其多故也奠

命哭滅燭書與筭執之以逆出卒巳也疏○釋曰言逆出則入時長在前出時長在後燭言滅不言出者以其燭已滅不得言燭出其人亦出可知公史自西方東面命毋哭主人主婦皆不哭讀遣卒命哭滅燭出公史君之典禮書者遣者入壙之物君使史來讀之成其得禮之正以終也燭俠輅疏注公史至俠輅○釋曰知公史是君之典禮書者以其言公史故知君史案周禮大史小史皆掌禮則讀侯史亦掌典禮

可知云成其得禮之正以終者以其死葬之以禮是死者得禮之終事故以君史讀而成之也知燭俠輅者上陳設葬奠云執燭俠輅北面故知也

商祝執功布以御柩執披居柩車之前若道有低仰傾虧則以布為抑揚左右之節使引者執披者知之士執披八人今文無以○仰五郎反

疏注居柩至無以○釋曰自此盡柩乃行論柩車在道發行之事云執功布者謂執大功之布麤者也云以御柩執披者葬時乘車故有柩車前引柩者及在傍執披者皆御治之故云御柩執披也云柩車之前若道有低仰傾虧則以布為抑揚左右之節者道有低謂下坂時道有仰謂上坂時傾虧謂道之兩邊在車左右撤有高下云以布為抑揚左右之節者道有低則抑下其布使知下坂道有仰則揚舉其布使知上坂云左右者謂道傾虧高下則左右其布使知道之有傾虧也若東撤下則下其布向東西邊執披者持之西撤下則下其布向西東邊執披者持之若然鄭云使引者執披者知之者執披者知其左右引者知其上下也知士執披八人者案下記云執披者旁四人注云前後左右各二人是士執披者八人也

主人袒乃行踊無筭袒爲行變也乃行謂柩車行也凡從柩者先後左右如遷于祖之序

(疏)注袒爲至之序○釋曰云乃行謂柩車行者經云乃行文承主人袒下嫌主人行故云乃行謂柩車行以行處據柩爲主柩車行主人行可知故舉柩車行也云凡從柩者先後左右如遷于祖之序者上遷于祖時注云主人從者丈夫由右婦人由左以服之親疏爲先後各從其昭穆男賓在前女賓在後此從柩向壙之序一如還于祖之序故如之也

出宮踊襲哀次

(疏)注哀次○釋曰云哀次者以經云出宮踊襲以出宮有此踊者止爲出宮大門外有賓客次舍之處父母生時接賓之所故主人至此感而哀此次是以有踊踊訖即襲襲訖而行也故檀弓云哀次亦如之注云次他日賓客所受大門外舍也孝子至此而哀是也

至于邦門公使宰夫贈玄纁束邦門城門也贈送也

(疏)注邦門至送也○釋曰云邦門者案檀弓云葬于北方北首三代之達禮也此邦門者國城北門也贈用玄纁束帛者即是至壙窆訖主人贈死者用玄纁束帛也以其君物所重故用之送終也

主

人去杖不哭由左聽命賓由右致命去起呂反○柩車前輅之左也當時止柩車

疏注柩車至柩車○釋曰此謂宰夫將致命主人乃去杖不哭由柩車前輅之左右若然在廟柩車南鄉左則在東此出國北門、柩車鄉北左則在前輅之西也賓由右致命則在柩車之東矣經蓋云左右鄭必知據前輅左右者以柩車在廟門時賓在柩車右主人在柩車左故知此亦當前輅左右也云當時止柩車者下記云唯君命止柩于堩其餘則否注云不敢留神明此宰夫致命時柩車止也

主人哭拜稽顙賓升實幣于蓋降主人拜送復位杖

乃行升柩車之前實其幣於棺蓋之柳中若親受之然後復位反柩車後

疏注升柩至車後○釋曰賓既致公贈命訖主人乃哭拜稽顙賓乃升車實幣于棺之蓋中者彼贈幣生死兩施故奠于左服此贈專為死者故實于蓋中若親授之然云復位反柩車後者上在廟位在柩車東此行道故在柩車後也

至于壙陳器于道東西北上統於壙

疏注統于壙○釋曰自此盡拜送

論竝上壙陳器及下棺訖送賓之事云統于壙者對廟中南上此則北上故云統於壙也茵先入當籍柩也元士則葬用輁軸加茵焉疏注當籍至茵焉○釋曰云當籍柩也者解茵先入之意以其茵入乃後屬引下棺於其上以須籍柩故茵先入云元士則葬用輁軸加茵焉者元士謂天子之士葬時先以輁軸由羑道入乃加茵於其上乃下棺於中知元士葬用輁軸也者檀弓云孺子䵣之喪哀公欲設撥注云撥可撥引輴車所謂紼問於有若有若曰其可也君之三臣猶設之顏柳曰天子龍輴而椁幬諸侯輴而設幬爲榆沈故設撥三臣者廢輴而設撥竊禮之不中也者以此言之天子諸侯殯葬皆用輴朝廟用輴可知大夫雖殯葬不用輴朝廟亦用輴以其士殯葬不用輁軸朝廟得用之明大夫朝廟得用輴故上注云大夫諸侯以上有四周謂之輴以其大夫朝廟得用輴故言之也諸侯之大夫有三命再命一命殯葬不得用輴天子之元士亦三命再命一命葬得用輁軸者春秋之義王人雖微猶在諸侯之上明天子之士尊謂之爲元元者善之長故得用輁軸不與諸侯大夫同也屬引於是說載除飾更屬引於

緘耳古文屬爲燭○說士活反緘古咸反劉古陷反（疏）注於是至爲燭○釋曰云於是說載柩者謂柩車至壙解說去載與披及引之等除飾者解去帷荒池紐之等然後下棺云更屬引於緘耳者案喪大記云君窆以衡大夫士以咸鄭注云衡平也人君之喪又以木橫貫緘耳居旁持而平之今齊人謂棺束爲緘以此而言則棺束君三衽三束大夫士二衽二束有前後於東末皆爲緘耳以紼貫結之而下棺人君又於橫木之上以屬紼也主人袒衆主人西面北上婦人東面皆不哭俠羨道爲位（疏）注俠羨道爲位○釋曰主人袒者爲下棺變婦人不言北上亦如男子北上可知不哭者爲下棺宜靜云俠羨道爲位者羨道謂入壙道上無負土爲羨道天子曰隧塗上有負土爲隧僖公二十五年晉文公請隧弗許是也乃窆主人哭踊無筭窆下棺也今文窆爲封（疏）注窆下棺也○釋曰主人哭踊不言處還於壙東西面也云窆下棺者春秋謂之塴皆是下棺之名也襲贈用制幣玄纁束拜稽顙踊如初丈八尺曰制一

制合之束十制五合〔疏〕注丈八至五合○釋曰云丈八尺曰制者朝貢禮及巡狩禮皆有此文以丈八尺爲制昏禮幣用二丈取成數凡禮幣皆服制者取以儉爲節聘禮云釋幣制玄纁束注云凡物十曰束玄纁之率玄居三纁居二此注云二制合之束十制五合者則每一端丈八尺二端爲一匹五匹合爲十制也

卒袒拜賓主婦亦拜賓即位拾踊三襲拾其業反劉其輒反後放此○主婦拜賓拜女賓也即位反位也〔疏〕注主婦至反位○釋曰卒謂贈卒更袒拜賓云反位者各反美道東西位其男賓在衆主人之南女賓在衆婦之南

賓出則拜送相問之賓也凡弔賓有五去皆拜之此舉中焉〔疏〕注相問至中焉○釋曰鄭知賓是相問之賓也凡弔賓有五此舉中者案雜記云相趨也出宮而退相揖也哀次而退相問也既封而退相見也反哭而退朋友虞祔而退注云此弔者恩薄厚去遲速之節也相趨謂相問姓名來會喪事也相揖嘗會於他也相問嘗相惠遺也相見嘗執摯相見也以此而言此經既葬而退是相見問遺之賓舉中以見上下五者去即皆拜送可知

藏器於旁加見見，賢遍反。○器，用器、役器也。見，棺飾也。更謂之見者，加此則棺柩不復見矣。先言藏器乃云加見者，器在見內也。內之者，明君子之於事終不自逸也。檀弓曰周人牆置翣。【疏】注器用至置翣○釋曰：云器用器役器也者，用器即上弓矢耒耜之等，役器即上甲冑干笮之屬。此器中亦有燕器不言者，省文。知有用器役器者，以下別云苞筲之等，則所藏者是此器也。云見棺飾也者，飾則帷荒，以其與棺爲飾。是以喪大記云飾棺君龍帷黼荒，大夫畫帷畫荒，士布帷布荒。注云飾棺者，以華道路及壙中，不欲衆惡其親也。此柩入壙，還以帷荒加於柩，故鄭注云及壙中也。云更謂之見者，加此則棺柩不復見矣者，以其唯見此帷荒，故名帷荒爲見。是棺柩不復見也。云先言藏器乃云加見者，器在見內也。內之者，明君子之於事終不自逸也者，以用器役器近身陳之，是不自逸也。引檀弓者，見帷荒在柩外，周人牆置翣者，若牆屋然，其外又置翣爲飾也。

藏苞筲於旁於旁者，在見外也。不言甕甒饌相次可知。四者兩兩而居。喪大記曰：棺椁之間，君容柷，大夫容壺，士容甒。○柷，尺六反。【疏】注於旁至容甀○釋曰云於旁者在見外也者以其加見乃云藏苞筲故知見外也云不言甕甀饌相次可知者以其陳器之法後陳者先用先用甕甀後用苞筲苞筲藏明甕甀先藏可知故云相次可知云四者兩兩而居者謂苞筲居一旁甕甀居一旁故云兩兩而居也云喪大記者欲見椁內椁外所容寬狹得容器物之意也

加折卻之加抗席覆之加抗木宜次也

疏注宜次也○釋曰云宜次也者宜謂折上陳之美面鄉上今用即美面鄉下抗席又覆之又折宜承席席宜承木皆是其宜也次者木則先陳後用席則後陳先用是其次也

實土三主人拜鄉人謝其勤勞

疏注謝其勤勞○釋曰案雜記云鄉人五十者從反哭四十者待盈坎注云非鄉人則少長皆反以此而言於時主人未反哭鄉人並在故今至實土三徧主人拜謝之謝其勤勞勤勞者謂在道助執紼在壙助下棺及實土也

即位踊襲如初哀親之在斯

疏注哀親之在斯○釋曰謂既拜鄉人乃於羨道東即位踊無筭如初也云哀親之在斯者以親之在斯故哀號甚踊無筭

乃反哭入

升自西階東面衆主人堂下東面北上西階東面反諸其所作也反哭者於其祖廟不於阼階西面西方神位疏注西階至神位○釋曰自此盡門外拜稽顙論主人反哭賔吊之事反哭者拜鄉人訖反還家哭於廟入升自西階東面哭云西階東面反諸其所作也者案檀弓云反哭升堂反諸其所作也注云親所行禮之處是也云反哭者於其祖廟者謂下士祖禰共廟故下經賔出主人送于門外遂適于殯宫適士二廟者自殯宫先朝禰後朝祖今反哭則先于祖後于禰遂適殯宫也案春秋僖八年經書用致夫人左氏云凡夫人不殯於廟者春秋之世多行殷法不與禮合也云不於阼階西面西方神位者以特牲少牢主人行事升降皆由阼階今不於阼階故決之以西方神位知者特牲少牢皆布席於奥殯又在階是西方神位主人非行事直哭而已故就神位婦人入丈夫踊升自阼階辟主人也疏注辟主人也○釋曰反哭之禮主人男子等先入主婦婦人等後入故婦人入丈夫在位者皆踊婦人不升西階者由主人在西階故鄭云辟主人主婦

入于室踊出即位及丈夫拾踊三入于室反諸其所養也出即位堂上西面也拾更也○更音庚

疏注入于至更也○釋曰案檀弓云主婦入于室反諸其所養也鄭注云親所饋食之處哭也但士人既在西階親所行禮之處以婦人無外事故於饋食之處哭也云出即位堂上西面也者自小斂奉尸侇于堂巳後主婦等位皆在阼階上西面是以知出即位者阼階上西面也云拾更也者凡成踊而拾皆主人踊主婦踊賓乃踊故云更也

賓弔者升自西階曰如之何主人拜稽顙賓弔者衆賓之長也反而亡焉失之矣於是爲甚故弔之弔者北面主人拜于位不北面拜賓東者以其亦主人位也古文無曰字

疏注賓弔至曰字○釋曰知賓弔是衆賓之長者以其弔賓皆在堂下今升堂釋詞故知賓中爲首者賓之長也云反而亡焉失之矣於是爲甚者亦檀弓文引之證周人反哭而弔哀之甚也云弔者北面者以經云賓弔者升自西階即云曰如之何不見弔者改面之文明升堂北面可知云主人拜于位者拜于西階上東面位知者以其上經云主人升

自西階東面故知仍東面位也云不北面拜賓東者以其亦主人位也者鄉飲酒鄉射主人酬賓皆於賓東主人位特牲少牢助祭之賓主人皆拜送于西階東面故於東面不移以其亦主人位故也

賓降出主人送于門外拜稽顙釋曰此於雜記五賓當相見之賓故鄭上注云舉中焉明五賓皆依節而弔也遂適殯宮皆如啓位拾踊三啓位婦人入升堂丈夫即中庭之位

【疏】注啓位至即位○釋曰案士喪禮朝夕哭位云婦人即位于堂南上主人堂下直東序西面啓殯時云主人位如初又云主人入即位則此如啓位婦人亦即位于堂東面主人即位于堂下直東序西面直東序西面即中庭位也

兄弟出主人拜送兄弟小功以下也異門大功亦可以歸

【疏】注兄弟至以歸○釋曰丈夫婦人在殯宮拾踊既訖兄弟入門者出主人拜而送之知兄弟小功以下也者此兄弟等始死之時皆來臨殯殯訖各歸其家朝夕哭則就殯所至葬開殯而來喪所至此反哭亦各歸其家至虞卒哭祭還來預焉故喪服小記云緦小功虞卒哭則皆免是也云異門

大功亦可以歸者大功以上有同財之義爲異門則恩輕故可歸也衆主人出門哭止闔門主人揖衆主人乃就次次倚廬也疏注次倚廬也○釋曰云衆主人出門者則主人拜送兄弟因在門外云闔門者鬼神尚幽闇云次倚廬也者以未虞以前仍永於初東壁下倚木爲廬齊衰居堊室大功張帷喪服傳云既虞柱楣前昇此直云倚廬據主人斬衰者而言猶朝夕哭不奠是日也以虞易奠疏注是日至易奠○釋曰自啓殯以來常奠今又哭至殯宮猶朝夕哭如前不奠耳檀弓云葬日虞弗忍一日離也是日也以虞易奠故不奠也三虞虞喪祭名虞安也骨肉歸於土精氣無所不之孝子爲其彷徨三祭以安之朝葬日中而虞不忍一日離疏注虞喪至日離○釋曰云虞喪祭名日中而虞不忍一日離皆檀弓文案彼云葬日虞弗忍一日離也又云卒哭曰成事是日也以吉祭易喪祭喪祭則三虞也云虞安也者主人孝子葬之時送形而往迎魂而返恐魂神不安故設三虞以安之云骨肉歸于土精氣無所不之者案檀弓云延陵季子葬其長子於嬴

傳之間既窆左袒右還其封云骨肉歸復于土命也若魂氣則無不之也是其骨肉歸于土精氣無所不之之事言此者欲見迎魂而反以虞祭安之是以鄭云孝子爲其彷徨三祭以安之云朝葬日中而虞即檀弓所云葬日虞弗忍一日離又下士虞記亦云日中而行事是也**卒哭**卒哭三虞之後祭名始朝夕之間哀至則哭至此祭止也朝夕哭而已**疏**注哭卒至而已○釋曰云卒哭三虞之後祭名者三虞者再虞用柔日後虞改用剛日又隔柔日卒哭用剛日故云卒哭三虞之後祭名也云始朝夕之間哀至則哭至此祭止也者始死主人哭不絕聲小斂之後以親代哭無不絕聲至殯後主人在廬廬中思憶則哭又有朝夕於阼階下哭至此爲卒哭祭惟有朝夕哭而已言其哀殺也然則喪有三無時哭者始死至殯哭不絕聲一無時既殯廬中思憶則哭二無時卒哭祭後惟有朝夕哭爲有時至練祭之後又止朝夕哭唯有堊室之中或十日或五日一哭通前爲三無時之哭也是以檀弓云哭無時使必知其反也是據練後哭無時也**明日以其班祔**班次也祔卒哭之明日祭名祔猶屬也祭昭穆之次

而屬【疏】注班次至屬之○釋曰云班次也者謂昭穆之次第云祔卒哭之明日祭名者以卒哭用剛日祔用柔日是以下士虞記云卒哭祭即云明日以其班祔故云卒哭之明日祭名云祔猶屬也祭昭穆之次而屬之者以其孫祔於祖孫與祖昭穆同故以孫連屬於祖而就祖而祭之也

記【疏】釋曰凡記者皆是經不具記之彼充經文理備足也

士處適寢寢東首于北墉下首手又反墉音庸○將有疾乃寢於適室今文處爲居于爲於【疏】注將有至爲於○釋曰云將有疾乃寢於適室者以士喪篇首云士死於適室此記云適寢者適室一也故互見其文若不疾則在燕寢將有疾乃寢臥于適室故變室爲寢也云東首者鄉生氣之所云墉下者墉謂之牆喪大記謂之北牖下此在北墉下亦取十一月一陽生於北生氣之始也士喪禮論其死事故不云疾此記人記其不備凡人死皆因疾故記其疾之所在也

有疾疾者齊齊側皆反本又作齋○正情性也適寢者不齊不居其室【疏】注正情至其室○釋曰云有疾者既有疾當齊戒正情性故也云適寢者不齊不居其室者案

鄉黨孔子齊居必遷坐又祭義云致齊於內散齊於外皆在適寢但散齊得鄉外故云於外耳是其齊居適寢也養者皆齊養于亮反○憂也疏注憂也○釋曰案曲禮云父母有疾冠者不櫛行不翔笑不至矧怒不至罵不飲酒食肉疾止復故男女養疾皆齊戚正情性也徹琴瑟去樂○去起呂反疏注去樂○釋曰君子無大故琴瑟不離其側今以父母有疾憂不在于樂故去之案喪大記云疾病內外皆埽君大夫徹縣士去琴瑟注云凡樂器天子宮縣諸侯軒縣大夫判縣士特縣去琴瑟者不命之士士亦謂子男之士不命者也疾病外內皆埽埽素倒反○為有賓客來問也疾甚曰病疏注為有至曰病○釋曰云疾甚曰病者則外內皆埽為賓客來問疾自潔清也徹褻衣加新衣故衣垢汙為來人穢惡之疏注故衣至惡之○釋曰此文承疾病者及養病者則徹褻衣據死者而言則生者亦去故衣服新衣矣徹褻衣謂故玄端已有垢汙故穢人穢惡是以徹去之加新衣者謂更加新朝服喪大記亦云徹褻衣加新衣鄭注云徹褻衣則所加者新朝服矣互言之

[illegible]者明其終於正也互者褻衣是玄端新衣
[illegible]言新則褻衣是故玄端言褻朝服是絜不褻
矣夕[illegible]一遍而言明皆有兼也必知褻衣是玄端新
衣是新[illegible]服者案司服士之齊戒服玄端則疾者與養
者[illegible]皆齊明服玄端矣檀弓云始死羔裘玄冠者易
之[illegible]已羔裘玄冠即朝服故知臨死所着新衣則朝
[illegible]也故鄭云
[illegible]於正也
御者四人皆作持體
爲不能自轉側御
者今時侍從之人
[illegible]注爲不至之人○釋曰案喪大記云體一人注云
[illegible]爲其不能自伸屈也若然四體各一人亦爲不能
自轉側詩云輾轉反側據身云不能自屈伸據手足
二文相兼乃具云御者今時侍從之人者士雖無臣
亦有侍御僕從近
人終於其手也
男女改服
爲賓客來問病亦
朝服庶人深衣
屬纊
以俟絕氣
屬音燭纊音曠○爲其
氣微難節也纊新絮
疏
注爲其至新絮
○釋曰喪大記
云纊今之新緜易動搖置口鼻之上以爲候亦[illegible]注
相兼乃具云纊新絮即新緜禹貢豫州貢纖纊明纊
新緜
也
男子不絕於婦人之手婦人不絕於男子之手

備褻疏注備褻○釋曰案喪大記注云君子重終爲其相褻若然疾時使御者持體所死于其手故喪大記云其母之喪則內御者抗衾而浴僖公三十三年冬公薨于小寢左氏傳曰即安也注云小寢夫人寢也禮男子不絕于婦大之手今僖公薨于小寢幾其近女室是男子不絕于婦人之手備褻也乃

行禱于五祀盡孝子之情五祀博言之士二祀曰門曰行疏注盡孝至曰行○釋曰云盡孝子之情者死期已至必不可求生但盡孝子之情故乃行禱五祀望祐助病者使之不死也云五祀博言之士二祀曰門曰行者祭法文今傳五祀是廣博言之望助之者衆其言五祀則與諸侯五祀同則祭法云諸侯二祀是也乃卒卒終也疏注卒終也○釋曰自此盡遷尸論上篇始死遷尸於南牖之事曲禮與爾雅皆云大夫曰卒士不祿今士不言不祿而云卒者義取君子曰終小人曰死故鄭云卒終也美言之使與大夫同稱也主人啼兄弟哭哀有甚有否於是始去冠而笄纚服深衣檀弓曰始死羔裘玄冠者易之疏注哀有至之○釋曰云哀有甚有否者啼即泣也檀弓云高

柴泣血三年注云言泣無聲如血出則啼是哀之甚發聲則氣竭而息之聲不委曲若往而不反對齊衰以下直哭無啼是其否也知於是始去緌而并纓服深衣者禮記問喪云親始死雞斯徒跣扱上衽注云雞斯當爲笄纚上衽深衣之裳前是其親始死雞纚服深衣也引檀弓者證服深衣易去朝服之事也

設牀第當牖衽下莞上簟設枕第側几反衽而甚反又而鴆反○病卒之閒廢牀至是設之事相變衽臥席古文第爲茨

疏注病卒至爲茨○釋曰經直云士死于適室幠用斂衾不云此等之事故記人言之也云病卒之閒廢牀至是設之者喪大記云疾病寢東首於北牖下廢牀是其始死亦因在地無牀獲而不蘇乃設牀於南牖下有枕席還是病時之閒廢牀於是設之云事相變者謂疾病時去牀既死設牀是生死事相變也云衽席者曲禮云請席何鄉請衽何趾鄭云坐問鄉臥問趾因於陰陽是衽爲臥席昏禮注云衽臥席也

遷尸徙於牖下也於是幠用斂衾

疏注徙於至斂衾○釋曰云徙於牖下者即上文牀第當牖者也於是幠用斂衾者釋士喪禮幠用斂衾之時節也

復者朝服，左執領，右執要，招而左。朝，直遙反。要，一遙反。○衣朝服，服未可以變。○衣，於既反。

【疏】注「衣朝」至「以變」。○釋曰：云「招而左」者，以左手執領，還以左手以領招之，必用左者，招魂所以求生，左陽，陽主生，故用左也。復者士之有司，著朝服左執領，謂爵弁服也。云「衣朝服，服未可以變」者，謂始死未可以變之服凶服，以其復所以求生故也。《喪大記》小臣復，復者朝服，彼言小臣，據君則上下尊卑復者皆朝服也。

楔貌如軛，上兩末。軛，於革反。○事便也。今文軛作厄。

【疏】注「事便」至「作厄」。○釋曰：云「如軛」者，軛謂如馬鞅，軛馬領，亦上兩末，令以屈處入口，取出時易，故鄭云事便也。此用柶，異於占時所用也。

綴足用燕几，校在南，御者坐持之。校，劉胡飽反，一音苦交反。○校，脛也。尸南首，几脛在南，以拘足則不得辟戾矣。古文校為枝。○辟，必亦反。

【疏】注「校脛」至「為枝」。○釋曰：云「几脛在南，以拘足則不得辟戾矣」者，古者几兩頭各施兩足，今則夾以竪用之，尸南首，足鄉北，故以几脚鄉南，以夾足，恐几欹側，故使生存侍御者一人坐持夾之，使足不辟戾，可以着

屨也即牀而奠當腢用吉器若醴若酒無巾柶腢古口反劉五侯反
○腢肩頭也用吉器器未變也或卒無醴用新酒○卒七忽反疏注腢肩至新酒○釋曰即就也謂就
尸牀而設之尸南首則在牀東當尸肩頭也此即檀弓云始死之奠其餘閣也與云用吉器器未變也者
謂未忍異於生故未變至小斂奠則變籩豆之等爲變矣云或卒無醴用新酒者釋經若醴若酒科有其
不得並有之事以其始死卒未有醴則用新酒若然醴酒俱有容有醴則用之下更用酒以其始死不
備故也若小斂以後則酒醴具設甒二醴酒是也
赴曰君之臣某死赴母妻
長子則曰君之臣某之某死長丁丈反○赴走告也今文赴作訃疏注赴
走至作訃○釋曰云母妻長子則曰君之臣某之某死者上某是士名下某是母妻長子假令長子則云
長子某甲母妻則婦人不以名行直云母與妻也云赴走告也者言赴取急疾之意故云赴走告也云今
文赴作訃者雜記作訃者義取以言語相通亦一塗也
室中唯主人主婦坐兄

弟有命夫命婦在焉亦坐別尊卑也○別彼列反疏注別尊也○釋曰云兄弟有命夫命婦在焉亦坐者若無命夫命婦則皆立可知此士喪禮故鄭云別尊卑也尊謂命夫命婦案大記君之喪主人主婦坐以外皆立若大夫喪主人主婦命夫命婦皆坐以外皆立也士之喪主人父兄主婦姑姊妹皆坐鄭云士賤同宗尊卑皆坐此命夫命婦之外立而不坐者此謂有命夫命婦來兄弟爲士者則立若無命夫命婦則同宗皆坐也尸在室有君命衆主人不出不二主疏注不二主○釋曰經直云主人雖君命出不言衆主人故記人辨之云衆主人不出在尸東耳云不二主者曾子問云喪有二孤廟有二主爲非禮不云不二孤而云不二主者彼廟主與喪孤相對此孤不對廟主孤亦异喪主故以主言之也襚者委衣于牀不坐牀高由便疏注牀高由便○釋曰云牀高由便者曲禮云授立不跪授坐不立此委衣於牀者不坐委之以牀高亦如授立不坐之義故云由便也其襚于室戶西北面致命始死時也疏注始

死時也○釋曰云始死時者謂未小斂之前尸在中戶西故北面致命若小斂之後奉尸夷於堂則中庭北面致命　夏祝淅米差盛之淅西歷反差七何反又初佳反劉藏何反盛音成○差擇之【疏】注差擇之○釋曰經直云祝淅米于堂南面用盆不言夏與盛之故記人言之　御者四人抗衾而浴襢笫抗古浪反劉音剛襢之善反○抗衾為其裸裎蔽之也襢袒也袒簀去席盝水便盝音祿　其母之喪則內御者浴鬠無笄鬠古外反○內御女御也無笄猶丈夫之不冠也【疏】注內御至冠也○釋曰云內御女御也者以婦人稱內故以女御為內御婦人不死男子之手故知內御女御也周禮九嬪注云天子八十一御妻亦曰女御與此別也云無笄猶丈夫之不冠也者喪服小記云男子冠婦人笄士喪禮男子免不冠此婦人不笄與男子不冠同故云猶丈夫不冠也　設明衣婦人則設中帶中帶若今之褌襂○褌音昆襂音衫【疏】注中帶至褌襂○釋曰經直云設明衣不辨男子與婦人故此記人云設明衣者男子其婦人

則設中帶鄭云中帶若今禪襂者鄭舉貝驗而言但男子明衣之狀鄭不明言亦當與中帶相類有不同
之處故別雖名中帶亦號明衣取其圭潔也卒洗貝反于筭實貝柱右齻
左齻筭音煩柱丁主反齻丁千反○象齒堅疏注象齒堅○釋曰經直云實貝於尸左右及中
不言遠近故記人辨之云右齻左齻謂牙兩畔最長者象生時齒堅也夏祝徹餘飯徹去
鬻疏釋曰經不言夏祝徹故記人言之填塞耳填佗殿反○塞充窒疏釋曰經直云填
用白纊用掩之不云塞耳恐同主人縣于耳旁故記人言之也掘坎南順廣尺輪二
尺深三尺南其壤掘其勿反又其月反○南順統於堂輪從也今文掘爲坅疏釋曰
經直云甸人掘坎丁階間不辨大小故記人明之垼用塊塊堛也古文垼爲役疏注塊堛也
○釋曰云塊堛者爾雅釋言文孫氏云堛土塊也日明衣裳用幕布袂屬幅長
下膝幕布帷幕之布升數未聞也屬幅不削幅也長下膝又有裳於蔽下體深也疏注幕布至

深也○釋曰云明衣裳用幕布則衣裳同用幕布云袂屬幅長下膝者唯據衣而言以其下别云裳故也云幕布帷幕之布者周禮幕人云掌帷幕幄帟綬鄭云帷幕皆以布爲之幄帟皆以繒爲之以其帷幕所以張之於外恐不相勝舉故須用布鄭亦取此文用幕布爲義也故此云帷幕之布云升數未聞者以其不云疏布直云幕布故云未聞也云屬幅不削幅者布幅二尺二寸凡用布皆削去邊幅旁一寸爲二寸計之則此不削幅謂繚使相着還以一袂二尺二寸云長下膝者謂爲此衣長至膝下云又有裳於蔽下體深者凡爲衣以其有裳故不至膝下此又有裳而言深下故云於蔽下體深也蔽下體辭此經衣至膝下也

有前後裳不辟長及轂辟必亦反劓又薄歷反轂苦角反又戶角反○不辟積也轂足跗也凡他服短無見膚長無被土

疏注不辟至被土○釋曰云不辟積也者以其凡男子裳不連衣故皆前三幅後四幅辟積其要間示文今此亦前三後四不辟積者以其一幅不動又假上袂不見也云凡他服短無見膚長無被土者他服謂深衣長衣云短毋見膚注云衣取蔽形又云長毋被土

滋云爲汙辱是也此裳及縠至是跡亦是不被士故引爲證也縓綼緆縓七絹反又倉亂反綼毗
支反劉音卑緆仙計反劉羊豉反○一染謂之縓今紅也飾裳在幅曰綼在下曰緆疏注一染至曰緆
○釋曰云一染謂之縓者爾雅云謂一入赤汁染之即漢時紅故舉以爲況也云飾裳在幅曰綼者案深
衣云純袂純邊注云純謂緣之也緣邊衣裳之側廣各寸半則表裏共三寸矣此在幅亦衣裳之側緣注
如彼也緇純純諸允反劉之門反○七入爲緇緇黑色也飾衣曰純謂領與袂衣以緇裳以縓象
天地也設握裹親膚繫鉤中指結于掔握如字劉烏豆反中如字劉丁
仲反掔烏亂反○掔掌後節中也手無決者以握繫一端繞掔還從上自貫反與其一端結之疏注掔
掌至結之○釋曰手無決者以其經已云設決麗于掔與決連結據右手有決者不言左手無決者故記
之云以握繫一端繞掔還從上自貫反與其一端結之者案上文握手内玄纁裏長尺二寸今裹親膚據
從手内置之長尺二寸中掩之手纔相對也兩端各有繫先以一端繞繫一匝還從上自貫又以一端鄉

上鉤中指反與統擘者結於掌後節中甸人築坅坎築實土其中堅之穿坎之名一曰坅疏注築實至一曰坅○釋曰經直云甸人掘坎不云還復甸人築之故記人明之還使甸人築之也隸人涅廁隸人罪人也今之徒役作者也涅塞也爲人復往褻之又亦鬼神不用○涅乃結反塞也○復扶又反疏注隸人至不用○釋曰知隸人罪人者案周禮司隸職云其奴男子入於罪隸者則中國罪人對夷隸蠻隸貉隸之等是征四夷所得也故鄭舉漢法今之徒役作者也云爲人復往褻之又亦鬼神不用者若然古者非直不共偪迫亦不共廁故得云死者不用也既襲宵爲燎于中庭宵夜疏釋曰士之喪死日而襲經不云中庭設燎故記明之也厥明滅燎陳衣記節疏注記節○釋曰云記節者爲小斂陳衣當襲之明旦滅燎之時故記節正經不云故記人以明之也凡絞紟用布倫如朝服凡凡小斂大斂也倫比也今文無紟古文倫爲輪疏注凡凡至爲輪○釋曰言凡非一之言以其倈小斂至大斂有絞大斂又有紟故知凡中有大

小斂也言類如朝服者雖記云朝服十五升是也設棜于東堂下南順齊于坫饌于其上兩甒醴酒酒在南篚在東南順實角觶四木柶二素勺二豆在甒北二以並籩亦如之棜於庶反

齊如字劉才計反坫丁念反勺上灼反○棜今之轝也角觶四木柶二素勺二爲夕進醴酒兼饌之也勺二醴酒各一也豆籩二以併則是大斂饌也記於此者明其他與小斂同陳古文角觶爲角柶

疏棜今至角柶○釋曰自此盡出室論陳大小斂奠記經不備之事云角觶四木柶二爲夕進醴酒兼饌之也者以其大小斂之奠皆有醴酒醴一觶又用一柶酒用一觶計醴酒但用二觶一柶矣而觶有四柶二者朝夕酒醴各別設不同器朝夕二奠各饌其器也云籩豆二以併則是大斂饌者以其小斂一豆一籩大斂乃有二豆二籩故知二謂大斂饌云記於此者明其他與小斂同陳者鄭意大斂饌不在大斂節內陳之而在小斂節陳之者以其陳此籩豆之外皆與小斂同故就小斂節內陳之取省文之義也云同

陳者謂多少同陳不謂大斂饌陳之亦有小斂節內也凡籩豆實具設皆巾之籩豆偶而爲具具則於饌巾之巾之加飾也明小斂一豆一籩不巾疏注籩豆至不巾○釋曰云實具設皆巾之者謂於東堂實之於奠設之二處皆巾故云皆巾之云籩豆偶而爲具具則於饌巾之巾之加飾也者此鄭指解大斂之實饌於堂東之時巾之加飾對小斂之實於堂東不巾不加飾云明小斂一豆一籩不巾者以其云籩豆具據大斂奠二豆二籩實與奠二處皆巾明小斂奠一豆一籩堂東饌時不巾若然小斂奠設于牀東巾之爲在堂經久設塵埃加故雖一籩一豆亦巾之即曲禮檀弓云喪不剝奠也與祭肉也與以其有牲肉故也觶俟時而酌柶覆加之面枋及錯建之枋彼面反錯七故反○時朝夕也檀弓曰朝奠日出夕奠逮日疏注時朝至逮日○釋曰言此者記人恐饌時已酌於觶故記云俟時而酌也引檀弓者謂時是朝夕之時必朝奠待日出夕奠須日未沒者欲得父母之神隨陽而來故也小斂辟奠不出室辟婢亦反劉芳益反注辟襲奠

間○未忍神遠之也辟襲奠以辟斂既斂則不出於室○設于序西南畢事而去之○遠于萬反辟斂音避

疏注未忍至去之○釋曰云未忍神遠之也者釋奠不出室之義始死猶生事之不忍即爲鬼神事之故奠不出室云辟襲奠以辟斂者以經云小斂辟奠故知辟襲奠只爲辟斂也云既斂則本出於室設於序西南者又解襲奠不出室若將大斂則辟小斂奠於序西南此將小斂辟奠於室至此既小斂則亦不出於室設于序西南故言不出室若然奠不出室而既斂而言者也云事畢而去之者斂事畢奉尸夷于堂乃去之而設小斂奠于戶東

無踊節

其哀未可節也

疏注其哀未可節也○釋曰自死至此爲節賓主拾踊有三者三三有踊節而云無踊節者除三者三之外其間踊皆無節即上文踊無筭是也云其哀未可節也亦謂三者三之外無踊節而言也

既馮尸主人袒髻髮絞帶衆主人布帶

髻音括○衆主人齊衰以下

疏注衆主至以下○釋曰小斂于戶內訖主人袒髻髮散帶垂經不云絞帶及齊衰以下布帶事故記者言之案喪服苴經之外又有絞帶故鄭注云要

經象大帶又有絞帶象革帶齊衰以下用布齊衰無
等皆是布帶也知衆主人非衆子者以其衆子皆斬
衰絞帶故知衆主人齊衰以下至緦麻首皆免也大斂于阼未忍便離主人位也主人奉尸斂于棺則西階上賓之疏注未忍至賓之○釋曰經大斂時直云布席如初不言其處故記云大斂于阼阼是主人位故鄭云未忍便離主人位也云主人奉尸斂于棺則西階上賓之者喪事所以即遠斂訖即奉尸斂于棺賓客之故檀弓云周人殯于西階則猶賓之是也大夫升自西階階東北面東上視斂疏注視斂○釋曰知視斂者以其文承大斂下故知大夫升爲視斂也既馮尸大夫逆降復位中庭西面位疏注中庭西面位○釋曰知大夫位在中庭西面者上篇朝夕哭云主人入堂下直東序西面卿大夫在其南卿大夫與主人同西面向殯故知大夫位在中庭西面也巾奠執燭者滅燭出降自阼階由主人之北東巾奠而室事已疏注巾奠而室事已○釋曰上篇大斂奠將直云乃奠燭升自阼階無

執燭降由主人北故記人言之云由主人之北東也
㧙巾奠而室事已者既巾託是室事已故執燭者出
也既殯主人說髦說士活反劉將悅反髦音毛○既殯置銘于肂復位時也今文說皆
作稅兒生三月鬋髮爲鬌男角女羈否則男左女右
長大猶爲飾存之謂之髦所以順父母幼小之心至
此尸柩不見喪無飾可以去之髦之
形象未聞○鬌丁果反又徒禍反
疏注既殯至未聞○釋曰自
此盡乘車論孝子衣服歛食乘車等之事云既殯置
銘于肂復位時也者案上篇云主人奉尸歛于棺乃
蓋主人降拜大夫後至者北面視肂卒塗祝取銘置
于肂主人復位云復位者從西階下復阼階下位也
凡說髦尊卑同皆三日知者喪大記云小歛主人即
位于戶內乃歛卒歛主人馮之主人袒說髦髻髮以
麻注云士既殯說髦此云小歛蓋諸侯禮也士之既
殯諸侯之小歛於死者俱三日也是尊卑同三日也
必三日說髦者案禮記問喪云三日而不生亦不生
矣以髦是子事父母之飾父母既不生故去之云今
文說皆作稅者此及下經不說經帶二字皆作稅凡
釋今古之文皆在注後此在注中者以其釋經義盡

者於汼未言之以文更有義者釋今古字訖乃更汎
說即此注已解今古字訖更釋髽義是也云兒生三
月鬌髮爲鬌男角女羈否則男左女右者内則文彼
注云夾囟曰角午達曰羈引之者證髽象幼時鬌之
義故云長大猶爲飾存之謂之髽所以順父母幼少
之心是以舜年五十不失孺子之心者也云髽之形
象未聞者案詩云髧彼兩髦鄭云髦者髮至眉子事
父母之飾以其云髧髧者垂之貌又云兩髦故以髮
至眉解之狀則未聞其三日絞垂成服日絞要經之散垂者○散悉但反疏注成服至
垂者○釋曰以經小斂日要經大功以上散帶垂不
言成服之時絞之故記人言之云成服日者士禮生
與來日則除死三日則經云三日成服此云三日
絞垂之日也小功緦麻初而絞之不待三日也
冠六升外縪纓條屬厭縪音必劉又扶結反屬音燭厭一涉反○縪謂縫着於武也外
之者外其餘也纓條屬者通屈一條繩爲武垂下爲纓屬之冠厭伏也○著直畧反疏注縪謂至伏也
○釋曰云冠六升者據斬衰者而言齊衰以下冠衰各有差降云縪謂縫著於武者古者冠吉凶皆冠武

別材武謂冠卷以冠前後皆縫著於武若吉冠則從武上鄉内縫之縪餘在内謂之内縪若凶冠從武下鄉外縫之謂之外縪故云外之者外其餘也云纓條屬者通屈一條繩爲武垂下爲纓屬之冠者吉冠則纓武别材凶冠則纓武同材以一繩從前額上以兩頭鄉項後交通至耳各綴之於武使鄉下纓結之云屬之冠者先爲纓武訖乃後以冠屬著武故云屬也云厭伏也者以其冠在武下過鄉上反縫著冠冠在武下故云厭也五服之冠皆但此文上下據斬衰而言也厭

衰三升

衣與裳也〔疏〕注衣與裳也○釋曰經直云衰鄭兼言裳者以其衰裳升數同故經舉衰而通裳但首對身首爲尊故冠六升衰三升衰裳同三升也是以吉時朝服十五升至於麻冕鄭亦爲二十升布緶服一[illegible]而[illegible]之

屨外納

納收餘也〔疏〕注納收余也○釋曰案喪[illegible]斬衰而言此菅屨也云外者納謂收余未緶[illegible]爲之取醜惡不事飾故也

杖下本竹桐一也

順其性也〔疏〕注順其性也○釋曰案喪服爲父斬衰以苴杖竹爲母斬衰以削杖桐竹皆下本謂根本鄭云順其性者謂下其根本順木之性但爲父杖

竹者義取父者子之天竹性自然圓象天父子自然至孝爲母杖桐者義取桐者同也同之於父言至孝同之於父故喪服貶於父非自然之意也**居倚廬**倚木爲廬在中門外東方北戶疏注倚木至北戶○釋曰知在中門外東方北戶者案喪服傳云居倚廬既虞翦屏既練舍外寢鄭彼注云舍外寢於中門之外屋下壘墼爲之不塗墍所謂堊室鄭以子夏傳以既練堊室而言外外爲中門外則初死居倚廬倚廬亦知中門外可知也東方者以中門內殯宮之哭位在阼階下西面鄉殯明廬在中門外亦東方鄉殯是以主人及兄弟鄉大夫外位皆西面云北戶者以倚東壁爲廬頭至北明北戶鄉陰至既虞之後柱楣翦屏乃西鄉開戶也**寢苫枕塊**苫失占反枕之鴆反○苫編藁塊堛也疏注苫編藁塊堛也○釋曰孝子寢臥之時寢於苫以塊枕頭必寢苫者哀親之在草枕塊者哀親之在土云苫編藁者案爾雅白蓋謂之苫郭云白茅苫也與此不同者彼取潔白之義此不取潔白故鄭因時人用藁爲苫而言編藁云塊堛也者亦爾雅文**不說絰帶**哀戚不在於安疏注哀戚不在於安○不

釋曰云不說經帶者冠衰自然不說以其經帶在冠衰之上故舉經帶而言也

哭晝夜無時

衰至則哭非必朝夕疏注衰至至朝夕○釋曰此謂殯後存廬中除朝夕入哭於廬中思憶則哭無時節哀故鄭云哀至則哭非必朝夕也

非喪事不言

不忘所以爲親疏注不忘所以爲親○釋曰喪服四制云不言而事行者扶而起言而后事行者杖而起庶人面垢而已則天子諸侯有臣不言而喪事得行者喪事亦不言大夫士是臣降於君言而事行若然此士禮亦言而行故於喪非喪事不言也孝經云言不文亦據大夫士也云不忘所以爲親者則喪事也是以曲禮云居喪未葬讀喪禮既葬讀祭禮喪復常讀樂章喪事而言亦兼此也

歠粥朝一溢米夕一溢米不食菜果

歠昌悅反粥之六反劉音育溢音逸劉音寔○不在於飽與滋味粥糜也二十兩曰溢爲米一升二十四分升之一實在木曰果在地曰蓏疏注不在至曰蓏○釋曰云不在於飽者案周禮廩人中歲人食三鬴注云六斗四升曰鬴三鬴爲米一斛九斗二升三十日之食則日食米六升四合今一日食

米一溢二升有餘是不在於飽又案檀弓云[illegible]之菽焉以爲醬桂之謂也彼醬桂爲菽味本無[illegible]以[illegible]菜爲滋味則醬桂之外菜果亦爲滋味也[illegible]也[illegible]案醬醋饘糜謂粥之稀者故鄭舉其實[illegible]不升[illegible]者亦一溢米同也云二十四兩曰溢爲米一升二十四分升之一者依筭法百二十斤曰石則是一斛若然則十二斤爲一斗取十二斤分之升得十一斤餘二斤斤爲十六兩二斤爲三十二兩取二十兩十升升得三兩添前一斤六兩爲十九兩餘二兩兩二十四銖二兩爲四十八銖取四十銖十升升得四銖餘八銖銖爲十參十升升得八參則是一升得十九兩四銖八參於二十兩仍小十九銖二參則別取一升破爲十九兩四銖八參分十兩兩二十四銖則爲二百四十銖又分九兩兩爲二十四銖則爲二百二十六銖并四銖八參添前得四百六十銖八參總分爲二十四分且取二百四十銖分得十銖餘二百二十銖八參在又取一百一十六銖二十四分分得九銖添前分得十九銖餘有四銖八參四銖銖爲十參總爲四十銖通八參二十四分得二參是一升爲二十四分分得十九銖二參將十九銖添前四

銖為二十三銖將二絫添前八絫則為十絫為一銖
以此一銖添前二十三銖則為二十四銖為一兩以
一兩添十九兩總二十兩曰溢云實在木曰果在地
曰蓏者案周禮九職二云二曰園圃毓草木鄭云樹果
蓏曰圃案食貨志臣瓚以為在地曰蓏在樹曰果張
晏又云有核曰果無核曰蓏則此云在木曰果在地
曰蓏用臣瓚之義在木曰果棗
栗之屬在地曰蓏瓜瓠之屬

主人乘惡車拜君命拜衆賓

及有故行所乘也雜記曰端衰喪車皆無等
然則此惡車王喪之木車也古文惡作堊

疏注拜君至作堊○釋曰云拜君命拜衆賓及有故行所乘也者
以其主人在喪恒居廬哭泣非有此事則不出義然
也引雜記者證喪事上下同無別義以其貴賤雖異
於親一也故孝經五孝不同及其喪親唯有一章而
已亦斯義也云然則此惡車王喪之木車者案巾車
云王之喪車五乘發首云木車蒲蔽是王始喪所乘
木車無飾與此惡車同
故引之見尊卑同也

白狗幦幦亡狄反覆笭也○未成豪狗幦覆笭也
以狗皮為之取其臑也白於喪飾宜古文幦為
幂○笭力丁反劉音領本或作轂臑乃管反

疏注未

戚至爲冪○釋曰案玉藻云士齊車鹿幦此車無飾故用白狗幦以覆笭云未成豪狗者爾雅釋畜文也

蒲蔽蔽藩疏注蔽藩○釋曰藩謂車兩邊禦風爲藩蔽以蒲草亦無飾也御以蒲菆

菆側留反劉作侯反○不在於驅馳蒲菆牡蒲莖也古文菆作騶疏注不在至作騶○釋曰御謂御

車者士乘惡車之時御車用蒲菆以策馬喪中示不在於驅馳云蒲菆牡蒲莖者案宣十二年楚熊負羈

因知罃知莊子以其族反之廚武子御每射抽矢菆納諸廚武子之房杜注云菆好箭又云廚子怒曰非

子之求而蒲之愛注云蒲楊柳可以爲箭以此而言蒲非直得策馬亦爲矢榦也犬服笭間兵服

以犬皮爲之取堅也亦白疏注笭間至亦白○釋曰云笭間兵服者凡兵器建之於車上笭間喪家乘

車亦有兵器自衛以白犬皮爲服故云以犬皮爲之取其堅故也幦亦白者幦用白犬皮明此亦用白犬

皮也木錧錧音管○取少聲今文錧爲鎋疏注取少至爲鎋○釋曰其車錧常用金喪用木是取

少聲也約綏約轡約繩綏所以引升車疏注約繩至升車○釋曰知約是繩者案哀十一

[illegible]左傳云人尋約吳髮短杜注云約繩也故知此約亦謂繩也平常吉時緌纓用索爲之今喪中取其無飾故皆用繩爲之也木鑣鑣彼苗反○亦取少聲古文鑣爲苞疏注亦取至爲苞○釋曰平常用馬鑣以金爲之今用木故知亦取少聲也馬不齊髦齊如字又子淺反○齊翦也今文髦爲毛主人之惡車如王之木車則齊衰以下其乘素車繅車駹車漆車與○繅音早駹步江反與音餘疏注齊翦至車與○釋曰此注解文下於末者亦以釋不齊髦記別記釋車義故也云齊衰以下其乘素車繅車駹車漆車與案巾車王之喪車五乘木車始死所乘素車卒哭所乘繅車既練所乘駹車大祥所乘漆車既禫所乘案此士之喪車亦當五乘主人乘惡車齊衰乘素車與卒哭同大功乘繅車與既練同小功乘駹車與大祥同緦麻乘漆車與既禫同主人至卒哭已後哀殺故齊衰以下節級約與主人同故鄭爲此義也若然士尋常乘棧車不革鞔而漆之今既禫亦與王同以下乘漆車者禮窮則同故也主婦之車亦如之疏布裧裧尺占反○裧者車裳幃於蓋弓垂之疏注裧者至垂之

〇釋曰疏布裧在亦如之之下見不與男子同云裧者車裳幃者案衛詩云漸車帷裳注云帷裳童容又案巾車后之翟車有容蓋容則童容也若然則裧與帷裳及容一也故注者互相曉也云於蓋弓垂之者案巾車云皆有容蓋蓋容蓋相將其蓋有弓明於蓋弓垂之也

貳車白狗攝服貳副也攝猶緣也狗皮緣服差飾〇緣悦絹反差初賣反

疏注貳副至差飾〇釋曰後正禮大夫以上有貳車士卑無貳車但以在喪可有副貳之車非常法則有兵服服又加白狗皮緣之謂攝服云狗皮緣服差飾者對主人服無緣此則有緣是差也

其他皆如乘車如所乘惡車

疏注如所乘惡車〇釋曰云其他者唯白狗攝服為異其他為惡車白狗幦以下齊髦以上皆同主人惡車也

朔月童子執帚卻之左手奉之童子隸子弟若內豎寺人之屬執用左手卻之示未用

疏注童子至未用〇釋曰此盡下室論饋奠埽絜之事案曲禮埽地者箕帚俱執此直執帚不執箕者下文埽室聚諸窔故不用箕也云童子隸子弟者案桓二年左傳云士有隸子弟注云士卑自以其子

弟為僕隸祿不足以及宗是其有隸子弟也知有內豎及寺人者士雖無臣亦有內外之言寺人奄者以通宮中之命也云示未用者用之則用右手也**從徹者而入**童子不專禮事疏注童子不專禮事○釋曰案論語憲問云童子將命先生竝行注引玉藻無事則立主人之南北面皆不專以禮事故從徹者而入也**比奠舉席埽室聚諸笲布席如初卒奠埽者執帚垂末內鬣從執燭者而東**一比必二反注同笲帚反又音杳見爾雅鬣音獵又以接反○比猶先也室東南隅謂之笲○先悉見反疏注比奠至之笲○釋曰案上文童子從徹者入及此經則從執燭者在後以其入則燭在先徹者在後出則徹者在先執燭者在後童子常在成人之後故出入所從不同也云室中東南隅謂之笲者爾雅釋宮文**燕養饋羞湯沐之饌如他日**燕養平常所用供養也饋朝夕食也羞四時之珍異湯沐所以洗去汙垢內則曰三日具沐五日具浴孝子不忍一日廢其事親之禮於下室日設之如生存也進徹之時如其頭

○供九用反羌悉禮反本作淬亡對反（疏）注以燕養至其頃○釋曰云燕養者謂在燕之中生時所有供養之事則饋羞湯沐之饌是也如他日者今死不忍異於生平之日也云饋朝夕食也者鄭注鄉黨云不時非朝夕日中時一日之中三時食今注云朝夕不言日中者或鄭略言亦有日中也或以死後略去日中直有朝夕食也知羞四時之珍異者聘禮有禽羞俶獻聘義云時賜鄭云時賜四時珍異故知此羞亦四時珍異也引內則者證經進湯沐亦依內則之日數知下室日設之者言其燕養在燕寢又下經云朔月不饋食於下室明非朔月在下室設之也以其燕養在燕寢中設之可知云進徹之時如其頃一如其平生子進食於父母故雖死象生時若一時之頃也

朔月若薦新則不饋于下室

以其殷奠有黍稷也下室如今之內堂正寢聽朝事○朝直遙反（疏）注以其至朝事○釋曰云以其殷奠有黍稷也者大小斂奠朝夕奠等皆無黍稷故上篇朔月有黍稷鄭注云於是始有黍稷唯有下室若生有黍稷今此殷奠大奠也自有黍稷故不復饋食於下室也若然大夫以上又有月半奠有黍

稷亦不饋食於下室可知云下室如今之內堂者下室既爲燕寢故鄭舉漢法內堂况之云正寢聽朝事者天子諸侯路寢以聽政燕寢以燕息案玉藻云朝玄端夕深衣鄭注云謂大夫士也則聽私朝亦在正寢也筮宅冢人物土物猶相也相其地可葬者乃營之○相悉亮反疏注物猶至營之○釋曰自此盡不哭論筮宅卜日之事正經筮宅之事不物土故記人言之云相其地可葬者乃營之者凡葬皆先相乃筮之筮吉掘坎今直云營之不言筮宅者營之中兼筮故經云筮宅冢人物土是使冢人物土乃筮者也卜日吉告從于主婦主婦哭婦人皆哭主婦升堂哭者皆止事畢疏注事畢○釋曰正經直云闔東扉主婦哭不云主婦升堂哭者皆止之事故記明之云卜日吉宗人告從于主婦主婦哭時堂上婦人皆哭主婦升堂堂上婦人皆止不哭啓之昕外內不哭昕音欣○將有事爲其讙囂既啓命哭古文啓爲開疏注將有至爲開○釋曰自上皆記士喪上篇事自此以下皆記此篇葬首將啓殯唯言婦人不哭不云男子故

記以明之云內外男女不哭止讙囂故也夷牀輁軸饌于西階東明階間者位近西也夷牀饌於祖廟輁軸饌於殯宮其二廟者於禰亦饌輁軸焉古文輁或作拱疏注明階至作拱○釋曰其夷牀在祖廟輁軸在殯宮以其西階東是同故併言之鄭注云明階間者位近西也者以正經直云階間恐正當兩階之間故記人明之是以鄭云明階間者位近西以其柩當殯奠位之處設夷牀在西還當牖輁軸以候載柩故近西皆在西階東云其二廟者於禰亦饌輁軸焉者以其先朝禰故至禰廟一移柩升堂明旦乃移於輁軸上載以朝祖廟朝祖廟時下柩訖明日用蜃車輁軸不復更用不饌之故云二廟者於禰亦饌輁軸焉其二廟則饌于禰廟如小斂奠乃啓祖尊禰卑也士事祖禰上士異廟下士共廟疏注祖尊至共廟○釋曰自此盡主人踊如初論上士二廟先朝祖奠設及位次之事云其二廟則饌于禰廟者以先朝禰後朝祖故先於禰廟饌至朝設之故也云如小斂奠者則亦門外特豚一鼎東上兩甒醴酒一豆一籩之等也云祖尊禰卑也者欲見上文朝

祖時如大斂奠此朝禰如小斂奠多少不同之意也云士事祖禰者總上士及中下之士而言云上士異廟據此經而言下士共廟據經而言中士亦共廟而唯言下士者畧之其實中士亦共廟故祭法云適士二廟官師一廟鄭云官師中下之士是也朝于禰廟重止于門外之西東面柩入升自西階正柩于兩楹間奠止于西階之下東面北上主人升柩東西面衆主人東即位婦人從升東面奠升設于柩西升降自西階主人要節而踊重不入者主於朝祖而行若過之矣門西東面待之便也[疏]注重不至便也○釋曰此是上士二廟先朝禰之事雖言正柩于兩楹間奠位在戶牖之間則此於兩楹間稍近西乃得當奠位亦如輁軸饌于階間而近西然也云衆主人東即位者柩來升之時在西階下東面北上柩升主人從升主人已下乃即阼階下西面位云婦人從升不云主婦者以其婦人皆升階總言之云主人要節而踊者奠升主人踊降時

婦人踊也云門西東面待之便也者以其祖廟在東柩入禰廟明旦出門東鄉朝祖時其重於柩車先東鄉祖廟便也若先在門東西面及柩入乃迴鄉東則不便故云東面待之便也燭先入者升堂東楹之南西面後入者西階東北面在下照正柩者先先柩者後後柩者適祖時燭亦然互記於此○先先柩上如字下西見反後後柩上如字下戶豆反疏注照正至於此○釋曰云此燭本是殯宮中照開殯者在道時一在柩後今又一升堂一在堂下故鄭云先先柩者後後柩者適祖時燭亦然互記於此者上適祖時直有朝廟在道在柩前後之燭至廟直云質明滅燭不見燭之升堂不升堂此文見至廟燭升與不升不見在道燭故云適祖時燭亦然互記於此以其皆有在道及至廟燭升與不升至事也主人降即位徹乃奠升自西階主人踊如初如其降拜賓至於要節而踊不薦車不從此行疏注如其至此行○釋曰云如其降拜賓至於要節而踊者案上經云朝祖時既正柩設從奠訖主人降拜賓至於要節而踊故此記所云

如之也云不薦車不從此行者絫上祖禰共廟者朝廟日即薦車此二廟明日於祖廟薦車馬以其從祖廟行故薦今此禰廟不從此行故不薦也

祝及執事舉奠巾席從而降柩從序從如初適祖

此謂朝禰明日舉奠適祖之序也此祝執醴先酒脯醢俎從之巾席爲後既正柩席升設設奠如初祝受巾巾之凡喪自卒至殯自啓至葬主人之禮其變同則此日數亦同矣序從主人以下今文無從

【疏】注此謂至無從○釋曰自此盡不煎論至祖廟陳設既贈之事云此謂朝禰明日者以其下文朝祖之時序從如初中有燭者同日則朝祖之時已自明矣何須更有燭也以此言之則此朝祖與朝禰別日可知故鄭云舉奠適祖之序也云此祝執醴先酒脯醢俎從之巾席爲後者比禰奠與小斂奠同小斂奠時云夏祝及執事盥執醴先酒脯醢俎從此經亦祝及執事舉奠明此亦執醴先酒脯醢俎從之云巾席爲後既正柩席升設設奠如初祝受巾巾之者上正經朝祖時正柩于兩楹間訖席升設於柩西奠設如初巾之以經直云巾之無祝受巾知祝受巾巾之者以上篇設小斂奠訖

祝受巾巾之此與小斂奠同明設奠訖祝受巾巾之可知云凡喪自卒至殯自啓至葬主人之禮其變同者主人常在喪位不出唯君命乃出迎及送其變同則此日數亦同以其此二篇薦者啓日朝禰又明日朝祖又明日乃葬與始死日襲明日小斂又明日大斂而殯亦同日十二人主婦變服亦同以其小斂主人散帶主婦髽自啓至葬主人主婦亦同於未殯也云序從主人以下者案上注云主人與男子居右婦人居左以服與昭穆爲位是也

薦乘車鹿淺幦干笮革靾載旜載皮弁服纓轡貝勒縣于衡

乘繩證反後皆同靾息列反旜之然反縣音玄下注同○

士乘棧車鹿淺鹿夏毛也幦覆笭玉藻曰士齊車鹿幦豹犆干者也笮矢箙也靾韁也旜旌旗之屬通帛爲旜孤卿之所建亦攝焉皮弁服者視朔之服貝勒貝飾勒有干無兵有箙無弓矢明不用古文靾爲殺旜爲膳○夏毛户嫁反齊側皆反注士乘至爲善犆音直韁居良反劉本作繮音獲

疏○釋曰此幷下車二乘謂葬之廞車云士乘棧車者巾車之文云幦覆笭者笭謂車前式覽者笭子以鹿夏皮淺毛者爲幦

以覆式是以詩韓奕云鞹鞃淺幭傳云鞹革也鞃式中也淺虎皮淺色也幭覆式也引玉藻者彼注云犆謂緣也士之齊車與朝車同引之欲正此鹿幦亦以豹皮爲緣緣飾云旜推獏之蠲云云者案司常云孤卿建旜大夫士建物此士而用旜故云亦攝焉云皮弁服者視朔之服者案玉藻云諸侯皮弁以聽朔於大廟鄉黨孔子云素衣麑裘亦是視朔之服君臣同服是以此士亦載皮弁視朔之服也云貝勒貝飾勒者貝水物故以貝飾勒云有干無兵有箙無弓矢明不用者以其干與戈戟兵器及箙與弓矢皆相須乃用令有干無兵有箙無弓矢明死者不用故闕之也

道車載朝服道車朝夕及燕出入之車朝服有視朝之服也玄衣素裳

〔疏〕注道車至素裳○釋曰知道車朝夕及燕出入之車者但士乘棧車朝更無別車而上云乘車下云棧車此云道車雖有一車所用各異故有乘車道車棧車之名知道車朝夕者案玉藻云朝玄端夕深衣鄭注云謂大夫士私朝之服春秋左氏傳云朝而不夕據朝君於是有朝無夕若然云朝夕者士家朝朝暮夕當家私朝之車又云及燕出入者謂士家游燕出入之車案周禮夏官

有道右道僕皆據象路而言也又案司常云道車載旞鄭注云王以朝夕燕出入此道車同則士乘棧車與王乘象路同名道云朝服日視朝之服者案鄉黨云緇衣羔裘是孔子所服注云諸侯視朝之服是君臣同服故士[illegible]云諸侯[illegible][illegible]以日視朝士之道車而用朝君之服不用[illegible]朝[illegible][illegible][illegible]者象車既載孤卿之旜故道車亦載朝君之服[illegible][illegible]也云玄衣素裳者士冠禮云主人玄冠朝服緇帶素韠注云不云衣衣象冠色不云裳裳象郭色可知故云玄衣素裳也

槀車載簑笠

槀古老反劉公到反蓑素禾反○槀猶散也散車以田以鄙之車簑笠備雨服今文槀為潦凡道車槀車之纓轡及勒亦縣于衡也○散悉但反

【疏】注槀猶至為也○釋曰云槀猶散也者案上乘車道車皆據人之乘用為名不取車上生稱則此散車亦據人乘為號知散車以田以鄙之車者案司常云斿車載旌注云斿車木路也王以田以鄙謂王行小田獨巡行縣鄙此散車與彼斿車同是斿散所乘故與斿車同解若然士亦與王同有以田以鄙者亦謂從王以田以鄙也若正田獵自用冠弁服乘棧車也云簑笠備雨服者案無羊詩云

爾牧來思何蓑何笠彼注云蓑所以備雨笠所以御
暑而此并云備雨者非直蓑以御雨笠亦以備雨故
都人士詩注云臺笠所以御[illegible]暑不辟[illegible]暑是以并云
備雨之服云今文豪為潦[illegible]案周禮輪人為蓋鄭云
禮所謂潦車謂蓋車與若然彼注此文則為潦車者以
義亦通矣凡道車稾車之纓[illegible]及勒亦縣於衡者以
車三乘皆當有馬有馬則有此三者但記人卑上以
明下乘車云纓轡貝勒縣於衡即此三者亦縣於衡
可知將載祝及執事擧奠戶西南面東上卒束前而降
奠席于柩西[illegible]當前束[illegible]釋曰云知奠設
席之事[illegible]記人明[illegible]於[illegible]前束設之者經
雖先云奠[illegible]後云[illegible]設奠云將於
柩西當前束設之[illegible]節[illegible]注[illegible]飾柩釋曰
云降奠當前束[illegible]也注[illegible]
正經直云降奠[illegible]云中奠故記人
辨之中奠設[illegible]為[illegible]其
飾柩也云[illegible]抗木刊[illegible]釋曰[illegible]

直削之有皮者剥乃削之故兼言剥茵著用荼實綏澤焉荼大如反○荼茅秀也綏廉薑也澤澤蘭也皆取其香且御濕○御魚呂反劉本作衙音御【疏】注荼茅至御濕○釋曰茵内者直用茅秀兼實綏澤取其香且御濕者以其在棺下須御濕之物故與荼皆所以御濕葦苞長三尺一編用便易也【疏】注用便易也○釋曰言便易也者葦草即長截取三大一道編之用便易故也菅筲三其實皆瀹菅古顏反筲所交反瀹餘若反○米麥皆湛之湯未知神之所享不用食道所以為敬○湛子廉反又子鴆反【疏】注米麥至為敬○釋曰經直云筲三黍稷麥不辨苞之所用及黍稷生熟故記人明之是以云筲用菅草黍稷皆淹而漬之云未知神之所享者以其鬼神幽暗生者不見故淹而不熟以其不知神之所饗故也云不用食道所以為敬者案檀弓云飯用米貝不以食道食道褻則不敬故云不用食道所以為敬也祖還車不易位還音患○為鄉外其未行【疏】注為鄉外早未行○釋曰案正經乃祖還乘車道車槀車不辨還之遠近故記人明之辟

還車不易本位爲鄉外耳還車未行者皆不易位上經未還奉車在階間婦人在堂上還車去階間婦人降堂下若然則是還車易位而云不易位者以其三分其廷爲三位車雖去階間猶不離二分其廷在此之位據大判而言不易位也

執披者旁四人前後左右各二人疏注前後左右各二人○釋曰前後左右各二人者謂前之左右後之左右則一旁四人兩旁則八人上經鄭注云備傾虧也

凡贈幣無常賓之贈也玩好曰贈在所有疏注賓之至所有○釋曰正經云公賵用玄纁束帛是贈有常矣上又云賓賵奠幣如初直云奠幣如初不云物色與多少故記人明之以其賓客非一故云凡贈幣無常鄭注云賓之贈也云玩好曰贈在所有者詩云知子之來之雜佩以贈之是贈在所有也

凡糗不煎以膏煎之則褻非敬疏注以膏至非敬○釋曰正經葬奠直云四籩棗糗栗脯不云糗之煎不故記人明之凡糗直空擣而已不用脂膏煎和之是以鄭云以膏煎之則褻非敬故云不煎此篇雖葬奠有糗而云凡者說人遍訃大夫以上

唯君命止柩于堩其

餘則否堩古鄧反○不敢留神也堩道也曾子問曰葬既引至於堩疏注不敢至於堩○釋曰正經直云柩至邦門君使宰夫贈不云正柩之事故記人明之引曾子問者證爲日食此爲君命雖不同止柩是同故引之謂止柩之事

車至道左北面立東上道左墓道東先至者在東

疏注道左至在東○釋曰正經直云陳器于道東西北上統于壙以其入壙故也不云三等之車面位之事故記人明之以其不入壙其東上不統於壙也云道左墓道東者據墓南面爲正故知道左是墓道東也當是陳器之南云先至者在東者以乘車道車槀車三者次第爲先後先至爲乘車也必知此車是乘車之等者以其下有柩車故知此是三等者也

柩至于壙斂服載之斂恔斂之斂注同○柩車至壙祝說載除飾乃斂乘車道車槀車之服載之不空之以歸送形而往迎精而反亦禮之宜○說土活反劉詩悅反疏注柩車至之宜○釋曰正經直云柩至于壙屬引乃窆之不云柩車斂服載之故記人明之云柩車至壙祝說載除飾乃斂乘道槀車服載之不空之以歸者此辭說載謂

柩於地除飾謂除去帷荒柩車既空乃斂乘車皮弁服道車朝服槀車簑笠三者之服載之於柩車示不空之以歸者也云送形而往迎精而反者禮記問喪文引之證此不空歸之義云亦禮之宜者形往則送之主人隨柩路是往精反則迎之主人隨精而反是亦禮之宜然也故云禮之宜也

卒窆而歸不驅孝子往如慕反如疑為親之在彼【疏】注孝子至在彼○釋曰此文解上斂服載之下葬訖實土三孝子從靈車而歸不驅馳而疾者疑父母之神不歸云孝子往如慕反如疑者亦禮記問喪文云孝子往如慕者如嬰兒隨母而啼慕反如疑者孝子不見其親不知精魂歸否故疑之云為親之在彼者謂疑精魂在彼不歸言此者解經不驅之事

君視斂若不待奠加蓋而不出視斂則加蓋而至卒事為有他故及辟忌也【疏】注為有至忌也○釋曰君於士既殯而往有恩則與大斂既布衣君至奠訖乃出不辯不得終視斂之事哉記人明之是以經二事皆見於禮而言云君視斂若不待奠加蓋而出者一為君有急事他故是以不得待奠云不視斂則

旅蓋而至卒事者亦是君有辭恩不用見尸柩是以加蓋乃來云卒事者待大斂乃出 既正柩

賓出遂匠納車于階間遂匠遂人匠人也遂人主引徒役匠人主載柩窆職相左右也車載柩車周禮謂之蜃車雜記謂之團或作輇或作槫聲讀皆相附耳未聞孰正其車之轝狀如牀中央有轅前後出設前後輅轝上有四周下則前後有軸以輇爲輪許叔重說有輻曰輪無輻曰輇○蜃市軫反之閩作輇作摶摶並音市專反又市轉反劉團及輇市專反摶大官反

疏注遂匠至曰輇○釋曰正經不云納柩車時節故記人明之既朝正柩於兩楹之間當此之時遂匠納柩車於階間云遂人匠人也者以其周禮有遂人匠人天子之官士雖無臣亦有遂人匠人主其葬事云遂人主引徒役匠人主載柩窆職相左右也者案周禮遂人職云大喪帥六遂之役而致之掌其政令及葬帥而屬六綍及窆陳役注云致役致於司徒給墓上事陳役者主陳列之耳是遂人主引徒也又鄉師職云既葬執纛以與匠師御匶而治役謂監督其事又此遂人與匠人同納車于階間即匠人主載窆與遂人職相左右也云車

載柩車者以其此云納車于階間正謂載柩若乘車道車之等則當東榮不在階間故知此是柩車也云周禮謂之蜃車者案遂師職云大喪使帥其屬以幄帟先及蜃車之役注大蜃車柩路也柩車載柳四輪迫地而行有似於蜃因取名焉是也云雜記謂之團或作輇或作槫聲讀皆相附耳未聞孰正者言或作輇或作槫者皆或禮記別本故云皆相附耳但未知孰正也云其車之轝狀如牀中央有轅前後出者觀鄭此注其轝與輴車同亦一轅為之云設前後輅者正經唯云前輅言前以對後明知亦有後輅云轝上有四周者此亦與輴車同云下則前後有軸以輇為輪者此則與輴異以其輴無輪直有轉轔此有輇輪引許叔重說者案許氏說文云有輪無幅曰輇證此輇無輻也

祝饌祖奠于主人之南當前輅北上巾之言饌於主人之南當前輅則既祖祝乃饌

◯疏注言饌至乃饌

◯釋曰正經直云祖還車及還重訖乃奠如初不云饌處故記人明之祝饌祖奠於主人之南當前輅云則既祖祝乃饌者以其未祖以前柩車鄉北輅在生人之北今云饌于主人之南明知既祖還乃鄉饌之

弓矢之新沽功沽音古注同○說之宜新沽示不用今文沽作古【疏】注說之至作古○釋曰自此盡篇末論死者用器弓矢麄惡之事以其正經直云用器弓矢不辨弓矢善惡及弓矢之名故記人明之設之宜新者爲死者用新物云沽示不用者沽謂麄爲之

有弭飾焉弭回爾反○弓無緣者謂之弭弭以骨角爲飾○緣以絹反【疏】注弓無至爲飾○釋曰案爾雅云弓有緣謂之弓無緣爲之弭孫氏云緣繁約而漆之無緣不以繁約骨飾兩頭是此弭也詩云象弭魚服是用象骨弓限既用角明兩頭亦得用故鄭總云骨角爲飾

亦可張也亦使可張【疏】注亦使可張○釋曰生時之弓有張耳此死者之弓雖不射而沽畧亦使可張故曰亦也

有柲柲弓檠弛則縛之於弓裏備損傷以竹爲之詩云竹柲緄縢古文柲作柴○弓檠音景弛式氏反緄古本反縢大登反【疏】注柲弓至作柴○釋曰柲弓檠者案冬官弓人造弓之時弓成納之檠中以定往來體此弓檠謂凡平弛弓之特以竹狀如弓縛之於弓裏亦名爲柲者以若馬柲然馬柲所以制馬弓柲所以制弓使不頓傷故謂

之柲引詩云竹柲緄縢者繩也縢約也謂以竹爲柲以繩約之此經之柲雖異用亦如此故引之爲證

設依撻焉撻他達反○依纏弦也撻附側矢道也皆以韋爲之今文撻爲銛

疏注依纏至爲銛○釋曰言依者謂以韋依纏其弦即今時弓牆是也云撻附側矢道也者所以撻矢令出謂生時以骨爲之附側今死者用韋云皆以韋爲之者謂依與撻皆以韋爲之異於生者也

有韣韣音獨○韣弓衣也以緇布爲之

疏注韣弓至爲之○釋曰知韣弓衣者案月令云帶以弓韣故知韣弓衣也鄭知用緇布爲之者此無正文鄭驗當時弓衣用緇布而言也

翭矢一乘骨鏃短衛翭音侯又音候鏃子木反一音七木反○翭猶候也候物而射之矢也四矢曰乘骨鏃短衛亦云不候用也生時翭矢金鏃凡爲矢五分笴長而羽其一○射食亦反笴古老反

疏注翭猶至其一○釋曰言候物而射之者案司弓矢鄭注云可以司候射敵之近者以禽獸鄭君兩注語異義同云骨鏃短衛亦示不用也者案上文沽功鄭云示不用故此亦云云生時翭矢金鏃者此亦爾雅釋器文案彼云金鏃翦羽

謂之鏃是也此言何羽即翦羽也云凡爲矢五分笴
長而羽其一者案周禮矢人上陳矢五下乃云五分
其長而羽其一故云凡以廣之也案鄭彼注云矢笴
長三尺五分羽一則六寸也謂之羽者指體而言謂
之衛者以其無羽則不平正羽所以
防衛其矢不使不調故名羽爲衛

志矢一乘軒輖

中亦短衛

輖音周字林云重也一曰摯也又音弔○
志猶擬也習射之矢書云若射之有志輖
摯也無鏃短衛亦示不用生時志矢注志猶至輕
骨鏃凡爲矢前重後輕也○摯音至也○釋曰云
志猶擬也者凡射志意有所準擬故云志猶擬也云
習射之矢者案司弓矢鄭注云恒矢之屬軒輖中所
謂志以此言之則此恒矢也在八矢之下知是習射
矢者以其矢中之特輕於習射宜也案六弓唐弓大弓
亦授習射者則此矢亦唐大也引尚書盤庚者證志
爲準擬之事輖摯者鄭讀輖從摯以其車傷周非是
軒摯之摯故讀從執下至云無鏃短衛亦示不用者
矢此矢無鏃者上經鏃矢言骨鏃此經不云鏃故知
無鏃示不用也若然鏃矢生時用金鏃死用骨鏃志
矢生時用金鏃死則令夫之云生時志矢骨鏃者亦

爾雅釋器文案彼云骨鏃不翦羽謂之志此志矢是云凡為矢前重後輕也者案司弓矢鄭注云凡矢之制枉矢之屬五分三在前二在後殺矢之屬三分一在前二在後矰矢之屬七分三在前四在後恒矢之屬軒輖中若然前重後輕者據殺矢鍭矢枉矢絜矢矰矢茀矢而言引之者證此志是恒矢痺矢無前重後輕之義案周禮有八矢唯用此二矢者以其八矢之內鍭居前最重恒矢居後最輕既不盡用故取其首尾者也

儀禮注疏卷十三終

儀禮注疏卷第十四　漢鄭玄注

唐賈公彥疏

後學廬陵陳鳳梧編校

士虞禮第十四

鄭目録云虞安也士既葬其父母迎精而反日中而祭之於殯宮以安之虞於五禮屬凶大戴第六小戴第十五別録第十四〔疏〕釋曰案此經云側亨于廟門外之右又記云陳牲于廟門外皆云廟目録云祭之殯宮者廟則殯宮也故鄭注士喪禮凡宮有鬼神曰廟以其虞卒哭在寢祔乃在廟是以鄭注喪服小記云虞於寢祔於祖廟是也

士虞禮○特豕饋食

饋其位反○饋猶歸也〔疏〕注饋猶歸也○釋曰自此盡南順論陳鼎鑊祭器几筵等之事案左氏傳云卜日曰牲是以特牲云牲大夫已上稱牲亦稱牢故云少牢此虞爲喪祭又葬日虞因其吉日故略無卜牲之禮故指豕體而言不云牲大夫已上亦當然雜記云大夫之虞也犆牲又此下記云陳牲於廟門外檀弓云與有司視虞牲皆言牲者記人之言不依常例故也

然少牢云司馬刲羊士擊豕不言牲者據殺特須指
事而言亦非常例也云饋猶歸者謂以物與神及人
皆言饋是以此虞及特牲少牢皆言饋坊記云父母
在饋獻不及車馬是生亦皆言饋又案周禮玉府云
掌凡王之獻金玉兵器注謂百工爲王所作可以獻
遺諸侯古者致物於人尊之則曰獻通行曰饋以此
而言獻雖主於尊其春秋齊侯來獻戎捷尊魯也
其云饋也上下通稱故祭祀於神而言饋陽貨饋孔
子豚而言饋鄉黨云朋友之饋是上下通言饋膳夫
云凡王之饋食用六穀注云進物於尊曰饋此饋之
盛者王舉之饌也彼鄭據當文見
進于王故云進物於尊其實通也側亨于廟門外之
右東面亨普庚反劉虛兩反注同○側亨一胖也亨於爨用鑊不於門東未可以吉也是日也
以虞易奠祔而以吉祭易喪祭鬼神所在則曰廟尊言之○胖音判鑊戶郭反疏注側亨至言之○釋
曰云側亨亨一胖也知者案吉禮皆全左右胖皆亨
不云側訓云側亨明亨一胖而已必亨一胖者以其
虞不致爵自獻賓已後則無主人主婦及賓已下之
俎故非亨一胖也告然特牲亦云側殺者彼雖亨左

右胖少牢二特牲一故以一牲爲俎各有所對故也云亨於爨用鑊者亦案少牢有羊鑊故亨在鑊云不於門東未可以吉也者以虞爲喪祭不於門東對特牲吉禮鼎鑊皆在門東此云門外之右是門之西未可以吉也云是日也以虞易奠祔而以吉祭易喪祭皆檀弓文云是日爲葬日日中而虞易去奠以死事之故立尸而祭之云祔而以吉祭易喪祭者案下記云三虞卒哭他用剛日亦如初曰哀薦成事鄭注引檀弓文葬日中而虞不忍一日離也是日也以虞易奠卒哭曰成事是日也以吉祭易喪祭如是則卒哭即是吉祭而鄭此注云祔爲吉祭者卒哭對虞爲吉祭卒哭比祔爲喪祭故下記卒哭祭乃餞云尊兩甒於廟門外之右少南水尊在酒西洗在尊東南水在洗東篚在西注云在門之左又少南則鼎鑊亦在門左以此知卒哭對虞虞爲吉祭也又云明日以其班祔用專膚爲折俎取諸脰膉其他如饋食是祔乃與特牲吉祭同以祔爲吉祭是以云祔而以吉祭易喪祭也云鬼神所在則曰廟尊言之者對廟與寢別今雖葬既以其迎魂而反神還在寢故以寢爲廟虞於中祭之也

魚腊爨亞之北上饎爨

疏注爨竈○釋曰上豕爨在門右東面此魚腊各別饌言北上則次在豕鼎之北而云爨竈者周公經爲爨至孔子時爲竈故王孫賈問孔子曰與其媚於奥寧媚於竈是前後異名故鄭舉後決前也

饎爨在東壁西面

饎尺志反○炊黍稷曰饎饎北上上齊于屋宇於虞有亨饎之爨彌吉

疏注炊黍至彌吉○釋曰以三鑊在西方反吉案特牲云主婦視饎爨于西堂下宗婦主之在西方今在東亦反吉也少牢廩爨在饔爨之北在門外者是大夫主之廩人掌男子之事故與牲爨同在門外東方也知炊黍稷曰饎者案周禮饎人云掌凡祭祀共盛齊盛即黍稷故知也云北上上齊于屋宇者此案特牲記云饎爨在西壁鄭注云西壁堂之西牆下舊說云南北直屋梠稷在南彼此東西皆言壁彼云屋梠此云屋宇故知此亦齊屋也云於虞有亨饎之爨彌吉者以其小斂大斂未有黍稷朔月薦新之等始有黍稷向吉仍未有爨至此始有亨饎之爨故云彌吉

設洗于西階西南水在洗西篚在東

反吉也亦當西榮南北以堂深

疏注反吉至堂深○釋曰如其上文設爨反

吉此亦反吉又上下篇吉時設洗皆當東榮南[illegible]堂深今在西階西南亦當西榮南北以堂深[illegible]

尊于室中北墉下當戶兩甒醴酒酒在東[illegible]

絺布加勺南枋冪亡狄反○酒在東上醴也絺布葛屬【疏】注酒在至葛屬○釋曰云酒在東上醴也者醴法上古酒是人所常飲故在東吉禮玄酒在酒上今以喪祭禮無玄酒則醴代玄酒在上故云上醴也絺布葛屬者絺綌以葛為之布則以麻為之今絺布並言則此麻葛雜故有兩號是以鄭云葛屬也

素几葦席在西序下有几始鬼神也【疏】注有几始鬼神也○釋曰經几席具有注雖云几者以其大斂奠時已有席至此虞祭乃有几故也然案檀弓云虞而立尸有几筵則席虞祭始有者以几筵相將故連言筵其虞有几君天子諸侯始死則几席具故周禮司几筵云每壽一几據始殯及葬時是始死即几席具也

菹刌茅長五寸束之實于篚

饌于西坫上菹子徐反劉子都反下及記同刌七本反○菹猶藉也○藉在夜反後皆同

（疏）注苴猶藉也○釋曰此苴南云藉祭故易云藉用白茅無咎

饌兩豆菹醢于西楹之東醢在西一鉶亞之醢在西南面取之得左取菹右取醢便其設之○便婢面反後倣此

（疏）注醢在至設之○釋曰此饌繼西楹言之則以西楹爲主南東陳之云一鉶亞之者菹以東也云言在西南面取之得左取菹右取醢便其設之者以其尸在奧東面設者西面設於尸前菹在南醢在北今於西楹東饌之菹在東醢在西是南面取之得左取菹右取醢至尸前西面又左菹右醢故云便也

從獻豆兩亞之四籩亞之北上豆從主人獻祝籩從主婦獻尸祝北上菹與棗不東陳別於正○別彼列反

（疏）注豆從至於正○釋曰此從獻豆籩雖文承一鉶之下而云亞之下別云北上是以不從鉶東爲次宜於鉶東此以北爲上向南陳之若然文承一鉶下而云亞鉶之者以其次在鉶以東去楹漸遠故云亞不謂亞鉶以東也據此陳之次然則東北菹爲首次南醢醢東栗栗北棗棗東棗棗南栗此以東面取之而入北面設之祝前得右菹左醢其籩亦然先陳者先設後陳

者從設棗在左亦得其設故鄭云北上菹與棗也云豆從婦人獻祝者以其尸前正豆已設訖以爲陰厭不名爲從此二豆主人先獻祝酒後乃薦豆故言從云籩從主婦獻尸祝者以其四籩二籩從主婦獻尸二籩從主婦獻祝亦是從也云不東陳別於正者以二豆與鉶在尸前爲獻前爲正此皆在獻後爲非正故東北別也

饌黍稷二敦于階間西上藉用萑席 敦音對劉又都愛反後放此○藉猶薦也古文藉爲席

[疏]注藉猶至爲席○釋曰云藉猶薦也者謂先陳席乃陳黍稷於上是所陳席藉薦黍稷也

匜水錯于槃中南流在西階之南簞巾在其東 匜音移錯音七故反後同簞音丹○流匜吐水口也

陳三鼎于門外之右北面北上設扃鼏 門外之右門西也今文扃爲鉉○鉉玄犬反

[疏]注門外至爲鉉○釋曰此扃鼏先云設其設扃在後知者案士喪禮小斂云右人左執匕抽扃予左手兼執之取鼏委於鼎北加扃則扃在鼏上故先抽扃後去鼏則鼏先設可知扃鼏雖在三鼎之下總言其實陳一鼎訖

即設之如知者案下記云皆設扃鼏注云鼏既陳乃設扃鼏是也匕俎在西塾之西不饌於塾上統於鼏也塾有西者是室南鄉○鄉許亮反疏注不饌至南鄉○釋曰云不饌於塾上統於鼏也者決下文羞燔俎在內西塾上又云賓降反俎于西塾至於主婦亞獻訖直云賓燔從如初明尸受燔訖賓亦反俎于西塾上是互見義也羞燔俎在內西塾上南順燔音煩○南順於南面取縮執之便也肵俎在燔東主人及兄弟如葬服賓執事者如弔服皆即位于門外如朝夕臨位婦人及內兄弟服即位于堂亦如之臨力蔭反下同○葬服者既夕曰丈夫髽散帶垂也賓執事者賓客來執事也○髽側瓜反散悉但反疏注葬服至事也○釋曰自此盡北面論將虞祭於位及衣服之事云葬服者既夕曰丈夫髽散帶垂也者此唯謂葬日反日中而虞及三虞時其後卒哭即服其故服是以既夕記注云自卒至殯自啓至葬主人之禮其變同則始虞與葬服同三虞皆同至卒哭卒去無時之

哭則依其喪服乃變麻服葛也云賓執事者賓客來執事也者以其虞爲喪祭主人未執事故云賓客來執事也案下注云士之屬官爲其長弔服加麻即此經賓執事者弔服士也若然此士屬官中有命于其君者是以特牲記賓中有公有司鄭注云公有司亦士之屬命于其君者也案曾子問士則朋友奠不足則取於大功以下又云士祭不足則取於兄弟大功以下者鄭云祭謂虞卒哭時以此而言彼朋友則公有司與此執事一物以僚友言之雖屬官亦爲朋友也

祝免澡葛經帶布席于室中東面右几降出及宗人即位于門西東面南上

免音問注同澡音早○祝亦執事免者祭祀之禮祝所親也澡治也治葛以爲首經及帶接神宜變也然則士之屬官爲其長弔服加麻矣至於既卒哭士人變服則除右几於席近南也○爲其于偽反下爲神人同長丁丈反下文并注同　疏注祝亦至南也○釋曰云祝亦執事者謂亦上執事也云免者祭祀之禮祝所親也者案禮記喪服小記云緦麻小功虞卒哭則免注云卒哭緦麻以上

至斬衰皆免今祝是執事屬吏之等皆無免法今與緦以上同著免嫌其大重故云祭祀之禮祝所親而可以受服也

宗人告有司具遂請拜賓如臨入門哭婦人哭臨朝夕哭【疏】注臨朝夕哭○釋曰朝夕哭特門外送賓訖入門男子婦人共哭也主人即位于堂衆主人及兄弟賓即位于西方如反哭位既夕日乃反哭入則升自西階東面衆主人堂下東面北上異於朝夕【疏】注既夕至朝夕○釋曰此明實將與祭主人及兄弟等即位之事云如反哭位鄭引既夕者證主人等面位之事也

祝入門左北面不與執事同位接神尊也【疏】注不與至尊也○釋曰云不與執事同位接神尊也者執事即上兄弟賓即位于西方如反哭位皆是執事故曾子問喪祭不足則取兄弟故云祝不與執事同位接神尊也

宗人西階前北面當詔主人及賓之事【疏】注當詔至之事○釋曰此宗人在堂下是主人在堂時若主人在室至宗人即升堂是以下記云主人在室則宗人升戶外北面注云當詔主人

室事是也祝盥升取苴降洗之升入設于几東席上東縮

降洗觶升止哭縮所六反○縮從也古文縮爲蹙○從子容反下從并注同蹙子六反

疏注縮從也○釋曰自此盡哭出復位論設饌於神杖不入於門之事也案此文陰厭時主人倚杖入祝從在左西面下記云尸入祝從尸注云祝在主人前也嫌如初時主人倚杖入祝從之初時主人之心尚若親存宜自親之今既接神祝當詔侑尸也主人前自西入向東在階下未得倚杖於序今主人在西階將入室故倚杖於西序

主人倚杖入祝從在左西面主人北旋倚杖西序乃入喪服小記曰虞杖不入於室祔杖不升於堂然則練杖不入於門明矣

贊薦菹醢醢在北主婦不薦齊斬之服不執事也曾子問曰士祭不足則取於兄弟大功以下者

疏注主婦至下者○釋曰案特牲主婦盥于房中薦兩豆此主婦不薦故決之疏引曾子問士祭不足則取於兄弟大功以下者以文承奠下故引之下卒哭既取大功以下則齊斬不執事可知此齊斬不執事唯爲今時至

于尸入之後亦執事兩籩棗栗設於會南至於祔祭雖陰厭亦主婦薦主人自執事也知者下記云其他如饋食案特牲云主入在右及佐食舉牲鼎是也若大夫以上尊不執事故少牢云主人出迎鼎鼎注云道之也是不執事也佐食及執事盥出舉長在左舉舉鼎也長在左在西方位也凡事宗人詔之鼎入設于西階前東面北上匕俎從設左人抽扃鼏匕佐食及右人載載載於俎佐食載則亦在右矣今文扃爲鉉古文鼏爲密卒朼者逆退復位復賓位也俎入設于豆東魚亞之腊特亞次也今文無之贊設二敦于俎南黍其東稷簋實尊黍也

疏注簋實尊黍也○釋曰云簋實尊黍也者以經西黍東稷西上故云尊黍也經云敦注言簋者案特牲云佐食分簋鉶注云分簋者分敦黍於會爲有對也敦有虞氏之器也周制士用之變敦言簋容同姓之士得從周制耳然則此注變敦言簋者亦謂同姓之士得用簋故也設一鉶于豆南

鉶芼羹也疏注鉶芼羹也○釋曰此對泰羹湆羹佐食出立于戶西饌已也今文無于戶西疏注饌已至戶西○釋曰佐食出者以無事不可以空立故出立于戶西不從今文無于戶西三字者若無此文不知立之所在故不從也贊者徹鼎反于門外祝酌醴命佐食啓會佐食許諾啓會卻于敦南復位會古外反後放此○會合也謂敦蓋也復位出立于戶西今文啓爲開疏注會合至爲開○釋曰特牲少牢直言酌奠不言酌醴者以彼直有酒故不言酒是酒可知此酒醴兩有今所奠者醴故須言醴也若然彼單酒此兩有者以其同小斂大斂朔月遷祖祖奠大遣奠等皆酒醴並有故此虞之喪祭亦兩有異於吉祭也祝奠觶于鉶南復位復位復主人之左主疏注復位至之左○釋曰云復主人之左者上生人倚杖入祝從在左右不見祝便有位故復主人左也主人再拜稽首祝饗命佐食祭饗告神饗也此祭祭於苴也饗神辭記所謂哀子某哀顯相夙興夜處不寧下至適爾皇

祖某甫饗是也疏注饗告至是也○釋曰下云祝祝
○相息亮反　本注云祝祝者釋孝子祭辭又下
文迎尸後尸墮祭云祝祝主人拜如初此等三者皆
有辭此文饗神引記者是陰厭饗神辭下文迎尸上
釋孝子辭者經記無文案少牢迎尸祝孝子辭云孝
孫某敢用柔毛剛鬣嘉薦普淖用薦歲事于皇祖伯
某某以某妃配某氏尚饗此是釋孝子辭此迎尸上釋
孝子辭宜與彼同但稱哀爲異其迎尸後祝辭者即
下記饗辭云哀子某圭爲而哀薦之饗鄭注云饗辭
勸強尸之辭也凡吉祭饗尸曰孝子是以特牲迎尸
後云祝饗注云饗勸強之也其辭取於士虞記則宜
云孝孫某圭爲孝薦之饗是也下二虞卒哭說皆有
辭至彼
別釋　佐食許諾鉤袒取黍稷祭于苴三取膚祭祭
如初祝取奠觶祭亦如之不盡益反奠之主人再拜
稽首鉤袒如今擐衣也苴所以藉祭也孝子始將納
尸以事其親爲神疑於其位設苴以定之耳或
曰苴主道也則特牲少牢當
有主象而無可乎○擐音患疏注鉤袒至可乎○釋
曰云鉤袒如今擐衣

也者經云鉤袒者漢時人擐衣以露臂故云如今擐衣也云孝子始將納尸以事其親爲神疑於其位設苴以定之耳者案上文祝取苴降席設于几東者至此乃祭于苴下文乃延尸是孝子迎尸之前用苴以將納尸以事其親爲神疑於其位故設苴以定之鮮預設苴之意也云或曰苴主道也則特牲少牢當有主象而無可乎者解舊有人云苴主道似重爲主道然故鄭破之云若是苴爲主道特牲少牢吉祭亦當有主象亦宜設苴今而無苴可乎是以鄭以苴爲藉祭非主道也若然此據文有尸而言將納尸有苴案下記文無尸者亦有苴又特牲少牢吉祭無苴案司巫祭祀則供匰主及蒩館常祀亦有苴者以天子諸侯尊者禮備故吉祭亦有苴凶祭有苴可知

祝祝卒主人拜如初哭出復位祝祝劉下之又反○祝祝者釋孝子祭辭

祝迎尸一人衰絰奉篚哭從尸奉篚芳勇反下芳鬼反本亦作篚音用反○尸主也孝子之祭不見親之形象公無所繫立尸而主意焉○一人主人兄弟檀弓曰既封主人贈而祝宿虞尸○封彼驗反劉通鄧反

疏 注尸主至虞尸○釋

曰自此盡如初論迎尸八九飯之事鄭知一人衰絰是主人兄弟者以主人哭出復位無從尸之理又云衰絰且非疏遠故知一人衰絰是主人兄弟也引檀弓者證祝隨主人辭先反宿虞尸故得有祝迎尸之事云既封者封當爲窆窆下棺也

尸入門丈夫踊婦人踊

踊不同文者有先後也尸入主人不降者喪事主哀不主敬、

疏注踊不至主敬○釋曰云踊不同文者有先後也者主人在西序東面衆兄弟西階下亦東面婦人堂上當東序西面故主人與兄弟見尸先踊婦人後見尸故後踊是有先後云尸入主人不降者喪事主哀不主敬者決特牲少牢尸入主人皆降立于阼階東敬尸故此不降爲主哀

淳尸盥宗人授巾

淳童純反注下同○淳沃也沃尸盥者賓執事者也

疏注淳沃至者也○釋曰此直言盥不言面位案特牲云尸入門左北面盥宗人授巾注上陳器時匜水之等在西階之東合在門左則以器就案特牲注云待盥者執其器就之若然待牲設尸盥在門內之右注云尸尊不就洗門內之右象洗在東此虞禮反吉祭故在西階東少牢禮異於士禮故尸盥在西階東

與此虞禮凡也云沃尸盥者賓執事者也案上文賓執與主人皆在執事之中既宗人授巾明沃盥亦賓執事也

尸及階祝延尸延進也告之以升

疏注延進至以升○釋曰案特牲云祝延尸注云延進也在後詔侑曰延又案少牢注云由後詔相之曰延然則延者皆在後也若然記云尸謖祝前鄉尸又曰降階還及門如出戶注云降階如升時以此言之降在尸前云以升者直取與尸升同不取後同故禮器詔侑無方是也

尸升宗人詔踊如初言詔踊如初則同踊宗人詔之

疏注言詔至詔之○釋曰云言詔踊如初則凡踊宗人詔之者以其上無宗人詔踊之事以此宗人詔踊云如初明前踊并明下文踊皆宗人詔之故鄭云凡也

尸入戶踊如初哭止哭止尊尸

婦人入于房辟執事者○辟音避

疏注辟執事者○釋曰以其婦人在堂上執事者由堂東故辟之入房也

主人及祝拜妥尸尸拜遂坐妥他果反劉湯回反○妥安坐也

疏釋曰案鄭特牲注云尸即至尊之坐或時不自安則以拜安之此亦然妥安坐也爾雅文

從者錯篚于尸左席上立于其北北席北也【疏】注北席北也○釋曰
此虞禮篚象特牲肵俎置于席北明
此篚亦在席北以擬盛尸之餕也尸取奠左執之
取菹擩于醢祭于豆間祝命佐食隋祭擩人悦反隋許恚反又相
恚反○下祭曰隋隋之猶言隋下也周禮曰既祭則
藏其隋隋謂此也今文隋爲綏特牲少牢或爲羞失古
正矣齊魯之間謂祭爲隋【疏】注下祭至爲隋○釋曰云尸取奠左
執之者以右手將隋故也云下祭曰
隋者以其凡祭皆手舉之向下祭之故云下祭曰隋
云隋之猶言隋下者案左傳云子路將隋三都以三
都大高故隋下之取隋爲下祭之義故讀從之引周
禮守祧職云既祭則藏其隋隋謂此也者謂此隋祭一
也引之者證守祧同之耳云今文隋爲綏又云特牲
少牢或爲羞失古正矣者此二字皆非隋下之義故
云失古正也云齊魯之間謂祭爲隋者齊南魯北謂
祭爲隋者由隋下而祭因即謂祭爲隋是鄭從隋不
從綏與羞之義也案特牲云祝命挼祭注云士虞禮
古文曰祝命佐食隋祭周禮曰即祭則藏其隋隋與

於[illegible]文改挼皆為綏古文此皆為[illegible]少牢[illegible]主人時上佐食以綏祭鄭注云綏[illegible]
墮[illegible]經中墮皆不同者此五字或爲墮或爲挼或[illegible]或爲綏或爲擩此五者鄭既以挼綏及羞三
[illegible]墮徵云古文作擩以其特牲及[illegible]士虞皆有擩祭故亦兼擩解

佐食取黍稷肺祭授尸。尸祭之。祭奠。祝祝。主人拜如初。尸嘗醴，奠之。

如初祝亦祝祝卒乃再拜稽首【疏】注如初至稽首○釋曰云如初亦祝祝卒乃再拜稽首者亦如上文迎尸前祝祝卒乃再拜稽首也

佐食舉肺脊授尸。尸受振祭，嚌之，左手執之。

嚌才計反○右手將有事也尸食之時亦奠肺脊于豆【疏】注右手至于豆○釋曰案特牲祝命遍敦佐食遍黍稷于席上舉肺脊以授尸尸受振祭嚌之彼舉肺脊在遍敦後此舉肺脊在遍敦前者彼吉祭吉凶相變故也云右手將有事也者爲下文祭鉶嘗鉶是也云尸食之特亦奠肺脊於豆者解經無奠文知不執以食卒者案下文云尸卒食佐食受肺脊實于篚在尸手當云受肺脊又知在豆

者特牲云尸實舉於菹豆是也案特牲尸乃食食舉
注云舉言食者明凡解體皆連肉少牢云食舉注云
舉牢肺正脊也先飯啗之以爲道也此喪祭不言食
舉亦食舉可知是以特牲注云肺氣之主也脊正體
之貴者先食啗之所以道食通氣也案下文注
云尸不受魚腊以喪不備味則亦不食庶羞矣　祝命
佐食邇敦佐食舉黍錯于席上邇近也　尸祭鉶嘗鉶右手
也少牢曰以柶祭羊鉶遂以祭豕鉶嘗羊鉶　疏　注右手至羊鉶○釋曰知以右手者上經云佐食舉
肺脊授尸尸授振祭嚌之左手執之鄭云右手將有事指此嘗鉶用右手也引少牢者證此經嘗祭之時
亦用柶案下記云鉶芼用苦若薇有滑夏用葵冬用荁有柶是用柶祭之義　泰羹湆自門
入設于鉶南胾四豆設于左湆去及反胾側吏反○博異味也湆肉汁也胾
切肉也　疏　注博異至肉也○釋曰云設于鉶南者以素羹湆未設故繼鉶而言之其實鉶北留空處
以待泰羹云胾四豆設於左者案特牲四豆設[illegible]左南上云左者正豆之左又少牢云上佐食羞胾[illegible]

豆有臨設于薦豆之北注云設於薦豆之[illegible][illegible][illegible]也言北[illegible]是左也云摶興味者以其有菹[illegible][illegible][illegible]也

尸飯播餘于篚飯扶晚反注及下[illegible][illegible][illegible][illegible]同○不反餘也古者飯用手吉時播餘于會古文播為半【疏】注不反至為半○釋曰云古者飯用手者案曲禮云無摶飯又云無放飯飯黍毋以箸故知古者飯用手言此者證摶飯去手為放飯云吉時播餘于會者可知故決之

三飯佐食舉幹尸受振祭嚌之實于篚飯間啗肉安食氣○啗大敢反【疏】注飯間至食氣○釋曰云飯間啗肉安食氣者以其胳脅骨體連肉又在三飯之間故云飯間啗肉安食氣

又三飯舉胳祭如初佐食舉魚腊實于篚胳音格一音各○尸不受魚腊以喪不備味【疏】注尸不至備味○釋曰云尸不受魚腊者案經佐食舉魚腊不云尸受嚌之明尸不受魚腊可知云以喪不備味者案特牲三舉魚腊尸皆振祭嚌之此佐食舉魚腊實於篚尸不嚌故云喪不備味也

又三飯舉肩祭如初後舉肩者貴要成也【疏】注後舉至成也○釋

曰云後舉肩者貴要成也者案禮記祭統云周人貴肩故云貴者要成也要成者據後食即飽也

舉魚腊俎，俎釋三个。个古賀反○釋猶遺也遺之者君子不盡人之歡不竭人之忠个猶枚也今俗或名枚曰個音相近此腊亦七體如其牲也○個古賀反

疏注釋猶至牲也○釋曰此經直舉魚腊俎盛於籠俎釋三个不言盛牲體者案下記云羹飪升左肩臂臑肫胳脊脅七體此上經佐食初舉脊次舉幹又舉骼終舉肩總舉四體唯有臂臑肫三者佐食即當俎釋三个不復盛牲體故直舉魚腊而已云遺之者君子不盡人之歡不竭人之忠此上曲禮文案彼注歡謂飲食忠謂衣服於此引之併據飲食者彼注對文此注散文則歡與忠通故總證牲體也又案特牲釋三个注云謂改饌於西北隅遺之與此注不同者此注亦有改饌之義又兼有此一不盡歡忠之禮云今俗或名枚曰個音相近者經中个人下豎牽俗語名枚者個曰人傍着固字雖不同音聲相近同是一个之義云此腊亦七體如其牲也者案下記牲有七體此腊亦不過於牲體故云如其牲言此以對彼案彼特牲吉祭十一體是以特牲記云腊

其牲體乃有十一體與此不同言禮畢故也尸卒食佐食受肺脊實于篚

反黍如初設九飯而已士禮也篚猶吉祭之有肵俎○肵音祈後同疏注九飯至肵俎○釋曰云反黍如初設者案上設黍稷在俎南西黍東稷次上文佐食舉黍錯于席上此尸卒食故反黍於本處如初設云九飯而已士禮也者少牢十一飯諸侯十三飯天子十五飯故云九飯士禮也云篚猶吉祭之有肵俎者案特牲少牢尸舉牲體振祭嚌之皆加於肵俎此尸舉牲體振祭嚌之皆實於篚故云篚猶吉祭之有肵俎主人洗廢爵酌酒酳尸尸拜受爵主人北面答拜尸祭酒嘗之酳以刃反○爵無足曰廢爵酳安食也主人北面以酳酢變吉也凡異者皆變吉古文酳作酌疏注爵無至作酌○釋曰自此盡升堂復位論主人初獻尸并獻祝及獻佐食之事云爵無足曰廢爵者案下文主婦先足爵鄭云爵有足輕者飾也則主人喪重爵無足可知凡諸言廢者皆是無足廢敦之類是也云主人北面以酳酢變吉也者案特牲少牢尸拜受主人西面拜

送與此面相反故云變吉也案特牲直有主人拜送雖不見主人面位約與少牢同皆西面也云凡異者皆變吉者案特牲云主人拜送此云主人答拜特牲云尸卒角祝受尸角曰送爵此不云送爵特牲齊肝説加於菹豆此齊肝説加於俎皆是異於吉時故云凡異者皆變吉

賓長以肝從實于俎縮右鹽長丁丈反下賓長皆同○縮從也從實肝炙於俎也喪祭進柢右鹽於俎近北便尸取之也縮執俎言右鹽則肝鹽併也○炙之夜反柢丁計反

【疏】注縮從至併也○釋曰云縮從也從實肝炙於俎也喪祭進柢者案下記云載猶進柢柢本也謂肝之本頭進之向尸云右鹽於俎近北便尸取之也者從執俎一人向尸據執俎之人左畔有肝右畔有鹽西面向尸尸東面以右手取肝於俎右畔擩鹽於左畔是以鹽於俎之近北使尸取之云縮執俎言右鹽則肝鹽併也者謂俎既縮執則狹肝鹽不容施遠是執俎人右畔有鹽左畔有肝故云併也

尸左執爵右取肝擩鹽振祭嚌之加于俎賓降反俎于西塾復位取肝右手也加于俎從其

之體也以哀不志於味疏注取肝至於味○釋曰復位者謂賓長也尸既振肝訖復西階前衆兄弟

之南東面位云以喪不志於味者決特牲少牢口嚌肝訖加菹豆以近身此虞禮尸嚌肝訖不加于菹豆

而遂加於俎以同牲體者以喪志不在於味故遠身加俎也若然特牲少牢祝不敢與尸同加於菹豆嚌

肝訖加與俎與山尸同者祝無不在味之嫌禮窮則同故也尸卒爵祝受不相爵

主人拜尸答拜不相爵喪祭於禮畧相爵者特牲曰送爵皇尸卒爵祝酌授尸

尸以醋主人主人拜受爵尸答拜醋才各反本亦作酢○醋報主

人坐祭卒爵拜尸答拜筵祝南面祝接神尊也筵用萑席疏注祝

接至萑席○釋曰上文尸用萑席其祝席經記舉不言以尸用在喪故不用萑今祝宜與平常同故用萑

也云祝接神尊也者解得先獻之事主人獻祝祝拜坐受爵主人答拜

獻祝因反西南位疏注獻祝至南位○釋曰云獻祝因反西南位者以少牢云主人受酢時主人拜

受爵尸答拜主人西面奠爵特牲云主人拜受角尸
拜送主人退雖不言西面彼注退者進受爵反位則
西面也是言祭時主人西面故上注云北面以酳酢
變吉也今至酳酢及獻祝訖明因反西面位可知也
薦菹醢設俎祝左執爵祭薦奠爵興取肺坐祭嚌之
興加于俎祭酒嘗之肝從祝取肝擩鹽振祭嚌之加
于俎卒爵拜主人答拜祝坐授主人今文無擩鹽疏釋曰此直
言薦菹醢設俎者不見薦徹之人案下文云祝薦席
徹入于房注云徹薦席者執事者則此設者亦執事
可知主人酌獻佐食佐食北面拜坐受爵主人答拜佐
食祭酒卒爵拜主人答拜受爵出實于篚升堂復位
篚在庭不復入事已也疏注篚在至面立○釋曰云
亦因取杖乃東面立篚在庭者此雖無文約同
薦市設薦奠之等也云不復入事已也亦因取杖乃
東面立者上文哭時主人升堂西序東面又上文云

主人倚杖入入亍升堂復位不復入字以其事已因但時取杖復東面位也主婦洗足爵于房中酌亞獻尸如主人儀爵有足輕者飾也昏禮曰內洗在北堂直室東隅○直音值疏注爵有至東隅○釋曰自此盡入于房論主婦亞獻尸并獻祝及佐食之事云如主人儀者即上主人酳尸尸拜受爵主人北面答拜之等今主婦亞獻亦然故云如主人儀也云爵有足輕者飾也者主婦主人之婦婦為舅姑齊衰是輕於主人故爵有足為飾也引昏禮者證經洗爵于房中不言設洗處宜與昏禮同也自反兩籩棗栗設于會南棗在西尚棗棗美疏注尚棗棗美○釋曰案特牲宗婦執兩籩主婦受設于敦南此主婦自反兩籩不使宗婦者以喪尚縱縱反吉故然上主人獻使贊薦葅醢注云齊斬之服不執事者彼為主人獻故不使主婦薦此亞獻已所有事故自薦可知尸祭籩祭酒如初賓以燔從如初尸祭燔卒爵如初○酌獻祝籩燔從獻佐食皆如初以虛爵入于

房初主人儀疏注初主人儀。釋曰此尸祭遵已下至遵燔從獻佐食皆與主人獻尸賓長以肝從至佐食祭酒卒爵拜主人答拜受爵出實于篚立如主人儀故皆云如初也賓長洗繶爵三獻燔從如初儀繶於力反○繶爵口足之間有篆又彌飾○篆大轉反疏注繶爵至彌飾○釋曰此一節論賓長終三獻之事云繶爵口足之間有篆又彌飾者案屨人繶是屨之牙底之間縫中之飾則此爵云繶者亦是爵口足之間有飾可知云又彌飾以其士婦有足已是有飾今口足之間又加飾也婦人復位復堂上西面位事已尸將出當哭踊疏注復堂至哭踊○釋曰自此盡拜稽顙論祭訖送尸及改饌爲陽厭之事云復堂上西面位者上云主人即位於門外如朝夕臨位婦人及內兄弟服即位於堂亦如之以下更不見別有婦人位明復位者還此位可知又案上喪禮凡臨位婦人即位于堂南上即西面位也云尸將出當哭踊者以哭送此喪祭故踊特牲吉祭不哭踊故亦無此復位之事也祝出戶西面告利成主入哭西面告告主人也利猶養也成畢也言養禮畢也不言養禮畢於尸間嫌○養予亮反下同【疏】注西面至開嫌○釋曰云西面告告主人也者以其處主人東故祝西面對而告之云不言養禮畢於尸間嫌者若言養禮畢即於尸中間有嫌諷去之或本間作開音以養尸事畢而尸空閑嫌諷去之

皆哭丈夫婦人於主人哭斯哭矣【疏】注丈夫至哭矣○釋曰言上云主人哭則主人之外總麻以上在位者皆哭故鄭總丈夫婦人於主人哭斯哭矣

祝入尸謖謖所六反起也○祝入而無事尸則知起矣不告尸者無遣尊者之道也古文謖或爲休【疏】注祝入至爲休○釋曰云祝入而無事尸則知起矣者雖不告尸無事尸亦知無事禮畢而起矣云不告尸者無遣尊者之道者謂不告尸以禮畢者尸尊若告之則如發遣尊者故云不告尸者無遣尊者之道也

從者奉篚哭如初初哭從尸

祝前尸出戶踊如初降堂踊如初出門亦如之前道也如初者出如入降如升三者之節悲哀同○道音導下前道道尸爲道同【疏】注前道至哀同○釋曰案上文尸入門丈夫踊婦人

踊尸及階祝延尸尸升宗人詔踊如初尸入戶踊如初故此鄭云出如入降如升三者之節悲哀同是以如之得有三者也

祝反入徹設于西北隅如其設也几在南厞用席

厞扶未反劉音非隱也○改設饌者不知鬼神之節改設之庶幾歆饗所以爲厭飫也几在南變古文明東面不南面漸也厞隱也于厞隱之處從其幽闇○厭一鹽反飫於庶反

疏 注改設至幽闇○釋曰祝反入謂送尸出門而反入徹神前之饌改設於西北隅也云如其設也者謂設于西北隅次第一如與中東面設云几在南變古文者上文陰厭時設几席于室中東面右几今文几在南明其同必變文者案少牢大夫禮陽厭時南面亦几在右此言右几嫌與大夫同南面而右几故變文云几在南與前在奧同故云明東面也又以特牲云祝筵几于室中東面至於改饌云佐食徹尸薦俎敦設于西北隅几在南是與此同也云不南面漸也者以特牲東面右几今虞爲喪祭示向吉有漸故設几與吉祭同厞隱也于厞隱之處從其幽闇者謂以席爲障使之隱故云厞隱從其幽闇也

祝薦席徹入

于房祝自執其俎出徹薦席者執事者祝薦席則初自房來疏注徹薦至房來

○釋曰云徹薦席者執事者但祝之薦席與徹不言其人知使執事者以其主人之事不言官者皆爲

之故也云祝薦席則初自房來者以其上文神席在西序下此祝經記俱不言今知自房來者見公食大

夫記云筵出自房昏禮與士冠席皆亦在于房故此祝席亦自房來今還與房可知也贊闔牖

戶鬼神尚居幽闇或者遠人乎贊佐食者疏注鬼神至食者○釋曰云或者遠人乎者禮記郊特

牲文此鄭玄之義非直取鬼神居幽闇或取遠人之意故也云贊佐食者自上以來行事惟有祝與佐食

以其云祝自執其俎出故知闔牖戶是佐食也主人降賓出宗人詔主人降賓則出廟門

主人出門哭止皆復位門外未入位疏注門外未入位○釋曰知是門外位

者以經云出門乃更云皆復位明門外未入位可知宗人告事畢賓出主人送

拜稽顙送拜者明于大門外也賓執事者皆去即徹室中之饌者兄弟也疏注送拜至弟也

○釋曰云送拜者明于大門外也者以其上文云復位是殯門外未出大門也云送拜是大門外送拜可知知徹室中之饌者兄弟也者賓即執事而云賓出則室中無執事之人唯有兄弟故徹室中之饌者兄弟可知也

記虞沐浴不櫛櫛莊乙反○沐浴者將祭自絜清不櫛未在於飾也唯三年之喪不櫛期以下櫛可也今文曰沐浴

疏注沐浴至沐浴○釋曰云唯三年之喪不櫛期以下櫛可也者經云不據三年爲主案下文卒祔而門期以下虞而沐浴櫛可也

陳牲于廟門外北首西上寢右言牲腊在其宇西上變吉寢右者當升左胖也腊用棜檀弓曰既反哭主人與有司視虞牲

疏注言牲至虞牲○釋曰知腊在牲中者士虞唯有一豕而云西上明知兼兔腊得云西上也云西上變吉者案少牢二牲東上是吉祭東上今此西上是變吉也云寢右者當升左胖也者若然特牲腊在東置於棜東首牲在西尚右今虞禮反吉故寢右升左胖知腊用棜者案特牲陳鼎於門外北面北上棜在南南順實獸于其上東吉是也引檀弓者證虞時有牲之事

日中而行事

朝葬日中而虞君子舉事必用辰正也再虞三虞皆質明【疏】注朝葬至質明○釋曰云辰正者謂朝夕日中也以朝有葬事故云日中而行虞事也云再虞三虞皆質明者以朝無葬事故皆質明而行虞事是虞用朝之辰正也

殺于廟門西主人不視豚解

主人視牲不視殺凡為喪事略也豚解解前後脛脊脅而已熟乃體解升於鼎也今文無廟【疏】注主人至無廟○釋曰云主人視牲不視殺凡為喪事略也者案特牲饋食禮宗人告濯具賓出主人出皆復外位鄭云為視牲也又曰告事畢賓出主人拜送夙興主人服如初立于門外東方南面視側殺然則特牲吉祭故主人視牲又視殺今虞為喪事故主人視牲不視殺是其略也凡者眾辭但此經與特牲饋食不同者皆為喪事略故云凡以廣之豚解解前後脛脊脅而已熟乃體解升於鼎也者體解下文七體是也

羹飪升左肩臂臑肫胳脊脅離肺膚祭三取諸左膉上肺祭一實于上鼎

飪而甚反臑乃報反肫音純胳音格膉音益○肉謂之羹飪熟也脊脅正脊正脅也喪祭

略七體耳離肺舉肺也少牢饋食禮曰舉肺一長終肺祭肺三皆刌膉脰肉也古文曰左股上字從肉從殳殳矛之殳聲○殳矛上音殊下莫侯反

疏注肉謂至殳聲○釋曰肉謂之羨爾雅釋器文飪熟釋言文云脊脅正脊正脅也者案特牲注云不貶正脊不奪正也然則此爲喪祭體數雖略亦不奪正故知脊脅正脊正脅也云喪祭略七體耳者案特牲尸俎右肩臂臑肫胳正脊二骨橫脊長脅二骨短脅注云士之正祭禮九體貶於大夫有併骨二亦得十一之名合少牢之體數此所謂放而不致者然則此所升唯七體故云喪祭略七體耳云離肺舉肺也者案特牲注云離猶𢭏也小而長午割之亦不提心謂之舉肺是也引少牢饋食禮者證離肺舉肺之異也云膉脰肉也者案少牢云雍人倫膚九實于一鼎注云倫擇也膚脅革肉擇之取羨者案下注今以脰肉貶於肫吉則此用膉爲貶於純吉之事也云古文曰左股上此字從肉從殳殳矛之殳聲者鄭注儀禮疊古文從經今文又就古文解之者鄭欲兩從故也但字從肉義可知而以殳與股不足形人之類其理未審

升魚鱄鮒九實于中鼎鱄市專反

又市轉反鮒音府○差減之【疏】注差減之○釋曰差減之者案特牲魚十有五今爲喪祭略而用九故云差減之也

升腊左胖髀不升實于下鼎

髀步禮反又方爾反○腊亦七體牲之類【疏】注腊亦七體牲之類○釋曰云腊亦七體牲之類者上文升左肩臂臑肫胳脊脅是牲之七體今升腊左胖亦然特牲記云腊如牲骨是也

皆設扃鼏陳之

嫌既陳乃設扃鼏也今文扃作鉉古文鼏作密【疏】注嫌既至作密○釋曰云嫌既陳乃設扃鼏也者經云陳三鼎後言設扃鼏有嫌故記人辨之皆先扃鼏後陳之也

載猶進柢魚進鬐

鬐渠之反○猶猶士喪既夕言未可以吉也柢本也鬐脊也今文柢爲胝古文鬐爲耆○柢音帝【疏】注猶猶至爲耆○釋曰鬐柢二者皆變於吉是以少牢云下利生豕其載如羊皆進下注云變於食生也又曰腊一純而俎亦進下又曰魚用鮒十有五而俎縮載右首進腴注云亦變於食生也是皆於此反矣是變於吉也云猶猶士喪既夕言未可以吉也者云與吉反則明與生人同士喪禮小斂云皆復進柢注云柢本也進本者未異於

生也至大歛載魚左首進鬐腊進柢鄭注云亦未異於生也又葬奠云如初皆未異於生故記人以循之是以鄉飲酒鄉射記皆云右體進腠是也

祝俎髀脰脊脅離肺陳于階間敦東不升於鼎賤也統於敦明神惠也祭以離肺下尸○下尸嫁反疏注不升至下尸○釋曰云不升於鼎賤也者祝對上尸俎羞飪升於鼎爲貴者也云統於敦明神惠也者案上文饌黍稷二敦於階間西上是神之黍稷今陳祝饌于神饌之東統於神物明惠由神也云祭以離肺下尸者以其尸祭用刲肺祝不用刲肺用離肺故云下尸也

淳尸盥執槃西面執匜東面執巾在其北東面宗人授巾南面槃以盛棄水爲淺汙人也執巾不授巾卑也○淺音箭一音贊疏注槃以至卑也○釋曰上經直云淳尸盥宗人授巾不云執槃與執匜執巾及宗人授巾等面位故記人明之

主人在室則宗人升戶外北面當詔主人室事疏注當詔主人室事○釋曰上經唯言宗人告有司具及詔主人踊皆堂下之事今主人入室宗人當

升戶外詔主入室中之事故升堂也佐食無事則出戶負依南面依於豈反

注同○室中尊不空立戶牖之間謂之依疏注室中至之依○釋曰云戶牖之間謂之依此爾雅文謂

戶西南面也鉶芼用苦若薇有滑夏用葵冬用荁有柶薇音

微荁音丸○苦苦荼也荁堇類也乾則滑夏秋用生葵冬春用乾荁古文苦爲枯今文或作芐○荼音徒

堇音謹枯如字又音姑劉本作枯音先枯反疏注苦苦至作芐○釋曰案公食記三牲具則牛藿羊

苦豕薇各用其一若一牲者容兼用其二是以及待

牲一豕皆云鉶芼苦薇是科用其一也知荁堇類者

內則云菫荁枌榆同爲滑物故知荁堇類也云乾則

滑者以其冬用之故知乾則滑于菫也云夏秋用生

葵冬春用乾荁者以其秋與夏同有生葵春初未生

者故春約與冬同是以經直云冬明舉夏以兼秋舉

冬以兼春也豆實葵菹菹以西嬴醢籩棗烝栗擇嬴力禾反○棗

烝栗擇則菹扐也棗烝栗擇則豆不揭遽有籐也○揭苦瞎反又苦割反疏注棗烝至籐也○釋曰云

棗烝栗擇則菹刌也棗烝栗擇則豆不揭籩有縢也者此雖無正文案士喪禮大斂云毼豆兩其實葵菹芋蠃醢兩籩無縢布巾其實栗不擇脯四脡自大斂後皆云如初則葬奠四豆脾析葵菹亦長矣四籩棗糗栗脯亦不擇也至此乃云棗烝栗擇則菹亦切矣豆籩有飾可知

尸入祝從尸祝在主人前也嫌如初時主人倚杖入祝從之初時主人之心尚若親存宜自親之今既接神祝當詔侑尸也

（疏）注祝在至尸也○釋曰上經陰厭時主人先祝入户至此迎尸祝在主人前先後有異故記人明之是以鄭云祝在主人前也嫌如初時主人倚杖入祝從之也云今既接神祝當詔侑尸也者尸神象是以云既接神祝當詔侑尸即上祝命佐食爾敦舉黍稷及尸祝酌授尸及祝祝出告利成祝入尸謖之等是也

坐不說屨○侍神不敢燕惰今文說爲稅

（疏）注侍神至爲稅○釋曰案鄉飲酒燕禮之等凡坐降說屨乃升坐今尸雖坐不說屨者爲侍神不敢燕惰故也

尸謖祝前鄉尸鄉許亮反下注同○前道也祝道尸必先鄉之爲之節

（疏）注前道至之節○釋曰此記尸謖之時祝前尸之儀

也云必先鄉之爲之節者言必先面鄉尸者爲之節度也還出戶又鄉尸還過主
人又鄉尸還降階又鄉尸過主人則西階上不言及階明主人見尸有踧踖之
敬○踧子六反踖子亦反【疏】注過主至之敬○釋曰過主人則西階上不言及階明主人見尸有踧踖
之敬者以其經出戶降階及門皆指物而言主人者欲見階上不言西階而言主人者欲見主人見尸有
踧踖之敬故沒去階名而云主人也降階還及門如出戶及至也言還至門明其間
無節也降階如升時將出門如出戶時皆還向尸也每將還必有辟退之容凡前尸之禮儀在此○辟音
避【疏】注及至至在此○釋曰言還至門明其間無節也者以經自階已前皆不言及從階到門言及
者以其自階到門其中道遠故特言及以殊之是以鄭云言還至門明其間無節謂無還鄉尸之節也云
降階如升時以將出門如出戶時皆還鄉尸也經直云及門如出戶雖不言降階如升時以將出門如出
戶明降階如升時故鄭約出門以明降階也云皆還鄉尸者欲見經還者皆還鄉尸也謂鄉尸乃前適也

容毋將還必有辟退之容者辟退即逡巡謙讓之容貌也云凡前尸之禮儀在此者以儀禮一部所云前尸之禮儀在此經為具悉者

尸出祝反入門左北面復位然後宗人詔降

【疏】注尸出至詔降○釋曰尸出祝反入門左北面復位者謂祝既送尸尸出反入門復位復上文祝入門左北面位故云復位也云然後宗人詔降者謂祝復位宗人乃詔告主人降以其無事故也

尸服卒者之上服

上服者如特牲士玄端也不以爵弁服為上者祭於君之服非所以自配鬼神士之妻則宵衣耳

【疏】注上服至衣耳○釋曰上經直見主人服不見尸服故記人明之云上服對深衣在下玄端者案特牲經筮日云主人冠玄端至祭日夙興主人服如初是士之正祭服玄端即是卒者生時所著之祭服故尸還服之云不以爵弁服為上者祭於君之服非所以自配鬼神者案曾子問孔子曰尸弁冕而出卿大夫上皆下之注云為君尸或弁者先祖或有為大夫士者彼君之先祖為士尸服爵弁不服玄端若孫為諸侯先祖為士者尸還服助祭於君之服也云士之妻則宵衣者

以其經直云尸不辨男女士虞既男女別尸明經云尸可以兼男子故鄭併云士之妻也案特牲正祭主婦著纚笄宵衣明女尸亦宵衣可知

男男尸女女尸必使異姓不使賤者異姓婦也賤者謂庶孫之妾也尸配尊者必使適也○適丁狄反

疏注異姓至適也○釋曰虞卒哭之祭男女別尸故男女別言之也云異姓婦也者以男無異姓之禮故也知經云必使異姓者據與婦爲尸者也不使同姓孫與婦爲尸者尸須得孫列者孫與祖爲尸孫婦還與夫之祖姑爲尸故不得使同姓女爲尸也云賤者謂庶孫之妾也尸配尊者必使適也者男尸先使適孫無適孫乃使庶孫女尸先使適孫妻無適孫妻使適孫妾又無妾乃使庶孫妻卽不得使庶孫妾以庶孫之妾是賤之極者若然庶孫妻亦容用之而鄭云必使適也者據經不使賤有適孫妻則先用適而言其實容用庶孫妻法也必知容用庶孫者以曾子問孔子曰祭成喪者必有尸尸必以孫孫幼使人抱之無孫則取於同姓可也彼不言適是容無適而用庶此經男女別尸據虞祭而言至卒哭已後自禫以前喪中之祭皆男女別尸知者

案司几筵云每敦一几鄭注云雖合葬及同時在殯皆異几體實不同祭於廟同几精氣合少牢吉祭云某妃配是男女共尸篇末云是月也吉祭猶未配注云是月是禫月也當四時之祭月則祭猶未以某妃配某氏哀未忘也則引少牢吉祭妃配之事爲證明禫月不當四時祭月則不云某妃配配則共尸可知

無尸則禮及薦饌皆如初無尸謂無孫列可使者也殤亦是也禮謂衣服即位升降【疏】注無尸至升降○釋曰自此盡詔降如初論喪祭無尸之事云無尸謂無孫列可使者知謂無孫列者禮記云無孫則取同姓之適則大夫士祭先取孫無孫取同姓之適是有孫列可使復無同姓之適是無孫列可使者也云殤亦是也者禮記曾子問云祭成喪者必有尸明殤死無尸可知曾子問文云宗子直有陰厭庶殤直有陽厭是無尸也云禮謂衣服即位升降者雖無尸主人亦如葬所服即位於西序及升降與有尸相似

既饗祭于苴祝祝卒記異者之節【疏】注記異者之節○釋曰云記異者謂記無尸者異於有尸何者有尸祝釋孝子辭釋辭訖爲如初祝卒別有迎尸已後之事

今無尸者祝祝卒饗神訖無迎尸尸後之事故下文云不綏祭之等是記其節也**不綏祭無黍羹湆胾從獻**不綏言獻記終始也事尸之禮始於綏祭終於從獻綏當爲墮

疏注不綏至爲墮○釋曰此四事皆爲尸是以上文有尸者云迎尸而入祝命佐食綏祭有黍羹湆自門入設于鉶南胾四豆設于左又尸食之後主人獻賓長以肝從主婦亞獻賓長以燔從賓長獻後亦如之無尸闕此四事自羹已下三事皆蒙無字解之也云不綏言獻記終始也者以見經無尸具陳四事凡祭禮以獻爲終綏以見始亦得爲義今不但言獻記其終始具言四事者欲明始於綏祭終於從獻故鄭即云事尸之禮始于綏祭終於從獻者故具言之云綏當爲墮者周禮守祧職云既祭藏其墮字爲止取減爲義

主人哭出復位於祝祝卒

疏注於祝祝卒○釋曰謂祝祝卒無尸可迎既無上四事主人遂即哭出復戶外東面位也

祝闔牖戶降復位于門西門西北面位也

疏注門西北面位也○釋曰鄭此及下注皆云復位者門西北面位者據上文尸出祝反入門左北面

復位也男女拾踊三拾其業反注下同○拾更也三更踊○更音庚【疏】注拾更也三更
踊○釋曰凡言更踊者主人踊主婦踊賓乃踊三者三爲拾也如食間隱之如尸一食九飯之頃
也【疏】注隱之至頃也○釋曰隱之者謂闔牖戶也九飯之頃時節也祝升止哭聲三
啓戶聲者噫歆也將啓戶警覺神也今文啓爲開【疏】注聲者至爲開○釋曰云聲者噫歆也者
君曲禮云將上堂聲必揚故云將啓戶警覺神也主人入親之【疏】注親之○釋曰云親之者
啓牖鄉是親之事主人無事而入者是主人親至神所恭敬之事也祝從啓牖鄉如初
鄉許亮反○牖先闔後啓扇在內也鄉牖一名也如初者主人入祝從在左【疏】注牖先至在左○釋
曰云牖先闔後啓扇在內也者見上文闔牖戶闔時牖先言此經上云主人入祝從乃言啓牖是戶先開
乃啓牖故須辭之扇在內也云鄉牖一名也者案詩云塞鄉墐戶注云鄉北出牖也與此注不同者語異
義同北牖名鄉鄉亦是牖故云牖一名也云如初者主人入祝從入在左者鄭以經如初之文在牖饗之

下恐人以為啓牖鄉如初上既無啓牖鄉之事明嫌生人與祝位如初也主人哭出復位堂上位也疏注堂上位也○釋曰案下文云宗人詔降如初注云詔主人降之乃降堂明此復位者復堂上東西位也卒徹祝佐食降位祝復門西北面位佐食復西方位不復設西北隅者重閉牖戶褻也疏注祝復至褻也○釋曰鄭知祝與佐食位如此者見上經云主人即位于堂衆主人及兄弟賓即位于西方佐食即賓也故知佐食言復位復西方可知知祝復位復門西北面位者上經祝入門左北面注不與執事同位接神尊也明此祝復位復門西北面位可知云不復設西北隅者重閉牖戶褻也者上經有尸者有陰厭有陽厭無闔牖戶之事今無尸者陰厭時闔牖戶今更設餕於西北隅復更闔牖戶為褻瀆故不為也宗人詔降如初初贊闔牖戶宗人詔主人降之疏注初贊至降之○釋曰此降謂禮畢降堂也上經云贊闔牖戶主人降賓出注云宗人詔主人降彼謂降堂故鄭知此云如初亦如上經詔降也始虞用柔日葬之日日中虞欲安之柔日陰取其靜

疏注葬之至其辭○釋曰自此下盡哀薦成事論初虞二虞三虞卒哭明三者之祭饗神辭及用日不同之事云葬之日日中者上文云日中行事是也葬用丁亥是柔日葬始虞用日中故云始虞用柔日也

曰哀子某哀顯相夙興夜處不寧相息亮反○曰辭也祝祝之辭也喪祭稱哀顯相助祭者也顯明也相助也詩云於穆清廟肅雝顯相不寧悲思不安○思息似反

敢用絜牲剛鬣敢昧冒之辭豕曰剛鬣○昧冒上云北反下亡報反疏注敢昧至剛鬣○釋曰敢昧冒之辭者凡言敢者皆是以卑觸尊不自明之意故云昧冒之辭也豕曰剛鬣者下曲禮文

香合本又作薌音同黍曰薌合○黍也大夫士於黍稷之號合言普淖而已此言香合蓋記者誤爾辭次黍又不得在薦上疏注黍也至薦上○釋曰案下曲禮云黍曰香合粱曰香萁稷曰明粢是也云大夫士於黍稷之號合言普淖而已此言香合蓋記者誤耳者由禮所云黍稷別號者是人君法特牲少牢黍稷合言普淖此別號黍爲香合下特號稷爲普淖故知記誤也云辭次黍又不得在薦上者依從薦法先設

菹醓次設俎後設黍稷今黍在嘉薦之上此亦記者之誤故鄭非之也若然俎在後今祭牲在黍上者祭以主爲主故先言非謂時在前也

嘉薦普淖普淖如孝反劉徒敎反○嘉薦菹醢也普淖黍稷也普大也淖和也德能大和乃有黍稷故以爲號云

疏注嘉薦至號云○釋曰言故以爲號云者鄭以意解之無正文故言云以疑之

明齊溲酒齊才計反注同溲所求反醆同○明齊新水也言以新水溲釀此酒也郊特牲曰明水涚齊貴新也或曰當爲明視謂兎腊也今文曰明粢粢稷也皆非其次今文溲爲醙

疏注明齊至爲醆○釋曰云言以新水溲釀此酒也者鄭以溲水邊爲之與縮字義異謂以新水漬麴乃溲釀此酒只引郊特牲明水涚齊貴新也者彼注云涚猶清也五齊濁泲之使清謂之涚齊及取明水皆貴新也據彼注明水則周禮司烜氏所取月中之水與此明齊新水別鄭引之者彼此雖異引之直取新義同故引爲證非謂爲一物也云或曰當爲明視謂兎腊也者士祭有兎腊是故或有人作如此說云今文曰明粢粢稷也皆非其次者若以明齊當爲明視作兎腊解者應在上與牲爲

次何因退在下今文又爲稷解者上已云普淖兼黍稷何用又見稷也故知二者皆非其次也若然特牲少牢無腊號以小物略之

哀薦祫事祫音合○始虞謂之祫事者主欲祫先祖也以與先祖合爲安今文曰古事

疏注始虞至古事○釋曰始虞謂之祫事者主欲其祫先祖也者案公羊傳文二年云大祫者何合祭也合先君之主於大廟故此鄭亦以祫爲合而言但三虞卒哭後乃有祔祭始合先祖今始虞而已言祫者鄭以與先祖合爲安故下文云適爾皇祖某甫是始虞預言祫之意也

適爾皇祖某甫爾女也女死者告之以適皇祖所以安之也皇君也某甫皇祖字也若言尼甫○女音汝

饗勸強之也

再虞皆如初曰哀薦虞事丁日葬則己日再虞其祝辭異者一言耳

疏注丁日至言耳○釋曰己日再虞者以其後虞用剛日初虞再虞皆用柔日始虞用丁日隔戊日故知再虞用己日云祝辭異者一言耳者一言或有一句爲一言爲論語云一言以蔽之曰思無邪是也今此一言則一字爲一言謂數一虞云祫再虞云虞三虞云成是也

三虞卒哭他用

剛日亦如初曰哀薦成事當祔於祖廟爲神安於此後虞改用剛日剛日陽也陽取其動也士則庚日三虞壬日卒哭其祝辭異者亦一言耳他謂不及時而葬者喪服小記曰報葬者報虞三月而後卒哭然則虞卒哭之間有祭事者亦用剛日其祭無名謂之他者假設言之文不在卒哭上者以其非常也今正者自相亞也檀弓曰葬日中而虞弗忍一日離也是月也以虞易奠卒哭曰成事是日也以吉祭易喪祭明日祔於祖父如是虞爲喪祭卒哭爲吉祭今文他爲它○報葬禮記音芳付反下同令力呈反離力智反

疏注當祔至爲它○釋曰鄭云當祔於祖廟爲神安於此者即解初虞再虞稱祫稱虞之意今三虞改用剛日將祔於祖取其動義故也云士則庚日三虞壬日卒哭者以其己日爲再虞後改用剛日故次取庚日爲三虞也卒哭亦用剛日故庚日後陽卒日取壬日爲卒哭云祝辭異者亦一言耳者改虞爲成是一言也云他謂不及時而葬者謂有故及家貧不及三月因三日殯日即葬於國北引喪服小記者彼鄭注云報讀爲赴疾之赴謂不待三月喪因殯日虞所以安神以送形而往迎魂

而反而須安之故疾虞三月而後卒哭者謂卒去無時之哭鄭云卒哭待哀殺故至三月待尋常葬後乃爲卒哭祭也云然則虞卒哭之間有祭事者亦用剛日者以虞卒哭已是剛日他祭在後故亦用剛日也云其祭無名謂之他者謂虞卒哭祔祥皆有名此則無名故謂之他云文不在卒哭上者此他祭在卒哭上令退在卒哭下者以其非常又非祭故也引檀弓者證卒哭辭稱成事之義但卒哭爲吉祭者喪中自相對若據二十八月後吉祭而言禫祭已前總爲喪祭也若然此經云三虞與卒哭哀薦成事明文而鄭注檀弓云卒哭而祭其辭蓋曰哀薦成事言蓋疑之者以鄭君以前有人解云三虞與卒哭同爲一事解之者鄭故疑卒哭之辭而云蓋也是以雜記云上大夫之虞也少牢卒哭成事祔皆大牢鄭注云卒哭成事祔言皆則卒哭者成事祔與虞異矣是微破前人三虞與卒哭同解者也

獻畢未徹乃餞

卒哭之祭既三獻也餞送行者之酒詩云出縮于泲飲餞于禰尸旦將始祔于皇祖是以餞送之古文餞爲踐

疏注卒哭至爲踐○釋曰自此盡不脫帶論卒哭之祭未徹餞尸於寢門外之事鄭云卒哭

之祭者案上文直云獻畢未徹乃餞不言卒哭鄭知是卒哭之祭者以其三虞無餞尸之事明旦祔於祖入廟乃有餞尸之禮故鄭據卒哭而言若然三虞下餞尸者以其三虞與卒哭同在寢祔則在廟以哭旦當入廟以其易處鄉尊所故特有餞送尸之禮也引詩者彼行人餞行人之禮為行始此祭祀餞尸之禮亦鄉祖廟為行始事雖異餞送飲酒是同故引為證也知旦將始祔於皇祖者下云明日以其班祔鄭云卒哭之明日也是明日之旦也尊兩甒于廟門外之右少南水尊在酒西勺北枋少南將有事於北有玄酒即吉也此在西尚凶也言水者喪質無飾不失陳古文甒為廡也〔疏〕注少南至廡也○釋曰云少南將有事於北者正謂下文云尸出門右南面已下是也云有玄酒即吉也者以其虞祭用醴酒無玄酒全卒哭云如初則與虞祭同今至餞尸用玄酒則尋常祭祀之酒非醴酒故云即吉也云此在西尚凶也者以其吉祭祭尊在房戶之間至於虞祭尊在室是以今卒哭餞尸尊在門西不在門東是尚凶故變於吉也洗在尊東南水在洗東

篚在西在門之左又少南饌籩豆脯四脡脡徒頂反又他頂反○酒宜脯也古文脡為挺有乾肉折俎二尹縮祭半尹在西塾乾肉牲體之脯也如今涼州烏翅矣折以為俎實優尸也尹正也雖其折之必使正縮從也古文縮為蹙○從子容反翅申豉反疏注乾肉至為蹙○釋曰云涼州烏翅者經云乾肉折俎則漢時乾脯似之故鄭以今曉古也

尸出執几從席從祝入亦告利成入前尸尸乃出几席素几葦席也以几席從執事也疏注祝入至事也○釋曰云祝入亦告利成入前尸尸乃出者雖餞行飲酒尸將起之時祝亦如虞祭告云利成尸乃興以前尸也云凡席素几葦席也者上經初虞云素几葦席在西序下及再虞三虞及卒哭皆如初不見更設几席之明文同初虞用素几葦席今卒哭祭未餞尸於門外明是卒哭之几席故知是素几葦席也

尸出門右南面俟設席也疏注俟設席○釋曰知俟設席者尸在門右南面在坐北立下即云席設之事明俟設席也

席設于尊西北東面几在

賓出復位將入臨之位士喪禮賓繼兄弟北上門東北面西上門西北面東上西方東面北上

主人出即位于門東少南婦人出即位于主人之北皆西面哭不止婦人出者〔疏〕注婦人出者重餞尸重餞尸○釋曰婦人有事自堂及房而已今出寢門之外故云重餞尸也

尸即席坐惟主人不哭洗廢爵酌獻尸尸拜受主人拜送哭復位薦脯醢設俎于薦東胊在南胊其俱反○胊脯及乾肉之屈也屈者在南變於吉〔疏〕注胊脯至於吉○釋曰云主人拜送者案上祭云主人答拜特牲亦云拜送則拜時吉凶同也云屈者在南變於吉者案曲禮云以脯脩置者左胊右末鄭云屈中曰胊則吉時屈者在右今尸東面而云胊在南則是凶禮屈者在右末頭在左故云變於吉也

尸左執爵取脯擩醢祭之佐食授嚌授乾肉之祭尸授振祭嚌反之祭酒卒爵奠于南方反之反於佐食

佐食反之於俎尸奠爵禮有終疏注反之至有終○釋曰鄭知反之反於佐食者經云佐食受嚌尸受振祭嚌嚌訖而云反之明反於佐食佐食乃反於俎可知也云尸奠爵禮有終者上經云三獻尸皆有酢今餞尸三獻皆不酢而奠之是爲禮有終謂若主人拜送賓不答拜亦是禮有終也

主人及兄弟踊婦人亦如之主婦洗足爵亞獻如主人儀無從踊如初賓長洗繶爵三獻如亞獻踊如初佐食取俎實于篚尸謖從者奉篚哭從之祝前哭者皆從及大門內踊如初男女從尸男由左女由右及至也從尸不出大門者由廟門外無事尸之禮也古文謖作休疏注男女至作休○釋曰鄭知男女從尸男由左女由右者約上文男子在南婦人在北南爲左北爲右今從此位便故知男子由左婦人由右也云從尸不出大門者由廟門外無事尸之禮也者在廟以廟爲限在寢門外以大門爲限亞祭在廟廟門外無事尸之禮今餞尸在寢門外則大門外

無事尸之禮故鄭舉正祭以況之從尸不出大門外尸職正祭此之故注云由廟門外無事尸之禮也

出門哭者止以餞於外大門猶廟門【疏】注以餞至廟門○釋曰鄭意所以尸出大門哭者便止者正以餞於寢門以大門為限似事尸在廟門為限故知鄭云大門猶廟門也

賓出主人送拜稽顙送賓拜於大門外【疏】注送賓至門外○釋曰上從尸不出大門者有事尸限故不出大門送之送賓於大門外自是常禮故云送賓拜于大門外據禮言終賓無答拜之禮也

主婦亦拜賓女賓也不言出不言送拜之於闈門之內闈門如今東西掖門【疏】注女賓至掖門○釋曰上主人送男賓故知此主婦拜女賓也云不言出送拜之於闈門之內者決上文男主拜男賓言不送此明主婦送女賓于門之內以其婦人送迎不出門見兄弟不踰閾故也云闈門如小東西掖門者案爾雅釋宮云宮中之門謂之闈則闈門在宮內漢時宮中掖門在東西若人左右掖故舉以為況也

丈夫說經帶于廟門外既卒哭當變麻受之以葛也夕日則服葛者為祔期今文

說爲稅【疏】注既卒至爲稅。○釋曰：云「既卒哭當變麻受之以葛也」者，衰服變注云：「大夫以上虞而受服，士卒哭而受服。」士亦約此文而言也。云「夕日則服葛」者，爲祔期者，今日爲卒哭祭，明旦爲祔，前月之夕爲祔祭之期，變麻服葛，是變重從輕，明旦亦得變，不要夕期之時變之。夕時言變麻服葛者，鄭云爲祔期是因祔期即變之，使賓知變即故也。

入徹，主人不與。入徹者，凡弟大功以下。言主人不與，則知丈夫婦人在其中。古文與爲豫。【疏】注入徹至爲豫。○釋曰：鄭知入徹是大功以下者，見曾子問云士祭不足則取於兄弟大功以下者。經云入徹主人不與，明取大功小功緦麻之等入徹也。云「言主人不與，則知丈夫婦人在其中」者，上文直言丈夫說絰，不辨親疏，下文婦人說首絰，不說齊斬婦人，此云入徹據大功以下，則此文入徹主人不與之中丈夫婦人兼有可知。以其平常祭時，諸宰君婦廢徹不遲，則迮祭丈夫婦人亦在，但齊斬不與徹耳。

婦人說首絰，不說帶。不說帶，齊斬婦人帶不說也。婦人少變而重帶，帶下體之上也。大功小功者葛帶時亦不說者，未可以輕文變於主婦之質，至祔乃爲帶以即位。檀弓曰：婦人不葛帶。

【疏】注不說至葛帶○釋曰：知齊斬婦人帶不變也者，案喪服小記云齊衰惡笄以終喪，鄭云有除無變，繫齊衰則斬衰帶不變可知，齊斬帶不變，則大功以下變可知。云婦人少變者，以其男子既葬首絰腰帶俱變，男子陽多變，婦人既葬直變首絰，不變帶，故云少變也。云而重帶帶下體之上也者，對男子陽重首，首在上體，婦人陰重腰，腰是下體，以重下體，故帶不變也。云大功小功者葛帶者，案大功章云布衰裳牡麻絰纓布帶三月受以小功衰即葛九月者，又案小功章云布衰裳澡麻帶絰五月者，二者章內皆男女俱陳，明大功小功婦人皆葛帶可知。云時亦不說者，未可以輕文變於主婦之質者，變是文，不變是質，不可以大功以下輕服之文變主婦重服之質，故經直見主婦，不見大功已下也。云至祔葛帶以即位者，此解大功以下雖夕特未變麻服葛，至祔日亦當葛帶即位也。知大功以下夕時亦變麻服葛者，以其與主婦同在廟門外，主婦不變，大功以下亦不變，若然夕時不變，夕後入室可以變，故至祔乃以葛帶即位也。引檀弓者，亦證齊衰婦人不葛帶之事。

無尸則不餞猶

出几席設如初拾踊三以餞尸者本為送神也丈夫婦人亦從几席而出古文席為筵【疏】注以餞至為筵○釋曰自此至賓出論卒哭祭無尸可餞之事云几席設如初者雖無尸送神不異故云如初故鄭云餞尸者不為送神也云丈夫婦人亦從几席而出者以其云出几席設如初即云拾踊三明在門外有尸行禮之處即知丈夫婦人從几席出可知言亦者亦餞尸之時也

死三日而殯三月而葬遂卒哭謂士也雜記曰大夫三月而葬五月而卒哭諸侯五月而葬七月而卒哭此記更從死起異人之閒其義或殊【疏】注謂士至或殊○釋曰自此盡他辭一也論記人所記其義或殊事以更有此文也云遂卒哭不言三虞者是記人略言之注云謂士也者以其此篇是士虞故知三日二月據士而說引雜記者見大夫已上與士異者以其王制大夫士同有三日而殯三月而葬之文雜記云大夫亦同三月而葬卒哭則士云三月大夫五月卒哭之月不同者曲禮云生與來日死與往日謂殯斂以死日數也大夫以上皆以來日數若然士云三日殯三月葬皆通死日死月數大夫

以上殯葬皆殊死日死月數是以士之卒哭得葬之三月內大夫三月葬除死月通死月則四月大夫有之五虞卒哭在五月諸侯以上以義可知云此記更從死起異人之間其義或殊者上已論虞卒哭此記記更從始死記之明非上記人是異人之間其辭或咏更見記之事其實義亦不異前記也

將旦而祔則薦薦謂卒哭之祭【疏】注薦謂卒哭之祭○釋曰謂卒哭之祭日將旦而祔則薦薦謂卒哭之祭云祔則薦者記人見卒哭之祭爲祔而說故連文云將旦而祔則爲此卒哭而祭祔也

卒辭曰哀子某來日某隮祔爾于爾皇祖某甫尚饗卒辭卒哭之祝辭隮升也尚庶幾也不稱饌明主爲告祔也今文隮爲齊【疏】注卒辭至爲齊○釋曰云卒辭卒哭之祝辭者謂迎尸之前祝釋孝子辭云爾云不稱饌明主爲告祔也者但卒哭之祭實有牲饌而不稱者以其卒哭祭主爲告神將祔於祖而設牲饌故不言也

女子曰皇祖妣某氏女孫祔於祖母【疏】注女孫祔於祖母○釋曰此女子謂女未嫁而死或出而歸或未廟見而死歸於氏之家既葬而

祔于祖母也婦曰孫婦于皇祖姑某氏不言爾曰孫婦差疏也○差所賣反

【疏】注不言至疏也○釋曰此對上文孫祔于祖而云祔于爾皇祖某甫此則不曰爾而變曰孫婦婦差疏故不爾也若然上文子亦不云爾者文承孫下云爾可知直言其皇祖妣異者耳

其他辭一也來日某隮祔尚饗

【疏】注來日至尚饗○釋曰他辭一者正謂來日某隮祔尚饗女子及孫婦皆有辭故云其他辭一也其祔女子云來日某隮祔爾于爾皇祖妣某氏尚饗其孫婦云來日某隮祔孫婦於皇祖姑某氏尚饗

饗辭曰哀子某圭為而哀薦之饗饗辭勸強尸之辭也圭絜也詩曰吉圭為饎凡言祭饗饗尸曰孝子

【疏】注饗辭至孝子○釋曰饗辭勸強神之辭也者案特牲禮迎尸入室尸即席坐主人拜妥尸尸答拜執奠祝饗鄭云饗勸強之也其辭引此士虞記則宜云孝孫某圭為孝薦之饗當此時為之凡言祭饗尸曰孝子者此一辭說三虞卒哭勸尸辭若祔及練祥吉祭其辭亦用此但改哀為孝耳故鄭云凡以該之也

明日以其班祔卒哭之明日也班次

也喪服小記曰祔必以其昭穆亡則中一以上見祔已復于寢如既祫主反其廟練而後遷廟古文班或
為辨辨氏姓或然今文為胖

【疏】注卒哭至為胖○釋曰引喪服小記者彼解中猶間也一以上祖又
祖孫祔祖為正若無祖則祔于高祖以其祔必以昭穆孫與祖同昭穆故間一以上取昭穆相當者若婦
則祔于夫之所祔之妃無亦間一以上若妾祔亦祔于夫之所祔之妾無則易牲祔女君也云凡祔已復
于寢如既祫主反其廟者案文二年公羊云大事者何大祫也大祫者何合祭也毀廟之主陳于大祖未
毀廟之主皆升合食于大祖又案曾子問云天子諸侯既祫祭主各反其廟今祔于廟祔已復于寢若大
夫士無木主以幣主其神天子諸侯有木主者以主祔祭訖主反于寢如祫祭訖主反廟相似故引為證
也云練而後遷廟者案文二年經云丁丑作僖公主穀梁傳云作僖公主譏其後也作主壞廟有時日於
練焉壞廟壞廟之道易檐可也改塗可也是練而遷廟引之者證練乃遷廟祔遷於寢案左氏僖公三十
三年傳云凡君薨卒哭而祔祔而作主特祀於主烝嘗禘於廟服注云特祀于主謂在寢烝嘗禘於廟者

三年喪畢遭烝嘗則行祭皆於廟焉遭烝嘗乃於廟則自三年以前未得遷于廟而禘祭此賈服之義不與鄭同案春官鬯人職云廟用卣鄭注云廟用卣者謂始禘時自饋食始以此言之鄭義若於三年後四時當祭在廟用彝盛鬯必曰用卣中尊獻象等以盛鬯酒而已故鄭取穀梁練而遷廟特祀新死者於廟故用卣也若然唯祔祭與練祭祭在廟祭訖主反於寢其大祥與禫祭其主自然在寢祭之案下文禫月逢四時吉祭之月即得在廟祭但未配而已又玄鳥詩鄭注云君喪三年既畢歸於其廟而後祫祭于大祖明年春禘于群廟若如此言則三年喪畢更有詩禘者鄭意除練時特禘三年喪畢更有此特禘之禮也

沐浴櫛搔翦

搔依注音爪翦子淺反○彌自飾也搔當音爪今文曰沐浴搔翦或爲蚤揃揃或爲鬋

疏 注彌自至爲鬋鬋刑亡釋曰云彌自飾也者上文虞沐浴不於刑注云自潔清不櫛未在於飾鄭雖不言不在於飾沐浴少飾今祔時櫛是彌自飾也

用專膚爲折俎取諸脰膉

專猶厚也折俎謂主婦以下俎也體盡人多折骨以爲之今以脰膉貶於純吉今文字爲折俎而說

以爲肵俎亦甚誣矣古文胑臑爲頭脀也○臑音益〔疏〕注專猶至益也○釋云折俎謂主婦以下俎者鄭知俎是主婦以下俎者特牲記云主婦俎觳折佐食俎觳折少牢云主婦俎臑折是也

其他如饋食如特牲饋食之事或云以左胖虞右胖祔今此如饋食則尸俎肵俎皆有有臂豈復用虞臂乎其不然明矣〔疏〕注如特至明矣○釋曰云如特牲饋食之事者知不如士虞饋食禮者虞不致爵則夫婦無俎矣上文有俎則祔時夫婦致爵以祔時變麻服葛其辭稱孝子婦致爵與特牲同故云如特牲饋食之事也或云以左胖虞右胖祔者當鄭君時有人解者云虞祭與祔祭共用一牲各用一胖以左胖爲虞祭右胖爲祔祭不是故鄭破之云今此經云如饋食謂如特牲饋食之禮尸俎用右胖解之主人俎左臂左胖之臂以爲虞祭主人豈得復取虞時左胖之臂而用之乎明不然矣

用嗣尸虞祔尚質未暇筮尸〔疏〕注虞祔至筮尸○釋曰言用嗣尸則從虞以至祔祭唯用一尸而已云虞祔尚質未暇筮尸者以其哀未殺故云尚質未暇筮尸若然練祥則筮尸矣故喪服小記云練筮日筮尸大祥筮尸

可知是以鄭上文注云餞尸且將始祔于皇祖是用一尸也曰孝子某孝顯相夙興夜處小心畏忌不惰其身不寧稱孝者吉祭疏注稱孝者吉祭○釋曰對虞時稱哀薦檀弓虞爲喪祭卒哭爲吉祭卒哭既爲吉祭祔在卒哭後亦是吉祭故鄭以吉祭言之也用尹祭尹祭脯也大夫士祭無云脯者今不言牲號而云尹祭亦記者誤矣疏注尹祭至誤矣○釋曰鄭知尹祭是脯者下曲禮云脯曰尹祭故知也但曲禮所云是天子諸侯禮用脯號槀特牲少牢無云用脯者故云大夫士祭無云脯者唯上餞尸有脯此非餞尸今不言牲號而云尹祭亦記者誤也以其上文初虞云敢用絜牲剛鬣今不言牲號而云尹祭是記人誤云亦者亦上文香合也嘉薦普淖普薦溲酒普薦鉶羹不稱牲記其異者今文溲爲醙疏注普薦至爲醙○釋曰云普薦鉶羹者案上文虞禮及特牲皆云祝酌奠于鉶南則鉶在酒前而設此亦普薦在酒上故知也但虞禮一鉶此云饋食則與特牲同二鉶故云普薦也云不稱牲記其異者對與初虞之等稱牲但此

其異雖不說牲之號有號可知也并知然云記其異者所以嘉薦普淖普薦溲酒與前不異亦記之以其普薦與前異將言設薦在普淖後溲酒前故并言其次後適爾皇祖某甫以隮祔爾孫某甫尚饗欲其祔合兩告之曾子問曰天子崩國君薨則祝取群廟之主而藏諸祖廟禮也卒哭成事而後主各反其廟然則士之皇祖於卒哭亦反其廟無主則反廟之禮未聞以其幣告之乎

疏注欲其至之乎○釋曰云欲其祔合兩告之者欲讀死者祔於皇祖又使皇祖與死者合食故須兩告之是以告死者曰適爾皇祖某甫謂皇祖曰隮祔爾孫某甫二者俱饗是其兩告也引曾子問者業被鄭注云象有凶事者聚也云卒哭成事而後王各反其廟者至祔須得祔之木主以孫祔祖也天子諸侯有木主可言聚與反廟之事大夫[illegible]木主祭而反之故云無主則反廟之禮未聞云以其幣告之乎者曾子問無遷主將行以幣帛為主命此大夫士或用幣以依神而告使饗之無正文故云乎以疑之朞而小祥小祥祭名祥吉也檀弓曰歸祥肉古文朞皆作基

疏注小祥至作基○釋曰自祔以

三十三

後至十三月小祥故云朞而小祥引檀弓孝彼謂顔
回之喪饋祥肉於孔子而言彼云饋此云歸者饋即
歸也故變文言之引之者
證小祥是祭故有肉也
曰爲此常事祝辭之異者言常者朞而
祭禮也古文常爲祥疏注祝辭至爲祥○釋曰祝辭之異者謂
小祥辭與虞祔之辭有異異者以虞祔
之祭非常一期天氣變易孝子思之而祭是其常事
故祝辭異也云朞而祭禮也者喪服小記文案彼云
期而祭禮也期而除喪道也祭不爲除喪也注云此
謂練祭也禮正月有親親亡至今而期期則宜用祭
期天道一變哀惻之情益衰衰則宜除
不相爲也是以謂小祥祭謂常事也又朞而大祥
曰爲此祥事也又復疏注又復也○釋曰此謂二十五
月大祥祭故云復朞也變言祥
事亦是
常事也中月而禫禫大感反○中猶間也禫祭名也
與大祥間一月自喪至此凡二十
七月禫之言澹澹然平安意也古文疏注中猶至爲
禫或爲導○猶間間惻之間下同導○釋曰知
與大祥間一月二十七月禫後月樂二十八月後月
乎常玉作樂也云禫之言澹澹然平安意也者禫月

得無所不佩，又於禫月將鄉吉祭，又得樂懸，故云平安意也。但至後月乃是即吉之正也。是月也

吉祭猶未配是月是禫月也。當四時之祭月則祭，猶未以某妃配某氏，哀未忘也。少牢饋食

禮祝祝曰：孝孫某敢用柔毛剛鬣、嘉薦普淖，用薦歲事于皇祖伯某，以某妃配某氏，尚饗。○某妃豈非反，

又音配。

疏注是月至尚饗○釋曰：謂是禫月得禫祭，仍在寢，此月當四時吉祭之月，則于廟行四時之祭，於寢而猶未得以其妃配，哀未忘，若喪中然也。言猶者，如祥祭以前不以妃配也。案《禮記》云：吉事先近日，喪事先遠日。則大祥之祭仍從喪事，先用遠日，下旬為之，故《檀弓》云：孔子既祥，五日彈琴而不成聲，十日而成笙歌。注：踰月且異旬也。祥亦凶事，先遠日。案此禫言澹然平安，得行四時之祭，則可從吉事先近日，用上旬為之。若然，二十七月上旬行禫祭於寢，當祭月即從四時祭於廟，亦用上旬為之。引《少牢禮》者，證禫月吉祭未配，後月吉如少牢配可知也。

儀禮注疏卷第十四

明陳鳳梧本儀禮注疏

第六册

漢 鄭玄注 唐 賈公彦疏 唐 陸德明釋文

明嘉靖五年廬陵陳鳳梧刻本

山東人民出版社·濟南

儀禮注疏卷第十五　漢鄭玄注　唐賈公彥疏

後學廬陵陳鳳梧編校

特牲饋食禮第十五

鄭目録云特牲饋食之禮謂諸侯之士祭祖禰非天子之士而於五禮屬吉禮（疏）釋曰鄭知非天子之士而云諸侯之士者案曲禮云大夫以索牛士以羊豕彼天子大夫士此儀禮特牲少牢故知是諸侯大夫士也且經直云適其皇祖某子不云考鄭云祖禰者祭法云適士二廟官師一廟官師謂中下之士祖禰共廟亦兼祭祖故經舉祖兼有禰者鄭達經意祖禰俱言也若祭無問一廟二廟皆先祭祖後祭禰是以文二年左傳云文武不先不窋子不先父是也君祭無問尊卑廟數多少皆同日而祭畢以此及少牢惟筮一日明不別日祭也

特牲饋食之禮不諏日諏子須反○祭祀自孰始曰饋食饋食者食道也諏謀也士賤職褻時至事暇可以祭則筮其日矣不如少牢大夫先與有司於廟門諏丁巳之日（疏）注祭祀至

之日○釋曰自此至事畢論士將筮日之事云祭祀自孰始曰饋食饋食者食道也者案檀弓云飯用米貝弗忍虛也不用食道用美焉爾鄭注云食道褻米貝美若然食道是人飲食之道孝子於親雖死事之若生故用生人食道饋之也此釋經不言祭祀而言饋食之意且云祭祀自孰始者欲見天子諸侯饋食已前仍有灌鬯朝踐饋獻之事但饋食見進黍稷云饋孰見牲體而言天子諸侯堂上朝踐饋獻後迎尸於堂亦進黍稷牲體其犬豕牛羊亦孰之同節也云士賤職褻時至事暇可以祭則筮其日矣者此解經不諏日謂不如大夫以上預前十日與宜諏日而筮之是以鄭云不如少牢大夫先與有司於廟門諏丁筮已之日也凡士言不者對大夫以上爲之此士言不諏日少牢大夫諏日士喪禮月半不殷奠則大夫已上殷奠如此之類皆是也○鄭云時至事暇可以祭者若祭時至有事不得暇則不可以私廢公故也若大夫已上尊雖至唯有喪故不祭自餘吉事皆不廢祭若有公事及病使人攝祭故論語孔子云吾不與祭注云孔子或出或病不自親祭使攝者爲之不致肅敬於心與不祭之同又祭統云是故君子之祭也必

身親涖之有故則使人可也雖使人也君不失其義者君明其義故也是君大夫有病故皆得使人攝祭若諸侯有朝會之事則不得使人攝故王制云諸侯礿則不禘禘則不嘗嘗則不烝烝則不礿鄭注云虞夏之制諸侯歲朝廢一時祭又明堂位云是故夏礿秋嘗冬烝鄭注云不言春祠魯在東方王東巡守以春或闕之是諸侯朝會不得攝以諸侯禮大故也案桓八年經書正月己卯烝公羊傳云烝者何冬祭也春曰祠夏曰礿秋曰嘗冬曰烝嘗事不書此何以書譏何譏爾譏亟也亟則黷黷則不敬君子之祭也敬而不黷疏則怠怠則忘士不及茲四者則冬不裘夏不葛何休云禮本下爲士制四者士有公事不得及茲四時祭者則不敢美其衣服若然則士不暇不得祭又不得使人攝大夫已上有公事乃有攝可知

及筮日主人冠端玄即位于門外西面冠端玄玄冠玄端下言玄者玄冠有不玄端者門謂廟門

疏注冠端至廟門○釋曰云冠端玄玄冠玄端下言玄者玄冠有不玄端者不玄端則朝服下記云助祭者朝服不著玄端故也若然玄端一冠冠兩服也對文則玄端有纁裳

玄裳黃裳雜裳若朝服緇布衣而素裳但六入爲玄
七入爲緇大判言之緇衣亦名玄是以散文言之朝
服亦名玄端故論語云端章甫鄭云端玄端也諸
日視朝之服以端是正幅非直服稱端六冕亦有端
稱故禮記魏文侯曰吾端冕而聽古樂則唯恐臥是
冕服正幅亦名端也云門謂廟門知者士冠禮云筮
於廟門而冠禮筮尚在廟門此謂祭廟筮在廟門可
知若然士冠言廟非祭恐不在廟故言廟此不言廟
者爲祭廟筮可
知不須言廟也

子姓兄弟如主人之服立于主人之南西面北上

所祭者之子孫言子姓者子之所生小
宗祭而兄弟皆來與焉宗子祭則族人
皆侍○
與音預

疏

注所祭至皆侍○釋曰云子姓者子之所
生者案鄭注喪大記云姓之言生也云子
之所生則孫是也云小宗祭而兄弟皆來與焉者案
喪服小記云繼別爲宗繼禰者爲小宗鄭注云小宗
有四或繼高祖或繼曾祖或繼祖或繼禰皆至五世
則遷若然繼禰者長者爲小宗親兄弟等雖異宮皆來
祭繼祖者從父昆弟皆來祭繼曾祖者從祖昆弟皆
來祭繼高祖者族祖昆弟皆來祭是皆據小宗而言

也云宗子祭則族人皆侍者此鄭據書傳而言案書傳康誥云天子有事諸侯皆侍尊卑之義注云事謂祭祀又云宗室有事族人皆侍終日大宗已侍於賓奠然後燕私注云謂卿大夫以下宗室大宗之家引禮記別子爲祖繼別爲大宗繼禰爲小宗賓寮友助祭者若然大宗子祭一族之内皆來助祭引之者證經子姓兄弟若據小宗有服者若據大宗兼有絶服者也

有司群執事如兄弟服東面北上士之屬吏也

疏注士之屬吏也○釋曰云如兄弟服者如主人冠端玄左傳云士有隸子弟謂此言爲屬吏而已

席于門中闑西閾外闑魚列反閾不逼反又況逼反○爲筮人設之也古文闑作槷閾作蹙○爲于僞反下爲神同

疏注爲筮人設之也○釋曰案士冠禮云筮與席所卦者具饌于西塾乃言布席于門中筮人執筴抽上韇兼執之此不言具饌于西塾而經但言席于門中取筮于西塾又云抽上韇者皆是互見省文之義

不筮人取筮于西塾執之東面受命于主人筮人官名也筮問也取其所用問神明者謂蓍也

疏注筮人至著也○釋曰案周禮春官有卜人筮人此士禮亦云筮人故云官名也云筮問也取其所用問神明者謂蓍也者案周禮天府職云季冬陳玉以貞來歲之美惡注云問事之正曰貞凡卜筮實問於鬼神謂卜用龜龜知生數一二三四五之神筮用蓍蓍知成數七八九六之神則此鄭云神明者也若用然神既爲生成之人鄭云爲蓍者則蓍亦有神易繫辭有蓍之德圓而非神直筮有成數之神亦有蓍之作也

宰自主人之左贊命命曰孝孫某筮來日某諏此某事適其皇祖某子尚饗注宰羣吏之長自由也贊佐也達也贊命由左者爲神求變也士祭日歲事此言某事又不言妃者容大祥之後禪月之吉祭皇祖也言皇祖者尊之也某子者祖字也伯子仲子也尚庶幾也長丁丈反下同妃音配又芳非反○疏注宰羣至幾也○釋曰云宰羣吏之長者贊命之宰非長不爲又天子諸侯宰皆尊官故知羣吏之長也云贊命由左者爲神求變也者法士冠禮宰自右少退贊命鄭注云宰有司主政教者自由也贊佐也命告也佐主人告所以筮也少儀

曰贊幣自左詔辭自右此祭祀故宜自左贊命爲神求吉故變於常禮也云士祭曰歲事此言某事又不言禫者容大祥之後禫月之吉祭若案下宿賓云薦歲事鄭言吉而言又少牢吉祭云以某妃配即與士虞記云中月而禫是月也吉祭猶未配此與彼文同故云是禫月吉祭也云言君祖者尊之也者天子諸侯名曾祖爲皇考此士亦云皇祖故云尊之也云某子者祖字也伯子仲子者以其某某子上爲男子美稱故以某爲伯仲叔季五十字下篇云皇祖伯某鄭注云伯某但字也不爲五十字者以其某在伯下故爲且字辭之與此異也

筮者許諾還即席西面坐卦者在左卒筮寫卦筮者執以示主人還音環○士之筮者坐著短由便卦者主畫地識爻爻備以方寫之

注士之至寫之○釋曰云士之筮者坐蓍短由便者決下少牢云史曰諾遂述命既乃釋韇立筮鄭注云卿大夫之蓍長五尺立筮由便於士不同知蓍有長短者案三正記云天子蓍長九尺諸侯七尺大夫五尺士三尺是也云卦者主畫地識爻爻備以方寫之者案士冠禮云筮人許諾右還即席

坐西面卦者在左卒筮書卦執以示主人鄭云卒已也書卦者筮人以方寫所得之卦彼云書卦即云執以示主人則筮者書寫以示主人也此經云卒筮寫卦乃云筮者執以示主人則寫卦者非筮人故此鄭云卦者主畫地識爻爻備以方寫之也

主人受視反之 反還 筮者還東面

長占卒告于主人占曰吉 長占以其年之長幼旅占之

【疏】注長占主吉之○釋曰經直云長占知非長者一人而云長幼旅占之者士冠禮云筮人還東面旅占明此亦是長幼旅占經直云長者見從長者爲始也

若不吉則筮遠日如初儀 遠日旬之外日

【疏】注遠日旬之外日○釋曰案曲禮云吉事先近日喪事先遠日此尊卑禮同也又云旬之內日近某日旬之外日遠某日此尊卑有異云旬之內日近某日據士禮吉事先近日謂祭祀假令孟月先於孟月上旬內筮筮不吉乃用中旬之內更筮中旬又不吉更於下旬內筮筮不吉即止大夫已上假令孟月祭於前月下旬筮來月之上旬不吉又於孟月之上旬筮中旬中旬不吉又於中旬筮下旬下旬又不吉即

止不祭今云遠日旬之外日者謂上旬不吉遠於上旬外筮中旬爲旬之外日非謂如大夫已上旬之外謂旬前爲旬外也

宗人告事畢○前期三日之朝筮尸如求日之儀命筮曰孝孫某諏此某事適其皇祖某子筮某之某爲尸尚饗三日者容宿賓視濯也某之某者字尸父而名尸連言其親庶幾其馮依之也大夫士以孫之倫爲尸○馮音憑

疏注三者至爲尸○釋曰自此盡主人退論祭前筮尸宿尸之事云三日者容宿賓視濯也者謂前期二日宿賓一日視濯是以下云厥明夕陳鼎于門外下至夙興皆祭前一日視濯之事以其夙興上事是祭前一日也宿賓又是厥明夕爲期士則宿賓與視濯別日又知宿賓是祭前二日者此經乃祭前三日筮尸故鄭云容宿賓視濯言容者爲筮尸之後祭日之前有一日容此二事也若然筮尸在祭前三日宿尸云乃是綏辭則與筮尸別日矣以此而言則宿尸與宿賓中無厥明之文則一者同日矣二者同日鄭直言容宿賓視濯不言容宿尸者以其宿賓在厥明之上故

不嫌宿尸與宿賓別日也云某之某者字尸父而名尸者經直云某之某鄭知字尸父而名尸者曲禮云爲人子者祭祀不爲尸鄭彼注云尊者之處爲其失子道然則尸卜筮無父者又云卒哭乃諱諱則不稱名故知尸父云某是字尸既對父故某爲名云連言其親庶幾其馮依之也者以父前世與所祭之父同時同時必相識知今又筮其子爲尸尸又與所祭之子相識父子皆同類故連言其親庶幾其神馮依之也云大夫士以孫之倫爲尸者案祭統云夫祭之道孫爲王父尸所使爲尸者於祭者子行也父北面而事之所以明子事父之道也注云祭祖則用孫列皆取於同姓之適孫也天子諸侯之祭朝事延尸於戶外是以有北面事尸之禮如是則天子諸侯宗廟之祭亦用孫之倫爲尸而云大夫士者但天子諸侯雖用孫之倫取卿大夫有爵者爲尸故鳧鷖詩祭尸之等皆言公尸又曾子問云卿大夫將爲尸於公若大夫士祭尸皆取無爵者無問成人與幼皆得爲之故曾子問孔子曰祭成喪者必有尸尸必以孫孫幼則使人抱之是也

乃宿尸宿讀爲肅肅進也進之者使知祭日當來几宿或作速記作肅周禮亦作

宿疏注宿讀至作宿○釋曰云古文宿皆作羞墨之不從古文云凡宿或作速細明一布之內或作速者若公食大夫速賓之類是也云記作肅者曲禮云主人肅客而入是也又云周禮亦作宿者大宗伯文宿眡滌濯是也是以鄭況云或也主人立于尸外門外子姓兄弟立于主人之後北面東上不東面者來不爲賓客子姓立于主人之後上當其後

[illegible]東至其後○釋曰云不東面者來不爲賓客尸[illegible]以象也主人有子道故主人北面不爲賓客[illegible]尊孰不東面此決冠禮宿賓主人東面此北面不[illegible]云上當其後者子姓兄弟北面陪主人後東頭爲上者不得過主人故爲上者當主人之後也尸如主人服出門左西面不敢南面當尊疏注不敢南面當尊○釋曰此決少牢云主人即位於廟門外[illegible]東方南面以其大夫尊有君道故南面當尊此亡之孫倫爲尸雖被宿猶不敢當尊也主人辟皆東面北上辟芳益反一音避○順尸主人再拜尸答拜主人先拜尊尸疏注主人先

拜尊尸○釋曰此決下文宿賓賓先拜主人乃答拜今此尊尸是以主人先拜也案少牢云吉則遂宿尸祝擯主人再拜稽首祝告曰孝孫某云云尸許諾祝先釋辭訖尸乃拜此尸答拜後宗人乃擯辭者士尸卑主人拜尸尸即答拜不得擯辭訖大夫之尸尊尊得釋辭訖乃拜

宗人擯辭如初卒曰筮子爲某尸占曰吉敢宿宗人擯者釋主人之辭如初者如宰贊命筮尸之辭卒曰者著其辭所易也

疏注宗人至易也○釋曰云如初者如宰贊命筮尸之辭者案筮尸時雖不是宰贊命以其云筮尸如求日之儀筮日時有宰贊命則筮尸時亦有宰贊命可知故此得如之也卒曰者著其辭所易也者前筮尸辭云筮某之某爲尸尚饗比上之辭也

祝許諾致命受宗人辭許之傳命於尸始宗人祝北面至於傳命皆西面受命東面釋之

疏注受宗至釋之○釋曰云始宗人祝北面至於傳命皆西面受命東面釋之者以其上文始將宿主人與子姓兄弟立于尸門外北面重行則宗人與祝相隨亦皆北面故云始宗人祝北面至於尸出門左西面主人避之門西東面

位訖宗人進主人之前西面鄉之受命受命訖尸既西面明宗人旋鄉東面釋之可知尸許諾

主人再拜稽首其許亦宗人受於祝而告主人疏注其許至主人○釋曰云其許亦宗人受於祝而告主人者謂祝受尸許諾旋西面告宗人宗人告主人尸許諾主人乃再拜稽首尸

入主人退相揖而去尸不拜送尸尊疏注相揖至尸尊○釋曰鄭知有相揖而去者約下篇少牢云主人退尸送揖不拜是也但彼有送文此經尸入後乃言主人退則尸不送可知此尸不送者上畢故尸被宿之後不送也大夫尊故尸雖受宿猶送大夫也

宿賓賓如主人服出門左西面再拜主人東面答再拜宗人擯曰某薦歲事吾子將涖之敢宿涖音利又音類○薦進也涖臨也言吾子將臨之知賓在有司中今特肅之尊賓耳疏注薦進至賓耳○釋曰自此盡賓拜送論士將祭宿屬吏內一人為備三獻賓之事也云言吾子將臨之知賓在有司中者以其云將臨之明前筮尸在其中可知以上無戒文今宿之

云吾子將涖之明知賓在有司內可知案前文有司羣執事如兄弟服東面北上鄭云士之屬吏此云賓在有司內則賓是士之屬吏可知下記云公有司門西北面東上獻次衆賓私臣門東北面西上獻次兄弟賓及衆賓行事在西階之下復似賓不在有司中者但賓是士之屬吏內言私臣據已自辟除者言公有司者亦是士之屬吏命於其君者言賓在有司中者諸士此獻者之中選以爲賓又選爲衆賓以下若在門外時同在門西東面北上及其入爲賓及衆賓者適西階以俟行事公有司不選爲賓者門西北面私臣不選爲賓門東北面門外不列者以其未有事入門而列者爲將行事公有司門西私臣門東二者皆無事故經不見記乃辨之見其與於獻也云今特牲之尊賓耳者賓有司之內不嫌不助祭今特宿之者將使爲賓也

賓曰某敢不敬從主人再拜賓答拜主人退賓拜送○厥明夕陳鼎于門外北面北上有鼏鼏亡狄反○厥其也宿賓之明日夕門外北面當門也古文鼏爲密疏注厥其至爲密○釋曰自此盡主人

釋送論祭前一日之夕視濯與視牲之事云門外北面當門也者以其經直云門外不言門之東西故知當門下篇少牢陳鼎在門東此當門者士卑避大夫故也棜在其南南順實獸于其上東首棜於庶反○順猶從也棜之制如今大木轝矣上有四周下無足獸腊也○轝音預

疏注順猶至腊也○釋曰下篇少牢牲北首東上司馬刲羊司士擊豕宗人告備乃退不言獸少牢五鼎明有獸可知不言之者已有二牲略其小者故不言也案士虞記陳牲于廟門外北首西上鄭注云言牲腊在其中西上變吉北亦其西北首東與彼文同彼文變言者彼牲云北首西上明腊亦北首可知此實獸棜上東首不與牲相統故云變吉云棜之制如今大木轝矣上有四周下無足者鄭舉漢法以曉古諸禮禮記及此儀禮而言棜者以無足解之云獸腊也者特牲三鼎有豕魚腊案周禮腊人鄭注云小物全乾爲腊故知豕云牲魚水物云獸是腊可知

牲在其西北首東足其西棜西也東足者尚右也牲不用棜以其生

疏注其西至其生○釋曰豕不可牽之縛其足陳於門外首北出

撚東其足，寢其左，以其周人尚右，將祭故也。**設洗于**云牲不用撚，以其生者對腊死用撚而言之。**阼階東南，壺禁在東序，豆籩鉶在東房，南上，几席兩敦在西堂。**鉶音刑。敦音對，又都雷反，後放此。○東房，房中之東，當夾北。西堂，西夾室之前近南耳。○夾，古洽反，劉古協反，後皆同。[疏]注「東房至南耳」。○釋曰：大夫士直有東房西室，若言房則東房矣。故士冠禮陳服于房中西牖下，不東領北上，不言東。又昏禮側尊甒醴于房中，亦不言除，如此之類皆不東言東，以其直有一房，不嫌非東房，故不言東。今此經特言東，東房明房內近東邊，故云不房也。夾室半以南爲之，以壁外相望，則當夾北也。又與少牢籩豆所陳相反，少牢近於西方，此經則房中之東也。言當夾北者，以其夾室在房近南則東，故云房中之東當夾之也。云西堂房夾之前近南則耳者，案爾雅注：夾室前當謂之廂，此在西堂在西[illegible]，故云西夾之前近南[illegible][illegible]也。**主人及子姓兄弟即位于門東，如初。**初，筮位也。**賓及衆賓即位于門西，東面北上。**不如初，象者以賓在而宗人祝不在【疏】注不象主不在。釋曰云不象如初[illegible]主人及子姓兄弟即位于門東如初筮位[illegible]及[illegible]即是前者有司羣吏執事當言如初不言者以[illegible]前筮時在門東贊主人辭令宰在門西同行及宗人祝離位賓西北陳面南上異於筮位時故不言如初也

宗人祝立于賓西北東面南上事彌至位彌異宗人祝於祭宜近廟【疏】注事彌至位彌異。釋曰云事彌至者謂祭事彌至位彌異者謂宗人祝近門離本位故云位彌異

主人再拜賓答再拜三拜衆賓衆賓答再拜衆賓再拜者士賤旅之得備禮也【疏】注衆賓至禮也。釋曰云旅之得備禮者謂衆賓無問多少總三拜之旅衆也衆賓共得三拜故云旅之也衆賓再拜者士賤衆賓得備禮案有司徹主人降南面拜衆賓于門東三拜衆賓門東北面皆答一拜注云言三拜者衆賓賤旅之也衆賓一拜賤也卿大夫尊賓賤純臣也經云皆答一拜明人人從上至下皆一一獨答拜以其純故也所以不再拜者避國公故也此士賓莫問多少皆得一時再拜者以其

士賤衆賓得致禮故也主人揖入兄弟從賓及衆賓從即位于堂下如外位從如字又下用反後以意求之○爲視濯也宗人升自西階視壺濯及豆籩反降東北面告濯具濯溉也不言敦鉶者省文也東北面告緣賓意欲聞也言濯具不言絜以有几席

疏注濯溉至几席○釋曰云不言敦鉶者省文也者決上文初饌時云豆籩鉶在東方明敦及鉶亦視可知經不言者省文故也上陳時經有几席鄭注所以下并言几席省文者經言告濯具几席不在濯內故不得云几席爲省文也云東北面告緣賓意欲聞也者經云即位于堂下如外位則主人在東階之下宗人降自西階宜東面告濯具以賓在西亦欲聞之故也所以不正面告者爲主人告故也云言濯具不言絜以有几席者洗濯當告絜不洗者告具而已几席不在洗內故直告濯具不言絜嫌通几席亦洗濯之限此決下經門外舉鼎鼏云告絜

賓出主入出皆復外位爲視牲也宗人視牲告充雍正作豕充猶肥也

雍正官名也北面以策動作豕視聲氣[疏]注充猶至聲氣○釋曰云北面以策動作豕者此無正文經云作是動作之言故知以策動作豕云視聲氣者案禮記內則周禮庖人職云豕望視而交睫腥不云豕之聲氣而正云視聲氣者但祭祀之牲當充盛肥者聲氣不和即是疾病不甚祭祀故云視聲氣也

宗人舉獸尾告備舉鼎告絜備具請期曰羹飪飪而甚反○肉謂之羹飪孰也謂明日質明時而曰肉孰重豫勞賓宗人既得期西北面告賓有司[疏]注肉謂至有司○釋曰案下少牢云宗人曰旦明行事此不云旦明行事而云羹飪者彼大夫尊有君道可以豫勞賓故云時節此事畢無君道故不云旦明而云羹飪是以鄭云重豫勞賓羹飪乃來也云宗人既得期西北面告賓有司者案少牢云主人門東南面宗人朝服北面曰請祭期主人曰比於子宗人曰旦明行事上文門外賓位在門西東面今既得期鄉西在賓南北面告賓賓與有司使知祭日當來也

告事畢賓出主人拜送○夙興主人服如初立于門外東

房南面視側殺夙早也興起也王人服如初則其餘有不玄端者側殺一牲也

[疏]注夙早至牲也○釋曰自此盡于中庭論祭日夙興主人主婦陳設及行位之事云主人服如初則其餘有不玄端者案下記云特牲饋食其服皆朝服玄冠緇帶緇韠注云於祭服此也皆者謂賓及兄弟筮日筮尸視濯亦玄端至祭而朝服朝服者諸侯之臣與其君日視朝之服大夫以祭今賓兄弟緣孝子欲得嘉賓尊客以事其祖禰故服之緇韠者下大夫之臣夙興主人服如初則固玄端是也鄭云其餘有不玄端者明亦有著玄端者是以下記又辯之云唯尸祝佐食玄端玄裳黃裳雜裳可也皆爵韠鄭注云與主人同服是有同服者有著朝服者故云其餘有不玄端者也云側殺殺一牲也者案少牢主人即位於廟門之外司馬刲羊司士擊豕皆主人不視殺案楚語云諸侯宗廟之事必自射其牲刲羊擊豕又司弓矢云凡祭祀共射牲之弓矢注云射牲示親殺也殺牲非尊者所親唯射為可又國語云禘郊之事天子必自射其牲王藻云凡有血氣之類君子弗身踐也者據凡常非祭祀天子尊于郊射牲諸侯降天子故

宗廟亦親殺大夫士不敢與君同故親之而不親殺之側殺一牲者案冠禮云側尊一甒醴在服北鄭注云側猶特也無偶曰側以其無玄酒是以少牢云司馬刲羊司士擊豕以其二牲不云側也

主婦視饎爨于西堂下

饎尺志反○炊黍稷曰饎宗婦爲之爨竈也西堂下者堂之西下也近西壁南齊于坫古文饎作糦周禮作饎

【疏】注炊黍至作饎○釋曰知宗婦爲之者以經言主婦視饎爨明主婦自爲也是以下記云宗婦贊薦者執以坐于戶外授主婦尸卒食而祭饎爨鄭以祭饎爨用黍而已是宗婦爲之可知也云爨竈也者周公制禮之時謂之爨至孔子時則謂之竈故論語王孫賈云與其媚於奧寧媚於竈是孔子時爲竈也云西堂下者堂之西下也者以其爲爨不可正在堂下當逼西壁爲之故云堂之西下近西壁也又知南齊于坫案既夕記云設棜于東堂下南順齊于坫明在東西堂下皆齊於坫可知又鄭下注引舊說云南北直屋梠稷在南是也案少牢云雍人摡鼎匕俎于雍爨雍爨在門東南北上廩人摡甑甗匕與敦於廩爨廩爨在雍爨之北廩爨既在門外不見主婦有視文主婦未知

視之以否主婦視饎爨猶主人視殺牲故易歸妹上六云女承筐無實士刲羊無血鄭注宗廟之禮主婦奉筐米如饎之特豢事之可知云周禮作饎者所謂故書者或作饎也

亨于門外東方西面北上亨普庚反○亨煮也煮豕魚腊以鑊各一爨詩云誰能亨魚溉之釜鬵○鬵音尋

疏注亨煮至釜鬵○釋曰知用鑊者下少牢云羹定雍人陳鼎五三鼎在羊鑊之西二鼎在豕鑊之西故用鑊也

羹飪實鼎陳于門外如初初視濯也尊于戶東玄酒在西戶東室戶東玄酒在西尚之凡尊酌者在左

疏注戶東至在左○釋曰知戶東是室戶東者若據房戶東西則舉東房而言今直云戶東故知室戶東也云玄酒在西尚之凡尊酌者在左者左爲上尊今云玄酒在西故云尚之是以鄉飲酒鄉射皆玄酒在西尊酒在東若燕禮大射唯君西尊不從此義也

實豆籩鉶陳于房中如初如初者取而實之既而反之

疏注如初至反之○釋曰經云實豆籩者取豆籩實之又言陳于房中如初者明既而反之可知也

執事之

俎陳于階間二列北上執事謂有司及兄弟二列者因其位在東西祝主人主婦之俎亦存焉不升鼎者異於神【疏】注執事至於神○釋曰鄭知經執事之俎祝主人主婦亦存焉者見士虞記祝俎陳於階間敦東彼虞不致爵故不見主人主婦俎明此吉祭有致爵主人主婦陳於階間可知以主婦亦是執事之人也若然少牢主人主婦無俎者以獻二禮成別爲儐尸正祭無致爵故主人主婦無俎儐尸行三獻致爵乃有俎下大夫不儐尸者亦於三獻尸爵止行獻爵乃有俎也云不升鼎者異於神者前俎升鼎而入設於階前此鼎在門外不入而言陳於階間二列故知不升鼎盛兩敦陳于西堂藉用萑几席陳于西堂如初藉慈夜反萑音完○盛黍稷者宗婦也萑細葦古文用爲于【疏】注盛黍稷者宗婦也○釋曰知盛黍稷是宗婦者以其黍稷是宗婦所主故知也尸盥匜水實于槃中簞巾在門內之右設盥水及巾尸尊不就洗又不揮門內之右象洗在東統于門東西上凡鄉內以入爲左右鄉外以出爲左右

疏注說盥至左右○釋曰云不揮者揮振去水使手乾今有巾故不揮也是以僖二十三年左氏傳云公子重耳奔秦秦伯納女五人懷嬴與焉奉匜沃盥既而揮之懷嬴怒是也云門内之右象洗在東者東爲門東嚮向内爲右故鄭云統於門東西上云凡鄉内以入爲左右鄉外以出爲左右者欲明門内據鄉内以入爲右者也

祝筵几于室中東面爲神敷席也至此使祝接神

疏注爲神至接神○釋曰案上視濯時云宗人祝立於賓西北東面南上鄭注云事彌至位彌異宗人獻於衆賓宜近廟至入廟時宗人獨升視濯及出門外視牲告充未有使祝之文至此臨祭使祝敷神席故鄭云至此使祝接神也

主婦纚笄宵衣立于房中南面纚山買反又所綺反○主婦主人之妻雖姑存猶使之主祭祀纚笄首服宵綺屬也此衣染之以黑其繒本名曰宵詩有素衣朱宵記有玄宵衣凡婦人助祭者同服也内則曰舅沒則姑老冢婦所祭祀賓客每事必請於姑

疏注主婦至於姑○釋曰云雖姑存猶使之主祭祀也謂姑老不與祭祀故姑存猶使之主祭祀也云纚者韜髮

士冠禮廣終幅長六尺笄安髮之笄非冠冕之笄冠
冕之笄男子有婦人無若安髮之笄男子婦人俱有
婦人笄對男子冠故內則云男女未冠笄又喪服小
記云男子冠而婦人笄是也云宵綺屬也此衣染之
以黑其繒本名曰宵者謂此宵衣是綾綺之屬鄭注
內司服云男子之褖衣黑則是亦黑也以其士喪禮
有褖衣與士冠玄端為一玄端黑是男子褖衣亦黑
則此婦人宵衣亦黑可知其玄則黑之類也故鄭引
王藻君子狐青裘豹褎玄宵衣以裼之證婦人玄宵
衣亦黑也云其繒本名宵者此宵據形聲為綃從絲
省聲但詩及禮記儀禮皆作宵字故鄭云其繒本名
曰宵故引詩及禮記為証引詩者直取字為証引記
謂禮記玉藻并直取証字為宵亦以証婦人宵衣為
玄也云凡婦人助祭者同服也者經及記不見主婦
及宗婦異服之文故知同服對男子助祭祝佐食等
與主人服異也少牢云主婦贊者一人亦髮鬄衣侈
袂與主婦同其餘雖不侈袂同亦宵衣可知依內司
服天子諸侯王后以助祭皆不同者人君尊卑差等
大夫士卑服窮則同也引內則者彼舅沒特年七十
以上姑雖存年六十已上而當傳之家事故子之妻

代姑祭雖代姑每事必請於姑引之者證經主婦而舍姑夫老自爲主婦姑老則子妻爲主婦也主人及賓兄弟群執事即位于門外如初宗人告有司具具猶辨也主人拜賓如初揖入即位如初初視濯也佐食北面立于中庭佐食賓佐尸食者立于宗人之西疏注佐食至之西〇釋曰案下記云佐食當事則戶外南面無事則中庭北面據此而言則此經請無事時也云立于宗人之西者案士虞禮云主人及兄弟賓即位於西如反哭位注引既夕禮云反哭入門外自西階東面經又云宗人西階前北面注云當詔主人此特牲吉禮主人行事阼階宗人亦在阼階南擯主人佐食北面於中庭明在宗人之西可知主人及祝升祝先入主人從西面于戶內祝先入接神宜在前也少牢饋食禮曰祝盥于洗升自西階主人盥升自阼階祝先入南面疏注祝先至南面〇釋曰自此盡稽首論主人主婦及祝與佐食陳設陰厭之事云主人從西面于戶內以注引少牢者証主人戶

內西面與聘祝北墉下南面之事以其宗有司行事之法直監納祭而已下文乃云祝在左為孝子釋辭乃有事也

主婦盥于房中薦兩豆葵菹蝸醢醢在北蝸力禾次

○主婦盥盥於內洗昏禮記婦洗在北堂直室東隅○直音值

宗人遣佐食及執事盥出命之盥出當助主人及賓舉鼎主人降及賓盥出主人在右及佐食舉牲鼎賓長在右及執事舉魚腊鼎除鼏長丁丈反下注放此○及與也主人在右統與東主人與佐食者賓尊不載少牢饋食禮魚用鮒腊用麋士腊用兔○鮒音附

疏注及與至用兔○釋曰鼎在門外北上東為右人西為左人右人尊入時在鼎前左人卑入時在鼎後又盡載牲體於俎入設俎于神坐之前主人升乃以東為主今在堂下主人在右故云統於東也云主人與佐食者賓尊不載者以賓主當相對為左右以賓尊不載牲體故使佐食對主人使賓為右人而使執事在左人而載也

宗人執畢先入當阼階南面畢狀如叉蓋為

其似畢星取名焉主人親舉宗人則執畢[illegible]之既錯又以畢臨匕載備失脫也雜記曰朼用桑長三尺畢用桑長三尺刊其本與末朼畢同材明矣今此朼用棘心則畢亦用棘心舊說云畢似御他神物神物惡桑叉則少牢饋食及虞無叉何哉此無叉者乃主人不親舉耳少牢大夫祭不親舉虞者祭也主人未執事祔練祥執事用桑叉自此純吉用棘心叉○朼音匕

疏注畢狀[illegible]叉○釋曰云畢狀如叉者下引舊說有他神物惡桑叉之言故以叉而言云蓋為其以畢星取名焉者案詩云有求天畢載施之行無正文故云蓋以疑之也云主人親舉宗人則執畢導之既錯又以畢臨匕載備失脫也知義然者以經言宗人執畢先入是導之也入知既錯又以畢臨匕載備脫也者以經云當阼階南面明鄉主人執畢臨匕備失脫可知也云今此朼用棘心則畢亦用棘心者案下記云棘心匕刻是也知畢亦棘心者以雜記匕畢同用桑據喪祭今吉祭匕用棘心則畢亦棘心也云舊說云畢以御他神物神物惡桑叉舊說知此叉引少牢士虞已下彼舊說之意也云此無叉者乃此人不親舉耳者總解士虞少牢二禮云少牢大夫祭

不親舉者大夫尊主人不親舉云虞喪祭也主人未執事者對言祭主人執事有畢彼無也云祔練祥執

事用祭义者以其虞時主人不執事則祔以執事用祭义則雜記所云事也云自此純吉用棘心义者除

祥後則禫月及吉祭用棘心也案易震卦彖辭云震來虩虩笑言啞啞震驚百里不喪匕鬯鄭注云雷發

聲於百里古者諸侯象諸侯出教令能警戒國內則守其宗廟社稷爲之祭主不亡其匕鬯人君於祭匕

牲體薦鬯而已其餘不親爲也若然諸侯親匕牲體大夫不親者辟人君士卑不嫌得與人君同親匕也

鼎西面錯右人抽扃委于鼎北右人謂主人及二賓既錯皆西面俟也

贊者錯俎加匕贊者執俎及匕從鼎入者其錯俎東縮加匕東柄既則退而左人北面也

疏注贊者至面也○釋曰云其錯俎東縮加匕東柄者少牢云俎皆設于鼎西西肆又云匕皆加于鼎

東枋則此加匕於鼎東柄可知云既則退而左人北面也知者以其俎從於鼎鼎西其人當北面於其南載

之便是以昏禮亦云北面載執而俟是也乃朼右人也尊者於事指使可也左人載之佐食

升肵俎鼏之設于阼階西肵音祈○肵謂心舌之俎也郊特牲曰肵之爲言敬也言主人之所以敬尸之俎古文鼏皆作密疏注肵謂至作密○釋曰知肵謂心舌者下記云肵俎心舌皆去本末午割之實牲鼎載心立舌縮俎是也引郊特牲者見敬有肵俎送于尸前卒載加匕于鼎卒已也已載畢亦加焉疏注卒已至加焉○釋曰主人匕牲體宗人以畢助之主人匕事訖加之於鼎則宗人既事亦加於鼎可知主人升入復位俎入設于豆東魚次腊特于俎北入設俎載者腊特饌要方也凡饌必方者明食味人之性所以正疏注入設至以正○釋曰知載人設俎者以其經卒載下即云入設不見別人明是載者設之可知云腊特饌要方也者案經豆在神坐之前豕入設於豆東魚俎又次其東若腊俎復在東則饌不得方故腊俎特于俎北取其方故也主婦設兩敦黍稷于俎南西上及兩鉶芼設于豆南南陳芼亡報反○宗婦不贊敦鉶者以其少可親之芼菜也疏

注宗婦至菜也○釋曰案少牢主婦設金敦宗婦贊三敦以其多故使宗婦贊此主祭祀二敦少故不使宗婦贊主婦可親之也若然案少牢佐食贊鉶宗婦不贊鉶此不以佐食決之而并云宗婦者此決有司徹故有司徹云主婦洗爵于房中出實爵尊南西面升獻尸尸拜于筵上受主婦西面于主人之席北拜送爵入于房取一羊鉶坐奠于韭菹西主婦贊者執豕鉶以從主婦不興受設于羊鉶之西又下至主婦致爵于主人主婦設二鉶與糗脩如尸禮皆是也

祝洗酌奠奠于鉶南遂命佐食啓會佐食啓會卻于敦南出立于西南面會古外反○酌奠奠其爵觶少牢饋食禮啓會乃奠之【疏】注酌奠至奠之○釋曰引少牢者案少牢祝酌奠遂命佐食啓會乃奠者彼大夫禮與此士禮相變是以與此奠乃啓會異也

主人再拜稽首祝在左稽首服之甚者祝在左當為主釋辭於神也祝祝曰孝孫某敢用剛鬣嘉薦普淖用薦某事於皇祖某子尚饗○祝州又反淖女孝反【疏】注稽首至尚饗○釋曰引少牢祝祝已下者欲見迎

尸之前釋孝子之辭也

卒祝主人再拜稽首○祝迎尸于門外

尸自外来代主人接之就其次而請不拜不敢與尊者爲禮周禮掌次凡祭祀張尸次 疏 注尸自至尸次○釋曰自此盡反黍稷于其所論陰厭後迎尸于正祭之事云尸自外来代主人接之者下注云主人不迎尸成尸尊故也云就其次而請不拜不敢與尊者爲禮者凡平賓客皆在門西主人出門左西面拜今此經直云迎尸於門外不言祝拜尸尸荅拜是祝出就次尸乃出次迎之而入門是不敢與尊者爲禮引周禮者證門外張尸次之事也

主人降立于阼階東

主人不迎尸成尸尊尸所祭者之孫也祖之尸則主人乃宗子禰之尸則主人乃父道事神之禮廟中而已出迎則爲厭○厭一葉反 疏 注主人至爲厭○釋曰云主人不迎尸成尸尊者案祭統云君迎牲而不迎尸別嫌也尸在廟門外則疑於臣在廟中則全於君君在廟門外則疑於君入廟門則全於臣全於子鄭云不迎尸者欲全其尊也尸神象也鬼神之尊在廟中人君之尊出廟門則伸此士禮雖無君道亦尊尸主人不迎迎之尊

不成不迎之則成尸之道尊也云尸所祭者之孫也者禮記云孫爲王父尸是也云祖之尸則主人乃宗子者以其祭祖凡弟来助祭故知宗子小宗大宗五宗皆然書傳云宗子將有事族人皆入侍也云禰之尸則主人乃父道者禮記祭統云夫祭之道孫爲王父尸所使爲尸者於祭者子行也父北面而事之所以明子事父之道也此父子之倫也註云祭禰則用孫列皆取同姓之適孫是其禰之尸則主人乃父道也云事神之禮廟中而已出迎則爲厭出廟門主人有君厭臣之義故不迎迎厭

尸入門左北面盥宗人授巾侍盥者執其器就之執簞者不授巾賤也宗人授巾庭長尊少牢饋食禮曰祝先入門右尸入門左

疏注侍盥至門左○釋曰引少牢者見士經陳盥在門右今尸入門左尸尊不就盥槃匜水簞巾門右就尸之義也

尸至于階祝延尸尸升入祝先主人從延進在後詔侑曰延禮器所謂詔侑武方者也少牢饋食禮曰尸升自西階入祝從主人升自阼階祝先入主人從○侑音又武音無

疏注延進至人從○釋曰云在後詔侑曰延者案士虞

禮尸謖祝前鄉尸鄭注云前道也祝道尸必先鄉之
爲之節祝居尸前道之此則在尸後詔之故云延
也云禮器所謂詔侑武方者彼注武無也祝詔侑尸
無常謂若檀弓子事父母左右就養無方令祝延尸
道尸亦無常也引少牢者見
祝從尸主人又從祝入之事尸即席坐主人拜妥尸妥他果反○妥安坐也尸答拜執奠祝饗主人拜如初饗勸彊之也其
辭取于士虞記則宜云孝孫某圭爲孝
薦之饗舊說云明薦之○彊其丈反
疏注饗勸至薦之○釋
曰云其辭取于士虞記則宜云孝孫某圭爲孝薦之
饗者但喪祭稱哀吉祭稱孝故士虞記卒哭饗尸辭
曰哀子某圭爲哀薦之饗此既吉祭宜云孝孫某圭
爲孝薦之饗以其改哀云孝故曰宜云也鄭舊說者
證圭爲絜明之義也祝命挼祭尸左執觶右取菹擩于醢祭于
豆間挼依注音隋墮許恚反劉相恚反後隋祭隋祭皆放此○命詔尸也挼祭祭神食也古虞禮古文
曰祝命佐食墮祭周禮曰既祭則藏其墮墮與挼讀
同耳擩醢者染於醢○擩如悅反劉而玄反又而誰

反後同疏注命詔至於酳○釋曰云挼祭祭神食也者鄉者設饌未迄尸陰厭厭飫神今尸未升席
而挼祭祭訖當食神餘引周禮而云墮與挼讀同則二字通用云今文改挼皆爲餒不從今文引古文者
欲見挼不有祭無鹽故墨之而不從也云挼鹽者染於鹽從經爲正也佐食取黍稷肺
祭授尸尸祭之祭酒啐酒告旨主人拜尸奠觶答拜
啐七内反○肺祭刌肺也旨美也祭酒穀味之芬芳者齊敬共之唯恐不美告之美達其心明神享之○
刌寸本反齊側皆反共音恭疏注肺祭至享之○釋曰知肺祭是刌肺也者下記刌肺三鄭注爲尸
主人主婦此經云肺祭明是刌肺非舉肺也祭鉶嘗之告旨主人拜尸答拜鉶肉
味之有菜和者曲禮曰客絮羹主人辭不能亨○和戶臥反下同絮立慮反疏注鉶肉至能亨○釋
曰云鉶肉味之有菜和者此即公食大夫牛藿羊苦豕薇之等是也以其盛之鉶器因號羹爲鉶故云肉
味之有菜和引曲禮者證鉶羹有五味調和絮者調和之義故告旨若大羹則不調以鹽菜無絮調之理

也祝命爾敦佐食爾黍稷于席上爾近也近之便尸之食也設大
羹湆于醢北湆去及反大羹湆煑肉汁也不和貴其質設之所以敬尸也不祭不嚌大羹
不為神非盛者也士虞禮曰大羹湆自門入今文湆皆為汁疏注大羹至為汁○釋曰云醢北者為
薦左案公食大夫禮大羹湆皆在薦右此在左者神禮變於生人士虞禮大羹湆設于鉶南在右與生
人同有不忍異於生故也云不和貴其貴者案桓二年左氏傳云大羹不和以鹽菜是貴其質也云不為
神者陰厭時未設尸來始設為尸故士虞記云無尸則禮及薦饌皆如初不授祭無大羹湆胾從獻有尸
即有大羹湆從獻縱有亦不祭不嚌是不為神非盛者也引士虞禮曰大羹湆自門入者證迎尸後
來也乃從獻舉肺脊以授尸尸受振祭嚌之左執之肺氣之主
也脊正體之貴者先食啗之所以導食通氣○先悉薦反又如字啗宅敢反乃食食舉舉言
食者明凡解體皆連肉疏注舉言至連肉○釋曰云食舉謂骨體正脊從俎[illegible]鄉口因乃食謂食肺

名體爲舉凡牲體或七或二十一皆擇骨節 主人羞而言今言食不可空食骨以體皆連肉也

肵俎于腊北肵俎主於尸主人親羞敬也神俎不親設者貴得賓客以神事其先疏注肵俎至其先○釋曰云肵俎主於尸者以其入後乃設之故知主於尸主人親進者敬尸故也前神俎使載者設之者欲得尊賓嘉客以事其先故也尸三飯告飽祝侑主人拜三飯告飽禮一成也侑勸也或曰又勸之使又食少牢饋食禮侑辭曰皇尸未實侑也佐食舉幹尸受振祭嚌之佐食受加于肵俎舉獸幹魚一亦如之幹長脅也獸腊其體數與牲同疏注幹長至牲同○釋曰云長脅文出下記下云獸腊其體數與牲同知者亦見下記云腊如牲骨是也尸實舉于菹豆爲將食庶羞舉謂肺脊佐食羞庶羞四豆設于左南上有醢庶衆也衆羞以豕肉所以爲異味四豆者膮炙胾醢南上者以膮炙爲上以有醢不得綼也○膮許堯反炙章夜反下同疏注庶衆至綼也○釋

曰禀公食大夫云旁四列西北上膷以東臐膮牛炙炙南醢以西牛胾醢注云先設醢綪之次也此四豆
有醢則不得先設非綪之次故也又復一醢不得與胾炙相對相對之法炙在南醢在此胾在此醢在南
知此先得綪故少牢云韭菹醓醢葵菹蠃醢韭菹在南葵菹在此綪法云葵菹在此綪又云羞胾兩瓦豆
有醢亦用瓦豆設于薦豆之北注云四豆亦綪羊胾在南豕胾在北此皆有醢亦得綪者以其四豆胾醢
具相對故鄭皆云綪也尸又三飯告飽祝侑之如初禮再成也舉骼
及獸魚如初尸又三飯告飽祝侑之如初骼音格又音各後同
○禮三成獸魚如初者獸骼魚一也舉肩及獸魚如初不復飯者三二者士之禮大成
也舉先正脊後肩自上而卻下綪而前終始之次也○復扶又反下同三息暫反疏注不復至次也
○釋曰云舉先正脊後肩自上而卻下綪而前終始之次也者先舉正脊自上也次舉脊即卻也後舉骼
即下綪也終舉肩即前也前者牲體之始後者牲體之終故云終始之次也佐食盛肵俎

俎釋三个佐食取牲魚腊之餘盛於肵俎將以歸尸俎釋三个爲改饌於西北隅遺之所釋者牲腊則正脊一骨長脅一骨及臑也魚則三頭而已个猶枚也今俗言物數有若干個者此讀然○盛音成臑乃報反

疏注佐食至讀然○釋曰云俎釋三个爲改饌於西北隅遺之所釋者牲腊則正脊一骨長脅一骨及臑也知者案下記云尸俎右肩臂臑肫胳正脊二骨橫脊長脅二骨短脅今尸舉正脊一骨長脅一骨及骼肩則脊脅各有一骨在前脚三節後脚二節各舉其一訖前脚舉肩訖宜次盛臂後脚舉胳訖宜次盛肫前後各一節以歸脡脊以其次正脊故也前脚唯有臑在并脊脅各一骨爲三也

舉肺脊加于肵俎反黍稷于其所尸授佐食佐食受而加之反之也肺脊初在菹豆

疏注尸授至俎豆○釋曰經直云肺脊加於肵俎鄭知尸不自加而授與佐食佐食受而加之者約少牢云上佐食受尸牢肺正脊加于肵鄭注云受者尸授之也是云肺脊初在俎豆者上文云尸實舉于菹豆是也

主人洗角升酌酳尸酳以淺反又士刃反○酳猶衍也是獻尸

也云酳者尸既卒食又卻顧行養樂之不用爵者下大夫也因父子之道質而用角角加人事略者今文酳皆爲酌

疏 注酳猶至爲酌○釋曰自此盡入復位論主人獻尸及祝佐食之事知是獻尸者下有主婦洗爵獻尸并賓長獻尸故知此是主人酳尸也云不用爵爵者下大夫也者此決少牢云主人降洗爵酌酒乃酳尸用爵不用角也云因父子之道質而用角加人事略者既辟大夫不用爵次當用觚而用角者因無臣助祭父子相養之道而用角者父子是質角加人事略得用功少故也

尸拜受主人拜送尸祭酒啐酒賓長以肝從肝肝炙也古文無長

疏 注肝肝至無長○釋曰此直言肝從亦當如少牢賓長羞牢肝用俎縮執俎肝亦縮進末鹽在右此亦不言者文不具也

尸左執角右取肝擩于鹽振祭嚌之加于菹豆卒角祝受尸角曰送爵皇尸卒爵主人拜尸答拜曰送爵者節主人拜

祝酌授尸尸以醋主人醋才各反○醋報也祝酌不洗尸不親酌尊尸也古

文醋作酢疏注醋報至作酢○釋曰云祝酌不洗者尸當酢主人宜親洗爵酌酒不親洗酌尸尊故也授代酌由祝代酢故不洗也主人拜受角尸拜送主人退佐食授授祭退者進受爵反位尸將嘏主人佐食授之授祭亦使祭尸食也其授祭亦取黍稷肺祭古文授作綏疏注退者至作綏○釋曰云授祭亦使祭尸食也者前祝命尸授祭祭神食今命主人祭尸食亦如尸祭神食故云亦也云其授祭亦取黍稷肺祭者亦如上佐食取黍稷肺祭授尸尸祭之俎故云亦也主人坐左執角受祭祭之祭酒啐酒進聽嘏嘏古雅反○聽猶待也受福曰嘏嘏長也大也待尸授之以長大之福也佐食摶黍授祝祝授尸尸受以菹豆執以親嘏主人摶大官反○獨用黍者食之主其辭則少牢饋食禮有焉疏注獨用至有焉○釋曰案少牢云祝與二佐食皆出盥于洗入二佐食各取黍於一敦上佐食兼受摶之以授尸尸執以命祝卒命祝祝受以東北面于戶西以嘏于主人但少牢不親嘏者

大夫尸尊又大夫禮文此親嘏者士尸卑禮質故也云其辭則少牢饋食禮有焉者案少牢云祝以嘏于主人曰皇尸命工祝承致多福無疆于女孝孫來女孝孫使女受祿于天宜稼于田眉壽萬年勿替引之者也云獨用黍者食之主者案上文云爾黍于席上不云爾稷者以稷雖五穀之長不如黍之美故云食之主是以喪大記云君沐粱大夫沐稷士沐粱士喪禮士沐稻諸侯之士鄭注云差率而上天子黍是黍爲穀之貴也

主人左執角再拜稽首受復位詩懷之實于左袂挂于季指卒角拜尸答拜挂俱賣反一音卦注同○詩猶承也謂奉納之懷中季小也實于左袂挂祛以小指者便卒角也少牢饋食禮曰興受黍坐振祭嚌之○奉芳勇反

疏注詩猶至嚌之○釋曰云挂祛以小指者便卒角也但右手執角左手挂祛以小指不于左手言便卒角者飲酒之時恐其遺落故挂以小指故云便卒角也

主人出寫嗇于房祝以邊受變黍言嗇因事託戒欲其重稼嗇嗇者農力之成功

疏注變黍至成功○釋曰案少牢云主

入出宰夫以籩受嗇黍主人嘗之納諸內此大夫尊不似有入房直是大夫出宰夫以籩受此士人寫嗇于房祝以籩受以其士賤故也云變黍言嗇因事託戒欲其重稼嗇者以黍者五穀之名非農力成功之稱故以黍爲嗇欲其重稼嗇故少牢鄭注云秋斂曰嗇是用農力之言也

筵祝，南面。主人自房還時

主人酳獻祝，祝拜受角，主人拜送。設菹醢、俎。行神惠也先獻祝以接神尊之菹醢皆主婦設之佐食設俎

【疏】注「行神」至「設俎」○釋曰：此文佐食以佐食接尸故後獻之祝接神先獻之云菹醢皆主婦設之佐食設俎知者前獻尸時菹醢主婦設之亞獻及致爵於主人籩豆亦皆主婦設之則此設菹醢亦主婦可知以知佐食設俎約少牢主人獻祝佐食設俎故此亦佐食設俎可知

祝左執角，祭豆，興取肺，坐祭，嚌之，興，加于俎，坐祭酒，啐酒。以肝從。祝左執角，右取肝擩于鹽，振祭，嚌之，加于俎，卒角，拜。主人荅拜，受角，酌獻佐食。佐食

北面拜受角主人拜送佐食坐祭卒角拜主人答拜受角降反于篚升入復位疏釋曰云主人答拜受角酌獻佐食者案上獻祝有俎此獻佐食不言俎者上經云執事之俎陳於階間二列北上鄭注云執事謂有司以佐食亦在有司內者下記云佐食俎觳折脊脅也又下經賓長獻節鄭注云凡獻佐食皆無從其薦俎獻兄弟以齒設之若少牢獻佐食俎即設于兩階之間西上大夫將賓尸故即設佐食俎至於賓尸時佐食無俎也主婦洗爵于房酌亞獻尸亞次也次猶貳主婦貳獻不夾拜者士妻儀簡耳疏注亞次至簡耳○釋曰自此盡以爵入于房論主婦獻尸祝及佐食之事云主婦貳獻不夾拜者士妻儀簡耳者此決少牢主婦亞獻尸時夾拜此士妻下之故云儀簡耳尸拜受主婦北面拜送北面拜者辟內子也大夫之妻拜於主人北西面疏注北面至西面○釋曰案少牢云主婦洗于房中出酌入戶西面拜獻尸鄭注云入戶西面拜由便也不北面者辟人君夫人也拜而後獻者

當祭拜也又云尸拜受主婦主人之北西面拜送爵是也若大夫妻貴辟人君夫人士妻賤不嫌得與人君夫人同也

宗婦執兩籩戶外坐主婦受設于敦南兩籩棗栗棗在西【疏】注兩籩至在西○釋曰知者案下記云籩巾以綌也纁裏棗烝栗擇是也知棗在西者依士虞禮云主婦亞獻尸時云自反兩籩棗栗設于會南棗在西鄭不尚棗棗美故知也

祝贊籩祭尸受祭之祭酒啐酒籩祭棗栗之祭其祭之亦於豆祭【疏】注其祭之亦於豆祭○釋曰知者見上經尸授祭時云若平取菹換于醢祭于豆間又佐食取黍稷肺祭授尸尸祭之不換言其處明亦祭於豆間今此祝贊籩祭之亦不言其處亦祭於豆間可知又案有司徹云尸取韭菹換于豆祭于豆間又尸取麷蕡宰夫贊者取白黑以授尸尸受兼祭于豆祭是籩豆同祭于豆間也

兄弟長以燔從尸受振祭嚌之反之燔音煩○燔炙肉也【疏】釋曰云反之者謂反燔于長兄弟

羞燔者受加于肵出出者俟後事也【疏】注出者俟後事也○

釋曰云儐後事者謂儐主婦獻祝之時更當羞燔于祝知者約上文主人獻尸云賓長以肝從至獻祝時但云以肝從不言其人明亦賓長可知此下文注婦獻祝籩燔從如初儀明獻祝時亦長兄弟羞燔可知故鄭注云儐後事也

尸卒爵祝受爵命送如初送者送卒爵酢如主人儀尸酢主婦如主人儀者自祝酌至尸拜送如酢主人也不易爵辟內子疏注尸酢至內子○釋曰云尸酢主婦如主人儀者自祝酌至尸拜送如酢主人也者言此上則如主人之儀其異者不並取也謂主人受佐食授自祭之此佐食錯授于地主婦撫之而已是也云不易爵辟內子者以經云酢如主人儀上尸酢主人時不易爵故此主婦受酢亦不易爵可知男女不相襲爵所以今襲爵者辟內子是以少牢云祝受尸爵尸答拜易爵洗酌授尸主婦拜受爵尸答拜是其易爵也

主婦適房南面佐食授祭主婦左執爵右撫祭祭酒啐酒入卒爵如主人儀撫授祭云親祭佐食不授而祭於地亦儀簡也入室卒爵於尊者前成禮明受惠也疏

注撫挼至惠也。釋曰云佐食不授而祭於地亦儐簡也者少牢大夫妻云上佐食挼祭主婦西面於主人之北受祭祭之此佐食祭於地主婦撫之而已故云亦儐簡云亦者亦前不夾拜也獻祝籩燔從如初儀及佐食如初卒以爵入于房及佐食如初如其獻佐食則拜主人之北西面也疏注及佐至面也。釋曰此無正文以佐食北面拜受主婦不宜與佐食同面拜故鄭云拜送主人之北西面又言如初明與主人同西面與內子同賓三獻如初燔從如初爵止初亞獻也尸止爵者三獻禮成欲神惠之均於室中是以奠而待之疏注初亞至待之。釋曰自此盡卒復位論賓長獻尸及佐食并主人主婦致爵之事此一節之內乃有十一爵賓獻尸一也主婦致爵于主人二也主人酢主婦三也主人致爵于主婦四也主婦酢主人五也尸舉奠爵酢賓長六也賓長獻祝七也又獻佐食八也賓又致爵于主人九也又致爵于主婦十也賓獻主人酢十一也云初亞獻也者知不初獻者以主婦亞獻承初獻後賓長以承亞獻後故知如亞獻不得如初獻也又面位及階從昔如亞獻也云三獻禮成欲神惠之均於室中是以奠而待之者謂尸得三獻而禮成言其實飲三爵祝與佐食亦得三獻主人主婦各得一酢而已未得獻是神惠未均奠而待之者待主人主婦致爵乃均也案下文衆賓長爲加爵如初爵止鄭注云尸止爵者欲神惠之均于在庭止得一獻亦言均則不以爵數爲均直據得一獻則爲均也

席于戶內爲主人鋪之西面席自房

来主婦洗爵酌致爵于主人主人拜受爵主婦拜送爵主婦拜拜於北面也今文曰主婦洗酌爵疏注主婦至酌爵。釋曰云主婦拜拜於北面也者約有司儐尸於堂主婦致爵于主人主人致爵于主婦北面于作階上答拜是也

宗婦贊豆如初主婦受設兩豆兩籩初贊亞獻也主婦薦兩豆籩東面也疏注初贊至面也。○釋曰上主婦亞獻時但云宗婦執兩籩又云祝贊籩祭無豆此云贊豆如初明贊豆之時與贊籩同故得言如初知東面者以主人西面故知也

爼入設佐食設之疏注佐食設之。釋曰知佐食設

之者見有司下大夫不儐尸者主婦致爵于主人時佐食設俎彼室內行事與此禮略同故知□之知佐食設之也主人左執爵祭薦宗人贊祭奠爵興取肺坐絕祭嚌之興加于俎坐挩手祭酒啐酒絕肺祭之者以離肺長也少儀曰牛羊之肺離而不提心豕亦然挩拭也挩手者爲絕肺染汁也刌肺不挩手古文挩皆作說疏注絕肺至作說〇釋曰引少儀者彼注云提猶絕也不絕中央少許者引之證離肺長而不絕故須絕之云刌肺不挩手者以其先已斷絕取祭之不須以手絕之故不挩手也肝從左執爵取肝擩于鹽坐振祭嚌之宗人受加于俎燔亦如之興席末坐卒爵拜於席末坐卒爵敬也一酌而備再從而次之亦均疏注於席至亦均〇釋曰此決上主人獻尸賓長以肺從主婦獻尸兄弟以燔從今一酌而肝燔從則與尸等故云亦均者亦上酒均於□內主婦答拜受爵酌醋左執爵拜主人答拜坐

祭立飲卒爵拜主人答拜○主婦出反于房主人降

洗酌致爵于主婦席于房中南面主婦拜受爵主人

西面答拜宗婦薦豆俎從獻皆如主人主人更爵酌

醋卒爵降實爵于篚入復位主人更爵自酢男子不承婦人爵也祭統曰夫婦相授受不相襲處酢必易爵明夫婦之別今文酢爲受

疏注主人至爲受○釋曰云主人更爵自酢男子不承婦人爵也者案上主婦獻尸尸酢主婦不易爵鄭注云辟内子致爵于主人則易爵也若然案下記設洗篚在洗西實二爵鄭注云二爵者爲賓獻爵止主婦當致也此賓長所獻爵尸奠之未舉其篚唯有一爵得云易者上主婦亞獻洗爵于房中則房中有爵又主婦獻尸及佐食訖以爵入于房後主婦致爵于主人還是房内爵後主人致爵于主婦者是下篚之爵主婦飲訖實于房中之篚主人更取房内之爵以酌酢記奠于下篚云主人更爵者謂酌酢爵與房内爵相更鄭注下記云主婦當致者謂主人

致爵於主婦則用下篚內之爵也三獻作止爵賓也謂三獻者以事作起也舊說云
賓入戶北面曰皇尸請舉爵尸卒爵酢酌獻祝及佐食洗爵酌致
于主人主婦燔從皆如初更爵酢于主人卒復位洗乃
致爵為異事新之燔從皆如初者如亞獻及主人主婦致爵也凡獻佐食皆無從其薦俎獻兄弟以齒設
之賓更爵自酢亦不承婦人爵〔疏〕注洗乃至人爵○釋曰此決上文賓獻尸獻祝及佐食皆不洗今致
于主人洗故決之也案下篇不儐尸洗爵致於主人注云以承佐食賤新之此云為異事新之注不同者
但為異事異事則是承賤承賤後則事異言雖不同理則一也云燔從皆如初者如亞獻及主人主婦致
爵者謂如上主婦亞獻尸及祝皆燔從如初故云如亞獻及主人主婦致爵雖云如初則無所從故經釋
云燔從皆如初云凡獻佐食皆無從者謂主人主婦及賓長獻佐食皆無從故云凡鄭言此者以經獻祝
及佐食洗爵致于主人主婦燔從皆如初在獻佐食下嫌獻佐食亦然有燔從故鄭辨之若然佐食得獻

與祝得獻同亦得如初但無從爲異云其薦俎獻凡弟以齒設之者以上佐食得獻特不言有設薦俎之文下記云佐食於旅齒於兄弟故佐食薦俎亦與兄弟同時設之也主人降阼階西面拜賓如初洗拜賓而洗爵將獻之如初視滌時主人再拜賓答拜三拜衆賓衆賓答再拜者疏注拜賓至拜者○釋曰自此盡賓爵于篚論獻賓及衆賓之事也賓辭洗卒洗揖讓升酌西階上獻賓賓北面拜受爵主人在右答拜就賓拜者此禮不主於尊也賓卑則不專階主人在右統於其位疏注就賓至其位○釋曰云就賓拜者此禮不主於尊也者案鄉飲酒鄉射賓主獻酢各於其階至酬乃同階此因祭如初賓以爲尊之所尊者謂尸也又賓是士家有司卑不得專階故就之故不得專階也對鄉飲酒鄉射得專階也云主人在右統於其位者以其賓得在西階上北面以東爲左主人在阼階故云統於其位鄭言此者主人就西階[illegible]主人在右[illegible]與飲酒禮同[illegible]薦脯醢設折俎

凡節解者皆曰折俎，不言其體，略云折俎，非貴體也。上賓骼，衆賓儀，公有司設之。

【疏】注凡節至設之

○釋曰：案下記云賓骼，鄭云骼，左骼也。賓俎全體尊賓也，折骨而曰折俎，明凡節解牲體皆曰折，升于俎，故名折俎，與臑折同名，其折義則異，彼折骨。云不言其體，略云折俎，非貴體也者，案下記云賓骼，骼是牲體，此經云折俎者，亦用骼，非貴體，故略云折俎。若然，經尸俎、祝、佐食及主人、主婦俎體皆不言之，而鄭注獨云賓俎不言體者，尸、祝等經不言牲體，亦不言折，以其體貴故也。此賓俎不言牲體而言折，明非貴體也。云上賓骼，衆賓儀者，案下記唯云賓骼，其衆賓已下皆殽脀，不言儀者，鄭見有司徹主人獻賓，儀，司士設俎羊骼一，又云衆賓長拜受爵，其脀體儀也，注云儀者，尊體盡，儀度餘骨可用而用之，尊者用尊體，卑者用卑體而已，是也。云公有司設之者，此即有司徹云司士設俎羊骼一，衆賓脀體儀是也。此下文云有司在門西，則此設俎者也。

賓左執爵，祭豆，奠爵，興取肺，坐絶祭，嚌之，興加于俎，坐捝手，祭酒，卒爵，拜。主人答拜，受爵，酌酢奠爵拜賓答拜主人酌自酢者賓不敢敵主人主人達其意〔疏〕注主人至其意○釋曰云賓不敢敵主人主人達其意者以其賓是士之有司之中以卑不敢與主人爲敵酢之是以主人酌以自酢達賓意故也若鄉飲酒鄉射主賓皆親酢主人以其賓尊行敵禮故也主人坐祭卒爵拜賓答拜揖執爵以降西面奠于其位位如初薦俎從設位如初復其位東面少牢饋食禮宰夫執薦以從設于祭東司士執俎以從設于薦東是則皆公有司〔疏〕注位如至之與○釋曰以賓位爲之與○與音余在西階下東面今受獻於西階上經云執爵以降西面奠于其位是言位如初明復西階下東面位可知也衆賓升拜受爵坐祭立飲薦俎設于其位辯主人備答拜焉降實爵于篚辯音遍後皆同○衆賓立飲賤不備禮鄉飲酒記曰立卒爵者不拜既爵備盡盡人之答拜尊兩壺于阼階東加勺南枋西方亦如之勺時灼反○爲

酬賓及兄弟行神惠不一酌上尊卑異之就其位尊之兩壺皆酒優之先尊東方示惠由近禮運曰澄酒在下

〔疏〕注爲酬至在下○釋曰自此盡揖復位論堂下設尊酬賓之事云行神惠不酌上尊卑異之者決上文獻賓及兄弟皆酌上尊者獻是嚴正故得與神靈共尊至此旅酬禮褻故不敢酌上尊案司尊彝職四時之祭云皆有罍諸臣之所酢少牢上下大夫堂下皆無尊者士卑得與人君同大夫尊辟人君故也云兩壺皆酒優之者設尊之法皆有玄酒今兩壺皆酒無玄酒優之也案玉藻云唯饗野人皆酒鄭云飲賤者不備禮與此注無玄酒爲優之異者此士之祭禮欲得尊賓嘉客以事其先非賤者故以嘗酒爲之優之彼饗野人野人是賤者故以不備禮解之也云先尊東方示惠由近者東方主人位西方賓位今先設東方乃設西方者見酒由主人來故云示惠由近爲始也引禮運者彼注澄爲沈齊酒是三酒酒所以飲諸臣證此壺尊亦飲在下者也

主人洗觶酌于西方之尊西階前北面酬賓賓在左先酌西方者尊賓之義主人奠觶拜賓答拜

主人坐祭卒觶拜賓答拜主人洗觶賓辭主人對卒洗酌西面賓北面拜西面者鄉賓位立於西階之前賓所答拜之東北○鄉許亮反

疏注西面至東北○釋曰以經云主人對卒洗酌西面賓北面拜主人西面授賓北面答拜明主人不得南過於賓故鄭以義言之云立於西階之前賓所答外之東北也

主人奠觶于薦北奠酬於薦左非爲其不舉

疏注奠酬至飲酒○釋曰行神惠不可同於飲酒以其神惠右不舉生人飲酒左不舉今行神惠不可同於飲酒故奠於左與生人相變故有司徹云二人舉觶酬尸侑奠觶行右鄭注云奠于右者不舉也神惠右不舉變於飲酒是也此酬奠於薦左下文賓舉爲旅酬以其神惠故也記不可同飲酒者謂不可同於鄉飲酒故鄉飲酒記云將舉者於右奠者於左其義與此別此下文奠觶於薦南明將舉以其在北飲酒將舉奠於薦南便其復舉

賓坐取觶還東面拜主人答拜賓奠觶于薦南揖復位還東面就其位薦西奠觶薦南明將舉

一五〇八

【疏】注還東至將舉○釋曰：云揖復位者，則初奠特坐南於位可知。云還東面階，則初賓坐取觶薦東西可知。故鄭注云還東面就其位薦西也。

主人洗爵獻長兄弟于阼階上，如賓儀。酬賓乃獻長兄弟者，獻之禮成於酬，先成賓禮。此主人之義，亦有薦脀設于位，私人爲之與。○與，音余。

【疏】注酬賓至之與○釋曰：自此盡如衆賓儀，論主人獻長兄弟及衆兄弟之事。云酬賓乃獻長兄弟者，獻之禮成於酬者，以其獻賓之禮以酬副之，乃禮成。故冠禮云乃禮賓以一獻之禮，鄭注以云獻酢酬賓主人各兩爵而禮成。又鄉飲酒獻及酬賓訖，乃獻介。又此文獻賓即酬賓，乃獻兄弟，故鄭注獻之禮成於酬也。云亦有薦脀設于位者，以經云獻長兄弟于阼階上如賓儀，則長兄弟初受獻于阼階上，將亦薦脯醢設折俎於阼階上，祭訖乃執以降設于下位，皆當如賓儀。鄭下注云設薦俎於其位者，謂執祭以降及其位而言也。言亦者，亦賓。鄭必知有薦俎者，見於下記云長兄弟及宗人折是也。云私人爲之與者，私人者即私臣，下記云私臣門東北面西上是也。以賓薦公有司設之，則兄弟薦俎私人可知。以無正文，故言與以疑之也。洗獻兄弟如眾賓儀。獻畢而必爲之洗者，顯神惠。此言如眾賓儀，則如獻眾賓洗明矣。

疏注獻畢至明矣○釋曰：云「此言如眾賓儀，則如獻眾賓洗明矣」者，以其士獻眾賓時雖不言洗，此云洗獻眾兄弟如眾賓儀，明獻眾賓洗可知。不言之者，舉下以明上，省文之義也。

洗獻內兄弟于房中，如獻眾兄弟之儀。內兄弟，內賓、宗婦也。如眾兄弟，如其拜受、坐祭、立飲，設薦俎於其位而立。內賓位在房中之尊北。不殊其長，略婦人也。有司徹曰：「主人洗獻內賓於房中，南面拜受爵。」

疏注內兄至受爵○釋曰：自此盡入復位，論主人獻姑姊妹及宗婦之事。云「內賓、宗婦也」者，此總云內兄弟，下記云內賓、宗婦，案彼注云「內賓，姑姊妹；宗婦，族人之婦」。若然，兄弟者服名，故號婦人爲兄弟也。云「其位在房中之尊北」者，案下記云「尊兩壺于房中西墉下，南上。內賓立于其北，東面，南上。宗婦北堂，東面，北上」是也。云「不殊其長，略婦人」者，決上文獻賓於西階上、獻兄弟於阼階上，皆殊其長，此不殊，故云略之。引有司徹者，欲見此內賓受獻時亦南面拜受爵，故下注云內賓之長亦南面答拜言亦者亦前受獻時前雖無文約有司徹內賓之長亦南面答拜主人西面答拜更爵酢卒爵降實爵于篚入復位爵辯乃自酢以初不殊其長也內賓之長亦南面答拜【疏】注爵辯至答拜○釋曰云爵辯乃自酢以初不殊其長也者對上賓與長兄弟不待獻衆賓衆兄弟徧主人先自酢也云內賓之長亦南面答拜者獻時不殊其長酢時猶如賓及兄弟殊其長與男子同男子婦人衆賓以下皆無酢也長兄弟洗觚爲加爵如初儀不及佐食洗致如初無從大夫士三獻而禮成多之爲加也不及佐食無從殺也致致於主人主婦○殺所界反下皆同【疏】注大夫至主婦○釋曰此一經論主三獻之外爲加獻尸之事云如初儀者如賓長三獻之儀但賓長獻十一爵此兄弟之長加獻則降唯有六爵以其關主人主婦致爵并酢四爵及獻佐食五唯有六在者洗觚爲加獻一也尸酢長兄弟二也獻祝三也致爵於主人四也致爵於主婦五也受主人酢六也云大夫士三獻而禮成者天子大祫十

有三獻四時與禘唯有九獻上公亦九獻侯伯七獻
子男五獻卿大夫士略同三獻而祭禮成也是以多
之者爲加若主人欲潰禮卿大夫三獻士唯一獻而
尸祭禮士於大夫同者舉盛奠亦於大夫同少牢
五鼎又乘車建禮
亦與卿大夫同也衆賓長爲加爵如初爵止尸爵止
者欲神
惠之均疏注尸爵至在庭○釋曰庭賓及兄弟雖得
於在庭一獻未得旅酬其已得三獻又別受加爵
故停之使庭行旅酬是以云尸
爵止者欲神惠之均於在庭也嗣舉奠盥入北面再
拜稽首嗣主人將爲後者舉飲酒也使嗣子飲奠者
將傳重累之者大夫之嗣子不舉奠辟諸侯
○傳大疏注嗣主至諸侯○釋曰自此盡出復位論
專友嗣子飲奠酌獻之事云嗣主人將爲後者
不言適而言將爲後者欲見無適長立庶子及同宗
爲後皆是故汎言將爲後也云舉猶飲也者非謂訓
舉爲飲直是嗣子舉而飲之耳云將傳重累之者謂
將技爲嗣牽累崇敬承重祭祀之事是以使飲之而
獻也云大夫之嗣子不舉奠辟諸侯者案文王世子
云其登餕獻受爵則以上嗣注云上嗣君之適長子

以特牲饋食禮言之受爵謂上嗣舉奠也獻爵爲舉奠洗爵酌入也餕謂宗人遣舉奠盥祝命之餕也大夫之嗣無此禮辟君也今案少牢無嗣子舉奠之事故此注云辟諸侯士卑不嫌得與人君同故有嗣子舉奠之事也○奠者即上文祝酌奠奠於鉶南是也郊特牲云舉斝角詔妥尸鄭注云始入舉奠斝若奠角將祭之祝則詔主人拜安之使之坐尸即至尊之坐或時不自安則以拜安之天子奠斝諸侯奠角彼鄭注意亦引此特牲祝酌奠于鉶南也

尸執奠進受復位祭酒啐酒尸舉肝舉奠左執觶再拜稽首進受肝復位坐食肝卒觶拜尸備答拜焉食肝受尊者賜不敢餘也備盡也每拜答之以尊者與卑者爲禮略其文耳古文備爲復

疏注食肝至爲復○釋曰云受肝有鹽是以下記云嗣舉奠佐食設豆鹽是也云食肝受尊者賜不敢餘也者食之當盡以其食若不盡直云嚌之而已此經云食肝明不敢餘也

舉奠洗酌入尸拜受舉奠答拜祭酒啐酒奠之舉奠

出復位卒之者答其欲酢已也奠之者復神之奠觶嗣齒於子姓凡非主人升降自西階

疏注卒之至西階○釋曰云卒之者答其欲酢已也者鄉飲酒鄉射主人獻賓賓皆卒爵先酢即酢主人此嗣子獻賓賓皆卒之亦欲酢已故卒之其實無酢也云嗣齒於子姓者姓之言生子之所生謂孫行者今嗣亦孫之流故齒之也云凡非主人升降自西階者案曲禮云爲人子者升降不由阼階是以雖嗣子亦宜升降自西階適子孫不升阼階故於此總言也

兄弟弟子洗酌于東方之尊阼階前北面舉觶于長兄弟如主人酬賓儀弟子後生也

疏注弟子後生也○釋曰自此盡乃羞論弟子舉觶將行旅酬之事云如主人酬賓儀者謂如上文主人酬賓就其階同北面並拜乃飲卒爵拜洗酌乃西面賓北面拜位故言如此亦然弟子洗觶酌於東方之尊阼階前東面獻長兄弟長兄弟北面拜受弟子奠于薦南長兄弟坐取觶還西面拜弟子北面答拜長兄弟奠於薦北揖復位者有司徹云兄弟之後生者舉觶於其長長在左弟子自飲訖升酌降長

拜受於其位舉爵者東面答拜鄭注云拜受答拜不北面者賓尸禮殺此不賓尸則拜以決皆北面可知也弟子後生者此即有司徹云兄弟之後生者是也

宗人告祭脀脀俎也所告者衆賓兄弟內賓也獻時設薦俎于其位至此禮又殺告之祭使成禮也其祭皆離肺不言祭豆可知

疏注脀俎至可知○釋曰云告祭脀者謂告衆賓之等知無長賓者以其初得獻時即祭肺於階上此獻時乃設薦俎于其位故此無長賓也上文下長兄弟如賓儀則亦獻時祭可知故知宗人所告告衆賓衆兄弟內賓也云獻時設薦俎於其位者得獻時乃薦于堂下及房內之位云至此禮又殺告之祭使成禮也者案上文加爵致爵不及佐食無從殺也此告之祭使成禮是彌殺故云又殺也云其祭皆離肺者已於記文解之也云不言祭豆可知者以衆賓言薦俎從設言薦即豆也故云不言祭豆可知

乃羞羞庶羞也下尸胾醢豆而已此所羞者自祝主人至於內賓無內羞

疏注羞庶至內羞○釋曰知羞非薦羞者上文受獻時皆設薦俎於其位故知此羞乃是庶羞非薦也云下尸胾醢豆而已者上為尸佐食羞庶羞四豆設

於左鄭注四豆膮炙胾醢此祝以下爲羞降于尸當去膮炙故云胾醢豆而已云此所羞者自祝主人至於內賓者言自祝下及內賓衆賓兄弟皆在可知又下記云公有司獻次衆賓私臣獻次兄弟則內賓亦及之是以小牢下篇云乃羞庶羞于賓兄弟內賓及私人不賓尸亦云乃羞于賓兄弟內賓及私人辯是也若然少牢與有司徹賓尸與不賓尸庶羞與房中羞皆與尸佐食及祝主人主婦皆同時羞之者彼上下大夫禮尊故得與尸同時羞此士禮卑故不得與尸同也云無內羞者以其尸尊尚無內羞況祝卑故無內羞也賓坐取觶阼階前北面酬長兄弟長兄弟在右爲南奠觶疏注爲南奠觶○釋曰自此盡賓觶于篚論行旅酬之間作止爵之事但此特牲之禮堂下行旅酬無筭爵並在室中者不與旅酬之事上大夫儐尸與旅酬不與無筭爵之事故別使二人舉觶於尸侑尸侑得舉爲旅酬徧及堂下尸與旅酬者以其儐尸尸在堂禮殺故也若下大夫不儐尸者堂下無旅酬直行無筭爵於堂下而已尸則不與二人所以下大夫無旅酬直有無筭爵者以其禮尸於室中非國君堂下不設尊故

無旅酬直行無筭爵而已以其堂下於神靈共尊不得與尸行旅酬故屈之此特牲室下得旅酬無筭爵並行者以其堂下與神靈別尊故爲加爵禮尸與室中酌上尊堂下旅酬行神惠酌下尊故上大夫及士之祭禮旅酬行無筭爵或行或不皆參差不等也賓酬長兄弟長兄弟在右下文長兄弟酬衆賓長自左受旅如初是賓主相酬主人常在東其同在賓中則受酬者在左若鄉飲酒賓酬主人主人亦於賓東主人酬介介立於主人之西其衆賓受介酬者自介右鄭注云尊介使不失故位衆受酬者受自左異其義也賓主相酬各守其位不以尊卑變同類之中受者於左尊右也

賓奠觶拜長兄弟答拜賓立于觶酌于其尊東面立長兄弟拜受觶賓北面答拜揖復位其尊長兄弟尊也此受酬者拜亦北面

【疏】注其尊至北面〇釋曰以其旅酬無筭爵以飲者酌己尊酬人之時酌彼尊是各自其酒故無無筭爵賓弟子及兄弟弟子舉觶於其長各酌于其尊也云此受酬者拜亦北面者以經長兄弟拜受觶不言面位故鄭云受酌者拜亦此

西言亦者亦賓北面也長兄弟西階前北面衆賓長左受旅如初旅行也受行酬也初賓酬長兄弟長兄弟卒觶酌于其尊西面立受旅者拜受長兄弟北面答拜揖復位衆賓及衆兄弟交錯以辯皆如初儀交錯猶言東西爲加爵者作止爵如長兄弟之儀於旅酬之間言作止爵明禮殺並作

疏注於旅至並作○釋曰前衆賓之長爲加爵如初爵止今還使爲加爵者作止爵也故云如長兄弟之儀云於旅酬之間言作止爵明禮殺並作者此決上文賓三獻爵止鄭注云三獻禮成欲神惠之均于室中是以奠而待之故有室中主人主婦致爵訖乃三獻作止爵此衆賓長爲加爵如初爵止鄭注云尸爵止者欲神惠之昀于在庭而堂下庭中行旅酬未訖爲加爵者作止爵故鄭注云禮殺並作也

長兄弟酬賓如賓酬兄弟之儀以辯卒受者實觶于篚長兄弟酬賓亦坐取其奠觶此不言交錯

以辯賓之酬不言卒受者實觶于篚明其相報禮終於此其文省〔疏〕注長兄至文省○釋曰云長兄弟酬賓亦坐取其奠觶者亦謂亦上賓坐取薦南奠觶此長兄所舉奠觶者卽士弟子舉觶於其長是也云明其相報禮終於此其文省者以其賓舉奠觶於長兄弟行旅酬盡皆徧長兄弟舉觶於賓行旅酬亦皆徧故云相報禮終言明者嫌其不終所以嫌者賓之酬不言卒受者此不言交錯以辯嫌其不卒不辯其實賓之酬亦卒受者實觶于篚此亦交錯以辯故鄭云文省也

賓弟子及兄弟弟子洗各酌于其尊中庭北面西上舉觶於其長奠觶拜長皆答拜舉觶者洗各酌于其尊復初位長皆拜舉觶者皆奠觶于薦右奠觶進奠之于薦右非神惠也今文曰奠于薦右〔疏〕注奠觶至薦右○釋曰自此盡爵無筭論二觶並行無筭爵之事云奠觶進奠之於薦右非神惠也者案上尊兩壺於阼階東加勺南柄西方亦如之鄭注云爲酬賓及兄弟行神惠至此云非神惠者以獻止

爵欲得神惠均於室中衆賓長爲加爵止爵者欲神惠均于在庭故止爵行旅酬雖以尸而奠爵待之亦得爲神惠至此別爲無筭爵在下自相勸故得爲非神惠故奠於薦右同於主人飲酒舉者奠於薦右也

長皆執以興舉觶者皆復位答拜長皆奠觶于其所

皆揖其弟子弟子皆復其位復其位者東西面位弟子舉觶於其長所以序長幼教孝弟凡堂下拜亦皆作北面○注復其至北面○釋曰云復其位者東西面位者上經言皆復位答拜此復更云復位則上文復位復在庭初與卑下北面位此重言復復位者當復東西面位可知云凡堂下拜亦皆北面者前主人酬賓賓弟子舉於其長行旅酬又無筭爵凡弟弟子賓、弟子舉觶皆北面則知凡堂下雖不見面位者皆北面拜可知云凡者賓爵[illegible]以下至於私人拜受送皆北面故云凡也

筭筭數也賓取觶酬凡弟之黨長兄弟取觶酬賓之黨唯已所欲亦交錯以辯無次第之數因今接會使之交恩定好優勸之

利洗散獻于尸酢及祝如初儀降實散

于篚散，悉但反，下皆同。○利佐食也言利以今進酒也更言獻者以利侍尸禮將終宜一進酒嫌於加酒亦當三也不致爵禮又殺也

【疏】注利佐至殺也○釋曰自此盡西序不論佐食獻尸祭祀畢之事云利佐食也言利以今進酒也者利與佐食乃有二名者以上文設俎啓會爾敦之時以黍稷爲食故名佐食今進以酒酒所以供養故名利利即養也故鄭云以今進酒也若然少牢名佐食上利利執羊俎下利執豕俎者大夫禮文故即兩見其名云更言獻者以利侍尸禮將終宜一進酒嫌於加酒亦當三也者此決兄弟長及衆賓長爲加爵於尸不言獻今進酒更言獻不言加爵故鄭君解其義意以利事尸禮將終宜一進酒不似長兄弟助宗子祭祀爲加爵衆賓之長助主人祭祀設爲加爵嫌此佐食同彼二者爲加爵故變言獻是以鄭云嫌亦當三也亦者亦上主人獻主婦獻賓長爲三獻也長兄弟爲加爵衆賓長加爵通洗散獻尸亦二都并尸飲六士祭事尸禮畢也云不致爵禮又殺也者上文云長兄弟洗觚爲加爵如初儀不及佐食洗致如初無從注云不及佐食無從殺也此又不致故云又殺也

主人出

立于戶外西南事尸禮畢祝東面告利成利猶養也供養之禮成不言禮

畢於尸間之嫌○養羊亮反下同供九用反[疏]注利猶養至之嫌○釋曰少牢云主人出立于阼階上

南面祝出立于西階上東面祝告曰利成此戶外告利成彼階上告利成以尊者稍遠於尸若天子諸侯

禮畢於堂下告利成故詩楚茨云禮儀既備鍾鼓既戒孝孫徂位工祝致告鄭注云鍾鼓既戒戒諸在廟

中者以祭禮畢孝孫徂位堂下西面位也祝於是致孝孫之意告尸以利成是尊者告利成遠於尸也云

不言禮畢於尸間之嫌者閒暇無事然后禮畢則於尸間暇無事有發遣尸之嫌故直言利成而已也

尸謖祝前主人降謖所六反○謖起也前猶導也少牢饋食禮曰祝入尸謖主人降立

于阼階東西面祝先尸從遂出于廟門前尸之義士虞禮備矣[疏]注謖起至備矣○釋曰引少牢者證

大夫禮主人立位與士不同又證前尸出廟之事云前尸之儀士虞禮備矣者彼有室中出戶降階出廟

前尸之事故云備矣祝反及主人入復位命佐食徹尸俎俎出

于廟門俎所以載所俎少牢饋食禮曰有司受歸之疏注俎所至歸之○釋曰引少牢者是少牢下篇有司徹下大夫不賓尸之禮彼云佐食徹尸俎佐食乃出尸俎于廟門外有司受歸之此士禮不儐尸與下大夫同故引以相證也

徹庶羞設于西序下為將餕去之庶羞主為尸非神饌也尚書傳曰宗室有事族人皆侍終日大宗已侍於賓奠然後燕私燕私者何也已而與族人飲也此徹庶羞置西序下者為將以燕飲與然則自尸祝至於兄弟之庶羞宗子以與族人燕飲於堂內賓宗婦之庶羞主婦以燕飲於房為于僞反去起呂反飲與音余○疏注為將至於房○釋曰知非神饌而以為尸者以其尸三飯後始薦庶羞故徹之乃餕也凡餕者尸餕鬼神之餘祭者餕尸之餘義取鬼神之惠偏廟中庶羞非鬼神惠故不用也引尚書傳已下者是彼康誥傳文大宗已侍於賓奠者或有作養或有作暮者皆誤以奠為正也引也者證徹庶羞不入于房而設於西序下以擬燕故也必知祭有燕者案楚茨詩云鼓鐘送尸下云備言燕私鄭注云祭祀畢歸賓客之俎同姓則留與之燕所以尊賓客親

骨肉也其下大夫當日儐尸其有燕故有司徹上大
夫云主人退注云反於寢也是無燕私者下大夫不
儐尸與此士禮同方當有燕也云與者以經直言設
于房下不言燕疑之引書傳爲證有燕故言與以疑
之也云然則自尸祝以下知義如此者以兄弟受獻
於堂下主婦內賓受獻於房中尸出之後堂房無事
故知燕時男子在堂婦人在房可也**筵對席佐食分簋鉶**爲將餕分之也分簋者分
敦黍於會爲有對也敦有虞氏之器也周制士用虞
虞敦言簋容同姓之士得從周制耳祭統曰餕者祭
之末也不可不知也是故古之人有言曰善終者如
始餕其是已是故古之君子曰尸亦餕鬼神之餘也
惠術也可以觀政矣〔疏〕注爲將至政矣○釋曰自此盡尸外西面論餕分共長兄弟對餕之事云敦有
虞氏之敦者禮記明堂位云有虞氏之兩敦上文黍稷之敦周制士用之云言簋容同姓之士得從周
制耳者大夫異姓既用異代之器故少牢特牲皆用敦則同姓之士當同周制用簋故經言分簋是以文
王世子鄭注亦云同姓之士緦衰異姓之士疑衰亦同姓與異姓別也引祭經者證餕是鬼神之惠徧廟

中若國君之惠徧境內是可以觀政之事也宗人遣舉奠及長兄弟盥立于西階下東面北上祝命嘗食養者舉奠許諾升入東面長兄弟對之皆坐佐食授舉各一膚養子峻反與餕同○命告也士使嗣子及兄弟養其惠不過族親古文養皆作餕【疏】注命告至作餕○釋曰此決下篇少牢二佐食及二賓長餕明大夫異姓不止族親而已主人西面再拜祝曰養有以也兩養奠舉于俎許諾皆答拜以依注音似或如字○以讀如何其文也必有以也之以祝告養釋辭以戒之言女養此當有所以也以先祖有德而享于此祭其坐養其餘亦當以之也少牢饋食禮不戒者非親昵也舊說曰主人拜下養席南○女音汝下同【疏】注以讀至席南○釋曰云以讀如何其文也必有以也之以讀者此辭在詩邶風旄丘篇必有以也從之者以此經云有以也者以先祖有功德子孫當嗣之而廟食先祖有德亦合享此祭故讀從之也是以彼注亦云

我君何以父留於二佐必以衞有功德故也云其坐餕其餘亦當以之也者亦謂亦似其先祖已上皆爲已爲似者誤也云少牢饋食禮不戒者非親昵也者謂二佐食與二賓長是非親昵也引舊說者以經直言主人西面拜不見其惠故引舊說以明下餕席南若是者三丁寧戒之皆取舉祭食祭舉乃食祭鉶食舉食乃祭鉶禮殺疏注食乃祭鉶禮殺○釋曰前正祭之時尸祭鉶嘗之告旨訖佐食爾黍於席上尸始食今餕食乃祭鉶故夬之云禮殺故也卒食主人降洗爵宰贊一爵主人升酌酳上餕上餕拜受爵主人答拜酳下餕亦如之少牢饋食禮曰贊者洗三爵主人受于戶內以授次餕舊說云主人北面授下餕爵疏注少牢至餕爵○釋曰引少牢者欲見此禮主人亦受於戶內以授次餕引舊說以此經云酳下餕主人面位無文當北面也主人拜祝曰酳有與也如初儀主人復拜爲戒也與讀如諸侯以禮相與之與言不酳此當有所與也與者與兄弟也既

知似先祖之德亦當與衆兄弟謂教化之疏注主人至化之○釋曰云請知諸侯以禮相與之與者衆禮運云諸侯以禮相與者諸侯會同聘問一德以尊天子言此者戒嗣子與長兄弟及衆兄弟相教從祖與以尊先祖之德也兩餕執爵拜答主人也祭酒卒爵拜主人答拜兩餕皆降實爵于篚上餕洗爵升酌酢主人主人拜受爵下餕復兄弟位不復升也上餕即位坐答拜既授爵戶内乃就坐疏注既授主就位○釋曰以其主人位在戶内下餕席南西面故知上餕授爵於戶内乃就坐主人坐祭卒爵拜上餕答拜受爵降實于篚主人出立于戶内西面事餕者禮畢祝命徹阼俎豆籩設于東序下命命佐食阼俎主人之俎宗婦不徹豆籩徹禮略各有爲而已設于東序下亦將燕也疏注命徹至燕也○釋曰自此盡畢出論徹薦俎敦設饌於西北隅爲陽厭之事云祝命徹阼俎者是佐食徹之當徹阼俎之時

堂下賓兄弟俎畢出，故下文云佐食徹阼俎堂下俎畢出是也。然祝命徹阼俎時，堂下俎畢出，又退在下者，欲見先徹堂內俎，乃徹堂下，是以祝命佐食徹阼俎及豆籩，又祝□執俎以出，又宗婦徹祝豆籩入于房，即佐食饌西北隅，是以作經并說室內行事，乃到本云上佐食徹阼俎時堂下俎畢出也。云祝命佐食者，此命佐食使徹阼俎，下文云佐食徹俎，故知祝命者命佐食也。云宗婦不徹豆籩，徹禮略，各有爲而已者，以豆籩宗婦所設之，佐食設俎，理應佐食還自徹俎，宗婦徹豆籩，以徹宜各各自有爲而已，故宗婦豆籩命佐食并徹之，故云徹禮略也。各有爲而已者，謂宗婦徹祝俎豆籩，佐食徹阼俎豆籩，是各自有爲，何必佐前所設之待出。

祝執其俎以出，東面于戶西。俟告利成。少牢下篇曰：祝告利成，乃執俎以出。

疏注「俟告」至「以出」。○釋曰：案有司徹下大夫不儐尸，改饌于西北隅訖，主人出立于阼階上西面，祝執其俎以出，立于西階上東面，司宮闔牖戶，祝告利成，乃執俎以出于廟門，有司受歸□□不儐尸之禮亦□共此，□□儀同，故引爲證也。

宗婦徹祝豆籩入于房，徹

主婦薦俎宗婦既並徹，徹其卑者。士虞禮曰祝薦席徹入于房疏注宗婦至薦俎○釋曰宗婦不徹主人豆籩而徹祝豆籩入房者爲主婦將用之爲燕祝兩豆籩而主婦用之者祝接神尸之類主婦燕姑姊妹及宗亦宜行神惠故主人以薦羞并及祝庶羞燕宗人於堂主婦以祝籩豆用之燕內賓於房是其事也云宗婦既並徹徹其卑者以宗婦不徹主人籩豆而徹祝與主婦是徹其卑者故得並徹引士虞禮者以經自有入房之文注更引士虞禮者有嫌也嫌者以主婦薦俎先在房嫌經入房又爲徹

佐食徹尸薦俎敦設于西北隅几在南厞用筵納一尊佐食闔牖户降厞扶未反○厞隱也不知神之所在或諸遠人乎尸謖而改饌爲幽闇庶其饗之所以爲厭飫少牢饋食禮曰南面如饋之設此所謂當室之白陽厭也則尸未入之前爲陰厭矣曾子問曰殤不備祭何謂陰厭陽厭也○厭一鹽反飫於庶反疏注厞隱至厭也○釋曰云不知神之所在或諸遠人乎禮記郊特牲之文彼論正祭與繹祭之事此爲陽厭引之者欲見孝子求神非一

處故先爲陰厭後爲陽厭之事也引少牢者見彼大夫禮陽厭南面此士禮東面雖面位不同當室之白則同案曾子問庶殤爲陽厭之事故總云凡謂殤與無後者祭於宗子之家當室之白尊於東房是謂陽厭無鄭注云當室之白謂西北隅得戶之明者也云凡言厭者謂無尸直厭飫神故鄭云則尸未入之前爲陰厭矣謂祭于奧中不得戶明故名陰厭對尸謖之後改饌於西北隅爲陽厭以向戶明故爲陽厭也引曾子問云殤不備祭何謂陰厭陽厭也彼上文孔子曰有陰厭有陽厭謂宗子有陰厭陽厭無陽厭凡殤有陽厭無陰厭曾子言謂殤死陰厭陽厭有故問孔子孔子別宗子死有陰厭凡殤死有陽厭引之證成人陰厭陽厭並有之義也

祝告利成降出主人降即位宗人告事畢賓出主人送于門外再拜答送賓也凡去者不答拜

疏注拜送至答拜○釋曰云凡去者不答拜者云凡總解諸文主人拜送賓皆不答拜鄭注鄉飲酒云禮有終是也若賓更答拜是更崇新敬禮故不答也

佐食徹阼俎堂下俎畢出記俎出節兄弟及衆賓自徹而

出唯賓俎有司徹歸之尊賓者。疏注記俎出賓者○釋曰云唯賓俎有司徹歸尸侑之俎不賓尸歸尸俎皆不見歸賓俎鄭所以知歸賓俎者正見賓出主人送於門外再拜明賓不自徹俎主人使歸之若助君祭必自徹其俎鄭注曲禮大夫以下或使人歸之是以孔子世家云魯郊不致燔俎于大夫孔子不稅冕而行士大夫家尊賓則使歸之自餘亦自徹而去也

記特牲饋食其服皆朝服玄冠緇帶緇韠於祭服此也皆者謂賓及兄弟筮日筮尸視濯亦玄端至祭而朝服朝服者諸侯之臣與其君日視朝之服大夫以祭今賓兄弟緣孝子欲得嘉賓尊客以事其祖禰故服之緇韠者下大夫之臣夙興主人服如初則固玄端疏注於祭至玄端○釋曰此退玄冠在朝服下者欲令近緇色士冠在朝服從而正也云皆者謂賓及兄弟筮日筮尸視濯亦玄端者見上經云筮日主人冠玄端子姓兄弟如主人之服有司羣執事如兄弟服筮尸云如求日之儀至於視濯又不見異服故知皆玄端至祭日夙興云主人服如初初即玄端明其餘不如初是朝服可知是以此注云皆者謂賓及兄

弟也云朝服者諸侯之臣與其君日視朝之服大夫以祭者案玉藻云諸侯朝服以日視朝下少牢云主人朝服是也緇韠者下大夫之臣者士冠禮云主人玄冠朝服緇帶素韠韠與裳同色此朝服緇韠大夫之臣朝服素韠此緇帶故云下大夫之臣云夙興主人人服如初則冠玄端引上經者直言皆朝服恐主人亦在其中故引證主人服玄端與兄弟異也唯尸祝佐食玄端玄裳黃裳雜裳可也皆爵韠與主人同服周禮士之齊服有玄端素端然則玄裳上士也黃裳中士雜裳下士

（疏）注與主人至下士○釋曰周禮士之齊服有玄端素端司服文引之者欲見士之齊服有一玄端而裳則異故鄭云然則玄裳以玄端一而裳有三也彼注云素端者亦謂禮荒有所禱請服之於此經無所當而連引之耳若然士冠亦有玄端三等裳而引司服者以此特牲祭祀時彼據齋時四命尸亦祭異冠大夫齊祭同冠故就此祭祀引齊時冠服爲證也

設洗南北以堂深東西當東榮榮屋翼也水在洗東祖天地之右海篚在洗西南順

實二爵二觚四觶一角一散順從也言南從統於堂也二爵者為賓獻爵止
主婦當致也二觚長兄弟酬衆賓長為加爵二人班
同迎接並也四觶一酌奠其三長兄弟酬賓卒受者
與賓弟子兄弟弟子舉觶於其長禮殺事相接禮器
曰貴者獻以爵賤者獻以散尊者舉觶卑者舉角舊
說云爵一升觚二升觶三升角四升散五升
疏注順從至五升○釋曰云二爵者為賓獻爵止主婦
當致也者以一爵獻尸尸奠之未舉又一爵主婦當
致者案經主婦致爵於主人婦人不見就堂下洗當
於內洗則主婦致爵於主人時不取堂下爵而云主
婦當致者謂主婦當受致之時用此爵也云四觶一
酌奠其三長兄弟酬賓卒受者與賓弟子兄弟弟子
舉觶於其長禮殺事相接者酌奠于鉶南是嗣子雖
飲還復神之奠觶也餘有三在主人洗一觶酬賓奠
於薦北賓舉奠於薦南此未舉也下篚有二觶在及
長兄弟洗觶為加爵衆賓長為加爵如初爵止此亦
未舉也下篚仍有一觶在乃羞之後賓始舉奠觶行
旅酬辯卒受者以虛觶奠於下篚還有三觶至為加
爵者作止爵長兄弟亦坐舉其奠觶酬賓如賓酬兄

弟之儀以辯卒受者未實觶于篚時賓弟子兄弟弟子洗觶各酌舉觶于其長即用其篚二觶卒受者未奠之故三觶並用也故注云卒受者與賓弟子兄弟弟子舉觶於其長也云禮器曰貴者獻以爵者謂賓長獻尸主人致爵於主婦是也賤者獻以散上利洗散是也尸尊者舉觶謂若酌奠之及長兄弟酬賓之等是也卑者舉爵謂主人獻用角鄭云不用爵者下大夫也則大夫尊用爵士卑用角是也引舊說者爵觶已下升數無正文韓詩雖有升數亦非正經故引舊說爲證也

壺棜禁饌于東序南順覆兩壺焉蓋在南明日卒奠冪用綌即位而徹之加勺

覆壺者盝瀝水宜爲其不宜塵冪用綌以其堅絜禁言棜者祭尚厭飫得與大夫同器不爲神戒也

疏

注覆壺至戒也○釋曰未奠不設冪卒奠乃設之故曰卒奠冪用綌云禁言棜者祭尚厭飫得與大夫同器不爲神戒也者器本無名人與作號棜之與禁因物立名是以大夫尊以厭飫爲名士卑以禁戒爲稱復以有足無足立名故禮記注云無足有似於棜或因名云耳但經已有棜字注云世人因名

者誤當無世人字也士曰禁出有足以士虞禮[illegible]
于室中兩甒醴酒無禁禁由足生名禮記云大夫用
棜士用禁及鄉飲酒鄉射皆非祭禮是以雖大夫去
足猶存禁名至祭則去足名爲棜禁不爲神戒也

籩巾以綌也纁裏棗烝栗擇籩有巾者果實之皮物多核優尊者可烝裹之

也烝擇互文舊說云纁裏者皆玄被○裏之音果〔疏〕注籩巾至玄被○釋曰言多皮核者栗多皮棗多核

鉶芼用苦若薇皆有滑夏葵冬荁苦苦荼也荁堇屬乾之冬滑於

葵詩云周原膴膴堇荼如飴云今文苦爲芐芐乃地黃非也○荁音桓〔疏〕注苦苦至非也○釋曰云

乾之冬滑於葵者以其冬乾用之不用葵而用荁明知冬則滑於葵也引詩證之詩言堇荼卽經荁苦之

類也云今文苦爲芐芐乃地黃非也者爾雅釋草云芐地黃非者以其與薇葵等菜爲不類故知非也

棘心匕刻刻若今龍頭牲爨在廟門外東南魚腊爨在其

南皆西面饎爨在西壁饎炊也西壁堂之西牆下舊說云南北直屋梠稷在南

疏注饎炊至在南○釋曰云西壁堂之西牆下者案上經云主婦視饎爨于西堂下逼西壁爲之故以舊經辯之也舊說者案爾雅釋宮曰檐謂之樀孫氏云謂室相對人謂之相齊人謂之檐謂承檐行材士喪禮銘置于宇西階上鄭注云宇梠是也肵俎心舌皆去本末午割之實于牲鼎載心立舌縮俎午割從橫割之亦勿沒立縮順其牲心舌知食味者欲尸之饗此祭是以進之疏注午割至進之○釋曰云載心立舌縮俎者少牢云舌皆切本末亦午割勿沒其載于肵橫之此言縮俎者彼言橫據俎上云爲橫此言縮據鄉人爲縮是以少牢云皆進下是也云亦勿沒者亦少牢文謂四面皆鄉中央割之不絕中央少許謂之勿沒也賓與長兄弟之薦自東房其餘在東堂東堂東夾之前近南疏賓與至東堂○釋曰其餘謂衆賓兄弟之薦也沃尸盥者一人奉槃者東面執匜者西面淳沃執巾者在匜北匜北執匜之北亦西面每事各一人淳沃稍注之今文淳作激

宗人東面取巾振之三南面授尸卒執巾者受宗人代授巾庭長尊尸入主人及賓皆辟位出亦如之辟位逡遁嗣舉奠佐食設豆鹽肵宜鹽也佐食當事則戶外南面無事則中庭北面當事將有事而未至凡祝呼佐食許諾呼猶命也宗人獻與旅齒於衆賓尊庭長齒從其長幼之次佐食於旅齒於兄弟○尊兩壺于房中西墉下南上爲婦人旅也其尊之節亞西方䟽注爲婦至西方○釋曰先尊東方者亦惠由之也西方雖是賓以其男子故在前設尊此處爲房內婦人設尊故知亞次西方又經云尊兩壺于阼階東又云西方亦如之明其相亞次此房內婦人之尊上文不見者異之於婦人內賓立于其北東面南上宗婦北堂東面北上二者所謂內賓凡弟內賓姑姊妹也宗婦族人之婦其夫屬于所祭爲子孫或南上或北上宗婦宜統於主婦主

婦南面北堂中房而北疏注二者至而北○釋曰言所謂者上經云主人洗獻內兄弟于房中知獻衆兄弟之儀是也云其夫屬于所祭爲子孫者以其在父行則謂之爲母令言宗婦則其夫屬於所祭死者之子孫之妻皆稱婦也云或南上或北上云內賓姑姊妹賓客之類南上自取曲禮云東鄉西鄉以南方爲上宗婦雖東鄉取統于主婦故北上主婦南面故也云北堂中房而北者謂房中半已北爲北堂也

主婦及內賓宗婦亦旅西面西面者異於獻也男子獻於堂上旅於堂下婦人獻於南面旅於西面內賓象衆賓宗婦象兄弟其節與其儀依男子也主婦酬內賓之長酌奠于薦左內賓之長坐取奠於右宗婦之娣婦舉觶於其姒婦亦如之內賓之長坐取奠觶酬宗婦之姒交錯以辯宗婦之姒亦取奠觶酬內賓之長交錯以辯內賓之少者宗婦之娣婦各舉奠於其長長並行交錯無筭其拜及飲者皆西面主婦之東南○娣大計反姒音似本或作似疏注西面至東南○釋曰云西面者異於獻也者以受獻時南面也云男子獻於堂上旅於堂下者見上經云婦人獻於南面旅於西面者見於

有司徹云其節與其儀依男子也者謂依上經旅酬及無算爵早晚行事之節皆依男子也云主婦酬內賓之長酌奠于薦左內賓之長坐取奠于右者此約上經主人洗觶酌于西方之尊西階前酬賓時主人奠觶于薦北賓坐取觶奠觶于薦南是也云宗婦之娣婦舉觶于其姒婦亦如之者此亦約上經兄弟弟子洗觶酌于東方之尊阼階前北面舉觶于長兄弟如主人酬賓儀是也云內賓之長坐取奠觶酬宗婦之姒交錯以辯者此亦上經正行旅酬節賓坐取觶阼階前北面酬長兄弟〻交錯以辯皆如初儀是也云宗婦之姒亦取奠觶酬內賓之長交錯以辯者此亦約旅酬節云長兄弟酬賓如賓酬兄弟之儀以辯卒受者實觶于篚是也云內賓之少者宗婦之娣婦各舉觶於其長者此亦約上經正行無算爵時云賓弟子及兄弟弟子各酌于其尊舉觶於其長下云爵皆無算是也云其拜及飲者皆西面主婦之東南者此經云亦旅西面故知其拜受及拜送飲皆西面亦旅酬之法飲皆西面知在主婦之東南者以其不背主婦又得邪角相向也

宗婦贊薦者執以坐于戶外授主婦○

尸卒食而祭饎爨雍爨雍孰肉以尸享祭竈有功也舊説云宗婦祭饎爨亨者祭雍爨用黍肉而已無籩豆俎禮器曰燔燎於爨夫爨者老婦之祭盛於盆尊於瓶疏注雍孰至於瓶○釋曰云亨音則周禮亨人之官其職主實鑊水爨亨之事以供外內饔故使之祭饔爨也云用黍肉而已無籩豆俎者亦約禮器云盆瓶知引禮器者案彼云孔子曰臧文仲焉知禮燔柴於奧鄭注云奧當爲爨字之誤也或作竈禮尸卒食而祭饎爨饔爨也時人以爲祭火神乃燔柴又云夫爨者老婦之祭也盛於盆尊於瓶注云老婦先炊者也盆瓶炊器也明此祭先炊非祭火神燔柴似失之引之者證祭爨之事也

賓從尸俎出廟門乃反位賓從尸送尸也士之助祭終其事也俎尸俎也賓既送尸復入反位者宜與主人爲禮乃去之疏注賓從至去之○釋曰云上之助祭終其事也者謂送尸爲終其事既送尸爲終其事則尹無儐尸之禮者上大夫有儐尸者尸出賓不送以其事終於儐尸故祀

尸俎右肩臂臑肫胳正脊二骨横脊長脅二骨短

脊尸俎神俎也士之正祭禮九體貶於大夫有併骨二亦得十一之名合少牢之體數此所謂放而不致者凡俎實之數奇脊無中脅無前貶於尊者不貶正脊不奪正也正脊二骨長脅二骨者將舉於尸尸食未飽不欲空神俎疏注尸俎至神俎○釋曰云亦得十一之名合少牢之體數者謂少牢正體之數十一若牢并骨并數則十七鄭云此所謂放而不致者致至也所謂禮器彼鄭注云謂袞諸侯自山龍以下皆有放象諸侯山龍以下至日月星辰卿大夫以不山龍此七併骨二數乃得十一除星辰九而已亦是放而不至也云凡俎食之數奇者有九有七有五是奇數以其鼎俎奇故實數亦奇而相稱也云脊無中脅無前貶於尊者不貶正脊不奪正也者以少牢大夫禮三脊脅俱有此但有二體貶於大夫大夫即尊者也等貶牲體不貶正脊者不奪其正長脅亦不貶者義與正脊同亦正脊二骨長脅二骨者將舉於尸尸食未飽不欲空神俎者此脊與脅二骨共為饌厭飫所設也又次尸既舉脊脅而猶有脊脅在既不空神俎義得兩施

膚一為養用二厭飫一也○養劉子峻反與餕同

離肺一離猶捲也

小而長午割之亦不提心謂之擧肺【疏】注離猶至擧肺○釋曰云亦不提心者言亦謂亦少儀云牛羊之肺離而不提心鄭注云提猶絶也捲離之不絶中央少許者是也

刌肺三爲尸主人主婦祭今文刌爲切

魚十有五魚水物以頭枚數陰中之物取數於月十有五日而盈少牢饋食禮亦云十有五而俎尊卑同此所謂經而等也【疏】注魚水至等也○釋曰云魚水物以頭枚數者對三牲與腊以體數也云取數於月十有五日而盈者案禮運云月三五而盈三五而闕文出於彼也云此所謂經而等者亦所謂禮器彼鄭注云謂若天子以下至士庶人爲父母三年是也引之者諸魚數亦尊卑同也

腊如牲骨不但言體以有一骨二骨者【疏】注不但至骨者○釋曰云不但言體以有一骨二骨者若但言體體有九有十一則不兼二骨者若言牲骨則一骨二骨兼在其中故直言加牲骨也

祝俎髀脡脊二骨脅二骨凡接於神及尸者俎不過牲三體以特牲約加其可併者二亦得奇名少牢饋食禮羊豕各三體【疏】注凡接至三體○釋曰云祝俎髀脡云脅二骨謂代脅

祝俎有代脊可知云凡接於神及尸者俎不過牲三體以特牲約加其可併者二亦得奇名者言凡者凡祝佐食賓長長兄弟宗人之等是也接神者謂祝與佐食佐食尸未入爲神設俎部會祝酌奠於鉶南故曰接神也接尸者賓長爲三獻長兄弟爲加爵尸盛宗人授巾皆是與尸相接也知皆三體者下佐食俎穀折脊脅也賓骼長兄弟及宗人折其餘如佐食俎故知皆三體也衆賓之長亦有加爵接於尸亦應三體下文但言兄弟及宗人而衆賓長亦在焉可知故下文直云衆賓及衆兄弟皆殽脀注云不在三者賤也則衆賓長爲加爵不在賤限以特牲約加其可併者二骨者是尊祝也佐食也巳下卑無加故下注云三體卑者從正是也云少牢饋食禮羊豕各三體者以少牢一牲故祝俎無加者直三體引之以證此特牲約有三體之外加其併骨也若然俎實其數一牲各三體共六髀不奇者通腊髀爲七則亦奇數也以其腊既兩髀屬于尻不殊故爲一體也

膚一離肺一○阼俎臂正脊二骨橫脊長脅二骨短脅主人尊欲其體得祝之加數五體又於其可併者二亦得奇名

臂左體臂〔疏〕注主人至體臂○釋曰云臂左體臂者以其不云折明全升主人方云臂明左臂可知臂骨多不嫌得與尸同用右體猶脊然也膚一離肺一○主婦俎觳折觳戶角反又苦角反○觳後足折分後右足以為佐食俎不分左臑折辟大夫妻〔疏〕注觳後至夫妻○釋曰云觳後足者案既夕記云明衣裳長及觳鄭注云觳足跗也是觳後足也云分後右足以為佐食俎者經不云後右足鄭知者以少牢主婦用左臑此士妻辟之不用左臑用後右足不用後左足左足大卑故也其餘如阼俎餘謂脊脅膚肺佐食俎觳折脊脅三體卑者從正〔疏〕注三體卑者從正○釋曰直云脊脅不定體名欲見得便用之少牢佐食俎設于兩階之間其俎折一膚鄭注云折者擇取牢正體餘骨折分用之有脊而無膚亦遠下尸是無定體也膚一離肺一○賓骼長兄弟及宗人折其餘如佐食俎長丁丈反注及後皆同○骼左骼也賓俎全體尊賓不用尊體為其已甚卑而全之其宜可也長兄弟及宗人折不言所

分之。[疏]注髀左至略之○釋曰知髀是左髀者以其尸用右髀故知宜所用髀是左髀可知也云
長兄弟及宗人折不言所分略之者此決上文主婦俎觳折佐食俎亦名觳折此不言所分故知略之也
衆賓及衆兄弟內賓宗婦若有公有司私臣皆殽脀
殽戶交反脀之承反後同○又略此所折骨直破折餘體可殽者升之俎一而已不備三者賤祭禮接神
者貴凡骨有肉曰殽祭統曰凡爲俎者以骨爲主貴者取貴骨賤者取賤骨貴者不重賤者不虛示均也
俎者所以明惠之必均也善爲政者如此故曰見政事之均焉公有司亦士之屬命於君者也私臣自己所
辟除者。[疏]注又略至除者○釋曰云又略者上文長兄弟及宗人直言折不言所折骨體已是略此
又不言折而言殽脀是又略也言此所折骨值有餘體即破之可也云祭禮接神者貴者謂長兄弟及宗
人已上俎皆三皆有嚌肺以接神及尸貴故三體不止接神尸神象所接尸者亦貴可知自衆賓以下折
體而已不接尸神賤無獻故也宗人雖不獻執巾以接尸亦名接尸也引祭統者見貴賤皆有骨示均之

義云已所掌者則府史之等不命於君者也膚一離肺一○公有司門西

北面東上獻次衆賓私臣門東北面西上獻次兄弟

升受降飲獻在後者賤也祭祀有上事者貴之亦皆與旅○與音預疏注獻在至與旅○釋

曰公有司獻在衆賓後私臣獻在兄弟後故云獻在

後者賤也云祭祀有上事者貴之者謂衆賓兄弟次

賓之畢得獻衆賓擇取公有司可執事者謂前舉鼎

已載羞從獻衆賓擇取公有司酬爵之屬如此者門

外在有司羣執事中入門列在東面爲衆賓餘者在

門西位也兄弟雖無上事亦皆在西面位族親故也

私臣獻在兄弟後者職賤公有司在衆賓後不執事

賤於執事者故曰有上事者貴之宗人獻與旅齒於

衆賓則公有司爲之佐食於旅齒於兄弟則私臣之

中擇爲賓使爲佐食是也是以前文佐食北面立于

中庭注云佐食賓佐尸食者是也案前賓得獻薦脯

臨設折俎注云公有司設之及獻兄弟薦脀注二者

入爲之與二者皆使執事云非執事者以受獻者不

得自設俎暫使二者設之非本執事之人然則公有

司私臣薦俎皆使徒隸爲之與云亦皆與旅者上宗人獻旅云齒於衆賓佐食旅齒於兄弟是但言獻次不言旅以宗人佐食納之與旅者亦此二人也若天子諸侯祭祀其位無文此公有司在門西面東上私臣在門東北面西上大子諸侯祭祀可依此位矣同姓無爵者在阼階前西面北上鄉西階前東面北上大夫在門東北面士門西北面旅食在其後少牢下篇云衆賓位在門東北面賓獻在西階西南衆賓繼上賓而南天子諸侯之賓其位或依此與案祭統云凡賜爵昭爲一穆爲一昭與昭齒穆與穆齒凡羣有司皆以齒此之謂長幼有序此不見昭穆者士人衆兄弟非昭穆乎故彼注昭穆猶特牲少牢饋食之禮主人之衆兄弟也羣有司猶衆賓下及執事者君賜之爵謂若酬之是也若其有爵者則以爵序之何故然也案文王世子其在外朝則以官其在宗廟之中則如外朝之位宗人授事以爵以官是不以姓其獻之亦以官故祭統云尸飲五君洗玉爵獻卿尸飲七以瑤爵獻大夫尸飲九以散爵獻士及羣有司皆以齒明之等是也其酬蓋因此位而昭穆得獻蓋依少牢下篇主人洗升酌獻兄弟阼階上注云

兄弟長幼立飲賤不別大夫之賓尊於兄弟又曰辨受爵其位在洗東西面北上升受爵其薦脀設于其位注云先著其位於上乃後云薦脀設于其位明初在是也此中皆無爵者以此二者差之知無爵者從昭穆有爵者則以官矣卿擇執事者貴即衆賓無事者公有司私臣注祭統云羣有司猶衆賓下及執事者似衆賓不執事言下及殊卑者指謂公有司私臣是亦得名爲執事言衆賓據尊言謂之不執事者或衆賓中容有不執事者也

儀禮注疏卷第四十五

儀禮注疏卷第十六　漢鄭玄注　唐賈公彥疏

後學廬陵陳鳳梧編校

少牢饋食禮第十六　鄭目録云諸侯之卿大夫祭其祖禰於廟之禮羊豕曰少牢少牢於五禮屬吉禮大戴第八小戴第十一別録第十六〔疏〕釋曰鄭知諸侯之卿大夫者曲禮下云大夫以索牛用大牢是天子卿大夫明此用少牢爲諸侯之卿大夫可知賓尸是卿不賓尸爲下大夫爲異也

少牢饋食之禮　少詩召反後放此○禮將祭祀必先擇牲繫于牢而芻之羊豕曰少牢諸侯之卿大夫祭宗廟之牲〔疏〕注禮將至之牲○釋曰自此盡如初儀論卿大夫祭前十日先筮日之事云禮將祭祀必先擇牲繫于牢而芻之者案周禮地官充人職云掌繫祭祀之牲牷祀五帝則繫于牢芻之三月享先王亦如之注云牢閑也必有閑者防禽獸觸齧養牛羊曰芻三月一時節氣成案楚語諸侯

卿大夫等雖不得三月亦皆有養牲之法故鄭據馬言芻之唯據羊若豕則曰豢故地官槀人職云掌豢祭祀之犬樂記亦云豢豕作酒非以爲禮不言豕曰豢文畧也云羊豕曰少牢者對三牲具爲大牢若然豕亦有牢稱故詩公劉云執豕于牢下經云上利升牢心舌注云牢羊豕也是豕亦稱牢也但非一牲即得牢稱一牲則不得牢名故郊特牲特牲與士皆不言牢也

日用丁巳音紀注皆同○內事用柔日必丁巳者取其令名自丁寧自變改皆爲謹敬必先諏此日明日乃筮

疏注內事至乃筮○釋曰云內事用柔日曲禮文彼云外事以剛日內事以柔日內事爲冠婚祭祀出郊爲外事謂征伐巡守之等若然甲丙戊寅壬爲剛日乙丁己辛癸爲柔日今直言丁巳者鄭云取其令名自丁寧自變改皆爲謹敬之義故也云必先諏此日明日乃筮者以其舉事尚朝旦不可今日諏日即筮是以此文云用丁巳乃云筮旬有一日是別於後日乃筮也

筮旬有一日旬十日也以先月下旬之巳筮來月上旬之巳

疏注旬十至之巳○釋曰知旬爲十日者此云旬有一日以先月下旬之巳筮來月上旬之

巳者除後巳之前通前巳爲十日以十日爲齊後巳日則祭若然筮日即齊乃可故下文入筮日即云乃宿戒
不云厥明也即直云下旬巳上旬巳據用巳一日而言若用丁言先月下旬丁筮來月上旬丁若丁巳之
外辛乙之等皆然鄭必言來月上旬不用中旬下旬者言是先近日故也筮於廟門之外
主人朝服西面于門東史朝服左執筮右抽上韇兼
與筮執之東面受命于主人朝直遥反後朝服皆放此韇徒木反○史家臣
主筮事者【疏】注史家至事者○釋曰云主人朝服西面于門東者此爲將筮故西面案下文爲期于廟
門外主人門東南西注云主人不西面者大夫尊於諸臣有君道也者後不爲卜筮之事故主人南面也
又主人朝服者爲祭而筮還服祭服是以上篇特牲筮亦服祭服玄端以此而言天子諸侯爲祭卜筮亦
服祭服案司服云享先王則衮冕祭義云易抱龜南面天子衮冕北面雖有明知之心必進斷其志焉是
爲祭而卜還服祭服則諸侯爲祭卜筮服祭服可知若爲他事卜筮則異於此經孝注云卜筮冠皮弁衣

素積百王同之不攺易士冠主人朝服注云尊著蠶之道也也云史家臣主筮事者案雜記大夫士筮亦云史練官長衣是史主筮事也主人曰某孫某來日丁亥用薦歲事于皇祖伯某以某妃配某氏尚饗丁未必亥也直舉一日以言之耳禘于太廟禮曰日用丁亥不得丁亥則已亥辛亥亦用之無則苟有亥焉可也薦進也進歲時之祭事也皇君也伯某且字也大夫或因字爲謚春秋傳曰魯無駭卒請謚與族公命之以字爲展氏是也其仲叔季亦曰仲某叔某季某某妃某妻也合食曰配某食若言姜氏子氏也尚庶幾饗歆也疏注丁未至歆也

○釋曰云丁未必亥也直舉一日以言之耳者以有十辰有十二以五剛日配六陽辰以五柔日配六陰辰若云甲子乙丑之等以日配辰丁日不定故云丁未必亥經云丁亥者不能具載直舉一日以丁當亥而言餘或以巳當亥或以丁當丑此等皆得用之也云禘于大廟禮曰日用丁亥者大戴禮文引之證祭用丁亥之義也云不得丁亥則已亥辛亥亦用之者鄭云此吉事先近日皆用上旬若上旬之內或不

得丁巳以配亥或上旬之内無亥以配日則除陰二辰亦用之故春秋宣八年經書辛巳有事於太廟文年經書八月丁卯大事于大廟昭十五年經書二月癸酉有事于武宫桓十四年己亥嘗此等皆不獨用丁巳之日與亥辰也云無則苟有亥焉可也者此即乙亥是也必須亥者案月令云天子擇元辰天子乃耕注云元辰蓋郊後之吉亥也陰陽式法亥爲天倉祭祀所以求福宜稼于田故先取亥上旬無亥乃用餘辰也云伯某且字者以某在伯下者某在子上者某是也伯仲叔季以某且字不得在子上故也云大夫或因字爲謚者謂因二十冠而字爲謚知者以某且字者觀德明功若五十字以伯仲人人皆有非功德之事故知取二十冠而字爲謚也春秋者案隱八年左氏傳云無駭卒羽父請謚與族公問族於衆仲衆仲對曰天子建德因生賜姓胙之土而命之氏諸侯以字爲謚因以爲族公命以字爲展氏彼無駭之祖公子展以展爲謚在春秋前其孫無駭取以爲族故公命爲展氏若然無駭賜族不賜謚引之者大夫有因字爲謚證伯某某或且字有謚者即某爲謚也此經云伯某是正祭之稱也若時有告請而非常祭祀

則去伯直云且字言某甫則聘禮賜饔唯羹飪筮一尸若昭若穆僕爲祝祝曰孝孫某薦嘉禮于皇祖某甫是也若卿大夫無謚正祭與非常祭一皆言五十字在子上與士正祭禮同則云某子故聘禮記云皇考某子是也特牲士禮無謚正祭稱皇考某子若士告請之祭則稱且字故士虞記云適爾皇祖某甫是也

史曰諾西面于門西抽下韇左執筮右兼執韇以擊筮將問吉凶焉故擊之以動其神易曰蓍之德圓而神

【疏】注將問至而神○釋曰云史曰諾西面于門西者謂既云諾乃之卜門西閾外西面述命乃筮也云左執筮及卜云擊筮筮者皆是蓍以其用蓍爲筮因名蓍爲筮云兼執韇者上文已用右手抽上韇此經又用右手抽下韇是二韇兼執之也云易曰蓍之德圓而神者鄭彼注云蓍形圓而可以立變化之數故謂之神也引之者證蓍有神故擊而動之也

遂述命曰假爾大筮有常孝孫某來日丁亥用薦歲事于皇祖伯某以某妃配某氏尚饗述循也重以主人辭告筮

也假借也言因蓍之靈以問之常言凶之占繇○重直用反繇直又反【疏】注述循至占繇○釋曰云遂述命者史既受主人命乃右還向閫外西面遂述上主人之辭謂之述命訖乃連言曰假爾大筮有常此是即席西面命筮與述同爲一辭者對士喪禮卜葬日云不述命若述命即與即席西面命龜異鄭注云述命命龜異龜重威儀多也對此大夫少牢述命命筮同筮輕威儀少爲文也云常吉凶之占繇者謂應凶告吉應吉告凶則不常此吉凶之占依龜之繇辭繇辭則占龜之長若易之爻辭以占筮也

乃釋韇立筮卿大夫之蓍長五尺立筮由便【疏】注卿大夫至由便○釋曰云卿大夫之蓍長五尺者大戴禮三正記皆有此文立筮由便以其蓍長筮爲便對士之蓍三尺坐筮爲便若諸侯蓍七尺天子蓍九尺立筮可知

卦者在左坐卦以木卒筮乃書卦于木示主人乃退占卦者史之屬也卦以木者每一爻畫地以識之六爻備書於板史受以示主人退占東面旅占之【疏】注卦者至占之○釋曰云卦者史之屬也者以其筮是史故知卦者是史之屬

也云書於版者釋經書卦于木木即板也云史受以示主人者以經書卦是畫卦者恐是卦者以示於主人以卦者畢宜還使筮史受以示主人也

吉則史韇筮史兼執筮與卦以告于主人占曰從從者求吉得吉之言疏注從者至之言○釋曰以主人之祭本以求吉今以疑而問筮筮而得吉是從主人本心故曰從者是求吉得吉之言也

乃官戒宗人命滌宰命爲酒乃退滌大歷反○官戒戒諸官也當共祭祀事者使之具其物且齊也滌溉濯祭器埽除宗廟○共音恭齊側皆反下同溉古愛反一本作濯疏注官戒至宗廟○釋曰云官戒戒諸官也當共祭祀事者使之具其物且齊也滌溉濯祭器埽除宗廟者此其筮祭日得吉當以祟祭事故知官戒戒諸官有此數事此等皆事見於下文故鄭總而言也

若不吉則及遠日又筮日如初及至也遠日後丁若後己疏注及至至後己○釋曰云遠日後丁若後己者案上曲禮云喪事先遠日吉事先近日近日即上旬丁巳不吉則至上旬又筮中旬丁巳不吉至中

旬又筮下旬丁巳不吉則止不祭以其下筮不過三旬是以鄭云後丁若後己也

宿宿讀為肅肅進也大夫尊儀益多筮日既戒諸官以齊戒矣至前祭一日又戒以進之使知祭日當來古文宿皆作羞

疏注宿讀至作羞○釋曰自此盡改筮尸論筮尸宿尸及宿諸官之事云大夫尊儀益多者其大夫宿戒兩有士有宿而無戒是儀略故云大夫儀多也此直戒是儀多而云益多者據士尸一宿下文大夫尸再宿是儀益多猶云彌多也此云前祭一日又戒以進之使知祭日當求旅下文明日朝服筮尸並是前祭一日唯下文前宿日宿戒尸者是前祭二日以言前宿一日明祭前二日可知也

前宿一日宿戒尸皆肅諸官之日又先肅尸者重所用為尸者又為將筮○又為于偽反

疏注皆肅至將筮○釋曰云皆肅諸官之日者解經宿是肅諸官之日云又先肅尸者總解經前宿一日宿戒尸謂是肅諸官之日前又先肅尸一校一日當祭前二日也云重所用為尸者肅諸官唯一肅尸有再肅是重所用為尸者故也云又為將筮者亦是肅之使知祭日當來故也若然宿與戒前後名不同今言之者

以前有十日之戒後有一日之宿若單言戒嫌同十日若單言宿嫌同一日故宿戒並言明其別也或可此是初戒尸云宿戒尸者故加宿字於戒上也明日朝筮尸如筮日之儀命曰孝孫某來日丁亥用薦歲事于皇祖伯某以某妃配某氏以某之某為尸尚饗筮卦占如初某之某者字尸父而名尸也字尸父尊鬼神也不前期三日筮尸者大夫下人君祭之朝乃視濯與士異【疏】注某之至士異

○釋曰云某之某者字尸父而名尸也者案曲禮云父在不為尸注云為其失子道然則尸卜筮無父者若然凡為人尸者父皆死矣死者當諱其名今對尸故知不稱尸父之名故上某是尸之父字下某為尸名是主者可稱名是以云字尸父而名尸也云字尸父尊鬼神也者以不稱名是尊鬼神也云不前期三日筮尸者大夫下人君者決上篇特牲十禮云前期三日筮尸此祭前一日筮尸吉遂宿尸不同之事但天子諸侯前期十日卜得吉日則戒諸官散齊至前祭三日卜尸得吉又戒宿諸官使之致齊士卑不嫌

故得與人君同三日筮尸但下人君不得散齊七日且大夫尊不敢與人君同直散齊九日前祭一日筮宿尸并宿諸官致齊也云祭之朝乃視濯與士異者亦是士卑得與人君同祭前一日視濯大夫尊不敢與人君同故與士異也云與士異亦異下人君下人君亦是與士異互換省文爲義也吉則乃遂宿尸祝擯筮吉又遂肅尸重尸也既肅尸乃肅諸官及執事者祝爲擯者尸神象

疏注筮吉至神象○釋曰云筮吉又遂肅尸重尸也者以其諸官一肅其尸已宿訖今筮言又肅再肅者是重尸者也云既肅尸乃肅諸官及執事者此重解上文宿是此宿尸後事置於上文者彼爲前宿一日宿戒尸之事故云其實當在此重肅尸之後也云祝爲擯者尸神象者決前筮尸時皆主人出命經此使祝擯以尸尸是神象故使祝擯也案特牲使宗人擯主人辭又有祝共傳命者士卑不嫌兩有與人君同此大夫尊下人君故闕之唯有祝而已人此尸不言出門面位等特牲主人宿尸時尸如主人服出門左西面鄭注云不敢南面當尊則大夫之尸尊尸出門徑南面故主人與尸皆不在門東門西也主人

再拜稽首祝告曰孝孫某來日丁亥用薦歲事于皇祖伯某以某妃配某氏敢宿告尸以主人爲此事來尸拜許諾主人又再拜稽首主人退尸送揖不拜尸不拜者尸尊疏注尸不拜者尸尊○釋曰凡賓主之禮賓去主人皆拜送今云尸送揖不拜者以大夫尸尊故也若不吉則遂改筮尸即改筮之不及遠日疏注即改至遠日○釋曰此決上文筮日不吉筮遠日者以日爲祭祀之本須取丁巳之類故須取遠日後旬丁此筮尸不言不須退至後旬故筮不待遠日也既宿尸反爲期于廟門之外爲期肅諸官而皆至定祭早晏之期爲期亦夕時也言既肅尸反爲期明大夫尊肅尸而已其爲賓及執事者使人肅之疏注爲期至肅之○釋曰自此盡曰諸乃退[illegible]人請祭期之事云爲期肅請官而皆至者此即上[illegible]人宿同時之事以其後宿尸及宿諸官以爲期皆於祭前之日也知期亦夕時也者案特牲云厥明夕陳鼎于門外又下文同日夕時而

云請期曰羹飪是夕時則此大夫禮為期亦夕時可知也知大夫尊直肅尸餘使人肅之者以經云宿尸反即云為期明大夫不自肅賓以下可知故云使人肅之也主人門東南面宗人朝服北面曰請祭期主人曰比於子比毗志反次也注同。比次早晏在於子也主人不西面者大夫尊於諸官有君道也為期亦唯尸不來也疏注比次至來也。釋曰言比次早晏者一日一夜辰有十二冬日夏夜長短不同是以推量比次日辰之早晏也云主人不西面者大夫尊於諸官有君道也者決特牲主人門外西面士卑於屬吏無君道故也云為期亦唯尸不來也者言亦特牲為期時賓及衆賓即位于門西時無尸此大夫禮餘賓之等並來亦唯尸不來是以主人南面亦為無尸也宗人曰旦明行事主人曰諾乃退旦明旦日質明

明日主人朝服即位于廟門之外東方南面宰宗人西面北上牲北首東上司馬刲羊司士擊豕宗人告

備乃退刲若圭反○刲擊皆謂殺之此實既省告備乃殺之文互者省文也尚書傳羊屬火豕屬水

疏注刲擊至屬水○釋曰自此盡東祭論視殺視濯之事案特牲視牲與視殺別日今少牢不言視牲直言刲擊告備乃退者省文此大夫禮視牲告充即刲擊殺之下人君士畢不嫌故異日矣必知人君視殺引日者大宰職云及執事眡滌濯及納亨贊王牲事注云納亨納牲將告殺謂鄉祭之晨既殺以授亨人又云及祀之日贊玉幣爵之事注云日旦明也是其視牲與殺別日案祭義云君牽牲穆荅君卿大夫序從既入門麗于碑卿大夫袒而毛牛尚耳諸侯禮殺于門內此大夫與特牲上皆殺于門外者辟人君一云刲擊皆謂殺之者豕言擊動之使鳴是視牲也羊言刲謂殺之是視殺也大夫視牲視殺同日故互見皆有故鄭云刲擊皆謂殺之又云此實既省告備乃殺之文玄云省也者亦是視牲訖即視殺如鄉所解下言告備欲見兼有也云尚書傳曰羊屬火豕屬水者此尚書大傳文引之者解司馬刲羊以其司馬火官還使刲羊羊屬火故也案周禮鄭注司空奉豕司士乃司馬之屬官今不使司空者諸侯猶兼官

人大職職相兼况也與官僕隸爲少司馬三士兼其職可知故司士擊不分也雍人摡鼎匕俎

于雍爨雍爨在門東南北上摡古愛反○雍人掌割亨之事者爨竈也在門東南統於主人北上羊豕魚腊皆有竈竈西有鑊凡摡者皆陳之而後告絜

疏注雍人至告絜○釋曰云雍人掌割亨之事者周禮饔人職文云凡摡者皆陳之而後告絜者案特牲視濯時皆陳之視訖告絜此亦當然

廩人摡甑甗匕與敦于廩爨廩爨在雍爨之北甑子孕反甗魚展反又音言劉音彥又魚變反敦音對劉都愛反後皆放此○廩人掌米入之藏者甗如甑一孔匕所以匕黍稷者也古文甑爲烝

疏注廩人至爲烝○釋曰云廩人掌米入之藏者周禮地官廩人職文以其穀入倉人米入廩人故也云甗如甑一孔者案冬官陶人職云甗實二鬴厚半寸脣寸甑實二鬴厚半寸脣寸七穿鄭司農云甑無底甑以其無底故以一孔解之云匕所以匕黍稷者也者上雍人云匕者所以匕肉此廩人所掌米故云匕黍稷也

司宮摡豆籩勺爵觚觶

凡洗篚于東堂下勺爵觚觶實于篚卒摡饌豆籩與篚于房中放于西方設洗于阼階東南當東榮放方往反○放猶依也大夫攝官司宮兼掌祭器也疏注放猶至器也○釋曰案特牲云宗人升自西階視壺濯及豆籩反降東北面告濯其鄭注云不言絜以有几席若然彼几席不摡則几洗篚三者亦不摡而并言之者以其同降于東堂下故繼觚觶連言之其實不摡也云以大夫攝官司宮兼掌祭器者下文司宮筵神席於奥此又掌豆籩之等故鄭云攝官案內則鄭注云諸侯兼官者彼對天子天子六卿諸侯三卿兼六卿此則大夫對諸侯諸侯具官則大夫攝官也

羹定雍人陳鼎五三鼎在羊鑊之西二鼎在豕鑊之西定多侯反○魚腊從羊膚從豕統於牲疏注魚腊至於牲○釋曰自此盡韋巾于西階東論鼎及豆籩盤匜等之事云魚腊從羊膚從豕統於牲者案公食大夫云甸人陳鼎鄭注云甸人冢宰之屬兼亨人者此大夫雍人陳鼎者周禮甸人掌供薪烝與亨爨

聯職相通是以諸侯無亨人故甸人陳鼎此大夫又無甸人故使雍人與亨人聯職故亨人云職外内饔之爨亨故使饔也云魚腊從羊膚從豕者上文概鼎時鄭云羊豕魚腊皆有竈今陳鼎宜各當其鑊此三鼎在羊鑊之西一鼎在豕鑊之西故云魚腊從羊膚從豕也其實羊豕魚腊各有鑊也此直有羊豕言皆有鑊前注可知魚腊皆有竈案士虞禮云側亨於廟門外之右東面魚腊爨在廟門外東南魚腊爨在南士之魚腊皆有爨則大夫魚腊皆有鑊可知故羊豕魚腊皆有竈也司馬升羊右胖髀不升肩臂臑膊骼正脊一脡脊一橫脊一短脅一正脅一代脅一皆二骨以並腸三胃三舉肺一祭肺三實于一鼎胖音判髀步禮反又方爾反臑奴到反又人于反膊劉音純説文之允反骼音格又音各下同脡他頂反○升猶上也上右胖周所貴也髀不升近竅賤也肩臂臑肱骨膊骼股骨脊從前爲正脅旁中爲正脊先前脅先後居而反猶器之䋣也並併也脊脅骨多六體各取二骨併之以多爲貴舉

肺一尸食所先舉也祭肺三爲尸主人主婦古文胖
皆作辯髀皆作脾今文並皆爲併○綪側耕反後同
併步頂反辯音遍一處見【疏】注升猶至爲併○釋曰
反脾必爾反又婢支反　上有十一體言一者見
其體也下言皆二骨以並見一體皆有二骨也云脊
從前爲正脅旁中爲正脊先前脅先後屈而反猶器
之綪也云先前者正脊是也先後者即短脅是也故
特牲記云尸俎正脊二骨橫脊長脅二骨短脅鄭注
云脊無中脅無前貶也明代脅最在前也脊先前脅
先後者取綪屈之義若然脊以前爲正其次名脡却
後名橫脡者取脡脡然直後言橫者取閑於脡凡名
脅皆隨形名之脡言正者以義取焉此言綪者若
解者不取爲骼也若尸舉牲體則臂肩骼爲綪故鄭
注特牲云舉先正脊後肩自上而卻下綪而前終始
之次也故尸舉牲體如綪也案下注云升之以尊卑
此注云猶器之綪也若綪則不得見尊卑若以尊卑
升復不得見綪所注似乖者凡牲體四支爲貴故先
序肩臂臑膊骼爲上是尊然後序脊脅於下是卑次
體先言正脅而先言短者又取綪之義但所序骨體
各有宜不可準定也若然既以尊卑升之而祭肺貴

序在下者腸胃及肺在內不得與外體為尊卑之次當以腸肉自為先後之次也云脊脅骨多六體各取二骨併之以多為貴者此經肩臂已下皆一至十體之下揔言皆二骨知二骨據脊脅骨多六體各取二骨者案特牲記肩臂臑肫胳不言一骨今序脊脅即言二骨以並故知此言皆一骨亦據脊脅可知也

司士升豕右胖髀不升肩臂臑膊骼正脊一脡脊一短脅一正脅一代脅一皆二骨以並舉肺一祭肺三實于一鼎豕無腸胃君子不食溷腴○溷音患腴羊朱反䟽注豕無至溷腴○釋曰云君子不食溷腴禮記少儀文彼注云腴有似於人穢故禮記注云以穀食犬豕曰豢是似人也

雍人倫膚九實于一鼎倫擇也膚脅革肉擇之取美者䟽○注倫擇至美者釋曰知膚脅革肉者下文云膚九而俎亦橫載革順故知膚是脅革肉也

司士又升魚腊魚十有五而鼎腊一純而鼎腊用麋司士又升副倅者合升左右胖曰純純猶全也

疏注司士至全也。釋曰云司士又升副脟者謂是第三俎其司士與前文司士升豕者別知者以下經云司士二人升魚腊膚則此豕魚腊宜各一人又此升鼎宜俱時明是副脟者非升豕者可知云脟者案諸子職云掌國子之倅鄭云是公卿大夫之副貳則此云倅亦副之別名以其副牲鼎故云副倅也

卒脀皆設扃冪乃舉陳鼎于廟門之外東方北面北上脀之承反。北面北上鄉內相隨古文冪皆爲密司宮尊兩甒于房戶之間同棜皆有冪甒有玄酒甒亡甫反棜於遽反。房戶之間房西室戶東也棜無足禁者酒戒也大夫去足改名優尊者若不爲之戒然古文甒皆作廡今文冪作鼏

疏注房戶至作鼏。釋曰云棜無足禁者酒戒也大夫去足改名優尊者若不爲之戒然者此大夫特牲用棜仍云禁此改名曰棜是優尊者若不爲神戒然鄉飲酒雖是大夫禮猶名斯禁者尋常飲酒亦於祭祀也

司宮設罍水于洗東有枓設篚于洗西南肆[illegible]音主。枓[illegible]器也凡

設水用罍沃盥用枓禮在此疏注枓㪺至此也○釋也○㪺九于反劉苦候反曰云凡設水用罍沃盥用枓禮在此也者言凡總儀禮一部內用水者皆須罍盛之沃盥水者皆用枓爲之鄭言禮在此者以士冠禮昏禮直言水在洗東士昏禮亦直言水在洗東鄉飲酒特牲記亦云然皆不言罍器亦不云有枓其燕禮大射雖云罍水又不言有枓故鄭云凡此等設水用罍沃盥用枓其禮具在此故餘文不具省文之義也

改饌豆籩于房中南面如饋之設實豆籩之實改更也爲實之更之威儀多也如饋之設如其陳之左右也饋設東面疏○注改更至東面釋曰前司宮概豆籩訖饌豆籩於西方今欲實之乃更設豆籩於房中南面如饋之禮東面設然者此大夫禮威儀多夾特牲士禮視濯時豆籩鉶在東房至實豆籩時直云豆籩鉶陳於房中如初鄭云如初者取而實之既而反之是其不改豆籩之處因而實之是士禮威儀略也

小祝設槃匜與簞巾于西階東匜以支反簞音丹○爲尸將盥疏注爲尸將盥○釋曰案特牲直云尸盥匜水實

下篇中簞巾在門內之右不言其人未聞也知非祝者彼下文始言祝筵几于室中注云至此使祝接神明前非祝也

主人朝服即位于阼階東西面為將祭也疏注為將祭也○釋曰自此盡華順論祭時將至布設舉鼎上載之事

司宮筵于奧祝設几于筵上右之布陳神坐也室中西南隅謂之奧席東西近南為右疏注布陳至為右○釋曰案特牲云祝筵几鄭云使祝接神此使司宮者此大夫禮異於士故司宮設席神祝設几大夫官多故使兩官共其事亦是接神故祝設几也

主人出迎鼎除鼏士盥舉鼎主人先入道之也主人不盥不舉疏注道之至不舉○釋曰此決特牲主人降及賓盥士禮自舉鼎此大夫尊不舉故不盥也

司宮取二勺于篚洗之兼執以升乃啓二尊之蓋冪奠于棜上加二勺于二尊覆之南柄二尊兩甒也今文柄為方疏注二尊至為方○釋曰云二尊兩甒者即上司官尊兩甒于房戶之間是也知二勺

兩尊用之者玄酒雖有不酌重古如酌者然也鼏序入雍正執一匕以從雍府執四匕以從司士合執二俎以從司士贊者二人皆合執二俎以相從入相息亮反○相助陳鼎于東方當序南于洗西皆西面北上膚爲下匕皆加于鼎東枋枋彼命反○膚爲下以其加也南于洗西陳於洗西南疏注膚爲至西南○釋曰此云膚爲下門外陳鼎時不言至此言之者以膚者豕之實前陳鼎在門外時未有俎據鼎所陳則膚在魚上今將載於俎設之鼏在後故須分別之也云膚爲下以其加者以羊無別俎而豕有膚俎故謂之加以加爲下也云南于洗西陳于洗西南者洗當東榮近東也其陳鼎鼎當東序則近西也而言南于洗西則鼎陳于洗西稍近南東西不得與洗相當也俎皆設于鼎西西肆肵俎在羊俎之北亦西肆肵音祈○肵俎在北將先載也異其設文不當鼎疏注肵俎至當鼎○釋曰云異其

說文不當鼎者羊俎在羊鼎西今云肵俎在羊俎北不繼鼎明不當鼎也若繼鼎言者即在鼎西也宗

人遣賓就主人皆盥于洗長枇長丁丈反注同○長枇者長賓先次賓後

也主人不枇言就主人者明親臨之古文枇作比佐食上利升牢心舌載于

肵俎心皆安下切上午割勿沒其載于肵俎末在上

舌皆切本末亦午割勿沒其載于肵橫之皆如初爲

之于爨也牢羊豕也安平也平割其下於載便也凡割本末食必正也午割使可絕勿沒爲其

分散也肵之爲言敬也所以敬尸也周禮祭尚肺事尸尚心舌心舌知滋味今文切皆爲刌疏注牢

羊至爲刌心釋曰言皆如初爲之于爨也者經言此者以前脅鼎時不見心舌嫌不在爨故明之云皆如初

爲之于爨皆者羊豕皆有心舌也案特牲記云肵俎心舌皆去本末午割之實于牲鼎載心立舌縮俎即

是未入鼎時則制此心舌然也既未入鼎時先制之是以雖出爨亦得爲皆如初爨也云凡割本末食必

一五七二

正也者鄉黨孔子云割不正不食故割本末爲食正也云肵之爲言敬也者郊特牲文彼云肵之爲言敬也言所以敬尸也云周禮祭尚肺者禮記明堂位云有虞氏祭首夏后氏祭心殷祭肝周祭肺是周之禮法祭肺而此肵俎不取肺而用心者以其事尸尚心舌心舌知滋味者故特牲記鄭注亦云心舌知食味者欲尸之饗此祭是以進之若然舌之所嘗佐食遷五味乃是心之所知酸苦也故心舌並言之

肵俎于阼階西西縮乃反佐食二入上利升羊載右胖髀不升肩臂臑膊骼正脊一脡脊一横脊一短脅一正脅一代脅一皆二骨以並腸三胃三長皆及俎拒舉肺一長終肺祭肺三皆切肩臂臑膊骼在兩端脊脅肺肩在上升之以尊卑載之以體次各有宜也拒讀爲介距之距俎距脛中當横節也凡牲體之數及載備於此

疏注升之至於此○釋曰升升羊載右胖者謂例實鼎曰升實俎曰載今

實俎而言升者以其升者上也是以載俎升載兩言之也但此經所載牲體多少一依上文升鼎不異而壹序之者以其載俎之時恐與入鼎時多少有異故壹序之舉肺祭肺上已言今又言之者以其上升鼎時直言舉肺一祭肺三不言長短上所以不言長短者以其入鼎時二者未制故不辯長短至此載俎乃制長短及切之故具辯之也若然上升鼎時不制者若升鼎制之恐二肺雜亂是以升俎乃制之若然心舌未升鼎前已午割勿沒不言至載俎乃言午割者彼二者其體殊異不雜亂故俎乃一辯而已云肩臂臑膊胳在兩端脊脅肺肩在上者此是在俎之次俎有上下猶牲體有前後故肩臑在上端膊胳在下端脊脅肺在中其載之次序肩臂臑正脊脡脊橫脊代脊長脅短脅肺腸胃膊胳也云升之以尊卑者即上文上利升羊以下序其在鼎也云載之以體次者俎法四體尊於脊脅即經四體在兩端脊脅肺在中者故云各有宜也云拒讀為介距之距者案左氏傳昭一十五年云季郈之鷄鬬季氏介其鷄服氏云擣芥子猶其雞羽鄭氏一云介甲為雞著甲又云郈氏為之金距注云金距以金路距今鄭君合取季氏之介又

取郈氏之距而云介距之距也引之者彼距在雞足爲距此俎距在俎爲橫也是距也云俎距脛中當橫節也案明堂位云俎有虞氏以梡夏后氏以嶡殷以椇周以房俎注云梡斷木爲四足而已嶡之言蹷也謂中足爲橫距之象周禮爲之距彼注云周禮謂之距即指此俎距而言是距爲俎足中央橫者也此言脛距脛中當橫節者案明堂位夏后氏以嶡謂中足之橫下仍有殼之椇謂橫下仍有曲撓之足下又有周之房俎謂四足下更有跗鄭云上下兩間有似於堂房是橫下更有二事故言脛中當橫節也云凡牲體之數及載備於此者案此經節析前體有臂臑兩相爲六後體膊胳兩相爲四經短脅正脅代脅兩胉爲六脊有三總爲十九體唯不數觳二通之爲二十一體二觳正祭不薦於神尸故不言是牲體之數備於此言及載備於此者上經云升於鼎此經云載於俎是其及載備於此也

下利升豕其載如羊無腸胃體其載于俎皆進下進下變於食生也所以交於神明不敢以食道敬之至也鄉飲酒禮進腠羊次其體豕言進下互相見○見賢遍反

疏注進下至相見○釋

曰云進下變於食生也者決公食大夫鄉飲酒牲體皆進腠腠是本是食生人之法此言進末末爲終謂骨之終食鬼神法故云變於食生也云所以交於神明者郊特牲文云不敢以食道擅公文云羊次其體家言進下互相見者羊次其體即上經上利升羊以下是次其體言互相見者羊言體亦進下豕言進下亦次其體也

司士三人升魚腊膚魚用鮒十有五而俎縮載右首進腴鮒音附○右首進腴亦變於食生也有司載魚橫之少儀曰羞濡魚者進尾

疏注右首至進尾○釋曰云右首進腴亦變於食生也者凡載魚爲生人首皆向右進鰭其祭祀亦首皆在右進腴生人死人皆右首陳設在地地道尊右故也鬼神進腴者腴是氣之所聚故祭祀進腴也生人進鰭者鰭是脊生人尚味故公食大夫云魚七縮俎寢右鄭注云右首也寢右進鰭也乾魚近腴多骨鯁是也云有司載魚橫之少儀曰羞濡魚者進尾引之者欲見正祭與儐尸載魚禮異又與生人食禮不同以其尸之禮上大夫載魚橫之於人爲縮於俎爲橫既見乾魚則進首可知復取少儀者濡魚進尾見

與乾魚異有司徹進首是上大夫繹祭儐尸之禮有乾魚橫於俎宜進其首則少儀羞濡魚者是天子諸侯繹祭可知以其大夫繹祭乾濕皆有乾魚則進首鮮魚則進尾必知是天子諸侯繹祭者以其大夫儐尸云加膴祭少儀云祭膴又與儐尸加膴祭於上同故知義然也

腊一純而俎亦進下肩在上知羊豕凡腊之體載禮在此疏注知羊至在此○釋曰以其諸經唯有腊文無升載之事唯有此經所載之法故云載禮在此也

膚九而俎亦橫載革順列載於俎令其皮相順亦載者亦其骨體疏注列載至骨體○釋曰云列載於俎令其皮相順者解經革順也載革順謂以此膚之體相次而作行列以革相順而載也云亦者亦其骨體者上牲體橫載文膚不明故舉膚亦橫載以明之此膚言橫則上羊豕骨體亦橫載可知也

卒脀祝盥于洗升自西階主人盥升自阼階祝先入南面主人從戶內西面將納祭也疏釋曰自此盡主人又再拜稽首論先設置爲除厭之事也

主婦被

錫衣侈袂薦自東房韭菹醓醢坐奠于筵前主婦贊者一人亦被錫衣侈袂執葵菹蠃醢以授主婦主婦不興遂受陪設于東韭菹在南葵菹在北主婦興入于房被錫讀爲髲鬄古者或剔賤者刑者之髮以被婦人之紒爲飾因名髲鬄焉此周禮所謂次也不纚笄者大夫妻尊亦衣綃衣而侈其袂耳侈者蓋半士妻之袂以益之衣三尺三寸袪尺八寸韭菹醓醢朝事之豆也而饋食用之豐大夫禮今文葵菹在綼蠃爲蝸

疏注被錫至爲蝸○釋曰云主婦贊者一人亦被錫者此被錫侈袂與主婦同既一人與主婦同則其餘不得如主婦與士妻同纚笄綃衣若士妻與婦人助祭一皆纚笄綃衣以綃衣下更無服服窮則同故特牲云凡婦人助祭者同服是也云被錫讀爲髲鬄者欲見髲鬄取人髮爲之之義也云古者或剔賤者刑者之髮以被婦人紒爲飾因名髲鬄焉者此解名髲鬄之意案哀公十七年左傳說衛莊公登城望戎州見己氏之妻髮美使髡之以爲呂姜髢

是其取賤者髲爲鬄之事也云此周禮所謂次也者案周禮追師云掌王后以下副編次三翟者首服副鞠衣襢衣首服編祿衣首服次鄭彼注副首飾若今步搖編編列髮爲之若假紒次次第髮長短爲之所謂髲鬄者指此文也是彼此相曉也云不纚笄者大夫妻尊者此決特牲主婦纚笄士妻卑故也云亦衣綃衣者亦如特牲士妻主婦綃衣也綃衣者六服外之下者云而侈其袂耳侈者蓋半士妻之袂以益之衣三尺三寸袪尺八寸者士妻之袂二尺二寸袪尺二寸三分益一故衣三尺三寸袪尺八寸也故內司服注亦爲此解也或云衣三尺三寸或云袂俱合義是以喪服記云亦名袂爲衣也云非菹醓醢朝事之豆也者案周禮醢人職朝事之豆韭菹醓醢昌本麋臡菁菹鹿臡茆菹麋臡彼天子八豆今大夫取二豆爲饋食用之豐大夫禮故也若然葵菹蠃醢亦天子饋食之豆今大夫用之鄭不言者彼饋食當其節天子八豆此大夫取二而已故不須言之云葵菹在綼者以其非菹在南醓醢在北今於次東葵菹在北蠃醢在南是其綼次之也

佐食上利執羊俎下利執豕俎

司士三人執魚腊膚俎序升自西階相從入設俎羊在豆東豕亞其北魚在羊東腊在豕東特膚當俎北端相助也主婦自東房執一金敦黍有蓋坐設于羊俎之南婦贊者執敦稷以授主婦主婦興受坐設于魚俎南又興受贊者敦黍坐設于稷南又興受贊者敦稷坐設于黍南敦皆南首主婦興入于房敦有首者尊者器飾也飾蓋象龜周之禮飾器各以其類龜有上下甲今文曰主婦入于房

疏注敦有至于房○釋曰敦有首者尊者器飾也飾蓋象龜知有此義者以其經曰敦南首明象龜獸之形故云首知象龜者以其蓋形龜象故也云周之禮飾器各以其類者案周禮梓人云外骨內骨以脰鳴者以胷鳴者之類鄭云刻畫祭器博庶物也又周禮司尊彝有雞彝之等是周之禮飾器各以其類也云龜有上下甲者欲言此敦蓋

取象之意以龜有上下甲故敦蓋象之是亦取其類也敦蓋既象龜明簋亦象龜爲之故禮器云管仲鏤簋朱紘注云謂刻而飾之大夫刻爲龜耳諸侯飾以象天子飾以玉言以玉飾之還依文夫象形爲飾也天子則簋敦兼有九嬪職云凡祭祀贊玉齍注云玉齍王敦受黍稷器是天子八簋之外兼用敦也特牲云佐食分簋鉶注云爲將餕敦有虞氏之器也周制士用之變敦言簋容同姓之士得從周制耳則同姓大夫亦用簋特牲少牢用敦者異姓大夫士也明堂位云有虞氏之兩敦夏后氏之四璉殷之六瑚周之八簋鄭注云皆黍稷器制之異同未聞案周禮舍人注圓曰簋孝經注直云外方曰簋據而言若然云未聞者據殷已上未聞周則聞矣故易損卦云二簋可用享注云離爲日日圓巽爲木木器象是其周器有聞也孝經緯鉤命決云敦規首上下圓相連簋簋上圓下方法陰陽是有聞而鄭云未聞者鄭不信之故也

祝酌奠遂命佐食啓會佐食啓會蓋二以重設于敦南

會古外反重直容反下及注同○酌奠酌酒爲神奠之後酌者酒尊要成也特牲饋食禮

曰祝洗酌奠奠于鉶南重累之【疏】注酌奠至累之○釋曰酌奠酌酒為為神奠之者以其迎尸之前將為陰厭為神不為尸故云為神奠之也云後酌者酒尊要成也者上經先設餘饌此經乃酌者酒尊物設饌要由尊者成故後設之也引特牲者酌奠之處當在鉶南此經不言故引為證也云重累之者以黍稷各二二者各自當重累於敦南卻合之也

主人西面祝在左主人再拜稽首祝祝曰孝孫某敢用柔毛剛鬣嘉薦普淖用薦歲事于皇祖伯某以某妃配某氏尚饗主人又再拜稽首祝祝下之又反鬣力輒反淖女孝反○羊曰柔毛豕曰剛鬣嘉薦菹醢也普淖黍稷也普大也淖和也德能大和乃有黍稷春秋傳曰奉粢以告曰絜粢豐盛謂其三時不害而民和年豐也【疏】注羊曰至豐也○釋曰云羊曰柔毛豕曰剛鬣下曲禮文羊肥則毛柔豕肥則鬣剛也彼注云號牲物者異於人用也引春秋者證黍稷大和之義安不彼[illegible]氏桓六年傳文楚武王侵隨使薳章求成焉軍於[illegible]以待之隨人

請少師入羸軍董成楚以羸師而納少師少師還請追楚師季梁止之曰天方授楚楚之羸其誘我也臣聞小之能敵大也小道大淫所謂道忠於民而信於神也上思利民忠也祝史正辭信也今民餒而君逞欲祝史矯舉以祭臣不知其可也公曰吾牲牷肥腯粢盛豐備何則不信對曰夫民神之主也是以聖王先成民而後致力於神故奉牲以告曰博碩肥腯謂民力之普存也奉盛以告曰絜粢豐盛謂其三時不害而民和年豐也則此之所言隨季梁辭也

祝出迎尸于廟門之外主人降立于阼階東西面祝先入門右尸入門左主人不出迎尸伸尊也特牲饋食禮曰尸入主人及賓皆辟位出亦如之祝入門右者辟尸也既則後尸○辟音避又房益反下同

疏注主人至後尸○釋曰自此盡牢肺正脊加于肵論尸入正祭之事云主人不出迎尸伸尊也者禮記云君迎牲而不迎尸別嫌也尸在廟門外則疑於臣在廟中則全於君故主人皆不出迎尸尸在廟門外為臣道故主人不出迎尸伸尊也引特牲者以出入時主人與賓西位上皆逡巡辟位

敬尸也云既則後尸者下經云祝延尸尸升自西階入祝從注云由後詔相之曰延是後尸也宗人奉槃東面于庭南一宗人奉匜水西面于槃東一宗人奉簞巾南面于槃北乃沃尸盥于槃上卒盥坐奠簞取巾興振之三以受尸巾奉芳勇反○庭南沒霤【疏】注庭南沒霤○釋曰庭南者於庭近南是沒盡門屋霤近門而盥也是以特牲亦云尸入門北面盥繼門而言即亦沒霤者也祝延尸尸升自西階入祝從由後詔相之曰延延進也周禮曰大祝相尸禮祝從從尸升自西階【疏】注由後至西階○釋曰周禮曰大祝相尸禮者春職云相尸禮注云延其出入詔其坐作是也主人升自阼階祝先入主人從祝接神先入宜也尸升筵祝主人西面立于戶內祝在左主人由祝後而居右尊也祝從尸尸即席乃卻居主人左【疏】注主人至人左○釋曰祝先入至主人入而居祝之右者以祝從尸

後詔侑之故在尸後主人前及尸即筵主人與祝西面則主人尊故也云祝從尸尸即席乃卻居主人左者解祝在先佐左之意也

祝主人皆拜妥尸尸不言尸答拜遂坐

妥他果反○拜妥尸拜之使安坐也尸自此答拜遂坐而卒食其間有不啐奠不嘗鉶不告旨大夫之禮尸彌尊也不告旨者爲初亦不饗所謂曲而殺

疏注拜妥至而殺○釋曰案爾雅妥安坐也故云拜妥尸拜之使安坐也案特牲云尸啐酒告旨主人拜尸答拜祭鉶嘗之告旨不得遂坐此經云答拜遂坐鄭解其遂坐而卒食之意以其間有不啐奠不嘗鉶不告旨也大夫之禮尸彌尊故無拜事特牲所云嘗鉶謂嘗豕鉶此不嘗鉶亦謂不嘗豕鉶也知此不嘗羊鉶者案下云嘗羊鉶故知嘗豕鉶也不告旨者既不啐奠故無告也言彌尊者即不啐奠一尊又不嘗鉶不告旨是彌尊也云告旨者爲初亦不饗者案特牲迎尸即席坐主人拜妥尸尸答拜執奠祝饗主人拜如初注云饗勸强之也其辭取於士虞記則宜云孝孫某圭爲而孝薦之饗是士賤不嫌得與人君同大夫尊嫌與人君同故初不饗後亦不告旨故云不告

旨者爲初亦不饗也云所謂曲而殺者禮器文彼注云謂若父在爲母期不得申大夫不得者亦不得申故引爲證若然曲而殺爲初不饗而言也

祝反南面未有事也墮祭爾敦官各肅其職不命○墮許規反劉相規反下同【疏】注未有至不命○釋曰云未有事也者釋祝反南面也云墮祭爾敦文在下經官各肅其職不命者言祝無事之義案宿諸官各肅其事不須命故祝得反南面

尸取韭菹辯擩于三豆祭于豆間上佐食取黍稷于四敦下佐食取牢一切肺于俎以授尸上佐食兼與黍以授尸尸同受祭于豆祭辯音遍擩如悅反劉而誰反○牢羊豕也同合也合祭於俎豆之祭也黍稷之祭爲墮祭將食神餘尊之而祭之今文辯爲徧【疏】注牢羊至爲徧○釋曰云黍稷之祭爲墮祭者肺與黍稷俱得爲墮故周禮守祧職既祭則藏其墮墮中豈不能兼肺肺與黍稷俱祭于苴上既藏之明肺與黍稷器不動人就器減取之故特得墮名舉肺則全取因上綏之不得墮稱及

其藏之并有墮名也云將食神餘尊之而祭之名謂
陰厭是神食後尸來即席食尸餕鬼神之餘故尸亦
尊神而祭之以其几祭者皆不是
盛主人之饌故以祭之為尊也 上佐食舉尸牢肺
正脊以授尸上佐食爾上敦黍于筵上右之爾近也或曰移
也右之便尸食也重言【疏】注爾近至相因○釋曰曲
上佐食明便起不相因禮云飯黍無以箸是古者
飯食不用匕箸若然器即不動器中取之故移之於
席上便尸食也云重言上佐食明更起不相因者前
舉尸牢肺特坐而取之與以授尸不因此坐取肺即
爾敦黍明更坐爾黍而起不因前坐也案特牲黍稷
此及虞皆不云稷者此後皆黍稷連言明并黍稷食
之不盛陳而不食不言爾之者文不具其實亦爾之
也 主人羞肵俎升自阼階置于膚北羞進也肵敬也親進之主人敬
尸之【疏】注羞進至之加○釋曰郊特牲訓肵為敬今
加此主人親進之故鄭云敬尸之加以其為尸
特加故云加也若然特牲三俎膚從豕俎
故肵在腊北此五俎有膚俎故肵在膚北 上佐食羞

兩鉶取一羊鉶于房中坐設于韭菹之南下佐食又取一豕鉶于房中以從上佐食受坐設于羊鉶之南皆芼皆有柶尸扱以柶祭羊鉶遂以祭豕鉶嘗羊鉶芼亡報反柶音四扱初洽反○芼菜也羊用苦豕用薇皆有滑〔疏〕注芼菜至有滑○釋曰芼菜者菜是地之芼知羊用苦豕用薇皆有滑者案公食大夫記云鉶芼牛藿羊芼豕薇皆有滑是也食舉舉牢肺正脊也先飲啗之以爲道也〔疏〕注舉牢至道也○釋曰此食舉在羞肵之下特牲食舉在羞肵之上不同者彼特牲食舉下乃云羞肵俎者是其正以食舉後尸即嚌幹之爲即加於肵俎故食舉後即進肵是正也此食舉不在羞肵之上佐食羞於鉶羹尸祭鉶訖乃得食舉故退食舉在祭鉶之下又不退羞肵在食舉下者由主人敬尸故不退在下也特牲爾敦下設大羹此不云者大羹不爲神直是爲尸者故此不言儐尸尸乃有也云舉牢肺正脊也者上文云上佐食舉尸牢肺正脊以授尸尸受祭肺明今食先云食

舉是上牢肺正脊也云先食啗之以爲道也者案特牲舉肺脊以授尸尸受振祭嚌之左執之注肺氣之主也脊體之貴也先食啗之所以道食通氣是也三飯食以黍疏注食以黍○釋曰知先食黍者以前文先言尔黍故知先食黍也上佐食舉尸牢幹尸受振祭嚌之佐食受加于肵嚌才計反○幹正脅也古文幹爲肝疏注幹正脅也○釋曰上文序體先言短脅次言正脅則正脅在中央食舉是正脊故此知食幹亦先取正脅也特牲云食幹鄭注爲長脅也彼記序九體有長脅無代脅者案鄭注云脊無中脅無前貶於尊者故與此異也上佐食羞胾兩瓦豆有醓亦用瓦豆設于薦豆之北胾莊吏反○設于薦豆之北以其加也四豆亦綪羊胾在南豕胾在北無臐膮者尚牲不尚味○臐許云反膮許堯反疏注設于至尚味○釋曰特牲略於少牢故有豕膮此少牢二牲故不尚味兩無臐膮也尸又食食胾上佐食舉尸一魚尸受振祭嚌之佐食受加

于肵横之。又復也。或言食，或言飯。食大名，小數曰飯。魚横之者，異於肉。○數，所角反。疏注「又復」至「於肉」。○釋曰：云「食大名」者，以其論語文多言食，故云食大名也。云「小數曰飯」者，此少牢特言三飯五飯九飯之等，據一口謂之一飯，五口謂之五飯，等據小數而言，故云小數曰飯也。云「魚横之者，異於肉」者，魚在俎縮，肉在俎則横，其同在肵俎仍横之。魚本縮，今則横之矣，與牲體異，故云魚横異於肉也。必知肉在肵仍横者，但言加于肵，不云縮，則與本俎同横可知也。肵大夫不賓尸者，加於此時亦當設大羹，此主為大夫不儐尸者大羹之文也。又食，上佐食舉尸腊肩，尸受，振祭，嚌之。上佐食受，加于肵。腊魚皆一舉者，少牢二牲略之。腊必舉肩，以肩為終也。别舉魚腊，崇威儀。疏注「腊魚」至「威儀」。○釋曰：云「腊魚皆一舉者，少牢二牲略之」者，以特牲三舉獸魚，以其牲少故也。此牢二牲，略之者，體足可舉，故腊魚一舉以略之。云「腊必舉肩，以肩為終也」者，以腊如牲骨，但舉一肩，尊以為終，取其成義。特體先舉肩為終。云「别舉魚腊，崇威儀」者，特牲云：尸三飯，佐食舉獸幹、魚一，亦如之。尸又三飯舉胳及獸魚如初尸又三飯舉肩及獸魚如初獸魚常一時同舉而此獸魚別舉大夫之禮故云崇威儀案特牲先舉腊後魚此少牢後舉腊者彼特牲三組腊皆三舉故後舉魚此少牢腊魚皆一舉故使腊在後肩取其終義故也又食上佐食舉尸牢骼如初如舉幹也又食不舉者卿大夫之禮不過五舉須侑尸疏注不舉至侑尸○釋曰云五舉者舉牢肺一也又舉牢幹二也又舉一魚二也又舉腊肩四也又舉牢骼五也是卿大夫之禮五舉也尸告飽祝西面于主人之南獨侑不拜侑曰皇尸未實侑侑勸也祝獨勸者更則尸飽實猶飽也祝既侑復反南面疏注侑勸至南面○釋曰云侑勸也祝獨勸者更則尸飽者此決特牲九飯三侑皆祝主人共侑不更以侑者欲使尸飽若其重侑則嫌相褻特牲重侑不更者以士禮九飯纔更亦不飽故不更此大夫禮十一飯更則飽故有更員以侯祝獨侑與主人更之義云祝既侑復反南面者尸內主人及祝有事之位尸席北祝無事之位今侑訖亦復尸此南面位也此與特牲

告有尸飯法天子諸侯當亦有之故大祝九拜之下云以享侑祭祀注云侑勸尸食而拜若然士三飯即告飽而侑大夫七飯告飽而侑諸侯九飯告飽而侑天子十一飯而侑也尸又食上佐食舉尸牢肩尸受振祭嚌之佐食受加于肵四舉牢體始於正脊終於肩尊於終始疏注四鼎至終始○釋曰正脊及肩此體之貴者故先舉正脊爲食之始後舉肩者爲食之終故云尊於終始尸不飯告飽祝西面于主人之南祝當贊主人辭疏注祝當贊主人辭○釋曰以其西面是祝之有事之位故從南向西面位也主人不言拜侑祝詔而不拜主人不言而拜親疏之宜疏注祝言至之宜○釋曰云親疏之者云祝言而不拜者疏也云主人不言而拜者親也事相成故云親疏之宜也尸又三飯爲祝一飯爲主人三飯尊卑之差尸十一飯下人君也上佐食受尸牢肺正脊加于肵言受者尸授之也尸授牢幹而實舉于俎豆食畢操以授佐食焉○操七刀反疏注言受至

一五九二

食焉○釋曰此案上文初食舉謂正脊與牢肺不言置舉之所下文即言三飯上佐食舉尸牢幹尸受振祭嚌之佐食受加于肵至此尸十一飯後乃言上佐食受尸牢肺正脊加于肵者是卻本初食舉特牲舉肺脊其時尸實舉于菹豆今尸食畢尸乃於菹豆上取而授上佐食上佐食受而加于肵故言受尸牢肺正脊加于肵也

主人降洗爵升北面酌酒乃酳尸尸拜受主人拜送 酳音胤又士刃反○酳猶羨也既食之而又飲之所以樂之古文酳作酌○食音寺飲於禁反樂音洛

疏注酳猶至作酌○釋曰自此盡折一膚論主人酳尸之事云酳猶羨也者取饒羨之義故以爲樂之也

尸祭酒啐酒賓長羞牢肝用俎縮執俎肝亦縮進末鹽在右 羞進也縮從也鹽在肝右便尸擩之古文縮爲蹙

疏注羞進至爲蹙○釋曰云鹽在肝右便尸擩之者鹽在肝右擩賓長西面手執而言尸東面若至尸前鹽在尸之左尸以右手取肝鄉左擩之是其便也

尸左執爵右兼取肝擩于俎鹽振

祭嚌之加于菹豆卒爵主人拜祝受尸爵尸答拜兼兼羊豕祝酌受尸尸醋主人主人拜受爵尸答拜主人西面奠爵又拜醋才各反○主人受酢疏注主人至尊酒侠爵拜爵彌尊尸尸○釋曰云彌尊尸者此少牢與特牲尸酢主人使祝代尸酌者巳是尊尸今主人拜受訖又拜爲侠拜是彌尊尸也上佐食取四敦黍稷下佐食取牢一切肺以授上佐食上佐食以綏祭綏許規反劉相規反并注授及墮亦放此下皆同○綏或作挼挼讀爲墮將受嘏亦尊尸餘疏注綏或至爲肵○釋曰經而祭之古文墮爲肵中綏是車綏或有禮本作授者故亦讀從周禮守祧既葬則藏其墮減之義也云將受嘏者下文主人受嘏之時先墮祭是以佐食受黍稷與匕人爲墮禮主人左執爵右受佐食坐祭之又祭酒不興遂啐酒右受佐食右手受墮於佐食也至此言坐祭之者明尸與主人爲禮也尸恒坐

有事則起主人恒立有事則坐疏注有受至則坐○釋曰云尸常坐有事則起主人常立有事則坐者案禮器云周坐尸曲禮云立如齊鄭云齊謂祭禮時則是尸常坐主人祭時則常立經云坐祭之謂隨祭尸餘是尸尸主人爲禮是主人有事乃坐也尸答主人拜乃立是尸有事則起也祝與二佐食皆出盥于洗入二佐食各取黍于一敦上佐食兼受摶之以授尸尸執以命祝摶大官反○命祝以嘏辭疏注命祝以嘏辭○釋曰謂命祝使出嘏辭以嘏於主人下文是也卒命祝祝受以東北面于戶西以嘏于主人曰皇尸命工祝承致多福無疆于女孝孫來女孝孫使女受祿于天宜稼于田眉壽萬年勿替引之女音汝○嘏大也予主人以大福工官也承猶傳也來讀曰釐釐賜也耕種曰稼勿猶無也替廢也引長也言無廢止時長如是也古文嘏爲格祿爲福眉爲微替爲袂袂或爲臷臷替

聲相近○袂音決戟大結反疏注嘏大至相近○釋曰云嘏大也者郊特牲云嘏長也大也故鄭云予主人以大福案特牲尸親嘏主人此尸使祝嘏主人者大夫尸尊故不親嘏特牲無嘏文不具也

主人坐奠爵興再拜稽首興受黍坐振祭嚌之詩懷之實于左袂挂于季指執爵以興坐卒爵執爵以興坐奠爵拜尸答拜執爵以興出宰夫以籩受嗇黍主人嘗之納諸內挂俱賣反又音卦○詩猶承也實於左袂便右手也季猶小也出出戶也宰夫掌飲食之事者收斂曰嗇明豐年乃有黍稷也復嘗之者重之至也納猶入也古文挂作卦疏注詩猶至作卦○釋曰云出出戶也者以主人位在戶內西面今云出故知是出戶也此宰夫以籩受嗇大夫之禮特牲主人出寫嗇于房祝以籩受彼士禮與大夫異也案春官鬱人云大祭祀與量人受舉斝之卒爵而飲之鄭云斝受福之嘏聲之誤也王酳尸尸嘏王此其卒爵也少牢饋食禮主人受嘏詩懷之卒爵執

一五九六

爵以與出宰夫以籩受嗇黍主人嘗之乃還獻祝此鬱人受王之卒爵亦王出房時也是王受嘏與大夫同也案楚茨詩既齊既稷既匡既勑注云嘏之禮祝徧取黍稷牢肉魚擩於醢以授尸孝孫前就尸受之天子使宰夫受之以筐祝則釋嘏辭以勑之天子嘏辭與大夫同也云復嘗之者重之至也者前已嘗之是已嘗今復言嘗是重受福之至也特牲不言復嘗者文不具也

主人獻祝設席南面祝拜于席上坐受室中迫狹

疏注室中迫狹○釋曰言迫狹大夫士廟室皆兩下五架正中曰棟棟南兩架北亦兩架棟南一架名曰楣前承簷以前名曰庪棟北一架為室南壁而開戶即是一架之廣為室故云迫狹也必知棟北一架後乃為室者卿□□人賓升自西階當阿東面致命鄭云阿棟也入堂深明不入室是棟北乃有室也

主人西面答拜不言拜送下尸

疏注不言拜送下尸○釋曰上主人酳尸尸拜受主人拜送今主人酳祝祝拜受主人答拜拜送禮重答拜禮輕下言答拜敬云不言拜送下尸也

薦兩豆菹醢葵菹蠃醢

疏注葵菹蠃醢○

釋曰知者上云韭菹醓醢鄭云朝事之豆也而饋食用之豐大夫禮上既云葵菹蠃醢是饋食之豆當饋食之節是其常事故不言豐大夫之禮祝用之亦是常事故知用葵菹蠃醢也今佐食設俎

牢髀橫脊一短脅一腸一胃一膚三魚一橫之腊兩

髀屬于尻[illegible]反[illegible]下體祝賤也魚[illegible]兩髀屬于尻尤賤[illegible]注[illegible]升下體者髀與短[illegible]下[illegible]尻又腊之下體[illegible]之也者以其魚[illegible]俎橫而殊之也縮其[illegible]物而云四物也云尤賤[illegible]用左右髀故有兩髀言髀[illegible]賤也[illegible]常連之[illegible]是為祝取菹擩于醢祭

[illegible]祭俎大夫祝俎無肺[illegible]注大夫至[illegible]下[illegible]盛○釋[illegible]祭用[illegible]尸俎[illegible]大夫尸

俎亦皆有祝則離肺祭肺俱無是決下尸也云不嚌之膚不盛者決離肺祭訖嚌之加于俎今以無肺祭不盛故也凡膚皆不嚌獨於此言之者以其以膚替肺肺則嚌此則不嚌故須言之也祭酒啐酒肝牢從祝取肝揳于鹽振祭嚌之不興加于俎卒爵興亦如佐食授爵乃興不拜既爵大夫祝賤也疏注亦如至賤也○釋曰亦如佐食授爵乃興者此經直云卒爵興不云授爵故特明之案下文主婦獻祝祝卒爵坐授主婦主婦又獻二佐食二佐食坐授主婦爵主婦獻祝與獻二佐食同明主入獻祝祝授主人爵亦與二佐食同可知云不拜既爵大夫祝賤也者此決特牲祝卒角拜主人答拜以主士卑故祝不賤此大夫尊故祝賤不拜既爵也

主人酌獻上佐食上佐食戶內牖東北面拜坐受爵主人西面答拜佐食祭酒卒爵拜坐授爵興不啐而卒爵者大夫之佐食賤禮略疏注不啐至禮略○釋曰特牲士之佐食亦啐大夫佐食賤禮略天子諸侯禮雖亡或

可對天子諸侯啐乃卒爵貴故也

佐食俎設于兩階之間其俎折一膚折之設反後同○佐食不得成禮於室中折者擇取牢正體餘骨折分用之有脅而無薦亦遠下尸

疏 注佐食至下尸○釋曰云有脅而無薦亦遠下尸者有脅即經俎實是也無薦謂無菹醢也既無胏已是下尸又無薦是遠下尸也

主人又獻下佐食亦如之其脀亦設于階間西上亦折一膚上佐食既獻則出就其俎特牲記曰佐食無事則中庭北面謂此時

有司贊者取爵于篚以升授主婦贊者于房戶男女不相因特牲饋食禮曰佐食卒角主人受角降反于篚

疏 注男女至于篚○釋曰云自此盡入于房論主婦亞獻祝獻尸與佐食之事此直云有司授婦贊者于房案禮記內則云非祭非喪不相授器其相授則女授以篚其無篚則皆坐奠之而后取之此經雖不言受以篚及奠於地之事亦當然也云男女不相因者案特牲佐食卒角主人受角降反于篚升入復位訖主婦乃洗爵于房酌亞獻尸是不相因爵也

引特牲者證男女不相因爵主婦不取此爵也婦贊者受以授主婦主婦洗于房中出酌入戶西面拜獻尸入戶西面拜由便也不北面者辟人君夫人也拜而後獻者當俠拜也婚禮曰婦洗在北堂直室東隅○辟音避【疏】注入戶至東隅○釋曰云入戶西面拜由便也者下注云此拜於北則上拜於南矣由便也云不北面者辟人君夫人也者案特牲主婦北面拜注云北面拜者辟內子也則是士妻卑不嫌得北面與人君夫人同也尸拜受主婦主人之北西面拜送爵拜於主之北西面婦人位在內始拜於此則上拜於南由便也尸祭酒卒爵主婦拜祝受尸爵尸答拜易爵洗酌授尸祝出易爵男女不同爵主婦拜受爵尸答拜上佐食綏祭主婦西面于主人之北受祭祭之其綏祭如主人之禮不嘏卒爵拜尸答拜不嘏夫婦一體綏亦當作挼古文爲肵主婦

以爵出贊者受易爵于篚以授主婦于房中贊者有司贊者也易爵亦以授婦贊者婦贊者受房戶外入授主婦疏注贊者至主婦○釋曰知贊者有司贊者也者上文云有司贊者取爵於篚此還是上有司贊者也主婦洗酌獻祝祝拜坐受爵主婦答拜于主人之北卒爵不興坐授主婦不俠拜下尸也今文曰祝拜受主婦受酌獻上佐食于戶內佐食北面拜坐受爵主婦西面答拜祭酒卒爵坐授主婦主婦獻下佐食亦如之主婦受爵以入于房不言拜於主人之北可知也爵奠於內篚賓長洗爵獻于尸尸拜受爵賓尸西北面拜送爵尸祭酒卒爵賓拜祝受尸爵尸答拜祝酌授尸賓拜受爵尸拜送爵賓坐奠爵遂拜執爵以興坐祭遂

飲卒爵執爵以興坐奠爵拜尸答拜賓酌獻祝祝拜坐受爵賓北面答拜祝祭酒啐酒奠爵于其筵前啐[illegible]

而不卒爵祭事畢示醉也不獻佐食將儐尸禮殺 疏 注賓長至筵前。釋曰云尸祭酒卒爵者案特牲賓長獻爵止注云欲神惠之均於室中待夫婦致爵此大夫禮或有儐尸者致爵在儐尸之上故不致爵爵不止也若然有司徹尸作止爵三獻致爵於主人主人不酢主婦又不致爵于主婦下大夫不儐尸賓獻尸止爵主婦致爵于主人酢主婦主人不致於主婦特牲主人與主婦交相致爵參差不同者此以尊卑為差降之數故有與也上大夫得儐尸故致爵上辟人君下大夫不儐尸故增酢主婦而已士卑不嫌與君同故致爵具也。注啐酒至禮殺。釋曰云不獻佐食將儐尸禮殺者以其祝與佐食俱是事神及尸是以獻尸并及之故主人主婦獻祝與佐食今賓獻祝不及佐食者但為待儐尸故於賓長獻是祭末禮殺故不及佐食闕是也

主人出立于阼階上西面祝出立于

西階上東面祝告曰利成利猶養也成畢也孝子之養禮畢○養羊亮反下同祝入尸謖主人降立于阼階東西面謖所六反○謖起也謖或作休祝先尸從遂出于廟門事尸之禮訖於廟門外疏祝先至廟門○釋曰自此盡廟門論祭祀畢尸出廟之事注事尸之禮訖於廟門者上祝迎尸於廟門畢又送尸於廟門案禮記尸在廟門外則疑於臣是以據廟門爲斷祝反復位于室中主人亦入于室復位祝命佐食徹肵俎降設于堂下阼階南徹肵俎不出門將儐尸也肵俎而以儐尸者其本爲不反魚肉耳不云尸俎未歸尸疏注徹肵至歸尸○釋曰自此盡篇末論徹肵俎行餕之事云徹肵俎不出門將儐尸也者決特牲饋食徹尸俎出廟門者送尸者也云肵俎而以儐尸者其本爲不反魚肉耳者案曲禮云毋反魚肉謂食將魚肉不反俎故尸食亦加肵俎本爲尸不反魚肉今侑儐尸將更食魚肉當加於肵俎未得即送尸家故云本爲反魚肉也故儐尸訖并後

者得歸之也司宮設對席乃四人養養音餕○大夫禮四人養明惠大也疏注大夫至大也○釋曰案祭統云凡餕之道而興施惠之象也是故上有天澤則惠必及下是以特牲二人餕惠之小者大夫四人餕明惠之大者也上佐食盥升下佐食對之賓長二人備備四人餕也三餕亦盥升疏注備四至盥升○釋曰下佐食對之者不謂東西相當直取上佐食東面下佐食西面為對以其下佐食西面近北故不得東西相當也云賓長二人備者亦不東西相當以其一賓長在上佐食之北一賓長在下佐食之南是亦不東西相當也故云備不言對也司士進一敦黍于上佐食又進一敦黍于下佐食皆右之于席上右之者東面在南西面在北疏注右之至在北○釋曰東面在南據上佐食西面在北據下佐食右之者餕用手右之便故也資黍于羊俎兩端兩下是餕資猶減也減置於羊俎兩端則一賓長在上佐食之北一賓長在下佐食之南今文資作齎疏

注餕猶至作籑〇釋曰云兩下是餕者據二賓長於二佐食爲下故云一賓長在上佐食之比一賓長在下佐食之南以地道尊右故也二佐食皆在右若然于俎兩間南北面置之故二賓長於俎一端取黍也必知上佐食東面近南下佐食西面近北者以其尸東面近南令尸起上佐食居尸坐處明知位次如此

司士乃辯舉，籑者皆祭黍祭舉。辯音遍，下同。〇舉舉膚。今文辯爲徧。

疏注舉舉至爲徧〇釋曰知舉是舉膚者以其尸舉肺餕者下尸明不舉肺當舉膚是以特牲云佐食授餕者各一膚明此大夫禮亦舉膚也

主人西面三拜籑者，籑者奠舉于俎，皆答拜，皆反取舉。三拜旅之示徧也言反者拜時或去其席在東面席者東面拜在西面席者皆南面拜

疏注三拜至面拜〇釋曰知西面位如此者以主人在戶內西面三拜餕者餕者在東面而答主人拜可知在西面位者以主人在南西面不得與主人同面而拜側廻身南面向主人而拜故鄭以義解之如此也

司士進一鉶于上籑，又進一鉶于次

養又進二豆湆于兩下乃皆食食舉〔湆去及反○湆醐清也〕疏注司士至食舉○釋曰云又進二豆湆于兩下者以其神坐之上止有羊豕二鉶一進與上佐食一進與下佐食故更兼二豆湆于兩下湆者從門外鑊中來以兩下無鉶故進湆也卒食主人洗一爵升酌以授上養贊者洗三爵酌主人受于戶內以授次養若是以辯皆不拜受爵主人西面三拜養者養者奠爵皆荅拜皆祭酒卒爵奠爵皆拜主人荅一拜〔不拜受爵者大夫餕者賤也荅一拜略也古文壹為一也〕疏注不拜至一也○釋曰云不拜受爵者大夫餕者賤也者決特牲使嗣子與兄弟餕為貴故拜受爵也云荅一拜略也者特牲亦無再拜法此云略者以其四餕皆拜主人總荅一拜故云略也養者三人與出〔出降實爵于篚反賓位〕上養止主人受上養爵酌以醋于戶內西面坐

奠爵拜，上養答拜，坐祭酒，啐酒。主人自酢者，上養獨止，當尸位，尊不酢也。

疏注主人至酢也○釋曰：特牲上餕親自酢酢主人，此上餕不酢者，上餕將嘏主人，故在尸位，不可親酢。特牲上餕酢者，以上餕不嘏主人，既卒爵，三餕上俱出，止餕酢主人。少牢禮備，又嘏主人，故不酢也。

上養親嘏曰：主人受祭之福，胡壽保建家室。親嘏，不使祝授之，亦以黍。

疏注親嘏至以黍○釋曰：言亦者，以上皇尸命工祝嘏主人以黍，此亦以黍。上文司士進敦，乃分黍于羊俎兩端，下不言嘏，故知亦黍也。

主人興，坐奠爵，拜，執爵以興，坐卒爵，拜，上養答拜。上養興，出，主人送，乃退。送佐食，不拜，賤。

疏注送佐食不拜賤○釋曰：賓主之禮，賓出，主人皆拜送，此佐食送之而不拜，故云賤也。

儀禮注疏卷第十七　漢鄭玄注　唐賈公彥疏

後學廬陵陳鳳梧編校

有司徹第十七　釋曰鄭目録云少牢之下篇也上大夫既祭儐尸於堂之禮若下大夫祭畢禮尸於室中無別行儐尸於堂之事天子諸侯之祭明日而繹有司徹於五禮屬吉大戴第九小戴第十二別録少牢下篇第十七　疏　釋曰言大夫既祭儐尸於堂之禮者謂上大夫室中事尸行三獻禮畢別行儐尸於堂之禮又云祭畢禮尸於室中者據下大夫室内獻無別行儐尸於堂之事即於室内爲加爵禮是下文云若不儐尸以下是也

有司徹　徹直列反字又作撤○徹室中之饋及祝佐食之俎卿大夫既祭而儐尸禮崇也儐尸則不設饌西北隅以此薦俎之陳有祭象而亦足以厭飫神天子諸侯明日祭於祊而繹春秋傳曰辛巳有事于大廟仲遂卒于垂壬午猶繹是也爾雅曰繹又祭也○祊百庚反　疏　注徹室至祭也○釋曰自

此盡如初論徹室内之饋并更整設及温尸俎之事云徹室中之饋及祝佐食之俎者室内之饋主於尸饌薦俎黍稷皆名饋下大夫不儐尸餕訖云有司官徹饋饌於室中西北隅彼鄭注云官徹饋者司馬司士舉俎宰夫取敦及豆則此饋内兼數物唯無肵俎肵俎上篇佐食徹之先設於堂下也又言及祝佐食之俎者殊其尊卑為文祝亦有薦在室内北墉下佐食之俎在兩楹之間無薦此等見於上篇今徹祝與佐食并為文者賤者省文之事其實祝薦俎在室内佐食俎在階間此直云有司不言官下大夫不儐尸云官徹者彼為更饌西北隅為陽厭故見官也肵俎亦用儐尸不使有司同時徹者肵俎本為尸故設之徹之皆不與正俎同時而後設先徹案楚茨詩云諸宰君婦廢徹不遲此不言者彼人君禮故不同也云卿大夫既祭而儐尸禮崇也者此對下大夫不儐尸禮不崇也云以此薦俎之陳有祭象而亦足以厭飫神者對下大夫尸出之後改饌西北隅為厭飫神今儐尸者雖不設饌西北隅以此薦俎之陳有祭象亦足以厭飫神亦下大夫也云天子諸侯明日祭於祊而繹者欲見天子諸侯尊别日為之與卿大夫禮異

但祊與繹一者俱時爲之故郊特牲云繹之於廟門
內祊之於東方失之矣鄭注云祊之禮宜於廟門外
之西室繹又於其堂神位在西北者同時而大名
曰繹其祭禮簡而事尸禮大引春秋傳者此宣八年
左氏傳辛巳有事于大廟仲遂卒于垂卿佐卒輕于
正祭不合廢但繹祭禮輕宜廢而不廢故譏之云壬
午猶繹引之者證人君別日爲繹文見一者雖同特
而大名繹故孔子書繹不言祊引爾雅者爾雅釋天
文彼云周曰繹商曰肜夏曰復胙復胙者復昨日之
祭殷曰肜肜者義取肜肜祭不絕周曰繹繹者取尋繹
前祭之事但祊者禮器云爲祊乎外注祊祭明日之
繹祭也謂之祊者於廟門之旁因名焉其祭之禮既
設祭於室而事尸於堂孝子求神非一處是也此祊
是明日又祭故於廟門外若正祭祊即於廟門內故
楚茨詩云祝祭于祊祀事孔明毛傳云祊門內也鄭
云孝子不知神之所在故使祝博求之平生門內之
旁待賓客之處祀禮於是甚明是正祭祊在門內也
郊特牲云索祭祝于祊不知神之所在於彼乎於此
乎或諸遠人乎祭于祊尚曰求諸遠者與亦是祭之
防日祊故云求諸遠者但此大夫儐尸同日正祭之

一六一二

牲天子諸侯禮大別曰又別牲故牛人云享牛求牛鄭云享獻也獻神之牛謂所以祭者也求祭世終事之牛謂所以繹者也是其別牲也

埽堂爲賓尸新之少儀曰汎埽曰埽埽席前曰拚○爲于僞反下同汎芳劒反埽素到反拚方問反【疏】注爲賓至曰拚○釋曰爲賓尸新之者正祭於室之時堂亦埽訖今將儐尸又埽之故云爲儐尸新之引少儀者若直埽席前止可云拚今云埽不云拚明于堂廟汎埽引之見汎埽爲義也

司宮攝酒更洗益整頓之今文攝爲聶、【疏】注更洗至爲聶○釋曰鄭云更洗益整頓之者案士冠禮再醮攝酒注云攝猶整也整酒謂撓之此更洗益整頓則此洗當作撓此謂賓尸牲徹室中之饌因前正祭之酒更撓撓添益整新之也

乃燅尸俎燅音尋劉徐鹽反注燖同○燅溫也溫尸俎於爨炊肵亦溫焉獨言溫尸俎則祝與佐食不與儐尸之禮○古文燅皆作尋記或作燖春秋傳曰若可燖也亦可寒也○燖音頃【疏】注燅溫至寒也○釋曰知溫尸俎於爨者見下文云卒燅乃升羊豕魚三鼎故知先溫於爨之鑊及後升之於鼎也肵亦溫焉知者案下文載俎所舉卒斷肩

於脊脅皆在載於俎明亦溫可知又云獨言溫尸俎
則祝與佐食不與儐尸之禮者但正祭時尸祝及佐
食皆有俎今獨言溫尸俎欲見儐尸時祝與佐食不
與而別豆脩也云古文燅皆作尋者論語及左傳與
此古文皆作尋論語不破至此亹古文不從者彼尋
者論語古文通用至此見有人作燅有火義故從今
文也云記或作燖者案郊特牲云有虞氏之祭也尚
用氣血腥爓祭用氣也注云爓或爲燖今此義指彼
記或讀之故云記或作燖也引春秋傳者案哀十二
年左傳夏公會吳于橐皋吳子使大宰嚭請尋盟公
不欲使子貢對曰盟所以周信也故心以制之玉帛
以奉之言以結之明神以要之寡君以爲苟有盟焉
弗可改也已若猶可改日盟何益今吾子曰必尋盟
若可尋也亦可寒也服注云尋之言重也溫也寒歇
也亦可寒而歇之鄭引之者證燅尸俎是重溫之義

卒燅乃升羊豕魚三鼎無腊與膚乃設扃鼏陳鼎于門外如初扃吉熒反注同鼏亡狄反○腊爲庶羞膚從豕去其鼎者儐尸之禮殺於初如初者如廟門之外東方北面北上今文扃爲鉉古文鼏爲

胔○去起呂反殺所界反劉色例反下皆同【疏】注腊爲至爲胔○釋曰云腊爲庶羞者鄭解不䏿腊之義案上䏿尸俎則皆在其內今并鼎言無腊下載又不見腊體明從庶羞可知云膚從豕去其鼎知者下載體時膚猶在豕鼎不爲庶羞可知但正祭時五鼎今二者皆去其鼎故云儐尸之禮殺於初也

乃議侑于賓以異姓侑音又○議猶擇也擇賓之賢者可以侑尸必用異姓廣敬也是時主人及賓有司已復內位古文侑皆作宥【疏】注議猶至作宥○釋曰自此盡侑答拜論選侑并迎尸及侑之事云是時主人及賓有司已復內位者下文侑出俟于廟門之外又云主人出迎尸侑言侑即賓之賢者上篇云四餕者二佐食二賓長餕訖皆出未見入主人送餕言退皆有出事今議侑在內故云是時賓主人已復內位也

宗人戒侑戒猶告也南面告於其位戒曰請子爲侑【疏】注戒猶至爲侑○釋曰知南面告於其位者以賓位在門東北面請以爲侑明面鄉其位可知賓位在門東北面者下文將獻賓時云主人降南面拜衆賓門東三拜衆賓門東北面皆答一拜是也云戒曰請子爲侑者案燕禮

公曰命某爲賓射人傳公命當云請子爲賓此處人命侑當先云主人曰命某爲侑宗人傳主人辭戒曰請子爲侑鄭以互文約之故云然也

侑出俟于廟門之外俟待也待於外當與尸更入主人與禮事尸極敬心也

疏注俟待至心也○釋曰云主人與禮事尸極敬心也者正謂立侑以輔尸使出便迎之是極其敬心也

司宮筵于戶西南面爲尸席也又筵于西序東面爲侑席也尸與侑北面于廟門之外西上言與殊尊卑北面者賓尸而尸益卑西上統於賓客

疏注言與至賓客○釋曰云尸益卑者儐尸之禮以尸爲賓各當在門西東面北上今執臣道門外北面故云益卑也

主人出迎尸宗人擯賓客尸而迎之主人益尊擯贊

疏注賓客至擯贊○釋曰案少牢宿尸祝擯此宗人擯者以祝不與儐尸故使宗人爲擯也云賓客尸而迎之主人益尊者上篇正祭時主人不迎尸以申尸之尊至此賓客尸而迎之以尸同賓客是主人益尊故也

主人拜尸答拜主人又拜侑侑答

拜主人揖先入門右道尸○道音導尸入門左侑從亦左揖乃讓注没霤相揖至階又讓疏注没霤至又讓○釋曰經直云揖乃讓鄭知没霤相揖至階又讓者案上篇鄉飲酒之等入門三揖至階又讓故知也主人先升自阼階尸侑升自西階西楹西北面東上注東上統於其席疏注東上統於其席○釋曰尸在門外北面西上統於賓各至此升堂亦應西上故決之云東上統於其席以其賓席以東爲上故也主人東楹東北面拜至尸答拜主人又拜侑侑答拜拜至喜之乃舉舉舉鼎也舉者不盥殺也疏注舉舉至殺也○釋曰自此盡西枋論門外舉鼎匕俎入陳于廟門之事云舉者不盥殺也者決正祭時皆盥訖乃舉鼎此儐尸禮殺舉者不盥故云殺也司馬舉羊鼎司士舉豕鼎舉魚鼎以入陳鼎如初如初如阼階下西面北上疏注如初至北上○釋曰云如初者此如上經正祭時陳鼎之事也雍正執

一匕以從雍府執二匕以從司士合執二俎以從司士贊者亦合執二俎以從匕皆加于鼎東枋二俎設于羊鼎西西縮二俎皆設于二鼎西亦西縮雍正群吏掌辨體名肉物者府其屬凡三匕鼎一匕四俎爲尸侑主人主婦其二俎設于豕鼎魚鼎之西陳之亦具也古文縮皆爲蹙

疏　注雍正至爲蹙○釋曰云雍正群吏掌辨體名肉物者案周禮內饔職云掌割亨煎和之事辨體名肉物注云體名脊脅肩臂臑之屬肉物胾燔之屬此士之雍正所掌亦依之也知四俎據尸侑主人主婦者據下文四者皆有俎知之也云陳之宜具者此四俎當俱陳于鼎之西分二俎陳豕鼎魚鼎之西者欲使三鼎之西並有俎故云陳之宜具也

雍人合執二俎陳于羊俎西並皆西縮覆二疏匕于其上皆縮俎西枋並并也其南俎司馬以羞羊匕湆羊肉湆其北俎司士以羞豕匕湆豕肉湆豕脅湆魚疏匕匕柄有刻飾者古文並皆作

併○湆去及反疏注並并至作併○釋曰云其南俎司馬以羞羊匕湆羊肉湆者匕湆謂無肉直汁以
其在匕湆也即下文司馬在羊鼎之東二手執挑匕枋以挹湆注于疏匕是也云肉湆者直是肉從湆中
来實無汁下文云羊肉湆臑折正脊一正脅一腸一胃一是也案下文次賓羞羊匕湆司馬羞羊肉湆此
注并云司馬不云次賓者案上經正祭時云司馬封羊據此正文後次賓不言其實羞羊匕湆者是次賓
也又云其北俎司士以羞豕匕湆豕肉湆豕脀湆魚者此經陳二俎以爲益送之俎南俎已是司馬所用
於羊湆之等則此北俎是司士羞豕湆之等若然案下文亦次賓羞豕匕湆司士羞豕脅此并云司士者
亦據上經正文司士擊豕而言實次賓羞豕匕湆也云疏匕匕柄有刻飾者以其言疏是疏通刻飾之名
若禮記云疏屏之類故知柄有刻飾亦通柄刻雲氣以飾也主人降受宰几尸侑
降主人辭尸對几所以坐安體周禮大宰掌贊玉几玉爵疏注几所至玉爵○釋曰引
大宰者正宰授主人几之義宰授几主人受二手橫執几揖尸獨揖

了几禮主於尸主入升尸侑升復位位作階賓〔疏〕注位作階上位上位○釋

口鄭言此者主人位常在阼階上其賓位在尸西及在西階上今恐尸復位在尸西以其賓得在尸西故

言賓階上位也主入西面左手執几縮之以右袂推拂几三

二手橫執几進授尸于筵前衣袖謂之袂推拂去塵示新尸進二

手受于手間受從手間謙也主入退尸還几縮之右手執外

廉北面奠于筵上左之南縮不坐左之者異於鬼神生人陽長左鬼神

陰長右不坐奠之者几輕○長丁丈反後階同〔疏〕注左之至几輕○釋曰云主人退尸還几縮之者以

主人橫執几進授尸時尸一手受于主人手間時亦橫受之將欲縱設於席故還之使縮以右手執几外

廉故鄉北面縮設於席也云左之者異於鬼神者謂若[illegible]一篇以來設神几皆在右爲生人皆左几之等

是其生人陽故尚左鬼神陰故尚右也云不坐奠之者几輕者此決下文卒酒坐奠之不言坐是重之此

言坐執之故也主人東楹東北面拜拜送几也尸復位尸與侑皆
北面答拜侑拜者從於尸【疏】注侑拜者從於尸○釋曰以主人授几止爲尸故主人拜送其
尸獨答拜今侑亦拜故云從於尸以其立侑以輔尸故侑從尸拜也主人降洗尸侑降
尸辭洗主人對卒洗揖主人升尸侑升尸西楹西北
面拜洗主人東楹東北面奠爵答拜降盥尸侑降主
人辭尸對卒盥主人揖升尸侑升主人坐取爵酌獻
尸尸北面拜受爵主人東楹東北面拜送爵降盥者爲土汚
手不可酌【疏】釋曰自此盡與退論主人主婦獻於尸之事云主人降洗尸侑降尸辭洗者案鄉飲酒主
人降洗賓降主人辭降賓對此中亦應主人降洗賓降主人辭降主婦自東房薦韭
菹醢坐奠于筵前菹在西方婦贊者執昌菹醢以授

主婦主婦不興受陪設于南昌在東方興取籩于房麷蕡坐設于豆西當外列麷在東方婦贊者執白黑以授主婦主婦不興受設于初籩之南白在西方興退麷芳中反蕡扶云反○昌昌本也非菹醢醢昌本麷熬麥也蕡熬枲實也白熬稻黑熬黍此皆朝事之豆籩大夫無朝事而用之儐尸亦豐大夫之禮主婦取籩與者以饌異親之當外列辟鉶也退退入房也○醓他感反鷃乃旁反又人兮反枲思治反辟音避

疏注昌至房也○釋曰案此上經主人先獻主婦乃後薦者若正祭則先薦後獻若繹祭則先獻後薦故祭義云君獻尸夫人薦豆鄭注云謂繹日也則此儐尸禮與天子諸侯繹祭同故亦先獻後薦亦云昌本尸下等物至此皆朝事之豆籩麷蕡白黑形鹽膴鮑魚鱐醢人云朝事之豆韭菹醓醢昌本麋臡菁菹鹿臡茆菹麋臡故鄭注此皆據彼而言又案彼注昌本昌蒲根有骨為臡無骨為醢云蕡熬枲實也者案喪服傳云苴者麻之有蕡者也牡麻者

枲麻也若然蕡麻有實枲麻無實鄭云蕡枲實者舉其類耳其實枲是雄麻無實若竹器圓曰簞方曰笥鄭注論語亦云簞笥亦是舉其類也白黑之等無正文鄭以形色而言之云大夫無朝事而用之儐尸亦禮大夫之禮者案禮記坐尸於堂子北面而事之注云天子諸侯之祭朝事延尸於戶外是以有北面事尸之禮是特牲少牢正祭無朝事於堂有室中之事若然大夫雖用天子諸侯朝事之籩豆以其禮殺故八籩八豆之中各取其四耳其非菹醢者則無骨之醢昌菹醢者即周禮麋臡臡散文亦名醢又案周禮鄭注云齏菹之稱菜肉通全物若䐑爲菹細切爲齏彼昌本不言菹是細切爲齏此云昌菹則大夫以昌本爲菹異於天子諸侯所用也云主婦取籩與者以饌與親之者鄭意以籩豆俱時設而籩不使婦贊者取籩以授主婦者以籩與豆不同所實又別故主婦宜親就房親取之也

乃升升牲體於俎也

疏釋曰自乃升盡下其上論司馬載俎因歷說一一俎之事

司馬朼羊亦司馬載

載右體肩臂肫骼臑正脊一脡脊一橫脊一短脅一

正脊一代脅一腸一胃一祭肺一載于一俎胘音紘文○言鉽

尸俎復序體者明所舉肩骼存焉亦著脊脅皆一骨也臑在下者折分之以爲肉湆俎也一俎謂司士所設羊鼎西第一俎

疏

注言鉽云一俎○釋曰云言鉽尸俎復序體者明所舉肩骼存焉者上篇少牢載牲體十一脊脅皆加並骨二尸食特舉脊肩骼在於所俎上文直言鉽尸俎嫌所舉在所者不在故復序其體所舉肩骼則有焉所舉未知此正俎爲在下羊肉湆以本脊脅皆上骨以並今皆一骨故鄭云在明所舉肩骼存焉以肩骼一骨前尸所舉今復序之明在可知脊脅雖舉以其二以並今脊脅載一骨在正俎骨在湆俎故鄭云亦著者脊脅皆骨也以其前所舉者來知在何俎故直注云著脊脅皆一骨不云存耳云一俎謂司士所設羊鼎西第一俎者此俎在脩俎之南故下文注云脩俎云羊鼎西之此俎也鄭君知尸俎在南是羊肉湆俎在豕俎之南羊尊豕卑明尸俎在脩俎之南或解云言第一者最在此故脩俎竝下注云司士所設羊鼎西之北俎也明北俎在俎之南已下所注俎之次第皆據司士乘人所陳爲次義

可知
也

羊肉湆臑折正脊一正脅一腸一胃一嚌肺一

載于南俎
嚌才計反○肉湆肉在汁中者以增俎實
爲尸加也必爲臑折上所折分者嚌肺離
肺也南俎雍人所設在南者此以下十一
俎後時而載於此歷說之簡今文湆爲汁
疏
注肉湆
至爲汁
○釋曰云肉湆肉在汁中者以增俎實爲尸加也者以
決正祭之鼎直升牲體無湆者以正俎祭之尸俎非加今
儐尸增俎實爲尸加故有湆也凡牲體皆出汁不言
湆又下豕脀亦出于汁皆不言湆此特得湆名者特
牲少牢正祭升牲體於鼎時皆無匕湆故直云升體
於俎設於尸前鼎肉亦無匕湆升文今此升牲體於
尸前匕湆亦升焉故得湆名以在俎實無汁故進羊
肉湆必先進羊匕湆焉然後進羊肉湆見此湆爲肉
而有故在羊肉湆前進之使尸嘗之故鄭下注云嚌
湆者明湆肉加耳嘗之以其汁尚味是也若然豕亦
有匕湆不名肉湆而名豕脀者互見爲文言豕脀者見
在俎無汁言肉湆者見在鼎肉時有汁也若然羊豕
互見爲文魚何以不言魚湆而云湆魚者羊先言肉
後言湆使肉前進匕湆明是湆從肉來可知魚前無

進匕湆故先言湆以門魚在湆可知魚無匕出者鄭下注云不蓋魚匕湆略小味也羊有正俎蓋匕湆肉湆豕無正俎無匕湆隆汁之殺云必有膴折上所折分者上經退縮在下者以前分故退之今此經云膴折即上經所退膴在下者也左右體之膴而必取左體之膴折分用之貴神俎故也若然脊脅二骨亦分一骨爲肉湆者亦是貴神俎故也云此以下十有一俎俟時而載於此歷說之爾者案下文卒升賓長設羊俎於豆南賓降尸升筵唯設此一俎餘十一俎皆未又主人主婦升席時乃設之是其俟時而載今於此已下雖未載因前俎遂歷陳說之耳十一俎者即尸之羊肉湆一也豕脀俎二也侑之羊俎三也豕俎四也主人羊俎五也羊肉湆俎六也豕脀七也主婦羊俎八也尸侑主人三者皆有魚俎是其十一通尸羊正俎爲十二俎其四俎尸侑主人主婦載羊體皆爲止俎其餘八俎雖人所勑二俎益送往還故有八其實止二俎也

司士朼豕亦司士載亦右體肩臂肫胳臑正脊一脡脊一橫脊一短脅一正脅一代脅一膚五

嚌肺一載于一俎臑在下者順羊也俎謂雍人所設在北者疏注臑在至北者○釋曰云臑在下者順羊也者以其豕脅不折臑亦在下順上文羊臑在下由折分此雖不折順羊故亦在下也豕內所湆以不折者由豕無正俎皆是肉湆故不順所折也侑俎羊左肩左肶正脊一脅一腸一胃一切肺一載于一俎侑俎豕左肩折正脊一脅一膚三切肺一載于一俎侑俎用左體侑賤其羊俎過三體有肵尊之加也豕左肩折折分爲長兄弟俎也切肺亦祭肺互言之爾無羊湆下尸也豕又祭肺不嚌肺不備禮俎司士所設羊鼎西之北俎也豕俎與尸同○下尸嫁反下同疏注侑俎至尸同○釋曰侑俎用左體者案少牢云載尸俎皆右體脊脅皆二骨舉肺一切肺三尸主人主婦盡用腸三胃二尸正俎用一湆俎用一雖有一在此是以自侑已下及主人主婦皆用左體脊脅若然載尸俎特左體亦同升於鼎上不云者文不具是以前陳俎時皆設于鼎西若不同升鼎則侑主人主婦俎如特牲執事

之俎陳在階間不應在鼎側也若然特牲執事[illegible]之人主婦之俎亦不升鼎彼亦自異於神少牢祝[illegible]食俎亦不升鼎亦自異於神此自侑已下悉與尸同鼎者以儐尸禮盛畢唯尸尊禮詳侑已下禮略故也云羊俎過三體有脀者之加也者鼎俎數奇今體數四故云加若禮緯云禮六十已上籩豆有加是以少牢祝羊豕體各三又下文主人羊肉湆俎體亦三今儐尸之侑脀猶正祭之儐祝侑四體必知以脀爲加者侑豕俎無脀主人羊肉湆俎亦無脀故知有脀爲加以侑俎以輔尸尊之故以脀爲加體也云豕左肩折者長兄弟折分爲長兄弟俎也者以下文設薦俎而注云衆兄弟儀禮文薦脀皆不云折唯兄弟云先生之脀折鄭云先生長兄弟折豕左肩之折是以知義然也云無羊湆下尸也者直云無羊湆不云肉者以匕湆肉湆皆無故直云無羊湆以有二者無此二湆尸皆有湆皆無故云下尸也云豕又祭肺不嚌肺不備禮者上尸羊俎有祭肺豕俎有嚌肺是備禮侑羊俎豕俎皆切肺故曰不備禮也

阼俎羊肺一

祭肺一載于一俎羊肉湆臂一脊一脅一腸一胃一

嚌肺一載于一俎豕脊臂一脊一脅一膚三嚌肺一載于一俎胙俎主人俎無體遠下尸也以肺代之肺尊也加羊肉湆而有體崇尸惠亦尊主人臂左臂也脩用肩主人用臂下之也不言左臂者大夫尊空其文也降於脩羊體一而增豕膚三有所屈有所申亦所謂順而摭也胙俎司士所設豕鼎西俎也其湆俎與尸俎同豕俎又與尸豕俎同○摭之石反

○疏注胙俎至俎同○釋曰無體遠下尸者尸用右體主人用左體是其相下之義今主人正俎全無牲體故云遠下尸也云以肺代之肺尊也者尸脩一肺今主人一俎有兩肺故以己肺代體肺者氣之主食所先祭尊於腸胃故以肺代體云加羊肉湆而有體崇尸惠亦尊主人者以湆物雖有尸不同者肉湆與尸同至尸作主人設之故曰崇尸惠正俎所以不崇尸惠者遠下尸故無正俎遠下則無肉湆者近下尸故脩無羊肉湆涑但云下此非復崇尸惠亦見尊主人者脩無羊匕湆無豕匕湆而主人盡有是其尊主人所有者尊見下文受爵致爵云不言左臂者大夫尊空其文者牲右體貴左體賤脩用左體皆

言左肩左肶今主人則左臂直一不臂不云左者大夫尊故空其文似若得用左體然必知是左臂者以右臂左尸俎故也云降於侑羊體一而增豕膚三有所屈有所申亦所謂順而摭也者案禮器注云謂若君沐梁大夫沐稷士沐梁大夫不沐梁屈於君士則申與君同是亦屈申之義故引爲證也云其湆俎與尸俎同豕俎又與尸豕俎同者以其共用益遂之俎故知同也

主婦俎羊左臑脊一脅一腸一胃一膚一嚌羊肺一載于一俎無豕體而有膚以主人無羊體不敢備也無祭肺有嚌肺亦下侑也祭肺尊言嚌羊肺者文承膚下嫌也膚在羊肺上則羊豕之體名同相亞也其俎同士所設在魚鼎西者

【疏】注無豕至西者○釋曰云無豕體而有膚以主人無羊體不敢備也者以主人俎無羊體故主婦俎亦無豕體以主人遠下尸主婦亦遠下尸也云無祭肺有嚌肺肺亦下侑也祭肺尊者言亦者主人下侑也侑用肩主人用臂祭肺尊嚌肺卑侑俎皆祭肺主婦皆嚌肺故云下侑也云祭羊肺者文承膚下嫌也者肺文承膚下有豕肺之嫌故須辨之云嚌羊肺者以別

之也云膚在羊肺上則羊豕之體名同相亞也者羊豕雖異脊脅之等體名則同今豕雖直言膚不言體以豕膚在羊肺之上使得羊之體故云相亞若然下之主人獻賓之時司士設俎羊骼一腸一胃一切肺一膚一所以膚又在肺下者彼取用之先後故退膚在下

司士杝魚亦司士載尸俎五魚橫載之侑主人皆一魚亦橫載之皆加膴祭于其上膴火吳反林注音哻卜況南甫反劉呼孫反後同○橫載之者異於牲體彌變於神膴讀如殷哻之哻刳魚時割其腹以為大臠也可用祭也其俎又與尸豕俎同○刳空吳反又口侯反臠力轉反

疏注橫載至俎同○釋曰案上歷說十一俎尸侑主人之下皆次言豕俎魚俎亦是歷說十一俎獨不陳魚俎於豕俎之下而陳并於此者欲見魚水物別於正牲又欲見魚獨副賓長獻三故并於此序之云橫載之者異於牲體彌變於神者以其牲體皆橫載於俎於人為縮鬼進下生人進腠上篇少牢正祭升體時云下利升豕其載如羊無腸胃體其載于注云進下鄭注進下變於食生也所以變於神明不

故以食道敬之至也引鄉飲酒禮進腠羊次其體豕言進下互相見明正祭之時牲體皆橫載進下可知至此儐尸事神禮間儐尸禮隆以尸爲賓客故從生人禮牲體皆自進腠橫載於俎異於載魚於正祭之尸縮載故少牢云司士升魚十有五而俎縮載右首進腴於俎爲縮於尸爲橫首向右腹腴向尸鄭注云右首進腴亦變於食生也若生人則亦縮載於人爲橫首亦向右進鰭脊向人腹腴向外今儐尸之禮載魚宜亦同生人縮載進鰭今橫載於人爲縮不與正祭同又與生人異欲見儐尸之禮異於正祭文不得全與生人同鄭云彌變於神者牲體既進腠是已變於神至於魚載又橫於俎是彌變於神也云膴讀如殷哻之哻哻者讀從士冠禮郊特牲周弁殷哻哻覆也可以覆首此亦取魚腹反覆於上以擬祭云其俎又與尸豕俎同者謂上司士所設於豕鼎之西首也

卒升

卒已也已載尸羊俎

注卒已至羊俎

〇釋曰自此盡立于遊末論薦獻於尸之事云卒升者[illegible]上有主人酌獻尸主婦薦籩豆又升羊俎進於尸前因歷說十一俎之事今言卒升還計主升羊俎故云卒是以鄭亦云已載尸羊俎而言尸之此事從上

文獻尸下盡乃卒爵有五節五節者從主人獻酒於尸并主婦設籩豆是其一也賓長設俎二也次賓羞羊匕湆三也司馬羞肉湆四也賓長設羊俎于豆南次賓羞羊燔尸乃卒爵五也

賓降尸升筵自西方坐左執爵右取韭菹擩于三豆祭于豆間尸取麷蕡宰夫贊者取白黑以授尸尸受兼祭于豆祭賓長上賓疏注賓長上賓○釋曰上文載羊俎退卒升於十一俎下者欲就此賓長設羊俎之事故此言賓長設羊俎于豆南賓乃降注云賓長上賓者案下三獻時云上賓洗爵注云上賓長也是以鄭上下交相曉為一人者也雍人授次賓疏匕與俎受于鼎西左手執俎左廉縮之却右手執匕枋縮于俎上以東面受于羊鼎之西司馬在羊鼎之東二手執桃匕枋以挹湆注于疏匕若是者三桃湯堯反劉湯姚反又他羔反一音

由又食汝反挹一入反○挑謂之歃讀如或舂或抌之抌字或作挑者秦人語也此二匕者皆有淺升狀如飯摻挑長枋可以杼物於器中者注猶寫也今文挑作抌挹皆爲扱○扱初洽反劉初輒反下扱同摻也杼食汝反【疏】注挑謂至爲扱○釋曰云讀如或舂或抌之抌者讀從詩或舂或抌彼注抌抒臼也云此二匕者皆有淺升狀如飯摻此以漢法況之言淺升對尋常勺升深此淺耳

尸興左執爵右取肺坐祭之祭酒興左執爵肺羊祭肺【疏】注肺羊祭肺○釋曰知羊祭肺者見上載尸羊正俎而云祭肺一故知此羊俎上祭肺其羊肉湇雖有嚌肺一此下經乃升此時未升故知非嚌味也

次賓縮執匕俎以升若是以授尸尸卻手授匕枋坐祭嚌之興覆手以授賓賓亦覆手以授縮匕于俎上以降覆芳伏反下同○嚌湇者明湇肉加耳嘗之以其汁尚味【疏】注嚌湇至味○釋曰云嚌湇者明湇肉加耳嘗之以其汁尚[illegible]曰此匕湇似大羹案特牲大羹不祭不嚌以

不爲神非盛此嚌之者明湇肉加先進其汁而嘗之尚味故也以湇肉加在鼎有汁在俎無汁故以匕進汁是以上注云肉湇肉在汁中者以增俎實爲尸加是也特牲大羹自門入本不在鼎不調之此肉湇在鼎已調之故云尚味也

尸席末坐啐酒興坐奠爵拜告旨執爵以興主人北面于東楹東荅拜 啐七内反○旨美也拜告酒美荅主人意古文曰東楹之東

疏 注旨美至之東○釋曰案上篇少牢尸不啐奠不告旨大夫之禮尸彌尊至於儐尸啐酒告旨者異於神奠與尸禮彌儐故也

司馬羞羊肉湇縮執俎尸坐奠爵興取肺坐絶祭嚌之興反加于俎司馬縮奠俎于羊湇俎南乃載于羊俎卒載俎縮執俎以降 絶祭絶肺末以祭周禮曰絶祭湇使次賓肉使司馬大夫禮多崇敬也

疏 注絶祭至敬也○釋曰引周禮者案大祝職辨九祭七曰絶祭注云絶末以祭引之證絶祭與此同也云湇使次賓肉使司馬大夫禮多崇敬

也者司馬火官羊又火畜則羊湆與肉皆當司馬載之案上文次賓載湆此經司馬羞肉者以大夫官多各使載其一是以云大夫禮多崇敬也 尸坐執爵以興次賓羞羊燔縮執俎縮一燔于俎上鹽在右尸左執爵受燔換于鹽坐振祭嚌之興加于羊俎賓縮執俎以降燔炙 疏 注燔炙○釋曰案詩云載燔載烈注云傳火曰燔貫之加于火曰烈烈則炙也彼以燔相對則異此云燔炙者燔之傳火亦是炙類故曰燔炙 尸降筵北面于西楹西坐卒爵執爵以興坐奠爵拜執爵以興主人北面于東楹東答拜主人受爵尸升筵立于筵末○主人酌獻侑侑西楹西北面拜受爵主人在其右北面答拜不洗者俱獻間無事也主人就右者賤不專階 疏 注不洗至專階○釋曰自此盡主人答拜論主人獻侑幷薦俎從獻之事也此節內

從獻有三事主人獻時主婦薦籩豆一也司馬羞羊俎二也次賓羞羊燔三也侑降於尸二等無羊匕湆又無肉湆云不洗者俱獻間無事也者此則以其獻尸訖即獻侑中間無別酢酬之事故不洗凡爵行爵從尊者來向卑者俱獻間無事則不洗爵從卑者來向尊雖獻間無事亦洗是以此及獻尸訖俱獻侑不洗是爵從尊者來故特牲賓致爵於主人洗爵者鄭云洗乃致爵為異事新之以其承佐食賤雖就獻間以其爵從卑者來故洗之故不儐尸鄭注云洗致爵者以承佐食賤新之是爵從卑者來故洗也云主人就右者賤不專階者對主人不就尸階者尸尊得專階故也

主婦薦韭菹醢坐奠于筵前醢在南方婦贊者執二籩麷蕡以授主婦主婦不興受之奠麷于醢南蕡在麷東主婦入于房醢在南方者立侑為尸使正饌統馬

疏注醢在至統馬○釋曰凡設菹常在右便其擩今菹在醢北者以其立侑以輔尸故菹在北統於尸也

侑升筵自北方司馬橫執羊俎以

升設于豆東侑坐左執爵右取菹擩于醢祭于豆間又取麷蕡同祭于豆祭興左執爵右取肺坐祭之祭酒興左執爵次賓羞羊燔如尸禮侑降筵自北方北面于西楹西坐卒爵執爵以興坐奠爵拜主人答拜答拜拜於侑之右【疏】注答拜至之右○釋曰知拜於侑之尸右者以其前拜爵時尸在侑之右

受侑爵降洗侑降立于西階西東面主人降自阼階辭洗尸坐奠爵于篚興對卒洗主人升尸升自西階主人拜洗尸北面于西楹西坐奠爵答拜降盥主人降尸辭主人對卒盥主人升尸升坐取爵酌酌者將酢主人【疏】注酌者將酢主人○釋曰自此盡就筵論主人受尸酢并薦籩豆及俎之事就此事中亦有五節行

事尊主人故與尸同者尸酢主人時主婦亦設邊豆一也賓長設羊俎二也次賓羞羊匕湆三也司馬羞肉湆四也次賓羞羊燔主人乃奔爵五也但特少牢主人獻尸尸即酢主人主人乃獻祝及佐食此尸待主人獻侑乃酢主人不同者此尸卑達主人之意欲得先進酒於侑侑迺自飲彼尸尊不達主人欲自達已意故先酢主人乃使主人獻祝與佐食故不同是以下文賓長獻尸致爵主人尸乃酢之遂賓意亦此類也

司宮設席于東序西面主人東楹東北面拜受爵尸西楹西北面答拜主婦薦韭菹醓坐奠于筵前菹在北方婦贊者執二邊𫗦蕡主婦不興受設𫗦于菹西北蕡在𫗦西主人升筵自北方主婦入于房設邊于菹西北亦辟鉶

疏注設邊至辟鉶○釋曰此乃陳主人受酢設席之位案特牲爲士案少牢下大夫皆致爵乃設席此儐尸受酢即設席者以其儐尸尸益略主人益尊故明一等受酢即設席案上設尸邊云

興取籩于房麷蕡注云以饌異親之與此婦贊者執二籩麷蕡主婦不興受文不同者凡執籩豆之法皆兩籩執之此侑與主人皆二籩故主婦與婦贊者各執其二於事便故主婦不興受設之上尸籩豆各四故主婦興取籩豆于房亦見異饌褻之義也云設籩于菹西此亦辟鉶者上設侑籩正當豆此在西此明辟鉶云亦亦尸籩當豆西列以辟鉶故也長賓設羊俎于豆西主人坐左執爵祭豆籩如侑之祭興左執爵右取肺坐祭之祭酒興次賓羞匕湆如尸禮席末坐啐酒執爵以興司馬羞羊肉湆縮執俎主人坐奠爵于左興受肺坐絕祭嚌之興反加于湆俎司馬縮奠湆俎于羊俎西乃載之卒載縮執虛俎以降奠爵于左者神惠變於常也言受肺者明有授言虛俎者羊湆俎訖於此虛不復用疏注奠爵至復用○釋曰云言虛俎者羊湆俎訖於此虛不復用

者此俎雍人所執陳奠於羊俎西在南者自此賓羞匕湆司馬羞羊肉湆於尸次賓及羞匕湆於主人同用此俎三降皆不言虛欲見後將更用至於此言虛俎明其不復用此俎又見下次賓羞羊燔於主人則用此之豕俎而得羞羊燔者者以其禮殺故也

主人坐取爵以興次賓羞燔

主人受如尸禮主人降筵自北方北面于阼階上坐卒爵執爵以興坐奠爵拜執爵以興尸西楹西答拜

主人坐奠爵于東序南不降奠爵於篚急崇酒

疏注不降至崇酒○釋曰直云次賓羞燔者燔即羊燔知者以其主人與尸侑皆用羊體鄉主婦獻尸以後悉用豕體賓長獻尸後悉用魚從是以知主人之燔羊燔也云不降奠爵于篚急崇酒者此不唯有崇酒之文更無餘事故云急崇酒鄉飲酒介答拜主人卒爵坐奠爵於西楹南介右再拜崇酒注云奠爵西楹南以當獻衆賓此不同者彼賓有獻衆賓之事故云當獻衆賓亦得見急崇酒兩見之也

侑升尸侑皆北面于

西楹西凡主人不反位知將與已爲禮主人北面于東楹東再拜崇

酒崇充也拜謝尸以酒薄充滿尸侑皆答再拜主人及尸侑皆升

就筵（）司宮取爵于篚以授婦贊者于房東以授主

婦房東房戶外之東疏注房東至之東○釋曰自此盡主婦答作論上婦亞獻尸并見從獻之事

上文主人獻節凡有三爵有主人獻尸獻侑并受酢此主婦獻內凡有四節即分爲四節解之四者主婦

獻尸一也獻侑二也致爵於主人三也受尸酢四也下文賓長爲三獻爵止故與主婦亞獻同此主婦亞

獻尸一節之內從獻有五五者主婦亞獻主婦設兩鉶一也主婦又設糗與脩二也次賓羞豕匕湆三也

司士羞士羞豕晉四也次賓羞豕燔尸乃卒爵五也主婦洗爵於房中出實爵尊

南西面拜獻尸尸拜于筵上受尊南西面拜由便也疏注尊南至便也

○釋曰賓主獻酢無在筵上受法今尸於筵上受者以婦人所獻故尸不與行賓主之禮故不得各就其

一六四一

階若然少牢主人祝拜於席上坐受者注云室內迫狹故拜遂上與此禮異云尊南西面拜由便也者此法下文西面於主人之北拜送爵今酌尊因在尊南西面作獻尸者便也言便者便其西面授尸故不退主人之北主婦西面于主人之席北拜送爵入于房取一羊鉶坐奠于韭菹西主婦贊者執豕鉶以從主婦不興受設于羊鉶之西興入于房取糗與腶脩執以出坐設之糗在蕡西脩在白西興立于主人席北西面糗去九反腶丁亂反本又作段音同○飲酒而有鉶者祭之餘鉶無黍稷殺也糗餌也腶脩擣肉之脯今文腶為斷○餌音二擣丁老反斷丁亂反疏注飲酒至為斷○釋曰云無黍稷殺也者決正祭時有黍稷故也尸坐右執爵祭糗脩同祭于豆祭以羊鉶之柶挹羊鉶遂以挹豕鉶祭于豆祭祭酒次賓羞豕匕湆

如羊匕湆之禮尸坐啐酒左執爵嘗上鉶執爵以興坐奠爵拜主婦答拜執爵以興司士羞豕脀尸坐奠爵興受如羊肉湆之禮坐取爵興次賓羞豕燔尸左執爵受燔如羊燔之禮坐卒爵拜主婦答拜受爵酌獻侑侑拜受爵主婦主人之北西面答拜酌獻者主婦今文無西面

疏注酌獻至西面。釋曰同有三等降於尸二等無鉶羨與豕匕湆云三等者主婦酌獻侑主婦羞糗脩一也司士羞脀二也次賓羞燔侑乃卒爵三也

主婦羞糗脩坐奠糗于糗南脩在蕡南侑坐左執爵取糗脩兼祭于豆祭司士縮執豕脀以升侑興取肺坐祭之司士縮奠豕脀于羊俎之東載于羊俎卒乃縮執俎以降侑興豕脀無湆

於侑禮殺

疏注豕脀至禮殺○釋曰：案上下文尸與侑及主人主婦俱是正俎，皆橫執俎以升，又橫設於席前，若益送之俎，皆縮執之，又縮於席前。今司士以所羞豕脀是益送之俎，縮執是其常，而言縮執者，以其文承上主人獻侑，侑尸無羊肉湆，故主婦獻侑，司士羞豕脀，不得相如，是以經特著縮執俎，是異於正俎。諸文特云橫執、縮執者，皆此類。

次賓羞豕燔，侑受如尸禮，坐卒爵，拜。

主婦答拜。○受爵，酌以致于主人。主人筵上拜受爵。

主婦北面于阼階上答拜。主婦易位，拜于阼階上，辟併敬。

疏注主婦至併敬○釋曰：自此盡答拜受爵，論主婦致爵于主人之事。此升亦有五節行事，主婦致爵于主人時，主婦設二鉶，一也；又設糗脩，二也；豕匕湆，三也；豕脀，四也；豕燔，主人卒爵，五也。云主婦易位拜於阼階上辟併敬者，前主婦獻尸侑，拜送於主人北，今致爵於主人，拜於阼階上者，辟併敬主人與尸侑，故易位也。若然，案特牲三獻爵止，乃致爵，此未三獻已致爵者，以上篇已有獻於尸，故此不待三獻，又是儐尸禮殺，故早致主婦設二鉶與糗脩如尸禮主人共祭糗脩祭鉶祭酒受豕匕湆拜啐酒皆如尸禮嘗鉶不拜主人如尸禮尊也其異者不告旨疏注主人一至告旨○釋曰云主人拜啐酒嘗鉶不拜以若然則啐酒有拜嘗鉶無拜案前主婦獻尸尸坐啐湆左執爵嘗匕鉶執爵以興坐奠爵拜拜在嘗鉶之下則嘗鉶有拜坐啐酒不拜與此違者彼拜雖在嘗鉶下其拜仍爲啐酒拜在嘗鉶下書以因坐啐酒不興即嘗鉶嘗鉶訖執爵興坐奠爵拜拜仍爲啐酒是以特牲少牢尸嘗鉶皆不拜或此經啐酒之上無拜文有者衍字也其受豕脀受豕燔亦如尸禮坐卒爵拜主婦北面答拜受爵

○尸降筵受主婦爵以降將酢主婦疏注將酢主婦○釋曰自此盡皆就筵論尸酢主婦之事此科內從酢有三主婦受酢之時婦贊者設豆籩一也司馬設羊俎二也次賓羞羊燔主婦卒爵三也以其主婦受從與侑同三主人受從與尸同五尊卑差也主人降侑降主

婦入于房主人立于洗東北西面侑東面于西階西
南侯洗尸尸易爵于篚盥洗爵易爵者男女不相襲爵主人揖尸
侑將升主人升尸升自西階侑從主人北面立于東楹
東侑西楹西北面立侯酌尸尸酌主婦出于房西面拜
受爵尸北面于侑東答拜主婦入于房司宮設席于
房中南面主婦立于席西設席者主婦尊今文曰南面尸於席西疏注設
席者主婦尊○釋曰以賓長以下皆無設席之文唯注婦與主人同設席故云主婦尊特牲及下大夫主
婦設席亦是主婦尊婦贊者薦非菹醢坐奠于筵前菹在西方
婦入贊者執麷蕡以授婦婦贊者婦贊者不與受設麷
于菹西蕡在麷南婦人贊者宗婦之少者疏注婦人至少者○釋曰案特牲記云

宗婦北堂東面北上注云宗婦族人之婦其夫屬于所祭者子孫者是也彼直云宗婦是特牲宗婦一人而已不言贊或少未可究此大夫禮隆贊非一人故稱贊贊主婦及長婦故云宗婦之少者主婦升筵司馬設羊俎于豆南主婦坐左執爵右取菹擩于醢祭于豆間又取麷蕡兼祭于豆祭主婦奠爵興取肺坐絕祭嚌之興加于俎坐捝手祭酒啐酒捝由銳反注紛帨音同○捝手者于帨帨佩巾内則曰婦人亦左佩紛帨古文帨作說次賓羞羊燔主婦興受燔如主人之禮主婦執爵以出于房西面于主人席北立卒爵執爵拜尸西楹西北面荅拜主婦入立于房尸主人及侑皆就筵出房立卒爵宜鄉尊不坐者變於主人也執爵拜變於男子也○鄉許亮反疏注出房至子也○釋曰云不坐者變於主人也者上主人

受酢坐卒爵故云變於主人也執爵拜變於男子者上下經凡男子拜卒爵皆奠爵乃拜故云變於男子也

上賓洗爵以升酌獻尸尸拜受爵賓西楹西北面拜送爵尸奠爵于薦左賓降上賓賓長也謂之上賓以將獻異之或謂之長賓奠爵爵止也

疏注上賓至止也○釋曰此一經論賓長備三獻獻尸其尸奠於薦左未舉之事尸不舉者以三獻訖正禮終欲使神惠均於庭徧得獻乃舉之故下文主人獻及衆賓以下訖乃作止爵若然特牲及下大夫尸在室內始行三獻未行致爵尸奠爵欲得神惠均於室此儐尸之禮室內已行三獻至此儐尸夫婦又別行致爵訖儐尸又在堂故爵止者欲得神惠均於庭與正祭者異云上賓賓長者上文云賓長設羊俎是也此與上文賓長互見為一人云謂之上賓以將獻異之者言長賓賓中長尊稱若言上賓賓中上尊稱重故以將獻變言上賓云或謂之長賓者或少牢文案彼云長賓洗爵獻于尸此異之稱上賓者少牢尸有父尊屈之故但云長賓耳若然不儐尸亦云長賓特牲云賓三獻如初又不言長

賓者士賓畢又闕之云奠爵爵止者特牲云賓三獻如初燔從如初爵止不儐尸者亦然是其爵止之事案下經爵止者多非爲賓神惠之事故此特辭之主人降洗爵尸侑降主人奠爵于篚辭尸對卒洗揖尸升侑不升侑不升尸禮益殺不從

疏注侑不至不從○釋曰自此盡皆左之論主人酬尸設盖之事云侑不升尸禮益殺者儐尸之禮殺於初今侑不升又殺故云益殺也

主人實爵酬尸東楹東北面坐奠爵拜尸西楹西北面答拜坐祭遂飲卒爵拜尸答拜降洗尸降辭主人奠爵于篚對卒洗主人升尸升主人實爵尸拜受爵主人反位答拜尸北面坐奠爵于薦左降洗者主人

疏注降洗者主人○釋曰此主人酬尸尸奠於薦左者不舉案下經二人舉觶于尸侑侑奠觶于右注云奠於右者不舉也神惠右不舉變於飮酒與此不同者特牲及下不儐尸皆

一六四九

無酬尸之事此特有之由儐尸如與賓客飲酒無故有酬異於神惠神惠右不舉侑奠於右是也侑一名加者少牢無侑尸非為有故無加稱是以主人酬賓賓奠於左亦是神惠故即舉之特牲及不儐尸皆有酬賓同是神惠故皆奠於左也尸侑主人皆升筵乃羞宰夫羞房中之羞于尸侑主人主婦皆右之司士羞庶羞于尸侑主人主婦皆左之二羞所以盡歡心房中之羞其籩則糗餌粉餈其豆則酏食糝食庶羞羊臐豕膮皆有胾醢房中之羞內羞也內羞在右陰也庶羞在左陽也○餈在私反酏以支反劉書文反食音嗣不同糝素感反【疏】注二羞至陽也○釋曰以二羞是內羞房中之羞以賓尸用之故云盡歡心云房中之羞其籩則糗餌粉餈者是周禮籩人職云籩之實案彼鄭注云此二物皆粉稻米黍米所為也合蒸曰餌餅之曰餈糗者擣粉熬大豆為餌餈之黏著以粉之耳餌言糗餈言粉互相足是也云其豆則酏食糝食者周禮醢人職羞豆之實案彼鄭云酏餈也內則曰取稻米舉擾溲之小切狼臅膏以與

稻米爲餈又曰糝取牛羊豕之肉三如一小切之與稻米稻米二肉一合以爲餌煎之是也若然案王制云庶羞不踰牲注云祭以羊則不以牛肉爲羞依內則羞用三牲者據得用大牢者君大夫已下不用大牢者則無牛矣而此引之者舉其成文以曉人耳云庶羞羊臐豕膮皆有胾醢者案公食大夫牲皆臛及炙胾今此鄭直云臐膮不言炙者公食大夫是食禮故庶羞並陳此賓尸飲酒之禮故士人獻尸皆羊燔從主婦獻皆豕燔從酬賓之後乃言司士羞庶羞則知止有羊臐豕膮羊胾豕胾以其燔炙前已從獻訖故知止有臐胾而已云房中之羞內羞也者案下大夫不賓尸云乃羞宰夫羞房中之羞司士羞庶羞于尸祝主人主婦內羞在右庶羞在左是也云內羞在右陰也者以其是穀物故云陽也云庶羞在左陽也者以其是牲物故云陽大宗伯亦云天產作陰德地產作陽德鄭亦云天產六牲之屬地產九穀之屬是其穀物陰牲物陽者也

主人降南面拜衆賓于門東三拜衆賓門東北面皆荅壹拜拜于門東明少南就之也言三拜者衆賓賤旅之也衆賓一拜

賤也卿大夫尊賓賤純臣也位在門東今文壹爲一疏注拜于至爲一釋曰自此盡賓降論主人獻長賓已下并主人受爵之事云拜于門東明少南就之也者以其經門言之明少南就之云言三拜也者衆賓賤旅之也者案周禮司士職孤卿特揖大夫以其等旅揖注云特揖一一揖之旅揖衆也大夫爵同者衆揖之此云旅之者旅衆也衆人共得一拜云衆賓一拜賤也者以賤不得備禮故云賤也云純臣也位在門東者此對特牲記云公有司門西北面東上獻次衆賓私臣門東北面西上獻次兄弟此賓皆在門東故云純臣者指北面時也得獻訖在西階下即不純臣故下經云獻私人于阼階上注云私人家臣已所自謁除也大夫言私人明不純臣也若然大夫云私人見不純臣士言私臣不言人者大夫尊近君若言私臣則臣與君不異故名私人士卑無嫌君臣之名不嫌故名私臣

主人洗爵長賓辭主人奠爵于篚興對卒洗升酌獻賓于西階上長賓升拜受爵主人在其右北面答拜宰夫自東房薦

脯醢醢在西司士設俎于豆北羊骼一腸一胃一切肺一膚一羊骼羊左骼上賓一體賤也薦與設俎者既則俟于西序端古文骼爲胳【疏】注羊骼至爲胳○釋曰云設俎者既則俟于西序端者案鄉飲酒司正升相旅受酬者降席司正退立于序端然則先事既設後事未至其退立之位當在于序端知此不降者下文賓執祭以降宰夫執薦以從司士執俎以從無升文明此不降退立于序端可知賓坐左執爵右取肺揳于醢祭之執爵興取肺坐祭之祭酒遂飲卒爵執以興坐奠爵拜執爵以興主人答拜受爵賓坐取祭以降西面坐委于西階西南成祭於上尊賓也取祭以降反下位也反下位而在西階西南已獻尊之祭脯肺【疏】注成祭至脯肺○釋曰云取祭以降反以降反位也反下位而在西階西南已獻尊之者凡言反位者或反初位或上下位異亦爲反此則初位在門東今得獻反在西階南與主人

相對已獻尊之故也若燕禮士得獻位于東方亦是尊之者也云祭脯肺者案經云取脯取肺祭之明祭是脯肺宰夫執爵以從設于祭東司士執俎以從設于薦東○衆賓長升拜受爵主人答拜坐祭立飲卒爵不拜既爵既盡也長賓升者以次第升受獻言衆賓長拜則其餘不拜【疏】注既盡至不拜○釋曰云長賓升者以次第升受獻者知不直次上賓後一人爲衆賓長時受獻必以長幼次第受獻者以其下文云宰夫贊主人酌若是以辯鄭云每獻一人奠空爵于棜宰夫酌授於尊南是以長幼次第受也辯宰夫贊主人酌若是以辯主人每獻一人奠空爵于棜宰夫酌授於尊南今文若爲如辯皆作徧辯受爵其薦脯醢與脀設于其位其位繼上賓而南皆東面其脀體儀也徧獻乃薦略之亦宰夫薦司士脀儀者尊體盡儀度餘骨可用而用之尊者用尊體卑者用卑體而已亦有切肺膚今文儀皆爲騰或爲議○

度大各反議劉音儀〔疏〕注徧獻至爲議○釋曰知薦謂若燕禮三獻已上得獻即薦大夫徧獻乃薦亦
其類不亦宰夫薦司士脀者此約上賓此衆賓亦同此二人爲之云儀者尊體盡儀度餘骨可用而用之
尊者用尊體卑者用卑體而已者以其言儀取尊卑得其儀但尊體既盡就卑體之中度尊卑之儀而用
之不可辯其尊體故鄭以意解之尊者用尊體卑者用四體而已也云亦有切肺膚者豕特牲用離肺知
此衆賓用切肺膚者以其儐用切肺不敢殊於尸明衆賓亦不敢殊於儐若然不儐尸者亦得不敢變於
饋尸禮也乃升長賓主人酌酢于長賓西階上北面賓在
左主人酌自酢序賓意賓卑不敢酢〔疏〕注主人至敢酢○釋曰特牲主人獻長賓乃即酢此辯獻
乃酢者主人益尊先自達其意特牲主人獻內賓辯乃自酢注云爵辯乃自酢以初不殊其長也則此大
夫尊初則殊其長故也主人坐奠爵拜執爵以興賓答拜坐祭
遂飲卒爵執爵以興坐奠爵拜賓答拜賓降降反位宰

夫洗觶以升主人受酌降酬長賓升西階南北面賓在左主人坐奠爵拜賓荅拜坐祭遂飲卒爵拜賓荅拜宰夫授主人觶則受其虛爵奠于篚疏注宰夫至于篚○釋曰自此盡于薦左論主人酬長賓于堂下之事也云宰夫授主人觶則受其虛爵奠于篚者謂上主人受賓之酢爵今宰夫既授觶訖因受取酢之虛爵降奠於篚也知然者上文主人受爵訖賓降主人無降文即云宰夫授觶主人受之明主人手中虛爵宰夫受之奠於篚可知若然知不待酬賓虛觶受之奠於篚者以其下文賓之虛觶奠於薦左故知升賓虛觶其賓奠薦左者後舉之以為無筭爵也主人洗賓辭主人坐奠爵于篚對卒洗升酌降復位賓拜受爵主人拜送爵賓西面坐奠爵于薦左○主人洗升酌獻兄弟于阼階上兄弟之長升拜受爵主人在其右荅拜坐祭立飲

不拜既爵皆若是以辯兄弟長幼立飲賤不別大夫之賓尊於兄弟宰夫不贊酌者兄弟以親昵來不以官待之○別彼列反昵 反疏注兄弟至待之○釋曰自此盡其衆議也論主人獻兄弟於阼階之事云兄弟長幼立飲賤不別者案特牲云獻長兄弟于阼階上如賓儀者上畢長兄弟爲貴殊貴賤故云如賓儀長賓坐飲此大夫禮長賓坐飲衆賓立飲至於大夫貴兄弟賤兄弟長幼皆立飲不得如賓飲故立飲賤不別也云大夫之賓尊於兄弟宰夫不贊酌者兄弟以親昵來不以官待之者決上文大夫賓貴使宰夫贊酌今兄弟酌不使宰夫贊酌者爲兄弟是親昵不以官待之故兄弟雖賤於賓不得使人贊酌而親之也

辯受爵其位在洗東西面北上升受爵其薦脀設于其位亦辯獻乃薦既云辯矣復言升受爵者爲衆兄弟言也衆兄弟升不拜受爵先著其位於上乃後云薦脀設於其位明位初在是也位不繼於主人而云洗東卑不統於尊此薦脀皆使私人疏注亦辯至私人○釋曰云既云辯矣復言升受爵者爲衆兄弟言也

者以上經云兄弟之長升拜受爵嫌衆兄弟亦升拜
受爵是以此更云升受爵直爲衆兄弟不拜受爵而
言鄭即云衆兄弟升不拜受爵也若然上賓拜受爵
又拜既爵衆賓拜受爵不拜既爵長兄弟得與衆賓
同衆兄弟又不拜受爵是其差也云先著其位於上
乃後云薦脀設於其位明位初在是者初位謂經云
其位在洗東西面北上是先著其位於上乃云升受
爵者謂發此位升堂受爵又云薦脀設於其位者謂
受爵時設薦脀於洗東西面位是先著其位於上乃
後云薦脀設於其位明位初在是也故先云洗東位
以此而言則衆賓亦先有位在門東北面繼上賓後
獻訖亦薦脀於位皆是先有位不繼於門東面在西
階西南者彼謂已獻薦之故也云位不繼於主人而
云洗東卑不統於尊者案特牲上人卑故兄弟助祭
之位得繼主人於阼階下南陳人得辟大夫不敢自
尊也此以大夫尊故兄弟之位在洗東不繼主人卑
不統於尊故也云此薦脀皆使私人者上獻賓長及
衆賓使宰夫設薦司士設俎又使宰夫贊八酌至於此
獻兄弟爲親祀不以官待之主人親先生之脀折脀
酌明亦不以官使私人薦脀可知

一膚一先生長兄弟折豕左肩之折疏注先生至之折○釋曰知先生是長兄弟者以其文承長兄弟之下故知先生非老人教學者折是豕左肩之折者以上初亨牲體明脩俎豕左肩折注云折分為長兄弟俎是也其衆儀也○主人洗獻內賓于房中南面拜受爵主人南面于其右答拜內賓姑姊妹及宗婦獻于主婦之席東主人不西面尊不與為賓主禮也南面於其右主人之位恒左人疏注內賓至左人○釋曰自此盡亦有薦脀論主人獻姑姊之等於房中之事知內賓是姑姊妹及宗婦者約特牲記而知也云獻於主婦之席東主人不西面尊不與為賓主禮也者案特牲獻內兄弟於房中如獻衆兄弟之儀主人西面答拜此大夫禮主人南面拜故決之不與為賓主之禮也云南面於其左主人之位恒左人者謂人在主人左若鄉飲酒鄉射之等於西階上北面主人在東賓在西此南面則主在西賓在東故云恒左人也坐祭立飲不拜既爵若是以辯亦有薦脀亦設薦脀於其位特牲饋食禮

記曰內賓立于房中西墉下東面南上宗婦北堂東面北上。疏注亦設至北上○釋曰云亦設薦脅於其位者言亦者亦上先生之等引特牲記者欲見內賓設薦之位處。主人降洗升獻私人于阼階上拜于下升受主人答其長拜乃降坐祭立飲不拜既爵若是以辯宰夫贊主人酌主人於其群私人不答拜其位繼兄弟之南亦北上亦有薦脅私人家臣已所自謂除也大夫言私人明不純臣也士言私臣明有君之道北上不敢專其位亦有薦脅初亦北面在衆賓之後爾言繼者以爵既獻爲文凡獻位定疏注私人至位定○釋曰自此盡主人就筵論主人獻私人之事云私人家臣已是自謂除也者此對公士得君所命者此乃大夫自謂請於君除其課役以補任爲之云大夫言私人明不純臣也者大夫尊近於君故屈已之臣名爲私人云士言私臣明有君之道者士卑不嫌近君故得名屬吏爲私臣也云北上不敢專其位者以其兄弟北上今

繼兄弟之南亦北上與兄弟位同故云不敢專其位云凡獻位定者與上衆兄弟云其位在洗東西面北
上升受爵其薦脀設于其位注云先著其位於上明位初在下是此不先著位于上俱言繼兄弟者是據獻
位爲言則未獻時在衆賓後矣案特牲記云私臣位在門東北面是衆賓也云凡獻位定則是凡獻以前
非定位也主人就筵古文曰升就筵尸作三獻之爵上賓所獻爵不言三獻作
之者賓尸而尸盃畢可以自舉疏注上賓至自舉○釋曰自此盡降獻賓于堂論舉主獻之爵賓長又獻
侑并取爵之事云上賓所獻爵者若然三獻是上賓不言上賓而言三獻者以其主人主婦并此賓長備
三獻因號上賓爲三獻是以事名官者也云不言三獻作之者對特牲下三獻作止爵故決之下大夫不
儐尸自作爵者順上大夫爲文作其爵者以神惠均於庭記欲使尸飲此酒但此六節之內有四爵行事
四者尸作三獻之爵一也獻侑二也致爵於主人三也受尸酢四也司士羞湆魚縮執
俎以升尸取膴祭祭之祭酒卒爵不羞魚匕湆略小味也辛有正俎羞

也。湆肉湆豕無正俎魚無匕湆，隆汚之殺。○汚音烏。【疏】注不羞至之殺。○釋曰：云不羞魚匕湆略小味也者，對羊豕牲之大有匕湆之等，魚無，以魚爲小味少，故略之也。云隆汚之殺者，以有者爲隆盛，無者爲殺也。

司士縮奠俎于羊俎南，橫載于羊俎，卒，乃縮執俎以降。尸奠爵拜，三獻北面答拜，受爵，酌獻侑，侑拜受，三獻北面答拜，受爵，酌獻侑，侑拜受，三獻北面答拜。

司馬羞湆魚一，如尸禮。卒爵拜，三獻答拜，受爵。司馬羞湆魚，變於尸。【疏】注司馬至於尸。○釋曰：上文尸使司士羞魚，此侑使司馬羞魚，故云變於尸也。

酌致主人，主人拜受爵，三獻東楹東北面答拜。賓拜於東楹東，以主人拜受於席，就之。【疏】注賓拜至就之。○釋曰：就之者，賓於禮當在西階上，今在東楹之東，以主人席在於阼階，故次賓拜於東楹東就之也。

司士羞一湆魚，如尸禮。卒爵拜

三獻答拜受爵尸降筵受三獻爵以酢之既致主人尸乃酢之遂賓意疏注既致至賓意○釋曰遂賓意者賓雖不言其意欲得與主人抗獻酢之禮令乃見致爵於主人説即酌以酢實是遂達之之意三獻西楹西北面拜受爵尸在其右以授之尸升筵南面答拜坐祭遂飲卒爵拜尸答拜執爵以降實于篚○二人洗觶升實爵西楹西北面東上坐奠爵拜執爵以興尸侑答拜坐祭遂飲卒爵執爵以興坐奠爵拜尸侑答拜皆降三獻而禮小成使二人舉爵序殷勤於尸侑疏注三獻至尸侑○釋曰自此盡及私人、論旅酬、從尸、及上下、無不徧之事云三獻而禮小成者以此獻爲正後仍有舉奠加爵之等終備乃是禮之大成故云小成也云使二人舉爵序殷勤於尸侑者飲酒之禮酬與無筭爵乃盡歡心、故以旅酬及無筭乃爲殷勤於尸侑也案鄉飲酒及鄉射特牲等皆一人舉觶爲旅酬始二人舉觶爲無筭爵始今儐尸乃以二人爲旅酬始者此儐尸別一禮與彼不同以其初時主人酬尸尸奠之侑未得酬故使二人舉觶侑乃得奠而不舉即與亦奠一爵一爵遂酬於下是以須二人舉觶兄弟之後生者舉觶於其長爲無筭爵者以其賓長所舉奠酬亦爲無筭爵以此二觶者皆在堂下故爲無筭爵尸不與無筭爵故舉堂下觶爲無筭爵其爲旅酬皆從上發尸爲首故特牲等使二人舉觶爲旅酬與賓長所舉爲酬之觶此賓不舉旅酬皆從尸舉故所奠者爲無筭一爵亦是異於特牲洗升酌反位尸侑皆拜受爵舉觶者皆拜送侑奠觶于右奠于右者不舉也神惠右不舉變於飲酒尸遂執觶以興北面于阼階上酬主人主人在右尸拜於阼階上酬禮殺疏注尸拜至禮殺○釋曰決上文尸酢主人主人東楹東北面拜受爵尸西楹西北面荅拜是各於其階今尸酬主人同于阼階故云禮殺也坐奠爵拜主人荅拜不祭立飲卒爵

不拜既爵酌就于阼階上酬主人言就者主人立待之疏注言就至待之○釋曰言立待之者以其不言適阼階上酢主人明主人不去立待之可知主人拜受

爵尸拜送酬不奠者急酬侑也疏注酬不至侑也○釋曰此決上主人酬賓奠之也尸

就筵主人以酬侑于西楹西侑在左坐奠爵拜執爵

興侑答拜不祭立飲卒爵不拜既爵酌復位侑拜受

主人拜送言酌復位明授於西階上主人復筵乃升長賓侑酬之

如主人之禮遂旅也言升長賓則有贊呼之疏注遂旅至呼之○釋曰知者若不贊呼之則當如上文衆賓長升兄弟之長升拜受爵故知有贊呼之也至于衆賓遂及兄弟

亦如之皆飲于上上西階上遂及私人拜受者升受下飲

私人之長拜於下升受兄弟之爵下飲之疏注私人至飲之○釋曰私人位在兄弟之南今言下飲之

則私人之長一人在西階下飲之其餘私人皆飲於其位故下經云卒爵升酌以之其位相酬辯是也

卒爵升酌以之其位相酬辯其位兄弟南位亦拜卒受拜送升酌由西階

飲者實爵于篚未受酬者雖無所旅猶飲䟽注未受至猶飲○釋曰凡旅酬之法皆散觶酒以酬前人前人領受其意乃始自飲此私人未受酬者彼雖無人可旅猶自飲之訖乃實爵於篚以其酒是前人所酬不可不飲故也

乃羞庶羞于賓兄弟內賓及私人無房中之羞賤也此羞同時羞則酌房中亦旅其始主婦舉觶於內賓遂及宗婦䟽注無房至宗婦○釋曰此經論無筭爵時羞庶於賓及兄弟之等奠云此羞同時羞則酌房中亦旅者旅酬之下云乃羞庶羞內賓羞在私人之上私人得旅旅酬則房中內賓亦旅可知

兄弟之後生者舉觶于其長後生年少也古文觶皆爲爵延景中詔校書定作觶䟽注後生至作觶○釋曰自此盡爵止論後生舉觶於長兄弟主人酬兄弟之事

洗升酌降北面立于阼階南

長在左坐奠爵拜執爵以興長答拜長在左辟主人疏注長在左

辟主人○釋曰凡獻酬之法主人常左人若北面則生人在東今長兄弟北面云長在左則在西故辟主

人也坐祭遂飲卒爵執爵以興坐奠爵拜執爵以興長

答拜洗升酌降長拜受于其位舉爵者東面答拜爵

止拜受答拜不北面者儐尸禮殺長賓言奠、兄弟言止、互相發明、相待也疏注拜受至待也○釋

曰云儐尸禮殺者案特牲兄弟之後生、舉觶於其長爲旅酬、又兄弟弟子舉觶於其長、爲無筭爵、拜送皆

北面、此云東面、決上儐尸禮殺也云長賓言奠兄弟言止互相發明者上文主人酬賓奠爵于薦左、是長

賓言奠、此言爵止是兄弟言止、長賓言奠明此未行、此言止、明亦奠薦右、故云互相發明也云相待也

者酬賓雖在前及其行之相待俱時舉行故下文云賓及兄弟交錯其酬皆遂及私人、爵無筭是也若二

人舉觶于尸侑、侑奠于右不舉、尸即酬主人、主人酬侑、侑酬長賓、至于衆賓遂及兄弟、遂及私人、依次第

行徧不交錯、所謂旅酬也。

賓長獻于尸，如初，無湑，爵不止。賓長者，賓之長次上賓者，非即上賓也。如初，如其獻侑酢致主人受尸酢也。無湑，爵不止，別不如初者，不使兄弟，不稱加爵，大夫尊也。不用觚，大夫尊者也。

疏注賓長至者也○釋曰：此一經論衆賓長如爲爵數、多與上賓異、何者？上賓獻侑致爵於主人時皆有湑魚從，今無湑魚、從，故經云無湑也。云爵不止者，上賓獻尸時、亦遂爵，待獻堂下畢、乃舉觶、今尸不止爵，即飲、故云爵不止。云賓長者賓之長次上賓者，非即上賓者，以其上賓將獻異之言上賓；此不異其、文，明非上文上賓，爲賓長者，故以爲次上賓者也。經云無湑爵不止，文在如初之下，不蒙如初之文，則知與上異，故文在如初下也。云不使兄弟不稱加爵大夫尊也者，此决特牲云長兄弟爲加爵、及衆賓、長爲加爵、不言獻，此言獻者，尊大夫、若三獻之外、更容有獻、故云大夫尊也。云不用觚大夫尊者，此亦决特牲云長兄弟洗觚爲加爵、此用爵、爵尊於觚、故云大夫尊者也。

賓一人舉爵于尸、如初，亦遂之於下。一人、次賓長者、如初、如二人洗觶之爲也。遂之於下者遂及賓兄弟下至于私人故言亦遂之于下也上言無滑爵不止互相發明疏注一人至發明〇釋曰此一經論次賓舉觶于尸尸更為旅酬如上旅酬之事但前二人舉觶於尸侑尸舉旅酬從上至下皆論飲今亦從上至下故云亦遂之於下云上言無滑爵不止互相發明者上經云爵止與上賓奠爵云互相發明今此又與上文無滑爵不上相發明是以二文皆在如初之下賓及兄弟交錯其酬皆遂及私人爵無筭筭數也長賓取觶酬兄弟之黨長兄弟取觶酬賓之黨唯已所欲無有次第之數也疏注筭數至數也〇釋曰自此盡有司徹論堂下行無筭爵禮終尸侑出主人送於廟門外之事云長賓取觶者是主人酬賓觶云長兄弟取觶者是兄弟之後生者舉觶于其長之觶也尸出侑從主人送于廟門之外拜尸不顧拜送之疏注拜送之〇釋曰儐尸之禮尸手侑賓也故孔子亦云賓不顧矣拜侑與長賓亦如之衆賓從從者不拜送也司士歸尸侑之俎尸侑尊送其家主人退

反於寢也

有司徹徹堂上下之薦俎也外賓尸雖堂上婦人不徹

疏注徹堂至不徹○釋曰云徹堂上下之薦俎也者案上文、堂上有尸侑之薦俎、堂下有賓及兄弟之薦俎、皆徹之也、云外賓尸雖堂上婦人不徹者案特牲云、宗婦徹祝豆籩入于房、徹主婦薦俎、此篇首云有司徹、鄭注云徹室中之饋、及祝佐食之俎、爲將儐尸、故使有司徹之、下大夫不儐尸、改饋饌于室中西北隅、云有司官徹饋饌於室中西北隅至篇末禮終、云婦人乃徹注云徹祝之薦、及房中薦俎、不使有司者、下上大夫之禮、然則此篇首云有司徹、別無婦人也、下大夫有司饌陽厭、婦人徹之篇末云徹室中之饌注云有司饌之婦人徹之、外內相兼禮殺、此尸外儐尸、亦禮殺、嫌婦人亦徹之、故云雖堂上婦人不徹、婦人必不徹者、異於下大夫也、堂上儐尸、猶如堂內之陽厭、故鄭注篇首云儐尸則不設饌西北隅、以此薦俎之陳有祭象、而亦足以厭飫神是也

若不賓尸○不賓尸、謂下大夫也○其牲物則同、不得備其禮耳、舊說云謂大夫有疾病、攝昆弟祭、曾子問曰、攝主不厭祭、不旅不假、不綏祭、不配、布奠于賓、賓奠而不舉、而此備有、似失之矣○祭、

許慮反，本亦作者同，後皆放此。【疏】注不儐主之矣○釋曰：自此盡卒舉如儐，論下大夫不賓尸之事。云不賓尸謂下大夫者，從尸飲七已前，皆與上大夫賓尸者同，已後則以此祝侑續之，是儐尸之禮，故云不賓尸謂下大夫也。云其拄物則同，不得備其禮耳者，謂不備儐尸禮也。引曾子問者，破舊說。案彼上云：若宗子有罪，居于他國，庶子為大夫，其祭也，祝曰：孝子某使介子某執其常事，攝主不厭祭，不旅，不假，不綏祭，不配。注云：皆辟正主。厭，厭飫神也。厭有陰有陽，迎尸之前，祝酌奠，奠之且饗，是陰厭也。尸謖之後，徹薦俎，敦設于西北隅，是陽厭也。此不厭者，不陽厭也。不旅，不旅酬也。假讀為嘏，不嘏，不嘏主人也。不綏祭，謂今主人也。又云：布奠於賓，賓奠而不舉，是也。云而此備有似失之矣者，謂此不儐尸者，不厭已下皆有，則幷如舊說，使昆弟攝者，故云似失之矣。

則祝侑亦如之。○謂尸七飯時。飯，扶晚反，後皆同。【疏】注謂尸七飯時○釋曰：案上篇尸食七飯，告飽，祝西面于主人之南，獨侑不拜，侑曰：皇尸未實，侑。是也。

尸食八飯。【疏】注八飯○釋曰：上已七飯，故知此當八飯也。

乃盛俎臑

臂、臑、脡脊、橫脊、短脅、代脅，皆牢。盛音成，注及下同。○盛者，盛於肵俎也。此七體，羊豕。其脊脅皆取一骨也，與所舉正脊、幹、骼凡十矣。肩未舉，既舉而俎猶有六體焉。[疏]注盛者至體焉。○釋曰：案特牲，尸食訖乃盛，今八飯即盛者，大夫禮與士相變。若然，此先言臑者，見從下起。不言盛肩，肩未舉，舉乃盛。不言骼，骼已舉，先在俎。有司徹不盛俎者，賓尸之禮，更無所用，全以歸尸故也。云盛者，盛於肵俎也者，以特牲云盛肵俎，俎釋三个，故知盛於肵以歸尸故也。云此七體羊豕者，以其五鼎，下有魚腊膚，又不升，故惟羊豕也。云其脊脅皆取一骨也與所舉正脊幹骼凡十矣者，案上篇載時皆二骨以並，今但盛一骨，不云正脊長脅者，先舉一骨，故不序也。凡骨體之數，左右合為二十一體，案少牢注云：肩、臂、臑，肱骨也；膊、骼，股骨也。鄉飲酒注：前脛骨三，肩、臂、臑也；後脛骨二，膊、骼也。又後有髀觳折，特牲記云主婦俎觳折，注云：觳，後足也。昏禮不數者，凡體前貴於後，觳賤於臑，故數臑不數觳，是以不升於鼎。又以髀本肫上，以竅賤，正俎不用。又脊有三分，一分以為正脊，次中為脡脊，後分為橫脊。脅亦為三分，前分為代脅次中爲長脅，後分爲短脅，是其二十一體也。云「而俎猶有六體焉」者，謂三脊三脅皆取一骨，盛於胏，合脊一骨體在俎不取，以備陽厭也，故云「而俎猶有六體焉」也。

魚七，

盛半也。魚十有五而俎，其一已舉，必盛半。盛半者，魚無足翼，於牲象脊脅而已。

疏注「盛半」至「而已」。○釋曰：云「魚十有五而俎」者，案少牢「載魚用鮒」，云「十有五而俎」。云「其一已舉」者，謂尸食時已舉其一，唯有十四在。云「必盛半」者，「魚無足翼，於牲象脊脅而已」者，案中候云：「魚者，水精，隨流出入，得中候意。」鄭注引春秋緯璇璣樞曰：「魚無足翼，紂如魚，乃紂之是也。紂雖有臣，無益於股肱，若魚雖有翼，不能飛，若然。」此注云「魚無翼」者，亦從彼文，魚雖有翼，不能飛。云「象脊脅」者，六體十二骨，盛六是半，魚無足，象牲脊脅，亦盛半。盛半相似，數則不同，以其牲之脊脅則六，魚之半則七也。

腊辯無髀，

亦盛半也。所盛者右體也，脊屬焉。言無髀者，云一純而俎，嫌有之。古文髀作脾。

疏注「亦盛」至「作脾」。○釋曰：云「亦盛半」者，謂除尸舉，其餘兩半，亦以魚十四、盛七爲半。必知盛半者，以其此腊在魚下，明盛半與魚同。此腊亦盛右體，知者，以其牲用右，故此亦盛右體。知「脊屬焉」者，案上篇少牢云腊一純而俎脊不折直爲一段代脅長脅短脅各一骨左右三脅脅骨合爲六體并脊爲七通肩臂等亦爲十七體與牲體同如腊肩尸食既舉而俎唯有十六在言盛主明脊屬又且凡牲載體者脊皆屬焉下經云乃撫于魚腊俎俎釋三个其餘皆取之明不盡盛可知若然案上虞禮升腊左胖髀不升實于下鼏注云腊亦七體牲之類又特牲記云腊如牲骨鄭注云不但言體以有一骨二骨者以此言之腊與牲體數骨多少盡同而云腊脊脅皆一骨者以其左右盡升欲使祝及主婦已下俱取於此腊體故下云祝主人之魚腊取于是注云祝主人主婦俎之魚腊取於此者大夫之禮文待神餘也三者各取一魚其腊主人臂主婦臑祝則骼也今若復分一骨一骨則數多於特牲祝以下俎無腊體不升髀右胖故云腊如牲骨與右胖同皆祝俎所不用上篇少牢雖祝俎有腊兩髀屬𣪠上大夫禮又異於此士虞禮祝與下亦無腊體故鄭注士虞禮腊亦七體牲之類鄭注云凡腊用純者據上下大夫以上祭祀及士之喪禮士祭禮則腊不用純辟大夫云言無髀者云一純而俎嫌有之者案上篇少牢載腊云一純而俎不云髀

一六七四

不升，故此明之。而云腊辯無髀也。案上篇少牢祝俎云腊兩髀在祝俎，不升於鼎，不在神俎，已自明矣，今此更明之者，以少牢陳鼎，上下大夫皆同，今此下大夫不儐尸，其祝俎腊骼，不云無骼，何以明之。卒盛，乃舉牢肩，尸受，振祭，嚌之，佐食受，加于肵。舉匕佐食取一俎于堂下以入，奠于羊俎東。不言魚俎東，主於尊。疏注「不言至於尊」。○釋曰：案少牢云設俎，羊在豆東，豕亞其北，魚在羊東，腊在豕東，特膚當俎北端。今撫魚腊宜在魚俎東，而繼羊俎言之，以羊尊，爲主也。乃摭于魚腊俎，俎釋三个，其餘皆取之，實于一俎以出。个，猶枚也。魚摭四枚，腊摭五枚，其所釋者，腊則短脅、正脅、代脅，魚三枚而已。今文摭爲摕。疏注「个猶至爲摕」。○釋曰：知魚摭四枚，腊摭五枚者，以魚盛半，其俎猶有七个在，故摭去四枚，釋三个。腊盛半而俎猶有八體在，摭云五枚，釋三个，皆爲餕饌西北隅也。云「腊則短脅、正脅、代脅，魚三枚而已」者，以腊右體已盛，脊又屬焉，唯有左在，下文云主人腊臂，主婦腊臑，祝則骼，所釋者、故知脅。又牲體所釋者、是脅、脊。此腊脊已在盛半、限故知所釋唯有三脅耳。祝主人之魚腊取于是。祝主人主婦俎之魚腊、取于此者、大夫之禮文、待神餘也。三者各取一魚、其腊主人臂、主婦臑、祝則胳也。與此皆於鼎側更載焉。不言主婦、未聞。○與音余。

【疏】注「祝主」至「未聞」。○釋曰：案特牲士禮、不待神餘、故主人主婦祝皆無腊、上大夫之祝當有腊俎、至於儐尸、腊爲庶羞、又不載於俎、與此異。此下大夫待神餘、故祝主人主婦皆有腊體也。云「其腊主人臂、主婦臑、祝則骼也」、與者、主人用臂、主婦用臑、見於下經、祝無文而知用骼、以其骼無正文、故云與以疑之也。云「此皆於鼎側更載焉」者、上擯時共在一俎、以出、及下設時、主人主婦及祝各異俎、又不同時、故知更載俎。云「鼎側」、則不復升鼎也。云「不言主婦未聞」者、下有主婦俎腊臑、則主婦用腊可知、此經直云祝主人、不云主婦、不開其義、或轉寫者脱耳。

尸不飯、告飽。主人拜侑、不言。尸又三飯。凡十一飯、士九飯、大夫十一飯、其餘有十三飯、十五飯。

【疏】注「凡十」至「五飯」。○釋曰：上篇士禮九飯、少牢上下大夫同十一飯、士大夫既不分命數爲尊卑，則五等隨從同十三飯，天子十五飯可知。佐食受牢舉，如儐。舉肺脊。【疏】釋曰：自此盡薦脊皆如賓禮，論主人獻尸、祝及佐食之事。此主人獻有五節：主人獻尸，一也；酢主人，二也；獻祝，三也；獻上佐食，四也；獻下佐食，五也。主人洗，酌，酳尸。賓羞肝，皆如儐禮。卒爵，主人拜，祝受尸爵，尸答拜。祝酌授尸，尸以醋主人，亦如儐。其綏祭，其嚌，亦如儐。肝，牢肝也。綏皆當作挼，挼讀爲藏其隋之隋。古文爲挼。【疏】注肝牢至爲挼○釋曰：云綏皆當爲挼者，案經唯有一綏，而云皆者，鄭并下佐食挼總破之，故云皆也。云讀爲藏其隋之隋者，讀從周禮守祧職云既祭則藏其隋，必讀從之者，義取隋藏之事也。其獻祝與二佐食，其位，其薦脊，皆如儐。主婦其洗，獻于尸，亦如儐。自尸侑不飯告飽至此，與儐同者在上篇。【疏】注自尸至上篇○釋曰：自此盡入于房，論主婦亞獻尸及祝并獻二佐食之事。此一節之內，獻數與主人同，唯不受嘏爲異云與儐同者經既云如儐而注復云與儐同者爲事在上篇而發也主婦反取籩于房中執棗糗坐設之棗在稷南糗在棗南婦贊者執栗脯主婦不興受設之栗在糗東脯在棗東主婦興反位棗饋食之籩糗羞籩之實雜用之下賓尸也栗脯加籩之實也反位反主人之北拜還爵位[疏]注棗饋至爵位○釋曰此設籩實繼在少牢室內西南隅陰厭卻饌也案周禮籩人職云饋食之籩棗栗桃乾穃榛實羞籩之實糗餌粉餈又如籩之實菱芡栗脯是鄭據籩人職而言也云雜用之下賓尸也者案上賓尸者麷蕡白黑糗餌之等朝事之籩羞籩之實各用之而不雜也案上賓尸主婦亞獻尸設籩直有朊脩二籩下大夫之禮主婦亞獻侑四籩者賓尸之禮主人獻尸主婦設四籩麷蕡白黑故至主婦獻時直設糗餌與朊脩二籩通前四籩六籩此主人初獻如上篇無籩從故至主婦亞獻設四籩猶自少於賓尸兩籩尸左執爵取棗糗祝取栗脯以授尸尸

兼祭于豆，祭，祭酒，啐酒。次賓羞牢燔，用俎，鹽在右。尸兼取燔㨎于鹽，振祭，嚌之，祝受，加于肵。卒爵，主婦拜，祝受尸爵，尸荅拜。自主婦反籩。至祝受加于肵。此異于儐。

疏注自主至于儐○釋曰上篇主婦但有獻而已無籩燔從之事此篇首儐尸主婦亞獻尸乃有籩餌之事其物又異唯糗同耳故云此異于儐也上注云自尸侑不飯告飽至此與儐同者在上篇此注云此異于賓者上注云至此與儐者皆與儐禮同在上篇故注云全此也此自卒爵下至荅拜與儐同在上篇自祝受加于肵以上至主婦反籩與儐尸異鄭所以不在卒爵上注而在尸荅拜下注者取終一事故也

祝易爵洗酌，受尸，尸以醋主婦。主婦主人之北拜受爵，尸荅拜。主婦反位，又拜。上佐食綏祭，如儐。卒爵拜，尸荅拜。主婦夾爵拜，爲不賓尸，降崇敬。今文酢曰酌。

疏注主婦至曰酌○釋曰案特牲主婦獻尸不夾爵拜上篇上大

夫賓尸，主婦獻尸夾爵拜。此下大夫既不賓尸，主婦宜與士妻同，今夾爵拜者，爲不賓尸，降崇敬，故夾爵拜，與上大夫同。言降，謂降賓尸之禮也。主婦獻祝，其酌如儐。拜，坐受爵。

主婦主人之北答拜。自尸卒爵至此。亦與儐同者。亦在上篇。疏注自尸至上篇

○釋曰：經無尸卒爵之文，鄭注云尸者，以經有卒爵之文多，故言尸以别之也。宰夫薦棗糗，

坐設棗于菹西，糗在棗南。祝左執爵，取棗糗，祭于豆

祭，祭酒，啐酒。次賓羞燔，如尸禮。卒爵。内子不薦籩，祝賤，使官可也。自

宰夫薦至賓羞燔，亦異于賓。疏注内子至于賓○釋曰：案特牲主婦設籩者，士妻卑也。案上尸與主

人籩，皆主婦設之，至此祝不使主婦而使宰夫設籩，故云祝賤，使官可也。案禮記注，内子卿妻，引春秋趙

姬請送叔隗以爲内子，證卿妻爲内子。今此下大夫妻得稱内子者，欲見此下大夫妻於祝至薦籩，兼見

上大夫妻亦不薦籩，故變言内子也。或可散文，下大夫妻亦得爲内子也。云自宰夫薦至賓羞燔亦異于

賓者，少牢主婦獻祝，亦無遵燔從一事。此有遵燔從者，亦異于賓也。主婦受爵酌獻二佐食，亦如儐。主婦受爵以入于房。○賓長洗爵獻于尸，尸拜受。賓戶西北面答拜。爵止。尸止爵者，以三獻禮成，欲神惠之均於室中，是以奠而待之。

【疏】注「尸止至待之」○釋曰：自此盡「庶羞在左」，論賓長獻尸，尸祝佐食，并致爵之事。此一節之內，凡有十爵：獻尸一也，主婦致爵於主人二也，主人酢主婦三也，尸作止爵飲訖，酢賓長四也，賓獻祝五也，又獻上佐食六也，又獻下佐食七也，賓致爵於主人八也，又致爵于主婦九也，賓受主人酢十也。云「賓戶西北面答拜」者，案上少牢正祭賓獻，與此篇首賓長獻，皆云拜送，此特言答拜者，下大夫故也。言拜送者禮重，云答拜者禮輕。

主婦洗于房中，酌致于主人。主人拜受。主婦戶西北面拜送爵。司宮設席。拜受乃設席，變於士也。

【疏】注「拜受至士也」○釋曰：此下大夫夫婦致爵之禮，祭統云：「夫祭有十倫之義，士曰見夫婦之別焉。」又曰尸酢夫人執柄、夫人受尸執足、夫婦相授受不相襲處、酢必易爵、彼據夫婦致爵而言、又詩既醉序云醉酒飽德、謂見十倫之義、志意充滿、是天子諸侯皆有夫婦致爵之事、但少牢上大夫受致又酢不致、上受致自致、是上大夫尊辟君受致不酢、下大夫與士卑、不嫌得與人君同、夫婦致爵也、云拜受乃設席變於士也者、案特牲禮、未致爵已設席、故云異於士、其上大夫正祭、未致爵至賓尸、尸酢主人設席、以有尸賓故設席在前也、案周禮司几筵云、祝先王胙席亦如之、鄭注云胙讀如酢、謂祭祀及王受酢之席、彼受酢時已設席、與大夫禮異也、鄭注周禮司几筵、又云后諸臣致爵乃設席、與此禮同者、士卑不嫌多與君同、故也、主婦薦韭菹醓醢、坐設于席前、菹在北方、婦贊者執棗糗以從、主婦不興受、設棗于菹北、糗在棗西、佐食設俎、臂脊脅肺皆牢、膚三、魚一、腊臂、臂、左臂也、特牲五體、此三者、以其牢與腊脅而七、牢腊俱臂、亦所謂腊如牲體、【疏】注臂左至牲體○釋曰、知是左臂者、右臂尸所用，故知左臂也。云「特牲五體，此三者以其牢與腊臂而七」者，以經云臂、脊、脅皆牢，牢謂羊豕也。既羊豕臂脊脅俱有，是六也，通腊臂而七，是以牲體皆有三也。云「牢腊俱臂，亦所謂腊如牲體」者，「腊如牲體」，特牲記文。案彼云「腊如牲骨」，骨即體也，故以體言之。以其上腊擩五牧，左肩、臂、臑、肫、胳，今主人不用肩而用臂者，以其羊豕皆用臂，故腊亦用臂。是以鄭云「腊如牲體」，但此腊臂直一骨無並，故須云「腊如牲體」也。主人左執爵，右取菹㨎于醢，祭于豆間，遂祭籩，奠爵，興；取牢肺，坐絶祭，嚌之，興，加于俎；坐挩手，祭酒，執爵以興；坐卒爵，拜。無從者，變於士也。亦所謂順而擩也。【疏】注「無從」至「擩也」○釋曰：云「無從者，變於士也」者，案特牲主婦致爵於主人，肝燔並從，此無肝燔從，故云「變於士也」。主婦答拜，受爵，酌以醋，戶內北面拜。自酢不更爵，殺。【疏】注「自酢不更爵，殺」○釋曰：此決上主婦受酢時，祝易爵洗，酌授尸，尸以酢主婦，今自酢又不更爵，故云「殺也」。主人答拜，卒爵

拜主人答拜主婦以爵入于房尸作止爵祭酒卒爵

賓拜祝受爵尸答拜作止爵乃祭酒亦變於士○自爵止至作止爵亦異於賓

疏注作止至於賓○釋曰云作止爵乃祭酒亦變於士者特牲賓三獻如初燔從如初爵止無祭酒之文至三獻作止爵尸卒爵亦無祭酒之文知特牲祭酒訖乃止爵者以經云燔從如初乃云爵止鄭注云初亞獻也亞獻特祭酒訖乃始燔從則三獻燔從如初始云爵止明是祭酒既訖乃始止爵今大夫作止爵乃祭酒故云變於士云自爵止至作止爵亦異於賓者此篇首賓尸禮賓長獻尸奠爵又云尸作三獻之爵不解以爲與賓同云異者賓尸止爵在致爵後其作之在獻私人後欲神惠之均於庭此止爵在主婦致爵前作之在致爵後欲神惠均於室中與特牲燔從如初爵止同少牢上篇所以不致爵者爲賓尸賓尸止爵者欲室中神惠均於庭故止爵也特牲再止爵者一止爵欲神惠均於室中一止爵者順上大夫之禮也

祝酌授尸賓拜受爵尸拜送坐祭遂飲卒爵拜尸

答拜○獻祝及二佐食○洗致爵于主人洗致爵者以承佐食賤新之主人席上拜受爵賓北面答拜坐祭遂飲卒爵拜賓答拜受爵○酢致爵于主婦主婦北堂司宮設席東面北堂中房以北東面者變於士妻賓尸不變者賓尸禮異矣內子東面則宗婦南面西上內賓自若東面南上【疏】注北堂至南上○釋曰云東面者變於士妻者案特牲記宗婦北堂東面北上注云宗婦宜統於主婦主婦南面此東面故云變於士妻云內子東面則宗婦南面西上者此無正文鄭以意解之何者宗婦位繼於主婦今主婦准特牲在宗婦位易處則宗婦位亦易處則主婦位南面西上可知云內賓自若東面南上者亦約特牲記文主婦席北東面拜受爵賓西面答拜席北東面者北為下【疏】注席北至為下○釋曰案特牲宗婦東面北上今主婦在宗婦之位東面鄭以北為下者若宗婦之衆則北為上今主婦特位立則依曲禮席東鄉西鄉以南方為上因

於陰陽故北為下婦贊者薦韭菹醓醢菹在南方婦人贊者執
棗糗授婦贊者婦贊者不興受設棗于菹南糗在棗
東婦人贊者宗婦之弟婦也○弟音娣佐食設俎于豆東羊臑豕折羊
脊脅祭肺一膚一魚一腊臑豕折豕折骨也不言所折略之特牲主婦觳折
豕無脊脅下主人羊豕四體與腊臑而五疏注豕折至而五○釋曰云豕折骨也者謂不全體就體骨
中折之故云折骨云不言所折略之者謂不言所折骨名是略之引特牲主婦觳折者鄭略而不言骨名
其折是觳折也云豕無脊脅下主人者主人於上文有脊脅也云羊豕四體與腊臑而五者上主人羊與
腊臂而七此五是其略也主婦升筵坐左執爵右取菹擩于醢祭
之祭籩奠爵興取肺坐絕祭嚌之興加于俎坐捝手
祭酒執爵興筵北東面立卒爵拜立飲拜既爵者變於丈夫賓答

拜賓受爵○易爵于篚洗酌醋于主人戶西北面拜

主人答拜卒爵拜主人答拜賓以爵降奠于篚自賓獻及二佐食至此亦異於賓【疏】注自賓至於賓○釋曰異者謂賓獻及二佐食以下至此奠于篚異於少牢賓長獻卣及爵不及佐食故鄭彼注云不獻佐食將儐尸禮殺是也

乃羞宰夫羞房中之羞司士羞庶羞于尸祝主人主婦內羞在右庶羞在左○主人降拜衆賓洗獻衆賓其薦脀其位其酬醋皆如儐禮○主人洗獻兄弟與內賓與私人皆如儐禮其位其薦脀皆如儐禮○卒乃羞于賓兄弟內賓及私人辯自乃羞至私人之薦脀此亦與儐同者在此篇不儐尸則視猶侑耳卒已也乃羞者羞庶羞【疏】注自乃至庶羞○釋曰此一經論主人獻堂下衆賓兄弟下及私人并弟中內

賓皆與上大夫禮同之事

賓長獻于尸尸醋獻祝致醋賓以爵降實于篚

致謂致爵于主人主婦不言如初者爵不止又不及佐食

疏注致謂至佐食○釋曰此經論次賓長獻尸已下之事以其上賓長已獻尸訖明此是次賓長爲加爵也云不言如初者爵不止又不及佐食者謂不言同上文云賓長獻于尸如初無湑爵不止注云如初如其獻儐酬致主人受尸酢也無湑爵不止別不如初者此文不與彼同者爲經不可如一故鄭注彼此各申經意

賓兄弟交醋其酬無筭爵

此亦與儐同者在此篇

疏注此亦至此篇○釋曰此一經論堂下賓及兄弟行無筭爵之事此堂下兄弟及賓行無筭爵似上大夫無旅酬故鄭云此亦與儐同者在此篇首此經兼有旅酬鄭不得言與儐同案特牲尸在室內亦不與旅酬之事而堂下賓及兄弟行旅酬又使弟子二人舉觶爲無筭爵者下大夫雖無儐尸之禮堂下亦與神靈共尊不敢與人君之禮同既與神靈共尊故闕旅酬直行無筭爵而已特牲堂下得獻之後與神別尊故旅酬無筭爵並皆行之事賤不嫌與君

同，故得注備也。利洗爵，獻于尸，尸酢。獻祝，祝受，祭酒，啐酒，奠

之。利獻不及主人，殺也。此亦異於賓。疏注利獻至於賓。○釋曰：此一經論佐食事尸禮將畢，爲加

爵獻尸及祝之事。云「利獻不及主人，殺也」者，此對上文賓長爲加爵及主人，此不及主人，是殺也。又云「此

亦異於賓」者，案上少牢無利獻，賓三獻尸即止，此篇首儐尸之禮，佐食又不與，故無佐食獻，故云異也。

主人出，立于阼階上，西面。祝出，立于西階下，東面。祝

告于主人曰：「利成。」祝入。主人降，立于阼階東，西面。尸

謖，祝前，尸從，遂出于廟門。祝反，復位于室中。祝命佐

食徹尸俎，佐食乃出尸俎于廟門外，有司受，歸之。徹

阼薦俎。自主人出至此，與賓雜者也。先異徹主人薦俎者，變于士。特牲饋食禮曰：「徹阼俎豆籩，設

于東序下。」疏注自主至序下。○釋曰：云「自主人出至此，與賓雜者也」者，以有同有不同，故上少牢直云

祝告曰利成、此云祝告于主人曰利成、上少牢云祝入尸謖主人降立于阼階東西面、此云祝入主人降
立于阼階東西面、尸謖、祝前、此云祝前、彼云祝命佐食徹肵俎降、設于堂下、此云祝反復位于室中
祝命佐食徹尸俎、佐食乃出尸俎于廟門外有司受歸之、故云雖一云先養徹主人薦俎者變於士者特牲
既餕祝命佐食徹阼俎者此餕前徹阼薦俎故云變於士引特牲者證徹阼薦俎所置之處也**乃養**
如儐謂上篇自司官設對席至此餕與出也○古文養作餕**卒養有司官徹饋饌**
于室中西北隅南面如饋之設右几厞用席官徹饋者司馬
司士舉俎宰夫取敦及豆此於尸謖改饌當室之白孝子不知神之所在庶其饗之於此所以爲厭飫不
令婦人改徹饌敦豆變於始也尚使官也佐食不舉羊豕俎親餕尊也厞隱也古文右作侑厞作茀疏
注官徹至作茀○釋曰自此下盡篇末論餕訖改饌於西北隅爲陽厭之事云官徹饋者司馬司士舉俎
若經云官徹則司馬主羊司士主豕明還遣此二人舉俎可知即上經云司馬刲羊司士擊豕是之云宰

夫於敦及豆者以其宰夫多主婦之事此敦及豆本主婦設之今云官徹明非婦人知是宰夫爲之也是以上文云宰夫羞房中之羞又上主婦獻祝宰夫薦鄭注云內子不薦籩祝賤使官可也以此言之則宰夫代主婦設籩豆及敦可知云當室之白孝子不知神之所在庶其饗之於此所以爲厭飫者此言雜取曾子問郊特牲祭義之文案曾子問說陽厭之事云當室之白尊於東房鄭云得戶明者也郊特牲注云素祭祝于祊不知神之所在於彼乎於此乎尚曰求諸遠者與祭義云勿勿乎其欲饗之是鄭所取陽厭及祊祭求神之事云不令婦人徹饌敦豆變於始也尚使官也者此決少牢初說饌、主婦薦兩豆、宗婦一人贊兩豆、主婦設一敦、宗婦贊三敦、是其始時婦人設之、今使宰夫徹豆敦者、尚使官故也

納一尊于室中陽厭殺無玄酒司宮埽祭埽豆間之祭舊說云埋之西階東

【疏】注埽豆至階東○釋曰引舊說者案曾子問凡幣帛皮圭爲王命埋之階間此豆間之祭案舊說埋之西階東以神位在西故近西階是以鄭亦依用也

主人出立于作階上西面祝執

其俎以出立于西階上東面司宮闔牖戶閉牖與戶爲鬼神或者欲幽闇祝告利成乃執俎以出于廟門外有司受歸之衆賓出主人拜送于廟門外乃反拜送賓也者亦拜送其長不言長賓者下大夫無尊賓也〔疏〕注拜送至賓也○釋曰此決賓尸時尸出侑從主人送於廟門之外拜尸不顧拜侑於長賓亦如之衆賓從鄭注云從者不拜送也言從者不拜送則此云拜送者拜送其長可知不言長者下大夫賤無尊賓故不別其長也婦人乃徹徹祝之薦及房中薦俎不使有司者下上大夫之禮〔疏〕注徹祝至之禮○釋曰云不使有司者下上大夫之禮者決上大夫祭畢將儐尸有司徹賓尸禮終亦有司徹今婦人徹故云下上大夫之禮也徹室中之饌有司饌之婦人徹之外內相兼禮殺〔疏〕注有司至禮殺○釋曰云有司饌之婦人徹之外內相兼禮殺者此徹室中之饌者於上經有司徹饋饌於室中西北隅者今使婦人徹之故云外內相兼外者謂有司官改饌西北隅內者

謂今婦人歛領
歛云相參也

儀禮注疏卷第十七

一六九四